日本古代史地名事典

編集委員
加藤謙吉　関和彦　遠山美都男　仁藤敦史　前之園亮一

雄山閣

巻頭言

地名は古代の人名や氏族名と並んで古代史研究の宝庫と言ってよい。氏族名に関しては、すでに雄山閣より佐伯有清編『日本古代氏族事典』が刊行されており、本書はその姉妹編として出版される。

歴史地名辞典と言えば、古くは吉田東伍著『大日本地名辞書』（地域別、冨山房）が有名だが、近くは『角川日本地名大辞典』（県別、角川書店）や『日本歴史地名大系』（県別、平凡社）などがある。近年になって、『角川日本地名大辞典』はCD—ROM化されており、『日本歴史地名大系』もインターネットで気軽に利用することが可能となった。それにも拘わらず、本書『日本古代史地名事典』をあえて世に問うことにしたのは、たとえ正確無比にデジタル化された資料群と言えども、たんにその羅列をながめるだけでは、古代史研究における地名の存在意義を十分に生かし切ったことにはならないと考えたからである。

すなわち、地名は史料としてはあまりに断片的であって、それ自体が雄弁に歴史を物語ることは少ない。その点、地名は考古資料に似ている。けれども、たとえば古代律令制国家の地方支配の実態を解明する上で地名が不可欠の史料であることは言を俟たない。また、それは『日本書紀』『続日本紀』などの編纂史料が語らない、あるいはそれらが隠蔽して語ろうとしない〈史実〉を掘り起こすのに大いに威力を発揮する〈沈黙の史料群〉とも言いうるものである。

その意味で本書は事典の体裁を取ってはいるが、地名を切り口あるいは窓口にして古代史を読み直す〈読める事典〉としても十分に使用に耐えうると思われる。本書が地域別・県別でも五十音でもなく、平安時代の『和名類聚抄』の国郡別による地名配列とその世界観に準拠したことからも窺われるように、たんに時系列に沿って叙述された平板な歴史の読み物とも、またデジタル画面を通して得られる饒舌な情報群とも違った面白さを読み味わっていただけるのではないかとひそかに自負している。

本書が総勢七十五名におよぶ執筆者の尽力と協力の賜物であることは言うまでもない。企画の立ち上げから今日まで多くの時日を要したために、早々に原稿を提出された方に迷惑をお掛けしたことを衷心よりお詫び申し上げねばならない。この間、私ども編集委員の遅々として進まぬ作業を倦まず弛まず支え続けてくださった雄山閣の宮田哲男社長をはじめ編集部の諸氏の労を多として改めて御礼申し上げたい。また、最後の校正段階で用語の統一等、丁寧な作業を進めてくださった村上弘子さんのご尽力に感謝いたしたい。ともあれ、本書『日本古代史地名事典』は成った。今後、本書が読者諸氏の研究や勉学に大いに活用されることを心より願って巻頭の挨拶に代えたいと思う。

編集委員代表　遠山美都男

編集委員

加藤謙吉　関　和彦　遠山美都男　仁藤敦史　前之園亮一

執筆者

荒井秀規　板楠和子　市橋一郎　井上辰雄　井上満郎　今津勝紀　入間田宣夫　榎村寛之　大橋信弥
小野一之　勝部　昭　加藤謙吉　金沢悦男　鐘江宏之　亀谷弘明　川崎　晃　川原秀夫　菊地照夫
木本雅康　倉住靖彦　河内春人　小林昌二　坂江　渉　佐々木虔一　佐々木健二　佐竹　昭　志田諄一
渋谷啓一　鈴木景二　鈴木靖民　関　和彦　高島英之　瀧音能之　竹中康彦　辰巳和弘　鶴見泰寿
傳田伊史　遠山美都男　直木孝次郎　中村明蔵　永山修一　西別府元日　仁藤敦史　野々村安浩　橋本政良
櫨井　勝　早川万年　原　正人　日野尚志　平石　充　平林章仁　深津行徳　福岡猛志　福島正樹
北郷泰道　前沢和之　前田晴人　前之園亮一　間壁忠彦　俣野好治　松田行彦　松原弘宣　丸山幸彦
簑島栄紀　三舟隆之　森　公章　森田喜久男　矢野建一　山尾幸久　山里純一　山本一朗　吉田　晶
吉田靖雄　渡部育子　渡辺博人

凡例

＊本書の地名配列は原則として『和名類聚抄』(『和名抄』)の国郡別による。

＊地名はできうるかぎり現地名と比定して掲げた。現地名の表記には、二〇〇七年三月までの市区町村合併に伴う行政地名の変更まで採り入れるように努めた。

＊表記は常用漢字・現代仮名遣いを原則とした。但し、固有名詞・学術用語・慣用語などはこの限りではない。

＊固有名詞・難読語には、適宜ふりがなをつけた。

＊年次の表記は元号とし(推古朝以後)、西暦を( )内に漢数字で付記した。但し、同一項目内での繰り返しや、他の年号から西暦の推定が可能な場合は、その西暦付記は省略した。また、天皇名+年の表記では、「天皇」の語をはずして表記した。例…宝亀元年(七七〇)、天武九年(六八〇)

＊木簡名の表記は、差し支えない範囲で出土地名+木簡とした。例…飛鳥京木簡、二条大路木簡、長屋王家木簡。

＊本文中における、固有名詞以外の数字表記には、二桁までは十を用い(例…十五歳、二十年後)、三桁以上は一〇〇を用いた(例…一七〇メートル、口分二〇〇〇余田、穀九九九九石)。但し、万の位には万を用いた(例…四万一〇〇〇貫)。

＊参考文献は、著者名、『書名』、出版社、刊行年、もしくは、著者名「論文名」(『書名』・『雑誌名』、出版社、刊行年)の順で表記した。

＊各項目の最後尾に、当該項目の執筆者名を記した。

＊巻末に、本文中の郡名索引を付した。

＊出典略称一覧

『和(倭)名類聚抄(鈔)』→『和名抄』。主な写本・版本の略称は以下の通り…大東急記念文庫蔵大東急本→東急本、名古屋市博物館蔵永禄九年書写本→名市博本、天理大学附属天理図書館蔵高山寺本→高山寺本。それ以外のもの、および那波道円校注「元和古活字本」は、各執筆者の表記に従った。

『万葉集』→『万葉』。歌番号の表記には巻名はいれず、基本的に歌番号のみで表した。

『日本書紀』→『書紀』

『続日本紀』→『続紀』

『日本後紀』→『後紀』

『続日本後紀』→『続後紀』

『日本文徳天皇実録』→『文徳実録』

『日本三代実録』→『三代実録』

『先代旧事本紀』→『旧事紀』。詳細は、原則として『旧事紀』国造本紀、『旧事紀』天孫本紀のように表記した。

『類聚三代格』→『三代格』

『釈日本紀』→『釈紀』

『政事要略』→『要略』

『古事記伝』→『記伝』

『本朝皇胤紹運録』→『紹運録』

『新撰姓氏録』→『姓氏録』

『住吉大社神代記』→『住吉大社記』

『類聚名義抄』→『名義抄』

『日本国現報善悪霊異記』→『霊異記』

『大日本国法華験記』→『法華験記』

『日本往生極楽記』→『往生極楽記』

これ以外の書名および出典の記載方法は、各執筆者の表記に従った。

畿内

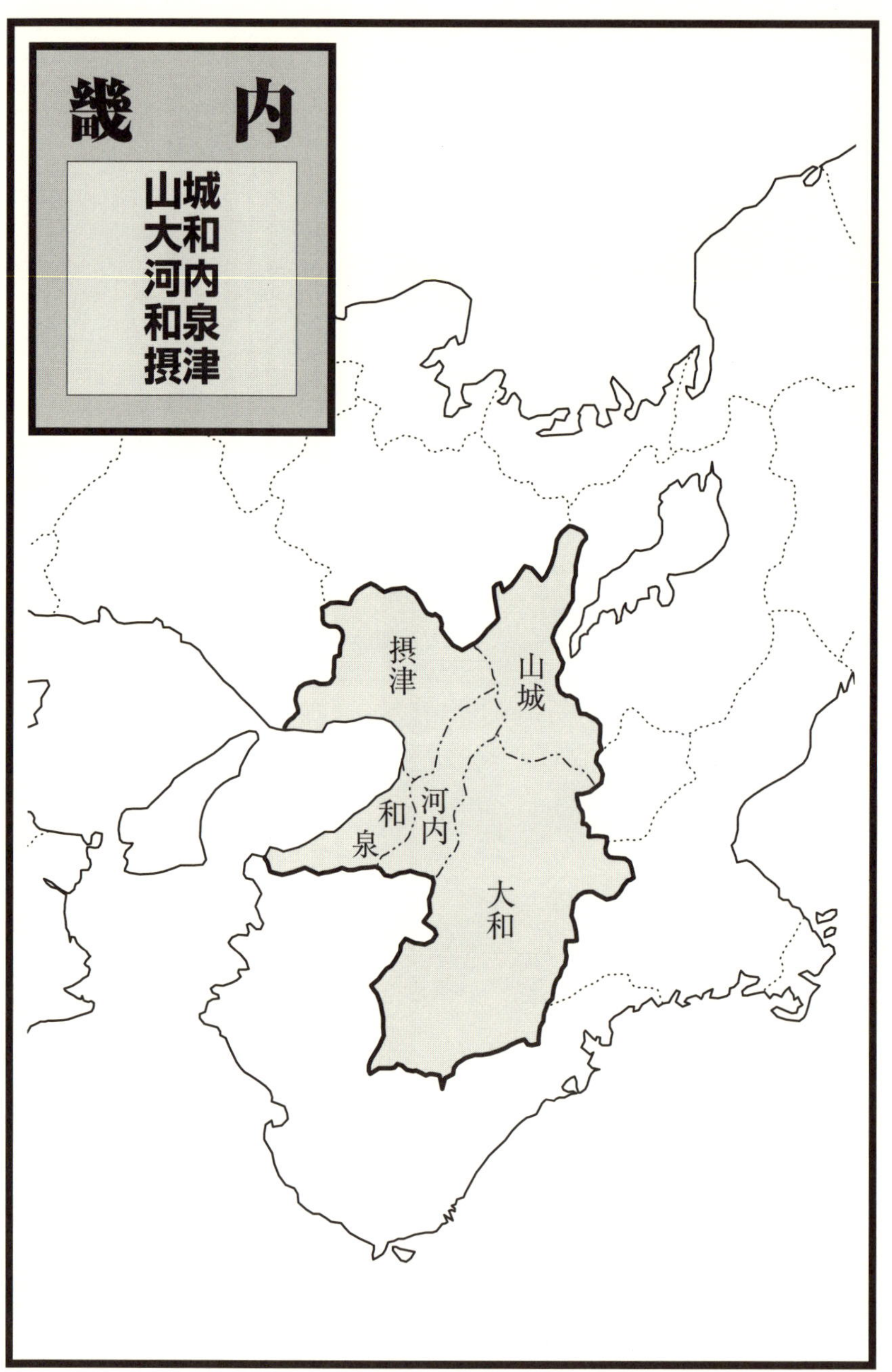

畿　内
山城
大和
河内
和泉
摂津
摂津
山城
河内
和泉
大和

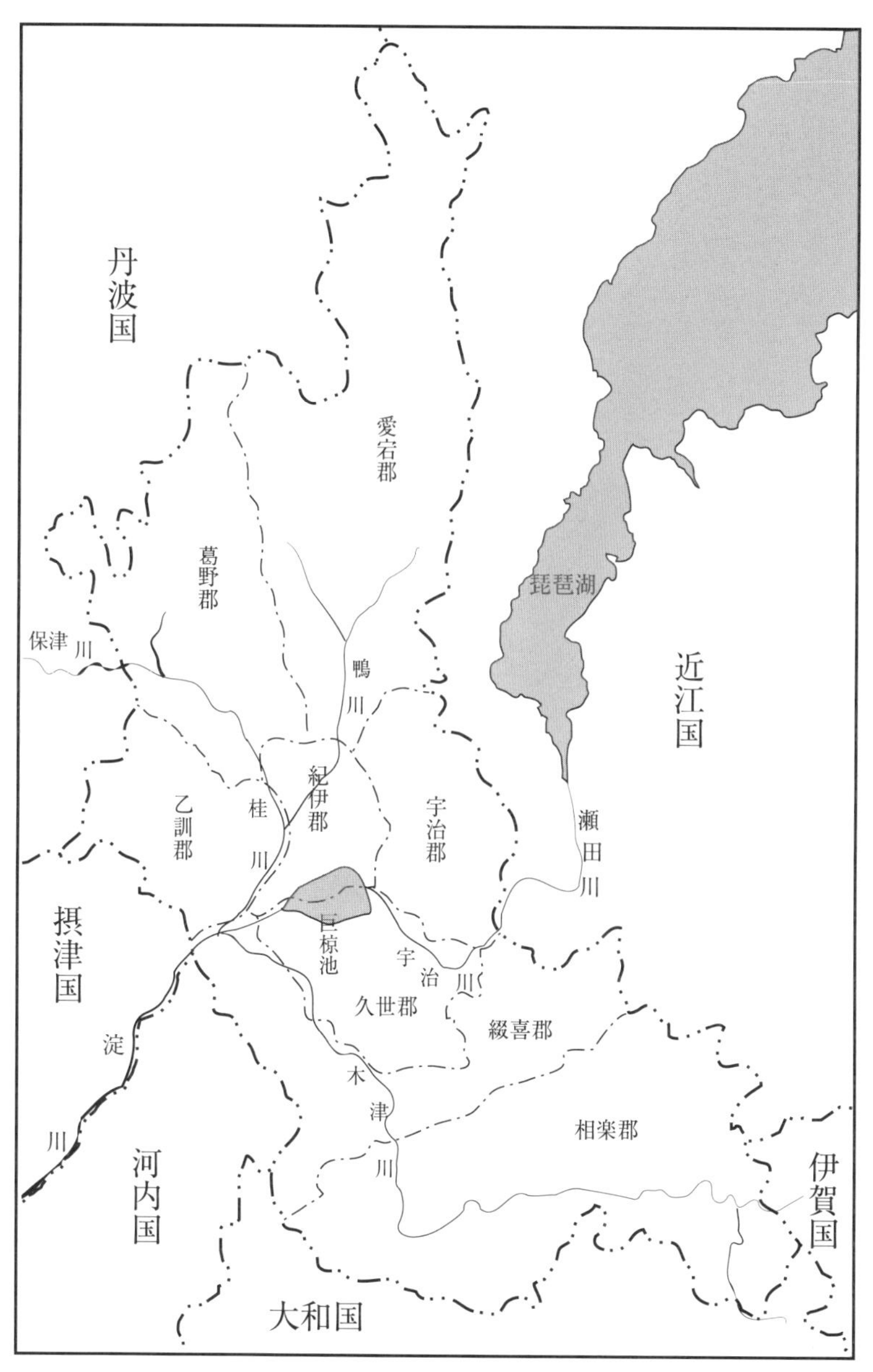
丹波国
愛宕郡
葛野郡
琵琶湖
近江国
保津川
鴨川
紀伊郡
宇治郡
乙訓郡
桂川
瀬田川
摂津国
巨椋池
宇治川
久世郡
綴喜郡
淀川
木津川
相楽郡
河内国
伊賀国
大和国

山城国略図

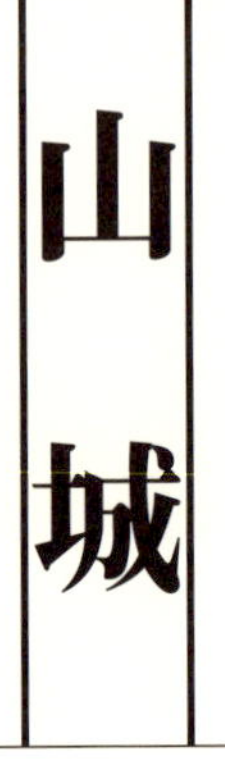

山城国・やましろのくに

大宝令によって山背国と統一されるまでは公式には山代国と表記（『古事記』ほか）。また「開木代」（『万葉』）・「山尻」（「宇治橋碑」）の表記もあったが特殊なケースにとどまった。『続紀』大宝元年（七〇一）正月条にはまだ「山代国」とあり、直後に施行された大宝令によって「山背国」と改められたことが判明する。平安遷都にともない「此の国山河襟帯して、自然に城をなす」（『日本紀略』延暦十三年（七九四）十一月条）ことにちなみ山城国と改称。いずれも訓はヤマシロ。政権の所在地である大和から見て奈良山のうしろにあたるのでヤマウシロと称され、訛ってヤマシロとなったもの。畿内に属し、順は最初は大和・河内・摂津に次ぐ第四国であったが、平安遷都とともに第一国となる。管下の郡は乙訓・葛野・愛宕・紀伊・宇治・久世・綴喜・相楽の八郡で、畿内諸国では和泉国についで少ない郡数。『延喜式』では上国。巨椋池（おぐらいけ）をはさみ南部を南山城、北部を北山城と呼ぶことが多い。北山城は賀茂川・高野川などの形成する扇状地で傾斜も激しく良好な環境でなかったのに対し、南山城はその中央部を木津川が北流し肥沃な地域であった。椿井大塚山古墳（現木津川市山城町椿井）から三十数面の三角縁神獣鏡が発見されこれが邪馬台国大和説の有力な資料となっているように、南山城は古い時代には山城国の中心であった。栗隈大溝の開削（『書紀』仁徳紀）、筒城宮・弟国宮の造営（同継体紀）、深草屯倉の設営（同皇極紀）などもそれを示す。南山城にも高麗（こま）（狛）氏など渡来系氏族の居住が見られるが、主に扇状地で高燥な北山城は秦氏によって開発が主導され、太秦などの地名が残りまた氏寺の広隆寺、氏神の大酒神社が創立された。国名の初見記事は確定しがたいが、確実なのは『書紀』天武四年（六七五）二月条で、この頃に他の国々と同じく国の組織が形成されたのであろう。国府も同じ頃に建設されたはずだが位置は不明。当初は奈良山を北に越えた直後の相楽郡の地（現木津川市山城町あたりか）に営まれたらしいが、のち長岡京遷都にともない北山城の葛野郡の地（現京都市右京区嵯峨野あたりか）に、次いで平安京遷都にともない廃都になった長岡京の「長岡京南」（『日本紀略』延暦十六年八月条。現長岡京市神足あたりか）へ延暦十六年に移転、さらに河陽離宮跡（現乙訓郡大山崎町あたり）へと移っている。当国は古代大和から各地への主要街道が通過し、山陽・山陰方面に向かう「丹波道」（『万葉』）と呼ばれた古山陰道、北陸・東山方面に向かう「山背道」（同）と呼ばれた古北陸道が重要な役割を果たしたが、長岡・平安遷都後は山城国の中心は北山城に移り、各道は平安京を起点に変更された。

【参考文献】

井上満郎「古代山城国雑考」（『日本政治社会史研究』上、塙書房、一九八四年）

（井上満郎）

愛宕郡・おたぎのこおり

郡名は愛宕のほか、愛当（正倉院文書）・乙当（長屋王家木簡）・乙容（正倉院文書）などの表記例が見られる。訓は『和名抄』高山寺本は「ヲタギ」「アタコ」とし、『拾芥抄』は「アタコ」「アタゴ」の両方を示すが、高山寺本が郷名の愛宕に「於多支」、同じく刊本が「於多木」とするように、郡名も「オタキ」であろう。高山寺本郡名が「アタコ」とするのは何らかの錯簡があるものか。郡名の由来は不詳だが、乙訓郡の乙訓を弟国とし、ヲタキをエタキとして兄国と見る説がある。北は丹波国、東は近江国、南は紀伊郡・宇治郡、西は葛野郡にそれぞれ接し、現在の京都市左京区・北区・東山区・上京区・中京区・下京区などに該当する。『和名抄』刊本は蓼倉・栗野・上粟田・大野・下粟田・小野・錦部・八坂・鳥戸・愛宕・出雲・賀茂からなる。ただし高山寺本は上粟田・下粟田を区分せず、粟田に「上下有り」とし、出雲については刊本・高山寺本ともに「上下有り」とする。したがって粟田・出雲にはともに上下があったことになるから、管下の郷は合計十三ということになる。他に余戸郷が知られる（正倉院文書）。また『六角堂縁起』には折田郷があるが他書に見えず不詳。郡中央を賀茂川・高野川とその合流した鴨川が流れ、北部はほとんどが山地。山城国では最も古く旧石器時代からの人間の居住が知られ、縄文時代にも北白川（左京区）の遺跡群が著名である。賀茂県主が早くに当郡に居住しており、大和政権の基礎となる県が設営され、県主が設置されていたことから当郡の重要性がうかがわれる。『山城国風土記』にはカモ神が大和の「葛木山」から相楽郡の「岡田の賀茂」を経て「葛野河」をさかのぼって「久我の国の北の山基」に鎮座したのが上賀茂神社という。『令義解』は「山城鴨」を天神とし「葛木鴨」(高鴨神社)を地祇とするように、あるいは本来は別の神であったものが後世に「風土記」のように系譜的に関係づけられた可能性もある。そうだとしてもすでに文武二年(六九八)三月に「山背国賀茂祭」の記載があり(『続紀』文武二年三月条)、早くから当郡での祭祀があったことは疑いない。のちに下鴨神社(賀茂御祖神社)を分祀し山城国の一宮となるように、カモ神は当郡では最大ともいうべき勢力を誇った。本来は南山城を拠点とする「山代国造」(『旧事紀』)が後に愛宕郷に移住したという説もある。郡名の初出である神亀三年(七二六)の当郡の出雲郷雲上里・雲下里計帳、および天平五年(七三三)の某郷計帳が残る(正倉院文書)。飛鳥時代の八坂寺(法観寺。東山区)、白鳳時代の北白川廃寺(左京区)などが知られるが、特に平城京に出仕する下級官僚には愛宕郡の出身者が多く見られ、当郡の文化的な先進性がうかがわれる。延暦十三年(七九四)に平安京が建設され郡の西部は京域に取り込まれ、それにともなって郊外の地となった。京域は主に左京(東京)を中心として発達し、十世紀には鴨川ぞいや平安京の「北野」にまで市域が及んだ(『池亭記』)。鴨川の氾濫は京域に甚大な被害を及ぼすため、その保守のために防鴨河使が設置されている。当郡北部の大原周辺(左京区)の比叡山麓は延暦寺に近く、多くの天台宗系寺院が営まれた。

小野郷 小野氏の居住から生じた郷名。式内社に「小野神社二座」があり、また崇道神社境内から丁丑年(六七七)の「小野毛人墓誌」が発見されている。小野氏の本貫は近江国志賀郡小野村であり(『姓氏録』)、比叡山系を越えての移住である。

賀茂郡 『山城国風土記』に見える「久我の国の北の山基」であり、「賀茂建角身命」が鎮まった地という。近くに旧石器の発見された本山遺跡(北区)があり、早くから人間生活が営まれていた。

出雲郷 郷名やまた式内社の出雲井於神社・出雲高野神社などから、出雲国との関係がうかがわれる。さらに当郷の雲上・雲下里計帳に多数の出雲氏の居住が見えているが、その関係の詳細は不明。

愛宕寺 愛宕郡の郡名を負う寺院。「丙辰年」(六五六か)に山代淡海が「国家鎮護」のために建立し、鳥部郷・八坂郷・錦部郷にわたって寺地を持っていた（東寺百合文書）という珍皇寺（東山区）のことであろう。

【参考文献】

岸俊男「山背国愛宕郡考」（『日本古代文物の研究』塙書房、一九八八年）

角田文衞「愛宕郷と山代国造家」（『国分寺と古代寺院』法蔵館、一九八五年）

（井上満郎）

相楽郡・そうらくのこおり

郡名はすべて相楽で、異なる表記はない。訓は『和名抄』高山寺本は「アヒラカ」とするがこれは相楽の表記の「相」に引かれたもので、同書の郷名の相楽郷の個所には「佐賀良賀」とする。東急本・刊本の郷名にも「佐加良加」とし、「サカラカ」と訓まれた。「相楽郡」以外の郡名の異表記はない。郡名の由来は不詳だが、『古事記』垂仁段に醜いので故郷に帰された円野媛がそれを恥じて「樹の枝に取り懸りて」自殺したものだからそこを「懸り木」と呼び、そこから「懸木」という地名ができ、相楽になったと記す。北は綴喜郡、東は近江国・伊賀国、南は平城山によって大和国に接する山城国最南端の郡。郡域は現在の相楽郡精華町・和束町・笠置町・南山城村、木津川市山城町・加茂町・旧木津町に該当する。相楽・水泉・賀茂・大狛・蟹幡・祝園・下狛からなるが、ほかに古代郷では『三代実録』（貞観七年九月条）に岡田郷、『続紀』（天平十二年十二月条）に恭仁郷が見られる。岡田郷は『続紀』以外の史料に記載はなく、何らかの錯簡があるか。また恭仁郷（久仁里）も奈良時代前期史料以外には見えておらず、ともに恭仁京の建設と関わって消滅したものと思われる。なお「大川原・有市・鹿鷺等の郷」という史料文言があるが（『三代格』寛平八年四月二日太政官符）、この場合の「郷」は行政区分を示すものではないだろう。郡の中央を山代川・泉川・鴨川・宮川など呼ばれた木津川が流れる。この川は本郡に肥沃な耕土をもたらすと同時に舟運にも用いられ、『万葉』などに歌枕として頻繁に登場するように普通は泉川と呼ばれたが、岡田鴨神社の存在によって鴨川とも称され、この鴨川は恭仁京の建設によって宮川と改称されている（『続紀』天平十五年八月条）。陸路は当郡西部を木津川に沿って南北方向に、右岸に「山背道」（『万葉』）と呼ばれた古北陸道が貫通し、平城京遷都にともなって岡田駅が設置され（『続紀』）、左岸には「丹波道」

と称された古山陰道が通る。『山城国風土記』（『釈紀』所引）はカモ神が大和国の「葛木山」を起点とし「山代（やましろ）の国の岡田賀茂」を経て「久我の国の北の山基」に鎮まったと記し、また武埴安彦が反乱を起こしその軍勢を斬り葬ったので「波布理曽能」（祝園）と名付けたという伝承を持つなど（『古事記』崇神段）、当郡の文献への登場は早い。相楽の初出は『書紀』欽明三十一年四月条で、すなわち最初の「高麗の使人」が越前に漂着したが、近江国を経て大和国への途中の「山城国の相楽郡」に「館」を設けて滞在させたという。この「館」は「山背の高槭館（こまひのむろつみ）」とも記され、大狛郷・下狛郷などの郷名がありまた高麗寺が建設されているごとく高句麗系渡来人の居住があったためのものである。行政地名としての相楽郡の初出は大宝元年（七〇一）正月の「山代国相楽郡」だが、「山代国」の表記が示すように大宝令施行以前のことであり、この相楽郡は相楽「評」で、相楽の立評があったことを物語る。ヤマシロ国の国名の起源は大和から見て平城山（奈良山）というヤマのウシロ側にあたるからだが、そう意識されたもうひとつの背景はそこに国府があったからである。古北陸道ぞいに国府域が設定されたと想定されるが、平安遷都にいたるまで相楽郡は山城国の中心であった。天平十二年（七四〇）には恭仁京が設けられたが、それまでにも平城京と近くまた風光にも恵まれた当郡には岡田離宮が設置されていた（『続紀』和銅元年九月条）。四年の短期の宮都ではあったが、墾田永年私財法の発布、国分寺建立詔・大仏建立詔など重要な政策の実施があった。廃都後恭仁宮の建物は山背国分寺に施入され、大極殿は本堂に転用された。「恭仁京東北の道」が敷設されて、その道が通じる近江国の地に紫香楽宮（滋賀県甲賀市信楽）が建設された。長岡・平安遷都とともに宮都から離れた郡になり、国府も移転するが、南都に近いがために仏教文化の著しい開花があり、今もその名残が浄瑠璃寺（現木津川市加茂町）・岩船寺（同）・海住山寺（同）やまた山岳修験の聖地でのち後醍醐天皇の行在所になる笠置寺（笠置町）・金胎寺（和束町）などに見られる。

水泉郷　泉郷とも記される。旧木津町（木津川市）の中心地。宇治と並ぶ山城国最大の交通の要衝。陸路では古北陸道の木津川の渡河点であったが、水路では特に南都の宮殿・寺院などの建設用材の陸揚げ地として殷賑を誇った。泉木津は当郷に成立し、琵琶湖沿岸部の杣山から切り出された木材は早く藤原京建設の時から瀬田川・宇治川・木津川と筏に組んで回送され泉川の津である泉津（木津）で陸揚げされたが、のち長く南都諸寺院の木津が当郷に設置され、用材は陸路で奈良坂を越えて奈良まで運送された。

椿井大塚山古墳　前期の前方後円墳で全長約二〇〇メートル。木津川市山城町にあり、三十数面の三角縁神獣鏡が発見され、邪馬台国大和説の有力な根拠となった。

泉橋寺　行基が建立したとされる（『行基年譜』）。泉川（木津川）の橋近くに建設された寺院。もと泉橋院といったようで、橋の流失時にたもとに滞留する人々の救済のために建設されたもの。

【参考文献】

斎藤幸雄『木津川歴史散歩』かもがわ出版、一九九〇年
京都府相楽郡山城町編『山城町史』一九八七年

（井上満郎）

葛野郡　かどののこおり

郡名はすべて「葛野」で、他の表記例はない。『和名抄』の訓は「カト（ド）ノ」と振り仮名をふっており（高山寺本）、『拾芥抄』にも「カトノ」とする。郷名の葛野には「加土乃」（高山寺本）、「加度乃」（刊本）と訓じ、郡名の訓は「カトノ」である。ただし『書紀』は葛野を「加豆怒」と表現し、「カヅノ」の読みもあった。郡名の語源は不明も、当郡は鴨川・高野川の形成した扇状地上に位置し、「野」的環境であったことから発生したもの。ただし『書紀』応神六年二月条に応神天皇自身の作として見える「千葉の　葛野を見れば　百千足る（ももちだる）　家庭（やには）も見ゆ　国の秀（ほ）も見ゆ」の著名な国讃め歌は「菟道野」（宇治野。現京都府宇治市・京都市伏見区）において詠まれ、古くは北山城一帯を葛野と称したらしい。『和名抄』では橋頭・大岡（おおおか）・山田・川辺（かわのべ）・葛野（かどの）・川嶋（かわしま）・上林（かむつはやし）・櫟原・高田・下林（しもつはやし）・綿代・田邑（たむら）の十二郷からなる。北・西は丹波国、東は愛宕郡、南は乙訓郡・紀伊郡に接する。郡域南部にそって桂川が南東に貫流して葛野郡を二分するが、この桂川は葛野郡を流れるため古くは葛野川と称された。郡域は現在の京都市右京区・西京区・北区などに相当する。郡名の初見は『書紀』天智天皇六年条の瑞祥献上記事の「葛野郡」だが、これは後世の修飾であろう。天長五年（八二八）のものと思われる「葛野郡班田図」が残っており（お茶の水図書館ほか所蔵）、当郡の条里の具体的な姿をうかがうことができる。

葛野の地名は早くから史上に散見し、人文の発達の著しかったことが知られる。古く大和政権の時代に県が設置されて県主がおり、葛野県主（葛野主殿（とのもり）県主）の名が見え、朝廷の主殿として天皇の側近に仕えた。県の位置は不明だが大和政権と葛野との密接な関係がうかがえる。この葛野県主は神武天皇の道案内をした「頭八咫（やた）烏」の子孫とされていて、また鴨県主と密接な関係にあった。したがって葛野県も鴨県主の本拠地ともいうべき後世の愛宕郡に存在したとも考えられる。『山城国風土記』（『釈紀』所引）には大和の「葛木山」のカモ神が奈良盆地を北上し、山背国の「岡田の鴨」を経て「葛野河」などをさかのぼって「久我の国の北の山基」に鎮まったといい、ここからも大和との親近性がうかがえる。ほぼ中央に桂川の形成する左岸河岸段丘上に嵯峨野があり、水がかりが悪く水田農業には適していない土地で、したがって長く開発からとり残されて豪族も成立せず、古墳も建設がなかった。その地域環境が一変するのは渡来系氏族の秦氏による土木・灌漑技術の投入による開発で、それは『雑令集解』古記にも見える「葛野川堰」である「葛野大堰」建設から始まる。「秦氏本系帳」（『要略』所引）によれば秦氏一族がその祖先である秦の昭王の事業に匹敵するものとして「葛野大堰」を設け、多くの水田を得たという。その具体的な時期や位置は不明だが、秦氏の首長墓である清水山古墳・天塚古墳などの嵯峨野への古墳建設が五世紀末から六世紀初頭であることを考えれば、おおよそ五世紀後半頃のことと思われる。そしてその主たる灌漑地域は桂川左岸の嵯峨野・太秦であり、秦氏一族が渡来後の早い時期に行った開発であろう。氏神の大酒神社・氏寺の広隆寺はこの開発の結果豪族となった秦氏一族が創建したものである。建立地である葛野郡における秦氏の居住の濃密さをよく物語る。「西の猛霊」と呼ばれて崇敬を受けた松尾神社（松尾大社。現西京区）は大宝元年（七〇一）に秦都理が日崎峰から現在地に移転し、以後は秦氏がその祭祀を奉仕したという（『本朝月令』所引「秦氏本系帳」）。秦氏渡来以前にすでに松尾の神は祀られていたが、渡来して当郡に定着していく過程で、その在来の松尾神に渡来の信仰を重ねて自分たちのものとしたものであろう。

葛野郡の地域環境が一変するのは、延暦十三年（七九四）に平安京に遷都されて以後である。すなわち大納言藤原小黒麻呂・左大弁紀古佐美らによって「山背国葛野郡宇太村」の土地調査が前年正月にまず行われ、六日後には長岡京の解体・移築工事がはじまった（『日本紀略』延暦十二年正月条）。桓武天皇自身しばしば行幸して建設工事の督励にあたっているが、征夷事業と並行しての宮都建設であって、延暦十三年十月二十二日をもって「新京に遷り」、「葛野の大宮の地は山川も麗しく、四方の国の百姓の参い出来事も便にして」という遷都の詔が発せられた（同）。平安京域は山背国（山城国）の愛宕郡・葛野郡の両方にまたがっての建設であったが、「葛野郡宇太村」が調査対象地となりまた遷都の詔でも「葛野の大宮地」とあることから、葛野郡に遷都されたと意識された。国府も長岡京遷都とともに葛野郡に移転し、一時は山城国の中心地となったが、ほどなく乙訓郡へ再移転している（『日本紀略』）。当郡は山城国の交通の基幹路線ともいうべき「山背道」と称された古北陸道、「丹波道」と称された古山陰道のいずれも通過していなかったが、平安京の建設にともない新たに七道に向かうこれらの幹線道路の交通体系が整備された。愛宕郡と接する当郡の東部は平安京域に取り込まれたが、西に京域と接することになった葛野郡は以後郊外として発展をとげる。すなわち平安京内では体験できない水遊びの可能な桂川では、しばしば貴族たちの詩歌管弦をともなう王朝の船遊びがもたれ、また春秋には嵯峨野での遊覧など、都市平安京の住人の身近な近郊となった。別荘や寺院の建設も進み、後院の嵯峨院はのち大覚寺となったし、清原夏野の双ケ丘山荘は天安寺からさらに法金剛院に、源融の清霞観は清涼寺（いずれも右京区）になった。このほか光孝天皇の仁和寺、橘嘉智子（檀林皇后）の檀林寺や、四円寺と総称された一条天皇の円教寺・後朱雀天皇の円乗寺・後三条天皇の円宗寺・円融天皇の円融寺（いずれも右京区）など、西郊の葛野郡は別荘・寺院の林立する地域となる。これらの寺院はむろん、平安京域内の宮殿・邸宅・住宅の建設資材の供給は、旧都のそれらを移築するということもあったが多くは近辺の山林から伐りだされ、「山城国葛野郡大井山は、河水暴流し則ち堰堤淪没す」というありさまとなった（『後紀』大同元年閏六月条）。丹波国からの筏での運送が行われてその用材が平安京の諸建造物に用いられたが、その補助的な役割を果たしたのが近辺である当郡での木材の伐採であった。また一般庶民の住宅資材や燃料にも葛野郡の山地の用材が伐られ、いわば環境破壊をもたらしたと思われる。そのために防葛野河使が設置されて葛野川（桂川）の保守に意が用いられた。

橋頭郷　訓は不祥。あるいは「はしもと」か。葛野川（桂川）に架けられた橋に因む郷名であること は動かず、二分される当郡を結ぶ橋として重要なものであったが、橋も当郷も現在地比定には諸説あって不明。

広隆寺　現京都市右京区。「葛野秦寺」・「蜂岡寺」(『書紀』)、「蜂丘寺」(『上宮聖徳法王帝説』)、「秦公寺」(『広隆寺縁起』)などとも称され、飛鳥時代の創建が確認されているが、『書紀』によれば聖徳太子の誰かこの仏像を祀る者はいないかという問いに秦河勝が応えてこれを持ち帰り、建立したのものという(推古十一年条)。聖徳太子の死後にその菩提をとむらうために創建したという伝承もあるが(『広隆寺縁起』)、いずれにしても秦氏の濃密な居住によって建設されたもの。ただし現在地は移転後のもので、元地は飛鳥時代遺物の発見されている北野廃寺跡(北区)がそれと考えられる。

木島坐天照御魂神社　現京都市右京区。木島は地名であろうが不詳。アマテラスの名から知られるように本来は太陽神信仰に基づく神社だが、のち秦氏が渡来の信仰を重ねあわせ、氏神的神社とした。通称を蚕ノ社といい、秦氏の一族が伝えた機織・養蚕の信仰対象となった。

嵯峨野古墳群　多くは秦氏一族の豪族の墓と思われる。京都盆地の古墳形成は大和に近接することもあって四世紀初頭から始まるが、嵯峨野は水がかりが悪く豪族を成り立たせるような地域環境でなかったために古墳は存在しない。五世紀後半にいたって嵯峨野にも段ノ山古墳(現亡)・清水山古墳などの古墳が形成されはじめるが、新しく土木・灌漑技術をもって葛野郡の地に定着した渡来人秦氏の豪族の墓であろう。この嵯峨野地域の古墳形成は古墳時代の終わる七世紀初頭まで続いた。

【参考文献】

後藤靖・山尾幸久編『洛西探訪』淡交社、一九九〇年
北条勝貴「松尾大社における市杵島姫命の鎮座について」(『国立歴史民俗博物館研究報告』七二、一九九七年)
井上満郎『古代の日本と渡来人』明石書店、一九九九年

(井上満郎)

宇治郡・うじのこおり

郡名は宇治のほかには表記例はない。地名としては「菟道河」(『書紀』垂仁三年三月条)・「菟道野」(同

応神六年二月条）、また「宇遅野」（『古事記』応神段）など「菟道」「宇遅」の表記があるが、これらは郡名としての使用は確認されていない。訓は「ウチ」で、『和名抄』には表示がないが、『拾芥抄』に「ウヂ」と訓じている。郡名の由来について『山城国風土記』（『詞林采葉抄』所引）は応神天皇の時代に「宇治若郎子」がここに「宮室」を創ったので宇治と名付けたというが、これは後世の附会。当郡周辺が大和政権の勢力のおよぶ範囲の外端にあたるため、ここまでをウチ（内）と称したものと考えられる。北は愛宕郡、東は近江国、南は久世郡、西は紀伊郡に接し、現在の京都府宇治市・京都市山科区・伏見区などにあたる。『和名抄』は宇治・大国・賀美・岡屋（おかのや）・余部・小野（おの）・山科（やましな）・小栗（おくるす）の八郷をあげる。古北陸道が郡中央部をほぼ南北に貫通し、これに交差して宇治川が、山城国を南北に二分する巨椋池（おぐらいけ）（近代に干拓により消滅）に流れこむ。この宇治川・巨椋池に面する宇治郡域には宇治津・岡屋津などの港津が著しく発達し、陸路でも「山背道」（『万葉』）と呼ばれた古北陸道が宇治で宇治川を越えて北陸方面に通じていた。この古北陸道・宇治川の交差箇所には大化二年（六四六）の「山尻恵満の家」出身の道登の架橋（「宇治橋碑」）という宇治橋があった。宇治の地名は早く菟道稚郎子をめぐる皇位継承紛争の伝承に登場し、皇太子であった稚郎子が「菟道宮」を営んだという（『書紀』仁徳即位前紀。『山城国風土記』では「桐原の日桁宮」）。中臣町（山科区）という地名やまた先土器時代から奈良・平安時代にまで続く中臣遺跡の存在などからして早くからの先進的地域であったことがわかる。宇治氏が勢力を築いていたが、三国氏・道守氏といった越前国を本貫とすると思われる氏族が居住したこと（正倉院文書）は注目される。当郡と北陸地方とをつなぐ古北陸道を通じての移住である。壬申の乱に先立って大海人皇子が出家のうえ吉野に去った時、近江朝廷はこれを宇治まで監視した。近江大津宮にとっては逆に宇治までが政権の防衛範囲であり、そこから外に出せば安全だと考えられたのであろう。中臣鎌足は当郡に「山階精舎」（『家伝』上）を建立し、この「陶原の家」に建立した精舎がのち平城京に移転して興福寺（山階寺）になったといい（『帝王編年記』）、大宅廃寺（山科区）をその遺跡とする説がある。天智天皇は大津宮での死後、当郡に陵墓が築かれた。大津宮と当郡は山背国・近江国境界の逢坂を挟んで隣接するから、畿外の近江国を避けて畿内である当郡に陵墓を築いたものか。山科駅が設置されていたが、平安京の建設後は宮都の近郊地となり、新たに当郡北部を平安京から東山を越えて逢坂に向かう東海・東山・北陸併用道が通過し、宮都と至近となった山科駅は廃止され近江国勢多駅に併合された(『後紀』延暦二十三年六月条)。平安時代には醍醐寺(伏見区)・勧修寺(山科区)などが建立された。

山科郷 天智天皇が「山科野」に遊猟し(『書紀』天智八年五月条)、また「山科御陵」に葬られた(『万葉』)。この「山科御陵」は『延喜式』が記す「山科陵」で、現山科御陵(山科区御陵)がそれと推定される。当郷は山科盆地の中央部から北部にかけてに位置し、山科駅も当郷に設置された。

宇治橋 古北陸道が宇治川を渡河する地点に架けられた橋。大化二年(六四六)道登の架橋というが、道昭の創建とする史料もある(『続紀』文武四年三月条)。永久橋ではないのであるいは両説ともに成立するものか。橋守が置かれ(『書紀』天武元年五月条)、橋姫が祀られていた(『山城国風土記』)。宇治津(正倉院文書)は当橋の少し下流にあり、琵琶湖沿岸から伐りだされ、瀬田川・宇治川・木津川と回送された用材の、奈良への中継港の役割を果たしたものであろう。

宇治氏 神別。饒速日命六世孫の伊香我色雄命(いかがしこお)の後裔とする。当郡一帯に居住し、平安時代にいたるまで郡司職を独占していた。はじめ連であったが天武十三年(六八四)の天武八姓のおりに宿禰となる。巨椋池対岸の乙訓郡から宇治宿禰某の墓誌が発見されており、宇治移住があったことがわかる。

【参考文献】
宇治市編『宇治市史』1 一九七三年
後藤靖・田端泰子編『洛東探訪』淡交社、一九九二年

(井上満郎)

乙訓郡・おとくにのこおり

郡名は普通「乙訓」だが、藤原宮木簡に「弟国評」、山梨県勝沼町経筒銘に「乙国郡」とある。地名としては「堕国」とも書く(『書紀』)。訓はオトクニで、高山寺本『和名抄』では「オタキ」とするも、愛宕郡の「オタキ」との間に何か錯簡があるか。郡名・地名の由来については、『書紀』が垂仁天皇の妃に選ばれるも醜いというので故郷の丹波(のちの丹後)に帰された竹野媛が帰路ここで輿から墜ちて自殺したことに因

むという地名起源説話を記すが（垂仁十五年八月条）、藤原宮木簡が示すように本来は「弟国」で、「兄国」と対になるものであろう。ただし兄国については不詳。『和名抄』では山崎・鞆岡・長岡・大江・物集・訓世・榎本・羽束・石作・石川・長井の十一郷からなるが、他に小野（正倉院文書）の郷名も見える。北は葛野郡、東は紀伊郡、南は綴喜郡、西は丹波国・摂津国に接し、現在の京都市西京区・南区の一部、および向日市・長岡京市・大山崎町に相当する。地名の初出は『書紀』垂仁紀で、大和から丹波（丹後）への交通路の途中として見えており、これは『万葉』に「丹波道」と称された古山陰道が意識されて生じた伝承。郡名の初出は大宝二年（七〇二）で、現在の向日神社のことと思われる「山背国乙訓郡火雷神」の名が見える（『続紀』大宝二年七月条）。古くは葛野に包括され大宝令で乙訓郡が初めて分離したとされたが、藤原宮木簡ですでにそれ以前に「弟国評」の立評が確実でこの説は成り立たない。継体十二年（五一八）、樟葉宮（大阪府枚方市）での即位から筒城宮（京都府京田辺市）を経て継体天皇は当郡に弟国宮を設けた。その位置は不明だが、近江ないし越前出身の新王朝の創始者である継体天皇が淀川水運につながる地理に着目しての経営であることは疑いなく、これに陸路の古山陰道が加わって当郡は水陸の交通の至便な地域であった。郡名を負う乙訓寺（法皇寺。長岡京市）は白鳳時代創建で、のち空海が一時滞在したことで著名だが、早くから仏教文化の開花もあった。石作部および郷名に関わる石作氏、物集郷に関わる秦物集氏（正倉院文書）、また巨椋池水運を介しての宇治郡からの移住と思われる宇治宿禰氏（宇治宿禰墓誌）などの居住が見られる。当郡の地域環境が一変するのは、延暦三年（七八四）の長岡京遷都からである。大江郷居住のため大枝（大江）氏を名乗ることになる土師氏の出の高野新笠を母とする桓武天皇は、あるいは当郡で幼時を過ごしたかと思われるが、平城京からの遷都が問題となったとき新宮都の地に生まれ故郷を選んだ可能性が高い。長岡京の名は「乙訓郡長岡村」（『続紀』延暦三年五月条）に遷都され、この宮都の中心部が長岡郷に位置したことから生じた。遷都理由は不明で、生まれ故郷説、渡来人居住説などがあるが、桓武自身が宣言しているように当郡の「水陸の便」すなわち交通によるもの（『続紀』延暦七年十月条）とする説も強い。延暦十三年に平安京（京都市）に宮都が移転してからは田園地域に戻るが、延暦十六年に「長岡京南」（『日本紀略』延暦十六年八月条)、貞観三年(八六一)に「河陽離宮」(『三代実録』貞観三年六月条)にと国府が設置されていて山城国内でも重要な郡であった。とくに南端の山崎津(大山崎町)は平安京の外港として発達し、都市的様相を呈した。

大江郷　もと大枝郷か。郷域は現京都市西京区大枝。丹波国との境界をなし、山陰道が丹波へ越える老ノ坂は大江の坂の転訛であろう。のち丹後の大江山に移動するが、酒呑童子伝説の発祥地。

山崎橋　当郡山崎郷と淀川対岸の綴喜郡・河内国を結ぶ橋。対岸には橋本(八幡市)の地名も残る。行基の架橋というが(『行基年譜』)、不詳。造山崎橋使が置かれるなど保守に意が用いられ、交通の要衝であった。山崎には駅も設置されていた(駅馬二十匹。『延喜式』)。

河陽離宮　嵯峨天皇の設けた離宮。大河に臨む環境に着目しての設営で、嵯峨・淳和・仁明天皇などがしばしば行幸し、賦詩などが行なわれた。貞観三年に国府に転用。

久我畷　平安京遷都時に敷設された公道。当郡を東北から南西に横切り、山陽道・西海道などに向かう。現在地形に道路痕跡をとどめる。

【参考文献】

林屋辰三郎「兄国・弟国」(『日本史研究』一〇九)
中山修一『長岡京・内と外』日本資料刊行会、一九八八年
長岡京市編『長岡京市史』本文編1　一九九六年

(井上満郎)

紀伊郡・きいのこおり

郡名は紀伊(正倉院文書ほか)・紀(『書紀』欽明即位前紀)が見られ、訓は「キイ」。『山城国風土記』が「許の国」とし、紀氏がまた木氏と表記され、紀伊国が木国であったように(『古事記』)、本来は「コ」郡ないし「キ」郡で、のちに好字によって紀伊とされ、キイと読むことになったものか。深草郷長として木(きの)日佐(おさ)氏の名が見えることもこれを裏付ける(仁和寺文書)。「拾芥抄」は「キイ」とする。郡名の由来はやはり樹木の繁茂する地域、すなわち木国であったからであろう。山城国のほぼ中央部に位置し、北は愛宕郡・葛野郡、東を宇治郡、南を久世郡、西を乙訓郡に接し、現在の京都市南区・伏見区にあたる。『和名抄』

刊本は岡田・大里・紀伊・鳥羽・石原・拝志・深草・石井の八郷をあげる。高山寺本は拝志を「波夜之」とし、また石井郷を載せない。郡名の初出は『書紀』欽明即位前紀の「紀郡深草里」だが、これは後世の国郡里制に基づく修飾である。弥生時代の木製農具を多く出土した深草遺跡から知られるように早くから農業開発のあった地域で、鴨川の水利を用いて水田農業が行なわれていた。東山山系の西斜面の山麓部あたりは水がかりが悪く、ために開発からとり残されていたらしく、そこへ渡来の土木・灌漑技術の投入がなされて農耕可能な地にしたのは秦氏であった。稲荷神社を現在地に移転したのも秦氏であったし（『二十二社註式』）、豪族としての勢力を築いた。延暦十九年（八〇〇）に当郡の郡司として見える大領・少領・擬主政・擬主帳のうち擬主帳を除くすべてが秦氏であることも（仁和寺文書）、当郡におけるこの氏族の勢力の大きさをうかがわせる。延暦十三年（七九四）の平安京遷都によって都市近郊となり、羅城門から南下する造り道が鴨川と交差する鳥羽津（伏見区）は平安京外港としての位置を占めた。また平安京南西郊外あたりの桂川の河原は「葬送の地・放牧の処」となったともいう（『三代格』）。

深草屯倉　深草郷あたりに設定された屯倉であろうがその時期や位置は不明。蘇我入鹿に攻撃された山背大兄王に、臣下の三輪文屋君が一旦深草屯倉に入っての勢力の再編を勧めるが大兄王はこれを受けなかったという（『書紀』皇極二年十一月条）。深草は秦氏の居住地であり、秦河勝以来の上宮王家と秦氏との密接な関係が背景にあったものと思われる。

稲荷神社　元はイネ・ナリで農業神。秦伊侶具が山の峰に祀ったことから始まるといい（『山城国風土記』）、これを和銅四年（七一一）に山麓の「平なる処」に移転した（『二十二社註式』）。現在の名称は伏見稲荷大社。

（井上満郎）

久世郡・くせのこおり

郡名は久世のほか、久勢（平城宮木簡）・久西（「東大寺奴婢帳」）・久背（「弘福寺田畠流記帳」）などの表記例がある。現在はクゼ郡と濁音だが、本来の訓はこれらの例からしてクセと清音であろう。『和名抄』高山寺本・刊本ともに訓はあげないが、『拾芥抄』は「クセ」とする。郡名の由来は不詳。北を紀伊郡、東を宇治郡、南を綴喜郡、西を乙訓郡に接するが、北部は巨椋池が占める。

現在の宇治市・久世郡久御山町に該当。『和名抄』刊本は竹淵（たかふち）・奈美・那羅・水主・那紀・宇治・殖栗・栗隈（くりくま）・富野（とむの）・拝志・久世・羽栗の十二郷をあげる。高山寺本は奈美・宇治・羽栗の三郷をあげず、栗隈を栗前とする。栗隈郷に関しては、仁徳朝に「大溝」を「栗隈県」に掘削して田に水を引いたといい（『書紀』仁徳十二年十月条）、また推古期にも「大溝」を掘ったという（同推古十五年是歳条）。この「大溝」は灌漑用水路であり、現城陽市を正北方向に流れる古川に想定されている。また県主と思われる栗隈氏（『書紀』天智七年二月条）がおり、その栗隈首徳万の娘の黒媛娘は天智天皇との間に水主皇女を生んでいる。この水主皇女の名の由来は不詳だが、あるいは当郡の水主郷に関わるものか。さらに栗隈采女黒女の名が見えており（『書紀』舒明即位前紀）、采女を貢上するほどの栗隈氏の勢力の大きさがうかがえる。壬申の乱に活躍する栗隈王もこの氏族と何らかの関係があるかと思われるが不詳。これらのことを考えあわせて、早くから大和政権の支配が及んでいた地域であったことは確実である。古墳時代前期から中期にかけての久津川古墳群は、この当時の栗隈氏などの豪族の墓所であろう。栗隈氏の名は『姓氏録』には見えていないが、奈良時代にも栗前連広耳が「貢献」の功績によって外従五位下を授けられるなど（『続紀』神護景雲二年九月条）、地方豪族としての勢力を保持していたことは疑いない。県の他に、『蜻蛉日記』に「山城の国くせのみやけ」と見え、屯倉の設定があったふしがあるが詳しくは不明。古北陸道が郡のほぼ中央を南北に通じており、また水上交通でも北部の巨椋池水運が頻繁に利用された。「巨椋の入江」・「久世の鷺坂」などが『万葉集』に歌枕の地として見えている。奈良時代を中心とする官衙跡である正道官衙遺跡（城陽市）が郡衙跡と推定されている。

【参考文献】

喜田貞吉「栗隈の県とその古墳墓の研究」（『喜田貞吉著作集』2　平凡社、一九七九年）

（井上満郎）

綴喜郡・つづきのこおり

郡名は綴喜のほか、綴憙（「東大寺奴婢帳」）がある。地名としてのツツキについては「筒城宮」（『書紀』仁徳三十年九月条）・「山代の筒木の原」（『万葉』）などの表記例があるが、これらは郡名としての使用例ではない。訓は『和名抄』刊本・東急本は郷名の綴喜に「豆々木」、高山寺本は郡名に「ツツキ」とし、『古事記』は「都都紀」とする。郡名の由来は不詳。北は久世郡、東は近江国、南は相楽郡、西を河内国に接し、郡域は東西に長く広がる。現在の八幡市・京田辺市・宇治田原町・井手町に該当する。中心部を木津川が北上し、その両側を奈良から平城山を越えて山城国に入った古北陸道と古山陰道が通る。古北陸道は途中の当郡で宇治田原から近江国へ越える「田原道」と呼ばれる東山道を、古山陰道は同じく当郡で河内国への山陽道を分岐する。陸路の六道のうち四道が通過・分岐するという交通の要衝であった。古山陽道には和銅四年（七一二）に山本駅が設置された（『続紀』和銅四年正月条）。『和名抄』は山本・多可（多河）・田原(たはら)・中村・綴喜(つつき)・志磨・大住・有智・甲作・余戸の十郷をあげる。仁徳天皇の皇后の磐之媛は故郷の葛城に帰ろうとし、紀伊国から大阪湾を経て淀川を遡航、さらに「山代河」と称された木津川から、「筒木の韓人」で名を「奴理能美」という人物の家に入った（『古事記』仁徳段）。この時に「宮室」を「筒城岡」に営み、「筒城宮」と称したという（『書紀』仁徳三十年九月条・十月条）。「韓人」がいたという伝承は当郡に渡来人が居住し、先進的な地域環境であったことを物語る。また南九州からの移住民である隼人の居住もあった。近江出身とも越前出身ともいう継体天皇は、河内国樟葉宮での即位後、継体五年に「山背の筒城」に遷都した（『書紀』継体五年十月条）。以後継体十二年の弟国宮への遷都までの七年間の宮都であった。奈良時代には橘諸兄が「相楽別業」を営みここに聖武天皇が行幸している（『続紀』天平十二年五月条）。この別業は諸兄が「井手左大臣」と呼ばれたことなどからして現井手町と考えられるが、また「かにはの田居」で芹を摘んだという歌もあり（『万葉』）、この「かには」は相楽郡蟹幡郷のことだから、相楽別業は綴喜・相楽両郡に広域に展開していたものか。平安時代には郡西部に石清水八幡宮が創始された。

大住郷　現京田辺市。大住は大隅で、隼人が大隅国（鹿児島県）から強制移住させられ、定着したことから発した郷名。天平七年（七三五）の山背国隼人計帳が残るが（正倉院文書）、これは当郷のものと考えられる。隼人・大住隼人・大住忌寸氏・阿多氏などの居住が確認される。

【参考文献】

足利健亮『日本古代地理研究』大

明堂、一九八五年

（井上満郎）

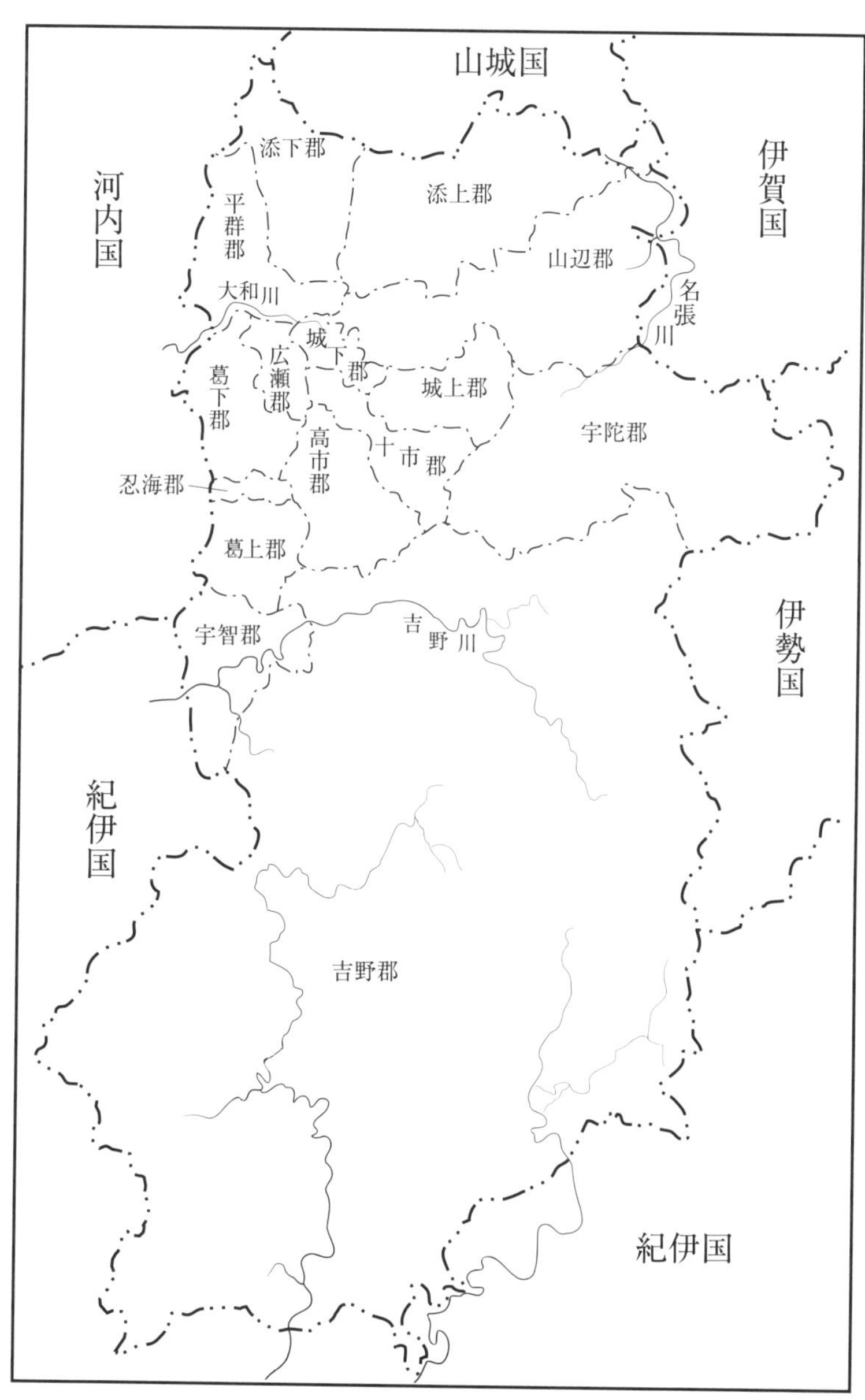
山城国
伊賀国
河内国
添下郡
添上郡
平群郡
山辺郡
大和川
名張川
城下郡
広瀬郡
葛下郡
城上郡
宇陀郡
高市郡
十市郡
忍海郡
葛上郡
宇智郡
吉野川
伊勢国
紀伊国
吉野郡
紀伊国

大和国略図

大和国・やまとのくに

古くは倭国、のち大倭国、天平九年（七三七）から大養徳国と表記するが、天平十九年には旧に戻す。『続紀』には天平宝字二年（七五八）から大和国と見え、養老律令施行にともない国名表記も改めたとみられる。現在の奈良県。

地勢は中央構造線と重なる紀ノ川上流の吉野川が大和国を南北に折半し、南半は山岳重畳の吉野山地である。北半の東部には笠置山地（大和高原）・宇陀山地が列なり、西部は奈良盆地である。盆地の北は佐紀丘陵、西は生駒・金剛山地が囲み、盆地内の河川は大和川となって大阪湾に注ぐ。

国名は三輪山麓の地ヤマトに大和王権が発祥したことによるが、大和王権が列島を統一したことから国家号ともなった。わが国古代国家成立の地であり、初期の王宮は三輪山麓の磯城・磐余に営まれたが、七世紀には盆地南部の飛鳥に移る。持統八年（六九四）にはその北に最初の中国風宮都の藤原京が営まれ、和銅三年（七一〇）にはさらに北方の平城京に移り、長岡京に遷る延暦三年（七八四）までわが国の中心地であった。また、霊亀二年（七一六）頃から天平十二年（七四〇）頃までの間、吉野離宮を中心に国に準じる吉野監が置かれた。宮都の移動とともに、大和国府も葛上→高市→平群郡へと移動したとみられる。

初期の王領には高市・葛木・十市・志貴・山辺・曾布の六御県の他、春日・宇陀・猛田・久米の県、倭屯倉などがあった。王族や有力豪族の奥津城として、盆地東部の大和古墳群（広義）、北部の佐紀盾列古墳群、西部の馬見古墳群が順次形成されるが、王宮が飛鳥に移るとそれも周辺に移動する。

主な古道には、西の竹内峠の麓と東の初瀬を結ぶ横大路、大和川北岸を竜田から石上に延びる竜田道、盆地の南北を令制四里の等間隔で並行して結ぶ下ツ道・中ツ道・上ツ道や山辺道があった。平城京朱雀大路の延長路でもある下ツ道は、盆地内の条里制の里の起点とされた。

『和名抄』によれば、添上・添下・平群・広瀬・葛上・葛下・忍海・宇智・吉野・宇陀・城上・城下・高市・十市・山辺の十五郡を管した。

【参考文献】

直木孝次郎『飛鳥奈良時代の研究』塙書房、一九七五年
岸俊男『日本古代宮都の研究』岩波書店、一九八八年
山中一郎・狩野久編『新版古代の日本』近畿Ⅰ、角川書店、一九九二年
町田章・鬼頭清明編『新版古代の日本』近畿Ⅱ、角川書店、一九九一年

（平林章仁）

添上郡・そうのかみのこおり

『和名抄』の訓は「曾不乃加美」（東急本）、「カフノカミ」（高山寺本）、『延喜式』民部上には「ソフノカミ」とある。

山村・楢中・山辺・楊生・八島・大岡・春日・大宅の八郷から成る。

郡域は現在の奈良市から大和郡山市の東部、天理市北部と山添村の一部。郡の西部を佐保川が南流し、東部は大和高原である。

六御県の一つ曾布県が置かれ、『書紀』神武即位前紀に層富県、天平二年（七三〇）の「大倭国正税帳」に添御県が見える。藤原宮木簡に所布評・曾布上郡とあり、大化以後にソフ県を中心にソフ評が設けられ大宝令制で添上・添下二郡に分割。『書紀』欽明元年の添上郡は後の修文、『続紀』和銅元年（七〇八）に添上下二郡とあるが、平城宮木簡には藻上郡とも見える。

本郡の有力氏族に和珥（丸邇・和邇）臣があり、応神から敏達までの七天皇に妃を入れたと伝え、春日・大宅・櫟井・柿本・粟田・小野臣らの同族がある。天理市和爾町には式内大社の和爾坐赤坂比古神社、櫟本町にも式内の和爾下神社が鎮座、和爾町の東大寺山古墳からは後漢の中平（一八四～一八八）の紀年銘をもつ大刀が出土。

元明天皇は和銅三年（七一〇）、藤原京からこの地の平城京に遷都、延暦三年（七八四）まで都であった。聖武天皇は鎮護国家のため京外東山に東大寺を建立、本尊盧舎那仏坐像（大仏）は天平勝宝四年（七五二）に開眼。正倉院宝物は天平文化の粋を今に伝える。法華寺は光明皇后が天平十七年（七四五）に旧邸を寺としたのに始まり、隅院とも呼ばれた海竜王寺も彼女の本願により天平三年（七三一）に創建された。

平城遷都に伴い飛鳥・藤原京の主要寺院も移建され、大官大寺→大安寺、法興寺→元興寺、厩坂寺→興福寺など、いずれも南都七大寺の内に数えられる。

本郡の東部・北部の丘陵は奈良時代の墓域でもあり、東の奈良市此瀬町には『古事記』編者太安萬侶墓

があり、火葬骨を入れた木櫃や養老七年（七二二）銘のある銅板墓誌が出土。近くの日笠町には光仁天皇の田原東陵がある。北の佐保丘陵一帯にも元明天皇の奈保山東陵、元正天皇の同西陵、聖武天皇の佐保山南陵、光明皇后の同東陵などがある。

山村郷　現在の奈良市山町・山村町の辺。『書紀』欽明元年に百済人己知部を山村に安置したとある。七世紀後半創建の山村廃寺があり、平城宮木簡に大養徳国藻上郡山村と見える。

楢中郷　天理市楢町の一帯。本郷の和爾は和珥臣の本貫である。

山辺郷　奈良市法華寺町の辺か。欠年の「正倉院丹裏古文書」に見える添上郡山君郷、また宝亀四年（七七三）の「山辺千足月借銭解」の山公郷と同じか。

楊生郷　延久二年（一〇七〇）の「興福寺大和国雑役免坪付帳」の楊生庄の所在地から大和郡山市横田町の辺に比定する説もあるが、式内大社の夜支生山口神社の鎮座する奈良市大柳生町・柳生町の辺か。

八島郷　奈良市八島町の一帯。欠年の「正倉院丹裏古文書」には、添上郡資母郷戸主八島麻呂や戸口八島白麻呂が見える。資母郷は『和名抄』には見えないが、天平十三年（七四一）の「東大寺奴婢帳」にも志茂郷とある。長岡京への遷都により、本郡の郷の再編が行われた可能性が高い。

大岡郷　奈良市法蓮町の辺か。天平十四年（七四二）の「優婆塞貢進解」に、添上郡大岡郷戸頭柿本臣佐賀志が見える。

春日郷　奈良市春日野町の一帯。宝亀三年（七七二）の「大宅朝臣船人牒」に添上郡春日郷とある。春日県が置かれ、『書紀』綏靖二年に春日県主が見える。開化天皇の春日率川宮・春日率川坂上陵の伝承地。『続紀』和銅元年（七〇八）には春日離宮、長屋王家木簡にも春日宮、平城宮木簡には春日村が見える。和珥臣同族の春日臣の本貫。神護景雲元年（七六七）には藤原氏が氏神の春日大社（式内名神大社の春日祭神四座）を創祀。式内の率川坐大神神御子神社も本子守町に鎮座。

大宅郷　奈良市古市町の辺か。藤原宮木簡に曽布上郡大宅里と見える。『書紀』武烈即位前紀の道行歌に、「石上　布留を過ぎて　薦枕　高橋過ぎ　物多に　大宅過ぎ　春日　春日を過ぎ　妻隠る　小佐保を過ぎ」とある。和珥臣同族の大宅臣の本貫で、天平勝宝元年（七四九）の「東大寺奴婢帳」に添上郡大宅郷戸主大宅朝臣可是麻呂と見える。

以上の他、天平十四年（七四二）の「中臣寺三綱解」には仲戸郷が見える。

【参考文献】

岸俊男『日本古代政治史研究』塙書房、一九六六年
田中琢『古代日本を発掘する』3 平城京、岩波書店、一九八四年
直木孝次郎編『古代を考える奈良』吉川弘文館、一九八五年
上田正昭編『春日明神』筑摩書房、一九八七年

（平林章仁）

添下郡・そうのしものこおり

『和名抄』の訓は「曾布乃之毛」（東急本）、「カフノシモ」（高山寺本）、『延喜式』民部上には「ソフノシモ」とある。

村国・佐紀・矢田・鳥貝の四郷から成る。郡域は現在の奈良市西部から大和郡山市の中心部、生駒市東部にあたる。西と北は丘陵で、東は秋篠川、西は富雄川が南流する。

六御県の一つ曾布県が置かれ、『書紀』神武即位前紀に層富県、天平二年（七三〇）の「大倭国正税帳」に添御県、『延喜式』祝詞に曾布御県が見える。式内大社の添御県坐神社の鎮座地比定は、奈良市歌姫町字御県山と奈良市三碓町の両説がある。藤原宮木簡に所布評・曽布上郡が見えるから、大化以後にソフ県を中心にソフ評が置かれ、大宝令制で添上・添下二郡に分割。『書紀』天武五年（六七六）に添下郡とあるのは後の修文で、『続紀』和銅元年（七〇八）に添上下二郡とあるのが初見。

和銅三年（七一〇）、藤原京からこの地の平城京に遷都。平城宮の北、佐紀丘陵には全長二〇〇メートルを超える前期から中期の巨大古墳の集中する佐紀盾列古墳群がある。主要古墳には五社神古墳（神功皇后狭城盾列池上陵）・佐紀石塚山古墳（成務天皇狭城盾列池後陵）・佐紀陵山古墳（日葉酢媛命狭木之寺間陵）・市庭古墳（後円部のみ平城天皇の楊梅陵とするも時代が合わない）・ヒシャゲ古墳（磐之姫命平城坂上墓）・コナベ古墳・ウワナベ古墳などがある。大和古墳群に続く、初期大和王権の大王・王族の奥津城であろう。なお、『延喜式』諸陵寮では平城坂上墓・楊梅陵は添上郡、狭城盾列池上陵・同池後陵は添下郡に属す。

天武九年（六八〇）に発願された薬師寺が、遷都に伴ない藤原京から現在の奈良市西ノ京町に移建され

た。奈良市西大寺芝町の西大寺は、藤原仲麻呂の乱を契機に称徳天皇が鎮護国家を祈願して創建したもので、いずれも南都七大寺に数えられる。奈良市五条町には唐から招いた鑑真を開山とし、天平宝字三年（七五九）に戒院を設けたのに始まる唐招提寺がある。

村国郷　大和郡山市高田町の辺。天平年間の「従人勘籍」に添下郡村国郷 郡里と見え、本郡の郡家が置かれていたとみられる。

佐紀郷　奈良市佐紀町の一帯。『書紀』垂仁三十五年に狭城池、『霊異記』下十五に諸楽京活目陵の北の佐岐村、『万葉』巻一に佐紀宮、『続紀』宝亀元年（七七〇）には称徳天皇の添下郡佐貴郷高野山陵などが見える。長屋王家木簡に佐貴里、平城宮木簡に佐紀郷とある。

矢田郷　大和郡山市矢田町の一帯。『続紀』和銅七年（七一四）に登美箭田二郷と見え、式内大社の矢田坐久志玉比古神社が鎮座する。

鳥貝郷　富雄川流域の奈良市中町・三碓町の辺か。『続紀』和銅七年に登美郷が見え式内の登弥神社が鎮座することもあって『大日本地名辞書』は鳥見の謬りとするが、『和名抄』高山寺本の訓は「止利加比」である。長岡遷都後に、本郡でも郷の再編が行なわれた可能性が高い。なお、富雄川流域は城上郡鳥見（桜井市外山）と共に神武東征伝説の鵄邑伝承地。

以上の他に『和名抄』には見えないが、天平十九年（七四七）の「法隆寺伽藍縁起幷流記資財帳」には添下郡菅原郷が見え、奈良市菅原町の一帯に比定される。埴輪生産・築陵や喪葬儀礼に従事した土師連の後裔菅原氏の本貫で、式内の菅原神社が鎮座。埴輪生産工房跡が確認された菅原東遺跡もある。菅原寺（喜光寺）は養老五年（七二一）行基の開基と伝え、晩年を本寺で過ごしたが菅原氏の氏寺であろう。安康天皇の菅原伏見西陵は奈良市宝来町に、垂仁天皇の菅原伏見東陵は尼辻町の宝来山古墳に治定される。藤原武智麻呂の習宜別業は奈良市西大寺宝ケ池付近とされる。

さらに応保二年（一一六二）の「紀国末所領売券」には秋篠郷が見え、奈良市秋篠町の辺に求められる。土師連の後裔の秋篠氏の本貫で、秋篠寺は光仁・桓武両天皇の発願、善珠の開基と伝えるが、秋篠氏とも無縁でない。この寺の西方丘陵からは銅鐸四個が出土している。

【参考文献】

田中琢『古代日本を発掘する』3　平城京、岩波書店、一九

八四年
直木孝次郎編『古代を考える奈良』吉川弘文館、一九八五年
（平林章仁）

平群郡・へぐりのこおり

『和名抄』東急本は「平郡」につくり、訓は「倍久里」（東急本）、「ヘクリ」（高山寺本）とある。那珂・飽波・平群・夜麻・坂門・額田の六郷から成る。郡域は大和川北岸西部の、現在の生駒郡平群町・斑鳩町・三郷町・安堵町・生駒市の大部分と大和郡山市西部にあたる。

『書紀』天武五年（六七六）に倭国飽波郡（郡字は文飾）、正倉院が所蔵する法隆寺系の幡残片墨書にも阿久奈弥評と見え、七世紀後半には飽波評も置かれていた。東の飽波評と西の平群評を併せて、大宝令制で平群郡が成立したとみられる。和銅六年（七一三）の年紀のある平城宮木簡に平群郡、続いて天平二年（七三〇）の「大倭国正税帳」にも平群郡と見える。

本郡を拠点とした有力氏族に、建内宿禰後裔の平群臣がいる。仁徳天皇との同日誕生や易名の伝えられる木菟宿禰、五世紀後半に大臣を歴任した真鳥、武烈天皇（『古事記』は顕宗天皇）と物部麁鹿火の娘影媛を争った鮪、聖徳太子らと物部守屋討伐軍に参加した神手などが知られる。

平群町西宮鎮座の式内大社、平群神社は平群臣の奉斎社。その西には巨大な花崗岩切石を用いた長大な横穴式石室を持つ方墳の西宮古墳や、巨石を用いた横穴式石室を持つ前方後円墳の烏土塚古墳がある。また椿井宮山古墳はアーチ状持送り天井の古式横穴式石室を持つことで知られ、聖徳太子創建と伝える三郷町勢野の平隆寺（平群寺）は平群臣の氏寺であり、寺院名を列記した七世紀後半の飛鳥池木簡に平君と見える。『紀氏家牒』逸文には紀角宿禰が平群県紀里に居住したとあり、平群町上庄には式内名神大社の平群坐紀氏神社が鎮座（元は椿井）する。さらに平群町三里の三里古墳は和歌山市の岩橋千塚古墳群に特徴的な奥に石棚をもつ横穴式石室墳で、紀臣の居住も知られる。

大和川の北岸沿いには、西は河内国、東は石上と結ぶ竜田道（北の横大路）が走る。推古十三年（六〇五）、聖徳太子を中心とする上宮王家は竜田道沿に造営した斑鳩宮に遷居、斑鳩寺（法隆寺）も造営した。『書紀』天武八年（六七九）には竜田山の関、『霊異記』中十七や『東大寺要録』には平群駅が見え、いずれも竜田道沿にあったとみられる。同じく三郷町立野には風神を祭る式内名神大社

の竜田坐天御柱国御柱神社（竜田大社）が鎮座。天武四年（六七五）から大和川の南岸、広瀬郡の広瀬坐和加宇加売命神社とともに国家祭祀をうける。

本郡西方の生駒山・高安山は河内との国境で、その東山麓には式内大社の往馬坐伊古麻都比古神社（生駒市壱分町）や同じく伊古麻山口神社（平群町櫟原）が鎮座する。壱分は有間皇子の市経家（『書紀』斉明四年）の伝承地。『続紀』宝亀四年（七七三）に生馬院、『霊異記』中八に生馬山寺と見えるのは生駒市有里町の竹林寺で、「行基大僧正墓誌」には行基を火葬した地と伝え、舎利瓶も出土した。

高安山には白村江敗戦後の天智六年（六六七）、大和国防備のため高安城が築かれた。西の信貴山頂には縁起絵巻で知られる山岳寺院の朝護孫子寺（信貴山寺）がある。

那珂郷　生駒郡三郷町勢野の辺。二条大路木簡に中郷、「信貴山寺資財帳写」にも平群郡中郷と見える。

飽波郷　大宝令前は飽波評。富雄川左岸の安堵町と斑鳩町の一部。藤原宮木簡に飽浪と見え、天平十九年（七四七）の「大安寺伽藍縁起并流記資財帳」に聖徳太子の飽浪葦墻宮、『続紀』神護景雲元年（七六七）と三年にも飽浪宮が見え、斑鳩町法隆寺小字上宮の上宮遺跡がそれと目される。天平勝宝二年（七五〇）の「官奴司解」には飽浪村も見える。

平群郷　竜田川流域の平群町の地。平群臣の本貫。『古事記』景行段の倭建命の歌に平群の山、『万葉』十六には薬猟が見える。

夜麻郷　富雄川右岸の斑鳩町の東部。法隆寺がある。天平十九年（七四七）の「法隆寺伽藍縁起并流記資財帳」に見える屋部郷と同じで、郷名は山部連の居住による。

坂門郷　斑鳩町西部から三郷町東部。「法隆寺伽藍縁起并流記資財帳」に坂戸郷、欠年の「勘籍歴名」には坂門郷と見える。

額田郷　佐保川下流右岸の大和郡山市の南部一帯。もとは飽浪評に属した。『書紀』仁賢六年に山辺郡額田邑とあり、一時山辺郡にも属した。『聖徳太子伝私記』には額田部郷とも見え、額田部連の本拠で聖徳太子建立の熊凝寺の後身という氏寺の額安寺（額田寺）がある。奈良時代後半の「額安寺伽藍并条里図」には「船墓〈額田部宿禰先祖〉」と書きこみがある。

【参考文献】

岸俊男『日本古代文物の研究』塙書房、一九八八年
狩野久『日本古代の国家と都城』

東京大学出版会、一九九〇年
辰巳和弘『地域王権の古代学』白水社、一九九四年
仁藤敦史『古代王権と都城』吉川弘文館、一九九八年
国立歴史民俗博物館研究報告八八『古代荘園絵図と在地社会についての史的研究』二〇〇一年

（平林章仁）

広瀬郡・ひろせのこおり

城戸・上倉・下倉・山守・散吉・下勾の六郷から成る。北は大和川、東は曽我川が境を画し、西には低平な馬見丘陵がある。郡域は北葛城郡河合町・広陵町および王寺町の一部。

和銅二年（七〇九）の「弘福寺田畠流記帳」に広瀬郡、藤原宮木簡に広背、和銅六年の年紀をもつ平城宮木簡にも広背郡、天平二年（七三〇）の「大倭国正税帳」には広湍郡と見える。

馬見丘陵には前期から中期の大型古墳の集中する馬見古墳群があり、大和王権の有力集団の奥津城とみられる。低地にあることで知られる川合大塚山古墳をはじめ、埴輪を立て並べた出島状遺構や船形木棺の出土した巣山古墳・新木山古墳・築山古墳、中国の晋との関係を示す帯金具や三十四面もの銅鏡が出土した大型前方後方墳の新山古墳、家屋文鏡を始め三十六面もの銅鏡が出土した佐味田宝塚古墳などがある。また巨石を用いた大型横穴式石室をもつ牧野古墳は、押坂彦人大兄皇子の成相墓である可能性が高い。

敏達天皇の百済大井宮と広瀬殯宮、押坂彦人大兄皇子の水派宮、舒明天皇の百済大宮と百済大殯、天武天皇の広瀬野行宮、高市皇子の木上殯宮と三立岡墓も本郡内に求められる。

葛城川や曽我川が大和川に合流する河合町川合には、天武四年（六七五）から対岸の竜田大社と共に国家祭祀をうける式内名神大社の広瀬坐和加宇加売命神社（広瀬川合神、大忌神とも）が鎮座する。聖徳太子建立と伝える王寺町舟戸の西安寺（久度寺）は、渡来系の大原史の氏寺であり、同じく河合町穴闇の長林寺（長倉寺）は、この地に置かれた朝廷の長倉の管理に従事した渡来系集団との関係が考えられる。

城戸郷　広陵町百済から大塚の辺。『書紀』武烈三年に水派邑を城上と称したとあり、長屋王家木簡に木上司や木上馬司・城上と見える。

上倉郷・下倉郷　郷名はこの地に

朝廷の長倉が置かれていたことによる。下倉郷は河合町川合・穴闇・長楽、上倉郷はその南の広陵町大場・萱野・沢・大野の辺。平城宮木簡に下長倉里が見える。

山守郷　馬見丘陵を北流する佐味田川流域の河合町山坊・佐味田の辺。

散吉郷　式内の讃岐神社が鎮座する広陵町三吉から笠・疋相・馬見の辺。

下勾郷　大和川南岸の河合町泉台・大輪田から王寺町舟戸の辺。

以上の他、欠年の「勘籍歴名」に広湍郡広湍郷が見え、広陵町広瀬・寺戸の辺に比定される。天平勝宝二年（七五〇）の「官奴司解」に広瀬村が見え、天平十九年（七四七）の「常疏写納并櫃乗次第帳」に見える広瀬寺は寺戸廃寺にあてられる。承和九年（八四二）の「広湍秋磨呂売地券」には夜水里が見える。

【参考文献】

河合町教育委員会『馬見丘陵の古墳』一九八八年
平林章仁『七世紀の古代史』白水社、二〇〇二年
広陵町教育委員会『巣山古墳調査概報』学生社、二〇〇五年

（平林章仁）

葛上郡・かずらきのかみのこおり

『和名抄』の訓は「加豆良支乃加美」（東急本）、「カトノカミ」（高山寺本）、『延喜式』民部上には「カツラキカミ」、神名帳には「カツシヤウ」とある。

日置・高宮・牟婁・桑原・上鳧・下鳧・大坂・楢原・神戸・余戸の十郷から成る。郡域は、ほぼ現在の御所市域にあたる。奈良盆地の南西端で、西は河内との国境をなす金剛山・葛城山、東からは越智丘陵がのびる。

葛城の中心的地域で『書紀』の神武東征伝説に、高尾張邑の土蜘蛛（赤銅八十梟帥）を葛の網で征圧したので葛城と称したとある。また神武二年には剣根を葛城国造に任じたと伝える。『続紀』文武四年（七〇〇）に葛上郡とあるのが初見で、『書紀』天武十三年（六八四）に葛城下郡とあるも郡は追筆。藤原宮から七世紀末の忍海評木簡が出土したことから、大化後に葛木上・忍海・葛木下の三評に分割され、大宝令制で葛上・忍海・葛下の三郡になった。長屋王家木簡には葛木上郡・葛上郡とみえる。

本郡を本貫としたのが雄族葛城氏である。葛城襲津彦は外交に活躍、『書紀』神功五年には桑原・佐糜・

高宮・忍海の漢人の祖を連れ帰ったとある。仁徳天皇の皇后となった磐之媛は履中・反正・允恭天皇らをもうけ、五世紀に外戚氏族としても権勢を誇ったが、雄略天皇との軋轢の深まりや外交方針の転換により衰退した。

御所市室の宮山古墳や柏原にある掖上鑵子塚古墳は、葛城氏の奥津城であろう。宮山古墳南側の巨勢山丘陵には、中期から後期の古墳八〇〇基ほどが集中する巨勢山古墳群がある。葛城氏や巨勢臣と関係深い渡来系集団の奥津城と目されるが、近年破壊が著しい。

南の宇智郡から紀伊国にむかう風ノ森峠西側には、大規模な工事の伴う五世紀の古道跡の鴨神遺跡があり、紀伊との交流を示す。その北に広がる南郷遺跡群（御所市南郷・下茶屋など）からは、五世紀の石垣のある居館・鍛冶生産遺構・韓式土器・導水施設などが出土。また名柄遺跡からも居館跡や鍛冶・玉作の遺物が出土。いずれも渡来系集団を従えた葛城氏の居館跡と目される。

鴨神には式内名神大社の高鴨阿治須岐託彦根命神社、御所市御所には同じく名神大社の鴨都波八重事代主命神社（下鴨）が鎮座。後社境内周辺は弥生時代の環濠集落や、四面の三角縁神獣鏡が出土した古墳時代前期の鴨都波一号墳のある鴨都波遺跡としても知られる。上鴨とも称された式内大社の鴨山口神社は御所市櫛羅に鎮座し、いずれもこの地を本拠とする鴨君の奉斎社であろう。葛城山（今の金剛山）で雄略天皇と狩猟を競ったと伝える一言主神を祭る式内名神大社の葛木坐一言主神社は、森脇に鎮座。『霊異記』上四に見える葛木の高宮寺は行基との関係も伝えられるが、御所市西佐味の高宮廃寺とみられる。

日置郡　郷名は日置部の居住によるとみられ、『大和志』は小字日置のある御所市櫛羅とするが、朝妻に比定する説もある。朝妻は『書紀』仁徳二十二年や天武九年（六八〇）に朝嬬と見え、渡来系の朝妻造の本拠で白鳳期の朝妻寺跡があり、秦氏の最初の居地とも伝える。

高宮郷　御所市伏見・高天から南郷の一帯。葛城氏の本貫で、『書紀』仁徳三十年の磐之媛の歌に葛城高宮と見え、それと目される極楽寺ヒギキ遺跡が出土。皇極元年（六四二）には蘇我蝦夷が祖廟を造立。高宮漢人の本拠、綏靖天皇の葛城高丘宮の伝承地。

牟婁郷　御所市室の一帯。孝安天皇の室秋津島宮の伝承地。

桑原郷　小字桑原の分布する御所市池之内の一帯。桑原漢人の本拠。神武天皇が国見をしたという腋上の嗛間丘、孝昭天皇の掖上池心宮、日本武尊の琴弾原白鳥陵などの伝承地。

上鳧郷・下鳧郷　『和名抄』には上鳥・下鳥とあるが、鳥は鳧の誤りとみられる。上鳧郷は御所市櫛羅、下鳧郷は御所市御所の辺。長屋王家木簡に葛木上郡賀茂里・鴨里が見える。鴨君の本拠。

大坂郷　河内国と結ぶ水越峠沿いの地で、小字逢坂の分布する御所市関屋から増・名柄の辺。紀臣同族の大坂直の本拠。長屋王家木簡に葛木上郡大坂里と見える。

楢原郷　御所市楢原の辺。紀臣同族の楢原造の本貫。同氏は伊蘇志（勤）臣、滋野宿禰と改姓。長屋王家木簡に葛木上郡柞原里と見える。

神戸郷　御所市西佐味・東佐味・鴨神の辺。鴨神はもと神戸寺村といった。郷名は高鴨神社の神戸が置かれたことによる。佐糜漢人の本居。

余戸郷　『大和志』は御所市小殿に比定するが未詳。

以上の他、「東大寺奴婢帳」に葛上郡柏原郷柏原造種万呂と見え、柏原郷は御所市柏原に比定できる。

【参考文献】

井上光貞『日本古代国家の研究』岩波書店、一九六五年

門脇禎二『葛城と古代国家』教育社、一九八四年

橿原考古学研究所『古代葛城の王』橿原考古学研究所、一九九五年

平林章仁『蘇我氏の実像と葛城氏』白水社、一九九六年

御所市教育委員会『鴨都波一号墳調査概報』学生社、二〇〇一年

橿原考古学研究所『南郷遺跡群Ⅰ～Ⅴ』一九九六～二〇〇三年

橿原考古学研究所附属博物館『葛城氏の実像』二〇〇六年

（平林章仁）

葛下郡・かずらきのしものこおり

『和名抄』の訓は「加豆良支乃之毛」（東急本）、『延喜式』神名帳には「カツケ」「カツラキノシモ」とある。

神戸・山直・高額・賀美・蓼田・品治・當麻の七郷から成る。郡域は現在の北葛城郡王寺町・上牧町・南端部を除く葛城市、香芝市と大和高田市の大部分にあたる。北は大和川、西は河内国と境を画す二上山、北東部は馬見丘陵で広瀬郡と画し、葛下川が北流する。

『書紀』天武十三年（六八四）に葛

城下郡とあるが郡は追筆。藤原宮から七世紀末の忍海評木簡とともに大宝初年の葛木下郡木簡が出土したことから、大化後に葛木上・忍海・葛木下の三評に分割、大宝令制でそのまま郡に移行した。香芝市穴虫出土の慶雲四年（七〇七）の威奈大村骨蔵器銘に葛木下郡、長屋王家木簡にも葛木下郡と見える。

六御県の一つ葛木県が置かれ、推古三十二年（六二四）に蘇我馬子は本居だと主張して割譲を要求、式内大社の葛木御県神社は葛城市葛木に鎮座。葦田宿禰系葛城氏の本拠ともみられている。

大津皇子葬送の地とされる二上山東北麓の葛城市加守にある加守廃寺は、天平二十年（七四八）の「経師等上日帳」に見える掃守寺で、掃守連の氏寺であるとともに大津皇子の供養寺的性格もあわせ持っていたとみられる。現在加守に鎮座し、倭文連が奉斎した式内大社の葛木倭文坐天羽雷命神社は、元は葛城市如意小字七夕に鎮座した。

王寺町本町には式内名神大社の片岡坐神社が鎮座し、『書紀』推古二十一年（六一三）の聖徳太子の尸解仙伝承地や長屋王家木簡に見える片岡司もこの辺に求められる。片岡王寺は甲午年（六九四）銘の「観音菩薩造像記」に片岡王寺、天平十九年（七四七）の「法隆寺伽藍縁起并記資財帳」に片岡僧寺と見え、敏達天皇後裔大原真人の氏寺である。香芝市尼寺には飛鳥時代の巨大な塔礎石の出土した片岡尼寺廃寺もある。孝霊天皇の片岡馬坂陵、顕宗天皇の傍丘磐杯丘南陵、武烈天皇の傍丘磐杯丘北陵も伝えられる。

推古朝創建と伝える當麻寺（葛城市當麻）は用明天皇後裔の當麻真人の氏寺で、中将姫が蓮糸で織りあげたと伝える當麻曼荼羅で知られる。本寺の南には河内国と結ぶ竹内峠（當麻径）が通る。北には天智朝に光る石で弥勒仏を造ったと伝え、置始連の氏寺とみられる石光寺（染寺とも、葛城市染野）があり、白鳳期の石造弥勒仏も出土した。

郷域比定は諸説あるが、神戸郷は王寺町、山直郷は香芝市西部、高額郷は上牧町から香芝市北東部、賀美郷は香芝市中央部、蓼田郷は大和高田市、品治郷は香芝市南部、當麻郷は葛城市當麻の辺と考えられる。大宝初年の藤原宮木簡に葛木下郡山部里が見える。

【参考文献】

橿原考古学研究所附属博物館『葛城の古墳と古代寺院』一九八一年
橿原考古学研究所『当麻石光寺と弥勒仏概報』吉川弘文館、一九九二年

塚口義信『ヤマト王権の謎をとく』学生社、一九九三年
平林章仁『七夕と相撲の古代史』白水社、一九九八年
同『七世紀の古代史』白水社、二〇〇二年
二上山博物館『尼寺廃寺I』香芝市教育委員会、二〇〇三年

（平林章仁）

忍海郡・おしのみのこおり

『和名抄』の訓は「於之乃美」（東急本）、「オキノウミ」（高山寺本）、『延喜式』民部上には「ヲシウミ」、同神名帳には「オシノミ」「オシウミ」とある。現在は「オシミ」とよむ。

津積・園人・中村・栗栖の四郷からなる。郡域は現在の葛城市忍海一帯から御所市北端部にあたる。藤原宮から七世紀末の忍海評木簡が出土、大化後に忍海評が置かれ、大宝令制で郡に移行。郡域が自然地形に関係なく条里制ではほぼ三条八里と東西に細長いことから、五世紀末の忍海角刺宮や葛木県の中枢部であったことを背景に、葛城地域を南北に分断する目的もあってほぼその中間に設定された小郡である。

『続紀』大宝元年（七〇一）に大倭国忍海郡の三田首が対馬で黄金を冶成（のち詐偽と判明）したとあるのが初見。

『書紀』神功五年に葛城襲津彦が連れ帰った忍海漢人を安置したという、忍海邑の伝承地。同じく顕宗即位前紀には、葛城の荑媛の娘の飯豊青皇女（忍海部女王）が忍海角刺宮（『古事記』には葛城忍海之高木角刺宮）で政務を執り、のち葛城埴口丘陵に葬られたとある。各々葛城市忍海の角刺神社の辺と北花内にある北花内大塚古墳に比定されるが北花内は葛下郡に属す。

本郡を本拠とした忍海（忍海部）造は、飯豊青皇女の名代である忍海部の伴造であるが、渡来系金工集団の忍海漢人（忍海村主・忍海手人）との関係については肯・否両説がある。七世紀後半の創建で新羅系鬼面文軒丸瓦の出土した地光寺跡が葛城市笛吹・脇田にあり、忍海造の氏寺であろうが、忍海造の娘色夫古娘が天智との間に川嶋皇子らをもうけているのも無縁でない。その下層からも鉄滓・ふいご片・砥石など鍛冶関連遺物が多量に出土した（脇田遺跡）。

葛城山麓は群集墳も多く、古式の横穴式石室や鍛冶関連遺物の出土した寺口忍海墳群をはじめ、寺口千塚古墳群・笛吹古墳群などが分布し、忍海造や忍海漢人との関係が考えら

れる。笛吹に鎮座する式内大社の葛木坐火雷神社は、彼らの奉斎社であろう。

津積の郷名は東を流れる葛城川の堤防に由来し、御所市南十三・北十三（十三はツツミの宛字）から葛城市南東部の辺であろう。ここから西にむかって園人・中村・栗栖郷と並んでいたと見られるが、郷域は未詳である。園人郷は『古事記』安康段に都夫良意富美（葛城円大臣）が贖罪に献じた五処の屯宅は葛城の五村の苑人であるとの所伝に関わる地で、葛木県の一部であろう。欠年の「優婆塞貢進文」に忍海郡栗樔郷も見える。

【参考文献】

長家理行「古代中小豪族の考察」（『日本歴史』二九八、一九七三年）

吉村幾温「地光寺の建立」（『日本仏教史の研究』永田文昌堂、一九八六年）

小林敏男『古代王権と県・県主制の研究』吉川弘文館、一九九四年

（平林章仁）

宇智郡・うちのこおり

『和名抄』の訓も「ウチ」（高山寺本）とある。

阿陁・賀美・那珂・資母の四郷からなる。郡域は旧五條市全域と吉野郡大淀町佐名手で、金剛山南麓から吉野川（紀ノ川）中流域の河岸段丘に開けた地。

『続紀』文武二年（六九八）に宇智郡とあるのが初見だが、郡は文飾。大宝二年（七〇二）には吉野・宇知二郡、和銅二年（七〇九）の「弘福寺田畠流記帳」に内郡二見村が見える。紀伊国と結ぶ紀路の要衝で、国境の真土山（亦打山）は『万葉』巻一・四などに散見する。また『万葉』巻一には舒明天皇が内野に遊猟した時の中皇命の歌に内乃大野、『霊異記』下六には内市が見える。

大淀町佐名伝から五條市東北部の吉野川沿岸に比定される阿陁郷は、神武東征伝説に見える吉野河尻の阿陀の鵜養（阿太養鸕部）の本拠である。『万葉』巻十には阿太の大野、同十一には魚梁漁をする安太人が見え、五條市原町には式内の阿陀比売神社が鎮座。大阿太古墳群や釣針の出土した南阿田大塚山古墳は彼らの奥津城であろう。阿陀の鵜養は南九州の阿多隼人の同族とみられ、『姓氏録』や地名から、他に二見首・大角隼人・阿多御手犬養・坂合部など隼人系諸氏の居住が推定され、本郡は隼人の畿内移配地の一つである。

欽明朝に対外交渉に活躍する内臣（有致臣）も本郡が本拠であったとみられる。中期の方墳の集中で知られる近内古墳群には、西山古墳・つじの山古墳・蒙古鉢形眉庇付冑の出土した猫塚古墳・紀ノ川産の箱式石棺を有する塚山古墳の他、大型円墳の近内鑵子塚古墳などがあり、内臣との関係も想定される。

また、県内最古窯の一つ今井窯跡や飛鳥川原寺と同型式瓦を焼成した荒坂窯跡を始め、居伝・西山・岡・天神山・牧代など多くの窯跡が分布し、宇智窯跡群と称される。

五條市小島町の栄山寺（前山寺）は藤原氏の氏寺として養老三年（七一九）に藤原武智麻呂が創建、仲麻呂が八角円堂を建立したと伝え、栄山寺文書の所蔵でも知られる。西方には宝亀九年（七七八）銘の宇智川磨崖碑がある。東阿田町からは戊辰（七二八）と壬戌（七二二）に死亡した山代真作と妻蚊屋秋庭の金銅製墓誌（山代真作墓誌）が発見されている。

『続紀』宝亀四年（七七三）には、光仁の皇后井上内親王と皇太子他戸親王が宇智郡没官宅に幽閉後、怪死したとある。のち御霊信仰が高まると、御霊神社や霊安寺（五條市霊安寺町）が建てられた。

各郷は阿陁郷を東に、吉野川下流（西）にむかって並んでいたとみられる。

【参考文献】

岸敏男『日本古代籍帳の研究』塙書房、一九七三年

平林章仁「大和国宇智郡の隼人」（『古代文化』二八―一〇、一九七六年）

和田萃「紀路と曽我川」（『古代の地方史』三、朝倉書店、一九七九年）

泉森皎「大和の須恵と窯跡群」（『文化史論叢』上、創元社、一九八七年）

（平林章仁）

吉野郡・よしののこおり

『和名抄』の訓は「与之乃」（東急本）とある。

賀美・那珂・資母・吉野の四郷からなる。郡域は現在の吉野郡と五條市西吉野地区・大塔地区にほぼ等しく、これから大淀町佐名手を除き、宇陀市大宇陀区上竜門地区を併せた地。奈良盆地との境である北の竜門山塊と急峻な南の吉野山地の間を、岩をかみながら西流する吉野川（紀ノ川上流）の河谷を中心とする地域である。中心の吉野川沿岸地域は口吉野と呼ばれ、南流する十津川・北上川流域の奥吉野は熊野、西

部の野迫川流域は紀伊との結びつきが強い。

『続紀』大宝二年（七〇二）に吉野・宇知二郡とあるのが初見で、続いて和銅四年（七一一）には芳野郡とある。霊亀二年（七一六）ころには吉野宮を中心に国に準じた吉野監となるが、天平十二年（七四〇）ころには吉野郡に戻り大和国に併せられた。

神武東征伝説には、吉野首や吉野国樔部（国主）の祖の井光・磐排別に吉野で出会ったとある。『書紀』には応神天皇が吉野宮（吉野離宮）に行幸した際に国樔人が酒を献じ、雄略天皇の同宮での狩猟の時に蜻蛉が虻を捉えたので蜻蛉野と呼ばれたとあるが、真偽のほどは定かではない。

大化元年（六四五）の大化の政変の際、古人大兄皇子は出家して吉野に入り吉野太子とも呼ばれたが、謀反の疑いで殺害された。『書紀』斉明二年（六五六）には吉野宮を造営、五年に行幸したとある。

大海人皇子（天武）が兄天智天皇の死の直前に出家して吉野宮に入り、翌六七二年ここを脱して挙兵、壬申の乱を戦い皇位を手中に収めたことは有名。『書紀』天智十年（六七一）の「み吉野の　吉野の鮎」の童謡は、それを示唆したものという。天武天皇はその八年（六七九）に吉野宮に行幸、六人の皇子と盟約するが、『万葉』巻一の「よき人のよしとよく見てよしと言ひし芳野よく見よよき人よく見」の御製歌はこの時のものという。

のち、持統天皇三十三回・文武天皇二回・元正天皇一回・聖武天皇三回と、天平八年（七三六）まで行幸が記録されている。二条大路木簡に、芳野と記された行幸関連木簡がある。吉野川の右岸、景勝地を望む高台の吉野町宮滝遺跡から、飛鳥から奈良時代の柱列・敷石・池跡などが出土、斉明朝以降の吉野宮跡とみられる。

『万葉』や『懐風藻』には吉野を詠んだ歌が少なくないが、その中の吉野の漁師味稲と川を流れ来た山桑の枝が変じた美女柘枝の物語（柘枝伝説）から、吉野がある種の神仙的世界とみられていたことが知られる。

下市町阿知賀の岡峯古墳や大淀町新野の槇ケ峯古墳は、紀伊国の岩橋千塚古墳群に特徴的な横穴式石室の奥壁に石棚を持つ古墳として知られ、紀ノ川を介しての紀伊国との交流が窺われる。

神武東征伝説に丹生の川上が見えるが、式内名神大社の丹生川上神社は祈雨の神として知られ、『延喜式』臨時祭によれば乞雨には黒毛馬、止雨には白毛馬を奉る定めであった。比定社には下市町長谷（丹生川上神社下社）、東吉野村小（同中社）、川上村迫（同上社）の三社があり、上社境内は縄文時代早期から晩期の、祭祀遺構も出土する遺跡だったが、大滝ダムに水没した。

『書紀』欽明十四年や『霊異記』上五に、茅渟海（大阪湾）で得た霊木の樟で造った放光仏像を安置したと伝える吉野寺は、寺院名を列記した七世紀後半の飛鳥池木簡にも吉野と見え、大淀町比曾の比蘇寺（世尊寺）である。薬師寺式伽藍配置で東西両塔跡や礎石の一部が残り、飛鳥時代の古瓦も出土している。

竜門岳の麓、吉野町山口にある龍門廃寺は義淵僧正の創建と伝え、飛鳥池木簡にも龍門とあり奈良時代の塔跡や古瓦が出土。式内大社の吉野山口神社も鎮座する。

各郷は吉野川の上流から下流沿岸に、賀美郷（川上村・東吉野村）、那珂郷（吉野町）、資母郷（下市町・大淀町）と並んでいたとみられる。吉野郷は吉野町吉野山を中心とする地とみる説もあるが、吉野川右岸の吉野町宮滝から大淀町の比蘇寺の辺とも考えられる。吉野町上市の東にある妹山には、式内名神大社の大名持神社が鎮座する。

【参考文献】

末永雅雄『増補宮瀧の遺跡』木耳社、一九八六年
橿原考古学研究所附属博物館『吉野・紀ノ川悠久の流れ』一九九三年
和田萃『日本古代の儀礼と祭祀・信仰』下、塙書房、一九九五年

（平林章仁）

宇陀郡・うだのこおり

『和名抄』の表記は「宇陁」、訓は「宇太」（東急本）、『延喜式』神名帳には「ウタ」とある。

漆部・伊福・浪坂・多気・笠間の五郷から成る。郡域は宇陀市大宇陀区上竜門地区を除いた宇陀市・宇陀郡の地で、西部の口宇陀盆地と東部の奥宇陀山地に分かれる。本郡の水を集める宇陀川は、木津川さらに淀川となって大阪湾に流れる。

菟田県が置かれ、『書紀』神武東征伝説に菟田下県を菟田穿邑（宇陀市菟田野区宇賀志）と名づけ、神武二年には菟田県の弟猾に猛田邑を与えて猛田県主としたのが菟田主水部の遠祖であると見える。延喜九年（九〇九）の「民安占子家地処分状」には上県も見える。

『書紀』皇極三年（六四四）には菟田郡人押坂直が菟田山で採った芝草を献じたとあり、六七二年の壬申の乱の際、吉野宮を脱した大海人皇子の一行は菟田吾城・菟田郡家（評家）を経て東国へ向かったとある。大化後に菟田県をもとに菟田評が設けられ、大宝令制で菟田郡となったとみられる。『続紀』慶雲二年（七〇五）に宇太郡とあるのが初見。和銅六年（七一三）の平城宮木簡に宇太郡、二条大路木簡に宇陀郡と見える。

神武東征伝説には右の他にも、菟田の血原（宇陀市室生区）・菟田の高倉山（宇陀市大宇陀区守道）・菟田川の朝原（宇陀市榛原区雨師）・伊那瑳山（同伊那佐山）などが見える。また焃炭をした墨坂（宇陀市榛原区西峠）は、崇神朝には墨坂神に赤色の楯・矛を献じて疫病を防ぎ、雄略七年には三諸岳神は菟田墨坂神なりと見える。

『書紀』垂仁二十五年には、天照大神の遷座経由地に菟田の筱幡（宇陀市榛原区山辺）、仲哀八年には菟田人伊賀彦が見え、東国との結びつきを示す。雄略二年には菟田御戸部を宍人部、同十一年には菟田人を鳥取部となし、推古十九年（六一一）には菟田野で薬猟を行うなど、内廷との結びつきが強い。天武天皇はその九年（六八〇）に行幸、『万葉』巻一にも安騎の大野と見え、柿本人麻呂の「かぎろひ」の歌で知られる。式内阿紀神社は大宇陀区迫間に鎮座、同区拾生の中之庄遺跡からは天武朝の行宮跡とみられる遺構が出土している。

本郡には特異な古墳が多い。朱塊の出土した谷畑古墳（榛原区萩原）、多量の玉類が出土したシメン坂一号墳（同区沢）、武人二人を葬った高山古墳（同区池上）、前期古墳の集中する見田大沢古墳群（菟田野区見田・大沢）、前期の前方後円墳の鴨池古墳（大宇陀区野依）、蛇行剣の出土した北原古墳（大宇陀区平尾・野依）の他、磚槨式石室をもつ奥ノ芝一・二号墳（榛原区福地）や丹切古墳群（榛原区下井足・萩原）などが知られる。また榛原区八滝からは、慶雲四年（七〇七）に死亡した壬申の乱の武将文禰麻呂の墓誌が骨蔵器と共に出土している。

式内大社の宇陀水分神社の比定社は、菟田野区古市場・同区上芳野・榛原区下井足の三説があり、容易に決し難い。郷域は必ずしも定かでないが、『霊異記』上十三に宇太郡漆部里の漆部造麿が見える。

【参考文献】

小泉俊夫『宇陀の古代史考』（私家版）一九九七年

（平林章仁）

城上郡・しきのかみのこおり

『和名抄』の訓は「之支乃加美」（東急本）、『延喜式』民部上も「シキノカミ」とある。

辟田・下野・神戸・大市・大神・上市・長谷・忍坂の八郷から成る。郡域は現在の桜井市東北部に天理市柳本地区を併せた地。三輪山を挟む巻向川・初瀬川流域を中心とする奈良盆地の南東部である。

大和王権発祥の地で、六御県の一つ磯城県を中心とする地を上下に分割して成立。『書紀』には欽明天皇の倭国磯城郡の磯城島金刺宮（『古事記』には師木島大宮。桜井市金屋・粟殿の辺）、続いて皇極三年（六四四）に志紀上郡が見えるが、郡は後筆である。大化後に評、大宝令制で城上郡になったとみられる。和銅六年（七一三）の年紀のある平城宮木簡に志貴上郡、長屋王家木簡に志癸上郡とある。

『書紀』神武東征伝説に、磯城邑の兄磯城・弟磯城、神武二年には弟磯城を磯城県主に任じたとある。天平二年（七三〇）の「大倭国正税帳」には志癸御県が見え、式内大社の志貴御県坐神社は桜井市金屋に鎮座する。磯城県主は欠史八代の天皇中の六代に妃を入れたと伝える。

『書紀』崇神六年は倭の笠縫邑に磯堅城の神籬を立て、垂仁二十五年には磯城の厳橿の本に、天照大神を祀ったとある。崇神天皇の磯城瑞籬宮・垂仁天皇の纏向珠城（『古事記』は師木玉垣）宮・景行天皇の纏向日代宮の伝承地。三輪山西北麓の巻向川の扇状地、桜井市太田を中心に広がる古墳時代前期の纏向遺跡群は、大和王権初期の王宮跡と目される。同遺跡内の纏向石塚古墳（太田）やホケノ山古墳（箸中）は発生期の、倭迹迹日百襲姫命陵とされる箸墓古墳（箸中）は最古の前方後円墳である。その北、柳本古墳群（天理市柳本町・渋谷町）も前期の巨大古墳が集まり、行燈山古墳は崇神天皇の山辺道勾岡上陵、渋谷向山古墳は景行天皇の山辺道上陵に治定されている。黒塚古墳からは三角縁神獣鏡を中心に三十四面もの銅鏡が出土した。

埼玉県稲荷山古墳出土の辛亥年（四七一）鉄剣銘に見える斯鬼宮は、雄略天皇の泊瀬朝倉宮とされるが、初瀬川上流の桜井市脇本遺跡からは五世紀後半の大規模な建物遺構などが出土。『古事記』垂仁段には、倭者師木登美豊朝倉曙立王も見える。

三輪山は大物主神が鎮まることから御諸山とも呼ばれ、西麓の桜井市三輪には三輪山を神体とし本殿をもたない、式内名神大社の大神大物主神社が鎮座する。大物主神には巫女的女性と結ばれる丹塗矢型（『古事記』神武段）・苧環型（同崇神段）・箸墓型（『書紀』崇神十年）の、三種の神婚伝承も伝えられる。この神の祭祀を担ったのが神裔大田田根子を祖とする三輪君（大神朝臣）である。北麓には『書紀』垂仁二十五年に倭大国魂神の神地と定めた穴磯邑（桜井市穴師）があり、式内名神大社の穴師坐兵主神社が鎮座する。

南麓で山辺道または上ツ道と初瀬川の交わる、桜井市金屋・松之本の辺には海柘榴（椿）市があった。『書紀』武烈前紀には海柘榴市の巷の歌場、敏達十四年には同市の亭での処刑、用明元年には推古の海柘榴市宮が見え、推古十六年（六〇八）には唐使を迎えている。

神武東征伝説には大伴連の祖道臣命が来目部を率いて忍坂邑（桜井市忍阪）に大室を造って賊を平定したと伝え、跡見庄（桜井市外山）も所有するなど、この辺に拠地を有した。

辟田郷　郷域は未詳だが桜井市粟殿・川合の辺か。引田部赤猪子・阿倍引田臣・三輪引田君らの名が伝えられる。

下野・神戸両郷　ともに郷域未詳だが、前者は天理市柳本地区、後者は桜井市江包・大西の初瀬川流域の地か。二条大路木簡に城上郡下野郷と見える。

大市郷　倭迹迹日百襲姫命の大市墓に治定される箸墓古墳のある、桜井市箸中を中心とする地。

大神郷　桜井市三輪の一帯。和銅八年（七一五）の平城宮木簡に志癸上郡大神里と見える。

上市郷　海柘榴市のあった桜井市金屋・松之本の辺か。

長谷郷　桜井市初瀬を中心とする初瀬川上流域。式内大社の長谷山口神社が鎮座、観音信仰で知られる長谷寺がある。

忍坂郷　桜井市忍阪を中心とする粟原川流域。『書紀』垂仁三十九年に忍坂邑が見え、舒明天皇の押坂陵がある。隅田八幡宮蔵癸未年（四四三または五〇三）銘人物画像鏡に意柴沙加宮が見える。式内大社の忍坂坐生根神社（忍阪）、同じく忍阪山口坐神社（赤尾）が鎮座する。

【参考文献】

岸俊男『日本古代政治史研究』塙書房、一九六六年
吉井巌『天皇の系譜と神話』塙書房、一九六七年
桜井市教育委員会・橿原考古学研究所『纒向』一九六七年
寺沢薫「纒向遺跡と初期ヤマト政権」（『橿原考古学研究所論集』六、吉川弘文館、

一九八四年）
守屋俊彦『日本古代の伝承文学』和泉書院、一九九三年
前田晴人『日本古代の道と衢』吉川弘文館、一九九六年
橿原考古学研究所『黒塚古墳調査概報』学生社、一九九九年
平林章仁『三輪山の古代史』白水社、二〇〇〇年
橿原考古学研究所『ホノケ山古墳調査概報』学生社、二〇〇一年

（平林章仁）

城下郡・しきのしものこおり

『和名抄』の訓は「之伎乃之毛」（東急本）、『延喜式』神名帳にも「シキノシモ」とある。賀美・大和・三宅・鏡作・黒田・室原の六郷から成る。郡域は現在の天理市川東地区、磯城郡川西町・三宅町・田原本町北部である。ほぼ初瀬川と曽我川に挟まれた、寺川・飛鳥川の下流域にあたる。

大和王権発祥の地で、六御県の一つ磯城県（志貴御県）を中心とする地を上下に分割して成立。磯城県主は神武天皇東征に功のあった弟磯城の後と伝える。大化後に評、大宝令制で城下郡となった。平城宮木簡に城下郡、二条大路木簡に式下郡と見え、天平二年（七三〇）の「大倭国正税帳」に城下郡とある。

初瀬川と寺川の間の微高地に立地する田原本町唐古・鍵遺跡は弥生時代の拠点的大集落跡で、多重環濠・木製農具・絵画土器・銅鐸鋳造関係遺物などが出土。川西町唐院の島の山古墳は盆地内最低地にある前期の巨大古墳として知られ、前方部の墓壙から一四〇点余もの碧玉製腕飾類が出土した。西接して式内の比売久波神社が鎮座、南には小規模な前方後円墳の集まる三宅古墳群（三宅町）がある。

田原本町阪手（東に阿刀村があった）の辺には初瀬川の河港があったとみられ、『書紀』雄略七年の倭国の吾礪の広津邑、敏達十二年の阿斗桑市、推古十八年（六一〇）の阿斗の河辺の館の比定地の一つとされる。『書紀』景行五十七年には坂手池を造り、堤に竹を植えたと見える。

賀美郷　郷域未詳だが、川西町結崎の辺か。

大和郷　天理市海知町の一帯。山辺郡の大和坐大国魂神社を奉斎した大倭国造の倭直の本拠。倭大国魂神の祭主となった市磯長尾市、倭屯田に関与した麻呂・吾子籠、養老律令撰修に従った小東人らが知られる。

三宅郷　田原本町宮古、あるいは

三宅連同祖の糸井造の奉斎した式内糸井神社が鎮座する川西町結崎に比定する説もあるが、倭屯田の所在地からみて田原本町伊予戸の辺か。

鏡作郷　式内大社の鏡作坐天照御魂神社（八尾）・式内鏡作伊多神社（同）・同鏡作麻気神社（小阪）が鎮座する田原本町八尾・小阪の辺。鏡作連の本拠。

黒田郷　田原本町黒田から三宅町の辺。天平十四年（七四二）の「優婆塞貢進解」に黒田郷の鏡作連・鏡作首が見える。孝霊天皇の黒田廬戸宮の伝承地。

室原郷　式内大社の村屋坐弥富都比売神社が鎮座する田原本町蔵堂の辺か。『万葉』巻十一に倭の室原と見える。

【参考文献】

直木孝次郎『飛鳥奈良時代の研究』塙書房、一九七五年
岸俊男『日本古代文物の研究』塙書房、一九八八年
橿原考古学研究所『島の山古墳調査概報』学生社、一九九七年

（平林章仁）

高市郡・たけちのこおり

『和名抄』の訓は「多介知」（東急本）、「タカチ」（高山寺本）、『延喜式』民部上には「タケチ」、神名帳には「タカイチ」とある。

巨勢・波多・遊部・檜前・久米・雲梯・賀美の七郷から成る。郡域は現在の高市郡高取町・明日香村、香具山・耳成山周辺を除く橿原市と御所市南東部にあたる。南半は竜門山塊から派生する低丘陵部、北半は奈良盆地南端で、曽我川・高取川・飛鳥川が北流する。北西部には神武天皇の畝傍橿原宮の伝承で知られる畝傍山があり、式内大社の畝火山口神社が鎮座する。

高市の地名は、『書紀』天石窟戸神話に天高市と見え、小字竹市のある橿原市曽我町に式内大社の天高市神社が鎮座する。『古事記』雄略段に「この多気気に小高る市の高処」、『書紀』推古十五年（六〇七）には倭国に高市池を造り屯倉を設けたとある。

六御県の一つ高市県が置かれ、式内名神大社の高市御県神社（橿原市四条町）や式内大社の高市御県坐鴨事代主神社（同市雲梯町の河俣神社）が鎮座する。畝傍山以北の、本郡北半が高市県であった。六七二年の壬申の乱に際し、高市郡大領高市県主許梅に事代主神が神懸りし、神武天皇陵に馬や兵器を奉らせた。「和邇部氏系図」には高市評が見える。

本郡南部には今来評が置かれ、『書紀』欽明七年に倭国今来郡檜隈邑の川原民直、『姓氏録』逸文には応神朝に渡来した阿智使主に檜前郡郷を賜わり仁徳朝に今来郡としたが後に高市郡と号したとある。

大化後に高市県を中心とする高市評と渡来系の東漢氏の集住する今来評が設けられ、大宝令制で両者を併せて高市郡が成立したとみられる。『書紀』欽明十七年に高市郡とあるのは文飾で、和銅二年（七〇九）の「弘福寺田畠流記帳」に高市郡とあるのが初見。

本郡は六・七世紀に古代国家形成の舞台となった地で、特に飛鳥はほぼ推古朝以降藤原遷都までの間宮都が置かれ、飛鳥板蓋宮は六四五年の大化の政変の舞台として知られる。この地を中心に飛鳥文化が栄え、本郡を本拠とした有力氏族も多い。『紀氏家牒』逸文に見える高市県蘇我里（橿原市曽我町）は、六・七世紀に大臣として権力を恣にした蘇我臣の本貫であり、式内大社の宗我坐宗我都比古神社が鎮座する。『古語拾遺』には雄略朝に朝廷の蔵を検校したとあるが、葛城氏没落後の六世紀から稲目・馬子・蝦夷が大臣を歴任。出身女性を入内させ所生の用明・崇峻・推古天皇が即位し、外戚氏族としても権勢を極めた。

また東漢氏と結んで先進文物も逸速く摂取、対立する物部連を滅ぼして仏教信仰を受容し、飛鳥寺（法興寺）を建立した。屯倉の開発や官人制の推進にも主導的立場にあった。しかし軽皇子（後の孝徳天皇）や中大兄皇子・中臣鎌足らによる大化の政変（六四五年）で蝦夷・入鹿が滅ぼされ、その後も倉山田石川麻呂・連子・赤兄らが大臣を歴任するも壬申の乱（六七二年）で近江朝側だったこともあって弱体化する。のち石川に改姓、枝族には境部・川辺・田中・高向・桜井・小治田・田口・久米などの諸氏がある。

本郡南部の明日香村檜前を中心とする今来評を本拠としたのが、秦氏と並ぶ渡来系大豪族の東漢氏である。応神朝渡来の阿知使主と子の都加使主の後裔を称する坂上・文・民・山口・大蔵・内蔵などの氏族団を中核に、五世紀後半以降に新しく渡来した技術集団や南朝系百済人（今来漢人）を内包して大氏族団を形成する。

東漢氏は卓越した先進技術や勝れた外交・財政・文筆などの手腕に支えられて政権内で重用され、初めは大伴連、後には蘇我臣に接近して台頭、軍事氏族としても活躍した。檜前には阿知使主を祀る式内の於美阿志神社が鎮座、境内には『書紀』朱鳥元年（六八六）に見える同氏の氏寺の檜隈寺跡がある。

新沢千塚古墳群（橿原市川西町・一町）は五・六世紀の古墳約三五〇基が集中し、出土した鉄製品から技術革新の時代であったことが明らかになった。特に一二六号墳からは青銅製熨斗・多種多量の金製品・透明切子ガラス碗・青色ガラス皿など、朝鮮半島・中国からペルシアに源流する遺物が出土し、古代の国際交流が跡付けられた。

郡内を下ツ道・中ツ道・横大路などの古道が通り、曽我川と横大路が交わる橿原市忌部町は祭祀氏族忌部首の本貫で、式内名神大社の太玉命神社が鎮座。北の曽我町との間には大規模な玉作遺構の出土した曽我遺跡がある。西の橿原市曲川町は安閑天皇の勾金橋宮の比定地である。

上ツ道から延びる阿倍山田道と下ツ道が交わる軽（橿原市大軽町）は、『古事記』・『書紀』に軽村・軽の酒折池、推古二十年（六一二）には軽の衢での奉誄などが見え、懿徳天皇の軽曲峡宮・孝元天皇の軽境原宮・応神天皇の軽島明宮の伝承地。『書紀』応神十五年には軽坂上を厩坂と称したとあり、舒明天皇の厩坂宮・興福寺の前身厩坂寺の比定地。七世紀後半の飛鳥池木簡や『書紀』朱鳥元年（六八六）に見え、軽部臣もしくは軽忌寸の氏寺と日される軽寺があり、式内大社の軽樹村坐神社も鎮座（大軽町又は軽古）。

最古の中国風宮都である藤原京（新益京）は天武朝に計画され、持統八年（六九四）に遷都。和銅三年（七一〇）の平城遷都までの十六年間の都であり、ここで日本の古代律令国家が完成した。『万葉』巻一の藤原宮御井歌から、藤原宮は香具・畝傍・耳成の大和三山に囲まれた橿原市高殿町・醍醐町の辺と見られていたが、発掘調査の結果、大垣で囲まれた十二門が開き、内裏・大極殿・十二朝堂などを整然と配置した遺構が出土。同時に多数の木簡も出土し、郡評論争が決着した。

京城は古道を京極とする十二条八坊とみられていたが、東西の京極をなす十坊大路跡が検出され、十条十坊という広大な京極（半ばは十市郡）の中央に藤原宮を配していたことが明らかとなった。

巨勢郷 御所市古瀬を中心とする曽我川上流の巨勢谷一帯。建内宿禰後裔の巨勢臣の本貫。継体・安閑朝の大臣男人・大化の左大臣徳陀古・天智朝の御史大夫人などが知られる。氏寺の巨勢寺跡には塔心礎が残る。下ツ道から延びる巨勢道は重阪峠を越え宇智郡を経て紀伊国に通う。式内の許世都比古命神社は異説もあるが御所市樋野に、同じく巨勢山坐石椋孫神社は『万葉』巻一につらつら椿とうたわれた巨勢山中に求められる。

波多郷　高取町の中心部。『書紀』推古二十年（六一二）に羽田での薬猟、『霊異記』下三十二には高市郡波多里が見える。建内宿禰後裔の波多臣の本貫。高取町下土佐には国府神社があり、大和国府の推定地。

遊部郷　明日香村豊浦から橿原市今井町の飛鳥川流域。郷名は王家の喪葬儀礼に仕奉した遊部の居住による。

檜前郷　檜前を中心とする明日香村南部の高取川流域。渡来系の東漢氏の本拠。『書紀』雄略十四年に、呉人を檜隈野に安置したので呉原（明日香村栗原）と称したとある。栗原には式内の呉津孫神社が鎮座、呉原寺は坂上直の創建と伝える。檜前は宣化天皇の檜隈廬入野宮の伝承地。欽明天皇の檜隈坂合陵は明日香村平田の梅山古墳に治定されるが、後期最大の見瀬（五条野）丸山古墳（橿原市五条野町・大軽町）とする説があるも所伝と整合しない。天武・持統合葬の檜隈大内陵（明日香村野口）、文武天皇の檜隈安古岡上陵（恐らくは明日香村平田の中尾山古墳）もある。なお、見瀬は古の牟佐で、式内大社の牟佐坐神社が鎮座、宣化天皇の身狭桃花鳥坂上陵の伝承地（現治定は橿原市鳥屋町）である。

久米郷　橿原市久米町の一帯。『書紀』神武二年に大来目を畝傍山麓の来目邑に安置したとあり、久米直の本貫。垂仁二十七年には来目邑の屯倉設置が見え、式内の久米御県神社が鎮座。白鳳期創建の久米寺がある。「和邇部氏系図」に久米里と見える。

雲梯郷　橿原市雲梯町の曽我川流域の一帯。

賀美郷　明日香村南部の飛鳥川流域。『日本紀略』天長六年（八二九）に高市郡賀美郷の甘南備山の飛鳥社を神託により鳥形山に遷すとある。飛鳥社は式内の飛鳥坐神社（明日香村飛鳥）。式内の加夜奈留美命神社は明日香村栢森、同じく飛鳥川上坐宇須多伎比売命神社は稲淵に鎮座する。

【参考文献】

直木孝次郎『日本古代の氏族と天皇』塙書房、一九六四年
日野昭『日本古代氏族伝承の研究』永田文昌堂、一九七一年
加藤謙吉『蘇我氏と大和王権』吉川弘文館、一九八三年
同『大和政権と古代氏族』吉川弘文館、一九九一年
同『大和の豪族と渡来人』吉川弘文館、二〇〇二年

奈良国立文化財研究所飛鳥資料館『藤原宮』一九八四年
狩野久・木下正史『古代日本を発掘する』1、岩波書店、一九八五年
坪井清足『古代日本を発掘する』2、岩波書店、一九八五年
岸俊男『日本古代宮都の研究』岩波書店、一九八八年
黛弘道編『古代を考える蘇我氏と古代国家』吉川弘文館、一九九一年
橿原考古学研究所附属博物館『新沢千塚の遺宝とその源流』一九九二年
小沢毅『日本古代宮都構造の研究』青木書店、二〇〇三年

（平林章仁）

十市郡・とおちのこおり

『和名抄』の訓は「止保知」（東急本）、「トホチ」（高山寺本）、『延喜式』民部上には「トヲチ」と見え、後には「トオイチ」とも称された。飯（飫の誤り）富・川辺・池上・神戸の四郷から成る。郡域は現在の桜井市南部・橿原市北東部・磯城郡田原本町南部にあたる。南部には大和三山の中の香具山と耳成山、その奥には多武峯があり、寺川・飛鳥川・曽我川が北流する。

六御県の一つ十市県が置かれ、橿原市十市町には式内大社の十市御県坐神社が鎮座する。『古事記』・『書紀』によれば、十市県主は孝安・孝霊天皇らに妃を入れたと伝える。十市県をもとに大化後に十市評が設けられ、大宝令制で十市郡となったとみられる。神亀三年（七二六）の「山背国愛宕郡雲下里計帳」に十市郡とあるのが初見。天平五年（七三三）の平城宮木簡に十市郡と見える。

本郡南部は神日本磐余彦（神武天皇）の大和征圧伝説の舞台の磐余で、神功皇后を含め崇峻天皇に至る六代の王宮の伝承地。敏達天皇の訳語田幸玉宮もその域内に求められ、飛鳥に遷る以前の王家の本拠である。聖徳太子の上宮は父用明天皇の磐余池辺双槻宮の南と伝え、六世紀後半の四面庇付建物や脇殿・石組園池などの出土した桜井市上之宮遺跡と目される。

桜井市倉橋は『古事記』仁徳段や『万葉』巻三に見える倉椅山の比定地で、崇峻天皇の倉椅柴垣宮・倉梯岡陵、『書紀』天武七年（六七八）の倉梯斎宮、『続紀』慶雲二年（七〇五）の倉橋離宮なども伝えられる。倉梯岡陵は赤坂天王山古墳の可能性

が高い。

寺川の上流の破裂山を中心とする桜井市多武峰（多武峯）には、定恵が父藤原鎌足を移葬し堂塔を建立したのに始まるという多武峯寺があったが、明治初年の神仏分離で談山神社となった。

桜井市高田には、径一メートル以上の大型円筒埴輪や鉄製弓矢・玉杖などが出土した、前期の巨大なメスリ山古墳がある。同じく桜井市外山にある桜井茶臼山古墳からは、埴輪のように墳丘に並べた底部穿孔の大型壺形土器や玉杖などが出土した。

本郡南部を本拠とした有力氏族に、大彦命後裔の阿倍臣がいる。六・七世紀に目・人・鳥・倉梯麻呂らが大夫や大臣を歴任、東国・北陸経営や軍事、供膳に仕奉した。枝族には布勢・引田・許曾部・狛などの諸氏がいる。

桜井市阿部丘陵遺跡群には、大型建物跡の出土した中山遺跡、後・末期の中山古墳群・谷首古墳・コロコロ山古墳・文殊院東古墳・同西古墳や倉梯麻呂創建と伝える安倍寺跡などがあり、阿倍臣との関係が推定される。

阿部の西、橿原市膳夫は同じく供膳職に仕奉した膳臣の本貫で、膳夫寺跡がある。傾子の娘が聖徳太子妃となったことから上宮王家とも親密であった。

上ツ道の延長阿倍山田道は磐余・阿部と飛鳥を結ぶ捷路で、これに面する山田寺（桜井市山田）は大化の右大臣蘇我倉山田石川麻呂が創建。倒壊した回廊がそのままの姿で出土した。

天降ったという香具山は、神武天皇が祭祀用土器をこの山の埴で造り、武埴安彦は倭国の物実となし、国見も伝えられる聖山である。式内大社の天香山坐櫛真命神社、麓には埴安池があって式内大社の畝尾坐健土安神社（橿原市下八釣町）や泣沢女神を祀る式内の畝尾都多本神社（同市木之本町）も鎮座する。東方の桜井市吉備から、他に類例を見ない巨大な金堂・塔基壇の吉備池廃寺が出土。舒明天皇創建の百済大寺にあてる説が有力だが、疑問もある。

耳成山には式内大社の耳成山口神社（橿原市木原町）が鎮座、推古天皇の耳梨行宮もあり、長屋王家木簡には耳梨御田司が見える。

飫富郷　田原本町多から橿原市飯高町の、寺川と曽我川の間の地。多臣の本貫で、壬申の乱の功臣品治、『古事記』編者の安麻呂らが知られ、式内名神大社の多坐弥志理都比古神社が鎮座。多臣同祖で三輪山の神を捕まえたという小子部連の本拠でもあり、式内大社の子部神社は橿原市飯高町に鎮座。天平八年（七三六）の二条大路木簡に意保御田が見える。

川辺郡　耳成山北麓から寺川流域の、橿原市坪井・東竹田町の辺。竹田川辺連の本貫で、式内の竹田神社は東竹田町に鎮座。大伴連の竹田庄（『万葉』巻四・八）の比定地でもある。

池上郷　郷名は磐余池に由来し、桜井市南部か。欠年の「正倉院丹裏文書」に十市郡池上郷と見える。

神戸郷　郷域未詳で、桜井市橋本付近に求める説もあるが、池上郷との関係から無理がある。天平十九年（七四七）の「大安寺伽藍縁起并流記資財帳」に見える千代郷とほぼ同じ地域で、寺川右岸の田原本町千代から橿原市十市町の辺か。

【参考文献】

志田諄一『古代氏族の性格と伝承』雄山閣、一九七一年
奈良国立文化財研究所飛鳥資料館『山田寺展』一九八一年
奈良文化財研究所『吉備池廃寺発掘調査報告』二〇〇三年

（平林章仁）

山辺郡・やまのべのこおり

『和名抄』の訓は「夜万乃倍」（東急本）、『延喜式』神名帳には「ヤマノヘ」とある。

都介・星川・服部・長屋・石成・石上の六郷から成る。郡域は現在の天理市北東部、山辺郡山添村と奈良市都祁、宇陀市室生区三本松・東里地区。

本郡の東半は木津川水系の都介野高原で、闘鶏国造の領域。『書紀』允恭二年には皇后に対する無礼で、闘鶏国造が稲置に貶姓されたとある。西半は奈良盆地の平坦部で、六御県の一つ山辺県が置かれ、式内大社の山辺御県坐神社が鎮座（天理市西井戸堂町または別所町）。『古事記』垂仁段に山辺大鶙、『書紀』雄略十三年に采女山辺小嶋子が見える。

闘鶏国と山辺県の領域を併せて大宝令制で山辺郡が成立したとみられる。和銅二年（七〇九）の「弘福寺田畠流記帳」に山辺郡とあるのが初見、和銅六年の年紀のある平城宮木簡にも山辺郡と見える。『書紀』仁賢六年に今倭国山辺郡額田邑とあって、山辺・平群郡境の移動が考えられる。

狭義の大和古墳群（萱生古墳群とも。天理市萱生町・中山町・成願寺町）は、初期大和王権を構成した中枢集団の奥津城とみられ、城上郡の柳本古墳群に若干先行する。群内最大の西殿塚古墳は継体天皇皇后の手白香皇女墓に治定されているが年

代が合わない。大型内行花文鏡の出土した下池山古墳、都月型埴輪の出土した中山大塚古墳などの古式古墳もある。

古墳時代の布留式土器の標識遺跡として知られるのが、龍王山に発する布留川の扇状地に広がる布留遺跡（天理市布留町・三島町・杣之内町）である。豪族居館・埴輪で区画された祭壇・金属加工や玉造の工房、『書紀』履中四年の石上溝かと目される幅十三メートルの人工水路などの遺構が出土。物部連や石上神宮との結びつきが考えられる。

布留町に鎮座する式内名神大社の石上坐布都御魂神社（石上神宮）は、神武天皇東征時の平国の剣師霊を祭ると伝え、瑞垣で囲まれた禁足地があって、本来は本殿のない古社である。神宮の神庫には『書紀』垂仁三十九年に見える剣一〇〇〇振を始め、各地の服属豪族の奉献した剣・玉など膨大な神宝類が収蔵されていた。石上神宮の祭祀や神庫・神宝の管理には物部連が従事したが、後には春日臣系物部首も関与した。

神宮の伝世品中、他に類例を見ないのが泰和四年（三六九）の東晋年号で始まる金象嵌銘のある、七支刀である。本品は四世紀後半の対百済関係や『書紀』神功五十二年の所伝を考察する上で、第一級の史料と言える。

石上豊田古墳群（天理市石上町・豊田町）は、一〇〇基以上の横穴式石室をもつ小円墳と、横穴式石室をもつ大型前方後円墳の別所大塚古墳・石上大塚古墳・ウワナリ古墳などから成る。天理市杣之内町の西山古墳は代表的な前期の大型前方後方墳であり、いずれも物部連との関連が推察される。

龍王山西麓に広がる龍王山古墳群は、六・七世紀の小規模な横穴式石室墳と横穴墓が一〇〇〇基以上も集中する大古墳群である。

天照大神と共に宮殿内に祭られていたという倭大国魂神を祭神とする、式内名神大社の大和坐大国魂神社は天理市新泉町に鎮座し、大倭国造の倭直がその祭祀を担った。大和郷は城下郡だが、古くはこの辺までが狭義のヤマトの地域であったのだろう。

山辺道は東山麓を曲折しながら、上ツ道は平坦部を直線で、郡内を南北に延びていた。

都介郷　奈良市都祁を中心とする都介野高原一帯。『続紀』天平十二年（七四〇）に竹谿邑が見える。都祁の小山戸に式内大社の都祁山口神社、友田には式内大社の都祁水分神社が鎮座。この東南の小治田安万侶墓から神亀六年（七二九）銘の墓誌が出土、都家郷と見える。都介氷室が置かれ（『書紀』仁徳六十二年、『延喜式』主水司)、和銅四年(七一一)の年紀をもつ長屋王家木簡にも見える。東国と結ぶ都祁山之道(『続紀』霊亀元年)が通っていた。

星川郷 天理市南六条町・荒蒔(あらまき)町の辺。波多臣同族の星川臣の本拠。

服部郷 天理市嘉幡(かばた)町・庵治(おうじ)町の辺か。天平勝宝二年(七五〇)の「官奴司解」に庵知村が見える。

長屋郷 天理市東井戸堂町・西井戸堂町・永原町の辺。平城宮木簡に山辺郡長屋井門村、『万葉』巻一に長屋原が見える。

石成郷 定かでないが天理市九条町の辺か。

石上郷 石上神宮の鎮座する天理市布留町から石上町の辺。式内石上市坐(いそのかみのいちにいます)神社や石上衢(『続紀』延暦八年)、石上朝臣の氏寺で七世紀後半の飛鳥池木簡にも見える石上寺跡などがある。安康天皇の石上穴穂(あなほ)宮、仁賢天皇の石上広高(ひろたか)宮の伝承地。

【参考文献】

和田萃編『大神と石上』筑摩書房、一九八八年

橿原考古学研究所『下池山古墳・中山大塚古墳調査概報』学生社、一九九七年

橿原考古学研究所附属博物館『オオヤマトの古墳と王権』一九九八年

(平林章仁)

コラム

斑鳩

『和名抄』にみる大和国平群郡夜麻郷の一部をさす地名。「鵤」とも表記される。大和盆地の西を区画する矢田丘陵の南麓、富雄川右岸の地域をいう。

聖徳太子は、推古天皇が飛鳥に本格的な宮殿（小墾田宮）を造営するのと軌を一にするように、推古九年（六〇一）に斑鳩の地で宮殿（斑鳩宮）の建設を始めた。四年後、太子は磐余からここに遷居した。それは『三代実録』貞観元年（八五九）五月十九日条などに、「太子所居」「太子御住所」と伝えられてきた現在の法隆寺東院の地にあたり、近年の発掘調査では、その下層から品字形に整然と並ぶ掘立柱建物群の一部と、方二町（約二一〇メートル四方、高麗尺六〇〇尺四方）の規模で宮殿を取り囲むとみられる素掘り溝が確認された。斑鳩宮は太子の死後、長子の山背大兄王の住むところとなり、やがて皇極二年（六四三）、蘇我入鹿による襲撃を受けて炎上、上宮王家は滅亡する。

また昭和十四年（一九三九）、東院の西にある塔頭普門院の南庭に遺る巨大な塔の心礎付近が発掘され、この地に四天王寺式伽藍配置による寺院が飛鳥時代の古い時期に存在したことがあきらかとなった。その後の法隆寺一帯の発掘調査により、若草伽藍と呼称されたこの寺院跡と斑鳩宮は、ともに高麗尺三〇〇尺を基準として施工された西偏する方格地割りのもと、ひとつの造営計画にもとづいて並行して営まれた建物群であることが確かになった。したがって若草伽藍が、用明天皇の遺志を継いで推古天皇と聖徳太子によって造営されたと伝えられ（法隆寺金堂薬師如来坐像光背銘）、『書紀』の推古十四年是歳条に「斑鳩寺」とみえる寺院にあたり、それは後の天智九年（六七〇）に一屋余すところなく焼亡したと『書紀』に語られる「法隆寺」にあたる蓋然性は極めて高くなった。また若草伽藍西方での近年の発掘（二〇〇四・〇六年度実施）では、壁画を含む焼損した多量の壁体や瓦が素掘り溝から出土し、天智紀の焼亡記載はその信憑性をいっそう高くした。やがて天武・持統朝のころより新たな寺地を北西に求め、現在の法隆寺西院伽藍が建設される。

七世紀の斑鳩寺は「鵤大寺」・「鵤寺」とも表記される。前者は甲午年（六九四年、または六三四年）の紀年をもつ法隆寺蔵の金銅仏光背の支柱と想定される鍍金銅板銘文に見え、後者は正倉院や東京国立博物館に伝わる法隆寺所伝上代裂にみる墨書銘から知られる。

『書紀』は太子が斑鳩へ遷った翌年の推古十四年（六〇六）、岡本宮で法華経を講じたと記する。また『霊異記』は太子が「鵤岡本宮」に居住したと述べ（上四）、さらにこの岡本宮が太子の誓願により尼寺（岡本尼寺）とされ、その所在を平群郡鵤村とする（中十七）。この岡本尼寺は斑鳩宮跡の東北約一キロメートルに寺置を占める法起寺にあたる。法起寺の伽藍の下層には若草伽藍と同じ西偏方位をもって柵に囲まれた建物群の存在が確認され、その出土瓦も若草伽藍と共通し、それが岡本宮にかかわる遺構である蓋然性が高い。

斑鳩宮跡の東には中宮寺跡がある。この寺は太子の母、穴穂部間人皇女の宮を皇女の没後、寺となしたと伝えられ、その寺名を『聖徳太子伝私記』は「鵤尼寺」とも書き、岡本尼寺同様それが鵤（斑鳩）に建てられたことを明示する。

斑鳩宮はもとより、斑鳩寺（法隆寺）・岡本宮（岡本尼寺＝法起寺）・中宮寺がいずれも斑鳩の地に建設された太子ゆかりの宮殿や寺院であることは確かであろう。一方、斑鳩宮跡の北約六〇〇メートルには、山背大兄王とその子由義王が太子の病気平癒を願って創建したという伝承をもつ御井寺（法輪寺）がある。さらには「大安寺資財帳」に太子が病臥したとみえる飽波葦垣宮（あくなみのあしがきのみや）の位置が、顕真自筆稿本『聖徳太子伝私記』裏書などの記述から、斑鳩宮の南東約六〇〇メートルの富雄河畔にある上宮（かみや）遺跡の地にあたる可能性が高いとされる。飽波葦垣宮は太子最愛の妃で、太子とともに葦垣宮に没したとされる膳菩岐々美郎女の宮殿と伝承される。これら太子に関連する宮殿や寺院は約一・五キロメートル四方のごく限られた地域内に選地している点からみて、御井寺や飽波葦垣宮もまた斑鳩の範囲に含まれる地に建設された蓋然性が高い。

さらに『霊異記』は、飽波葦垣宮の東を流れる富雄川を「いかるがの小川」と呼ぶ（上四）。富雄川は斑鳩を含む夜麻郷とその東の飽波郷の境をなし、それは前述した太子関連の宮殿や寺院が集中する地域の東限ともなる。

【参考文献】

辰巳和弘「上宮王家と古代平群地域—聖徳太子、斑鳩の夢」（『地域王権の古代学』白水社、一九九四年）

仁藤敦史「斑鳩宮の経営」（『古代王権と都城』吉川弘文館、一九九八年）

（辰巳和弘）

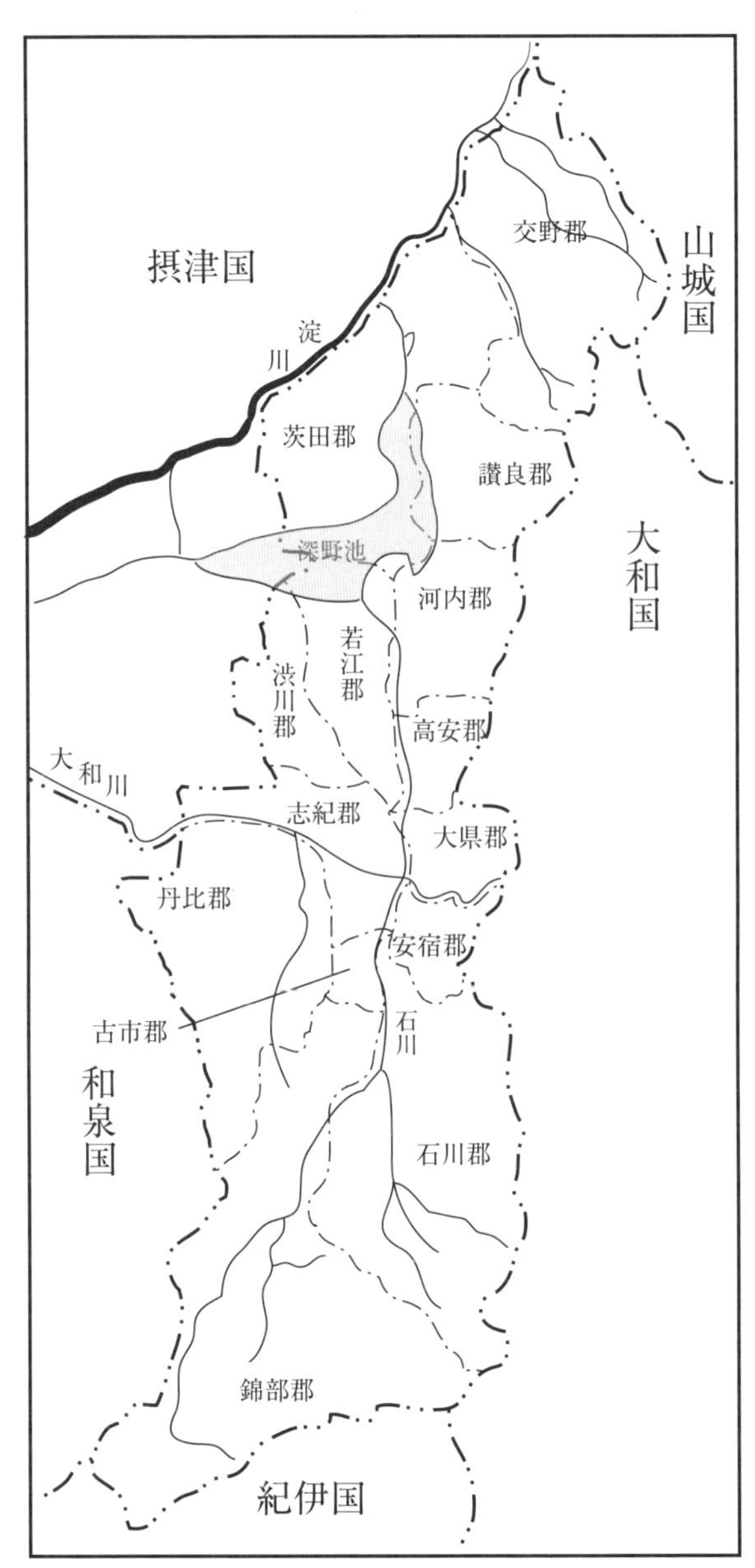
摂津国
淀川
交野郡
山城国
茨田郡
讃良郡
深野池
大和国
河内郡
若江郡
渋川郡
高安郡
大和川
志紀郡
大県郡
丹比郡
安宿郡
古市郡
石川
和泉国
石川郡
錦部郡
紀伊国

河内国略図

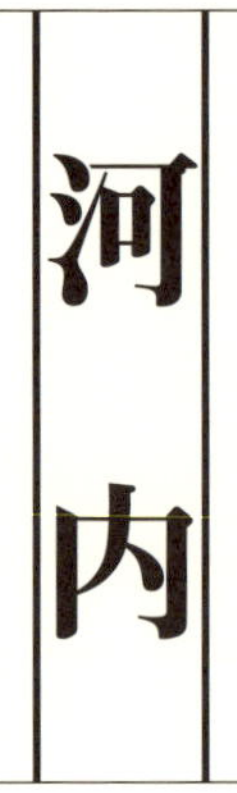

河内

河内国・かわちのくに

五畿内の一。『和名抄』には「加不知」の訓がある。大阪平野の中央部から東南部を占める国。東は金剛・生駒山地、南は和泉山脈、西は泉北丘陵と上町台地、北は淀川に囲まれた地域。国の中央部を東南から西北に大和川の分流諸河川が縦横に流れ、沖積平野とその背後の丘陵地帯が古代史の主な舞台となった。『古事記』は古い表記の川内を用いており、『書紀』では河内に統一している。令制以前には摂津・和泉両国をも包摂する広大な国であったが、天武朝にまず摂津国が分立し、その後幾度かの変遷を経て天平宝字元年（七五七）に和泉国が分立したことによって令制の河内国が成立した。『延喜式』では十四郡からなる大国。国府は藤井寺市国府付近に置かれ、国分寺は柏原市国分市場に所在。国名の由来は川（カワ）・霊（チ）と推定され、大阪平野中央部にかつて存在した潟湖（河内湖）に流れ込む淀川と大和川・石川の流水の統御がこの国の歴史的な課題であった。『書紀』仁徳巻には難波堀江の開削と茨田堤の築造という大土木事業を記載するが、この記述は六世紀中葉の欽明朝の事業を聖帝仁徳の世のこととして架上したもので、歴史的事実ではない。大阪平野の開拓と難波堀江の開削は六世紀中葉の欽明朝の対朝鮮外交の一環として着手された事業で、河内国各地に外交・外征の物的基盤を支える屯倉を置き、収穫された穀物を水運を利用して難波屯倉に集積し、また堀江に開設された難波大津が王権の外交基地となった。これらの事業を推進したのは物部・蘇我両氏らであり、特に物部氏は河内国渋川・若江両郡を中心に本拠地を定め、平野の開拓や難波屯倉の経営にも関与して、積極的に王権の外交政策を支えた。物部氏滅亡後の推古朝には狭山・依網両池や古市大溝なども造られ、王権の穀倉としての性格が強まる。また、河内国には高句麗・百済・新羅・伽耶・中国からの渡来人が多数定着し優れた技術・文化を当地にもたらした。とりわけ、大和川と石川の合流点付近は交通上の要衝として西文（かわちのふみ）氏を始めとする朝鮮渡来系氏族が濃密に分布し、飛鳥時代に遡る寺院の数もひときわ多い。河内国は古代宮都の所在地である大和国の政治的・経済的後背としての性格を有していたが、倭五王時代と六世紀初頭の継体朝及び孝徳天皇の大化改新期、奈良時代には称徳朝の道鏡政権の一時期に宮都が河内国内に置かれたこともあり、王権の天下統治を支える役割を担った土地柄でもあるのである。

【参考文献】
大阪府『大阪府史』第二巻・古代編Ⅱ、一九九〇年
大阪市『新修大阪市史』第一巻、一九八八年

（前田晴人）

錦部郡・にしごりのこおり

錦織とも書き「にしこり」とも読む。『和名抄』には「爾之古里」の訓がみえる。建郡の時期は不明であり、『続紀』文武三年（六九九）三月条に「錦部郡」とあるのが初見。当時は錦部評であった。河内国南東部の郡で、郡家の所在地も不詳であるが、郡北部の石川左岸付近の平野部に候補地を求めることができるだろう。錦部郡は羽曳野丘陵の南部と和泉山脈の東部を含み、現在の富田林市・河内長野市の大部分を擁する。郡域の東部は石川のラインで石川郡と接し、北は古市・丹比両郡に、西は天野川の線で和泉国大鳥郡・和泉郡と境し、南部は和泉山脈の山嶺線で紀伊国伊都郡と接する。本郡に所属する郷は『和名抄』の余戸・百済二郷に過ぎず、元慶七年（八八三）の「観心寺縁起資財帳」に錦部郷の名がみえている。郡域が広大な割には人口が希薄であり、開発の遅れた地域であったようである。それは郡域の大半が地盤の堅い洪積段丘と山地からなるという地理的条件によるであろう。『延喜式』神名帳に本郡の記載がなく、有力神の存在が知られない点とも関係していよう。

本郡に居を構えた氏族には郡名の由来をなす錦部氏をまず挙げることができよう。『姓氏録』河内国諸蕃条に錦部連がみえ、錦部郷の中軸を占めた百済系の渡来集団と考えられる。錦部氏の姓は首であるが、後に連姓を賜っており、『続紀』天平神護元年（七六五）十二月条には当郡の人錦部毗登石次ら二十六人が錦部連を賜姓された例がある。彼らの渡来時期は『書紀』雄略七年条の錦部定安那錦（じょうあんなこん）の渡来伝承から五世紀後半以後と推定され、『書紀』欽明三十一年条には高句麗の使節を守護する任務を与えられた錦部首大石の名がみえ、六世紀にはその存在が確かめられる。『書紀』仁徳四十一年条に出る石川錦織首許呂斯は錦部氏が石川郡方面にも居住した証跡で、石川左岸の富田林市錦織は錦部氏の本拠地としてよい。『書紀』敏達十二年

条に石川百済村・下百済河田村がみえ、河田村は富田林市甲田を遺称地とするから、付近は百済系渡来人の集住する地域であったらしい。富田林市新堂にある新堂廃寺跡は錦部氏の氏寺と推定されている。

郡域南部の河内長野市高向は、大化改新に国博士として活躍した高向漢人玄理の本貫の地と考えられ、南朝系百済人の居住が知られ、また蘇我氏の同族高向臣氏の所縁の地と推定されるが、文献上の確実な証拠がない。

一方、郡域北端には富田林市喜志町・桜井町などの地名があり、『書紀』安閑二年九月条にみえる桜井田部連・県犬養連・難波吉士らが関与した屯倉が付近に存在した可能性がある。本郡を通過する古道には東西の高野街道があり、河内長野市本町で合流し紀見峠を越えて高野山に至った。古代寺院としては河内長野市に観心寺（天長四年開基）・金剛寺（承安二年開基）などの名刹がある。

（前田晴人）

渋川郡・しぶかわのこおり

『和名抄』の訓は「之不加波」。大阪平野中央低湿地帯に位置し、西は摂津国東生・住吉両郡と境を交え、東と北は長瀬川の線で若江郡に、南は丹比・志紀両郡に接する。大阪市東成・生野区の一部、東大阪市西部及び八尾市西・南部を含む地域が該当する。八尾市に渋川の地名が残り、また『延喜式』神名帳には若江郡の項に渋川神社（八尾市植松町）を載せており、それらが旧大和川の本流平野川の流域に当たるので、渋川の名は旧大和川に由来しよう。加美遺跡（大阪市平野区）の一号墳丘墓は弥生期における畿内最大の首長墓で、朝鮮半島との交流を偲ばせる副葬品を出土しており、本郡形成の歴史的起点とも言える。郡名の初見は『書紀』持統三年（六八九）七月条に、兵衛を偽称したかどで渋川郡人柏原広山（姓は村主、鞍作氏と同族）を土佐国に流した記事であり、本郡は渋川評の段階まで遡るが立評時期は明らかではない。郡家の所在地は渋川付近に推定されているが現在のところは不明である。

本郡は竹淵（たかふち）・邑智（おうち）・跡部（あとべ）・賀美（かみ）・余戸（あまるべ）の五郷よりなり、竹淵郷は八尾市竹淵（たこち）・亀井付近、邑智郷は大阪市生野区巽付近、跡部郷は八尾市植松町・跡部本町・渋川を中心とする地域、賀美郷は平野区加美正覚寺・加美・加美鞍作一帯、余戸郷は郡域北部の東大阪市高井田・足代・長堂を含む地域に比定できる。

本郡の東南部跡部郷付近は平野川と長瀬川の中洲状地形を成し、また難波の四天王寺東門付近から桑津・杭全を経て平野川に沿い志紀郡方面に至る斜行道路「渋河路」が跡部郷を通過し、水陸交通上の要衝となっていた。八尾市植松町付近は「吾礪(あとの)広津邑(ひろきつのむら)」(『書紀』雄略七年条)と呼ばれた港津を中心とする集落が発達し、百済から貢上された手末才伎(たなすえのてひと)を安置したと伝え、また百済から一時帰国した日羅を「阿斗桑市」の客館に饗応したと伝える(敏達十二年条)。河川の津と幹線道路が交会する場に市が生じ、難波津に到着した渡来人の安置・定住地となっていたことを示す。物部氏の同族阿刀連や尋来津(ひろきつ)公・尋来津首らの氏族が付近を本拠としていた。『書紀』用明二年条には、大臣蘇我馬子と物部大連守屋との政治的対立が一触即発の事態となり、守屋は別業のある「阿都(あと)家」に退いて臨戦体制を整えたと記し、また、崇峻即位前紀には、蘇我馬子の司令下にある朝廷軍がついに河内へ進軍し、軍兵が志紀郡から守屋のたてこもる「渋河家」に殺到し、大連は自ら「衣揩(きぬすり)」の地に聳え立つ朴に登って激しく抵抗したと伝えている。「阿都家」と「渋河家」は物部大連の本拠地である「吾礪広津邑」に設けられた居館で、同一施設を指すものと考えられ、物部大連氏は大和の宮都と難波の大津を結ぶ水陸交通上の要衝を押さえていた事実を窺わせている。守屋の最後の地となった衣摺(きずり)は長瀬川の流域に位置し、『荒陵寺御手印縁起』にみえる守屋の河内の所領弓削・鞍作・祖父間・衣摺・蛇草・足代・御立・葦原の八箇所の一つである。『書紀』崇峻即位前紀によると、戦乱後に「大連の奴の半と宅とを分けて、大寺の奴・田荘とす。田一万頃を以て、迹見首(とみのおびと)赤檮(いちい)に賜ふ」とあり、渋川郡には物部大連の所領たる田荘が広く散在し、守屋の子弟・奴や同族関係を結んだ諸氏族を各地の田荘に配置して経営に当たらせていた。このように渋川郡は古代の大族物部大連氏の本居地であった。

本郡居住の氏族で留意されるものに鞍作氏がある。平野区には加美鞍作の地名が残り鞍作部の居住地とみられ、物部守屋の所領でもあった。鞍作部は馬具・武具・仏像などの製作に従事した百済系渡来集団で、鞍作止利は法隆寺釈迦三尊像・飛鳥大仏の作者として著名である。渋川郡の柏原村主・利苅(とかり)村主・鞍作氏らは同族であり、彼らは一時期物部大連の影響下にあったものと推定される。八尾市渋川の渋川神社境内に渋川寺(宝積寺)址があって飛鳥時代の瓦を出土しており、『続紀』神護景雲三年(七六九)十月条にみえる龍華寺がそれに該当する可能性があり、物部氏所縁の寺院とも考えられる。

本郡内の式内社は六神六座。鴨高田神社は平安時代には若江郡の石清水八幡宮領高井田庄の鎮守となり、現在東大阪市高井田に所在し、鴨氏の祖神を祀っていたらしい。『続後紀』承和三年（八三六）五月条に河内国人鴨部船主らに賀茂朝臣姓を賜った記事がみえ、葛城鴨氏の部民が居住していた。横野神社は元生野区巽南にあり、『書紀』仁徳十三年十月条に伝えのある横野堤の神を祀ったものであり、平野川の度重なる洪水を偲ばせる。波牟許曽神社（東大阪市長瀬町）の名は蛇草（ハムクサ）と関係し、物部大連の所領の一つ。祭神及び奉祭氏族ともに不明である。路部神社は跡部神社の錯誤とみられ、『旧事紀』天神本紀にでる跡部首の祖天津羽原を祭神とした可能性が強い。神社は八尾市跡部本町に鎮座し、物部大連の本居に近接する。許麻神社は近世に久宝寺の牛頭天王と称され親しまれたが、社名から若江郡巨麻郷との関係が推定され、高句麗系渡来集団の祖神であったと考えられる。都留弥神社は現在東大阪市荒川に所在するが、旧社地は足代にあり、往古の河内潟に面して水戸の神を祀っていたようである。

（前田晴人）

安宿郡・あすかべのこおり

東を二上山塊に限られ大和国葛下郡と境を接し、北は大和川を挟んで大県郡に対し、西方は石川のラインで志紀・古市両郡に面し、南はいわゆる王陵の谷口で石川郡と境を接す。現在の柏原市南部・羽曳野市東部・南河内郡の一部を含む地域である。駒ヵ谷の鉢伏山を基軸として北部の原川流域と、南部の飛鳥川流域で大まかに地域的区分ができ、北部には河内国分寺址・田辺廃寺址や渡来人「船王後墓誌」を出土した著名な遺跡が多い。郡名の古い表記は『書紀』雄略九年七月条に「飛鳥戸郡」とあり、『和名抄』に「安須加倍」と訓ませている。二上山麓を西北流して石川に注ぐ飛鳥川の流域に存在した、百済系の渡来人の集落を中心に編成された郡であり、本地域の渡来集団には「戸」に象徴される初期的な戸籍の導入と共同体の政治的編戸が実施されていたと考えられる。建郡の時期は不明であるが、おそらく孝徳朝の天下立評時であり、大県郡の鳥坂寺で出土した平瓦の銘文に「玉作ア飛鳥評」と記されていたように、評制段階に遡る。本郡域は北辺を西流する大和川のみならず、河内と大和を結ぶ主要幹線道路の通過地点であり、二上山の西麓、羽曳野市飛鳥は当麻道・大坂道の分岐点となっており、郡家も付近に所在したと推定され、大和への西からの進入路として政治的に重視されていた。本郡は賀美（かみ）・尾張・資母（しも）三郷から構成される小郡であるが、天平二十年（七四八）四月の日付をもつ造寺所公文（正倉院文書）には奈加郷の名がみえ、尾張郷のこととする説がありその可能性は強い。賀美郷は『延喜式』内の名神大社飛鳥戸神社の所在した羽曳野市飛鳥付近で、飛鳥戸造氏の本拠地としてよい。飛鳥戸造は『姓氏録』河内国諸蕃条に百済国王の後裔と主張する豪族で、飛鳥戸神社は元来百済王を祀っていたのであろう。『後紀』弘仁三年（八一二）正月条に飛鳥戸造善宗らが百済宿禰を賜っているのは彼らの出自を示している。承和六年（八三九）十一月に初見する御春朝臣も飛鳥戸造の系統に属する氏族である。『姓氏録』河内国諸蕃条の上村主は同郷を本貫とした百済系の渡来氏族で、駒ヶ谷一帯を居所とした。尾張郷は『姓氏録』河内国皇別条に尾張部を載せるのでこの氏に由来するらしいが、文献上の徴証に乏しい。柏原市田辺町・国分付近がその遺称地で、田辺氏や飛鳥戸氏も郷内に居住していた。資母郷は片山・玉手・円明町付近と推定され、『姓氏録』河内国諸蕃条の下曰佐（おさ）・下村主氏ら漢系渡来集団が居住していた。

本郡は交通上の要衝に当たっていることから、大和川・石川に面して数多くの古い古墳が造営され、柏原市国分市場に所在する松岳山古墳は河内の前期古墳中でも特異な歴史的位置を占め、また玉手山古墳群は志紀県に関わる在地首長勢力の奥津城とみられる。神社では杜本神社二座・飛鳥戸神社・伯太彦・伯太姫神社が式内社としてその名を連ねている。杜本神社は駒ヶ谷に鎮座し、宇多天皇の外祖母当宗（まさむね）忌寸氏を祀る名神大社である。

【参考文献】

岸俊男『日本古代籍帳の研究』塙書房、一九七三年

（前田晴人）

高安郡・たかやすのこおり

『和名抄』に多加夜須と訓む。坂本・三宅・掃守（かにもり）・玉祖（たまのおや）の四郷からなる。八尾市東部を領域とし、北は河内郡、西は玉串川を挟んで若江郡、南は大県郡、東は高安山嶺線で大和国平群郡と境を接する。郡域の西部を恩智川が北流する。

本郡の成立事情に関しては、『三代実録』元慶三年（八七九）十月条の常澄宿禰秋雄らの奏言に、彼らの祖先の高安公陽倍が孝徳天皇の御世に高安郡を建てたと主張しているので、改新期の天下立評に際して建評

したのが最初であろう。『住吉大社神代記』の膽駒神南備山本記に「高安国」の名がみえるのは、本郡が一つのまとまりある在地豪族の歴史的世界を形成していたことを示している。高安郡三宅郷は八尾市恩智付近にあった屯倉に所縁のある地であるが、『姓氏録』河内国諸蕃に三宅史がみえ、高安屯倉の管理者であり、また『続紀』天平勝宝八歳（七五六）二月条に出る三宅寺は三宅史氏一族の建立にかかる河内六寺の一つとして有名である。三宅史は河内国交野郡を本拠とした山田史（後に宿禰）と同族関係にあり、渡来系の氏族と推定されるが、本郡には他に高安・秦・春日戸・八戸・橘戸・飛鳥部などの渡来系氏族が圧倒的に多く居住しており、高安屯倉を核とする中央政権の初期的編「戸」に基づく支配が及び易い環境にあった。一方、本郡の在地系氏族には掃守・玉祖・鳥取・坂本などの諸氏があり、いずれも郷名にその本貫の痕を留めており、なかでも玉祖氏は玉作りの工人集団を率いた古い氏族と推定され、八尾市神立に鎮座する式内社玉祖神社はその祖神を祀っており、高安遺跡（八尾市水越・千塚・上尾町）や河内郡の池島・福万寺遺跡に攻玉の遺跡・遺物を残している。坂本氏については、六七二年の壬申の乱に天武側の武将として活躍した坂本臣財の動向が注目され、財は近江朝廷軍が占拠していた高安城を攻撃してこれを奪取し、その後河内側から進出してきた壱岐史韓国軍を迎撃した。坂本臣は和泉国大鳥郡坂本郷に本拠を置いた紀氏系の有力豪族であるが、高安郡坂本郷にも分岐氏族を配置していた可能性が考えられる。高安城は天智六年（六六七）から大宝元年（七〇一）まで存続した朝鮮式山城で、唐・新羅連合軍の侵攻に備えて西日本各地に造営された山城のうち、首都飛鳥の最後の防衛線としての役割を担わせられたものである。その遺構は近年になり発見されたが、全容の解明にはなお大規模な発掘調査を要する。鳥取氏は大県郡に本拠を有する豪族であるが、玉串川に沿って勢力を北方へ拡大し、若江郡の三野県主氏と同祖関係を結んでいた。

本郡の式内社は十座で、恩智神社（八尾市恩智中町）は名神大社の社格を有し、穀物生産の守護神として著名である。また、天照大神高座神社（八尾市教興寺）はその名の通り太陽神を祀っているが、伊勢神宮との関わりや奉祭集団について不明な点が多い。

（前田晴人）

河内郡・かわちのこおり

『和名抄』に「加不知」との訓あり。大阪平野の中央部東端に位置し、東は生駒山嶺を挟んで大和国平群郡に、北は讃良郡、西は若江郡、南は高安郡とそれぞれ境を接していた。郡域北部は河内湖(深野池)に面し、恩智川・玉串川とその分流吉田川・菱江川が郡内を貫流して河内湖に注いでいた。郡東部は山地と扇状地とからなり、玉串川が若江郡との西境界線を成していた。現在の東大阪市東部及び八尾市の東北部を含む地域に当たる。河内郡の郡家の所在地は不明であるが、交通上の条件からみると東高野街道と暗峠越奈良街道(日下直越の道の候補の一つ)の交点付近の大宅郷(東大阪市客坊町・河内町・喜里川町付近)の蓋然性が強い。河内郡の起源は三野県であり、英多郷はその名残りである。東大阪市の吉田・花園・玉串付近が旧中河内郡英田村に該当するが、県の境域は八尾市上之島町南に鎮座する御野県主神社付近にまで及んでいたらしく、八尾市楽音寺・大竹に所在する楽音寺・大竹古墳群は三野県主前身勢力の奥津城と考えられる。とりわけ全長一四〇メートルの墳丘規模を誇る心合寺山古墳は群の盟主で、中河内地域では五世紀第2四半期に築造された最大の前方後円墳である。

新居郷は大津神社の所在する東大阪市吉田・春日付近に、桜井郷は梶無神社を軸とする同市六万寺町の地に推定され、豊浦郷は枚岡神社のある豊浦町・出雲井本町付近に、額田郷は額田町を遺称地とする。大戸郷は『姓氏録』河内国皇別の大戸首条に日下大戸村がみえているように、東大阪市日下町・石切町を中心とする地域が該当しよう。

本郡域には河内連・大宅臣・日下部連・額田首・額田部湯坐連・大戸首・秦宿禰・中臣枚岡連・美努連・穂積連などの有力氏族が居住し、河内連は『姓氏録』河内国諸蕃条に出る百済系渡来氏族で、隅田八幡宮所蔵鏡銘の開中費直穢人が初見。天武十年(六八一)に直姓から連姓を賜り、『三代実録』貞観四年(六八二)三月条には河内郡大領河内連田村麻呂の名がみえ、平安初期以後には本郡の指導的地位に立っていたことが知られる。一方、穂積連は物部氏と同族関係を有する豪族で、東大阪市東石切町に所在する石切剣箭命神社は物部氏の祖饒速日命・可美真手命を祭神とし、饒速日命が天上から「河内国河上哮峰」に降臨した伝承を持つ。また、中臣枚岡連は枚岡神社の奉祭氏族であるが、枚岡神社は河内国一ノ宮の社格を有し、大和の春日大社の元宮としての位置を占める。額田首・額田部湯坐連らは馬の飼育や管理に携わった氏族であり、生駒山麓には古くから馬牧が設置され、日下貝塚からは古墳時代の馬骨が出土している。日下の地は仁徳天皇の子大草香皇子の日下宮の所在地と推定されるが、その由緒から六世紀には日下の大戸屯倉が設置され、日下部連や大戸首らの氏族が屯倉の経営・管理に当たったとみられる。桜井屯倉（東大阪市四条町付近）も安閑朝に設置されたと伝え、桜井田部連が経営・管理を担当したようである。

【参考文献】

前田晴人『古代王権と難波・河内の豪族』清文堂、二〇〇〇年

（前田晴人）

讃良郡・さららのこおり

河内国東北部に位置した郡。北は交野郡、西は茨田郡、南を若江・河内両郡、東は生駒山地で大和国平群郡に接し、西部を寝屋川が流れ、南部に河内湖の後身としての深野池が控えていた。現在は郡域の大部分が四條畷・大東両市域に入る。郡家の所在地は従来から四條畷市岡山と目されているが、現在なお確証が得られていない。『和名抄』によると山家・甲可・枚岡・高宮・石井の五郷からなる。枚岡郷は中臣枚岡連の、高宮郷は高宮村主の本拠と推定され、寝屋川市高宮に所在する高宮廃寺の造営には隣接する茨田郡の秦人集団との関係を考慮に入れる必要もあろう。

『霊異記』中四十一に河内国更荒郡馬甘里の富家の話があり、馬甘里は所在地が未詳で先の五郷との関係も不明であるが、里名から推定して本郡が牧馬の盛んな土地柄であることを推察させる。郡名の訓みは「佐良々」。一般には讃良と書き、平城宮木簡や『続後紀』承和八年（八四一）八月条の記事には讃良郡と記す。しかし、古くは更荒と記すのが普通であったらしく、『書紀』欽明二十三年条には「更荒郡」、同持統八年（六九四）六月条にも河内国「更荒郡」とあり、また、奈良時代の「法隆寺伽藍縁起并流記資財帳」には「更浦郡」、「西大寺資財流記帳」では「更占郡」などと記し、その他天智天皇の娘の娑羅羅皇女や持統天皇の幼名鸕野讃良皇女などの人名の例があり、持統の名はその養育氏族たる娑羅羅馬飼造氏と深い関係があろう。建郡の時期については明らかではないが、右の史料からみて評制段

階から存在したことは間違いがない。本郡を本拠地とした氏族には娑羅羅馬飼造・菟野馬飼造・佐良良連・茨田勝・新羅人・刑部造などが知られ、その特徴は渡来人集団が大部分を占めていることである。先記したように本郡には馬牧が発達していたらしく、娑羅羅馬飼造や菟野馬飼造は馬飼部を率いて朝廷所用の馬の飼育・管理に当たった豪族であり、天武十二年（六八三）に連姓を賜っている。『姓氏録』河内国諸蕃条にみえる佐良々連は、百済国の人久米都彦の後裔と伝える渡来系の豪族であるが、娑羅羅馬飼氏の後裔である可能性が高い。茨田勝については、その氏名と伝承（『姓氏録』河内国諸蕃条）から茨田郡を本拠とした豪族であるが、『続後紀』承和八年（八四一）八月条に河内国讃良郡大領茨田勝男泉の名がみえているので、本郡にも勢力を扶植していたことがわかる。新羅人に関する所伝は『書紀』欽明二十三年条に見え、本国への帰還を拒否した新羅使の子孫が更荒郡の鸕鷀野邑に居を構えたと伝えている。次に同じく『書紀』持統八年六月条には本郡からの祥瑞献上のことが記され、鶏を捕獲した刑部造韓国に位と物を賜ったとする。但し、韓国が本郡居住の人物であるとする確証はない。

本郡を通過する古代道路には東高野街道があり、長岡京時代以後には南海道となり、社寺参詣が盛行するにつれて整備されるようになる。

（前田晴人）

茨田郡・まんだのこおり

『和名抄』は「萬牟多」と記す。「マムタ」が本来の訓み。後に「マウタ」「マンダ」「マッタ」などと呼ぶようになる。河内国の西北部を占めた郡。北は淀川を挟んで摂津国島下・島上両郡と対し、東は天野川・寝屋川の線で交野・讃良両郡に境し、南は河内湖の名残を留める深野池で若江郡に、西は摂津国東生・西成両郡と境を接す。郡域北部を流れる淀川の沖積平野に成立した郡であり、南部もまた低湿地からなっていた。現在の寝屋川市・門真市・守口市と枚方市西部・大東市西部・大阪市鶴見区などを含む地域が該当する。当郡に属する郷は幡多（はた）・佐太・三井・池田・茨田・伊香（いかが）・大窪・高瀬の八郷であり、『播磨国風土記』には茨田郡枚方里の名がみえている。

本郡の大半の地域は元来淀川が運んだ泥砂の堆積によってできた低湿地であり、治水と土地の開発にまつわる伝承に富んだ地域である。仁徳天皇の世に茨田堤を築造して洪水の難を防いだとする所伝や、奈良時代初期に行基が溝・樋・堀・布施屋・直道などを設営したとする『行基年譜』の記録が著名。『書紀』仁徳十一年条には、茨田堤を築造した時、当地の豪族茨田連衫子（ころものこ）の活躍で堤が完成し、その地を強頸断間・衫子断間と名付けたとする。大阪市旭区千林と寝屋川市太間が両堤の遺称地と伝える。『延喜式』神名帳の堤根神社は現在門真市宮野町に所在し、史跡茨田堤が遺存する。『姓氏録』河内国皇別条に茨田宿禰を載せ、仁徳朝に茨田堤を造ったとするように茨田郷（大阪市鶴見区茨田大宮・浜・諸口・横堤）を本拠地とした茨田氏が堤造成の主役となったことは疑えない。一方、『古事記』仁徳段には秦人を役使して茨田堤と茨田三宅を作ったとするように、堤の造成と屯倉の経営には秦人や秦氏が大きく関与していたことを物語っている。幡多郷（寝屋川市太秦）は彼らの居住に因むもので、『姓氏録』河内国諸蕃条に出る秦人は秦宿禰同祖とするように秦氏に統率された渡来の役民であろう。秦氏の勢力は隣の讃良郡にも及んでいた模様で、同郡の三宅郷は茨田屯倉の経営に携わった秦氏や茨田勝氏の居住地であったらしく、茨田郡はその発足当初には讃良郡をも包摂する広域の評であった可能性が強い。

茨田屯倉の伝承は仁徳紀十三年条を初見とするが、『書紀』宣化元年条に河内国茨田郡の屯倉の穀を運ばせたとする記事が史実に近く、屯倉設置のみならず茨田堤の築造自体も六世紀の前半頃の蓋然性が強い。継体天皇の妃に茨田連小望の娘関媛があり、また天皇は樟葉宮に即位した経歴の持ち主であったから、茨田氏の発展も六世紀に入ってからとみるのがよいようである。

高瀬郷（守口市高瀬町付近）は『播磨国風土記』にみえる高瀬之済の所在地で、行基が本郡での布教活動の中心とした交通上の要衝であり、伊香郷（枚方市伊加賀・三矢町付近）にも救方院・薦田尼院を設置したが、茨田堤の修築や保全に関わる施設であろう。

（前田晴人）

交野郡・かたののこおり

『和名抄』に「加多乃」の訓がある。肩野・片野・郊野などの用字があり、河内国の北東端に位置する郡。西北部は淀川を境に摂津国島上郡に対し、西部と南部はそれぞれ茨田・讃良両郡と、東は生駒山地北部の丘陵を挟んで山城国綴喜郡と境を接する。現在の枚方市・交野市の大部分の地域を含む。郡名の由来は交野と呼ばれた広大な原野で、天野川右岸に発達する台地を指す。灌漑用水の確保が困難で、平安初期でも開発の遅れた遊猟地として知られたが、近都の景勝地として王朝貴族らに愛された。『続紀』和銅四年（七一一）正月条が交野郡の初見。郡家の所在地は交野市郡津が候補地にあげられる。本郡には三宅・田宮・園田・岡本・山田・葛葉（くずは）の六郷が属するが、三宅郷は妙見山の別称三宅山との関係からみて交野市星田・私市付近で、茨田屯倉に所縁のある郷とみられ、本郡は大宝令施行に際し茨田郡から分割されて成立したようである。田宮郷は枚方市田宮から山之上・茄子作付近の一帯、園田郷は交野市星田付近説と津田・尊延寺・長尾付近説があり不詳。岡本郷は枚方市岡本町・三矢町付近、山田郷は枚方市藤坂・田口・津田付近、葛葉郷は枚方市楠葉地区・船橋地区一帯とみられる。

本郡に本拠地を置いた氏族には百済王・肩野連・交野忌寸・山田宿禰・岡本忌寸・私部などがあり、百済王氏は奈良時代後半に摂津国百済郡からこの地に移住した百済王（こにきし）氏一族の後裔である。桓武天皇の外戚氏族として栄え、枚方市中宮西之町にある百済寺跡と百済王神社は彼らに所縁のある遺跡である。肩野連は交野の地名を負う氏族で物部氏の同族を称するが、その実体を明らかにし得る材料に乏しい。山田宿禰は山田郷に本貫を置いた渡来系の豪族で、養老律令の編纂に参画した山田連銀が著名である。岡本忌寸の本姓は台（うてな）忌寸であるが、養老元年（七一七）九月に改姓を許された。岡本郷に居住した渡来系氏族であろう。私部は交野市私市・私部に地名が遺存しているが、敏達朝に設置された大后の名代部に由来し、地域的には茨田屯倉や三宅郷との関わりに注意すべき点がある。

交野郡の北部は淀川に面し、摂津・山城両国との国境に接する地点であるため早くから交通上・軍事上の要衝としての位置を占め、楠葉（樟葉・久須婆）は淀川の渡河点として知られ、継体天皇は大和へ入る前には樟葉宮を営み、奈良時代の和銅四年（七一一）正月に楠葉駅が設置されて山陽道の駅家となり、また神亀二年（七二五）には、僧行基が久修園院を建て山崎橋を架し楠葉布施屋を設けたとされる（『行基年譜』）。延暦年間にはしばしば桓武天皇が交野郡に遊猟して百済王一族と親交を深め、延暦四年（七八五）と同六年の冬至には交野の柏原で中国風の郊祀を行い、父光仁天皇を昊天上帝に位置づけて新王朝の創始を印象づけた。

本郡内の式内社としては片野神社

と久須々美神社があり、前者はいわゆる交野ヶ原の中心地に当たる枚方市牧野坂に鎮座し、後者は現在片野神社境内に合祀されている。

（前田晴人）

若江郡・わかえのこおり

『和名抄』によると郡名は「和加江」と訓む。河内国の中央部を占めた郡。東大阪市の西半分と八尾市の中央部を領域とした。郡北部は河内湖の名残を留めた深野池を挟んで茨田郡と対し、東部は玉串川を境として河内・高安両郡と接し、西は長瀬川の流路を境に渋川郡及び摂津国東生郡と、また大和川の分岐点付近で志紀郡に南接していた。本郡は河内平野の心臓部で洪水に悩まされたが、反面では瓜生堂遺跡・若江遺跡・山賀遺跡・新家遺跡・友井遺跡・佐堂遺跡など数多くの弥生時代の遺跡が発見されているように穀倉地帯でもあり、早くから文明化の恩恵を受けた土地でもある。郡家の所在地は不明。郡名の初見は和銅二年（七〇九）の「弘福寺田畠流記帳」に河内国若江郡田とある。弓削・刑部・新治（にいはり）・巨麻（こま）・川俣・錦部・余戸の七郷からなり、『延喜式』神名帳に登載された神社には、坂合神社二座・矢作神社・若江鏡神社・御野県主神社二座・石田神社三座・川俣神社・弓削神社二座・都留美嶋神社・長柄神社・意支部神社・弥刀神社・宇婆神社・渋川神社二座・栗栖神社・加津良神社・中村神社があり、これらの神社の立地環境から推して河川の自然堤防上やその後背地に当たる微高地に多数の集落が営まれていたことを推察させる。

大和川の支流の一つ玉串川流域には三野県が置かれ、四世紀後半から五世紀後半には三野県主の前身勢力が当地方を支配していた。八尾市上之島町南に鎮座する御野県主神社は県主の氏神を祀る。三野県主は玉串川より東方の生駒山地西麓地域に勢力基盤を置いていたようである。五世紀後半以後になると物部氏が渋川郡域から本郡へ勢力を拡張し、弓削郷（八尾市弓削）には物部氏と同族で奈良時代後半に活躍した僧道鏡を出した弓削連が本拠を構え、同じく矢作連は刑部造と共に刑部郷（八尾市刑部）に、皇別の川俣公・川跨連は川俣郷（東大阪市川俣）に、渡来系の錦部造は錦部郷（八尾市西郡）に、大狛造は巨麻郷（東大阪市若江北、南町・久宝寺）に居住していた。『続紀』養老四年（七二〇）六月条にみえる「河内国若江郡人正八位上河内手人刀子作広麻呂」は、下村主に改姓して雑戸号を免除されており、安宿郡資母郷に本貫を置く漢系を称する下村主氏と同族関係を有し、金工の技術をもって若江鏡神社などにも関係していたと推測できる。若江郡にはその他にも渡来人の居住が知られ、『姓氏録』右京諸蕃条の若江造も本郡に所縁を有する氏族とみられ、祖先は百済出身の張安力で張氏は薬師・医師を数多く輩出したようである。また、八尾市萱振（かやふり）は中原康富の日記『康富記』宝徳元年（一四四九）十一月条に「河内国萱振保」とみえ、古代には隼人の畿内移配地の一つであったらしく、楠根川右岸に相当し、隼人の移配に軍事的な意味合いがあるとすれば、それは難波と大和を結ぶ河川交通の要衝を押さえるという意図か、あるいは何らかの呪術的な機能に関わる可能性があろう。

（前田晴人）

丹比郡・たじひのこおり

『和名抄』では「太知比」と訓ませる。東は志紀・古市両郡、西は和泉国大鳥郡、北は渋川郡及び摂津国住吉郡、南は石川・錦部両郡と境を接する。大阪平野南部の丹遅比野（『古事記』履中段）に展開する広域の郡で、依羅・黒山・野中・丹上・三宅・八下・田邑・菅生・丹下・土師・狭山の十一郷からなり、他に余戸郷（『西琳寺縁起』所引天平十五年帳）の存在が知られ、また「丹比郡駅家院」（『続後紀』承和八年閏九月条）の記録から本郡に駅家が設置された時期があった。後に丹北・丹南両郡に分割され、依羅・三宅・八下・土師四郷が丹北郡に、残りが丹南郡に編入された。郡家の所在地は不明であるが、堺市美原区黒山・多治井の丹比神社付近を候補地とし得る。本郡は地下水位の低い原野が卓越するところから、推古朝に天野川を塞き止めて狭山池の造成が行なわれ、西除川・東除川両人工河川の開削によって郡域全体の灌漑・開発が促進されたが、平安初期にあっても生産力に乏しく口分田倍給の措置がとられている（『三代格』弘仁十二年六月官符）。本郡の特質は大和と大阪湾岸の港津地帯を結ぶ東西交通の要衝であったことで、郡域北部を大津道（『書紀』天武紀元年条・長尾街道）が、中央部を丹比道（同右・竹之内街道）と呼ばれた計画的直線道がほぼ平行に走る。両道の敷設時期は壬申の乱（六七二）を遡り、孝徳朝の右大臣蘇我倉山田石川麻呂が難波から大和へ逃去したルートが茅渟（ちぬ）道（所謂難波大道）・黒山・丹比坂を経ていたことから、七世紀には両道が機能しており、また五世紀代の履中天皇をめぐる所伝、反正天皇の丹比柴垣宮の伝承や、黒山の黒姫山古墳・雄略天皇の丹比高鷲原陵・六世紀後半代の松原大塚山古墳など巨大古墳の築造が目立つこと、さらに古市・百舌鳥両古墳群をつなぐ位置にあることからも、両道の原形は五世紀に遡る可能性が強い。

丹比郡居住の氏族には本郡生え抜きの豪族と、宣化天皇に所縁のある王族及び屯倉関係氏族・渡来系の氏族と四つのタイプがある。丹比の地名を名に負う在地の有力氏族には丹比宿禰・襷丹治比宿禰・丹比連・丹比新家連などがあり、『姓氏録』右京神別の丹比宿禰条には、瑞歯別命（反正）の御湯に奉仕しその湯沐戸たる丹比部を宰領した所縁によって丹比連の氏が成立し、庚午年（六七〇）には丹比新家連が分枝したとする。その後天武朝に手繦丹比連・靫丹比連が宿禰姓を得て丹比宿禰となったらしい。堺市美原区多治井・黒山・平尾付近が本拠地であろう。菅生郷の故地たる堺市美原区菅生に式内社菅生神社があり、菅生朝臣の本拠である。菅生氏は中臣氏の同族を称するが、狭山郷にも中臣氏の同族村山連・狭山連らがおり、狭山神社・狭山堤神社の奉祭集団であった。土師郷は堺市日置荘または松原市立部・上田の二説あるが、土師氏の居住が推定される。

王族では天武十三年（六八四）に真人姓を賜った多治比公があり、『姓氏録』右京皇別条に多治比真人を著録し宣化天皇の皇子賀美恵波王の後裔と称する。『古事記』宣化段には川内之若子比売所生に恵波王の名を載せ、多治比君の祖とし、『書紀』では橘仲皇女の子上殖葉皇子を丹比公の先とする。多治比君（丹比公）の始祖恵波王は丹比連氏との姻戚または乳母の関係を通じて丹比古王（『三代実録』貞観八年二月条）と関係を持ち、その子孫の一部が本郡に居住した可能性があるが証跡に乏しい。

丹比郡北部から北西部にかけての地域には推古朝頃依網屯倉が設置された（『書紀』推古十五年条）。狭山池から流出する西除川の水を依網池（大阪市住吉区庭井・松原市天美西の大和川底）に受けて広大な原野を開発しようとしたもので、松原市田井城・阿保・高見の里・岡付近に比定される田邑郷や、同市三宅に所在する三宅神社・同市田井城の式内社田坐神社が屯倉に関わる施設の跡を伝える。関係氏族には物部依羅連・依羅宿禰・依羅造・依網之阿毘古などがおり、屯倉の経営・管理に当たった氏族と考えられる。

本郡に属する野中郷（藤井寺市野中・羽曳野市野々上・伊賀付近）には渡来人船氏の氏寺とされる野中寺

があり、法相第一伝の高僧道昭は船史恵尺の子とされる。桓武朝に活躍した菅野朝臣真道の先祖葛井・船・津三氏の墓地が野中寺の南にあった（『後紀』延暦十八年三月条）。三氏は王辰爾を始祖と仰ぐ六世紀の百済系渡来人で、葛井氏は志紀郡藤井寺付近を、また津氏は羽曳野市高鷲に鎮座する大津神社付近を本拠とし、古市郡の西文氏と共に蘇我氏の配下で官司制を推進した集団であった。奈良時代に「野中古市人」の歌垣と呼ばれたのはこれらの氏族の特異な歌舞を指している。野中川原史満（『書紀』大化五年条）は朝廷の倉を管理し記録のことに携わった河原椋人の族人で、羽曳野市河原城を本拠とした。

（前田晴人）

志紀郡・しきのこおり

『和名抄』東急本に「之伎」、名市博本に「シキ」の訓を付す。郡名は「志幾」・「志貴」にもつくる。『和名抄』によれば、長野・拝志・志紀・田井・井於・邑智・新家・土師の八郷から成る。ただし名市博本には邑智郷以下の三郷の名を欠き、五郷しか見えない。奈良時代の史料に「志紀郡大路郷」とあり、大路郷は邑智郷を指すから、名市博本は三郷を書き漏らしたのであろう。本郡は北は若江・渋川両郡、東は大県・安宿両郡、南は古市郡、西は丹比郡に接する。現八尾市南部・藤井寺市東部・柏原市の一部に該当。長野郷は藤井寺市古室・沢田・岡・藤井寺、拝志郷は同市林、志紀郷は同市惣社・国府・大井、田井郷は八尾市田井中、土師郷は藤井寺市道明寺付近に比定できる。井於郷は『霊異記』の「河内の市の辺の井上寺の里」に当たり、井上寺が藤井寺市惣社の衣縫廃寺跡とみられるので、惣社付近一帯と推察されるが、志紀郷の郷域との異同が問題となる。邑智・新家両郷は未詳。邑智（大路）郷の郷名は、古道の大津道と結び付く可能性がある。

本郡には古く志紀県が置かれていた。『古事記』雄略段に志幾大県主の名が見え、「大県主」とあるから、志紀（大）県の領域は本郡にとどまらず、周辺諸郡にまで及んだのであろう。『書紀』仁徳四十年条の「旧市邑」（古市郡古市郷）が『古事記』には「志幾」と記され、養老四年（七二〇）に河内国の堅下・堅上二郡を併合して新置された大県郡の郡名が、「志紀大県」の名に基づくとみられることが参考となろう。丙戌年（六八六）の年紀を記す「金剛場陀羅尼経巻一、跋語」には「川内国志貴評」とあり、県から評を経て志紀郡が成立したことになる。ただ志貴評の領域内に他の郡も含まれたかどうかは不明。

河内国府は藤井寺市国府・惣社に存した。付近一帯は後期旧石器時代から奈良時代に及ぶ複合遺跡の国府遺跡の所在地であるが、近接する現大和川河床を中心に広がる船橋遺跡（縄文期～鎌倉期の複合遺跡）もまた国府と関連する遺跡とみられる。飛鳥時代の寺院址と見られてきた船橋廃寺を国府正殿跡と推定し、国府・惣社地区に移る以前の前期国府跡（奈良時代前半まで）を船橋地区に比定する見解もある。郡衙は未確認であるが、市野山古墳（允恭陵に治定）のある台地の東西四町ほどの一画に当てる説がある。

羽曳野市北西部から藤井寺市にまたがる羽曳野丘陵北辺の台地上には大王陵を含む大古墳群である古市古墳群が分布する。古墳群の中央に五世紀中葉築造の、全長四一五メートルの規模を誇る誉田御廟山古墳（応神陵に治定）があり、これを境に古墳群を北群と南群に分けることができるが、誉田御廟山古墳の後円部周濠の南には古代の丹比道がまっすぐ西に伸び、志紀郡と古市郡の郡界を形成していたらしい。本郡所在の古墳は北群に属するが、藤井寺市の津堂城山古墳・ミサンザイ古墳（仲哀陵に治定）・仲津山古墳（応神皇后仲津媛陵に治定）・市野山古墳など、四世紀末から五世紀末（または六世紀初頭）にかけての二〇〇メートルを超える大型前方後円墳が集中している。津堂城山古墳は四世紀末の最も古い時期に出現し、長方形の竪穴式石室のなかに巨大な長持型石棺を配した古墳で、大王陵に相応しい景観を呈する。同市の古室山古墳（全長一五〇メートル）や二ツ塚古墳（全長一一〇メートル）も古市古墳群形成初期の前方後円墳とみられる。

このほか藤井寺市の三ツ塚古墳（周濠を共有する八島塚・中山塚・助太山の三方墳の総称。五世紀後半頃築造）は、昭和五十三年（一九七八）に周濠底の地下から二枝一木造の大小の修羅（運搬具）が出土したことで有名。また誉田御廟山古墳周辺には、江戸時代に金銅透彫鞍金具（国宝、誉田八幡宮蔵）を出土したと伝える陪塚の丸山古墳（円墳）や豊富な鉄製武器・武具・農工具が埋納されていた盾塚古墳（前方後円墳）などがあり、市野山古墳陪塚の長持山古墳（円墳）も完備した挂甲を始めとして大量の武器・武具・農工具を納めている。長持山古墳や近接する唐櫃山古墳（円墳）の石棺の棺材には、九州の阿蘇石が用いられており、被葬者との関連で注目される。

古代の遺跡には、ほかに集落址として、土師の里遺跡（藤井寺市道明寺・沢田）や林遺跡（同市林）がある。前者の集落には古市古墳群の土師器や埴輪の作成に従事した土師氏とその支配下の工人集団が居住していたらしい。同遺跡内には白鳳時代建立の土師寺跡がある。平安中期以降、河内屈指の寺院として栄えた道明寺はこの寺の後身であるが、推古朝に土師連八嶋が邸宅を改め創建したとの伝承が存する。後者の遺跡内にも白鳳時代創建の寺院址（拝志廃寺）が存し、林氏の氏寺と推測される。飛鳥時代寺院址には衣縫廃寺があり、法起寺式伽藍配置の寺とみられる。高句麗僧慧灌の創建した井上寺（『元亨釈書』）に比定されており、志紀県主や衣縫造の氏寺に当てる説がある。奈良時代の創建になる葛井寺（藤井寺市）は、渡来系の白猪（葛井）氏の氏寺であろう。

本郡に拠点・居所を構えた氏族には、志紀（大）県主・志紀首・志紀・県犬甘（養）宿禰・土師連（宿禰）・山口臣（朝臣）・林臣（朝臣）・紀部・私（会賀臣）・清内宿禰（凡河内忌寸）・城原連・城原林宿禰・林連・林史・林・依羅造・山川造（連）・上部・白猪史（葛井連）・当宗忌寸・井上忌寸・長野連・衣縫造・岡田史（毗登）・達沙（朝日連・嶋野連）らがいる。このうち林連以下の諸氏はいずれも渡来系の氏族。百済系のものが多いが、上部氏や達沙氏は高句麗系である。依羅造は、依網屯倉（摂津国住吉郡大羅郷・河内国丹比郡依羅郷・同郡三宅郷一帯）の管理に当たった氏で、山川造（連）はその同族。井上忌寸は東漢氏の一族。林史・岡田史・白猪史（葛井連）は、文筆・記録の任をもって朝廷に仕えたフミヒト（史部）で、白猪史は丹比郡野中郷を本拠とし、古市郡古市郷のフミヒトらとともに「野中古市人」と呼ばれ、河内のフミヒト組織の中核的な位置を占めた一族である。なお平成十六年（二〇〇四）には、中国の西安市で日本人遣唐留学生の井真成の墓誌が発見されているが、井真成は本郡の井上忌寸もしくは白猪史（葛井連）の出身であった可能性が大きい。

非渡来系の諸氏のうち、志紀（大）県主・志紀首はともに神八井耳命の後裔氏。志紀（無姓）も同族であろう。県犬甘（養）宿禰は隣郡の古市郡にも拠点を有し、犬養部を率いて志紀県や石川郡の桜井屯倉の守衛に当たった伴造とみられる。土師連（宿禰）は、後に大枝・秋篠・菅原のウジを名乗る諸氏とともに土師氏の「四腹」を構成した。山口臣（朝臣）と林臣（朝臣）は八（波）多八代宿禰の後裔と称する在地土豪。林宿禰は大伴氏の同族である。林を氏名とする諸氏は、渡来系も含めて、いずれも拝志郷を拠点とした。清内宿禰は旧姓凡河内忌寸。摂津・河内・和泉をあわせた広義の河内地域を支配した凡河内国造の一族で、摂津西部から本郡へ進出し国造に任ぜられたものとみられる。

式内社には、志紀県主神社、長野神社、志疑神社、黒田神社、樟本神社、志紀長吉神社、伴林氏神社、辛国神社、当宗神社の九社（十四座）がある。志紀県主神社（藤井寺市惣社）は、志紀県主の奉斎神。所在地の惣社には、平安中期以降、河内の惣社が存し、しかも志紀県主神社とは別社であったらしい。志紀県主神社はもと国府の地にあり、その後現社地に遷ったとする説がある。長野神社は現在、辛国神社に合祀されているが、旧社地は葛井寺の西南隅（旧長野郷）にあった。長野連一族の氏神であろう。志疑神社（藤井寺市大井）は志紀首らの氏神か。伴林氏神社は『三代実録』に「志紀郡林氏神」とあり、大伴氏系の林宿禰が奉斎した神社とみられる。辛国神社（藤井寺市藤井寺）は渡来系の神を祀った神社と推測されるが、詳細は不明。当宗神社は現在、羽曳野市の誉田八幡宮の境内社であるが、『年中行事秘抄』所引「寛平御記」などに「当宗氏神」とあり、当宗忌寸一族の氏神に当たる。

本郡を通過する東西の古道には、大津道・丹比道がある。大津道は堺市から東へ延び、藤井寺市小山を経て同市船橋付近に至る直線道路で、小山までの道筋は後の長尾街道に沿っている。丹比道はこれに平行し、堺市金岡神社の地から竹ノ内街道沿いに東進し、松原市立部で竹ノ内街道と分かれ、さらに誉田御廟山古墳の南へと直進していた。ただ立部以西の丹比道については、直線道に先行して、斜向道路の原丹比道が存在したとする見方もある。南北の直線古道には東高野街道があり、柏原市安堂で大和川を渡り、藤井寺市国府から羽曳野市古市を経て南下する。大津道・東高野街道に接する藤井寺市惣社・国府付近には大化前代から餌香市（会賀市）が置かれ、盛んに交易が行われていた。崇峻即位前紀に物部守屋討伐軍が進軍した「志紀郡より渋河の家に到る」道も本郡を通過する古道で、奈良時代の孝謙天皇の行幸路である「渋河路」の前身に当たるとみられる。

水路では亀ノ瀬峡谷を経て河内へ出た大和川が柏原市安堂・藤井寺市船橋付近で石川と合流し、江戸時代の付替え工事以前はいくつかに分流して西北へ流れていた。また本郡周辺には石川の水を引き、羽曳野丘陵縁部の段丘面を掘削した古代の人工水路の古市大溝が存した。富田林市で石川の水を取水し、粟ケ池から大乗川・平野川に流入して、藤井寺市から八尾市へと北流する人工水路（河内大溝）の存在も指摘されている。本郡が大和と大阪湾沿岸の住吉津や難波津を結ぶ交通の要地として、河内の中枢的位置を占めた事実がうかがえる。

（加藤謙吉）

大県郡・おお（あ）がたのこおり

『和名抄』東急本に「於保加多」、高山寺本に「オホカタ」、名市博本に「（ヲホ）アカタ」、『延喜式』民部上に「ヲホアカタ」の訓を付す。大県郡は養老四年（七二〇）十一月に堅下・堅上の二郡を合わせて成立。郡名の由来は、堅下・堅上の「堅」に「県」の字を当て「大県」（おおか［が］た）と称したか、またはこの地にアガタ（県）があったため、「大県」（おおあがた）と名付けたかのどちらかであろう。後者の場合は、志紀郡を拠点とした氏族に志紀県主（志幾大県主）がいるので、志紀県（大県）の領域が本郡まで及んだと見るのが妥当。ただ「多神宮注進状裏書」は、本郡から高安・河内・讃良郡にかけての一帯に日下県が存したと伝え、『姓氏録』河内国神別に志紀県主とは別系の大県主の本系を掲げている。「大県」は、あるいは日下県の名にちなむとすべきかもしれない。堅下・堅上二郡については、記紀に安寧天皇の宮を「片塩の浮穴（孔）宮」とし、『万葉』に大県郡の河内大橋架橋地点の大和川の流れ（石川との合流点の北）を「片足羽河」と記すことから、カタシオ（ワ）をこの地の古名とし、後に堅下・堅上二郡に分割されたとする説がある。

本郡は北は高安郡、西は志紀郡と若江郡、南は安宿郡、東は大和国と接する。現柏原市北部と八尾市の一部に該当し、『和名抄』によれば、大里・鳥坂・鳥取・津積・巨麻・賀美の六郷から成る。大里・鳥坂の両郷は『続紀』に大里寺・鳥坂寺の名が見え、柏原市大県の大県廃寺跡から「大里寺」、同市高井田の高井田廃寺跡から「鳥坂寺」の名を墨書した土器が発見されているので、郷域は大里郷が大県と柏原市平野・山ノ井・八尾市神宮寺の一帯、鳥坂郷が高井田と柏原市安堂・太平寺の一帯に当たろう。鳥取郷は柏原市青谷、津積郷は同市法善寺、巨麻郷は同市本堂、賀美郷は同市雁多尾畑・峠の近辺に比定できる。郡家の所在地は郷名より推して大里郷で、郷の中心をなす大県地区辺りにあったと推測される。大県郡成立以前には大里・鳥坂・鳥取・津積の四郷が堅下郡に、巨麻・賀美の二郷が堅上郡に属したのであろう。

本郡の古墳は、安堂古墳群（柏原市安堂）のように、前期〜中期に築造されたものもあるが、後期に入って大規模な群集墳の出現する点に特徴がある。大和川北岸の丘陵南斜面には一五〇基ほどの横穴墓が群集する六世紀後半期の高井田横穴群（柏原市高井田）があり、内部に種々の線刻壁画や文字のあることで有名。東に接して高井田地区には平尾山古墳群が存する。六〇〇基近くの横穴式石室墳から成るわが国屈指の大群集墳で、七世紀まで継続して築造されている。さらに雁多尾畑の丘陵上に密集する雁多尾畑古墳群も七世紀前半代を中心とする大群集墳である。群集墳には、ほかに平野・大県古墳群（同市平野・大県）や太平寺古墳群（同市安堂）などがある。

縄文〜鎌倉期の集落址である大県遺跡（柏原市大県・平野）からは、韓式系土器とともに五世紀前半から七世紀前半までの鍛冶関係の遺構や遺物が検出されており、近接する大県南遺跡からも同時期の鍛冶炉が検出され、鉄滓・砥石・鞴羽口・韓式系土器などが出土している。渡来系技術者による鉄器生産が長期にわたって行われていたことが推測できるが、畿内とその周辺地域の鍛冶工房の大半が六世紀前半で消滅するのに対して、大県・大県南遺跡は、大和の布留・脇田遺跡とともにその後も操業を続けている。六世紀中葉以降、王権の直接支配の下に再編成され、生産力の強化がはかられたと見ることができよう。

古代寺院には、天平勝宝八歳（七五六）、孝謙天皇が河内に行幸し参詣した智識・山下・大里・三宅・家原・鳥坂の六寺（『続紀』）がある。智識寺は柏原市太平寺の太平寺廃寺、山下寺は同市大県の大県南廃寺、大里寺は前述の大県廃寺、三宅寺は同市平野の平野廃寺、家原寺は同市安堂の安堂廃寺、鳥坂寺は前述の高井田廃寺にそれぞれ比定できるが、本郡を南北に縦貫する古道の東高野街道に沿って北から平野・大県・大県南・太平寺・安堂の順に並び、高井田廃寺もその南方、安堂廃寺からさほど隔たらぬ大和川右岸の位置にある。智識寺や家原寺は渡来系の人々が智識を結んで建立した寺院であり、山下寺や三宅寺、大里寺は渡来系の山下造や三宅史、大里史らの氏寺とみられる。天平十二年（七四〇）、聖武天皇は智識寺に行幸し、その時、智識寺の盧舎那仏を礼拝したことが東大寺大仏造立を発願する契機となった。また家原寺のある家原里の渡来系住民たちは、天平勝宝六年に智識として大般若経を書写しており、大和川の河内大橋もこれらの住民の智識結によって、天平勝宝六年に架橋されたものである。奈良時代の本郡は、渡来系の諸氏を中心に最先端の仏教文化が開花した地域であった。また柏原市青谷所在の青谷廃寺は、これまで奈良時代の寺院址とみられてきたが、近年の発掘調査により、竜田道の途上に設けられた天皇の河内・難波行幸時の行宮である「竹原井頓宮」跡（『続紀』）の可能性が濃厚となった。

　本郡居住の氏族には、上村主・下村主・大里史・牟久史・三宅史・馬首・大狛造（連）・牧（枚？）田忌寸・赤染（常世連）・山下造・伯太造ら渡来系の氏が多い。上村主と下村主は西漢氏配下の漢人を率いた村主姓氏族。前者は本郡の賀美郷もしくは安宿郡賀美郷を、後者は安宿郡資母郷を拠点とした。大里史・牟久史・三宅史・馬首は、文筆・記録の任に当たったフミヒト系の氏族。大狛造は巨麻郷を拠点とした高句麗系の氏族で、赤染は渡来系の赤色呪術や染色の職掌を担当した伴造。牧田忌寸は不詳。ただし枚田忌寸の誤りであるとすれば、東漢氏の一族の平田忌寸のこととなる。山下造・伯太造は、山下寺（前述）の地や安宿郡の伯太彦神社・伯太姫神社（式内社）の辺りを本拠とした渡来系の氏族であろう。非渡来系の氏には河俣公（豊階公）・弓削連・鳥取・私らの諸氏があるが、河俣公と弓削連は若江郡、私は志紀郡より本郡に進出した氏族とみられる。

　式内社には天湯川田神社・宿奈川田神社・金山孫神社・金山孫女神社・鐸比古神社・鐸比売神社・大狛神社・若倭彦命神社・若倭姫命神社・石神社・常世岐姫神社の十一社がある。天湯川田神社（柏原市高井田）は鳥取氏の祖神の天湯川田奈命（天湯河桁命）を祀り、大狛神社（柏原市本堂）は大狛造（連）の奉祀した神社。鐸比古神社・鐸比売神社は、現在は一社として柏原市大県の地に合祀されているが、どちらもかつては背後の高尾山にあった。高尾山からは弥生時代の多鈕細文鏡が出土しているが、神格は製銅神とも、高尾山の巨岩を神として祀ったとも言われている。金山孫神社と金山孫女神社は柏原市青谷と雁多尾畑にあるが、この二神は製鉄と結び付く神であり、大県遺跡や大県南遺跡の鍛冶集団の奉祭神とみられる。常世岐姫神社（八尾市神宮寺）は神名より推して、赤染（常世連）の奉祭した神社であろう。

　本郡は大和―河内・難波間の水陸交通路の喉元に当たる。大和川は生駒山地を横断し亀瀬峡谷を経て大阪平野に入り、石川をあわせて西北へと進む。『書紀』に「懼坂道」と記し、奈良時代に行幸路として利用された竜田道は、大和川沿いに大和の斑鳩・竜田から河内へ抜け、東高野街道や大津道・渋河路などの古道に接続していた。壬申の乱には竜田山に関が置かれている。

（加藤謙吉）

石川郡・いしかわのこおり

『和名抄』の訓は「以之加波」（「イシカハ」）で、大和川の支流石川の河川名にちなむ。同書によれば、本郡は佐備・紺口・新居（雑居）・大国の四郷からなるが、奈良時代の史料に山代郷・波多（太）郷・余戸郷、平安中期の史料に科長郷の名が見える。郡家の所在地は未詳。郡域は主として石川右岸とその支流の東条川（千早川）・佐備川の流域で、一部石川左岸も含む。現在の南河内郡太子町・河南町・千早赤阪村の全域と富田林市東部および羽曳野市の一部に相当する。佐備郷は富田林市の佐備・東板持付近、紺口郷は同市の竜泉・甘南備や千早赤阪村付近、新居（雑居）郷は富田林市の北大伴・南大伴・別井や河南町の一須賀付近、大国郷は富田林市の桜井・喜志や太子町付近とみられるが、郷域については諸説あって確定できない。山代郷と波多郷は現富田林市山城と太子町畑を中心とする地域で、科長郷も太子町の磯長谷一帯を指すから、山代郷は新居郷（雑居）に、波多郷と科長郷は大国郷に含まれると見るべきであろうか。

郡名の初見は『続紀』慶雲三年（七〇六）五月条であるが、『書紀』敏達十二年条に「石川百済村」・「石川大伴村」とあるから、「石川」の地名は早くから存したのであろう。ただ「石川百済村」は錦部郡の百済郷（『和名抄』）を指すとみられ、『書紀』仁徳四十一年三月条には「石川 錦織 首許呂斯」なる人名も記される。「石川」は本来、石川郡と錦部郡をあわせた広域的な地名と推察される。

『姓氏録』河内国皇別には神八井命の後裔とする紺口県主の本系を掲げ、紺口郷の地にはかつて紺口県が置かれていたらしい。紺口県主の一族の名は、『姓氏録』以外に見えず、実態は不明。『書紀』や『住吉大社神代記』には、仁徳朝に「感玖の大溝」・「紺口の溝」を開削したとあるが、富田林市街を南北方向に流れる深溝水路や藤井寺市の大乗川をこの大溝の跡とみて、紺口県と志紀県を繋ぐ二〇キロメートル余りの人工水路（仮称「河内大溝」）の存在を想定する説もある。

本郡には「石川大伴村」（現富田

林市北大伴・南大伴）の村名にうかがえるように、大伴氏の拠点があり、奈良時代の史料によれば、大伴氏同族の佐伯氏（連・宿禰）も佐備郷に居住していた。欽明朝に大伴氏が失脚すると、代わって大臣の蘇我氏の勢力がこの地に進出する。大化の右大臣、蘇我倉山田石川麻呂の「石川」の名は、その父雄当（馬子の子）の代から蘇我氏傍流の一族（蘇我倉家）が石川の地を本貫としたことに由来し、蘇我倉家が天武朝に氏名を蘇我から石川に改めることや、蘇我氏の始祖の名が蘇我石川宿禰とされることも、石川の地との密接な関係を示唆する。六・七世紀に蘇我氏より分出した支族のうち、桜井・川辺両氏は郡内の富田林市桜井・千早赤阪村川野辺の地を、高向氏は錦部郡の高向（現河内長野市高向）の地を本拠としたのであろう。『書紀』敏達十三年条の蘇我馬子の「石川宅」の所在地も石川郡内とみられ、平安期には竜泉の地にある竜泉寺をその跡とする所伝が存し、竜泉寺の檀越宗岡氏は蘇我氏の後裔と称する氏族であった。

石川郡を含む南河内の一帯は、六世紀以降、大和王権が渡来人の移住策により積極的に開発をすすめた地域であり、大伴・蘇我氏のような有力氏は、渡来系勢力と結んで、この地に進出したものとみられる。そのため本郡に居住した氏族は、山代直（忌寸）、漢人、調曰佐、板持（茂）史（連）、山田史、嶋、難波吉士らの渡来系氏族が大半を占めている。このうち山代直は西漢氏系の一族で、山代郷を中心に、郡内各地に広範に分布が認められる。昭和二十七年（一九五二）、奈良県五條市東阿田町で拾得された山代忌寸真作の墓誌には、彼が石川郡山代郷の住人で、戊辰年（七二八）に死去したことが記されている。漢人は西漢氏配下の漢人であろう。板持史は現富田林市の東板持・西板持の地を本貫としたフミヒト系の氏族。山田史も同じくフミヒト系で、『上宮聖徳法王帝説』に「川内志奈我山田寸」と見える山田（現太子町山田）の地を本拠とした。史料には無姓として記される嶋氏も、フミヒト系の嶋史のカバネ「史」が省略されたものと見るべきかもしれない。このほか郡内の波多郷や桜井の地名は東漢氏の一族の波多忌寸や桜井宿禰と結び付く可能性があり、東漢氏配下の漢人集団出身の西波多村主や西大友村主も波多郷や「石川大伴村」を本拠とした氏族とみられる。奈良時代の紺口郷や佐備郷には首姓・無姓の草原氏がいるが、佐備郷戸主の草原首東人の戸口に漢人根麻呂が存するから、草原氏も渡来系の氏と見て差し支えない。また郡内の喜志の地名は対外交渉やミヤケの経営の任に当たった吉士一族（難波吉士）の居住に基づくものであろう。『書紀』敏達十二年条によれば、令制下の錦部郡百済郷につながる「石川百済村」や「下百済河田村」（現富田林市甲田）とともに、「石川大伴村」に百済人が分置されており、郡内の河南町白木の地名も、新羅の国名にちなむ可能性が大きい。

一方、非渡来系氏族には、紺口県主のほかに桜井田部連の存在が推定できる。この氏は『書紀』安閑元年十月条に記す桜井屯倉の田部の管掌者とみられるが、同書二年九月条には桜井田部連・県犬養連・難波吉士らに屯倉の税を主掌させたとの記事が見えるので、桜井屯倉が郡内の桜井の地に置かれ、桜井田部連や喜志の地の難波吉士、隣郡古市郡の県犬養連がミヤケの経営に関与した事実がうかがえる。

石川中・上流域の石川谷に展開する古墳には、前期に属するものとして、鍋塚古墳（円墳）、真名井古墳（前方後円墳）、廿山古墳（前方後円墳）、板持丸山古墳（円墳）、板持3号墳（前方後方墳）、御旅山古墳（前方後円墳）、大師山古墳（前方後円墳）などがあり、このうち廿山古墳と大師山古墳（錦部郡）以外は本郡に立地するが、大型の古墳は存在せず、地域的にいくつかのグループに分散する傾向が認められる。四世紀代の石川地方は中小の在地首長が並立する状況にあったと見てよいであろう。中期には、若干の小規模なものを除き、ほとんど古墳が築造されなくなり、代わって石川下流の羽曳野丘陵北辺に大王陵を含む巨大な古市古墳群が出現する。石川中・上流域の首長たちは、古市古墳群を築いた中央権力の支配下に完全に吸収され衰退したとみられる。

後期に入ると、河南町から太子町にかけて総数二五〇基以上の南河内最大の群集墳、一須賀古墳群が営まれ、富田林市の石川東岸にも二十数基の円墳から成る嶽山古墳群や、小規模ではあるが田中古墳群・西野々古墳群などが現れる。河南町芹生谷には径四五メートルと径三一メートルの円墳を連ねた双円墳の金山古墳が築造され、後期から終末期にかけては、太子町に六世紀末〜七世紀の大王陵や王族の墳墓を主体とした磯長谷古墳群が出現する。さらに終末期には玄室を省略し、羨道の奥に家型石棺を据え、入口を開口させた石棺式石室の内部構造から成るお亀石古墳（富田林市中野）や、同じく石棺式石室の構造を持つ宮前山古墳群1号墳（同市南旭ケ丘町）が現れ、河南町の平石谷には大型方墳のシシヨツカ古墳・アカハゲ古墳・ツカマリ古墳が築造される。お亀石古墳の家型石棺の周囲には古墳に近接する新堂廃寺の屋瓦とみられる平瓦が積み上げられ、宮前山1号墳の石棺の用材が播磨産のものと推測されること、平石谷の三古墳からは漆塗籠棺片やガラス製扁平管玉、褐釉有蓋円面硯、金象嵌鉄刀片や銀象嵌円頭大刀柄頭、七宝銀製飾金具や夾紵容器片など豪華な副葬品が出土し、古墳の構造には、切石・漆喰・貼石・版築など最先端の技術が導入されている。すまわち後期から終末期には従来と様相が一変し、外来技法をとり入れた先進的で変化に富んだ古墳文化が開花する。これら墳墓の多くは、中央の権力者や渡来系の諸集団の奥津城に比定でき、石川地方が六・七世紀代に入って、政治的に著しく重要な位置を占めるようになった事実が看取される。石川とその支流の水系に沿って、飛鳥時代から奈良時代にかけての集落址とみられる遺跡が相次いで検出されていることも、この事実を裏付けよう。

富田林市新堂の新堂廃寺は七世紀前半創建の日本でも最古の時期に属する寺院址（四天王寺伽藍配置）で、近年の発掘調査により、創建時の中門・回廊・塔基壇・心礎などの遺構が相次いで発見された。一旦焼失し、七世紀後半に再建されるが、その際伽藍の東西に建物が追加され、新堂廃寺式とでもいうべき独自の伽藍配置となったことが確認されている。寺院址に隣接して「ヲガンジ池」と呼ばれる用水池があり、新堂廃寺の寺名は「烏含寺」で、『三国史記』に見える百済の「北岳烏含寺」（六一五年創建）の名を取ったものではないかと推測されている。新堂廃寺の存在は百済系仏教が早い時期に石川地方に根付いていた事実を意味するものであろう。本郡にはこのほか奈良時代前期頃の創建とみられる竜泉寺があり、錦部郡錦織の細井廃寺・錦織廃寺も白鳳期から奈良時代前期頃の建立と思われる。

式内社には、咸古神社（富田林市竜泉）・科長神社（太子町山田）・建水分神社（千早赤阪村水分）・大祁於賀美神社（羽曳野市大黒）・美具久留御玉神社（富田林市宮町）・佐備神社（富田林市佐備）・咸古佐備神社（咸古神社に合祀）・壱須何神社（河南町一須賀）・鴨習太神社（河南町神山）の九座（九社）があり、すべて小社。このうち咸古神社は紺口県と関連し、紺口県主の氏神とみられる。竜泉寺はもとこの神社の神宮寺。音の共通に基づき、咸古神社の本来の社地を河南町の寛弘寺に求める説がある。建水分神社は千早川上流の水越川の水源を司る水神。美具久留御玉（社名は「水泳の御魂」の意）神社も水神で、「上水分宮」・「下水分社」と併称される。咸古佐備神社は合祀以前には富田林市甘南備の地にあった。

現太子町は、『書紀』推古二十一（六一三）年条に「大道」と記す、大和の横大路から当麻道を経て丹比道から難波へと至る古道（竹内街道の前身）の道筋に当たり、また同書大化五年（六四六）三月条に見える茅渟道も太子町から西進し、富田林市の喜志を経て和泉へと通じていた。石川谷を南下し、紀州高野山に向かう東高野街道の前身は長岡京・平安京初期時代の南海道に当たるが、すでにそれ以前から存した古道とみられる。

（加藤謙吉）

古市郡・ふるいちのこおり

『和名抄』の訓は「布留知」（東急本）、「コチ」（高山寺本）、「フルイチ」（名市博本）。地名の由来は、付近に古代の市として著名な餌香市（『書紀』）が存したことによるか。摂津国東生郡古市郷・近江国滋賀郡古市郷の訓が「布留智」・「布留知」（『和名抄』）なので、「ふるち」を古訓とする説があるが、逆に「ふるいち」から転じて「ふるち」と呼ばれるようになったとみることもできる。新居・尺度・坂本・古市の四郷より成る。郡域は現在の大阪府羽曳野市中央部に相当し、古市・碓井・誉田（南半部）・白鳥・軽里・西浦・尺度・蔵之内・東阪田などの地域を含む。

『書紀』雄略九年七月条に古市郡の郡名がみえるが、これは追記。国郡制施行後のものとしては、『続紀』慶雲元年（七〇四）六月条に「河内国古市郡」と記すのが初見。郡の成立については不詳であるが、『書紀』景行四十年条の日本武尊の白鳥伝説中に記す「旧市邑」が『古事記』では「志幾」とされる。令制下の河内国志紀郡にはかつて志紀県が置かれ、志紀県主（志幾之大県主）がこの県を支配していたので、古市郡も志紀郡とともに志紀県に属していた可能性が大きい。丙戌年（六八六）の年紀を記す「金剛場陀羅尼経巻一、跋語」には「川内国志貴評」とあり、大化以後に志貴評の設置されたことが知られるが、古市郡が大宝令施行時に志貴評より分立したのか、前身となる古市評が別に存したのかは明らかでない。

大和川と石川の合流点に近く、水陸両路で大和・難波と結ばれる本郡は、大和王権にとって外国使節や軍隊の交通路、西国からの貢納物や物資の輸送路の中継点として、きわめて重要な位置を占めていた。本郡を拠点とする氏族には渡来系のものが圧倒的に多く、逆に有力な在地土豪がほとんどみられない。これは要衝の地を確保しようとする大和王権の戦略的意図に基づくのであろう。王仁の後裔と称し、朝廷の文筆・記録の任に当たる渡来系のフミヒト（史部）を統轄した西文首とその同族の馬史（のち武生連・厚見連）・蔵首（史）は、古市郷とその周辺を本拠とした百済系の氏族である。同じフミヒト系の白鳥史や金集史も古市郷に存し、古市村主・利苅村主・細川原椋人および天智朝の亡命百済人の子孫である高丘連（宿禰）らも本郡内に居所を構えていた。渡来系以外では、県犬養連・高屋連・賀茂（無姓）ら諸氏の居住が認められる。高屋連は物部氏の同族で、古市郷内の式内社高屋神社の社地（現羽曳野市古市、旧古市村古屋敷）を本拠とし、県犬養連の一族の者は尺土郷に居住していた。尺土郷に近い石川郡桜井の地（現富田林市桜井町）は、安閑朝に設置された桜井屯倉（『書紀』）の跡とみられるので、県犬養氏は、この屯倉の守衛の任務に当たったのであろう。賀茂氏は尺土郷の鴨里を本拠としたと思われる。

七世紀初めには、河内を経て難波に至る幹線道路の整備がすすみ、推古二十一年（六一三）には「難波大道」が設置されたが、その一部に当たる丹比道が本郡を東西に通じている。丹比道のルートについては諸説あるが、ほぼこのルートに沿う形で、西文氏や蔵・馬氏（王仁後裔氏）の氏寺である法起寺式伽藍配置の西琳寺（現羽曳野市古市）や誉田白鳥遺跡（同市白鳥・翠鳥園）が点在する。前者の創建は『河内国西琳寺縁起』に欽明二十年とするが、実際には飛鳥時代中期以降の造営とみられる。後者からは古市古墳群に供給した埴輪の窯跡と奈良・平安時代を中心とした掘立柱建物遺構が検出されており、公的施設としての性格を持つ掘立柱建物遺構は、古市郡衙であった可能性が濃厚である。『延喜式』神名帳には本郡に利雁神社と高屋神社（前述）二座（小社）がみえる。利雁神社は利苅村主が祀った渡来神で、推古十五年（六〇七）に作られた戸苅池と同名の池が羽曳野市蔵之内にあるので、社地もこの周辺と思われる。

『続紀』宝亀元年（七七〇）三月条によれば、葛井・船・津・文・武生・蔵の六氏が博多川（石川）の川辺で称徳天皇に歌垣を奏したが、葛井（白猪）・船・津三氏は古市郷と隣接する丹比郡野中郷を拠点とし、辰孫王の後裔と称した百済系のフミヒトで、古市郷の三氏（王仁後裔氏）とともに「野中古市人」と呼ばれ、彼等の奏する踏歌形式の歌垣はとくに有名であった。古市・丹比両郡は百済系のフミヒトを中心に、独自の伝統的渡来文化が栄えた地域とみられる。

羽曳野丘陵北辺の台地上には、大王墓を含むわが国屈指の大古墳群である古市古墳群が分布するが、本郡にはこのうち五世紀末から六世紀代の新しい時期に属する前方後円墳が相次いで築造されている。近年の発掘調査の結果、玉纏大刀とみられる金銅製魚佩や金銅三輪玉とセットの銀製捩じり環頭大刀など豪華な副葬品が出土し、大王墓に相応しい二重の周濠を持つことが明らかとなった峯ヶ塚古墳（墳丘長九十六メートル）や白髪古墳（墳丘長一一五メートル、清寧陵に治定）、高屋築山古墳（墳丘長一二二メートル、安閑陵に治定）、前の山古墳（墳丘長一九〇メートル、日本武尊陵に治定）がそれである。また六世紀中葉から七世紀初め頃には、中・南河内地方の渡来人を大量に動員して、羽曳野丘陵縁部の段丘面に石川の取水口から東除川まで約十キロメートルにわたって、人工水路の古市大溝が掘削された。この大溝については、農地開発のための灌漑用水路とする説と物資運漕用の運河とする説の二つがある。

新居郷　『河内国西琳寺縁起』の「天平十五年帳」に「河内国古市郡下新居郷宮処里」とみえる。郷域は明らかでない。

尺度郷　『和名抄』諸本は「戸度」とするが、『河内国西琳寺縁起』の「天平十五年帳」に「河内国古市郡尺度郷鴨里」とあり、羽曳野市に尺度の地名が存するから、戸度は尺度の誤り。『書紀』の清寧天皇の「河内坂門原陵」（古市郡所在）の陵名に基づくならば、郷名は「さかと」とみられる。羽曳野市の尺度、西浦の辺りが郷域。

坂本郷　『書紀』履中即位前紀にみえる「埴生坂」（丹比道の途上にあった坂で、現羽曳野市野々上辺りか）にちなむ名称と思われるが、郷域は不明。

古市郷　古市郡の中心地域。西琳寺の所在地で、郡衙もこの郷に置かれたとみられる。郷域は羽曳野市の古市・誉田（南半部）・白鳥・軽里の一帯とみられる。

【参考文献】

井上光貞「王仁の後裔氏族と其の仏教」（『史学雑誌』五四編九号、一九四三年）
吉田晶『日本古代国家成立史論』東京大学出版会、一九七三年
加藤謙吉『大和政権とフミヒト制』吉川弘文館、二〇〇二年

（加藤謙吉）

コラム

河内飛鳥

六、七世紀に朝鮮系移住民の文化が栄えた大阪府下の地域社会。律令制下の飛鳥戸郡（安宿郡）とは必ずしも一致しないだろうが、石川の本流・支流の流域一帯まで含めるのは疑問である。

　地名の初見は柏原市高井田の鳥坂寺跡出土文字瓦の「玉作部　飛鳥評」。七世紀後半の飛鳥（羽曳野市飛鳥）の官家に所属する玉作集団（柏原市玉手町が遺称地）の首長の表記であろう。評（郡）は七世紀末に再編成されたが、飛鳥戸造氏の勢力圏は飛鳥戸郡に、山代忌寸氏の支配圏は石川郡となったとも考えられる。

歴史的な地域社会としての伝統を引く「飛鳥評」は石川郡の一部にもまたがっていたであろう。北は大和川、東は二上山地、西は石川、南は不確かだが旧磯長村・山田村・石川村などは一体的だったと思う。現在の柏原市南部、羽曳野市南東部、南河内郡太子町全域、同河南町西北部に当たる。『万葉』の「明日香河」（一二一〇）「飛鳥壮」（三七九一）を河内飛鳥と見る説もある。

　河内飛鳥は、百済の王族・貴族の子孫の居住、蘇我氏を構成する族集団の拠地、磯長谷における王・王族墓の集中、誉田山・飛鳥千塚・一須賀などの古墳群、安福寺と玉手山東との横穴墓群の形成、こういった特徴がある。それらの基礎には「難波津」や「住吉津」と南大和の首都とを結ぶ幹線交通路がこの地を通っていた事実がある。

　Aは河内の「渋河路」（『続紀』。『書紀』の難波「大津道」か）の延長で、河内飛鳥北部の国分・田辺から奈良県香芝市の関屋・逢坂へと向かう（関屋峠越え。『書紀』の「大坂道」か）。その先は斜行路で首都に通じる。Bは河内の「丹比道」の延長で、河内飛鳥中部・南部の駒ヶ谷・飛鳥・大道などから奈良県當麻町（現葛城市）の竹内に出る（竹内峠越え）。その先は東西直線路で首都に通じる。前者の国分付近からは竜田道が分岐し、後者の飛鳥付近からは穴虫峠越えの道が分岐して右のAと連絡していた。

　『古事記』・『書紀』の履中即位の物語に関連地名が見える。弟の住吉仲皇子が難波宮で謀反を企てたため、履中は丹比野（松原市丹南付近一帯）、埴生坂（羽曳野市野々上の丘陵）の近くを経て大和の石上神宮に向かおうとした。「飛鳥山」（「大坂」）の山口で、少女が、山中には伏兵がいるので「当麻径（たぎまち）」を迂回するように教えたという。『古事記』は河内の「近つ飛鳥」、大和の「遠つ飛鳥」の地名起源譚を加え、『書紀』は「竜田山」越えの竜田道をとったとする。

Bを迂回路とするのは石上神宮に向かうこの物語の上だけのことで、河内・大和間一般ではない。物部氏にとっては、長瀬川・平野川の左岸らしい渋河路（大津道?）および竜田道が縁（ゆか）りが深かった。Bの竹内街道に強い関係をもつのは蘇我氏である。「大坂」は河内飛鳥東方の二上山地の諸所を言うようで、関屋・田尻・穴虫・岩屋・竹内・平石などの峠道がある。だが難波津・住吉津と首都の飛鳥との間の幹線路はABで、穴虫峠は双方をつなぐ要地だった。そう見るのが無理が少ない。

「近つ」「遠つ」も石上神宮へと向うこの物語の上でのことで、時代の遠近一般ではない。アスカが「明日（あす）」で説明されているが、旧石川郡石川村一須賀の「壱須何（いすか）神社」（『延喜式』神名帳。十二世紀ごろの付訓）と同様、砂地・砂浜・砂州などの「スカ」（洲処）に接頭辞を付けた自然地形による地名らしい。ただ大和・河内の両方にあったのかどちらかが先行するのかは不明である。

交通路との関係で、河内飛鳥は志紀郡国府（こふ）や古市郡古市あたりとの縁りが深かった。古市には、六世紀後半には、国家的な物資の、記録（書首（ふみのおびと））、管理（倉首）、運搬（馬史（ふびと））を分掌する集団が配置され、一～二キロメートルの範囲内に船史（ふねのふびと）（船の通行料の徴収）、津史（津の施設の管理）、白猪史（しらい）（吉備の児島屯倉（こじまのみやけ）の管理職）が配置されていた。七～八世紀にはこれら六氏は系譜的に結び付いていた。筑紫の那津（なのつ）→吉備児島→難波津から平野川・東除川（ひがしよけ）を利用し、次いで古市まで回漕する。古市大溝は六世紀半ばから後半の蘇我稲目の時代まで遡る可能性がある。運河の水路が灌漑にも使われたことは言うまでもない。

河内飛鳥を本拠とする飛鳥戸造（あすかべのみやつこ）（安宿造）は百済の王族の昆支（こんき）（?—四七七年）の子孫である。『書紀』その他によると、四六一年、対高句麗の軍事的支援を求めて渡来し、四七五年、高句麗に破られ百済王権が危機に瀕した時に帰還した。蓋鹵王（がいろ）の弟、武寧王・東城王の父である。倭国滞在中に儲けた子息の一人が飛鳥戸造氏の祖であろう。羽曳野市飛鳥の「飛鳥戸神社」（『延喜式』神名帳）は同氏の神社である。昆支を祀っている。河内飛鳥寺と呼ばれるようになった塔心礎が近くから発見されているが、寺院の痕跡はまだ検出されていない。ただ飛鳥千塚古墳群の一部と飛鳥戸一族とが対応することは、ほぼ間違いあるまい。

他の「今来」すなわち移住民の子孫として、田辺史・伯禰・上村主・上曰佐・下村主・下曰佐・尾張吹角村主・西波多村主などがいた。田辺史は皇極朝（六四二―六四五年）に「河内山の下」すなわち田辺廃寺付近に住んだ（『姓氏録』）。丹比郡野中郷の船史からの分岐と見られる。河内飛鳥北部のこの地域には、田辺廃寺のほか原山廃寺・片山廃寺・円明廃寺・五十村廃寺など白鳳期の寺院が集中している。

河内飛鳥南部の一須賀は、七世紀半ば以後蘇我氏諸族の本宗となった石川臣の出身地である。四八一年ごろ移住した百済王権の重臣木刕満致の子孫と見る説もある。六世紀半ばから大和の高市郡の蘇我氏は倭漢と共に河内に進出し、物部氏と対立し始めた。石川臣・川辺臣・高向臣を同族に包摂し、それらと共に一須賀古墳群を営んだと思われる、石川郡・錦部郡の西漢系移住民にも、勢いを及ぼしたらしい。

磯長谷には六世紀半ばから七世紀半ばまでの王・王族墓群が形成されるが、竹内街道や古市大溝と共に、蘇我氏の政治意志を強く推認することができる。

【参考文献】
門脇禎二・水野正好編『古代を考える・河内飛鳥』吉川弘文館、一九八九年

（山尾幸久）

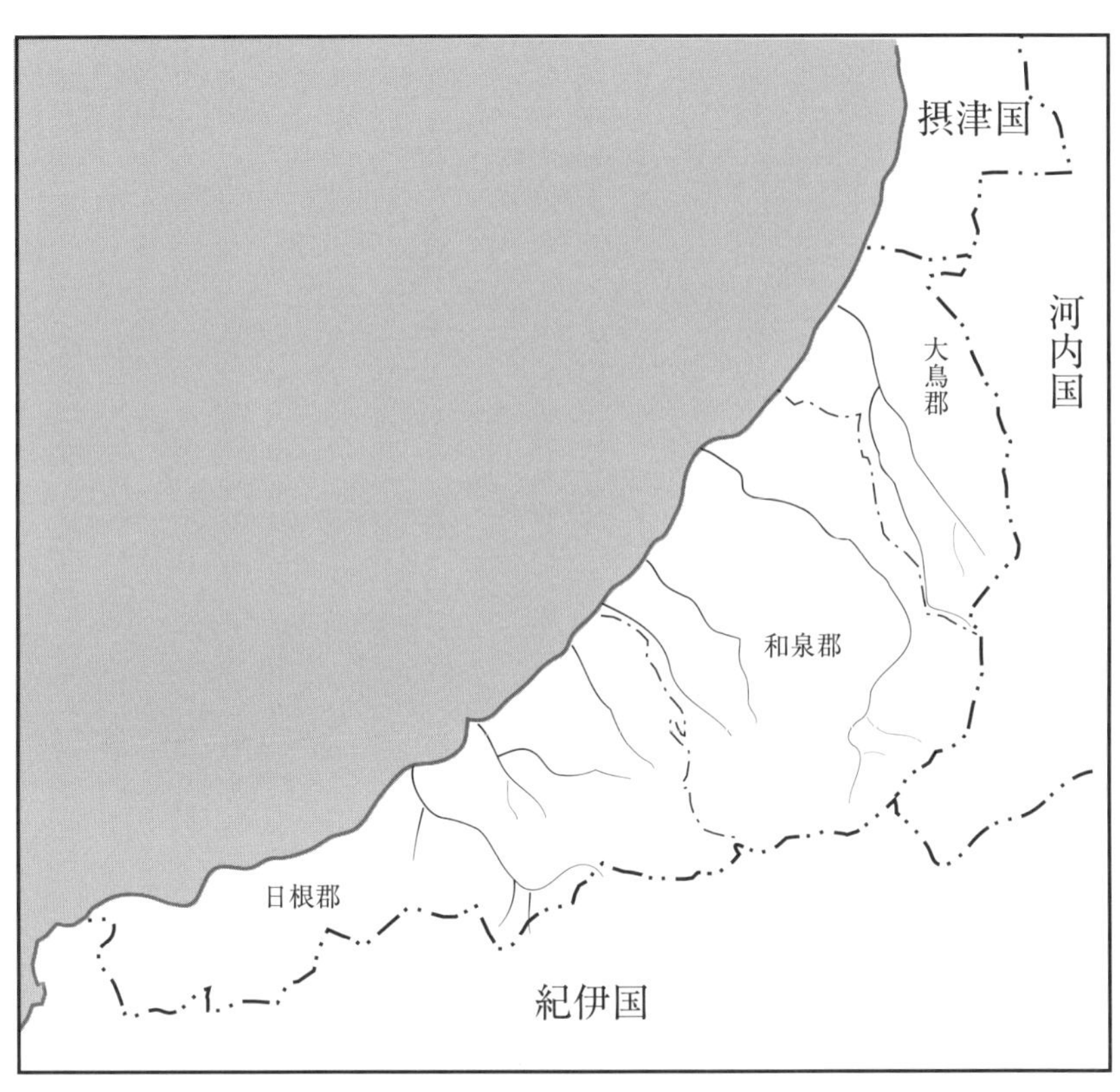

和泉国略図

和泉

和泉国・いずみのくに

大化改新以前は、茅淳（血沼・珍努・珍）と呼ばれていた。ここに茅淳県が設けられ茅淳県主が君臨していた。「茅淳県陶邑」（崇神紀七年八月条）は堺市陶器北など、「茅淳県有真香邑」（崇峻即位前紀条）は貝塚市久保の一帯に比定され、県のおよその範囲が推測できる。県主に任じられたのは豊城入彦系の珍県主（『姓氏録』和泉国皇別）であり、その本拠は後の和泉郡と考えられる。一方これと別に、日本武尊系の県主（和泉国皇別）も存在しており、もと一つの県が分割されたと推測される。県の分割は季節的に利用する離宮の設置と関連する。垂仁紀三十九年十月条にみえる菟砥川上宮や允恭九年二月条の茅淳宮がそれである。菟砥川上宮は現菟砥川沿いの阪南市自然田地区に、茅淳宮は泉佐野市上之郷地区に想定され、いずれも後の日根郡にあたる。和泉地方南部の離宮の管理と運営のために、県の分割が行われたと推定される。

古墳時代前期の前方後円墳は、黄金塚古墳（堺市）・摩湯山古墳（岸和田市）・貝吹山古墳（岸和田市）などがあり、かなりの規模を持つが、中期になるとこれより小型の円墳ばかりになる。五世紀になると和泉北部（堺市）に、中央政権の大王の墓である巨大な前方後円墳がつぎつぎに作られた。これは五世紀になると、和泉地域の首長が大王への従属性を強め、前方後円墳を作る自由を失ったことを示すとされている。したがって、県や離宮の設置も、五世紀になってからのことであろう。陶邑の須恵器生産もこの時期に始まった。

大化改新以前には、後の河内・和泉・摂津の三地域は凡河内国と呼ばれて、国造である凡河内直氏が支配していた。七世紀後半、津国が設けられ凡河内国から分離した。しかし和泉地域はなお河内国の一部をなしていた。

元正天皇の霊亀二年（七一六）三月、河内国から和泉郡・日根郡の二郡を割いて、離宮である珍努宮に奉仕させることにし、翌四月、大鳥郡を加えて三郡で和泉監を編成させた。これが和泉地域独立の始まりである。和泉監は天平十二年（七四〇）八月、右大臣橘諸兄の政権により河内国に併合された。しかし藤原仲麻呂が政権につくと、天平宝字元年（七五七）五月、再び和泉国が設けられた。『延喜式』民部では大鳥・

和泉・日根の三郡を管轄する下国とする。

【参考文献】
原島礼二「県の成立とその性格」（『續日本紀研究』一六一号、一九七二年）
吉田晶「県および県主」（『日本古代国家成立史論』東大出版会、一九七三年）
吉田靖雄「茅渟県に関する小考」（『續日本紀研究』三三五号、二〇〇一年）

（吉田靖雄）

大鳥郡・おおとりのこおり

和泉国北部に位置し、郡名「おおとり」はのち和泉国一宮になった大鳥神社に由来する。郡域はほぼ現在の堺市・高石市と重なる。東部は洪積台地が卓越し、その泉北丘陵が西部海岸部に向かい緩い傾斜面をつくり、沖積平野は海岸部に限られる。主な河川は、百済川・石津川・和田川が合流して形成する石津川くらいで、農業用水に乏しくかつては溜池の稠密に分布する地域であった。

四つ池遺跡（堺市）は、石津川下流に位置する縄文～弥生時代の複合遺跡で、弥生前期の稲作がもっとも早く展開した地域である。ここに生まれたムラは石津川水系の母村とされる。古墳時代の中期の五世紀に、大山古墳（伝仁徳陵）・ミサンザイ古墳（伝履中陵）などの天皇陵古墳が百舌鳥野（堺市）に続々と造営され、前期と異なり、この地域は大王権力の直接及ぶ地域になった。三輪の神をまつる大田田根子の出身地「茅渟県陶邑」（崇神紀七年八月条）を含む泉北丘陵一帯では、須恵器の生産が始まり、次第に南部の和泉市・岸和田市・大阪狭山市などにも伝播した。

郡名の初出は、持統紀三年（六八九）八月条の「河内国の大鳥郡の高脚海」で、もと河内国に所属していた。この記事は、高脚海に準じて武庫海以下の漁業禁止を令したもので、大鳥郡の沿海はこれ以前から禁漁区であった。霊亀二年（七一六）、河内国から和泉郡・日根郡の二郡を割いて、離宮珍努宮に奉仕させることにし、ついで大鳥郡を加え三郡で和泉監を編成させた。天平十二（七四〇）年八月、河内国に併合され、天平宝字元年（七五七）五月、再び和泉国が設けられた。『和名抄』の郷名をあげ近世の村落名をあてはめる。その根拠は不明であるが本項の記述はおおむねこれに従うことにする。令制の区分によれば中郡で、大鳥・日部・和田・上神・大村・土師・蜂田・石津・塩穴・常凌（深井）の十郷からなる。郷名はすべて近世の村名と現在の町名に遺存している。

大鳥郷　式内大鳥大社（堺市西区鳳北町一丁）があり、中臣系の大鳥連が奉斎していた。式内社として、大鳥（大鳥北浜とも。同市西区浜寺元町）・大鳥美波比（爾波比とも。大社内に鎮座）・大鳥井瀬（美波井社に合祀）・大鳥浜（高石市羽衣）・高石（同市高師浜四丁目）・押別（美波比社に合祀）・等乃伎（高石市取石二丁目）・大歳（等乃伎社に合祀）の諸社がある。中臣系の殿来連、百済系古志連の本拠地でもあった。

日部郷　式内社として日部神社（堺市西区草部）があり、皇別の日下部首や日下部の本拠地であった。『延喜式』兵部に馬「七匹」の日部駅があった。『行基年譜』に「早部郷高石村」といい、高石地区も郷域であった。取石地区には取石池（『万葉』）・取石頓宮（『続紀』）があり、百済系の取石造がいた。菱木地区には比志貴造（『西琳寺文永注記』）がいた。

和田郷　中臣系の和太連と物部系の和田首が想定される。式内社として美多弥神社（堺市南区鴨谷台一丁）がある。和田川の上流域の地域。

上神郷　神別の神直と高麗系の神人それに「大鳥郡上神郷大庭村」（『行基年譜』）の記事から大庭造、神別の和田首も想定される。式内社は、多治速比売命（堺市南区宮山台二丁）・桜井（同市南区片蔵）・山井（多治速比売社に合祀）・国（多治速比売社に合祀）・鴨（多治速比売社に合祀）の諸社があった。

大村郷　式内社に陶荒田（堺市中区上之）・火電（陶荒田社に合祀）神社がある。茅淳県陶邑にいた大田田根子の母は陶津耳の娘であり（崇神紀七年八月条）、陶荒田社は古代須恵器生産の中心地であった。氏族として大村直・荒田直がある。

土師郷　百舌鳥土師連（『書記』白雉五年十月条）と表現される土師連・土師宿禰（和泉国神別）の本拠地。ニサンザイ古墳・御廟山古墳など百舌鳥古墳群（堺市）の一角を占める。近世に百済村があり百済公（和泉国諸蕃）も想定される。

蜂田郷　式内社として蜂田神社（堺市西区八田寺町）・坂上神社（多治速比売社に合祀）があり、氏族として蜂田連・諸蕃系の蜂田薬師がある。蜂田連の旧姓は蜂田首、行基の母方の氏族である。家原寺（堺市西区家原寺町）は行基の生家を改造したものという。蜂田寺（華林寺・堺市西区八田寺町）がある。

石津郷　式内石津太神社（堺市西区浜寺石津町中四丁）があり、石津連の本拠地。東部は百舌鳥古墳群にあたり、ミサンザイ古墳（伝履中陵）・乳の岡古墳（同市堺区石津町二丁）など中期古墳が群集する。石津川河口は孝徳朝に讃岐の石を運ぶ港であった（大鳥神社流記帳）という。

塩穴郷　高山寺本の訓は「しおあな」、刊本は「しおのあな」。郷内の百舌鳥耳原の地は大仙古墳（伝仁徳陵・堺市堺区大仙町）・田出井山古墳（伝反正陵・同市堺区北三国ヶ丘町二丁）をはじめ百舌鳥古墳群の一角。式内社として開口神社（堺市堺区甲斐町東二丁）がある。古代氏族は不明。

常凌郷　刊本は「常凌」とし「今為深井　不加井」といい、高山寺本は「常陵」とし「今為深井　布賀為」という。『行基年譜』の天平十三年記に鷹江池の所在地が大鳥郡「深井郷」というから、「ふかい」がよい。式内社はない。堺市中区深井の諸町に名を残す。

【参考文献】

吉田晶「和泉地方の氏族分布に関する予備的考察」（『小葉田教授退官記念国史論集』一九七〇年）
同「県および県主」（『日本古代国家成立史論』東大出版会、一九七三年）

（吉田靖雄）

和泉郡・いずみのこおり

和泉国中部の郡、大鳥郡の南、日根郡の北に位置し、西は茅渟海に、東は葛城山脈に接する西高東低の地形。主な河川は、槙尾川・松尾川・牛滝川の合流する大津川で、他に春木川・津田川の小河川が存する。現在の大阪府和泉市・泉大津市・忠岡町・岸和田市の全域と貝塚市の過半にあたる。

和泉郡はもと泉郡と表記した（『書紀』欽明十四年八月条）。『泉州志』に引く泉井上神社の縁起によると、一夜にして清水が湧き出したので泉郡としたといい、郡名が清泉に由来するという。

和泉市・泉大津市にわたる池上・曽根遺跡は弥生時代の大規模な集落遺跡で、付近に縄文時代の遺跡がないので、新来の人々による開発と発展を示唆している。弥生後期の観音寺山遺跡（和泉市）は、海抜六十五メートルの丘陵上に立地する集落遺跡で、高地性集落の例として知られる。古墳時代前期の黄金塚古墳（和泉市）は、前方後円墳で、景初三年（二三九）銘の神獣鏡を出土し、卑弥呼・邪馬台国との関係が推察される。同期の摩湯山古墳（岸和田市）は前方後円墳で、全長二〇〇メートルの規模を持つ。久米田古墳群（岸和田市）は前期末から中期にかけての築造で、貝吹山古墳は一三二メートルの墳丘を持つものの全体に縮小化する。後期古墳としては八十基以上からなる信田千塚があり、円墳が多い。

改新以前の有力氏族として茅渟（血沼・珍努・珍）県主がいる。雄略天皇に背いた根使主（ねのおみ）の子孫の半分は同氏に与えられ（雄略紀十四年四月条）、大王に忠実な氏族であったことを示している。天平九年（七三七）『和泉監正税帳』に、「少領外従七位下珍県主倭麻呂」「主帳无位珍県主深麻呂」とあり、前者は大領になり行基の弟子になったとある（『霊異記』）。『泉州志』は「茅渟県主居地　国府」とし府中村であるという。旧府中村とその付近に位置する和泉神社・泉井上神社・和泉廃寺は、同氏と関係すると推定される。また前述根使主の子孫である坂本臣糠手は、物部守屋戦争の時蘇我方で活躍し、壬申の乱では坂本臣財が天武方で活躍した。同氏は和泉市坂本町一帯を本拠とした氏族で、禅寂寺（和泉市）南の飛鳥時代廃寺跡は同氏の寺と推定される。

国府跡の調査は不十分であるが、方五町と推定され（藤岡謙次郎『国府』）、国庁跡は「御館山（みたちやま）」（和泉市府中町）とされる。

郡名の初見は霊亀二年（七一六）三月（『続紀』）「河内国和泉日根両郡」の二郡を割いて、離宮である珍努宮に奉仕させることにし、翌月大鳥郡を加えて和泉監を編成させた。養老元年（七一七）二月以後『続紀』には和泉宮の名が散見し、珍努宮との別が問題となる。天平九年の『和泉監正税帳』から、和泉宮の所在は日根郡でないらしいといえ、奈良時代の珍努宮と和泉宮は、同一の離宮を意味する可能性が高いといえる。

和泉監は天平十二年（七四〇）八月、河内国に併合され、天平宝字元年（七五七）五月、再び和泉国が設けられた。その後ずっと存続することになった。

十二～十三世紀初めに、南部の四郷が泉南郡（南郡）と称されるようになり、次第に分立するようになった。山直・八木・加守・木島の四郷がそれであり、開発による耕地と人口の増大が泉南郡の分立を促したのであろう。

『和名抄』では信太（しのだ）・上泉（かむついずみ）・下泉（しもついずみ）・軽部（かるべ）・坂本（さかもと）・池田（いけだ）・山直（やまたへ）・八木（やぎ）・掃守（かにもり）・木嶋（きのしま）の十郷で、令制の中郡にあたる。

信太郷　『和名抄』の訓は「臣多」であるが「しのだ」と読む例が多い。式内社に聖神社（和泉市王子町）と旧府神社（同市尾井町）があり、前者は信田明神とよばれていた。百済系の信太首は聖神社の奉斎氏族と考えられ、御家人信太氏はこの子孫とみられる。百済系取石造の本拠地。

上泉郷　中世以後は上條郷という。式内社として泉井上神社（和泉市府中町）・和泉神社（同上）・丸笠神社（同市伯太町）・博多神社（同市伯太町。今は伯太神社）・曽根神社（泉大津市曽根町）がある。氏族は、珍県主・伯太首神人・曽根連・二田物部が想定される。

下泉郷　訓はみえないが、「しもついずみ」であろう。中世以後は下條郷という。式内社に泉穴師神社（泉大津市豊中町）と粟神社（同市若宮町の大津神社に合祀）があり、前者の奉斎氏族は穴師神主であろう。「内膳司式」の御贄を貢進した和泉国網曳御厨は、当郷の一部であり、我孫公の本貫地であろう。

軽部郷　「軽郷」「加里乃郷」の表記もある。泉北郡忠岡町の全部と和泉市の一部にあたる大津川左岸の沖積平野の地。式内社はなく、遺存地名として軽部池（和泉市小田町）がある。氏族として軽部君と和気公が想定される。

坂本郷　和泉市阪本町に名を遺存する。氏族として坂本臣がいる。式内社はない。物部戦争のさい蘇我方の将として活躍した坂本臣糠手がいる。坂本町の飛鳥時代遺跡禅寂寺廃寺址は坂本臣の氏寺であろう。

池田郷　槙尾川中流上流の丘陵地にあたる。和泉市池田下町に名を残す。式内社として穂椋神社（和泉市三林町の春日神社に合祀）と男乃宇刀神社（和泉市仏並町）がある。池田下町に白鳳時代の寺院跡があり、池田首の氏寺池田寺であった。貞観十九年（八七七）三月の和泉国清和院地黄園（『三代実録』）は、池田下町の槙尾川河岸に位置していたと考えられる。氏族として、韓国連・池田首・池辺直・和田首らが考えられる。

山直郷　訓は「やまたえ」で現在は「やまだい」。式内社として山直（岸和田市内畑町）・積川（同市積川町。積川大明神社とも）・楠本（同市包近町）・淡路（同市摩湯町）の四神社がある。氏族として神別の山直がある。

八木郷　訓はみえないが式内社として夜疑神社（同市中井町）があるので、「やぎ」である。天平勝宝九年（七五七）の正倉院文書に八木郷住人として「布師」が見え、布師臣の本拠とし うる。郷内に行基が建設した隆池院（同市池尻町）と久米田池（同市岡山町）がある。

掃守郷（かにもり）　中世以後は加守（かもり）とし、岸和田市加守町に名を残す。式内社として兵主（ひょうず）神社（岸和田市西之内町）があり、氏族として、掃守連・掃守首・掃守田首がある。

木嶋郷（きのしま）　物部戦争のさい物部方の捕鳥部万は「茅渟県有真香邑」に逃げ、奮戦して死に、そこに葬られた（崇峻即位前紀）。「有真香邑」は式内社阿理莫（ありまか）神社（貝塚市久保）の付近一帯であろう。式内社として波多（はた）（岸和田市畑町）・矢代寸（やしろき）（同市八田町）・意賀美（おがみ）（同市土生滝町）の神社がある。神別の安幕首の本拠地。貝塚市半田地区はもと「秦」と表記したというから（『和泉志』）、秦忌寸・秦勝を想定できる。

【参考文献】

藤間生大「古代豪族の一考察」（『歴史評論』八六号、一九六六年）
吉田晶「和泉地方の氏族分布に関する予備的考察」（『小葉田教授退官記念国史論集』一九七〇年）
同「県および県主」（『日本古代国家成立史論』東大出版会、一九七三年）

（吉田靖雄）

日根郡・ひねのこおり

和泉国南西部の郡、訓は「ひね」。東は和泉郡、北西は茅渟海に、南は葛城山地に接する南高北低の地形。主な河川は、近木（こぎ）川・見出（みで）川・佐野川・樫井川・男里（おのさと）川などで海に注ぐ。北は貝塚市・泉佐野市から南は泉南郡岬町にわたる広大な地域である。

弥生中期の集落遺跡として、紀伊との関係が注目される男里遺跡がある。前期古墳はなく、中期には淡輪（たんのわ）古墳群がある。東ニサンザイ古墳は一七〇メートルの墳丘をもつ前方後円墳で、六基の陪塚を従え、宇度墓として宮内庁が管理している。西ニサンザイ古墳（西陵古墳）は一九八メートルの墳丘をもつ前方後円墳で、二基の陪塚を従える。両者の中間に西小山古墳があり、四十メートルの墳丘をもつ円墳で、鉄製武器を多く出土したことで知られる。東ニサンザイ古墳は、『延喜式』諸陵寮の「宇度墓　五十瓊敷（いにしき）入彦命」に擬される。また雄略紀九年条に、朝鮮に出征し死亡した将軍紀小弓宿禰を「田身輪邑」に葬ったとあり、西ニサンザイ古墳を紀小弓の墓とする伝承がある。垂仁天皇皇子五十瓊敷入彦命は、菟砥川上宮で剣一〇〇〇口を造った（垂仁紀三十九年十月条）との所伝があり、菟砥川上宮（『古事記』は「鳥取之河上宮」）は男里川の上流である阪南市菟砥川の流域に求められる。郡名の初見は霊亀二年（七一六）三月（『続紀』）。「河内国和泉日根両郡」を割いて、離宮である珍努宮に奉仕させることにし、翌月大鳥郡を加えて和泉監を編成させた。

近義郷　中世に近木荘が成立し今近木川があり、表記は近木とし訓は「こぎ」である。式内社として神前神社（貝塚市神前）があり、『行基年譜』にみえる神前船息は、近木川河口に設けられた港湾施設であろう。氏族として新羅系の近義首がある。貝塚市沢の八品神社（今南近義神社）は「櫛代祠」とみえ（『和泉志』）、櫛代造（和泉国皇別）の本拠と推定される。貝塚市の近木川流域から泉南郡熊取町に及ぶ地域。

賀美郷　「日根郡可美郷」の表記もあり、訓は「かみ」。式内社として日根神社（泉佐野市日根野）・比売神社（同上）・意賀美神社（同市上之郷）・日走神社（同市大木）がある。氏族として新羅系の日根造があり、天平十五年（七四三）の『和泉監正税帳』に、「大領日根造玉纏」「擬主帳外従八位下日根造五百足」がみえる。

呼唹郷　『延喜式』兵部省に「噮唹」駅。『書紀』神武即位前紀に「雄水門」、『古事記』神武段に「男之水門」とあり、もとの訓は「お」であった。式内社として男神社（泉南市男里）があり、もとは浜の宮に祀られ、この宮は「雄水門」旧跡とされていた。古代氏族は不明。

鳥取郷　訓は「ととり」。『古事記』垂仁段に「鳥取之河上宮」、『書紀』垂仁三十九年十月条に「菟砥川上宮」とあり、河上宮は男里川の上流である菟砥川流域（阪南市）に求められる。式内社として波太神社（阪南市石田）と国玉神社（泉南郡岬町深日）がある。氏族として神別の鳥取があり、物部戦争のさい物部方で奮戦した捕鳥部万もその一員であろう。和泉石の産地、箱作村（『和泉名所図会』。阪南市）から石作連が復元できる。式内波太神社（阪南市石田）があり、波多・秦の氏族と関係するか。

【参考文献】

吉田晶「和泉地方の氏族分布に関する予備的考察」（『小葉田教授退官記念国史論集』一九七〇年）
原島礼二「県の成立とその性格」

（『續日本紀研究』一六一号、一九七二年）

吉田晶「県および県主」（『日本古代国家成立史論』東大出版会、一九七三年）

（吉田靖雄）

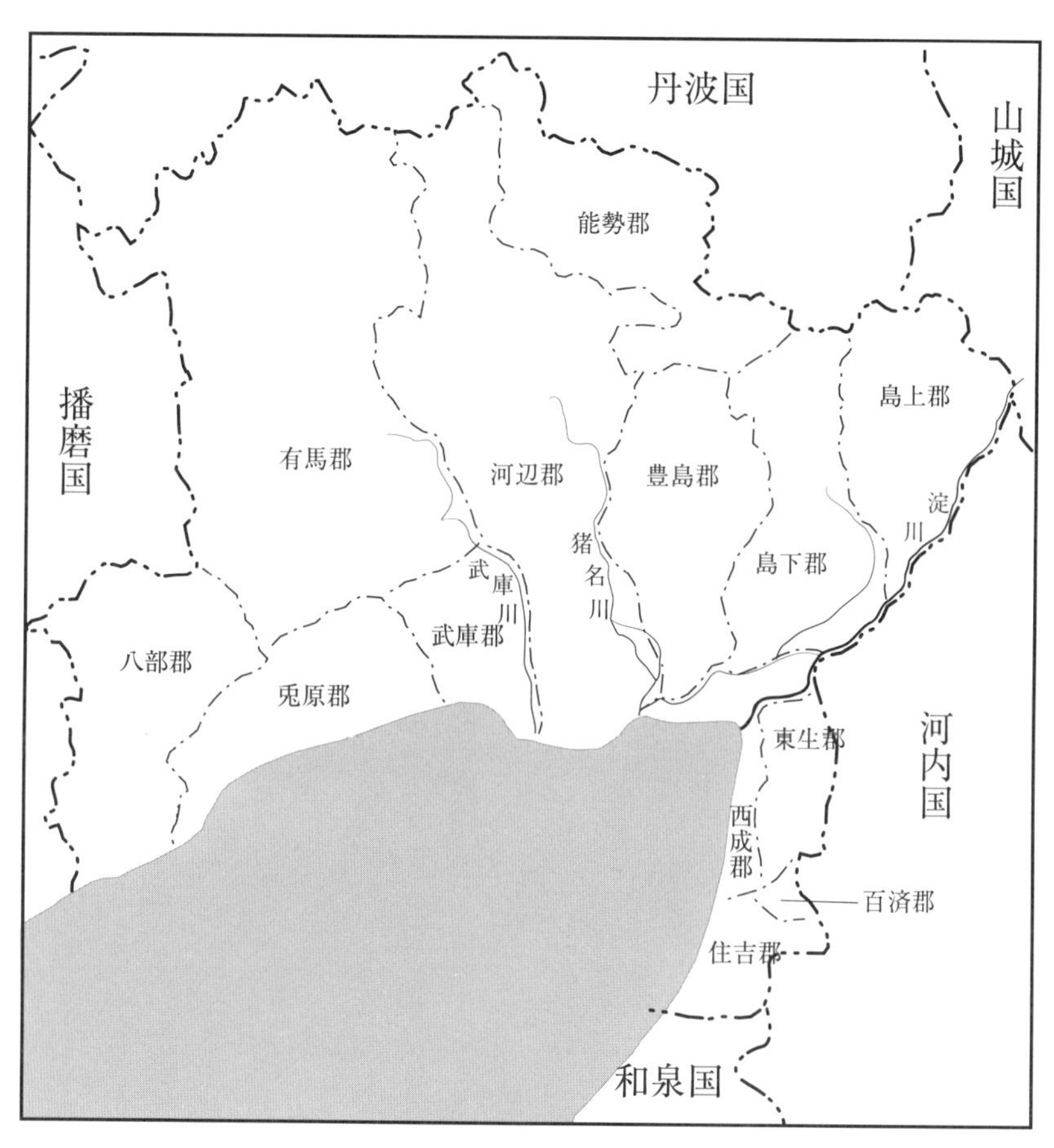
丹波国
山城国
能勢郡
播磨国
有馬郡
河辺郡
豊島郡
島上郡
淀川
島下郡
猪名川
武庫川
武庫郡
八部郡
兎原郡
東生郡
河内国
西成郡
百済郡
住吉郡
和泉国

摂津国略図

摂津

摂津国・せっつのくに

畿内の西側に位置する国。その領域は現在の大阪湾岸中部から北岸地域にかけて広がっていた。摂津とは「津の管理」の意味であり、古代の国は、その南部にあった難波津をはじめとする大阪湾の沿岸域の「津」を束ねる特別の機能を持たされていた。畿内西部、広義の河内地域の大阪湾沿岸には、摂津国成立以前より難波津や、より古い住吉津や武庫津など、対外交渉に関わる港がいくつも見られ、特に難波には難波屯倉や、難波大郡・小郡など、対外的、あるいは内国支配に関わる拠点施設が置かれたとされ、その一端は、法円坂遺跡で確認された難波宮下層の五世紀代の倉庫群からうかがうことができる。また、その他の地域勢力も淀川をはじめ、猪名川、安威川、武庫川、湊川などの河川沿いに成立しており、その河口部に設けた津を介して大和の勢力の海上交通体系構築の一環を果たしていたと見られている。開発のために投入された渡来系氏族も少なくなかった。

難波には、応神朝や仁徳朝などに宮都が置かれたという伝承が見られ、いわゆる河内政権論との関係で論じられることが多い。現在確認されている難波宮の遺構は七世紀以降の二期にわたり、その時期には諸説あるが、前期が孝徳朝、後期が聖武朝とする意見が大勢となっている。

一方、この国を支配する摂津職には、通常の国府の機能に加え、港の管掌をその主務とする特徴があり、長官である大夫の官位も正五位上と、大国の守より二階高く設定されている。また、難波には寺院や貴族・官人層の荘園が置かれ、物流拠点としての経済都市の様相を呈していたと考えられている。しかし延暦十二年（七九三）に難波宮は廃され、宮殿は長岡宮に移された。この時に摂津職は摂津国に改められ、さらに天長二年（八二五）には難波を中心とした東生、西成、住吉、百済の四郡は和泉国に所管替えされ、国府は豊島郡の南に移される。難波を巡る水運も、延暦四年（七八五）に三国川（神崎川）と淀川を通す水路が開削され、長岡京に直結する。

こうして、平安時代には港湾都市としての難波は衰退するものの、江口や大輪田などの津は機能しており、一方難波も、四天王寺や住吉神社などの寺社の所在地、また熊野街道の出発点として、さらに、天皇即位儀礼の一環として行われる八十嶋祭や伊勢斎王の帰京時の禊など、八世紀から続いていた可能性の高い祭祀の場として、その重要性を保っていたのである。

（榎村寛之）

住吉郡・すみよしのこおり

『和名抄』東急本は「すみよし」とする。住道・大羅・杭全・榎津の四郷からなる。東急本は余戸郷を加える。郡域は大阪市南部の住吉区・住之江区・東住吉区・平野区・堺市の一部などと見られる。『続紀』や平城宮木簡に住吉郡田辺郷が見えるが、和名抄段階では見られず、百済郡域に入っていたのかもしれない。また、平安時代前期の編纂と見られる『住吉大社神代記』には神戸郷が、『万葉』に伎人郷が見られる。『古事記』神代巻や『万葉』には「墨江」「須美乃延」などとあり、「すみのえ」（「澄んだ江」の意味か）が古語だったと見られる。この郡は大和・河内に本拠を置いた政権の外港である住吉津を中核に発展した地域である。従ってその地名は前述のように、記紀でも早くから見ることができる。歴史地理学の面からは、この地域には自然地形として港に適したラグーン（潟湖）が多く、住吉津をはじめ、榎津、敷津などはこれを利用して形成された大規模開発を要さない港だった見られることから、難波堀江の開削以前にその繁栄の頂点があったと指摘されている。その成立は明確ではないが、おそらく四～五世紀には公的な港となっていたものであろう。住吉津は、大和と河内を結ぶ磯歯津路・大津道などの延長に位置しており、雄略十四年紀には呉客のために磯歯津路に通じる道を造り、呉坂と名付けたとある。

この地域の摂津南部の他の郡との大きな相違として、渡来系氏族がほとんど見られないことが挙げられる。国家的港津としての成立の古さと関係し、開発が早かったことを示すものであろう。当郡に関わる氏族は、住吉大社の司祭氏族の津守氏、古い氏族らしい大網氏、依網池を基盤に五～六世紀に開発されたと見られる依網屯倉に関わる依網阿毘古氏、依網宿禰氏、依網物忌氏、その他、住道首氏、住道人氏、住道物部氏、神奴氏、神祝氏、祝氏、などがある。このほか、土師氏が南部の和泉国大鳥郡から、前述の渡来系氏族の田辺氏が河内国安宿郡から進出していた。また、大伴金村が朝鮮半島外交の失敗から「住吉宅」に退去したという欽明天皇元年の事件は、国家的港津における中央豪族の宅や別業と呼ばれる経営単位の存在をうかがわせる。

この地域における最も有名な施設は、住吉神社である。『佐竹本三十六歌仙絵巻』などに見られるように、もとは海に向かって鳥居を置く、海岸の神社だったことが知られ、太鼓橋の下の池はラグーンの名残りと言われる。住吉三神はイザナギノミコトが黄泉から戻り、禊をした際に化成したとされる海神で、神功皇后の新羅征討伝説と関連づけられ、また遣唐使船に航海の安全を祈るため同社の司祭氏族である津守氏が神主として同乗することなどから、外交とも密接に関係していたことがわかる。海神を迎える祭りの場が国家的港津の形成により、外交神的性格も持つようになったものだろう。本殿の建築は古代以来の様式で、大嘗宮と共通点が多いとされる住吉造だが、大嘗宮と同様の仮設性の名残りを残しているとも見られる。『土佐日記』には、同神が貢ぎ物を求め、紀貫之らが海中に物を投げ入れるくだりがあり、古い祭りの形を窺わせるものがある。なお、津守氏の神は大海神社で、住吉三神はあくまで国家守護神の一つであり、『住吉大社神代記』なども上記のような同社の国家的性格を背景に編纂されたものと考えるべきである。

大社としてはほかに、大依羅・中臣須牟地・生根の三社がある。大依羅社は依網屯倉などの開発に関係した水利神、中臣須牟地社は『延喜式』玄蕃寮に見られる新羅使節の来朝の際、大和・河内・摂津・和泉の八社が貢納した稲を酒に醸し、難波館へ送ったという住道社にあたる。小社には大海社のほか、草津大歳・神須牟地・楯原・須牟地曾禰・止杼侶支比売・赤留比売・天水分豊浦命・努能太比売・多米・船玉社がある。

古代寺院として寺域の確認されたものはないが、現・東住吉区の田辺廃寺がよく知られているほか、榎津寺ではないかとする説もある遠里小野遺跡（住吉区）のほか、平野区の長原・瓜破・喜連東遺跡などでも奈良～平安時代の瓦が出土し、寺院跡の存在が指摘されている。他に平野区では長楽寺跡、鞍作廃寺、住吉区の津守廃寺などが報告されている。

郡衙の位置は明確ではないが、近世に大領村の地名があり、周辺に方八町の郡衙域を指摘する説がある。また、遠里小野遺跡は、公的居館の跡と考えられるもので、郡衙の可能性も含め、住吉津か榎津に関連する施設と見られている。

住道郷は住道首の本拠で、中臣須牟地神社があり、大羅郷は依網屯倉の故地・杭全郷は平野区に地名が残り・榎津郷は榎津の故地であろう。

【参考文献】

吉田晶『古代の難波』教育社、一九八二年
直木孝次郎編『難波京と古代の大阪』学生社、一九八五年
松原弘宣「古代瀬戸内海における津・泊・船瀬について」(『愛媛大学教養学部紀要』二五―一、一九九二年)
直木孝次郎編『古代を考える 難波』吉川弘文館、一九九二年
(榎村寛之)

百済郡・くだらのこおり

『和名抄』東急本に「くたら」東部・南部・西部の三郷からなるとするが、室町時代には欠郡となり、その領域は判然としない。百済の地名が大阪市生野区南部に残ることから見て、生野区、天王寺区・阿倍野区・東住吉区などに広がる上町台地の東南部一帯と考えられる。西は難波京の中央街路の難波大道、南は阿倍野区田辺、北は生野区と東成区の間、東は大阪市と東大阪市の間をもって境とする説がある。郷名は百済の五方・五部制によるとされるが、八世紀前半の史料には、「南里」「東郷」などとあり、建郡当初は「部」字が無かった可能性がある。

当郡の成立は百済の亡命王族善光王が天智三年(六六四)に難波に居住させられたことを端緒とする。百済王氏は当郡を本拠としながら中央貴族として活躍し、また難波行幸に際しては接待役となっていることから、国家的港津と宮都の双方に影響力を保持していたものと見られる。当郡の成立については明確な記事がない。天平六年(七三四)の聖武行幸の際には、摂津国の調免が十二郡となっており、『和名抄』より一郡少なく、この時期にはまだ未成立だったとされる。天平九年~十二年頃に作成された「従人勘籍」に「百済郡東郷」と見られるのが最古の史料なので、このころまでに設置されたと見られていた。しかし長屋王家木簡に「百済郡南里車長百済部若末呂」の名と、裏面に「元年十月十三日」とした付札があり、新たな問題を提起している。この木簡の出土した土坑には木簡が一括投棄されており、その年紀は和銅四年(七一一)~霊亀二年(七一六)の間におさまることや、里制施行時であることから、「元年」は霊亀元年のことと見るのが妥当である。とすれば百済郡の成立ははるかにさかのぼることになるが、確かに百済王氏の定住から奈良時代中期まで郡が立てられなかったというのも不自然ではある。遅くとも八世紀初頭には成立していたと見

る方が自然であろう。

当郡内に居住したと見られる氏族は、ほかに調氏・竺志氏・一難氏などがあるが、いずれも渡来系である。『延喜式』には当郡内に神社は見られない。寺院跡としては百済国扶余の軍守里寺に相似した礎石や、山田寺、難波宮、四天王寺などと同笵の瓦により、国家的援助によって建立された百済様式の寺院で、百済王氏の氏寺と推定されている現・天王寺区の堂ケ芝廃寺がよく知られている。また、同じ天王寺区内の細工谷遺跡からは「百尼」「百済尼」「尼寺」と記した墨書土器が出土しており、難波へのメインストリートである朱雀大路の東側直近に立地したものと見られる。当郡は、百済系渡来氏族の先進技術による上町台地西部の低湿地帯の開発を見込んで建郡したものと考えられるが、郡の条里は認められない。おそらく百済王氏自身が開発を完成させぬまま、七五〇年頃には河内国交野郡に移住したため、領域としての独自性を持たぬまま次第に衰退し、中世には欠郡となったものと考えられる。ただし、百済尼寺関係の墨書土器は奈良時代後期～平安時代初期のものとされ百済王氏の完全な移住時期についてはなお問題がある。

【参考文献】
吉田晶『古代の難波』教育社、一九八二年
直木孝次郎編『難波京と古代の大阪』学生社、一九八五年
大阪市文化財協会『細工谷遺跡発掘調査報告』Ⅰ、一九九九年

（榎村寛之）

東生郡・ひがしなりのこおり

『和名抄』高山寺本に「ひむかしなり」とある。

高山寺本は古市・郡家・酒人・味厚の四郷、東急本は古市・郡家・酒人・味原・余戸の五郷とする。味厚と味原は同じ郷であろう。郡域は上町台地東部に当たり、東は河内国に接する。西の西成郡との境界は、現在の谷町筋と言われていたが、近年では難波宮の中軸線で難波京の朱雀大路にあたると見られる難波大道とする説も出されている。現在の大阪市東部・南部、東成区・城東区・都島区・旭区と天王寺区・生野区北部に該当する地域であろう。この地域は森ノ宮遺跡に見られるように、縄文時代以来海浜の集落として開けたが、国家的に重視されたのは、難波

堀江が開削され、港津としての地位が著しく上昇した五世紀と見られている。以降、国家的港津である難波の後背地として発展したと見られるが、郡としての初出は、『続紀』天平六年（七三四）三月十六日条の難波宮東西二郡の「東郡」である。しかしその重要性から考えて、国郡（評）制草創期から立郡（評）されていた可能性は高いと思われる。なお、令制前に見られる「難波大郡」を当郡の前身と見る説があるが、直結するとは考えにくい。郡領は難波忌寸、日下部忌寸など「難波吉士」の後裔に属する集団や、高向毘登氏でいずれも渡来系氏族である。吉士は新羅の官位に由来した称号であり、これらの氏族は難波津や瀬戸内の水軍との関係が深いと考えられており、当郡の特殊性となっている。令制前の難波大郡には外交・迎賓館的機能があったと考えられており、彼らの能力が役立っていたことをうかがわせる。他に難波玉造部氏、古市村主氏、笠縫氏、猪甘部氏、酒人氏、鳥飼部氏などの存在が指摘されている。『霊異記』には東成郡撫凹村の一富家長公が漢神の祟りによって牛を殺す祭祀を行ったとする伝承が見え、民間道教的な祭祀が行われていたことを示唆している。

難波宮以外の当郡の有名施設には、まず難波坐生国咲国魂神社がある。この神社は『書紀』孝徳紀に、孝徳天皇が境内の見樹木を伐ったという記事が見られ、難波宮に隣接して立地していたとも見られ、本来は上町台地の北端に位置していたものと見られる。難波大社とも称されるように、この地を代表する神社であるが、その奉斎氏族は明らかではなく、宮中の神祇官の西院で生嶋巫によって祀られていた生嶋神・足嶋神との共通性が指摘されている。さらに即位儀礼の一つであり、本来は天皇の大八洲の霊を付与する祭祀だったとされる八十嶋祭とも密接に関係し、王権神としての性格がうかがえる。難波津の開削によりその進行が一層明確になった淀川河口の砂堆の形成を意識して祀られた国土生成神であり、その起源は五世紀には遡るという見方が妥当であろう。八十嶋の名義については、旧河内湖の入江が陸化してできた数多い砂州のことという指摘もある。このように考えると、生国魂神社は上町台地先端の東部にあったとも考えられる。ほかに、名神大社として比売許曾神社がある。主神は『古事記』応神段に見える天日矛の妻の阿加流比売、または紀の垂仁二年に見える都怒我阿羅斯等の妻の女神と伝え、渡来系の神と考えられる。小社の阿遅速雄神社もある。

当郡内の寺院史料で注意すべき

は、『四天王寺御手印縁起』に見られる、四天王寺を当初難波の玉造岸に創建したという説である。これが『書紀』崇峻即位前紀に見られる四天王寺の基盤となった物部氏の難波宅と関係があるとすれば、豪族層は上町台地東方の、河内湖の名残である入り江を利用した内陸水運を利用していたと想定でき、現在の中央区玉造から、難波津と想定されている天満橋周辺にかけて多くの宅が分布していたとも考えられる。天王寺区国分町にも寺院跡があり、摂津国分寺ないし国分尼寺の跡と推定されている。

当郡の条里は、難波京の条坊との関係や、東部の低湿地には置くことができなかったであろうことや、近世以降の都市化により旧地形がほぼ失われていることなどから、推定が難しいが、『四天王寺御手印縁起』にわずかに見られる記載や地名から復元する試案が出されている。

古市郷は古市村主氏を中心氏族とし、現在城東区に古市の地名がある。酒人郷は堀江南岸の上町台地上に位置し、西成郡三野郷と接していた。味原郷は『万葉』に、味原宮、味経乃原などとあり、上町台地上の郷と見られる。現在、天王寺区に味原町がある。郡家郷については『大日本地理志料』は上町台地北端を含む東部低地ではないかとする。

【参考文献】
吉田晶『古代の難波』教育社、一九八二年
直木孝次郎編『難波京と古代の大阪』学生社、一九八五年
榎村寛之「古代都市難波の祭祀」(『難波宮から大坂へ』和泉書院、二〇〇六年)

(榎村寛之)

西成郡・にしなりのこおり

『和名抄』高山寺本に「にしなり」とある。西城・西生・あるいは単に西とも表記する。長源(溝?)・安良・伏見・槻本・宅美・讃楊・雄惟・三野・津守・郡家・駅家・余戸の十二郷からなる。東は大川と谷町筋または難波大道で、東生郡に接し、郡域は大阪市の北部と中央西部と見られる。郡名の初見と見られるのは『続紀』天平六年(七三四)三月十六日条の難波宮東西二郡とある「西郡」であるが、その重要性から考えて、国郡(評)制草創期から立郡(評)されていた可能性が高い。西成郡としての初出は「法隆寺伽藍縁起并流記資財帳」に、荘の所在地として「西成郡一処」と見えるものである。

当郡地域は、石鏃が大量に出土し、「倭国大乱」と関係があると見られる崇禅寺遺跡（東淀川区）があることからうかがえるように、縄文・弥生時代以来交通の要所として発展してきたと見られる。孝徳紀や天武紀に見られる「難波小郡」を当郡の前身と見る説もあるが、小郡は外交的性格を持つ施設であり、律令制下の郡とは別途に考えるべきであろう。

律令制下の当郡には難波屯倉がおかれ、外交に関連する渡来系氏族が圧倒的に多く、特殊な氏族構成になっていたと見られている。このため、難波津が整備されたころに古来の氏族は強制移住させられたとする指摘もある。郡司氏族は新羅系渡来人の吉士氏や三宅氏で、氏族としては難波吉士・大国忌寸・三宅忌寸・三宅連・三宅人・津守宿禰・津守連・佐夜部首・阿刀連・阿刀物部・荒々直・三野連・秦忌寸・秦人・春日部・史戸・阿曇連・阿曇犬養連・都下国造などが知られている。佐夜部首・阿刀連・阿刀物部氏は物部氏の系統で、河内国渋川郡・若江郡あたりに物部氏の本拠があったとする説に従えば、河内からの進出氏族と考えられるし、佐夜部首が管理したとする『書紀』大化二年（六四六）正月条に見える難波狭屋部邑子代屯倉や、『書紀』崇峻即位前紀の「物部の難波の宅」との関係も考えられよう。一方阿曇氏は、海人の統括氏族で宮中の内膳司に奉仕し、淡路の国司にも遷任するという、大阪湾岸を本拠としていたと考えられる氏族である。『書紀』の白雉四年（六五三）五月是月条に「安曇寺」が見え、また八世紀の地名として安曇江があ る。安曇江は現在の大阪市北区野崎町の小字「アドエ」に比定され、堀江（大川）北岸一体と考えられる。こうした氏族構成は、外交・内政ともに交通の要地であった当郡の性格を反映しており、行基集団が天平二年（七三〇）に造営した高瀬橋院と同尼院なども交通の要衝に架橋して、運脚夫の負担軽減を図ったものである。

当郡内には官社は少なく、坐摩神社一社を数えるのみである。しかしこの神社は大社で月次祭・新嘗祭に幣帛を受けるという格である。坐摩神は本来宮中で坐摩巫という巫女が祀る神で、生井・福井・綱長井の井泉三神と、宅地神と見られる阿須波・波比祇神の五神からなり、『古語拾遺』は皇宮の敷地の地主神としている。当郡の坐摩社は一座だけであるが、この五座の神を合わせて一座としていると理解されている。当社のこのような性格から見て、本来難波宮に関係した神社で、生国魂社と対になっていたと見るのが妥当であろう。その起源については、生国魂神社と同様だとすれば、やはり難波津開削にさかのぼり、難波に置かれた未発見の宮殿と関係するという可能性が指摘されている。なお、宮中の坐摩巫は都下国造氏の童女から取ることになっていた。この氏族の本貫・性格は全く明らかではないが、北区兎我野に比定される、神功紀などに見られる菟餓野との関連を指摘する説もある。

当郡は難波京の西京を領域内にとりこんでいる特殊な郡であるが、古代都市としての難波の領域も、京の境界を越えたものであった。東大寺旧蔵の東南院文書には、天平勝宝四年（七五二）正月十四日（A）、天平宝字四年（七五八）十一月七日（B）、同年同月十八日（C）、神護景雲三年（七六九）九月十一日（D）、延暦二年（七八三）六月十七日（E）の五通の文書がある。これらは、堀江の南岸にあった安宿王の宅地が東大寺から新薬師寺へ、そして再び東大寺へ転売された記録である。この対岸には東大寺が新羅江荘を、また大安寺も当郡長溝郷に土地を持つなど、周辺には国家、貴族とともに寺院も交易基地を保有していたと見られるが、堀江沿岸地域は難波京の京域には入っていないと見られ、古代都市難波が京域にとどまらない展開を遂げていたことがうかがえる。また当地の隣には、（B）によると、漆部伊波という官人の宅地があった。彼は天平二十年（七四八）に献物叙位により外従五位下を得た、相模国に本貫を持つ富豪的な中級官人だが、この地を購入したのは買官以降と考えられ、それ以前の私富蓄積活動の実態はよくわからない。一方、天平宝字六年（七六〇）には、河内国出身と見られる官人の杜下月足が東大寺荘園を基地に、東大寺の交易活動を行った記録もあり、宅を持てないような下級官人層も貴族や大寺との私的関係を利用して交易活動を行い、私富を蓄積していたとも考えられる。

なお、当郡内で行われたと見られる重要な儀礼として、斎王の禊があげられる。伊勢斎王が任を解かれて帰京する際に難波海で禊を行うもので、神に仕える身から一般皇族に戻る通過儀礼と解されている。その遺跡は明確ではないが、『江家次第』には、安曇口、三津浜などの地名が見られる。初見は大同四年（八〇九）だが、より古くに起源を持つ儀礼であろう。

【参考文献】

吉田晶『古代の難波』教育社、一九八二年
直木孝次郎編『難波京と古代の大阪』学生社、一九八五年
榎村寛之「古代都市難波について

の若干の考察」（続日本紀研究会編『続日本紀の時代』塙書房、一九九四年）

（榎村寛之）

島上郡・しまがみのこおり

『和名抄』東急本には「しまのかみ」とある。濃味・児屋・真上・服部・高上の五郷からなる。淀川右岸に広がっており、郡域は現在の三島郡島本町と高槻市の大部分、枚方市磯島地区にわたる。三島郡の名は『書紀』では雄略九年から見られるが、島上郡の初出は『続紀』和銅四年（七一一）正月二日条である。しかし『播磨国風土記』揖保郡大田里条に「三島賀美郡」、正倉院文書の天平宝字四年（七六〇）十月二十二日の写経所公文や、平城宮木簡には「三島上郡」とあり、これが建郡当初の呼称だったと考えられる。三島は淀川の水運を背景に早くから発達した地域で、四世紀半ばには全長一二〇メートルの岡本山古墳を最大とする三島古墳群の弁天山支群が形成されている。中期古墳としては墳丘長一九〇メートルで継体大王墓の可能性を指摘されている今城塚古墳が著名である。六〜七世紀の後期の群集墳としては、金銅製単龍鳳環頭を出土した塚原古墳群が知られている。これらの古墳群と関係すると見られる氏族として、三島県主がある。文献上の初出は安閑紀に見える三島竹村屯倉を献上したという三島県主飯粒で、奈良時代には、天平勝宝八年（七五六）十二月十六日の年記を持つ正倉院蔵の摂津国島上郡水無瀬庄図に擬少領三島県主が見える。また、『続紀』神護景雲三年（七六九）二月二十二日や宝亀元年（七七〇）七月二十五日には三島県主に宿禰姓が与えられた記録があり、『朝野群載』に見られる天暦四年（九五〇）六月十七日児屋郷長解には、島上郡は大少領とともに三島宿禰となっていることから見ても、令制前の三島県を支配した三島県主が、平安時代にも郡司氏族の三島宿禰として支配を続けていたことは明らかである。なお、高槻市上田部遺跡は、水田跡や馬鍬などの木製農具、田積の計算結果を記した木簡などが発見され、竹村屯倉の系譜を引く畿内官田の遺跡と推測されている。

このほかに、当郡に居住したと見られる氏族には、三島部、三島真人、鳥取部、六人部、品遅部君、軽部連、辛矢田部君、白髪部、服部連、神服部連、許曾部朝臣、日下部宿禰、阿刀宿禰、阿刀連、檜前首、大原真人、大原史、粟田直、道守（姓不明）、物部首などがある。

また、塚原古墳群の上には、昭和九年（一九三四）に京都大学によって調査された阿武山古墓がある。副葬品はほとんどなく、大化の薄葬令に基づくと考えられる小規模な終末期古墳であるが、夾紵棺や玉枕、冠の痕跡ではないかとされる金糸が出土し、横穴式石室の構造は百済王陵に類似するなど、高位の人物を葬ったと考えられる特殊な遺跡である。この地域は中臣氏との関係が深く、被葬者は藤原（中臣）鎌足で、冠は大織冠とする説が有力になっている。

当郡に関係した古代有力豪族としては、石川氏も挙げられる。石川氏は元蘇我氏で、河内国石川郷を本貫としたと考えられる令制前以来の有力氏族であるが、文政三年（一八二〇）に当郡真上村で発見された古墓から、「石川年足金銅板墓誌」が出土している。年足は御史大夫（大納言）や神祇伯・式部卿などを歴任した貴族であり、京内で没し、「島上郡白髪郷酒垂山」に葬るとされる。蘇我氏の直系氏族と三島地域との繋がりの具体的内容は明らかではないが、年足が中臣氏以外で珍しく神祇伯を務めていることが注目できる。また、交通の要所には令制以前から中臣氏以外の氏族も宅や別業を置いていた可能性がある。なお、前述のように、東大寺も八世紀には水無瀬荘を勅施入されている。

当郡の郡衙所在地としては、淀川に流れ込む芥川右岸の郡家川西遺跡が著名である。この地域には三島古墳群や今城塚古墳、さらに塔心礎の残る芥川廃寺、官社である阿久刀神社などが集中し、伝統的な政治的中心地と見られており、郡家の地名からも郡衙の存在がうかがわれていた。発掘調査では奈良時代の掘立柱建物や井戸、木簡、さらに「上郡」と記した墨書土器などが出土し、郡衙跡であることがほぼ確定し、国史跡に指定されている。官衙的性格の建物群は、郡家今城遺跡でも確認されている。

郡家川西遺跡では、幅十五メートルで石敷の旧山陽道の跡も確認されている。山陽道は平城京遷都にともない、和銅四年（七一一）に、河内国交野郡楠葉駅から淀川を渡り、当郡内の大原駅に至る駅路が新設されている。また平安時代に入ると、当郡内を南北に縦断して平安京に至るルートに変更されたものと考えられる。

濃味郷には官社の野身神社、服部郷には神服神社がある。濃味郷は野身、真上郷は白髪、高上郷は高於が旧称だったと見られる。

（榎村寛之）

島下郡・しましものこおり

島上に対応し「しまのしも」が古訓と見られる。

新野・宿久・安威・穂積の四郷からなるが、『行基年譜』には、次田里・高瀬里があるとされる。いずれも南部にあった里と見られ、延暦四年（七八五）の淀川流路変更工事で郡界が変わったとする説がある。淀川右岸に南北に長く広がる郡で、現在の茨木市・摂津市と、吹田市の大部分・箕面市・豊能町・豊中市の一部にわたる。

郡名の初見は『続紀』和銅四年（七一一）正月二日条だが、元は三島下郡だったと推定される。この地域は古墳時代から北摂の要衝として重要視された地域だったらしく、茨木市宿之庄の紫金山古墳では棺内に方格規矩鏡一面、棺外に三角縁神獣鏡十面のほか、多くの武具が発見されている。全長約一〇〇メートルの前期後半の古墳で、同時期に造営された全長一〇七メートルの同市安威の将軍山古墳とともに、有力な首長の存在を示すものである。将軍山古墳も武器などの副葬が確認されているが、現在は破壊されている。その北東には古墳時代前期から後期の長期にわたり、安威古墳群が造営された。この安威古墳群については、『姓氏録』に摂津国の神別氏族として見られる中臣藍連との関係が有力視されている。

前期古墳は山麓部に点在するが、中期になると台地上に移る。この時期の代表的古墳に全長二二六メートルに及ぶ太田茶臼山古墳がある。現在は継体天皇陵に治定されているが、五世紀中から後半の造営と見られ、その企画は河内国古市古墳群の墓山古墳や市ノ山古墳とほぼ同じとされ、関係が指摘されている。この地域の古墳と関係がうかがえる古代氏族としては、やはり『姓氏録』に見られる中臣太田連がある。このように三島地域と中臣氏には密接な関係があり、『書紀』皇極紀三年（六四四）正月条には、中臣鎌子（足）連が病のため神祇伯を固辞し、三島に退いたという記事がある。また『（藤氏）家伝』には同じ内容で退去先を「三島別業」としており、拠点施設があったことを示唆している。また、島上郡の項でも触れた竹村屯倉は、上御野・下御野・上桑原・下桑原にわたったとしており、現・茨木市耳原・桑原周辺と見られ、当郡内に立地していたことになる。

当郡には新屋坐天照御魂、天石門別、須久久、阿為、井於、走落、佐和良義、幣久良、牟礼、三島鴨、伊射奈岐、溝咋社が官社として記録されている。溝咋社は事代主神の妻で神武天皇の正妃の母となった三島玉櫛姫と関係があるとされる。新野郷には新屋坐天照御魂社がある。三座からなり、うち天照御魂神は北摂四郡で唯一相嘗祭にあずかる神であった。この神は『姓氏録』によると丹比新家連が祭っており、同氏は尾張氏の同族とされる。また物部氏系の新家連も関与していたとされ、各地に見られる尾張・物部系の地域的太陽信仰の一つと考えられている。宿久郷には須久久社がある。須久久社については、『神宮雑例集』に天平十二年（七四〇）に大中臣清麻呂が春日神を移したとする伝承がある。安威郷には阿為社があり、中臣藍連の本貫と見られる。穂積郷は穂積氏との関係が推測できる。

飛鳥、白鳳時代の寺院跡としては、太田廃寺、三宅廃寺、穂積廃寺などが知られているが、一方でこの地域に顕著なのは、平安時代初期までに創建された初期山岳寺院である。

中でも現箕面市の勝尾寺は、八世紀の、摂津国司の子善仲、善算を開祖、聖武天皇の皇子と伝える開成を開山とする成立伝承を持ち、真言密教以前の山岳仏教に起源を持つと推測され、神仏習合初期の仏像彫刻の面でも注目を集めている。

島下郡衙は茨木市郡・郡山が推定地で、難波から北上してきた三島路がこの近くで山陽道と連絡していたと見られている。郡内には殖村駅が和銅四年（七一一）に新設されたとされ、分岐点の役割を果たしていたものと考えられている。

また、右馬寮に所属していた鳥飼牧は、安威川と淀川の間に置かれた近都牧六箇所の一で、九世紀には成立していたと見られる。

【参考文献】

松前健「天照御魂神考」（『日本神話と古代生活』有精堂、一九七〇年。初出『国学院雑誌』六二—十）

（榎村寛之）

能勢郡・のせのこおり

『和名抄』高山寺本に「のせ」とある。

能勢・雄村・枳根の三郡からなる。郡域は現在の豊能郡能勢町一帯と豊能町の大部分にあたる北摂山地に広がる。『続紀』和銅六年（七一三）九月十九日条によると、河辺郡玖左佐村は郡衙から遠く、道も峻険なことから、大宝元年（七〇一）以来、独立した館舎を設けていたが、この年に正式に能勢郡となったという。郡大領氏族は神人氏で、ほかに神直、山部首・山部直・野間連・山部公・椋垣朝臣などが知られる。また、『書紀』雄略十七年三月条には、摂津国来狭狭村の土師部が土師連から朝廷に献上され、贄土師部になったとある。郡衙の置かれた玖左佐村は、現在の能勢町宿野地区と見られ、雄村郷に属すと考えられるが、郡内唯一の前方後円墳の狐塚古墳は枳根郷の推定領域にある。神社としては『延喜式』に、岐尼・久佐々・野間の三社が記され、一郷一社と見られる。古代寺院跡としては大里廃寺（能勢町）が知られている。

（榎村寛之）

豊島郡・てしまのこおり

『和名抄』高山寺本では「としま」、東急本では「てしま」とする。郡名の初出は天平十五年（七四三）の「経師勘籍」だが、「正倉院文書」天平宝字六年（七六二）六月二十一日の檜皮葺工請功食解には「津国手島郡」と見え、二通りの表記をしていたと見られる。秦上・秦下・駅家・豊島・余戸・桑津・大明の七郷からなる。郡域は摂津国東部を流れる猪名川の左岸で、池田市と、豊中市・箕面市のほとんど、吹田市の一部がこの郡の旧地である。この地域では銅鐸が発見されるなど弥生時代から先進地域だったことがうかがえるが、中でも戦死者の埋葬で知られる豊中市勝部遺跡は、倭国大乱との関係で著名である。また、豊中市庄内遺跡は、弥生時代最期の土器様式である庄内式土器の名の由来となっている。

前期古墳は現池田市五月山、豊中市刀根山、桜塚地区にまとめられる。五月山遺跡は弥生時代の高地性集落跡であるが、その近くには画文帯神獣鏡を副葬した円墳の娯三堂古墳や、全長六十二メートルの前方後円墳の池田茶臼山古墳がある。桜塚地区では中期になると古墳の密集が見られ、桜塚古墳群は豊能地区最大の古墳群とされる。後期、六世紀の造営と見られる豊中市太鼓塚古墳群は三十基ほどの群集墳で、豊中地域に集団分布する須恵器窯跡で焼かれたと見られる陶棺を使用した例があり、工人集団を掌握した氏族のものと見られている。

この地域には、後の川辺郡にまたがる形で仁徳紀三十八年に見られる猪名県が置かれていた。猪名川の治水と流域開発を目的としたらしく、先進技術を持った渡来系氏族の分布が多く見られるのもこの地域の特色である。秦上・秦下郷は秦氏の本拠と見られ、『続紀』神護景雲三年（七六九）五月二十二日に見られる豊島郡の人秦井手忌寸小足の存在は、当郡の秦氏が特に井堰や治水に関わった氏族であることを示している。

このほかに氏族としては、神武天皇の皇子八井耳命を祖と伝える豊島（手島）連、そして津島直、津島部、津島朝臣、椎田君、穂積臣、穂積朝臣、島首、島毘登、勝部首、勝部造、椋橋部連、榎原忌寸、葦屋君、坂合部連、久久智、曾禰連、大真連、服部連、内田臣氏などが文献や地名から推測される。

官社としては為那都比古社、垂水社、細川社、阿比太社がある。垂水社は水にかかわる神をまつる神社として朝廷とつながり、八十島祭などにも関係していた。為那都比古社は猪名県に関わると見られる。

また『延喜式』左右馬寮に見られる豊島牧も当郡内に所在した。

（榎村寛之）

河辺郡・かわべのこおり

『和名抄』東急本では「かわのべ」とする。雄家、山本、爲奈、郡家、楊津、大神、雄上、余戸の八郷からなるが、高山寺本は最後の二郷を記さない。ほかに『東大寺文書』の天平勝宝三年（七五一）の「奴婢見来記」には坂合郷が見られる。

郡名の初出は『続紀』和銅六年（七一三）九月十九日条の、河辺郡玖左佐村を能勢郡とする記事である。郡域は現在の尼崎市・伊丹市・宝塚市・川西市・三田市に亙る。当郡は猪名川の右岸に位置し、その開発に伴って成立した郡で、南は海岸から北は山岳に連なる。尼崎市田能遺跡は弥生時代の墓制を考える上で重要な遺跡として知られる。古墳時代前期には猪名川が平野に出る地域を見下ろす全長六十四メートルの宝塚市万籟山古墳が築かれ、中期古墳としては伊丹市全長五十二メートルの帆立貝式古墳の御願塚古墳、約四十二メートルの、変形神獣五鈴鏡や武器・馬具類などを出土した尼崎市園田大塚山（天狗山）古墳など、猪名野古墳群と呼ばれる五基の古墳群が形成された。

先述の猪名県は当郡と豊島郡にまたがる形で置かれていたが、猪名（為奈）県主という氏族は確認されない。猪名を名乗る氏としては宣化天皇の後裔と称する猪奈公（のちに真人）があり、これに吸収されたと見る説もある。同族的なつながりを持っていたと見られる氏族に川原公、椎田君がある。また、『古事記』には猪奈公の祖先は川内若子比賣としており、これが凡河内氏の女性なら、河内から西摂にかけて勢力分布が見られ、摂津国造を務めていた凡河内氏がこの地域にも勢力を延ばしていたことになろう。『東大寺文書』の天平勝宝八年（七五六）の「奴婢帳」には川辺郡郡家郷の戸主として凡川内直阿曇麻呂の名が見える。猪名部は猪名部首に管理される建築・造船に長けた渡来系氏族と見られる。また、木材の管理・貢進に関わったと見られる、摂津国の皇別氏族久々智氏もこの地域に居住したとする説もある。ほかに能勢郡大領となった神人氏、『高橋氏文』が物部氏の一族、意富売布連を祖先と記し、現・宝塚市の売布神社と関係すると見られる若湯坐連などもいる。

当郡内の古代寺院として、伊丹市の伊丹廃寺がある。奈良時代前期から鎌倉時代後期にわたる寺院遺跡で、法隆寺式伽藍配置をとる。尼崎市にはほぼ同時期に造営されたと見られ、やはり法隆寺式伽藍配置で、川原寺式や法隆寺式軒丸瓦が出土した猪名寺廃寺がある。これらの寺院には中央文化の直接的な影響が見られ、この地域の先進性を物語っている。

猪名寺廃寺は川原氏に、伊丹廃寺は凡河内直氏との関連が推定されている。

（榎村寛之）

武庫郡・むこのこおり

『和名抄』東急本では「むこ」とする。難波津の向こうの津の意という説があり、賀美、児屋、武庫、石井、曾根、津門、広田、雄田の八郷からなる。郡域は現在の尼崎市西部、西宮市南部、宝塚市南部にわたる。郡衙は武庫郡に置かれた。郡名の初出は天平十九年（七四七）二月十一日の「法隆寺伽藍縁起并流記資財帳」だが、『書紀』には務古水門、また武庫の名が港として見え、持統三年（六八九）八月には武庫の海一〇〇〇歩が禁漁区になっている。郡大領は日下部氏で、他に津守氏なども確認され、難波津との共通性がうかがえる。『行基年譜』に見られる崑陽施院は児屋郷にあり、昆陽寺と昆陽池も隣接していたとする説もある。官社としては広田神社・名次神社・岡太神社・伊和志豆神社があり、広田神社は天照大御神の荒魂を祀るとされ、『延喜式』には名神大社とされ、平安時代には二十二社の一とされた。

（榎村寛之）

有馬郡・ありまのこおり

『和名抄』東急本では「ありま」とする。春木、幡多、羽束、大神、忍壁の五郷からなる。郡域は現在の神戸市・三田市・西宮市の市域にわたる。『書紀』舒明三年（六三一）九月条には「有間」、『万葉』には「在間」とあり、「有馬」としての初出は『三代実録』元慶四年（八八〇）十月二十七日条である。当郡は有馬温泉の所在地として知られ、前述舒明三年の「有馬温湯」への行幸以降、貴顕の遊覧も多い。氏族としては、『姓氏録』には羽束首・刑部首が見られる。羽束首は『延喜式』に見られる「有馬郡羽束工」を管理する豪族らしい。羽束工は瓦や壁の製作に関わる工人で、その本貫地が羽束郷である。また、河辺郡の豪族川原公氏も当郡に分布しており、先述の元慶四年の記事は、河辺・有馬郡の川原公氏への課役免除記事である。官社としては有間・公智・温泉の三社があり、公智社は河辺郡の久々智氏と関係する木の神で、『摂津国風土記』逸文に見られる久牟知の杣山との関係がうかがえる。温泉神社は有馬温泉に関わる神と見られ、月次・新嘗祭に関わる大社である。

（榎村寛之）

菟原郡・うはらのこおり

『和名抄』東急本では「うはら」とする。賀美、葦原、布敷、津守、天城、覚美、佐才、住吉の八郡からなる。ほかに葦屋駅家が当郡内に置かれていた。現在の神戸市中央区東部、灘区、東灘区、芦屋市にあたる。郡名の初出は『行基年譜』に引く天平十三年（七四三）記で、「大輪田船息」が菟原郡宇治にあったとしており、大輪田泊は当郡内、現在の湊川河口付近に比定されている。天平十九年（七四七）二月十一日の「法隆寺伽藍縁起并流記資財帳」には、当郡内に法隆寺の寺田があったとする。畿内から山陽に向かう交通の要衝で、弥生時代には高地性集落として知られる会下山遺跡があり、前期古墳としては三角縁神獣鏡をはじめ銅鏡六面を出土した神戸市岡本のへボソ塚古墳や同・阿保親王塚古墳、それぞれ『万葉』に見られる葦屋の菟原処女の墓所と伝えられる神戸市の東求女塚古墳・西求女塚古墳・処女塚古墳、中期古墳としては海岸線の古墳で形象埴輪が多く出土した芦屋市の打出小槌古墳などがあるが、顕著な集中は見られない。群集墳としては八十塚古墳がある。律令制下の氏族では、当郡内に河内国魂神社があることから、摂津国造を務めた凡河内氏の勢力範囲だったと見られるほか、倉人氏も当郡内で勢力を得ていたことが『続紀』神護景雲三年（七六九）六月七日条から確認できる。

（榎村寛之）

八部郡・やたべのこおり

『和名抄』東急本では「八田部」「やたべ」とする。生田、宇治、神戸、八部、長田の五郷からなる。『摂津国風土記』逸文や「法隆寺伽藍縁起并流記資財帳」には雄伴郡と見え、八部郡としての初出は『続後紀』承和五年（八三八）三月癸亥条になる。郡域はほぼ現在の神戸市生田区以西と重なり、長田区神楽町の神楽町遺跡は平安時代の墨書土器などが発見され、郡衙との関わりが指摘されている。当郡でよく知られている古代以来の施設として、生田神社と長田神社がある。ともに「大同元年牒」に見られる有力社で、『書紀』には神功皇后伝承にかかわって現れる。現在の灘区岩屋・大石付近は、『万葉』に見られる敏馬浦で、『延喜式』玄蕃寮には新羅客に生田神社の神酒を与える所としており、外交に関係した神社である。もう一つの式内社の汶売社は「みぬめ」でこの「敏馬（みぬま）」かと見られる。

古代以来の寺院としては、凡河内寺とされる房王寺廃寺がある。当郡所在の氏族としては、生田首、矢田部造、長田村主（坂上系図）などが知られている。

（榎村寛之）

コラム

難波

浪速、浪華、浪花とも書く。『万葉』に「名庭」「奈爾波」と記すように、古くはナニハと読む。『古事記』神武段に、神武天皇が「浪速の渡」をへて青雲白肩津に泊った、『書紀』神武前紀に、神武が「難波碕」に到った、とあるのが初出。難波の範囲は明らかでないが、上記の難波渡、難波碕のほか、難波大津、難波堀江、難波潟など、難波を冠する地名は他にも少くなく、柏済・来目邑・荒陵・狭屋部邑などがあり、宮都では難波宮をはじめ、大隅宮・高津宮・祝津宮・長柄豊碕宮、神社では比売碁曽社・難波坐国咲国魂神社、寺院では四天王寺・百済寺などが難波を冠する。なかには所在地の不明のものもあるが、これらによって考えると、難波は上町台地の北部とその北を流れて大阪湾にはいる淀川（大川・天満川とも）の下流を中心とする地域で、八世紀の郡名でいえば、ほぼ東生・西成・百済の三郡にあたり、現在の大阪市城東・北・中央・東成・生野・天王寺の各区の地域に相当する。住吉津のある住吉郡を難波の一部とする説もある。

難波の語源はさまざまの説がある。『書紀』神武前紀に神武が難波碕に到った時、流れの急な潮にあい、そのため浪速国と名づけ、浪花ともいい、転訛して難波となったとある。この説は長く尊重されていたが、昭和にはいって、ナニハはナ（魚）ニハ（庭）の意で、魚の多い海面をいうことから生じたとする説が出た（松岡静雄、天坊幸彦）。その後、自然地理学や考古学の発達により、古代には大阪平野の内陸部に大きな潟湖があったことが明らかにされ、新説が生まれた。大阪湾の満潮時、潟湖は大阪湾と結ばれている水路によって水位が高くなり、干潮時にはその水が水路を急激に流下し、『書紀』にいう急潮が生ずるのであって、『書紀』の伝承に根拠があるとする説である（福尾猛市郎）。その他、波静かな海をいうナミ（波）ニハ（庭）から来たとする説、上町台地の西麓には浜が幾重にも並び、これをナミニハ（並庭）と称したことよるとする説、ナニハのナは朝鮮語で太陽を意味し、ナニハは日神を祀る庭の意とする説などがある。

難波の地理的範囲はさきに記したが、大局から見ると、旧大和川と淀川とが合流して大阪湾に注ぐところである。この両河川は肥沃な畿内とその周辺の伊賀、近江、丹波の国々をも流域とし、河口に発達した難波津は早くから良港として栄えた。ここを起点とする航路は、瀬戸内海を通して摂津の大和田、備中の児島、伊予の熟田、筑紫の那などの港津に通じ、さらに朝鮮・中国へも延びた。

この難波の地が政治的にも重要であったことは、四世紀末から五世紀始めにかけて、応神天皇が難波大隅に、仁徳天皇が難波高津に宮を置いたという伝え（『書紀』）からもわかる。六世紀後半から七世紀前半へかけての欽明―推古朝には、難波屯倉・難波館・高麗館・百済客館・大郡・小郡など、経済および外交に関する各種の施設が造られた。推古朝には隋との国交が開かれ、隋の使が難波津に来航したことが示すように、難波は外交上の要地であった。

大化元年（六四五）、孝徳天皇の朝廷は中大兄皇子を中心として大化新政に着手し、五世紀中葉以来二〇〇年の伝統を破って、都を大和から難波に移し、白雉二年（六五一）に難波長柄豊碕宮（大阪市中央区）が落成した。十四の朝堂を持つ、前例をみない壮大な宮殿であることが近年の発掘で知られている（この宮の完成を天武朝とする説もある）。その後、都は大和や近江に遷り、七世紀後半、天武天皇は大和の首都に対する副都として復旧整備したが、朱鳥元年（六八六）火災のため全焼した。

奈良時代には聖武天皇が神亀三年（七二六）に難波宮の再建に着手し、天平六年（七三四）には官人に宅地を班給した。難波京として市街地も整備されたのであろう。京の堀江に臨む地には大安寺・東大寺・香山薬師寺など平城京の寺々の庄があり、法隆寺の庄もその近くにあったことが推定される。橘氏や藤原氏などの貴族で、難波に別邸を置いているものも少なくなかった。

またこの地には推古朝や孝徳・斉明朝の時代から四天王寺・百済寺・安曇寺などの寺々が存し、百済王をはじめ百済系渡来人の居住するものも多く、国際色のある文化も栄えた。

しかし奈良時代の末、延暦三年（七八四）に平城より長岡への遷都が行われるのと前後して難波宮は廃止され、また淀川と三国川（現神崎川）とが運河で結ばれて、難波津の賑いは三国川の河口の江尻（尼崎市）に奪われた。こうして難波の地はかつての栄えを失うが、貴族たちの四天王寺や住吉神社への信仰は衰えず、とくに四天王寺は浄土信仰の霊地として、貴族以外にも多くの信者を集めた。

【参考文献】

直木孝次郎編『古代を考える　難波』吉川弘文館、一九九

二年

同『難波宮と難波津の研究』吉川弘文館、一九九四年

（直木孝次郎）

東海道

東海道
伊賀
伊勢
志摩
尾張
参河
遠江
駿河
伊豆
甲斐
相模
武蔵
安房
上総
下総
常陸
常陸
武蔵
甲斐
下総
尾張
相模
伊賀
参河
駿河
遠江
上総
伊勢
伊豆
志摩
安房

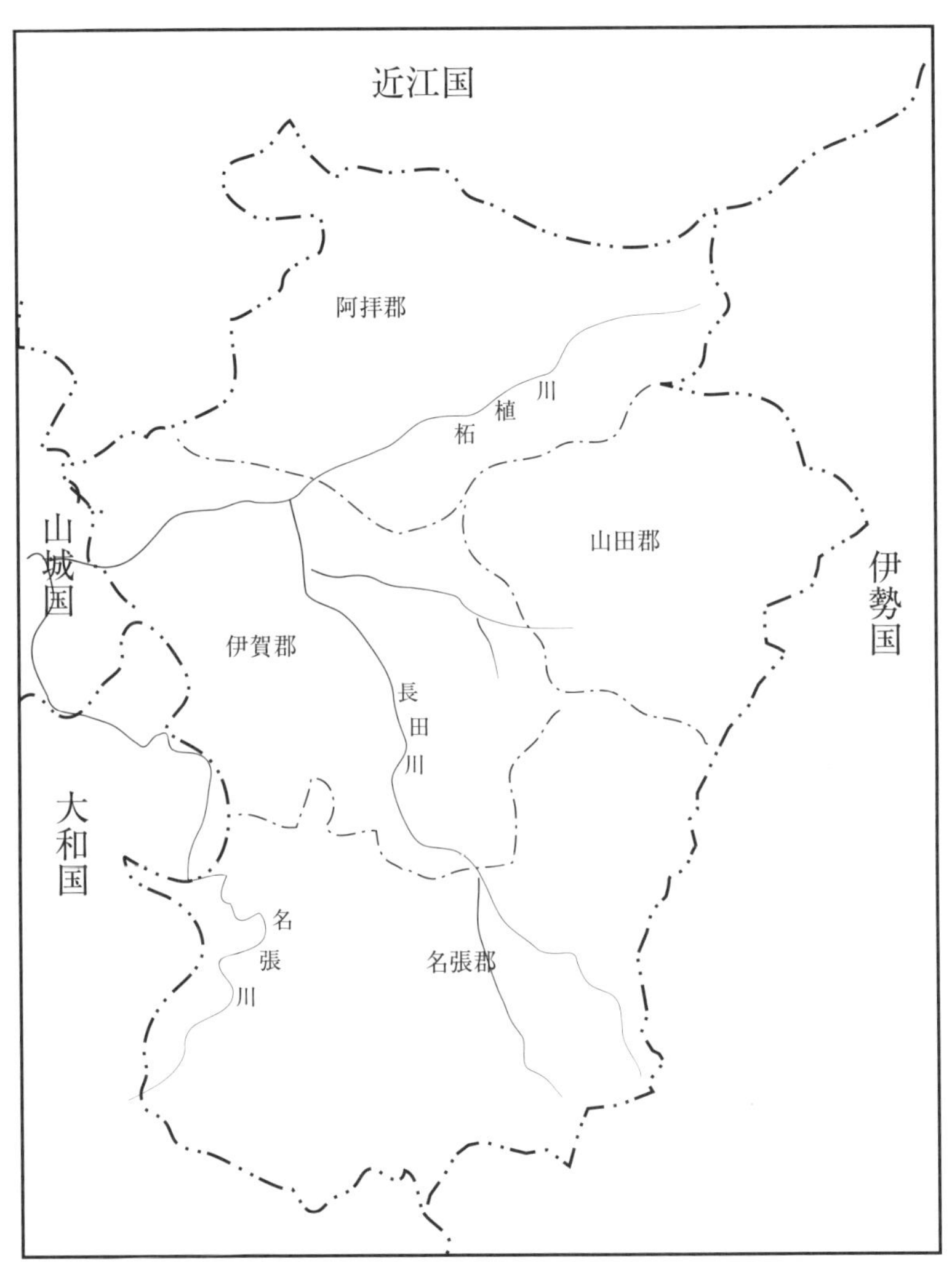

伊賀国略図

伊賀

伊賀国・いがのくに

東海道に属し、現三重県の西部地域にあたる。四郡からなり、東は伊勢国、南は大和国、西は大和国と山城国、北は近江国に接する。中央部に上野盆地があり、周辺の山地を源とする諸川を合した木津川が西に向かって流れ、山城国において桂川・宇治川と合流、さらに淀川となって大阪湾に至り、河川交通の動脈をなしていた。国府は、現上野市印代、国分寺と国分尼寺は隣接しており、現上野市西明寺に遺跡がある。

伊賀の名の初見は、『古事記』安寧段に師木津日子命の一子が伊賀須知之稲置・那婆理之稲置・三野之稲置の祖であるとするもの。また、『書紀』孝元紀には、大彦命は阿倍臣・阿閉臣・伊賀臣等七族の始祖とあるが、いずれも始祖伝説の一部であって、時代を特定できるものではない。

国名としての初見は、『書紀』宣化元年（五三六）紀の「阿倍臣、宜遣伊賀臣運伊賀国屯倉之穀」という記事。天武二年（六七三）には、「在伊賀国紀臣阿閇麻呂」の名が見え、天武十三年には、伊賀・伊勢・尾張の三国に対して調役減免の措置がとられている（『書紀』）。一方、史料的信憑性にはやや問題があるものの、『旧事紀』国造本紀には、孝徳期に伊勢国に隷けられ、天武期に再び故のごとく割き置かれたとあり、『扶桑略記』と『倭姫命世紀』には、天武四年（六七五）に伊勢国四郡を割いて伊賀国を建てたとある。『書紀』の本文が編纂時点での知識によって整えられている例があることからすれば、分国は事実として認められよう。『書紀』壬申紀（六七二）の吉野を出発した大海人皇子の行程上の記事に、この国に関する地名が多く見られるが、「当国郡司等」という以外に、伊賀国の名称は見当たらない。大友皇子の生母伊賀宅子の出身地である。持統上皇や聖武天皇の行幸にかかわって、この国にかかわる万葉歌や地名関係記事が見られる。

天平十九年（七四七）の「大安寺資財帳」によれば、同寺は伊賀国に二〇町の墾田地と二箇所の荘園を所有していた。もっとも大きな寺領をこの国に所有したのは東大寺で、国司との間に激しい紛争を繰り返しながら、寺領を拡大した。後に、黒田荘に発展する天平勝宝七歳（七五五）孝謙天皇の勅施入による板蝿杣は、その拠点となる。『皇太神宮儀式帳』の記事によれば、延暦年間には、伊賀郡と名張郡に伊勢神宮領があった。

（福岡猛志）

阿拝郡・あえのこおり

伊賀国の郡名のひとつ。伊賀国の北部に位置し、北は近江国甲賀郡、西は山城国相楽郡に接し、東が布引山地に連なる上野盆地（伊賀盆地ともいう）の北域を占める。現在の伊賀市に比定される。阿閉、阿閇（『書紀』・『続紀』）、安拝（平城宮木簡）、阿部（「東大寺文書」）など、多様な表記がある。『和名抄』の訓は、東急本に「安倍」、名市博本・高山寺本に「アヘ」。同書によれば、柘殖・川合・印代・服部・三田・新居の六郷を管する。伊賀国国衙は、現伊賀市印代、国分寺・国分尼寺は、現伊賀市西明寺と、いずれも阿拝郡の内にあった。

地名としての「アヘ」の初見は、『書紀』壬申紀（六七二年）九月条の、壬申の乱の帰路の記載に「戊戌、宿阿閇」とあるもの。壬申の乱にさいして、大海人皇子の一行は、伊賀国を斜めに横切って東に向かったが、同郡内の積殖山口において、近江朝廷を脱出してきた高市皇子と邂逅した。ただし、ここでは、明確に郡あるいは評の文字を用いてはいない。なお、この帰路の記述の順序が、伊勢桑名、鈴鹿、阿閉、名張となっており、伊賀の国名が冠せられていないことや、他の史料の記述から、この時期には伊賀国全体が伊勢国の一部であり、伊賀国の分立はそれ以後であるとする、有力な説がある。それによれば、伊勢国阿閉評と見るべきであろう。

阿閇郡の名の初出は、『続紀』の和銅四年（七一一）正月条で、山背国相楽郡の岡田駅などとともに、伊賀国阿閇郡新家駅を置いたとする記事である。平城遷都にともなう措置として、東海道の道筋に部分的な変更があったためである。駅家の比定地については、伊賀市東高倉付近説が有力である。この駅名が『延喜式』に不掲載なのは、平安遷都後の、東海道の道筋の再度の変更によって、駅家が廃止されたものであろうか。また、平城木簡に天平九年（七三七）の紀銘を持つ阿拝郡と、年紀を欠く安拝郡服織郷が見える。

『書紀』によれば、孝元天皇の皇子大彦命を始祖とする氏族に阿倍臣・伊賀臣・阿閇臣ら七族があり、それぞれ伊賀国にかかわるものであるから、阿拝の郡名は、この阿閇臣（敢にもつくる。天武十三年（六八四）、朝臣となる）の居住にちなむものであろう。式内社は、当郡内には大一座・小八座があった。大社である敢国神社は、伊賀国内唯一の大社で、『書紀』に阿倍臣・伊賀臣の祖であるとする、大彦命を祀ると伝える。後に伊賀一ノ宮となったものである。現在は、伊賀市一之宮に鎮座する。

奈良時代から、中央の寺院勢力がこの地に進出して寺領を形成した。天平十九年（七四七）の「大安寺資財帳」には、当郡内に大安寺領柘殖原の墾田、柘殖庄一処が見える。東大寺もまた天平二十年に、柘殖郷内の墾田・家地を小治田藤麻呂より買得したのをはじめとして、寺領の集積をすすめ、天平神護二年（七六六）には四十町をこえる寺田を所有するにいたった（「明法博士勘状案」）。また、昌泰二年（八九九）には、伊賀国阿部郡川合郷に玉滝庄と内保庄の庄家二区、墾田十町余を領していた。東大寺は、これらを根拠に東大寺進出の拠点となった玉滝杣を、天平以来の寺領と主張するが、この墾田と杣の関係は、必ずしもはっきりしない。さらに、元興寺も、天平勝宝元年（七四九）に柘殖郷戸主の墾田を買得している（東南院文書）。

これらの史料には、大領敢朝臣安麻呂、擬主帳稲置代首宮足、柘殖郷郷長桃尾臣井麻呂、柘殖郷戸主車持首牛麻呂など、奈良時代の当郡有力者の名が、見えている。

平安時代にはいると、東大寺が、郡北部の川合・柘殖郷に設定した玉滝杣を拠点に、寺領の拡大を抑えようとする国衙との間に激しい紛争を繰りひろげながら、荘園の拡張を推し進めた。天徳二年（九五八）橘元実が、玉滝杣内に「除留」していた先祖伝来の墓所の地を東大寺に施入したのもその動向を促進したであろう。

阿拝郡から伊賀郡にまたがる東大寺領荘園として、平安前期には成立していた柏野荘は、天暦四年（九五〇）の「東南院文書」が史料上の初出だが、『三国地誌』は、奈良時代以来、この領域内に「柏野の市」があったという。同じ史料によれば、東大寺は伊賀国に一〇〇戸の封戸を有していたが、そのうち六十戸が阿拝郡、四十戸が伊賀郡にあった。これも、時代をさかのぼらせることが出来るであろう。

『続紀』によれば、天平十七年四月伊賀国真木山に山火事があって、数百余町が延焼し、山背・伊賀・近江国に動員を掛けて鎮火させたという。この真木山は、現伊賀市の槙山にあたり、後に、その地の開発と領有をめぐり、東大寺と国司の激しい争いがくりひろげられる舞台となる。

（福岡猛志）

山田郡・やまだのこおり

伊賀国の郡名のひとつ。上野盆地の東北部、服部川上流地帯を占め、阿拝郡の南に位置する。『和名抄』の訓は、東急本に「也末太」名市博本に「ヤマタ」。木代・川原・竹原の三郷よりなる。式内社は、小社のみで三座。平城宮木簡に「伊賀国山田郡」とあるのが、郡名の初見。『霊異記』に「伊賀国山田郡噉代里の人、高橋連東人」が見えるが、この噉代里は木代郷の前身であろう。なお、同説話に出てくる「同郡御谷之里」は『和名抄』には不載。後代の史料に出てくる、山田郡湌代村や、喰代御厨はこの木代郷を引き継ぐものであろう。現伊賀市喰代に比定されている。また、『姓氏録』に、新羅からの渡来人である伊賀都君の後であるとする竹原連を、竹原郷の地名の由来とし、伊賀市の白鳳瓦を出土する鳳来寺廃寺も竹原連氏にかかわるものと見る説がある。服部川北岸には条里遺構が確認されている。

（福岡猛志）

伊賀郡・いがのこおり

伊賀国の郡名のひとつ。上野盆地の東南部、現在の伊賀市・名張市の一部に当たる。『和名抄』の訓は、名市博本に「イカ」、東急本・高山寺本にはなし。阿保・阿我・神戸・猪田・大内（太内）・長田の六郷よりなる。管内六郷については、それぞれ遺称と考えられる地名を手がかりとして、比定地についての通説が成立している。郡衙の所在地は、現在の伊賀市古郡から同市上郡・下郡に移されたとされる。管内の式内社は、いずれも小社で、合計十一座。『旧事紀』国造本紀に、武伊賀都別命が伊賀国造に任ぜられたとあるほか、郡内の豪族として、『古事記』に、伊賀臣・伊賀須知之稲置・三野之稲置、『続紀』・『姓氏録』に阿保君、『令集解』に比自岐和気などが見られ、式内社比自岐神社と比自岐和気の関係などが想定されるが、譜代の郡司の地位は伊賀臣氏が占めたと思われる。伊賀臣氏は、奈良時代以降名張郡司の地位も兼帯する。

神話・伝説の類やそれにかかわる人名が多く、地名の実質的初見を定めるのが難しい面があるが、はっきりとした郡名の初見は、『書紀』壬申紀（六七二）の大海人皇子の一行に関する記事で、「伊賀郡に到り伊賀駅家を焚く。伊賀中山に逮び、当国郡司等数百衆を率いて帰す」とあるもの。持統三年（六八九）には、伊賀郡身野二万頃が禁野とされ守護人が置かれた。「郡」に先立つ「評」制が施行されていた時期であるが、この頃すでに駅家が設置されていることも注目されるところである。なお、平城宮木簡に、伊賀国伊賀郡長田郷新木里の地名と石部の人名を記したものがある。

天平十九年（七四七）の「大安寺資財帳」によれば、この頃大安寺が太山蘇麻庄を当郡内に所有しており、「東南院文書」は、東大寺が天平勝宝元年に買得して寺領とした不空羂索菩薩田が、阿拝郡および伊賀郡に所在したことを記録する。貞観十四年（八七二）の「田地目録帳」（仁和寺文書）には、貞観七年に施入された貞観寺領比自企荘が、阿拝・山田・伊賀郡にまたがっていたとあり、奈良時代から平安時代の初期にかけて、寺院領が存在した。これに対して、伊勢神宮は神田二町を伊賀郡内に所有していたほか、封戸二十戸を伊賀国において与えられていたが、『延喜式』・『新抄格勅符抄』によれば、それもまた伊賀郡に所在した。『和名抄』に見える神戸郷は、それにちなむ。さらに、『皇太神宮儀式帳』は、伊勢大神の「朝夕の御饌」に供奉するための、年魚取淵と梁作瀬が一処、御来栖二町が伊賀郡にあったとするが、これらは名張郡にあった「料地」とともに、いずれも伊賀国造の遠祖が奉った地であるという。

長田川流域一帯に、長地型地割を主とする条里地割が施されているが、その地割の方向は、地域ごとに異なり一定していない。

（福岡猛志）

名張郡・なばりのこおり

伊賀国の郡名のひとつ。『書紀』は、名墾、隠とも表記する。『和名抄』における訓は、東急本に「奈波利」名市博本と高山寺本に「ナハリ」。周知・名張・夏身の三郷からなる。式内社は、二座。現在の名張市にあたる名張盆地西南部を占める。盆地の中央部を名張川が北流し宇陀川を合して、さらに木津川に合流する。

「大化改新の詔」に、「凡そ畿内は、東は名墾の横河よりこの方」とあるが、この横河は名張川を指す。郡の名前の初出は、『書紀』壬申紀（六七二）の「夜半に及びて、隠郡に到り、隠の郡家を焚く」であるが、この時期には「隠評」とあるべきものであることと、駅家が置かれていることに注目すべきことは、伊賀郡のそれと共通する問題である。壬申の乱の帰路の記事では、「名張に宿る」とある。朱鳥元年（六八六）には、名張厨司が火災に遭った。名張川や宇陀川の魚類を天皇の食膳に供するための、厨が置かれていたのである。神亀二年（七二五）、大来皇女が、天武天皇追善のために夏身に建立したと『醍醐寺本諸寺縁起集』が伝える昌福寺の遺構とされる夏見廃寺からは「甲午年（持統八年に比定される）」の銘を刻した塼が出土している。

『古事記』に、師木津日子の子孫と伝える那婆理之稲置や、『姓氏録』に大彦命の後で阿部朝臣と同祖とある名張臣などが見えるが、史料に名張郡司として名前が出て来るのは、まず、天平三年（七三一）「伊賀国正税帳」（正倉院文書）の断簡に、郡司として領の伊賀朝臣果安と主帳の夏身金村の名が見えるが、この史料上の記載位置からして、二人が名張郡の郡司であることは間違いない。承平四年（九三四）の「夏見郷刀禰等解」（光明寺文書）には、刀禰として夏身今世・貞宗、郡判として伊賀臣是直・税臣秋実・名不今益が署名している。やや時代が下るが、康保元年（九六四）・二年の「東大寺文書」に、夏見郷刀禰の署名をしたものや郡判を添えた者として、伊賀氏の名が見える。ちなみに、同史料によれば、弘仁年間以前に、夏見郷内に、多貴内親王所有の墾田と酒人内親王所有の栗林があったことがわかる。その他、十一世紀中葉の史料に、名張郡司長谷氏が見える。

前述の、承平四年の文書は、夏見郷内に大神宮寺領の四至牓示が建てられたことを記しているが、『皇太神宮儀式帳』に伊賀国造之遠祖奉地とある伊賀国名張郡の「箕造奉竹原・箕藤黒葛生所三百六十町」をひきつぐものであろうか。

「東大寺文書」に、天平勝宝七歳（七五五）に孝謙天皇の勅施入によって成立したとある板蝿杣は、名張郡から大和国山辺郡にまたがる広大な山地を占めたが、東大寺のこの地における所領拡大の拠点となり、後に黒田荘へと発展する。

【参考文献】

石母田正『中世的世界の形成』東京大学出版会、一九五七年

（福岡猛志）

木曽川
尾張国
員弁郡
桑名郡
近江国
朝明郡
三重郡
鈴鹿郡
河曲郡
鈴鹿川
奄芸郡
安濃郡
伊賀国
一志郡
飯野郡
飯高郡
大和国
櫛田川
多気郡
志摩国
度会郡
紀伊国

伊勢国略図

伊勢

伊勢国・いせのくに

東海道の一国。北は尾張・美濃国、南は紀伊国、西は近江・伊賀・大和国に接する。中央部で、伊勢湾に突き出す志摩半島の東部地域が、天武十二・十三年に伊勢国から分立したと考えられる（『書紀』）志摩国である。伊賀国との間でも、分離・統合の伝承があることを『扶桑略記』・『旧事紀』国造本紀が記す。

『延喜式』・『和名抄』は、度会・多気・飯野・飯高・壱志・安濃・奄芸・鈴鹿・河曲・三重・朝明・員弁・桑名の十三郡を掲げるが、両史料の郡の記載順がちょうど逆である。

皇大神宮（内宮）と豊受大神宮（外宮）が度会郡に、斎宮（寮）が多気郡に所在しており、『続紀』によれば、この二郡は慶雲元年（七〇四）に、少領以上の郡司の三等以上の親族の連任が認められた。「神郡」の語の初見史料、『選叙令集解』所引養老七年（七二三）十一月十六日「太政官処分」は、この二郡を含む全国八神郡における同様の措置を伝えている。

大神宮の神郡には、仁和五年（八八九）に「一代之間」、寛平九年（八九七）に「永例」として飯野郡が加えられ、三神郡の体制となった。神郡には、さまざまな特例が認められて、大神宮の直轄国のごとき様相を呈する。

『古事記』天孫降臨段に伊須受能宮・度相・佐那々県が見える他、垂仁紀の倭姫命の大神奉斎の記事に「神風伊勢国、則常世之浪重浪帰国也、傍国可怜国也」とあるのをはじめ、大神宮を中心に、伝承に彩られた国で、「伊勢采女」（雄略十二年条）、「伊勢国藤形村（等の）私民部」（十七年条）、「伊勢神宮」（仁徳四十年条）など、『書紀』のどの記事をもって、伊勢（国）の地名の実質上の初見とするか、判断の難しい面がある。『書紀』には、地名を含め、壬申の乱にかかわる記事も多く見られ、飛鳥京木簡にも「伊勢」という文字が記された小片がある。平安初期に成立した東寺領荘園は、平安末には衰退した。その他、皇室・社寺権門領なども見られるが、古代においては、大神宮の勢力が、圧倒的である。平安時代には、道後と呼ばれた神宮膝下の神三郡（度会・多気・飯野）は言うまでもなく、北部の員弁・朝明・三重の三郡も神宮に施入され道前と呼ばれた。安濃郡・飯高郡も、前後して施入されているから、平安末には、神郡は八郡となる。

【参考文献】
稲本紀昭他『三重県の歴史』山川出版社、二〇〇〇年

（福岡猛志）

桑名郡・くわなのこおり

伊勢国の郡名のひとつ。国の北部に位置する。『和名抄』の訓は、名市博本「クハナ」、東急本「九波奈」、高山寺本「クワナ」。野代・桑名・額田・尾津・熊口の五郷よりなるが、平城宮木簡で、野代・桑名・熊口が確認される。天平勝宝五年（七五三）の「正倉院文書」には、野代の他に獦原郷の名と長谷部の人名が見える。式内社は、大一座、小十四座。多度神宮をはじめ、その半数以上は、尾津郷の故地に比定される多度町戸津・小山・猪飼付近に集中する。『延喜式』に見える榎撫駅も当郡の所在。壬申の乱に際して、大海人皇子が桑名郡家に宿ったという『書紀』記事が史料上の所見。帰路も「伊勢桑名に宿る」とある。天平十二年（七四〇）に聖武天皇が「桑名石占頓宮」に行幸したと『続紀』に見える。桑名市多度町柚井遺跡は、わが国第一号の木簡の出土地である。初期の荘園として、「多度神宮寺資財帳」記載の幡桙嶋東庄がある。

（福岡猛志）

員弁郡・いなべのこおり

伊勢国の郡名のひとつ。員弁川の扇状地を占める。『和名抄』の訓は、名市博本・高山寺本「イナベ」、東急本「為奈倍」。耶摩（野摩）・笠間・石加・美耶・久米の五郷よりなる。天平十六年（七四四）の「優婆塞貢進解」に「伊勢国員弁郡笠間郷戸主猪名部美久」とあるのが初見。天平十九年の「大安寺資財帳」には、天武二年（六七三）施入の宿野原五〇〇町と志理斯野一〇〇町、天平十六年施入の阿刀野一〇〇町が記載されているが、天慶三年（九四〇）、大神宮に寄進された。貞観十二年（八七〇）の春澄朝臣善縄の薨伝などによれば、善縄は本姓猪名部造、伊勢国員弁郡の人。祖先の財磨は員弁郡の少領で、善縄の女が氏神奉幣のため伊勢に下っている（『三代実録』・『公卿補任』）。この地に定着した渡来氏族である猪名部氏にちなむ郡名であろうか。伊勢神宮への寄進により、三重・朝明郡とともに、道前三郡と称せられた（『扶桑略記』・『神宮雑例集』）。

（福岡猛志）

朝明郡・あさけのこおり

伊勢国の郡名のひとつ。『和名抄』の訓は、高山寺本「アサケ」、東急本「アシアケ」、名市博本「アサケ」、東急本「阿佐介」。田光・杖部・額田・大金・豊田・訓覇の六郷よりなる。郷名の訓は、三本共通。式内社は、すべて小社で二十四座。壬申の乱に際して、大海人皇子が「朝明郡迹川辺」において天照大神を望拝したという『書紀』の記事が、郡名の初見。天平十二年（七四〇）の聖武天皇の行幸では、「赤坂より発して、朝明郡に到る」と『続紀』にある。『万葉』に載せる天皇歌の左注に、朝明行宮の名が見える。郡内に、駅馬十疋を配する朝明駅家があった（『延喜式』・『和名抄』高山寺本）。現四日市市大矢知町の久留倍遺跡は、倉を含む遺跡群が確認され、朝明郡衙跡の可能性が高いとされる。『類聚符宣抄』に収める寛仁元年（一〇一七）太政官符により、当郡は大神宮に寄進。『神宮雑例集』は、三重郡・員弁郡と合わせて道前三郡と呼ぶ。

（福岡猛志）

三重郡・みえのこおり

伊勢国の郡名のひとつ。伊勢の北部に位置する。東は伊勢湾、西に鈴鹿山脈が連なる。『和名抄』によれば、采女・河後・葦田・柴田・刑部の五郷よりなる。式内社は、小社のみで六座。『古事記』に、ヤマトタケルの「自分の足は、三重勾のごとく疲れた」という言葉により、其地を三重と名づけたという地名起源説話がある。『古事記』雄略段に「伊勢国三重采女」の伝承もあるが、郡名の実際上の初見は、『書紀』の大海人皇子一行が三重郡家に到ったという壬申の乱関係の記事である。藤原宮木簡に「伊勢国三重郡川尻里」が見える。天平十九年（七四七）「大安寺資財帳」に宮原四十町・赤松原一〇〇町の大安寺領が見える。条里地割が施行された地域で、時代が下れば、関連文献も豊富。『日本紀略』によれば、応和二年（九六二）に伊勢神宮に寄進され、朝明・員弁両郡と合わせて道前三郡と称されたと『神宮雑例集』に見える。

（福岡猛志）

河曲郡・かわわのこおり

伊勢国の郡名のひとつ。伊勢平野北部を占める。『和名抄』の訓は、名市博本「カハワ」、東急本「加波和」。管郷として、中跡・海部・川部・賀美・資母・深田があり、東急本はさらに神戸・駅家を加える。『書紀』壬申紀の、大海人皇子の一行が、川曲坂下に到って日が暮れたとあるのが川曲の初見だが、明確に河曲郡と記すのは、年不詳の平城宮木簡が初見史料である。なお、平城宮・長屋王家木簡には、伊勢国川勾郡中止里、伊勢国川勾郡安麻手里の地名と、人名として海部・阿斗部が見える。式内社は、いずれも小社で二十座。天平十六年（七四四）施入の大安寺領河曲郡手屋窪二十町が、「大安寺資財帳」に見える。河曲駅家に駅馬十疋が配された（『延喜式』・『和名抄』高山寺本）。国分・国分尼寺は、当郡の所在である。『延喜式』によれば、大神宮の封戸が河曲郡に三十八戸置かれている。

（福岡猛志）

鈴鹿郡・すずかのこおり

伊勢国の郡名のひとつ。伊勢国の北部に位置する。西・北部には鈴鹿山脈が連なり、東は伊勢平野が展開し伊勢湾に面する。都の所在地の移動にもかかわらず、一貫して東海道及び伊勢神宮への要路であって、三関のひとつ鈴鹿関が置かれていた。三関は、元来軍事的・防衛的性格の強いもので、有事の際には朝廷から固関使が派遣された。この三関の制度は、延暦年間に「通利之便」と「民憂」を理由として廃止されたが、その後も固関は儀式化されながら存続した。

『和名抄』の訓は、名市博本「スヽカ」、高山寺本「爪々加」、東急本「須々加」。英太（英多）・高宮・長世・鈴鹿・枚田・駅家・神戸（高山寺本に駅家・神戸郷ナシ）の六郷よりなる。式内社は、いずれも小社で十九座。『延喜式』によれば、鈴鹿駅家が置かれた他、この郡に伝馬五疋が配備された。伊勢国府の所在郡で、その故地は現鈴鹿市国府町字長ノ城に比定されている。『書紀』壬申紀に、大海人皇子一行の旅程にかかわり、鈴鹿郡・鈴鹿関・鈴鹿山道・伊勢鈴鹿などと出てくるのが、郡名の初見。当時の表記原則に従えば、鈴鹿評とあるべきところである。『続紀』天平十二年（七四〇）の聖武天皇行幸の記事の中に、鈴鹿郡赤坂頓宮が見える。郷名としては、平城宮木簡に鈴鹿郷・高宮郷が見られるほか、天平十七年の「仕丁送文」（正倉院文書）に長背郷の地名と、瓜工連御垣・石敷の人名が出てくる。また、近年の研究によって天平期の作成ではないかとされる「伊勢国計会帳」に、鈴鹿郡散事石寸部豊足の名が見える。さらに、『続後紀』承和十三年（八四六）二月条には、鈴鹿郡枚田郷戸主川俣県造継成と戸口及びその妻の名が記されているが、この川俣県造氏は、この地に伝統的な地位を占める豪族である。すなわち、『皇太神宮儀式帳』の記すところによれば、天照大神の御杖代としての倭姫命が、鈴鹿小山宮において川俣県造等の遠祖である大比古にその国の名を問うたところ、「味酒鈴鹿国」と答えて、神御田と神戸を進上したというのである。

天平十九年（七四七）の「大安寺資財帳」によれば、天平十六年聖武天皇施入の地として、鈴鹿郡大野一〇〇町があった。神宮関係のものとして、『延喜式』に鈴鹿郡内の神田一町、神戸十戸があげられているが、いわゆる神郡には属さない。仁和二年（八八六）六月、この年から伊勢斎王が近江国新道を通ることになり、伊賀国の旧路の頓宮が停止された。この変更とともに、鈴鹿関の位置は、鈴鹿川右岸の古厩の地から左岸の旧関町大字新所字宿屋（現亀山市）に移動したと考えられている。『三代実録』によれば、この年九月、下向する伊勢斎内親王が、近江国垂水頓宮から伊勢国鈴鹿頓宮に到着したが、その夜西垣の外の舎人の宿舎から出火し、寝殿匣殿等四屋が延焼するという事件が起っている。

（福岡猛志）

奄芸郡・あんきのこおり

伊勢国の郡名のひとつ。伊勢国の中部にあたる。北西部は丘陵部だが、東は平野から伊勢湾に面する。『和名抄』の訓は、名市博本「アンキ」、高山寺本「アムヘ」、東急本「阿武義」。管内の郷名である奄芸については、東急本「安无木」、元和古活字本「安無木」とする。奄芸・田井・塩屋・服部・黒田・窪田の六郷より成る。式内社はいずれも小社で十三座。郡名の初見は平城宮木簡に「伊世国奄伎郡久菩多里」とあるもので、里名が三文字表記であるから、和銅六年（七一三）以前のものとしてよい。同木簡に、私部の人名が見える。天平十九年（七四七）の「大安寺資財帳」には、当郡内の大安寺領として天武天皇施入の城上原四十二町と天平十六年聖武天皇施入の長浜五十町が記されている。郡内北部には、条里地割の施行が認められるが、中部から南部にかけては、条里遺構は確認されていない。

（福岡猛志）

安濃郡・あののこおり

伊勢国の郡名のひとつ。伊勢の中部に位置する。『和名抄』の訓は、東急本「安乃」、名市博本「アノ」、高山寺本「アフノ」。建部・村主・内田・英太・跡部・長生（東急本は長屋）・石田・片県の八郷より成る。東急本に駅家郷があるが、『延喜式』記載の市村駅は、当郡内に所在したという説が有力で、駅馬郷はこれにかかわるか。式内社は、小社のみで十座。郡名の初見は、飛鳥京木簡の「安怒評片縣里」とあるもので、次いで長屋王家木簡に、里制表記の「伊勢国安農郡建部里」があり、平城宮木簡に神亀四年（七二七）十月記銘の安濃郡長屋郷のものがある。「久佐加気之安努」（『万葉』）、「草蔭安濃国」（『皇太神宮儀式帳』）などの表現が見られる。後、神宮に寄進された。（『神宮雑例集』・『類聚符宣抄』）また、『神宮雑例集』に「安濃之謂東西郡」とあるが、安西郡・安東郡という実例もあるから、東西郡ではなく、後世、東西二郡に分割されたのである。

（福岡猛志）

壱志郡・いちしのこおり

伊勢国の郡名のひとつ。伊勢平野南部、雲出川・櫛田川下流域に位置する。『和名抄』の訓は、高山寺本に「イチシ」。管郷として、各本共通に、八太・日置・島抜・民太・須可・小川・呉部・宕野（名市博本では岩野）を掲げ、東急本ではさらに神戸・余戸の二郷を加える。式内社は、大社が三座、小社が十座の合計十三座。

郡名としては，平城宮木簡に「一之郡」とあるのが当郡を指すものと見られるが、確実な例としては、『続紀』天平十二年（七四〇）十一月二日条に、聖武天皇の伊勢行幸関連の記事として、「伊勢国壱志郡河口頓宮に到る。これを関宮と謂う」とあるものが初見。聖武天皇は、この河口頓宮（関宮）に十日間滞在したが、「河口より発して、壱志郡に到りて宿る」とあるから、郡家と頓宮とは、別の場所にあったことになる。なお、平城宮木簡に見える「川口関務所」をこの郡に比定する説がある。また、年月不詳だが八世紀の「画師等歴名帳」に壱志郡島抜郷が見える（正倉院文書）。

この地は、評の制度の成立以前に、壱志県が置かれ、アサカ国とも称されていたらしい。猿田彦神が比良夫貝にその手を咋合わされて海塩に沈み溺れたのは、阿邪訶にいるときであったと『古事記』が記す。『皇太神宮儀式帳』は、倭姫命が壱志藤方片樋宮で、阿佐鹿の悪神を平らげ、壱志県造等の遠祖建呰子に、汝の国の名は何かと問うたところ、完往呰鹿国と答えたという。ここに見える藤方に関しては、『大神宮諸雑事記』では安濃郡藤方宮とあって所属郡に異説があるのだが、『書紀』は、雄略十七年、土師連祖吾笥が伊勢国藤形村等の私民部を進上して、贄土師部と名づけたという。式内社に、名神大社阿射加神社があるのは、これらの伝承と関係があろう。

壱志県造、壱志君（『古事記』）、壱志君族古麻呂（『続紀』）、壱志君族祖父戸口穂積臣浄麻呂（正倉院文書）など、壱志君氏の存在が確かめられるが、『書紀』に、宣化元年に物部麁鹿火の命によって新家屯倉之穀を運んだとされる新家連も、この地の豪族であるとする説がある。現津市新家（にのみ）町に式内社物部神社に比定される神社があり、遺称地名と物部の関係を想定することによる。

弘仁四年（八一三）一月、伊勢国壱志郡をふくむ四箇国四郡から采女各一人を貢進せしめたことが、『後紀』に見える。法制通りの身分・年齢と「容貌端正」の条件付である。承和三年（八三六）には、郡内の空閑地一三〇町が橘朝臣岑継に与えられている（『続後紀』）。

なお、『延喜式』によれば、当郡には伊勢大神宮の神田三町と封戸二十八戸が置かれていたが、いわゆる神郡には属さない。

（福岡猛志）

飯高郡・いいたかのこおり

伊勢国の郡名のひとつ。現松阪市の中央部から北半部と飯南郡にあたる。『和名抄』の訓は、名市博本「イヒタカ」、東急本「伊比多加」。管郷は、上枚・下枚・丹生・英太・立野が各本共通し、名市博本に駅家郷、東急本に駅家・神戸郷が加わる。丹生郷については、高山寺本が「邇布出水銀」、名市博本が「出水銀」と注記している。丹生郷の故地は、現多気郡多気町丹生付近とされ、『続紀』・『延喜式』・『今昔物語集』に見える伊勢国の水銀の産地は、ここであったと考えられる。式内社九座はいずれも小社だが、その中に、丹生神社・丹生中神社があることも注目されよう。『延喜式』・『和名抄』高山寺本によれば、飯高駅が置かれていた。この駅は、参宮のためのものので、『大神宮諸雑事記』によれば、長久五年（一〇四四）や治暦二年（一〇六六）の段階でも、駅家として機能していたことがうかがわれる。

郡名の初見は、『続紀』天平十年（七三八）九月十九日条で、「伊勢国飯高郡人无位伊勢直族大江授外従五位下」とあるもの。『皇太神宮儀式帳』には、その治める国の名を問われた飯高県造乙加豆知が、「忍飯高国」と答えたとあり、『古事記』によれば、孝昭天皇の兄天押帯日子命が伊勢飯高君之祖である。県造から君への改姓が想定されるが、天平十四年（七四二）四月には、伊勢国飯高郡采女の飯高君笠目の親族である県造等がみな飯高君に改姓されているから（『続紀』）、それまで県造にとどまっていた者も、この時飯高君となったわけである。なお、承和十三年（八四六）には、鈴鹿郡枚田郷に川俣県造が居住していた（『続後紀』）。

『続紀』によれば、神護景雲三年（七六九）頃から宝亀年間にかけて、飯高君（公）に対して個別に飯高宿禰の賜姓が行われる例が見られる。あるいは、この一族出身の采女として、典侍従三位にまで昇り、宝亀八年（七七七）八十歳で薨じた飯高宿禰諸高の存在が、大きな影響を与えたものであろうか。諸高は、宝亀元年（七七一）十月に正五位上から従四位下に叙されている（『続紀』）。このことを考慮すれば、天平勝宝六年（七五四）の「正倉院文書」に見える飯高命婦は諸高のことを指すものと判断してよかろう。

また、年不詳ではあるが、二条大路木簡に、伊勢国飯高郡下牧郷の住人として夏身阿佐麻呂・敢石部酒麻呂・民忌寸大伴・祭福飯得・内飯得の名が見える。天平神護三年（七六七）十二月十一日、伊勢国飯高郡人漢人部乙理等三人に民忌寸が賜姓されていること（『続紀』）との関連が注目されよう。

『皇太神宮儀式帳』は、飯高県造が神御田と神戸を献上したとするが、この郡のこととして、『延喜式』に神田二町が見える。神戸は、『延喜式』が当郡の封戸三十六戸をあげるほか、『後紀』弘仁三年（八一二）五月四日条にも触れるところがある。

（福岡猛志）

飯野郡・いいののこおり

伊勢国の郡名のひとつ。『皇太神宮儀式帳』によれば、甲子年（六六四）、多気郡の四郷を割いて、飯野高宮村屯倉を立て、久米勝麻呂を評督領としたという。いわゆる、立評記事である。郡名の初見は、天平十九年（七四七）の「大安寺資財帳」に飯野郡中村野とあるもの。平城宮木簡には、「伊勢国飯野郡黒田郷」が見える。

『和名抄』の訓は、東急本「伊比乃」、高山寺本「イヒ乃」、名市博本「イヒノ」。管郡は、乳熊・兄国・黒田・長田が三本共通。高山寺本に神戸が見えず、東急本にある漕代（古以之呂）は、他二本は訓ナシで、渭代。式内社は、いずれも小社のみで四座。仁和五年（八八九）に「一代之間」、寛平九年（八九七）に「永例」として、神郡に加えられたが、それ以前、宝亀十一年（七八〇）に、祟りのため伊勢大神宮寺が神郡以外に移建されたとき、飯野郡もその移転対象地からはずされている（『続紀』）。

（福岡猛志）

多気郡・たきのこおり

伊勢国の郡名のひとつ。伊勢国南部の宮川と櫛田川に挟まれた地域にあたる。『選叙令集解』所引養老七年（七二三）十一月十六日「太政官処分」に、竹郡とあって、和銅六年（七一三）以前の地名二字表記制定以前の表記法の名残りと思われる。『和名抄』の訓は、名市博本・高山寺本ともに「タケ」、東急本に「竹」。郷名としての多気を合わせて、本来の訓は「タケ」であろう。相可・有武・多気・麻続・三宅・流田・櫛田の七郷より成る。式内社はすべて小社だが、度会郡の五十八座に次いで五十二座を数える。郡内に駅家はない。

度会郡とともに、伊勢神宮の神郡であったが、伊勢神宮関係史料の間でも伝承記事に若干の異同がある。まず、『皇太神宮儀式帳』では、多気佐々牟奢迺宮において、国名を問われた竹首吉比古が、「百張蘇我乃国、五百枝刺竹田乃国」と答えて、櫛田根掠神御田を貢進したという。そして、孝徳朝における立評の時に、十郷を分けて竹村に屯倉を立て、督領に麻続連広背が、助督に礒部真夜手が任命された。これらの孝徳立評の記事は、評制の成立にかかわって、注目すべき史料である。さらに、天智天皇の甲子年（六六四）には、多気郡の四箇郷を割いて、飯野高宮村屯倉を立て、久米勝麻呂を評督領に任命し、公郡としたとある。これに対して、『神宮雑例集』は、次のように記す。孝徳天皇の時に、飯野・多気・度相は一郡であったが、己酉年（六四九、大化五年）、多気の有尓鳥墓において度相郡を立てた。そして、大建冠神主奈波を督造に、少山中神主針間を助造に任命した。奈波や針間は、大幡主命の末葉で、度会神主の先祖にあたる。後世の史料だが、『倭姫命世紀』は、丙午年（六四六、大化二年）の立評とする。以上のごとくであるが、孝徳朝立評という趨勢のなかに納まるものとして注目すべきであろう。

立評以前の状況については、『皇太神宮儀式帳』が、有尓鳥墓村に神庤を置いて、雑神政所としたといい、『神宮雑例集』は、儀部河以東は神国と定め、大幡主命の祖である天日別命が管理し、後に大幡主命が神国造及び大神主に任命されたとする。

伊勢大神に御杖代として仕えるために、未婚の皇女の中から卜される斎王の居所である斎宮は、当郡に置かれた。『書紀』垂仁二十五年三月条には、斎宮を五十鈴川上に興したとあるが、多気郡の創設された時期を、実証的に確定する文献資料は見出せない。七世紀には神宮の斎宮寮が設けられており、（恒常的に斎宮に居住し、伊勢大神宮に仕えた）実質上の初代斎王は、天武皇女で大津皇子の姉にあたる大来皇女であるとする説が有力である。天長元年（八二四）九月、多気の高宮は大神宮から遠すぎて不便であるという理由で、度会離宮を卜定して斎宮とした（『日本紀略』・『類聚国史』）。ところが、承和六年（八三九）に、この斎宮が火災に遭ってしまった。朝廷は使者を派遣し伊勢大神に幣を奉って斎宮焼損のことを告げるとともに、改めて多気宮を卜定して、常の斎宮と定めたのである。

承和八年（八四一）には、伊勢斎内親王の離宮をつくるために、伊勢国だけではなく、尾張国の正税稲も充てられている（『続後紀』）。なお、天平六年（七四三）の「尾張国正税帳」によれば、民部省符にもとづいて、尾張国から斎宮寮に三百石の米が送付された。

前述の養老七年「太政官処分」によれば、伊勢国の度会・多気両郡を含む全国八神郡（寛平九年、伊勢国飯野郡を加えて九神郡となる）においては、一般的には禁止されている三等親以上の者の郡司連任を認められたが、伊勢国の二郡の少領以上について、この措置がとられたのは、慶雲元年（七〇四）一月二十二日のことである（『続紀』）。宝亀五年（七七四）七月二十三日太政官符によって、度会・多気両郡堺内の寺田・王臣位田・他郡百姓口分田は、他郷で授けることにした（『神宮雑例集』）のも、神郡の故である。同年八月二十七日の太政官符では、郡内の百姓逃亡の口分田の地子は、それまでのように官稲に混合せず、神税とするように改めた。官符は「御卜所祟」と述べている（『三代格』）。また、承和十二年には、斎宮寮の頭と助が、大神宮ならびに多気・度会両神郡の雑務を検校することが定められている（『続後紀』）。さらに、弘仁八年（八一七）には、多気・度会に郡務権が、弘仁十二年には国司の徴税権が大神宮司に移されている（『三代格』）。

平安期に、当郡と飯野郡にまたがって、東寺領の川合荘と大国荘が成立した。前者は延暦二十二年（八〇三）桓武天皇の勅施入、後者は弘仁三年布施内親王の遺領が勅施入されたものである（東寺文書）。しかし、神郡であるため神宮側の圧迫によって、次第に荘園としての実質を失っていく。

（福岡猛志）

度会郡・わたらいのこおり

伊勢国の郡名のひとつ。伊勢国の南端部に位置し、北東は伊勢湾、南は熊野灘に面する。渡相・度逢・度会・度合などの表記がある。郡名の由来について、『伊勢国風土記』逸文（『倭姫命世紀』裏書勘注）が、神武天皇の命を承けた天日別命が、国覓に際して、橋を造るのが間に合わず、梓弓を渡して橋としたものを渡って、弥豆佐々良比売命と「度り会った」ことによるとしている。また、『書紀』によれば、垂仁二十五年、倭姫命が天照大神を奉じて伊勢国に鎮座せしめたのだが、「一云」として、「伊勢国渡遇宮に遷る」とある。伊勢神宮（内宮）の起源とされるが、史実としての伊勢神宮の成立時期は、かなり時代が下るとするのが通説である。こうした伝説を除外すれば、確実な郡名の初見は、『続紀』文武二年（六九八）十二月乙卯条に「遷多気大神宮于度会郡」とあるもの。なお、この記事の解釈をめぐっては諸説があって、いまだ定まらない。『書紀』神功摂政前紀には、「百伝神風伊勢国之度逢県之拆鈴五十鈴宮所居神」とあって、度逢（会）県の存在が示唆されているといえよう。

『和名抄』の訓は、高山寺本「ワタラヒ」、名市博本「ワタラヘ」、東急本「和多良比」。郷名としては、三本共通するのが宇治・田部・城田・湯田・伊蘇・高田・継橋・二見・伊気の九郷で、もう一郷は、東急本に箕曲（訓は美乃和）、高山寺本に箕田（訓は美乃和）、名市博本に箕田（訓はミノタ）とある。東急本を採るべきであろう。他に、駅家郷は、高山寺本になく、沼木・陽田郷は、東急本にのみ見える。高田郷は、名市博本が「タカシタ」とするが、高山寺本に「多加无古」とあり、中世の史料に「たかふく」の訓で見える、度会郡高向郷の誤記と見られる。陽田郷は、訓が「比奈多」だから、現度会町大字日向（江戸時代の日向村）に比定されよう。沼木（訓は「奴木」）は、中世文書にも出てくる重要な地名で、『止由気宮儀式帳』に等由気太神宮院についての注として「今称度会宮。在度会郡沼木村山田原村」と記し、雄略天皇の時代に、伊勢大神の御饌都神として、丹波国から迎えたのが等由気太神であると説明する。『大神宮諸雑事記』では、これを雄略二十一年のこととし、「伊勢国度会郡沼木郷山田原宮に鎮め奉り給へ」るものが、「今号豊受大神宮也」とされている。中世にも沼木郷山田村とする例があるが（「光明寺古文書」）、平治元年（一一五九）銘のある経筒に、「度会郡山田郷」とあり、山田原が山田郷として沼木郷から自立して行ったことが、うかがわれる。『延喜式』の度会郡の条に大神宮とあるのが、内宮であり、度会郡四座が沼木郷山田原に在るとしているものが、豊受大神宮（外宮）である。度会郡の域内において、内宮が宇治郷に、外宮が沼木郷（のち自立して山田郷）に鎮座するということになる。神宮の本拠郡である。

『皇太神宮儀式帳』によれば、はじめは度会・多気・飯野の三郡は一体的な地域であったが、孝徳天皇のとき十郷を分かって度会の山田原に屯倉を立て、新家連阿久多を督領に、礒部牟良を助督に任命したという。この時同じく十郷を分かって竹（多気）村にも屯倉が立てられた。督領・助督という表現からして、この屯倉を立てたという記事は、新しい地方制度の一環としての立評にかかわるものと見るべきであろう。

当郡は、多気郡とともに早くから神郡としてさまざまな面で特別扱いを受けてきたと思われるが、慶雲元年（七〇四）には、一般の郡では禁止されていた三等親以上の者の郡司少領以上の連任が、多気郡とともに認められた（『続紀』）。養老七年（七二三）十一月十六日「太政官処分」（『選叙令集解』所引）では、諸司主典以上では禁止されている連任が、伊勢国の渡相・竹郡を含む全国八神郡の郡司については認められている。宝亀五年（七七四）七月二十三日には、多気郡とともに、郡内の寺田・王臣位田・他郡百姓口分田を他郡に移し（『神宮雑例集』）、同年八月二十七日には、百姓逃亡口分田の地子を正税に混合することをとどめて神税とした（『三代格』）のも、神郡であることにともなう特別措置である。承和十二年（八四五）には、斎宮寮の頭と助とが大神宮とあわせて多気郡及び当郡の雑務を検校することになった（『続後紀』）。弘仁八年（八一七）十二月には、多気・度会両郡の六箇条にわたる雑務は大神宮司の担当するところとされ（『三代格』）、さらに同十二年には、租の徴収権も国司から大神宮司に移されている（『三代格』）。寛平九年（八九七）九月に、飯野郡が神郡に加えられ、神三郡が成立する。この三郡には、神宮検非違使が置かれたが、このような経過を通じて、多気・度会・飯野の三郡は、あたかも大神宮の支配する国であるかのごとき様相を呈するようになる。

（福岡猛志）

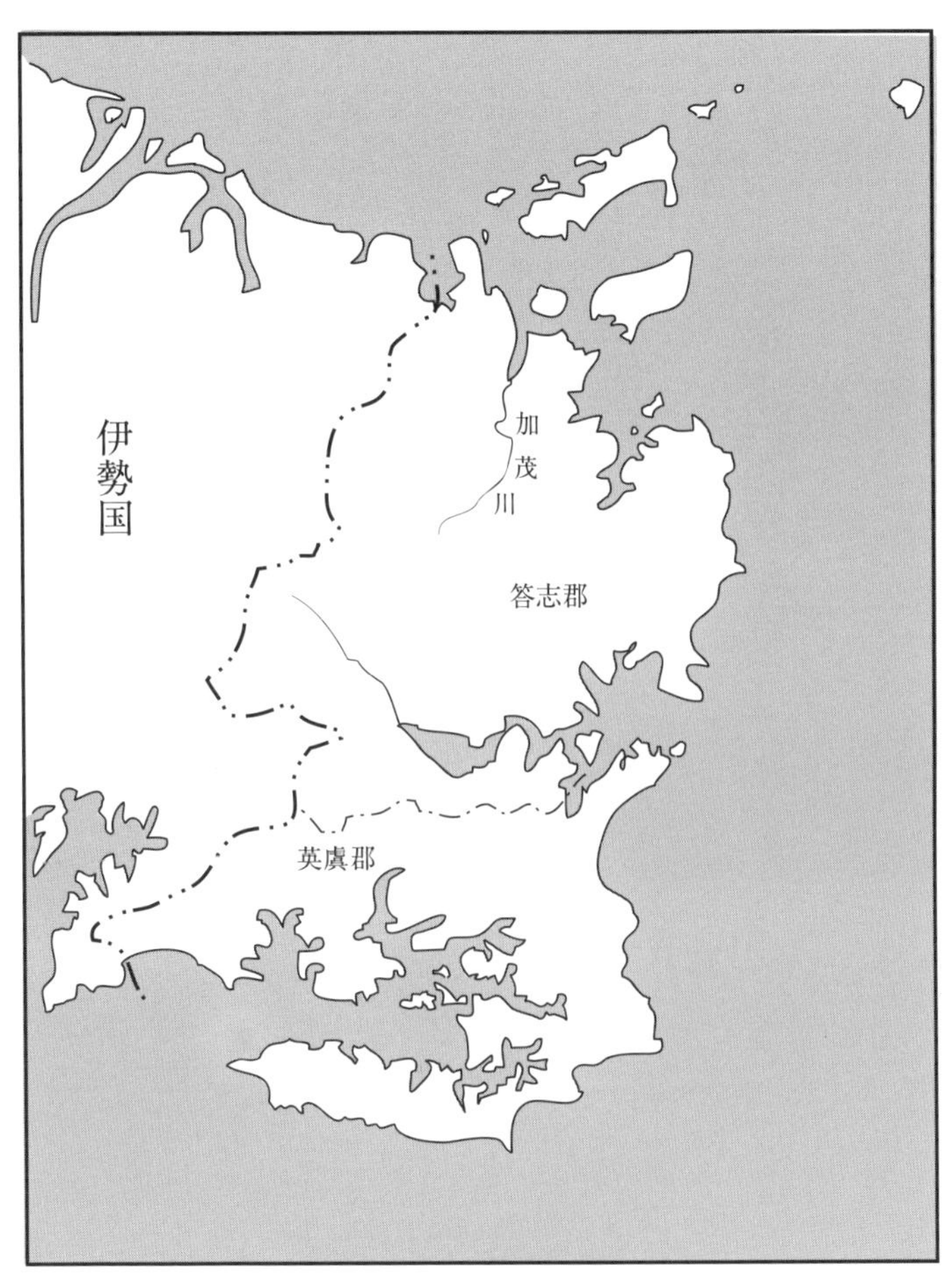

志摩国略図

志摩

志摩国・しまのくに

東海道の一国。志摩半島の東部を占める。元来は伊勢国の一部をなしていたものが、朝廷の食膳にする海産物の貢進のための「御食国（みけつくに）」として、分置されたものであろう。『延喜式』においても、贄を貢進する諸国のひとつとされている。古くは、『古事記』に「島之速贄」とあり、『旧事紀』国造本紀の「島津国造」は、その配列から見て、「島（志摩）国造」と考えられるが、確実な史料上の初見は、『書紀』持統六年（六九二）三月条の「神郡及び伊賀、伊勢、志摩等の国造」「志摩百姓」という記事である。天武十二年（六八三）・十三年に伊勢王らを派遣して、諸国の堺（さかい）を定めたと『書紀』に見えるが、この時志摩国が建てられたものであろうか。天武朝に伊賀国が伊勢国から分置されたという『旧事紀』国造本紀の記事も参考となろう。志摩国は、後には答志郡と英虞郡の二郡で構成されるが、当初は他に例を見ない「一国一郡（評）」の国として出発した。『続紀』によれば、養老三年（七一九）四月二十八日に、「志摩国塔志郡五郷を分けて、始めて佐芸郡を置」いたのだが、それ以前の木簡は、いずれも「志摩（島）郡」と記しているから、ある時点で志摩郡が塔志郡に変わり、養老三年に、さらに佐芸郡が分立したと見られる。ところが佐芸郡の名は、他には所見がない。塔志郡の範囲はほぼ確実におさえることが出来るから、そこから判断して、佐芸郡は志摩半島の南部の英虞郡につながるものと考えられる。とすれば、佐芸（さき）の名は、先志摩・前志摩から来ているのかもしれない。ただし、英虞郡の範囲は、後に紀伊国に編入される北牟婁郡の地に及んでいる。

志摩国の国府は、英虞郡（現志摩市阿児町国府）におかれた。国司には膳部の後身である高橋氏が就くことが多かった。高橋氏が大伴部を賜ったという伝承が、『高橋氏文』に見えるが、当国の藤原宮・平城宮木簡には、大伴部の名が多く見えるのは、そのことを裏付けるものであろうか。他に、島直・証直・犬甘直・□置などの氏が木簡に散見される。

国内の田の不足のため、神亀二年（七二五）以来、伊勢・尾張の田をもって口分田に充てたと『続紀』が記すが、伊勢神宮領の他、皇室領や権門の所領もあった。なお、『延喜式』に、東海道の支線として、鴨部と磯部に駅馬がそれぞれ四疋常備されていたとある。

【参考文献】

狩野久『日本古代の国家と都城』東京大学出版会、一九九〇年

（福岡猛志）

答志郡・とうしのこおり

志摩国の郡名のひとつ。志摩国の東部、現在の志摩半島の東北部にあたる。東と北は海、南は英虞郡、西は伊勢国度会郡に接する。郡名としては塔志（『続紀』）・平城宮木簡）・答節（平城宮木簡）、里名としては塔志（藤原宮木簡）・手節（平城宮木簡）の用例もある。郡名の初見は、『続紀』養老三年（七一九）四月二十八日条の「分志摩国塔志郡五郷、始置佐芸郡」とあるもの。志摩国は、それまで「一国一郡」であった。藤原宮木簡・平城宮木簡の実例によれば、「志摩国島郡塔志里」「志摩国志摩郡手節里」「志摩国志摩郡目加里」「志摩国志摩郡道後里」「島国島郡魚切里」「志摩国島郡舟越里」など、里制下のものは郡名がすべて志摩（島）郡に限られている。そして、里名を見ると、塔志里・手節里という答志郡の里も志摩郡である。また、年紀を記さないが郷（里）制下のものである平城宮木簡に「志摩国志摩郡和具郷」とあるものが、養老七年の平城宮木簡では、「志摩国答志郡和具郷難設里」とあって、後の答志郡の郷里名が志摩郡となっていることが明らかである。さらに、後の英虞郡のものも混在している。平城宮木簡に、養老二年四月三日の日付で「志摩国志摩郡伊雑郷□理里」と記されたものがあるので、養老二年四月以後三年四月以前に、一国一郡のまま、志摩郡の名称が塔志郡に変更されたものと考えられる。その塔志郡から、佐芸郡が分置されたのである。

郡名としての塔志（答志）郡の成立もこの変更にともなうものと考えられる。志摩国の式内社三座は、いずれも当郡内にある。粟島坐伊射和神社二座は、大同以降『貞観式』成立以前に伊雑神の境内に粟島（嶋）神が相殿神として合祀されたものであるとする説が有力。『和名抄』の訓は、高山寺本「タウシ」、名市博本「タフシ」。東急本・名市博本ともに、答志・和具・伊可・伊椎・駅家・余戸の六郷。高山寺本は、駅家と余戸を欠くが、東海道の駅として、志摩国の鴨部・磯部を挙げる。三本に共通する四郷の名は、伊椎が伊雑（いざわ）の誤記であることがほぼ確かであるから、いずれも平城宮木

簡に見えることになる。『延喜式』・『和名抄』高山寺本に記される志摩国の駅家は、いずれも答志郡内にあり、駅家郷はこれに由来する。鴨部は現鳥羽市域（旧加茂村）、磯部は志摩市磯部町沓掛に比定されている。永久四年（一一一六）の争論を伝える「光明寺古文書」に「答志郡駅家郷内鴨村」とある。

答志郷は、答志島にあたる。承和七年（八四〇）に、志摩国答志島を常康親王に賜ったと見える（『続後紀』）。伊雑郷には、皇大神宮別宮のひとつである伊雑宮が所在し、また、神亀六年（七二九）には、神宮領伊雑神戸が成立していたことが、「正倉院文書」によって知られる。

（福岡猛志）

この木簡中の一点には、証直猪手・身麻呂という人名が記されているが、証直は英虞郡に居住するから、道後里（郷）も英虞郡に属する可能性がある。名錐郷から調として貢進された「耽羅鰒」も注目されよう。

（福岡猛志）

英虞郡・あごのこおり

志摩国の郡名のひとつ。持統六年（六九二）の行幸のときに「阿胡行宮」が置かれたことが、『書紀』・『万葉』で知られるが、郡名の初見は、天平八年（七三六）六月の二条大路木簡に「志摩国英虞郡舟越郷戸主証直子首」とあるもの。養老三年（七一九）に志摩国塔志郡五郷を分けて佐芸郡をおいたと『続紀』にある。佐芸郡の後身が、英虞郡。『和名抄』の訓は、東急本「阿呉」、名市博本・高山寺本「アコ」。管郷は、甲賀・名錐・船越・道浮・芳草・二色・余戸・神戸（余戸・神戸の二郷は高山寺本にはナシ）。「道浮」は、道潟の誤記で、道方がその遺称であるとされるが、「志摩郡道後里」（平城宮木簡）にも留意すべきであろう。

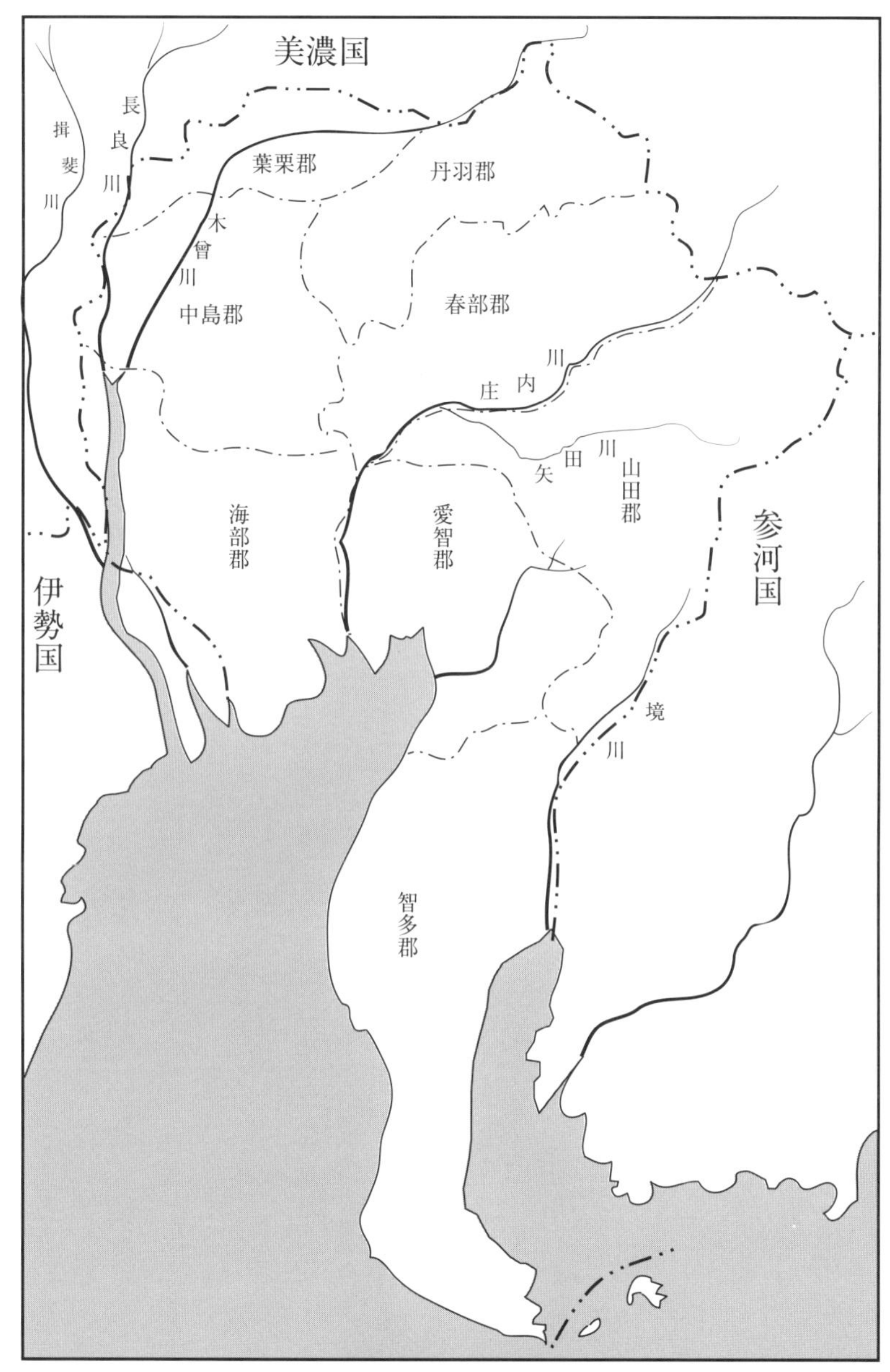
美濃国
揖斐川
長良川
葉栗郡
丹羽郡
木曽川
中島郡
春部郡
庄内川
矢田川
山田郡
海部郡
愛智郡
参河国
伊勢国
境川
智多郡

尾張国略図

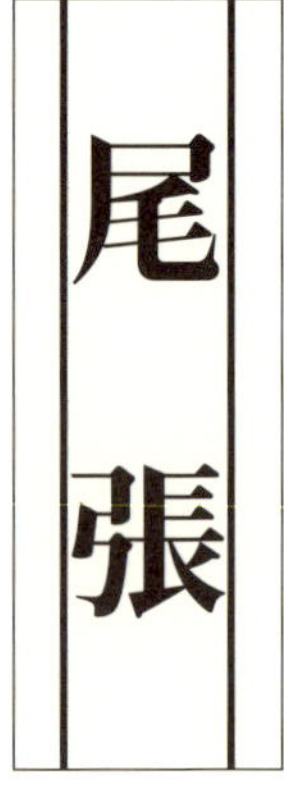

尾張国・おわりのくに

東海道の国の一つ。伊勢国と参河国とに挟まれ、北は東山道の美濃国に接する。濃尾平野南部に位置し、北と西を木曽川が流れ、南は伊勢湾に面する。東には丘陵地帯が広がる。木曽川・庄内川によって形成される平野は広大で、高い生産力と交通の要であることから、政治的・軍事的に大きな役割を果たしてきた。

国名は尾張国造に由来し、国内各郡に尾張氏が分布する。東海地方最大の前方後円墳である断夫山古墳は尾張氏の墓との伝承がある。飛鳥・藤原宮・平城宮出土の木簡によれば、七世紀末～八世紀初め頃までは「尾治」とも表記された。尾張国は大化前代までは尾張国造の支配地であったことが『旧事紀』国造本紀などから知られ、また阿由知県、丹羽県、島田上下県も設置されたらしい。

『和名抄』によれば管郡は中島・海部・葉栗・丹羽・春部・山田・愛智・智多の八郡で、中島郡に国府が設置されていた。『延喜式』民部省上によれば尾張国は上国で、同兵部省駅伝条によれば馬津・新溝・両村の三駅が設置された。

『書紀』や『古事記』には、崇神天皇の代に尾張大海媛が妃となり八坂入彦命などを生み、また日本武尊東征の際に尾張国造の娘宮簀媛を訪ねたことなど、当国が登場している。継体元年三月には、尾張連草香の娘目子媛が継体天皇妃となっている。後の安閑・宣化天皇の母である。この頃になると当国に間敷・入鹿屯倉が設置され（安閑二年）、尾張連が派遣されて尾張国屯倉の穀を筑紫国に運ばせる（宣化元年）など、ヤマト王権の中でも大きな地位を保っていたことが知られる。

大化以後では、壬申の乱で尾張国守率いる二万の軍が大海人皇子側に加わり（天武元年（六七二）六月）、尾張大隅が壬申の功により水田を賜っている（持統十年（六九六）五月）。持統太上天皇も尾張・参河などに行幸した（『続紀』大宝二年条）。この時、尾治連若子麻呂・牛麻呂に宿禰の姓が与えられた（同）。このほか、六国史には天平十九年（七四七）に尾張国造に尾張宿禰小倉を任命する記事、神護景雲三年（七六九）九月八日に鵜沼川が洪水となった記事などがある。『三代実録』には貞観七年（八六五）に尾張国が広野川（木曽川）の改修工事を行った際、美濃国各務郡司らとの間で紛争が起きたことも記されている。また正倉院に残された天平二年・天平六年「尾張国正税帳」は有名である（正倉院文書）。

【参考文献】

『愛知県史』資料編六　古代一　愛知県、一九九九年

福岡猛志「尾張国関係古代木簡について」（『愛知県史研究』創刊号、愛知県、一九九七年）

（鶴見泰寿）

中島郡・なかしまのこおり

『和名抄』の訓は奈加之万で、美和・神戸・拝師・小塞・三宅・茜部・石作・日部（東急本は日野）・川崎の九郷からなり、他に嚮原里・牧沼郷新居里・□田郷が知られる。

郡名の初見は和銅二年（七〇九）の弘福寺領田畠流記帳」にみえる「仲嶋郡」である。郡域は稲沢市・尾西市・一宮市を含む地域で、県北西部、木曽川中流左岸にあたる。本郡は国府の所在地で、稲沢市内に国府・国分寺跡、国府宮神社がある。本郡の氏族は、天平六年（七三四）「尾張国正税帳」に郡司として尾張連・甚□多希麻呂・中嶋連東人・国造族・□□正月・他田弓張などがみえ、『霊異記』には中嶋郡大領として尾張宿禰久玖利がみえる。延暦元年（七八二）十二月には小塞宿禰弓張が庚寅造籍時に居地（本郡小塞郷）により小塞とされたのを庚午年籍に基づき尾張姓に改めることを請うている（『続紀』）。式内社は大神・太・真清田神社など三十座があり、寺院は国分寺の他に妙興寺・東畑廃寺・三宅廃寺・神戸廃寺・中嶋廃寺などと多い。

（鶴見泰寿）

海部郡・あまのこおり

『和名抄』は阿末の訓を付す。新屋・中嶋・津積・志摩・伊福・嶋田・海部・日置・三方（三刀）・物忌・三宅・八田の十二郷より成立する。郡域は県南西部、現在の海部郡（七宝町、美和町、甚目寺町、大治町、蟹江町、飛島村）と弥富市、愛西市、津島市、名古屋市の一部を含んだ地域で、木曽川下流の左岸に位置する低湿平野地帯である。

郡名の初見は飛鳥京苑池遺構木簡の「戊寅年（六七八）十二月尾張海評津嶋五十戸／韓人マ田根春赤米斗加支各田マ金」とあるもので、戊寅年は天武七年にあたる。同時代の飛鳥池木簡にも「尾張海評堤田五十戸」とみえる。本郡は『律書残篇』（養

老五年～天平九年（七三七）頃成立）によると奈良時代には十六郷以上が存在し、大郡であったことが知られる。また延暦二十年（八〇一）十一月三日「多度神宮寺資財帳」（『平安遺文』）には、寺領墾田として「海部郡十三条馬背里」などがみえている。郷名について、前掲の平城宮木簡によれば志摩郷はもと嶋里であり、和銅六年（七一三）の制により改称されたものである。伊福郷もおそらくもとは伊福部里であろう。

『書紀』崇神元年条および『古事記』崇神段には、崇神天皇の妃として尾張大海媛（『古事記』は尾張連祖意富阿麻比売とする）がみえ、八坂入彦命・渟名城入姫命・十市瓊入姫命を生むとある。寛平二年（八九〇）の『熱田太神宮縁起』に、海部氏はこれ尾張氏の別姓なり、とある。

当郡の郡司は『後紀』延暦十八年五月の記事に海部郡主政刑部粳虫・少領尾張宿禰宮守がみえる。尾張国正税帳に中嶋郡司として名がみえている甚目連は本郡新屋郷を本拠としたらしく、郷域に比定されている甚目寺町には白鳳時代の創建と推定される甚目寺が所在する。甚目氏は隣郡にも勢力の及んだことが知られる。

本郡居住の氏族としては刑部・尾張・甚目氏や、伊福郷を本拠としたと考えられる伊福氏、後述する島田氏の他に、天平勝宝二年（七五〇）四月二十四日「智識優婆塞貢進文」に甚目氏（海部郡志摩郷・津積郷）、「貢進仕丁歴名帳」に伊河原氏（海部郡海部郷）・物部氏（海部郡御宅郷）・礒部氏（海部郡三宅郷）、天平二十年（七四八）四月二十五日「写書所解」に治田連・私部氏（海部郡三宅郷）がみえている。また『旧事紀』には海部直の名がみえ、平城宮木簡には海連もみえる。

式内社は漆部・国玉・宇太志・伊久波・諸鍬・藤嶋・由乃伎・憶感神社の八座がある。古代寺院は、前述の甚目寺がある他、『類聚国史』には貞観十四年（八七二）三月二十八日に尾張国海部郡の清林寺が定額寺に列せられた記事がみえる。

嶋田郷　本郡には島田上下県が設定されたことが『姓氏録』にみえている。島田臣は嶋田郷にちなむ氏族と考えられ、『古事記』神武段には神八井耳命（綏靖天皇の兄）を尾張の丹羽臣・島田臣の祖であると記しており、『姓氏録』では島田臣の氏姓は、仲臣子上が成務天皇の代に島田上下県の悪神を平定したことによって賜ったものとしている。

（鶴見泰寿）

葉栗郡・はぐりのこおり

『和名抄』の訓は波久利。葉栗・河沼・大毛・村国・若栗よりなる。この他に正倉院文書には大沼郷がみえる。郡域は県北西部で、現在の一宮市・江南市の一部にあたり、木曽川が西から南へ流れを変える部分の左岸に位置する。

郡名の初見は藤原宮木簡「尾治国羽栗評□／人椋椅椅マ刀良□□」や、飛鳥石神木簡「羽栗評三川里人□□」で、いずれも七世紀後半にあたる。正倉院宝物藍給布幕残欠銘文には「尾張国葉栗郡村国郷」とみえている。葉栗郡は『古事記』にみえる羽栗臣の本貫地であろう。『古事記』孝昭段に、羽栗臣は孝昭天皇の子である天押帯日子命を祖とするとあり、その名称からも本郡の有力氏族と考えられる。本郡に居住した氏族としては、羽栗臣の他に村国連・敢石部・生嶋勝があげられる。また『尾張国風土記』逸文には凡海部忍人の名がみえる。式内社は十座があり、寺院も黒川廃寺・音楽寺が知られている。

（鶴見泰寿）

丹羽郡・にわのこおり

『和名抄』は邇波と訓を付す。吾鬘・稲木・上春・丹羽・穂積・大桑・下沼・上沼・前刀・小弓・小野・小口郷の十二郷からなる。尾張国北部に位置し、群域は犬山・江南・稲沢市の一部と大口・扶桑町で、北辺を木曽川が流れ、扇状地や自然堤防が広がり、北東部には丘陵が南北にのびる。郡名の初見は藤原宮木簡の「丙申年（六九六）九月廿五日尾治尓皮評□／人敢石マ□□」とあるものが最も古く、丙申年は持統十年にあたる。飛鳥石神木簡には「尓破評佐匹マ／俵」と書かれたものがあり、和銅二年（七〇九）の「弘福寺領田畠流記帳」では、尓波郡と記している。

本郡はヤマト王権によって四～五世紀代に各地に設定された県のひとつである邇波県にあたる地域である。『続後紀』承和八年（八四一）四月に県主前利連が県連と改姓されている。前利は前刀郷にちなむもので、県主は丹羽県主を意味するものであろう。この記事では県主前利連は神武天皇の皇子神八井耳命の後裔であるといい、『古事記』では神八井耳命は尾張丹羽臣の祖であるという。また『旧事紀』には邇波県君祖大荒田女子玉姫がみえており、邇波県の首長には県主・県君の二種があったらしい。『書紀』安閑二年条には邇波県の領域内に入鹿屯倉が設置された記事もみえる。犬山市内に所在する東之宮古墳（三世紀後葉の築造と推定）はこの地域の首長墓と考えられている。

当郡は「貢進仕丁歴名帳」に「凡人部大足年十九〈尾張国丹羽郡上春郷戸主少初位上凡人部安麻呂戸口〉」とみえる他、『旧事紀』には丹羽建部、『延喜式』には石作部、『類聚符宣抄』には椋橋部など多くの部民があらわれている。

古代寺院は長福寺が七世紀中頃の建立として知られ、他に伝宝寺、薬師堂、勝部寺がある。式内社は大県神社・田県神社など合計二十二座が所在した。

吾鬘郷　現在の一宮市丹陽町吾鬘を含む一帯。『尾張国風土記』逸文によれば、垂仁天皇の代、品津別皇子が七歳になっても言葉を話すことができずにいたところ、皇后の夢にアマノミカツヒメという多具国神が現れ、自分のために祝人を充当して祀れば皇子は言葉を発し、長寿するであろうと告げた。そこで日置部の祖である建岡君が賢樹で縵をつくり、「吾が縵の落ちたところに神が所在する」といい呪術を行ったところ、この地に落ちた。そこでこの場所に社を建て、この社名によって里に名をつけたという。式内社に阿豆良神社がある。

（鶴見泰寿）

春部郡・かすがべのこおり

『和名抄』は加須我倍と訓を付す。池田・柏井・安食・山村・高苑・余部郷からなる。この他藤原宮木簡には尾治国春部評春部里とあり、名称から当郡の中心地域だったと推測される。平城宮木簡には石田里もみえている。郡名は初見は飛鳥京苑池木簡「尾治国春マ評池田里／三家人マ［　］米六斗入」で、七世紀後半。天平二年（七三〇）「尾張国正税帳」や「貢進仕丁歴名帳」にもみえる。正倉院宝物藍裕布幕残欠銘文にみえる尾張国郡名のうち「日部郡」とあるのも春部郡のことであろう。郡域は小牧・春日井・瀬戸・尾張旭市と、名古屋市北東部、北名古屋市、清須市、西春日井郡にあたる。本郡北東部は低丘陵地帯、南西部は庄内・五条川により形成された平野部である。

当郡山村郷には尾張連の一部が居住したらしく、「歴名帳」に「尾張連牛養年廿七〈尾張国春部郡山村郷戸主大初位下尾張連孫戸口〉」とある。郡内の古代寺院には大山廃寺・勝川廃寺・弥勒寺廃寺があり、式内社十三社がある。

（鶴見泰寿）

山田郡・やまだのこおり

『和名抄』の訓は夜万太。船木・主恵・石作・志談・山口・加世・両村・余戸・駅家・神戸郷よりなる。郡域は瀬戸・尾張旭市、長久手町と、日進市、名古屋市北東部、春日井市の一部を含む地域で、東部の丘陵と庄内・矢田・天白川と自然堤防・耕作地帯から形成される。当郡には猿投山西南麓古窯跡群が広がり、主恵郷の郷名もみられる。駅家郷は『延喜式』尾張国駅馬の両村郷にあたる。

『書紀』天武五年（六七六）九月に斎忌として尾張国山田郡が卜定され、七世紀後半の飛鳥石神木簡には「尾治国山田評五十戸人／三家人マ万呂米五斗」と書かれたものがあり、藤原宮木簡には「山田評之太マ里邑内塩入」と書かれたものがある。天平二年（七三〇）「尾張国正税帳」や正倉院宝物銘文にも当郡の名がみえる。天平勝宝二年（七五〇）の「智識優婆塞貢進文」には凡人部万呂（石作郷）・笛吹部少足（両村郷）がみえ、『続紀』神護景雲二年（七六八）十二月二十四日条では当郡の小治田薬ら八人に尾張宿禰の姓が与えられている。

（鶴見泰寿）

愛智郡・あいちのこおり

『和名抄』の訓は阿伊知。郡域は、名古屋市・豊明市の過半と、日進市・東郷町・長久手町を含む地域。中村・千竈・日部・太毛・物部・熱田・作良・成海・駅家・神戸の十郷からなる。『和名抄』に記載されない郷名には荒大郷、大宅郷、油口里、余戸里、片輪里がある。

「あいち」の表記は、愛智（正倉院文書・『霊異記』・『文徳実録』・『三代実録』）、愛知（平城宮木簡・『続紀』・『霊異記』・『尾張国風土記』逸文）、年魚市（田島氏系図・『書紀』・『万葉』）、鮎市（山背国愛宕郡雲上里計帳）、阿由知（平城宮木簡）、吾湯市村（『書紀』）、阿育（『日本高僧伝要文抄』）、阿育知（『霊異記』）などと様々であるが、平城宮木簡の大半は愛知としている。和銅六年（七一三）以後に愛知・愛智にほぼ統一されていたと考えられる。七世紀の本郡については、田島氏系図に「年魚市評督」の記載がみえ、評制下にもアイチ評が存在した可能性が高い。

本郡は尾張国造尾張氏の本拠地であり、継体天皇の代には、尾張連草香の娘である目子媛が継体天皇の妃となり安閑・宣化天皇をもうけている。天香山を遠祖とする尾張氏は継体天皇の擁立に大きな役割を果たしたといわれ、五世紀末から六世紀前半頃に最大の勢力となったらしい。また尾張氏は国内諸郡の郡司に任ぜられており、本郡も『続紀』和銅二年（七〇九）五月条に愛知郡大領外従六位上尾張宿禰乎己志がみえる。この他に本郡に居住した氏族には、日部郷の長谷部（天平勝宝二年（七五〇）四月十一日「智識優婆塞貢進文」）、大宅郷の海連（天平勝宝二年四月六日「智識優婆塞貢進文」）、成海郷の荒田井直族（天平十五年（七四三）正月九日「智識優婆塞貢進文」）、荒大郷の久例連（正倉院丹裹文書）などがある。荒田井直族は成海郷にみえるが本拠地はその氏名から荒大郷と推定される。

天平十五年（七四三）に荒田井子麻呂を貢挙した僧賢璟は当時元興寺僧であり、天平勝宝六年（七五四）四月に盧舎那仏殿前にて鑑真より受戒（『唐大和上東征伝』）、宝亀十一年（七八〇）には多度神宮寺に三重塔を建立（「同寺資財帳」）、延暦三年（七八四）六月に大僧都となった（『続紀』）。賢璟は『元亨釈書』などによると尾張国の出身で荒田（井）氏出身であるという。

熱田郷は熱田神宮の所在地付近一帯と考えられる。熱田神宮は三種神器の一つである草薙剣を祀る神社で、『書紀』神代には素戔嗚尊によるヤマタノオロチ退治の伝承の中で「是を草薙剣と号く。此は今、尾張国の吾湯市村に在す。即ち熱田の祝部の掌りまつる神是なり」とあり、同景行五十一年条には「初め日本武尊の佩せる草薙横刀は、是今、尾張国の年魚市郡の熱田社に在り」の記事がある。天智七年（六六八）新羅僧道行がひそかに盗み帰国しようとしたが遭難し失敗した。剣はそれ以後は宮中にあったらしく、朱鳥元年（六八六）六月、天武天皇の病はこの剣の祟りによるとされ尾張国熱田社に送り置かれた（『書紀』）。なお熱田社の神職はすべて尾張氏一族で占められていた。熱田神宮の北西に位置する断夫山古墳は東海地方最大の前方後円墳で、築造年代は六世紀初頭頃と考えられ、尾張連草香や目子媛との関連が想定される。

郡内の古代寺院には元興寺の他、極楽寺（名古屋市昭和区）・古観音廃寺（名古屋市昭和区）・鳴海廃寺（名古屋市緑区）などがあり、式内社は熱田神社など十四座が『延喜式』にみえている。

阿由知潟　古代の海岸線は熱田社の付近にまで及んでおり、現在よりも海岸線が入り込んでいた。東南の海岸が年魚市潟、鳴海潟などで、『万葉』には高市連黒人の歌「桜田へたづ鳴きわたるあゆちがたしほひにけらしたづ鳴きわたる」などが詠まれている。

元興寺　『霊異記』には道場法師と元興寺の話がみえる。尾張国阿育知郡片蕝里出身の強力の小子が飛鳥元興寺の童子となり、得度して道場法師となり活躍したという（上三）。地元の伝承では、この道場法師が帰郷して建立したのが尾張元興寺であるという。名古屋市中区にその所在地と伝承される場所があり、七世紀中頃～八世紀の古瓦が出土する。『日本紀略』元慶八年（八八四）八月二十六日条には「勅令、尾張国愛智郡定額願興寺為国分金光明寺。縁本金光明寺災火焼損也」とあり、尾張元興寺伝承地がこの願興寺である可能性が高い。

【参考文献】
福岡猛志「尾張元興寺と片蕝里―尾張南部の交流拠点―」（梅村喬編『伊勢湾と古代の東海』名著出版、一九九六年）

（鶴見泰寿）

智多郡・ちたのこおり

番賀・贄代・富具・但馬・英比郷からなる。『和名抄』にあらわれない郷名に、入家里・御宅里・大御野里・入海郷などがある。郡名は藤原宮木簡に「辛卯年（六九一）十月尾治国知多評入家里」とあるのが初見。郡域は知多半島全域で、東の伊勢湾と西の三河湾とに挟まれる。『万葉』に「年魚市潟潮干にけらし知多の浦に朝漕ぐ舟も沖に寄る見ゆ」とみえる（一一六三）。

『古事記』には、孝昭天皇の子、天押帯日子命を祖とする知多臣がみえている。ワニ氏の部民である和尓部の分布が平城宮木簡から知られ、「尾張国正税帳」にも郡司少領和尓部臣若麻呂・主帳伊福部大麻呂の名がみえる。伊福部は藤原宮木簡にも「阿久比里五百木部□□□」とある。『後紀』延暦二十四年（八〇五）七月九日条には、中納言藤原内麻呂が尾張智多郡の地十三町を賜った記事がみえる。郡内には式内社三座と、大高廃寺・法海寺跡・奥田廃寺がある。

（鶴見泰寿）

参河国略図

参河国・みかわのくに

東海道の国の一つ。尾張国と遠江国とに挟まれ、北は東山道の美濃・信濃両国に接する。南は太平洋に面している。郡域の大半は山地である。

国名は参河国造に由来する。矢作川流域は参河国造が支配し、豊川流域は穂国造が支配していたが、律令国家形成の過程で両者は併合し、参河国となったとされる。飛鳥・藤原宮・平城宮出土の木簡によれば、七世紀末～八世紀初め頃までは「三川」と表記され、八世紀以降は「参河」と表記されるようになった。まれに「参川」と書かれることもある。『和名抄』によれば管郡は碧海・加茂・額田・幡豆・宝飯・設楽・八名・渥美の八郡で、このうち設楽郡は『延喜式』によれば延喜三年（九〇三）八月十三日に宝飯郡から分割・設置されたものである。「国府在宝飯郡」とあり、宝飯郡に国府が設置されていた。『延喜式』民部上によれば参河国は上国で、同兵部省駅伝条によれば国内には鳥捕・山綱・渡津の駅が置かれた。

参河国の特産は犬頭白糸などが有名で、調物の多くは白絹が貢納されている。また三河湾や伊勢湾は良好な漁場であり、佐久島・篠島・日間賀島の三島からは海部の供奉する御贄として佐米楚割などが納められたことはよく知られている。

大宝二年（七〇二）に持統太上天皇は参河国へ行幸しており、『続紀』からその行程が知られる。九月十九日に伊賀・伊勢・美濃・尾張・参河に行宮を造り、十月三日には行幸のため諸神を鎮祭し、十月十日に参河国行幸へ出発した。持統が尾張国へ行幸したのは十一月十三日であったので、大和を出発した後、伊賀・伊勢を経て、伊勢湾を渡って参河国に到達したものと推測される。この行幸は一箇月以上に及ぶ長期のものであったが、持統の参河国での行動は明らかでない。『万葉』に収められた長忌寸奥麻呂・高市黒人の歌（五十七・五十八など）はこの行幸に随行した時に詠まれたものである。

当国に関する出来事としては、『続紀』によれば和銅八年（七一五）五月に参河国に地震が起き正倉四十七棟が損壊したとあるほか、祥瑞出現の記事も多く、神護景雲元年（七六七）・延暦二十年（八〇一）に慶雲が出現、神護景雲二年（七六八）と宝亀三年（七七二）には白鳥を献上している。また『後紀』延暦十八年（七九九）の記事には一人の天竺人が小舟に乗り参河国に漂着したことも記されている。

【参考文献】
『愛知県史』資料編六　古代一　愛知県、一九九九年
福岡猛志「三河国関係古代木簡について」（『愛知県史研究』第二、愛知県、一九九八年）

（鶴見泰寿）

碧海郡・あおみのこおり

『和名抄』は阿乎美と訓を付している。飛鳥石神木簡には「三川国青見評大市マ五十戸人／大市マ逆米六斗」などとあり、「碧海」は本来は「青見」と表記された。郡域は愛知県中央部に位置し、境川と矢作川に挟まれた平坦な台地で、南は三河湾に面する。碧南・刈谷・安城・知立・高浜市と岡崎・豊田・西尾市の一部にあたる。智立・采女・刑部・依網・鷲取・谷部・大市・碧海・横礼・呰見・河内・櫻井・小河・大岡・薢野・駅家の十六郷から成る。平城宮木簡には碧海郡内の里名を列記したものがあり、婇（采女）里・知立里・□マ里・長谷マ里・□□里・青見里・前里・石寸里が書かれている。このうち前里・石寸里は『和名抄』にはみえない。

『続紀』天平神護元年（七六五）四月二十六日条には、左京人外衛将監従五位下石村村主石楯等三人と参河国碧海郡人従八位下石村押縄等九人とに坂上忌寸の姓を賜った記事があり、『姓氏録』によれば石村氏は漢氏系の渡来氏族で、大和国高市郡から移住したという。木簡にみえる石寸里は石村村主が大和国から移住した地であろう。

『続紀』神護景雲二年（七六八）九月十一日条には参河国碧海郡人長谷部文選が白鳥を献上したことがみえる。長谷部の名から当郡谷部郷との関連が考えられる。また『姓氏録』には、御立史氏は参河国青海郡御立の地に居住したことにより姓を賜ったとある。谷部郷は岡崎市西本郷に比定され、同地には「みたて」の小字が遺っており関連がうかがわれる。

『延喜式』によれば参河国には鳥捕（碧海郡）・山綱（額田郡）・渡津（宝飫郡）の三駅が存在した。鳥捕駅家は山綱駅家と両村駅家とのあいだに位置し、伊場木簡にも鳥取駅家と書かれている。駅家の所在地は岡崎市宇頭町周辺と推定されており、付近の矢作川河床遺跡からは「驛」と記された墨書土器も出土している。

郡内の古代寺院は、北野廃寺・別郷廃寺・寺領廃寺・慶雲廃寺などが知られている。北野廃寺（岡崎市北野町）は矢作川中流右岸に広がる碧海台地の東縁に立つ七世紀半ば頃建立の寺院で、この地域の仏教文化の拠点と考えられている。中門・塔・金堂・講堂が一直線に並ぶ四天王寺式伽藍配置をもち、瓦類、甎仏、金銅製磬形垂飾、泥塔、三彩・緑釉陶器片などが出土している。式内社は知立神社・和志取・日長・比蘇・酒人・糟目の六座がある。

（鶴見泰寿）

額田郡・ぬかたのこおり

『和名抄』の訓は奴加太。新城・位賀・麻津・大野・鴨田・額田・六名・駅家の八郷からなる。郡域は幸田町・岡崎市・豊田市の一部。郡東部は三河高原、西部は岡崎平野が広がる。郡名の初見は「三川国各田評」と記された飛鳥石神木簡で、七世紀後半。平城宮木簡には額田を「農多」と表記するものもある。駅家郷は『延喜式』記載の山綱駅にあたる（岡崎市山綱町付近）。伊場木簡三〇号にも「山豆奈駅家」の記載がある。矢作川河床遺跡から採集された奈良時代の墨書土器には「郡府」「駅」と書かれたものがあり注目される。

本郡の氏族は、山綱駅家郷の物部、新木郷の小長谷部・丸部、麻津郷の尾津君などがある。『旧事紀』によれば参河国造は物部氏の出自とされ、『聖徳太子伝古今目録抄』は物部真福が真福寺を建立したという。古代寺院はこのほかに丸山廃寺、高隆寺が知られ、式内社は謁磐神社と稲熊神社の二座がある。

（鶴見泰寿）

賀茂郡・かものこおり

郡域は県東北部一帯で矢作川中流に位置し、豊田市と、西加茂郡・北設楽郡を含む広大な範囲である。郡名の初見は飛鳥石神木簡「庚庚寅年（六九〇）十二月三川国鴨評／山田里物マ万名□米五斗」で、庚寅年は持統四年。飛鳥石神遺跡ではこの他にも「三川国鴨評」とするものが多数出土しており、本来「賀茂」は「鴨」と表記されたらしい。本郡は賀茂・仙陀・伊保・挙母・高橋・山田・賀祢・信茂の八郷からなる。『古事記』垂仁段には許呂母之別・三川之衣君がみえ、垂仁天皇の皇子大中津日子命・落別王を祖とするとしている。後の挙母郷を本拠地とした有力氏族と推定される。郡内の古代寺院は川原寺系軒瓦を出土する舞木廃寺（豊田市）が知られており、式内社は野見・兵主など七座がある。このうち狭投社にあたる猿投神社には平安時代の郷印「伊保郷印」が現存しており貴重である。

（鶴見泰寿）

幡豆郡・はずのこおり

愛知県南部で三河湾に南面する。矢作川下流に位置し、西尾市・蒲郡市・幡豆町・吉良町・一色町を含む地域。熊来・八田・意太・磯泊（伯）・大川・大濱・析嶋・修家の八郷からなる。郡名の初出は藤原宮木簡「三川国波豆評篠嶋里」で、評制下で七世紀末のものである。幡豆郡は平城宮木簡では芳図・芳豆とも表記される。

平城宮木簡には篠島・析島・比莫島から貢進された贄の付札が多数あることがよく知られている。これらの木簡は他とは異なり海部という集団名で月毎に交替して供奉する点が特徴的であり、中央政府との深い結びつきが窺い知られる。木簡には三つの島がみえるが『和名抄』では析島しか記載されない。これについては『和名抄』編纂段階までに郷の再編が行われ三島が析嶋郷に統合されたとする見解がある。

【参考文献】
鬼頭清明「荷札木簡と贄」（『古代木簡の基礎的研究』塙書房、一九九三年）
舘野和己「郷里制の復元的研究」（『文化財論叢』Ⅱ　同朋舎出版、一九九五年）

（鶴見泰寿）

宝飯郡・ほいのこおり

『和名抄』は穂の訓を付す。『延喜式』は「宝飫」とし、『和名抄』は「宝飯」とする。形原・赤孫・美養・御津・宮道・望理・賀茂・度津・篠束・宮嶋・豊川・雀部・駅家の十三郷からなる。額田郡の東に隣接し、郡域は本宮山南麓の豊川下流域で、現在の音羽町・小坂井町・御津町・豊川市と豊橋市の一部を含む地域である。『延喜式』によれば、延喜三年（九〇三）八月十三日に本郡北部の山岳地帯を分割して設楽郡を設置したとあり、それ以前は宝飯郡は設楽郡も範囲に含む広大な郡であった。

郡名の初見は「三川穂評穂里穂マ佐」とある飛鳥石神木簡で、七世紀後半。郡名の由来は大化前代の穂国によるもので、和銅六年（七一三）の制により二字の好字に改められ宝飫郡とされたのが、後に誤記されて宝飯郡と称されるようになった。東三河はもと穂国であり、後に宝飫郡・八名郡・渥美郡に分割されたらしい。『旧事紀』には三川国造とは別に穂国造がみえ、参河国の西半分を三川国造が、東半分を穂国造が支配していた。『古事記』開化段にも三川之穂別がみえている。

『和名抄』には国府の注記があり、本郡に国府の設置されたことが知られる。豊川市内には現在も国府町の地名が遺っており有力な国衙推定地の一つである。また同市白鳥町にはかつて土塁が残り布目瓦の散布していたことから付近に国府が所在したとする説もある。

『和名抄』にみえる駅家郷は延喜式の渡津駅家にあたり、度津郷付近に置かれたものである。この駅家は豊川の河口部を渡る地点にあり、水駅の機能も合わせ持ったらしい。伊場木簡によれば、奈良時代には山豆奈駅家（額田郡山綱駅）の次に宮地駅家が存在したことが知られるが、『和名抄』の成立した頃までには廃止されたのであろう。宮地駅家は宮道郷内にあったと考えられ、宮路山付近に比定される。

本郡の氏族は、天平勝宝二年（七五〇）五月十五日の「造寺所公文」（正倉院文書）に「宝飫郡形原郷戸主雀部小虫戸口雀部御垣守」とあり、形原郷に雀部氏が存在したことが知られるが、雀部氏の本拠は名から考えて雀部郷であろう。

式内社は形原・菟足・赤日子・御津・砥鹿・石座神社の六座があり、いずれも小社である。古代寺院も国分寺・国分尼寺が設置されたほか、小坂井町篠束の医王寺境内からは七世紀後半の軒瓦が出土し、東三河の中核的寺院の一つと考えられている。

（鶴見泰寿）

八名郡・やなのこおり

『和名抄』の訓は也奈。多米・美和・八名・養父・和太・服部・美夫の七郷からなる。新城市・豊橋市・豊川市の一部を含む地域で、東は遠江国に接し、赤石山脈末端部と豊川とに挟まれた、南北に細長い郡である。

郡名の初見は和銅六年（七一三）の平城宮木簡で、「参河国八名郡片山里大伴□□／庸米五斗和銅六年」「□八名郡多米里多米マ麿庸米五斗／和銅六年」「参河国八名郡神里飽□／和銅六年十月」と書かれたものがある。片山里は『和名抄』にはみえない。

本郡は大化前代の穂国の領域に含まれており、のちに宝飯・渥美・八名の三郡に分割されたらしい。平城宮木簡によれば本郡には若日下部氏が居住したらしく、永延二年（九八八）七月二十三日には若日下部首統忠が本郡主帳に任命されている（『類聚符宣抄』）。前任者は参河吉種であった。式内社は石巻神社一座のみである。

（鶴見泰寿）

渥美郡・あつみのこおり

『和名抄』の訓は阿豆美。幡太・和太・渥美・高蘆・礒部・大壁の六郷からなる。郡域は愛知県最南端の渥美半島にある田原市と豊橋市の大半である。東は遠江国に接し、西は伊良湖水道を隔てて伊勢国志摩郡と海路で結ばれる。宝飯郡・八名郡とともにかつての穂国の範囲に含まれる。

郡名の由来は漁労集団である海部を統括した阿曇連の氏族名によるといわれる。郡名の初見は、飛鳥石神木簡「飽海評大辟マ五十戸人」で、七世紀後半。平城宮木簡での郡名を飽海・飽臣と表記しており、「あくみ」であったらしい。また平城宮木簡には『和名抄』に記載されない郷名として村松里の名がみえる。村松里については『三代実録』貞観二年（八六〇）八月十四日の銅鐸出現の記事に渥美郡村松山中とある。本郡の豪族としては渥美氏があげられる（「泉福寺縁起」）。このほか村松里には海部氏、大壁郷には海部・丈部氏が分布したことが平城宮木簡から知られる。式内社は阿志神社一座のみである。

（鶴見泰寿）

設楽郡・したらのこおり

『和名抄』の訓は志太良。賀茂・設楽・黒瀬・多原の四郷からなる。愛知県東北部に位置し、豊川中～上流域にあたり多くは山間部である。郡域は現在の新城市・設楽町・東栄町にまたがる。

『延喜式』民部上頭註には延喜三年（九〇三）八月十三日に宝飫郡を割いて設楽郡を置くとあり、宝飫郡から分割して設置されたのが本郡である。

式内社は、宝飫郡の石座神社が本郡の領域に属する唯一のものであり、新城市大宮に同名の神社が所在する。

（鶴見泰寿）

美濃国
信濃国
参河国
駿河国
周智郡
山香郡
大井川
榛原郡
天竜川
磐田郡
引佐郡
麁玉郡
浜名郡
佐野郡
長上郡
敷智郡
城飼郡
山名郡
長下郡

遠江国略図

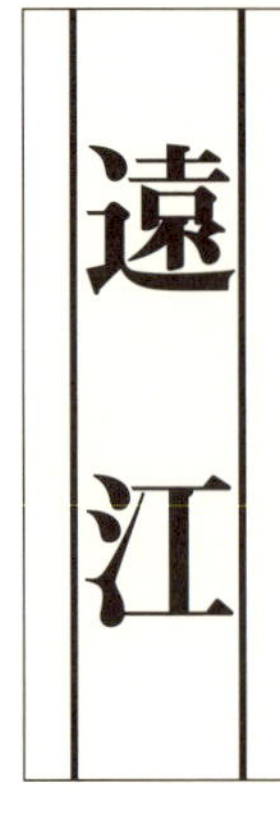

遠江国・とおとうみのくに

東海道に属す。東は駿河、西は参河、北は信濃国に接し、南は遠州灘に面する。国府を磐田郡（『和名抄』は豊田郡とする）に置き、浜名・敷智・引佐・麁玉・長上・長下・磐田・山香・周知・山名・佐野・城飼・蓁（榛）原の十三郡を管轄する。『延喜式』では上国。長上・長下両郡は和銅二年（七〇九）に長田郡を分けて二郡としたものであり、同様に山香郡は元慶五年（八八一）に磐田郡から、山名郡は養老六年（七二二）年に佐益（佐野）郡八郷を割いて分置され、上記の郡構成が成立した。

平安初期に成立したとされる『旧事紀』国造本紀には、遠淡海国・久努国・素賀国以下六箇「国」が記載されている。「国」名からも遠淡海国が近淡海＝琵琶湖に対比される浜名湖に由来することになり、浜名湖周辺から天龍川以西の地域に比定されることは確実である。考古学的にも、遠淡海国は天龍川以西の古墳群、久努国は磐田市を中心とする岩田原古墳群、素賀国は曽我の地名に通ずるので掛川市を中心とする和田岡古墳群に比定される。ただ、これらの「クニ」がどのような過程を経て大和政権の支配下に編成されたかは必ずしもあきらかではない。仁徳紀六十二年条に大井川から船が献じられた記事が『書紀』や『日本紀略』にみえ、東海道の記載が崇峻紀二年七月条にみえる程度で、この時代の文献史料にはめぐまれていない。大宝律令成立段階に遠淡海・久努・素賀の三「国」が合併されて遠江国になったことはほぼまちがいない。

交通路に関しては、『延喜式』兵部省に猪鼻・栗原・引摩・横尾・初倉の駅馬が、浜名・敷智・磐田・佐野・蓁原の伝馬が記載されている。このうち、栗原に関しては伊場木簡・墨書土器が多くの貴重な資料を提供して、律令時代の在地支配の一端があきらかになった。一方、遠江国府は磐田市八幡宮付近あるいは見付付近と推定されるが未詳。なお、磐田市御殿・二之宮遺跡は国府に関する官衙であると推定されており、近くに駅の存在も考えられている（『日本古代木簡選』参照）。ただ、遠江国分寺が磐田南高校南側に存在したことは確実である。すでに大正十二年（一九二三）に国指定されていたが、昭和二十六年（一九五一）からの発掘調査の結果、南大門・中門・金堂・講堂を南北一直線に配置する東大寺式伽藍配置であることが確認され、国分寺でこれだけの遺構が残っているところは全国的にみても少ない（「Web季刊大林」参照）。現在、国特別史跡とされていることも当然といわなければならない。

（松田行彦）

浜名郡・はまなのこおり

『和名抄』の訓は「波万奈」。令制区分の下郡で、七郷よりなる。浜名湖西部から北西部一帯。天平十二年（七四〇）の「遠江国浜名郡輸租帳」が初出。同帳によれば、新居・津築郷のほか二郷の記載があり、『和名抄』の郷名と一致しない。伊場木簡に「辛卯年（持統五年〈六九一〉）十二月新井里宗我部□×」とあり、浜名郡は敷智郡から分置して成立したとする説がある。『続後紀』承和十年（八四三）十月十八日条には、浜名郡猪鼻駅家が荒廃して久しいので、国司の申請によって復興させたとある。『三代実録』元慶八年（八八四）九月戊午朔条には、遠江国に浜名橋があり、貞観四年（八六二）に修造したが、二十年余で破壊されたので、正税稲一万二〇〇〇百束余で改作させたとある。浜名橋については『更級日記』にも言及されており、同橋を下るときに黒木を渡したと描写している。

【参考文献】

虎尾俊哉「天平十二年遠江国浜名郡輸租帳」（『班田収授法の研究』吉川弘文館、一九六一年）
中野栄夫「遠江国浜名郡輸租帳の基礎的考察」（『律令制社会解体過程の研究』塙書房、一九七二年）
原秀三郎「遠江国浜名郡輸租帳の史料的性格」（『地域と王権の古代史学』塙書房、二〇〇二年）

敷智郡・ふちのこおり

『和名抄』の訓は「渕」。刊本・東急本ともに「敷智」に作るが、高山寺本は「敷知」。現在の浜松市、および浜名郡東部。『延喜式』神名帳には、岐佐神社・許部神社・津毛利神社・息神社・曽許乃御立神社・賀久留神社の六社が登載されている。令制区分の中郡で、蛭田・赤坂・象嶋・柴江・小文・竹田・雄踊（踏、東急本）・海（尾、東急本）間・和治・濱津（松、東急本）・駅家の十一郷からなる。

これらのうち海（尾、東急本）間

郷を除く十郷は「柴江五十戸」・「竹田五十戸人」をはじめとする伊場木簡・墨書土器・平城宮木簡・正倉院宝物などによって郷名が確認でき、その存在が裏付けられている。ただし伊場木簡に「×□竹田郷長里正等大郡×」があり、このほかにも郷があった可能性が高い。伊場木簡には「辛卯年（持統五年〈六九一〉）十二月新井里宗我□×」もある。「遠江国浜名郡輸租帳」に新井郷があり『和名抄』郡部にはそれがないので、浜名郡は大郡であった敷智郡を分置して成立したとする説がある。「布知厨」・「布智厨」と記載した木簡も出土している。『延喜式』兵部省には駅名として「栗原駅」の記載がある。同駅は猪鼻駅に続く駅と考えられ、これまでは『万葉』の記載などから引馬（野）に比定する説があった。さきの木簡の記載や「□原駅家」・「馬主戸主」と記載した木簡の出土、さらには「已〔己〕亥年（文武三年〈六九九〉）□〔五カ〕月渕評竹田里若倭部連□〔老カ〕末呂上為×」、「持物者馬□□□〔五カ〕人□□史□〔陀カ〕評史川前連×」とする渕評竹田里の人、若倭部連老末呂の過所（通行証）が出土したことにより、同遺跡を栗原駅家跡とする説が出されている。同遺跡からはさらに郡衙関係の木簡や墨書土器、津関係のそれも出土しているので、同遺跡は敷智郡衙兼水駅（みずえき）という複合遺跡であったとする見解もある。

『続紀』霊亀元年（七一五）五月二十五日条に、遠江国に地震が起こり、山が崩れて麁玉河（現在の天竜川の古本流）の流れを止めた。数十日後に決壊し、敷智・長下・石田三郡の民家一七〇余区が水没し、また苗に被害が出たとある。この史料は『日本紀略』同日条、『類聚国史』、災異部五、地震にもみえ、また『扶桑略記』は前年の和銅七年（七一四）五月条に掲げる。正倉院宝物銘文から、天平十五年（七四三）に当郡竹田郷戸主刑部真須弥が調の黄絁六丈を貢進していることが知られる。平城宮木簡には「外従初（ママ）上物部浄人〈年卅一、遠江国敷智（荒玉とも）郡人□遣□□〔高麗カ〕使叙位〉」がある。この木簡に関しては、『続紀』天平宝字二年（七五八）十月二十八日条に「授二遣渤海大使従五位下小野朝臣田守従五位上、副使正六位下高橋朝臣老麻呂従五位下一。其余六十六人各有レ差」とする記事がある。この記事から、平城宮木簡は同日付で高麗（渤海）に使した功により、遠江国敷智（荒玉）郡の人、物部浄人に位階を授けたことに関するものであることが判明する。『続後紀』承和元年（八三四）二月十三日条には、当郡の古荒田三十三町を阿保親王（父は嵯峨天皇、子に在原業平らがいる）に賜うとある。この時期に多く見られる親王賜田の一例である。

伊場木簡は浜松市中区東伊場二丁目から旧浜名郡可美村東若林（現浜松市）にかけての旧水田地帯にあり、広さ東西三〇〇メートル、南北一五〇メートルほどの広さをもち、三方原台地南方の台地下低湿地に立地していた。これまで数次にわたる調査が行われ、縄文中期から鎌倉初期におよぶ複合遺跡であることがあきらかにされた。発見の端緒は、中学校の一生徒が第二次世界大戦時の米軍艦砲射撃によってえぐられた東伊場の土砂の中から一片の弥生土器を発見したことにあった。考古学的には、弥生後期から古墳時代にかけての住居址が発見され、年代により住居に形態変化がみられるという点で重要である。なお、弥生後期の遺跡は環壕集落となっており、北と西に方形周溝墓群をともなっていることも特徴である。また、同遺跡は律令時代の地方官衙遺跡である可能性が高いことからも重要である。同遺跡から出土した一〇〇余点にもおよぶ木簡、四〇〇余点の墨書土器によって、律令時代の在地支配の一端があきらかにされた。同遺跡は昭和二十九年（一九五四）に弥生時代の集落遺跡として県指定されたが、浜松市の都市計画とくに当時の国鉄の電車基地となった。昭和四十八年（一九七三）、浜松市の申請により静岡県は指定を解除した。遺跡の保存だけが文化財保護であるとする姿勢に「伊場遺跡を守る会」が結成され解除取り消しの訴訟にもちこまれたが、残念ながら敗訴した。

【参考文献】

竹内理三編『伊場木簡の研究』東京堂出版、一九八一年

（松田行彦）

引佐郡・いなさのこおり

『和名抄』の訓は「伊奈佐」。令制区分でいえば下郡で、京田・刑部・渭伊・伊福郷からなる。『延喜式』神名帳には、渭伊神社・乎豆神社・三宅神社・蜂前神社・須倍神社・大殺神社の六社が登載されている。浜名湖北部から北東部に位置し、旧引佐郡域（現浜松市）と浜松市北区都田町一帯をふくむ地域。郡の北西部は参河国と接する。『三代実録』貞観十五年（八七三）九月二十五日条に引佐郡および長上郡の百姓に復（賦役全免）一年を賜うとする記事が初見。『万葉』巻十四、比喩歌に「遠江引佐細江の澪標吾を頼めてあさましものを」の歌がある。「遠江

の引佐の細江の澪標のように頼みにさせておきながら（本当は）浅い心であったのに」の意。「引佐細江」は浜名湖北東部、現在の細江町付近の入り江をさすとみられ、のち遠江景勝の地として数々の和歌や紀行文に登場する。

（松田行彦）

麁玉郡・あらたまのこおり

『和名抄』に「阿良多末今偁有玉」とある。旧引佐・浜名・磐田郡の各一部。藤原宮木簡に「荒玉評赤□里」、『和名抄』に赤狭郷がある。国郡制施行以前は「荒玉評」か。『続紀』霊亀元年（七一五）五月二十五日条に、遠江国に地震が起こり、山が崩れて麁玉河（現在の天竜川の古本流）の流れを止め、数十日後に決壊し、敷智以下三郡の民家一七〇余区が水没し、苗を損したとする記事が初見。『続紀』天平宝字五年（七六一）七月十九日条には、荒玉河の堤が三〇〇余丈に渡って決壊し、人夫三十万七〇〇〇余人を徴発し、粮を給して修理したとある。『万葉』に「わが妻はいたく恋ひらし飲む水に影さえ見えて世に忘られず」、さらに「あらたまの伎倍が竹垣編目ゆも妹し見えなばわれ恋ひめやも」、「あらたまの伎倍の林に汝を立てて行きかつましじ眠を先立たね」、「伎倍人の斑衾に綿さはだ入りなましもの妹が小床に」の四首がある。

（松田行彦）

長上郡・ながのかみのこおり

『和名抄』の訓は「長下〈長乃加美〉、長上〈准上〉」。『延喜式』民部に「ナカカミ」、『同』神名帳に「ナカノカミ」。現在の浜松市西部から浜松市浜北区の南部。藤原宮木簡に「長田評」。『続紀』和銅二年（七〇九）二月二十一日条に長田郡を分けて長上・長下の二郡とするとある。神亀三年（七二六）の「山背国雲下里計帳」に蝮王首真土売ら四名が長田上郡にありとみえ、平城京木簡に同郡からの「煮塩年魚」貢進が知られる。『三代実録』貞観六年（八六四）三月四日条に内蔵寮の田地一六〇町を貞観寺に施入するとあり、これが厳密な意味での同郡の初見史料。貞観七年十月二十八日条にも同郡空閑地一六〇町を同寺に施入とある。『同』貞観十五年（八七三）九月二十五日条には引佐および同郡の百姓に復（賦役全免）一年を賜うとある。貞観十四年（八七二）の「貞観寺田地目録帳」は『三代実録』の記事を裏付ける。

（松田行彦）

長下郡・ながのしものこおり

『和名抄』に「長下〈長乃加美〉、長上〈准上〉」。現在の浜松市東部から磐田市西部。『続紀』和銅二年（七〇九）二月二十一日条に、長田郡を分けて長上・長下二郡とするとある。霊亀元年（七一五）五月二十五日条に、遠江国に地震があり、麁玉河（現在の天竜川の古本流）が決壊して長下以下三郡の民家一七〇余区が水没し、苗を損したとある。平城宮木簡に同郡より「堅□〔魚カ〕」が貢進されている。『万葉』に「畏きや命被り明日ゆりや草がむた寝む妹無しにして」、「わが妻も絵に描きとらむ暇もが旅行く吾は見つつしのはむ」の二首がある。『三代実録』貞観七年（八六五）九月十四日条に、同郡の水田十二町を貞観寺に施入するとあり、同十四年（八七二）の「貞観寺田地目録帳」にそれを裏付ける史料がある。寛弘三年（一〇〇六）発見の「荒陵（四天王）寺御朱印縁起」に、同寺の食封が同郡幡多郷に置かれたとある。

【参考文献】

泉谷康夫「公田再論」（『律令制度崩壊過程の研究』高科書店、一九九二年、復刊）

（松田行彦）

磐田郡・いわたのこおり

『和名抄』の訓は「伊波多」。『延喜式』民部省の注に「イハタ」。岩田原台地から南部の平地にまたがる天竜川左岸の磐田市および旧磐田郡西部。同台地には松林山古墳をはじめ、大小さまざまの古墳がある。『続紀』霊亀元年（七一五）五月二十五日条が初出。遠江国に地震が起こり、山が崩れて麁玉河（現在の天竜川の古本流）の流れを止めた。数十日後に決壊し、敷智・長下・「石田」三郡の民家一七〇余区が水没し、また苗に被害が出たとある。本条の表記は、平城宮木簡にも「石田」とある。宝亀二年（七七一）三月四日条には、同郡主帳無位若湯江坐部龍麻呂らが私物をもって窮民二十人以上を資養したので、人ごとに爵二級を賜うとある。若湯江坐部は皇子らの資養のために置かれた部で垂仁紀に若湯江坐部設定のことがみえる。若湯江坐部はこの部に由来するか。天平十年（七三八）の「駿河国正税帳」に同郡散事大湯坐部小国の名前がみえる。若湯江坐部となんらかの関係があるか。天平宝字八年（七六四）の勅により、私物をもって飢民二十人以上を資養すると位一階、五十人以上を資養すると二階を加えることになっていた。本条では資養二十人以上で二級賜爵されており、より優遇されていることになる。『続後紀』承和七年（八四〇）六月二十四日条では、周智郡無位小国天神とならんで同郡無位矢奈比売天神（現在の見付天神）に従五位下の位階が授けられている。『三代実録』元慶五年（八八一）三月十四日条には、同郡山裏（山中の意カ）帳外浪人一〇〇人が施薬院（光明皇后の皇后宮職に設置され、貧しい農民に薬を施す施設）に施入されたが、彼らは身役の代わりに紙を輸し、労役を免れたとある。帳外浪人の集団が身役の代わりとして紙の貢納を課せられていた事実がわかる。『延喜式』民部省の頭注には、元慶五年（八八一）十月五日に同郡を割いて山香郡を置くとある。三月十四日条となんらかの関係があるか。『霊異記』中三十一には、同郡の人丹生直弟上の妻が高齢で女児を出産し、その子がもっていた舎利二粒を七重の塔に安置したとする磐田寺起源説話がある。これを下敷きにした説話は『今昔物語集』巻十二―二にもある。遠江国分寺は同郡に所在したが、同郡に七重の塔二基がそびえたったのか、本説話が遠江国分寺の縁起説話なのかはあきらかでない。なお『和名抄』国郡部には「国（府）在豊田郡」、「止与太、国府」とあり、国府所在地を豊田郡とする。ただし郡部に記載はない。『色葉字類抄』巻二、国郡には「国府、豊田」とあるが、『拾介抄』巻中本朝国郡部第二十三はそれを「府、磐田」としている。『和名抄』のなんらかの誤脱であろう。ちなみに『和名抄』駿河の部に「豊田、府」とあり、『和名抄』郡部記載のなかに「豊国」郷（「止与久尓（東急本）」）がある。二之宮遺跡出土の木簡にも「豊国郷戸主小長谷部色麻呂戸小長谷×」とある。

【参考文献】

戸田芳実「平安初期の国衙と富豪層」（『日本領主制成立史の研究』岩波書店、一九六七年）

（松田行彦）

山香郡・やまがのこおり

『和名抄』の訓は「也末加」。令制区分の下郡で、大峯（峯）・与利・岐階・気多の四郷からなる。旧春野町から龍山村（いずれも現浜松市天竜区）の一部。『延喜式』民部省の頭注に元慶五年（八八一）十月五日、磐田郡を割いて山香郡を置くとする記事が初見。同郡は九世紀後半に磐田郡から分置されて成立したことになる。『同』主計上の諸国貢進物の遠江国条最後尾に「自余輸絹」とあるが、「但山香郡調庸輸布」という注記があり、山香郡のみ絹の貢進を免除されて布（麻布）の貢進を義務づけられていたことがわかる。さらに主計上の中男作物貢進条の最後尾に「与理等腊」とあり、管轄の与利郷から「腊（干し肉）」の貢進が義務づけられていたことがわかる。「与理等」とあるので同郷のみに限定できないが、山香郡が山がちの地形であることによるものであろう。なお、「腊（干し肉）」は羊か猪が考えられるが、おそらく後者であろうと思われる。

（松田行彦）

周智郡・すちのこおり

『和名抄』訓なし。『延喜式』民部省享保八年（七二三）板本は「スチ」と訓む。また『同』神名帳は「周知」に作る。令制区分の下郡で、小山・山田・依智・大田・田椀郷よりなり、『同』神名帳に芽原神社・小国神社・馬主神社が登載されている。太田川および気田川上流域。現在の森町南部付近一帯に比定される。

『続後紀』承和七年（八四〇）六月二十四日条に、磐田郡無位矢那比売天神（現在の磐田市見付天神）とともに同郡無位小国天神に従五位下の位階を授けるとする記事が初見。この後、『三代実録』貞観十六年（八七四）二月二十三日条に、遠江国従四位下苅原河内神および小国神に従四位上の位階を授けるとする記事がある。この記事は『類聚国史』、神祇部十六、神位四にもみえる。苅原河内神は、貞観十二年（八七〇）正月七日の条に苅原河内神、『延喜式』神名帳に芽原河内神とある。

（松田行彦）

山名郡・やまなのこおり

『和名抄』の訓は「也末奈」。令制区分の下郡で、山名・衾田・宇知・信芸・荻戸・久努の六郷からなる。現在の浜松市や袋井市の大半と磐田市の一部。『続紀』養老六年（七二二）二月十六日条に、佐益郡八郷を割いて山名郡を置くとある。『和名抄』の郷数には欠脱があるか。『旧事紀』天孫本紀に「物部印岐美連公、志紀県主・遠江国造・久努直・佐夜直等祖」とある。佐益郡が佐夜直、山名郡は久努直の本拠か。『旧事紀』国造本紀に「久努国造、筑紫香椎朝代、以物部連祖伊香色男命孫印播足尼、定賜国造」とみえる。正倉院宝物白絁断片銘文より、当郡から調または庸の白絁が貢進されており、平城宮木簡によって天平十七年（七四五）に当郡から「中男作物堅魚十斤」が貢進されていたことが知られる。『万葉』に「時時の花は咲けども何すれそ母とふ花の咲き出来ずけむ」、「遠江白羽の磯と贄の浦とあひてしあらば言も通はむ」の二首がある。

（松田行彦）

佐野郡・さののこおり

『和名抄』訓なし。『延喜式』兵部省享保八年（一七二三）板本は「サヤ」、神名帳は「サノ」と訓む。天平十年（七三八）の「駿河国正税帳」に「佐益」、『延喜式』民部上、『万葉』は「佐野」に作る。山口・小松・邑代・幡羅・日根・駅家の六郷よりなる。掛川市のうち、南部の一部を除いた大半の地域。『続紀』養老六年（七二二）二月十六日条に同郡の八郷を割いて山名郡を置くとある。『和名抄』の郷数には欠脱があるか。天慶七年（九四四）の年紀がある金剛山行者堂（現奈良県）所蔵の長福寺銅鐘銘に「佐野郡原田郷」（『平安遺文』）とある。幡羅郷をさすか。『旧事紀』天孫本紀に「物部印岐美連公、志紀県主・遠江国造・久努直・佐夜直等祖」とある。佐益郡は佐夜直の本拠か。『万葉』に「父母も花にもがもや草枕旅は行くとも捧ごて行かむ」、「父母が殿の後方の百代草百代いでませわが来るまで」の二首があり、「さやの中山」の記述が『更級日記』にある。

（松田行彦）

城飼郡・きこうのこおり

『和名抄』の訓は刊本・東急本とも「支加布」。ただし東急本では「城伺」に作る。令制区分の中郡で、加美・新井・荒木・河上・高橋・鹿城・朝夷・松淵・土形・狭束・新野の十一郷からなる。『延喜式』神名帳には、奈良神社・比奈多乃神社の二社が登載されている。西端は小笠山丘陵、東端は牧ノ原台地が占め、中央部を菊川が流れる。旧小笠郡（現掛川市）の大半にあたる。平安末期には「城東郡」という郡名があらわれ、中世・近世には当郡の別称として用いられるようになる。土方氏系図（土形郷を本拠として評督・郡司等を一族から輩出し、古代・中世を通じて首長・領主であった土方氏の系図）に「城飼評」とみえ、国郡制成立以前は「城飼評」と表記したと思われるが、藤原宮木簡に「紀甲郡松淵里才小列部万呂」と記載するものがあり、「紀甲」と表記した可能性もある。なお平城宮木簡に「朝夷郷石部衣麻呂」がある。『続紀』宝亀二年（七七一）三月四日条に、磐田郡主帳無位若湯坐部龍麻呂らとともに同郡主帳無位玉作部広公・檜前舎人部諸国が私物をもって窮民二十人以上を資養したので、人ごとに爵二級を賜うとある。この記事によると、玉作部広公・檜前舎人部諸国の二名ともに当郡主帳と解されなくもないが、同郡の郷数十一を八世紀段階まで遡らせると、当時の城飼郡は中郡となり主帳の定員は一名なので、檜前舎人部諸国は主帳ではありえず無位白丁となる。玉作部は玉の製作に関係する部。神代紀に「玉作部遠祖豊玉者造レ玉」とみえ、各地に分布して玉作の地名を残す。檜前は宣化天皇の宮号（檜前廬入野宮）にちなみ、檜前舎人は宣化天皇の皇宮に宿侍するために置かれた舎人で、それを姓としたものか。遠江・信濃以東の東国に多くみられる。なお、舎人部は舎人の資養にあたる部。『文徳実録』仁寿元年（八五一）年十二月二十五日条に当郡の百姓に復（賦役全免）一年を賜うとあり、さらに仁寿二年（八五二）七月十三日条にも当郡の貢賦を免ずとある。九世紀後半に同郡を自然災害がおそったためであろうか。正倉院文書には、神護景雲四年（七七〇）八月二日付で刑部広浜という人物が、城飼郡朝夷郷戸主大湯坐部子根麻呂の戸口で十七歳の大湯坐部浄山を優婆塞（男性の在俗信者）として東大寺に貢進したとある。彼らの人的つながりは不明。ただし別筆で「不仕」とあるので、採用されなかった可能性が高い。『延喜式』主税、諸国出挙正税公廨雑稲条の遠江国正税の部分に「白羽官牧馬直四千四百六十束」とあり、白羽という官の牧が存在したことが知られ、牧場に適した地があったと推測される。郡名の由来も柵で囲って牛馬を飼育したことにちなむとする説があるが未詳。

（松田行彦）

榛原郡・はいばらのこおり

『和名抄』の訓は「波伊波良」。現在の御前崎町および相良町南部を除く榛原郡。『朝野群載』天暦十年（九五六）六月二十一日「駿河国司解」に、当郡は駿河国の西側に接するとある。『続紀』天平五年（七三三）九月二十三日条には、榛原郡の人君子部真塩女（真塩女とする考え方と、真塩という人物の女とする考え方がある。下記の黒成女も同様）が男子の三つ子を生み、大税二〇〇束と乳母一人を賜るとある。『続後紀』承和十四年（八四七）八月十七日条にも、当郡の人秦黒成女が一度に二男一女を産み、正税稲三〇〇束と乳母一人を賜るとある。多産記事は、京に近接する地域と東国に限られていること、淳仁・称徳天皇の時代にはこの種の記事がみられないこと、『続紀』では女だけを生んでも褒賞されるが『続後紀』以降ではそのような例がないことが特徴。同一郡の多産記事が複数みられるのは希有。君子（公子・吉弥侯）・君子部（吉弥侯部）は関東および陸奥・出羽に多く分布し、君姓をもつ在地の有力首長、ことに関東地方に古くから権勢をほこった毛野君の従属民の意か。天平宝字元年（七四九）三月、君子部の姓は吉美侯部と改められた。八世紀を通じてあらたに服属した陸奥・出羽の俘囚の多くが吉弥侯部を称するようになったと考えられ、神護景雲三年（七六九）三月には、陸奥国諸郡の多くの吉弥侯部が、上毛野陸奥公・上毛野名取朝臣・下毛野俯見公その他の姓を賜っている。『続紀』宝亀二年（七七一）三月四日条には、当郡主帳赤染造長浜らが私物をもって窮民二十人以上を資養したので、人ごとに爵二級を賜うとする記事がある。赤染造は衣服の染色にあたる赤染部の伴造。『続紀』宝亀八年（七七七）四月十四日条では、前掲の赤染長浜が右京・河内・因幡国の赤染姓の人ら十九人とともにに常世連の姓を賜っている。時に外従八位下。『三代実録』仁和元年（八八六）四月十七日条には、これ以前に当郡が水災にあって口分田が流損し崩埋した。元慶四年（八八〇）使者が派遣されて調査した。その後国司がしきりに申請した結果、百姓口分田三六七町六段余歩の代わりに、不勘佃田を授けられたとある。大井川の洪水が原因か。『霊異紀』中三十九には、当郡内鵜田里の川辺の砂の中より薬師仏の木像を掘り出し、里内に堂を造ってこれをまつり、鵜田堂と名付けたとする説話がある。なお、島田市野田に鵜田寺薬師堂が現存する。下三十五にも、左大弁従四位上菅野朝臣真道の奏により、当郡の人物部古丸の冥界での願いをいれ、経師四人を召し、法華経一部を写させ平城宮の野寺に大法会を営むとする説話がある。平安末期から当郡内には質侶（しとろ）庄をはじめいくつかの大規模荘園が成立した。その多くが官牧から転化したものであり、遠江国司（守）が天皇家または院に寄進した結果成立したものと考えられる。

【参考文献】

直木孝次郎「続日本紀の多産記事」（『奈良時代史の諸問題』塙書房、一九六八年）
石上英一「質侶荘の成立と構造」（『古代荘園史料の基礎的研究』下　塙書房、一九

九七年）

（松田行彦）

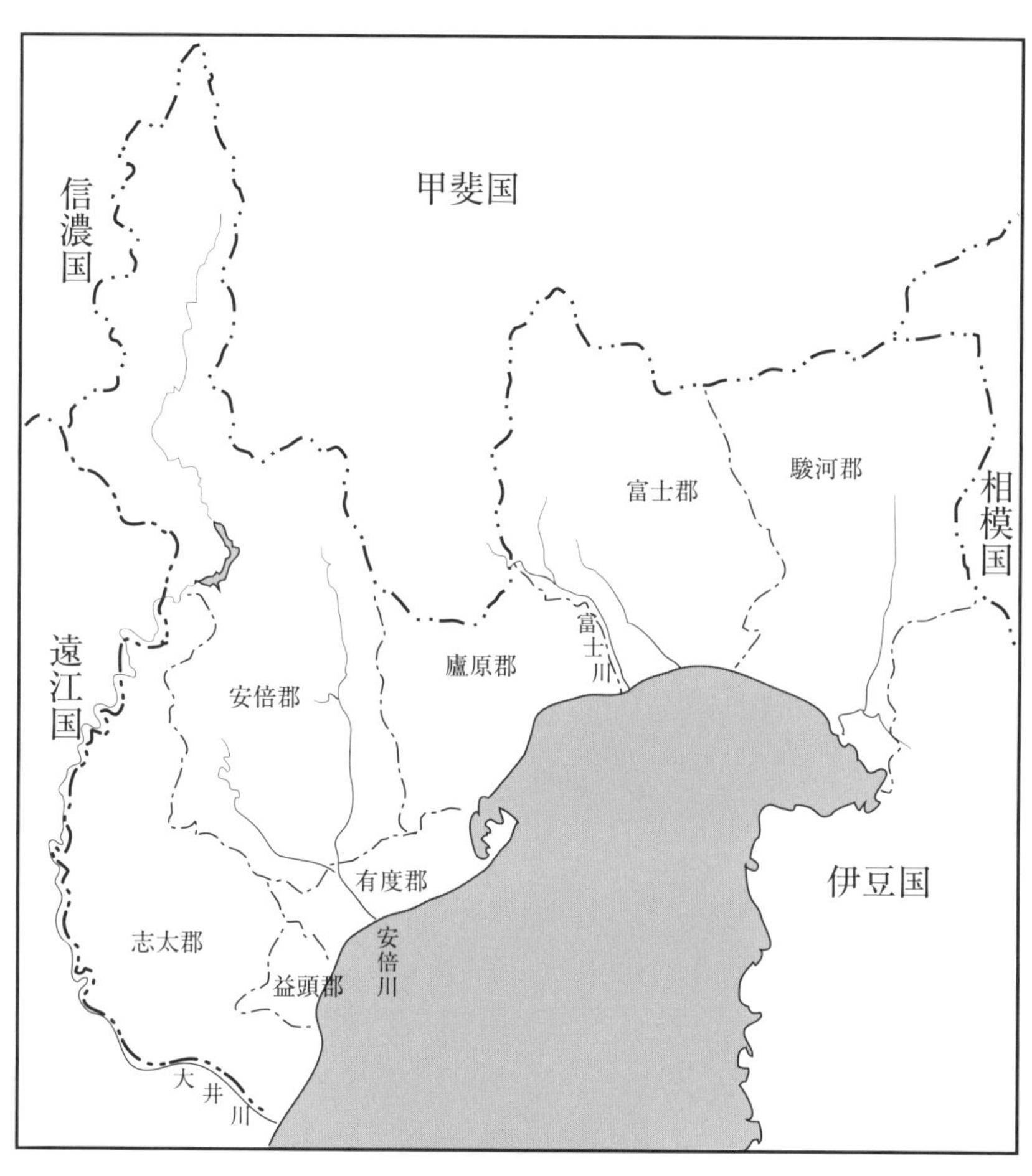

駿河国略図

駿河国・するがのくに

東海道の一国。現在の静岡県の東部にあたり、東は伊豆国・相模国、西は大井川を境に遠江国、北は富士山・赤石山脈を境に信濃国・甲斐国と接する。南は駿河湾に面している。国域の多くは山地だが、安倍川と巴川流域に広がる静清平野と、大井川と瀬戸川流域に広がる志太平野の二つの平野がある。そして、伊豆国との国境に近い狩野川・黄瀬川下流域やその西側の愛鷹山麓にも平地がある。なお、駿河国は天武九年（六八〇）に伊豆国が分置される以前は伊豆半島も含めた地域を占めていた。

律令制以前の当国は『旧事紀』国造本紀によれば、珠流河国造・廬原国造・伊豆国造が支配していたという。ただし、伊豆国造については大宝令制定以前には設置されていなかったとする説もあり、後の駿河郡と伊豆国田方郡の地域である狩野川下流域は一体的に支配されていたと考えられる。当国の古墳分布は大きく分けて、志太平野、安倍川流域、巴川・廬原川流域、浮島沼周辺域、狩野川流域の五つの地域に区分される。このうち、古墳時代前期から高塚古墳が築造されるのは、安倍川流域、巴川・廬原川流域、浮島沼周辺域の三つの地域である。

律令時代の駿河国は『延喜式』民部上によれば、志太・益頭・有度・安倍・廬原・富士・駿河の七郡からなる上国であったことがわかる。また、『和名抄』によれば、七郡五十九郷からなっていたことがわかる。なお、天武九年（六八〇）の伊豆国分置以前はその二郡（評）も属していたと考えられる。国の等級は平安時代の『延喜式』では上国だが、奈良時代の史料である天平九年（七三七）「駿河国正税帳」の国司の署名に守、掾、目はみえるが、介はみえないので、奈良時代には中国であったと考えられる。国府は安倍郡に置かれた。

駿河国の耕地面積は『和名抄』（東急本、国郡部）によれば、「九千六十三丁二段百六十五歩」とみえる。また、『延喜式』主税上には「駿河国正税廿三万束。公廨廿五万束。（以下略）」とみえる。正税の数値も標準的で、農業生産力も比較的大きかった。

『延喜式』民部上では都からの距離により中国とされ、同主計上に「行程、上十八日、下九日」とみえる。現在でも東海道は交通の要衝だが、天平十年「駿河国正税帳」からは諸国使の往来が頻繁であったことがわかる。さらに下って『三代実録』貞観六年（八六四）十二月十日条の駿河郡柏原駅を廃し、富士郡蒲原駅を富士川の東の野に遷す記事で、その理由として駿河郡が三駅二伝あって、百姓の負担が大きかったことがあげられている。

（亀谷弘明）

志太郡・しだのこおり

『和名抄』諸本に訓はないが、陸奥国玉造郡信太郷の訓「之多」（高山寺本）に従う。郡名は信□（太カ）にもつくる（平城宮木簡）。志太郡の郷は刊本・東急本では大長・大津・葦原・餘能・刑部・英原・夜梨・大野の八郷だが、写本により郷名・郷数に異同がある。最も郷数の少ない高山寺本では大津・刑部・芙原・大野の四郷である。このことは郡域の大半が大井川・瀬戸川の氾濫原で地形の時期的変動も大きかったことと関わるかもしれない。現存地名に島のつくものが多いのは古代から河川の流路がいりくみ、砂洲が点在していたことによろう。『万葉』（三四三〇）に詠まれた「志太の浦」は当郡と水上交通の関わりが深かったことを示している。現在の岡部町・東南部を除く藤枝市・島田市が郡域。郡域の北東部は山地で、西南部に大井川が流れ、遠江国との境であった。

天平十年「駿河国正税帳」には「志太郡、天平九年定穀参万伍阡伍伯参拾陸斛肆斗捌升（振入三千二百卅斛五斗九升、斛別入一斗、）定参万弐阡参伯伍斛捌斗玖升」との志太郡正倉の穀数がみえ、当郡の郡領氏族として「郡司少領外従七位下艶前舎人（欠名）」もみえる。志太郡家関連遺跡としては、現藤枝市南駿河台一丁目の御子ヶ谷遺跡がある。同遺跡は八世紀前半～九世紀の建物群（約三十棟）や板塀、井戸などが検出され、「志大領」（志太郡の大領のこと）「志大」「志太少領」「主帳」「志厨」などの記載の墨書土器が多数出土していて、志太郡家跡と考えられている。この御子ヶ谷遺跡から出土する須恵器は、律令期から操業が開始される瀬戸川流域の助宗古窯址群（古代の益頭郡西刀郷？）の製品である。助宗窯産の須恵器は御子ヶ谷遺跡と瀬戸川を挟んで近接する益頭郡家関連遺跡の郡遺跡からも出土しているが、のみならず駿河国東部の遺跡での出土もあって、土器の広域の流通は注目される。しかし、それ以上に隣接する志太郡と益頭郡の密接な関係が指摘できる。御子ヶ谷遺跡からは「益厨」銘（益は益頭郡のことであろう）の墨書土器が出土していることもそれを示している。

　志太郡・益頭郡の律令制以前の古墳分布については、四・五世紀の大型前方後円墳がほとんどなく、方形周溝墓が中心である点が注目される。このことと国造本紀の記載順（通常、国造本紀の国造は東から記載されるが、珠流河国造は廬原国造よりも先に記載されている）から、ある時期に珠流河国造の勢力が廬原国造の支配領域より西の志太郡・益頭郡の一部にも及んでいたとする説もあり、妥当であろう。

（亀谷弘明）

益頭郡・ましづのこおり

『和名抄』（刊本・東急本）の国郡部に「末志豆」の訓がある。郡名は益津、益豆にもつくる。益頭、益津の地名の由来はいわゆるヤマトタケル伝承にみえる「焼遺」（『古事記』景行段）、「焼津」（『書紀』景行四十年是歳条）で、ヤキツがエキツに変化し益頭、益津と表記され、マシヅと訓じられるようになったのだろう。益頭郡は西刀・澤食（会）・朝夷・飽波・八田・物部・益頭・高楊・小河（何）・新居の十郷からなる（ただし、高山寺本は小河・新居を欠き、名市博本は新居を欠く）。現焼津市全域および藤枝市・岡部町の一部が郡域。

　郡名の初見は神亀元年（七二四）十月の平城宮木簡に「益頭郡高楊郷中家里」とみえるものである。また、天平十年（七三八）「駿河国正税帳」に「益頭郡、天平九年定穀肆万肆阡伍伯壱拾参斛陸斗、振入四千冊六斛六斗九升、斛別入一斗、定肆万肆伯陸拾陸斛玖斗壱升」との記載がある。下って『続紀』天平宝字元年（七五七）八月十三日条によれば、駿河国益頭郡人金刺舎人麻自が蚕児の文字を成した瑞を献上し、同年八月十八日に天平勝宝から天平宝字に改元する。一方、平安時代に入り、天暦八年（九五四）に益頭郡司伴成正・判官代永原忠藤らが殺害され、翌年に国司介の橘朝臣忠幹も殺される事件がおこり、その翌年同国の国司以下に帯剣が許されている（『朝野群載』天暦十年六月二十一日「駿河国司解」）。

　当郡の式内社は神神社、飽波神社、那閇神社、焼津神社の四座が所在。郡家関連遺跡としては現藤枝市立花・郡・大手の郡遺跡が地名や「益厨」銘の墨書土器の出土から注目される。また、当郡には『延喜式』兵部省所載の小川駅が所在。

　当郡の氏族としては、前掲の金刺舎人麻自が当郡の人である。また、木簡史料等で宇刀部、他田臣、他田部、丈部、石部、宇治部、刑部、矢田部が確認される。『和名抄』の郷名の物部郷から物部の分布も想定できる。

（亀谷弘明）

有度郡・うどのこおり

『和名抄』（刊本・東急本）の国郡部に「宇止」の訓がある。内屋・眞壁・他田・新居・託美・嘗見・會星の七郷からなる（名市博本は嘗見・會星を欠く）。また、託美を詫美につくる）。以上の『和名抄』の郷の他、平城宮木簡に「易美郷上里」「山家郷竹田里」「□度里」などの郷里がみえる。郡名の初見は天平九年（七三七）十月の平城宮木簡に「有度郡山家郷竹田里」とみえるものである。また、在地の現静岡市駿河区大谷の神明原・元宮川遺跡から「相星五十戸」と書かれた木簡が出土し、五十戸という表記から七世紀代に遡る地名であろう。有度郡は現在の静岡市駿河区の南部および清水区の一部、さらに岡部町の一部も含んだ地域である。郡域の南で駿河湾に面して静岡市駿河区大谷から清水区駒越南町にかけて有度浜が広がっている。この浜は有度山の南側の急崖の下に所在。『枕草子』（二〇五段）に「浜は、有度浜、長浜、吹上の浜、打出の浜、もろよせの浜、千里の浜、広う思ひやらる」とみえる。

当郡の氏族としては、まず、有度君・有度部が注目される。天平十年「駿河国正税帳」に、「郡司少領外正八位上有度君（欠名）」とある有度君は当郡の郡領氏族である。また、部姓の有度部の中にも天平十年「駿河国正税帳」の「防人部領安倍団少毅従八位上有度部黒背」のように郡司クラスのものもいた。有度部は宇刀部、有刀部にもつくり、有度郡に広く分布し、他に志太郡、益頭郡、安倍郡にも分布していた。なお、『万葉』（四三三七）には郡名は記されていないが、上丁有度部牛麿がみえる。有度郡の郡領氏族として、他に天平十年「駿河国正税帳」の「当国使有度郡散事他田舎人広庭」などの他田舎人がいた。

当郡の式内社は伊河麻神社、池田神社、草薙神社の三座が所在。現静岡市の片山廃寺は駿河国分寺とする説と有度君の氏寺とする説に分かれる。この郡の交通については、現静岡市駿河区曲金北遺跡で古代東海道に推定される道路遺構が検出されたことが特筆される。

（亀谷弘明）

安倍郡・あべのこおり

『和名抄』にみえる郡名。川辺・埴（植）生・広伴・葛間・美和・川津・八祐（社）・横（模）太の八郷からなる。他に『和名抄』にみえない郷里として平城宮木簡に「泉屋郷栗原里」がみえる。郡名は『姓氏録』右京皇別下の廬原公の項にみえる「阿倍廬原国」の阿倍国に由来するか。古代の安倍郡は現在の静岡市葵区および駿河区のうち南部を除く地域にあたる。東は廬原郡、西は益頭郡、南は有度郡に接し、北には中央高地がせまっている。天平七年（七三五）十月の平城宮木簡に「安倍郡／泉屋郷栗原里」とみえるのが郡名の初見。天平十年「駿河国正税帳」に、「安倍郡、天平九年定穀伍万玖阡陸伯肆拾伍斛参斗弐升、（振入五千四百廿二斛三斗、斛別入一斗、）定伍万肆阡弐伯拾参斛弐升」とある。当郡には『和名抄』（東急本）の国郡部に「国府、在安部（ママ）郡、行程上十八日、下九日」とあるように、駿河国府が所在した。また、当郡には軍団の安倍団が置かれていたことが、天平十年「駿河国正税帳」に、「防人部領安倍団少毅従八位上有度部黒背」とみえることからわかる。『延喜式』神名帳にみえる安倍郡の式内社は七座で、そのうち神部神社は駿河国惣社とされる。

当郡に関わりの深い氏族としては、郡名の由来ともなった阿倍氏で、その阿倍系氏族である丈部の分布が確認されている。また、「正税帳」には安倍郡散事として横田臣、半布臣がみえ、それぞれ当郡の横太郷、埴生郷に本拠を置く氏族と考えられ、他に有度郡散事の川辺臣も安倍郡川辺郷が本拠の氏族とみられる。これら郷名氏族は川辺郷、横太郷など国府周辺に居住して郡散事として郡務に従事するだけではなく、国庁の職務を負担することもあったと思われる。さらに国府周辺の郷には国庁の官人が多く居住していたと考えられ、国府所在郡としての安倍郡の特殊性といえよう。『万葉』（一一八四）にみえる阿倍市も国府付属の市であるとする説があるが妥当であろう。前掲の平城宮木簡の「泉屋郷栗原里」は現静岡市駿河区栗原付近に比定され、この木簡からは内陸の郷から海産物の堅魚煎（カツオの煮汁）を中男作物として貢進していたことがわかり、おそらく阿倍市での交易により調達したものと推測される。

（亀谷弘明）

廬原郡・いほはらのこおり

『和名抄』（刊本・東急本）ともに「伊保波良」の訓がある。西奈・大井・河名・廬原・蒲原・息津の六郷からなる。郡名は『旧事紀』国造本紀にみえる廬原国造にちなむ。古代の廬原郡は現在の富士川町・由比町に、静岡市清水区の大半も含めた地域であった。東は富士郡、西は安倍郡・有度郡と接し、北は甲斐国（山梨県）に接していた。南は駿河湾で多胡の浦が広がっていた。郡名の初見は天平七年（七三五）十月の平城宮木簡に「五百原郡川名郷石西里」とみえるものだが、それ以前の七世紀後半の飛鳥京木簡に同郡の河名郷に相当すると思われる「川奈五□（十カ）戸」がみえる。『続紀』天平勝宝二年（七五〇）三月十日条に、駿河守従五位下楢原造東人等が部内廬原郡多胡浦の浜から黄金を得て献上し、東人等は勤臣の姓を与えられたとある。

当郡の式内社は御穂神社、久佐奈岐神社、豊積神社が所在した。氏族では国造本紀の廬原国造が注目される。『姓氏録』にも廬原公がみえ、『古事記』孝霊段にも五百原君がみえる。これらの史料によれば、廬原氏は吉備氏と同祖とする伝承が存在したことがわかる。『書紀』天智二年（六六三）八月十三日条には百済救将として廬原君臣がみえ、彼が白村江の戦で水軍を率いたことが推測され、前掲の『古事記』孝霊段では角鹿海直とも同祖とされるので、廬原氏はこの地域の海人を統率していた氏族と考えられる。廬原郡家については、現清水区草ヶ谷とする説と清水区尾羽とする説があるが未詳。尾羽には白鳳寺院の尾羽廃寺も所在し、廬原氏の氏寺に想定する説もある。

（亀谷弘明）

富士郡・ふじのこおり

『和名抄』（刊本・東急本）に「浮志」の訓がみえる。島田・小坂・古家・蒲原・驛家・大井・久弐・姫名・神戸の九郷からなる（高山寺本は蒲原・驛家・大井・神戸を欠き、名市博本は蒲原・大井・神戸を欠く）。郡域は現在の富士市・富士宮市・芝川町で、富士山が郡北東部にあって、その裾野が広がっており、さらにその西側に富士川が流れ、下流域には氾濫原も広がっていた。郡名の初見は天平七年（七三五）十月の平城宮木簡に「嶋田郷鹿野里」「古家郷小嶋里」「久弐郷野上里」とともにみえるものである。下って『東大寺要録』天平十九年九月二十六日「勅旨」に東大寺の封戸一〇〇〇戸のうち、「駿河国百戸（益頭郡五十戸 富士郡五十戸）」がみえる。また、年代未詳の正倉院調庸関係銘文に「駿河国富士郡久弐郷戸主□□□□調布壹端□」とみえる。式内社は倭文神社、浅間神社、富知神社が所在。浅間神社は現富士宮市宮町の富士山本宮浅間大社に比定される。古代から富士山に対する信仰はあって、これは『三代実録』

貞観六年（八六四）五月二十五日条で駿河国が富士山の噴火を報告したように、噴火と富士山信仰は大きく関わるようになる。富士郡に関わる氏族としては『書紀』皇極三年（六四四）七月条に東国の不尽河辺の人としてみえる大生部多がいる。他に平城宮木簡に大伴部、中臣もみえる。なお、富士郡家は現富士市伝法三日市付近とする説がある。

（亀谷弘明）

駿河郡・するがのこおり

『和名抄』（刊本・東急本）の国郡部に訓は「与レ国同」とあり、『和名抄』（名市博本）には「スルカ」の訓がある。郡名は国名と同名で、スルガの地名の語源は「汁処（しるか）」（沼の地の意）、「州（す）ル処（が）」（砂洲のある所。郡域には千本浜の砂洲もある）とする説などがあるが未詳。

　駿河郡の郷として『和名抄』には柏原・矢集・子松・古家・玉造（玉作）・横走・駿河・山埼・宍人（完人）・永倉・宇良の十一郷がみえる。平城宮木簡には「柏原郷小林里」「柏原郷浮嶋里」「古家郷川津里」「古家郷井辺里」「古家郷猪津里」「宇羅（良）郷榎浦里」「宇良郷菅浦里」などの郷里名がみえる。郡域は西は富士郡、東は伊豆国・相模国、北は甲斐国と接し、南には駿河湾が広がる。愛鷹山麓が西に広がり、箱根山麓が東にあり、その間に黄瀬川が流れている。現在の沼津市・清水町・長泉町・裾野市・御殿場市・小山町が郡域である。

　郡名の初見は年代未詳の藤原宮木簡に「□□（河カ）評柏原里玉作部下□」とみえるもので、大宝令以前の評制下の駿河評の地名が確認される。

　この郡に関わりの深い氏族としては、『旧事紀』国造本紀にみえる珠流河国造で、その支配領域は駿河郡のみならず富士郡、さらに伊豆国田方郡にまで及んでいたと思われる。『続紀』延暦十年（七九一）四月十八日条に「駿河国駿河郡大領正六位上金刺舎人広名為二国造一」とあり、金刺舎人氏が珠流河国造であったと考えられる。金刺舎人氏は他に天平宝字二年（七五八）の平城宮木簡の荷札に専当郡司として「郡司少領正六位下金刺舎人足人」がみえ、郡領氏族であった。他に同郡の郡領氏族として天平九年（七三七）「駿河国正税帳」に「郡司少領外従八位上壬生直信陁理」がみえる。なお、この壬生直信陁理については、天平宝字四年十月の平城宮木簡に専当郡司としてみえる「郡司大領外正六位下生部□□□理」が同一人物と考えられる。他に駿河郡の氏族として、春日部、玉作部、若舎人部、金刺舎人部、大伴部、車以部、津守部、丈部、矢田部、弓削部なども分布していたが、全体的に舎人、名代、子代が多く律令制以前の当地域とヤマト政権との密接な関係がうかがわれる。また、伊豆国田方郡と共通する氏族も多く、両地域は律令制以前に一体の地域であったと思われる。なお、『万葉』（五〇七、一四二〇）にみえる駿河采女は駿河郡出身の采女であろう。

駿河郡家は駿河郷（比定地は現沼津市大岡付近か）にあったとする説がある。『延喜式』神名帳には式内社として丸子神社、桃沢神社の二社がみえる。

当郡は東海道の交通の要衝で、『延喜式』兵部省の駿河国の駅馬のうち、長倉、横走の駅家が属していた。また、同じく伝馬は駿河郡家および横走駅に設置されていた。この郡の交通、公使の往来が頻繁であったことは、貞観六年（八六四）に駿河郡柏原駅を廃し、富士郡蒲原駅を富士川の東の野に遷したが（『三代実録』同年十二月十日条）、その理由は駿河郡が三駅二伝あり、百姓の負担が大きかったことであることからもうかがわれよう。

（亀谷弘明）

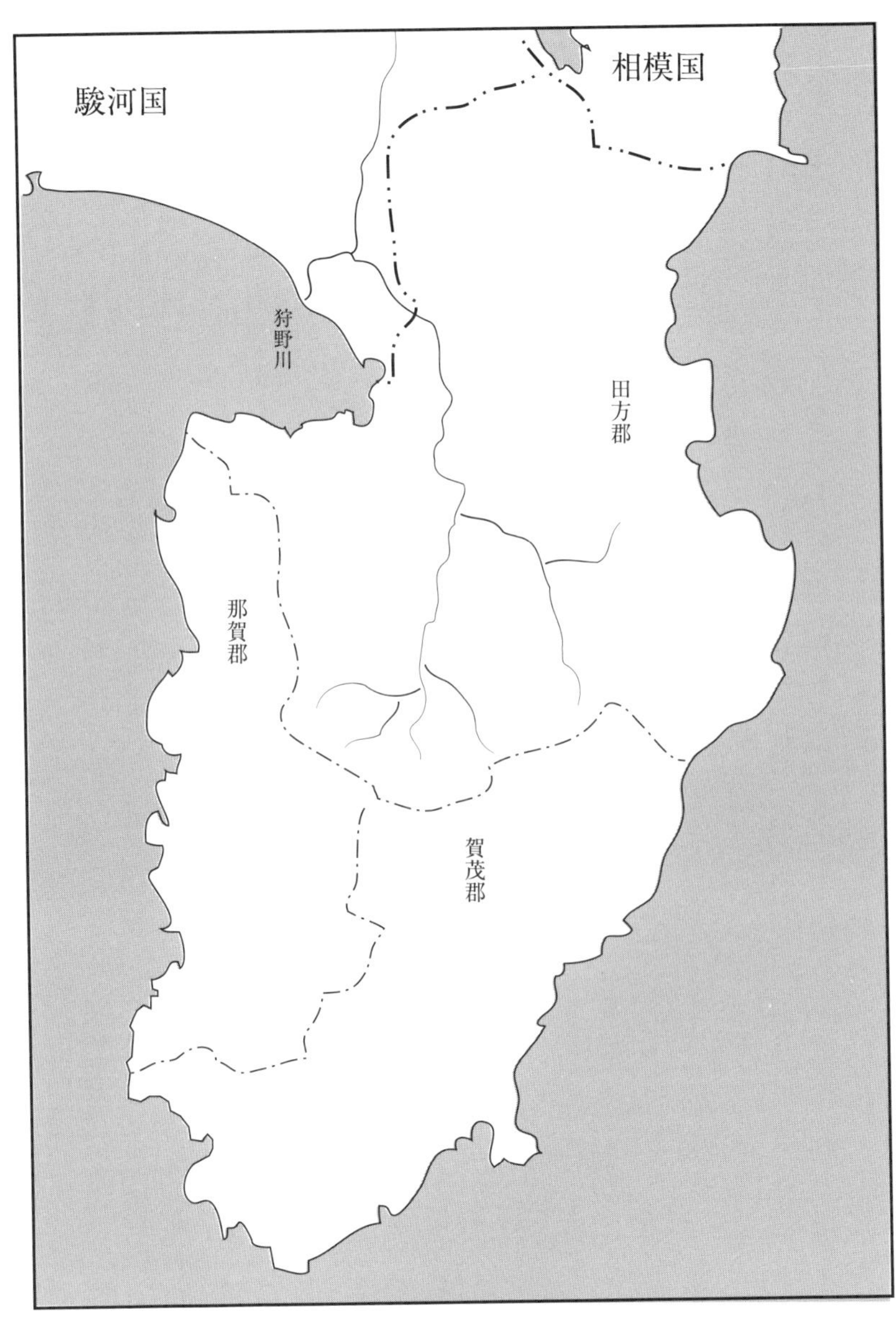

伊豆国略図

伊豆

伊豆国・いずのくに

東海道に属す。現在の静岡県東南部で、伊豆半島および伊豆諸島を国域とする。北西は駿河国、東は相模国に接する。西は駿河湾、東は相模湾に面する。国府は田方郡に置かれ、現在の三島市三嶋大社付近に比定される。『延喜式』神名上・民部上によれば田方・賀茂・那賀の三郡から構成される。『延喜式』民部上によれば国の等級は下国で、都からの遠近は中国に位置付けられる。国名は温泉が多いことから「湯出づ」が訛ったとの説がある。『旧事紀』国造本紀には、神功皇后の時、若建命を伊豆国造に定めたとあり、孝徳朝に駿河国に属し、天武朝に再び分置されたと伝承する。一方、『扶桑略記』によれば、天武九年（六八〇）に駿河の二郡を割いて伊豆国を置いたと記す。大型古墳や氏族の分布などからすれば、駿河国と伊豆国は古くから一体であったと考えられ、天武朝に分置されたと考えられる。

『書紀』応神五年十月条に、「伊豆国」に命じて、「枯野」という船を造らせたとあるのが国名の初見だが潤色か。同三十一年八月条には枯野と名付けられた「官船」が朽ち果て、利用できなくなったので、薪として塩を焼き、燃え残りから琴を作ったと伝承する。『万葉』四三三六番歌と四四六〇番歌には「伊豆手船」が詠まれ、伊豆地方特有の造船技術が存在した。ちなみに、『和名抄』によれば伊豆国田方郡に狩野郷があり、『延喜式』神名上には田方郡二十四座の一つに「軽野神社」がみえる。『書紀』に天武四年（六七五）、麻続王を伊豆島へ流したとあるのをはじめとして、伊豆国へは大津皇子の帳内礪杵道作や役小角らが配流されている。神亀元年（七二四）には遠流の地と定められ、以後も多くの罪人が流された。二条大路木簡などによれば、伊豆国の沿岸部の郷里からは調の荒堅魚が大量に都へ貢進されている。また伊豆諸島における噴火や地震の記載も多くあり、三嶋神を中心とする神祇信仰や卜部平麻呂を代表とする卜部集団の活動とは密接な関係が考えられる。天平十一年（七三九）の「伊豆国正税帳」には、蓄積された穀は七万六四七〇石余が計上されている。式内社の数は、三郡合計で九十二座あり、賀茂郡に属する西海岸および伊豆諸島に濃密な分布を示す。ちなみに、三嶋大社は『延喜式』では賀茂郡に所在したとあり、平安時代後期に田方郡へ遷座したと考えられる。

【参考文献】

仁藤敦史「スルガ国造とスルガ国」（『裾野市史研究』四、裾野市史編纂委員会、一九九二年）

同「伊豆国造と伊豆国の成立」（千葉史学会編『古代国家と東国社会』高科書店、一九九四年）

同「伊豆国の成立とその特殊性」（『静岡県史研究』一二、一九九六年）

同「駿河・伊豆の堅魚貢進」（静岡地域史研究会『東海道交通史の研究』清文堂、一九九六年）

（仁藤敦史）

田方郡・たがたのこおり

『和名抄』国郡部に刊本・東急本は「多加太」、名市博本は「タカタ」の訓を付す。『延喜式』神名上・民部上には「タカタ」の訓がある。郡名は山間に田地が開けている地形にちなむか。『和名抄』によれば新居（にい）・小河（おがわ）・直見（たたみ）・佐婆（さば）・鏡作（かがみつくり）・茨城（いばらき）・依馬（えま）・八邦（やくに）・狩野（かのう）・天野（あまの）・吉妾（きしょう）・有弁（うさい）（雑）・久寝（くすみ）の十三郷より構成される。平城宮木簡には棄妾郷瀬前（埼）・許保・御（三）津、有参郷多（田）我・桜田里、久自牟郷坂上・坂本里などの郷里名も見える。

郡域は狩野川流域で、伊豆半島の中央部から北部に位置する。現在の沼津市東南部および三島市・熱海市・伊東市・伊豆市・伊豆の国市・函南町の六市一町にまたがる地域。

令制前は珠流河（するが）国造の領域であったと推定され、『扶桑略記』には天武九年（六八〇）に駿河国の二郡を割いて伊豆国を設置したとあり、この「二郡」が評制段階の田方評と賀茂評に想定されている。郡名の初見は、藤原宮木簡に「伊豆国田方郡□（久カ）自牟里次丁二分調□（荒カ）」とあるもので、「久自牟里」は後の久寝郷に比定される。本郡を本拠とした氏族としては『続紀』天平十四年（七四二）四月条にみえる日下部直から改姓した伊豆国造伊豆直氏がおり、「伊豆宿禰系図」によれば以後、代々の田方郡領を世襲している。正倉院調庸墨書銘によれば、主帳として外従八位下矢作部上麻呂の名がある。二条大路木簡にみられる堅魚貢進物付札などの記載によれば、部民として檜前舎人部・金刺舎人部・若舎人や（膳）大伴部・大生部・生部・春日部・物部・宍人部などが多く見え、矢作部・倭文部・玉作部・神人部・語部・茜部・日下部・津守部なども確認される。舎人関係の部民や壬生部関係の部民が多いことからすれば、六世紀以降に部民の設定が本格化したと推定される。

本郡には東海道から分岐した現在の三島大社の西方に伊豆国府が置かれ、周辺には国分寺・国分尼寺も存在した。国府の具体的な所在地については不明だが、国分寺については三島市泉町の国分寺（旧蓮行寺）付近、国分尼寺については三島市六ノ乗付近に比定され、前者では塔心礎の遺構が知られている。田方郡家（ぐうけ）については三島市中島の中島遺跡が有力視されている。延暦二一年（八〇二）、富士山の噴火により東海道の足柄路が不通となり、迂回路として一時箱根路が採用されたが、翌年には復旧している。この箱根路のルートは明らかではないが、当郡の伊豆国府を経由して芦ノ湖の南側に至る道が想定されている。また承和七年（八四〇）には、駿河郡百姓の負担を考慮して、同郡内の三駅（柏原・永蔵・横走）のうち、永蔵駅を伊豆国田方郡に遷置したが、貞観六年（八六四）までには再び所管は駿河郡に戻されている。式内社としては大社の楊（やなぎ）原（はら）神社を含む二十四座がみえる。三島大社は賀茂郡に含まれているので、平安後期の遷座が想定されている。『文徳実録』斉衡二年（八五五）九月甲戌条によれば、伊豆国大興寺を定額寺とし、海印寺別院とするとあり、大興寺は孝子大部富賀満が建立したとあるが、現在の三島市の市ヶ原廃寺に比定する説がある。

天平十一年（七三九）の「伊豆国正税帳」には前年度の正税穀として五万九十二石余の記載があり、一郡で伊豆国の全体の蓄積量七万六〇〇〇石余の約三分の二を占めている。『書紀』応神五年十月条には伊豆国に命じて枯野という船を造らせたとあるが、郡内には狩野郷があり、郡内の式内社に軽野（かろの）神社（伊豆市松ヶ瀬字神田）がみえ、その船材は天城山（狩野山）から伐採し、松ヶ瀬で建造したと伝えられる。また天平勝宝七年（七五五）の年紀を有する正倉院調庸墨書銘によれば「田方郡依馬郷」から調布が貢進されている。

依馬郷　現在の伊豆の国市北江間・南江間付近に比定される。天平勝宝七年（七五五）の年紀を有する正倉院調庸墨書銘によれば「田方郡依馬郷」に居住する委文連大川により調布が貢進されている。郷内の北江間大北二四号横穴出土の石櫃銘には線刻で「若舎人」と記されている。若舎人は壬生部を出身母胎とする舎人と推定される。

吉妾郷　現在の沼津市西浦木負付

近に比定される。当郷から貢進される荒堅魚製品は、他郷にはみられない「一斤十五両」という小分けされた記載があり、「連節」の記載も少ないことから、他郷よりも大型で粒選りな堅魚製品が貢納されたらしい。（膳）大伴部が多く分布することから、膳部による令制前からの伝統を引くものと考えられる。

（仁藤敦史）

那賀郡・なかのこおり

『和名抄』国郡部に刊本・東急本は「奈加」、名市博本は「ナカ」の訓を付す。『延喜式』神名上には「ナカ」の訓がある。「仲」（藤原宮木簡）、「那珂」「中」（平城宮木簡）にもつくる。郡名は田方・賀茂両郡に挟まれていることにちなむか。『和名抄』によれば井田・那賀・石火の三郷より構成される。平城宮木簡には都比郷湯辺・有覚里、丹科郷多具・江田里、射鷲（和志）郷和太・庭科里、入間郷中村・売良里、石火郷石火里などの郷里名も見える。郡域は伊豆半島南西部を占める。現在の賀茂郡南伊豆町の一部に松崎町・西伊豆町・伊豆市土肥・沼津市戸田の二市三町にまたがる地域。令制前は珠流河国造の領域であったと推定され、『扶桑略記』には天武九年（六八〇）に駿河国の二郡を割いて伊豆国を設置したとある。郡名の初見は、藤原宮木簡で、「伊豆国仲郡」とあり、大宝令の郡制施行当初から当郡が存在したことが確認される。式内社は二十二座の小社が鎮座する。

（仁藤敦史）

賀茂郡・かものこおり

『和名抄』国郡部の名市博本は「カモ」の訓を付す。『延喜式』神名上には「カモ」の訓がある。藤原宮木簡にみえる「鴨評」は当郡を示す可能性がある。郡名は郡内の式内社「加毛神社」の名前にちなむか。『和名抄』によれば賀茂・月間・川津・大社・三嶋の五郷より構成される。平城宮木簡には三嶋郷三嶋里、川津郷賀美・賀茂・神竹・湯田里、築間郷山田・蒲沼里、賀茂郷題詞・川合・湯辺里、色日郷鯉名・大背・中村里、稲梓郷稲梓里などの郷里名も見える。郡域は伊豆半島南東部に位置する。現在の下田市、東伊豆町・河津町・南伊豆町の一市三町にまたがる地域。令制前は珠流河国造の領域であったと推定され、『扶桑略記』には天武九年（六八〇）に駿河国の二郡を割いて伊豆国を設置したとあり、この「二郡」が評制段階の田方評と賀茂（鴨）評に想定されている。郡名の初見は、天平二年（七三〇）の麁堅魚貢進物付札で、「伊豆国賀茂郡川津郷湯田里」とある。郡内には式内社として三嶋社など四十六座が鎮座する。

（仁藤敦史）

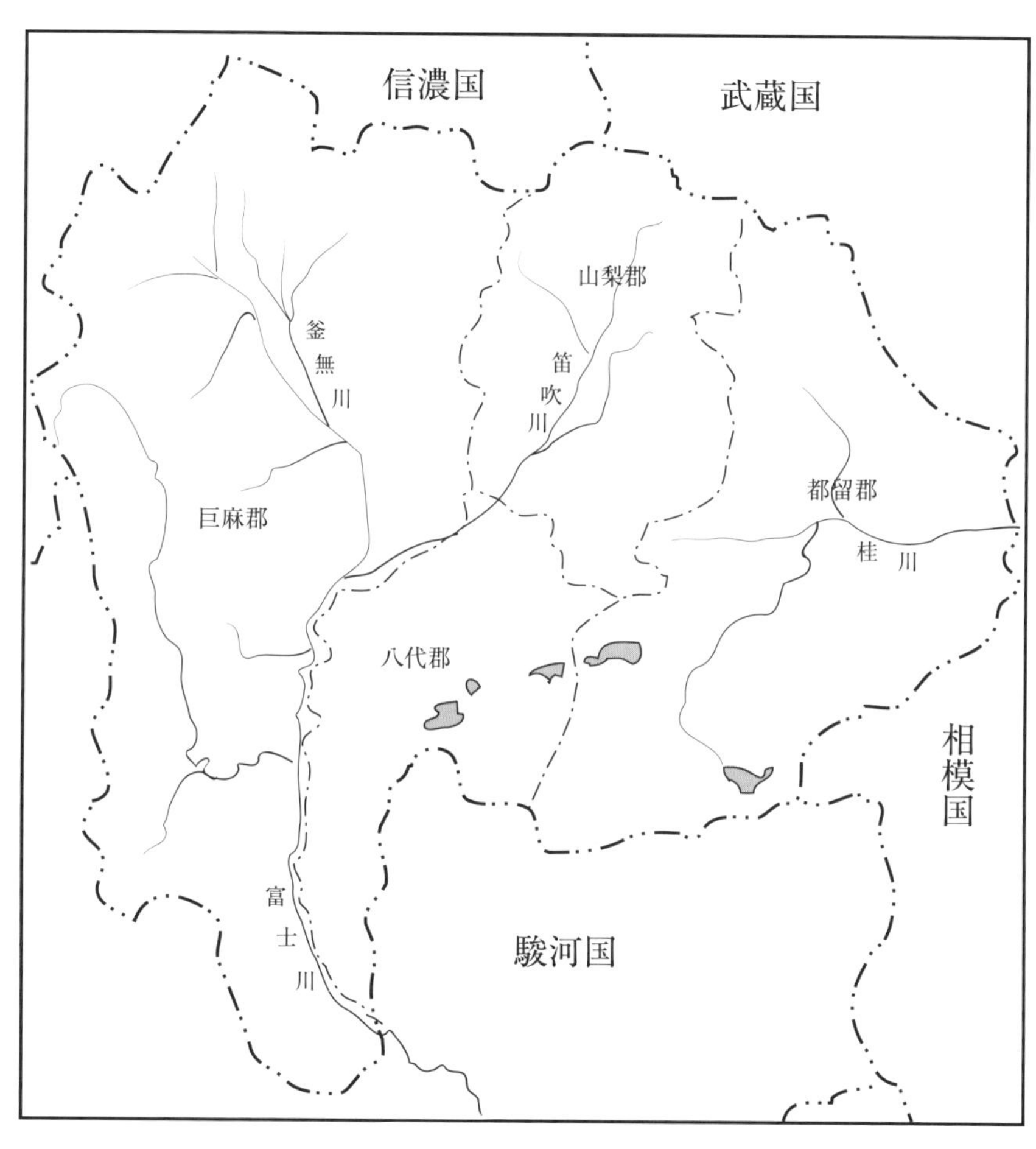

甲斐国略図

甲斐

甲斐国・かいのくに

大化前代の甲斐に関する伝承として、ヤマトタケルが東征の折に甲斐国酒折宮に立ち寄り、御火焼老人と歌を交わしたという「記紀」の説話や、雄略天皇が木工猪名部真根の罪を赦すために甲斐の黒駒に乗った使いを刑場に向かわせ、その刑を中止させたという説話（『書紀』雄略十三年九月条）、そして、甲斐国造の祖を開化天皇の孫の狭穂彦王（沙本毘古王）とする系譜伝承などが知られる（『古事記』・『旧事紀』国造本紀など）。いずれも甲斐国造のヤマト政権との関係を示唆する伝承として重要であるが、その支配の様相は定かではない。一般に、甲斐国造の支配領域は、令制甲斐国のそれとほぼ重なり合うとみなされている。ただし、都留郡地域は部民構成の点などで相模国と相通性があり、甲府盆地を中心とする国中地方とは、政治的にも文化的にも異なる背景や経緯があったことは想像に難くない。令制の甲斐国の成立は、大化改新時の国境策定にさかのぼると考えられるが、古代の文献上に甲斐の国名が明確に現れるのは、天武元年（六七二）の壬申の乱に大海人皇子方の騎兵として参戦した「甲斐の勇者」が最初である。ただし、大宝律令の施行された大宝二年（七〇二）に梓弓五〇〇張を献上したことを記す『続紀』同年二月己未条には「歌斐国」とあり、国名の表記がまだ甲斐に統一されていなかったことを示している。

また、令制甲斐国の領域はほぼ現在の山梨県と同じと考えられ、山梨・八代・巨麻（現在は巨摩）・都留の四郡の名は、近代から現代に至る行政区分の郡・市名にそのまま引き継がれている。しかし、このうち都留郡の領域については、平安時代の初め頃まで相模国との間に国界をめぐる争いがあったことが知られ（「都留郡」の項参照）、いくらかの変動があったことをうかがわせる。『延喜式』での国の等級は上国であるが、奈良時代には下国もしくは中国であったらしく、しかも上国の官員である介が令制通りに置かれたのは貞観七年（八六五）のことであり（『三代格』）、その後も介の待遇や史生の定員などが中国並みである点からすれば、かなり変則的な上国であったと思われる。国府の所存地については不明であるが、『和名抄』に「国府在二八代郡一」とある記述などにより、はじめ山梨郡にあった（笛吹市春日居町に国府の地名が残る）ものが、のちに八代郡に移された（笛吹市御坂町の国衙がその遺称か）というのが通説である。東海道に属する甲斐国は、『延喜式』によれば、横走駅（静岡県御殿場市）で本道から分岐して、国内の水市（山中湖村付近）―河口（富士河口湖町）―加吉（笛吹市御坂町）の三駅を経て国府に至る支路によって中央に結ばれていた。なお、甲斐国の「かひ」の語源については、山と山の狭間を意味する「峡」とするのが通説であったが、『万葉』の不尽山を詠った歌に見える「なまよみの甲斐国」の解釈から、「半黄泉国」すなわち他界と現世の交叉する境界を意味する「交ひ」に通じ、「山隠る死者への国」とみなす説が有力である。また、甲斐国は東海道に属しながら、信濃方面の東山道とも隣接するという東海・東山両道の結節点に位置しており、二つの地域の境界、すなわち行政上の「交ひの国」と解釈する説もある。

（原正人）

山梨郡・やまなしのこおり

『和名抄』には「夜万奈之」と訓ずる。管する郷は十郷であるが、そのうち、於曾・能呂・林部・井上・玉井の五郷を山梨東郡、石禾・表門・山梨・加美・大野の五郷を山梨西郡としている。郡域は、現在の甲州市・山梨市のほぼ全域に加え、笛吹市の一宮町・御坂町・石和町から甲府市の東部にかけてと推定される。郡を二分して表記する例は、一般には平安時代の中期以降に通有する現象であるが、本郡の場合、建郡の当初から、一宮町・御坂町方面と春日居町方面とに大きく二つの勢力が対峙していたことが、後期古墳の分布等からも推定されている。なお、甲州市勝沼町出土の康和五年（一一〇三）の銘を持つ経筒に「東海道甲斐国山東郡内牧山村」とみえる「山東郡」も、山梨東郡の略称と考えられる。

郡名の初見は、正倉院宝物の調庸白絁金青袋に「□斐国山梨郡可美里日下部□絁一匹和銅七年十月」とある墨書名であり、このほか平城宮跡から出土した「甲斐山梨郡雑役胡桃子一古」（表）「天平宝字六年十月」（裏）と墨書された木簡二点と、「□斐国山梨郡加美郷丈部宇万呂六百文」（表）「天平宝字八年十月」（裏）と墨書された木簡などから、当郡とのつながりの一端が知られる。

郡名と同じ山梨郷に本郡の郡家が所在していたとみる説が有力で、その郷域に比定される笛吹市春日居町には、法起寺式伽藍をもつ県内最古の白鳳寺院である寺本廃寺跡、初期国府跡もしくは山梨郡家跡の一部ではないかとみなされる国府関連遺跡などがあり、当郷が古代甲斐の政治・文化の中心地であったことは明白である。さらに、『延喜式』神名帳に記載される山梨郡「山梨岡神社」を同町鎮目に鎮座する同名社にあてる説が強く、郡名もこの神名に由来するという説もある。一方、笛吹市一宮町の国分には国史跡に指定されている甲斐国分寺跡、その北に隣接する同町東原に甲斐国分尼寺跡があることから、奈良時代の一定期間、この近傍に国府が置かれていた可能性を想定する説もある。ただしこの付近は林部郷の比定域内に属するため、『和名抄』に「国府在㆓八代郡㆒」とする記事と整合しない点でなおも疑問は残る。

本郡を本拠とした氏族としては、前掲木簡に記載された日下部・丈部のほか、天平十年（七三八）の「駿河国正税帳」に山梨郡散事として名の見える小長谷部、『続紀』延暦八年（七八九）六月庚辰条に改姓記事が見える百済系渡来人の要部、『続後紀』承和十一年（八八四）五月丙中条の大伴直・三枝直（後に宿禰）、『三代実録』元慶八年（八八四）十一月五日条の清原真人らが知られる。また、行基開創の寺伝をもつ甲州市勝沼町の大善寺は、平安初期の薬師三尊像を蔵する名刹であるが、甲斐源氏勃興以前の甲斐の雄族である三枝氏一族が創建に関わった寺院として有名である。

（原正人）

八代郡・やつしろのこおり

『和名抄』では「夜豆之呂」と訓ずる。管郷は八代・長江・白井・沼尾・川合の五郷で、現在の笛吹市八代町・境川町と御坂町の一部・甲府市南部（旧中道町）・西八代郡のほぼ全域に加え、南巨摩郡の身延町・南部町の富士川左岸部、および南都留郡富士河口湖町足和田の西湖付近までを郡域に含むとみられる。このうち、白井郷に比定される旧中道町の曽根丘陵一帯には、銚子塚古墳・丸山塚古墳に代表される大型前期古墳が密集しており、甲斐の伝統的政治勢力の根拠地であった。また、『和名抄』に「国府在㆓八代郡㆒」と記され、笛吹市御坂町国衙をその遺称地とみなす説が有力であるが、同所は山梨郡との郡境に位置することや、笛吹市春日居町国府を初期国府の所在地とみなす説もあることなどから、国府が当初からここにあったかは微妙な問題が残る。なお、『延喜式』神名帳に、甲斐国唯一の名神大社として記載される八代郡の浅間神社は、貞観六年（八六四）の富士山大噴火に際して官社に列せられた浅間神社のことを指すとみられるが、論社は複数ある。ただし、南都留郡富士河口湖町に鎮座する河口浅間神社を有力視する説もあり、とすれば、平安初期の頃にはこの付近まで八代郡域に含まれていたという可能性も残されている。

（原正人）

巨麻郡・こまのこおり

現在では「巨摩」と書くが、『和名抄』では「巨麻」と記し、古代にはすべてこの用字である。管郷は、等力・速見・栗原・青沼・真衣・大井・市川・川合・餘戸の九郷（『和名抄』高山寺本には餘戸郷を欠く）で、郡域はほぼ現在の北杜市・韮崎市・南アルプス市・甲斐市の旧北巨摩・中巨摩郡の全域と南巨摩郡の富士川右岸地域、および甲府市の東部を除く一帯を含むと推定される。『続紀』霊亀二年（七一六）五月辛卯条に、甲斐を含む東国七国の高麗人一七九九人を武蔵国に移して高麗郡を置いたとあることから、甲斐国に居住していた高句麗系の渡来人たちが巨麻郡の建郡にも関与し、高麗＝巨麻の郡名の由来になったとする説が有力である。近年、発掘調査された甲斐市敷島町の天狗沢瓦窯跡から高句麗系の瓦が多数出土しており、甲府市北部の山裾に密集する積石塚古墳を渡来人の墓制とみなす説もある。平安時代はじめに巨麻郡北部（現在の北杜市方面）に三つの御牧（穂坂・真衣野・柏前）が置かれたのも、渡来人によりもたらされた馬匹生産の技術を継承・発展させたものとみなせる。なお、等力・栗原の二郷については、その遺称地が甲州市勝沼町等々力、山梨市上・下栗原に残ることから、山梨郡域の中に設けられた巨麻郡の特殊な飛び地ではなかったかとみる説が有力である。

【参考文献】

関　晃「甲斐の帰化人」（『甲斐史学』七、一九五九年）

磯貝正義「古代の甲斐国巨麻郡について―郡成立についての一試論―」（『郡司及び采女制度の研究』吉川弘文館、一九七八年）

（原正人）

都留郡・つるのこおり

『和名抄』は「豆留」と訓ずる。管郷は、相模・古郡・福地、多良・賀美・征茂・都留の七郷（『和名抄』高山寺本は賀美以下の三郷を欠く）で、郡域はほぼ現在の北都留・南都留両郡と上野原・大月・都留・富士吉田の四市にあたる地域である。郡名の由来は、『和歌童蒙抄』に菊の生えた山の谷から流れ出る水を飲む人は長寿を保って鶴のようであるという、中国の神仙思想の影響とみなせる解釈を載せるが、『夫木抄』にも同内容の記事が「甲斐国風土記」の逸文として引かれている点は注目される。

相模郷の存在が示すように、当郡の開発や生活圏は、桂川水系で結ばれる相模国からの影響が強かったようである。『後紀』延暦十六年（七九七）三月戊子条によれば、甲斐国と相模国との境界争いで「都留郡□留村東辺砥沢」をもって国界を定めたとあって、八世紀末の段階まで国境の確定にも不安定な状態が続いていたことが知られる。

（原正人）

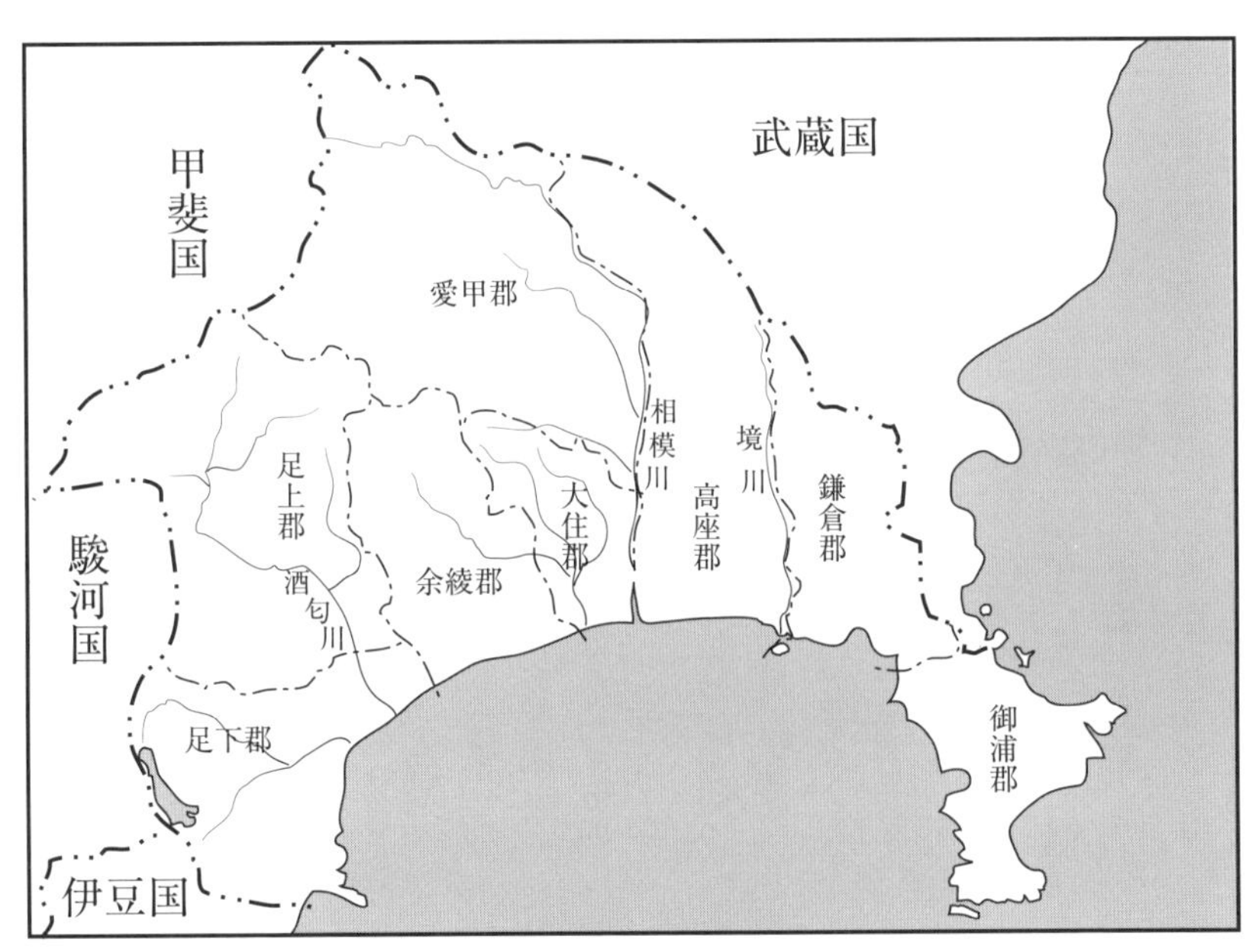

相模国略図

相模

相模国・さがみのくに

神奈川県より川崎市と横浜市の瀬谷区・泉区・戸塚区・栄区以外の大半を除いた地域で、古代では東京都八王子市の一部も含まれた。箱根・足柄山系によって駿河以西と隔絶する坂東八国の入口の国。字は、「相摸」が本来で、天平七年（七三五）の「相模国封戸租交易帳」の国印ほか、木簡、墨書土器、正倉院伝来調庸布・伎楽面銘とも手偏で、木偏が使われ始めるのは平安中期以降である。

『旧事紀』に相武（さがむ）国造と師長（しなが）国造が、『古事記』にヤマトタケルの末として「鎌倉之別」が載り、それぞれ相模川流域、酒匂（さかわ）川流域、三浦半島を基盤としたらしい。相武国造家は後の高座・大住両郡司家である壬生（みぶの）直（あたい）氏と想定されるが、律令国造には神護景雲二年（七六八）漆部伊波（ぬりべのいは）が相模国造に任ぜられている（『続紀』）。令制国としては、『書紀』天武四年（六七五）十月二十日条にある高倉郡で三つ子誕生の相模国司の報告が初見記事で、評制下に足柄評が足柄上評・足柄下評に分割され、郡制下に足上・足下・余綾・大住・愛甲・高座（高倉）・鎌倉・御浦の八郡となる。中世に津久井郡が主に愛甲郡から分立したが、平成十九年（二〇〇七）藤野町が相模原市に合併されて消滅した。

鎌倉別のほかにも、ヤマトタケル説話の舞台として足柄坂（足上郡）・小野（愛甲郡）・走水（はしりみず）（御浦郡）があるように、足柄峠を越えた東国の入口として、また三浦半島から浦賀水道を渡る房総半島～東北への中継点・渡河点として、古くよりヤマト勢力の影響が強い。交易帳に相模一国の約四割になる一三〇〇戸が皇族・貴族、寺院の封戸となっていることは前代のヤマト勢力の浸透の濃さを受けるものであり、遠近制で東国唯一の中国（『延喜式』では遠国）であることは東国の中でも特に律令国家から重要視されていたことを示す。対蝦夷戦争においても兵站地とされていて、『延喜式』では鎮守府公廨が陸奥国と相模国よりの支給となっている。また、宮城県大崎市三輪田遺跡出土の木簡に「大住（軍）団」と兵士名が、多賀城跡出土漆紙に御浦郡が見え、陸奥国色麻（しかま）郡には相模郷が存在する。

国府は、『和名抄』や二巻本及び三巻本『色葉字類抄』に大住郡（平塚市）、十巻本『伊呂波字類抄』に余綾郡（大磯町）とあり、十二世紀中頃以前に大住郡から余綾郡に移遷したらしい。一方、国分寺跡は高座郡（海老名市）にあるので大住郡以前に高座郡、あるいは小田原市の千代廃寺を初期国分寺として足下郡に初期国府を求める二つの国府三遷説があり、大住郡から余綾郡への移遷のみとする二遷説と対峙していたが、平成十六年・十七年（二〇〇四・〇五）に平塚で国庁脇殿らしき大型建物跡が二棟検出され、当初より平塚に国府が所在したとする二遷説が有力となった。

（荒井秀規）

足上郡・あしのかみのこおり

足柄評が、足柄峠を通る東海道を境に南北に分割された。小田原市北部・大井町西部・南足柄市北部と山北町・松田町・開成町で、『和名抄』東急本に高家（高山寺本は豪高・名市博本は高豪）・桜井・岡本・伴郡・余戸・駅家郷からなる。岡本郷は天平七年（七三五）「相模国封戸租交易帳」に舎人親王食封であり、伴郡は「四天王寺御手印縁起」に載る推古三年（五九五）施入封戸の大伴郷が淳和天皇（大伴親王）の諱にふれたものか。郡家は式内寒田神社（松田町）の付近で高家郷に、駅家は『延喜式』に載る坂本駅で足柄市関本に想定される。『古事記』景行段に、東征帰路のヤマトタケルが足柄坂（峠）でオトタチバナヒメを偲び「アヅマはや」と叫んだのが東国をアヅマと呼ぶ起源とあり、『万葉』にも足柄峠を読む歌が多い。昌泰二年（八九九）に足柄関が置かれている。

【参考文献】
荒井秀規「神奈川古代史素描」（『考古論叢　神奈河』七、一九九八年）
鳥養直樹『西相模の古代的世界』夢工房、二〇〇四年

（荒井秀規）

足下郡・あしのしものこおり

一説に国府所在郡。小田原市・大井町・南足柄市の各一部と箱根町・真鶴町・湯河原町で、『和名抄』に高田・和戸・飯田・垂水・足柄・駅家郷からなる。天平七年（七三五）「相模国封戸租交易帳」に光明皇后食封の垂水郷、舎人親王食封の高田郷が、天平十九年の「法隆寺資財帳」に同十年施入の倭戸郷が載る。駅家は『延喜式』や『大和物語』に見る小総駅（小田原市国府津）。高田郷

になる小田原市千代廃寺には初期国分寺説、下曽我遺跡には大住郡以前の初期国府関連遺跡説、および足下評家・郡家説（足上郡家説もある）があり、平成十一年（一九九九）に付近の千代南原遺跡で米の出納に関する木簡が出土したこととからめ再検討が進められている。延暦二十一年（八〇二）五月富士山噴火で足柄道が塞がれたため翌年まで箱根道が東海道として使用された（『日本紀略』）。なお、十巻本『伊呂波字類抄』の傍注に「今名西富郡」とある。

【参考文献】

木下良「相模国府の所在について」（神奈川大学『人文研究』五九、一九七四年）
鈴木靖民「下曽我遺跡と出土木簡」（『木簡研究』一三、一九九一年）
「シンポジウム　木簡が照らす古代の小田原」（『神奈川地域史研究』一八、二〇〇〇年）

（荒井秀規）

余綾郡・よろきのこおり

平安後期以降の国府所在郡。大磯町・二宮町を中心に秦野市・中井町と平塚市・小田原市・大井町の一部。『和名抄』に伊蘊（いそ）・余綾・霜見・磯長（しなが）・中村・幡多（はた）（高山寺本は幡多野）・金目（かなめ）郷からなり、師長（しなが）国造域と想定される。中村郷は、天平七年（七三五）「相模国封戸租交易帳」に光明皇后食封と載る。また天平十年の調庸布銘に「郡大屋（カ）郷大磯里戸磯部…」があり、伊蘊郷の前身か。『万葉』東歌の「相模路の余綾の浜の真砂なす…」ほか和歌に多く詠われ、転じた「こよろぎ」「こゆるぎ」は磯の歌枕。天平十年「駿河国正税帳」に余綾軍団の存在が知れ、十巻本『伊呂波字類抄』は国府所在郡とする。十二世紀中頃以前に大住郡から移遷したもので、その所在は「塡」銘銅印が出土した馬場台（ばんばだい）遺跡がある大磯町国府本郷付近と考えられ、国府新宿の総社六所神社では現在五月五日に一宮寒川神社（寒川町）・二宮川勾（かわわ）神社（二宮町）以下が集まる国府祭（こうのまち）が行われる。

（荒井秀規）

大住郡・おおすみのこおり

国府所在郡。『和名抄』に中嶋・高来（たかく？）・川相・片岡・方見・和太・日田（名市博本なし）・大服・櫛椅・駅家・渭辺・石田・大上（おおがみ）・前取（さきとり）・三宅・余戸の十六郷からなる相模国最大の郡。近世の郡域は相模川西岸の伊勢原市・秦野市、平塚市の大半に厚木市と清川村の各一部であるが、古代では伊勢原市、平塚市の大半、厚木市・大磯町・茅ヶ崎市の各一部。天平七年（七三五）「相模国封戸租交易帳」に藤原武智麻呂食封とある中嶋郷は、郡境である相模川の河口の移動により近世以降は高座郡（茅ヶ崎市中島）。また式内前鳥神社があり国府想定地でもある前取郷（平塚市四之宮周辺）が三島王食封として埼取郷と載る。

大磯町高麗山（こまやま）周辺の高来郷は高句麗系渡来人に因むもので、武蔵国高麗神社（埼玉県日高市）にも祀られる高麗王若光の渡来伝承がある。そのほか、川相郷が松延村河井（平塚市）、片岡郷が平塚市片岡、大上郷が同大神、日田郷が式内比比多（ひびた）神社のある伊勢原市三ノ宮、石田郷が同石田、櫛椅郷が同串橋に求められ、遺称なきも三宅郷は高座郡内の藤沢市南鍛冶山遺跡出土の人面墨書土器に「相模国大住郡三宅郷」とある。駅家は『延喜式』や『大和物語』に見える箕輪駅で、所在は伊勢原市笠窪三ノ輪説と国府想定地の平塚市四之宮の東方説とがあるが、近年平塚市構之内（かまえのうち）遺跡で発掘された古東海道は前者の方へ曲がっている。式内社はほかに伊勢原市に高部屋（たかへや）神社と阿夫利（あふり）神社があり、阿夫利神社の別当寺の大山寺は、大住郡漆部（ぬりべ）氏出身の東大寺初代別当良弁（ろうべん）を開基とする。

余綾郡（大磯町）の前の相模国府は、『和名抄』や二巻本・三巻本『色葉字類抄』が伝えるように大住郡（平塚市）に所在した。ところが、国分寺跡が高座郡の海老名（えびな）市にあることから、高座郡にあった国府が元慶二年（八七八）九月の関東大地震（『三代実録』）で壊滅したため移遷したとする説が古くよりある。これに対して、平塚市の稲荷前A遺跡の八世紀代の「大住厨（くりや）」「国厨」、四之宮下郷遺跡の「曹司」「政所」の墨書土器などから、国府はもともと平塚市に大住郡家と併存したとする説と、小田原市の千代廃寺を初期国分寺、付近の下曽我遺跡を初期国府関連遺跡とする説とがあるが、平成十六・十七年（二〇〇四・〇五）に平塚市四之宮で国庁脇殿と想定される八世紀前半の大型建物が二棟検出され、当初より国府は平塚市であったとする説が有力となった。天平十年「駿河国正税帳」より知られる大住軍団も国府付近にあったと想定され、宮城県大崎市三輪田遺跡より出土した木簡に「大住団」と兵士の名があることが注目される。

なお、『続後紀』承和七年（八四〇）二月二十五日条に窮民を救済したとある大住郡司は高座郡司家と同じ壬生直（みぶのあたい）氏で、両郡を基盤とした相武国造の系を引くと考えられる。

【参考文献】
鳥養直樹「律令国家形成期における在地の動き」（『古代天皇と社会構造』校倉書房、一九八〇年）
明石新「相模国〈国厨家〉について」（『自然と文化』十九、平塚市博物館、一九九五年）
平塚市博物館『相模国府とその世界』一九九八年
平塚市教育委員会ほか『復元！古代都市平塚―相模国府を掘る―』二〇〇六年

（荒井秀規）

愛甲郡・あゆかわのこおり

『和名抄』に「阿由加波」。鮎河（相模川）に由来する。玉川・英・那・印山・船田・六座・余戸の六郷で、厚木市御屋敷添遺跡が愛甲評・郡家に関連すると想定される。現在の愛甲郡は愛川町と清川村だが、古代では厚木市の大半と中世成立の津久井氏所領（旧津久井郡津久井町・相模湖町・藤野町・城山町、現在はいずれも相模原市）を含み、『古事記』のオトタチバナヒメの歌「さねさし相武の小野に…」が厚木市小野に比定され、式内小野神社がある。津久井領は余戸郷内であろうが、藤野町（現相模原市）に石楯尾神社が二社あり、いずれかが高座郡の式内社石楯尾神社であったならば、旧津久井郡内にも高座郡が及んでいたことになる。さらに延暦十六年（七九七）決定の甲斐・相模国境「甲斐国都留郡□留村東辺砥沢」（『後紀』）が藤野町に求められ、『和名抄』に都留郡相模郷があることが郡域想定を困難にしている。なお、『類聚国史』大同二年（八〇七）三月条に多産記事がある。

【参考文献】
河野喜英「甲相の国境争い」（『ふるさと津久井』一、二〇〇〇年）

（荒井秀規）

高座郡・たかくらのこおり

国分寺所在郡で一説に国府所在郡。現在（寒川町）はコウザと読む。『書紀』天武四年（六七五）四月十八日条「是日、相模国言、高倉郡女人生三男」が高倉郡および相模国の初見。平城宮出土の和銅七年銘木簡に「高座郡」、同時出土の木簡に「高倉郡」とあり、和銅六年（七一三）の地名好字令（『続紀』）により高倉から高座への変更があった当初の併用が知られる。『和名抄』に美濃・伊参・有鹿・深見・高座・渭提・寒川・塩田・駅家・二実（東急本は二宝）・岡本・土甘・河会・大庭郷からなり、天平七年（七三五）「相模国封戸租交易帳」に鈴鹿王食封の土甘郷と所在郷不明の大安寺食封一〇〇戸が載る。武蔵国を東山道から東海道へ編入し、東海道の駅路を相模→上総から、相模→武蔵→下総に変更した『続紀』宝亀二年（七七一）十月二十七日条に夷参駅（座間市）が載るが、『延喜式』には見えず浜田駅（海老名市浜田）に代わられている。

近世の郡域は東西を境川・相模川とし、相模原市の相模川以東と座間市・大和市・海老名市・綾瀬市・寒川町・茅ヶ崎市と藤沢市の大半となるが、岡本郷が鎌倉市岡本にあたるなど古代では境川東岸に及ぶ可能性があり、また、武蔵国との国境は中世以前は境川ではなく多摩丘陵であるらしい。式内社が郷比定の参考となり、寒川神社（寒川町）、深見神社（大和市深見）、有鹿神社（海老名市河原口）、宇都母知神社（藤沢市打戻）、大庭神社（藤沢市大庭）のほか、郡内に多く候補がある石楯尾神社が相模原市藤野町の二つの同名社のいずれかならば相模川上流左岸ないし道志川左岸が愛甲郡ではなく高座郡となる。また伊参郷が座間市、土甘郷が藤沢市石上（旧砥上）に想定される。郡家所在郷であろう高座郷は、国分寺跡のある海老名市国分周辺と考えられてきたが、平成十四年（二〇〇二）に茅ヶ崎市の下寺尾西方A遺跡で八世紀初頭の郡家遺構が確認され、その後の郡家移遷とからめ所在の再検討が必要となっている。また、『和名抄』その他に見えないが、国分寺付近に初期国府があったとする説もある。『類聚国史』に弘仁十年（八一九）二月と八月に相模国分寺炎上の記事が重出する。

そのほか、海老名市に「高坐官」の墨書土器出土の大谷向原遺跡、「壬」「生」の墨書土器出土の本郷遺跡があり、『続後紀』承和八年（八四一）八月条に高座郡司が壬生直氏であることと関連が想定される。また、（表）「鎌倉郷鎌倉里軽マ□寸稲天平五年九月」（裏）「田令軽マ麻呂郡稲長軽マ真國」の木簡出土の綾瀬市宮久保遺跡、「□□郡十年料□放生布施□事」や「茜槽」などの木簡出土の茅ヶ崎市居村B遺跡、下寺尾西方A遺跡に隣接する白鳳寺院の同下寺尾廃寺、大量の墨書土器が出土した藤沢市南鍛冶山遺跡などが注目されている。

【参考文献】

神奈川地域史研究会『宮久保木簡

と古代の相模』有隣堂、一九八四年
國平健三「相模国府の所在地について」(一・二)(『えびなの歴史』一・二、一九九〇・九一年)
宮瀧交二「相模国高座郡と天武系皇族」(『綾瀬市史研究』一、一九九四年)
藤沢市教育委員会『神奈川の古代道』一九九七年
滝澤亮「相模国高座郡衙の所在について」(『えびなの歴史』十、一九九八年)

(荒井秀規)

鎌倉郡・かまくらのこおり

『和名抄』に沼浜・鎌倉・埼立・荏草(えぐさ)・梶原・尺度(さかど?)・大島郷からなる。

近世の郡域は鎌倉市、横浜市戸塚区・泉区・瀬谷区で、近世に高座郡とは境川を境界とするが、古代とは相違する。沼浜郷が逗子市沼間にあたるから近世では三浦郡の逗子市北部を含む。鎌倉市岡本が高座郡岡本郷に、泉区上飯田・下飯田が高座郡渭提郷にあたるならば境川東岸でも瀬谷区・泉区と戸塚区・鎌倉市の柏尾川西岸は鎌倉郡ではなく高座郡となり、その場合には高座郡との境は境川ではなく柏尾川となろう。一方、尺度郷を境川西岸の旧藤沢宿坂戸に当てる説もあるが、郡境が設定されない無理がある。また、天平勝宝九年(七五七)の調庸布に鎌倉郡方瀬(かたせ)郷(現藤沢市片瀬)があり、『和名抄』の誤脱で戸塚区周辺とも、江の島の所在から方瀬郷が大島郷に改められたものともされている。

天平七年(七三五)「相模国封戸租交易帳」には、高田王食封として鎌倉郷三十戸と給主不明食封(新田部親王?)の尺度郷・荏草郷各五十戸が載り、『東大寺要録』には天平十九年に鎌倉郡五十戸が東大寺封戸に施入されたとある。

また、高座郡になる綾瀬市宮久保遺跡から、(表)「鎌倉郷鎌倉里軽マ□寸稲天平五年九月」(裏)「田令軽マ麻呂郡稲長軽マ真國」と書かれた付札木簡が出土していて、職名、郡域を越えた稲の輸送、交易帳に載る高田王封戸との関係などをめぐり諸説がある。

郡家跡は鎌倉市今小路西(いまこうじにし)遺跡(御成(おなり)小学校校舎内)で検出されている。遺構は二期に分かれ、政庁部は八世紀前半までに建てられ、八世紀中に立て替えが行われ、九世紀には政庁域が移動したらしく確認されない。十世紀には基壇と礎石を伴う建物群が確認され、その後、鎌倉時代の武家屋敷や町屋の建物となった。また、(表)「糒五斗天平五年七月十四日」

（裏）「郷長丸子□□」の付札木簡が出土していて、糒から軍団や対蝦夷戦争との関連が指摘されている。鎌倉郡家から、藤沢市立石（境川渡河点）～宮久保遺跡付近を経て海老名市国分寺跡付近へ続く直線的な古道・字界があり、鎌倉・高座郡家間を結ぶ伝路と想定されている。宮久保木簡もこの伝路で運ばれたものであろう。

鎌倉というと中世以降のイメージが強いが、『古事記』によればヤマトタケルの子の足鏡別王の末裔に「鎌倉之別」がいて、鎌倉・御浦両郡を基盤としたと想定されており、また『万葉』東歌に「鎌倉の見越の埼」「鎌倉の美奈の瀬川に」「薪樵る鎌倉山の」とあるなど、その歴史は古い。今小路西遺跡はそれを証明したものと言えよう。

【参考文献】

神奈川地域史研究会『宮久保木簡と古代の相模』有隣堂、一九八四年

「シンポジウム御成遺跡にみる古代の鎌倉」『神奈川地域史研究』十、一九九〇年

藤沢市教育委員会『神奈川の古代道』一九九七年

（荒井秀規）

御浦郡・みうらのこおり

中世以降は三浦に作り、『和名抄』名市博本も三浦郡とする。『書紀』持統六年（六九二）五月条に御浦郡で獲れた赤烏を国司（七月条に布施朝臣色布智）が献上したとあるのが郡と相模国司の初見。また、多賀城跡出土の漆紙や長屋王家木簡にも「御浦郡」がある。郡域は三浦半島の三浦市・横須賀市・葉山町・逗子市南部で、『和名抄』に田津・御浦（高山寺本は御津）・氷蛭・御埼・安慰郷からなるが、天平七年（七三五）「相模国封戸租交易帳」に檜前女王食封氷蛭郷と山形女王食封走水郷（横須賀市走水）が載り、ヤマトタケル説話でもオトタチバナヒメ入水地として『古事記』に走水、『書紀』に馳水とある。『和名抄』の誤脱か。房総半島への渡航地として早くからヤマト勢力の影響が強く、御浦の字もそれに由来する。平成十一年（一九九九）に逗子市・葉山町境で未盗掘の四世紀後半代の前方後円墳二基が発見され、ヤマトとの関係が再確認された。御浦郷であろう郡家が『吾妻鏡』に「宗元寺」と載る横須賀市曹源寺境内の白鳳寺院宗元寺廃寺付近に、駅家がハユマの転じたものであろう葉山市域に想定される。

【参考文献】

赤星直忠博士文化財資料館『宗元寺』二〇〇一年

（荒井秀規）

上野国
下野国
賀美郡
利
根
川
児
玉
郡
那珂郡
榛沢郡
幡羅郡
大里郡
埼玉郡
下
総
国
男衾郡
比
企
郡
横
見
郡
秩父郡
高麗郡
入
間
川
入間郡
信
濃
国
新
座
郡
荒
川
足
立
郡
豊島郡
甲
斐
国
多磨郡
多
摩
川
荏
原
郡
橘樹郡
都筑郡
久
良
郡
相模国
駿河国
上
総
国

武蔵国略図

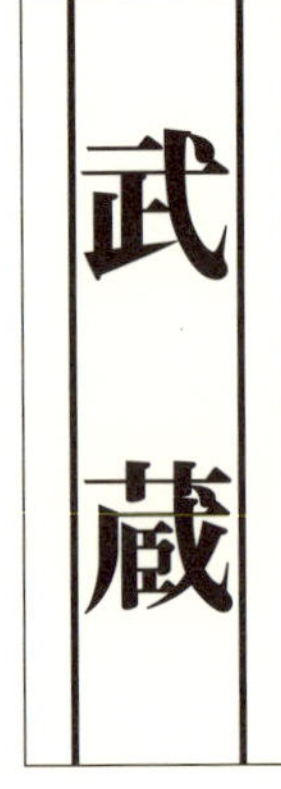

武蔵

武蔵国・むさしのくに

『延喜式』によれば東海道に属する大国。当初は東山道に属したが、宝亀二年（七七一）に交通の便宜のため東海道に移管となった。関東地方南西部に位置し、東は東京湾に望み、関東平野の一部の荒川・入間川・多摩川・鶴見川などの河川流域と武蔵野台地、および西部の秩父・奥多摩地方の関東山地で構成される。現在の埼玉県・東京都の東端を除く大部分と神奈川県川崎市・横浜市の大半にあたる。

『延喜式』・『和名抄』によれば多磨・都筑・久良・橘樹・荏原・豊島・足立・新座・入間・高麗・比企・横見・埼玉・大里・男衾・幡羅・榛沢・賀美・児玉・那珂・秩父の二十一郡を所管。そのうち高麗郡は霊亀二年（七一六）に、新羅（後に新座と改名）郡は天平宝字二年（七五八）にそれぞれ渡来人を移住させ創設された。

『旧事紀』国造本紀によれば、律令国家成立以前、当国は无邪志・胸刺・知々夫の三国造の支配下にあった。古墳の分布状況から、无邪志国造が北武蔵、胸刺国造が多摩川流域の南武蔵、知々夫国造が荒川上流域の秩父・児玉・大里郡を本拠にしていたとする考え方がある。五、六世紀の当国の政治関係は、行田市埼玉古墳群の稲荷山古墳出土のワカタケル（雄略天皇）の名が見える辛亥銘（四七一年説が有力）鉄剣や、『書紀』安閑元年条の武蔵国造争乱・屯倉献上記事などに反映されている。

律令国名の文献上の初見は、『書紀』天武十三年（六八四）条の百済人を武蔵国に安置した旨の記事。ただし、当時は、天武朝頃の飛鳥京木簡に「无耶志国仲評」、藤原宮木簡に「无耶志国」とあるような表記を用いていた。武蔵国司の初見は、『続紀』大宝三年（七〇三）条に国守任命記事のある引田朝臣祖父。

国府は、『和名抄』に多磨郡所在とあるが、発掘調査により府中市大国魂神社の東側一帯の国衙域を中心に、南北一・八キロメートル、東西二・二キロメートルの範囲に国府集落が広がっていた様相が明らかにされつつある。国分寺・国分尼寺跡は、国庁推定地の北方二・五キロメートルに遺る。国府・国分寺の所在地は当国域の南部に偏るが、いわゆる東山道武蔵路が多摩川と交わる北岸の武蔵野台地の南縁辺部に位置し、多磨郡家も同地に推定されている。

当国は、新郡設置など渡来人による開発が早くから進んでいた。九世紀には勅旨田などの皇室領が増大する一方、群盗や僦馬の党などの反国衙闘争が激化した。こうした中で、武蔵権守・介と足立郡司との紛争も起き、平将門の乱勃発の一つの契機にもなり、やがて坂東八平氏や武蔵七党などの有力武士団が登場することになる。

【参考文献】
原島礼二『古代東国の風景』吉川弘文館、一九九三年
荒井秀規「『和名類聚抄』に見る相模・武蔵の郷名について」(『藤沢市史研究』二六、一九九三年)
埼玉考古学会編『坂東の古代宮衙と人々の交流』二〇〇二年
府中市郷土の森博物館編『古代武蔵国府』二〇〇五年

（小野一之）

多磨郡・たまのこおり

『万葉』や『延喜式』民部上が「多麻」と表記し、『和名抄』名市博本や『伊呂波字類抄』も「タマ」と訓じる一方、『和名抄』東急本は「太婆」と訓じ、『武蔵名勝図会』所引の仁安二年（一一六七）の「定光寺経筒銘」も「多波郡」と記す。タマ・タバの呼称が併存していた可能性がある。郡名は中央部を東流する多摩川（源流に近い所では今も丹波川の呼称がある）に由来するか。

郷里は『和名抄』によれば小川・川口・小楊・小野・新田・小嶋・海田・石津・狛江・勢多の十郷。『霊異記』には「多麻郡鴨里」も見える。

郡域は多摩川の上・中流域とその支流の秋川・浅川・大栗川の流域と考えられ、現在の東京都西部の多摩地域の各市町村に中野・杉並・世田谷区などを加えた範囲にあたる。国府所在郡である点と武蔵国内で最も広大な面積が想定される点が特色である。地形は西半の奥多摩の山地、多摩川左岸の武蔵野台地、右岸の多摩丘陵にほぼ分けられる。『万葉』では武蔵野台地が「武蔵野（ムザシノ）」、多磨丘陵が「多麻能余許夜麻（タマノヨコヤマ）」、多摩川が「多麻河伯（タマカワ）」と詠まれた。

『書紀』安閑元年条に設置記事がある武蔵の四箇所の屯倉のうち「多氷」を「多末」の誤りと見て、所在地を後の多磨郡域とする説がある。宝亀三年（七七二）の「太政官符」（天理図書館蔵）に「多磨郡□（小）野社」のことが見え、『続後紀』天長十年（八三三）条には「多磨入間両郡界」に悲田処を設置したとある。考古資料では、国立市仮屋上遺跡出土の八

世紀後半の滑石製紡錘車の線刻銘に「武蔵国多磨」とある。武蔵国府・国分寺跡出土文字瓦では「多」「玉」と示される。

本郡の氏族として、『霊異記』所載の、多磨郡鴨里の吉士大麻呂、多磨郡大領大伴赤麻呂、多磨郡小河郷の大真（丈直）山継が知られる。小野郷付近を基盤に後に中世武士団として活動した小野氏（横山党）や日奉氏（西党）も古代に遡る可能性がある。

本郡には国府が置かれたが、国衙域は府中市大国魂神社東側一帯に存在したことが発掘調査で確実となった。多磨郡家と郡寺も付近に求める説が有力である。この地は多摩川といわゆる東山道武蔵路が交わる北岸に位置し、古墳時代後期の高倉古墳群や終末期の上円下方墳・熊野神社古墳がある。式内社は、阿伎留神社・小野神社・布多天神社・大麻止乃豆乃天神社・阿豆佐味天神社・穴沢神社・虎柏神社・青渭神社の八座。

八世紀段階から多上・多下の地域区分があったようだが、十二世紀以降は多摩川を境に多東郡・多西郡と分ける呼称もあった。

【参考文献】

『月刊歴史手帖』二三―一〇〈小特集・古代多摩の歴史像〉一九九五年
深澤靖幸「武蔵国府・国分寺跡出土の『多上』『多下』文字瓦をめぐって」（『地域考古学の展開』村田文夫先生還暦記念論文集刊行会、二〇〇二年）
小野一之「古代・中世の多磨郡と武蔵国府」（『中央史学』二六、二〇〇三年）

（小野一之）

都筑郡・つづきのこおり

『和名抄』は「豆々支」「ツキ」と訓じる。郷里は『和名抄』によれば余戸・店屋・駅家・立野・針研・高幡・幡屋の七郷。ただし、高山寺本は余戸・店屋・駅家の三郷を欠く。

郡域は鶴見川中上流と支流の恩田川を中心とする地域と考えられ、現在の横浜市都筑区・青葉区・緑区・旭区と、港北区・保土ヶ谷区の一部、川崎市麻生区、町田市の一部にあたる。『万葉』防人歌の作者に「都筑郡上丁服部於田」とその妻「服部呰女」がいる。式内社は杉山神社の一座で、『続後紀』承和五年（八三八）条に「武蔵国都筑郡杉山神社」として見える。武蔵国府・国分寺跡出土文字瓦・塼では「都」と示される。

郡家跡は、大型の掘立柱建物と礎石

建物郡の遺構や「都」の墨書土器が発見された横浜市青葉区の長者原遺跡にあてられる。

（小野一之）

久良郡・くらきのこおり

『和名抄』は「久良支」「クラキ」と訓じる。郷里は『和名抄』によれば鮎浦・大井・服田・星川・郡家・諸岡・洲名・良椅の八郷。七世紀後半の飛鳥京木簡に「諸岡五十戸」が見える。郡域は鶴見川以南の海岸沿いで、武蔵国域が南東方向に大きく突き出した突端部分にあたる。現在の横浜市鶴見区・神奈川区・西区・中区・南区・磯子区・港南区・金沢区などにあたる。『書紀』安閑元年条の武蔵国の屯倉のうち「倉樔」を「倉樹」の誤りと見て、本郡域と見る説がある。確実な初見は、藤原宮木簡の「久良□(解)郡大井□(田)里」。中世の史料には「海月郡」「蔵毛郡」と見える。武蔵国府・国分寺跡出土文字瓦・塼では「久良」「久」と示される。嘉応元年（一一六九）の「武蔵国税所注進状」（金剛輪寺文書）にも「久良郡」が見える。式内社はない。郡家は不明だが、弘明寺廃寺の存在から、横浜市南区弘明寺付近に求めようとする見解がある。

【参考文献】

横浜市歴史博物館編『「諸岡五十戸」木簡と横浜』二〇〇六年

（小野一之）

橘樹郡・たちばなのこおり

『和名抄』は「太知波奈」「タチハナ」と訓じる。郷里は『和名抄』によれば高田・橘樹・御宅・県守・駅家の五郷。名市博本には余戸郷が加わる。郡域は多摩川中下流以南、鶴見川とその支流の早渕川以北の東西に長い地域で、東は海に面する。現在の川崎市の大部分と横浜市港北区・鶴見区の一部にあたる。『書紀』安閑元年条の武蔵国の屯倉のうちの「橘花」が本郡に発展したと考えられる。『万葉』防人歌作者の「橘樹郡上丁物部真根」とその妻「椋椅部弟女」、正倉院の天平勝宝八年（七五六）銘調庸布墨書の「橘樹郡橘樹郷御刑部直国当」、『続紀』神護景雲二年（七六八）条の「橘樹郡人飛鳥部吉志五百国」、『三代実録』貞観十四年（八七二）条の「橘樹郡人巨勢朝臣屎子」ら、中央豪族に関わりの深い氏族・部民が本郡には見られる。武蔵国府・国分寺跡出土文字瓦・塼では「橘樹」「橘」と示される。式内社はない。郡家は、正倉域が発掘された川崎市高津区の千年伊勢山台遺跡付近に求められている。

【参考文献】
川崎市教育委員会『シンポジウム　古代の川崎市役所を発掘する』二〇〇六年

（小野一之）

荏原郡・えはらのこおり

『和名抄』は「江波良」「エハラ」と訓じる。郷里は『和名抄』によれば蒲田・田本・満田・荏原・覚志・美田・木田（東急本は本田）・桜田・駅家（高山寺本は欠く）の九郷。郡域は多摩川下流以北で、目黒川など東京湾に注ぐ中小河川の流域で構成される。東は海に面する。現在の世田谷・目黒・大田・品川・港・千代田区などにあたる。『万葉』防人歌の作者として「主帳荏原郡物部歳徳」とその妻「椋椅部刀自売」、「荏原郡上丁物部広足」の名が見える。七世紀後半の川崎市影向寺遺跡出土文字瓦に「无射志国荏原評」、武蔵国府・国分寺跡出土文字瓦・塼では「荏原」「荏」と示される。式内社は稗田神社・磐井神社の二座。郡家は不明。

（小野一之）

豊島郡・としまのこおり

『和名抄』は「止志末」「トシマ」と訓じる。郷里は『和名抄』によれば日頭・占方・荒墓・湯島・広岡・余戸・駅家の七郷。高山寺本は余戸・駅家の二郷を欠く。郡域は隅田川以西で、石神井川・神田川などの流域で構成される。東は東京湾に面する。現在の練馬・板橋・北・豊島・新宿・文京・荒川・台東区と千代田区の一部などにあたる。『万葉』防人歌の作者に「豊島郡上丁椋椅部荒虫之妻宇遅部黒女」がいる。武蔵国府・国分寺跡出土文字瓦・塼では「豊」と示される。式内社はない。郡家跡は、七世紀後半から九世紀の郡庁・正倉院が明らかにされた北区御殿前遺跡・七社神社前遺跡にあてられる。

（小野一之）

足立郡・あだちのこおり

『和名抄』は「阿太知」「アタチ」と訓じる。郷里は『和名抄』によれば堀津・殖田・稲直・郡家・大里・余戸の六郷。高山寺本は郡家・余戸の二郷を欠き、東急本は発度郷を加える。郡域は荒川（入間川）左岸、綾瀬川流域以南で、大宮台地を中心に南北に細長く展開する。現在の北本・桶川・上尾・さいたま・川口・鳩ヶ谷・蕨・戸田市と伊奈町および足立区などにあたる。天平七年（七三五）銘の平城宮木簡に「武蔵国足立郡土毛蓮子一斗五升」と見える。武蔵国府・国分寺跡出土文字瓦・塼では「足」と示される。本郡の氏族として、神護景雲元年（七六七）に武蔵宿禰を賜り、武蔵国造に任ぜられた丈部直不破麻呂がいる。一族は足立郡司と武蔵国造を継承し、『将門記』に登場する武蔵国判官代の武蔵武芝も出た。式内社は足立神社・氷川神社・調神社・多気比売神社の四座。郡家は、遺跡の分布状況から初期郡家を荒川沖積微高地のさいたま市大久保領家遺跡付近に、平安期のそれを大宮台地上の同市氷川神社東遺跡付近に求める説が有力である。

【参考文献】
渡辺一「大宮台地東部における平安時代の二三の問題」（『埼葛地域文化の研究』一九九六年）
秦野昌明「大宮台地における城館跡と街の成立について」（『埼玉の考古学Ⅱ』六一書房、二〇〇六年）
（小野一之）

新座郡・にいくらのこおり

『和名抄』は「尓比久良」「ニイクラ」と訓じる。郷里は『和名抄』によれば志木・余戸の二郷。高山寺本は志未の一郷のみ。この「志未」は「志木」の誤写と考えられてきたが、名市博本は「志未」とする。郡域は荒川・入間川の中流以南と支流の黒目川流域と考えられ、現在の志木・新座・朝霞・和光市と練馬区・西東京市の一部にあたる。『続紀』によれば、天平宝字二年（七五八）、帰化した新羅僧三十二人・尼二人・男十九人・女二十一人を武蔵国の閑地に移住させ、新羅（しらぎ）郡が創設された。武蔵国府・国分寺跡出土文字瓦・塼に本郡を示すものがないのは、本郡設置以前にこれらの造営が行われたためか。『続紀』宝亀十一年（七八〇）条に新羅郡人沙良真熊ら二人が広岡造の姓を賜ったとある。『延喜式』には新座郡と出るので、同書成立までの間に新羅郡は新座郡と改称されたらしい。式内社はない。郡家は不明。

【参考文献】
中山清隆「古代武蔵の新羅郡について」（『考古学ジャーナル』三四九、一九九二年）
（小野一之）

入間郡・いるまのこおり

『和名抄』は「伊留末」「イルマ」と訓じるが、『万葉』東歌は「伊利麻」と表記する。郷里は『和名抄』によれば麻羽・大家・郡家・高階・安刀・山田・広瀬・余戸の八郷。高山寺本は郡家・余戸の二郷を欠く。郡域は入間川上流と支流の越辺川・高麗川・小畦川・霞川の流域、新河岸川支流の不老川・柳瀬川の流域にわたり、武蔵野台地の北辺部を構成する。現在の坂戸・鶴ヶ島・川越・狭山・入間・ふじみ野・富士見市などにあたる。霊亀二年（七一六）に本郡から分割されて高麗郡が創設された。『続紀』神護景雲二年（七六八）条に入間郡の物部広成らが入間宿禰の姓を賜ったとある。同書宝亀三年（七七二）条に入間郡の矢田部黒麻呂、同八年条に同郡の大伴部直赤男のことが見える。宝亀三年の「太政官符」（天理図書館蔵）によれば、神護景雲三年に本郡の出雲伊波比神社に関わって入間郡正倉神火事件が起きた。武蔵国府・国分寺跡出土文字瓦・塼では「入間」「入」と示される。宝亀十一年の「西大寺資財流記帳」の入間郡榛原庄、貞観十四年（八七二）の「貞観寺田地目録帳」の入間郡広瀬庄などの初期荘園が知られる。式内社は出雲伊波比神社・中氷川神社・広瀬神社・物部天神社・国渭地祇神社の五座。郡家は諸説あるが、「入厨」の墨書土器の出土もある川越市霞ヶ関遺跡や、勝呂廃寺に近い坂戸市・鶴ヶ島市の若葉台遺跡が有力である。後者は高麗郡家の可能性もある。

【参考文献】

『埼玉史談』四五―三〈入間西部地域特集〉一九九七年
原京子「古代武蔵国入間郡における交通と地域社会」（『埼玉の考古学Ⅱ』六一書房、二〇〇六年）

（小野一之）

高麗郡・こまのこおり

『和名抄』は「古末」「コマ」と訓じる。郷里は『和名抄』によれば高麗・上総の二郷。郡域は高麗川・南小畦川・入間川などの上流で、現在の日高市・飯能市の大部分と坂戸・鶴ヶ島・川越・狭山・入間市の一部などにあたると思われる。『続紀』によれば、霊亀二年（七一六）に駿河・甲斐・相模・上総・下総・常陸・下野の七国の高麗人一七九九人を武蔵国に移住させ、高麗郡が創設された。入間郡からの分立と考えられる。本郡の氏族として、大宝三年（七〇三）に王姓を賜った高麗若光を始祖とする高麗氏がいる。八世紀には、『万葉』『懐風藻』に作品が遺る背奈公行文、遣唐副使となった高麗朝臣広山、藤原仲麻呂の信を得て紫微少弼になった高麗朝臣福信ら中央で活躍する人物を輩出した。武蔵国府・国分寺跡出土文字瓦・塼では「高」と示される。貞観十四年（八七二）の「貞観寺田地目録帳」には高麗郡山本庄の初期荘園が知られる。式内社はない。郡家は、日高市高麗本郷付近、同市女影廃寺付近、坂戸市・鶴ヶ島市の若葉台遺跡・一天狗遺跡など諸説がある。

（小野一之）

比企郡・ひきのこおり

『和名抄』は「比支」「ヒキ」と訓じる。郷里は『和名抄』によれば郡家・渭後・都家・醎瀬の四郷。高山寺本は郡家郷を欠く。郡域は荒川支流の市野川中流、滑川、入間川支流の都幾川、越辺川支流の鳩川の流域と考えられる。西から張り出す比企丘陵にこれらの河川が切り出す地形的特徴を持つ。現在の東松山市と滑川町・嵐山町・小川町・ときがわ町・越生町・鳩山町・川島町などにあたる。武蔵国府・国分寺跡出土文字瓦・塼では「比企」「比」と示される。『将門記』に「比企郡狭服山」が見えるが位置は不明。式内社は伊古乃速御玉比売神社の一座。郡家は遺跡としては知られていないが、遺存地名から東松山市古凍にあてられている。

（小野一之）

横見郡・よこみのこおり

『和名抄』は「與古美」「ヨコミ」と訓じる。ただ同書に「今称吉見」とあるように、平安中期から中世には吉見郡と称していた。郷里は『和名抄』によれば高生・御坂・余戸の三郷。郡域は荒川の支流市野川流域を中心とする。現在の吉見町を中心に東松山市・川島町の一部を含む。吉見丘陵の一部と沖積低地からなる。『書紀』安閑元年条の武蔵国設置の屯倉の一つの「横渟」が本郡に発展したと考えられる。七世紀後半の飛鳥京木簡に「横見評」と判断できる文字がある。正倉院には、天平勝宝五年（七五三）頃に本郡から貢納された庸布三点が伝わる。うち一点には「郡司少領外正八位下勲十二等杖部直□□」の名が見える。武蔵国府・国分寺跡出土文字瓦・塼では「横見」「横」と示される。式内社は横見神社・高負比古神社・伊波比神社の三座。宝亀三年（七七二）の「太政官符」（天理図書館蔵）に「高負比古乃社」が見える。郡家は不明だが、吉見町御所に求める見解がある。

（小野一之）

埼玉郡・さいたまのこおり

『和名抄』は「佐伊太末」「サイタマ」と訓じる。ただ、神亀三年（七二六）の「山背国愛宕郡雲下里計帳」（正倉院文書）に「武蔵国前出郡」、『万葉』東歌に「前玉之小埼乃沼」「佐吉多万能津」、『和名抄』名古屋市博本に崎玉とあるようにサキタマとも訓じた。郷里は『和名抄』によれば太田・笠原・埼玉・萱原・余戸の五郷。高山寺本は余戸郷を欠く。郡域は古利根川・元荒川などの流域に南北に長く広がる沖積低地で、武蔵国北東部を構成する。現在の行田・羽生・加須・久喜・幸手・蓮田・春日部・越谷・八潮の各市と大利根・騎西・菖蒲・白岡・宮代の各町、熊谷・鴻巣・さいたま・草加市などの一部にあたる。五、六世紀の武蔵国域最有力の埼玉古墳群が存在し、『書紀』安閑元年条の「国造笠原直使主」の本拠地と考えられている。郡名の初出は、藤原宮跡出土瓦片の「□玉評」の墨書か。武蔵国府・国分寺跡出土文字瓦・塼では「前玉」「埼玉」「前」「埼」と示される。霊亀三年（七一七）銘の平城宮木簡の「策覃郡」も本郡を指すと考えられている。『万葉』防人歌の作者に「埼玉郡上丁藤原部等母麻呂」とその妻「物部刀自売」がいる。『続紀』天平五年（七三三）条には本郡の新羅人のことが見え、天台座主円澄を輩出した壬生氏も居住した。式内社は前玉神社（二座）・玉敷神社・宮目神社の四座。郡家は行田市小敷田遺跡・熊谷市池上遺跡付近にあてられている。

（小野一之）

大里郡・おおさとのこおり

『和名抄』は「於保佐止」「ヲホサト」と訓じる。郷里は『和名抄』によれば郡家・楊井・市田・余戸の四郷。高山寺本は郡家・余戸の二郷を欠く。荒川中流域に位置し、郡域は現在の熊谷市南部、江南町北部、鴻巣市北部にあたる。藤原宮跡出土瓦片の墨書に「□玉評大里評」と評名を連記したものがある。平安時代中期の九条家本延喜式裏文書に「武蔵国大里郡坪付」があり、条里制の施行状況や田積、郡域などが推定できる。物部里の条里名により武蔵国造家の物部直氏との関係が指摘されている。武蔵国府・国分寺跡出土文字瓦・塼では「大里」「大」と示される。式内社は高城神社の一座。郡家は不明だが、遺存地名から熊谷市久下付近に求める見解がある。

【参考文献】

森田悌「大里郡条里」（『古代の武蔵』吉川弘文館、一九八八年）

（小野一之）

男衾郡・おぶすまのこおり

『和名抄』は「乎夫須万」「ヲフスマ」と訓じる。郷里は『和名抄』によれば榎津・鴗倉・多留（多笛）・川面（川原）・幡（幡々・幡大）・大山・中村の七郷。郷名は諸本で異同があるほか、東急本は郡家郷を加え、平城宮木簡には余戸里もある。荒川中流の右岸に位置し、郡域は現在の小川町と寄居町・深谷市・熊谷市の一部にあたる。西部は秩父山地にかかる。正倉院の天平六年（七三四）銘白布墨書に「武蔵国男衾郡鴗倉郷笠原里飛鳥部虫麻呂」、天平十八年（七四六）銘の平城宮木簡に「男衾郡余戸里」「男衾郡川面郷」などと見える。武蔵国府・国分寺跡出土文字瓦・塼では「男」と示される。氏族として、『三代格』承和八年（八四一）太政官符や『続後紀』承和十二年条に見え、武蔵国分寺再建で知られる前男衾郡大領の壬生吉志福正がいる。式内社は小被神社・出雲乃伊波比神社・稲乃売神社の三座。郡家は不明。

【参考文献】

柳田敏司・森田悌編『渡来人と仏教信仰』雄山閣、一九九四年

（小野一之）

幡羅郡・はらのこおり

『和名抄』は「原」「ハラ」と訓じる。郷里は『和名抄』によれば上秦・下秦・広沢・荏原・幡羅・那珂・霜見・余戸の八郷。高山寺本は余戸郷を欠く。郡域は利根川を北限に、支流の小山川・福川の流域を中心とした地域。現在の深谷・熊谷・行田の各市の北部にあたる。郡名や上秦・下秦の郷名から渡来人と関係の深い郡と考えられる。武蔵国府・国分寺跡出土文字瓦・塼では「幡」と示される。大同四年（八〇九）銘の多賀城木簡に「武蔵国播羅郡米五斗部領使□□刑部古□□」とある。

深谷市宮ケ谷戸遺跡出土の紡錘車に「原郡」の線刻銘がある。『続後紀』によれば、承和元年（八三四）本郡の荒廃田一二三町が冷然院に充てられた。式内社は白髪神社・田中神社・楡山神社・奈良神社の四座。奈良神社は嘉祥二年（八四九）に官社に列せられた。郡家は、正倉と四面庇付建物の見つかった深谷市幡羅遺跡にあてられる。

【参考文献】

森田悌「幡羅郡の開発」（『古代の武蔵』吉川弘文館、一九八八年）

（小野一之）

榛沢郡・はんざわのこおり

『和名抄』は「伴佐波」「ハンサハ」と訓じる。郷里は『和名抄』によれば新居・榛沢・瞻形・藤田・余戸の五郷。高山寺本は余戸郷を欠く。郡域は利根川支流小山川流域を中心に、荒川を南限、利根川を北限とする。現在の深谷市西部・本庄市東部と寄居町・美里町の一部にあたる。郡名の初見は、天平七年（七三五）頃と思われる平城宮木簡の「榛沢郡十一斤八両」。武蔵国府・国分寺跡出土文字瓦・塼では「榛沢」「榛」と示される。式内社はない。郡家は、深谷市の熊野遺跡（郡庁か）と中宿遺跡（正倉）にあてられている。

【参考文献】

北武蔵古代文化研究会ほか『公開シンポジウム「中宿遺跡」を考える』一九九一年

（小野一之）

賀美郡・かみのこおり

『和名抄』は「上」「カミ」と訓じる。郷里は『和名抄』によれば新居（東急本は新田）・小嶋（高山寺本は小鴨）・曽能・中村の四郷。正倉院の天平勝宝五年（七五三）銘の「揩布屏風袋墨書」によれば、「武蔵国加美郡武川郷」の存在も知られる。郡域は小山川支流の小河川の流域で、北限の神流川で上野国と接し、武蔵国の最北端に位置する。現在の上里町と神川町付近。本郡のカミに対し、ナカ郡もあることから、元来まとまりのある地域が分割されて賀美・児玉・那珂・榛沢の四郡（ないしは幡羅郡を加えた五郡）が成立したと考えられている。武蔵国府・武蔵国分寺跡出土文字瓦・塼では「賀美」「加美」「上」と示される。氏族として、前述の指布屏風袋墨書の「郡司少領外従八位上宍人直石前」、『続後紀』承和七年（八四〇）条の「武蔵国加美郡人散位正七位上勲七等檜前舎人直由加麿」らがいる。式内社は長幡部神社・今城青八坂稲実神社・今木青坂稲実荒御魂神社・今城青坂稲実池上神社の四座があり、イマキ＝渡来人の存在も考えられる。郡家を、上里町八幡太神南遺跡にあてる見解がある。

（小野一之）

児玉郡・こだまのこおり

『和名抄』は「古太万」「コタマ」と訓じる。郷里は『和名抄』によれば振太・岡太・草田（東急本は黄田）・大井（東急本は太井、名市博本は大中とする）の四郷。郡域は、小山川上流域が中心で、現在の本庄市と神川町の一部にあたる。もと利根川支流の小山川流域としてまとまりのある地域だったものが、賀美・児玉・那珂・榛沢の四郡に分割された可能性もある。武蔵国府・国分寺跡出土文字瓦・塼では「児玉」「児」「子玉」「小玉」と示される。また、紡錘車の線刻銘として「武蔵国児玉郡草田郷戸主大田マ身万呂」（本庄市薬師元屋敷遺跡出土）、「武蔵子玉」（本庄市児玉町枇杷橋遺跡出土）の例がある。『東大寺要録』によれば、聖武天皇施入の東大寺食封の中に本郡の五十戸が含まれる。『政事要略』によれば、承平三年（九三三）に児玉郡阿久原牧が勅旨牧とされた。式内社は金佐奈神社の一座。『三代実録』によれば貞観四年（八六二）に同社は官社に列せられた。郡家は不明。

【参考文献】

森田悌「北武蔵における郡の形成」（『古代東国と大和政権』新人物往来社、一九九二年）

（小野一之）

那珂郡・なかのこおり

『和名抄』は「ナカ」と訓じる。郷里は『和名抄』によれば那珂・中沢・水保・弘紀の四郷。郡域は小山川支流と志戸川流域で、現在の美里町を中心に本庄市の一部を含む。郡名の由来は賀美に対する那珂で、もと小山川流域でまとまっていた地域が賀美・児玉・那珂・榛沢の四郡に分割された可能性もある。天武朝頃の飛鳥京木簡に「无耶志国仲評中里布奈大贄一斗五升」と記されたものがあり、武蔵国の郡（評）名の確実な初見である。『万葉』防人歌の作者に「上丁那珂郡檜前舎人石前之妻大伴部真足女」がいる。武蔵国府・国分寺跡出土文字瓦・塼では「中」「仲」「那」などと示される。式内社は瓺𤭯神社の一座。郡家は、遺存地名から美里町古郡に求められる。

（小野一之）

秩父郡・ちちぶのこおり

『和名抄』は「知々夫」「チ、フ」と訓じる。郷里は『和名抄』によれば巨香・上科（東急本は上断）・美吉・丹田（名市博本は舟田）・中村・余戸（高山寺本は欠く）の六郷。郡域は荒川上流の秩父盆地を中心に秩父山地に及ぶ。現在の秩父市と秩父郡の各町村にあたる。『旧事紀』国造本紀に知々夫国造が見える。『続紀』によれば慶雲五年（七〇八）に本郡から和銅が献上され、これを記念して年号が和銅と改められた。天平十七年（七四五）銘の平城宮木簡に「武蔵国秩父郡大贄豉一斗」と見える。武蔵国府・国分寺跡出土文字瓦・塼では「父」と示される。『万葉』防人歌の作者に「助丁秩父郡大伴部小歳」がいる。『要略』によれば、承平三年（九三三）に秩父郡石田牧と児玉那珂久原牧が秩父牧として勅旨牧とされた。式内社は秩父神社と椋神社の二座。郡家は不明だが、集落遺跡や古墳群の存在から皆野町の荒川右岸段丘上と秩父市蒔田地区が候補地としてあげられる。

（小野一之）

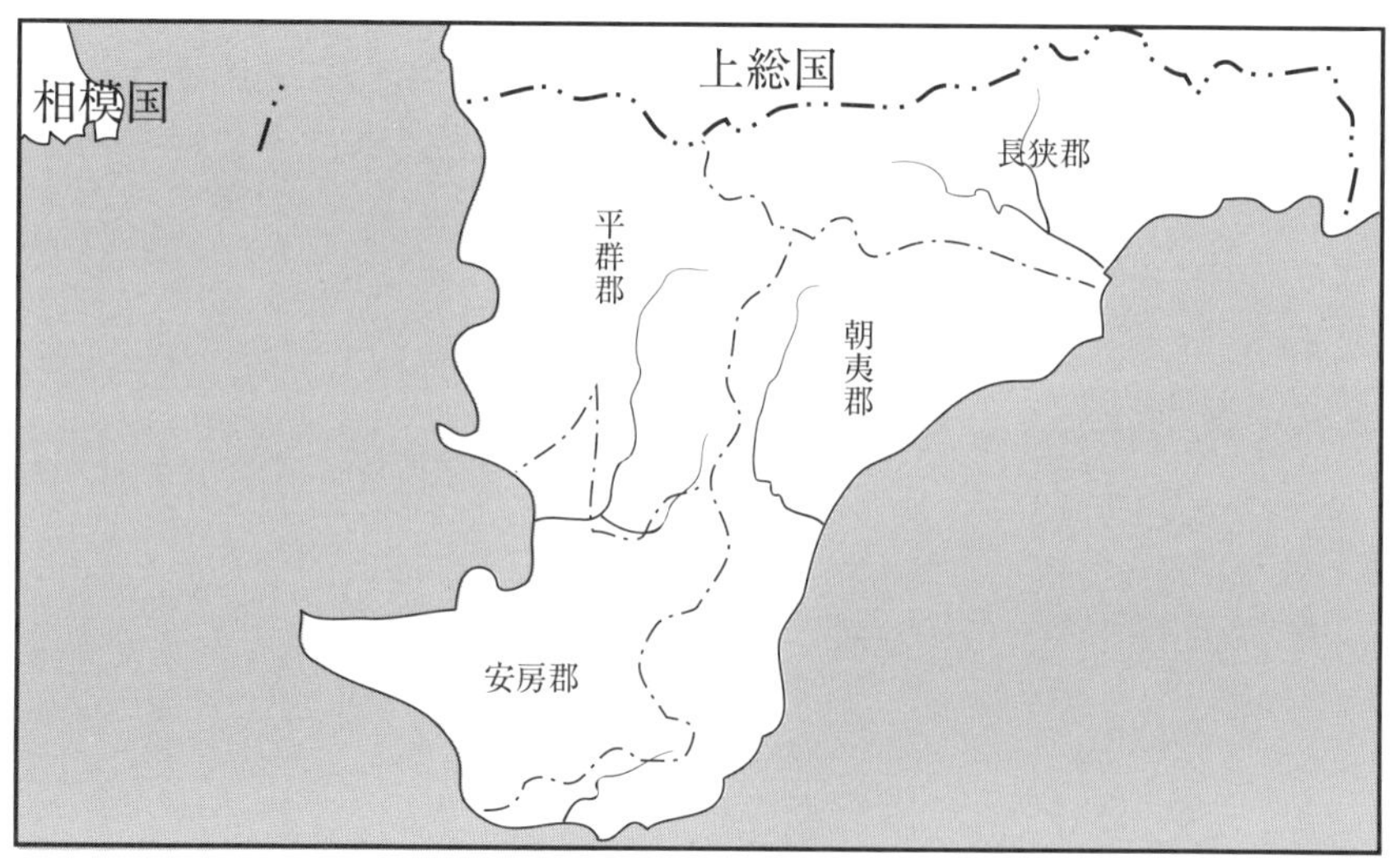

安房国略図

安房

安房国・あわのくに

房総半島南端部に位置する国。東海道所属。北方を清澄山脈によって上総国との境とし、東・西・南方は海に囲まれている。もと上総国に所属していたが、『続紀』によると養老二年（七一八）五月に平群・安房・朝夷・長狭の四郡を割いて国とした。しかし、天平十三年（七四一）十二月に上総国に併合され、その後天平宝字元年（七五七）五月に旧に復して再び国を置いた。国府所在地は平群郡、国分寺は安房郡と郡を異にしているが、距離的には近い。駅は『延喜式』によると白浜駅と川上駅のふたつがあり、どちらも平群郡内にある。もともと相模国から浦賀水道を通って安房—上総—下総という交通路であったが、宝亀二年（七七一）十月に武蔵国の所管が東山道から東海道にかわることによって主要幹線路は相模—武蔵—下総となり、旧ルートは支線となった。

国名については『書紀』景行五十三年十月条に「淡水門（あはのみなと）」とあり、これが由来か。「淡水門」は館山湾もしくは浦賀水道に比定されている。ただし、『古語拾遺』では阿波忌部が南海道の阿波から房総半島に移ったことを契機とする。木簡においても、七世紀末～八世紀初頭では「己亥年十月上挟国阿波評松里」（藤原宮木簡）「上総国阿波郡」（平城宮木簡）など古い時期の表記は「安房」に統一されておらず注意を要する。なお、この藤原宮木簡は郡評論争に決着をつけたものとして著名。

この地域には強大な豪族が存在しなかったらしく、国造も安房国造と長狭国造がみえるだけである。六世紀末頃から大和政権による部民の設定が進んだ。律令制下においても確認できる人名は部姓が圧倒的に多い。調庸は『延喜式』によると細布・貲布・鰒となっており、特に二条大路木簡に見えるように鰒の貢進国としての性格が強い。また、後の一宮の安房坐神社は数少ない畿外における名神大社であり、『高橋氏文』によると安房大神は御食都神（みけつかみ）として大膳職に祀られている。このため安房国を御食国とみなす見解もある。また『延喜式』では白浜馬牧と鋺師馬牧の二牧が存在する。

ほかに安房国関連の史料としては「安房国義倉帳」（正倉院文書）を挙げることができる。これによると、備荒粟を納められない等外戸が八十％近くを占めている。

【参考文献】
鬼頭清明「安房国の荷札について」（『古代木簡の基礎的研究』塙書房、一九九三年）
佐藤信「古代安房国と木簡」（『日本古代の宮都と木簡』吉川弘文館、一九九七年）

（河内春人）

平群郡・へぐりのこおり

『和名抄』では「倍久利」と訓じる。砥河・余戸・達良・石井・狭隈・長門・大里・穂田・川上・駅家・白浜の十一郷からなる。このうち砥河郷に国府が置かれていた。この近辺は平久里川によって開発が進んでいたようである。郡域は、現在の鋸南町・南房総市（一部）・三芳村（一部）と館山市（一部）にあたり、安房国の北西部をしめる。北方の上総国との境に鋸山があり、西部は海に面して平野が広がっている。駅は白浜駅と川上駅があり、国府と上総国をつないでいる。

正倉院伝来の安房国調庸布墨書銘には平群郡が拠出したものが二例確認できる。二条大路木簡において、鰒を納めた荷札を一例見ることができる。また、『続紀』天平神護元年（七六五）二月によると、平群郡人壬生美与曽・広主への平群壬生朝臣の賜姓記事が記されている。

（河内春人）

安房郡・あわのこおり

『和名抄』では「阿八」と訓じ、太田・塩海・麻原・大井・河曲・白浜・神戸・神余の八郷を管する。ただし、それ以外に二条大路木簡に見える郷名として片岡・広湍・利鹿・松樹・公余（神余か）などが確認できる。安房国の南西部に位置し、西に館山湾があり交通の要衝である。現在地は館山市（一部を除く）と南房総市（一部）にあたる。

房総半島最南端部に名神大社の安房坐神社があり、神郡であった。それゆえ『続紀』や『令集解』によると、郡領の親族連任がたびたび認められている。また神亀三年（七二六）九月に采女をやめて兵衛を出すことが定められた。二条大路木簡をみる限りでは安房国の調鰒は山間部の郷を含めて安房郡から納められているものが多い。『高橋氏文』に鰒の貢納の起源が記され、安房大神と関連づけられている。また『古語拾遺』によると、天富命が阿波忌部を移配したとされ、それが安房郡の始まりとする。なお、『旧事紀』には阿波国造とある。「安房国義倉帳」には国司目として忌部氏が確認でき、その関係を推測させる。

（河内春人）

朝夷郡・あさひなのこおり

『和名抄』では「阿左比奈」と訓じる。御原・新田・大潴・満禄・健田の五郷からなる。安房国東南部にあたり、東側が太平洋に面している。現在地は南房総市の旧和田町・旧丸山町・旧千倉町に該当する。郡家所在地は旧千倉町南朝夷・北朝夷付近と推定されている。

文献では『続紀』の養老二年（七一八）に安房国設置の際にみえるのが初見である。正倉院安房国調庸布墨書銘に朝夷郡満禄郷のものを一例見ることができる。木簡では平城宮等から「朝夷郡」と書かれたものが出土している。また、『万葉』に防人となった上丁丸子連大歳の歌が載せられている。

（河内春人）

長狭郡・ながさのこおり

『和名抄』では「奈加佐」と訓じ、壬生・日置・田原・酒井・伴部・賀茂・丈部・置津の八郷を管する。これ以外に二条大路木簡に長狭郡川合郷と記すものが出土している。また正倉院丹裹古文書に「長狭郡大伴郷」が見えるが、淳和朝に伴部郷に郷名を変更したものと思われる。安房国北東部に位置し、北は上総国、西は平群郡、南は海に接している。太平洋にそそぐ加茂川にそって平野部が開け、西側に山間部という景観である。現在地は鴨川市（一部を除く）にあたる。

『古事記』神武段によると、神八井耳命（かむやゐみみのみこと）が長狭国造の祖であるとの記述が見えるが、長狭国造は『旧事紀』には見えない。正倉院安房国調庸布墨書銘に長狭郡酒井郷が出したものがひとつある。また、『万葉』に防人の上丁丈部与呂麿の歌が収録される。

（河内春人）

上総国略図

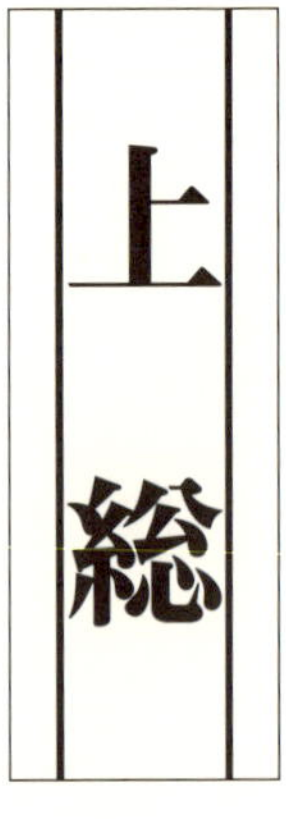

上総

上総国・かずさのくに

東海道に属する坂東八国の一つ。房総半島の中央部に位置する。北は下総国、南は安房国と境を接し、東は太平洋、西は東京湾に面す。

上総地域の古墳文化は、出現期の神門四号墳（市原市）をはじめ終末期にいたるまで重要な古墳が少なくない。内裏塚古墳（全長一四七メートル、富津市）は関東地方で第五位の規模を誇る。なかでも市原市の稲荷台一号墳からは「王賜」以下推定十二文字が刻まれた鉄剣が出土し、五世紀の上総地域と大和政権とのただならぬ関係を推測させるものとして注目されている。

国造は、東京湾側に須恵国造（小糸川流域）、馬来田国造（小櫃川流域）、上海上国造（養老川流域）、菊麻国造（村田川流域）、太平洋側に伊甚国造（一宮川流域）、武社国造（栗山川流域）が置かれていた。一国内に六つも国造が密集する例は希有であり、これも上総が大和政権と緊密なつながりを有していたことを物語っている。

『古語拾遺』に良い麻のできる「総の国」を上・下に二分して上総、下総ができたというが、これは伝承にすぎない。藤原宮木簡に「己亥年十月上挟国阿波評松里」（己亥年は文武三年、西暦六九九年）とみえることから推定して、この少し前の天武朝（六七三―六八五）頃に上総と下総に分割されたのであろう。さらに上挟から上総という表記に改められた時期は、諸国の印を鋳造した大宝三年（七〇三）四月ごろではなかろうか。

上総は安房も含んでいたが、養老二年（七一八）に安房国が分立した。しかし天平十三年（七四一）に上総に併合され、天平宝字元年（七五七）に再び安房国が分置された。

国内の郡は承平年間（九三一―三八）成立の『和名抄』によると、市原（六郷）、海上（八郷）、畔蒜（六郷）、望陀（望陁とも記す。七郷）、周淮（九郷）、埴生（六郷）、長柄（六郷）、山辺（七郷）、武射（十一郷）、天羽（四郷）、夷灊（六郷）の十一郡七十六郷からなる。内陸部の畔蒜郡を除いて、皆海に面す。

国府は市原郡に置かれたが、その位置は定かでない。市原市国分寺台説、同市村上説、同市能満説などが提唱されている。

国分寺・国分尼寺は、養老川下流右岸の市原市国分寺台の台地上にある。国分寺は塔の心礎などの礎石が残存し、発掘調査により金堂跡、講堂跡、中門跡、南大門跡などが確認された。薬師寺式の伽藍配置に似るものの、西塔がない。寺域は東西約二〇〇メートル、南北約四〇〇メートルと推定される。国分尼寺は、僧寺の北東五〇〇メートルにあり、金堂・講堂、尼坊が南北線上にならぶ遺構が発見された。寺域は東西二八五メートル、南北三七二メートル。金堂・回廊などが復原され、見学できる。

交通路となる東海道の径路は、相模の三浦半島から走水（東京湾口）を渡って上総に至っていた。走水はヤマトタケルの東征物語におけるオトタチバナヒメの入水伝承にみられるように、海の難所であると同時に水上交通の要衝であった。上総に上陸後の径路は東京湾の沿岸を天羽駅、大前駅、藤潴駅、嶋穴駅、大倉駅の順に北上して下総の鳥取駅へ至り、さらに常陸へと通じていた。しかし、宝亀二年（七七一）頃に東海道の径路が相模から武蔵、下総を経て常陸へ至るルートに変更された。その結果、上総を通る径路は支線になり、大倉駅も廃止されたらしく、延長五年（九二七）成立の『延喜式』には上総国の駅として大前、藤潴、嶋穴、天羽の四駅しか記載されていない。

『万葉』の東歌の冒頭に「海上潟の沖つ渚に船はとどめむ」と詠まれている海上潟も、東京湾の水上交通の要津であったのだろう。

国の等級は『延喜式』では大国に格付けされている。天長三年（八二六）、親王任国に定められた。

式内社は五社しかなく、そのうち大社は玉前神社のみ、他の四社はいずれも小社。埴生郡の玉前神社（長生郡一宮町）、長柄郡の橘神社（茂原市）、海上郡の嶋穴神社、姉埼神社（いずれも市原市）、望陀郡の飫富神社（袖ヶ浦市）である。このうち飫富神社、姉埼神社、嶋穴神社は、走水を渡って上総国府に至る東海道の推定径路にほぼ沿って鎮座しているので、東海道を往来する上総国司の目にとまって崇敬を受けやすかったはずである。これが、この三社が官社（式内社）に列せられた一因であろう。

（前之園亮一）

市原郡・いちはらのこおり

『和名抄』は「伊知波良」と訓じ、海部（あま）、市原、江田、湿津（うるいづ）、山田、菊麻（くくま）の六郷を載せる。郡域は市原市のほぼ養老川右岸一帯に相当し、東京湾に面する。北は下総国に隣接する。国府が置かれた。郡衙は市原市郡本付近にあったか。

当郡の北端の菊麻郷（市原市の村田川流域）一帯は菊麻国造の本拠地であった。その南の市原市山田橋に「王賜」以下推定十二文字が刻まれた鉄剣が出土した稲荷台一号墳（円墳、直径約二十七メートル）がある。この稲荷台一号墳の所在地付近から南の国分寺台にかけての一帯は、菊麻国造の勢力圏と上海上国造の勢力圏にはさまれた中間地帯にあたるので、ここに楔をうちこむ形で国府を設置したのであろう。

当郡の東京湾沿いの低地を東海道の径路が南北に走っていたと推定される。

海部郷という郷名は、関東地方全域を見渡しても当郡にしか存在しない。海部郷は養老川下流左岸に海士有木という遺称地をとどめており、国府の外港の役割を担っていたと思われる。さらに古くは東京湾を東進してきた大和政権の上陸地の一つであったか。上総の伊甚屯倉の経営ルートの港津でもあり、伊甚屯倉—養老川—海部郷—東京湾という経営ルートの存在が推測される。

（前之園亮一）

海上郡・うなかみのこおり

『和名抄』は「宇奈加美」と訓じ、佐弓、稲庭、大野、山田、倉橋、福良、嶋穴、馬野の八郷を載せる。郡域はほぼ市原市の養老川の左岸に相当し、東京湾に面する。北は市原郡、南は望陁郡に隣接。郡衙は市原市小折に所在か。

当郡は上海上国造の領域で、姉崎古墳群付近が本拠地であろう。当郡出身の檜前舎人直建麻呂（外従五位下）は神護景雲元年（七六七）に上総宿禰を賜姓されたが、彼は上海上国造の後裔と思われる。

当郡の東京湾沿いの低地を東海道の径路が南北に通じ、嶋穴郷（市原市島野付近）には嶋穴駅が置かれていた。

嶋穴駅推定地の近くに式内社の嶋穴神社（小社）が存在。当郡の式内社はほかに姉埼神社（小社）があり、姉崎古墳群の一角に鎮座する。

『万葉』の東歌の筆頭に上総国の歌として載せられている「夏麻ひく海上潟の沖つ渚に船はとどめむ小夜ふけにけり」という歌に詠まれた海上潟は、当郡の前面にひろがる東京湾にできた潟であろう。それが港として利用され、東京湾の水上交通の要衝となっていたと推測される。

（前之園亮一）

畔蒜郡・あびるのこおり

上総国では唯一海に面しない郡。『和名抄』は「阿比留」と訓じ、美々、小河、甘木、新田、椅原、三衆の六郷を載せる。郡域は、小櫃川の中流・上流流域の木更津市東南部と君津市東部一帯にほぼ相当する。東は海上郡、夷灊郡、西は周淮郡、南は安房国、北は望陁郡に囲まれている。北隣の望陁郡に畔蒜郡の郡名によく似た畔治郷が存在するので、当郡はもと望陁郡を本拠とした馬来田国造の領域に含まれていたと推測される。郡衙は木更津市下郡に所在か。

この下郡を三衆郷の故地に比定する説があるが、三衆郷は大和の御諸山（三輪山）の神である大物主神にゆかりの郷名か。南隣の安房国長狭郡の長狭国造も大物主神の外孫神八井耳命の後裔と称している。古くから当郡と長狭郡は、境界の清澄山系を越えて交流があったのだろう。また平城京元興寺の僧広達は俗姓上毛野朝臣で上総国武射郡の人とも畔蒜郡の人とも伝えるが（『霊異記』）、上毛野朝臣も御諸別王という祖先があり、三輪山・大物主神とのつながりは浅くない。

正倉院文書の天平勝宝五年（七五三）の丹裹文書に上総国安比留郡新田郷戸主日下部智万呂と戸口の日下部子真人がみえる。

望陁郡・もうだのこおり

『和名抄』は「末宇太」と訓じ、畔治、表可、倉戸、飫富、磐田、河曲、鹿津の七郷を載せる。郡域は東京湾に面する袖ヶ浦市・君津市一帯。

当郡は馬来田国造の本拠地であり、望陁の古い表記は馬来田である。小櫃川下流の木更津市長須賀に所在する金鈴塚古墳はその墳墓か（墳丘の一部と横穴式石室が残存）。継体天皇の皇女に馬来田皇女があり、その名は馬来田国造にちなむものであろう。壬申の乱に活躍した大伴馬来田の名前も地名の馬来田と無関係ではあるまい。

『万葉』巻十四の東歌に「宇麻具多能祢呂（馬来田の嶺ろ）」を詠んだ上総国歌が二首載せられている。「馬来田の嶺ろ」は有名な丘陵だったのだろう。

式内社は飫富神社（小社）のみで、当郡の飫富郷にあった公算が大である。現在は飯富神社と呼ばれ、袖ヶ浦市飯富に鎮座する。

『延喜式』兵部省諸国駅伝馬条に当郡には伝馬五匹とみえる。同条の藤潴駅の所在地について袖ヶ浦市飯富神社付近に比定する見解がある。

当郡は望陀布と呼ばれる幅広の品質のよい布を貢納することになっていたことが、『令義解』賦役令に規定されている。望陀布は『延喜式』によると、践祚大嘗祭、新嘗祭、神今食などの宮廷祭祀に使われ、遣唐使によって唐の皇帝へも贈呈された。

（前之園亮一）

周淮郡・すえのこおり

『和名抄』は「季」と訓じ、山家、山名、額田、三直、凡田、湯坐、藤部、勝部、勝川の九郷を載せる。郡域は東京湾に注ぐ小糸川流域の君津市・富津市にあたる。

当郡は須恵国造の本拠地で、富津市に飯野古墳群が残る。そのなかの内裏塚古墳（前方後円墳、墳丘長一四七メートル）は千葉県最大の規模を誇る。

須恵国造は額田部湯坐連（『姓氏録』左京神別下）と同祖関係に結ばれているので（ともに天津彦根命の後裔と称している）、当郡の額田郷と湯坐郷は額田部湯坐連と無関係ではあるまい。

当郡の郡司として日下部□磨、日下部使主山主がみえるので（正倉院調庸布銘）、須恵国造は日下部を称していたか。

走水に面する当郡は東海道の径路が走水を通過していたので水路交通の要衝であった。ヤマトタケルの走水における遭難の物語はそれを物語っている。『万葉』巻九の長歌「上総の周淮の珠名娘子を詠む一首」も当郡が繁華な土地柄であったことを推測させる。しかし、宝亀二年（七七一）ごろに東海道の径路が武蔵国を通過するようになると、当郡の重要性も低下した。

当郡に式内社はないが、『三代実録』元慶元年（八七七）閏二月条に従五位を授けられたことがみえる上総の常世神は、君津市常代に鎮座する常代神社と関係があるか。

（前之園亮一）

埴生郡・はにうのこおり

『和名抄』は埴生、埴石、小田、坂本、横栗、何家（河家）の六郷を載せる。郡域は太平洋に注ぐ一宮川流域の長生郡長南町南部・一宮町・睦沢町にあたる地域か。

当郡は伊甚国造の領域に含まれていたと推定される。むしろ当郡が伊甚国造の本拠地ではあるまいか。また当郡の一部は、伊甚国造が安閑朝（六世紀前半）に献上したと伝える伊甚屯倉の一角に組み込まれていたであろう。

一宮川の支流埴生川中流の長南町芝原に所在する能満寺古墳（前方後円墳、墳丘長七十三・五メートル）は四世紀末ころの古墳で、前方後方墳とみる説もある。

当郡には式内社の玉前神社（名神大社）が存在する（現在は一宮町一宮に鎮座）。当社は上総国唯一の名神大社であり、上総の一宮となった。もとは伊甚国造ないし伊甚屯倉ゆかりの神社であろうか。

（前之園亮一）

長柄郡・ながらのこおり

『和名抄』は「奈加良」と訓じ、刑部、管見、車持、兼陁、柏原、谷部の六郷を載せる。谷部は長谷部（はせべ、はつせべ）を二文字に省略したものである。郡域は太平洋に注ぐ南白亀川流域の茂原市・長生郡長南町北部に相当する。

当郡の郷名の特色は、部名にちなむものが半数を占めていることである。刑部郷は允恭天皇の皇后忍坂大中姫の名代の刑部が、谷部郷は雄略天皇の名代の長谷部が、車持郷は車持部が集住した所であろう。おそらく当郡の大部分は伊甚屯倉の領域に含まれていたと推定される。兼陁郷は邑侈郷の誤字で茂原市上太田・下太田付近に比定できるという説があり、この説に従えば邑侈（太田）郷も伊甚も倉ゆかりの郷名と推定できる。

車持郷の遺称地は房総半島のほぼ中央に位置する長南町蔵持である。ここに運搬に従事する車持部を設定したのは、伊甚屯倉の貢納品を東京湾側の市原郡海部郷へ輸送するためであろう。車持郷と海部郷は伊甚屯倉の経営ルートの要衝であったと思われる。

『万葉』巻二十に当郡の防人上丁の若麻績部羊の歌がみえる。

式内社は橘神社（小社）が存する（茂原市本納に鎮座、弟橘姫を祀る）。

（前之園亮一）

山辺郡・やまのべのこおり

『和名抄』は「也末乃倍」と訓じ、禾生、岡山、管屋、山口、高文、草野、武射の七郷を載せる。郡域は太平洋に注ぐ真亀川の流域で、山武郡大網白里町・九十九里町・旧成東町（現山武市）南部・山武町（現山武市）南部・東金市にあたる。

当郡は北隣の武射郡とともに武社国造の領域であろう。郡域の北部には武射郷があり、武射郡とのつながりを物語っている。当郡の郡名は、大和の山辺郡と無関係でないという説がある。

昭和四十二年（一九六七）に千葉県八街市滝台で「山辺郡印」が発見された。ただし、発見地の八街市滝台は当郡の中央部ではなく、武射郡と下総国印旛郡との境界付近に位置している。

当郡の人名は『万葉』巻二十に防人上丁の物部乎刀良が、「正倉院文書」天平二十年（七四八）の「写書所解案」に岡山郷戸主の丈部臣古万呂・その戸口の丈部臣曽禰万呂がみえる。この丈部臣は、武社国造の牟邪臣と同じ臣というカバネを帯びていることから推して、武社国造の系統と無関係ではないであろう。

（前之園亮一）

武射郡・むさのこおり

『和名抄』は巨備、加毛、理倉、狎猥、長倉、畔代、片野、大蔵、新居、新屋、埴屋の十一郷を載せる。郡域は太平洋に注ぐ栗山川・木戸川・作田川の流域の山武市・山武郡横芝光町・芝山町に相当する。

当郡の位置は上総国の北端に突き出た角のような形をしており、むしろ下総国の一部に編入したほうが適切なように思われるほどである。それにもかかわらず、当郡が上総国の一角に組み込まれているのは、それなりの歴史的、地理的な理由があるからであろう。

当郡は武社国造の本拠地で、武社国造は『古事記』孝昭段によると牟邪臣という氏姓を帯び、『旧事紀』の国造本紀に和邇氏と同じく孝昭天皇の後裔と称している。東国の国造で臣というカバネを有して和邇氏と同祖と称するものはめずらしい

『万葉』巻二十に当郡出身の防人上丁の丈部山代の歌がみえる。

（前之園亮一）

天羽郡・あまはのこおり

『和名抄』は「阿末波」と訓じ、三宅、讃岐、長津、雨霑の四郷を載せる。天長五年（八二八）の正倉院古裂銘文には宇部郷という郷名がみえる。宇部郷の宇部は宇治部の省略形であろう。郡域は浦賀水道に注ぐ湊川の流域の富津市南部にあたる。上総国の東京湾側の諸郡中もっとも南に位置する。天羽という郡名は、倭文部の祖神天羽槌男神（『古語拾遺』）にちなむ。

当郡は周淮国造の領域に含まれていたと推定される。

当郡の雨霑郷と同名の郷が東隣の夷灊郡にも存する。これは単なる重複ではあるまい。夷灊郡にも雨霑郷があるのは、天羽郡の雨霑郷の人民

の一部が伊甚屯倉の開発のために夷灊郡へ集団的に移住させられたからであろう。

また当郡の三宅郷は伊甚屯倉と無関係ではあるまい。伊甚屯倉から朝廷へ送る貢納品を当郡の三宅郷や港まで搬出するルートがあったのではないだろうか。

『続紀』宝亀三年（七七二）七月条に当郡の宗我部虫麻呂が蹄を牛に似せて加工した馬を祥瑞と偽って献上して処罰された記事がみえる。この宗我部はもと蘇我氏配下の部民であり、蘇我氏は屯倉と関係が深かったことから推測すると、当郡の三宅郷は大化以前の屯倉と無関係ではないであろう。宗我部虫麻呂は三宅郷の住人か。

当郡の人名には防人上丁の丈部鳥（『万葉』巻二十）、讃岐郷磐井里の戸主石上部大嶋、その戸口で優婆塞として貢進された石上部忍山（「正倉院文書」天平六年〔七三四〕知識優婆塞等貢進文）、三宅郷の他田公足・宇部郷の子田部家長・郡司擬少領大部石万呂（天長五年〔八二八〕正倉院庸布銘）などが知られる。

（前之園亮一）

夷灊郡・いしみのこおり

『和名抄』は「伊志美」と訓じ、雨霑、蘆道、荒田、長狭、白羽、余戸の六郷を載せる。ただし、高山寺本は郷名が欠けている。白羽郷は伊勢の麻績代の祖神長白羽神にちなむ郷名か。

郡域は太平洋に注ぐ夷隅川の流域一帯。いすみ市・御宿町・大多喜町・勝浦市にあたる。上総国の東南部に位置し、安房国長狭郡に接す。

もと伊甚国造の領域であったが、『書紀』安閑元年条によると、伊甚国造稚子直が贖罪のために春日山田皇后に伊甚屯倉を献上し、のちに伊甚屯倉を分割して郡にしたという。『三代実録』貞観九年（八六七）四月条に当郡の人として春日部直黒主売がみえるので、春日山田皇后のために伊甚屯倉を設置したのは史実と考えてよい。

伊甚屯倉は「今分かちて郡とし」と伝えるので、広大な屯倉であったらしい。その領域は夷灊郡のみならずその北の埴生郡・長柄郡にもおよんでいたと推定される。

当郡の長狭郷は、伊甚屯倉の開発のために南隣の安房国長狭郡から移住させられた人々が居住した所であろう。雨霑郷は天羽郡雨霑郷の重複といわれているが、これも天羽郡雨霑から移住した人々が住んだ土地と考えられる。蘆道郷の蘆は廬の誤りとみて「いおち」と読む説がある。弘仁七年（八一六）に当郡の正倉六十宇と官稲五十九万九〇〇束が焼失したが（『類聚国史』巻八十四）、正倉六十宇のなかには伊甚屯倉以来の倉庫が少なからず含まれていたであろう。

蝦夷との戦いに破れた上毛野田道が敗死した伊峙水門（いじのみなと）（『書紀』仁徳五十五年条）は、当郡のことであるという説と陸奥国牡鹿郡石巻とする説がある。

（前之園亮一）

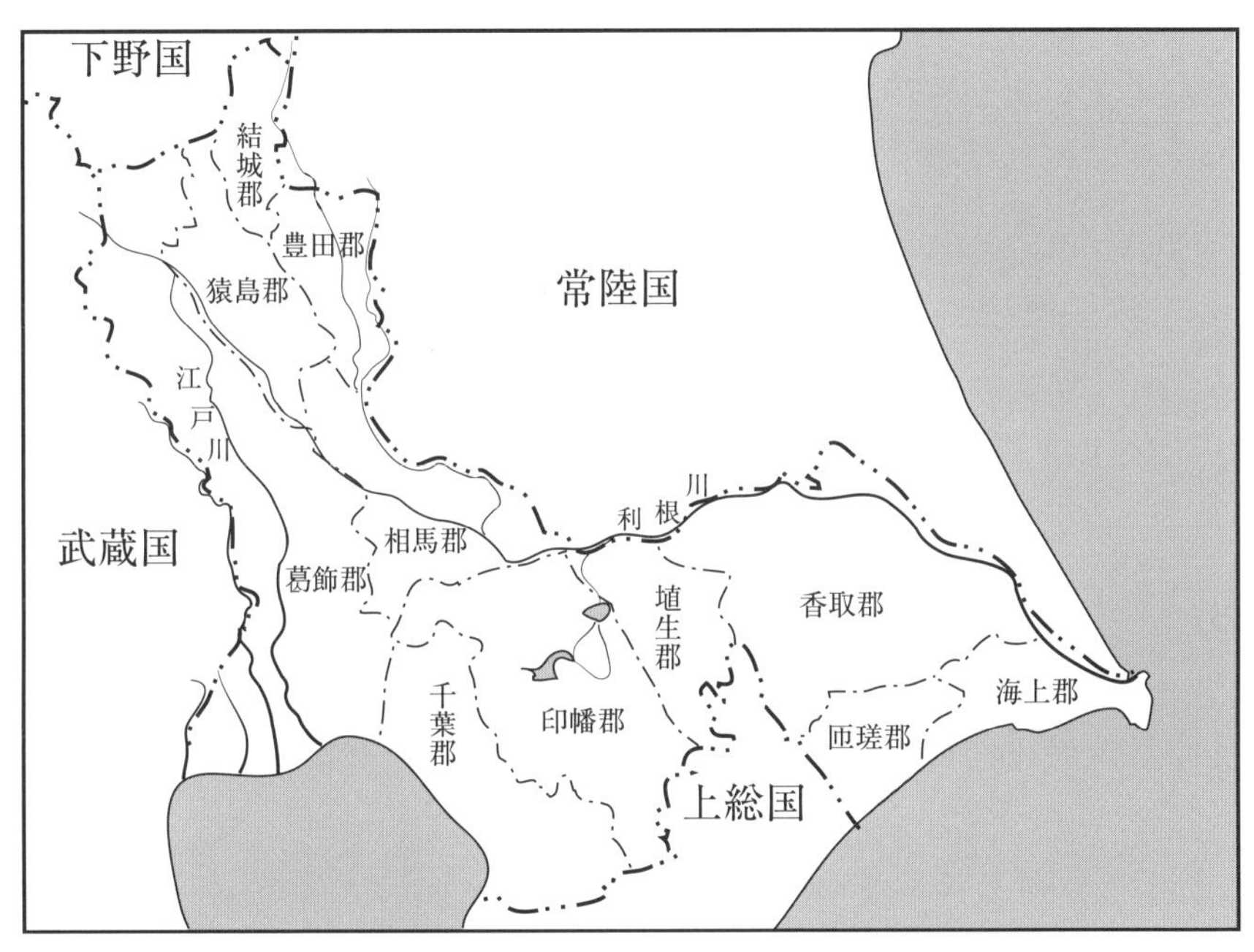
下野国
結城郡
豊田郡
猿島郡
常陸国
江戸川
武蔵国
相馬郡
利根川
葛飾郡
埴生郡
香取郡
千葉郡
印旛郡
海上郡
匝瑳郡
上総国

下総国略図

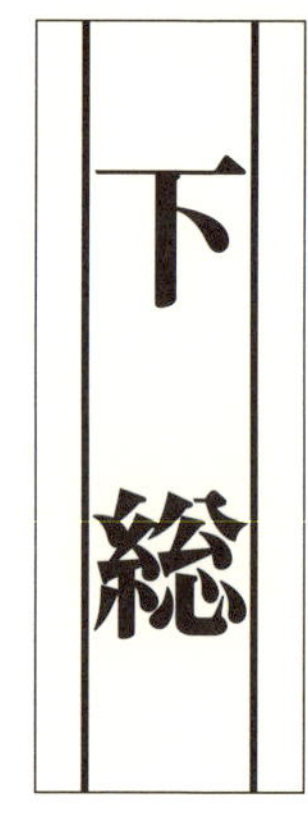

下総国・しもうさのくに

東海道に属する坂東八国の一つ。北は下野国、東北は毛野川（鬼怒川、小貝川）、入海（霞ヶ浦）を境として、常陸国に接し、西は利根川、隅田川を境として武蔵国に接し、南は上総国。

国造制下では、千葉国造、印波国造、海上国造らの領域があった。

下総国は総の国が上、下に二分されて上総国、下総国が成立したと伝えられる（『古語拾遺』）。藤原宮木簡に「已亥年十月上捄国阿波評松里」とみえる、この地名は八世紀初頭の「安房国安房郡松樹里」である（『平城宮木簡』二十二）。

安房国は養老二年（七一八）、上総国より分立した。上総国は、古くは上捄国と記されていたのである。捄国は天武朝（六八三―六八五年頃）に上捄国・下捄国に分割されたと推定される。捄（フサ）には果実の房、房をなしている果実の意味がある。上総国、下総国と国名の表記が確実に改まるのは、大宝元年（七〇一）の六月に大宝令の施行を命じ、新しい国印を頒布した時からであろう。

国内の郡は葛餝（八）・千葉（七）・印播（八）・匝瑳（十七）・相馬（六）・猨嶋（七）・結城（五）・豊田（四）・海上（十六）・香取（六）・埴生（四）の十一郡八十八郷である。（『延喜式』民部）。

国府は葛飾郡にあり。所在地は、下総台地の南辺で、西に江戸川に臨む国府台の台地、旧東葛飾郡国府台村（市川市国府台遺跡付近）と推定される。国府台の南の下の低地帯は『万葉』に歌われた「真間の浦」、「真間の入江」である。

国分寺は僧寺・尼寺ともに国府の東方一キロメートルの国分台の台地上に東西に併置されている。国分僧寺は、左に塔、右に金堂、奥に講堂がある、法隆寺式伽藍配置をもつ。寺院地は溝により区画されている。墨書土器に「講院」「造寺」「大寺」などがある。尼寺は僧寺の北西にほぼ接している。寺院地は溝で区画され、南北に南大門・中門・金堂・講堂・尼房が並ぶ配置をもつ。「尼寺」・「尼」・「法」などの墨書土器がある。

交通路は、宝亀二年（七七一）まで、東海道の本道は、相模国から東京湾を渡り上総国を経て上総国市原郡大倉駅→下総国千葉郡河曲駅→印旛郡鳥取駅→埴生郡山方駅→香取郡真敷駅→荒海駅を経て常陸国へと達していた。上総国から下総国への連絡路は海岸砂州上を通り、河曲駅→浮島駅→井上駅（国府と同所）に達していた。

一方、武蔵国との間には、武蔵国府から乗潴駅→豊島駅を経て、隅田川を渡り、低地帯を直線状に走る交通路が下総国府に達していた。

宝亀二年、武蔵国が東山道から東海道へ編入されて以降は、下総国府から、葛飾郡内を北へ向かう交通路が東海道の本道となり、下総国茜津駅→相馬郡於賦駅を経て常陸国へと連絡するようになった。

延暦二十四年（八〇五）に上総国から常陸国への経路にあたる鳥取駅、山方駅、真敷駅、荒海駅が不要になり駅家が廃止されるのは、こうした交通路の変更によるものである。

式内社は十一社あり、香取神宮を除き他はすべて小社である。

香取神宮（香取郡名神大社）承和六年（八三九）、従一位を授けられた。香取市香取にあり。

寒川神社（千葉郡）千葉市中央区寒川町の寒川神社と船橋市三山町二宮神社とする説あり。

蘇賀比咩神社（千葉郡）千葉市中央区蘇我町に蘇我比咩神社あり。

老尾神社（匝瑳郡）匝瑳市生尾に老尾神社あり。

茂侶神社（葛餝郡）元慶三年（八七九）、正五位上の神階授与さる。

意富比神社（葛餝郡）。貞観十六年（八七四）、従四位下の神階授与さる。船橋市宮本に意富比神社あり。

蛟蝄神社（相馬郡）茨城県北相馬郡利根町立木に蛟蝄神社あり。

麻賀多神社（印旛郡）成田市台方に麻賀多神社あり、また佐倉市城、佐倉市鏑木町にも同名の神社あり。

高椅神社（結城郡）結城郡高椅郷にあり。現栃木県小山市高椅にあり。

健田神社（結城郡）茨城県結城市結城に、明治三年（一八七〇）に須賀神社と合祀された健田須賀神社あり。

桑原神社（岡田郡）茨城県常総市国生に桑原神社あり。

古代の官牧には、高津馬牧（八千代市高津付近）、大結馬牧（式内社意富比神社との関連から船橋市宮本～夏見付近）。木島馬牧（埼玉県幸手市とする説あり）、長洲馬牧（茨城県坂東市長洲）、浮島馬牧（浮島駅家と関連させて、千葉市花見川区幕張付近）がある。

（佐々木虔一）

千葉郡・ちばのこおり

『万葉』では、「知波」と記す。平城宮木簡、『延喜式』では千葉、『和名抄』では千葉（知波）と記す。

郡の範囲は、東と北は印旛郡、南は上総国市原郡、西は葛飾郡と東京湾に接している。現在の習志野市・千葉市・八千代市・四街道市にあたる。『和名抄』では、千葉・山家・池田・三枝・糟菰・山梨・物部の七郷がみえる。遺称地としては千葉郷（千葉市千葉寺付近）、三枝（千葉市作草部町）、糟菰郷（千葉市加曽利町）、山梨郷（四街道市山梨）、物部郷（四街道市物井）などと推定されている。

地形は、丘陵地と丘陵から東京湾へ流れる花見川・都川など小河川ぞいの低地、東京湾に沿う、砂洲などからなる。

海岸ぞいの砂洲上には松林が連なり、その中を東海道が通っていた。「更級日記」にみえる「いかた」の地は、『和名抄』の池田郷（千葉市寒川付近）と推定される。

延暦二十四年（八〇五）に、千葉国造大私部直善人は外従五位下の位階を受け、翌年、下総国大掾（国司の三等官）に任命されている。

千葉国造は『旧事紀』国造本紀には見えないが、この地に存在した国造であろう。大私部直氏は千葉国造の系譜を引く、千葉郡の郡司一族であったと考えられる。

『万葉』防人歌に、千葉郡防人として、大田部足人の名がある。

式内社として寒川神社（千葉市中央区寒川町）・蘇賀比咩神社（千葉市中央区蘇我町）の二社がある。

『延喜式』兵部にみえる浮嶋駅家・河曲駅家は、東海道の下総国から上総国へ向かう経路の千葉郡内の駅家と推定される。

（佐々木虔一）

海上郡・うなかみのこおり

『延喜式』民部に海上、『和名抄』には海上（宇奈加美）とみえる。

郡の範囲は、北東は常陸川（現利根川）を境に常陸国鹿島郡に接し、南は太平洋、西は匝瑳郡、北は香取郡に接している。現在の銚子市、旭市に相当する。

『和名抄』の郷名は、大倉・城上・麻續・布方・軽部・神代・編玉・小野・石田・石井・橘川・横根・三前・三宅・船木・（須賀）（城内）の十五〜十七郷が知られる。平城宮木簡に「下総国海上郡酢水浦若海藻」とあり酢水浦（すみずうらカ）で取れた若海藻を貢進している。

『常陸国風土記』には海上国造の領域は常陸国鹿島郡の南部の軽野まで及んでいたと記している。

有力氏族は、海上国造の系譜を引く他田日奉直(おさだのひまつりのあたい)氏が代々、海上郡司を継承した。天平二十年（七四八）頃に、他田日奉直神護(じんご)が、父祖の後をうけて、海上郡大領に任命される事を要望している（正倉院文書）。また『万葉』巻二十の防人歌に、海上国造、他田日奉直得太理(とくたり)が助丁（国造丁をたすけ、防人を引率する役）として派遣されている。「万葉集」巻九の大伴卿と常陸国鹿島郡で別れる時によんだ歌で「海上のその津をさして君が漕ぎ行かば」という海上の津は、海上郡の内海に面した所であろう。

仁和元年（八八五）、下総国海上郡大領の海上国造他田日奉直(おさだのひひまつりのあたい)春岳(はるたけ)が百姓の調庸を代納した功績により外従五位下を授けられている。

（佐々木虔一）

葛飾郡・かつしかのこおり

『万葉』では「勝鹿」「勝壮鹿」と表記し、「加豆（都）思賀（加）（かつしか）と訓んでいる。『延喜式』民部では「葛餝(カトシカ)」、「和名抄」では葛餝（加止志加）とある。

郡の範囲は、下総国の西端に位置し南北に細長い。西は、住（隅）田川を境として武蔵国に接している。南は東京湾に接し、東は千葉郡・印旛郡・相馬郡・猿島郡に接している。

郡の西を住（隅）田川、中央部を太日(ふとい)川（現江戸川）東を常陸川（現、利根川）の大河川が流れる。また、常陸川・手賀沼・香取海(かとりのうみ)（霞ヶ浦一帯の内海）を経て、太平洋へ通じ、また太日川・住（隅）田川により東京湾と内陸部を結ぶなど、水上交通の要所に位置している。

『和名抄』には度毛・八島・新居・桑原・栗原・豊島・余戸・駅家の八郷がみえる。

現在は西の一部が東京都江戸川区・葛飾区・墨田区・江東区、北の一部が埼玉県吉川市・春日部市・幸手(さつて)市などに当たる。

大部分は千葉県野田市・柏市・流山市・松戸市・鎌ヶ谷市・船橋市・市川市・浦安市に相当する。

郷の所在地の推定には不明な点が多い。『和名抄』にはみえないが、養老五年（七二一）の「下総国葛飾郡大島郷戸籍」に記されている里名のうち、嶋俣里は東京都葛飾区柴又に、甲和里は江戸川区小岩付近に比定される。

葛飾郡内には、下総国府（市川市国府台）・下総国分僧寺（市川市国分三丁目）国分尼寺（市川市国分四丁目）などの主要施設が置かれていた。

また、初期の東海道の駅路は上総国から下総国葛飾郡へ達していた。宝亀二年（七七一）以後は、東海道の駅路は武蔵国から下総国府へ到り、ここから北の常陸国へ通じる本路と、上総国・安房国へ通じる支路とに分岐した。葛飾郡には国府に近接して井上駅家も置かれ、陸上交通上の要所でもあった。また平城宮木簡に葛飾郡が下総国内の道口の郡と記されていて、葛飾郡か下総国の行政連絡上の最初の郡であったことがわかる。

葛飾の地名は、『万葉』には葛飾の真間の手児奈伝承にまつわる歌の中に、「葛飾の真間の入江」「葛飾の真間の井」などがみえる。

大島郷戸籍には、孔王部のほか、刑部・三枝・藤原部・私部・礒部・日奉舎人部などの部姓が存在した。『万葉』防人歌に私部石島の名がみえる。式内社として、茂侶神社・意富比神社の二社がある。

（佐々木虔一）

匝瑳郡・そうさのこおり

『延喜式』民部には、匝瑳、調庸墨書銘、『和名抄』には、迊瑳と記す。

郡の範囲は東は海上郡、南は太平洋、西は上総国武射郡、北は香取郡。現在の旭市、匝瑳市に相当する。

郡の面積としては狭いが、『和名抄』の郷名として、野田・長尾・辛川・千俣・山上・幡間・石室・迊瑳・須加・大田・日部・玉作・田部・珠浦・原・栗原・茨城・中村の十八郷の名がみえ、下総国内で最も郷数の多い郡である。

郡の北部は丘陵地帯、南部は太平洋に沿う砂堤列と低地帯が東西に帯状に連なる。中央東よりに内海である椿海があった。椿海の西岸台地上に後期古墳および古代寺院・式内社が分布する。

式内社は老尾神社（匝瑳市生尾）がある。匝瑳郡は、物部匝瑳連氏の祖先である物部小事大連が勲功により匝瑳郡を建郡し、物部匝瑳連氏と名乗ったと伝える（『続後紀』）。物部匝瑳連氏は、蝦夷征討に功績をあげ、弘仁三年（八一二）、物部匝瑳連足継は外従五位上、鎮守府将軍にまでなっている。（『後紀』）

匝瑳市木積出土の古代銅印には「匝永私印」の印文がある。これは匝瑳永□という氏名を表記した私印とみられる。古代寺院として、八日市場大寺廃寺・御堂廃寺などが知られる。

天平十三年（七四一）の調庸墨書銘に、「下総国迊瑳郡磐室郷」の大伴部足が調庸を貢進したことが記されている。また、「下総国匝瑳□□（郡中カ）村郷」の墨書銘もある。

磐室郷・□（中カ）村郷は、『和名抄』の石室郷・中村郷であろう。

（佐々木虔一）

埴生郡・はにうのこおり

『延喜式』民部は「埴生（ハニフ）」とある。平安時代末頃から「ハブ」「ハフ」とも訓まれるようになる。

郡の範囲は、東は香取郡、南は上総国武射郡、西は印旛郡、北は香取海（霞ヶ浦）をへだてて常陸国信太（しだ）郡に接する。『和名抄』の郷は、玉作・山方・麻在（名市博本には、アサリと傍訓あり）・酢取の四郷がある。

現在の成田市の北部と、印旛郡栄町に相当する。埴生郡は、印波国造の領域が郡に編成されるにあたり、印旛郡と埴生郡とに分割されたと推定される。埴生郡内の竜角寺古墳群（印旛郡栄町）は、印波国造に関係する古墳群と考えられている。また七世紀中葉～後半創建の龍角寺も、印波国造一族の氏寺と推定される。龍角寺に近接する五斗蒔（ごとまき）瓦窯跡からは、「朝布」「麻布」「玉作」「皮尓」（ハニとよむか）の文字瓦が、また大畑遺跡群からも「玉作」「朝布」の文字瓦が出土している。いずれも地名を記したものであろう。また印旛郡栄町龍角寺字大畑の大畑遺跡群は、大型掘立柱建物群が検出され、古代の埴生郡家（ぐうけ）跡と推定されている。

平城宮木簡に「左兵衛下総国埴生郡大生直野上養布十段」とあり、埴生郡出身の兵衛（ひょうえ）（郡司一族出身者の武官）として大生直（おおうのあたい）野上（のかみ）の名がみえる。大生直氏は、埴生郡の郡司一族であろう。

『万葉』防人歌に、埴生郡大伴部（おおともべ）麻与佐（よさ）の名がみえる。延暦二十四年（八〇五）に廃止された埴生郡山方駅家は山方郷にあり、下総から常陸へ向かう駅路に置かれていた駅家である。

（佐々木虔一）

香取郡・かとりのこおり

『延喜式』民部には香取（カトリ）、『和名抄』には香取（加止里）。正倉院文書には釬托（かとり）と記す。

郡の範囲は、北と東は常陸川・香取海（内海）をはさんで常陸国鹿島郡・行方郡・信太（しだ）郡に接し、南は海上郡・匝瑳郡、西は上総国武射郡、下総国埴生郡に接している。現在の香取市・香取郡神崎町にあたる。

『和名抄』の郷には、大槻・香取・小川・健田・磯（磯々）・訳草の六郷がある。正倉院文書に、下総国香取郡神戸大槻郷の名がみえる。これは、吉原山王遺跡（香取市丁子字天ノ宮）出土の九世紀前半の墨書土器の「香取郡大坏郷中臣人成女之替事承□」の大坏郷と同じである。

また養老五年（七二一）の、下総国釬托郡少幡郷戸籍の「少幡郷」は、古屋敷遺跡（香取市小見川町）出土の「山幡」という墨書土器と正倉院文書の検討から、「山幡郷」と理解される。「山幡郷」は『和名抄』には見られない郷名である。この戸籍から壬生部氏の存在がわかる。

郡の大部分は丘陵地帯で、谷は樹枝状に伸び耕地と集落が形成されている。

下総台地の北端、霞ヶ浦・常陸川（現、利根川）とその周辺の沖積低地を望む台地上に、式内社、大社香取神宮（香取市宮中）がある。香取神宮は、鹿島神宮とともに古代国家が東国支配のために設置した拠点であり、香取郡は神郡とされた。香取郡の領域はもと海上国造の領域であったが、大化期にこれを分割して香取郡を建郡し、香取神宮を造営したと考えられる。

有力氏族には、代々香取神宮の神官をつとめた中臣氏がいる。また神亀元年（七二四）には外従七位上香取連五百島らが私穀を陸奥鎮所に納めた功績で、外従五位下を授けられている。香取連氏は位階・姓からみて香取郡の郡司一族であろう。

延暦二十四年（八〇五）に、香取郡の真敷駅・荒海駅が廃止されるのは、東海道の駅路が改編されて、香取郡から内海を渡り常陸国へ向かう駅家が廃止されたからである。『将門記』に平良兼の軍勢が下総国香取郡の神前（崎）から常陸国信太郡蕎前津（江戸崎カ）に渡ったとみえる。

（佐々木虔一）

相馬郡・そうまのこおり

『延喜式』民部には相馬、『和名抄』には相馬（佐宇萬）、平城宮木簡・正倉院文書には倉麻と記す。

郡の範囲は、北は猿島郡・豊田郡、北東は常陸川を境として、常陸国河内郡、南は印幡郡、東は葛飾郡に接している。現在の千葉県我孫子市、茨城県取手市、守谷市にあたる。

『和名抄』の郷には、大井・相馬・布佐・古溝・意部・余戸の六郷がある。養老五年（七二一）の、下総国倉麻郡意布郷の戸籍が伝わる。意布郷は、『和名抄』の意部郷であろう。戸籍には藤原部直氏・藤原部・土師部・大伴部らの氏名がみえる。調庸墨書銘には、天平十七年（七四五）年に、下総国相馬郡大井郷の矢作部麻呂が調庸布一端を貢進した事がみえる。防人歌に、大伴部子羊の名がみえる。

『将門記』の中で、下総国の亭南に王城を建てて、相馬郡大井津を京の大津と号けたという。大井津は、大井郷にあった津である。

相馬郡家に関連する郡の正倉と推定される大規模な倉庫群が検出された日秀西遺跡（我孫子市日秀西）は利根川と手賀沼にはさまれた東西に細長い台地上にある。相馬郡家もこの付近に想定される。

有力氏族として、倉麻郡意布郷戸籍に少毅大初位下藤原部直白麻呂がみえる。少毅は軍団の副官で郡司一族が任命されるのが通例である。式内社には蛟蝄神社がある。『延喜式』兵部にみえる「於賦駅」は、相馬郡意部郷に置かれた駅家である。

平安時代後期の大治五年（一一三〇）に、下総権介、平経繁が相馬郡布施郷の地を伊勢神宮に寄進し、相馬御厨とした。相馬御厨の境界は、東は蚊虻の境、南は志子多谷・手下水海（手賀沼）、西は廻谷・東大路（東海道）、北は小阿高・衣河流（現在の小貝川）という、ほぼ相馬郡全域をふくむ広大な領域である。

（佐々木虔一）

結城郡・ゆうきのこおり

『延喜式』民部に結城、『和名抄』には結城（由不岐）とみえる。結城廃寺出土瓦に「有支」の刻書あり。有支（ゆうき）は結城の古い表記であろう。

郡の範囲は、東は鬼怒川をはさんで常陸国新治郡に接し、南は豊田郡・南西に猿島郡。北は下野国に接している。現在の茨城県結城市・結城郡八千代町に当たる。

『和名抄』の郷には、茂治・高橋・結城・小埇（塢）・余戸の五郷がある。

天平宝字二年（七五八）、東海道問民苦使藤原争弁の奏状により毛野川（鬼怒川）の改修が進言された。工事は、下総国結城郡小塩郷小嶋村から常陸国新治郡川曲郷受津村まで千丈にわたり鬼怒川の新河道を掘り、洪水の害から結城郡を守るものであった。難工事の末、完成したのは十年後の神護景雲二年（七六八）であった。（『続紀』）。結城郡小塩郷が、『和名抄』の小埇（塢）郷と同一かは、不明である。

式内社には、高椅（橋）神社と健田神社の二社がある。高椅（橋）神社は、現在の栃木県小山市大字高椅（旧、下野国都賀郡絹村高椅）にある。下総国結城郡の式内社が、下野国内にあるのは、この付近での下総国と下野国の国の境が変更されたためである。健田神社は結城市健田を旧地とし、明治三年（一八七〇）、結城市浦町の須賀神社に合祀され、健田須賀神社となった。

『万葉』防人歌には結城郡出身の防人として、矢作部真長・忍海部五百麿・雀部広島の名がみえる。

結城廃寺（結城市矢畑字結城寺前）は、八世紀前半の創建で、下野薬師寺や新治廃寺の影響が、軒瓦にみられる。中門・回廊・金堂・塔・講堂・僧坊等の遺構が検出された、大規模な地方寺院である。「法城寺」・「新治」・「有文」等と刻書された瓦も出土している。

『将門記』に、結城郡法城寺と見えるのは、結城廃寺をさしている。

（佐々木虔一）

豊田郡・とよだのこおり

延喜四年（九〇四）に、岡田郡を豊田郡に改める。『延喜式』民部に豊田、『和名抄』には豊田（止与太）とある。

郡の範囲は、東は鬼怒川を境として常陸国筑波郡に接し、南は相馬郡、西は猿島郡、北は結城郡と接している。現在の茨城県常総市・下妻市・結城郡八千代町に当たる。

『和名抄』の郷名は岡田・飯猪・手向・大方の四郷である。

式内社には桑原神社がある。『将門記』では、豊田郡は猿島郡とともに平将門の支配領域であった。下総国豊田郡栗栖院、常羽御厩（今の結城郡八千代町栗山付近か）、将門の拠点の一つである鎌輪宿（下妻市鎌庭か）があった。また豊田郡岡崎村の地名もみえる。

（佐々木虔一）

猿島郡・さしまのこおり

『延喜式』民部では猨嶋、『和名抄』では猨島（佐志萬）と記す。櫟木文書には幸嶋とあり。

郡の範囲は、東は結城郡・豊田郡、南は相馬郡、西は葛飾郡、北は下野国に接する。現在の茨城県古河市・坂東市・猿島郡五霞町・境町に当たる。

『和名抄』の郷名には塔陁（陀）・八侯（俣）・高根・石井・葦津・色益・余戸の七郷がある。

神護景雲三年（七六九）に、猿島郡に火災があり穀六四〇〇余斛が焼失した（『続紀』）。

有力氏族として宝亀四年（七七三）に日下部浄人が安倍猨島臣を賜姓

された。その一族の安倍猨島臣墨縄は、外従五位下になり、鎮守府権副将軍から延暦七年（七八八）には鎮守府副将軍となり、蝦夷征討戦争で活躍している。延暦九（七九〇）年には猨島郡司主帳孔王部山麻呂が功績により外正六位上を授かっている。

九世紀前半の天台宗の高僧徳円（七八七―？）は猨島郡余戸倉欏郷の出身で、俗姓は刑部稲麻呂である。

『将門記』にみえる平将門の本拠地の石井営所は、石井郷にあった。また将門の妻子を隠した葦津江は、葦津郷に当たる。『扶桑略記』には、天慶二年（九三九）に「王城を建てる地」として、猨島郡石井郷の亭南が選ばれたという。平将門の本拠地が、王城の地とされたのである。

（佐々木虔一）

印旛郡・いんばのこおり

平城宮木簡、「駿河国正税帳」、『万葉』では「印波」、『延喜式』民部には、印播、『和名抄』では「印幡」と記す。印波は、印波国造（『旧事紀』国造本紀）や印波鳥見丘（『常陸国風土記』）のように、印幡郡の古い表記。近世以後は印旛と記す。

郡の範囲は、東は埴生郡、南は上総国武射郡・山辺郡、西は千葉郡・葛飾郡、北は相馬郡と常陸国信太郡に接する。印旛沼に流入する小河川の流域が、ほぼ郡域である。

『和名抄』の郷は、八代・印幡・言美・三宅・長隈・鳥（名市博本では鳴）矢・吉高・船穂・日理・村神・余戸がある。郷名のうち遺称地が明らかなのは、八代郷（成田市八代）長隈郷（佐倉市長熊）、吉高郷（印旛村吉高）、船穂郷（印西市船尾）・村神郷（八千代市村上）などである。現在の成田市・佐倉市・印旛郡印旛村・印西市・八千代市に相当する。

有力氏族としては、「駿河国正税帳」に印波郡采女丈部直広成とある（采女は郡司一族出身の女官である）。また天応元年（七八一年）にも印幡郡大領、外正六位上、丈部直牛養の名がみえる。

『万葉』防人歌に、印波郡出身の防人として、丈部直大麿の名がみえる。

延暦二十四年（八〇五）に廃止された印播郡鳥取駅家は、香取郡を経由して常陸国へ向かう交通路に置かれた駅家である。

式内社として麻賀多神社がある。

八千代市権現後遺跡の九世紀中ごろの坏形土器に、「人面墨書」とその後に「村神郷丈部国依甘魚」と墨書した土器がある。村神郷の住民、丈部国依（はせつかべのくにより）が甘魚を神に奉げたのであろう。村神郷は『和名抄』の村神郷である。

（佐々木虔一）

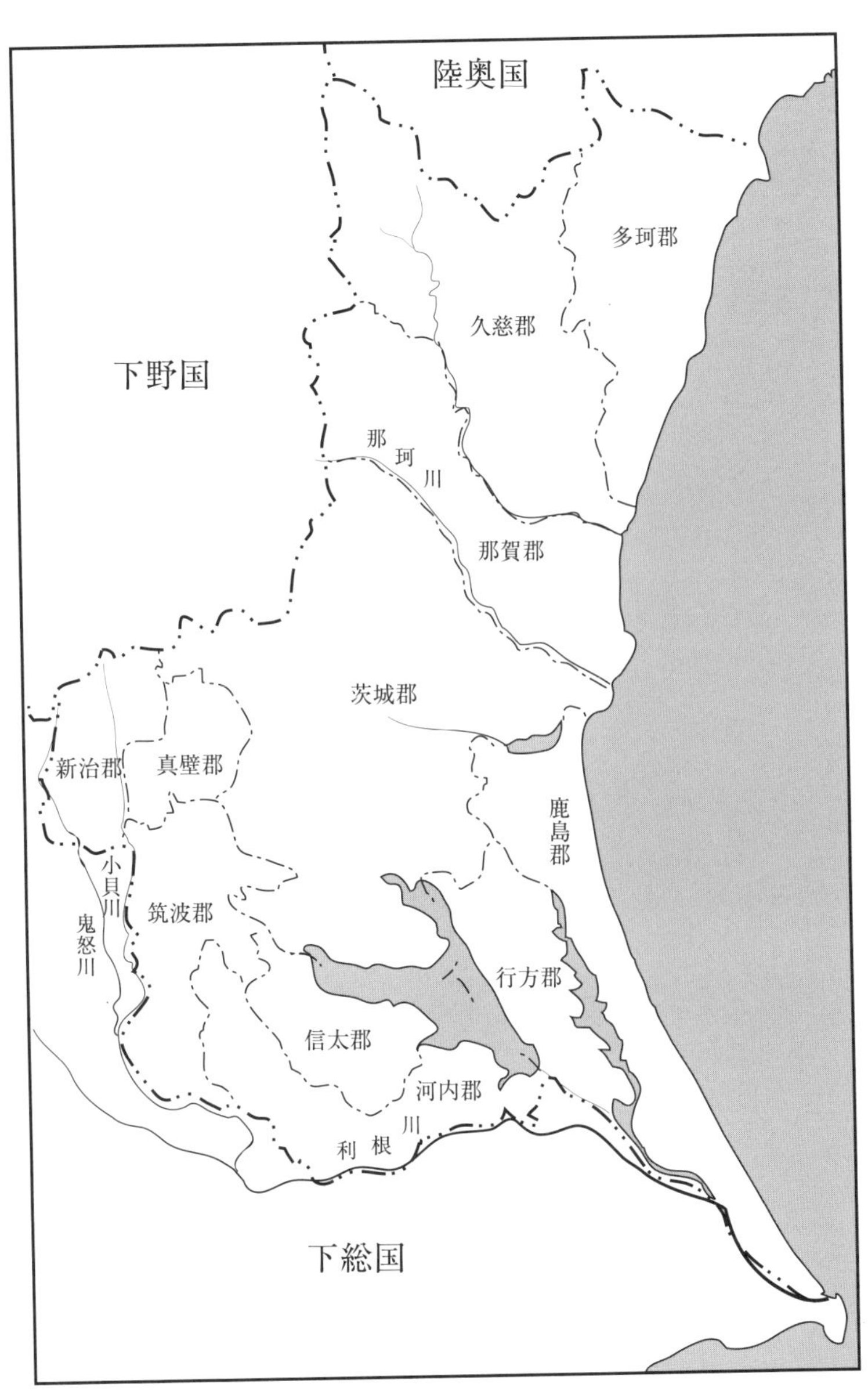
陸奥国
多珂郡
久慈郡
下野国
那
珂
川
那賀郡
茨城郡
新治郡
真壁郡
鹿
島
郡
小
貝
川
鬼
怒
川
筑波郡
行方郡
信太郡
河内郡
利 根 川
下総国

常陸国略図

常陸

常陸国・ひたちのくに

『常陸国風土記』に古は相模の足柄の岳坂以東はすべて我姫の国といい、常陸といわず新治・筑波・茨城・那賀・久慈・多珂の国といって各、造・別を遣わしておさめさせた。孝徳天皇の世に高向臣・中臣幡織田連らが遣わされて我姫が八国に分けられ、常陸国が成立したとある。国名の由来は風土記に、道路が「直通」に続いているからとか、倭建命が手を洗うとき、衣の袖が泉に漬ったので「ひたち」の名が起こったとする。しかし東北地方が「道奥」と書かれたときは常陸は「常道」と書かれ、「陸奥」と書かれると「常陸」と書くので、道奥に直に接するので常陸と名づけられたのであろう。大化改新後の国郡制施行により常陸国が成立した。その時期は明らかでないが、風土記に癸丑年（六五三）・己酉年（六四九）に信太郡・行方郡や香島の神郡を置いたとある。天智九年（六七〇）には造籍が行われ、天武朝には大伴連小吹負が「常道頭」に任命されており、藤原宮木簡に「仲郡吉田里人」大部真目が貢進した贄の付札があるので、大宝律令施行の実態が知られる。常陸国には新治・白壁（真壁）・筑波・河内・信太・茨城・行方・鹿島・那賀・久慈・多珂の十一郡があり、国府は茨城郡、現在の石岡市に置かれた。ほぼ常陸国の中央部にあり、高浜の海の入江に近い水陸交通の要衝で、信筑川（恋瀬川）が流れ、筑波山を望む景勝地でもあった。国府には国分寺・国分尼寺が創建された。両寺跡は国特別史跡に指定されている。『和名抄』に記された常陸国の田積は四万九十二町六反一一二歩で、陸奥国に次いで全国第二位である。『延喜式』に規定された官稲の出挙でも全国最大の数量が課せられている。常陸国は平安時代には全国一の租税を負担していたのである。奈良時代から平安時代初めにかけての蝦夷征討には、国力や位置からみても前線基地として最適とされ軍役と兵糧の負担に大きな役割を果たした。『延喜式』神名帳記載の式内社には鹿島神宮をはじめ二十八社もあり、名神大社も七社を占める。天長三年（八二六）九月、常陸国は親王任国となる。承平五年（九三五）から天慶三年（九四〇）に及んだ平将門の乱は、常陸国を再び歴史転換の舞台として大きな影響を与えることになった。また茨城県が全国に誇るものに『常陸国風土記』がある。養老年間（七一七―二四）の成立で、編纂者は常陸国守藤原宇合とする説が有力である。

（志田諄一）

信太郡・しだのこおり

『和名抄』に「志多」と訓じる。『常陸国風土記』逸文（『万葉集註釈』）に蝦夷を征討した黒坂命が凱旋の途中、多珂郡の角枯の山で病死した。その葬送のときの赤幡が垂だったので、「赤幡の垂りの国」といったのをのちの人が信太国と称したとある。また逸文（『釈紀』）に白雉四年（六五三）に小山上物部河内・大乙上物部会津らが申請して筑波・茨城の郡七〇〇戸を分けて信太郡を置いた。この地は、もと日高見国であるとみえる。大野・高来・小野・朝夷・高田・子方・志万・中家・島津・信太・乗浜・稲敷・阿弥・駅家の十四郷からなる（『和名抄』）。郡域は『常陸国風土記』に「東は信太の流海、南は榎の浦の流海、西は毛野河、北は河内の郡なり」とみえる。信太の流海は現在の霞ヶ浦（西浦）で、榎の浦の流海は小野川が霞ヶ浦に注ぐ河口にあたる高田浦である。毛野河は鬼怒川本流でなく小貝川であろう。現在の稲敷市の大部分と土浦市南部および竜ヶ崎市をふくむ地域と思われる。本郡の氏族は『続紀』養老七年（七二三）三月条に物部国依の信太連賜姓がみえる。延暦五年（七八六）十月・十二月条にも信太郡の大領外従五位上物部志太連大成がみえる。また天平勝宝四年（七五二）十月の正倉院調庸墨書銘に「郡司擬主政無位物部大川」、『万葉集』には信太郡の防人物部道足の歌がある。部民関係では天平勝宝四年十月の正倉院調庸墨書銘に信太郡大野郷戸主生部衣麻呂、天平勝宝八年（七八六）十月の法隆寺献物宝物墨書銘に信太郡中家郷戸主大伴部羊とあり、生部・大伴部が知られる。郡家は現在の稲敷郡美浦村信太と稲敷市下君山付近とする説がある。駅家は『常陸国風土記』信太郡の条に「榎の浦の津あり。便ち駅家を置けり。東海の大道にして常陸路の頭なり。この所以に伝駅使等、初めて国に臨らむには先づ口と手とを洗ひ、東に面きて香島の大神を拝みて、然して後に入ることを得るなり」とみえる。『延喜式』兵部省の「常陸駅家」には「榛谷五疋」とある。榎浦津駅家の位置は稲敷市下君山に比定される。下君山は小野川の北側台地上にあり、心礎と石造露盤が置かれている廃寺跡が確認され、常陸国分尼寺軒瓦と同笵の唐草文軒平瓦も出土する。また奈良時代後期の小型鋳銅誕生仏も発見されている。榛谷駅は『新編常陸国誌』が榎浦津駅家と同一としたので、以後それを踏襲する説が多い。しかし『延喜式』の九条家本の注記に「榛谷古式為坂田」とあることから竜ヶ崎市半田町に求める説がある。『延喜式』兵部省に「常陸国信太馬牧」が記され、同神名帳には信太郡二座として楯縫神社、阿彌神社がみえる。『後紀』弘仁四年（八一三）正月条に伊勢国壱志郡・尾張国愛智郡・常陸国信太郡・但馬国養父郡の郡司の妹で、年十六已上二十已下で容貌端正、采女に堪える者各一人を貢上させている。また『将門記』には、信太郡の苛前の津がみえる。平安末期には当郡内に東条荘、信太荘が成立。

（志田諄一）

行方郡・なめかたのこおり

『和名抄』に「奈女加多」とある。郡名の由来は倭建命が天下を征討したとき、現原の丘（行方市現原）においでになり、食事の後あたりを眺望しお供の人びとをふり返って「山ひだは高く低く入りまじり重なりあい、海の入江は長ながとうねり続く、風光いと興趣あり、国の姿は心ひかれるめずらしさである。この地の名を行細（配置の精妙）というべきである」と仰せられた。後の世にもその仰せのままに行方とよんでいると『常陸国風土記』にみえる。行方台地の丘、山と霞ヶ浦の入江という景観をよく表現している。また孝徳天皇の白雉四年（六五三）に茨城国造小乙下壬生連麿と那賀国造大建壬生直夫子が坂東惣領高向大夫らに申請し、茨城国の八里と那賀国の七里を合わせ七〇〇余戸を割いて建郡したとみえる。風土記には行方・提賀・男高・麻生・香澄・当麻・芸都・田・相鹿・大生の十里と曽尼の村・板来の村・布都奈の村・安伐の里・吉前の邑などの村名と曽尼・板来の駅をあげている。また現原の地名もみえる。『和名抄』には、提賀・小高・芸都・大生・当麻・逢鹿・井上・高家・麻生・八代・香澄・荒原・道田・行方・曽祢・板来・余部の十七郷を記す。郡域は風土記に、南・西は並に流海、北は茨城郡なりとみえ、北浦・霞ヶ浦に突き出た半島状を示している。ほぼ現在の行方市にあたり、玉造の北西部を除き、鉾田市の南西部を含む地域に比定される。

郡司は正倉院調庸墨書銘、天平勝宝五年（七五三）十月に「郡司大領外正八位下壬生直足人」「郡司主帳

外大初位上他田舎人部高麿」がみえる。風土記には那賀国造壬生直夫子と茨城国造壬生連麿が行方郡の建郡者とされているので、新設の行方郡の大領には壬生連麿か壬生直夫子が任ぜられたと思われるが、孝徳天皇のとき郡衙の西の谷を占有し「役の民」を使って池の堤を築造したのは壬生連麿なので、彼が初代の大領になったようである。しかし天平勝宝五年ころの大領は、壬生連麿の後裔ではなく壬生直夫子の後裔である壬生直足人である。なぜ大領が茨城国造の壬生連系統から那賀国造の壬生直系統に交替したのかは明らかでない。主帳他田舎人部高麿は、敏達天皇の名代として行方の地に置かれた他田部の子孫であろう。その他の部民には正倉院調庸墨書銘に高家郷戸主大伴部荒嶋、逢鹿郷戸主建部身麿、戸主壬生直宮万、行方郷戸主雀部根麻呂がみえ、風土記には大生の里に住む建部意許呂命の名がある。また行方市内の「玉造」という地名について中山信名は「玉造部ノ居ル処ナリ」とし古代の玉造と結びつけている（『新編常陸国誌』）。建武二年（一三三五）九月の土岐頼貞寄進状に「常陸国玉作郷」とみえるので（『円覚寺文書』）、玉造の地名は玉造部に由来するのであろう。

郡衙は行方郷（行方市行方）に置かれていたようである。風土記に郡家の南の門に一本の大きな槻があり、空中高くそびえている。その地は昔、沼沢があったので今でも雨が続くと役所の庭に水がたまる。郡家の傍らの村里には橘の樹が生えているとみえる。

さらに風土記には、提賀の里は佐伯、手鹿の名をつけたもので里の北に香島の神子の社がある、曽尼の名も佐伯、疏禰毘古の名をとったものである。男高の里の名も佐伯、小高の名をとったもので香取の神子の社がある。当麻の郷にも佐伯、鳥日子が住んでおり、香島・香取の二つの神子の社があるとみえるのは、提賀・男高・当麻の地に服属した蝦夷（佐伯）が移住させられていたのである。その佐伯たちへの威圧と鎮護のため香島・香取の神子の社が祀られていたのであろう。なお『荒陵寺御手印縁起』によると「当麻郷五拾烟」が荒陵寺（四天王寺）の食封となっていたことが知られる。

本郡の駅家は風土記に曽尼の村（行方市）に駅家を設け、曽尼の駅とよんでいるとみえる。また板来の村（潮来市）があり、海辺にのぞんだ地に駅家が置かれ板来の駅とよんでいるとある。『大日本地名辞書』は、今、行方市にあたる曽尼の駅を水駅とし、国府より鹿島への神拝路としているが、曽尼の駅を水駅とみるのは誤りである。風土記には曽尼の駅と板来の駅の間の道を「香島に向ふ陸の駅道なり」とみえるので国府（石岡市）から曽尼の駅をとおって板来の駅に着き、そこから鹿島神宮に至る参拝の駅路が設定されていたのである。なお『延喜式』兵部省に「常陸国駅馬」としてみえる「曽祢五疋」の「曽祢」は、行方郡の曽尼の駅とは別の駅で現在の土浦市小松や高津あたりに求められている。

平将門の乱では、行方郡にも争乱が及んでいる。天慶年間（九三八―四七）のはじめ常陸国の住人藤原玄明は、常陸国の長官藤原維幾と対立して追捕され妻子を連れて下総国豊田の平将門のもとに逃れるついでに、行方・河内両郡の不動倉の穀・糒などを盗みとったいうことである（『将門記』）。

（志田諄一）

茨城郡・うばらきのこおり

『和名抄』に「牟波良岐」と訓じる。大化改新以前は茨城国と称した。『古事記』には茨木国ともみえる。『常陸国風土記』茨城郡の条に黒坂命が茨蕀で山の佐伯、野の佐伯を退治したので、茨蕀を県の名につけた。また、この賊を滅すために茨で城を造ったので茨城といったとあり、さらに行方郡の条には白雉四年（六五三）茨城国の領域を割いて行方・信太両郡を建て、残りが茨城郡となったとみえる。夷針・山前・城上・島田・佐賀・大幡・生国・茨城・田余・小見・拝師・石間・安餝・白川・安侯・大津・立花・田籠の十八郷からなる（『和名抄』）。郡域は風土記に「東は香島の郡、南は佐我の流海、西は筑波山、北は那珂郡なり」とある。現在の笠間市岩間、友部の南部、茨城町の南部、小美玉市、石岡市、千代田町、かすみがうら市出島、小美玉市玉里、土浦市北部、行方市玉造の北西部を含む地域に推定される。本郡の氏族は風土記に茨城国造小乙下壬生連麿、正倉院銘文に「郡司擬主帳従八位□茨城□□」、天平十年（七三八）の「駿河国正税帳」に「茨木郡仕丁日下部友敷」、天平勝宝四年（七五二）の正倉院銘文に茨城郡大幡郷戸主大田部虫麻呂、『万葉』に茨城郡の防人、若舎人部広足、占部小龍の歌がみえ、『三代実録』貞観四年（八六二）五月条に茨城郡俘囚吉美侯田麻呂の名がある。また風土記には茨城国造の初祖、多祁許呂命は息長帯比売命の朝から誉田別尊が生まれたときまで仕えた。多祁許呂命には子が八人あったが、中の男である筑波使主は茨城郡の湯坐連らの始祖であると記しているので、茨城国造の一族が壬生部と湯坐部の伴造であったことになる。さらに立花郷は名代の橘部との関連が考えられる。

本郡は国府と郡衙の所在地で、国衙遺構が石岡市国府から検出されている。また昭和五十五年（一九八〇）・五十六年に石岡市鹿ノ子から国衙工房跡が発見され、工房跡や漆紙文書が出土した。国分寺跡と国分尼寺跡もあり国の特別史跡に指定されている。郡衙跡は石岡市貝地・田島の古館遺跡に比定され、隣接する小目代では法隆寺式の伽藍配置を有する茨城廃寺跡が確認されており、「茨木寺」「茨寺」などの墨書土器も出土している。

『延喜式』神名帳には、夷針神社・羽梨山神社・主石神社の三座がみえる。また同書兵部省の「諸国駅伝馬」に「安侯二疋」とある。安侯駅家は、『後紀』弘仁三年（八一二）十月二十八日条に、常陸国安侯・河内・石橋・助川・藻嶋・棚島六駅を廃すとある。その所在地は現在の笠間市安居に比定されている。

『扶桑略記』仁和四年（八八八）条に、常陸国の書生飛鳥貞成は財力に富み、篤く仏法を崇敬し、書を能くする者百人を撰んで常陸国分寺で法華経一千部を書写させ、東大寺僧延喜を講匠とし国分寺で盛大な供養を営んだとみえる。

（志田諄一）

河内郡・こうちのこおり

『和名抄』に「甲知」と訓じ、島名・河内・大山・八部・真幡・菅田・大村の六郷からなる。現伝本の『常陸国風土記』には河内郡の記事は欠落しているが、筑波郡の四至に「南は河内郡」、信太郡の四至に「北は河内郡」とある。牛久沼周辺および東谷田川、西谷田川流域、小貝川左岸一帯に位置し、現在のつくば市、つくばみらい市、牛久市西部に比定される。郡名の由来は小貝川に抱かれる地形と関係があろう。『三代実録』貞観四年（八六二）七月条に頻年水旱疾疫により復二年とある。風土記逸文に河内郡に鳥取の子孫が住むとあるので鳥取部が置かれ、八部郷は仁徳天皇妃の八田若郎女の名代と結びつく。『三代実録』仁和三年（八八七）五月条に菅田神の叙位がみえ、『延喜式』兵部省に伝馬「河内郡五疋」とある。『将門記』によれば、天慶三年（九三九）藤原玄明は行方・河内両郡の不動倉の穀糒を掠奪したという。

（志田諄一）

久慈郡・くじのこおり

郡名の由来は『常陸国風土記』に倭建命が郡の南の丘が鯨鯢に似ているので名づけたとある。また藤原の内大臣の封戸を検閲に軽直里麿が遣わされ、池をつくったことや谷会山の話。河内の里や石の鏡、青き紺の土を朝廷に進納する話。静織の里の綾織や北の小川の丹石の話。山田の里と清い河のほとりで、夏の暑いさかりに行われる遊楽や大伴の村の話。太田の郷の長幡部の社や内幡を織って毎年神の調として献納する話。薩都の里の地名は、兎上命が国栖を滅すことに由来し、北の山に画に塗る白土がある話。天つ神立速日男命の祟りがきびしいので、片岡の大連を遣わしてまつらせたことや薩都河の話。高市の東北にあたる密筑の里の大井での夏の男女の遊楽の話。郡家が置かれた助川・遇鹿の地名の由来の話などがみえる。

建郡の由来は不明であるが、『旧事紀』国造本紀に「久自国造志賀高穴穂朝御代、物部連祖伊香色雄命三世孫船瀬足尼定賜国造」とみえるので、久自国が大化改新後に常陸国の成立によって久慈郡となったのであろう。『和名抄』には岡田・八部・倭文・高月・助川・美和・志万・真野・神前・久米・大田・山田・河内・楊島・世矢・佐竹・高市・木前・佐都・余戸の二十郷を記す。このうち「高月」は『和名抄』に訓を欠くが、「高」は「箕」か「密」の誤記で『常陸国風土記』久慈郡の密筑の里にあたると思われる。また天平二十年（七四八）四月の「写書所解」に「常陸国久慈郡久慈郷」とある「久慈郷」は、「久米郷」の誤写か、あるいは当時、久米郷が久慈郷と呼ばれていたのであろう。郡域は『常陸国風土記』に「東は大海、南と西は那賀の郡、北は多珂の郡と陸奥の国との堺の岳なり」とみえ、現在の日立市南部と西北部および常陸太田市・常陸大宮市の山方・大宮・緒川・那珂市を含むものと推定される。郡衙は久米郷にあり、現在の常陸太田市大里にあたる。郡司は正倉院銘文に「常陸国久慈郡住浮浪人下野国河内郡□□郷□壱端」「郡司擬大領外従七位下□」とあるが氏族名が明らかでない。『三代実録』貞観八年（八六六）五月八日条によれば、久慈郡の権主政は椿戸宮成という人物であった。郡内に住んでいた氏族は、『続紀』霊亀元年（七一五）十二月条に一産に三男をあげた占部御蔭女、天平二十年（七四八）四月の「写書所解」に久慈郡久慈郷の戸主君子浄成と戸口君子嶋守がみえる。『類聚国史』巻五十四、弘仁八年（八一七）に節婦として賞された長幡部福良女とその夫、吉弥侯部就忠は久慈郡の人と推測される。『三代実録』貞観四年（八六二）五月十日条に「父母に孝なるをもって位三階を進められた丸子部妹人がみえ、『万葉』巻二十にも久慈郡の防人丸子部佐壮や倭文部可良麿の歌が載っている。さらに『常陸国風土記』や『和名抄』の郷里名、その他の地名からみて、久慈郡には君子部・椿戸（橘部）・占部・長幡部・丸子部・大田部・倭文部・大伴部・久米部・八田部・額田部・刑部・玉造部・磯部などの分布が知られる。

郡内の式内社には、長幡部神社・薩都神社・天之志良波神社・天速玉姫命神社・静神社・稲村神社・立野神社の七座がある。駅家は養老三年（七一九）に石城国の海道の駅家に連絡するために助川駅家が置かれたが、弘仁三年（八一二）十月に海道の駅家が廃され、代わって山道に通じる山田・雄薩・田後の三駅が置かれた（『後紀』）。『延喜式』兵部省にも「常陸国駅家」として、田後・山田・雄薩各二疋とみえる。

延暦十八年（七九九）八月、常陸国の海辺に高潮が襲っている。『後紀』には、「常陸国言さく、鹿島・那加・久慈・多珂の四郡、今月十一日晨より晩に至るまで、海潮の去来すること凡て十五度なり。満つれば則ち常涯を過ぐること一町許、涸るれば則ち常限を踰ゆること二十余町なり、海畔の父老僉云う。古来未だ見聞せざる所なり」とみえる。また『将門記』によれば天慶三年（九四〇）正月中旬、平将門が平貞盛を討つために常陸国に発向したとき、那珂・久慈両郡の藤原氏らが出迎え、美をつくして饗応したという。

久慈川　『常陸国風土記』をみると、久慈郡の条に河川の記事が目立つ。「久慈河」・「玉川」・「清き河（山田川）」・「薩都河」・「助川」などである。河川の記事が多いということは、当郡の地域が山深いことを意味する。山が深くて清流があるので景勝の地での遊楽の記事がみえ、さらに重要なのは河岸の鉱物資源の探査を容易にしたことである。というのは鉱物資源の記事も当郡に集中する。また「久慈河」の名が源流・中流・下流と三度もみえる。一つの河川を源流から中・下流へと記述した例は、他の風土記にはみられない。このことは、久慈川が流域の住民にとって大切な河川であったことを示している。

（志田諄一）

新治郡・にいはりのこおり

『和名抄』に「爾比波里」と訓じるが『古事記』には「邇比婆理」、『書紀』では「珥比麼利」とある。坂門、竹島、沼田、伊讃、博多、巡廻、月波、大幡、新治、下真、巨神、井田の十二郷からなる。郡域は『常陸国風土記』に「東は那賀の郡の堺なる大き山、南は白壁の郡、西は毛野河、北は下野と常陸と二つの国の堺にして、即ち波太の岡なり」とみえる。下野、下総両国との境の涸沼川上流一帯から桜川上流および小貝川流域一帯の地で、現在の笠間市の一部、桜川市、筑西市、下妻市の一部などを含む地に推定される。郡名の由来は『常陸国風土記』に、美麻貴の天皇の世、東の夷を討つために遣わされた新治国造の祖比奈良珠命が新しく井を掘ると浄い水が流れたので、井を治りしにより郡の名につけた、とある。新治の地名は『古事記』景行の段、『書紀』景行四十年是歳条にみえ、『常陸国風土記』の総記では新治国、新治の県とも記されている。本郡の氏族は新治国造の祖比奈良珠命、国造毘那良珠命の子孫である新治直が認められ、丈部、三村部、雀部、占部、鴨部の分布が知られる。『続紀』神護景雲元年（七六七）三月条には新治郡大領新治直子公が銭二〇〇〇貫、商布一〇〇〇段を献じて外正五位下を授けられ、延暦九年（七九〇）十二月条にも大領新治直大直が貧乏の徒を賑恤して外従五位下を授けられたことがみえる。『類聚国史』天長二年（八二五）三月条に新治直軍の妻丈部子氏女が節婦としてみえ、『続後紀』承和十四年（八四七）六月条には、新治郡の人、三村部綿女が一度に二男一女を産み稲三〇〇束と乳母一人を賜わったとある。

郡家跡は筑西市古郡にあり、昭和十六年（一九四一）からの調査により郡家跡、郡寺跡が発見されている。郡家の建物群の中には焼けた跡がみられるものがあり、『類聚国史』弘仁八年（八一七）十月条に、新治郡不動倉十三宇と穀九九九〇石が火災により焼けたとある記事と一致する。

『常陸国風土記』逸文には新治郡に大神の駅家がみえる。『和名抄』の巨神郷（笠間市大郷戸）に置かれた駅家であるが『延喜式』の駅名にはみえない。

巡廻郷　『和名抄』にみえるこの郷は、川曲郷のことと思われる。『続紀』神護景雲二年（七六七）八月条の下総国奏言には、毛野川の洪水によって一郡の口分二〇〇〇余田が荒廃のおそれがあるので下総国結城郡小塩郷小嶋村より掘って、常陸国新治郡川曲郷受津村に達する河川改修のことがみえる。この川曲郷は『将門記』にも「新治郡川曲村」（茨城県結城郡八千代町）とある。宮本元球『常陸国郡郷考』は、巡廻郷の「巡」は「川」の誤字で「巡廻」は「川廻」で川曲と同じであるとし、「此郷下真ニ隣リ毛野河ノ曲ニアルヲ以テ、此名ヲ得タリ」と記している。

（志田諄一）

真壁郡・まかべのこおり

『和名抄』に「萬加倍」と訓じ、神代、真壁、長貫、伴部、大苑、大村、伊讃の七郷からなる。『常陸国風土記』には、白壁郡とある。白壁は清寧天皇の名代、白髪部に由来する。『続紀』延暦四年（七八五）五月条に「姓白髪部を改めて真髪部と為す」とあり、光仁天皇の諱白壁王の名を避けて真髪部（真壁）と改めた。筑波山以北の桜川、小貝川流域に位置し、現在の桜川市、筑西市の一部にあたる。『続後紀』承和四年（八三七）三月条に、真壁郡大国玉神を官社に預る、とみえる。『文徳実録』天安元年（八五七）二月条によると斉衡三年（八五六）に当郡から木連理が献上されている。『今昔物語集』巻二十三には相撲の最手真髪成村と子の為成、巻二十五には真髪高文がみえる。『将門記』には平国香の拠点石田の宅が記されている。桜川市伊佐々、桜井、椎尾などには条里制遺構が認められ、平安末期には真壁荘、村田荘が成立した。

（志田諄一）

筑波郡・つくはのこおり

『和名抄』に「豆久波」、『古事記』は「都久波」、『書紀』は「莵玖波」と訓ずる。大貫、筑波、水守、三村、栗原、諸蒲、清水、佐野、方穂の九郷からなる。郡域は『常陸国風土記』に「東は茨城の郡、南は河内の郡、西は毛野河、北は筑波岳なり」とみえる。筑波山以南の桜川流域一帯から小貝川左岸一帯にかけての地域で、現在のつくば市と下妻市の一部を含む地に推定される。郡名の由来は『常陸国風土記』に、筑波の県は古くは紀の国といったが美万貴天皇の世、国造として遣わされた采女臣の友属の筑箪命の名を着けたとみえる。筑波の地名は『古事記』景行段、『書紀』景行四十年是歳条にみえ、『常陸国風土記』総記には古は筑波国といったとある。本郡の氏族は、『続紀』神護景雲元年（七六五）三月条に「常陸国筑波郡の人従五位下壬生連小家主女に宿禰の姓を賜う」とみえ、同二年六月条に、掌膳常陸国筑波采女従五位下勲五等壬宿禰小家主を本国国造となす、とあり、平城宮木簡にも「竹波命婦」がみえるので、壬生連（宿禰）が国造の系譜をひく郡司であったことが知られる。他に郡司としては正倉院調庸墨書銘に「郡司副擬□領大初位上丈部直佐弥万呂」、「郡司擬主帳无位中臣部広敷」がみえる。部民関係では壬生部、丈部、中臣部のほかに、多治比部小□と占部猪万呂が正倉院調庸墨書銘に、三村部黒刀自が『類聚国史』弘仁十二年（八二一）四月条にみえる。また『続後紀』天長十年（八三三）二月条に散位正六位上丈部長道らに有道宿禰の姓を賜うとある。郡家はつくば市平沢の官衙遺跡に比定され、掘立柱建物跡、柵列跡、大溝跡などが確められた。近くに中台廃寺があり郡寺に推定されている。『延喜式』神名帳には、筑波山神社二座がみえる。条里遺構もつくば市神郡、北条などに残っている。平安末期に当郡内にも荘園が成立する。康治二年（一一四三）八月十九日の太政官牒案には、村田荘がみえる。当郡は将門の乱の舞台にもなった。『将門記』によれば、平良兼の軍勢が承平六年（九三六）六月二十七日に水守の営所に着いた、とある。水守の営所は『和名抄』の水守郷にあたる。将門を討った平貞盛の弟繁盛の子維幹は、水守を拠点とし水漏大夫と称した。以後、子孫は常陸平氏として繁栄する。

筑波山　『常陸国風土記』に、筑波の岳は空高くそびえ西の峰は雄の神（男体山）と呼ばれ、人の登ることを許さない。東の峰（女体山）の側に泉が流れている。坂東諸国の男女は春秋の時節に連れだって筑波峰の会に参加する、とみえる。『万葉』巻九にも高橋連虫麻呂の「筑波嶺に登りて嬥歌会をせし日に作れる歌」があり、巻十四の東歌に「筑波嶺に雪かもふらる否をかも愛しき児らが布乾さるかも」とよまれ、巻二十に「筑波嶺のさ百合の花の夜床にも愛しけ妹ぞ昼もかなしけ」という防人大舎人部千文の歌がみえる。

（志田諄一）

那賀郡・なかのこおり

『古事記』神武段に「常道仲国造」とみえ、藤原宮木簡に「大部真目仲郡吉田里人」、『万葉集』巻九の那賀郡曝井を歌ったものに「三栗の中」とあるので、「仲郡」とも書かれ中央に位置する意味でつけられたといわれる。大化改新以前の那賀国は、広大な地域を占めていた。『常陸国風土記』香島郡の条に、孝徳己酉年(六四九)に「下総国の海上国造の部内」の軽野より南一里と「那賀国造の部内」寒田より北五里を割いて、新たに香島郡を置いたとあるので、己酉年以前は香島郡の大部分が那賀国の領域であったことになる。同じく行方郡の条に、孝徳癸丑年(六五三)に「茨城の地」八里と「那珂の地」七里、合わせて「七百余戸」を割いて新しく行方郡を置いたとあるので、行方郡の建郡にあたっても那賀国のかなりの地域が割かれたのである。那賀国は南は北浦西岸地帯から北は那珂川の河口をすぎて、久慈川下流南岸の村松・白方に至る広大な範囲を有していたのである。建郡の由来は明らかでないが、『常陸国風土記』に「東は大海、南は香島・茨城の郡、西は新治の郡と下野の国との堺なる大き山、北は久慈の郡なり」とある。また茨城郡の条に「謂はゆる茨城の郡は、今那珂の郡の西に在り。古者、郡家を置ければ、即ち茨城の郡の内なりき」とみえるので、『常陸国風土記』那賀郡の条に記されている「茨城の里」は、風土記編纂以前は茨城郡に属し後に那賀郡に編入されたことが知られる。『和名抄』には、入野(いりの)・朝妻(あさつま)・吉田・岡田・安賀(あか)・大井・河内(こうち)・川辺・常石(ときわ)・全隈(またくま)・日下部(くさかべ)・志万(しま)・阿波(あわ)・芳賀(はか)・石上(いそのかみ)・広嶋・茨城(うばらき)・洗井(かくらい)・那珂・八部(やたべ)・武田・幡田(はた)の二十二郷を記す。現在の水戸市、ひたちなか市、東海村、那珂市の一部、常陸大宮市の一部、城里町、茨城町の北部、笠間市友部を含む地域に推定される。郡衙は水戸市渡里町の長者山付近にあったようである。また渡里町の観音堂山地区から那賀郡寺と推定される「徳輪寺」とある文字瓦が出土している。

那賀国造は『古事記』に神武天皇の子神八井耳命を常道の仲国造の祖とし、『旧事紀』国造本紀仲国造の条に、「志賀高穴穂朝御世、伊予国造同祖建借馬命(たけかしま)定二賜国造一」とある。『常陸国風土記』行方郡の条にも建借間命を那賀国造の初祖とし、行方郡建郡の記事に那珂国造壬生直夫子(みぶのあたいおのこ)の名がみえるので、建借間命は壬生直の祖とされていたのである。『続紀』養老七年(七二三)二月条に、那賀郡大領外正七位上宇治部直荒山が私穀三〇〇〇斛を陸奥国鎮所に献じて外従五位下を授けられたとあり、天平宝字元年(七五七)十月の正倉院銘文に、郡司擬少領大初位上宇治部大成、『続紀』天応元年(七八一)正月条に那賀郡大領外正七位下宇治部全成が軍粮を進めて外従五位下を授けられたことがみえる。また天平宝字元年十月の正倉院銘文に、大井郷の戸主宇治部花麻呂とその戸口宇治部小中の名がある。その他の氏族・部民には、『続紀』宝亀元年（七七〇）七月条に那賀郡の人「丈部竜麻呂・占部小足が白鳥をとらえたとあり、『万葉』巻二十に那賀郡の上丁大舎人部千文の歌がみえる。天平勝宝四年（七五二）十月の正倉院銘文に吉田郷の戸主君子部忍麻呂、戸口君子部真石、天平十五年（七四三）十月の銘文に荒墓郷戸主土師部黒麻呂、戸口雀部奈為麿がみえる。天平宝字四年（七六〇）正月の平城宮木簡に日下部郷の戸主物部大山、戸口日下部桑麻呂、天平宝字五年二月の「奉写一切経所解案」（正倉院文書）に広島郷戸主公子真徳、戸口公子大徳、また全熊郷の戸主三村部真屋、戸口三村部太万呂の名がある。

郡内の式内社には、大井神社、青山神社、吉田神社、阿波山上神社、酒烈磯前薬師菩薩神社、藤内神社、石船神社の七座がある。吉田神社は日本武尊を主祭神とし名神大社に列せられており、貞観十四年（八七二）に新羅の海賊来襲の風聞があったとき朝廷では吉田神社に祈願し、祭会や諸雑舎修理料として租穀八三〇束を下賜している（吉田神社文書）。『将門記』には、「奈何・久慈両郡」とともに「吉田郡」を記しており、鹿島神宮の神郡と同じく吉田神社にも神郡を設ける動きがあったことが知られる。

当郡の駅家は『常陸国風土記』に「郡より東北、粟河を挟みて駅家を置けり」という河内駅家や平津駅家の記事があり、『後紀』弘仁三年（八一二）十月条には久慈川下流に置かれた石橋駅家がみえる。『延喜式』兵部省「諸国駅伝馬」「常陸国駅馬」に河内各二疋とある。

『三代実録』貞観四年（八六二）正月条に二十年一度修造の鹿島神宮の用材が那賀郡の山から産したとあり、『将門記』には天慶三年（九四〇）正月、平貞盛を追撃して常陸国に入った将門を奈何・久慈両郡の藤原氏が饗応したことや吉田郡の蒜間（ひるま）江（え）での動きが記されている。

（志田諄一）

鹿島郡・かしまのこおり

『常陸国風土記』には「香島郡」とあるが、『続紀』養老七年（七二三）十一月条には「鹿嶋郡」とみえる。『常陸国風土記』によると孝徳己酉年（六四九）に大乙上中臣□子と大乙下中臣部兎子（うのこ）らが惣領高向大夫に申請して、下総国海上国造の部内、軽野より南の一里と、那賀国造の部内、寒田より北の五里を割いて神郡を置いた。その地に鎮座する天の大神の社、坂戸の社、沼尾の社を合わせて香島の天の大神と申しあげ、郡名としたという。郡域は東は大海、南は下総の国と常陸の国の境をなす安是の湖、西は流海、北は那賀郡と香島郡の境をなす阿多可奈の湖とある。『和名抄』には、白鳥・下鳥・鹿島・高家・三宅・宮前・宮田・中村・松浦・中島・軽野・徳宿・幡麻・大屋・諸尾（豬尾）・新居・伊島・上島の十八郷を記す。「安是の湖」は現在の利根川河口付近、「阿多可奈の湖」は現在の涸沼の水が流入する那珂川河口付近なので、古代の鹿島郡の領域は、東は鹿島灘、南は利根川河口付近、西は北浦、北は那珂川下流南岸の地域、すなわち鉾田市南西部を除く鹿嶋市、鹿島郡および大洗町を含む地に推定される。郡衙は初め沼尾に置いたが、その後鹿島神宮の南に移っている（『風土記』）。発掘調査の結果、鹿嶋市神野向の地が郡衙跡と判明した。郡司は『風土記』にみえる建郡の申請者中臣□子と中臣部兎子らが初代の官人に任ぜられたと考えられ、その子孫が郡司を世襲したようである。『続紀』養老七年（七二三）十一月条によれば、その年から少領以上の郡司で三等親以上の親族の連任が許されている。天安三年（八五九）二月十六日の太政官符に天平勝宝年間の郡司「大領中臣連千徳」がみえ（『三代格』）、天平勝宝四年（七五二）十月の正倉院銘文に「郡司擬少領無位中臣鹿島連浪足」とある。『続紀』天平十八年（七四六）三月条に、中臣部二十烟に中臣鹿島連の姓を賜うとみえるのは郡司や神宮の神官を世襲した一族であろう。『続後紀』天長十年（八三三）四月条に、鹿島大神祝外従八位上勲八等中臣鹿島連川上とある。なお天平十八年三月には、占部五烟も中臣鹿島連の姓を賜わっている（『続紀』）。占部は天平勝宝四年十月の正倉院銘文にも「常陸国鹿嶋郡高家郷戸主占部手子戸占部鳥麿」がみえる。

当郡は鹿島神宮の神郡で『延喜式』神名帳にも「鹿嶋神宮」とあり、名神大社に列している。また大洗磯前薬師菩薩明神社も名神大社とみえる。嘉祥三年（八五〇）八月五日と天安三年（八五九）三月十六日の太政官符（『三代格』）には、天平勝宝年中に修行僧満願が鹿島に到来し、元宮司従五位下中臣鹿島連大宗、大領中臣連千徳らと鹿島神宮寺を建立した。満願は住持八年間で寺を去った。その後すでに年久しいが住持の僧もいないので、部内の民大部須弥磨ら五人を僧に補すことがみえる。

（志田諄一）

多珂郡・たかのこおり

『万葉集註釈』所収の『常陸国風土記』逸文には、「多歌郡」とみえる。また同風土記には成務朝に国造に任命された建御狭日命が、この地にやってきて地勢をみると、山が高いので「多珂の国」と名づけ「風俗の説に薦枕多珂の国」とある。また久慈の地の境の助河をもって道前とし、石城の郡の苦麻の村を道後とした。その後、孝徳天皇の白雉四年（六五三）に多珂国造石城直美夜部と石城評造部志許赤が惣領高向大夫に申請して、多珂・石城二郡に分割したとみえる。『続紀』養老二年（七一八）五月条には多珂郡の二一〇烟を割いて菊多郡とし、石城国に所属させたとある。『和名抄』では梁津・伴部・高野・多珂・藻島・新居・賀美・道口の八郷を記し、現在の北茨城市・高萩市・日立市北部・常陸太田市里美を含む地域と思われ、郡家は高萩市下手綱大高台に推定される。『万葉』巻九に「遠妻し高にありせば知らずとも手綱の浜の尋ね来なまし」とよまれている。

本郡の氏族は正倉院銘文に「郡司擬少領無位君子部臣足」「藻嶋子戸主矢作部石前・戸口矢作部小僧」がみえる。『後紀』延暦十八年（七九九）八月条には、海潮襲来の記事があり、『三代実録』貞観四年（八六二）七月条には水旱疾疫により復二年とある。また同弘仁三年（八一二）十月条には藻嶋・棚嶋の二駅の廃止がみえる。『延喜式』神名帳に佐波波地祇神社を載せる。

（志田諄一）

コラム

日高見

『書紀』景行二十七年条に「東夷之中有日高見国」、同四十年条に「蝦夷既平。自日高見国還之。西南歴常陸至甲斐国」とある日高見の国について、『釈紀』は「四方望高遠之地。可謂日高見国歟。指似不可言一処之称謂耳」とあり、また「日高見国者所謂天府也」とする。日高見の国は四方を望む高遠の地の意であるという公望の説は、その後江戸時代の学者にうけつがれ賀茂真淵は「天つ日の、空の真秀(まほ)に、高くあるほどを、たとへいふなり」とし、また「紀に、陸奥に、日高見国、紀伊国に、日高郡ちふ在は、私記にいふ如く、四方の雲高く、遠き故にてや、名づけけむ」ともいう。本居宣長も「日高見とは、何国にまれ広く平なる地を云」とし、橘守部も「されば此語は、はやく私記の註に云る如く、国の四方打晴て望遠き地を云といへるこそよろしけれ」と述べている。鈴木重胤の「祝詞講義」には、日高見の国の号は、初め皇孫が日向の高千穂に天降って、「朝日之直刺(ただざす)国。夕日之日照国」といったのが起原で、日向というのも日高見の意とする。つまり日高とは、天の日をいい、天の日のよくみえるところだというのである。これら江戸時代の学者の説は、明治以降もうけつがれ栗田寛も「日の天の真秀に在るを日高しと云、是古より云ならへる言と聞ゆ」と述べる。次田潤も、日高見の国は、天つ日が空に高く輝く国という意で、太陽の恩恵を豊かにうけて農作物が豊穣する国の称とする。

以上の『釈紀』の説を踏襲したものと異る見解もある。喜田貞吉は、日高見のヒダカはヒナカ（夷所）、イナカと同源語とみる。日高見の国は『書紀』の景行二十七年条に「東夷之中有日高見国」、同四十年条に「蝦夷既平。自日高見国還之」とあることや『延喜式』神名帳に陸奥国桃生郡に日高見神社を記すことから蝦夷地とみる説があった。飯田武郷は『日本書紀通釈』で「この日高見国は、げにも陸奥国桃生郡あたりなるべし」と断言する。こうした日高見、蝦夷地説から常陸国は日高見の国なる陸奥に通う路すがらにあったので、日高路からヒタチなる名称になったという説が古くからあった。顕昭が『古今顕注』に「常陸はひたかちをひたちと申すなり」としてから、ヒタチ、日高路説を踏襲する者が多い。伴信友は「日高は、景行紀を考ふるに、今の蝦夷地にて、常陸は、かの日高へ通ふ道なれば、日高道なるべし」とし、宮本元球の『常陸郡郷考』や斎藤彦麿の『諸国名義考』も顕昭や伴信友説がそのままうけつがれている。吉田東伍も『大日本地名辞書』で「常陸は比太知とよみ、常道又常土に仮借すれど、本は日高見路の義とぞ。日高見とは、上古東北の汎称にして其奥区は今の北上河流域にあたり、北上、即日高見の訛なるべしといふ」と述べている。

日高見の国は『延喜式』の六月晦大祓と祝詞や遷都祟神祭の祝詞に「大倭日高見国」とみえ、『釈紀』所引の『常陸国風土記』逸文信太郡条に「此の地は、本、日高見の国なり」とある。同じく逸文に「黒坂命の輸轜車、黒前の山より発ちて日高見の国に到りき」とみえる。これらの史料をみると日高見の国は、景行紀では蝦夷地、とくに陸奥国、『延喜式』神名帳では陸奥国桃生郡、『常陸国風土記』では常陸国信太郡、祝詞では大倭の地ということになる。津田左右吉は『日本古典の研究　上』で『常陸国風土記』の日高見国は、「本」云々とあるので当時実際には行われず、したがって実際の地名とは関係がない。祝詞のは一種の佳名または美称であり国名ではない。そうするとエミシの住地としてのヒタカミも空想上の名称である。大倭のは日の神の御裔である歴代天皇の皇都にふさわしい美称だとしている。

日高見の国は大倭に限らず「東国」の美称をさしているようである。『書紀』神武即位前紀条に、「東有美地。青山四周」とあるのも大倭に対する美称であろう。景行紀二十七年二月条の「東夷之中。有日高見国」も「亦土地沃壌而曠之」という東国の美称と思われる。『常陸国風土記』で信太郡の地が、日高見の国であったと記されているのも、常陸の美称と関係がある。信太郡は白雉四年（六五三）に筑波・茨城の郡七百戸を分けて建郡されている。「此の地は、本、日高見の国なり」の「本」は信太郡の建郡が白雉四年であれば、それ以前つまり大化以前をさしている。『常陸国風土記』の編者が、茨城・筑波の地域を日高見の国としたのは、これらの地域が肥沃広大な平野部を占め常陸国の中心部として早くから開発され、のちに国府が置かれたことと関係がある。『常陸国風土記』の総記に「それ常陸の国は、堺は是広大く、地も亦緬邈にして、土壌沃墳ひ」とあるように常陸の美称として「本、日高見の国」としたのであろう。

【参考文献】

志田諄一『常陸風土記とその社会』雄山閣、一九七四年

（志田諄一）

東山道

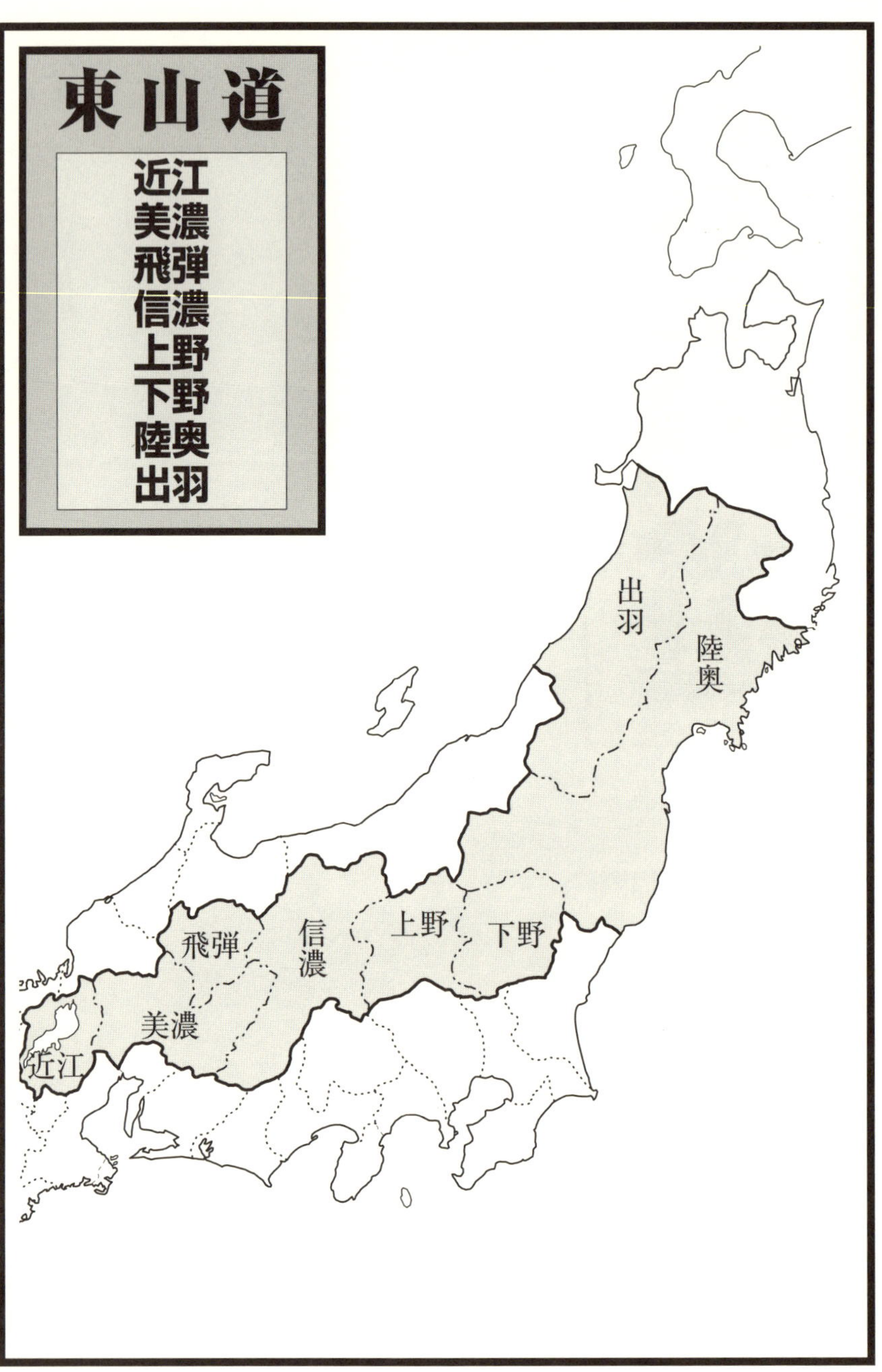
東山道
近江
美濃
飛弾
信濃
上野
下野
陸奥
出羽
出羽
陸奥
飛弾
信濃
上野
下野
美濃
近江

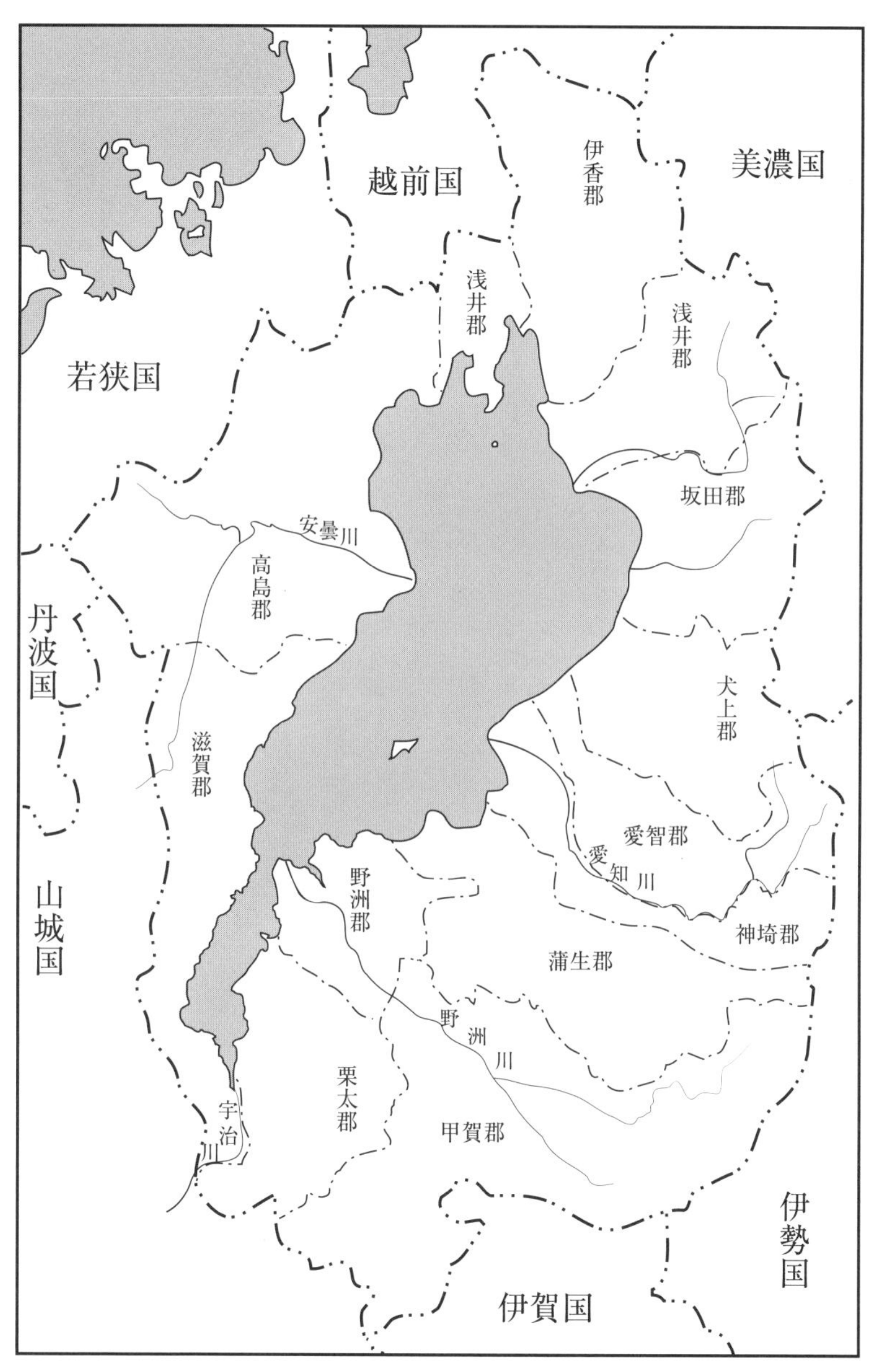
越前国
伊香郡
美濃国
浅井郡
浅井郡
若狭国
坂田郡
安曇川
高島郡
丹波国
犬上郡
滋賀郡
愛智郡
愛知川
野洲郡
山城国
神埼郡
蒲生郡
野洲川
栗太郡
宇治川
甲賀郡
伊勢国
伊賀国

近江国略図

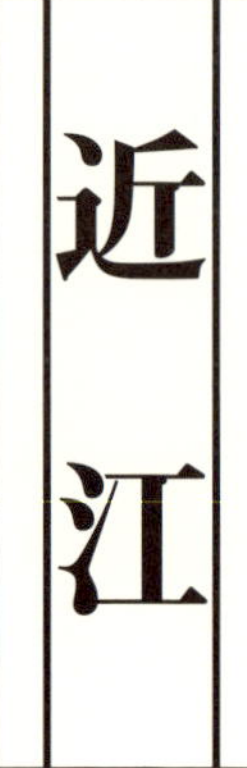

近江国・おうみのくに

近江国は現在の滋賀県の領域とほぼ一致し、その国名は大宝令により確定したもので、もともと琵琶湖に因んで「近淡海(ちかつあふみ)」と呼ばれていた。近江から出る地点に、畿内を守る軍事施設である三関が、それぞれ設置されているように、畿内中枢部と北陸道・東山道・東海道諸国とを結ぶ政治的・軍事的な要衝であった。事実近江国守でもあった藤原武智麻呂の『武智麻呂伝』は、「近江国は宇宙(あめのした)に名あるの地なり」とし、近江の交通・軍事に占める重要性を述べ、さらに肥沃で広い耕地をもち、人口も多いことを記している。

律令時代の近江国は全国で十三国の「大国」に含まれ(『延喜式』)、滋賀・栗太・甲賀・野洲・蒲生・神埼・愛知・犬上・坂田・浅井・伊香・高島の十二郡・八十七郷(『和名抄』)からなる。国内には東山道・北陸道・後には東海道が貫き、各官道に設置された駅は、東海道で勢多(駅馬三十匹)・岡田(二十匹)・甲賀(二十匹)、東山道で篠原・清水・鳥篭・横川(各十五匹)、北陸道で穴多(五匹)・和爾(七匹)・三尾(七匹)・鞆結(九匹)がみえる(『延喜式』)。また水田面積は畿内近国中最大の三万三四〇二町(『和名抄』)で、人口も推計で十四万人とするものもある。奈良・平安時代の近江国守を藤原氏がほぼ独占し、実質的な領国の如き様相を示すのは、こうした近江の豊かさを示すものである。さらに『延喜式』には、近江の産物として、綾・羅・絹、米・大豆・胡麻・胡麻油、皮・柳箱・酒壺・杯・韓櫃・椀・筆・紙・甲・刀・弓・矢などが、各種の税としてあげられている。そして鮒・鱒・鮎・氷魚などや、薬・鉄などの特産物も注目される。

近江の古代豪族は、郡単位に一〜二の氏族が分布し、各地の首長墓群の分布とほぼ対応している。後には郡の大領・少領を世襲するものが多く、大半の豪族が息長君や三尾君のように君(キミ)のカバネをもち、大和政権と早くから結託関係を結び、大王に奉仕していたとみられる。また近江は大和・河内と並んで、渡来人の居住が著しく、大津北郊・愛知郡とその周辺には特に集中している。それぞれの地域には、五世紀末から七世紀前半にかけて、特異な構造や副葬品をもつ古墳や大壁建物などの特異な建物などからなる村が発見されている。近江の古代豪族は、六世紀初頭の継体大王の即位にあたって、中心的な支持勢力であったため、それ以降中央に進出するものが増加している。その後も天智二年(六六三)、国力を挙げて百済救援に乗り出した倭国は大敗し、天智天皇は唐・新羅の進攻に備え、天智六年(六六七)近江に遷都した。近江は文字どおり畿内中枢となり、朝廷に出仕するものも増えた。なお近江大津宮は壬申の乱の後、「灰燼」に帰し、所在地も長く不明となったが、昭和四十九年(一九七四)、大津市錦織付近で、大規模な門跡が発見されて以降、企画性のある築地で区画された建物群を検出し、この地に宮跡がある可能性が強まった。また壬申の乱は近江のほぼ全域が戦場となったため、近江の豪族は究極の選択を余儀なくされたが、乱の決戦場となった勢多橋の遺構は、昭和六十三年(一九八八)、現在の唐橋から八十メートル下流の川底から、韓国慶州の半月城に架かる日精橋・月精橋の遺構とほぼ同形式の橋台が発見され、渡来人の関与が推測されている。

奈良時代には天平十五年(七四三)ころ、甲賀郡信楽に、聖武天皇の紫香楽宮が、天平宝字三年(七五九)には、滋賀郡粟津に淳仁天皇の保良宮が造営されるなど、再び近江に宮都が営まれている。紫香楽宮は、近年史跡紫香楽宮跡の北方の宮町遺跡で宮殿クラスの建物群が発見され、七〇〇〇点を超える木簡が出土し、現在の史跡地は甲賀寺跡として確定した。さらに平成十五年(二〇〇三)には、甲賀寺跡の北東の鍛冶屋敷遺跡で、大仏造営とも関わる大規模な鋳造遺跡(造仏所跡)が発見されている。近江の国庁・郡庁など律令国家の地方行政に関わる施設は、昭和三十八年(一九六三)瀬田神領の三大寺山で、平城宮跡の朝堂院を小型化した、八世紀中ごろの政庁跡の礎石立ち瓦葺建物群が発見された。これとは別に、平成八年(一九九六)国庁政庁跡の東南五〇〇メートルに所在する惣山遺跡で、南北に長い礎石立ち瓦葺の倉庫跡が、南北一列に十二棟並んで検出され、勢多駅家に比定される堂ノ上遺跡や、国司館に比定される青江遺跡とともに、瀬田丘陵一帯が古代都市的な景観を示していたことが明らかになりつつある。いっぽう栗太郡衙政庁の中枢部とみられる栗東市岡遺跡では、長大な建物に囲まれた八世紀の大型の正殿と見られる掘立柱建物が発見され、「大国」としての近江の格式を示している。なお近江では、飛鳥時代の終わりころから各地で古代寺院が数多く造営されるが、代表的なものとしては、天智七年天智天皇の勅願により造営された崇福寺跡(志賀山寺）、天平宝字五年に保良宮の鎮護として、良弁が増改築した石山寺、延暦七年（七八八）滋賀郡古市郷出身の伝教大師最澄が開いた延暦寺などがある。

（大橋信弥）

伊香郡・いかこのこおり

訓は『和名抄』東急本に「伊加古」とあり、郷名の伊香も同様でイカコであろう。『拾芥抄』もイカコとするが、『節用集』は「香又作甲」としイカウの訓を付す。郡名表記は、二条大路木簡に、「近江国伊香郡余領郷」がみえるように、伊香以外はみられないが、伊香具神社（『延喜式』神名帳）・伊香胡山あるいは胆香瓦臣安倍（『書紀』天武元年七月二日条）などの表記もある。郡名の初出は和銅二年（七〇九）十月二十五日の「弘福寺田畠流記帳」で、「伊香郡田壱拾町弐段伯弐拾歩」とある。『和名抄』諸本ともに柏原・安曇・遠佐・楊野・余呉・片岡・伊香・大社の八郷をあげる。

当郡は近江国の北の端に位置し、越前国と国境を接しており、美濃・尾張や湖東と北陸を結ぶ陸上交通の要衝をなしている。文献によって知られる当郡の古代豪族は多くないが、その中でまず『帝王編年記』が引く「近江国風土記」逸文にみえる与胡郷の人伊香刀美と天女の間に生まれた四子の後裔とみえる伊香連氏が注目される。『姓氏録』左京神別上には「伊香連、大中臣同祖・天興屋命七世孫臣知人命之後也」とあり、中央の中臣氏と同祖系譜をもっている。平城宮木簡には、「安曇郷戸主伊香連□人戸白米一俵」とみえる。『書紀』天武元年（六七二）七月二日条にみえる壬申の乱の功臣胆香瓦臣安倍もその一族か。伊香連氏はその氏名に郡名を負っていることや、その本拠地が氏名とも共通し、その氏神ともみられる伊香具神社の所在する伊香郷とみられること、また余呉郷や阿曇郷など郡内に広く分布することから、郡内最有力の豪族とみられる。奈良時代の下級官人に「伊香」姓のものが少なからずみられるところから、本郡の郡領氏族であった可能性が高い。また最近発見された二条大路木簡に、「近江国伊香郡余領郷戸主粟田臣船麻呂戸口粟田臣牛麻呂庸米」とあり、天平二十年（七四八）九月二十六日の年紀が付されている。粟田臣はワニ氏の一族として知られており、伊香連氏に次ぐ有力豪族であったとみられる。また二条大路木簡にみえる「近江国印勘郡遠佐郷」「穴大子(ママ)人戸俵」は、志賀漢人一族の渡来氏族である。

当郡の古墳文化は、郡の西の湖辺

に南北に長くのびる西野山丘陵の尾根上に連らなる、古保利古墳群（一三〇余基）の中に、三世紀前半の古墳時代早期から中期（五世紀）の首長墓が十六基確認されている。前方後円墳と前方後方墳が八基づつで、発掘調査がなされた小松古墳は、全長六十メートルの前方後方墳で、内行花文鏡・方格規矩鏡など古代の鏡のほか、銅鏃、鉄鏃、底部穿孔土器などが出土し、古墳時代早期に築造されたことが、明らかになった。また前方後円墳の木戸越古墳・深谷古墳も、葺石をもち古式の古墳とみられる。そして古墳群中最大で中期とみられる、全長九十メートルの西野山古墳（前方後円墳）など、この地の首長の力の大きさを示しており、その分布のあり方から、一時期に数基が築造された場合もあり、この地域の豪族の同族連合的な性格を示唆するものとして注目される。

いっぽう、平野部でも、全長八十メートルの前方後円墳で、葺石と周濠（幅二十五メートル）をもつ姫塚古墳、全長六十三メートルの前方後方墳で、墳丘下層から弥生後期の土器が出土した大森古墳があり、古墳文化の多様性を示している。

式内社についても、近江の中で当郡の四十六座（四十五社）は最も多く、大和国高市郡五十四座、伊勢国度会郡五十八座・多気郡五十一座、出雲国意宇郡四十八座・出雲郡五十八座に次ぐ、中央の中臣氏と同祖系譜を持つ伊香連氏が当郡において最有力の豪族であることと無関係ではないだろう。

柏原郷　『和名抄』は諸本とも訓を欠くが、駿河国駿河郡柏原郷の例からみて、カシハハラであろう。郷域は現高月町の高時川右岸に遺称地があり、その一帯であろう。

安曇郷　『和名抄』は諸本とも訓を欠くが、信濃国安曇郡の例からみてアツミであろう。郷名は平城宮木簡に「安曇郷戸主伊香連□人戸白米一俵」がみえる。郷域は現高月町南部の遺称地阿閉を含む一帯であろう。

遠佐郷　『和名抄』東急本は遂佐郷とし、訓は諸本とも記載がない。二条大路木簡にみえる「近江国印勘郡遠佐郷」は当郷のことであろう。郷域は遺称地もなく明らかでないが、木之本町中央部から北部にあてる説が有力。

楊野郷　『和名抄』は諸本とも訓を欠くが、ヤギノないしはヤナギノであろう。郷域は東柳野・西柳野・柳野中と遺称地がみられ、現高月町西部一帯であろう。

余呉郷　『和名抄』東急本は余領郷とし、二条大路木簡に、「近江国伊香郡余領郷」がみえる。ただ『帝王編年記』が引く『近江国風土記』逸文には「近江国伊香郡与胡郷伊香小江在郷南也」とあり、与胡郷の表記もある。郷域は『近江国風土記』逸文が伊香小江を「在郷南」としており、余呉湖の北辺一帯であろう。

片岡郷　『和名抄』は諸本とも訓を欠くが、郷名は古代文献に所見がなく『新抄格勅符抄』に「片岡神戸大和七戸・遠江八戸・近江十五戸」とみえ、片岡神社は当郷と関係するか。郷域は遺跡地である現余呉町の余呉川流域を中心とする旧片岡村一帯か。

伊香郷　『和名抄』東急本は「伊加古」（イカコ）と訓ずる。平城宮木簡に「近江国伊香郡伊香郷」とある。長浜市十里町遺跡八ノ坪地区出土墨書土器に「伊香郷」とある。『延喜式』神名帳にみえる「伊香具神社」は当郷に所在する神社であろう。郷域は伊香具神社の位置から現木之本町南西部の大音の周辺に比定される。

大社郷　『和名抄』は諸本とも訓を欠き、大社を伊香具神社とするなら、その所在地周辺となる。

伊香小江（余呉湖）の天女伝説　『帝王編年記』が引く「近江国風土記」逸文には「近江国伊香郡与胡郷伊香小江」にかかわる白鳥処女伝説が収載されている。それによると、与胡郷の人伊香刀美が伊香小江（余呉湖）に八人の天女が舞い下りるのを見つけ、そのひとりを妻とし、その間に四子が生まれたとする。そしてその四子、意美志留・那志登美・伊是理比咩・奈是理比売を伊香連等の先祖としている。伊香連氏の性格や本郡の宗教的な背景を示唆するといえよう。

【参考文献】

大橋信弥「伊香連氏について」（『日本古代の王権と氏族』吉川弘文館、一九九六年）

（大橋信弥）

浅井郡・あさいのこおり

訓は『和名抄』東急本に「阿佐井」とあるが、『節用集』は「アザ井」と訓ずる。異表記はない。郡名の初出は藤原宮木簡の「浅井□□□里」で、平城宮木簡にも「近江国浅井□□」の例がある。承和元年（九三一）の『竹生島縁起』には、「浅井姫命」「浅井評」「浅井郡人」「浅井郡大領」「浅井郡検校」などがみえる。『書紀』天武元年（六七二）八月二十五日条に近江朝廷の右大臣中臣金が「浅井田根」で斬られたとあり、『近江国風土記』逸文には竹生島の生成伝説とともに浅井比命の名がみえる。また『姓氏録』左京皇別によると、治田連氏が「浅井郡地」を賜ったことがみえる。『続紀』天平宝字六年（七六二）二月二十五日条などにみえる藤原仲麻呂の乱の際、仲麻呂は浅井郡塩津（現西浅井町）を経て北陸に脱出を試みている。仲麻呂は浅井郡の鉄穴を与えられたこともあり、天平神護元年（七六五）正月八日には、朝廷が仲麻呂追討の報奨として、浅井郡の調庸を一年間免じている。『和名抄』は諸本ともに岡本・田根・湯次・大井・川道・丁野・錦部・速水・益田・新居・都宇・朝日・塩津の十三郷をあげる。『延喜式』神名帳には塩津神社を含め十四座十三社が載る。竹生島に鎮座する都久夫須麻神社は浅井姫を祭神とする。

浅井郡の古代豪族としては、『姓氏録』左京皇別にみえる治田連氏、藤原宮木簡にみえる「（表）浅井□□□里人」「（裏）田布西臣□身」、承和元年（九三一）の『竹生島縁起』にみえる「浅井郡人国造田次丸」「浅井郡大領浅井直馬養」「浅井郡検校出雲春雄」、弘仁十年（八一九）二月十六日の近江国大原郷長解にみえる「浅井郡湯次郷戸主従八位上的臣吉野戸口中嶋茂子」、長岡京木簡にみえる「速水尾張公吉」、平城宮木簡にみえる「（表）近江国浅井郡岡本郷」「（裏）木部女□庸□□」、安堂遺跡（大阪府柏原市）の奈良時代の土層から出土した木簡にみえる「（表）近江国浅井郡田根郷」「（裏）春日部□男」などが在来氏族で、安堂木簡にみえる「益田郷戸主錦□□」、「釈家官班記」に「良源、号慈恵和尚、延暦寺座主、近江国浅井郡大井郷人」とみえる木津氏、『続紀』延暦六年（七八七）七月十七日条にみえる「浅井郡人従六位上錦曰佐周興」、『三代実録』貞観十六年（八七四）九月二十九日条にみえる「節婦近江国浅井郡人錦村主清常刀自」、平城宮木簡にみえる「浅井郡新家里錦主寸石勝」、二条大路木簡にみえる「浅井郡川道里大友史縣」、『続紀』神護景雲二年（七六八）八月条に桑原公を賜った「浅井郡人桑原直新麻呂、桑原直訓志必登」、『続紀』延暦十八年三月条にみえる「浅井郡人穴太村主真杖」などが倭漢氏ないし志賀漢人の一族、『三代実録』元慶元年（八七七）十二月条にみえる「浅井郡人秦経尚」が秦氏系の渡来氏族である。益田郷・川道里など湖辺に立地する地域に志賀漢人が濃密に分布することは注目される。このように現在のところ、浅井郡においては特別に傑出した古代豪族は認められず、強いてみれば、郡大領とみえ、直のカバネを持つ浅井直氏が中でも有力であったのではなかろうか。ただし『古事記』や『書紀』に所伝を残すことはなかった。

浅井郡の古墳文化は虎姫町三川丸山古墳、湖北町飯喰山古墳（三十一メートル）、岩原一号墳（三十五メートル）、丁野岡山古墳（三十一メートル）、岩原八号墳（二十四メートル）、浅井町岡の腰古墳（六十三メートル）、八島亀塚古墳（三十三メートル）などが順次築造されたとみられるが、大型円墳の岡の腰古墳を除いて、小規模ながら前方後円墳であることは注目される。当郡において特に傑出した古代豪族は認められないこととも関連するか。なお後期の群集墳については、湖北三郡では比較的発達しており、中規模のものがかなりみられる。渡来氏族の分布が多いこととも関連するかもしれない。

岡本郷　『和名抄』は諸本とも「乎加毛止」（オカモト）と訓ずる。郷名表記は『天台座主記』良源の項に「近江国浅井郡岳本郷」とあり、岳本郷の表記もあったかもしれない。郷名の初出は平城宮木簡で、「近江国浅井郡岡本郷」とある。郷域は『延喜式』神名帳の「岡本神社」からその周辺とみられるが、これに比定される神社が四社あり、確定できない。

田根郷　『和名抄』東急本は「多保」とするが、保は祢（ネ）の誤写であろう。安堂木簡に「近江国浅井郡田根郷」とみえる。郷域は遺跡地を残す旧浅井町（現長浜市）南西部の田根村を中心とする一帯であろう。

湯次郷　『和名抄』高山寺本は「由須岐」（ユスキ）、東急本は「由須木」と訓じる。郷名の初出は弘仁十年（八一九）二月十六日の近江国大原郷長解に「浅井郡湯次郷」とある。『延喜式』神名帳に記す湯次神社は「ユツキ」と訓じているが、旧浅井町（現長浜市）には同名の二社があり、ユスキとよんでいる。旧浅井町西南部に遺跡地がある。

川道郷　『和名抄』高山寺本は「加波知」、東急本は「加波美知」と訓じる。二条大路木簡に「浅井郡川道里」がみえる。郷域は遺称地とみられる旧びわ町（現長浜市）南部の川道を含む一帯であろう。

錦部郷　『和名抄』高山寺本は「迩之古利」、東急本は「尓之古利」と訓じる。郷域は遺称地とみられる旧びわ町（現長浜市）の東部、錦織を含む一帯であろう。

速水郷　『和名抄』高山寺本は「波世美」、東急本は「波也美」（ハヤミ）と訓じる。平城宮木簡に「近江国浅井郡速水□」とみえる。郷域は遺称地とみられる現湖北町の東部、速水・南速水を含む一帯であろう。

益田郷　『和名抄』高山寺本は「末須多」（マスタ）、東急本は「末須太」と訓じる。安堂遺跡（大阪府柏原市）から出土した奈良時代の木簡に「益田郷戸主錦□□」とある。『延喜式』神名帳の「麻蘇多神社」は当郷に関係するか。遺称地とみられる旧びわ町（現長浜市）の益田に同名社が所在し、その一帯に比定できる。

新居郷　『和名抄』東急本は「爾比井」（ニヒイ）と訓じる。郷域は遺称地とみられる旧びわ町（現長浜市）のほぼ中央、姉川流域の新居を含む一帯か。平城宮木簡にみえる「浅井郡新家里」は当郷のことであろう。

（大橋信弥）

坂田郡・さかたのこおり

訓みは『和名抄』東急本に、「佐加太」とあり、サカタであろう。『和名抄』には、大原・長岡・上坂・下坂・細江・朝妻・上丹・阿那・駅家の九つの郷があるが、二条大路木簡により、下入（丹）郷の存在も明らかになっている。なお霊亀元年式（七一五）による里（こざと）についても、二条大路木簡に、上坂郷の野家里・有羅里・沼多里などの存在が知られる。郡名の初見は、『書紀』允恭七年条の「近江坂田」で、同推古十四年（六〇六）には、「坂田郡水田二十町」とみえるが、確実には近年発見された藤原宮木簡の「坂田評長岡里秦人□人□□」である。また『竹生島縁起』にも、「坂田評」の表記がみえるが、史料性に問題が残る。郡名の異表記としては、「尺太郡」、「積太郡」などが見えるが、六国史以下すべて「坂田郡」に統一されている。坂田郡の郡衙については、長浜市小堀町の宮司遺跡が有力であるが、同市大東町の大東遺跡で発見された大規模な建物群を第一次の郡衙とする見解もある。ただ現在のところいずれも明確な遺構の検出はみていない。坂田郡には南端を東山道が通過しており、横川駅が置かれているが、その分岐が本郡を横切り越前とつながる。しかも朝妻湊の存在から知られるように、湖上交通における基点をもなしており、交通の要衝を占める。

古代の坂田郡の豪族としては、令制下で郡司を輩出した息長氏・坂田酒人氏などが有力であった。息長氏は、『古事記』に、天皇家の王統譜に深く関係する系譜を載せ、『書紀』皇極元年（六四二）十二月条に息長山田公が日継の次第を誄（しのびごと）したことがみえ、天武朝において、カバネ真人を賜っている。息長氏とその一族で坂田郡における居住地の明らかなものは少なく、わずかに息長真人真野売が上丹郷に、息長秋刀自女が長岡郷の人としてみえており、坂田郡南部地域に本貫のあったことが確認出来る。なお坂田郡南部には息長丹生氏も、居住していたと考えられる。すなわち息長丹生氏については、画工司の令史や画師、造東大寺司の画所領として史上に見えており、『姓氏録』右京皇別に「息長真人同祖」とあり、坂田郡南部の上丹郷や下丹郷を本拠とする、息長氏の一族と考えられる。つぎに坂田酒人氏は『古事記』『姓氏録』に息長氏と同祖とあり、奈良時代には坂田郡大領・少領を輩出しており、その本貫地は、「近江国坂田郡上坂郷長解」に、上坂郷長坂田酒人公田狭などがみえ、上坂郷とみられる。

渡来氏族については、郡内で最も有力とみられるのは、穴太村主氏である。奈良時代にはいまだ郡主帳を出す程度であったが、平安時代にはいると、息長氏と坂田酒人氏に加えて、穴太村主氏が進出している。その本拠地については、長屋王家木簡によって、旦女里（あさつまのさと）（朝妻郷）の戸主に「穴太主寸□」の居住することが判明した。このほか坂田郡の渡来氏族で、濃密な分布を示すのが秦氏である。秦氏は現在のところ、郡内において十六名の人名が知られており、坂田郡南部でもその東部に集中している。アメノヒボコ伝説との関係も指摘されている。

坂田郡の古墳文化は、南部の天野川流域には息長古墳群が、姉川流域の長浜地域には、上坂郷を中心に坂田古墳群が分布している。すなわち息長古墳群では、五世紀代に、定納古墳（三十五メートル）、アシタビ古墳、後別当古墳（五十メートル）など小規模な前方後円墳や帆立貝式古墳が造られているが、本格的な前方後円墳としては、五世紀末頃に築造された塚ノ越古墳（四十メートル）が最初で、これにつづく山津照神社古墳（四十五メートル）・人塚山古墳など、石見型埴輪をめぐらし、金銅製装身具を副葬するなど、この時期では「畿内」においても有数の首長墓である。いっぽう坂田古墳群の場合は、早くも四世紀後半に前方後方墳である龍ヶ鼻古墳（四十六メートル）が、つづいて湖北最大の前方後円墳の長浜茶臼山古墳（一〇〇メートル）が築造され、以下、山の鼻古墳（四十二メートル）、垣籠古墳（六十メートル）、岩田山古墳（四十五メートル以上）、越前塚古墳（四十メートル以上）、長屋敷古墳と六世紀前半まで、後の上坂郷域と推定される丘陵部と平地に、継続して前方後円墳を築造している。なお横山丘陵の東、現在の山東町村居田には、敏達皇后広姫の「息長墓」と伝えられる村居田古墳があり、全長一〇〇メートル級の前方後円墳の可能性が指摘されている。

大原郷　『和名抄』東急本に、「於保波良」とあり、オホハラであろう。郷域は中世に大原庄があり、旧伊吹町（現米原市）の南半と旧山東町（現米原市）の北半に比定される。

長岡郷　『和名抄』東急本に、「奈加呼加」とあり、ナカオカであろう。現在旧山東町（現米原市）に遺称地があるので、そこを中心とする地域が考えられる。

上坂郷　『和名抄』高山寺本に、「加无左加」とあり、東急本に、「加无佐加」とあり、カムサカであろう。上作・上坂田・神坂とする表記も見える。これも現在の長浜市上坂町に遺称地あり、その周辺と考えられる。

朝妻郷　『和名抄』東急本に、「安佐都末」とあり、アサツマであろう。異表記に旦女・朝儒などがある。旧米原町（現米原市）に遺称地があり、朝妻湊のある湖辺に比定される。長屋王家木簡に「旦女里」が見える。

上丹郷　『和名抄』高山寺本に、「加无津迩布」とあり、東急本に、「加无都尓布」とあり、カムツニフであろう。旧米原町（現米原市）に上丹生という遺称地がある。

阿那郷　『和名抄』の諸本とも訓を載せていないが、長屋王家木簡に「尺太郡穴里大伴志伊俵」とあり、アナであろう。ただし遺称地も認められず、今のところ未確定である。『書紀』垂仁三年三月条にアメノヒボコが滞在したという「近江国吾名邑」にあてる説もある。

駅家郷　諸本に訓の記載はないが、ウマヤであろう。『延喜式』兵部省に横川駅があり、遺称地はないが『書紀』天武元年（六七二）七月七日条に「息長横河」とあり、天野川流域に比定される。

【参考文献】
『長浜市史　第一巻　湖北の古代』長浜市役所、一九九六年
大橋信弥「再び近江における息長代の勢力について」（『古代豪族と渡来人』吉川弘文館、二〇〇四年）

（大橋信弥）

犬上郡・いぬかみのこおり

訓は『和名抄』東急本に「以奴加

三」とあり、イヌカミであろう。表記は「犬上郡」に統一されており、『万葉』にみえる狗上は音をとったものであろう。『続紀』天平十二年（七四〇）十二月七日条に「犬上頓宮」とある。高山寺本は田可・沼波・高宮・尼子・甲良・安食・清水・竇田・青根の九郷をあげ、東急本は神戸・駅家の二郷を加える。『延喜式』兵部省諸国駅伝馬条には、東山道に属する鳥籠駅（現彦根市）がみえる。駅家の所在する鳥籠山は不知也川とともに『万葉』に詠われ、平成八年度に調査された甲良町尼子西遺跡の東山道の推定路線地において、幅十二メートルの路面に幅一・五メートル〜三・〇メートルの側溝がつく道路遺構が、延長七十二メートルにわたり検出された。

郡衙の所在地は明らかでないが、それに関連するものとして、甲良町長畑遺跡は、犬上川左岸の扇状地に所在し、八世紀後半と考えられている建物群の配置は、庇のある大規模な東西棟を中心に、東西に南北棟六棟・東西棟一棟が並び、西よりに倉庫と見られる総柱の建物四棟が、南北に一列に並んでいた。また彦根市竹ヶ鼻廃寺遺跡は、犬上川中流域の右岸微高地の縁辺部に所在し、平成七年度の調査で大規模な掘立柱建物群が検出され、それが一定の企画性を持つこと、柵列により区画されていることなどから、何らかの公的な施設であることが想定されている。また建物群の周辺に所在する井戸跡からは、出土例の少ない銅製の匙が発見された。

古代氏族では犬上君氏が注目される。『古事記』は、倭建命の子稲依別王を犬上君・建部君の祖とする。犬上君白麻呂が遣高麗使に任命され（『書紀』斉明二年九月条）、犬上君某が兵事を高句麗に告げるなど（天智二年五月一日条）、対外関係に活躍している。なかでも犬上君御田鍬は、推古二十二年（六一四）六月に遣隋使、舒明二年（六三〇）八月には遣唐使に任命されている。また、孝徳天皇の即位儀において、高御座の左に大伴連馬飼が右に犬上君建部が金の靫を帯びて侍したとあり（『書紀』孝徳即位前条）、天皇の親衛軍を構成する軍事的性格の強い豪族であることを示している。平安時代にも勢力を保ち続けたらしく、『三代実録』仁和元年（八八五）七月十九日条には近江国検非違使権主典前犬上郡大領従七位上犬上春吉がみえ、同氏が当郡の郡領氏族であったことを示している。犬上君氏のほか在来の氏族としては、天平二十年（七四八）四月二十五日の写書所解にみえる尼子郷戸主羽栗臣伊賀麻呂と国足、年月日未詳仕丁送文にみえる河原郷戸主川瀬舎人高市と立人、また『三代実録』貞観四年（八六二）七月二十八日条に犬上郡人とみえる川上舎人名雄、さらに長屋王家木簡に、瓦里人蜊江連知麻呂、瓦里生部石麻呂、甲良里前子位、甲良里子部伊知などがみえる。部姓のものでは、平城宮木簡に「尼子郷戸主物部□□」とあり、天平勝宝九年（七五七）四月七日の「西南角領解」に火田郷戸主物部福麻呂・建部千麻呂もみえる。

いっぽう渡来氏族では、中央政府の画師として活躍する簀秦画師氏が居住している。すなわち天平勝宝九年四月七日「画工司未選申送解案帳」に斐田郷戸主簀秦恵師千島・道足が、また天平宝字二年（七五八）二月二十四日「画工司移」には、「近江国犬上郡」と注記して、簀秦豊次・簀秦君万呂の名がみえる。なお天平末年の石山寺の増改築に際して、甲賀山作所領などで活躍した、造東大寺司番上の橘守金弓は天平宝字六年八月二十七日「造石山院所労劇文案」に「近江国犬上郡人」とあるが、『姓氏録』左京諸蕃下に「橘守。三宅連同祖。天日鉾命後也」とあるように、アメノヒボコの後裔で、秦氏ともかかわりの深い一族であった。

また近江の渡来氏族で依知秦公氏と並ぶ志賀漢人一族の本郡における居住も比較的多くみられる。宝亀二年（七七一）三月十七日の「凡海連豊成経師貢進文」にみえる野波郷戸主飽波男成と飯成、『三代実録』貞観六年八月八日条にみえる犬上郡人春良宿禰諸世、宝亀九年四月十九日「穂積真乗女東大寺功徳分家地雑物寄進解」には、おそらく犬上郡某郷に居住する、穴太村主志豆加比売、穴太曰佐広麻呂・広継、錦村主三田・特万呂・田主などの人名がみえている。そして沼波郷の領域内とみられる多賀町木曽遺跡では、七世紀後半のいわゆる大壁建物が二棟検出されており、注目される。

本郡の古墳文化は、前期・中期の首長墓とみられる大型墳は、近年になって、湖辺に所在する荒神山山頂に、全長一一四メートル（県下第三位）の前方後円墳、荒神山古墳の存在が明らかになった。葺石・円筒埴輪をもつ四世紀後半代の県下最古級の首長墓である。そして、荒神山東南麓にも、地積図や地名から、全長一〇〇メートル級の前方後円墳「塚村古墳」の存在が推測されている。そして後期になると、犬上川左岸扇状地にも豊郷町安食西古墳・多賀町大塚古墳など小規模な前方後円墳と、赤塚古墳（三十二メートル）、弁天塚古墳（二十五メートル）など大型の円墳が築造される。そして後期には甲良町・多賀町など台地上に、小規模な円墳からなる群集墳が築造されている。犬上川左岸扇状地には十平方キロメートルほどの範囲に百数十基が確認されており、削平を受け埋没しているものを含めると、三〇〇基を超えるとみられる。その主なものは、楢崎古墳群、北落古墳群、塚原古墳群、栗林古墳、葛篭北遺跡などである。

田可郷　『和名抄』は諸本とも訓を欠くが、平城宮木簡の「□上郡田何郷」という記載や、『延喜式』神名帳の「多何神社」の例からタカであろう。貞観十三年（八七一）八月十七日の「安祥寺資財帳」に「犬上郡田鹿郷田鹿村」とみえる。地名としては、『古事記』伊邪那岐命と伊邪那美命段に「淡海の多賀に坐すなり」とある。

甲良郷　『和名抄』高山寺本が甲良郷とし、平城宮木簡にも「犬上郡田良郷」とあるが、東急本・刊本では甲良郷とし、長屋王家木簡にも「甲良里」とあるから田は甲の誤写であろう。訓は和名抄の諸本とも記載はないが、瓦原郷（平城宮木簡）・河原郷（同木簡）の例からカハラ（カワラ）であることは確実である。郷名表記はこのほか「年月日未詳仕丁送文」に「犬上郡川原郷」とある。

水沼村・覇流村　天平勝宝三年（七五一）の「東大寺近江国開田図」などにみえる水沼村・覇流村は奈良東大寺による初期荘園の開発と経営の実態を示している。水沼村は「参拾町」で、現在の多賀町敏満寺付近に比定され、覇流村は「七拾町」で彦根市三津屋町の曽根沼付近に比定される。いずれも一部発掘調査がなされているが、明確な遺構の発見はない。

【参考文献】

弥永貞三『奈良時代の貴族と農民』至文堂、一九六六年

（大橋信弥）

愛智郡・えちのこおり

訓は『和名抄』の東急本に「衣知」とあり、エチであろう。ほかに衣知評・愛智郡・愛知郡・衣智郡・衣知郡などと表記されるが、公式表記は愛智郡である。野洲市の西河原森ノ内木簡に、「衣知評平留五十戸旦波博士家」とあり、七世紀後半には衣知評が立評されていた。また藤原宮木簡にも衣知郡とある。そして、『書紀』大化元年（六四五）九月三日条などには「朴市秦造田来津」の事蹟がみえる。『和名抄』の諸本ともに蚊野・八木・大国・長野・平田・養父の六郷をあげる。

郡域は北を宇曽川、南を愛知川により限る。東西を山地・湖水で限り、

東西に広い。南北に東山道が貫通し、ほぼ直線路をとっている。なお当郡における条里は犬上郡・神埼郡と同一方位をもつ。

当郡の古代豪族としては、奈良・平安時代にわたってほぼ郡司を独占していた依知秦公氏が最も有力であった。承和十四年（八四七）九月三日の「近江国八木郷墾田売券」には、郷長依知秦公吉をはじめ、署名者のすべてが依知秦公とあり、延暦十五年（七九六）九月二十三日の「近江国大国郷墾田売券」には、墾田主秦東人・保長子依知秦公宅成・保子依知秦公家成がみえ、大領依知秦公・権大領依知秦足上・少領依知秦公の署名もみえる。秦氏は東漢氏とならぶ渡来氏族の雄であり、その分布は全国に及んでいる。そのうちとくに有力で、本宗家とみられるのは山城の秦造氏で、それに次ぐのが、依知秦公氏である。ちなみに本郡の古代住民のほぼ七割が依知秦公とその一族であり、郡大領・少領の九割以上が依知秦公の出身者であった。

近江における秦氏の分布の特に顕著な地域は、愛知郡のほか、犬上郡・坂田郡など、湖東北部から湖北に集中している。依知秦公氏の本郡における活動を示すものとして、愛知郡を中心に湖東地方全体に分布する特異な横穴式石室をもった後期群集墳がある。通常の石室が地山を平坦に削平し石室を積みあげるのに対し、半地下式に地山を掘り込んで構築しており、階段か斜路によって石室に入ることになる。三〇〇基にのぼる大群集墳、愛荘町金剛寺野古墳群などでも、その半数がこの種の横穴式石室であるとみられる。また東近江市小八木廃寺・愛荘町畑田廃寺・愛荘町軽野廃寺・野々目廃寺・目加田廃寺など白鳳期の愛知郡の諸寺院では「湖東式軒丸瓦」と瓦当の下半に指頭圧痕を連続してつけた「指頭圧痕重弧文軒平瓦」と呼ばれる特異な瓦が使用されており、依知秦公氏とのつながりが指摘されている。

なお当郡の首長墓としては、愛荘町長塚古墳、東近江市小八木東古墳・小田刈古墳などの前方後円墳が知られるが、本郡を代表する首長墓群は、東近江市勝堂古墳群で、かつては四十八基の大古墳群であったとされ、現在では、おから山古墳（四十メートル以上）、行者山古墳（四十メートル以上）などの大型円墳など八基が知られるにすぎない。規模からみても、依知秦公にかかわるとみて間違いないところであろう。

また近江の渡来氏族で依知秦公氏と並ぶ志賀漢人一族の本郡における居住も比較的多くみられる。延暦十五年（七九六）九月二十三日の「近江国大国郷墾田売券」に大国郷長とみえる大友曰佐浄川、野洲市西河原森ノ内遺跡出土の木簡に「衣知評平留五十戸旦波博士家」とある大友但波史氏など、無視できない存在といえる。また倭漢氏の一族でも、延暦十五年（七九六）十一月二日の「近江国八木郷戸主民首田次麻呂」、「大国郷戸主調首新麻呂」などが見える。

いっぽう在来の氏族としては、『古事記』開化段に開化天皇皇子から出た「近淡海蚊野之別」がみえ、弘仁二年（八一一）三月二日「近江国大国郷長解」に「少領従七位下蚊野公乙足」「蚊野郷戸主蚊野公成山」などとみえる蚊野公氏は蚊野之別に関わると考えられている。愛知秦氏の有力化する以前におけるこの地域の首長の可能性もある。なお『延喜式』神名帳に軽野神社があり、蚊野公氏に関わるものか。また弘仁九年三月十日の「近江国大国郷墾田売券」に、「大国郷戸主大荒木臣浄川」「保長若湯坐連広津」「保子若湯坐連真公」「主帳平群氏吉」などが見え、弘仁十一年十二月五日「近江国蚊野郷墾田売券」に「郷長服直」が見え、これらも在来氏族の有力者とみられる。

蚊野郷　『和名抄』は諸本とも訓を欠くが、『延喜式』神名帳にみえる愛知郡三座の一つ軽野神社の訓にカルノとともにカノがあり、同社の鎮座する愛荘町南部の宇曾川流域には蚊野・蚊野外・上蚊野などの地名が残り、訓はカノであろう。天平宝字六年（七六二）五月一日「近江国符」にも、「愛智郡蚊野郷」とある。

大国郷　『和名抄』は諸本とも訓を欠く。郷名の初出は藤原宮木簡で、「依知郡□□□（大国郷ヵ）」とある。郷名は多くの「大国郷売券」にみえる。

養父郷　『和名抄』は諸本とも訓を欠く。藪郷ともみえるから、ヤブであろう。天安元年（八五七）三月八日「近江国養父郷墾田売券」などに「愛知郡養父郷」とある。

平流郷　『和名抄』には記載はない。訓は「平留」のほか「覇流」（天平勝宝三年「覇流村墾田地図」）などの表記からヘルであろう。西河原森ノ内遺跡出土の木簡に「衣知評平留五十戸」とあるのが早く、地名としてはこのほか「覇流村」「覇流岡」などの例がみえるが、郷名としては所見はない。郷域は近世に平流村が存在したことから現彦根市の稲里周辺に比定される。

高野村　天長元年（八二四）十月十一日「近江国大国郷野地売券」によれば、大国郷内に高野村があり、合一二〇町の内訳は野地五十七町・畠地三町・山六十町で、その中に山地の四至が記されるが、具体的な比定地は不明である。

愛知井　その成立時期は明確でないが、愛知川からの取水による耕地の開発がなされ、渡来人の技術によったと推測されている。その潅漑地域に条里と異なる地割りがあったことが明らかにされている。

長蘇原　天平十九年（七四七）の「大安寺資財帳」には、大安寺領近江国二〇〇町のうち「愛智郡百町」の注記に「長蘇原」とある。その四至として、東は「中海谷東上道」、西は「秦武蔵家東上道」、南は「氷室度」、北は「胡桃按度」とあり、「胡桃按度」が貞観元年（八五九）十二月二十五日「衣智庄検田帳」にみえる「胡桃本田」と関連するなら、胡桃本の比定地とされる愛荘町南野々目付近より南に求められるかもしれない。

【参考文献】

『泰荘の歴史』第一巻　古代・中世　泰荘町、二〇〇五年
『近江愛知川町の歴史』第一巻　古代・中世編　愛知川町、二〇〇五年

（大橋信弥）

神埼郡・かむさきのこほり

神埼郡は『和名抄』の訓は東急本に「加无佐伎」、神崎郷に「加无佐木」とありカムサキであろう。郡名表記は神埼郡のほか、神前郡、神崎郡、甘作郡などがある。郡名の初出は『書紀』天智四年（六六五）二月条に近江国神前郡とある。しかし正確には藤原宮木簡の「神前評□□□」が初出である。『和名抄』高山寺本は高屋・神埼・神主・垣見・小社・小幡の六郷をあげ、東急本は駅家郷を加える。平城宮木簡により、雄諸郷の存在が明らかになった。神埼郡の郡衙については、確証はないが東近江市大郡遺跡が、整然と配置された、奈良から平安の大型の掘立柱建物を含む建物群や、古代寺院の存在を示す瓦の出土などから有力視されている。

当郡は蒲生野の広がりや、古代豪族の勢力圏からみて、本来蒲生郡と一体の関係にあった可能性が高く、『続紀』天平十六年（七四四）八月五日条に、神崎郡大領佐々貴山君足人が見えるように、郡司級の豪族としては蒲生郡の郡領氏族でもある佐々貴山君氏が最有力であった。また渡来氏族・渡来人の居住も著しく、百済の百姓男女四〇〇人余を神前郡に置き、神前郡の百済人に田を給う（『書紀』天智四年三月条）とある。当郡の渡来氏族としては、

『続紀』天平宝字二年（七五八）六月二十五日条には、大和国葛上郡人従八位上桑原史年足ら男女九十六人と近江国神崎郡人正八位下桑原史人勝ら一一五五人が藤原朝臣不比等の名に抵触する「史」姓を改めることを申し出たので、新たに「直」姓を賜ったことがみえる。この時年足と人勝らは、その先祖が仁徳朝に高句麗から渡来したこと、その後同姓であった人々が数姓に分かれてしまったので、同じ姓を賜りたいと申し出たので、桑原史氏のほか大友桑原史・大友史・大友部史・桑原史戸・史戸らに直姓を賜ったとある。また『姓氏録』大和国諸蕃に桑原直氏がみえ、「桑原村主と同じき祖」とあり、桑原村主は『姓氏録』右京諸蕃上に、「漢高祖の七世孫、万徳使主より出づ」とある。そして、桑原史氏が大和葛城と近江神崎にそれぞれ分住しつつも、同一氏族として連携を保っていたことが判明する。平城宮木簡に「（表）近江国甘作郡雄諸郷」「（裏）大津里大友行商」とあり、同族の大友史・大友部史の居住も確認される。

なお『延喜式』神名帳は神埼郡二座をあげ、「乎加神社」は旧能登川町（現東近江市）神郷の乎加神社、「川桁神社」は旧八日市（現東近江市）神田町の河桁御河辺神社に比定する説が有力である。

神埼郡の古墳文化は、旧能登川町（現東近江市）佐野の中沢・斗西遺跡で全長六十から七十メートルの前方後円墳（「佐野の上り亀」）が発見され、同じく神郷の前方後円墳、亀塚古墳（「神郷の下り亀」）とともに、中期の首長墓とみられていた。ところが、平成十二、三年（二〇〇〇～二〇〇一）に調査された神郷亀塚古墳は、全長三十七・九メートルの前方後方墳で、馬蹄型の周濠をもっていた。その主体部は二基の木槨墓で、出土した土器から三世紀前半の古墳時代早期に築造された墳丘墓であることが明らかになり、大きく時期が遡ることになった。そして後期には猪子山古墳を始め、郡内各所の低丘陵に、横穴室石室をもった小円墳がグループをつくり築造されている。

高屋郷　『和名抄』は諸本とも訓を欠くが、表記も高屋のみで、タカヤであろう。郷名は平城宮木簡に「□前郡高屋里」がみえる。

小幡郷　『和名抄』は諸本とも訓を欠く。旧五個荘町（現東近江市）に遺称地とみられる小幡の地名が残る。平城宮木簡に「神埼郡小幡郷」とみえる。

雄諸郷　『和名抄』には記載がない。平城宮木簡に「（表）近江国甘作郡雄諸郷」「（裏）大津里大友行商」とあり、伴出資料から養老—神亀年間（七一七～七二九）のものとされる。万葉仮名では雄はヲ、諸はソでありヲソ郷ともよめる。小社郷をヲコソ郷とするとそのつづまったもの、すなわち雄諸郷は小社郷の可能性も考えられる。大津里とする地名から港の存在が想定される。

【参考文献】

『五個荘町史』第一巻　古代・中世　五個荘町役場、一九九二年

（大橋信弥）

蒲生郡・がまふのこほり

『和名抄』の東急本には「加万不」とする訓があり、ガマフで植物の蒲が生い茂る土地の意か。表記は、二条大路木簡に「勘富郡桐原郷益国里」がみえるが、他は蒲生である。郡名の初見は『続紀』大宝二年（七〇二）で、八世紀の木簡には多くみえる。『和名抄』には東生・西生・必佐・篠田・篠笥・大島・舟木・安吉・桐原の九郷を数えるが、このほか二条大路木簡により周恵郷の存在が明らかになっている。またいくつかの木簡には、西生郷を西里、篠笥郷を薩々貴山郷、安吉郷を阿伎里と表記するものがある。このほか八世紀の木簡により確認できるのは、桐原・必佐の二郷で、東生郷は「正倉院調布銘」にみえる。

蒲生郡は、琵琶湖の東、湖東平野のほぼ中央に位置し、西よりを南北に東山道が貫くなど、政治的にも軍事的にも重要な位置を占めている。その郡域は東西に長く、南北に短く、その中央を日野川が蛇行し東から西に流れている。当郡には『延喜式』に清水駅家がみえ、観音寺山と箕作山の間、東近江市清水鼻に遺称地があり、その付近に比定される。

蒲生郡の古代豪族としては、まず神埼郡にも大きな勢力を持っていた佐々貴山君氏をあげることが出来る。すなわち『書紀』に、阿倍氏同族とする出自や、顕宗・仁賢両天皇の即位に関わる伝承を載せる有力な豪族である。奈良時代から平安時代にかけて、『続紀』天平十六年（七四四）八月五日条に、蒲生郡大領とある佐々貴山君親人や、同延暦六年（七八七）四月二十四日条に、蒲生采女とある佐々貴山君公賀比などのように、郡大領を世襲的に連任し、その子弟・姉妹が、舎人や采女・命婦として朝廷に出仕した郡領氏族として、この地域において大きな勢力をほこっていた。

佐々貴山君氏に次いで有力とみられるのは、『書紀』や『古事記』に、その始祖の系譜を載せる、蒲生稲寸と羽田公（波多公）である。蒲生稲

寸については、系譜記事以外に、全く史上には表われないため、その実態が不分明であるが、さきの二条大路木簡に、「勘富郡桐原郷益国里」の「勘富□□」がみえ、これをウジ名と解せるなら、蒲生稲寸氏の唯一の実例となる。また、羽田公については、蒲生郡内における居住を、明確に裏付ける史料がなく、大和国高市郡を本拠とする見解もあって問題を残している。

いわゆる渡来氏族は、郡内に居住する人名の三十パーセントを占め、この地域でかなりの勢力を有していたことが知られる。そしてその主要なものは、倭漢氏系の大友曰佐一族と、秦氏系とみられる安吉勝一族である。餘自信・鬼室集斯らは天智朝の百済の役に伴う亡命貴族で、政府により安置されたものである。

古墳時代の蒲生郡には、大きく二地域にまとまった首長墓群が認められる。まず蒲生郡西部、かっての篠笥郷・篠田郷の領域内に（現在の安土町と近江八幡市にかけて）は、繖山の南麓の宮津に所在する、近江最大の前方後円墳安土瓢箪山古墳（全長一五七メートル）を始めとして、常楽寺山山頂に築造された小型の前方後円（方）墳常楽寺山1号墳、近江八幡市千僧供町の県下屈指の大円墳住蓮坊古墳（径五十三メートル）、帆立貝式古墳供養塚古墳（全長五十メートル）など四世紀後半から六世紀前半にかけての首長墓が所在している。

いっぽう郡東部では、現在の東近江市・近江八幡市・竜王町にまたがって所在する雪野山の山頂に、全長七十メートル前後の古式の前方後円墳雪野山古墳が所在し、副葬品から四世紀中ごろとされる。雪野山古墳の東一・五キロメートルの旧蒲生町（現東近江市）大字木村・川合には、大型の方墳で、南北両側に方形の造り出しを持つ天乞山古墳（一辺六十五メートル）、径五十七メートルの大型円墳で北側に幅十三・五メートル、南側にも幅十九メートルの造り出しを付設する久保田山古墳、一辺六十五メートルの巨大方墳ケンサイ塚古墳など九基からなる木村古墳群があり、正規の前方後円墳こそ含まないが、大型の方墳・円墳によって構成される有力な首長墓群である。これらは五世紀初頭から後半にかけて築造されたとみられる。

東生郷　『和名抄』の諸本は訓を欠いているが、摂津国東生郷の訓を参考するならヒムカシナリであろう。正倉院調布銘文に「蒲生郡東生郷田尻小東人」がみえる。遺称地はないが、東蒲生を略したと考えられており、現在の東近江市田井にある小字蔵ノ町に注目して、旧蒲生町全域をこれに当てる見解が有力である。

西生郷　東生郷と同じくニシナリであろう。長屋王家木簡に、「蒲生郡西里」がみえ、その住人として、三家人広麻呂・山代連甥麻呂・辛土君若子・道師（某）・民忌寸□□・調忌寸三田□・明波漢人志己夫などがみえる。郷名の遺称地はないが、西蒲生を略したと考えられ、東近江市の旧蒲生町域や一部日野町域、或は竜王町山之上の小字倉ノ町に注目して竜王町南東部とする見解もある。

必佐郷　『和名抄』の諸本は訓を欠いているが、『書紀』天智九年（六七〇）二月条の「蒲生郡匱作野」や『延喜式』神名帳の「比都佐神社」からヒッサであろう。平城宮木簡に「近江国□□郡必佐郷大伴部大山」がみえ、日野町に比都佐神社があり、遺称地とみられる。

篠笥郷　『和名抄』の諸本は訓を欠いているが、『延喜式』神名帳の「沙沙貴神社」や佐々木山という遺称地から、ササキであろう。長屋王家木簡に「蒲生□薩々貴山郷民使弓□」がみえる。郷域は佐々木山（観音寺山）・沙沙貴神社が所在する安土町を中心とする地域に比定される。

安吉郷　『和名抄』の高山寺本には「阿支」とあり、平城宮木簡に「近江国蒲生郡阿伎里」とあり、アギであろう。古代の住人としては、尾治都留伎・阿□勝足石・大友馬飼・安吉勝乙浄刀自などがみえる。郷域は近江八幡市倉橋部町に、安吉神社・安吉山愛楽寺が所在し、『今昔物語』にもみえる「安義橋」の名は、日野川にかかる現橋にうけつがれているから、その周辺とみられる。

桐原郷　『和名抄』の諸本は訓を欠いているが、キリハラであろう。二条大路木簡に「勘富郡桐原郷益国里勘富□□」がみえ、天平二十年（七四八）四月二十五日「写書所解」に「蒲生郡桐原郷戸主大友曰佐千嶋」「戸口大友曰佐広国」がみえる。遺称地こそないものの、近江八幡市西南部の安養寺・森尻・池田・古川周辺に比定されている。

周恵郷　『和名抄』にはみえないが、二条大路木簡に「蒲生□周恵郷春日部君麻呂」がみえる。訓はスエであろう。竜王町に須恵があり、遺称地であろう。

【参考文献】

『八日市市史』第一巻　古代　八日市市役所、一九八三年
『蒲生町史』第一巻　古代・中世　蒲生町役場、一九九五年

（大橋信弥）

甲賀郡・こうかのこおり

『和名抄』では諸本とも訓を欠いているが、『拾介抄』にはカフカとある。『書紀』には「鹿深」「鹿深山」とあり、それを裏づける。ただ『続紀』など正式の表記は「甲賀」で、文書などでは「甲可」「甲加」など異表記もみえるが、カフカが転じてカウカ、コウカとなったのであろう。老上・夏身・山直・蔵部の四郷がみえている。

甲賀郡はその地勢により大きく五つの地域に区分される。野洲川と杣川の合流する水口盆地、杣川流域の甲賀地域、野洲川上流域の土山地域、野洲川中流域の湖南地域、信楽盆地がそれである。そして京と東国をつなぐ幹線道路である東海道が、仁和二年（八八六）、野洲川を遡り鈴鹿越えの阿須波道をとる以前においては、杣川沿いの倉歴道をとっており、近江と伊賀・伊勢・大和をむすぶ交通路として古来活用され、交通の要衝をなしていた。また甲賀郡に関わる交通では、斎王群行が著名である。斎王による伊勢への行幸は、平安時代以降、当郡を通過することになり、水口付近に推定される甲賀頓宮につづき、甲賀市土山町頓宮には垂水頓宮が置かれている。現在、発掘調査はなされていないが、史跡として保存されている。

甲賀郡の古代の豪族で、注目されるのは、郡名をそのウジ名とする甲賀臣氏である。天平勝宝三年（七五一）五月二十七日「甲可郡司解（近江国蔵部庄券）」に甲賀郡の擬大領として外正七位上甲可臣乙麻呂が、同□領として甲可臣男の二人が見え、同氏が代々甲賀郡司を世襲していた郡領氏族であることを示唆する。そして『書紀』敏達十三年九月条には、「百済より来ける鹿深臣〈名字を闕せり〉、弥勒の石の像一躯を有てり。佐伯連〈名字を闕せり〉仏像一躯を有てり」とみえる。この記事には後日譚があり、蘇我馬子がこの二つの仏像をもらって、その自宅の東に仏殿を建て安置したこと、司馬達等の娘善信尼等三人を出家させ、みずからも仏法を敬い、修行したことが記されている。『書紀』はこれを「仏法の始め、茲れより作れり」としており、わが国における仏教受容の端緒となる重要な所伝の一部となっている。この記事から、鹿深臣氏が、蘇我氏の領導する仏教興隆政策において、重要な役割を担っていること、中央政界においても一定の地位を築いていたこと、対外交渉においても、その一翼を担っていることなどが指摘される。甲賀臣氏のほかにはさきの「甲可郡司解」に甲賀郡の主帳としてみえる川直百島も、その直というカバネからみて、郡内で有力な氏族と考えられるが、その本拠など詳細は判明しない。また園城寺文書の天平二年（七三〇）「田券」に、「甲加郡蔵部郷戸主椋人刀良売」みえる。椋人とは、いわゆる「人制」にかかわるもので、大和政権の中央財政機構の中枢組織であった、大蔵・内蔵に出仕して物資の出納や帳簿登録に当たっていたとみられ、そもそも居住する郷の名が「蔵部」であるから、この地域がもともと中央の財政機構と深い繋がりをもっていたことを示すものであろう。

甲賀郡における首長墓の系譜は、現在のところ旧石部町（現湖南市）に所在する前方後円墳宮ノ森古墳（全長八十メートル）が、最も早く築造されたと見られている。これにつづいて首長墓が群を構成するのは、水口盆地に所在する泉古墳群とみられる。すなわち低丘陵上に所在する大型の帆立貝式古墳西罐子塚古墳（全長六十メートル）を最古として、同じ丘陵に所在する大型円墳東罐子塚古墳（径四十二メートル）、そしてその丘陵を望む平地に立地する方墳塚越古墳（一辺五十二メートル）の三基からなる古墳群で、古墳時代中期（五世紀代）に順次築造されたと考えられる。したがって泉古墳群が五世紀代に郡内に君臨した三代の首長を葬った奥津城であろう。また泉古墳群に隣接して、六世紀前半に操業を開始する、近江最古の須恵器窯、泉古窯跡が所在することも、この地域の首長の性格を考える上で看過できないところである。

山直郷　高山寺本に「也未」、東急本に「也末奈保」とあるが、字義からすればヤマナオ・ヤマナホであろう。なお直はアタヒと訓(よ)まれることが多いから、ヤマノアタヒとする見解も見られる。古代の文献には中央の山部連氏の配下として、各地に山直氏があり、山林原野からの生産物を貢納していたとされており、建築用材の供給に大きな役割を果たしていた甲賀郡のありかたからみて、甲賀郡に山直氏が存在しても不思議ではないといえよう。なお近年出土した平城宮荷札木簡に「（表）近江国甲可郡山直郷」「（裏）麻呂六□」とある。山直郷に関わる遺称地としては、水口町北部に中山・下山などがあるものの、決め手はない。なお東大寺の造営や石山寺の増改築にあたっては、郡内各所に山作所が設置され、用材は矢川津や三雲川津などから搬出されたとみられる。平安時代においても、権門や寺院に所属する杣山が経営されている。

蔵部郷　高山寺本に「久良へ」、東急本に「久良布」とあり、クラフ・クラへの二通りが考えられる。平安中期の私家集『祭主輔親卿集』の大中臣輔親の「あふみのくらぶのさと」で詠んだ歌に、「よそにてはくらぶのさとと聞きしかと普ねく照す秋のよの月」とあり、クラフが一般的であったとみられる。郡内に遺称地はないが、『書紀』の壬申の乱の記事に、天武の軍が「倉歴道」の制圧を目指したこと、これを阻止するべく近江朝廷軍の将軍田辺小隅が鹿深山を越えて「倉歴」に入り、その守備隊を攻撃したことがみえるが、三重県旧阿山郡伊賀町(現伊賀市)倉部に遺称地のある伊賀国側の倉歴とみられる。

紫香楽宮　甲賀郡には天平十四年(七四二)聖武天皇によって紫香楽宮が造営され、甲賀郡が史上に登場することになった。宮跡は内裏野で発見された寺院跡をその後身として、史跡に指定されていたが、昭和五十八年(一九八三)から始められた宮町遺跡の調査で、直径三十センチメートル以上の柱根や大規模な建物跡が相次いで発見され、平成十二年(二〇〇〇)の調査では、東西四間(一一・八メートル)・南北二十四間(一〇〇・六メートル)以上の長大な掘立柱建物が発見され、その後の調査で、同規模の長大な建物が東側でも検出され、二つの建物の中間北側に二棟の東西棟(九間×四間)が並ぶことも確認された。これらが未発見の紫香楽宮の中心建物であることは間違いなく、内裏野の遺構は、甲賀寺に関わることが確定した。遺跡の一角からは、これまで七〇〇〇点にのぼる木簡が出土し、その中には、駿河国・参河国・越前国などからの貢進物付札のほか、「奈加王」「垂水王」など王名を書いたもの、「大殿」「大炊殿」「皇后宮職」などと記載したものがある。また、平成十四・十五年には、甲賀寺跡の北四五〇メートルに所在する鍛冶屋敷遺跡の発掘調査がなされ、梵鏡や各種の仏具を鋳造した、奈良時代の大規模な「造仏所」の一角とみられる遺構が発見された。紫香楽宮における大仏造立の様相を具体的に示すものとして注目される。

【参考文献】
大橋信弥「鹿深臣について―甲賀郡の古代―」(『古代豪族と渡来人』吉川弘文館、二〇〇四年)

(大橋信弥)

野洲郡・やすのこおり

訓は『和名抄』諸本とも欠く。『拾芥抄』はヤスとする。郡名表記は野洲郡が公式表記であるが、ほか安評・益須郡・夜珠郡・野洲郡・夜須郡などの異表記がみえる。郡名の初出は、『書紀』持統七年（六九三）十一月十四日で、「近江国益須郡」に湧いた醴泉にかかわる記事である。確実には奈良県石神遺跡出土の七世紀後半の木簡にみえる「安評」である。地名としての野洲は、『古事記』開化段に近淡海安国造がみえ、また壬申の乱の際には安河の浜で戦闘があったとみえる（『書紀』天武元年七月十三日条）。『和名抄』高山寺本では三上・敷智・服部・明見・迩保・篠原の六郷を掲げ、東急本は駅家郷を加える。このほか「山背国愛宕郡計帳」に「山本郷」が、平城宮木簡に「馬道郷」がみえる。

北を日野川、南を野洲川により画され、西を琵琶湖、東を湖東丘陵により区分される。近江最大の河川野洲川が郡内を貫流し、その河口には天平宝字六年（七六二）の石山寺造営材運漕のための港湾施設夜須潮があり、水上物資輸送の要でもあった。

郡衙は条里地割りに先行する古地割りの存在や古代東山道の推定ルートから小篠原付近とする見解が有力で、小篠原に所在する小篠原・安城寺遺跡が、野洲郡条里とは異なる「特殊地割」（N—8°—E）の区画内に所在し、八世紀後半から十世紀末まで存続している。「特殊地割」の北・南側に接して、規則的な配置を示す館的な施設や居館建物が検出されているほか、西よりには、小規模ながら倉庫群が検出され、郡衙かそれにかかわる遺構と見られている。なお出土遺物としては、「篠原」と記された墨書土器が四点出土している。

野洲郡の古代豪族としては、『古事記』開化段などにその系譜の知られる近淡海安国造＝安直が最も有力で、その始祖は開化天皇の皇子日子坐王の子水穂真若王で、ヤマトタケルの妃の一人布多遅比売は安国造であった。ただ奈良時代の文献には同氏の動向は全く見えず、壬申の乱における安河浜の戦いなどから、このとき近江朝廷側についたため、勢力を失ったとする見方も出されていた。しかしながら、平成十三年奈良県石神遺跡から出土した木簡に、「安評御上五十戸」「安直族麻斗」とあり、族姓ながら安直氏が確認できる。開化段には、三上山の天之御影神を奉斉した近淡海之御上祝がみえるが、実態は明らかでない。このほか在来の有力豪族としては、野洲市森ノ内遺跡・光相寺遺跡などから出土した木簡にみえる馬道首氏と石辺君氏・卜部氏などが見える。大友部（史）龍・大友・三宅連唯麻呂・登美史東人・佐多・石木主寸・郡主寸得足など倭漢氏の配下である志賀漢人の一族も多く見える。なお山本郷の秦倉人島麻呂、敷知郷の穴太野中史玉手・若原史宿奈麻呂、野洲郡人とある大友民曰佐龍人、永野忌寸吉雄なども同様に倭漢系の渡来氏族と考えられる。

野洲郡は二十四口にのぼる銅鐸を出土した野洲市大岩山遺跡からも知られるように、すでに弥生時代後期には独自の文化が発達している。九重に廻る大規模な環濠集落を検出した守山市下之郷遺跡、「神殿」ともされる大型の掘立柱建物を次々に発見した守山市伊勢遺跡などは、それを裏付けている。このことは古墳時代の始めにおいても同様で、野洲市古富波山古墳・大岩山古墳・大岩山第二番山林古墳など、それほど規模の大きくない円墳であるが、三角縁神獣鏡など古式の鏡を副葬するなど、勢力の大きさを示している。中期の古墳は大塚山古墳・亀塚古墳・久野部古墳など規模も大きくなく振るわないが、後期になると一転有力化している。古式の横穴式石室を持つ前方後円墳、越前塚古墳を始め、巨石の横穴式石室に熊本県宇土半島産の阿蘇溶結凝灰岩製の家形石棺を埋置する大型円墳で、径三十七メートルの円山古墳、同じく径三十四メートルを測る甲山古墳が相次いで築造されており、近江の中で抜きんでた力を示している。

三上郷　『和名抄』の諸本に「美加无」、刊本に「美加無」とあり、御上神社の所在する三上山山麓周辺が郷域と見られる。奈良県石神木簡に「安評御上五十戸」とあるのが初見であるが、『古事記』開化段に、近淡海之御上祝がみえ、「滋賀郡古市郷計帳手実」に三上部を名乗るものが多くあり、当郷にかかわるものであろう。

敷智郷　『和名抄』諸本とも「国用渕字」としており、フチであろう。天平十七年（七四五）八月三日の仕丁送文に「野洲郡敷智郷戸主穴太野中史玉手」がみえ、当郷に居住する渡来氏族として注目される。その郷域については、遺称地もなく明らかでないが、隣接する蒲生郡に、馬淵なる地名があり、関連を想定する見解もある。

服部郷　『和名抄』高山寺本では「波止利」、東急本では「八止利」とし、ハトリであろう。長屋王家木簡に「近江国案（安）郡服里」とある。守山市服部町に地名が残っており、同町所在の服部遺跡からは、奈良時代の建物群と、多くの土器のほか、木簡や墨書土器・銅印などの出土が知られる。

明見郷　『和名抄』高山寺本では「安加三」、東急本では「安加美」とし、アカミであろう。守山市赤野井遺跡出土の墨書土器に「赤見」があるほか古代文献には見えない。遺称地としては、荒見・赤野井などが考えられるが、断定は出来ない。

迩保郷　『和名抄』の諸本は訓を欠いているが、日野川の下流を仁保川とするから、ニホであろう。平城宮木簡に「野洲郡爾保郷□□□□」とあり、八世紀まで遡る。郷域はいちおう日野川下流域となろう。

篠原郷　『和名抄』の諸本とも「之乃波良」とし、シノハラであろう。「延喜式」兵部省に篠原駅があり、野洲市東部に地名も残っている。小篠原・安城寺遺跡出土の墨書土器に、「篠原」と記すものが数点みえる。郷域も大篠原・小篠原周辺に当てることが出来る。

山本郷　天平五年（七三三）の山背国愛宕郡計帳に、「近江国夜珠郡山本郷」とあるが、他に古代文献の記載はなく、また遺称地も見られない。

馬道郷　『和名抄』に見えないが、平城宮木簡に「益珠郡馬道郷石辺玉足」がみえ、野洲市西河原森ノ内木簡にも「戸主馬道首少広□」、同光相寺木簡に「馬道□□□」とあり、馬道郷がこの地域にあったことを示している。

森ノ内遺跡群　古代の野洲郡で注目されるものとして、天武朝にさかのぼる多くの木簡を出土した中主町森ノ内遺跡群があげられる。この遺跡は七世紀から八世紀にかけて存続した地方官衙的な遺跡群で、建物群の規模も大きく、多数の木簡や墨書土器、さらに木製の矛・斎串・人形・馬形・陽物・舟形・琴柱・鞍など祭祀に関わる遺物が出土している。この遺跡群では合計一〇〇点にのぼる木簡が出土しており、このうち七世紀後半の森ノ内2号木簡は、近江国庁か中央政府の官人とみられる「掠直」（内蔵直）が森ノ内遺跡（馬道郷）に居住する卜部（某）に、衣知評平留五十戸の旦波博士家にある稲を代わりに舟人を率いて取りに行くよう依頼したものである。また湯ノ部1号木簡は、側面に「丙子年十一月」（天武五年〈六七六〉）の年紀を持つブック型の特異な文書木簡、上級の官司にあてた申請文の文書様式の「牒」で、玄逸という人物が、近江国司ないし野洲郡司にあて上申したもので、近江令か浄御原令以前の単行法令によって定められた「蔭人」制により、天武四年の五月「蔭人」に認定された玄逸が、翌年の二月になってもその御蔭を被らないことを訴えたものとみられる。いっぽう八世紀の木簡では、西河原1号木簡が注意される。いわゆる郡符木簡で、野洲郡司から馬道里長あてに出され、女丁の差点を命じている。森ノ内遺跡群の性格については、七世紀以前から大和政権の政治的拠点としてこの地にミヤケが設置され（葦浦屯倉（あしうらのみやけ））、水上交通を活用して、近江各地からの物資を集積・運搬し、またそれを原料とする生産活動も担っていたのではなかろうか。そしてその業務は律令国家の下では、当然野洲郡の郡司に引き継がれ、その下部機構（馬道郷）として再編されたと考える。

【参考文献】

大橋信弥「野洲川下流域の古代豪族の動向」（『日本古代の王権と氏族』吉川弘文館、一九九六年）

山尾幸久「森ノ内遺跡出土の木簡をめぐって」（『木簡研究』第一二号、一九九〇年）

（大橋信弥）

栗太郡・くるもとのこおり

『和名抄』の訓は東急本に「久留毛止」とあり、「栗本」と表記する場合もあるのでクルモトとみられる。のちクリタと読まれたのは栗太の表記に引かれたとみられている。高山寺本・東急本は栗太、刊本は栗本とする。栗本の表記は『三代実録』貞観十七年（八七五）十二月二十七日条の「栗本郡人前伊豆権目正六位上小槻山公良真」などの例があるだけで、文書などではすべて栗太の表記をとる。郡名の初出は、神亀三年（七二六）「山背国愛宕郡出雲郷雲下里計帳」の春日部村主麻夜売についての「和銅五年、逃近江国栗太郡」という注記であるが、地名としては『書紀』雄略十一年五月一日条に「谷上浜」に白鵜が出現したという近江国栗太郡の報告、天智三年（六六四）十二月条の「栗太郡人磐城村主殷」の所伝などがある。『和名抄』は高山寺本・東急本ともに物部・治田・木川・勢多・梨原の五郷をあげる。

東を山地、西を琵琶湖、北を野洲川、南を瀬田川で画し、『和名抄』東急本に「国府在栗太郡、行程一日半日」とあるように国府が設置されている。国府（国庁）については、昭和三十九年（一九六四）大津市瀬田の三大寺丘陵において、政庁中心部が明らかになった。政庁中心部は、東西七十二メートル、南北一〇八メートルの区画を築地塀により囲み、その南辺中央に門、その北広場を挟んで、二棟の南面する大型建物が南北に並び、政庁の正殿（前殿・後殿）とみられる。正殿の南両サイドには、南北に長い脇殿が配されていた。建物はすべて瓦葺とみられ、中央政庁の縮小版という地方官衙の特徴を示している。近江国で当郡が重要な位置を占めた背景としては、この地が、勢多橋や勢多津の存在から明らかなように、水陸交通の要衝であったことは無視できない。東山道だけでなく、平安時代には東海道も加わり、東山・東海両道が分岐点として、勢多駅の重要度は増している。この勢多駅については、国府南西の丘陵上で、昭和四十九年に発見された堂ノ上遺跡が有力視されている。瓦葺きの雨落ちを持つ大型の礎石建物、つ瓦の出土など注目される。「承和十三年」（八四六）の年紀を持

郡衙の所在地はかって大津市南大萱が有力視されていたが、昭和六十一年栗東市目川・岡に所在する岡遺跡の調査がなされ、濠により区画された建物群が検出された。すなわち政庁域の中央北よりに、八間×四間の四面庇をもつ大型の建物があり、それをコの字形に一辺四十二メートルの長殿が囲み、南辺中央に門跡があり、その両サイドにもやや小型の長殿が検出されている。この地域には、地山古墳・下戸山古墳・和田古墳群など中・後期の首長墓が分布するほか、郡領氏族とみられる小槻山君氏の氏神とされる小槻大社も所在しており、ふさわしい位置を占めている。

当郡でもっとも有力な古代氏族は、右にみた小槻山君氏である。『古事記』垂仁段に落別王の後裔として「小月之山君」があり、記紀に系譜を留めていることからも、それを裏付ける。小槻山君氏は平安時代以降官務家として、長く朝廷において大きな役割を果たすが、令前における職掌については、山君というカバネが、カバネ君に職掌とかかわる山を付加した特殊なカバネとみられ、山林の管理や鉄生産に深く関与していたことが推測される。すなわち同氏が本拠とする栗太郡は、奈良時代に東大寺の田上山作所が置かれたように、甲賀郡や高島郡とともに大和政権とかかわりの深い山林資源の供給地であり、また高島郡・浅井郡とともに、近江における製鉄関連遺跡の集中地でもある。同じく山君のカバネをもつ高島郡の古代豪族角山君氏のあり方などからみて、小槻山君氏は、直接大王と奉仕・貢納関係をとり結び、大王への材木の供給、鉄生産への関与などに携わっていた

ことが推測される。山君の王権への奉仕を示すものとして、采女貢進のことがある。近江の古代豪族の中で、采女貢進の記録をもつものが、山君に集中している。小槻山君氏の場合には、天平八年（七三六）八月二十六日「内侍司牒」に、栗太采女とある小槻山君広虫がみえる。小槻山君氏のほかに、栗太郡に居住したことが確認できる氏族としては、磐城村主・上村主・大友曰佐・志何史など志賀漢人一族の渡来氏族で、当郡が国府所在地で、しかも交通の要衝に位置することと関連するとみられる。

栗太郡の古墳文化は、野洲川を挟んで所在する野洲郡と比べてみても、豊富な内容をもっており、この地域の豪族の勢力の大きさを示している。出現期の古墳は南大萱の織部古墳、出庭の亀塚古墳、岡山古墳など小規模な前方後円墳や円墳の形をとり、郡内の各地に分散していたが、五世紀以降は栗太郡衙に比定される岡遺跡の所在する、金勝川上流域にまとまって築造されている。草津市山寺町の北谷11号墳は、異論もあるが、全長一〇五メートルの前方後円墳で、四世紀後半に築造されたと見られている。これに続くのが栗東町安養寺の大塚越古墳、椿山古墳、目川の地山古墳、下戸山古墳で、椿山古墳・地山古墳は全長一〇〇メートル級の帆立貝式古墳である。古墳時代前期末からこの地域に政治的な重心のあったことを推測させる。

治田郷　諸本とも「発多」としており、ハタと読まれたのであろう。遺称地はないが、金勝川上流域の安養寺・岡地域が有力である。郡衙とみられる岡遺跡が所在する。

木川郷　高山寺本に「岐乃加波」、東急本に「木乃加波」とあり、草津市の湖辺に遺称地がある。大友曰佐・志何史などが居住する。

勢多郷　訓みについてに記載はないが、瀬田などの表記からセタであろう。大津市の瀬田川左岸に遺称地があり、勢多橋・勢多津、造東大寺司の出先機関勢多庄の所在地でもある。

梨原郷　諸本とも「奈之波良」と訓み、「枕草子」に「駅は」「梨原、望月の駅」とみえ、都に聞こえた駅家があった。これを『延喜式』の岡田駅にあて、その有力比定地、草津市追分町付近とする見解もあるが、遺称地もなく問題を残している。

【参考文献】
『栗東の歴史』古代・中世　第一巻　栗東町役場、一九八八年

（大橋信弥）

滋賀郡・しがのこおり

『和名抄』東急本に「志賀」と訓じ、表記は『和名抄』諸本ともに「滋賀」で、これが古代の公式表記であろう。ほか志我・志賀（『続紀』）、斯我・志何・茲賀・慈賀（正倉院文書）、また四賀・思我（『万葉』）などの表記もみえる。『和名抄』には古市・真野・大友・錦部の四郷がみえる。郡名の初出は『続紀』養老元年（七一七）九月二十七日条であるが、地名としては『書紀』景行五十八年二月十一日条に「近江国に幸して、志賀に居しますこと三歳、是を高穴穂宮と謂す」とあり、『古事記』成務段にも「近淡海の志賀の高穴穂宮」とある。『書紀』推古十六年（五〇八）九月十一日条には、唐の使者裴世清が帰国する際、小野臣妹子を大使とする遣唐使が派遣されたことがみえる。その時八人の学問僧が同行しているが、その中に、近江出身とみられる志賀漢人慧（恵）隠の名もみえる。また『万葉』には柿本人麻呂の「近江の荒れたる都を過ぎる時」の歌に、「ささなみの志賀の辛崎幸くあれど大宮人の船待ちかねつ」、「ささなみの志賀の大わだ淀むとも昔の人にまた逢はめやも」などともみえている。

郡域は琵琶湖西部の南半分を占め、東は琵琶湖に面し、南は瀬田川を境に栗太郡と接し、南から西にかけては山城国綴喜・愛宕・宇治各郡、北は高島郡に接する。『書紀』大化二年（六四五）正月一日条の「大化改新の詔」には、新たに定められた「畿内」の四至のひとつとして、「北は近江の狭狭波の合坂山」とあるように、当郡は畿外とはいえ畿内山背国に接し、逢坂山を越えた北陸道が最初に近江国を通過する地で、郡内には穴太・和邇のふたつの駅も置かれている。しかも東山道と、後には東海道も当郡を通過し、湖上交通のかなめ大津（もとは志賀津）や栗津があるように、交通の要衝を占めている。伝説上の景行天皇の高穴穂宮をはじめ、天智天皇の近江大津宮、淳仁天皇の保良宮が当郡に所在するのも、このような政治的・軍事的重要性と無関係とは思われない。なお郡衙の所在地については、文献記録もなく関連する遺構・遺物にも恵まれず明らかでない。

そして滋賀郡内に居住した豪族としては、多数を占める渡来系の人々を除くなら、淡海臣（近江臣）・近淡海国造・和邇部臣・真野臣・小野臣など、カバネ臣を持つ有力豪族が確認される。このうち近江臣は蘇我臣の同族で継体朝以降中央に進出しており、それ以外の豪族はいずれもワニ氏の同族で大津市堅田から大津市和邇あたりに本拠を持っている。このうち近淡海国造と和邇部臣は同一氏族で、前者は「官職名」とみられる。したがって滋賀郡北部の首長はこれらワニ系の諸氏により独占されていた可能性が高い。ワニ氏は初期大和政権による国内の征討において、中心的な役割を果たしたとされており、五世紀中ごろ以降滋賀郡北部に首長墓が集中するのに対応し、その一族が「国造」に任命されたのであろう。滋賀郡では四・五世紀にはワニ系の諸氏が、六世紀からは蘇我系の近江臣、そして七世紀以降は再びワニ系の小野臣が有力であったと考えられる。

滋賀郡における古代豪族の動向を示す郡内の首長墓のあり方は、四世紀後半から五世紀中頃までは、後の郷単位の地域に首長権を持ちまわるように散在している。すなわち出現期の古墳である壷笠山古墳・皇子山古墳に続く定型化した前方後円墳として最も早く造営されたのは、滋賀郡北部の堅田平野を見下ろす滋賀丘陵の丘頂に所在する和邇大塚山古墳で、全長七十五メートルを測る。主体部の粘土槨から中国製の青蓋盤龍鏡を始め、硬玉製勾玉、碧玉製管玉、柳葉形銅鏃・鉄斧・刀剣・甲冑などが出土して、おおよそ四世紀後半に築造されたとみられている。これに続くのが滋賀郡南部の膳所の丘陵上に築造された膳所茶臼山古墳で、全長一二二・五メートル（県下第二位）を測る。墳形や立地などから四世紀後半に築造されたと見られている。これに続くものとしては下坂本の木岡に所在する木の岡本塚古墳（全長七十三メートル）、木の岡茶臼山古墳（全長八十四メートル）が五世紀の前半から中頃にかけて築造されている。そして五世紀中頃から後半にかけて、堅田平野の南、春日山丘陵に全長六十五メートルの前方後円墳、春日山古墳が、ついで大津市苗鹿町の丘陵上に、全長四十五メートルの前方後円墳、高峯古墳が築造されている。そして古墳時代後期（六世紀前半代）には、大津市国分町に全長四十六メートルの国分大塚古墳が、大型の横穴式石室をもって築造される。このように滋賀郡の首長墓の系譜は、四世紀末から六世紀前半まで一系列の系譜が確認されるが、四世紀後半から五世紀前半には、後の郷域程度の範囲に一基ずつ築造されているのに対し、五世紀中ごろ以降は後の真野郷に集中する傾向が窺える。このことは滋賀郡の首長権が滋賀郡北部で確立したこと「国造制」の成立を示唆する。

滋賀郡に居住する氏族のうち、文献・記録の八割近くを占めるのが、志賀漢人と総称される渡来系の人々である。その主要のものは、大友村主・大友曰佐・大友漢人・穴太村主・穴太史・穴太野中史、錦部村主・錦部曰佐、大友丹波史・大友桑原史、志賀史・登美史・槻本村主・三津首・上村主などで、後の滋賀郡大友郷を本拠とする大友村主一族、大友郷南部の穴太を本拠とする穴太村主一族、錦部郷を本拠とする錦部村主一族、古市郷を本拠とする大友丹波史一族がなかでも有力であった。大津北郊の渡来氏族の居住を具体的に示すものは、ミニチュア炊飯具の四点セットを副葬し、方形プランのドーム形の横穴式石室をもつ群集墳の盛行であり、坂本から錦織にかけての山麓一帯に六〇〇基あまりが分布している。その時期は六世紀前半から七世紀中葉である。

また志賀漢人一族の氏寺とみられる、穴太廃寺、坂本八条廃寺、南滋賀廃寺、園城寺跡などが造営されるのは、七世紀中葉から後半であり、これらの寺院跡では、いわゆる川原寺式の複弁八葉蓮華文軒丸瓦と重弧文軒平瓦をセットとするものと、大津北郊にのみ分布するサソリ文瓦を含む大ぶりの単弁八葉蓮華文軒平瓦と方形軒丸瓦をセットとするものの二系統が主流を占めており、寺院の造営主体の共通性を示している。

これと併行して大津北郊の集落跡では、他地域では見ることのまれな大壁建物と名付けられた特異な建物や、オンドルと見られる遺構などが相次いで発見されており、この地域における急速な社会変動、まとまった新しい渡来人集団の流入を示唆する。

大津北郊には、琵琶湖の水運のカナメである「志賀津」と呼ばれる港湾施設があり、後にその地に近江大津宮が造営されるように、大和政権の経済的・軍事的な拠点であった東国・北国への交通の基点であり、しかも六世紀以降、活発化した越前を拠点とする高句麗との対外交渉においても、大津北部を含む近江西部が重要な役割を果たしたと考えられる。周知のように六世紀以降の大和政権の内政・外交を領導したのは蘇我大臣家であり、それをささえたのが、倭漢氏であった。したがって、おそらく六世紀以降、新しい東国政策や日本海ルートの対外交渉を推進しようとする蘇我氏の指示により、倭漢氏がその配下の漢人村主を大津北郊に配置し、その政策を押し進めようとしたとみられる。

滋賀郡は、渡来氏族の集住に見られるように、畿内的な様相の強い地域であったが、そのことを端的に示しているのが相次ぐ宮都の造営である。天智六年（六六七）の近江大津宮への遷都は、四年前の百済の役の敗戦後における国土防衛的性格はあるものの、大和政権にとってこの地域が重視されていたことを示している。大津宮の関連遺跡は近年の調査により大津市錦織において、巨大な門跡を始め、それに取り付く複廊や、正殿と見られる大型建物、前期難波宮の八角殿院に対応する門左右の方形区画などが検出されている。これらの遺構は、いまだ全体像は解明されていないが、大津宮中枢部の内裏に比定されている。また滋賀里の山中には天智天皇の造営と伝える崇福寺跡（志賀山寺）の伽藍が発見されている。平地の寺院と異なり、いくつかの尾根の先端を削平して、伽藍を配置しており、その一部は桓武天皇が延暦五年（七八六）天智天皇を追福して造営した梵釈寺跡とされている。桓武天皇は天智天皇をしのんで、たびたび唐崎をはじめ、大津・蒲生野へ行幸しているが、次の平城天皇・嵯峨天皇も唐崎や大津に行幸しており、これらの地域と天智天皇との関わりの深さを示している。また瀬田川の湖底からは、現在の瀬田唐橋の下流八十メートルの地点より韓国慶州の月城日精・月精橋の橋脚台と瓜ふたつのものが発見され、出土した遺物（無文銀銭・土器）から、大津宮時代に造営されたと見られている。また滋賀郡には奈良時代の天平末年に、淳仁天皇の保良宮も造営されている。現在の大津市石山付近に推定されるが、一部で大型の礎石建物の発見はあるものの、その構造を示す遺構の発見はみていない（石山国分遺跡）。ただ保良宮の造営に伴い、その鎮護の寺として大規模な増改築のなされた石山寺については、奈良正倉院に残された古文書により、詳細を知ることが出来る。その際藤原宮の造営にも建築用材を提供した田上山に山作所が設置されている。また大津宮の造営に伴い整備された港湾施設の大津は、一時衰え勢多津・粟津などが栄えていたが、平安遷都によりその外港として地位を回復し、『延喜式』に見えるように、北陸道諸国や、山陰道方面の物資集積地として、重要な位置を占めている。また、平成十四年（二〇〇二）には、高校改築に伴う大津市膳所城下町遺跡の調査がなされ、江戸時代の武家屋敷の下層から、八世紀中ごろの二面庇をもつ七間×四間（二十・八×十一・九メートル）の大型掘立柱建物が検出された。規模から宮殿クラスの構造をもち、短期間に解体されているところから天平十二年（七四〇）聖武天皇が東国行幸に際し滞在した「禾津頓宮」とみる見解が有力視されている。そして、近江国府は瀬田川左岸の栗太郡に建設されたが、近江国分寺は当初紫香楽宮の所在した信楽に所在したとされ、延暦四年（七八五）これが焼失したため、粟津に所在した国昌寺にその機能を移し、弘仁十一年（八二〇）に国分寺とされている。ちなみに伝教大師最澄は、もと国昌寺の僧であった。奈良時代の三関は愛発・不破・鈴鹿に置かれ、東国・北国の防備ラインの役割を果たしていたが、平安遷都にともない、弘仁元年（八一〇）には従来の不破・鈴鹿に加え滋賀郡の相坂からなる新三関が成立している。ところが天安元年（八五七）、この新三関に代え相坂と滋賀郡の竜花・栗太郡の大石に関が設置されている。これは臨時的な処置であったが、これらの地点の古代交通・軍事上の重要性を示すものであろう。

古市郷　『和名抄』諸本ともに「布留知」とし、フルイチが訛ったものとみられる。瀬田川右岸には粟津の地名が遺存しているが、『書紀』の壬申の乱にかかわる記事に「粟津市」がみえる。後に左岸に国府が設置され、そこに新しく国府市が置かれたことから、粟津市を古市と呼ぶようになったとみられ、勢多橋右岸一帯に比定できる。伝教大師最澄は、その度縁（どえん）案などに古市郷戸口とあり、出身地と考えられている。

真野郷　東急本に「末乃」とあり、大津市真野に遺称地があるから現在の堅田地域に比定される。石山寺造営の際に、真野村から彩色用の白土を採集したことがみえ、『姓氏録』右京皇別下には和邇部臣鳥らが真野村に住んだことから、真野臣を称することになったことがみえる。

大友郷　『和名抄』諸本とも「於保止毛」とし、この地名を負う氏族に大友村主・大友漢人・大友曰佐・大友但波史など渡来系の人々がみえる。大友郷での居住は確認できないが、真野郷・古市郷を始め近江の各地に分布しており、当郷を本貫地とする可能性が高い。郷域は遺称地に恵まれないが、坂本を中心とする地域とする見解が有力である。

錦部郷　『和名抄』高山寺本は「迩之古利」、東急本は「尓之古利」とし、現在は錦織の表記で遺称地が残るが、古代の文献では錦部で統一されている。郷名を負う氏族として、渡来系の錦部村主・錦部曰佐などが古市郷を始め、郡内や近江各地に分布している。当郷が本拠地であろう。郷域は大津市錦織を中心とする地域であろう。

【参考文献】

『大津市史　第一巻　古代』大津市役所、一九七八年
大橋信弥「近江における渡来氏族の研究」（『古代豪族と渡

来人』吉川弘文館、二〇〇四年）

（大橋信弥）

高島郡・たかしまのこおり

訓は『和名抄』東急本に「太加之万」とし、タカシマであろう。表記は「高島郡」で統一されている。『和名抄』高山寺本は三尾・高島・角野・木津・桑原・善積・川上・大処・鞆結の九郷をあげ、東急本は神戸郷を加える。郡名の初見は天平五年（七三三）「山背国愛宕郡計帳」で、「近江国高島郡藁園」とある。

湖西の交通の要衝で、平地は饗庭野により南と北に分かれる。安曇川河口の「阿渡湊」のほか、木津・勝野津など湊も多く、湖上交通の要地であった。『万葉』には勝野原・三尾勝野・香取浦・阿戸・阿渡川など多くの地名が詠まれている。

郡衙の所在・遺構は明らかでないが、それに関連するものとして、高島市今津町の日置前遺跡は、建物群が正南北方位をとり、一定の企画性をもって配置されている。区画内にコ字形に配置された政庁風の建物群をはじめ、倉庫群などが分布する。七世紀末から九世紀末まで存続している。出土遺物は「角鹿」「君手」「嶋鮫」など人名を記したとみられる墨書土器をはじめ、木沓・斎串・木製盤なども見られる。同町弘川遺跡は、饗庭野丘陵の北東縁辺部に所在する、倉庫群を主体とする遺跡である。門跡の中軸の左右に一定の間隔をとって、総柱の倉庫群が一列に分布する。八世紀後半から十世紀にかけて存続したものと考えられる。なお本遺跡は西近江路から分岐した若狭街道に隣接しており、交通の要衝に位置している。

また、高島市高島の鴨遺跡では、百数十メートル四方を溝で区画とした空間から、大量の緑釉・灰釉陶器を始めとする土器類のほか、木沓・人形・仏像など様々な木製品、全長一六六・五センチメートルをはかる長大な記録木簡や若狭国遠敷郡からの荷札木簡のほか、「萬宅」「広津弥」「大領」「出雲寺」などと記された大量の墨書土器が出土している。これらのことから平安時代前期の高島郡衙、或は国家的祭祀施設とする見解が出されている。そして古代豪族としては、まず『古事記』孝昭段の「ワニ氏同祖系譜」の、孝昭の第一子天押帯日子命の後裔として都怒山臣（角山君）がみえる。郡の北部の石田川は古代においては「角河」と呼ばれたように、後の角野郷を本拠とする豪族で、天平年間には前高島郡少領として角（山君）家足がみえ、藤原仲麻呂ともかかわりをもつ郡領級の有力な豪族である。高島郡の南部を本拠としていた有力な豪族は三尾君氏である。『古事記』垂仁段に垂仁皇子石衝別王がその祖とあり、『書紀』垂仁三十四年三月二日条に垂仁皇子磐衝別命が「三尾君之始祖」とある。『書紀』は継体の父彦主人王が近江高島の三尾別業に、越前三国から振媛を妻に迎え、継体の生まれたことを記している。越前三国で成長した継体は、最初の妃として、父彦主人王以来、密接な関係にあった近江高島の三尾君氏から、若比売・倭比売の二人を迎えている。三尾君氏は三尾別業の経営を通して彦主人王・継体父子の最有力な支持勢力であったと考えられるが、これらの記載の後その消息はまったく途絶えており、壬申の乱の激戦地三尾城の攻防で、近江朝廷側につき失脚したとみられる。

このほか平城宮木簡にみえる木津道守□□万呂・出雲臣□□、長屋王家木簡にみえる川□里人の丸部臣安麻呂、天平十七年（七四五）九月二十一日の百済女王度者貢進解にみえる高島里戸主川直鎧・吉麻呂、平城宮木簡にみえる高□里額田直色夫知・善積里但波史□万呂・□原里人穴太部□□万呂・大処里□□□□（穴太部）、長岡京木簡にみえる穴太秋□□などが確認できる。

高島郡の古墳文化は、郡の中央部を貫流する安曇川を挟んで、高島市新旭町熊野本古墳群（三十五基）と高島市高島田中王塚古墳群（四十三基）という五世紀代に築造を開始する二つの古墳群が所在する。それぞれ全長二十七メートルの前方後方墳熊野本古墳・全長七十三メートルの帆立貝式の前方後円墳王塚古墳などの首長墓を含んでいる。そして六世紀に入ると、鴨川の南岸に全長六十メートルの前方後円墳鴨稲荷山古墳が築造され、刳抜式家形石棺からは純金の耳飾り、金銅製の冠・沓・魚、玉類、鏡、環頭大刀などめざましい副葬品が出土している。継体天皇やその擁立勢力の三尾君氏との関わりが指摘されている。

三尾郷　『和名抄』は諸本とも「美乎」（ミヲ）と訓ずる。『釈紀』の引用する「上宮記」の「一云」には継体天皇の父王（彦主人王）は「弥乎国高嶋宮」、『書紀』継体即位前紀では「三尾別業」にいたという。三尾駅（『延喜式』兵部省）や三尾城（『書紀』天武元年七月二十二日条）もみえる。三尾神（『続紀』延暦三年八月三日条）、水尾神社（『延喜式』神名帳）などはいずれも当郷に関係する。

角野郷　『和名抄』東急本は「都乃」（ツノ）と訓ずる。治暦四年（一〇六八）三月二十九日「太政官牒」に河上庄の四至として「南限角河山峯」とある角河は、現高島市今津町角川上流域から流れ出す石田川である。郷域は角川を含む一帯か。

善積郷　『和名抄』は諸本とも訓を欠くが『色葉字類抄』国郡部に「吉積」、『節用集』に「善積」とあるからヨシツミであろう。平城宮木簡に「高島郡善積里」が見えるが、天平宝字六年（七六二）五月一日「近江国符案」に奈良東大寺の封戸郷として「高島郡葦積郷」とみえ、治暦四年（一〇六八）三月二十九日「太政官牒写」に「在近江国高島・善積両郡」とあるように善積郡とも書かれている。

川上郷　『和名抄』は諸本とも訓を欠く。長屋王家木簡に「高島郡川□里」とある。長承二年（一一三三）七月十二日の明法博士中原明兼勘注にみえる子田上杣の四至南限の「阿刀河河上谷河」とある河上谷河は当郷に関係するか。

鞆結郷　『和名抄』高山寺本は「度毛由比」（トモユヒ）、東急本は「止毛由比」、刊本は「土毛由比」と訓ずる。鞆結神社（『延喜式』神名帳）は当郷にかかわり、北陸道鞆結駅も当郷に置かれたとみられる。郷域は現高島市マキノ町浦の鞆結神社の周辺か。

高島杣　安曇川・石田川などの水運が利用できるため、瀬田川流域と並んで杣が発展し、高島山の名が多くみえる（天平宝字六年一月十五日「雑材檜皮和炭等納帳」）。この杣山は後世にも維持され、さきの明法博士中原明兼勘注によれば、三尾杣・子田上杣などが京都の寺院の杣として存在したことがわかる。子田上杣の南限が「阿刀河」（安曇川）と記すように安曇川・琵琶湖・瀬田川・宇治川を経由して搬出されたのであろう。

【参考文献】

大橋信弥「三尾君氏をめぐる問題―継体擁立勢力の研究―」（『日本古代の王権と氏族』吉川弘文館、一九九六年）

（大橋信弥）

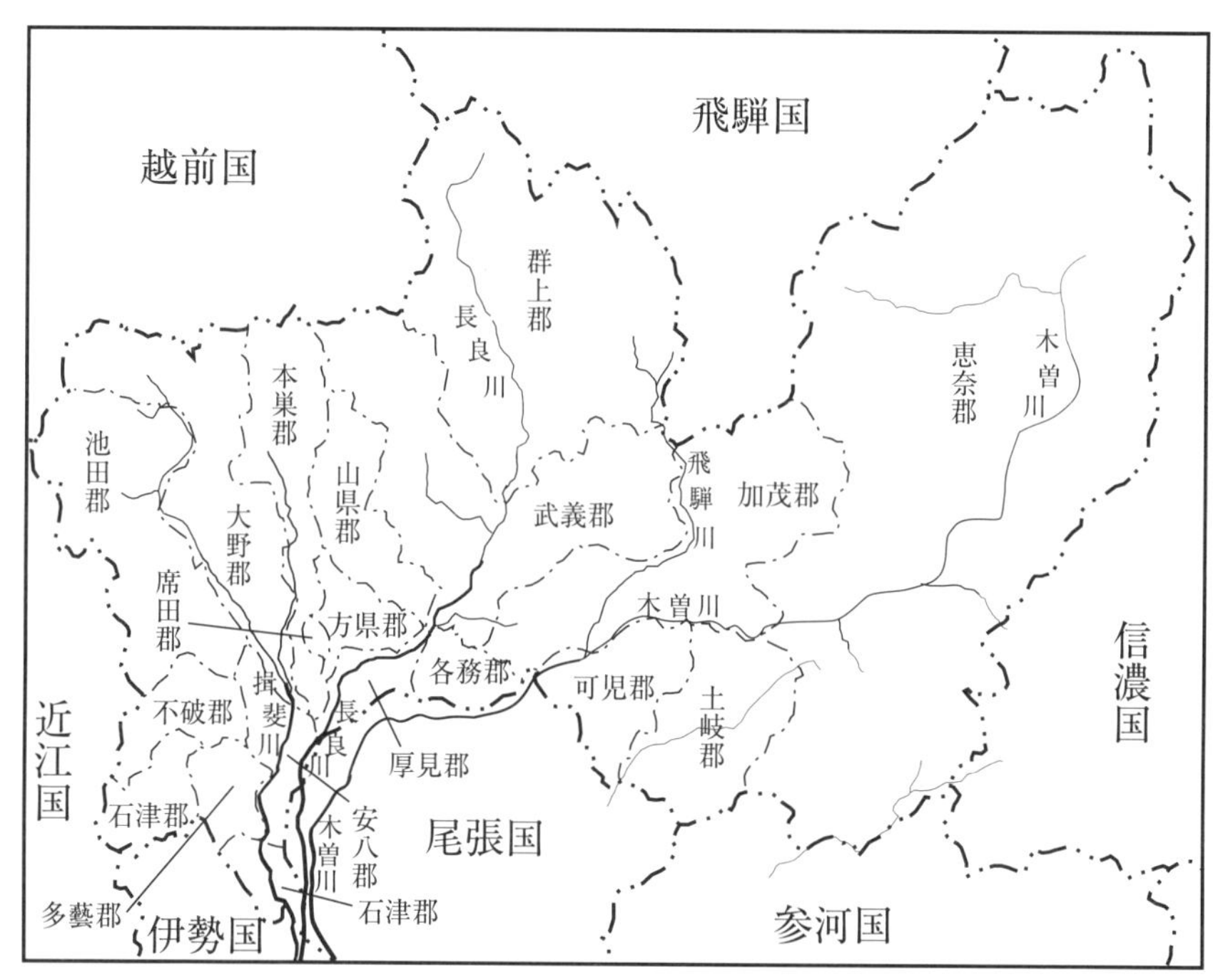
飛騨国
越前国
群上郡
長良川
本巣郡
山県郡
池田郡
大野郡
武義郡
飛騨川
加茂郡
恵奈郡
木曽川
席田郡
方県郡
木曽川
信濃国
各務郡
可児郡
土岐郡
近江国
不破郡
揖斐川
長良川
厚見郡
石津郡
安八郡
木曽川
尾張国
多藝郡
伊勢国
石津郡
参河国

美濃国略図

美濃

美濃国・みののくに

東海地方北部に位置し、現在の岐阜県南部にあたる。西方の近江国との境に三関のひとつである不破の関があり、東山道のルートは、そこから揖斐・長良・木曽のいわゆる木曽三川を渡って、美濃国を東西に貫き、信濃国との境である神坂峠に向かう。木曽三川の下流域には濃尾平野が開け、穀倉地帯となるものの、これらの川はしばしば氾濫を起こし、貞観八年（八六六）の広野河事件に見られるように、治水が大きな問題となった。北部は山岳地帯であり、東山道飛騨支路を経て飛騨国に至る。南部は伊勢・尾張・三河の諸国と接し、木曽三川等を利用してのこれら諸国との交流も盛んであったと思われる。

『書紀』景行四年二月条に美濃への行幸記事が見られ、その皇子が美濃の身毛津君・守君の始祖となったとする。『古事記』景行段には三野国造の祖として大根王の名が見られるが、開化段には、神大根王を「三野国之本巣国造之祖」とする。『旧事紀』国造本紀にみられるところでは、額田国造・三野前国造・三野後国造の三者が美濃に関連すると思われるが、このうち額田国造はワニ氏と、三野後国造は物部氏とそれぞれ系譜的に結びつく。それぞれの国造の本拠地の比定には諸論あるものの、決定的な説は出されていない。大宝二年（七〇二）「御野国戸籍」にも「国造」「国造族」という氏姓的な称呼をもつ人名が見られ、「県主」「県造」と称する氏族もやはり戸籍に見られるが、その分布、氏族としての系譜等はやはりよくわからない。

美濃の古代史上、大きな転機となったのが、六七二年の壬申の乱である。大海人皇子の湯沐が西美濃に置かれていたこともあって、美濃出身の舎人である、村国連男依・身毛君広らが、大海人皇子側の兵力の中枢的な役割を果たした。この経緯の中で、美濃の地が東山道ルートの要衝にとどまらず、東海地域の押さえとなることが明確となった。八世紀はじめに美濃守笠朝臣麻呂が尾張国守を兼ね、次いで尾張・参河・信濃を管轄下とする按察使に任じられたのも、元正天皇の行幸と相俟って、美濃国の政治的な位置をよく示している。また、七世紀後半から美濃須衛窯が発展し、八世紀前半には美濃の刻印を有する須恵器が多く生産されるのも、中央政府の意を踏まえた官窯ならではの動きである。

国名表記は三野から御野へそして美濃へと変遷したとみられ、郡についても『和名抄』『延喜式』民部上の十八郡にいたるまでには、恵那・席田・池田郡等の分立があった。国の等級は上国であるが、国司四等官の配置の実状からすれば大国と同様であった。

【参考文献】

野村忠夫『古代の美濃』教育社、一九八〇年
八賀晋編『美濃・飛騨の古墳とその社会』同成社、二〇〇一年
新川登亀男・早川万年編『美濃国戸籍の総合的研究』東京堂出版、二〇〇三年

（早川万年）

多藝郡・たぎのこおり

富上・物部・垂穂・立野・有田・田後・佐伯・建部の八郷より成る。

郡域は岐阜県南西部にあたり、現在の養老町を中心とする地域と考えられているが、斉衡二年（八五五）に本郡から分立した石津郡との関係など、不明の部分が大きい。郡域のとくに東部・南部は、揖斐川等の氾濫により被害を受けることも多かったと思われる。

『古事記』景行段に地名起源説話が見え、ヤマトタケルが伊吹山の神によって惑わされ、「当藝野」に到ったとき、「今吾が足歩みえず、たぎたぎしくなりぬ」と言ったため、この地を当藝と称したという。「たぎたぎし」は足が腫れ曲がってしまったとの意味か。このヤマトタケルの大和への帰路からも窺われるように、養老山地沿いに南下し、桑名・四日市を経て鈴鹿に向かう道筋があったと思われる。『続紀』大宝二年（七〇二）三月条に「美濃国多伎郡民七一六口を近江国蒲生郡に遷す」とあり、同霊亀三年（七一七）九月条には、元正天皇の美濃行幸が記される。これによれば、近江を経て美濃国当耆郡にいたった天皇は、多度山の美泉を見、そこで従駕する者に物を賜うなどした。同年十一月の詔では、多度山の美泉を褒め称え、病を癒すなどの霊験があり、大瑞に合う祥瑞であるとし、天下に大赦を行うとともに、養老と改元した。翌年にも再度の行幸があったが、美濃における祥瑞の出現が、藤原不比等を中心とする、時の政権基盤を固める上に一定の役割を有していたと思われる。なお、この多度山の美泉は現在の養老の滝と推測されており、養

老の名に因む孝子の説話が『古今著聞集』『十訓抄』に見られる。また、天平十二年（七四〇）の聖武天皇の行幸の際もこの地に立ち寄っている。『続紀』同年十一月己酉条に「美濃国当伎郡に到る」とあり、『万葉』一〇三四番歌題詞に、美濃国多藝行宮にて大伴宿禰東人の作る歌とあり、続いて大伴家持の歌も見える。

この地域の、かなり南に下ったところに、比較的古い古墳として円満寺山古墳（墳長六十メートルの前方後円墳）、行基寺古墳（墳形等不明）などがあるが、まとまった古代の集落の遺跡や官衙等は発見されていない。氏族としては、『続紀』宝亀八年（七七七）十一月条に、左京の人正八位下多藝連国足ら二人に姓を物部多藝宿祢と賜うとあり、郡名と同じ多藝連氏の本拠をこの地にあてる説もある。『和名抄』に物部郷も見えるように、本郡には物部が多く分布していたと思われる。郷名には、佐伯郷・建部郷も見え、軍事的な役割を果たしたと思われる氏族・部民が置かれていたようである。畿内東辺の要地であり、東海地域における卓越した豪族である尾張氏の本拠に近い点も考慮する必要があろう。また、貞観十四年（八七二）三月九日「貞観寺田地目録帳」（『平安遺文』一六五）に、多藝庄地百四十町のうちの六十町は、不破郡権少領宮勝十二月麿が進上したところであるとし、『三代実録』仁和元年（一六五）十月二十一日条には、多藝郡大領外従七位上刑部連春雄が罪を犯したとの記事が見え、在地氏族としての刑部連氏が存在したこと、北の不破郡において勢力を有していた宮勝氏の影響があったことがわかる。

『延喜式』神名帳には、多伎神社・大神神社・御井神社・久久美雄彦神社の四社を載せる。このうち大神神社を除く三社は現養老町内に比定されている。

物部郷　『続紀』宝亀八年十一月丙辰条には多藝郡の人として物部坂麻呂の名が見え、物部多藝連の氏姓を与えられている。のち、『三代実録』貞観六年八月十七日条には、物部吉宗の本貫を美濃国多藝郡から山城国に移している。延喜神名式の多伎神社に比定される多岐神社を中心とする、養老町三神町一帯を物部郷にあてる説があるが定かでない。

垂穂郷　天平四年（七三二）三月二十五日の僧智首による「貢進文」に、美濃国当嗜郡垂穂郷三宅里の秦公豊足という人名が見え、美濃の他の郡にも分布する秦氏がこの郷に所在したことが知られる。また平城宮木簡に「美濃国多藝郡垂穂郷的臣」と記されたものがある（『平城宮発掘調査出土木簡概報』

二九）。

【参考文献】

和田萃「養老改元」（『日本古代の儀礼と祭祀・信仰』塙書房、一九九五年）

早川万年「元正天皇の美濃行幸をめぐって」（『岐阜県歴史資料館報』二〇、一九九七年）

（早川万年）

石津郡・いしづのこおり

『和名抄』によれば、大庭・建部・桜樹・山埼の四郷から成る。『文徳実録』斉衡二年（八五五）閏四月丁酉条によれば、この時に多藝郡から石津郡が分立したとする。岐阜県南西部にあたり、多藝郡に隣接する。現在も上石津町（大垣市に合併）の町名が残るように、石津郡の郡名は長く残ったが、古代の郡域は明確でない。後に石津郡は、合併前の上石津町と南濃町・海津町（ともに現海津市）方面の二つに分かれていたが、古代において上石津町域が石津郡に含まれていたかどうかについて、従来から、議論がなされており、いまだ決着していない。

桜樹郷は桑名市柚井遺跡出土の木簡に「桜樹郷守部春□□□籾一斛」とあるので、柚井と隣接する南濃町（現海津市）域に比定するのが妥当か。

【参考文献】

岡田登「桑名市多度町柚井遺跡出土の木簡について」（『史料』二〇一、二〇〇六年）

（早川万年）

池田郡・いけだのこおり

『和名抄』によれば、額田・壬生・小島・伊福・池田・春日の六郷より成る。岐阜県の西部、現在の揖斐川町・池田町・旧春日村（現揖斐川町）を中心とする地域と考えられる。もとは安八郡に含まれていたが、承和四年（八三七）に建郡されたらしい（名市博本『和名抄』書き入れによる）。大宝二年（七〇二）の御野国戸籍の味蜂間郡春部里は、本郡の春日郷にあたると考えられる。同戸籍には、この地の人名として、国造族・春部・六人部などが見え、名代子代の一つである春日部が置かれていたことを示す。額田郷は『旧事紀』国造本紀に見える額田国造と結びつく可能性があり、伊福郷も、本郡の郡司層の氏族であった五百木部宿禰氏の本拠であったと思われる。本郡は大海人皇子の湯沐の一部を構成していたとみられ、中央との結びつきの強い地域であったと考えられる。『延喜式』神名帳には養基神社を載せる。なお、池田山麓の願成寺古墳群は、後期から終末期の古墳が中心であって、何度か調査が重ねられてきたが、この地域の古代を考える上に重要な意義を有する。

【参考文献】

足利健亮・金田章裕・田島公「美濃国池田郡の条里」（『史林』七〇―三、一九八七年）
早川万年「和珥部臣君手と大海人皇子の湯沐邑」（『岐阜史学』九一、一九九六年）
横幕大祐「西濃の後期古墳」（『美濃国戸籍の総合的研究』東京堂出版、二〇〇三年）

（早川万年）

大野郡・おおののこおり

『和名抄』によれば、揖斐（楢斐）・大神・明見・三桑・上杖・下杖・郡家・志麻・大田・石太・栗田・七埼・駅家の十三郷から成る。岐阜県の西部、現在の大野町・旧谷汲村（現揖斐川町）を中心に、南北に長く郡域が広がっていたと見られる。東山道のルートにあたり、大野駅が置かれていた。『延喜式』兵部省には駅馬六匹、伝馬三匹とある。郡家所在地は、大野町南部に推定されており、今も郡家の地名が残る。天武十二年（六八三）である癸未年の年紀を有する木簡に「三野大野評阿漏里」とあり、天平勝宝二年（七五〇）四月六日「仕丁送文」には大野郡上荒郷の阿漏人・阿漏君の名が見える。また『続紀』大宝二年（七〇二）七月条には、大野郡の人、神人大、八蹄の馬を献ずとある。『霊異記』（上二）には大野郡の人が狐を妻とする話が見え、美濃国の狐直の由来とする。『延喜式』神名帳には、花長神社・花長下神社・来振神社の三社を所載。なお、大野町には、前方後円墳七基、円墳十一基などからなる野古墳群、および白鳳期の創建と考えられる大隆寺廃寺がある。

（早川万年）

本巣郡・もとすのこおり

岐阜県西部に位置し、大野郡、山県郡に挟まれ、南北に長い郡域を有する。郡をほぼ南北に根尾川が流れ、現在の本巣市（本巣町・糸貫町・真正町・根尾村が合併）から瑞穂市あたりが含まれる。『和名抄』には、鹿立・遠市・安堵・美濃・穂積・物部・栗田・船木の八郷が見える。『続紀』和銅八年（七一五）七月丙午条に、席田建郡の記事があるが、本郡から独立したものであろう。

『古事記』開化段に、皇子である日子坐王の子、神大根王を「三野国之本巣国造・長幡部連之祖」とあり、ここに見える本巣国造の本拠地が、この地域であると考えられている。美濃の国造については、『旧事紀』国造本紀に、三野前国造・三野後国造とあり、『書紀』景行四年二月条に、天皇が、美濃国造、名は神骨の娘を娶ろうとするくだりがあり、『古事記』には、やはり大根王を「三野国造之祖」とする。しかも、国造本紀の三野前国造の項には、春日率川朝、皇子彦坐王子八瓜命を国造と定め賜うとあって、開化記に神大根王のまたの名を八瓜入日子王とすることからして、『古事記』『書紀』の美濃国造・本巣国造は、国造本紀の三野前国造と系譜上の位置づけが一致する。

この地には、墳長六十メートルを超える前方後円墳の宗慶大塚古墳（旧真正町域）が築造されており、また、旧糸貫町から岐阜市にかけての丘陵には、近年、調査が行われ、トンボ玉・雁木玉などの注目すべき副葬品が出土した船来山古墳群が展開している。この地域に対する畿内の政治勢力の浸透を考える上で、重要な検討資料を提供することになると思われる。

東山道のルートはこの郡域を東西に横切っており、現在に残る「仙道」等の地名から、旧真正町政田から北方町と旧糸貫町の境を通過していたと推定される。郡家の所在地は不明。

本巣の地名については、和銅四年（七一一）の年紀の記された木簡に、「本須郡」と表記されており（『平城宮発掘調査出土木簡概報』一一）、大宝二年の戸籍には「本簀郡」とある。なお、「御野国本簀郡栗栖太里」の戸籍は、本郡の栗田郷に該当すると考えられるが、そこには刑部・栗栖田君・道守部・建部・物部・漢部等、多くの氏族が見られる。『延喜式』神名帳には、本郡の神社は記されていない。

遠市郷　藤原宮木簡に、「三野国本□□□（須郡十市ヵ）」と見え、このように表記する場合もあったようである。栗栖太里の戸籍に、十市部三田須の人名が見られ、十市部が設定されていたと思われる。大海人皇子と額田王との間に生まれた十市皇女は、この十市部を資養の民としていたか。郷域がどこであったかは不詳。

安堵郷　阿刀氏の部民である阿刀部（阿斗部なども）が置かれたことによって郷名とされたか。大宝二年の戸籍には、肩縣郡肩々里・山方郡三井田里・加毛郡半布里に阿刀部が見られる。阿刀氏は物部氏と祖を同じくする氏族で、天武十三年（六八四）に宿禰の姓を与えられ、山城・摂津・河内等に勢力を有していたらしい。壬申の乱の際、大海人皇子の舎人として安斗連智徳がいた。郷域は不明。

美濃郷　平城宮木簡に「三野国本須郡三野ア□□□□□□」とあるので、ミノベノサトとよんだものか。現在の本巣市見延（ミノベ）に比定されている。ミノベの地名は中世文書に見られる。

物部郷　美濃国には物部の分布が濃密であり、とくに西濃地域に郷名がいくつか見える。本郡にも多くの物部が居住したと思われる。現在地への比定は、本巣市上真桑と考えられているが、確実ではない。

栗田郷　大宝二年（七〇二）の戸籍に見える栗栖太里に該当すると思われる。とすれば、クルスダノサトとよんだか。現在の瑞穂市内に比定する説があるが、確たる根拠があるわけではない。

【参考文献】

黒坂周平『東山道の実証的研究』吉川弘文館、一九九二年
吉田英敏ほか『船来山古墳群』二〇〇〇年
新川登亀男・早川万年編『美濃国戸籍の総合的研究』東京堂出版、二〇〇三年

（早川万年）

席田郡・むしろだのこおり

『和名抄』には、美和・礒部（礒上）・那珂・名太の四郷が記される。

『続紀』霊亀元年（七一五）七月条に「尾張国の人、外従八位上席田君迩近と新羅人七十四家を美濃国に貫して、始めて席田郡を建つ」とあり、この時に本巣郡から分立したと思われる。この建郡を、美濃国守笠朝臣麻呂による根尾川の洪水地域の開発とみる考え方があるが、このあたりは、本巣国造の拠点であり、そこへ政策的に新勢力を扶植させた点に目を向ける必要があろう。『続紀』天平宝字二年（七五八）十月丁卯条には、席田郡大領の子人らが、祖先は賀羅国から帰化したという理由で賀羅造の氏姓を賜ったとある。また『三代実録』仁和三年（八八七）六月五日条に、国分寺が炎上したため、殿堂宏麗である席田郡の定額尼寺を国分寺とするとある。現本巣市石原の八幡神社近くの寺跡をこの定額尼寺にあてる説がある。なお、席田は今も市内の小学校名として残る。船

来山丘陵の南部に郡府の地名が残っており、ここが郡家の置かれたところであろう。

【参考文献】
野村忠夫「美濃守としての笠朝臣麻呂」(『古代貴族と地方豪族』吉川弘文館、一九八九年)

(早川万年)

方県郡・かたがたのこおり

『和名抄』には、村部・大唐・鵜養・方県・思淡・駅家の六郷が記される。郡域はそれほど広くなく、ほぼ現在の岐阜市北部にあたると考えられる。

『書紀』斉明六年(六六〇)十月条に、百済より唐の俘虜百余名が献じられ、これが美濃国の不破・方県二郡の唐人であるとする。大宝二年(七〇二)の御野国戸籍には、肩県郡肩々里の断簡があり、六人部・丸部・守部・若倭部などの人名が見られるとともに、上政戸国造大庭は戸口九十六というきわめて大きな戸を構成している。このほかにも、国造川島の戸も戸口二十六であり、この地では、国造を称する氏族が有力であったようである。隣接する本巣の国造と同族であった可能性も認められる。『続紀』宝亀元年(七七〇)四月朔条に、美濃国方県郡少領外従六位下の国造雄万が私稲二万束を国分寺に献じ、外従五位下を授けられているが、やはり本郡における「国造」の地位の伝統的な高さを示すとともに、この雄万なる人物は、肩々里戸籍に見える国造大庭の子、小万ではないかとの推測もなされている。

養老元年(七一七)九月の元正天皇の美濃行幸にあたっては、務義(武義)郡とともに本郡の百姓が行宮に供奉している。行幸の地である多藝郡とはかなり離れた務義・方県二郡の百姓が行宮に供奉したのは不審であるが、本郡村部郷には牟下都氏の在住が知られ(年紀不明「知識優婆塞貢進文」)、この牟義都氏の勢力波及と関係があるかもしれない。『延喜式』神名帳に、方県津神社・若江神社が見える。また、東山道のルートにもあたっており、『延喜式』兵部省には、駅馬六匹・伝馬四匹とする。

大唐郷　『書紀』斉明紀の記事にあるように、唐人が置かれていたことによって郷名となったと考えられる。『今昔物語集』巻二十七に、方県郡唐郷と見え、そこの橋のたもとで女に開封厳禁の箱を渡すという怪異譚が見える。現在地は比定困難であるが、岐阜市西郷のあたりかとされる。

鵜養郷　鵜飼いを職とする集団が置かれていたことによる地名か。大宝の戸籍断簡に見られる鵜養部が参考になろう。現在の岐阜市黒野付近に比定されている。

方県郷　大宝二年戸籍に見える肩々里にあたる。式内方県津神社が現在の岐阜市八代に鎮座することから、そのあたりに比定されているが必ずしも確実ではない。

思淡郷　現在も岐阜市内の長良地区東部に志段見の地名が残る。天平二十年（七四八）四月二十五日「写書所解」に、思淡郷戸主六人部臣山村なる名が見える。

駅家郷　方県駅は東山道から飛騨方面への分岐点とも見なされている。駅家郷を現在の岐阜市長良地区にあてる説が有力視されている。

水野郷　『和名抄』には見えないが、『霊異記』（下三十一）に、方県郡水野郷楠見村の県氏の女性が石を生んだとの説話を載せる。

（早川万年）

武義郡・むげのこおり

岐阜県中部の美濃市から関市を中心とする地域であり、長良川・津保川等の流域に沿って集落が形成されていたと思われる。『和名抄』には、御佩・跡部・生櫛・有知・白金・大山・稲朽・管田・揖可の九郷が見える。東山道のルートが、木曽川を渡って土岐に向かって行くのに対し、武義郡に置かれていた武義駅（『延喜式』兵部省に駅馬四匹）は、飛騨方面に向かういわゆる飛騨支路上に位置しており、本郡は美濃の平野部の北端にあたる。郡上など奥美濃へも、本郡から長良川に沿って遡るのが順当な道筋である。

この地では、郡名と同じムゲツを称する氏族が大きな勢力を有していた。しかも『釈紀』所引「上宮記」一云には、「牟義都国造名伊自牟良君」とあって国造とされ、この伊自牟良君の娘、久留比売命が継体天皇の祖母にあたる。『書紀』景行四十年七月条には、大碓皇子を美濃の身毛津君・守君の祖と記し、『古事記』景行段では、大碓命と三野国造の祖、大根王の娘との間に生まれた押黒弟日王を牟宜都君等の祖とする。また、雄略紀七年八月条には、天皇が身毛君大夫を吉備に遣わしたと見え、天皇の信任厚い人物として登場する。

ムゲツ氏が重要な役割を果たしたのは、壬申の乱においてである。大海人皇子の吉野脱出に先だって、村国連男依・和珥部臣君手とともに身毛君広が美濃に派遣され、不破の道を押さえるよう命令されている。のちの『続紀』大宝元年（七〇一）七月条には、功封として八十戸とする（なおこの箇所では「牟宜都君比呂」とある）。したがって、大海人皇子の挙兵にあたっては、中濃のムゲツ氏がその兵力の一角を占めたものと思われる。大宝二年の御野国戸籍にも、ムゲツの氏を有する多くの人名が見られる。武義郡に近い半布里戸籍には、牟下津造川島売・牟下都君族刀自売などのほか、姓を持たない者、牟下津部のように「部」姓を有する者も多く、武義郡外の方県郡・本巣郡にもその居住は広がっている。

また、『姓氏録』左京皇別下に牟義公とあり、『延喜式』主水司には牟義都首が見え、御生気御井神を祀るにあたって、立春早朝に井を汲む役割を果たすとある。この牟義都首は、京内在住と思われるが、養老元年（七一七）における元正天皇の美濃行幸の際に、務義（武義）郡百姓が天皇に供奉したことと関連させて、美泉の水を大王家に貢献する儀礼を担当していたとみる説がある。壬申の乱を契機として、宮廷との結びつきを強めたと考えられる。ただし、同じく壬申の功臣である村国氏が、中央政府の官人としての道を歩みだしたのとは異なり、ムゲツ氏は在地の氏族としての性格を保ったとみなされている。

このように武義郡はムゲツ氏の勢力が強かったが、近年紹介されたように、ムゲツ氏以外の氏族の存在も考慮されなくてはならない。関市北部古窯跡群に含まれる椪ノ木洞窯出土灰釉陶器のヘラ書きに、馬使貞主・御使連とあり、この地における氏族集団の存在を考える上で注目できる。

武義郡域の古墳としては、西濃地域などと比べ、前方後円墳の存在は顕著でなく、それにかわって古墳時代終末期に属すると考えられる方墳が分布する。規模の明確な小瀬方墳は一辺二十四メートル、高さ四・六メートルの三段築成とされ、池尻大塚古墳は十八メートル×十九メートルで、横穴式石室の石材が露出している。このほか、時期的に連続する陽徳寺裏山古墳群、後期の群集墳である塚原古墳群に注目でき、このうち陽徳寺裏山1号墳からは、岐阜県下で唯一、角杯形の須恵器が出土している。集落の遺構としては、七～八世紀の重竹遺跡A地区、五世紀後半～九世紀末の椪ノ木洞遺跡がある。

寺院では、長良川右岸の弥勒寺跡が重要である。現在も礎石が残されており、法起寺式の伽藍配置と川原寺系の瓦を有し、白鳳期の創建と考えられている。奈良・平安期の寺院跡としては、このほかに大杉廃寺・

坊池廃寺が知られているが、明確な遺構は発見されていない。なお、『延喜式』神名帳には本郡の神社は見られない。

弥勒寺跡に隣接する遺跡として注目されているのが弥勒寺東遺跡である。ここでは、三×八間の礎石建物などの、棟筋を揃えて立ち並ぶ倉庫群とともに、正殿・脇殿と考えられる「品」字形の建物群も見出されており、官衙の様相が濃厚である。長良川の屈曲部に位置するこの遺跡は、武義郡家の可能性も含めて検討されているが、基本的には河川交通を前提とした物資集積・流通の拠点と思われる。なお、近年、弥勒寺跡の西方でも発掘調査が行われている。陸路の上で重要な、武義駅の比定地は諸説あり、『続紀』宝亀七年（七七六）十月条に見える美濃国菅田駅と、本郡管田郷との関係も問題となるが、定説を得るには至っていない。

八世紀には隣接する各務郡を中心として、須恵器生産が活発であり、本郡でも須恵器生産が行われていたが、関市内の砂行古窯等では九世紀後葉から灰釉陶器陶器の生産が始まる。

【参考文献】

山内和幸「律令古代美濃国賀茂郡と飛騨路加茂駅・武義駅考」（『岐阜地理』一三、一九七四年）
早川万年「岐阜県出土の文字資料について」（『岐阜大学教育学部研究報告』人文科学四七―二、一九九九年）
篠原英政・田中弘志「弥勒寺跡・弥勒寺東遺跡」（『古代』一一〇、二〇〇一年）

（早川万年）

群上郡・ぐじょうのこおり

現在の読みにしたがってグジョウとするが、もとはどのように呼んだか定かでない。表記も郡上・群上の二通りがある。『文徳実録』斉衡二年（八五五）閏四月条に、武義郡を武義・群上二郡に分けたとする。和名抄に、群上・安群・和良・栗原の四郷を挙げる。もとの美並村・八幡町・大和町（合併して郡上市）がそうであるように、長良川水系に沿って集落が形成されていたと思われる。いわゆる奥美濃であって、飛騨・越前と接するが、飛騨支路は本郡を通らない。六～七世紀の古墳は白鳥町・大和町などにあり、いずれも円墳とされる。古代から中世にかけて白山信仰が発展した際に、美濃馬場長滝寺（旧白鳥町内）は大きな拠点であった。また、郡上市美並町の星宮神社所蔵の大般若経のなかには天暦七年（九五三）の跋が見える。この地域は修験者たちによる白山・高賀山信仰の参道としての性格も有していた。

（早川万年）

土岐郡・ときのこおり

美濃国の東部、現在の瑞浪市・土岐市の一帯で、集落は東山道のルートと同じく、土岐川沿いを中心に形成されたと思われる。『和名抄』には、日吉・楢原・異（黒カ）味・土岐・余戸・駅家の六郷を載せるが、天武初年には恵那郡全域も含んでいた可能性が高い。丁丑年（天武六年〔六七七〕）と年紀の記された、飛鳥池木簡に「刀支評」と書かれ、『書紀』天武五年四月条には郡名を「礪杵」と表記する。天武の崩御直後に起こった大津皇子の事件では、皇子の帳内である礪杵道作が伊豆に流罪とされているが、この人物は本郡の出身であろう。古墳分布の上では、土岐市泉町乙塚古墳が墳丘の直径二十七メートル余の円墳、瑞浪市明世町の戸狩荒神塚古墳は県下最大とも考えられている円墳であり、ともに注目されている。東山道の土岐駅は、瑞浪市釜戸町に比定されているが、確実ではない。『延喜式』神名帳に本郡の神社は見られない。

【参考文献】

早川万年「丁丑年三野国木簡についての覚書」（『岐阜史学』九六、一九九九年）

（早川万年）

恵奈郡・えなのこおり

美濃国の東部に位置し、東は信濃国に接する。現在の恵那市から中津川市にかけての一帯であるが、長野県木曽地域も本郡に含まれていた可能性が高い。古代の郡名表記は「恵奈」とするのが通例。『和名抄』には、淡気・安岐・絵上・絵下・坂本・竹折の六郷を載せる。東山道のルートは本郡を通過し、標高一五〇〇メートルを超える神坂峠を経て信濃国阿智駅に至る。東山道きっての難所であったため、神坂峠を控えた坂本駅には、駅馬三十匹が置かれた。

奈良県飛鳥池遺跡出土の、丁丑年（天武六年）と年紀の書かれた木簡に、「恵奈五十戸造阿里麻」とあり、五十戸はサト（のちの郷にあたる）であるので、この時期はまだ評（郡）

とされていなかった可能性が高い。とすれば、恵奈地域はもと土岐評（郡）に含まれていたことになる。郡とされた時期は不明であるが、天平勝宝二年（七五〇）四月二十二日の「美濃国司解」に恵奈郡とあるので、これ以前ということになる。

『延喜式』兵部省に見られる大井駅・坂本駅が本郡に含まれ、その比定地は諸説あるが、大井駅は恵那市大井町に、坂本駅は中津川市駒場・同千旦林あるいは落合などが候補にあがっている。『続後紀』承和七年（八四〇）四月条に、同五年十一月の美濃国からの言上として、恵奈郡は郡司暗拙であって、大井駅家は人馬ともに疲れ、坂本駅子は逃亡したとあり、席田郡人国造真祖父を派遣して教喩を加えたとある。その後、嘉祥三年（八五〇）五月にも、やはり土岐坂本二駅の駅子逃亡が語られる（『三代格』）。斉衡二年（八五五）正月二十八日官符では、改めて坂本駅子の負担が大きいことを述べ、恵奈郡の課丁二九六人中、駅子が二一五人であって、郡の衰弊が甚だしいとする。美濃国もこのような状態に対して、幾つかの手だてを講じており、『延喜式』雑式には、国司の掾もしくは目を遣わして土岐・恵奈両郡の雑事、駅家逓送事を検校させるとある。

一方、『続紀』和銅六年（七一三）七月条に木曽路開通の記事が見られるが、その際には美濃国司が褒賞されており、このことを受けて『三代実録』元慶三年（八七九）九月四日条においても、吉蘇・小吉蘇両村は恵奈郡絵上郷に含まれるとの判断がなされている。とすれば、木曽地域も基本的には美濃国恵奈郡内ということになる。ただし、木曽地域においては古墳時代・奈良時代の遺構はわずかであって、木曽路が開通したとしても従来の東山道に替わり得るほどの役割を果たしたかどうかは疑問。『延喜式』神名帳には、坂本神社・中川神社・恵奈神社を載せる。

なお、古墳は恵那市内に後期古墳を中心に一〇〇基以上が確認されているのをはじめ、旧岩村町・旧明智町（現在はどちらも恵那市）などに分布する。八世紀に遡る寺院跡としては、恵那市の正家廃寺・旧山岡町（現恵那市）の手向廃寺が知られる。正家廃寺金堂は、近年の調査で、玉虫厨子に似た特異な構造を有していたことが判明した。官道維持の負担から、古代の恵奈郡をたんに疲弊していたとのみ見るのではなく、寺院建立を行った氏族勢力の存在も含め、多様な観点からの検討が、今後、必要とされよう。

【参考文献】

佐藤宗諄『平安前期政治史序説』

第四章、東京大学出版会、一九七七年
藤岡謙二郎編『古代日本の交通路』Ⅱ、大明堂、一九七八年
三宅唯美「正家廃寺跡の調査」（『日本歴史』六〇一、一九九八年）
赤塚次郎・早川万年「東海・東山」（列島の古代史1『古代史の舞台』、岩波書店、二〇〇六年）

（早川万年）

可児郡・かこのこおり

美濃国の南東部に位置する。北限を木曽川が西流し加茂郡と接する。西部は大半がなだらかな丘陵地帯で恵那郡と接し、南限は土岐川が流れ土岐郡・尾張国と接する。現在の岐阜県可児（かに）市・可児（かに）郡・多治見市北部を含む。奈良県飛鳥池遺跡出土の木簡に「丁丑年十二月次米三野国加尓評久々利五十戸人」とあり、丁丑年（天武六年（六七七））における地名表記が知られる。久々利は『和名抄』の郷名に見えないが、『書紀』景行四年二月条の美濃行幸記事のなかに泳宮（くくりのみや）とある。その後、天平勝宝二年（七五〇）四月二十二日「美濃国司解」に「可児郡駅家郷戸主守部麻呂」とみえる。『和名抄』は可児・郡家（高山寺本は不載）・亘理・大井・矢集・池田・駅家（高山寺本は不載）の七郷を挙げる。駅家郷は『延喜式』に見える美濃国八駅の一つ可児駅である。

古墳時代には前期から中期にかけて西寺山古墳・東寺山1・2号墳・長塚古墳などの有力な前方後円（方）墳が出現し、西濃の大垣・垂井地区とならぶ美濃の古墳文化の中心である。また、七世紀前半には木曽川南岸に次郎兵衛塚1号墳（方墳・一辺三十メートル）が出現している。古代寺院跡には御嵩町願興寺・同町伏見廃寺・同町送木廃寺があり、いずれも東山道沿いの地に点在している。

【参考文献】

早川万年「丁丑年三野国木簡についての覚書」（『岐阜史学』九六、一九九九年）

（渡辺博人）

厚見郡・あつみのこおり

美濃国の中央南部に位置する。北から西にかけて長良川、南は木曽川が西流し、中世以前、本郡は東に接する各務郡とともに両川の合流部を占めていた。郡の中央部、金華山の南から西方の現岐阜市街地には、白

鳳期に創建された厚見寺跡・大宝廃寺・鍵屋廃寺などの寺院跡があり川原寺様式の軒丸瓦を出土する。郡名は藤原宮木簡に「戊戌年三野国厚見評／□□里秦人□（荒カ）人五斗」とあり、戊戌年は文武二年（六九八）と考えられている。『和名抄』では「阿都美」と訓じ、市俣・川辺・三家・厚見・郡家（高山寺本は不載）・皆太の六郷を挙げる。皆太郷は天平勝宝二年（七五〇）四月二十二日「美濃国司解」（東南院文書）に見える「厚見郡草田郷戸主物部足麻呂」や、年紀不詳（神亀～天平初年）の平城宮木簡に「美濃国厚見郡草田郷／物マ□□米六斗」とある草田郷であり、現在は長良川の北部に位置する岐阜市早田に比定される。式内社は比奈守神社、茜部神社、物部神社の三座。

【参考文献】

近藤大典「古代美濃国関係木簡集成稿」（『美濃の考古学』二号、美濃の考古学刊行会、一九九七年）

（渡辺博人）

各務郡・かかむのこおり

美濃国の中央南部に位置し、南は木曽川によって尾張国と限られ、東と北は山地によって賀茂郡・武儀郡と限られるが、郡の北西部は長良川に接し対岸は方県郡である。そして、西方のみ美濃平野に続き厚見郡に接している。郡域は現在の各務原（かかみがはら）市域にほぼひとしいが、北西部の芥見地区は、現在の岐阜市域に属する。藤原宮木簡に「己亥年九月三野国各□（美カ）／汙奴麻里五百木部加西□□」とある。巳亥年は文武三年（六九九）とされ、「汙奴麻里」は『和名抄』にはみえない地名であるが、現在の各務原市鵜沼地区に比定される。大宝二年（七〇二）「御野国戸籍」には、「各牟郡」とある。『続後紀』は「各務郡」と書き、『和名抄』は「加々美」と訓じる。同戸籍によると、郡司に少領各牟勝小牧と主帳勝牧夫が見える。各牟勝氏は、平安時代には西隣の厚見郡の大領の地位まで占めるようになり、貞観八年（八六六）七月、尾張国側による広野河（木曽川）の河道掘削工事に対しては、その掘開工事現場に兵を率いて襲撃し、工事を妨害するほどに勢力を拡大した（広野河事件）。『和名抄』は、村国・大榛・各務・那珂・芥見・三井・駅家（高山寺本は不載）の七郷を挙げる。東山道美濃国八駅の一つに各務駅が見える。東山道は郡の北西部芥見地区で長良川を渡り、郡の中央部を横断して東部の木曽川河畔（各務原市鵜沼地区）

に達したと考えられる。

　式内社は村国真墨田神社・村国神社二座・加佐美神社・飛鳥田神社・御井神社・伊波乃西神社の七座を数え、美濃国三十九座のうち賀茂郡の九座に次いで多い。村国真墨田神社・村国神社二座は、壬申の乱の功臣村国男依にかかわる神社と考えられる。郡のほぼ中央に位置する各務原市蘇原地区には、山田寺廃寺・平蔵寺廃寺・加佐美廃寺・野口廃寺・長者屋敷廃寺などの寺院跡が集中している。いずれも川原寺様式の軒丸瓦を出土し七世紀後半に創建されたと考えられる。なかでも山田寺廃寺は、明治期に塔心礎から佐波理製有蓋椀（舎利容器・国重文）が出土している。また、野口廃寺からは発掘調査で八世紀前半の銅製品の鋳造遺構が検出されており、その時期に寺の大規模な改築が行われたと考えられる。また、奈良時代後半の建立と考えられる各務廃寺は各務原市北東部の各務地区に所在し、そこからは多量の瓦塔が出土している。

　集落遺跡には各務原市三井遺跡がある。三井遺跡は木曽川北岸の台地縁辺に所在しており、七世紀後半から十世紀に至る大規模な集落遺跡である。遺跡の面積はおよそ一～二万平方メートルに及ぶ。発掘調査では、遺構に伴うものではないが「美濃」国刻印須恵器が八点出土している。「美濃」国刻印須恵器は、全国でも唯一、美濃須衛窯に属する老洞窯址群・朝倉窯址群において集中的に生産された国名を記す須恵器である。三井遺跡出土の「美濃」国刻印須恵器の数量は全国的にも突出しており、あるいは三井遺跡が木曽川北岸に所在することから、当時の木曽川水運に関わる遺跡であった可能性がある。美濃須衛窯は、現在の各務原市域から関市南部、そして岐阜市東部にかけて分布する古代～中世にかけての窯跡群である。その分布範囲は、古代の各務郡の領域にほぼ等しいと考えられる。美濃須衛窯で確認できる最古の窯跡は六世紀後葉の蘇原六号窯である。型式的には和泉陶邑窯のＴＫ二〇九号窯式に類似する製品を焼成しており、地理的により近い尾張猿投窯とは関わらず畿内からの技術移入により発足した窯跡と考えられる。その後七世紀前葉の須衛六五号窯に生産が引き継がれるが、七世紀中葉までは生産の拡大は認められず、七世紀後葉に至って突如として生産規模を美濃須衛窯全域に拡大させ、寺院で使用する瓦も併焼しながら美濃の須恵器生産をほぼ独占するまでに発展する。その背景として、この時期、飛鳥石神遺跡から「三野國加々ム評□」・「秦人マ佐□／三野國加□」とヘラ書きされた須恵器が出土していることから、美濃須衛窯の須恵器生産が国家的な貢納体制に組み込まれたことが推察される。美濃須衛窯はその後、生産規模の拡大を維持しつつ、八世紀前葉には芥見地区の老洞窯址群と朝倉窯址群において、「美濃」国刻印須恵器が集中的に生産される。しかし、美濃須衛窯における須恵器生産は、八世紀中葉になると東部の鵜沼地区で窯が減少しやや下火となるが、八世紀後葉にはふたたび須衛・蘇原地区を中心に九世紀後半まで多くの須恵器を生産した。その間、地元の美濃は当然ながら、尾張北部までをその流通圏に取り込み、奈良の平城京や伊勢の斎宮にも製品を供給していた。また、東国に対しては八世紀中葉まで長野県松本市域を中心に製品を供給しているが、長野県塩尻市菖蒲沢窯や埼玉県鳩山窯、そして福島県会津若松市大戸窯などで美濃須衛窯に類似する須恵器が生産されていることから、古代の東国における須恵器生産にも少なからず影響を与えたと考えられる。

【参考文献】

近藤大典「古代美濃国関係木簡集成稿」（『美濃の考古学』二号、美濃の考古学刊行会、一九九七年）
渡辺博人「各牟郡中里」（『美濃国戸籍の総合的研究』東京堂出版、二〇〇三年）

（渡辺博人）

山県郡・やまかたのこおり

美濃国の中央北西部に位置し、南は長良川北岸の方県郡に接し、東は武儀郡、西は本巣郡に接する。現在の岐阜県山県郡・岐阜市の一部・関市の一部にあたる。郡域の大部分は山地部が占めており、平地は少なく山間地を南東に流れる武儀川と、郡の南を流れる伊自良川や鳥羽川流域に開けた盆地的な地形としてみられる。郡名の初見は、持統十年（六九六）の藤原宮木簡に「□□□（丙申年カ）七月三野□（国）山方評／大桑里□［　］［　］安□藍一石」とあり、大宝二年（七〇二）「御野戸籍」（正倉院文書）に「御野国山方郡三井田里」とある。「大桑里」は現在の高富町大桑で、「三井田里」は現在の岐阜市岩野田地区から高富町南部付近とされる。天平勝宝二年（七五〇）四月二十二日「美濃国司解」は「山県郡」と書き、『和名抄』は「夜末加太」と訓ずる。承和十年（八四三）正月二十七日、山県郡少領の均田勝浄長が中臣美濃連姓を賜り（『続後紀』）、貞観六年（八六四）には大和法隆寺の僧承忍が勅により還俗し、中臣美乃連姓に復して当郡の少領に任じられている（『三代実録』）。山県郡と南の方県郡をも含めて美濃県の故地とする考えもある（『濃飛両国通史』）。『和名抄』には、出石・大竹・片野・三田・大桑・余部（高山寺本は不載）の六郷をあげるが、三田郷は、大宝二年戸籍に見える三井田里に当たり、天平二十年（七四八）「奈良宮中中島院例得度注文」（正倉院文書）にある「山県郡御田郷」と同じである。大桑郷は藤原宮木簡の大桑里に当たる。また、出石郷は天平三年（七三一）の平城宮木簡に「□（美）濃国山縣郡出磯郷田井里神人廣目米二斗／守部三麻呂米三斗右六斗天平三年十月廿日」とある出磯郷に当たる。ところで、大宝二年戸籍には、農民有位者として五百木部君木枝（追正八位上）、五百木部東人（追正八位上）の名が知られるが、彼らのもつ農民としては高い位階は、壬申の乱（六七二）における軍功に対し与えられたものではないかとされている。また、年紀不詳の平城宮木簡にも「従□（八カ）下伊福部豊國年五□□（十四）美濃國山縣郡」とあり、共伴する年紀をもつ木簡の年代は上限が神亀五年（七二八）、下限が宝亀元年（七七〇）ではあるが関連がうかがえる。『延喜式』式内社は山県郡には一座もない。また、古代寺院などの遺跡も郡内では確認されていないところから、古代遺跡関係ではやや希薄な地域といえよう。しかし、岐阜市岩崎眉山山頂（標高一三二メートル）に所在する鎧塚古墳（全長八十二メートル・前方後円墳・五世紀初頭前後）は、長良川以北に分布する古墳としては最有力の古墳である。その立地からは、山県郡の南に位置する方県郡をも含めた、長良川以北の広い地域の盟主墳であると考えられ、前方部からは五世紀前半の陶質土器も出土しており注目される。また、旧高富町（現山県市）南部佐賀地区に所在した金池古墳は、直径約十六メートルの円墳とされるが、後期の前方後円墳ともいわれる。

【参考文献】

近藤大典「古代美濃国関係木簡集成稿」（『美濃の考古学』二号、美濃の考古学刊行会、一九九七年）

（渡辺博人）

加茂郡・かものこおり

美濃国の中央東南部に位置する。東は恵奈郡、北は武儀郡、そして西は各務郡と接し、郡の中央を飛騨川が南流して南の可児郡との境をなすが、木曽川と合流する。西の各務郡との境をなす山地が濃尾平野との境でもあり、特に飛騨川より東方は、東濃地方から飛騨に連なる険峻の山地であるが、郡の西部では沖積地が広がり加茂野と称される。また、飛騨川と木曽川の合流部は南の可児郡をも含めて河岸段丘が発達しており、原始・古代の遺跡が多く分布する。郡名の由来は、古代の賀茂県主にちなむと思われる。郡域は現在の岐阜県美濃加茂市・加茂郡に相当する。郡名は大宝二年（七〇二）「御野国戸籍」に「加毛郡」とあるのが初見。平城宮木簡に「美濃國□□郡生部□□／米五斗　養老五□（年カ）」とある。養老五年は七二一年。また、年紀不詳の平城宮木簡に「美濃國加茂□」とある。共伴する年紀をもつ木簡は上限が神亀五年（七二八）、下限が宝亀元年（七七〇）である。天平勝宝二年四月二十二日「美濃国司解」は「加茂郡」、『類聚国史』は「賀茂郡」と書く。『和名抄』は、埴生・美和・生部・井門・小山・亘理・神田・中家・川辺・志麻・米田・駅家（高山寺本は不載）の十二郷を挙げる。生部郷は養老五年（七二一）の平城宮木簡の「美濃國□□郡生部□」と同じであろう。埴生郷は「加毛郡半布里」に比定され、現在の加茂郡富加町羽生に相当する。駅家郷は、『延喜式』兵部省に見える東山道飛騨支路駅の一つ賀茂駅の所在地であろう。古墳時代には有力な古墳はみられないが、古代寺院の遺跡は郡の西部に集中している。美濃加茂市蜂屋町の矢田廃寺が鴟尾瓦を出土する大規模寺院で、そのほか同市太田町の萬尺寺廃寺・薬師寺廃寺・神宮東廃寺、加茂郡坂祝町雲埋廃寺、そして関市大杉廃寺と合計六箇所を数える。これらの寺院の創建年代は白鳳～奈良前期と考えられ、西隣りの各務郡とともに美濃国で最多の遺跡数である。式内社は県主神社・坂祝神社・大山神社・太部神社・阿夫志奈神社・神田神社・佐久太神社・多為神社・中山神社の九座と美濃国三十九座のうち最も多い。大宝二年「御野国戸籍」にみられる「加毛郡半布里」の故地とされる富加町羽生では、昭和五十二年（一九七七）に東山浦遺跡の発掘調査が行われ、三十一軒の竪穴住居址が検出されている。最近の美濃地域における須恵器編年によれば、竪穴住居址の時期別変遷は六世紀後葉～七世紀前葉が六軒、七世紀中葉が六軒、七世紀後葉～八世紀前葉が八軒、八世紀後葉が十軒、不明一軒となり、遺跡周辺では七～八世紀代において安定した集落形成がなされていたと考えられる。また、遺跡の七号住居址より出土した「里刀自」の墨書をもつ須恵器有台盤の年代は、従来、八世紀前葉と考えられていたが、最近の須恵器編年によれば、この有台盤そのものは美濃須衛古窯跡群において八世紀後葉代に生産されたものであり、有台盤とセットとして出土した有台杯の年代もこれに相当する。

【参考文献】
近藤大典「古代美濃国関係木簡集成稿」（『美濃の考古学』二号、美濃の考古学刊行会、一九九七年）
渡辺博人「美濃の集落」（『美濃国戸籍の総合的研究』東京堂出版、二〇〇三年）

（渡辺博人）

不破郡・ふわのこおり

『和名抄』名市博本には「フハ」とみえる。
山本・栗原・有寶・野上・新居・遠佐・丈部・藍川・荒崎・三条・高家・真野・駅家の十三郷より成る。郡域は現在の岐阜県関ヶ原町・垂井町・大垣市西部の杭瀬川右岸、養老町北部に相当する。

『不破家家譜』によれば、壬申の乱後に多藝郡より分立したとする。飛鳥京木簡に「不破評」とあるので大宝令施行以前に不破評として分立していたことは確実だが、『書紀』天武紀上に「(不破)郡家」が見え、郡字を追筆とすれば、内乱段階ですでに独立した官衙が存在していたとも考えられる。

本郡を本拠とした氏族として不破連・不破勝がおり、いずれも百済からの渡来系氏族である。『不破家家譜』は不破氏は本来中臣氏の同族だったが、宮勝木実が壬申の乱で武功を立てたことにより不破郡の大領に任命され、不破勝の姓を賜ったと記す。

本郡には東山道沿いに美濃国府が置かれ、国分寺・国分尼寺もあった。国府の位置は未確認であるが、垂井町府中の範囲にあったものと思われる。国分寺跡は大垣市青野町にある。宮処寺跡・宮代廃寺はいずれも白鳳期の寺院跡であるが、宮処寺は二町歩以上の寺域であったと推測され、宮代廃寺は宮勝の氏寺であったといわれている。『延喜式』神名帳には仲山金山彦神社・大領神社・伊富岐神社の三社が見えるが、仲山金山彦神社は現在の南宮神社であり、大領神社は前記の宮木美を祀っている。伊富岐神社は伊吹山に対する信仰に関係するのであろう。

六七二年の壬申の乱のさい、吉野を脱出して美濃に至った大海人皇子（天武天皇）は不破道を押さえ、後に設置された不破関の東に広がる関ヶ原に東国の兵力を結集。長子高市皇子に統帥権を委任し、みずからは和蹔ヶ原の東の野上に建てられた行宮に身をおいた。後に持統天皇は東国への行幸の帰途、不破に立ち寄っている。天平十二年（七四〇）、聖武天皇も東国行幸のおりに立ち寄り、不破頓宮に滞在している。本郡および隣接する安八の両郡には禁野が設定されており、蔵人所の猟野とされていた。

不破は北を伊吹山地、南を養老・鈴鹿山地にはさまれた峡谷に立地し、諸方に道が伸びる要衝の地であり、とくに畿内と東国とを遮断する位置にあった。この軍事目的のために設置されたのが三関のひとつ不破関で、東山道上に遺構の一部が確認されている。関の西側は藤古川によって限られ、段丘面まで比高差最大十二メートルの断崖になっており、関の北側と東側は旧扇状地面が広がっているが、版築で築かれた高さ二メートルの土塁で囲まれた外郭内部の総面積は十二ヘクタールと推定された。これにより不破関が東からの外敵の侵入よりも畿内から東国への政治犯の逃走を遮断することに最大の意義があったことが分かる。

栗原郷　栗原勝の本拠地。同氏は天応元年（七八一）、先祖伊賀都（いかつ）臣（おみ）は中臣氏の遠祖天御中主命（あめのみなかぬしのみこと）の二十世孫、意美佐夜麻（おみさやま）の子で、神功（じんぐう）皇后の時代に百済に遣わされたが、その地の女性との間に生まれた子の子孫であると称し、中臣栗原連の姓を賜ることを請願した。

野上郷　壬申の乱のおり、大海人皇子はここに行宮を起こした。『書紀』には「不破宮」と見える。行宮は尾張連大隅（おわりのむらじおおすみ）が私邸を清掃して大海人に提供したものとする所伝がある。

遠佐郷　通訳の職務を世襲した曰佐（おさ）（訳語）氏がいたものと考えられる。これは美濃国の方県（かたかた）郡と本郡に安置されたという唐人捕虜の関係者と見ていいであろう。藤原仲麻呂（恵美押勝（えみのおしかつ））による新羅（しらぎ）征討計画において新羅語を学習させたという美濃・武蔵両国の少年たちのうち、前者が本郡にすんでいた可能性は大きい。

真野郷　和爾（わに）氏同族である真野臣がいたと思われる。

玉倉部邑（たまくらべむら）　関ヶ原玉。壬申の乱のさいに大海人皇子軍の陣営があった。これは大海人の本陣を北西からの攻撃より守るための布陣であったと思われる。大友皇子軍の精鋭がここを急襲したが、大海人軍の出雲狛（いずものこま）によって撃退されている。現在玉神社が存在する。

自害ヶ峰　大友皇子の首実検の後、首級を葬った場所とされる。かつて有志により陵墓参考地にとの請願運動があった。

【参考文献】

田中卓「不破関をめぐる古代氏族の動向」（『田中卓著作集5壬申の乱とその前後』国書刊行会、一九八五年）

（遠山美都男）

安八郡・あはちのこおり

『和名抄』名市博本には「アハチ」とみえる。現在は「あんぱち」と訓む。当初は「味蜂間」と表記されたが、和銅六年（七一三）以後、二字の好字を選ぶということで「安八」と書かれるようになったらしい。西濃平野の中心部に位置し、郡内を長良川・揖斐川・杭瀬川などが流れる。河川の氾濫によって郡域の変動が激しかった。当初は、那珂・大田・物部・安八・服織・長友の六郷に加えて春部郷より成った。名市博本の美濃国の注記によれば、「承和四年割安八郡池田郡」（八三七年、安八郡を池田郡に編入した）とあり、『和名抄』によると池田郡に属する春部里が、大宝二年（七〇二）「御野（美濃）国戸籍」では味蜂間郡に属しているので、元来の郡域は現在の安八郡安八町のみならず、北方の大垣市街地にまで拡がっていたようである。

『書紀』天武元年（六七二）条によれば、大海人皇子（天武天皇）の湯沐邑が当郡（当時は評）に置かれていた。湯沐邑とは、有力な王族に支給された封地のことである。

その名称は、『史記』高祖本紀や『漢書』高帝紀上にみえる、高祖十二年（前一九五）に前漢の高祖（劉邦）がその出身地沛郡を訪れ、当地を湯沐邑（その賦課を化粧・沐浴の費用に充てる領地）として永く民の夫役を免じたという故事に由来する。律令制下では湯沐（邑）は中宮（皇后）や皇太子といった特定の皇族にのみ与えられていたので、大海人の封地が本当にこの名で呼ばれていたとすれば、彼が兄天智天皇の政権において重要な位置にあったことは確かであろう。

湯沐邑は、湯沐令とよばれる役人が現地にあってその管理・運営に当たっていた。壬申の乱当時の湯沐令は多臣品治（ほんち）。彼は大海人の密命を受けて当地を拠点に兵力を集め、不破道を封鎖、大友皇子のいる近江大津宮（滋賀県大津市）と東国との交通を遮断することに成功している。

『続紀』和銅元年（七〇八）三月二十七日条によれば、本郡の人、国造千代（後述のように、当郡春部里には確かに国造族がいた）の妻、如是女が三つ子の男子を出産したという。『文徳実録』仁寿二年（八五二）二月二十五日条の藤原高房の卒伝には、高房が美濃介だった時、本郡に堤防を築いたので、その恩恵に浴した民の称賛は今も絶えないとみえる。『三代実録』元慶六年（八八二）十二月二十一日条によると、美濃国不破・安八両郡の野はもとより禁制の地だったが、以後は永く蔵人所の猟野とすることになったとある。

本郡にあった式内社としては、宇波刀神社・加毛神社（加毛明神）・墨俣神社（墨俣明神）・荒方神社などが知られる。

大田郷 景行天皇の皇子、大碓命の後裔とされる大田君（『古事記』中）の本居があったとみられる。

物部郷 郷名は物部明神が祀られていたことに由来するのだろう。

安八郷 郡家（郡衙）が置かれていたとみられる。

服織郷 服部（服織部）が集中して居住したことにちなむか。

長友（長支）郷 長友神（長友明神）があり、『三代実録』元慶六年（八八二）十月九日条に従五位下に叙されたことがみえる。

春部郷 郷名は、春日氏または春日部が居住したことによろう。大宝二年（七〇二）の「御野国味蜂間郡春部里戸籍」によれば、国造族や春部（春日部）を始めとして身人部（六人部）、日下部、刑部、語部、十市部、建部君、韓人、漢人、若帯（若帯部）、木部、丸部、額田部、石作部、犬甘（犬養）部、大伴部、鞍作主寸（村主）、大椋人、若倭部、土師部、守部、生部（壬生部）、敢石部、中臣部、秦人部、山代、工君といった住人の存在が知られる。ちなみに、この戸籍末尾に郡の主政・主帳として署名している伊福部君福善と春日益のうち、後者が春部郷から採用されたことは確かであろう。

【参考文献】

横田健一「壬申の乱前における大海人皇子の勢力について」（『白鳳天平の世界』創元社、一九七三年）
遠山美都男『壬申の乱』中央公論社、一九九六年

（遠山美都男）

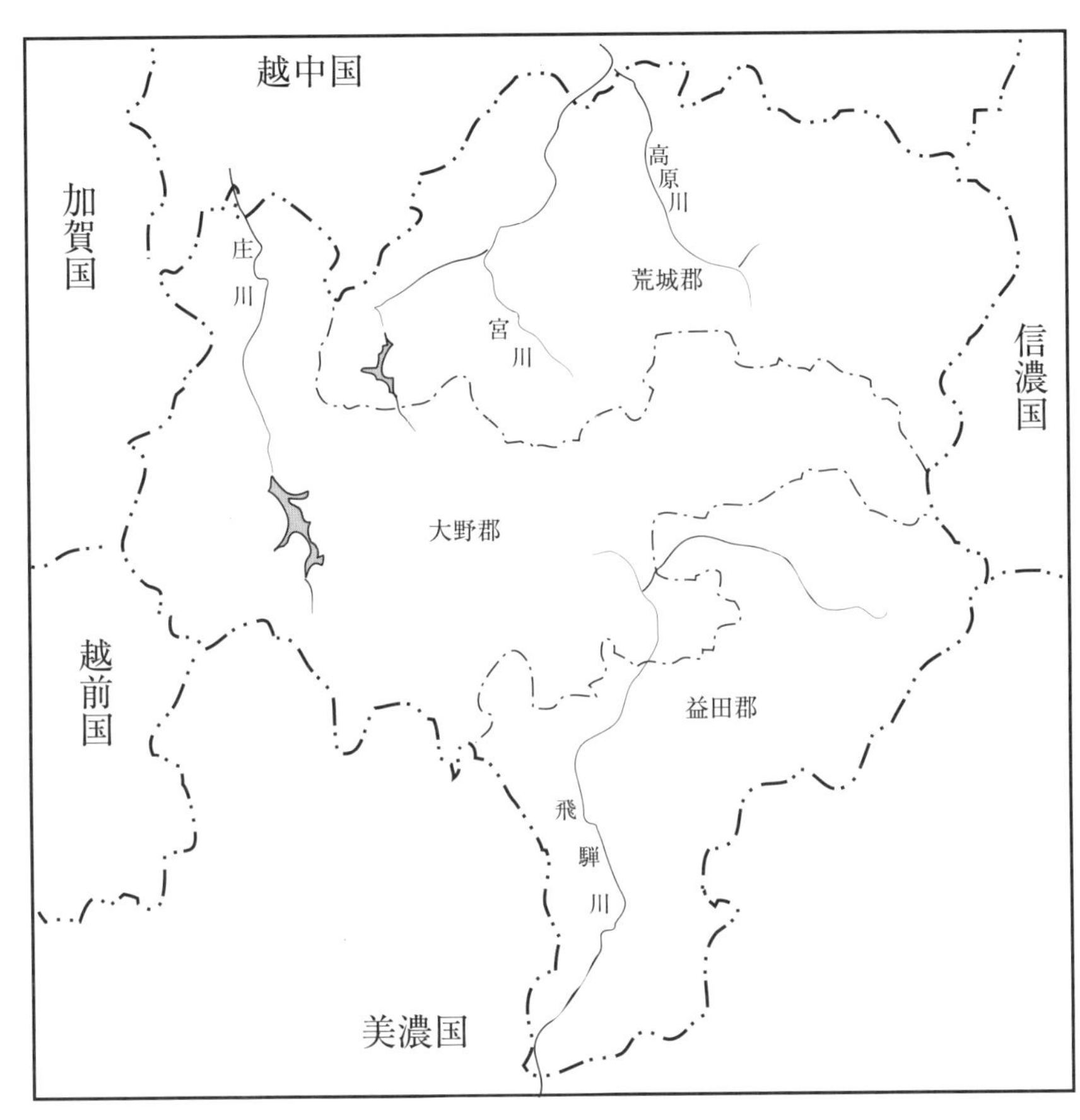

飛騨国略図

飛騨

飛騨国・ひだのくに

ヒダノクニの表記には、「斐太国」・「斐陀国」・「飛騨国」などがあるが、それが「飛騨国」として定着するのは大宝〜慶雲期以降。大津皇子の謀反に連座して飛騨に流された新羅の沙門行心（幸甚）の子隆観が、大宝二年（七〇二）四月に、大瑞の神馬を献じたことにともなうものであろう。また飛騨の「騨」の字は、呉音ではダないしはダンと発音されるところから、この字が当てられるようになったと考えられる。ヒダの初見は、『書紀』仁徳六十五年条の両面宿儺反乱・征討伝承だが、和珥臣の祖、難波根子武振熊の征討伝承となっているところから、和珥氏の末裔の大春日氏の家記などから採用されたものであろう。また、宿儺の怪異な容貌については、土蜘蛛・蝦夷・渡来人・奇形をあてる説や、表音上の類似性をもとに少名彦命とする説などがあるが、古代の宮廷の喪葬儀礼の主役をつとめた方相氏が両面宿儺に酷似し（喪葬令親王一品条）、喪葬儀礼と深い関係にある遊部郷が荒城郡に存在することなどから、方相氏との関連を指摘する説もある。律令制下の飛騨国は、東山道に属する下国で、大野・益田・荒城の三郡十三郷に編成されていた。もっとも、このうち益田郡は貞観十二年（八七〇）十一月に大野郡より分割されたもので、それ以前の飛騨は管郡わずか二郡の小国であった。こうした下国の国司は、長官（守）と主典（目）の二員が置かれるにすぎなかった。国府は、高山盆地の大野郡をあてる説と、古川盆地の荒城郡をあてる説、および両説を折衷する移転説とがある。『和名抄』の諸本は大野郡に国府が所在したとし、『拾芥抄』も大野郡（大原郡）説をとる。古川盆地の荒城郡は、古墳の分布などから見ると高山より早く文化が発達しているが、それゆえ古川盆地を避けて律令制の拠点が大野郡に置かれたとも考えられる。飛騨国は律令国家によって「匠の国」として位置づけられていた。養老賦役令の斐陀条によれば、飛騨の公民は調・庸を免ぜられるかわりに、毎年里毎に匠丁を貢進しなければならなかった。この斐陀条の規定を『和名抄』の三郡十三郷に当てはめると、毎年貢進される匠丁は一三〇人となる。『三代格』弘仁十年（八一九）の格は飛騨匠を一三〇人としており、斐陀条の規定と合致する。なお飛騨匠は、徴発された都では山間の閉鎖的社会に住む「異人」と観念されていたらしく、「其れ飛騨の民、言語容貌すでに他国と異なる。姓名を変えると雖も、理、疑うべきなし」（『三代格』）とあり、「東大寺諷誦文稿」によれば、蝦夷語に当たる「毛人方言」とならんで「飛騨方言」がみられ、禽獣のさえずりのような言語であったとされている。なお、藤原京の南、飛鳥川沿いに飛騨の地名があり、飛騨工匠の上番のさいの居住区とみられている。

（矢野建一）

荒城郡・あらきのこおり

『和名抄』高山寺本・名市博本には、いずれも「アラキ」とする。名張・荒城・深河・飽見・高家・遊口の六郷からなり、養老令の等級規定によれば下郡にあたる。前身は荒城評で、藤原宮木簡に「大荒城評胡麻□」とある。なお、この大荒城を上野国邑楽評にあてる説もあるが、多くの写本は邑楽を「オハラキ」としており、「オオアラキ」とするのは九条家本の一例にすぎない。ちなみに郡名の「アラキ」は、荒城郡下の古川・国府両盆地の開発にともなう「新墾」に由来するという説もあるが、『万葉』巻三倉橋部女王の歌は「大荒城」を「大殯」と表記し、古代の喪葬儀礼との関連がうかがわれる。また、荒城郡には遊口郷が存在するが、これも古代の喪葬儀礼との関連を示唆している。『和名抄』名市博本は「遊口」、東急本は「遊〻」、元和三年（一六一七）本は「遊遊」と記しているが、訓はいずれも「阿曽布」とする。ただ、遊口・遊遊をアソブないしはアソベと訓むことはなく、もともと「遊マ」（遊部）であったものを、語本来の意味が忘れられた時期に誤って書写されたものであろう。「遊部」は、「凶癘魂を鎮める氏」として、喪葬儀礼に深い関わりをもつ（『令集解』喪葬）。荒城郡の郡名と遊部郷の存在は、古代の殯宮儀礼と荒城郡の特殊な関係を物語るものとして興味ぶかい。なお深河郷については、『和名抄』の諸本は「布加々波」とする。『濃尾両国通史』は郷名の転訛を前提に、古川周辺を想定するが、妥当ではない。一方、飽見郷は、九世紀初頭に焼失した飛騨市古川町杉崎の杉崎廃寺出土の木簡にその名が見える。この木簡は荒城郡の郡司から飽見郷の郷長に宛てられている。こうした点から飽見郷は古川町を中心とした地域に所在し、杉崎廃寺に隣接して飽見郷の郷長宅などの行政機関がおかれていたことも知られる。なお高家郷については、『和名抄』の訓注に「加岐へ」（高山寺本）・「加木倍」（東急本）とあるが、どの辺りなのかは不明。荒城神社は、高山市国府町宮地垣内に往時のまま鎮座する。なお東大寺・石山寺の匠として活躍した勾部猪麻呂は当郡の出身（『大日本古文書』五・十五他）。

（矢野建一）

大野郡・おおののこおり

飛騨国の政治・交通の中心地で、国府・総社（水無神社）・一宮をはじめ東山道飛騨支路石浦駅も郡内に置かれていた。『和名抄』によれば大野・三枝・阿拝・山口の四郷からなり、式内社として水無・槻本・荏名の三社があった。『続紀』の天平勝宝元年（七四九）閏五月二十日条に大野郡の大領飛騨国造高市麻呂が飛騨国分寺の造営のために知識物を献じて外正七位下から一躍外従五位下を授けられている。高市麻呂は、神護景雲二年（七六八）に造西大寺司大判官にも任命されており、大野郡の大領として西大寺造営事業に飛騨匠を率いて関与していたと考えられる。宝亀十一年（七八〇）の「西大寺流記資財帳」の「雑書三十九巻」に、宝亀二年（七七一）以前に斐太麻呂なる人物が郡内の墾田を西大寺に寄進したとある。この斐太麻呂と飛騨国造高市麻呂を同一人物とする説もあるが詳細は不明。貞観十二年（八七〇）に郡の南部を分離し益田郡を建郡した。平安末の仁安元年（一一六六）の飛騨国雑物未進注進状には荒城郡とともに奥郡に包摂されている。

（矢野建一）

益田郡・ましたのこおり

貞観十二年（八七〇）十二月八日、大野郡の南部を分割して建郡された。『三代実録』には「両郡」とのみあって益田郡の名はないが、延喜式頭注・名市博本『和名抄』には分出されたのが益田郡であったとされている。飛騨地方のほぼ南端に位置する。『和名抄』によれば益田・秋秀の二郷からなり、郡内を東山道飛騨支路が南北に走っていた。宝亀八年（七七七）十月八日に美濃国菅田駅と飛騨国大野郡（後の益田郡域）伴有駅との間に下留駅が置かれ、二駅となったらしく、『延喜式』兵部省には上留・下留駅の名が見える。それぞれに駅馬五疋が配備されていた。また民部省式には「金山河渡子」の名がみえ、渡子二人の徭役が免ぜられていた。渡し場は、今の金山町あたりと推測される。このあたりは飛騨川の水勢も穏やかで、高山への往還路にも当たるところから船渡（ふなど）（戸）が設けられたのであろう。飛騨国雑物未進注進状には、益田郡が奥郡（元荒城・大野両郡）と併記されている。

（矢野建一）

越後国
越中国
上野国
飛騨国
美濃国
甲斐国
武蔵国
三河国
遠江国
駿河国
姫川
水内郡
高井郡
更級郡
埴科郡
安曇郡
小県郡
筑摩郡
梓川
佐久郡
千曲川
諏訪郡
木曽川
天竜川
伊那郡

信濃国略図

信濃

信濃国・しなののくに

「信濃」の字が国名に用いられるようになったのは、『続紀』慶雲元年（七〇四）四月甲子条にみえる国印の鋳造以降と考えられる。藤原宮木簡や『古事記』の表記などから、それ以前の少なくとも浄御原令制下では、国名に「科野」表記が用いられていた可能性が高い。また『書紀』の継体朝や欽明朝にみえる「シナノ」の地名に由来する人物名から、「斯那奴」のような音による三字の国名表記もまた用いられていた可能性が考えられる。

信濃国は十郡からなる上国で、『和名抄』による総郷数は高山寺本で六十二郷、東急本で六十七郷を数える。大宝律令施行時にはすでにこの十郡構成であった可能性が高いが、『続紀』によれば養老五年（七二一）から天平三年（七三一）まで信濃国を分けて「諏方国」が置かれていた。

信濃国府は国分寺・国分尼寺が建立された小県郡にあったとする見方が有力であるが、現在のところ遺構・遺物等は見つかっていない。また『和名抄』や『三代実録』の記事などにより九世紀後半には筑摩郡に国府が移転していたと推定されている。

『延喜式』では東山道は美濃国から神坂峠を越えて伊那、諏訪、筑摩、小県、佐久郡を通り碓氷峠を越えて上野国へ通じていた。また筑摩郡内で東山道から分岐し更級、水内郡を通って越後国で北陸道と結ばれる支道があった。東山道には十一駅、支道に四駅が規定されており、また伝馬が伊那、諏訪、筑摩、小県、佐久間の五郡に規定されている。

その他、『令集解』考課令殊功異行条の古記に須芳郡主帳が「須芳山嶺道」を作ったという記述がみえるが、これはおそらく諏訪郡家あるいは諏訪国府と、小県郡の国府を結ぶ道であったと考えられる。

また『続紀』の大宝二年（七〇二）から和銅七年（七一四）にかけて「吉蘇路」（「岐蘇山道」）開削に関する記事がみえる。この道は木曽川沿いを通って美濃国と筑摩郡を結ぶ、近世の中山道のルートに近いものと推定されている。後にこの「吉蘇路」の地域をめぐって、美濃・信濃両国間に国境相論が生じ、『三代実録』元慶三年（八七九）九月四日辛卯条によって「県坂山岑」を両国国境と定めたことが知られる。この「県坂山岑」は現在の鳥居峠（旧楢川村〈現塩尻市〉・木祖村）と推定されており、したがって現在の長野県木曽地方の大部分は、この頃は美濃国恵那郡に含まれる地域であったと考えられる。

（傳田伊史）

更級郡・さらしなのこおり

『和名抄』の訓は東急本は「佐良志奈」、名市博本は「サラシナ」。八世紀初頭から七二〇年代頃の屋代木簡（埴科郡）三点と和銅年間（七〇八～一五）頃の平城宮木簡では「更科•」と表記されている。また霊亀三年（七一七）頃の長屋王家木簡には、「播信郡」とならんで「讃信郡」と表記されている。これに対して正倉院文書中の天平二十年（七四八）の「写書所解」と長岡京木簡では『延喜式』・『和名抄』と同表記の「更級•」が用いられている。このことから、長屋王家木簡の表記を別として、本郡も隣接する埴科郡と同様に「シナ」に「科」の文字があてられていたが、天平二十年の「写書所解」までの時期、すなわち七二〇～四〇年代の間に、郡名の表記が「更科•」から「更級•」へと改定された可能性が高いと考えられる。

『和名抄』では麻績、村上、當信（高山寺本の訓は唐奈、名市博本の訓はトウシナ）、小谷、更級、清水、斗女、池郷、氷鉇の九郷から成り、郷数では信濃国十郡中最多である。屋代木簡には等信、余戸（『和名抄』になし）、上述の「写書所解」には村神といった八世紀前半の郷名がみえる。

郡域は地理的に大きく①千曲川左岸沿いの自然堤防から山地にいたる地域（村上、當信、小谷、更級、清水）②千曲川と犀川にはさまれた長野盆地南部の川中島地域（斗女、池郷、氷鉇）③筑北盆地（麻績）の三地域に分けられ、現在の坂城町、千曲市、長野市南部、麻績村、築北村などの一帯にあたる。また千曲川右岸の埴科郡とは歴史的に密接なつながりを有する。

郡内には東山道と北陸道を結ぶ支道が通る。麻績駅から猿ヶ馬場峠を越えて千曲川流域に下った千曲市八幡地区あたりが郡家の比定地として有力視されている。この地区には『延喜式』神名帳で大の神とされる武水別神がまつられている。その北の長野市篠ノ井塩崎・石川地区には、石川条里遺跡（生産域）、塩崎遺跡群・篠ノ井遺跡群（集落域）があり、上石川廃寺は、『三代実録』貞観八年（八六六）二月二日戊申条にみえる定額寺の安養寺に比定されている。また水内郡との郡境と考えられる犀川の渡河地点には曰理駅（わたり）があったと推定されている。

　本郡にかかわる古代の人名としては、上述の「写書所解」において出家を願い出た私部乙麻呂（きさいべのおとまろ）とその戸主の私部知万呂（ともまろ）、『続紀』神護景雲二年（七六八）五月辛未条にみえる建部大垣（たけるべのおおがき）らが知られる。

麻続駅　『延喜式』に駅馬五疋が規定されている。筑北盆地の麻続郷の中心地域、現在の麻績村大字麻績あたりに比定されており、信濃北部の各郡や筑摩、安曇、小県郡などを結ぶ交通の要衝にあたる。

【参考文献】

傳田伊史「地域における古代史研究をめぐって」（『歴史学研究』七〇三）
同「信濃国における行政地名の制定について」（『信濃』五一―三）
（財）長野県埋蔵文化財センター『上信越自動車道埋蔵文化財発掘調査報告書二三　長野県屋代遺跡群出土木簡』一九九六年
同『中央自動車道長野線埋蔵文化財発掘調査報告書一五　石川条里遺跡』一九九七年

（傳田伊史）

埴科郡・はにしなのこおり

『和名抄』の訓は東急本は「波爾志奈」、名市博本は「ハニシナ」。倉科（くらしな）、礒部（いそべ）、船山（ふなやま）、大穴（おおな）、屋代（やしろ）、英多（えた）、坂城（さかき）の七郷を数える。郡内の屋代遺跡群（更埴市）から多くの木簡が出土し八世紀前半の地名が明らかになった。郡里制下では（七〇一～一三頃）余戸里（『和名抄』になし）、郡郷里制下（七一三頃～四〇頃）では屋代郷、倉科郷、伊蘇（＝礒部か）郷、船山郷井於里（いのうえ）、舟山郷柏寸（かしわむら）・船山（郷）柏村里（かしわむら）、大穴郷高家里が知られる。

　郡域は千曲川右岸に位置するが、千曲川に向かって突出する崎（さき）または鼻（はな）とよばれる山地によって、大きく①現在の坂城町（坂城）②現在の千曲市（倉科、礒部、船山、大穴、屋代）③現在の長野市松代（英多）の三地域に分けられ、このうち②の地域に郡内最大生産域である更埴条里遺跡があり、屋代遺跡群に位置する屋代郷あたりの自然堤防上に郡家（ぐうけ）が存在したと推定されている。

　郡内および千曲川左岸の更級郡には四～六世紀の前方後円墳が分布するが、その築造のあり方などから、埴科・更級両郡域はもともと地域的に密接なつながりがあったと考えられている。そして七世紀後半～八世紀初めの評あるいは郡の設置の際に、千曲川を境に二つに分けられたとする考え方もある。

本郡の氏族としては、『万葉』に天平勝宝七年（七五五）の防人主帳であった神人部子忍男がみえ、『三代実録』貞観四年（八六二）三月二十日戊子条に郡司大領の金刺舎人正長がみえる。屋代木簡にも多くのウジ名・氏族名がみられるが、金刺舎人、神人部のほか他田舎人などが本郡の郡司層氏族であったと考えられる。

屋代郷　屋代木簡の出土地点を含む千曲市屋代から雨宮地籍にかけての自然堤防周辺地帯に比定される。郡家の存在が推定されており、また雨宮廃寺は、『三代実録』貞観八年（八六六）二月二日戊申条にみえる定額寺の屋代寺に比定されている。さらにその近くには、式内社の祝神社に比定される雨宮坐日吉神社があり、この社が屋代という郷名のもとになったとする説がある。

坂城郷　千曲川右岸の岩崎・横吹の鼻から小県郡との郡境と思われる鼠岩鼻までの地域で、埴科郡の他地域からは山地によって隔てられる。横吹の鼻のふもとに式内社の坂城神社があり、地域内の込山廃寺と土井ノ入窯跡では信濃国分寺の一号瓦窯と同笵の瓦が出土する。

【参考文献】

傳田伊史「地域における古代史研究をめぐって」（『歴史学研究』七〇三）
同「信濃国における行政地名の制定について」（『信濃』五一―三）
（財）長野県埋蔵文化財センター『上信越自動車道埋蔵文化財発掘調査報告書二三　長野県屋代遺跡群出土木簡』一九九六年

（傳田伊史）

小県郡・ちいさがたのこおり

『和名抄』東急本の訓は「知比佐加多」。正倉院の天平十三年（七四一）十月の布袋には少県郡、天平頃の麻布紐には小県郡海野郷とある。『和名抄』高山寺本では童女、山家、須波、跡部、安宗、福田、海部の七郷を数え、東急本、名市博本では余戸郷を加え八郷とする。中世には現在の東御市に海野荘が存在したので、海野郷が当郡に存在していたことは明らかであるが、『和名抄』のどれに該当するかは検討を要する。また、『霊異記』には嬢里と跡目里がみえ、それぞれ童女郷、跡部郷にあたると考えられる。

郡域は千曲川両岸にわたり、現在の上田市、青木村、東御市などを含む。上田市下之郷には式内大社で国魂神の生島足島神社が鎮座し、上田市国分には国分寺・国分尼寺があるが、当郡にあったとされる国府、浦野駅、日理駅などの遺構・遺物等は明らかになっていない。『万葉』に国造の他田舎人大島、『三代実録』に郡司権少領の他田舎人藤雄がみえ、他田舎人が当郡の有力氏族であったことがうかがえる。

（傳田伊史）

佐久郡・さくのこおり

『和名抄』名市博本の訓は「サク」。清水山窯跡（中野市）の八世紀前半の須恵器片に佐玖郡と刻まれている。『和名抄』高山寺本では美理、大村、大井、刑部、青治、茂理、小治の七郷を数え、東急本では青治・小治を青沼・小沼と表し、余戸を加え八郷とする。名市博本では小沼を欠き、余戸を加え七郷とする。佐久市内のいくつかの遺跡から「大井」「刑部」の刻書、墨書がある須恵器、土師器が出土している。郡域は千曲川上流域から上野国との国境である碓氷峠にいたる地域で、現在の小諸市、佐久市のほか、北佐久郡、南佐久郡の諸町村が含まれる。

『三代実録』貞観八年（八六六）二月二日戊申条にみえる定額寺の妙楽寺、郡家、碓氷峠をひかえる長倉駅の比定地など必ずしも明らかでない点が多いが、小諸市、佐久市、御代田町にわたる鋳物師屋遺跡群は、牧あるいは駅にともなう遺跡と推定されている。和歌山県の小川八幡神社に伝わる仁寿三年（八五三）の大般若経巻の奥書に佐久郡経生として丸子真智成がみえる。

（傳田伊史）

諏訪郡・すわのこおり

『和名抄』の訓は東急本は「須波」、名市博本は「スワ」。『古事記』、六国史、『令集解』古記、『延喜式』、『和名抄』などに州羽、須波、諏方、須芳、諏波、諏訪など多様な「スワ」表記がみられる。

『和名抄』高山寺本では土武、佐補、美和、桑原、山鹿、返良の六郷を数え、東急本は返良を弖良とし神戸を加え七郷とする。名市博本は郷名の表記は高山寺本と同じであるが、東急本と同じく神戸を加え七郷とする。

郡域は現在の原村、富士見町、茅野市、諏訪市、下諏訪町、岡谷市などの諏訪湖周辺地域と、辰野町、箕輪町、南箕輪村、伊那市などの天竜川上流部の河岸段丘地域と考えられている。

『続紀』によれば養老五年（七二一）から天平三年（七三一）までの約十年間、「諏方国」が置かれた。「諏方国」については多くを知ることはできないが、その名称と地理的関係から、すくなくとも当郡と伊那郡は「諏方国」に含まれていたと考えられる。

『書紀』持統五年（六九一）八月辛酉条に、朝廷が使者を遣わして龍田風神、信濃須波、水内神を祭らせたとあり、七世紀末にはすでに風鎮めなど五穀豊穣に関わる神として、諏訪神が中央政府から注目される対象であったことがうかがえる。『延喜式』神名帳には名神大として南方刀美神社二座が記されているが、南方刀美神の名は『古事記』の国譲り神話で出雲から諏訪湖に逃れて鎮座したとされる建御名方神に由来する。また『続後紀』などの記事では南方刀美神と共に八坂刀売神が神階を叙せられており、この二神が『延喜式』の二座に相当する。諏訪社は平安時代の十一世紀から十二世紀頃には信濃国一宮に定められた。

諏訪神の信仰には山、木、水、風など種々の自然神信仰が認められ、あるいは歴史時代以前にも遡る古くからの神格とも考えられる。その神威は当郡内ばかりではなく他郡域にも及んでおり、信濃国の式内社が東・北信地域に三十八社三十九座と集中し、当郡を含む中・南信地域には八社九座と少ないのは、中・南信地域では諏訪神の影響力によって他の有力な神社が存在しえなかったためと考えられている。その司祭者は大祝とよばれ、祭神の体をあらわす現人神・御正体とみなされ即位式が代々行われた。大祝の即位式は諏訪神から御衣をうけることを中心とする儀式で、天皇家の皇位継承儀礼に通じる部分があると考えられている。現在は諏訪市中洲に上社本宮、茅野市宮川に上社前宮、下諏訪町に下社の春宮と秋宮があり、いずれも当地域の交通の要衝に位置している。

『三代実録』貞観五年（八六三）九月五日甲午条には当郡の人で右近衛将監であった金刺舎人貞長が、神八井耳命の子孫として大朝臣の姓を授かっている。六国史などには当郡の有力氏族と思われる人物は他にはみえないが、金刺舎人（金刺氏）は中世にいたっても諏訪社をはじめ周辺地域に勢力を及ぼした有力氏族であり、古代の当郡の郡司層一族であったことは間違いない。中世の金刺氏は現在の下社を本拠としており、郡家も下社周辺に置かれていたのではないかと推定されているが、古代の遺構や遺物は不明である。

諏訪社の起源、大祝や金刺舎人等の系図については、『阿蘇家系図』、『神氏系図』などいくつかの系図や史料が知られている。これらの系図や史料の記述には互いに相違する部分や、歴史的事実として不自然な部分もあるが、いずれも諏訪社の存在が当郡の成立やその後の政治と密接不可分であったことを物語っている。

返良　東急本には弖良とあり、天竜川東岸の伊那市手良あたりを中心とする地域が比定地と考えられている。諏訪社では毎年三月に大祝の神使が主要農耕地を巡る御立座神事が行われ、その巡廻は当地域まで及んでいる。また十四世紀の南北朝時代に成立した『諏訪大明神画詞』には伊那郡と諏訪郡の境界は大田切と述べられている。これらから、諏訪と伊那の郡境は、天竜川東岸では当地域の南を流れる三峰川、天竜川西岸では現在の宮田村と駒ヶ根市の境を流れる大田切川であったと推定されている。

【参考文献】
宮坂光昭「諏訪神社上社前宮と大祝即位式について」（『諏訪市史研究紀要』二、一九九〇年）
井原今朝男「阿蘇氏系図の諸問題」（『諏訪市史研究紀要』三、一九九一年）
田中卓『田中卓著作集二　日本国家の成立と諸民族』国書刊行会、一九八六年

（傳田伊史）

伊那郡・いなのこおり

『和名抄』名市博本の訓は「イナ」。『和名抄』東急本では輔衆・伴野・麻績（高山寺本・名市博本は麻續）・福智・小村の五郷だが、高山寺本・名市博本では輔衆を欠く。郡域は、天竜川上流域の、西は木曽山脈から東は赤石山脈にいたる地域。この地域は、天竜川の東西両岸に河岸段丘が発達し、とりわけ西側山麓には扇状地が発達し、西の山地から流れ出す河川によって形成された田切地形を発達させている。現在の上伊那郡のうち南半と下伊那郡の地域にあたるものと推定され、上伊那郡の北部は古代では諏訪郡に属していたと考えられる。藤原宮木簡に「科野国伊那評鹿□大贄」と評名としてみえるのが初見。養老五年（七

二一）～天平三年（七三一）の十年間、信濃国から諏訪国が分立するが、この間伊那郡は諏訪国に属していたものと推定される。その後、正倉院宝物の天平十八年（七四六）の年紀を有する庸布墨書銘に「信濃国伊那郡小村郷交易一段」とみえる。郡家の位置については、正庁の遺構は検出されていないが、正倉と推定される遺構が恒川遺跡群（飯田市座光寺）から出土しており、有力な比定地とされている。東山道は、美濃国恵那郡から御坂（神坂峠）を越え、郡内の阿智・育良・堅錐・宮田・深沢の各駅家を通って、諏訪郡を通り、善知鳥峠を越えて筑摩郡の覚志駅へと通じていた。これらの駅家の遺構はみつかっていない。飯田市座光寺地区をはじめ松尾・竜丘・川路・三穂・伊賀良の各地区は前方後円墳の密集地帯で、竜丘古窯址群などの窯跡や廃寺跡等が分布する。『三代実録』貞観八年（八六六）二月二日戊中条にみえる五つの信濃の定額寺のひとつ「伊奈郡寂光寺」も座光寺地区のうちに所在したものと考えられている。このほか、郡内の神社としては、『延喜式』に阿智神社（阿智村）・大山田神社（下條村・阿南町）が載せられている。伊那郡の面積に比べその神社数は少ない。なお郡内の前方後円墳は、五世紀後半以降急速に増加し、副葬品として馬具・武具が占める割合は全国一であることから、この地域が大和政権の軍事的基盤であった可能性が指摘されてきたが、最近、下伊那郡高森町や飯田市で、富本銭がかつて出土していたことが明らかになった。奈良県の飛鳥池遺跡出土のものと金属成分比が一致する。郡司としては、神護景雲二年（七六八）の格（『三代格』）に「信濃国牧主當大領金刺舎人八麿」の名が見えるが、彼は藤原仲麻呂の乱の際に活躍し、この乱を契機に置かれるようになった内厩寮の牧（御牧）の現地責任者に任命された。また、『続紀』同年六月乙未条には「信濃国伊那郡人他田舎人千世売」の名がみえる。これらの金刺舎人・他田舎人の両氏は伊那郡の郡司層であったと考えられる。

神坂峠　東山道の美濃坂本駅と信濃国阿智駅の間、美濃国と信濃国の国境にある峠。『古事記』の倭建命の伝承中に「科野坂」、『書紀』景行四十年是歳条に「信濃坂」と見える。『書紀』斉明六年是歳条に「巨坂」とみえるものも神坂峠をさすものと考えられる。また、『万葉』巻二十の防人歌のなかには「神の御坂」とみえる。頂上の神坂峠遺跡（国史跡）からは、古墳時代から室町時代にいたる祭祀遺物が出土し、長期にわたって祭祀が行われていたことが判明した。

阿智駅　『延喜式』に駅馬三十疋が規定されている。この数は、神坂峠を越えた美濃国坂本駅と同じで東山道最多。駅家の遺構は見つかっていないが、阿智村大字駒場付近に比定されている。

【参考文献】
傳田伊史「信濃国における行政地名の制定について」（『信濃』五一―三）

（福島正樹）

筑摩郡・つかまのこおり

『和名抄』東急本の訓は「豆加萬」。名市博本は「ツクマ」。東急本では、良田・宇賀（高山寺本は崇賀、名市博本は宗賀）・辛犬・錦服・山家・大井の六箇郷を記す。なお、『四天王寺縁起』には四天王寺の食封として「信濃国筑摩郡荒田郷伍拾烟」とみえ、「荒田郷」が所在したことが知られる。また後述の屋代木簡から「束間郷」が八世紀前半には存在したことが知られる。なお、更級郡麻績郷（東筑摩郡麻績村・筑北村）の地は、中世以降筑摩郡の内に含まれるようになったと考えられている。

郡域は、松本盆地の梓川以南・犀川以東で、筑摩山地以西にあたる。郡域は、塩尻市から松本市にかけての扇状地地域と、北半の山間地帯に分けられる。現在の松本市・塩尻市・東筑摩郡の地域にあたる。『書紀』天武十四年（六八五）十月条に、天皇が信濃に行宮をつくらせ、行幸を計画した記事があるが、そこに「束間温湯」とあるのが「つかま」の初見。八世紀初頭～前半の屋代木簡のなかに「□間郡」（三六号木簡）「□間郡束□」（一〇二号木簡）と記されたものがあり、七世紀後半から八世紀初めは「束間」と表記していたことが知られる。また、『和名抄』にはみえない「束間郷」が存在していたことが推定される。年紀が明らかな「筑摩」の表記の初見は、天平勝宝四年（七五二）十月の年紀を有する正倉院宝物の調庸麻布の墨書銘で、「信濃国筑摩郡山家郷戸主物部東人戸口小長谷部尼麻呂（下略）」とみえる。平城宮木簡にも年未詳だが「信濃国筑摩郡山家郷火頭椋椅部逆養銭六百文」という付札があり、「筑摩」の表記は、八世紀半ば以降定着する。当郡には平安時代に国府が置かれていたことが『和名抄』から知られる。所在地については、松本市域内にいくつかの比定地があるが、遺構や遺物などは確認されていない。郡家についても、松本市域に比定されるものの確定にはいたっていない。東山道は伊那郡から善知鳥峠を越え、当郡の覚志駅・錦織駅を経て小県郡へと通じていた。北陸道への支道は、錦織駅から更級郡麻績駅へと通じていた。『延喜式』には、筑摩郡内の神社として岡田（松本市）・沙田（松本市）・阿札（塩尻市）の三座が載せられている。同書には郡内の牧として、埴原牧（松本市中山）・大野牧（東筑摩郡波田町・山形村・松本市安曇）をあげる。廃寺跡としては、大村廃寺跡（松本市浅間温泉）、明科廃寺跡（安曇野市明科）がある。『三代実録』貞観八年（八六六）二月二日戊申条にみえる五つの信濃の定額寺のひとつ「筑摩郡錦織寺」は錦織郷のうちにあったと考えられ、大村廃寺跡をその遺跡と考える説もある。松本市北部には東山古窯址群があり、筑摩郡一帯に須恵器を供給した。初期荘園には「筑摩郡蘇我郷字草茂庄」・「筑摩郡大野庄」がある。前者は中央自動車道長野線の発掘調査で「草茂」と記された墨書土器が出土（下神遺跡）し、その拠点的施設が松本市神林地区に所在したことが判明した。郡司としては、前述の調庸麻布に「大領他田舎人国麻呂」とみえ、他田舎人氏が郡領であった。このほか、郡内の氏族として史料にみえるものに、小長谷部（正倉院宝物麻布墨書銘・墨書土器）・錦部（『三代実録』）・錦服部（墨書土器）・辛犬甘（『三代実録』）・物部（正倉院宝物麻布墨書銘）などがある。錦服郷・錦織駅・錦織寺は、郷名・駅家名・寺院名の三つに共通する。信濃国府に接し、東山道が域内で小県郡浦野駅への本道と更級郡麻績駅家への支道に分かれる要衝に位置していたものと考えられる。松本市大字大村の大村廃寺遺跡周辺と、松本市錦部の内に比定する説がある。なお、東筑摩郡山形村からは「錦服部」と記された墨書土器が出土している。

埴原牧　『延喜式』記載の牧。松本市中山埴原地区に繋飼場（放牧地）跡が残る（長野県史跡）。また、塩尻市の吉田川西遺跡からは「榛原」と記された墨書土器が出土しており、牧の経営に関わった遺跡である可能性が指摘されている。

【参考文献】

（財）長野県埋蔵文化センター『上信越自動車道埋蔵文化財発掘調査報告書二三　長野県屋代遺跡群出土木簡』一九九六年

傳田伊史「信濃国における行政地名の制定について」（『信濃』五一―三）

（福島正樹）

安曇郡・あつみのこおり

『和名抄』東急本の訓は「阿都之」。名市博本は「アトミ」。高家・八原・前科（東急本では前社）・村上の四箇郷からなる。郡の南部は、梓川・犀川の左岸で飛騨山脈東麓から流れ出す河川によって形成された複合扇状地上に立地し、郡の北部は、姫川流域に立地する。郡名の由来は、海人の統率者である安曇（阿曇）連氏の部曲である安曇部が置かれたことによるものと推定される。天平宝字八年（七六四）十月の正倉院宝物布袴墨書銘に「信濃国安曇郡前科郷戸主安曇部真羊（下略）」と見えるのが郡名の初見。『延喜式』には穂高神社・川合神社の二社が載せられている。このうち、穂高神社の所在する安曇野市穂高西方には古墳時代後期の群集墳が分布することから、穂高神社周辺が当郡の中心的な地域で、八原郷に比定される。川合神社は、その名のとおり河川の合流点に立地した神社であると思われ、高瀬川・中房川・烏川・犀川などの合流する池田町会染に位置し、前科郷の中心地であったと推定される。このほか、村上郷は大町市街地から姫川流域にかけての地域に比定される。なお、高家郷についてはこれまで、梓川左岸の河岸段丘上の微高地上に比定されてきたが、遺構の分布等から、安曇野市明科周辺に比定する説も含め、再検討が必要である。郡司は、前掲布袴墨書銘に「郡司主帳従七位上安曇部百鳥」と見える。戸主安曇部真羊と郡司が同姓であることから、安曇郡の主要氏族が安曇部氏であったことが推定される。東山道は当郡を通過しないが、郡内には交通関係地名が点在する。これらは旧南安曇郡の山麓線に近接して郡内を南北に通る中世から近世にかけての古道が存在していたことがわかる。『延喜式』に載せられる「猪鹿牧」は当郡内にあったものと考えられ、その比定地として安曇野市穂高牧付近があげられている。郡内の古窯跡については、桜坂古窯跡（安曇野市明科）があげられる。この窯で焼かれた瓦は明科廃寺跡（安曇野市明科）から出土している。

八原郷・矢原御厨　この地域は、常念岳から流れる烏川が形成した扇状地で、扇状地面を放射状に流下する穂高沢・柏原沢・矢原沢などの沢沿いの湿地帯が古代の開発対象地であった。平安時代後期にこの地域に矢原御厨・矢原荘が成立する。

（福島正樹）

水内郡・みのちのこおり

『和名抄』東急本の訓は「美乃知」。名市博本は「ミノチ」。高山寺本・東急本では芋井・太田・芹田・尾張・大島・古野・赤生・中島の八箇郷からなるが、名市博本では、古野以下の三箇郷を欠く。千曲川中下流域の左岸に位置し、犀川と裾花川、浅川などによって形成された複合扇状地を中心とする地域にあたる。この複合扇状地上には、広範囲にわたる条里遺構が分布した。「水内」の名は、『書紀』持統五年（六九一）八月辛酉条に「水内神」として初見する。郡名としては、天平勝宝二年（七五〇）の正倉院宝物に「信濃国水内郡中男作物芥子弐斗」としてみえる。郡内を東山道と北陸道を結ぶ支道が通り、更級郡麻績駅・亘理駅から犀川を渡り、名古屋・沼辺駅を経て越後国へと通じていた。『延喜式』には美和神社をはじめ九座の神社がみえる。前記水内神をそのなかの「建御号方富命彦神別神社」に比定する説が有力。郡家は、県町遺跡（長野市県町）付近に比定する説が有力。当郡の郡司層と推定される金刺舎人氏のほか、刑部・倉橋部・尾張部などの名が知られる。「善光寺」の初見は十世紀半ばと推定される「僧妙達蘇生注記」に「水内郡善光寺」とみえる。なお、その前身を水内郡の郡寺とする説がある。

（福島正樹）

高井郡・たかいのこおり

『和名抄』東急本の訓は「太賀為」。『和名抄』高山寺本では、穂科・小内・稲向・日野の四箇郷をあげるが、流布本では神戸郷が加わる。郡域は、長野市松代付近から下高井郡栄村までの千曲川中下流域の右岸一帯。郡名は八世紀初頭の藤原宮木簡に「高井郡大黄　十五斤」と見えるのが初見。『延喜式』には墨坂・越智・小内をはじめ六座の神社を記す。郡家跡は不明だが、須坂市の長者屋敷遺跡や左願寺廃寺遺跡からは古瓦が出土する。高丘古窯跡群（中野市）の清水山窯跡から「高井郡」「佐玖郡」と書かれた刻書須恵器片が出土し、郡を越えた供給関係を想定させる。郡内の穂科郷には条里遺構が分布し、平安時代後期には、この地に保科御厨が成立した。郡内の氏族としては、物部連・神人などが知られる。また『姓氏録』の高麗国出身の「高井造」は当郡に関係ある氏族で、『延喜式』記載の高位牧・大室牧や、当郡に顕著に分布する積石塚古墳とも関連すると考える説もある。

（福島正樹）

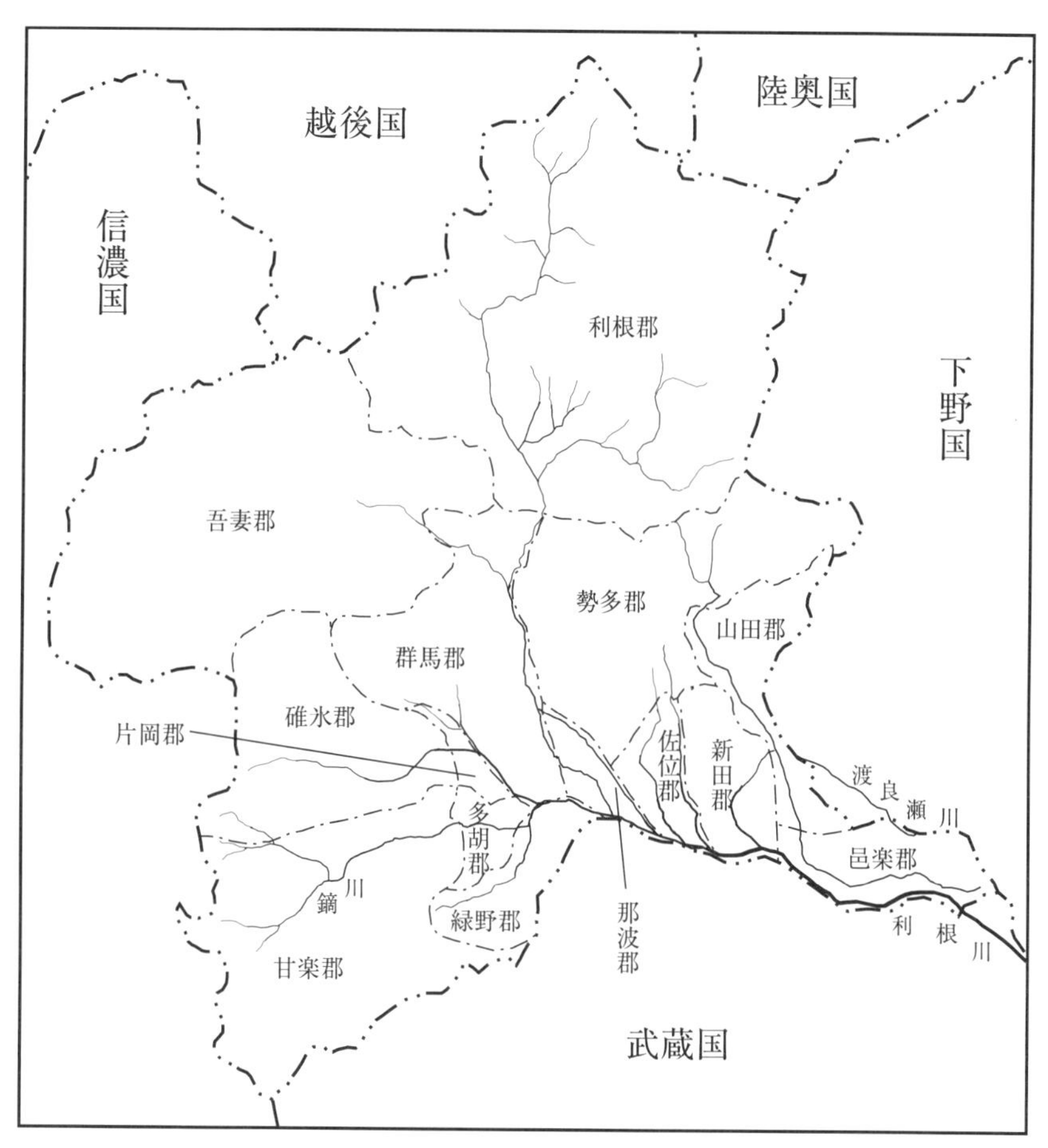

越後国
陸奥国
信濃国
利根郡
下野国
吾妻郡
勢多郡
山田郡
群馬郡
碓氷郡
片岡郡
佐位郡
新田郡
渡良瀬川
多胡郡
邑楽郡
鏑川
緑野郡
那波郡
利根川
甘楽郡
武蔵国

上野国略図

上野国・こうずけのくに

　東は下野、北は陸奥と越後、西は信濃、南は武蔵、の各国と接する。北関東一帯は、古くは「毛野の国」と呼ばれていた。毛野国の範囲はおよそ現在の群馬県全域と栃木県の西部一帯で、上毛野国の方がその中心であったと見られており、『国造本紀』では仁徳天皇のときに毛野国を上・下二箇国に分割したとある。大宝元年（七〇一）の大宝律令制定によって行政区画がほぼ確定し、東山道に属することとなり、和銅六年（七一三）五月二日に出された「諸国郡郷名著二好字一」の詔によって上毛野国から上野国へと表記が変更されたものと考えられる。藤原宮跡から出土した七世紀後半頃の荷札木簡の表記は「上毛野国車評桃井里大贄鮎」とあり、大宝令制以前の表記であるが、和銅四年（七一一）銘の多胡碑には「上野国片岡郡緑野郡甘良郡多胡郡」とすでに大宝令制以後の表記になっている。また、神亀三年（七二六）銘の金井沢碑にも「上野国群馬郡下賛郷高田里」とあり、「上野国」の表記が定着していたことが窺える。

　大宝令制による上野国は、碓氷・片岡・甘楽・緑野・那波・群馬・吾妻・利根・勢多・佐井・新田・山田・邑楽の十三郡から構成されていた。和銅四年（七一一）に甘楽郡・緑野郡・片岡郡の三郡から六郷三〇〇戸を割いて多胡郡が新設され、十四郡になった。『和名抄』の記述によると国府は群馬郡に所在した。具体的な遺跡自体はまだ発見されていないが、古来より前橋市元総社町一帯に比定する考え方が有力である。近年の牛池川河川改修工事に伴う前橋市元総社町での発掘調査において、人形とともに「国厨」「曹司」等と書かれた墨書土器が出土しており、国府がその近辺に存在する可能性がさらに高まった。

　上野国は最初上国であったが、弘仁二年（八一一）に大国に昇格された。さらに天長三年（八二六）には常陸・上総などの諸国と同様、国守に親王を任ずる親王任国とされた。国守となった親王は、任国に赴任することはなかったので、以後は、次官の「介」が実質上の長官の役割を担うことになった。

【参考文献】

前沢和之「『上野国交替実録帳』郡衙項についての覚書」

（『群馬県史研究』七、一九七八年）
関口功一「上野国の『郡』の成立をめぐって」（『群馬文化』二三一、一九九二年）
川原秀夫「古代上野国の国府及び郡・郷に関する基礎的考察」（『ぐんま史料研究』二三、二〇〇五年）

（高島英之）

群馬郡・くるまのこおり

『和名抄』東急本に「久留末」と訓じる。名市博本に「クルマ」とある。長野・井出・小野・八木・上郊・畔切・島名・群馬・桃井・有馬・利刈・駅家・白衣の十三郷からなる上郡。上野国のほぼ中央に位置し、郡域は高崎市北東部・渋川市、前橋市西部の現在の利根川右岸を中心にした一帯である。西北の吾妻郡境には榛名山があり、榛名山の南東から北東側の斜面に多くの範囲が立地する。北端には子持山・小野子山二峰がある。

藤原宮跡から出土した七世紀後半の荷札木簡の表記には「上毛野国車評桃井里大贄鮎」とあり、大宝元年（七〇一）の大宝令施行により「評」は「郡」と表記されることになり、さらに和銅六年（七一三）年五月二日の詔によって国名が「上毛野国」から「上野国」へと表記が変更されたのと同時に、郡名も「車」から「群馬」に変更されたものと見られる。神亀三年（七二六）銘の金井沢碑には「上野国群馬郡下賛郷高田里」とあり、「群馬」の表記が定着していたことが窺える。「クルマ」の地名は、『姓氏録』に上毛野朝臣氏と同祖で豊城入彦命の子孫である射狭君が雄略天皇に乗輿を供進して姓を賜った「車持公」氏に由来すると考えられている。

国府の遺跡はまだ発見されていないが古来より前橋市元総社町一帯に比定する考え方が有力である。近年の牛池川改修工事に伴う前橋市元総社町での発掘調査において、人形とともに「国厨」「曹司」等と書かれた墨書土器が出土し、国府がその近辺に存在する可能性がさらに高まった。郡家の遺構も発掘調査によって確認されたわけではなく想定地すら定かではないが、一般的に国府所在郡の郡家は国府近辺にあったということからみれば、国府・国分二寺が所在する利根川右岸の前橋市元総社町から高崎市東西国分にかけての一帯に所在していたものと見られる。長元三年（一〇三〇）上野国不与解由状案国分二寺定額寺・府院・諸郡官舎条によれば、十一世紀中葉の時点で国府・郡家ともに主要官舎・施設がすでに壊滅的に失われていた様子がうかがえる。なお、同史料の郡家の記述の末尾に見える「八木院」「小野院」という施設は、延暦十四年（七九五）閏七月および同九月付太政官符で、郡家の正倉の機能を郡内に分置するよう命じた「郷倉」であると考えられている。この「八木院」の遺構と想定できる掘立柱の八脚門と塀・建物跡が、高崎市大八木町の大八木屋敷遺跡で発見されている。

国分二寺も郡内におかれた。国分二寺の遺跡は、国府推定地西方の現・高崎市東国分から前橋市元総社町にかけて存在し、西に僧寺、東に五町ほど離れて尼寺があり、僧寺は方二町、尼寺は方一町半を寺域とする。国分僧寺跡は国史跡に指定され、発掘調査と史跡整備が行われている。また、郡内には『延喜式』兵部省に見える群馬駅家が存在した。『養老厩牧令』置駅馬条によると、東山道駅路は中路に相当するので駅馬十疋・伝馬五疋が配備された。『和名抄』には郡内の郷として「駅家郷」の名が見える。郡内の東山道駅路は、旧地割などの検討によって現・高崎市西北郊から前橋市元総社町の国府想定地に向かって東北東方向に一直線に延びている様子が判明しており、推定線上の数箇所では発掘調査によって道路遺構が検出されている。群馬駅家も発掘調査で遺構が確認されているわけではないが、前橋の地名のおこりである「厩橋」の古名が群馬駅家に由来することや、国府・郡家などの主要官衙との関係からみてそれらの近辺に想定する考えが有力である。

『延喜式』左右馬寮御牧条には上野国内には九箇所の御牧が載せられている。この中で有馬島牧と利刈牧が群馬郡内と考えられるが、利刈牧の比定地は不明である。有馬島牧は『和名抄』にみえる群馬郡の「有馬郷」との関連で郡内の現・渋川市有馬付近の榛名山東北麓斜面に比定されている。近年、渋川市半田町の半田中原・南原遺跡で検出された、溝跡に区画された台地上の広大な遺構のない区画が有馬島牧の遺構に相当するとみる考え方がある。他に、東大寺の封戸や河内国妙見寺の封戸も郡内に置かれており、また、『万葉』東歌には、郡内の伊香保嶺をうたった歌が十首、子持山をうたった歌が一首載せられている。

【参考文献】

関口功一「群馬郡の分割」（『群馬県史研究』二三、群馬県、一九八九年）

木津博明「古代群馬郡考（上）」（『群馬文化』二一九、一九八九年）

同「古代群馬郡考（下）」（『群馬文化』二二〇、一九八九年）
高島英之「群馬県前橋市元総社寺田遺跡出土の墨書土器・墨書不製品」（『古代出土文字資料の研究』東京堂出版、二〇〇〇年）
同「古代の群馬郡―国府・国分寺・官牧」（かみつけの里博物館『グンマはクルマからはじまった―なぞとき群馬の名の由来』二〇〇一年）

（高島英之）

勢多郡・せたのこおり

『和名抄』名市博本に「セタ」と訓ずる。上野国中央から東部に位置する。古くは赤城山を中心に山麓のほぼ全域が「セタ」地域であったとされる。深田・田邑・芳賀・桂萱・真壁・深渠・深沢・時沢・藤沢の九郷からなる中郡。西部は赤城西麓、南部は赤城南麓、北部は赤城北側の山間部である。現前橋市の大半、旧利根村（現沼田市）・昭和村の一部にあたる。特に郡南部の赤城南麓の緩傾斜地には我国旧石器時代研究の端緒となった岩宿遺跡（みどり市笠懸町岩宿）や縄文時代中期を中心とする大集落遺跡である三原田遺跡（渋川市赤城町三原田）、前二子・中二子・後二子三古墳（六世紀中葉～後半）を中心とする大室古墳群（前橋市東大室町・西大室町）など、旧石器時代からの遺跡が濃密に分布しており、上野国で最も豊かな地域の一つであったと考えられる。

史料上の初見は『続紀』天平勝宝元年（七四九）閏五月二十日条に「上野国勢多郡小領外従七位下上毛野朝臣足人」と見えることで、上野国分寺創建に際する献物叙位の記事である。上野国分僧寺跡から出土する創建期の瓦の中に「勢」の文字の印が押されたものが多数出土しており、創建期に葺かれた瓦が勢多郡内の窯で焼かれたものであることと併せて、上野国分寺の創建には勢多郡が主導的な役割を果たしていたことが判明している。多賀城跡（宮城県多賀城市）出土の八世紀後半頃の習書木簡に「桂草郷戊戌戊」と記されたものがあり、郡内の桂萱郷を指すものと考えられる。また前橋市二之宮町洗橋遺跡からは「芳郷」と記された八世紀の墨書土器が出土しており、同じく郡内の芳賀郷を指しているものと考えられる。郡家の比定地として、郡のほぼ中心に位置する現前橋市粕川月田御門を当てる考え方があるが、郡内のいずれでも郡家の遺構は確認されておらず、詳細は不明である。前橋市下大屋町で発掘調査された上西原遺跡を郡家に当てる見方もあるが、遺構の状況から見て同遺跡は寺院跡であり、官衙遺跡とは考えにくい。

『延喜式』神名帳には名神大社赤城神社（上野国二之宮）が一社載せられる。現高崎市山名町に所在する山の上碑には「新川臣大児臣……」との記載があり、新川臣は現桐生市新里町新川、大児臣は現前橋市大胡町大胡をそれぞれ本拠地とした豪族であると考えられるが、『姓氏録』には見えないので、詳細は不明である。また、現桐生市新里町山上には延暦二十年（八〇一）七月十七日の銘を有する石造の山上多重塔があり、僧道輪が朝廷・神祇・父母・衆生の安楽を祈って建立した旨が塔身に刻書されている。他に類例のない資料であり、在地における仏教信仰の実相を伝える数少ない古代石文の一つとして注目されている。

【参考文献】
松田猛「群馬県における文字瓦と墨書土器」（『信濃』三八—二、一九八六年）

（高島英之）

那波郡・なはのこおり

『和名抄』名市博本に「ナハ」と訓ずる。上野国南端中央に位置する。朝倉（あさくら）・鞘田（さやた）・田後（たしり）・佐味（さみ）・委文（しとり）・池田（いけだ）・韮東（にらつか）の七郷からなる。下郡。東を佐位郡・西を群馬郡・南を武蔵国、南西を緑野郡・北を勢多郡と接する。中央を利根川が南東に流れ、郡の南西端では烏川が南東に流れ緑野郡との郡境をなし、郡の東端は広瀬川が南東に流れ佐位郡との境をなし、郡の南端では神流川と烏川が合流し武蔵国との国境をなす。赤城山南麓扇状地の最南端から利根川流域の低地に立地する。現伊勢崎市の西半、現玉村町全域、現前橋市南部の一部にあたる。郡の北部を東山道駅路が走る。

初見は『後紀』延暦十五年（七九六）八月十六日条の「那波郡火雷神」が官社に列せらるとの記事。また『続後紀』承和十四年（八四七）十月一日条には那波郡人左近衛府将監正六位上檜前公綱主が上毛野朝臣姓を賜るとの記事が載る。『延喜式』神名帳には火雷神社と倭文神社の二座が載せられている。火雷神社は現玉村町下之宮に鎮座する。また倭文神社は現伊勢崎市上之宮町に鎮座しており、『三代実録』貞観元年（八五九）八月十六日条に官社に列せらるとの記事がある。鎮座地周辺を倭文郷の故地に比定する考え方がある。朝倉郷は『書紀』大化二年（六四六）三月二日条に見える朝倉君氏との、佐味郷・池田郷は、『姓氏録』に上毛野朝臣と同族とされる佐味朝臣氏・池田朝臣氏との関連が想定できる。

郡家の所在地は不明である。

【参考文献】
川原秀夫「檜前部君氏と上野」（『群馬文化』二七四、二〇〇三年）

（高島英之）

佐位郡・さいのこおり

『和名抄』名市博本に「サイ」と訓ずる。上野国南端中央に位置する。名橋（なはし）・雀部（ささいべ）・美呂（みもろ）・佐井（さい）・淵名（ふちな）・岸新（きし）・反治（はじ）・駅屋（うまや）の八郷からなる中郡。郡の西端を広瀬川が南東に流れ、那波郡との郡境をなし、郡の南端では武蔵国との国境をなし、赤城山南麓扇状地の最南端から利根川左岸の低地に立地する。現伊勢崎市の東半、旧境町・旧赤堀町・旧東村（いずれも現伊勢崎市）の全域にあたる。正倉院調庸布墨書銘に「上野国佐位郡佐位郷戸主施前部黒麻呂庸布壱段天平感宝元年八月」とあるのが初見（七四九）。『続紀』神護景雲元年（七六七）三月六日条には当郡の外従五位下檜前君老刀自が上毛野佐位朝臣姓を賜り、同二年六月六日条には彼女が上野国造に任ぜられるとの記事が載る。現滋賀県石山寺蔵の天長七年（八三〇）三月十六日の年紀を有する『大智度論』の奥書には「上野国佐位郡教澄持経」とあり、在地における仏教信仰の様子をうかがわせる。

現伊勢崎市境伊与久に所在する国指定史跡十三宝塚遺跡が郡家跡と考えられてきたが、出土遺物の再検討と近年の再発掘調査の結果、同遺跡は官衙遺跡ではなく寺院跡である可能性が高くなった。

伊勢崎市上植木町に所在する上植木廃寺の南方約一キロメートルのところで発掘調査された三軒屋遺跡で、整然と並ぶ掘立柱建物跡群が検出され、その中に平面八角形を呈する、東西十四メートル、南北十五メートルの巨大な総柱建物跡が発見された。『上野国交替実録帳』（長元三年〔一〇三〇〕）の「諸郡官舎」条「佐位郡」項には、郡家正倉の記述の中に、「八面甲倉」との表記があり、発掘調査によって検出された八角形の大規模総柱建物跡に相当するものと考えられ、三軒屋遺跡が佐位郡家である可能性が高まった。上毛野地域最古級の寺院の一つである。なお国分僧寺跡から出土した創建期の瓦に「淵」「反」「雀」「佐」など当郡の郷名の印が押されたものがあり、国分寺の創建に当郡が重要な役割を果たしていたことがうかがえる。

『延喜式』兵部省に佐位駅家が記載されており東山道駅路が郡内を通っていたが、駅家の位置は定かではない。また『延喜式』神名帳には大国神社が見えるが、現伊勢崎市境下淵名に同社が鎮座する。同地はまた淵名郷の故地に比定されている。

【参考文献】

前沢和之「『上野国交替実録帳』郡衙項についての覚書」（『群馬県史研究』七、一九七八年）

川原秀夫「檜前部君氏と上野」（『群馬文化』二七四、二〇〇三年）

伊勢崎市教育委員会『三軒屋遺跡Ⅰ—上野国佐位郡衙正倉跡の調査—』二〇〇七年

（高島英之）

吾妻郡・あがつまのこおり

『和名抄』名市博本に「アカツマ」と訓ずる。上野国北西端の一帯に位置する。長田（なかた）・伊参（いさま）・大田（おほた）の三郷からなる小郡。郡域の約八割は山地に立地し、三郷とも現中之条町・旧吾妻町（現東吾妻町）の吾妻川流域の盆地に所在すると考えられる。『書紀』景行四十年条に、日本武尊が碓日嶺に登って亡妻弟橘媛をしのび、東南に向かって「吾嬬はや…」と嘆いたことから、碓日嶺の東を「吾嬬」と呼ぶようになったとする伝承を載せる。また『要略』所載の貞観四年（八六二）四月十日「太政官符」には「吾妻郡擬領上毛野坂本朝臣直道」の名が見える。長元三年（一〇三〇）上野国不与解由状案諸郡官舎条吾妻郡項に見える「伊参院」「長田院」という施設は、延暦十四年（七九五）閏七月及び同九月「太政官符」で定められた「郷倉」と考えられ、「伊参院」が置かれた伊参郷は、現中之条町伊参を遺存地名と見て、同地一帯が故地と考えられる。

（高島英之）

利根郡・とねのこおり

『和名抄』名市博本に「トネ」と訓ずる。上野国北～北東端の一帯に位置する。沼田（ぬまた）・男信（なましな）・笠科（かさしな）・呉桃（なくるみ）の四郷からなる下郡。郡域の約八割は山地に立地し、郡の中央を北から南に流れる利根川の流域に盆地が開ける。郡家の位置は不明である。『後紀』弘仁二年（八一一）十月五日条に「上野国利根郡長野牧賜三品葛原親王」とあるのが初見。沼田郷は現沼田市が、男信郷は現川場村生品が、呉桃郷は中~近世の名胡桃村(旧月夜野町上津・下津)をそれぞれ遺存地名と見て比定できる。笠科郷は「片品」を「かさしな」の転訛とみなし、現片品村付近とする見方と、六世紀後半の森下古墳群が所在する現昭和村森下に当てる見方がある。『三代実録』貞観五年(八六三)五月九日条に上野国正六位上小高神を従五位下を授くとの記事があるが、中世の『上野国神名帳』によれば、同社は利根郡項に見える。

【参考文献】
大江正行「古代利根郡の歴史的背景について」(『群馬文化』二一四、一九八八年)

(高島英之)

邑楽郡・おほらきのこおり

『和名抄』名市博本に「ヲホラキ」と訓ずる。上野国南東端の一帯に位置する。池田・疋太・八田・長柄の四郷からなる下郡。河川に挟まれた低湿地帯に立地する。現邑楽郡と館林市一帯にあたる。

『続紀』神護景雲三年(七六七)四月二十七日条に邑楽郡人外大初位上小長谷部宇麻呂など十五人に大伴部の姓を賜るとあるのが初見。前橋市元総社町の牛池川河川改修に伴う発掘調査において「国厨」「曹司」「厨」などとともに「邑厨」と記された墨書土器が出土している。邑楽郡家の厨家を意味する墨書であり、国府で行われた儀礼に際して邑楽郡家の厨家が動員されたことを示していよう。

【参考文献】
高島英之「群馬県前橋市元総社寺田遺跡出土の墨書土器・墨書木製品」(『古代出土文字資料の研究』東京堂出版、二〇〇〇年)
関本寿雄・高島英之・川原秀夫「大泉町出土の墨書土器について(邑楽郡家推定地域とその周辺)」(『おはらき』一一、二〇〇六年)

(高島英之)

多胡郡・たごのこおり

『和名抄』名市博本は「タコ」と訓じる。山字・織裳・辛科(韓級)・大家・武美・俘囚・八田(矢田)の七郷で構成される。郡域は吉井町を中心とし、高崎市西南部の一部を含む。郡成立当初は六郷であり、後に、俘囚郷が加えられた。俘囚郷は碓井郡・緑野郡・多胡郡と上野西部に集中して設置されている。

当郡の成立事情については『続紀』和銅四年（七一一）三月六日条に甘楽郡から織裳・韓級・矢田・大家郷、緑野郡から武美郷、片岡郡から山（部）郷を割いて、新たに多胡郡を設置したとみえる。吉井町池の御門には当郡の建郡を記念して立てられた多胡碑が存在する。多胡碑によると多胡郡は三〇〇戸で構成されたとある。多胡碑は三月九日「弁官符」により建郡されたとしており、日付の違い、碑文中にみえる「弁官符」の存在をめぐる問題はまだ決着を見ていない。さらに、碑文中にある「郡成給羊」の「羊」をめぐっては①人名説②方角説③動物説④略字説⑤誤字説などさまざまな解釈が試みられている。現在のところ「羊」を人名と見て、羊を初代多胡郡司と見る説が有力だが、「郡を給う」という表現は令制下の建郡としては疑問が残り、また「羊」という氏族は存在せず、「羊」が名前であれば、氏を記さない点に問題が残る。ただ地元には羊大夫伝承が残り、この伝承は十四世紀の『神道集』にも見えているので、古くから羊を人名と見る認識は存在していたようである。

郡家の所在地は不明だが、建郡碑である多胡碑がおかれた吉井町池の御門を郡家とする説が有力である。長元三年（一〇三〇）の『上野国交替実録帳』には多胡郡家の施設として正倉、郡庁館などを記載する。

この地域は郡名の多胡（胡＝異国人が多い）から推測されるように渡来人を多数含む地域であると考えられる。郷名の辛科は韓級とも記し「カラシナ」、郡内を流れる鏑川はカラ川、隣郡である甘楽郡はカラ郡と、いずれも「韓」の音韻転訛である。また隣郡の片岡郡には多胡郷がある。近世の地理書なども多胡郡域が古く渡来人の居住地であったことを伝承として伝える。

天平神護二年（七六六）五月八日には新羅人の子午足ら一九三人が吉井連の姓を賜っている。子午足の所在郡は記載されていないが、吉井という地名の存在から多胡郡に居住していたとみてよいだろう。多胡郡には渡来系の痕跡を示す遺構・遺物が、現在のところ見つかっていないため、渡来人の役割を軽視する見解もあるが、朝鮮半島の影響を受けた上野三碑がこの地域に集中している点から多胡郡における渡来系文化の影響を過小評価すべきではないだろう。

多胡郡については『万葉』に「多胡の入野」「多胡嶺」といった地名が見えるが、いずれも現在地は不明である。当郡には瓦窯跡が多数存在し、国分寺へ瓦を供給する郡として位置づけられていた。多胡郡に居住した氏族としては渡来系では秦人氏、吉井（子）氏が知られる。渡来系以外では壬生氏、物部氏、八田氏、大伴氏、神人氏、宋宜氏などが知られる。

山字郷　『和名抄』は「也末奈」と訓じる。「山宗」とも記すが「山字」の誤り。もとは片岡郡に属し、和銅四年（七一一）多胡郡に移る。天平十年（七三八）聖武天皇は法隆寺の永年の食封として当郷を賜った。その時は「山部郷五十戸」と見える。正倉院の庸布墨書銘も「山部」としており、当初は山部郷であった。延暦四年（七八五）五月、桓武天皇の諱を避け、山部を山とせよと命ぜられて以後、郷名は「山字」と改められた。物部氏、泰人氏、子氏の居住が知られる。高崎市山名町近辺が郷域であろう。

辛科郷　「韓級」とも記す。『和名抄』は「加良之奈」と訓じる。元は甘楽郡に属す。和銅四年（七一一）多胡郡に移る。「上野国神名帳」に「辛科明神」が見える。辛科神社は渡来人の崇敬を受けた神社である。当郷は渡来人を中心とした郷であるが、壬生氏、宋宜部氏、神人氏らもみえる。吉井町神保周辺を郷域とする。

八田郷　「矢田」とも記す。『和名抄』は邑楽郡の八田郷を「也太」「也多」と訓じるので同じであろう。「上野国神名帳」に「八田明神」が見える。吉井町矢田を郷域とし、織物を生産した集落として矢田遺跡（吉井町）があり、「物部郷長」と記した石製紡錘車が出土している。子氏、大伴氏、阿部氏、八田氏、嶋名氏の居住が知られる。

上野三碑　山ノ上碑、金井沢碑、多胡碑を指す。いずれも烏川（からす）、鏑川の合流点付近にあり、朝鮮半島特に新羅の影響が指摘されている。山ノ上碑は天武十年（六八一）に上野国放光寺（山王廃寺）の僧侶が母の追善供養として建てた碑で山ノ上古墳に隣接する。多胡碑は和銅四年（七一一）造立の建郡碑。金井沢碑は神亀三年（七二六）に群馬郡下賛郷の他田君を中心とした九人が仏教の知識を結んだことを誓って建立した碑である。

【参考文献】

尾崎喜左雄『上野三碑の研究』（尾崎先生著書刊行会、一九八〇年）

関口功一「上野国多胡郡山部郷に関する覚書」（『信濃』三六―一一、一九八四年）

松田猛「上野国分寺文字瓦の再検

討」（『ぐんま史料研究』九、一九九七年）
松田猛「佐野三家と山部郷」（『高崎市史研究』一一、一九九九年）
あたらしい古代史の会編『東国石文の古代史』吉川弘文館、一九九九年
東野治之・佐藤信編『古代多胡碑と東アジア』山川出版社、二〇〇五年

（川原秀夫）

甘楽郡・かんらのこおり

「甘良」とも記す。『和名抄』東急本は「加牟良」、名市博本は「カンラ」と訓じる。貫前・酒甘・丹生・那非（波）・端下・端上・宗伎・有只・那射・額部・新屋・小野・抜鉾の十三郷で構成される。郡域は富岡市と甘楽郡、多野郡の主要部を含む群馬県南西部の地域である。郡域の過半を山地が占め、標高一〇〇〇メートル級の山が連なり、中央部を鏑川が東流する。

郡名の甘楽や同郡を流れる鏑川の鏑はいずれも「カラ（韓）」に通じ、朝鮮半島系の渡来人の移住に由来すると考えられる。しかし甘楽郡の中心を占める氏族は物部氏や壬生氏であり、渡来人の影響を示す遺構・遺物は見られない。渡来人の移住は甘楽郡の東部地域一帯になされたと思われ、それが多胡郡として分割されたと考えられる。多胡郡は和銅四年（七一一）三月に、甘楽郡の織裳・韓級・矢田・大家郷の四郷を中心として設置される。甘楽郡には式内社として貫前神社（富岡市一ノ宮）と宇芸神社（富岡市神成）の二社が『延喜式』神名帳に見える。貫前神社は抜鉾神とも記し、名神大社であり、後に上野一宮となる神社で、上野において唯一神戸二戸を賜った神社である。経津主神と比売大神を主神とする。物部氏が祀る神であり、三十年に一度の定期造替が行われた。長元三年（一〇三〇）の『上野国交替実録帳』からは万寿二年（一〇二五）の造替が知られる。ヤマト王権の東国進出の過程で設置された神社と考えられる。郡家の位置は不明だが、『上野国交替実録帳』には郡家施設として正倉や官舎などが記載されている。

氏族としては『後紀』弘仁四年（八一三）二月十四日に大領として壬生公郡守が見え、戸口増益により外従六位下を賜っている。甘楽郡を中心とした上野西部には物部氏が多く、甘楽郡では『続紀』天平神護元年（七六五）十一月一日に物部蜷淵らが物部公の姓を賜っている。他の氏族では『続紀』天平神護二年五月

二十日に磯部牛麻呂が物部公の姓を賜わり、『続紀』神護景雲三年（七六九）四月二十七日には竹田部荒当・糸井部袁胡らが大伴部の姓を賜っている。また、平城宮木簡には新屋郷の人として宋宜部猪万呂が見える。宋宜部・宗伎郷を蘇我部・蘇我郷とみる説もある。仁治四年（一二四三）の板碑には壬生氏、小野氏・六人部氏、春日氏・日奉氏が見える。

貫前郷　現貫前神社周辺一帯が郷域である。貫前郷にある貫前神社は抜鉾神社とも記す。『和名抄』は甘楽郡に抜鉾郷を記しヌキホコと読み別郷としている。そのため貫前神社が渡来系、抜鉾神社が物部系の神社で、二神二社であったものが、後に一社となったとする説が有力であった。だが、貫前神社と抜鉾神社は共に「ぬきさき」と読み、本来一社であり、抜鉾神社が貫前神社と名称変更したが、現地では抜鉾神社の名称が使用され続けたものと考えられる。したがって抜鉾郷と貫前郷は同一の郷を指しているとみるべきだろう。郷域には古墳時代の豪族居館である本宿郷土遺跡がある。この地域は甘楽郡の中心地域と考えられる。

【参考文献】

尾崎喜左雄「貫前抜鉾両神社の研究」（『上野国の信仰と文化』尾崎先生著書刊行会、一九七〇年）

松田猛「郷名に表われた古代氏族の動向について」（『信濃』四九―一二、一九九七年）

同「上野国分寺文字瓦の再検討」（『ぐんま史料研究』九、一九九七年）

川原秀夫「貫前神社と甘楽・多胡郡域の氏族」（『東国石文の古代史』吉川弘文館、一九九九年）

（川原秀夫）

緑野郡・みとののこおり

『和名抄』東急本は「美止乃」、名市博本は「ミトリノ」と訓じる。林原・小野・升茂・高足・佐味・大前・山高（高山）・尾張・保美・土師・俘囚の十一郷で構成される。山高郷は中世に高山庄が見え、高山郷の誤記である可能性がある。郡域は現藤岡市の大部分と多野郡神流町である。

緑野郡を中心としたこの地域は県内有数の古墳地帯で『上毛古墳綜覧』に見える県内古墳の四分の一が鏑川下流域、鮎川・神流川下流域に集中する。前方後円墳では五世紀前半の白石稲荷山古墳（墳丘長一七五メートル）、六世紀前半の七輿山古墳（ななこしやま）（墳丘長一四五メートル、国史跡）、円墳では六世紀末の伊勢塚古墳（墳丘径二十七メートル、県史跡）が知られる。吉井町から藤岡市にかけては窯跡群が形成され、上野国分寺（高崎市群馬町）に瓦を供給している。

『書記』安閑二年五月には緑野屯倉設置の史料がみえる。この屯倉は武蔵国造就任事件の際、上毛野氏がヤマト王権に贖罪として献上したとする説があるが、史料の年代に疑問があり、疑わしい。緑野屯倉は藤岡市緑埜を中心とした緑野郡平野部が想定される。和銅四年（七一一）三月には武美郷が甘楽郡・片岡郡の郷と共に多胡郡建郡のために割かれた。『続紀』宝亀四年（七七三）六月八日には、この時期、全国的に多発した神火が緑野郡にも起こり、緑野郡の正倉八間、穀や穎三三万四〇〇〇束を焼失した。長元三年（一〇三〇）の『上野国交替実録帳』には郡家の施設として正倉や各種の官舎の記載がみえるが、郡家の位置は不明である。平安時代には緑野寺（現多野郡神流町浄法寺、緑野教寺、浄院寺ともいう）が仏教の中心的な寺院として発展した。『続後紀』承和元年（八三四）五月十五日には勅命により相模・上総・下総・常陸・上野・下野において一切経の書写事業が命ぜられた。緑野寺は一切経の原本が置かれていた寺院であり、この時期の関東における写経事業の中心的役割をになっていた。緑野寺は下野の大慈寺と共に最澄による天台宗の東国布教の拠点ともなった寺院でもある。最澄は弘仁八年（八一七）に東国伝導を行い、上野にも立ち寄り、緑野寺で円澄ら弟子に両部灌頂を授け、民衆に布教を行っている。さらに最澄は全国六箇所に宝塔を建てたが、その一つを緑野寺に建立した。緑野寺（現浄法寺）に現存するものは江戸時代に建立された宝塔である。

氏族としては平城宮木簡に中男作物を貢進した小野郷戸主として物部鳥麻呂、正倉院の調庸布墨書銘に小野郷戸主として額田部君馬稲の名が見える。佐味郷は那波郡の佐味郷と共に佐味朝臣の本貫地とされる。土師郷は土師部が居住した地域であろう。尾張郷は尾張氏の居住が想定され、東海地方との関連が推測される。また、弘仁三年（八一二）四月十三日には出羽国の田夷置井出公呰麻呂らが上毛野緑野直の姓を賜っている。当郡には俘囚郷があり、なんらかの関係があったのかもしれない。

土師郷　『和名抄』東急本は「波爾之」と訓じる。土師部が居住した郷。藤岡市本郷には本郷埴輪窯跡（国史跡）があり、円筒埴輪、馬・家・人形埴輪などが出土している。窯跡を含むこの一帯が土師郷に比定される。「上野国神名帳」には土師明神（藤岡市本郷土師神社）が見える。

【参考文献】
関口功一「緑野屯倉に関する一考察」『群馬文化』二八九、二〇〇七年

（川原秀夫）

碓氷郡・うすいのこおり

碓日とも記す。『和名抄』東急本は「宇須比」、名市博本は「ウスヒ」と訓ず。飽馬・石馬・坂本・磯部・石井・野後・駅家・俘囚の八郷で構成される。郡域は安中市を中心とする地域である。信濃国と境を接し、東山道は碓氷峠を経て信濃から上野に入る。『書紀』景行四十年は東国遠征の途上、碓氷嶺で日本武尊が弟橘媛を偲んで「吾嬬はや」と三度歎いた。以後、碓氷嶺より東を「吾嬬国」というようになったという伝承を伝える。郡名の初見は飛鳥京木簡で「碓日評」とあり、天武・持統朝段階では当郡が設置されていたことが確認される。郡家は東上秋間に想定されているが、安中市安中の植松地尻遺跡から「評」と記した刻書土器と掘立柱建物が出土しており、郡家の可能性が高い。

郡内を東山道が通り、坂本駅と野後駅が設置された。『延喜式』兵部省には坂本に駅馬十五疋、野後駅に駅馬十疋、碓氷郡に伝馬五匹が置かれたとある。坂本駅は旧松井田町（現安中市）の原遺跡が想定されるが確定していない。駅家郷は野後駅に付属したと考えられ、安中市上野後・下野後に比定される野後郷近辺と推測される。碓氷峠は交通の要所であり、『三代格』昌泰二年（八九九）九月十九日の官符には、東国で蜂起した僦馬の党と称する群盗が、東山道と東海道の間を広範に活動し、頻繁に物資を略奪する状況にあった。そこで群盗を追討するため、相模国の足柄と碓氷に関を置き、碓氷の坂本には逗邏を設置せよとある。その結果、治安が回復し、『三代格』昌泰三年（九〇〇）八月五日の官符では、治安を維持するため足柄関と碓氷関で国司が判署した往来人の過所を調べるようになる。

正倉院の庸布墨書銘に飽馬郷戸主壬生部竜麻呂の名がみえる。『続紀』天平感宝元年（七四九）五月十五日には碓氷郡の人外従七位上石上部君諸弟が国分寺に知識物を献上し、外従五位下が授けられる。『続紀』天平勝宝五年（七五四）七月十九日には左京の人石上部君男嶋らが父姓に

従って上毛野坂本君の姓を賜っている。『続紀』神護景雲元年（七六七）三月六日には男嶋と碓氷郡の人外従八位下上毛野坂本公黒益が朝臣の姓を賜っている。上毛野坂本を称する石上部氏は東山道造営（坂本駅）に関わった氏族であるとする説もある。磯部郷は上野西部に居住する磯部氏の本拠であろう。磯部氏は「金井沢碑」では「鍛師磯部君」とある。郡内に式内社はないが、式外社として『三代実録』貞観元年（八五九）に波己曽（はこそ）神（富岡市妙義町妙義神社）が見える。この神社は「上野国神名帳」に碓氷郡筆頭に見える神社である。

碓氷の坂　『万葉』には「宇須比之夜麻（佐可）」と見える。信濃国と上野国を結ぶ東山道にある峠で交通の要所。『廐牧令集解』に「山険濶遠」の例として足柄山と碓氷山が上げられる程の難所。入山峠には古墳時代からの祭祀遺跡があり、古墳時代には入山峠を通過していたが、令制下に入り、碓氷峠を通るようになったと考えられる。『万葉』防人歌には「ひなくもり碓日の坂を越えしだに妹が恋しく忘らえぬかも」と西へ向かう防人が妻との別れを惜しんだ場として歌われている。

【参考文献】

須田茂「入山峠祭祀遺跡と東山道碓氷峠」（『群馬文化』一九八、一九八四年）
関口功一「地域支配の重層性に関する一考察」『群馬文化』二七七、二〇〇四年

（川原秀夫）

新田郡・にふたのこおり

『和名抄』東急本は「尓布太（にふた）」、名市博本は「ニツタ」と訓ず。新田・滓野（かすの）・石西（いわせ）・祝人（はふり）・淡甘（あわみ）・駅家（うまや）の六郷から構成される。郡域は太田市西部とみどり市を含む地域である。『万葉』には「尓比多夜麻（新田山）」「乎尓比多夜麻（小新田山）」が見える。

郡内を東西に東山道が走り、新田駅が置かれ駅家郷が設置された。『延喜式』兵部省には新田郡に駅馬十疋、伝馬五疋とある。新田駅は新田町の入谷遺跡付近に想定されるが確定していない。奈良時代には武蔵国は東山道に属し、新田駅から邑楽郡を経て武蔵国府まで駅路が通じていた（通称、武蔵路）が、『続紀』宝亀二年（七七一）十月二十七日に

武蔵国は東海道に属することになり、この駅路は廃止された。

郡家は太田市新田の天良七堂遺跡が想定され、長元三年（一〇三〇）の『上野国交替実録帳』に記載される郡庁の東・西・南の長屋と思われる遺構と正倉が出土している。郡家に隣接して白鳳期寺院の寺井廃寺（太田市）がある。みどり市笠懸町の山際窯跡は山田、新田、佐位、勢多郡の瓦を焼き、国分寺と各郡の寺院に供給している。『東大寺要録』によると天平十九年（七四七）九月に東大寺の寺封として郡内の五十戸が割かれた。また、陸奥国黒川郡新田郷は新田郡を中心とした柵戸（移住者）による郷だと推測される。

氏族としては正倉院の調庸墨書銘から擬少領他田部君足人、淡甘郷の戸主矢田部根麻呂、尾島工業団地遺跡（太田市）出土の石製紡錘車から矢田公氏、中屋敷・中村田遺跡（太田市）の石製紡錘車から物部氏、前六供遺跡（太田市）の木簡から壬生氏が知られる。また、『続後紀』承和十年（八四三）三月八日には新田郡の人勲七等犬養子羊・弟真虎が丈部の姓を賜っている。

【参考文献】

『新田町誌』第一巻、通史編、一九九〇年
高井佳弘「上野国分寺出土の郡郷名押印文字瓦について」『古代』一〇七、一九九九年
小宮俊久「古代新田郡の一様相」『群馬文化』二六一、二〇〇〇年

（川原秀夫）

山田郡・やまたのこおり

『和名抄』東急本は「夜末太」と訓じる。山田・大野・園田・真張の四郷から構成される。郡域はみどり市の一部と桐生市、太田市の北東部を加えた地域であり、赤城山東南麓の渡良瀬川流域にあたる。郡家は太田市古氷と高津戸に比定する説があるが古氷の方が有力である。長元三年（一〇三〇）の『上野国交替実録帳』に郡家施設として正倉や官舎が記載されている。

『後紀』延暦十五年（七九六）八月十六日には賀茂神（桐生市広沢）と美和神（桐生市宮本）が官社（式内社）に認定される。また、『続後紀』承和二年（八三五）七月二十一日には当郡の空閑地八十町が道康親王（後の文徳天皇）に与えられてい

る。当郡の中央には新田駅から下野国の足利駅へ通じる東山道が東西に走っていた。古氷地区には条里制遺構が検出されている。上野国分寺跡からは新田郡の山際窯跡で焼かれた山田・園田といった当郡の郡郷名を記した文字瓦が出土している。国分寺に当郡から瓦が供給されたのだろう。

氏族としては平城宮木簡に大野郷の鴨部氏が見える。また賀茂氏、三輪氏、磯部氏、大野氏が郷名、神社名から想定できる。

【参考文献】

『太田市史』通史編、原始古代、一九九六年

（川原秀夫）

『延喜式』の式内社としては小祝神社（高崎市石原町）がある。郡内には多胡郷があり、渡来人の移住が想定される。

【参考文献】

松田猛「上野国片岡郡についての基礎的研究」（『高崎市史研究』一九、二〇〇四年）
川原秀夫「古代上野国の国府及び郡・郷に関する基礎的考察」（『ぐんま史料研究』二三、二〇〇五年）

（川原秀夫）

片岡郡・かたおかのこおり

『和名抄』東急本は「加太呼加」、名市博本は「カタヲカ」と訓じる。若田（わかた）・多胡（たご）・高渠（たかむそ）・佐没（さぬ）・長野（ながの）の五郷からなる。郡域は長野郷を烏川左岸に比定する説もあるが、高崎市の鏑川との合流点に至るまでの烏川右岸一帯とみるべきである。高崎市八幡町から若田町にかけては有数の古墳群があり、特に八幡町の観音塚古墳（六世紀末、墳丘長一〇五メートル国史跡）は群馬県最大級の横穴式石室を持つ。『続紀』和銅四年（七一一）三月六日には片岡郡の山部郷が甘楽郡・緑野郡の郷と共に多胡郡建郡により割かれている。郡家は不明だが、長元三年（一〇三〇）の『上野国交替実録帳』に郡家施設として正倉や郡庁館が記載される。

コラム 毛野

研究書や地誌で「毛野国」や「毛野王国」といった名称を見ることがある。これは、かっての上毛野国・下毛野国域である現在の群馬県・栃木県内には、東日本最大の前方後円墳をはじめとする大型古墳が多数分布しており、『旧事紀』国造本紀の下毛野国造の項に「難波高津朝（仁徳天皇）御世に、元毛野国を分けて上下と為す、豊城命の四世孫の奈良別を初めて国造と定め賜う」とあるように、考古学と古代史料の両面の様相に導かれてのものであろう。さらに、上毛野君氏・下毛野君氏の始祖を崇神天皇皇子の豊城入彦命とすることに始まる、『書紀』に載せられた一連の氏族系譜と事績もこれを裏付けるものとされている。しかし、「毛野国」を記載する史料は前掲が唯一であり、「毛野」も『常陸国風土記』新治郡条などに「毛野河」、『続紀』の神護景雲二年（七六八）八月の記事に「毛野川」（現在の鬼怒川にあたる）とあるのと、八世紀に近江国の「毛野」氏が見られるのみである。こうした史料からは、かって「毛野」の地域名称が存在したことはわかるとしても、政治的にまとまった領域を示す「国」・「王国」とするにふさわしいものであったかは不明なのである。

　そこで先ず、基本史料の国造本紀の下毛野国造の項を検討してみるが、この記載内容は次の点で特異である。①国の成立に関する記載は全体で七箇所に見られるが、これ以外は七世紀中期の孝徳朝以降のものである。②「元毛野国を分けて上下と為す」は、本来はこの前にある上毛野国造の項に記載されるのが自然である。③「初めて国造と定め賜う」の表記は他の項には見られず、上道国造の項で応神朝に「始めて国造とす」とするのが唯一の類例である。④多くの項で見られる「□□□国造と同祖」の記載がとられていない。これに併せて注目されるのは、上毛野国造の項は崇神朝に「皇子豊城入彦命の孫の彦狭嶋命、初めて東方十二国を治め封と為す」とするものの「国造と定め賜う」は無く、同本紀でも異例の記載内容となっていることである。これらにより、二つの項は一対の形で記載されているものと理解できよう。そして両者の比較から、第一に上毛野国造は東国統治を行ったヤマト王権の継承者であった、第二にその統治は崇神天皇皇子の豊城入彦命の子孫が担い、上毛野国造と下毛野国造はその後裔とされていた、第三として下毛野国造の支配領域はもとは上毛野国造の範疇にあったが、後に「毛野」の分割を経て、奈良別に至って「初めて」成立したものとの歴史認識が形成されていたことがわかるのである。もとより仁徳朝における「毛野国」の存在は認めることはできず、また、七世紀中期以降の分割ならば他の例のような記載であろうことを考慮すると、古代史料からは「毛野」と呼ばれた地域はあったとしても、「毛野国」は『書紀』の記事や氏族伝承にもとづいた、古代人の歴史認識の産物とみなされるのである。

次に、この実状を古墳の面からたどってみる。上毛野国域には四世紀中期から五世紀初めにかけて元島名将軍塚古墳（高崎市）・前橋天神山古墳と八幡山古墳（前橋市）・朝子塚古墳（太田市）などの多数の大型前方後円墳と前方後方墳が造られ、下毛野国域でも河川流域を単位に茂原愛宕塚古墳（宇都宮市）・山王寺大桝塚古墳（藤岡町）・藤本観音山古墳（足利市）など同様な状況があった。これに続く五世紀中期には、上毛野国域に墳丘長二一〇メートルで東日本最大の前方後円墳である太田天神山古墳（太田市）が出現している。こうした大型古墳のあり方、長持形石棺の使用や三角縁神獣鏡をはじめとする多彩な副葬品から、この地域には後の上毛野国域東部を中心に、ヤマト王権と強い結び付きをもった有力豪族による政治秩序が形成されていたと理解される。これは先進技術の導入による農地開発の上に成り立っていたものと考えられるが、恐らくこれが「毛野」の実体であろう。それでは、国造本紀に記載されるような「毛野」から「上毛野・下毛野」への変遷についての歴史認識は何によって形成されたのだろうか。その点で、上毛野国域中央部での五世紀後期から六世紀初頭にかけての保渡田古墳群（高崎市）とその豪族の居館と見なされる三ツ寺Ⅰ遺跡（同）、その東方近くにある同様な居館の北谷遺跡（同）、さらに東側に位置する五世紀後期から七世紀末期かけての関東地方でも際だった存在である総社古墳群（前橋市）のあり方は、古代史料での雄略朝からのヤマト王権による東国統治と、それに続く律令国家形成の過程と重ね合わせて見ることができる。そして、こうした政治的潮流の中で六世紀初頭を前後した時期に、小山市北部の勢力が下毛野国域の新たな地域的統合を実現する中で、「毛野」を区分した「下毛野」の呼称が成立したと考えることができるのではないだろうか。

「毛野」は、後の東山道に属する地続きの「美濃（みの）」・「信濃（しなの）」と「の」を共通してもつことからも、ヤマト側から関東平野北西部の地域を指しての呼称に始まったと考えられる。古墳のあり方から、ヤマト王権が東国から蝦夷地へとその支配領域を進めていく過程で、「毛野」から「下毛野」が分け出る形で地域の政治的再編成がなされたことが窺えるが、国造本紀をはじめとする古代史料にはそうした歴史についての認識が反映されていると見るのが順当であろう。

【参考文献】

篠川賢「「国造本紀」の国造系譜」（『国立歴史民俗博物館研究報告』四四、一九九二年）
右島和夫『東国古墳時代の研究』学生社、一九九四年
前沢和之「歴史認識としての「毛野王国」」（『検証古代日本幻の王国』新人物往来社、二〇〇一年）
若狭　徹『古墳時代の地域社会復原　三ツ寺I遺跡』新泉社、二〇〇四年

（前沢和之）

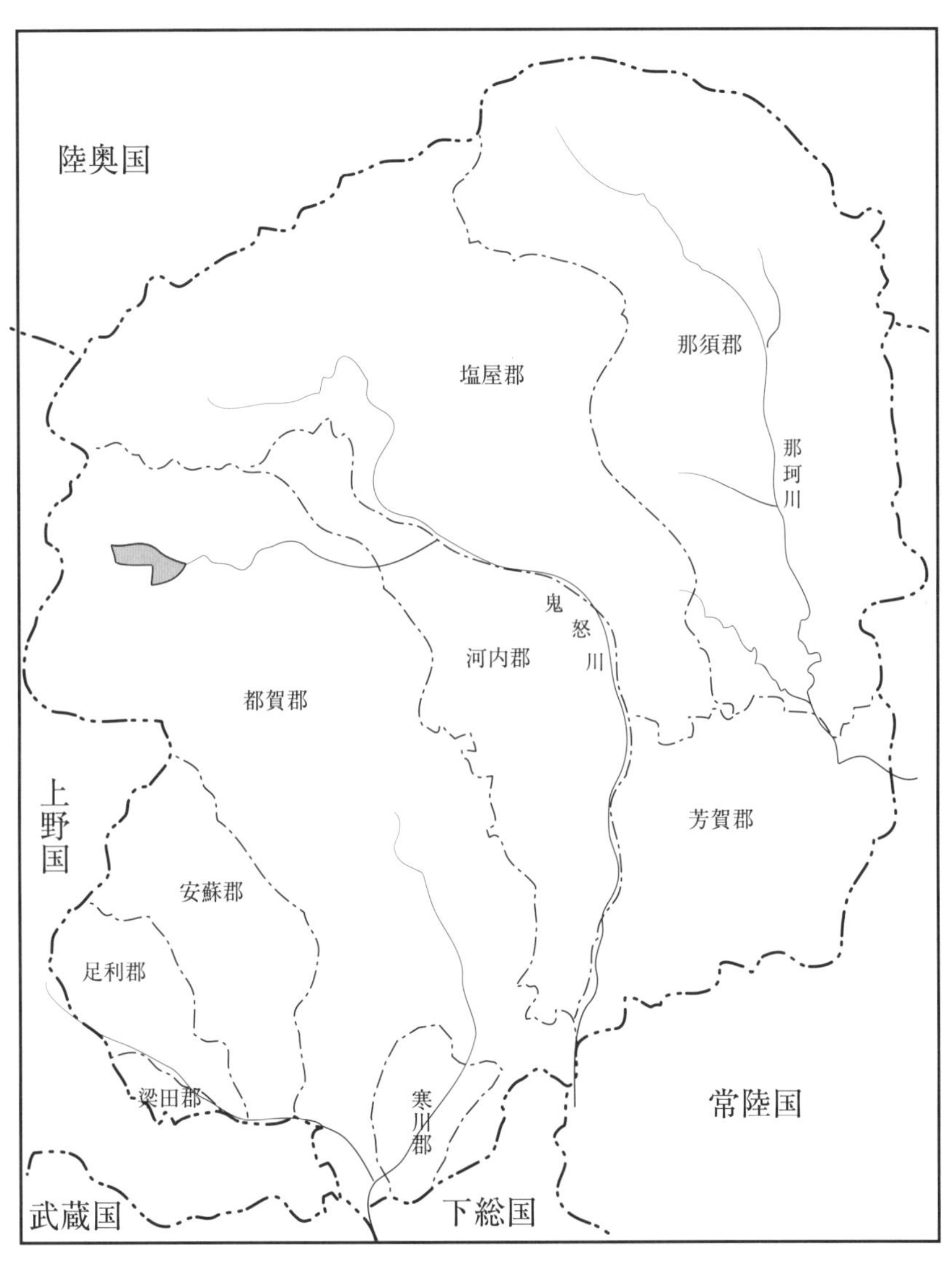

下野国略図

下野国・しもつけのくに

関東平野の北部に位置し、ほぼ現在の栃木県に当たる。七世紀後半に、下毛野国造（『旧事紀』）と北東部の那須国造（那須国造碑銘）の二つの支配領域を併せて成立したとみられ、八世紀初頭までは「下毛野国」と表記された（藤原宮木簡）。東山道に属し、西は上野国、南は武蔵国と下総国、東は常陸国、北は陸奥国に接する。足利・梁田・安蘇・都賀・寒川・河内・芳賀・塩屋・那須の九郡を所管する上国で、郷数は駅家郷三を含めて七十である（『和名抄』）。国府と国分二寺は都賀郡（栃木市、下野市）に置かれた。遠国に区分され、京への行程は上りが三十四日、下りが十七日とされていた（『和名抄』・『延喜式』）。

財政規模は、『延喜式』によると正税・公廨各三十万束、雑稲二十七万四〇〇〇束の合計八十七万四〇〇〇束で、『和名抄』では田積三万一五五町八段四歩、正税・公廨各三十万束、本穎一〇八万六九三五束、雑穎三十八万六九三五束である。主な産品には、藤原宮木簡に大贄の鮎があり、『延喜式』では布帛・麻・紙・紅花・麻子・芥子・砂金・石硫黄・紫草・枸杞・黄菊花・藍漆・筆・麻紙・牛皮・鹿角・席・練金・甲・横刀・弓・征箭・蘇などがあげられている。また、官牧の朱門馬牧が置かれており、毎年馬四匹が中央政府に送られていた。

国域を南西から北東に縦貫する東山道駅路には、足利・三鴨・田部・衣川・新田・磐上・黒川の七駅があり各十匹の駅馬が配置されていた（『延喜式』）。足利駅は隣接する上野国新田駅とともに東海道駅路と結ぶ岐路の結節点で（『続紀』）、黒川駅の北方の陸奥国に入った場所に白河関が設けられていることと合わせて、この地域は京と蝦夷地とを結ぶ経路上の要衝であった。このことは国名を負う下毛野氏の始祖が、崇神天皇皇子で東国統治を命じられた豊城入彦命とされていること（記紀）にも窺える。仏教政策の面でも、天武朝に建立された東国最大級の寺院である下野薬師寺（下野市）に、坂東以北十箇国の戒壇院が置かれたほか、勝道による日光（日光市）の開山や、大慈寺（下都賀郡岩舟町）から第三代天台座主の円仁や四代座主の安慧を輩出したように重要な役割を果たしていた。また、天慶三年（九四〇）に平将門を討った下野押領使藤原秀郷の子孫からは、足利・小山・結城などの秀郷流と呼ばれる東国武士団が生まれ、中世社会の展開に重要な役割を担った。

【参考文献】
『栃木県史通史編2・古代二』一九八〇年
阿部昭・永村真編『図説　栃木県の歴史』河出書房新社、一九九三年
栃木県立しもつけ風土記の丘資料館『第17回企画展　律令国家の誕生と下野国』栃木県教育委員会、二〇〇三年

（前沢和之）

足利郡・あしかがのこおり

『和名抄』刊本に「阿志加々」と訓じる。西部・南部の一部は上野国、南の大部分は梁田郡、北部・東部は安蘇郡と接し、北は足尾山塊末端の山地で、南は山裾から平地になったところに渡良瀬川が北西から南東へ流れる。

『和名抄』によれば大窪、田部、堤田、土師、餘戸（高山寺本になし）、駅家（高山寺本になし）の六郷より構成され、現在の足利市の北半分、佐野市西部・群馬県桐生市東部の一部に相当する。

藤原宮木簡に「下野国足利郡波自可里鮎大贄一古参年十月廿二日」とあるのが初見。「参年」は大宝三年（七〇三）で、「波自可里」は、後の土師郷であろう。また、土師郷内の葉鹿町熊野神社付近の古墳から出土した二人巫女の埴輪は、群馬県高崎市観音山古墳出土の埴輪三人巫女と制作技法などが大変良く似ており、彼此の埴輪工人たちの交流が想定されるとともに、生活拠点であった可能性が高い。天平勝宝四年（七五二）に東大寺に一〇〇〇戸の封戸が再配分されたとき、土師郷五十戸がその封戸となった（正倉院文書）。郡家は、足利市中央部にあるJR足利駅の南東方向の隣接地にある国府野遺跡が想定されている。二十数次にわたる発掘調査が行われ奈良・平安時代の基壇跡・外郭大溝・内郭溝跡・掘立柱建物跡群などを確認。『延喜式』兵部省諸国駅伝馬条には「足利駅」が見えるが、まだ駅家の位置や駅路は確認されていない。

『万葉』巻二十に足利郡の防人の上丁大舎人部祢磨の歌が載る。

『続後紀』承和十二年（八四五）九月二十八日条に、足利郡少領大麻続部嗣吉が下毛野公に改賜姓されたことが見える。また伝承に藤原秀郷子孫である藤姓足利氏が、平安後期には同族の小山氏と赤城南麓から下

野南部地方にかけての勢力を二分するほどの力を持つようになり、足利郡司として足利地方を支配したとされる。一方、康治元年（一一四二）に立券した足利荘を継承した足利源氏は、久安六年（一一五〇）に源義国が京都から足利の別業に引き籠もってからは、藤姓足利氏の対抗勢力となり平安時代終末にはほぼ足利一円を支配した。足利市中央部にある足利氏宅跡（国史跡）は、足利源氏の居館であり、現在足利源氏の氏寺鑁阿寺となる。この居館跡に接した南東部には、足利学校跡（国史跡）がある。郡内には渡来人にかかわる伝承を持つ足利市葉鹿町の篠生神社と同山川町の白髭神社、東大寺僧定恵の創建で平将門調伏の祈祷をしたと伝えられている同小俣町鶏足寺、足利源氏二代目足利義兼が創建した浄土庭園を持つ同樺崎町樺崎寺跡（国史跡）がある。また、中央部の同田中町や助戸を中心とする地区・北部の北郷地区・西部の三和地区・東部の毛野地区と富田地区などには条里の痕跡を見ることができ、この内の田中・朝倉条里跡の立会調査では平安時代の水田の区画が現在の区画にほぼ一致することが確認された。

（市橋一郎）

梁田郡・やなだのこおり

『和名抄』刊本に「夜奈多」と訓じる。大宅（高山寺本では太）、深川、餘戸（高山寺本になし）の三郷からなる。西・南は上野国、北・東は足利郡に接し、大部分は平坦地からなり、北西の浅間山周辺が唯一の丘陵である。郡域は現在の足利市の南半分、群馬県邑楽町北東部の一部（鶉）・館林市北西部の一部（日向・木戸・足次・傍示塚）に相当する。郡名の由来は豊城入彦命の子八綱田に由来したとする説、地形が地名となった説などがある。郡家の位置は不明であるが、足利市福居町にある台地上に想定されており、同町内の中里阿弥陀堂前遺跡からは八世紀ごろの軒丸瓦が出土している。『万葉』巻二十に梁田郡の防人の上丁大田部三成の歌が載る。郡内には康治二年（一一四三）に伊勢神宮の二宮の所領として再立券された梁田御厨がある。足利市南部の久野地区や筑波地区の地籍図などから条里の痕跡がみられる。

（市橋一郎）

安蘇郡・あそのこおり

北・東は都賀郡、南は上野国、西は足利郡と上野国に接し、北は足尾山地、南の平野部には秋山川・旗川が南流して渡良瀬川に入る。『和名抄』刊本によれば、安蘇、説多（高山本では談多）、意部、麻績の四郷からなる。郡域は、現在の佐野市の大部分、鹿沼市・日光市・群馬県館林市・同板倉町の一部。『続紀』延暦元年（七八二）五月三日の条に、「下野国安蘇郡主帳外正六位下若麻続部牛養」とあるのが初見。「安蘓」「安宗」の木簡が下野国府跡から出土し、平城宮跡からは「安宗」が出土。郡名のいわれは麻がアソに変移したとする説、湿原の土地を指す地形地名とする説がある。『万葉』に「下毛野安蘇の河原」を読む歌一首が載る。安蘇の河原は、秋山川の河原とされる。郡家、東山道の駅路は未確認。佐野市大橋町・並木町付近に条里の痕跡が残る。また佐野市に藤姓足利家綱が寄進した佐野庄がある。

（市橋一郎）

都賀郡・つがのこおり

『和名抄』刊本によれば、布多、高家、山後、山人、田後、生馬、秀文（秀は委か）、高栗、小山、三嶋（嶋は鴨か）、駅家（高山寺本になし）の十一郷からなる。郡域は、現在の岩舟町・大平町・栃木市・西方町・都賀町・壬生町、藤岡町・小山市・下野市・鹿沼市の大部分、日光市の一部からなる。『万葉』巻二十に防人の都賀郡上丁中臣部足国の歌が載る。下野国府跡（国史跡）が栃木市東部、思川右岸の沖積低地上に所在。駅家は三鴨駅があり、岩舟町新里に想定。この南西にある三鴨山は『万葉』巻十四の東歌に読まれる。また山麓一帯には下野国分寺に瓦を供給した古窯跡群がある。下野市北台遺跡、下野市折本遺跡で道路遺構が確認。藤岡町から野木町・小山市南部にかけては九世紀以降の製鉄遺跡が散在する。式内社は栃木市大神社・藤岡町大前神社・岩舟町村檜神社の三社。また、下野市に国分寺跡・国分尼寺跡（いずれも国史跡）が所在。東大寺封戸下野国二五〇戸のうち、高栗郷に五十戸が置かれた。下野国府跡周辺、永野川流域の栃木市皆川、大平町川連周辺に条里の痕跡が残る。第三代天台座主円仁（慈覚大師）は岩舟町で生まれ、同町小野寺にある大慈寺で修行したという。

（市橋一郎）

寒川郡・さむかわのこおり

『和名抄』刊本に「佐无加波」と訓じる。真木、池邊、奴宜の三郷からなる。北・西は都賀郡、東・南は下総国に接する。郡域は、現在の野木町、小山市の南部、藤岡町の東部。郡家は小山市の千駄塚浅間遺跡に比定され、奈良・平安時代の掘立柱建物跡群・基壇建物跡、これらを区画する溝が確認されており、「寒川」「寒厨」「厨」などの墨書土器や硯、炭化米が出土。掘立柱建物跡の多くは倉庫と推定され、整然と配置されている。遺跡の南端には千駄塚古墳(円墳・直径約七十メートル)がある。『万葉』巻二十に防人の寒川郡上丁川上臣老の歌が載る。式内社としては小山市に安房神社と胸形神社がある。平安時代末期に寒川御厨が成立する。小山市鏡・中里・寒川・迫間田の東側および藤岡町蛭沼に条里の痕跡が残る。また、下野薬師寺瓦を生産した小山市乙女不動原瓦窯跡(国史跡)がある。

(市橋一郎)

河内郡・かわちのこおり

北は塩屋郡、東は芳賀郡、南・西は都賀郡に接し、鬼怒川・田川の流域に位置する。郡名は湾曲する川の内に立地することに由来する。秋田城木簡に「下野国河内郡□部郷□」と見える。『和名抄』刊本によれば丈部、刑部、大續、酒部、三川、財部、真壁、輕部、池邊、衣川、駅家(高山寺本になし)の十一郷から構成される。郡域は、現在の上三川町、宇都宮市の大部分、下野市・鹿沼市・日光市の一部と推定される。『万葉』巻二十に防人の歌として河内郡の上丁神麻續部嶋磨の歌が載る。

『続紀』慶雲四年(七〇七)三月の条に「従四位上下毛野朝臣古麻呂、請改下毛野朝臣岩代姓為下毛野川内朝臣許之」とあり、下毛野朝臣の分派としてはこれが最初である。河内は河内郡から来ており、本郡に下毛野朝臣が勢力をもっていたことが窺える。

郡家は宇都宮市と上三川町の境に所在する上神主・茂原遺跡(国史跡)に想定されている。遺跡の中心部近くに、南面する「正殿」を中心に東西に長大な「脇殿」を配した掘立柱建物群からなる「政庁」があり、「政庁」の南側には正倉域と推定される多くの総柱式掘立柱建物が確認されており、そのなかには大量の人名文字瓦を葺いた大型建物跡がある。また上三川町多功遺跡では大型の総柱式掘立柱建物や瓦葺建物を含む二十数棟の建物跡が確認されており、炭化米の出土などから郡家正倉跡と考えられている。他に官衙的な遺跡として、宇都宮市茂原町の北原東・西下谷田遺跡、上三川町西汗の西赤堀遺跡、上三川町の多功南原遺跡がある。宇都宮市戸祭町には下野国分寺瓦を生産した水道山瓦窯跡があり、宇都宮市の市街地から東に七キロメートルの鬼怒川左岸の断崖にある城跡から「烽家」と墨書された九世紀中頃の須恵器杯が出土し、ここに烽制に基づいた施設があった可能性が高い。『延喜式』によると、田部駅家は田部駅と衣川駅があり、田部駅は田部は田郷の誤りで現在の上三川町多功とする説と国庁跡に近接している栃木市田村町を想定する説がある。衣川駅は宇都宮市石井町説が有力である。駅路は、下野市諏訪山北遺跡、同市三ノ谷遺跡、宇都宮市杉村遺跡、同市西刑部西原遺跡、同市上野Ⅰ・Ⅱ遺跡、同市釜根遺跡、同市日枝神社遺跡で確認された。宇都宮市雀宮付近に条里の痕跡が残る。

式内社として宇都宮市二荒山神社があり、『下野国誌』によれば豊城入彦命の遺骸を神体としている。下野一の宮で下野国唯一の名神大社である。寺院としては、坂東十国の僧侶の戒壇の寺である下野薬師寺跡（国史跡）が下野市薬師寺に所在する。また宇都宮市大谷町に、平安時代に造顕された十体の磨崖仏（国特別史跡）がある。

（市橋一郎）

芳賀郡・はがのこり

『和名抄』刊本に「波加」と訓じる。北は塩屋郡・那須郡、東・南は下総国、西は河内郡・都賀郡に接する。東部は山地で谷あいを那珂川が北から東に流れ、西部は平地で五行川・小貝川が南流する。『和名抄』によれば古家、廣妹、遠妹、物部、芳賀、若續、承舎、石田、氏家、丈部、財部、川口、真壁、新田の十四郷より構成される。郡域は、現在の高根沢町・芳賀町・市貝町・茂木町・益子町・真岡市・二宮町、さくら市の大部分、宇都宮市・那須烏山市・茨城県筑西市の一部が相当する。藤原宮木簡にある「下□毛野國芳宜評……」が郡名の初見で、下野国府跡出土の延暦十年（七九一）頃の木簡に「芳賀」が見える。

郡家は真岡市京泉の塔法田遺跡が想定されている。地業遺構三十八基を北群・南群・西群に分けるとその形態は、茨城県新治郡家跡に類似し、東・北・西の三方に配されている長方形の建物跡を門跡と推定すると、郡家域は東西一七〇メートル、南北一九〇メートルとなる。真岡市中中村遺跡では、内郭溝と外郭溝、礎石建物跡六棟、掘立柱建物跡二十二棟、竪穴住居跡三軒などが確認され、炭化米・焼籾や瓦などが出土しており、倉庫別院と想定されている。

駅家は新田駅があるが、那須烏山市鴻野山所在の長者ヶ原遺跡の可能性が高い。南面する「正殿」の前面に、長大な「東脇殿」、「西脇殿」を左右対称に「コ」の字状に配し、南門を置いている。駅路としては、さくら市南原遺跡とさくら市厩久保遺跡がある。また、真岡市鶴田・西田井地の鶴田A遺跡でも道路遺構が確認。遺跡の位置から「伝路」の可能性があり、本遺跡の北西約二キロメートル付近には塔法田遺跡・大内廃寺がある。

式内社は真岡市大前神社と荒樫神社（現在は大前神社に相殿されている）、寺院には大内廃寺と西明寺がある。真岡市京泉に所在する大内廃寺は、塔法田遺跡の南約七〇〇メートルにあり、寺域は明確でないが、一辺十八尺の塔跡、間口四十七尺奥行き三十三尺の金堂跡が残り、法隆寺式伽藍配置をとる。この近くには五・六世紀のシトミ原古墳群がある。また、益子町益子の西明寺は寺伝によれば紀有麻呂の開基、行基菩薩の開山で、天平十一年（七三九）創建とされる。本尊は十一面観音菩薩像。日光開山の勝道上人は芳賀高岡（現在の真岡市南高岡）で生まれ、その地に仏生寺が建立されたとする伝承がある。

天平十九年（七四七）、石田郷に東大寺封戸五十戸が設定。真岡市加倉から二宮町辺り、益子町小貝川沿岸に条里の痕跡が残る。益子町益子窯跡群・真岡市南高岡窯跡群で生産された土器類の流通範囲は、郡内は無論のこと河内郡・都賀郡にも及ぶ。下野国府跡出土の漆紙文書には「広瀬郷」（廣妹郷）「宇治部郷」（氏家郷）などが記載された一種の歴名簿の残片が残る。

（市橋一郎）

塩屋郡・しおのやのこおり

『和名抄』刊本に「之保乃夜」と訓じる。北・西は上野国、南は都賀郡・河内郡・芳賀郡、東は那須郡に接する。下野国府跡出土の墨書土器に「塩屋」が見える。『和名抄』によれば、山上・片岡・阿會（高山寺本は河會）・散伎・山下（高山寺本になし）、餘戸（高山寺本になし）の六郷からなる。郡域は、現在の矢板市・塩谷町、那須塩原市・日光市・さくら市の一部に相当。『万葉』巻二十に防人の塩屋郡上丁丈部足人の歌が載る。郡家の所在地は未確認。造東寺司牒によると、天平勝宝四年（七五二）に東大寺封戸一〇〇〇戸の割り当てが変わり下野国は二五〇戸に増え、そのうちの五十戸が、塩谷郡片岡郷に置かれた。塩谷町佐貫に佐貫磨崖仏（国史跡）があり、断崖の壁面に線彫りの金剛界大日如来坐像が描かれている。弘法大師作というが、鎌倉時代との見方もある。

（市橋一郎）

那須郡・なすのこおり

北を陸奥国、東を下総国、南を芳賀郡、西を塩屋郡に接している。北部は那須火山帯のある北西部山岳地帯、東は八溝山地帯、中央部は那須野ヶ原からなり、那珂川・箒川が南流する。地名の由来は箒川と那珂川の間に生じた「中洲」の義にして、ナカスが略されてナスとなったと言う。

『和名抄』によれば那須（高山寺本になし）、大笥、熊田、方田、山田、大野、茂武（武茂か）、三和、全倉、大井、石上、黒川の十二郷より構成される。郡域は、現在の那須町・大田原市・那珂川町、那須塩原市・那須烏山市の大部分、さくら市の一部が相当する。

『旧事紀』国造本紀に「那須国造纏向日代朝御代建沼河命孫大臣命定賜国造」とあり、景行朝（四世紀後半）に御代建沼河命の孫である大臣命が初代那須国造を賜ったことが記載されている。飛鳥京木簡に「奈須評」が見える。

大田原市湯津上所在の「那須国造碑」（国宝）は、文武四年（七〇〇）に当たる庚子正月二日になくなった那須直韋提の徳を偲んでその子意斯麻呂らが建立したもので、永昌元年（六八九）四月すなわち持統三年に那須国から那須郡となり、那須直韋提は那須国造から郡大領になったことが知られる。

『万葉』巻二十に防人の那須郡郡上丁大伴部広成の歌「ふたほがみ悪しけ人なりあた病わがする時に防人にさす」がある。

郡家は那珂川町梅曽那須官衙跡（国史跡）に比定されている。少なくとも南北二〇〇メートル東西四〇〇メートル、溝で西・中央・東の三ブロックに区画されている。西ブロックは大溝によってかこまれた約二〇〇メートルの不整方形のなかに総柱式の掘立柱建物跡（倉庫群）が多数確認されている。瓦葺きの「法倉」もある。中央ブロックからは礎石建ちの建物二棟を確認（倉庫群）、東ブロックでは側柱式の掘立柱建物跡の存在により「郡庁」が想定されている。さらに別に南東ブロックで側柱式の掘立柱建物跡・大形竪穴住居跡・大形土坑などが発見されており、宿泊施設の「館」と食事・食料を調達する「厨家」であると思われる。西ブロックと中央ブロックとの間を概ね南北に通る道路遺構がある。梅曽遺跡出土の墨書土器に「山田五十卩」があり、山田郷の存在が知られる。

駅家として、磐上駅家と黒川駅家がある。磐上駅家は大田原市湯津上に比定され、近くの遺跡に小松原遺跡があり、「寒川」「饒」「梨本」「梨」「寺」「木」「方」「東」「十」「本」「中」「廐」「家」「子井」「山」「方」「上」の墨書土器が出土している。黒川駅家は那須町伊王野付近に比定。駅路が那須烏山市新道平遺跡で確認されている。

式内社として温泉神社、三和神社、健武山神社がある。温泉神社は那須町湯本にあり、大名持命、少彦名命の二柱を祀る。『三代実録』貞観五年（八六三）十月七日丙寅条に「下野国授従五位上勲五等温泉神従四位下」とある。三和神社は那珂川町三輪にあり、祭神は大物主神である。健武山神社は那珂川町健武に鎮座し、金山彦命、日本武尊命を祭神とする。『続後紀』承和二年（八三五）条に「下野国武茂神奉授従五位下、此神坐採沙金之山」とあり、従五位下を授かり、砂金の採れる山に祀られていることがわかる。

寺院としては、那珂川町の浄法寺廃寺があり、七世紀中期の創建といわれる。那加川と箒川の合流付近の箒川右岸段丘上に所在する。伽藍配置は不明。新羅系素弁八葉蓮華文軒丸瓦・三重弧文軒平瓦が出土。近くに那須宮衙跡がある。また、那珂川町尾の草遺跡も寺院跡と想定されており、七世紀中期創建という。那須町東岩崎所在の堂平遺跡は、礎石建物跡から小金銅仏（火災に遭った如来坐像）が出土。またこの遺跡の西五十メートルからも小金銅仏（誕生釈迦仏立像）が発見されている。

大田原市片田不付近・大田原市湯津上付近に条里の痕跡が残る。また、古代那須の中心地である那珂川と箒川の合流地点付近では、製鉄関連遺跡が比較的多く確認されている。

那須湯　那須町の那須湯本温泉を指す。九尾の狐で有名な殺生石、温泉神社などがある。「正倉院文書」天平十年（七〇〇）駿河国正税帳に、従四位下小野朝臣が病気のため、那須湯に行こうとして従者十二人を従えて駿河国を通過したことが記録されている。

（市橋一郎）

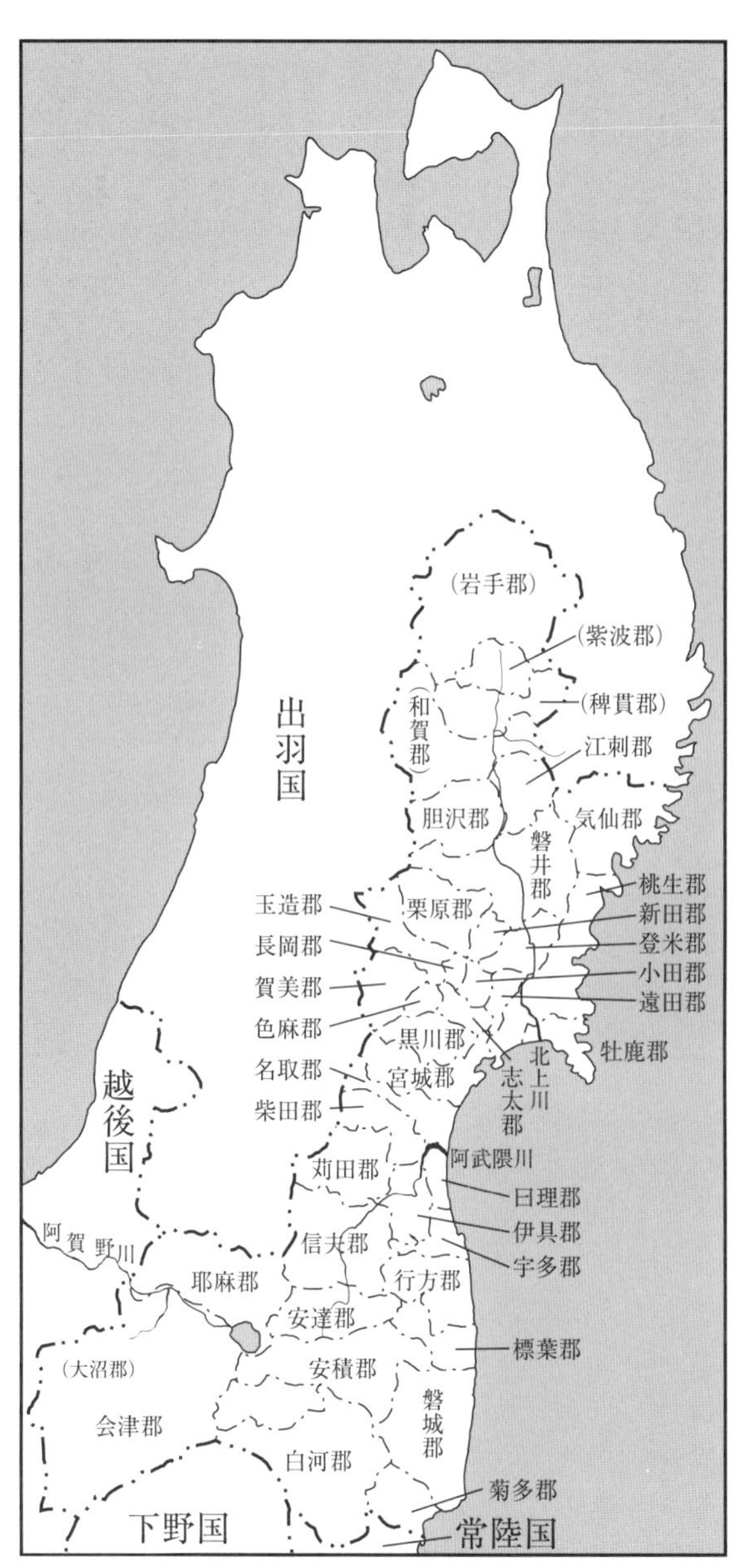

(岩手郡)
(紫波郡)
(稗貫郡)
(和賀郡)
出羽国
江刺郡
胆沢郡
気仙郡
磐井郡
桃生郡
玉造郡
栗原郡
新田郡
長岡郡
登米郡
小田郡
賀美郡
遠田郡
色麻郡
黒川郡
牡鹿郡
名取郡
宮城郡
北上川
志太郡
越後国
柴田郡
阿武隈川
苅田郡
日理郡
伊具郡
阿賀野川
信夫郡
宇多郡
耶麻郡
行方郡
安達郡
標葉郡
(大沼郡)
安積郡
磐城郡
会津郡
白河郡
菊多郡
下野国
常陸国

陸奥国略図

陸奥国・むつのくに

東山道の最奥に位置し、当初は「道奥国」と呼ばれた。『書紀』景行四十年に日本武尊が「陸奥国」に入ったとされるのが初見だが、潤色であり、確実な初見と言えるのは、『書紀』天武五年（六七六）正月の記事とみられる。東北地方の太平洋側にあたり、成立期には現在の福島県と宮城県南部に加え、山形県中南部の最上郡・置賜郡も含まれたが、和銅五年（七一二）に出羽国に移管された（『続紀』）。八・九世紀に、宮城県北部、岩手県南部までが組み込まれ、十一世紀以降、安倍氏・清原氏・奥州藤原氏の支配下で、岩手県北部や青森県域が組み込まれる。成立期の国府は名取郡（名取評）に置かれた可能性が高く（宮城県仙台市郡山遺跡）、養老年間に宮城郡に多賀城（宮城県多賀城市）が造営され、ここに遷った。養老二年（七一八）に、現福島県域を石城国・石背国として分置したが、神亀元年（七二四）までに戻されている。『延喜式』民部上によれば、白河・磐瀬・会津・耶麻・安積・安達・信夫・刈田・柴田・名取・菊多・磐城・標葉・行方・宇多・伊具・曰理・宮城・黒川・賀美・色麻・玉造・志太・栗原・磐井・江刺・胆沢・長岡・新田・小田・遠田・登米・桃生・気仙・牡鹿の三十五郡から構成される。このほか、弘仁二年（八一一）に和我・薭縫・斯波の三郡が設置されたが（『後紀』）、『延喜式』成立前にいったん廃され、その後に復置されたようで、十一世紀には、胆沢・江刺・和賀・稗貫・志波の五郡に、その北にできた岩手郡を加えて奥六郡と呼んでいる（『陸奥話記』）。さらに北の岩手県北部から青森県東部の糠部地方も、平安末期には糠部郡とされた可能性があり、文治五年（一一八九）にはその名が見える（『吾妻鏡』）。

蝦夷と境を接するため、国境に接する辺要国の一つとして、帳内・資人の取り立てを禁じるなど、大宝律令・養老律令では他国と異なる扱いの規定も設けられた。国内行政を担当した陸奥国司のほか、陸奥出羽の広域行政を担当する陸奥出羽按察使と、軍事を担当する鎮守府が設置されたが、平安期には按察使は赴任しなくなり、鎮守府も、当初の多賀城から胆沢城（岩手県奥州市）に移転した後は、陸奥国北方の行政官司の性格を強めていく。軍事面では、国域の拡張に伴って軍団の設置状況も変化したが、八世紀半ばには白河・安積・行方・名取・玉造・小田の六団体制となり、兵士たちは対蝦夷戦争への動員だけでなく、国内北方の要所に置かれた城柵官衙の警衛に日常的に配備された。こうした緊張のため、延暦十一年（七九二）に全国の軍団兵士を廃止した際にも、出羽・佐渡・大宰府管内とともに軍団兵士が維持され、さらに防衛強化のため、坂東などの他国から鎮兵も動員されている。

広大な面積を誇ることもあって『延喜式』では大国とされ、正税稲・公廨稲などの稲穀財源も全国有数の量を誇る。調・庸として広布・狭布・米・穀を収めるよう規定されたが、八世紀後半にはその運京が停止され、国内で行う蝦夷への饗給や賜禄にあてられた。八世紀半ばに小田郡で全国で初めて金を産出して以降、金の生産が始まり、また、良馬が生産されていたために、国司が交易によって獲た良馬を天皇へ貢進する制度も定着する。平安貴族たちの間では、金・馬のほか、漆や良質の紙など魅力的な物産が知られていた。

式内社の数は、合計で一〇〇座あるが、全郡にはわたっておらず、地域的な偏りがある。一宮は福島県白河郡棚倉町の都都古和気神社とする説と、宮城県塩竈市の塩竈神社とする説がある。国分寺・国分尼寺は宮城県仙台市若林区に遺跡が残る。国内には多くの歌枕が散在し、平安期以降さまざまな歌人に詠まれただけでなく、能因や西行のように実際に歌枕を訪ね歩いた者も知られる。

【参考文献】
伊東信雄・高橋富雄編『古代の日本 8 東北』角川書店、一九七〇年
須藤隆・今泉隆雄編『新版古代の日本⑨東北・北海道』角川書店、一九九二年
鈴木拓也『古代東北の支配構造』吉川弘文館、一九九八年

（鐘江宏之）

胆沢郡・いさわのこおり

『和名抄』に「伊佐波」という訓が知られ、白河・下野・常口・上総・余戸・白鳥・駅家の七郷が知られる。白河郷は陸奥国南端の白河郡からの、下野郷・上総郷はそれぞれ下野国・上総国からの移民によって構成された郷と考えらえる。郡域は、現在の奥州市の北上川以西、および胆沢郡金ヶ崎町にあたり、奥羽山脈に源を発して東流する胆沢川の流域を中心とした地域である。

胆沢の地名の初見は、宝亀七年（七七六）であり、国家に従わない胆沢の賊が征討対象となっている。胆沢の征討がうまく進まないため、政府は多賀城からの中継点に覚鱉城を造らせるなどして、征討準備を進めた。延暦八年（七八九）には征東大将軍紀古佐美が大軍を率いて征討に向かうが失敗し（『続紀』）、延暦十三年に派遣された征夷大将軍大伴弟麻呂らの戦果などを経て、最終的には延暦二十年に征夷大将軍坂上田村麻呂による蝦夷征討によって、翌二十一年一月に胆沢城の造営が開始され（『日本紀略』）、四月には大墓公阿弖流為と盤具公母礼らが降伏して決着した（『類聚国史』）。延暦二十三年には、初めて胆沢郡の表記が見られる（『後紀』）。

この間、延暦二十一年には、東海道の駿河以東、東山道の信濃以東の諸国から、四〇〇〇人が柵戸として移住させられ、郡内には東国からの多くの移民が暮らすようになった。その一方で、征夷前から居住していたとみられる、胆沢を冠する氏姓は、胆沢郡域を超える範囲に分布しており、胆沢公氏は北上盆地に広く分布した可能性がある。

式内社としては、磐神社・駒形神社・和我叡登挙神社・石手堰神社・胆沢川神社・止止井神社・於呂閉志神社の七座が知られる。多賀城から胆沢城、さらに志波城を結ぶ駅路のため、白鳥駅家・胆沢駅家が設けられた。

胆沢城　延暦二十一年（八〇二）に造営された城柵。現在の岩手県奥州市水沢区佐倉河に所在。九世紀初頭には多賀城から鎮守府が遷され、陸奥国北部の拠点施設となった。昭和二十九年（一九五四）からは継続して発掘調査が行われている。約六七〇メートル四方の外郭は築地塀で、外郭内の中央南よりに約九十メートル四方の一本柱列で囲まれた政庁があった。政庁のほかにも、外郭内には多くの建物が検出されている。玉造団・小田団・名取団に関する文字資料が出土しており、陸奥国の軍団のうち、北側三団の兵士が、当城の警衛担当として配備されたとみられる。また、外郭の北東に隣接する鎮守八幡神社は、坂上田村麻呂が勧請したと伝えられる（『吾妻鏡』文治五年九月廿一日条）。

胆沢川神社　当郡の式内社の一つ。現在の奥州市胆沢区若柳にあったとみられる。明治四十年（一九〇七）に於呂閉志神社と合祀され、現在は奥州市胆沢区若柳下堰袋に於呂閉志胆沢川神社がある。

上毛野胆沢公　承和八年（八四一）三月に外従五位下に叙された人物として、江刺郡の擬大領の上毛野胆沢公毛人の名が知られ（『続後紀』）、北上川をはさんだ対岸の江刺郡に分布していたことが知られるが、当郡内での分布を示す史料は残っていない。

胆沢公　延暦十一年（七九二）に、斯波村の夷として見える胆沢公阿奴志己らが、政府との交流のため、途上で障害となっている伊治村の蝦夷を制圧するよう願ったことが知られる（『類聚国史』）。胆沢城・志波城の造営よりも前であり、城柵による政府支配が及ぶよりも前に、胆沢公が北上盆地一帯に分布していた可能性がある。

遠胆沢公　弘仁五年（八一四）に出雲国における俘囚荒橿の反乱を制圧した人物として、夷の遠胆沢公母志が知られる（『類聚国史』）。また元慶四年（八八〇）に外従五位下に叙された近江国の俘囚で、遠胆沢公秋雄が知られる（『三代実録』）。史上にこの二例しか知られず、詳細は不明。

白鳥村　前九年合戦において、康平五年（一〇六二）に源頼義・清原武則軍が安倍貞任軍を破って、衣川関から北へ進軍し、胆沢郡白鳥村へと進んだことが知られる（『陸奥話記』）。おそらく古くは白鳥駅が置かれた地であろう。

白鳥駅　多賀城と胆沢城を結ぶ駅路に沿った駅家で、磐井駅と胆沢駅の間にあたり、現在の岩手県奥州市前沢区白鳥付近に比定される。

【参考文献】
平川南「律令支配の諸相」（『新版古代の日本⑨東北・北海道』、角川書店、一九九二年）
伊藤博幸「律令期村落の基礎構造―胆沢城周辺の平安期集落―」（『岩手史学研究』八〇、一九九七年）
鈴木拓也『古代東北の支配構造』吉川弘文館、一九九八年

（鐘江宏之）

新田郡・にいだのこおり

大崎平野を中心に設定された、黒川以北十郡のうちの一つとして、八世紀前半に、それ以前からあった新田柵を拠点として設置されたとみられる。延暦十八年（七九九）には、讃馬郡が併合された（『後紀』）。『和名抄』に「邇比太」の訓が知られ、山沼・仲村・貝沼・余戸の四郷からなる。現在の宮城県大崎市東部（旧田尻町）から栗原市南東部、登米市西部にかけて広がっていたと推定される。

木戸瓦窯跡（大崎市）からは、

「郡仲村郷他部里長二百長丈部呰人」とヘラ書された瓦が出土し、八世紀前半の郷里制下での丈部の存在が知られる。延暦十八年（七九九）には、夷俘を扇動したとして、当郡の弓削部虎麻呂とその妻丈部小刀自女が、日向国に配流されている（『後紀』）。また、『坂上系図』所引の『新撰姓氏録』逸文に、山木直氏が当郡の国覔忌寸氏の祖とされ、国覔忌寸氏の存在も想定されるが、これは他史料には見られない。式内社としては、子松神社のみが知られる。『往生極楽記』『法華験記』『今昔物語集』に、当郡の小松寺の僧であった玄海が極楽往生する説話が知られ、子松神社の神宮寺とも考えられる。

新田柵　八世紀前半に置かれた城柵。初見は天平九年（七三七）四月で（『続紀』）、それ以前に成立。新田柵を中心として、八世紀前半に新田郡が設置されたとみられる。現在の大崎市田尻八幡・田尻大嶺地区の丘陵上に、築地や土塁の痕跡とみられる遺構があり、この地に推定されている。

上毛野中村公　神護景雲三年（七六九）三月十三日に、陸奥大国造の道嶋嶋足の奏上によって、陸奥国内の豪族に、いっせいに在住地の地名に由来する姓が与えられ、当郡の吉弥侯部豊庭に、上毛野中村公の姓が与えられた。おそらく、仲村郷を根拠地とした一族であろう。

（鐘江宏之）

江刺郡　えさしのこおり

『和名抄』に「衣佐志」という訓が知られ、大井・信農・甲斐・槁井の四郷からなる。現在の奥州市および北上市の北上川東岸の地域にあたる。周辺諸郡の成立時期からみて、九世紀初頭には成立していたであろう。郡名の初出は承和八年（八四一）三月（『続後紀』）で、このとき擬大領の上毛野胆沢公毛人が仮に外従五位下に叙されている。

北上川に近い落合Ⅱ遺跡（奥州市江刺区）からは、九世紀代の墨書土器が多量に出土し、木簡も見つかっている。また、胆沢城に須恵器を供給した瀬谷子窯跡（奥州市江刺区）もあり、宮城県多賀城市山王遺跡から、「江刺郡」とヘラ書きされた同窯産の須恵器甕の破片が見つかっている。黒石寺（奥州市水沢区）の木造薬師如来坐像には、胎内に貞観四年（八六二）の年紀を持つ銘文があり、そこに見られる人名から、付近に額田部・穂積部・宇治部・物部などの姓が分布したことが知られる。また同寺には、九世紀のものとみられる四天王立像や永承二年（一〇四七）の年紀の銘文を持つ木造僧形坐像もあり、九世紀以降に仏教がこの地に根付いたことを窺わせる。十一世紀半ばには奥六郡の一つとして数えられ、安倍氏配下の藤原経清が当郡内に豊田館を築き、この館は子の藤原清衡へと伝領された。藤原清衡の時代には、当郡内の益沢院で写経が行われたことが、元永二年（一一一九）の奥書を持つ和歌山県金剛峰寺所蔵の大品経巻三十から知られる。藤里毘沙門堂（奥州市江刺区）に見られる十一世紀の兜跋毘沙門天立像や十二世紀の毘沙門三尊像は、奥州藤原氏の下で作られた。式内社としては鎮岡神社が知られる。

信農郷　『和名抄』は「信農」とするが、「信濃」と音が通じることから、信濃国からの移民によって成立した郷とみられる。

甲斐郷　甲斐国からの移民によって成立した郷とみられる。

（鐘江宏之）

遠田郡　とおだのこおり

『和名抄』に「止保太」の訓が知られ、清水・余戸の二郷が知られる。大崎平野の東部にあたり、現在の宮城県大崎市東部から遠田郡美里町北部にかけての地域。田夷の郡とされ、天平九年（七三七）四月に、陸奥出羽連絡路の開削に際して、郡領の遠田君雄人が蝦夷の鎮撫のために海道方面に派遣された記事が初見（『続紀』）。それ以前に当郡が成立していたことが知られ、黒川以北の十郡がまとめて成立した際に含まれていた可能性が高いが、天平二年（七三〇）正月に田夷村に郡家を建てた記事も知られ（『続紀』）、これが遠田郡の成立ともとれる。郡領氏族として知られる遠田君（公）氏のほか、公のつく田夷としての氏姓がいくつか知られる。弘仁三年（八一二）と五年には、竹城公・黒田竹城公・白石公が陸奥磐井臣に、竹城公・荒山が陸奥高城連に、小倉公が陸奥小倉連に、石原公が陸奥石原連に、柏原公が椋椅連に、遠田公が遠田連に、意薩公が意薩連に、竹城公が高城連に、真野公が真野連に改められた。

遠田君（公）　八世紀前半から遠田郡の郡領氏族として見えるが、延暦九年（七九〇）五月に郡領の遠田公押人が田夷の姓を除かれることを申請し、遠田臣の姓を与えられた（『続紀』）。また、弘仁三年（八一二）九月には遠田公五月ら六十九人に、さらに同五年三月には遠田公広楯ら二十九人に、それぞれ遠田連の姓が与えられている（『後紀』）。

【参考文献】

今泉隆雄「律令国家とエミシ」（『新版古代の日本⑨東北・北海道』角川書店、一九九二年）

（鐘江宏之）

磐井郡　いわいのこおり

『和名抄』に「伊波井」という訓が知られ、丈几・山田・沙沢・仲村・磐井・磐本・駅家の七郷からなる。現在の岩手県一関市、西磐井郡平泉町にあたり、磐井川の流域から北上川の東西にかけて広がる。初見は『延喜式』まで下り、それ以前の史料に成立は明記されていないが、陸奥国北部における建郡の進展からみて、八世紀後半の成立と推定される。延暦年間の征夷の後、悪路王（阿弖流為）が要塞にした田谷（達谷）窟の前に、坂上田村麻呂が西光寺を建立したと伝えられる（『吾妻鏡』文治五年九月二十八日条）。平安中期には、奥六郡から衣川関を越えて支配を南下させた安倍氏の下で、小松柵が置かれていた。十一世紀の前九年・後三年合戦の後、藤原清衡は平泉館を拠点として勢力を伸ばし、奥州の覇権を握る。平泉には毛越寺や無量光院などの寺院が、衣川関のあった関山には中尊寺が建立された。奥州藤原氏の下で平泉は都市的発展をみせた。郡内には高鞍荘・大田荘などの荘園が設置された。文治五年（一一八九）の奥州合戦で源頼朝の送った鎌倉軍に破れ、平泉は鎌倉幕府の支配下に置かれることとなった。式内社として、配志和神社・儛草神社の二社が知られる。胆沢城の設置後、多賀城と胆沢城を結ぶ駅路に沿って、磐井駅が置かれた。

磐井河　奥羽山脈に源を発し、東流して、現在の一関市で北上川に合流する。前九年合戦において、康平五年（一〇六二）八月に小松柵での戦いに勝利した源頼義・清原武則軍の疲弊に乗じて、安倍貞任軍がこれを攻撃したが、貞任軍は破れ、敗走の際に磐井河の断崖や深淵に阻まれて、多くの兵が射殺されたという（『陸奥話記』）。

磐井駅　多賀城から山道方面を胆沢城に向かう駅路に沿った駅家。栗原駅家から北上した駅路が磐井川を渡る手前に、現在、萩荘の地名が残るが、『陸奥話記』に当郡の「萩馬場」が見え、古くこの付近に駅家が置かれていた可能性が指摘されている。

高鞍荘　郡内の東南部に所在。十二世紀半ばには関白藤原忠実が子の頼長に譲ったが、領主である忠実・頼長と、現地の管理を任された奥州藤原氏の基衡との間で、年貢増徴をめぐって厳しい交渉があった。保元の乱（一一五六）で頼長が亡くなった後は、後院領となる。

骨寺村　現在の一関市厳美町に所在。中尊寺経蔵初代別当の私領であったが、天治三年（一一二六）に中尊寺領となった。鎌倉時代の絵図二枚が残り、現在も往時の景観を残している。

【参考文献】

斉藤利男『平泉　よみがえる中世都市』岩波書店、一九九二年

入間田宣夫「奥六郡と磐井郡」（北上川流域の歴史と文化を考える会編『平泉の原像』三一書房、一九九四年）

渕原智幸「磐井郡の成立」（『古代文化』五七—六、二〇〇五年）

（鐘江宏之）

宮城郡・みやぎのこおり

『和名抄』では「美也木」という訓が知られ、現在の宮城県仙台市青葉区・若林区・宮城野区・泉区、多賀城市、塩竈市、宮城郡七ヶ浜町・利府町にあたると考えられる。郡名の由来については、塩竈神社（塩竈市）と多賀城（多賀城市）が所在することによるとする説、屯倉（みやけ）から転訛したとする説、政府の拠点としての多賀城を都の宮城になぞらえたとする説などがある。赤瀬・磐城・科上・丸子・大村・白川・宮城・余戸・多賀・柄屋（栖屋カ）の十郷から構成され、このうち磐城郷は陸奥国南部の磐城郡からの移民に由来するとみられる。郡名の初見は天平神護二年（七六六）十一月で（『続紀』）、多賀柵が多賀城と改称された後に郡名が成立した可能性もあるが、多賀城の造営された八世紀前半のうちには成立していた可能性もある。

七世紀末から八世紀初頭に名取郡の仙台郡山遺跡にあった政府の東北経営拠点が、八世紀前半に多賀城（多賀柵）に移転し、以後、本郡の地域に国府が置かれたとみられる。多賀城の設置に伴い、その付近には陸奥国内から多くの人々が集住した。多賀城の南に広がる低地帯の市川橋遺跡・山王遺跡からは、東西・南北に走る道路によって区画された街区が見つかり、多賀城を中心とした政治都市としての様相を呈していたことが明らかになってきている。山王遺跡は七世紀に遡り、多賀城設置以前からこの地を拠点とする人々のいたことが知られる。また、多賀

城から一キロメートルほど南東の台地上に、多賀城に付随すると考えられる多賀城廃寺があり、大宰府に附属する観世音寺とよく似た伽藍配置をとり、また山王遺跡からは「観音寺」と記した墨書土器も出土している。多賀城廃寺の文字瓦には、大崎平野の郡名が見られ、この地域よりも北側の勢力を動員して造営されたことが推測される。この多賀城廃寺とは別に、多賀城からは十キロメートルほど南東に離れて陸奥国分寺・国分尼寺（仙台市若林区）が造営されている。陸奥国分寺は、現在知られている諸国の国分寺伽藍の中でも有数の規模を誇るが、出土した文字瓦に陸奥国南部の郡名が多いことから、陸奥国南部の勢力を動員して造営されたとみられる。陸奥国の中心として、国内の南北から多くの人々が借り出され、集まってきていた。

国分寺・国分尼寺の付近に、四世紀の築造とされる全長一一〇メートルの遠見塚古墳がある。承和七年（八四〇）には権大領として池を造るなど農業開発に活躍した物部已波美が見え（『続後紀』）、郡内の有力豪族として物部氏が知られる。式内社として伊豆佐比売神社・志波彦神社・鼻節神社・多賀神社があり、塩竈神社は式外とする説が有力。鼻節神社には「国府厨印」という印文の古銅印が伝世する。松島には、平安時代に天台宗松島寺（のちの瑞巌寺）が開かれた。郡内の海岸沿いには製塩遺跡が多数見つかっている。また、郡内の歌枕として「末の松山」「塩竈の浦」「松島」「宮城野」などが著名。平安末期には、南部に八幡荘、東部に高城保、中央部に南宮荘・高用名が成立した。

多賀郡　延暦四年（七八五）四月、国府の危機の場合には陸奥国南部の諸郡から兵を徴発したのでは遠いため、多賀城の近くに多賀・階上の二郡を権郡として設置し、ここへ人々を移住させて、多賀城への兵の徴発に備えることとした。『和名抄』に見える多賀・科上の二郷を中心に、付近の郷を合わせ臨時措置として権郡を設置したとみられるが、その後に存在は知られず、ほどなく郷に戻されたのであろう。

多賀柵　多賀城は八世紀半ばまでは「多賀柵」として見える（『続紀』）。出羽柵などと同様に当初は「柵」と称していたものが、八世紀半ばすぎごろに「城」へと改称されたのであろう。多賀柵の創建は、多賀城碑の記載によれば神亀元年（七二四）に大野東人によってなされたと伝えられるが、政庁南面正面道路跡から出土した木簡によって、養老二年（七一八）から六年（七二二）ごろの造営が有力視されている。

多賀城　陸奥国府として造営された城柵施設。八世紀前半の養老年間ごろに創建され、多賀柵と呼ばれていたが、八世紀後半には「多賀城」と呼ばれるようになる。台地上から南麓にかけてを取り囲むような不整方形の外郭の中心部に、長方形の内郭を持つ政庁があり、政庁の南側正面の坂から低地にかけて直線的に南に延びる道路跡が見つかっている。天平宝字年間の藤原朝猟による修造を顕彰して多賀城碑が立てられた。木簡や漆紙文書などの出土文字資料も多数見つかっているほか、宝亀十一年（七八〇）に伊治呰麻呂の反乱によって焼け落ちた痕跡が発掘調査でも確認されている。当初は鎮守府も置かれていたが、九世紀初頭には鎮守府が胆沢城に遷された。

塩竈神社　現宮城県塩竈市に鎮座し、塩土老翁神・武甕槌神・経津主神を祭る。名の通り製塩に関わる神で、当地方では古くから祭られてきたようだが、『延喜式』神名式には含まれないいわゆる式外社であり、康和二年（一一〇〇）にも式外として見える（『朝野群載』）。

【参考文献】

平川南「多賀城の創建年代」（『国立歴史民俗博物館研究報告』五〇、一九九三年）
千葉孝弥「多賀城城外の道路と方格地割り」（『古代文化』四七―四、一九九五年）
今泉隆雄「多賀城の創建」（『条里制・古代都市研究』一七、二〇〇一年）

（鐘江宏之）

黒川郡・くろかわのこおり

『和名抄』では「久呂加波」という訓が知られ、黒河とも書く（『後紀』『三代実録』）。新田・白河・駅家の三郷から構成され、多賀城の所在した宮城郡の北側に隣接し、現在の宮城県黒川郡富谷町・大和町・大郷町・大衡村にあたる。天平十四年（七四二）に黒川郡以北の十一郡に赤い雪が降ったと見える記事が初見（『続紀』）。以後、「黒川以北十郡」などのように、多賀城以北の柵戸主体で小規模な郡をまとめて扱うことが多く見られる。

神護景雲三年（七六九）、郡内の靫大伴部弟虫らに靫大伴連の姓が与えられたように（『続紀』）、靫大伴部氏が有力氏族として分布し、承和八年（八四一）には大領として靫伴連黒成が知られる（『続後紀』）。式内社として須伎神社・石神山精神社・鹿嶋天足別神社・行神社がある。平安時代末期には東南部が大谷保となった。

黒川以北奥郡　黒川以北十郡とされる牡鹿・小田・新田・長岡・志太・玉造・冨田・色麻・賀美・黒川の諸郡は、養老四年（七二〇）の蝦夷の反乱の後に、多賀城以北の丹取郡などの近夷郡が分割されて、規模の小さな郡として一度に成立したとみられる。小規模な地域ごとに在地有力者を郡司とし、彼らが大きな権力を握ることを防いだ。

黒川駅　多賀城から北上盆地までを内陸を通って結ぶ経路における、多賀城直近の駅家。色麻柵付近とみられる色麻駅と多賀城との間に位置し、駅馬五頭が置かれた（『延喜式』）。

【参考文献】
熊谷公男「黒川以北十郡の成立」（『東北学院大学東北文化研究所紀要』二一、一九九七年）

（鐘江宏之）

玉造郡・たまつくりのこおり

『和名抄』では「太万豆久里」という訓が見える。史料上は知られないが、玉造部（玉作部）の集団が移住したことによる地名か。府見・玉造・信太・余戸・駅家の五郷から構成され、現在の宮城県大崎市北西部にあたり、大崎平野の奥から江合川に沿って山間部へと広がる。神亀五年（七二八）に丹取団が玉造団に改称されており（『続紀』）、玉造郡の成立もそのころとみられる。名生館官衙遺跡は、玉造柵もしくは玉造団かとも考えられている。天平九年（七三七）に大野東人らが多賀城と秋田の出羽柵を結ぶ陸奥・出羽連絡路を開削した際には、陸奥側の玉造郡の地から出羽へと通っており、交通上の要衝であった。神護景雲三年（七六九）には、郡内の吉弥侯部念丸が下毛野俯見公の姓を与えられており、これが郡名の初見記事である（『続紀』）。式内社としては、温泉神社・荒雄河神社・温泉石神社が知られる。前九年合戦では郡の西部にあたる鬼切部（鬼功部）で戦闘が行われた。

丹取団　神亀五年（七二八）に丹取団が玉造団と改称されたが（『続紀』）、それ以前は陸奥国北方の押さえとなっていた。全国の軍団名は郡名に由来するものが多く、それ以前に丹取郡が存在したことを推測させる。

玉造団　玉作団とも記す（『続紀』）。神亀五年に丹取団が玉造団に改称され、以後は陸奥国の中で最北の軍団として存在した。陸奥国内の城柵への交替警備に一〇〇〇人が充てられた。胆沢城跡出土の延暦二十一年（八〇二）の漆紙文書に「玉造団擬大毅」が見え、当団の兵士が胆沢城に上番していたようである。

玉造柵　玉造塞（『続紀』『後紀』『続後紀』）、玉作城（『続紀』）とも記す。八世紀前半のうちに、多賀柵・色麻柵・牡鹿柵・新田柵とともに設置された。天平九年（七三七）の大野東人を大使とする陸奥・出羽連絡路の開削に際しては、副使の坂本宇頭麻佐が派遣され（『続紀』）、また弘仁六年（八一五）の陸奥国内の軍制改革でも、多賀城・胆沢城と並んで兵士と健士が配備されており、要害の施設として重視された。式内社の温泉石神社は、「玉造塞温泉石神社」とも記され（『続後紀』）、付近に温泉の所在したことを推測させる。

名生館官衙遺跡　多賀城の創建よりも古く遡り、七世紀末から八世紀初頭に成立しているとみられる。郡家の中心と似た構造を持つが、その性格については、不明な点も多い。

玉造駅　『延喜式』では色麻駅と栗原駅の間に挙げられ、駅馬五頭が置かれた。現在の大崎市内に比定する説が有力。

【参考文献】

進藤秋輝「名生館遺跡—玉造柵推定地—の調査」（『日本歴史』、四〇〇、一九八一年）
鈴木拓也『古代東北の支配構造』吉川弘文館、一九九八年

（鐘江宏之）

志太郡・しだのこおり

信太郡とも記す（『続紀』）。『和名抄』によれば、酒水・信太・余戸の三郷からなり、現在の大崎市南東部にあたり、大崎平野の低地帯に位置する。六六三年の白村江の戦いで唐の捕虜となり、慶雲四年（七〇七）に帰国した生王五百足の本属は「信太郡」とされている（『続紀』）。帰国時点の八世紀初期には当郡が成立していたとみられ、またこの史料からは郡内の生王（＝壬生）氏の存在も知られる。郡内には山畑装飾横穴古墳群・大迫横穴古墳群・亀井囲横穴古墳群など、末期古墳の横穴が多く分布し、横穴古墳の形成された七世紀後半には開発が進んでいた。式

内社として敷玉早御玉神社が知られる。平安時代末期には、郡内東南部に長世保が成立し、国司御厩田とされた（『吾妻鏡』）。

（鐘江宏之）

栗原郡・くりはらのこおり

『和名抄』に「久利波良」という訓が知られ、栗原・清水・仲村・会津の四郷から構成される。八世紀半ばまでは律令政府の支配下に属さず蝦夷の地であったが、神護景雲元年（七六七）十一月に、直前に完成した伊治城を中心として設置された。伊治の訓「これはり」と、郡名の「くりはら」は音の類似性からみて、同じ地名を指すと考えられる。『続紀』宝亀十一年（七八〇）三月丁亥条に知られる「上治郡」も、「此治郡」の誤写であろう。現在の宮城県栗原市にあたり、地形は北西部の山岳地帯から東南に向かって丘陵地、低地帯へとつながる。式内社として表刀神社・志波姫神社・雄鋭神社・駒形根神社・和我神社・香取御児神社・遠流志別石神社の七社が知られる。

伊治城　現在の宮城県栗原市に造営された城柵。道嶋三山の建言によって造営を開始し、三十日を経ずに神護景雲元年十月に造営し終えたと伝える（『続紀』）。一迫川・二迫川の河岸段丘上にあり、土塁や大溝などで区画された東西約七〇〇メートル、南北約九〇〇メートルの不整形の外郭の中に、平行する二本の溝で区画された東西約一八五メートル、南北約二四五メートルの平行四辺形の内郭があり、中心には東西約五十八メートル、南北約六十メートルの不整方形である政庁域が存在する。多賀城跡出土第一〇二号漆紙文書に「此治城」という表記も知られる。機械仕掛けの弓である弩の金具も出土した。

伊治村　神護景雲三年（七六九）に、浮宕の百姓二五〇〇人余を、移住させたことが知られ、伊治郡成立後も伊治村として扱われる地があったことが知られる。その後の延暦十一年（七九二）にも「伊治村」の表記が見られ（『類聚国史』）、斯波と多賀城との往来の障害となっていると伝えることから、その間に位置することがわかる。

伊治公呰麻呂　宝亀八年（七七七）に出羽国で起こった蝦夷反乱の鎮圧に従軍した功績で、蝦夷第二等から外従五位下に昇進。宝亀十一年（七八〇）時点での栗原郡大領で俘囚とされる。覚鱉城の建設をめぐって、牡鹿郡大領の道嶋大楯と対立し、反乱を起こして、大楯と陸奥按察使を殺害した。これは伊治呰麻呂の乱と呼ばれる。

栗原駅　陸奥国の国府多賀城から北方に向かう道沿いの駅家。玉造駅と磐井駅の間にあたり、駅馬五疋を置く。延暦二十三年（八〇四）には栗原郡内に新たに三駅を置いており（『後紀』）、胆沢城の設置によって、多賀城と胆沢城の連絡のために当郡内の交通路が充実したとみられる。

【参考文献】

平川南『漆紙文書の研究』吉川弘文館、一九八九年
新野直吉『古代東北の兵乱』吉川弘文館、一九八九年
熊谷公男「古代東北の豪族」（『新版古代の日本⑨東北・北海道』、角川書店、一九九二年）

（鐘江宏之）

長岡郡・ながおかのこおり

『和名抄』に「奈加乎加」の訓が知られ、長岡・溺城の二郷が知られるが、溺城は瀦城の誤写とみられる。大崎平野の北部にあたり、現在の大崎市北部から栗原市南部にかけての地域とみられる。天平十四年（七四二）に見える「黒川以北十一郡」（『続紀』）の中に含まれると考えられ、八世紀前半に成立した。長岡という地名の初出は宝亀十一年（七八〇）二月（『続紀』）、長岡郡としての初出は延暦八年（七八九）八月（『続紀』）である。

【参考文献】

熊谷公男「黒川以北十郡の成立」（『東北学院大学東北文化研究所紀要』二一、一九八九年）

（鐘江宏之）

気仙郡・けせのこおり

『和名抄』に「介世」の訓が知られ、気仙・大島・気前の三郷からなる。現在の宮城県気仙沼市・本吉郡から岩手県陸前高田市・大船渡市・気仙郡にかけての、三陸海岸沿いの地域にあたる。平安後期に閉伊郡・糠部郡が成立するまでは、太平洋岸で最北の郡であった。弘仁元年（八一〇）十月に渡嶋の狄二〇〇余人が来着したとする記事が郡名の初出（『後紀』）。前九年合戦に際して、天喜五年（一〇五七）に当郡の郡司であった金為時が、陸奥守源頼時の意を受けて、安倍頼時勢力の背後にある鉋屋・仁土呂志・宇曾利の蝦夷ら

を官軍方に誘ったと伝えられる(『陸奥話記』)。金氏もまた安倍氏と同様な俘囚の一勢力であった。式内社として知られる理訓許段神社・登奈孝志神社・衣太手神社の三社が祀られる氷上山のふもとに所在する小泉遺跡(陸前高田市)からは、一〇〇点を超える九世紀の墨書土器が出土し、郡家の可能性が考えられている。平安末期には南部に摂関家領の本吉荘が成立していた。

【参考文献】

「海の蝦夷—小泉遺跡が語りかけるもの—」『法政大学国際日本学研究所研究報告』四、二〇〇四年

(鐘江宏之)

登米郡・とよまのこおり

『和名抄』に「止与米」という訓が知られるが、「止与末」の誤写の可能性も考えられる。八世紀末の海道(多賀城以北の海沿いの地域)蝦夷の根拠地「遠山村」(『続紀』)を「とよま」とする見解もあるが、この説には反論もある。延暦十八年(七九九)に小田郡に併合されたが、この記事が登米郡の初見史料である(『後紀』)。のちに再置されたようで、『延喜式』には小田郡とは別に見え、『和名抄』では登米・行方の二郷からなる。北上川に沿った、現在の登米(とめ)市北東部にあたるとみられる。

遠山村　宝亀五年(七七四)における海道(多賀城以北の海岸沿いの地域)蝦夷の反乱で、蝦夷勢力の拠点となったとされる。それ以前には政府軍が侵攻することがなかったが、この反乱に対して、陸奥守と鎮守将軍を兼ねていた按察使の大伴駿河麻呂によって攻撃され鎮圧された。

行方郷　常陸国行方郡、もしくは陸奥国南部の行方郡からの移民によって成立した郷とみられる。

桃生郡・もものうのこおり

『和名抄』に「毛牟乃不」という訓が知られ、桃生・磐城・磐越・余戸の四郷からなる。現在の宮城県石巻市北部と東松島市にあたり、北上川下流から三陸海岸南部にかけて東西に広がっている。地名としての「桃生」の初見は、天平宝字元年(七五七)四月であり、藤原仲麻呂政権が不幸・不恭・不友・不順とさ

れた者たちを、出羽国の雄勝とともに、陸奥国桃生に柵戸として移住させた（『続紀』）。こうした強制移住と並行して、桃生城の造営が進められていた。天平宝字四年（七六〇）段階では、陸奥国牡鹿郡に桃生柵を作ったとされており（『続紀』）、当時はまだ牡鹿郡域に属していたとみられる。当初は浮浪人を配するなどの措置がとられたほど、定住者が少なかったとみられ、神護景雲三年（七六九）年二月には坂東から移住する柵戸を募集した（『続紀』）。郡名としての初出は宝亀二年（七七一）十一月で、当郡の牡鹿連猪手に道嶋宿祢の姓を与えた記事である（『続紀』）。東松島市の矢本横穴墓群からは「大舎人」と墨書された八世紀前半の須恵器が見つかり、この地域の豪族で中央で登用された道嶋氏とのつながりを想起させる。宝亀五年（七七四）に海道（多賀城以北の海沿いの地域）蝦夷が蜂起して桃生城を攻撃したが、陸奥守兼鎮守将軍兼按察使の大伴駿河麻呂の軍がこれを鎮圧した。その後もたびたび海道蝦夷の反乱の記録が残っている。式内社として、飯野山神社・日高見神社・二俣神社・石神社・計仙麻大島神社・小鋭神社の六社が知られ、中でも計仙麻大島神社は名神大社として扱われている。この地から北上川を遡上していけば、北上盆地に出ることができ、日高見神社も北上川の神を祀ったものであろう。平安末期には北東部が本吉郡となり、摂関家領の本吉荘が置かれた。

桃生城（桃生柵） 天平宝字二年（七五八）十月に、造営されたことのわかる記録が初めて見え、同三年（七五九）には坂東七箇国から送った武器が収められた（『続紀』）。大河（北上川）に臨む地に造営されたと伝えられ（『続紀』）、海道蝦夷に対する目的と、北上川の水運を押さえる目的で設置されたとみられる。遺跡は現在の石巻市飯野にあって、旧北上川が西側から南側にかけて流れるのを見下ろすことができる丘陵南端上に位置し、東西六十五メートル、南北七十メートルの築地塀によって囲まれた区画の中に、正殿・後殿・東西脇殿を持つ政庁が見つかっている。

磐城郷 陸奥国南部の磐城郡からの移民によって成立した郷とみられる。

【参考文献】

宮城県多賀城跡調査研究所『桃生城跡』I〜X、一九七五〜二〇〇二年

（鐘江宏之）

小田郡・おだのこおり

「少田郡」とも記される（『扶桑略記』）。『和名抄』に「乎太」の訓が知られ、小田・牛甘・石毛・賀美・余戸の五郷が知られる。現在の宮城県大崎市東部、遠田郡涌谷町西部、遠田郡美里町北部で、大崎平野から北部の丘陵地にかけて広がる。延暦十八年（七九九）に登米郡を併合したが（『後紀』）、『延喜式』には登米郡が記載されており、九世紀のうちに再度分離したと考えられる。天平勝宝元年（七四九）正月に日本で初めて黄金が産出された地として報告されたのが、郡名の初出であるが（『扶桑略記』）、天平十四年（七四二）に「黒川以北十一郡」と記された中に含まれると考えられ（『続紀』）、それ以前に成立していたとみられる。

産金によって当郡は調庸をしばらく免除されることになり、郡内の産金関係者として、丸子連や日下部といった氏姓の者が見られる（『続紀』）。延暦十六年（七九七）正月には、郡内の丸子部稲麻呂らに大伴安積連の姓が与えられており（『後紀』）、陸奥国南部の安積郡からの移民の可能性がある。また延暦四年（七八五）段階の大領として丸子部勝名の名も知られ（『続紀』）、丸子部氏は郡内の有力氏族であった。下伊場野窯跡群（大崎市）では、「小田郡丸子部建麻呂」と記した文字瓦がみつかっており、この人物は瓦製作集団の中の上位者とみられる。また、どの段階の蝦夷征討軍かは不明ながら、紀伊国から征討軍に従ってきた大伴部直氏が小田郡嶋田村に移住し、その子孫が蝦夷の捕虜となったことが、神護景雲三年（七六九）の記事から知られる（『続紀』）。

産金地を祀ったとみられる式内社の黄金山神社（涌谷町）は、平安中期以降も国家の崇敬を受け、承暦四年（一〇八〇）にも位階が昇叙され封戸が加えられた（『水左記』『帥記』）。同社の付近からは「天平」とヘラ書きされた瓦製宝珠の断片や瓦が見つかっており、平成四年の調査で、付近から砂金の採取も確認された。式内社は同社のみしかないが、郡内には鹿嶋神宮の苗裔神が四社あったことも知られる（『三代実録』）。また、郡内には中山柵の存在が知られ、延暦二十三年（八〇四）には坂東諸国と陸奥国の糒と米を収納させている（『後紀』）。

小田団　弘仁六年（八一五）八月が初見で（『三代格』）、このとき同団から一〇〇〇人が城塞の守備のために動員されている。小田郡に所在したとみられ、玉造団・名取団とともに、陸奥国北方の軍団として、胆沢城成立後にその警衛を担当したとみられる。承和十年（八四三）二月段階の主帳として牡鹿連氏縄の名が知られ、また彼に率いられて胆沢城の警衛に当たっていたと考えられる健士（武芸に秀でた兵士）に、伴部や宗何部の氏姓の者が知られる（胆沢城跡出土一八号漆紙文書）。

美知能久乃小田在山　大伴家持が詠んだ「陸奥国金を出す詔書を賀す歌」に見え、「みちのくのおだなるやま」と読んでいる（『万葉』四一一八）。家持は当時越中守として任地にあり、陸奥国小田郡からの産金を全国に知らせる詔書を受けて、大仏造立を天地が祝福したと大いに感じてこの歌を詠んだ。

【参考文献】

伊東信雄「陸奥国小田郡の産金」（『古代文化』一―五、一九五七年）
佐々木茂「陸奥国小田郡の産金とその意義」（高橋富雄編『東北古代史の研究』吉川弘文館、一九八六年）
平川南「律令支配の諸相」（『新版古代の日本⑨東北・北海道』角川書店、一九九二年）
宮城県多賀城跡調査研究所『下伊場野窯跡群』一九九四年
宮城県涌谷町『史跡黄金山産金遺跡』一九九四年

（鐘江宏之）

牡鹿郡・おしかのこおり

『和名抄』に、「乎志加」の訓が知られ、賀美・碧河・余戸の三郷からなる。現在の東松島市の東部と石巻市・牡鹿郡にあたり、旧北上川河口から牡鹿半島にかけての沿岸地域である。古くは桃生郡域をも含み、多賀城の東に広がる広大な郡であったとみられる。

郡名の初出は天平勝宝五年（七五三）六月の牡鹿連賜姓記事である（『続紀』）。式内社として、零羊埼神社・香取伊豆乃御子神社・伊去波夜和気命神社・曾波神社・拝幣志神社・鳥屋神社・大島神社・鹿島御児神社・久集比奈神社・計仙麻神社の十社が知られる。七世紀末から九世紀前半にかけての官衙遺跡である赤井遺跡（東松島市）は、郡家もしくは牡鹿柵と考えられており、「海道」と記された木簡や、「牡舎人」（牡鹿郡出身の舎人の意か）と記された墨書土器も出土している。またこの東方で旧北上川河口に近い田道町遺跡（石巻市）では、出挙関係の木簡が出土し、「真野公」姓の人名が見られる。八世紀には有力一族として丸子氏が知られ、その一族の中から牡鹿連氏、さらに牡鹿宿禰、道嶋宿禰と改賜姓される一族が出て、大領に任じられた。さらに道嶋宿禰氏は八世紀末に陸奥国造や陸奥大国造にも任じられている。このほか、神護景雲三年（七六九）三月には、春日部奥麻呂らに武射臣の姓が与えられ、同年六月には、蝦夷の捕虜とされた政府軍方の大伴部姓の移住者が、捕虜から脱して当郡に所在していたことが知られる。当郡の西部には、平安末期に深谷保が成立した。

牡鹿柵　神亀元年（七二四）の海道（多賀城以北の沿岸地域）蝦夷の反乱の前後に造営されたものかと考えられ、天平九年（七三七）四月に初めて見え、陸奥大掾の日下部宿禰大麻呂が鎮将とされたが（『続紀』）、その後は史料に見えない。

牡鹿連　天平勝宝五年（七五三）六月に牡鹿郡の丸子牛麻呂・丸子豊嶋らに、また同年八月に丸子嶋足に対して、牡鹿連の姓が与えられた（『続紀』）。承和十年（八四三）二月段階のおそらく小田団とみられる軍団主帳として、牡鹿連氏縄の人名が知られる（胆沢城跡第十八号漆紙文書）。

道嶋宿禰　牡鹿郡出身の武人として知られた丸子嶋足は、天平勝宝五年（七五三）に牡鹿連の姓を与えられた。騎射を得意とし、中央の武官としてその武威を知られ、天平宝字八年（七六四）には恵美押勝の乱の鎮圧の功で牡鹿宿禰の姓が与えられ、授刀少将のまま相模守を兼任するまでになった。天平神護元年（七六五）ころには、道嶋宿禰の姓が与えられ、翌年には正四位上に昇るとともに陸奥大国造に任じられた（『続紀』）。嶋足の親近者とみられる道嶋宿禰三山は、神護景雲元年（七六七）七月に陸奥少掾に任じられ、伊治城造営の功績を評価されて従五位上に昇叙して国造に任じられ、最終的には陸奥員外介兼鎮守府軍監になっている（『続紀』）。また、宝亀十一年（七八〇）の伊治呰麻呂の乱で、呰麻呂に恨みをもたれ殺害された道嶋宿禰大楯は、牡鹿郡大領として覚鱉城の造営に従事しており（『続紀』）、その近親者とみられる道嶋宿禰御楯は、政府軍による延暦年間後期の北上盆地制圧の一連の軍事行動において、坂上田村麻呂の下にあり、大同三年（八〇八）には陸奥鎮守副将軍に昇った（『後紀』）。道嶋宿禰氏の一部は、八世紀末から九世紀にかけて都でも活躍したようである。

【参考文献】
伊藤玄三「道嶋宿禰一族についての一考察」（高橋富雄編『東北古代史の研究』吉川弘文館、一九八六年）
進藤秋輝・三宅宗議「赤井遺跡―古代牡鹿柵推定地の調査―」（『日本歴史』四六九、一九八七年）
熊谷公男「古代東北の豪族」（『新版古代の日本⑨東北・北海道』角川書店、一九九二年）
佐藤敏幸「律令国家形成期の陸奥国牡鹿地方（1）（2）」（『宮城考古学』五・六、二〇〇三年・二〇〇四年）

（鐘江宏之）

白河郡・しらかわのこおり

『陸奥国風土記』逸文や『後紀』では「白川」とも記す。『和名抄』の訓は「之良加波」。

『和名抄』では、大村・丹波・松田・入野・鹿田・石川・長田・白川・小野・駅家・松戸・小田・藤田・屋代・常世・高野・依上の十七郷が見え、陸奥国の郡の中では最も郷数が多い。『陸奥国風土記』逸文には、さらに八槻郷も知られる。現在の福島県白河市、西白河郡西郷村・中島村・矢吹町・泉崎村、東白川郡棚倉町・塙町・矢祭町・鮫川村・古殿町、石川郡石川町・玉川村・平田村・浅川町にわたる広大な郡域を持っていたが、『和名抄』以後の時期に、石川郡（現石川郡）と高野郡（現東白川郡）が分立した。

陸奥国南端に位置し、下野国と堺を接する。『旧事紀』に見える白河国造の本拠であるが、郡名は『続紀』養老二年（七一八）が初出で、石背・会津・安積・信夫の諸郡とともに、陸奥国から分立した石背国の所属となった記事である。のち数年で石背国は陸奥国に再び併合され、陸奥国の所管に戻った。

『続紀』神護景雲三年（七六九）三月には、丈部子老が阿倍陸奥臣を、靫大伴部継人が靫大伴連を賜姓された。『続後紀』承和十年（八四三）十一月には狛造智成らが陸奥白河連を賜姓された。嘉祥元年（八四八）五月には、大領であった奈須直赤竜が阿倍陸奥臣を賜姓されており、隣接する下野国那須郡の有力豪族であった那須直氏との関連がうかがわれる。

当郡は、東山道で下野国から陸奥国に入った入り口の郡にあたり、白河関が置かれた。白河関から東山道本道に沿って、小野駅・松田駅が置かれたほか、松田駅からは常陸国に抜ける駅路も設置されており、常陸国境までの間に高野駅が置かれていた。建物跡や倉庫跡が見つかり郡家跡と考えられる関和久官衙遺跡（泉崎村）と、塼仏などが見つかり郡の寺院と考えられる借宿廃寺（白河市）は、いずれも七世紀末ごろの創建とみられ、双方に共通する軒丸瓦が使われている。さらに、白河団が置かれて付近の諸郡から兵士が集められた。

式内社として都都古和気神社・伊波止和気神社・白河神社・八溝嶺神社・飯豊比売神社・永倉神社・石都都古和気神社の七座が知られる。このうち、都都古和気神社は、所在する八槻の地が、景行天皇の代に派遣された日本武尊が敵対する蝦夷や土蜘蛛に向かって射た矢が落下した場所（矢着＝八槻）とする伝承を持ち（『陸奥国風土記』逸文）、陸奥国の一宮とされる。西方の建鉾山（白河市）は、三角錐の形状をした神奈備山として、また山頂に建鉾石という巨石があって信仰の対象となった。滑石製の模造品や銅鏡・鉄鉾・鉄剣・ガラス玉等の出土する古代の祭祀遺跡が見つかっており、都都古和気神社の奥宮もこの建鉾山中腹に所在する。また、八溝山頂に所在する八溝嶺神社は、『続後紀』承和三年（八三六）正月では八溝黄金神と記され、国司の祈りに応じて多くの黄金をもたらし遣唐使のための資金を助けたとして、封戸二烟があてられている。

石川郡と高野郡が分立した後には、郡全体の八箇郷が荘園とされ、白河荘となって、藤原信頼や平重盛が領家となったが、平家滅亡後には関東御領となり、結城氏が総地頭職に補任された。

白河団　白河郡に置かれたと考えられる軍団。神亀五年（七二八）四月に設置されたことが知られ（『続紀』）、その後十一世紀に至るまで存続したことが史料上確認できる。多賀城跡出土の八世紀末ごろの木簡に、白河団から射手四十四人が派遣されていたことが知られ、陸奥国府である多賀城の警衛のために、所属の兵士が上番していたと考えられる。国府への上番以外にも、郡内に所在した白河関の警衛もおそらく担当したであろう。

白河国造　『旧事紀』に、天降天由都彦命の十一世である塩伊乃己自直が任じられたのが始まりと伝える。六世紀後半ごろの築造とされる下総塚古墳（白河市）は、白河国造の墓として、また、同時期から七世紀前半のものとみられる豪族居館の舟田中道遺跡（白河市）は、白河国造の居館と考えられる。

白河関　古来から陸奥の玄関口として多く歌枕に詠まれ、史料上の初出は延暦十八年（七九九）だが、いつごろ設置されたのかは定かではない。太平洋岸の菊多関（勿来関）、日本海岸の念珠関とともに、奥羽の三関とされる。白河市旗宿の関ノ森遺跡がこれにあたると考えられ、空堀や土塁によって区画がなされており、寛政十二年（一八〇〇）に松平定信が建てた古関蹟碑が今も残る。

白河神社　現在、白河市旗宿関ノ森の白河関跡に所在するが、これは後世の擬定と考えられる。白河市鹿島の鹿島神社が相当するとする説もあるが、これも後世の改称かとされる。本来は白河郡家と考えられる関和久遺跡の付近に所在したことが推測されるが、白河国造との関係は不詳。

【参考文献】

『関和久遺跡』福島県教育委員会、一九八五年
『関和久上町遺跡』福島県教育委員会、一九九四年
鈴木功「陸奥国白河郡衙関連遺跡群」（『日本歴史』六三四、二〇〇一年）

（鐘江宏之）

磐瀬郡・いわせのこおり

石背（『続紀』）、石瀬（『三代実録』）、岩瀬（米山寺経塚出土経筒ほか）とも記され、『和名抄』では「伊波世」という訓が知られる。『和名抄』によれば、磐瀬・推会・広門・山田・余戸・白方・駅家の諸郷からなり、郡域は現在の福島県須賀川市と岩瀬郡にあたる。養老二年（七一八）に陸奥国から石背国が分置された際に、その中の郡として見えるのが初見である。

神護景雲三年（七六九）に磐瀬朝臣の姓を与えられた吉弥侯部人上（『続紀』）や、承和十五年（八四八）五月に阿倍陸奥臣の姓を与えられた丈部宗成など（『続後紀』）、吉弥侯部や丈部の姓が分布し、その一部が磐瀬朝臣・阿倍陸奥臣となったほか、延暦十六年（七九七）に大伴宮城連の姓を与えられた者もいた。志古山遺跡（岩瀬郡天栄村）からは「丈龍私印」という印文の私印が出土しており、丈部氏が有力氏族として私印を用いていたことが知られる。

式内社としては桙衝神社のみが知られている。上人壇廃寺（須賀川市）は寺院跡である以外に官衙跡の可能性も考えられており、磐瀬郡家や石

背国府にあてる見解もある。また米山寺経塚（須賀川市）からは、承安二年（一一七二）の銘を持つ陶製の経筒が見つかっており、平安時代末期における浄土信仰の広がりを物語っている。保延四年（一一三八）には、陸奥国司庁宣によって磐背郡全体が左大臣源有仁の領有となり、岩瀬荘が成立した。

石背国　養老二年（七一八）に陸奥国南部の石背・白河・会津・安積・信夫の五郡を分けて、石背国とした。国府の所在地については、上人壇廃寺（須賀川市）をあてる見解もあるが、明証はない。石背国は、同時に設置された石城国とともに、数年で陸奥国に再び併合された。

石背国造　『旧事紀』に、成務天皇の代に建許呂命の子である建弥依米命を石背国造と定めたとされる。

磐背朝臣　神護景雲三年（七六九）三月に吉弥侯部人上が磐瀬朝臣の姓を与えられたが、九世紀にはその一族と見られる人物で大領を勤めている者が知られ、郡内の有力氏族としての存在が知られる。貞観三年（八六一）十月には大領石瀬朝臣富主が外従五位上を仮授され、同七年十一月には正式に外従五位下となった。また貞観六年には、権大領の磐瀬朝臣長宗が外従五位下を仮授されている。

磐背駅　郡内に東山道に沿って磐背駅家が所在したと考えられるが、その場所は明らかでない。

【参考文献】
垣内和孝「陸奥国磐瀬郡の豪族について」（『日本歴史』五六三、一九九五年）

（鐘江宏之）

会津郡・あいづのこおり

相津（『古事記』）とも記され、『万葉』では「安比豆」、『和名抄』では「阿比豆」という訓が知られる。崇神天皇の時代に、四道将軍として東海方面に派遣された建沼河別命（武渟川別命）と北陸方面に派遣された大毗古命（大彦命）が出会った場所とする伝承（『古事記』）が地名の由来となっている。国造の存在は知られないものの、古墳時代前期のものとして代表的な大塚山古墳（会津若松市）の存在からみても、早くから大和王権とのつながりを持った地域であった。

養老二年（七一八）五月に白河・石背・安積・信夫の諸郡とともに陸奥国から分立して石背国となった記事が郡名の初見である（『続紀』）。

石背国は、その後数年のうちに陸奥国に再度併合された。『和名抄』郡郷部の陸奥国の記載には「耶麻郡分会津郡日直」と見え、これは「耶麻郡分会津郡置」の誤写と考えられる。郡内の北部が耶麻郡として分立した時期は、承和七年（八四〇）三月に「瑘磨郡」が知られるので（『続後紀』）、それ以前と考えられる。耶麻郡分立後の郡域は、現在の会津若松市・河沼郡・大沼郡・南会津郡と、耶麻郡の阿賀野川より南側で、会津盆地から南の山岳地帯にかけてであり、『和名抄』では伴々・多具・長江・倉精・菱方・大島・屋代・大江・余部の諸郷からなる。弘仁三年（八一二）九月に柏原公広足ら十三人が椋椅連を賜姓されたが、この一族は倉精郷を本拠とした有力一族かと考えられる。また、矢玉遺跡（会津若松市）からは「陸奥藤野」という人物が立薦二枚を請求した文書木簡が見つかっており、陸奥姓の分布も知られる。

式内社として伊佐須美神社（会津美里町）・蚕養国神社（会津若松市）が知られる。

平安初期に徳一によって開かれた勝常寺（河沼郡湯川村）には、国重要文化財の薬師堂があり本尊の薬師如来座像は国宝。蜷河荘は、冷泉宮儇子内親王領として立てられ、関白藤原忠実領を経て、近衛家に伝領された。大戸古窯跡群（会津若松市）では、平安時代の須恵器窯跡が三〇〇基以上見つかっており、ここで生産された須恵器は東北地方南部の広範囲に供給されている。郡内出土の木簡として、矢玉遺跡（会津若松市）からは、保管された稲の種籾の品種ごとに付けられた八世紀後半から九世紀半ばにかけての種子札が発見されたほか、門田条里制跡では寛平年間（八八九～八九八）の倉札とみられる擬任郡司の自署した木簡が見つかった。このほか、陸奥国府の多賀城に付随する街区である山王遺跡から「会津郡主政」と記した題籤軸木簡が見つかっており、多賀城付近の街区に主政が滞在して書類を作成していたことが窺われる。

阿倍会津臣　神護景雲三年（七六九）三月に当郡の丈部庭虫らに阿倍会津臣が賜わられた（『続紀』）。東北地方に広く分布する丈部姓は、改賜姓される場合に「阿倍」を含む復姓となる場合が多く見られる。

伊佐須美神社　現在の会津美里町に所在する式内社。承和十年（八四三）九月に従五位下に叙された（『続後紀』）。

【参考文献】

伊藤玄三「福島県会津大塚山古墳」（『季刊考古学』六五、一

九九八年）

坂内三彦「門田条里遺跡出土木簡と古代会津郡」（『福島考古』三四、一九九三年）

曽根正人「会津・勝常寺史」（『仏教文化』一九、一九八五年）

（鐘江宏之）

耶麻郡・やまのこおり

郡名は「耶麻」のほか、「琊磨」（『続後紀』・『延喜式』）、「耶磨」（『水左記』）にもつくる。『和名抄』では訓が「山」として示されている。郡名の由来は磐梯山に代表される山地に立地しているためであろう。郡域は、現在の喜多方市・猪苗代町・磐梯町・北塩原村と、西会津町の阿賀野川以北を含む。『和名抄』郡郷部の会津郡の次の項目として「耶麻郡津部量足」と見え、また陸奥国の郡郷の末尾にも「耶麻郡分会津郡日直」と記されているが、それぞれ「耶麻郡分会津郡置之」「耶麻郡分会津郡置」とされていた記述が誤写されたのであろう。したがって、これらの記述からは所属する郷名は判明しない。

郡名は承和七年（八四〇）三月庚辰条に大領の丈部人麻呂を上毛野陸奥公人麻呂とした記事が初見で（『続後紀』）、そのころまでに会津郡から分置されたとみられる。式内社の磐椅神社（石椅神）は斉衡二年（八五五）に従四位下に叙された（『文徳実録』）。平安時代に東北有数の大寺院として発展した慧日寺（磐梯町）は、徳一を開基と伝えており、その廟が所在する。承暦四年（一〇八〇）十月には陸奥国から、耶麻郡と会津郡を合わせて陸奥国から分置する提案がなされたが（『水左記』）、実現はしなかった。

（鐘江宏之）

安積郡・あさかのこおり

『和名抄』には「阿佐加」という訓が知られる。郡名は養老二年（七一八）に陸奥国から石背国が分置された際の記事に初めて見え（『続紀』）、このとき陸奥国の白河・石背・会津・安積・信夫郡を併せて石背国を設置したが、その後数年で石背国は陸奥国に併合された。さらに、『延喜式』享保八年（一七二三）版本、巻二十二、民部上の頭注に、延喜六年（九〇六）正月に安積郡を分けて安達郡を設置したことが記される。『和名抄』では入野・佐戸・芳賀・小野・丸子・小川・葦屋・安積の八郷からなるが、『和名抄』では安達郡の所属郷が不明で、この八郷のうちに安達郡所属の郷も含まれる可能性がある。安達郡分立後の郡域は、現在の郡山市中部・東部と田村市、田村郡にあたる。七世紀末から八世紀初頭にかけて創建され、平安時代まで継続して機能していた清水台遺跡（郡山市）が、郡家跡として有力視されている。

古くは阿尺国造の存在が知られるが（『旧事紀』）、奈良時代の有力氏族としては丈部直氏が知られる。神護景雲三年（七六九）に郡内の丈部直継足に、また宝亀三年（七七二）に丈部継守ら十三人に、阿倍安積臣の姓が与えられた（『続紀』）。丈部直―阿倍安積臣は、延暦十年（七九一）には安積郡大領として阿倍安積臣継守が知られ（『続紀』）、郡領氏族としての地位を占めた。このほか、貞観十二年（八七〇）に、郡内の矢田部今継や丈部清吉ら十七人に阿倍陸奥臣の姓が与えられた（『三代実録』）。清水台遺跡からは「矢田部」と記した瓦が出土している。

陸奥国の七つの軍団の中に安積団があり、安積郡に所在したと考えられる。また、安積郡は東山道の本道が通過しており、葦屋駅が置かれていた。式内社として、宇奈己呂和気神社・飯豊和気神社・隠津嶋神社の三社が知られるが（『延喜式』）、このうちの隠津嶋神社は現在の二本松市に所在し、分郡後の安達郡に属したと考えられる。平安時代末には、郡内の阿武隈川以東に田村荘が成立した。『万葉』に以前采女であった女性が安積香山を詠んだ歌が知られている。

阿尺国造　国造本紀に、成務天皇の時代に、天湯津彦命の十世の子孫である比止禰命が任じられたと伝えられ（『旧事紀』）、安積郡安積郷を根拠地に活躍したであろう。東北地方の中でも大きな全長八十三メートルの前方後方墳である大安場古墳（郡山市）に葬られた豪族との関連が考えられる。

丸子郷　延暦十六年（七九七）に、安積郡の丸子部古佐美と大田部山前、富田郡の丸子部佐美、小田郡の丸子部稲麻呂らに、大伴安積連の姓が与えられた（『後紀』）。一斉の賜姓であることから、彼らは同族の可能性があり、安積郡から陸奥国北部の富田郡や小田郡へ移民が行われたとみられる。

葦屋駅　『延喜式』に、陸奥国内の駅家として、磐瀬駅と安達駅の間に記される。磐瀬駅は磐瀬郡に、安達駅は安達郡に所在すると考えられ、両郡の間に位置する安積郡に葦屋駅が所在したと推定される。安積郡内に葦屋郷が知られることも、これを裏付ける。現在の郡山市内と考えられるが、詳細は不明。

安積団　養老二年（七一八）に石背国が陸奥国から分立した時点で、石背国内に軍団が最低一つは所在していなければならないが、白河団の成立が神亀五年（七二八）であることから（『続紀』）、白河団以外で石背国内の軍団にあたる安積団がすでに存在していたと考えられる。多賀城跡出土の八世紀末ごろとみられる木簡に、安積団からの解があり、会津郡の兵士が当番を終えて玉前剗を越えて出身地に帰還することを申請している。白河団成立後の安積団には、旧石背国域から信夫・安達・安積・会津・耶麻の五郡の範囲から兵士が集められていたと推測される。

安積香山　『万葉』三八〇七に、葛城王が陸奥国に派遣された際に国司の応対が悪く、王が不快であったため、以前に采女であった女性が都風に洗練された「安積香山影さへ見ゆる山の井の浅き心を我が思はなくに」という歌を詠んで、王の機嫌を取りなしたと伝える。この歌は、後に『古今集』仮名序でも難波津の歌と並んで手習いの初歩とされ、著名であった。『大和物語』と『今昔物語集』では、ある内舎人に大納言の娘が安積郡安積山までさらわれ、類歌を詠んだ後に娘が亡くなる話となっている。

【参考文献】

垣内和孝「陸奥国安積郡と阿倍安積臣」（『福島史学研究』六一、一九九五年）
鈴木拓也『古代東北の支配構造』吉川弘文館、一九九八年
森岡隆「安積山の歌」（『水茎』二九、二〇〇一年）

（鐘江宏之）

安達郡・あだちのこおり

『和名抄』には「安多知」という訓が知られる。『延喜式』享保八年（一七二三）版本、巻二十二、民部上の頭注に、延喜六年（九〇六）正月に安積郡から安達郡を分置したことが記される。『和名抄』では安積郡の直後に配列されているが、郷名はまったく記されず、安積郡の郷が列記された中に安達郡内の郷も含まれている可能性がある。郡域は現在の二本松市と安達郡で、安達太良山の東から東南の山麓にあたる。安達郡には東山道の本道が通過することから、安達駅も置かれていた。また、『延喜式』に見える陽日駅も、二本松市油井に比定する説があり、安達郡内の可能性が高い。

多賀城木簡に陽日郷出身の丈部大

麻呂という人物名を記したものがあり、郡内に丈部姓が分布していたとみられる。承和十年（八四三）に当時安積郡の狛造子押麻呂に陸奥安達連の姓が与えられており（『続後紀』）、後に安積郡から安達郡として分立する地域に高句麗系の渡来人である狛造姓が分布していたことが知られる。

郡家跡とみられる郡山台遺跡（二本松市）は、八世紀段階からの遺構が残されており、安達郡が成立する前から郡家の前身となる官衙的施設があったようである。また、式内社として、安積郡の項に挙げられている隠津嶋神社が安達郡域に所在するほか、式外ではあるが、寛平九年（八九七）に叙位された安達嶺禰宜大刀自神・安達嶺飯津売神・小陽日温泉神が郡内に所在したとみられる。平安時代末期、陸奥守に従って下向し陸奥国拒捍使となった太政官史生の惟宗定兼が、仁平元年（一一五一）に太政官厨家の便補地として安達郡を申請し、これが認可されて安達保が成立した。安達保は鎌倉時代には安達荘となる。

安達駅　『延喜式』に陸奥国の駅家の一つとして知られる。名前からみて安達郡に所在したと考えられ、葦屋駅と湯日駅の間に位置しており、東山道の駅家である。比定地については諸説あり、定まっていない。

吾田多良真弓　『万葉』三四三七に「陸奥の安太多良真弓弾き置きて反らしめきなば弦着かめかも」と詠まれる。安達太良山麓の真弓の木で作った弓の品質がよかったのであろう。『後拾遺和歌集』巻十九の雑五（一一三七）でも、藤原実方が陸奥から知人に贈った弓に「みちのくのあだちのまゆみきみにこそおもひためたることもかたらめ」という歌を付けている。

みちのくのあだちの原　源重之が安達に所在する女性に宛てて、「おもひやる　よそのむらくも　しぐれつつ　あだちのはらは　もみじしぬらん」と詠んだ（『重之集』二八、『新古今』一三五一）。安達太良山麓の原野は都から陸奥に下向した者にとって印象深い場所だったのであろう。また、『後拾遺和歌集』巻九、雑下（五五九）では、平兼盛が安達の原の黒塚の所在を名取郡と誤解したまま「みちのくのあだちのはらのくろづかにおにこもれりときくはまことか」という歌を詠んでいる。

【参考文献】

梅宮茂「延喜式の行政区画改正における新郡分置の考古学的考察」（『福島考古』一九、一九七八年）

信夫郡・しのぶのこおり

（鐘江宏之）

忍夫郡とも記され（『古事談』）、『和名抄』では「志乃不」という訓が知られる。小倉・曰理・鍬山・静戸・伊達・安岐・岑越・駅家の八郷からなり、現在の福島市と伊達市、伊達郡の範囲にあたる。郡名は養老二年（七一八）に陸奥国から石背国が分置された際の記事に初めて見え（『続紀』）、このとき陸奥国の白河・石背・会津・安積・信夫郡を併せて石背国を設置したが、その後数年で石背国は陸奥国に併合された。平安時代になって、郡域の東部が伊達郡として分立する。『延喜式』『和名抄』では陸奥国諸郡が列記された中に伊達郡は見られないが、『和名抄』国郡部の信夫郡の項に「国、分かちて伊達郡と為す」という注が見える。

神護景雲三年（七六九）に当郡の丈部大庭らに阿倍信夫臣の姓が与えられ、吉弥侯部（君子部）に上毛野鍬山公・下野静戸公の姓が与えられた（『続紀』）。承和十五年（八四八）には当郡の擬主帳として大田部の姓が知られる（『続後紀』）。郡家の所在地には諸説あり、未確定である。郡内には東山道の本道が通っており、伊達駅・岑越駅が置かれていた。式内社として、鹿島神社・黒沼神社・東屋沼神社・東屋国神社・白和瀬神社の五社が知られる。寺院の遺跡としては、七世紀のうちに建立された腰浜廃寺（福島市）が知られるほか、天長七年（八三〇）に興福寺の僧智興が建立した菩提寺（『類聚国史』）が湯野西原廃寺（福島市）に比定されている。また、承安元年（一一七一）の銘を持つ陶製経筒が天王寺経塚（福島市）から見つかっている。郡域の東端にあたる阿武隈山地北部の霊山（伊達市）の中腹には、平安時代に天台宗の霊山寺が開かれ、山林修験の霊場として大規模な伽藍を誇った。

藤原師綱が陸奥守であった康治二年（一一四三）ごろ（『本朝世紀』）、すでに伊達郡と分かれた後の信夫郡は、奥州藤原氏の基衡の所領として、陸奥国守の検田使による調査を拒絶していたと伝えられる（『古事談』『十訓抄』）。十二世紀後半に当郡は信夫荘となり、伊達郡の南半分は小手保荘となった。文治五年（一一八九）の奥州合戦に際して、奥州藤原氏が鎌倉幕府軍に備えて伊達郡に阿津賀志山防塁（国見町）を作った。阿津賀志山の合戦で大敗した奥州藤原氏軍は、鎌倉幕府軍の北上を許し滅亡へと向かった。

当郡の産とされる摺り染めの「しのぶもじずり」は源融が詠んだ歌に

よって著名となった（『古今和歌集』『綺語抄』『俊頼髄脳』『袖中抄』）。平安時代後期には能因や西行が当郡を舞台に歌を詠んでいる（『能因法師集』『後拾遺和歌集』『山家集』）。歌枕として「しのぶ山」（『伊勢物語』）、「しのぶのさと」（『後撰和歌集』『新古今和歌集』）も知られる。

信夫国造　国造本紀に、成務天皇の時代に、天湯津彦命の子孫である久麻直が任じられたと伝えられる（『旧事紀』）。奥行きのある横穴式石室が特徴的な、古墳時代末期の月輪山一号墳（福島市）との関連が考えられる。

陸奥小倉連　弘仁三年（八一二）九月に、当郡の小倉公真禰麻呂ら十七人に陸奥小倉連の姓が与えられた（『後紀』）。当郡に小倉郷が知られ（『和名抄』）、この郷の有力者一族とみられる。

上毛野鍬山公　神護景雲三年（七六九）三月に、信夫郡の吉弥侯部足山守ら七人に上毛野鍬山公の姓が与えられた（『続紀』）。当郡に鍬山郷が知られ（『和名抄』）、上野地方との何らかのつながりを持つ、この郷の有力者一族とみられる。

下毛野静戸公　神護景雲三年（七六九）三月に、信夫郡の吉弥侯部広国に下毛野静戸公の姓が与えられた（『続紀』）。当郡に静戸郷が知られ（『和名抄』）、下野地方との何らかのつながりを持つ、この郷の有力者とみられる。

伊達駅　東山道の信夫郡の駅。伊達郷付近に設置されたと考えられるが、詳細は不明。伊達郡分郡後は、伊達郡に属したか。

岑越駅　東山道の信夫郡の駅。岑越郷付近に設置されたと考えられるが、『和名抄』の通り駅家郷が存在したならば、それとの関係も考える必要がある。駅の記載順からみて、信夫郡南部（伊達郡分郡後も信夫郡であった地域）に設置されたとみられる。

【参考文献】

福島市教育委員会「福島市腰浜廃寺新発見の文字瓦」（『福島考古』二二、一九八一年）

神英雄「古代陸奥国における仏教受容形態に関する一考察」（『龍谷大学仏教文化研究所紀要』二五、一九八六年）

（鐘江宏之）

苅田郡・かったのこおり

刈田とも記し、『和名抄』には「葛太」という訓が知られる。現在の宮城県白石市と刈田郡にあたり、阿武隈川に注ぐ支流の白石川流域で、蔵王山系の南東に位置する。養老五年（七二一）十月に柴田郡から二郷を割いて設置されたが、十世紀の『和名抄』では篤借・苅田・坂田・三田の四郷（写本によって三田郷がなく合計三郷の場合もある）から構成されていることが知られる。

神護景雲三年（七六九）に当郡の大伴部人足に大伴苅田臣の姓が与えられており（『続紀』）、大伴部の分布が知られる。式内社は、苅田嶺神社の一社のみであった。郡家は、倉庫群の一部とみられる建物跡が見つかった大畑遺跡（白石市）に比定されている。郡内には東山道の本道が通っており、篤借駅が置かれた。大同五年（八一〇）には、陸奥国内の苅田郡以北を近郡、信夫郡以南を遠郡として、近郡の稲を軍事食料に充てる命令が出された。国府である多賀城を直接に支える地域の南限として、当郡が位置づけられていたことがわかる。

篤借郷　苅田郡と伊達郡の境と考えられる阿津賀志山の存在などから、「あつかし」と読むことがわかる。陸奥国に設置された駅家として篤借駅の存在が知られ（『延喜式』『和名抄』）、この郷に設置されて東山道の駅路を支えたと考えられる。

阿津賀志山　文治五年（一一八九）の奥州合戦に際して、平泉を拠点とした奥州藤原氏は、鎌倉幕府軍に備えて阿津賀志山を防衛線とし、防塁（福島県伊達郡国見町に遺構が残る）を築いて藤原国衡を総大将として守りを固めた。この地では奥州合戦最大の激戦が行われ、大敗した奥州藤原氏軍は、鎌倉幕府軍の北上を許すこととなり滅亡へと向かった。

刈田嶺神　苅田郡唯一の式内社。名神大社として篤い信仰を寄せられた。宝亀四年（七七三）に封戸を二戸与えられたことが知られ（『新抄格勅符抄』）、九世紀にはたびたび叙位されて貞観十一年（八六九）には従四位下となった。平安時代後期には刈田嶺社が神祇官領として年貢を神祇官に納めており、藤原清衡の申請によって刈田嶺社分の年貢が金で納められたことが知られる（白河資永氏旧蔵「永万文書」）。

大伴刈田臣　神護景雲三年（七六九）に、当郡の大伴部人足に与えられた姓。人足は当時の郡内の有力者と考えられるが、その後の大伴刈田臣氏の動向は不明である。

（鐘江宏之）

柴田郡・しばたのこおり

　中世には芝田郡とも記され（『吾妻鏡』）、『和名抄』には「之波太」という訓が知られる。養老五年（七二一）に郡内の二郷を割いて苅田郡を設置したことを伝える記事が初見（『続紀』）。苅田郡分郡後の郡域は、現在の宮城県柴田郡柴田町・大河原町・村田町・川崎町の範囲と考えられ、蔵王山系の北東から白石川と阿武隈川の合流点にかけて、山間部や盆地が続く。現存の『和名抄』では、柴田・衣前・高橋・溺城・余戸・駒橋・新羅・小野・駅家の九郷が知られ、東山道の駅家として知られる柴田・小野の両駅家も柴田郷と小野郷の付近に設置されたであろう。九世紀の文書と考えられる胆沢城跡出土第四十三号漆紙文書には、衣前・高椅（＝高橋）・駒椅（＝駒橋）・潴城の諸郷の人名が列記されており、いずれも柴田郡内の人名とみられることから、『和名抄』の「溺城郷」は「潴城郷」の誤伝の可能性が高い。同文書からは、高椅郷に刑部、駒椅郷に巫部・丈部、潴城郷に吉弥侯部といった姓の分布が知られる。

　神護景雲三年（七六九）には当郡の丈部嶋足に安倍柴田臣、大伴部福麻呂に大伴柴田臣の姓が与えられ、それぞれの姓の分布も知られる（『続紀』）。承和七年（八四〇）二月には権大領の丈部豊主の戸に阿倍陸奥臣の姓が与えられ（『続後紀』）、貞観十一年（八六九）にも権大領として阿倍陸奥臣永宗という人物が知られることから（『三代実録』）、九世紀には丈部、阿倍陸奥臣系の氏族が郡内で有力な地位にあったとみられる。式内社として知られるのは大高山神社のみで、貞観十一年（八六九）には従五位上にまで叙されたほか（『三代実録』）、康和五年（一一〇三）にはその祟りへの対処として中祓が科されている（『朝野群載』）。平安時代後期には大高山社は神祇官領として年貢を神祇官に納めており、藤原清衡の申請によって苅田郡の苅田峯社分とともに大高山社分の年貢が金で納められたことが知られる（白河資永氏旧蔵「永万文書」）。

柴田駅　現在の柴田郡柴田町船迫に比定する説と、同郡大河原町内とする説が分かれている。東山道は柴田駅から東に向かって玉前駅に至る道と、北に向かって小野駅に至る道に分かれると考えられ、分岐点の要衝としての当駅には十頭の駅馬が置かれた（『延喜式』）。

大伴柴田臣　神護景雲三年（七六九）三月、当郡の大伴部福麻呂に大伴柴田臣の姓が与えられ（『続紀』）、その後の延暦十八年（七九九）三月にも、当郡の大伴部人根らにも同姓が与えられた（『後紀』）。

新羅郷　陸奥国内の他郡には新羅郷の名称は知られないことから、天長元年（八二四）に新羅人の辛良・金貴賀・良水白ら五十四人を陸奥国に安置したと伝える移民に関する記事は（『類聚国史』）、人数の規模からみて当郡新羅郷の起源を示すと考えられる。また、貞観十二年（八七〇）にも、新羅人十名を陸奥国に移住させたことが知られ（『三代実録』）、このときには瓦造りの技術を持つ者たちであったことから陸奥国府を修理するための瓦造りに従事させている。国府のある多賀城からそう遠くはなく、すでに新羅人の居住していた当郷に、彼らが本拠を置くことになった可能性もあるだろう。

【参考文献】
平川南『漆紙文書の研究』吉川弘文館、一九八九年
藤岡謙二郎編『日本古代の交通路』Ⅱ、第三章東山道、第七節陸奥国　山田安彦執筆、大明堂、一九七八年

（鐘江宏之）

名取郡・なとりのこおり

『和名抄』には「奈止里」という訓が示され、指賀・井上・名取・磐城・余戸・駅家・玉前の七郷が知られる。現在の宮城県仙台市太白区・名取市・岩沼市に比定され、名取川流域と阿武隈川河口の北側の海岸地域にあたる。郡名の初見は平城宮木簡三〇五八号の天平元年（七二九）の贄の荷札で、海草類を貢進した際のものと考えられる。しかし、それを遡る七世紀段階においてすでに官衙の存在が明らかであり、さらに四世紀末から五世紀初頭に造られたとみられる東北地方最大の前方後円墳である雷神山古墳（名取市）も知られるなど、古くから広域的な勢力の拠点となる地域であったとみられる。八世紀半ばには名取公や吉弥侯部といった氏姓の分布が知られ、天平神護二年（七六六）十二月には名取公から名取朝臣へ、また神護景雲三年（七六九）三月には吉弥侯部から上毛野名取朝臣への改賜姓の事例が知られる（『続紀』）。

式内社として多加神社・佐具叡神社が知られるほか、笠島道祖神（名取市佐倍乃神社）には、平安時代の歌人として著名な藤原実方が、陸奥守在任中にこの神前を下馬せず通ろうとして、神罰により落馬して亡くなったとする伝承が残る。

官衙跡としては仙台郡山遺跡（仙台市太白区）が知られる。七世紀半ばに遡る第Ⅰ期官衙と七世紀末から八世紀初頭の第Ⅱ期官衙が重なっており、第Ⅰ期は七世紀段階の名取評家跡とする考え方が有力で、第Ⅱ期は多賀城創建以前の陸奥国の中心的城柵遺跡とみられる。第Ⅰ期の遺構は郡家としては規模も大きいことから、第Ⅰ期段階も陸奥国府とする考え方もある。いずれにせよ、当郡は七世紀半ばの段階ですでに中央と強く結びつき、官衙が設置されていた。第Ⅱ期官衙の時期には寺院も併設されており、写経用の定規なども出土している。

このほか、当郡を通る東山道沿いに名取・玉前の両駅家が設置されていた。玉前には駅家に加えて、剗の存在も知られる。多賀城跡出土の木簡に、安積団の兵士が勤番を終えて玉前剗を越えて帰還することを申請した文書木簡があり、陸奥国内での移動にも剗による交通規制が行われていたことが知られる。

名取団　陸奥国内の軍団の中では、国府にもっとも近い存在であり、八世紀段階では史料上に名前はみられないが、陸奥国内での軍団設置当初から置かれていたと考えられる。九世紀初頭に鎮守府が多賀城から胆沢城に移されて以後は、陸奥国内の軍団のうち北側に所在する三団（小田団・玉造団・名取団）が鎮守府に兵士を交代勤務させることとなり、名取団の兵士も胆沢城での任務にあたった。隣郡の柴田郡から徴発された兵士は名取団に属したと考えられるが、胆沢城跡からは柴田郡出身者の名を列記した第四十三号漆紙文書が出土している。

上毛野名取朝臣　神護景雲三年（七六九）三月に当郡の吉弥侯部老人に上毛野名取朝臣の姓が与えられた（『続紀』）。同日に賜姓された陸奥国諸郡の有力者の中にも、吉弥侯部姓から上毛野某公や下毛野某公となった場合が数例みられるが、朝臣姓となっているのは、上毛野名取朝臣のみである。

名取公　天平神護二年（七六六）十二月に名取朝臣の姓を与えられた名取公龍麻呂は、陸奥国の人としか伝えられていないが（『続紀』）、姓からみて当郡の出身者であろう。東北地方に多くみられる地名＋公という姓であり、在地の有力首長の氏族と考えられる。

【参考文献】

鈴木拓也『古代東北の支配構造』吉川弘文館、一九九八年
馬場基「新たに釈読された陸奥国荷札木簡」（『木簡研究』二六、二〇〇四年）

（鐘江宏之）

菊多郡・きくたのこおり

「菊田」とも記す。『和名抄』の訓は「木久多」。『和名抄』によれば酒井・河辺・山田・大野・余戸の五郷からなり、現在のいわき市南部にあたる。『旧事紀』に道奥菊多国造が見え、古くからの大和王権とのつながりを窺わせるが、七世紀から八世紀初頭にかけては、常陸国多珂評（郡）の範囲に含まれていた。養老二年（七一八）五月に多珂郡の二一〇烟を割いて菊多郡を設置し、それと同時に、新設の菊多郡と、陸奥国のうちの磐城郡から曰理郡までの海岸沿いの五郡、併せて計六郡によって石城国が設置された。しかし、わずか数年で石城国は陸奥国に併合されたようで、その際に菊多郡も陸奥国管轄下に取り込まれることとなった。郡内に置かれたとみられる菊多剗は勿来関とも呼ばれ、白河関とともに陸奥国の出入りを規制する役割を担い、平安時代には歌枕としても著名になった。

道奥菊多国造　『旧事紀』に応神天皇の代のこととして、建許呂命の子の屋主乃禾を国造と定めたと伝える。国造としては独立しているが、その支配地域は、七世紀後半の評制下では常陸国の多珂評に包摂されていた。

菊多剗　承和二年（八三五）十二月の太政官符に、白河・菊多両関について「旧記を調べてみたところ、剗を置いて以来四〇〇年あまり」として見え、五世紀前半の開設との伝承を示す。平安中期以降は勿来関と呼ばれ、その比定地には幾通りかの説が出されているものの、決着をみるには至っていない。源義家をはじめ、勿来関を詠んだ歌は多く、都人にとっては東山道の白河関とともに陸奥との境界として意識されていた。

湯坐菊多臣　天長九年（八三二）四月に湯坐菊多臣福足が外従五位下に叙されたことが知られる。またその一方で、貞観十二年（八七〇）に湯坐菊多臣の姓を与えられた菊多郡の丈部継麿と丈部浜成らは、天長九年段階ではまだ丈部姓であったことになり、同じ湯坐菊多臣の中でも、少なくとも二つの系統が考えられる。

（鐘江宏之）

磐城郡・いわきのこおり

「石城」にもつくる（『続紀』）。『和名抄』の訓は「伊波岐」。『和名抄』では、蒲津・丸部・神城・荒川・和・磐城・飯野・小高・片依・白田・玉造・楢葉の十二郷からなるが、いわき市内で発見された根岸遺跡・小茶円遺跡・大蚕田遺跡から「判祀郷」と記した木簡が出土しており、『和名抄』以前には別な郷も存在したようである。郡域は現在の福島県いわき市の北部・中部と双葉郡の南部にあたり、阿武隈山地から太平洋にむかって流れる夏井川などのいくつかの河川の流域から構成され、『古事記』や『旧事紀』に見える石城国造の本拠地にあたる。石城国造の墓と考えられる甲塚古墳（いわき市）のほか、壁面に装飾の描かれた中田横穴（同市）など、多くの古墳が分布している。

郡名は養老二年（七一八）に陸奥国から石城国が分置された際の記事に初めて見え（『続紀』）、このとき陸奥国からの石城・標葉・行方・宇太・曰理郡と、常陸国からの菊多郡を併せて石城国を設置したが、その後数年で石城国は陸奥国に併合された。磐城郡家の政庁や倉庫群が見つかった根岸遺跡（いわき市）の付近には夏井廃寺（いわき市）があり、郡司を勤めた豪族の建立した郡寺と考えられる。根岸遺跡北西側の低地にある荒田目条里遺跡では、八世紀末から九世紀にかけての多くの木簡が出土し、郡符木簡も二点見つかっている。また、番匠地遺跡（いわき市）からは「磐城郡印」の印面を鋳造したとみられる鋳型が出土している。

なお、『和名抄』では陸奥国内の名取郡・宮城郡・桃生郡にそれぞれ磐城郷の存在が知られ、七世紀から八世紀にかけて、これらの郡へ磐城郡からの移民があったことが推測される。陸奥国南部で早くから国家の安定的支配を受けており、人口にも比較的恵まれていたことから、蝦夷に対峙する北方の最前線へ移民を送り出す側とされ、現在の関東地方にあたる坂東諸国と同様な位置づけがなされたのであろう。

郡域内の有力氏族としては、『常陸国風土記』多珂郡条には、白雉四年（六五三）段階に多珂国造の石城直美夜部と石城評造の丈部志許赤が知られ、七世紀には石城直氏や丈部氏を名乗る氏族が中心であったが、八世紀以降にも、郡領職に関わる複数系統の氏族が知られ、丈部氏・於保磐城臣氏・磐城臣氏・阿倍磐城臣などの姓が知られている。

式内社として、大国魂神社・二俣神社・温泉神社・佐麻久嶺神社・住吉神社・鹿島神社・子鍬倉神社が知られるが、貞観八年（八六六）段階で鹿嶋神宮の分祀社が郡内に十一所在したことが知られ（『三代実録』）、海路による常陸国との強いつながりが窺われる。磐城郡を経由して常陸国から多賀城方面へと続く、現在の浜通りにあたる陸路の交通は、八世紀には駅家や伝馬が設置されていたが、延暦二十四年（八〇五）に伝馬が、続いて弘仁二年（八一一）に駅家が廃止されて（『後紀』）、常陸国と陸奥国の公的な連絡路は、常陸国の久慈川に沿って陸奥国の白河郡に抜けるルートに駅家が設置された。それ以前の駅名は不明である。

平安末期には、常陸大掾家の系譜を引くとされる岩城氏が奥州藤原氏と姻戚関係を結んで勢力を持ち、岩城氏に嫁した藤原清衡の娘が平泉を慕って建立したと伝えられる白水阿弥陀堂（いわき市）では、周囲の発掘調査によって浄土庭園の遺構が確認されている。このころから鎌倉初期にかけての時期に、好嶋荘が成立した。

石城評造　『常陸国風土記』多珂郡条に、孝徳天皇の白雉四年（六五三）に多珂国造の石城直美夜部と石城評造の丈部志許赤が、それまで常陸地方の中では遠隔なために不便であった多珂評を、多珂評と石城評の二つに分けることを惣領の高向臣に申請して許されたと伝える。石城評造であった丈部氏は、八世紀以後の磐城郡の郡領氏族へと続いていくのであろう。

石城国造　『旧事紀』に、成務天皇の時代に建許呂命が任じられたのが初まりと伝え、『阿蘇家略系譜』では、建許呂阪命について、成務天皇の代に石城国造に定めたとする。『古事記』神武段に、神武天皇の息子にあたる神八井耳命の子孫として諸豪族の名を挙げているが、その中に道奥石城国造が見える。直径四十メートルに及ぶ大型の円墳である甲塚古墳（いわき市）は石城国造の墓と考えられ、その西に近接する大国魂神社は、石城国造がこの地域の神を祀ったものであろう。

磐城団　八世紀段階の陸奥国では軍団の数は最大六団であり、磐城団は未成立であった。承和十五年（八四八）には、磐城団擬少毅の陸奥丈部臣継嶋と、擬主帳の陸奥臣善福らに阿倍陸奥臣が賜姓されたことが知られるが、これが磐城団の初見である。このとき善福は伊具郡の本貫とされており、本来なら行方団のほうが近い伊具郡からも、磐城団に勤務する者のあったことが知られ、陸奥国で最も遅く成立した軍団であったために、広範囲にわたる支援が必要とされたのであろう。

磐城臣　磐城臣を名乗る氏族はいくつかの系統に分かれる可能性があるが、いずれも元はこの地方に広く分布する丈部姓であったと考えられる。神護景雲三年（七六九）

三月、丈部山際が「於保磐城臣」を賜姓されたが（『続紀』）、荒田目条里遺跡第二号木簡に大領として署名を加えている「於保臣」はこの一族とみられ、延暦元年（七八二）七月に外従五位に叙された女孺の於保磐城臣御炊は、この一族からの采女として朝廷に出仕していたのであろう。一方、多賀城跡第二号漆紙文書に、宝亀十一年（七八〇）の磐城郡司解が知られ、郡領の位置に「磐城臣」が署名している。承和十一年（八四四）に大領であった磐城臣雄公は、「阿倍磐城臣」を賜姓された。東北地方に広く見られる丈部姓の有力氏族には、「阿倍」を含む複姓が与えられることが多く、雄公の一族も元は丈部を姓としていた可能性がある。

【参考文献】

いわき市教育委員会『根岸遺跡』いわき市埋蔵文化財調査報告第七二冊、二〇〇〇年
同『荒田目条里遺跡』いわき市埋蔵文化財調査報告第七五冊、二〇〇一年
鈴木拓也『古代東北の支配構造』吉川弘文館、一九九八年

（鐘江宏之）

標葉郡・しめはのこおり

「しねは」とも読む（『延喜式』『節用集』）。国造本紀に見える染羽国造は「しめは」と読むと考えられ（『旧事紀』）、この地域を拠点としたであろう。『和名抄』では郡名に「志波」として訓を示すが、「志」は「しめ」「しね」の第一音のみを示しただけの表記か。宇良・磐瀬・標葉・余戸の四郷からなり、現在の双葉郡大熊町・双葉町・浪江町・葛尾村にあたる。郡名は養老二年（七一八）に陸奥国から石城国が分置された際の記事に初めて見え（『続紀』）、このとき陸奥国からの石城・標葉・行方・宇太・曰理郡と、常陸国からの菊多郡を併せて石城国を設置したが、その後数年で石城国は陸奥国に併合された。神護景雲三年（七六九）に郡内の丈部賀例努が、また承和十五年（八四八）には擬少領の陸奥標葉臣高生が、いずれも阿倍陸奥臣の姓を与えられた（『続紀』『続後紀』）。

式内社としては苕野神社のみが知られる。郡家は、海岸から一キロメートルほどの距離にある台地上の郡山五番遺跡（双葉町）とみられ、八世紀前半からの創建が確認される。平安時代後期には榎内経塚群（双葉町）が形成される。

染羽国造　国造本紀に、成務天皇

の時代に、天湯津彦命の十世の子孫である足彦命が任じられたと伝えられ（『旧事紀』）、おそらく標葉郡標葉郷を根拠地に活躍したであろう。沼ノ沢古墳群（双葉町）や、装飾古墳である清戸迫横穴群（双葉町）に葬られた豪族たちの中に、この地域の首長として染羽国造に任じられた者がいたとみられる。

陸奥標葉臣　承和十五年（八四八）五月に、擬少領の陸奥標葉臣高生に阿倍陸奥臣の姓が与えられたことが知られ（『続後紀』）、陸奥標葉臣氏は標葉郡の有力豪族であった。「標葉」の名を付されていることから、染羽国造との関係が考えられるが、詳細は不明である。

【参考文献】

双葉町教育委員会『郡山五番遺跡』Ⅰ・Ⅱ・Ⅲ、一九七八・七九・八〇年

（鐘江宏之）

行方郡・なめかたのこおり

『和名抄』には「奈女加多」という訓が知られる。『和名抄』では、吉名・大江・多珂・子鶴・真歙・真野の六郷からなり、現在の南相馬市と相馬郡飯舘村にあたる。郡名は養老二年（七一八）に陸奥国から石城国が分置された際の記事に初めて見え（『続紀』）、このとき陸奥国からの石城・標葉・行方・宇太・日理郡と、常陸国からの菊多郡を併せて石城国を設置したが、その後数年で石城国は陸奥国に併合された。

『続紀』の賜姓記事から、神護景雲三年（七六九）までの段階で大伴部や下毛野公といった氏族が分布していたことが知られる。大型の前方後円墳としては桜井古墳（南相馬市原町区）があり、他にも真野古墳群（同市鹿島区）や羽山横穴（同市原町区）などの群集墳が見られる。式内社として、高座神社・日祭神社・冠嶺神社・御刀神社・鹿嶋御子神社・益多嶺神社・多珂神社・押雄神社の八社が知られ、このうち多珂神社は郡内で唯一の名神大社の扱いを受けた。平安末期に岩山に掘られた磨崖仏として、薬師堂石仏・観音堂石仏（南相馬市小高区）が著名である。郡家跡は泉廃寺跡（同市原町区）と考えられ、郡庁本体の建物遺構が見つかっている。史料上は、宝亀五年（七七四）に郡家が火災に遭い二万五四〇〇余石の穀物を焼失したことが知られ、泉廃寺跡からは焼籾も見つかっている。

行方団　陸奥国の軍団の一つで、八世紀初頭から置かれたとみられる。養老二年に設置された石城国

では、磐城団が設置される以前のため唯一の軍団であり、浜通り地域の兵士が集められた。多賀城跡出土の第一号漆紙文書は宝亀十一年（七八〇）九月の公粮請求文書であり、行方団の軍毅である上毛野朝臣某が署名していることから、上毛野朝臣氏が浜通り地方に分布していた可能性を示す。またこの文書から、行方団の兵士が国府の所在する多賀城の警衛に動員されていたことがわかる。

大伴行方連　神護景雲三年（七六九）三月に行方郡の人で外正六位下の大伴部三田らに大伴行方連の氏姓が賜わられた（『続紀』）。延暦十六年（七九七）正月にも、同じく行方郡の人で外少初位上の大伴部兄人らに大伴行方連の氏姓を賜わっている（『後紀』）。行方郡の郡領氏族名は知られないが、これらの改賜姓からは郡内で大伴部氏（改賜姓後は大伴行方連氏）が有力氏族として存在したことがわかる。

多珂神社　多珂郷に所在したと考えられ、行方郡内の式内社では唯一名神大社の扱いを受けている。康和六年（一一〇四）の御体御卜奏では、全国の他の神々とともに、祟った神として陸奥国の「多加神」が挙げられて中祓の対象となっているが、この「多加神」は多珂神社をさすと考えられる。

陸奥之真野乃草原　『万葉』に笠女郎が大伴家持に贈った歌として、「陸奥の真野の草原遠けども面影にして見ゆといふものを」という歌があり（三九六）、遠いものの象徴として「陸奥之真野乃草原」が詠み込まれている。真野郷付近を念頭においたものかとみられる。

【参考文献】
鈴木拓也『古代東北の支配構造』吉川弘文館、一九九八年
藤木海「陸奥国行方郡衙」（『考古学ジャーナル』四七二、二〇〇一年）

（鐘江宏之）

宇多郡・うたのこおり

宇太郡とも記される（『続紀』）。養老二年（七一八）に陸奥国から石城国が分置された際の記事に郡名が初めて見え（『続紀』）、このとき陸奥国からの石城・標葉・行方・宇太・曰理郡と、常陸国からの菊多郡を併せて石城国を設置したが、その後数年で石城国は陸奥国に併合された。国造本紀に知られる浮田国造の本拠地と考えられ、『和名抄』では、長伴・高階・仲村・飯豊の四郷から

なり、現在の相馬市と相馬郡新地町にあたる。神護景雲元年（七六七）に郡内の吉弥侯部石麻呂が、その二年後にも吉弥侯部文知が、ともに上毛野陸奥公の姓を与えられているが（『続紀』）、この地域の吉弥侯部（君子部）姓の人々と上野国との関係は不明である。式内社として子負嶺神社が知られるほか（『延喜式』）、貞観八年（八六六）段階で鹿島神宮の苗裔神が郡内に七社存在しており、これは磐城郡の十一社に継ぐ数である（『三代実録』）。黒木田遺跡（相馬市）は七世紀第二四半期の創建と考えられる寺院跡であり、東北地方で最も古い時期の寺院にあたる。このほか、善光寺遺跡（相馬市）では、七世紀から八世紀初頭にかけての須恵器窯跡がまとまって見つかっている。また、宇多川河口に開けた潟湖の松川浦は景勝地として知られ、『万葉』にも「松が浦」として詠まれている。

浮田国造　国造本紀に浮田国造が知られ、成務天皇の時代に、崇神天皇から五世にあたる賀茂別王を任じたのが始まりとする（『旧事紀』）。五世紀の馬型埴輪が出土した丸塚古墳（相馬市）は浮田国造に関わる古墳かと考えられる。

高階郷　相馬市の北部から新地町にかけての地域と考えられる。この地域には、古代の製鉄コンビナートとも呼べる武井製鉄遺跡群があり、製鉄燃料の木炭生産から、鉄の精錬、鉄製品製造まで、一通りの生産工程がこの地で行われていたことが知られる。

（鐘江宏之）

伊具郡・いぐのこおり

『和名抄』では「伊久」という訓が知られ、杵葉・広伴・静戸・麻続・余戸の五郷からなり、現在の宮城県角田市と伊具郡丸森町にあたる。養老二年（七一八）に陸奥国から石城・石背両国が分置された際には郡名が見えず、曰理郡に包摂されて石城国に属したとも考えられるが、伊久国造の存在や、郡家とみられる角田郡山遺跡（角田市）が七世紀末から八世紀初頭に造営が始まっていることなどから、すでに郡としては成立していて石城・石背両国には組み込まれなかった可能性もある。郡名の初出は承和七年（八四〇）二月で（『続後紀』）、このころまでに曰理郡から分立したのであろう。同記事には「擬大毅」として伊具郡の陸奥真成という人名が見え、このとき阿倍陸奥臣の姓を与えられた。

郡内の式内社としては、熱日高彦神社（角田市）と鳥屋嶺神社（丸森町）の二社が知られている。平安初期の創建と伝えられる高蔵寺（角田市）には、平安末期に建立された阿弥陀堂が現在まで残っている。『陸奥話記』によれば、陸奥守藤原登時に付き従って陸奥国へ下向した平永衡は、伊具郡に土着して「伊具十郎」と呼ばれ、安倍頼時の娘を妻として郡内に勢力を誇ったが、前九年合戦で源頼義方に従軍した際に、頼時への内通を疑われて殺害された。

伊久国造　成務天皇の時代に、天湯津彦命の十世の子孫である豊島命が任じられたと伝えられる（『旧事紀』）。台町古墳群（角田市・丸森町）には一八〇を超える数の円墳や前方後円墳があって、多くの副葬品が出土しており、伊久国造との関係が考えられる。

麻続郷　承和十五年（八四八）五月に伊具郡麻続郷戸主磐城団擬主帳陸奥臣善福が阿倍陸奥臣の姓を与えられた。この人物は、伊具郡に最も近い軍団である行方団を超えて、さらに南の磐城団に勤務していることが知られる。また多賀城からは「伊具郡麻□」と記した文字瓦が見つかっており、多賀城の造営のための瓦を貢進する過程に、麻続郷の者が関わっていたことが知られる。

【参考文献】

斎藤彰裕「宮城県角田市角田郡山遺跡の調査—伊具郡衙推定地—」（『条里制・古代都市研究』一六、二〇〇〇年）

（鐘江宏之）

曰理郡・わたりのこおり

『和名抄』では「和多里」という訓であり、坂本・菱沼・曰理・坂芥・望多の五郷からなる。阿武隈川河口の南側で太平洋に面した地域であり、現在の宮城県亘理郡亘理町・山元町にあたる。国造本紀に見える「思国造」は「亘国造」の誤りとする説があり、成務天皇の時代に天湯津彦命の十世の子孫である志久麻彦が任じられたとされる（『旧事紀』）。郡名は養老二年（七一八）に陸奥国から石城国が分置された際の記事に初めて見え（『続紀』）、このとき陸奥国からの石城・標葉・行方・宇太・曰理郡と、常陸国からの菊多郡を併せて石城国を設置したが、その後数年で石城国は陸奥国に併合された。

神護景雲三年（七六九）に郡内の宗何部池守らに湯坐亘理連の姓が与えられ、延暦十六年（七九七）には五百木部黒人に大伴亘理連の姓が与えられている。式内社として、鹿島伊都乃比気神社・鹿島緒名太神社・安福河伯神社・鹿島天足和気神社の四社が知られ、太平洋沿岸の航路沿いであったためか、鹿島神宮との繋がりが深かったことが窺われる。郡家跡は三十三間堂遺跡（亘理町）で、阿武隈川を臨む丘陵上に郡庁院を構成する建物や倉庫群の遺構が見つかっている。前九年合戦で安倍頼時方につき、源頼義軍に殺害された藤原経清は、秀郷系藤原氏で陸奥国司に従って下向して曰理郡に土着し、安倍頼時の女を娶って「わたりの権大夫」と称されたようである（『奥州後三年記』）。前九年合戦後、彼の子の清衡が清原氏の内紛の中から勢力を伸ばし、奥州藤原氏繁栄の基を築いた。

大伴曰理連　延暦十六年（七九七）、曰理郡の五百木部黒人に与えられた姓（『後紀』）。このとき、陸奥国内の諸郡で、「大伴＋郡名＋連」という形式の賜姓が広く行われており、大伴曰理連もその一環としての賜姓。

【参考文献】

伊藤玄三「宮城県亘理郡の古代郡倉」（『法政考古学』二、一九七八年）

（鐘江宏之）

賀美郡・かみのこおり

『和名抄』では川島・磐瀬・余戸の三郷が知られ、現在の宮城県加美郡加美町の中央部から西部にあたる。天平九年（七三七）四月に郡名が初めて知られ、このとき鎮守将軍であった大野東人の指揮によって、多賀城と秋田の出羽柵とを結ぶ連絡路のために、賀美郡から出羽国最上郡に抜ける山道が開削された。郡内の式内社として、飯豊神社と賀美石神社の二社が知られる。倉庫群を伴う台地上の官衙遺跡である東山遺跡からは、「上厨」（かみのくりや）と記した墨書土器が出土し、郡家跡と推定されている。またその南方の低地に広がる壇ノ越遺跡では、東西方向と南北方向の直線道路による計画的な土地区画が見つかり、多賀城周辺と同様な開発・集住が行われたとみられる。

賀美石神社　東山遺跡（加美町）の北西約一キロメートルの位置に所在したが、現在は同町内の八坂神社に合祀され、旧社地に神座石と伝えられる石が残る。

（鐘江宏之）

色麻郡・しかまのこおり

『和名抄』では「志加万」という訓が知られ、現在の宮城県加美郡加美町東部から南部にあたると考えられる。相模・安蘇・色麻・余戸・駅家の五郷から構成され、このうち相模郷は相模国から、安蘇郷は下野国安蘇郡からの移民に郷名が由来するとみられる。郡名の初見は延暦八年(七八九)八月だが(『続紀』)、天平十四年(七四二)正月に黒川郡以北の十一郡の存在が知られるので(『続紀』)、それ以前に成立していた可能性が高い。延暦十八年(七九九)三月には富田郡を併合した(『後紀』)。嘉承元年(八四八)五月には、少領の陸奥臣千継らに阿倍陸奥臣の姓が与えられた(『続後紀』)。

五世紀前半の前方後円墳とみられる全長五十二メートルの念南寺古墳や、終末期古墳の色麻古墳群などがあり、式内社として伊達神社が知られる。城生柵跡・一ノ関遺跡などが官衙跡として残るほか、南部の日の出山瓦窯跡は八世紀前半における陸奥国最大の窯跡群で、多賀城・多賀城廃寺・名生館官衙遺跡などへも瓦を供給していた。

色麻柵　天平九年(七三七)に鎮守将軍大野東人が陸奥・出羽連絡路を開削した際に、奥羽山脈越えのルートが色麻柵と出羽国大室駅の間に開かれた。城生柵跡や一ノ関遺跡をあてる説があるが、確定には至っていない。城生柵跡は、東北地方の城柵遺跡としては最も小規模だが、西に近接した菜切谷廃寺が付属寺院として考えられ、いずれも多賀城創建期の瓦が使用されている。また一ノ関遺跡は、寺院の可能性も指摘されている。

色麻駅　黒川駅と玉造駅の間に位置し、五頭の駅馬が設けられていた(『延喜式』)。天平九年(七三七)の陸奥・出羽連絡路開設以降は、多賀城と秋田城との連絡の中継基地ともなったと推測される。

【参考文献】

村山貞之助「色麻柵について」(『仙台郷土研究』一―九・一〇、一九三一年)

(鐘江宏之)

大沼郡・おおぬまのこおり

『延喜式』には見えず、『和名抄』国郡部に初めて見え、十世紀になって成立したと考えられる。同部の白河郡の項に「今分かちて大沼・河沼二郡を為す」と見えるのは、会津郡からの分郡を示したものであろう。

ただし、『和名抄』郡郷部には見えず、管轄下の郷名は具体的には不明である。現在の大沼郡に相当する地域と考えられ、会津盆地南部からその南東の山地、さらには阿賀野川流域の一部を含む。『延喜式』では会津郡に所在とされている伊佐須美神社は、分郡後の大沼郡の領域に入る。（鐘江宏之）

コラム 奥六郡

胆沢・江刺・和賀・稗貫・紫波・岩手の六郡から成る。岩手県を南北に縦断する北上川の広大な流域を占める。

『吾妻鏡』（北条本）文治五年（一一八九）九月二十三日条には、平泉藤原氏の初代、清衡が、継父清原武貞から「奥六郡」を「伝領」して、奥州の覇者になった経過について記している。「奥六郡」の内容については、「伊澤・加賀・江刺・稗枝・志波・岩手」の郡名を記している。これらの郡名のうち、加賀は和賀の誤り、同じく、稗枝は稗抜（貫）の誤りであると、それぞれに解釈されてきた。『吾妻鏡』（吉川本）に見える、「和賀」「稗抜」の記載、そのほかを勘案すれば、確かに、そのような解釈にならざるをえない。なお、伊澤が胆沢に、志波が紫波に、それぞれ通じることについては言うまでもない。

『吾妻鏡』（北条本・吉川本）文治二（一一八六）年四月二十四日条に引用された「奥御館」宛の源頼朝の書状には、「御館（みたち）」（藤原氏三代秀衡）は「奥六郡主」なりとする記載が見えている。

これら一連の記事によって、奥六郡の重要性があますところなく物語られている。すなわち、清原氏にしても、藤原氏にしても、奥六郡の主となることがなければ、奥州の覇者となることもできなかったのである。

ただし、奥六郡主の地位にあったのは、清原・藤原の両氏ばかりではない。それより以前に、安倍氏が存在した。奥六郡主の地位は安倍氏に始まり、前九年合戦（一〇五一～六二）の結果、清原氏によって継承される。さらには、後三年合戦（一〇八三～八七）の結果、藤原氏によって継承される。そのような経過になっていたのである。

『陸奥話記』（国立国会図書館本・群書類従本）には、「六箇郡之司、有安倍頼良者、是同忠良子也、父祖忠頼、東夷酋長、威名大振、部落皆服属、横行六郡」と記されている。これによって、安倍氏による奥六郡掌握の始まりを認識することができる。ただし、『陸奥話記』（尊経閣本）には、「六箇郡内、有安倍頼良者、是同忠良子也、父祖倶果敢、而自称酋長、威権甚、使村落皆服、横行六郡」と記されていた。したがって、「六箇郡之司」、「東夷酋長」の文字を無条件に信頼して、それらの文字に示される地位に、安倍氏があったとする従来学説には再検討の余地があるかもしれない。だが、それによって、奥六郡にかかわる何らかの職権、ならびに住民を服属させるに足りる豪族としての威勢に、安倍氏が欠けていたとするわけにはいかない。問題はその具体的な解明にある。

奥六郡の成立過程については、不明な点が多い。その内容を構成する個々の郡名のうち、胆沢・江刺・和賀・稗貫・紫波の五者については、九世紀の成立を確かめることができる。

奥六郡の呼称は、十世紀の初頭、これらの諸郡を束ねて、胆沢城鎮守府の管轄とする措置によって成立した。岩手郡の名称も、その頃には、成立していたものと考えられる。

具体的には、それらの諸郡における騒擾、移民系住民と蝦夷系（在地）住民との対立が深刻化するなかで、鎮守府による統一的・軍事的な統制の必要性が認識された結果として、広域的な特別軍管区が設定されるに至ったものと考えられる。諸郡の騒擾の背景には、金・毛皮・馬・鷹など、北方の物産を巡る交易の活発化、それにともなう利害対立の深刻化があったとする指摘にも注意しなければならない。

そのような統一的・軍事的な統制を推進するためには、威勢ある蝦夷系の豪族を味方につけて、鎮守府の在庁官人に登用するしかない。すなわち、安倍氏を登用するしかない。それが、安倍氏による奥六郡掌握の始まりの真実であったと考えられる。たとえば、安倍氏が「安大夫」と呼ばれていたことは（『陸奥話記』）、在庁官人であったことの何よりもの証明であったか。

最近では、安倍氏の父祖が、陸奥国府に赴任した中央貴族の一員だった可能性が指摘されている。だが、それにしても、女婿として蝦夷系の豪族に迎えられるなどのことがなければ、子孫の発展は有り得なかったに違いない。いずれにしても、蝦夷系豪族の存在を抜きにして、安倍氏の成立を語ることはできない。

【参考文献】

高橋富雄『奥州藤原氏四代』吉川弘文館、一九五八年
大石直正「中世の黎明」（小林清治・大石編『中世奥羽の世界』東京大学出版会、一九七八年）
梶原正昭校注『陸奥話記』古典文庫七〇、現代思潮社、一九八二年
熊谷公男「前九年合戦―安倍氏の歴史的性格―」（『歴史読本』一九九三年六月号、新人物往来社）
戸川点「安倍頼良・貞任―前九年合戦の群像―」（元木泰

雄編『王朝の変容と武者』清文堂出版、二〇〇五年）

（入間田宣夫）

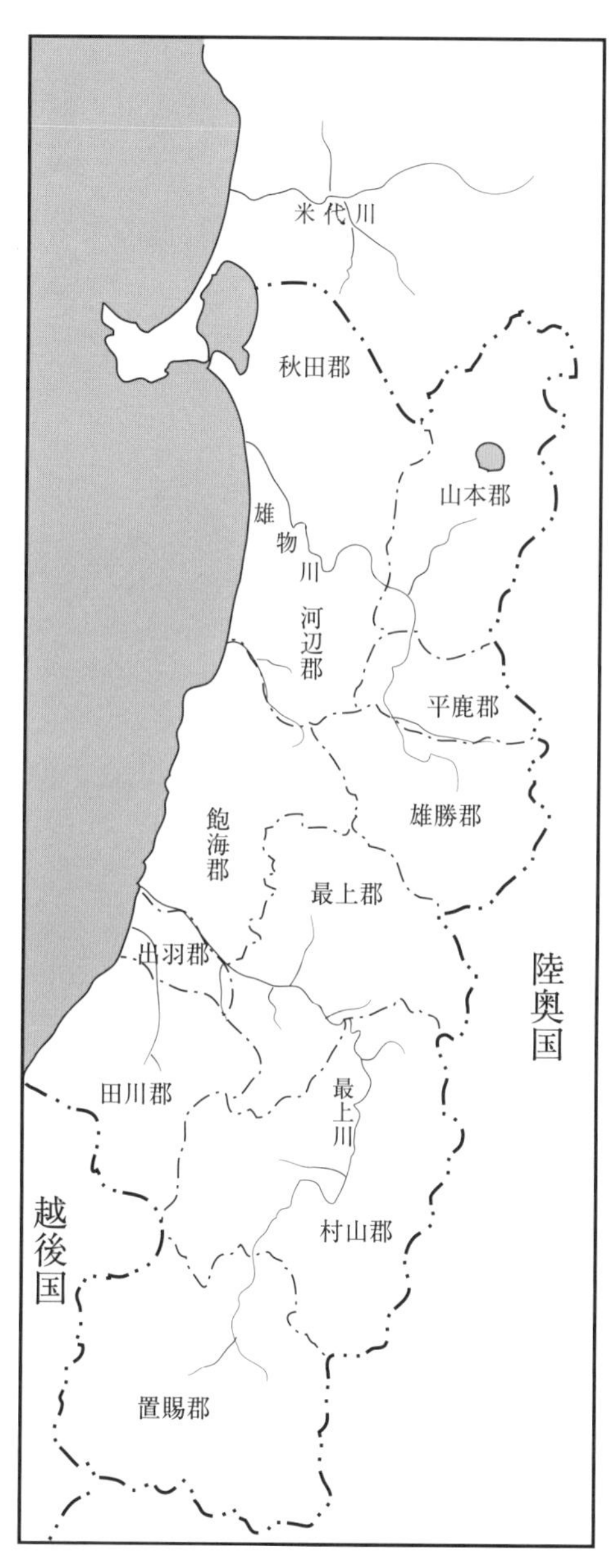

出羽国略図

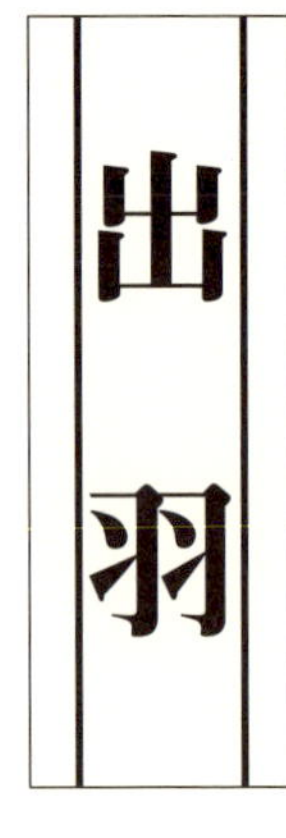

出羽国・いではのくに

　東山道の一国。『延喜式』では上国、所管郡は最（寂）上・村山・置賜・雄勝・平鹿・山本・飽海・河辺・田川・出羽・秋田の十一郡、遠国とする。山形県のほぼ全域と秋田県の南半分にわたる。和銅五年（七一二）九月の設置当初は旧越後国出羽郡を中心とする狭い範囲であったが、陸奥国から最上・置賜二郡を割譲、和銅年間から霊亀年間にかけて、尾張・上野・信濃・越後等の国々から柵戸の移住が盛んにおこなわれた。天平宝字三年（七五九）に雄勝・平鹿二郡を建置（雄勝郡設置は天平五年十二月にもみえる）、『長講法華経後分略願文』によれば八世紀末〜九世紀初には九郡であった可能性も高い。

　国府は、成立当初は山形県庄内地方の置かれたと考えられるが、遺構は未確認である。出羽柵が秋田村高清水岡に移転した天平五年（七三三）以降の国府の位置をめぐっては、国府も秋田に移転したとする説のほか、国府は庄内に置かれたままであったとする説がある。宝亀年間におきた国府移転問題の解釈についても諸説があるが、九世紀には庄内地方に置かれたものと考えられる。また、養老三年（七一九）に全国的に設置された按察使制度では、養老五年（七二一）陸奥按察使の所管国とされ、長期にわたって機能したが、九世紀以降には名誉職的な性格が強くなる。出羽国司は養老職員令大国条では、陸奥・越後等の国司とともに、北方・蝦夷集団に対処するために饗給・征討・斥候の任務が規定される。一般に国司は郡を下部機構として国内支配をするが、出羽国の場合、郡制施行地域よりも北方の住民を支配下においていた形跡が随所に認められる。たとえば、秋田市付近に置かれた可能性が高い『続紀』養老四年（七二〇）正月丙子条の渡嶋津軽津司、出羽国司による渡嶋の蝦狄の慰喩（『続紀』宝亀十一年五月甲戌条）、出羽国での蝦夷との交易の禁止命令（『三代格』延暦六年正月二十一日官符）など。また、渤海使は八世紀に十四回来日しているが、神亀四年（七二七）最初の使節が来着したのをはじめ、六回が出羽に到着し、宝亀二年（七七一）、第七回目の使節は出羽国賊地野代湊に来着した。渤海・鉄利人が滞在することもあった（天平十八年、宝亀十年）。九世紀初頭には陸奥北部地域も出羽国司の管轄下に置かれるようになる。東北地方のおける陸奥との役割分担をみてみると、出羽国が北方政策に深くかかわるものとして位置づけられていたことが知られる。

　出羽への交通路として『延喜式』に最上・村山・野後・避翼・佐藝・遊佐・蚶方・由理・白谷・飽海・秋田の各駅の駅伝馬が規定されるが、野後・避翼・佐藝・白谷の各駅には船も配備されるという、全国的にみても珍しい水陸両用の交通路である。なお、中央と出羽を結ぶルートとして、八世紀半ば頃、多賀城から、大室・玉野・避翼・平戈を経由して秋田に向かう山道駅路が開通・利用されたほか、北陸道経由のルートも機能していた。十世紀になると、出羽国司赴任は天禄二年（九七一）、東山道ではなく東海道を通ることが許可された（『朝野群載』）。

　式内社は九座（山形県六・秋田県三）あり、いずれも国司祭神。九世紀に国分二寺の存在は確かである（承和四年紀六月丁酉条）。荘園は出羽国南部に多くみられる。

【参考文献】

新野直吉『出羽の国』学生社、一九七三年
平川南「出羽国府論」（宮城県多賀城跡調査研究所『研究紀要』Ⅳ、一九七七年）
荻野正博・桑原正史「『長講法華経後分略願文』の郡数について」（『新潟史学』一四、一九八一年）
今泉隆雄「秋田城の初歩的考察」（『律令国家の地方支配』吉川弘文館、一九九五年）
熊田亮介『古代国家と東北』吉川弘文館、二〇〇三年
小松正夫「出羽の城柵と地域の変貌」（『日本海域歴史大系』第一巻、清文堂、二〇〇五年）

（渡部育子）

最上郡・もがみのこおり

山形県上山市・山形市・天童市のほか東村山郡・西村山郡の一部がその郡域にあたる。山方・那可（郡下／郡可）・最上・阿蘇（蘓）・芳賀・山辺・八木・福有（福岡）・大山の九郷。『和名抄』の訓は「毛加美」。東急本にはさらに村山・長岡・大倉・梁田・大山・福岡の六郷が加えられる。仁和二年（八八六）に村山郡を分置（『三代実録』同年十一月丙戌条）。初見は平城宮木簡「陸奥國裳上郡裳」（東一坊大路の西側側溝より出土、『平城宮木簡』三―三〇二八番）。秋田城木簡に「裳上郡」とみえる。『続紀』和銅五年

（七一二）十月丁酉条に陸奥国最上・置賜二郡を出羽国に隷けるという記事があるが、これ以前はこの郡の南に位置する置賜郡とともに陸奥国の所管地域であった。霊亀二年（七一六）九月乙未条にも同様の記事あり。

天平五年（七三三）出羽柵の秋田移転後、天平九年多賀城から秋田までの内陸直路開拓計画が陸奥按察使兼鎮守将軍大野東人の建議で実施、陸奥国加美郡より出羽国最上郡玉野（尾花沢市）に入り、この郡の北部地域にあたる比羅保許山（山形・秋田の県境付近）まで進出する。『続紀』天平九年（七三七）四月戊午条に賀美郡より出羽国最上郡玉野に至る八十里とあり、この間は平坦で危険もなかったとある。しかし、雄勝村の俘長三人が降伏してきた状況をみて出羽国守田辺難波が進軍の中止を請い、按察使大野東人がそれを認めた。この内陸交通路は天平宝字三年（七五九）九月に秋田までの駅家と雄勝・平鹿二郡の設置をともなって開通する。宝亀十一年十二月（七八〇）、叛乱蝦夷の要害となった大室塞はこの郡内にあったと考えられ（宝亀十一年紀十二月庚子条）、延暦十一年（七九二）に平鹿・最上・置賜三郡の狄の田租が免ぜられることなどから（『類聚国史』同年十一月己卯条）、八世紀後半、この地域が蝦夷の動向に大きく左右されるものであったことが知られる。

九世紀後半、元慶の乱においても、『三代実録』元慶二年（八七八）六月辛未条に最上郡擬大領伴貞道を俘囚（の長）玉作宇奈麿とともに官軍を率いて賊の形勢を探らせたとある（貞道は戦死）。大伴氏系の豪族に関して秋田城木簡に「山方郷大伴マ」がある。元慶三年三月壬辰条で藤原保則は「管最上郡、道路嶮絶、大河急流。中国之軍、路必経此、迎送之煩不可勝計」と言う。急流である最上川が兵士往来・物資輸送に不可欠の交通路であったことを意味する。仁和三年（八八七）に出された出羽国府移転問題では、国府を出羽郡井口から最上郡大山郷保宝士野に移転しようとしたが、ここが出羽国の南端で冬季間は最上川凍結により通行困難で、秋田城・雄勝城とは烽候接しないので許可されなかったいきさつがある。『延喜式』兵部省諸国駅伝馬条には出羽国の最初の駅として最上駅（山形市）が記載され、駅馬十五疋が配置される。山形市からは条里制遺構も検出される。

【参考文献】

高橋崇『律令国家東北史の研究』吉川弘文館、一九九一年

今泉隆雄「天平九年の奥羽連絡路開通計画について」（『国

史談話会雑誌』四三、二〇〇二年）

（渡部育子）

村山郡・むらやまのこおり

山形県東根市・村山市・寒河江市・西村山郡・最上郡・新庄市・尾花沢市・北村山郡がその郡域にあたる。仁和二年（八八六）に最上郡より分置。村山・長岡・大倉・梁田・徳有の五郷より成る。『和名抄』の訓は「牟良夜末」。高山寺本では大山が加わる。分割前の最上郡の北半分の地域にあたる。天平宝字三年（七五九）駅路の玉野はこの郡の尾花沢市に比定される。『延喜式』兵部省諸国駅伝馬条村山駅は東根市。駅馬十疋を配置。出羽国十一駅の飽海・佐芸・避翼・野後の各駅には舟も配備される水駅である。最上川水運を利用したこのルートの野後駅と連絡する村山駅には舟配備の規定はないが、実際には水駅と同様の機能をもつ。天平九年（七三七）の陸奥按察使兼鎮守将軍大野東人の多賀城から秋田出羽柵への内陸直路開拓計画で進軍を中止した賊地比羅保許山は、山形県と秋田県との県境付近、この村山郡の最北端の地域と考えられる。『延喜式』避翼駅（舟形町に比定）には駅馬十二疋・伝馬一疋・舟六隻が配備。野後駅大石田町駒籠に、佐芸駅は最上郡鮭川村に比定される。野後駅には駅馬十疋・伝馬三疋・舟五隻、佐芸駅には駅馬四疋・舟十隻が配備される。

【参考文献】

新野直吉「令制水駅の実地研究」（『日本歴史』一八四、一九六三年）
同「水駅ならざる水駅」（『歴史』二八、一九六四年）

（渡部育子）

置賜郡・おきたまのこおり

山形県米沢市・南陽市・長井市・東置賜郡・西置賜郡がその郡域にあたる。宮城・屋代・置賜・広瀬・長井・赤井の六郷と余戸から成る。『和名抄』の訓は「於伊太末」。『続紀』和銅五年（七一二）十月丁酉条（霊亀二年九月乙未条にも同様の記事あり）に、陸奥国最上・置賜二郡を出羽国に隷けるという記事がある。律令国家のこの地域の掌握は七世紀後半まで溯る。『書紀』持統三年（六八九）正月丙辰条に「陸奥国優嗜曇郡城養蝦夷」とある。城養蝦夷とは柵（キ）の管轄下にある蝦夷という意味であるが、具体的な城柵名は不明。渟足柵・磐舟柵・都岐沙羅柵が日本海沿岸に位置するのに対し、山形県南部内陸に位置したのがこの柵である。秋田城木簡にこの郡名がみえる。この地域は出羽国のなかでは時期から開発が進んでいたが、一方、延暦十一年（七九二）十一月には平鹿・最上・置賜三郡の狄の田租が免ぜられていることから（『類聚国史』延暦十一年十一月己卯条）、八世紀後半になっても蝦夷の動向に大きく左右されたことが知られる。

【参考文献】

高橋崇『律令国家東北史の研究』吉川弘文館、一九九一年

川崎利夫「置賜地域における郡衙の変遷について」（『米沢史学』一九、二〇〇三年）

（渡部育子）

雄勝郡・おがちのこおり

秋田県湯沢市・雄勝郡をその郡域とする。『和名抄』の訓は「乎加知」雄勝・大津・中村の三郷と余戸からなる。高山寺本では大津が本津、余戸はない。『続紀』天平五年（七三三）十二月己未条の雄勝村に郡を建て民を居くという記事が初見。天平九年、陸奥按察使兼鎮守将軍大野東人による多賀城から秋田までの直路開拓計画では、雄勝村を征するという目的があった（ただし山形・秋田の県境付近、比羅保許山で中止）。天平九年正月丙申条では「男勝村」と表記。同年四月戊午条に「雄勝村俘長」が出羽国守田辺難波に請願する記事あるが、この雄勝村はいわゆる蝦夷村か。また、この遠征計画で越えようとした比羅保許山の比定地は不明であるが、現在の山形県新庄市付近から秋田県に入るとすれば神室山地と推測できる。天平宝字三年（七五九）九月己丑条に平鹿・雄勝二郡、平鹿・雄勝等駅の設置記事がみえる。横河駅は雄勝郡雄勝町寺沢付近に、雄勝駅は雄勝城・雄勝郡衙付近に、そして、平鹿郡衙への連絡機能をもつのが助河駅とする説がある。天平宝字三年には、坂東八国・北陸四国から雄勝柵戸二〇〇〇人が移配。神護景雲元年（七六七）十一月甲寅、雄勝城下俘囚四百余人が内属を乞い、許されているが、この場合、雄勝城下の範囲は雄勝郡内にとどまらずかなり広い可能性もある。

宝亀年間の蝦夷の叛乱ではこの地域も影響を受け、『続紀』延暦二年（七八三）六月丙午条によれば、宝亀十一年（七八〇）に雄勝・平鹿二郡の百姓、戦乱によって略奪され疲弊したので復三年とある。また、こ

の地域の開発の中心で、出羽経営の軍事的拠点のひとつともなる雄勝城（小勝城）については、天平宝字元年（天平勝宝九歳〔七五七〕）四月辛巳条に小勝への流配の記事がみられるが、本格的な造営開始は翌天平宝字二年十二月（丙午条）。同三年九月己丑に完成という経緯をたどる。雄勝城の所在地をめぐっては議論があるが、八世紀段階での遺跡は発見されていない。九世紀になると払田柵跡（秋田県大仙市）が雄勝城であるという説（払田柵＝第二次雄勝城説）が近年、有力視されているが、九世紀初頭に創建された払田柵が、天平宝字年間に造営された雄勝郡内にある雄勝城は移転したものではないという反論も出されている。延暦二十一年（八〇二）越後国の米と佐渡国の塩を毎年、雄勝城に運送（鎮兵の粮）。元慶の乱においては、元慶二年（八七八）七月癸卯条によれば、雄勝城は十道を承くるの大衝、国の要害（賊は雄勝城を攻め、国府に侵略しようとしている）という位置づけがなされる。そして、雄勝・平鹿・山本三郡の不動穀を官軍に協力した添川・覇別・助川三箇村の俘囚に支給。元慶四年二月己酉条・元慶五年二月甲辰条（三代実録）雄勝・平鹿・山本三郡の百姓の税が免除される。元慶四年二月己酉条には「山北雄勝・平鹿・山本三郡、遠去国府、近接賊地。昔時叛夷之種、与民雑居」とあることから、この時期になっても、不安定な情勢にあったことが知られる。

【参考文献】

新野直吉・船木義勝『払田柵の研究』文献出版、一九九〇年
鈴木拓也『古代東北の支配構造』吉川弘文館、一九九八年
工藤雅樹『蝦夷と東北古代史』吉川弘文館、一九九八年
今泉隆雄「天平九年の奥羽連絡路開通計画について（『国史談話会雑誌』四三、二〇〇二年）
熊田亮介『古代国家と東北』吉川弘文館、二〇〇三年

（渡部育子）

平鹿郡・ひらかのこおり

秋田県横手市南部と旧平鹿郡（現横手市）をその郡域とする。ただし山本郡（現在の大曲市と仙北郡）が設置されるまではその郡域も含まれるか。『和名抄』の訓は比良加。元和古活字本には山川・大井・邑知・山本・塔甲・御船・鎰刀・余戸の八郷が載せられる。高山寺本・名市博本では山本郡に掲載。高山寺本は塔

甲・余戸を除く六郷。平鹿・山川・大井・邑知・余戸の五郷とするのが正しいか。天平宝字三年（七五九）九月己丑条、雄勝城造営、平鹿・雄勝二郡、平鹿・雄勝等駅の設置。横手市内に条里制らしい遺構がみられる。延暦二年（七八三）六月丙午条によれば、宝亀十一年（七八〇）に雄勝・平鹿二郡の百姓、戦乱によって略奪され疲弊したことが知られる。秋田城跡より延暦十一年の年紀をもつ「平鹿郡糒五斗」の木簡が出土している。また、元慶二年（八七八）七月癸卯条によれば、雄勝・平鹿・山本三郡の不動穀を官軍に協力した添川・覇別・助川三箇村の俘囚に支給。『三代実録』元慶四年二月己酉条「山北雄勝・平鹿・山本三郡、遠去国府、近接賊地。昔時叛夷之種、与民雑居」とある。『延喜式』神名帳には出羽国九座（大七座小二座）のなかに、平鹿郡二座（並小）鹽湯彦神社・波宇志別神社と山本郡一座（小）副川神社がある。

【参考文献】

鈴木拓也『古代東北の支配構造』吉川弘文館、一九九八年

（渡部育子）

山本郡・やまもとのこおり

秋田県大仙市をその郡域とする。『和名抄』高山寺本では、山川・大井・邑知・山本・塔甲・御船・鎰刀・余戸の八郷、元和古活字本には山本郡はなく、これらの郷が平鹿郡に記される。山本・塔甲・御船・鎰刀・余戸が山本郡と解釈するのが妥当か。平安時代初期の成立と推測される。この郡内にある払田柵の性格をめぐっては、雄勝城（雄勝郡内から移転した第二次雄勝城）説、山本郡衙あるいは出羽国府とする説などがある。貞観十二年（八七〇）十二月乙酉条（『三代実録』）安隆寺を定額寺とする記事がみられる。これは出羽国最北の定額寺。元慶の乱では、元慶二年（八七八）七月癸卯条によれば、雄勝・平鹿・山本三郡の不動穀を官軍に協力した添川・覇別・助川三箇村の俘囚に支給。『三代実録』元慶四年二月己酉条に「山北雄勝・平鹿・山本三郡、遠去国府、近接賊地。昔時叛夷之種、与民雑居」とある。『延喜式』神名帳には出羽国九座（大七座小二座）のなかに、平鹿郡二座（並小）鹽湯彦神社・波宇志別神社と山本郡一座（小）副川神社がある。

【参考文献】

新野直吉・船木義勝『払田柵の研究』文献出版、一九九〇年

鈴木拓也『古代東北の支配構造』吉川弘文館、一九九八年

（渡部育子）

飽海郡・あくみのこおり

山形県酒田市と飽海郡、秋田県由利本荘市・にかほ市の一部がその郡域にあたる。秋田・飽海・屋代・遊佐・大原・井手・雄波・由理・余戸の郷からなる。『和名抄』の訓は「阿久三」。『続後紀』承和七年（八四〇）七月己亥条の大物忌神社への従四位下授位記事がこの郡名の初見であるが、建郡の時期は未詳。ただし、出羽国建置と同じ時期の和銅年間の建置とする説がある。秋田城跡から「飽海郡」記載の木簡が出土、払田柵跡からは「(年紀未詳六月十二日付) 飽海郡隊長解」の木簡の断簡が出土している。また、由理柵はこの郡内、現在の秋田県本荘市付近に置かれたと推測されるが、ここは律令国家の出羽経営において重要な位置にあり、『続紀』宝亀十一年（七八〇）八月乙卯条には「居二賊之要害一、承二秋田之道一」とある。由理は庄内と秋田を結ぶだけではなく、鳥海山麓を山越して西馬音内扇状地へ至るというルート雄勝へ通ずる地域でもある。なお、この柵の比定遺跡は未詳であるが、秋田県本荘市、子吉川北岸の地域とする説が有力である。郡家所在地は酒田市郡山か。

『延喜式』兵部省諸国駅伝馬条の遊佐駅・蚶方駅・由理駅・飽海駅はこの郡内にあり、遊佐・蚶方・由理の各駅には駅馬十二疋、由理駅には伝馬六疋が配備された。飽海駅は佐芸駅からの舟を受けることから『延喜式』に舟配備の記載はないが水駅と同様の機能をもつ。なお佐芸駅からは曲川—坂本—田沢を通る陸路もあった。蚶方（『和名抄』では飽海郡雄波郷）は秋田城跡出土の漆紙文書には「蚶形駅家」とある。

九世紀には、この郡に関連して出羽国の不安定な情勢を伝える史料が多くみられるようになる。『三代実録』貞観十年（八六八）四月己卯条「出羽国言。飽海郡月山・大物忌両神社前。雨石鏃」は、同十七年（八七五）十一月乙未条の渡嶋蝦夷が水軍で秋田・飽海両郡の百姓を襲撃するというような事件を比喩的に表現したものか。また、貞観十三年五月には鳥海山が噴火、蝦夷の動向を併せて不安要素として受け止められる。秋田城や飽海郡海浜に石鏃が降るという記載は、『三代実録』元慶八年（八八四）九月丙戌条・仁和元年（八八五）十一月辛酉条などにもある。兵賊・疾疫の兆候として恐れ

られ、飽海郡大物忌神・月山神・田川郡由豆佐乃売神の祭祀が行われた。

『三代実録』仁和三年（八八七）五月癸巳条は出羽国府の位置について、当時、国府は出羽郡井口の地（城輪柵跡か）にあったが、嘉祥三年（八五〇）の地震で、最上郡大山郷保宝士野に遷すことを検討、意見が分かれ、国府を遷すことは妥当であるが、最上郡は国の南辺に位置し不都合・不便であるし、秋田・雄勝の城にも遠いという内容の記載がある。旧国府の近くに移転した新国府は八森遺跡（酒田市）。式内社大物忌神社は貞観十五年（八七三）には正三位、元慶四年（八八〇）には従二位に叙せられるというように高い神階が授けられた。出羽国分寺の所在地は出羽郡（鶴岡市）に比定する説、飽海郡（酒田市堂の前遺跡）に比定する説がある。『類聚国史』天長七年（八三〇）四月己巳条に出羽国疫病流行の際、国分寺で読経したとある。

【参考文献】

藤岡謙二郎編『古代日本の交通路Ⅱ』大明堂、一九六三年
小松正夫「出羽北半の駅路再考」（『古代の越後と佐渡』高志書院、二〇〇五年）

（渡部育子）

河辺郡・かわのへのこおり

正確な郡域は不明であるが、秋田県由利本荘市に河口をもつ子吉川と雄物川の間に位置した郡で、『和名抄』で由理郷が飽海郡に記載されることから、子吉川の北側の地域、現在の秋田市・由利本荘市北部と推測される。『和名抄』の訓は加波乃倍。川合・中山・邑知・田郡・大泉・稲城・芹泉（高山寺本では泉）余戸から成る。『続後紀』承和十年（八四三）十二月己卯条に出羽国河辺郡百姓百済国人子孫奈良己智豊継らに大滝宿禰の姓を賜ったという記事が史料上の初見であるが、成立年代は未詳。『続紀』宝亀十一年（七八〇）八月乙卯条に「河辺」、『後紀』延暦二十三年（八〇四）十一月癸巳条に「河辺府」とみえるが、これらが河辺郡を意味するものかどうかについては諸説がある。

【参考文献】

今泉隆雄「秋田城の初歩的考察」（『律令国家の地方支配』吉川弘文館、一九九五年）
小松正夫「出羽北半の駅路再考」（『古代の越後と佐渡』高志書院、二〇〇五年）

（渡部育子）

田川郡・たかわのこおり

山形県鶴岡市と東田川郡の一部がその郡域にあたる。田川・甘弥・新家・那珂・大泉の五郷よりなる。『和名抄』の訓は「多加波」。平成九年（一九九七）に鶴岡市の山田遺跡から出土した木簡に「甘弥郷」とあることから、『和名抄』は、「其祢」とある高山寺本ではなく、「甘弥」とある東急本にしたがうべきであることが明らかになった。『書紀』斉明四年（六五八）七月甲申条に見える「都岐沙羅柵」の所在地については諸説があるが、鼠ケ関（山形県鶴岡市温海）に比定する説が有力である。ただし、田川郡の成立時期や出羽郡・出羽柵との関係については不詳。出羽国城柵のなかでは早い時期に造営された大山柵は、この郡内、鶴岡市大山に比定される。秋田城木簡に「田川郡」とみえる。秋田城や飽海郡海浜に石鏃が降るという記載が『三代実録』元慶八年（八八四）九月丙戌条・仁和元年（八八五）十一月辛酉条などにみられるが、これは兵賊・疾疫の兆候として恐れられ、飽海郡大物忌神・月山神・田川郡由豆佐乃売神の祭祀が行われた。

【参考文献】

新野直吉『出羽の国』学生社、一九七三年

『山形県埋蔵文化財センター調査報告書第83集　山田遺跡発掘調査報告書』二〇〇一年

（渡部育子）

出羽郡・いではのこおり

山形県鶴岡市北部・東田川郡がその郡域にあたる。大田・大窪・河辺・井上の四郷と余戸からなる。『和名抄』の訓は「伊氏波」。和銅元年（七〇八）九月、越後国の一郡として新設された。越後国の北につき出た部分であることからイデハ「出端」が語源にあたる。当時の郡域は不詳であるが、飽海郡にはいる酒田市周辺も、当時はこの郡内にあった可能性もある。この地域を中心に和銅五年（七一二）、出羽国が建置される。和銅元年から五年までの間、越後国は大宝二年（七〇二）に越中国から割譲された頸城・古志・魚沼・蒲原四郡と合わせ九郡で構成された。

『続紀』和銅二年（七〇九）七月

乙卯条に出羽柵に兵器を運送させた記事がみえるが、遺跡は現在のところ不明であるが、出羽郡設置との関連において造営された可能性が高い。『続紀』和銅二年七月丁卯条の征狄所も出羽柵の組織・機構のひとつと推測される。出羽郡と出羽柵の設置によって律令国家の蝦夷（狄）政策の拠点は庄内地方に置かれることになる。出羽柵の成立年代については文武元年（七〇〇）から大宝二年（七〇二）頃の間とみる説もある。そもそも庄内地域への律令国家の支配は大化以降、比較的早い時期から行われ、斉明四年（六五八）七月に置かれた都岐沙羅柵は越国（新潟県）から日本海沿岸づたいに北上した地点に比定できるものと考えられるし、天武十一年（六八二）四月に越後蝦夷伊高岐那らが俘人七十戸をもって建郡の申請をした郡は田川郡か出羽郡と考えられるが、出羽郡であった可能性が高い。建郡がなされた翌和銅二年三月、陸奥と越後の蝦夷征討のために、陸奥鎮東将軍と征越後蝦夷将軍が派遣された。また、和銅七年（七一四）から数年にわたって、尾張・上野・信濃・越後・越前等の国から出羽柵へ柵戸に移配がなされ、その総数は八〇〇戸にのぼる。なお、出羽柵は天平五年（七三三）、秋田村高清水岡に遷置される。設置当初の出羽国府の遺構は不詳。天平五年以降については見解が分かれるが、『三代実録』仁和三年（八八七）五月癸巳条によれば、九世紀には国府は出羽郡井口の地にあったことが知られる。嘉祥三年（八五〇）の地震の影響で、仁和三年に国府移転の建議が出されるが、この地震は地形が変化するほどの規模であったらしい。『類聚国史』天長七年（八三〇）四月己巳条に出羽国で疫病流行し国分寺で読経したとあるが、出羽国分寺の所在地は出羽郡（鶴岡市）に比定する説、飽海郡（酒田市堂の前遺跡）に比定する説がある。

【参考文献】
新野直吉『出羽の国』学生社、一九七三年
高橋崇『古代東北と柵戸』吉川弘文館、一九九六年
熊田亮介「古代国家と蝦夷・隼人」（岩波講座『日本通史』古代3、一九九四年）

（渡部育子）

秋田郡・あいたのこおり

秋田市と潟上市・男鹿市・南秋田郡を郡域とする。『和名抄』の訓は阿伊多。添川・率浦・方上・成相・高泉の五郷。このなかで中心になるのは貞観七年（八六五）神階を授け

られた高泉神社が所在する高泉郷と考えられる。なお、秋田城跡第五十四次発掘調査で出土した木簡に「廣面郷」とあり、この比定地は現在の秋田市広面地区である可能性が指摘されている。斉明四年（六五八）から六年（六六〇）にかけての阿倍比羅夫の北征記事のなかに齶田・飽田とみえるが、このときの齶田郡は令制下の郡に連続するものではない。郡の設置時期については秋田城を停廃し河辺府を保ちたいので、城を停めて郡による支配を行うという内容の命令が出された延暦二十三年（八〇四）（『後紀』同年十一月癸巳条）とするのが一般的であったが、秋田郡の成立をこれよりも早くみて、延暦二十三年に秋田郡の支配機構が秋田城に移されたことを意味し、秋田城停廃とは秋田城の鎮兵すべてを雄勝城に送ったことを意味するという説がある。前者の場合、出羽国からの秋田城停廃の申請に対して、秋田の支配を城制から郡制に移行するもので、秋田城に置かれていた出羽国府を河辺府に移したという解釈がさなれる。後者の場合、『続紀』宝亀十一年（七八〇）八月乙卯条の「秋田難保、河辺易治」を、河辺＝河辺郡府であるならば、秋田も秋田城ではなく秋田郡であるという論拠に基づく。

秋田の地名が史料上、確認されるのは、斉明天皇紀の比羅夫遠征記事の次は天平五年（七三三）の出羽柵の庄内から秋田への移転記事であるが、この間、秋田が律令国家にとって交流のない地域であったわけではなく、沿海州方面も含む北方交流において重要な地点であったと考えられる。『続紀』養老四年（七二〇）正月丙子条の靺鞨国の風俗視察のために官人派遣した渡嶋津軽津司の比定地の可能性が高いこと、神亀四年（七二七）九月に初めての渤海使が出羽国に来着するが、その地点は秋田県の日本海岸と推測され、その後もたびたび来着するなど、八世紀における東北アジア外交の要地でもあった。なお、出羽柵が移転した天平五年当時、高清水岡は秋田村という地名であった。この出羽柵は天平宝字年間ころには秋田城の名称が用いられていたことが天平宝字四年（七六〇）三月十九日「阿支太城」（正倉院流出文書）丸部足人愁状から知られる。出羽国府の所在地についてはさまざまな論争があったが、現在は、天平五年の出羽柵の移転とともに庄内から秋田に移されたとする説と、秋田に国府が置かれたことはなかったとする説が取り上げられることが多い。

秋田城跡出土漆紙文書十一号に小野朝臣竹良・百済王三忠の自署があり、天平宝字四年紀正月丙寅条の記載と一致する。八世紀後半、宝亀年間の秋田はきわめて不安定な状況であり、『続紀』宝亀十一年八月乙卯条によれば、秋田城はこれ以前に放棄されており、このとき鎮狄将軍もしくは国司官人のなかから専当官一人を派遣して守備させるということになった。この国司専当官が秋田城介と言われるものである。九世紀になると渤海使の出羽への来着はほとんどみられなくなる。延暦二十三年（八〇四）に城制が一時廃止されるが、秋田の軍事上の機能は重視される。北方経営においては、陸奥国の蝦夷行政・軍事対策・出羽国の渡嶋北方対策という分業態勢がみられるようになった。しかし、九世紀以降も天長七年（八三〇）の地震や疫病の流行に加えて、秋田郡の北部地域では蝦夷の動向に不穏な動きもみられ、貞観十七年（八七五）には渡嶋蝦夷が水軍で秋田・飽海両郡の百姓を襲撃するという事件があった（『三代実録』同年十一月乙未条）。天長七年の地震では秋田城の城郭・官舎、四天王寺（秋田城外郭東門の外側東南部）の仏像・堂舎が顛倒し、死傷者も出たほか、秋田河（雄物川）や秋田城の近くの河川の流路にも影響があった（『類聚国史』同年正月癸卯条）。秋田城司の苛政が誘因となった元慶の乱においても、率浦・方上・高泉などの郷では俘囚が反乱を起こし、元慶二年（八七八）には「城北郡南公私舎宅、皆悉焼残」（『三代実録』同年四月己巳条）という状態であった。なお、この記事から、当時、秋田郡の郡家が秋田城よりも北にあったと推測される。『三代実録』元慶二年七月癸卯条には、秋田城下の賊地として上津野・火内・榲淵・野代・河北・腋本・方口・大河・堤・姉刀・方上・焼岡の十二村、向化俘地として添河・覇別・助川の三村がみえる。この郡における俘囚の反乱は十世紀になってからも起き、天慶二年（九三九）官舎が襲撃されている（天慶の乱）。

【参考文献】

今泉隆雄「古代東北城柵の城司制」（『北日本中世史の研究』吉川弘文館、一九九〇年）
新野直吉『古代日本と北の海みち』高科書店、一九九四年
熊田亮介「秋田城と秋田郡」（『秋田市史研究』四、一九九五年）
今泉隆雄「秋田城の初歩的考察」（『律令国家の地方支配』吉川弘文館、一九九五年）
渕原智幸「平安前期東北史研究の再検討」（『史林』八五―三、二〇〇二年）
熊田亮介『古代国家と東北』吉川弘文館、二〇〇三年

伊藤武士『秋田城跡』同成社、二〇〇六年

（渡部育子）

北陸道

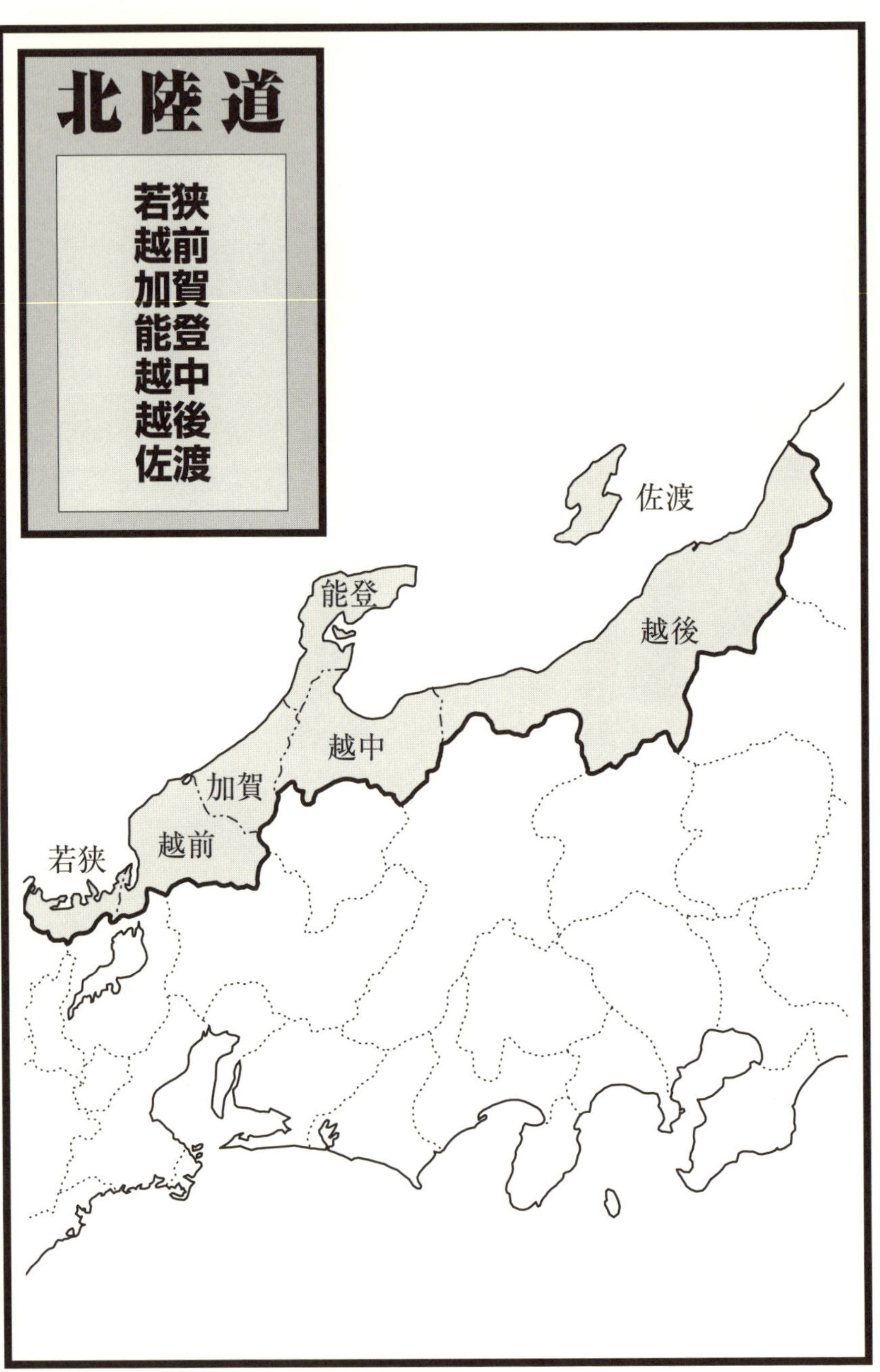
北陸道
若狭
越前
加賀
能登
越中
越後
佐渡
佐渡
能登
越後
越中
加賀
若狭
越前

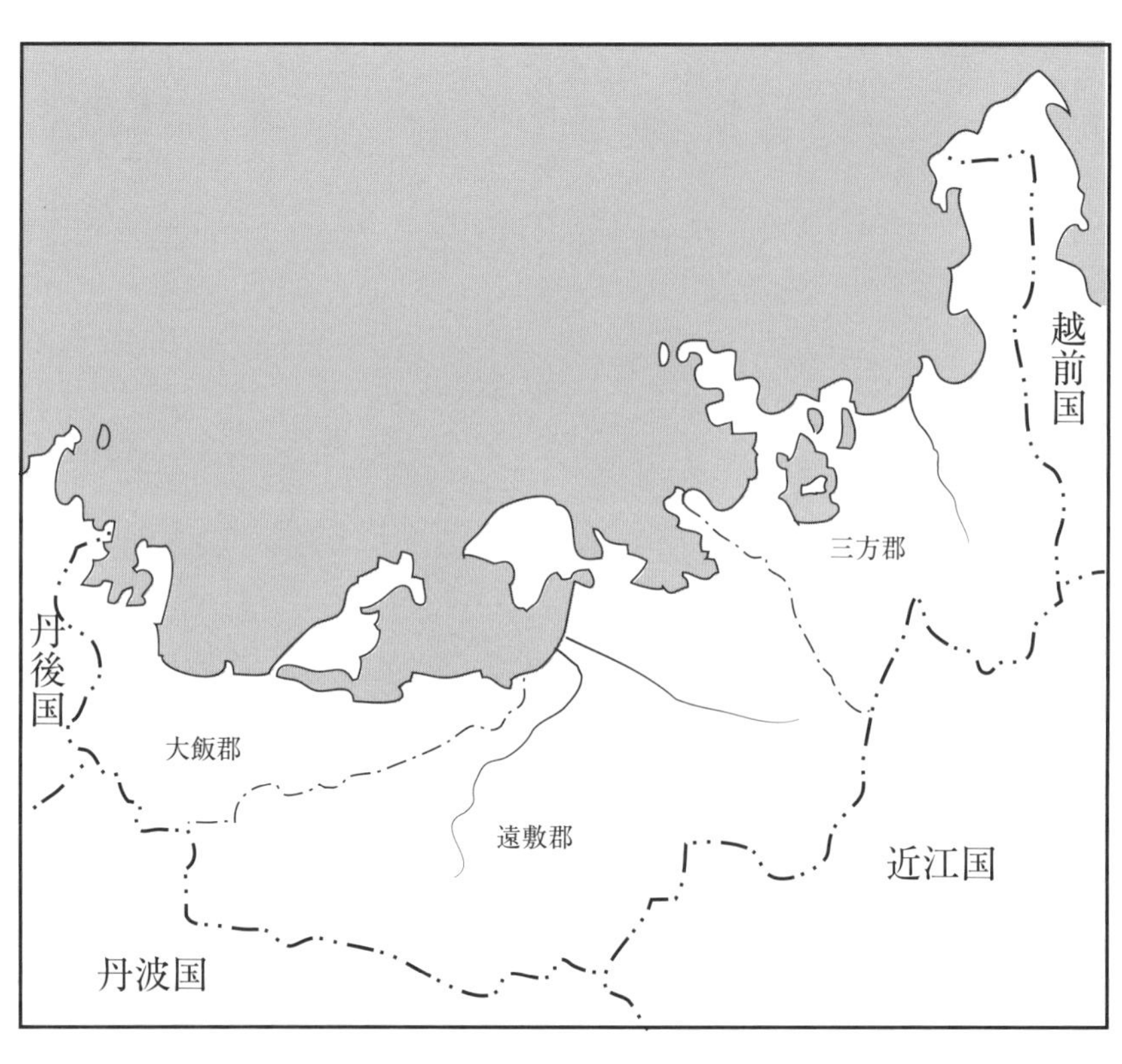

若狭国略図

若狭

若狭国・わかさのくに

若狭国は、当初、三方郡と遠敷郡の二郡により構成されていたが、天長二年（八二五）七月に遠敷郡から大飯郡が分立し、三郡により構成される（『日本紀略』）。国衙は、遠敷郡に所在した。律令制下は北陸道に属し、国の等級は中国。

若狭国の初見記事は、『書紀』垂仁三年条で、新羅の王子である天日槍が近江国吾名邑から若狭国をへて但馬にむかったとの伝承がみえる。

若狭については、古く伴信友が指摘したように、膳臣氏との関係が密接である。膳臣は、安曇連とともに朝廷の食膳をつかさどる伴造氏族で、律令制下には内膳司の奉膳・典膳に任じられていた。『書紀』履中三年十一月辛未条に、景行天皇の「磐余稚桜宮」にちなみ、膳臣余磯が稚桜部臣の氏姓を賜った話がみえ、膳臣から改姓した高橋氏の氏文に、膳臣の始祖である六鴈命が若狭国を賜ったとの伝承がみえる（『高橋氏文』）。また、『旧事紀』国造本紀には、允恭天皇の代に、膳臣の祖である佐白米命の児、荒礪命が若狭国造に任じられたことがみえる。この地域の国造に、膳臣氏と同族関係にあるものが任じられていたことが想定できよう。なお『続後紀』承和十四年（八四七）五月丙戌条には、若狭国の百姓である膳臣立岡が、窮民に代わり「鹽五斛、庸米百五十二斛、准稲四千六百八束」を納入したことがみえる。

若狭国からの木簡の出土により、三家首・三家人の存在が知られる。三家人は大飯郡にも確認できるが、藤原宮木簡に、小丹生評に三家里の存在したことを示すものがあり、ここには三家の在地の管掌者である三家首がみえるので、恐らく後の遠敷郡内に設置されていたのであろう。現在も三方上中郡若狭町を流れる北川南岸、JR上中駅周辺には三宅の地名がのこされている。

若狭国は、律令制下に有数の塩の生産・貢納国であり、主として贄を貢納した遠敷郡青郷以外の調の主要な貢納物は塩であった。若狭の製塩土器である浜禰Ⅰ・ⅡA・ⅡB式土器にみられるように、若狭では古墳時代以来の土器製塩の歴史を有するが、律令制下にかけて若狭各地で大規模で整然とした製塩遺跡が急増するとともに、製塩土器も巨大化し、厚手の平底浅鉢型である船岡式土器が成立する。律令制下の若狭国の塩生産は、在来の技術が自律的に発展したものではなく、新たに国家により創り出されたものであった。

【参考文献】

伴信友「若狭旧事考」（『伴信友全集』五、国書刊行会、一九〇九年）

狩野久「御食国と膳氏」（『日本古代の国家と都城』東京大学出版会、一九九〇年）

（今津勝紀）

遠敷郡・おにふのこおり

『和名抄』に「乎爾不」と訓ずる。『和名抄』高山寺本では遠敷・丹生・玉置・安賀・野・志摩・大飯・佐分・木津・阿遠の十郷からなり、『和名抄』東急本ではこれらのほかに余戸・神戸の二郷がある。このうち、天長二年（八二五）に遠敷郡を割いて大飯郡を建郡しており（『日本紀略』天長二年七月辛亥条）、大飯郡に編入されるのは大飯・佐分・木津・青の四郷である。以上のほかに、藤原宮木簡に三家里が、平城宮木簡で岡田・山の二郷が確認できる。遠敷郡の表記については、藤原・平城宮木簡で「小丹生」と表記した例が、天平十九年（七四七）の「大安寺伽藍縁起并流記資財帳」では「乎入」と表記した例がみられる。遠敷の表記は和銅六年（七一三）以降に成立する。玉置は、「玉杵」・「手巻」・「手枕」とも表記した。郡域は、現在の若狭町の旧上中町・おおい町の旧名田庄村と旧加斗村をを除いた小浜市域が相当する。北川と南川の各流域に若干の平野部を形成する。

　本郡の名称である「ヲニフ」の由来は、「小丹生」の表記を基礎に考えれば、接頭語のヲを除き、ニフが原義となり、丹すなわち水銀朱の採れるところ、ということになる。

　郡内の氏族には、遠敷朝臣・秦人・三家首・三家人・丸部臣・車持・車持首・膳臣・五百木部・私臣・若倭部・三次君・牟儀津・中臣部・大湯坐連・矢田部・相臣・土師などが確認できる。式内社は遠敷郡内に、小浜市竜前の大社若狭比古神社をはじめ、大二、小十四の合計十六座がある。若狭比古神社については、『続紀』宝亀元年（七七〇）八月一日に若狭国の目である伊勢朝臣諸人と内舎人佐伯宿禰老が馬を奉納したことが、「新抄格勅符抄」に神戸十戸の存在したことがみえる。

　『和名抄』東急本によると遠敷郡には若狭国府が設置されており、現在の小浜市府中もしくは東小浜の西北付近が国府推定地である。国分寺は小浜市国分に所在し、塔・金堂・

講堂が確認されている。『延喜式』兵部省には、濃飯駅があげられているが、平城宮木簡では玉置駅も確認できる。主要な交通路は、『延喜式』主税に陸路と海路があげられており、海路は勝野津（現滋賀県高島市）から大津までが記載されているので、現在の国道三〇三号線（九里半街道）ルートで近江国高島郡勝野津に抜け、そこで船積みされ大津まで回漕された。滋賀県高島市の鴨遺跡からは遠敷郡からの庸米の付札が出土している。

若狭町の北川上流域の平野部は、城山古墳・西塚古墳などの前方後円墳が集中するところで、ここに三家里が比定されている。また若狭町瓜生には膳部山があり、膳臣の本拠がこの近辺に想定されている。

「大安寺伽藍縁起并流記資財帳」には「若狭国乎入郡島山百町四至四面海」とあり、大安寺の荘園が存在した。

【参考文献】

伴信友「若狭旧事考」（『伴信友全集』五、国書刊行会、一九〇九年）

狩野久「御食国と膳氏」（『日本古代の国家と都城』東京大学出版会、一九九〇年）

（今津勝紀）

大飯郡・おほいのこおり

『和名抄』刊本に「乎保伊太」とあり、『延喜式』神名帳には「オホヒ」・「ヲホヒタ」とある。天長二年（八二五）七月に遠敷郡を割いて建郡された（『日本紀略』天長二年七月辛亥条）。遠敷郡から分置され大飯郡を構成したのは大飯・佐分・木津・阿遠の四郷である。平城宮木簡などでは、佐文は「佐分」、阿遠は「青」とも表記される。現在の福井県高浜町・おおい町のうち旧大飯町と小浜市加斗地区が相当する。日本海に面し海岸線は多くがリアス式の山がちな地形で、佐分利川・子生川・関屋川流域と高浜湾沿いに小規模な平野が広がる。

木簡により確認できる『和名抄』に記載がない郷に岡田里と車持郷がある。藤原宮木簡に「丁酉年若狭国小丹生評岡田里」とみえる岡田里は、現在地を明らかにしえないが、郷里制下の平城宮木簡に「佐文郷岡田里」とみえる地名の岡田と関連すると考えるならば、大宝令成立以前に岡田里であったものが大宝令以降に佐文里（郷）に併合されたものか。佐分利川中流域のおおい町岡田の可能性が指摘されている。また平城宮木簡にみえる車持郷は高浜町上車持・下車持付近に比定できる。なお青郷は、郷里制下の里に青里・小野里・川辺里が、五保として氷曳五戸・田結五戸が平城宮木簡にみえる。青郷の中心は、高浜町青と考えられるが、川辺里・田結は京都府舞鶴市の河辺・田井地区を指す。そのため古代の大飯郡は、現在の小浜市加斗地区・高浜町・おおい町・舞鶴市河辺地区に及ぶと考えられる。

郡内の氏族には、秦人・三家人・三家人首・道公・他田舎人・土師・壬生などが確認できる。式内社は郡内に、青海神社・伊射奈伎神社・香山神社・静志神社・大飯神社・日置神社・佐伎治神社の七座がある。

若狭国は有数の調の塩を貢納する国であり、藤原・平城宮木簡では、青郷を除き、ほぼ調塩を貢納していた。奈良時代の若狭国に特有の製塩土器である船岡式土器の出土したのが、大飯町本郷の船岡遺跡である。船岡式土器は、厚手の大きな平底浅鉢型の土器で、大規模な製塩が行われていたことを示す。

青郷は、中世に春宮御厨が置かれるように、古代でも朝廷に贄の食料品を貢納する拠点の一つであり、青郷からは、鯛・伊和志・貽貝・富也・海細螺・鰒などの海産物が貢納されていた。青郷の贄貢納は、若狭国が畿外に属するため、品部である雑供戸のように、大膳職の膳部による直接的な支配・管理を受けず、通常の公民の貢納として国司の支配下に置かれたものであるが、こうした贄の貢納の伝統は、律令制成立以前に、膳臣が若狭の支配に関与したことに由来すると考えられる。

【参考文献】

狩野久「御食国と膳氏」（『日本古代の国家と都城』東京大学出版会、一九九〇年）

舘野和巳「若狭・越前国関係木簡補遺」（『福井県史研究』一〇、一九九一年）

今津勝紀「律令調制の構造とその歴史的前提」（『日本史研究』三五五、一九九二年）

（今津勝紀）

三方郡・みかたのこおり

『和名抄』に「美加多」と訓ずる。『和名抄』刊本では能登・弥美・余戸・三方・駅家の五郷からなるが、『和名抄』高山寺本では能登・弥美・三方の三郷からなる。平城宮木簡にはこれらの他に、竹田里・葦田駅がみえる。また、平城宮木簡での郷名表記には、「乃止」（能登）、「耳」・「美々」（弥美）などがみえる。なお敦賀は律令制下には越前に属するが、敦賀には食の神を祀る気比神社が存在し、若狭国は有数の御食国でありながら食の神を祀る神社が存在しないこと、敦賀が三方郡と地理的に近しい関係にあることから、敦賀が元来若狭に含まれていた可能性も指摘されている。

郡域は、福井県西南部、旧若狭国東部に位置し、現在の美浜町・若狭町のうち旧三方町が相当する。郡西北部には三方五湖があり、郡東部の美浜町では中央部を耳川が北流し若狭湾にそそぎ、三方町では鰣（はす）川が三方湖に流れる。野坂山地・丹波山地が海まで迫り、耳川下流域と三方五湖周辺に若干の平野が広がる狭隘な地形である。

平城宮木簡では、能登・弥美・竹田郷・葦田駅などから調塩を貢納していたことがみえる。本郡の名称である「ミカタ」の由来には、諸説あるが詳細は不明。藤原宮木簡に「三方評」とみえるのが初見。郡内の氏族には、粟田公・粟田部・三家人・海部・別君・土師・秦勝・竹田部・竹田部首・和尓部・黄文・物部・壬生部などが確認できる。式内社は三方郡内に大社である宇波西神社をはじめとして、十九座がある。延喜兵部省式には、弥美駅家があげられている。

『古事記』開化段には、日子坐王の子である室毘古王が若狭之耳別の祖としてみえる。弥美郷に確認できる別君の祖であろう。弥美郷の比定地である現在の美浜町郷市には、郡内唯一の前方後円墳である獅子塚古墳（古墳時代後期）が所在し、別君が被葬者である可能性が大きい。なお室毘古王の母とされる大闇見戸売を祀る闇見神社は旧三方町に所在する。

また式内社である和爾部神社は、和尓部の存在と対応するが、このほかに、ヤマトのワニ氏に関連する氏族の一つに粟田臣があり、粟田臣の部が粟田部である。粟田公・粟田部は能登郷に分布し、この地域にワニ氏の勢力が及んでいたことが考えられる。

『万葉』巻七には、「若狭なる三方の海の浜清みい往き還へらひ見れど飽かぬかも」（一一七七）として、三方の海が詠まれている。『扶桑略記』の延喜十九年（九一九）十一月二十日条には美浜町の丹生浦に渤海客徒が来着したことがみえる。

【参考文献】

狩野久「御食国と膳氏」（『日本古代の国家と都城』東京大学出版会、一九九〇年）

（今津勝紀）

越前国略図

越前

越前国・えちぜんのくに

北陸道の一国。現在の福井県の嶺北部と、嶺南部における若狭国の地を除く東部域を併せた地域にあたる。大化前代、北陸道一帯は「越」と呼ばれ、蝦夷征討などの目的地への道程を意味したが、越前・若狭はその出発点に位置した。『書紀』持統六年（六九二）九月条にある白蛾を献じた越前国司の記事が越前国の初見。養老二年（七一八）に越前国から羽咋など四郡を割き能登国を建国、さらに弘仁十四年（八二三）江沼・加賀二郡を分置し加賀国とし、平安初期に越前国の国域が確定した。『延喜式』では大国とされ、都からの距離は上り七日・下り四日・海路六日で中国とされた。

弘仁十四年の加賀国分立以前は、郡で構成されていたが、同年六月土地が広く人口の多い丹生郡の九郷一駅を割いて今立郡を置いた（『日本紀略』）。さらに鎌倉中期に足羽郡の一部を割いて吉田郡を設置し、その後分立を重ね、各史料を総合すると、中世以降は敦賀・丹生北・今北東・今南東・今南西・足羽南・足羽北・大野・坂北・坂南・南条仲・府中の十二郡を擁した。そして江戸期寛文四年（一六六四）に今立の三郡・足羽の二郡・坂井の二郡がそれぞれ一郡にまとめられ、南条仲郡が南条郡、丹生北郡が丹生郡となり、以後、八郡として今日に至る。

古代の越前国は、敦賀の地に置かれた大陸通交用の松原客館の存在で分かるように、対馬海流を利用しての大陸文化等の流入口となった。また加羅国の王子が笥飯浦に来泊したとする『書紀』垂仁紀の記事や、気比神宮祭神の伊奢沙和気大神が新羅系の神とされることなどから、渡来系の氏族との繋りが深いと考えられ、事実かなり多数の新羅系の秦氏や百済系の漢氏の居住が確認できる。坂井郡三国より迎えられ六世紀初頭に皇位についた継体天皇は、これら渡来人たちの経済力を背景にしていたとされる。さらに奈良時代以降、日野・足羽・九頭竜の三大河川が形成する広大な沖積平野が中央の有力寺社による荘園経営の舞台となり、東大寺領道守荘・糞置荘（足羽郡所在）や同寺領桑原荘（坂井郡所在）、中世初期に坂井郡一帯に展開された興福寺領河口荘・坪江荘など多くの著名な荘園が形成された。

（佐々木健一）

敦賀郡・つるがのこおり

『和名抄』の訓は「都留我」。神戸・与祥・津守・従者・伊部・鹿蒜の六郷から成る。木ノ芽峠以南が江戸期以降の郡域であったが、古代においては現敦賀市・現南越前町（旧南条郡）・現越前市（旧武生市）西南部・現越前町（旧丹生郡）西南部をも占めていた。越前国の南西端に位置し京畿から北陸道への入り口にあたり、郡域の中心には若狭湾の東端の敦賀湾に注ぐ笙ノ川・木ノ芽川などが扇状地と沖積平野を形成している。

郡名に関しては、『旧事紀』国造本紀に「角鹿国造」とあり、古くは角鹿と記し「つぬが」と訓じた。『古事記』仲哀段に、角鹿の仮宮に居た応神天皇に気比大神が入鹿魚を奉じたが、その鼻が毀れて血臭かったので血浦とよばれ、今は「都奴賀」というとある。また『書紀』垂仁紀に崇神天皇の時「意富加羅国」の王子「都怒我阿羅期等」が笥飯浦に来たり、その額に角があり「角鹿」と称したとある。和銅六年の好字を以って国郡郷名を表した際に角鹿から「敦賀」の表記になったものとされる。

「敦賀郡」としての初見は、天平三年（七三一）「越前国正税帳」（正倉院文書）にみえる。天平勝宝七年（七五五）「越前国雑物収納帳」（正倉院文書）に「敦賀津」とあり、また『霊異記』中二十四に「都魯鹿津」とあることで、古くから港津として開けていたことが知られる。また『書紀』武烈紀に載る「角鹿の塩」、『万葉』巻三にある笠金村の歌の「海未通女塩焼くけぶり」などの記載から製塩の地としても知れ渡っていた。

敦賀郡は三関の一つ愛発関を抱え、郡内の松原駅には八匹の馬が常備され、また大陸通交の窓口であり代々気比神宮司がこれを管理した松原客館が存するなど、古来から海陸交通の要衝であった。こうした地を支配したのが、『古事記』孝霊段にみえる「角鹿海直」であり、また『旧事紀』に載る「角鹿国造」であったと思われ、向出山古墳群の被葬者とされる彼等は海上交通や漁業に従事する人々を統率し、気比神の祭祀権を握りやがて大和政権の支配下に入っていったと考えられる。また郡内にある気比社は北陸随一の式内大社であり、後には多くの荘園を郡の内外に有する存在となる。郡内の式内社は越前六郡内最大の四十三座を数え、なかでも気比社の七座は名神大座とされる。

『和名抄』に載る郡内の六郷に関

しては、東急本は六郷を載せるが、高山寺本は神戸郷を欠いている。このうち伊部郷は現越前町(旧丹生郡)内、従者郷は現越前市(旧武生市)内と現南越前町(旧南条郡)内、鹿蒜郷は現南越前町(旧南条郡)内、与祥・津守郷は現敦賀市内にそれぞれ比定される。また天平神護二年(七七六)「越前国司解」(東南院文書)には伊部・神戸・鹿蒜の三郷に加え「質覇郷」の名がみえるが、隣郷と考えられる従者郷の名がなく、奈良期の質覇郷が平安以降従者郷となった可能性が高い。鎌倉時代、丹生郡の海岸部が気比社領であることから、八～十世紀の敦賀郡がのちの南条郡や丹生郡の一部を郡域に含んでいたことは確かである。中世以降郡の一部が丹生郡へ、さらに郡と丹生郡の一部を割いて南仲条郡(のちの南条郡)が分置されたと考えられる。

伊部郷　郷名が天平神護二年(七六六)付「越前国司解」(東南院文書)にみえる。また『三代実録』貞観十五年(八七三)条に、越前国敦賀郡人右大史正六位上伊部造豊持の名がある。『延喜式』神名帳にある敦賀郡「伊部磐座神社」の地は現丹生郡織田町岩倉に比定されるから、郷の所在も同地周辺と考えられる。

鹿蒜郷　郷名が天平神護二年(七六六)付「越前国司解」(東南院文書)にみえる。日野川上流の一支流に鹿蒜川が存し、その流域の現南越前町(旧南条郡今庄町)西部が比定地であろう。『延喜式』所載の鹿蒜駅は当郷内に存したと考えられる。

津守郷　郷名が天平神護二年(七六六)「越前国司解」(東南院文書)にみえる。貞和二年(一三四六)「行豊田地売券」(西福寺文書)に「越前国執(敦)賀津守郷道口之内」とみえ、現敦賀市の湾南岸に沿う長沢を含む地域が当郷の比定地とされる。

従者郷　『和名抄』高山寺本に「之度无倍」の訓があり、東急本は「従省」と記す。郷域は現越前市(旧武生市)南部の日野川流域大塩谷、現南越前町(旧南条郡今庄町)北部の田倉川、同町中央部日野川上流域の八飯にかけての地域に比定される。

【参考文献】

『福井県史』・『敦賀郡誌』・『敦賀市史』
小葉田淳監修「福井県の地名」(『日本歴史地名体系』一八)

(佐々木健二)

丹生郡・にうのこおり

『和名抄』訓は刊本「爾不」・東急本「尓布」。賀茂・野田・丹生・岡本・泉・従省・可知・朝津・三太の九郷からなる。越前国の西端に位置し、郡域は、東西が郡内を北上する日野川から日本海まで、北が日野川支流未更毛川および三本木川の流域まで、南が日野川支流吉野瀬川流域までで、所々に小盆地が存する大部分が山地の立地である。北は坂井郡、東は足羽郡・今立郡、南は南条郡にそれぞれ接する。

郡名の由来は、他の地の丹生と同様に、丹（朱）すなわち朱砂（水銀鉱）の産出することによるものと思われ、郡内各地に朱砂を含有する赤土が分布している。郡名の初見は、天平三年（七三一）二月二十六日付「越前国正税帳」（正倉院文書）にあり、そこには丹生郡郡司の名が数名記され、その中に「郡司主帳无位丹生直伊可豆智」と郡名を負う人名もみえる。また天平十七年（七四五）四月十八日と天平宝字六年（七六二）十二月十三日付の平城宮木簡に郡名が記されている。さらに『万葉』巻十九には天平勝宝二年（七五〇）四月三日に大伴家持が越前判官大伴池主に贈った歌「ひとりのみ聞けばさぶしもほととぎす丹生の山辺にい行き鳴かにも」があり、その「丹生の山」は越前国府から見た当郡の山並みであろう。

郡域については、『日本紀略』弘仁十四年（八二三）条に「今立郡分置」の記載があり今立郡の九郷も九世紀初頭まで丹生に含まれていたことが知れる。また『延喜式』神名帳に載る敦賀郡三十三座のうち「劔神社」「織田神社」「伊部磐座神社」の三社の地は現越前町（旧丹生郡）のほぼ中央に位置し現越前町（旧織田町）に比定され、少なくとも織田盆地は敦賀郡に属していた可能性が残る。さらに丹生郡九郷のうち現在の郡域内に比定されるのは賀茂郷（現福井市清水町）のみで、朝津郷は足羽郡内（現福井市）に比定されるなど、古代から中世にかけてかなりの郡域変遷が想定される。

嘉応元年（一一六九）十一月「権大僧都顕某解」（東大寺文書）には大蔵荘の四至を示して「在管丹生北郡内」とあり、以後の史料に「丹生北郡」の名が頻出することから、平安末から丹生北郡の呼称が使用されたことが知れる。おそらくこの頃までに、丹生郡と敦賀郡の一部が割かれ南仲条郡が置かれ、また織田盆地やその周辺が敦賀郡から丹生北郡に編入され、後世の丹生郡の郡域が形成されていったと考えられる。ちなみに丹生北郡は寛文四年（一六六四）に丹生郡の呼称に復する。

『延喜式』によれば、郡内には丹生駅・朝津駅があり北陸道の駅路に沿っていたことが分かり、式内社として十四座を載せるが唯一の名神大社として大虫神社（現越前市大虫町）の名がみえる。『元亨釈書』によると、白山の開祖泰澄は白鳳（天武朝）年間に丹生郡朝津郷で生れ、後に越知山（現越前町）に入り修行したとされ、由来の越知神社は白山信仰と修験道の拠点として後に繁栄することになる。また郡内の荘園としては、奈良時代成立の東大寺椿原荘、平安時代成立の賀茂御祖社領志津荘、東寺領石田荘などがあった。

賀茂郷　天平神護二年（七六六）十月二十日「越前国司解」（東南院文書）に郷名がみえる。現存する賀茂神社との関連を考えると、郷域は現福井市（旧丹生郡）清水町大森あたりに求められるか。また中世志津庄が成立したとされる。

丹生郷　郡の中心として『延喜式』兵部省所載の「丹生駅」の所在地とされる。現越前市（旧武生市）丹生郷一帯が郷域に比定され、その南隣に存する高森遺跡（越前市高森町）は郡衙跡と推定されている。

泉郷　前述の嘉応元年「権大僧都顕某解」に「東限泉郷堺」とみえ、また『百錬抄』承安四年（一一七四）四月三十日条に「越前国泉北御厨事」とある。郷域は現鯖江市北野・水落付近に比定される。

朝津郷　『和名抄』高山寺本の訓「安左不豆」、東急本は「阿左布豆」。現福井市南部に浅水の地名があり、この周辺一帯に比定される。浅水は北陸街道沿いにあり、『延喜式』兵部省の「朝津駅」もこの地に置かれたとされる。

三太郷　『和名抄』高山寺本の訓「美」。前述の天平神護二年「越前国司解」に「弥太郷」の名がみえ、『延喜式』所載の「大山御太神社」との関連が想起される。

【参考文献】
『福井県丹生郡誌』・『織田町史』
金坂清則「古代越前国地域整備計画についての一試論」（『日本海地域史研究』五）

（佐々木健二）

今立郡・いまたちのこおり

『和名抄』訓「伊万太千」。郡域は、北が足羽郡、東が大野郡、西が丹生郡、南が南条郡・美濃国にそれぞれ接し、大部分が足羽川上流の山岳地帯に位置する。郡の南から東の境にかけて冠山や部子山などの高山が重畳し、北西に向かって漸次低くなる地勢で、平野部は今立町から鯖江付近にかけてわずかに広がる。

『日本紀略』弘仁十四年（八二三）六月四日条に「丹生郡の十八郷三駅から九郷一駅を割いて一郡を立て、今立郡と号した」とあり、今立郡が弘仁年間までは丹生郡に含まれ、「今立」が新立の義であったことが知れる。『三代実録』貞観八年（八六六）八月七日条に「今立郡大領生江臣氏緒が稲十万束を公用に充てた功により借外従五位下を授位された」との記事がある。また保延五年（一一三九）十一月付「仁和寺文書」藤原周子寄進状に当郷を丹生郡の東にある故「東条」と呼んだとする記事がある。その後当郷は、平安末期から中世にかけて今南東郡・今南西郡・今北東郡の三郡に分立し、近世初期の寛文四年（一六六四）に再び合して今立郡に復した。

『和名抄』によると芹川・大屋・酒井・味真・勝戸・服部・中山・船津・曽博の九郷より成る。芹川・曽博の二郷以外は現郡域内に比定可能である。なお『和名抄』東急本は服部を「勝部」とする。また『和名抄』高山寺本および『延喜式』には「淑羅駅」の名がみえる。

酒井郷　天平神護二年（七六六）十月二十一日付「越前国司解」（東南院文書）に郷名がみえる。『亀山院凶事記』嘉元三年（一三〇五）九月二十三日条に「越前国酒井庄」とみえ、後に郷内に荘園が営まれたことが知られる。

大屋郷　天平勝宝二年（七五〇）と推定される「優婆塞貢進文」（正倉院文書）にみえる「丹生郡大屋郷」は今立郡分立以前の当郷であろう。中世に大屋庄が営まれ、郷域は現越前市（旧武生市）大屋付近とされる。

味真郷　『和名抄』東急本に「阿知末」と訓ずる。『万葉』巻十五に載る狭野茅上娘子の歌にみえる「安治麻野」は当郷域内の地であり、今立郡衙もこの地にあった。また『続後紀』承和六年（八三九）四月七日条にみえる「越前国人味真公御助麻呂」は当郷ゆかりの人物であろう。越前市の東部にある鞍谷川・文室川による扇状地の味真野一帯が比定地とされる。

船津郷　現鯖江市舟津に鎮座する舟津神社は、『延喜式』に載る「丹津神社」に比定できるから郷域も舟津付近と考えられる。

（佐々木健二）

足羽郡・あすはのこおり

『和名抄』訓「安須波」。郡域は越

前国のやや北部に位置し、九頭竜・日野・足羽の三大河川が合流する福井平野の大部分がその主要部で、北は坂井郡に、東は足羽川に沿って延び大野郡に、西は日野川で丹生郡に、南は今立郡にそれぞれ接する。

郡名の由来は未詳であるが、天平三年（七三一）二月二十六日「越前国正税帳」（正倉院文書）にあるのが郡名の初見で、同帳に「少領阿須波臣真虫」、さらに天平神護二年（七六六）九月十九日「足羽郡司解」（東南院文書）に「少領阿須波臣東麻呂」などの郡名を負う郡司級の人名がみえる。

足羽郡の中心を占める広大な平野部は早くから荘園経営の対象となった。奈良期の東大寺による道守荘・糞置荘、伊勢神宮による足羽御厨などが経営され、中世に入ると、一条家に寄進された足羽北庄・東郷荘、奈良興福寺領の木田荘・安原荘など長期間にわたって多くの荘園が成立した。足羽山に一大古墳群が存在し、それらは正倉院文書に道守荘の関係者として現れる「足羽郡大領生江東人」・「同少領阿須波束麻呂」などの豪族との関係が想起される。生江氏に関しては、正倉院文書にある道守荘の開田地図に現在の足羽川が生江川と称されており、当郡ゆかりの豪族であった。また『延喜式』神名帳に載る「足羽神社」は現在の足羽山上にある足羽神社に比定でき、これもこうした豪族とのつながりが考えられる。

『和名抄』高山寺本は、安味・額田・足羽・草原・小名・江上・井手・中野・岡本・江沼・野田・上家・川合・利莉・曰理の十五郷を載せる。なお東急本は野田から利莉の四郷を大野郡に置くが、比定地を考慮すると当郡に属するとするほうが妥当であろう。

安味郷　郷名が天平神護二年（七六六）「越前国司解」（東南院文書）にみえる。『延喜式』に「阿味駅」とみえ、当郷が北陸道に沿った地であることが知られる。駅の所在地は諸説あり。

足羽郷　郡の中心で郡衙の所在地とされ、前述のように足羽山東北麓に式内社足羽神社が鎮座し、山麓一帯に古墳群が分布することから、郷域もこの一帯の福井市付近と考えられる。『延喜式』に載る「足羽駅」も当郷内に属したと考えられる。

草原郷　天平神護二年「越前国司解」に郷名がみえる。『和名抄』は「久佐波良」と訓ずる。足羽山西の道守荘旧域付近が比定地とされる。

小名郷　『和名抄』東急本は「少名」と記し「乎多」と訓ずる。『延喜式』に「越前国少名庄」の名がみえる。

（佐々木健二）

大野郡・おおののこおり

『和名抄』訓「於保乃」。越前国東部の山間部に位置し、九頭竜川・足羽川などの大河の水源にあたる。南と東は岐阜県、北と西は大野市に接し、郡域の大半は現大野・勝山両市域に属する。大野盆地の大きな野原が郡名の由来といわれる。最東部に偏在するが、峠を越えて美濃方面との通行繁く、文化導入のルートとなった。

郡名は、天平元年（七二九）一月二十一日の平城宮木簡に「越前国大野郡調銭」とあるのが初見で、同五年の「越前国郡稲帳」（正倉院文書）にもみえる。

『和名抄』東急本に野田・上家・川合・利刈・毛屋・加美・資母・出水・大山の九郷を載せるが、野田から利刈の四郷は高山寺本では足羽郡とされ、さらに加美の代りに大沼郷がある点などを考慮すると、大野郡には毛屋・加美・資母・出水・大山・大沼の六郷が存在していたとするのが妥当であろう。

坂井郡・さかのいのこおり

『和名抄』訓「佐加乃為」。越前国の北端に位置し、現在の九頭竜川西部域から福井市域にかけての地域にあたる。明治期の郡区編制では、北西側が日本海、北東側が大野郡と石川県江沼郡、南が吉田郡と丹生郡にそれぞれ接する。その地勢は、東側に加越山地が走り、北と西側は加越台地と三里浜砂丘、さらに九頭竜川が南辺を西流し西部を北流して日本海に注ぐ。つまり九頭竜川下流域に広がる平野部（坂井平野、広義の福井平野）とその周辺の山地からなり、越前の最大の穀倉地帯を形成している。

『書紀』継体即位前紀に、継体の母振媛の居住地を「三国坂中井」とする記載があり、『釈紀』所引の「上宮記逸文」ではこれを「三国坂井県」と書き改めている。「坂井郡」としての初見は、天平三年（七三一）二月二十六日「越前国正税帳」（正倉院文書）に郡名があり、さらに天平五年閏三月六日「越前国郡稲帳」（正倉院文書）や天平神護二年（七六六）十月二十一日「越前国司解」（東南院文書）など、また平城宮木簡・長岡京木簡（いずれも年未詳）などにみえる。

郡内の加越台地縁辺部には草創期から晩期までの多くの縄文遺跡、また竹田川・兵庫川・九頭竜川沿いの自然堤防上には弥生遺跡が発見されており、さらに加越台地西縁に存する横山古墳群（丸岡町坪江から金津町中川の山中）は巨大な前方後円墳を有し、当郡が継体天皇の母の出身地とされることや、『書紀』『続紀』にみえる「三国公」「三国真人」などと呼ばれた豪族との関連が想起される。

郡域内には早くから多くの荘園が経営され、奈良期に初期荘園として東大寺領の桑原荘・小榛荘・鯖田国富荘・田宮荘・子見荘・溝江荘（いずれも現金津町・春江町・福井市一帯）、西大寺領の馬立荘・牛立荘（現坂井町）などが営まれたが、平安期すでに衰退し代わって奈良興福寺が広大な河口（寛弘八年〔一〇一一〕寄進）・坪江（正応元年〔一二八八〕寄進）両荘を営んだ。特に河口荘内に開かれた十郷用水（本庄・新庄・新郷・大口・兵庫・荒居・王見・関・溝江・細呂宜の十郷に由来）は以後の坂井平野開発に大きな役割を果す。

『和名抄』（高山寺本）によると、粟田・荒泊・高向・礒部・長畝・高屋・坪江・福留・海部・川口・堀江の十一郷より成り、大部分が現郡域内に比定可能である。なお東急本は粟田を「粟田」と記し、さらにこの他に余部の郷名を載せる。また「越前国司解」に「赤江郷」、天平五年「山城国愛宕郡計帳」（正倉院文書）に「越前国坂井郡水尾郷」の名がみえる。「越前国司解」にみえる「桑原駅」・『延喜式』に載せる「三尾駅」の正確な地は比定されていない。

坂井郡は平安末期に坂北郡と坂南郡に分立し、近世初期の寛文四年（一六六四）の再統合まで、鎌倉期・室町期の中世を通じて一つにまとまることはなかった。

粟田郷 『和名抄』高山寺本は「粟田」と記す。天平神護二年「越前国司解」に郷名がみえる現坂井市（旧坂井郡）丸岡町東南部に比定され、中世以降粟田島庄が営まれた。

高向郷 『和名抄』東急本の訓は「多加無古」。『書紀』継体即位前紀に「高向に帰寧ひがてらに」の記載があり、その地の説明として「高向は、越前国の邑の名なり」とある。『釈紀』は「上宮記逸文」を引いて「多加牟久村」と記す。天平神護二年「越前国司解」にも郷名がみえる。中世の高椋郷へのつながりを考えると、現坂井市（旧坂井郡）丸岡町東部から南部に郷域が比定される。

福留郷 『和名抄』高山寺本の訓は「布久呂」。『延喜式』に「布久漏神社」の名があり、これと現存の布久漏神社（坂井市丸岡町の西南）との関連を考えれば、郷域は当神社を中心とする周辺に比定される。また天平神護二年「越前国司解」に郷名がみえ、延暦八年（七八九）十一月十八日の長岡京木簡に記される「袋郷」は当郷である可能性が高い。

海部郷　天平三年「越前国正税帳」に「坂井郡郡司海直大食」の名があり、この「海」は「海部」と考えられる。また天平宝字八年（七六四）「東大寺越前国高串庄券」に高串（たかくし）庄の四至を示して「部下坂井郡海郷之地」とある。

【参考文献】
『福井県史』・『福井県坂井郡誌』

（佐々木健二）

コラム

越（高志）

越（『書紀』）は、古代の律令制以前の北陸道地方を指す古称で、高志（『古事記』）、古志（『出雲国風土記』）とも表記される。また近年「高志国新川評」や「高志国利波評」「高志前」と記した木簡が出土しており、大宝令以前には『古事記』の用法の「高志国」が使用されていたことが明らかとなった。越の辺とする地域が明らかではないが、越（高志）は越前、越中、越後の古称でもあるところから、現在の福井、石川、富山、新潟の四県におよそ該当する。文献上の初見は『書紀』の国生み神話の「越洲（こしのしま）」と見なされたりもするが、国生み神話自体が八世紀の書紀編者らによる最新の哲学神話によるとされたりする以上、史実との関連に問題がある。むしろ崇神朝の四道将軍派遣説話を、『古事記』では大毘古命が高志道（こしじ）へ、また『書紀』では大彦命が北陸へ遣わされたとある方が古い。むろんこの説話も『書紀』崇峻二年七月条に東海、東山、北陸の三道に使者を遣わして諸国の国境を視察させたとある記事中で北陸道には阿倍臣を遣わして越等諸国の境を観させたとある所伝から創作されたとする見解がある。さらにこの阿倍氏の派遣すらも後の天武十四年（六八五）に諸道に人を派遣したとある『書紀』の粉飾とする見方があったりする。しかし後述する前期古墳の分布などによると、上述のように疑わしい言説があることから記事全体を疑うだけですまないことや、また五世紀前後までの大和に近い越前地域を範囲とする越の地域が、段階的に越中、越後に広がったとする段階論でもすまないことが指摘される。

　平安前期の物部系偽書『旧事紀』に所収された国造本紀の北陸道方面には、若狭、高志、三国、角鹿、加我、加宜、江沼、能等、羽咋、伊弥頭、久比岐、高志深江、佐渡の十三国造が知られる。このうち高志深江国造は、ここにのみ記されて存在が疑われてきたが、平成二年（一九九〇）に旧三島郡和島村（現長岡市）八幡林遺跡から出土した養老年号のある沼垂城墨書の木簡と共に出土した郡司符木簡に越後国蒲原郡務に従う高志君氏が知られた。また天平八年（七三六）頃の二条大路木簡に越後国沼足郡深江（郷）というこれまでに未見の「深江」の名称が平成七年（一九九五）に知られるに至って高志深江国造の実在が高まった。その結果、高志深江国造を含む国造名は、加我を除いて後期古墳の時代の六世紀代に国造設置が一応想定できることとなった。これにより崇峻二年の阿倍臣により越等諸国の境を観させた所伝も一応信頼できるものと考えられる。また辛亥紀年（四七一）をもつ埼玉県埼玉古墳群稲荷山鉄剣銘文にワカタケル大王（雄略）に杖刀人として仕えた「乎獲居臣」には八代前の上祖「意富比跪」がいたとある。果たして四道将軍派遣説話の大彦命かどうかなお定かではないが、前期古墳の分布とその政治的関係から説話を単なる創作とすることはできなくなった。関連して四道将軍派遣説話における『古事記』「高志路」を文献上の初見とすべきであろう。

この前期古墳の時代と密接な四道将軍派遣説話の時代の越に関しては、弥生の環濠集落や高地性集落、つづく前期古墳の研究によって、その能登を中心とした前方後方墳などの分布圏は、阿賀野川付近から上流の会津地方にまで及んでいたことが明らかになった。古墳造営はその後の中・後期には越後地域にそのまま継承されず、六～七世紀前半に佐渡市二見の台ヶ鼻古墳や村上市浦田山古墳群などの若狭系の円墳が点在するなど越の縁辺は変貌している。

この六～七世紀前半の欽明・敏達紀における佐渡への粛慎渡来、度々の高句麗使節の来航や、また皇極元年（六四一）の越辺の蝦夷数千の内付とその饗応の対外関係記事が顕著となる。欽明紀三十一年の記事に越人江渟臣裙代が「郡司」（国造）道君が高麗の使いを隠したことを通報し、膳臣傾子がその追及に派遣されたとある。このことは、国造らが分割支配をし、外交使節がまず国造により伝送される様子を窺わせるものとして注目される。これに続く大化三年（六四七）渟足柵、同四年（六四八）磐舟柵の造営は、皇極元年（六四二）に越辺の蝦夷が内付したことに伴う、より北方の蝦夷への対策や外交使節来着などの辺境情報を直接扱う機能を期待したものであったことを窺わせる。

『書紀』には、斉明四年（六五八）～六年（六六〇）の越国守阿倍引田臣比羅夫とその北征記事がある。ここに越国守が見られるが、これにはいわゆる大化改新期の東国国司が国造の国に派遣されたが、常駐するものではなかったように、ここでも恒常的な行政組織を伴うものではなかった。律令的な国の出現は、『書紀』持統六年（六九二）九月癸丑条の越前の国名が初見される以前における天武十二年（六八三）十二月丙寅条の諸国境界の分割記事、ないしは持統四年（六九〇）の庚寅年籍作成に伴うものと見られる。

以上、律令制以前の越は、関東地

域を吾妻（あずま）と称したと同様に、北陸道地方全体をいう古称であった。

（小林昌二）

【参考文献】

米沢康「大化前代における越の位置」（『越中古代史の研究』越飛文化研究会、一九六五年）
吉岡康暢「高志路の展開」（旧版角川『古代の日本』一九七〇年）
小嶋芳孝「高句麗・渤海との交流」（『海と列島文化』1、小学館、一九九〇年）
今泉隆雄「律令国家とエミシ」（新版角川『古代の日本』9東北・北海道、一九九二年）
中司照世「日本海中部の古墳文化」（新版角川『古代の日本』7中部、一九九三年）
小林昌二「越地域における部民分布の再検討」（『越と古代の北陸』名著出版、一九九六年）
同『高志の城柵』高志書院、二〇〇五年）

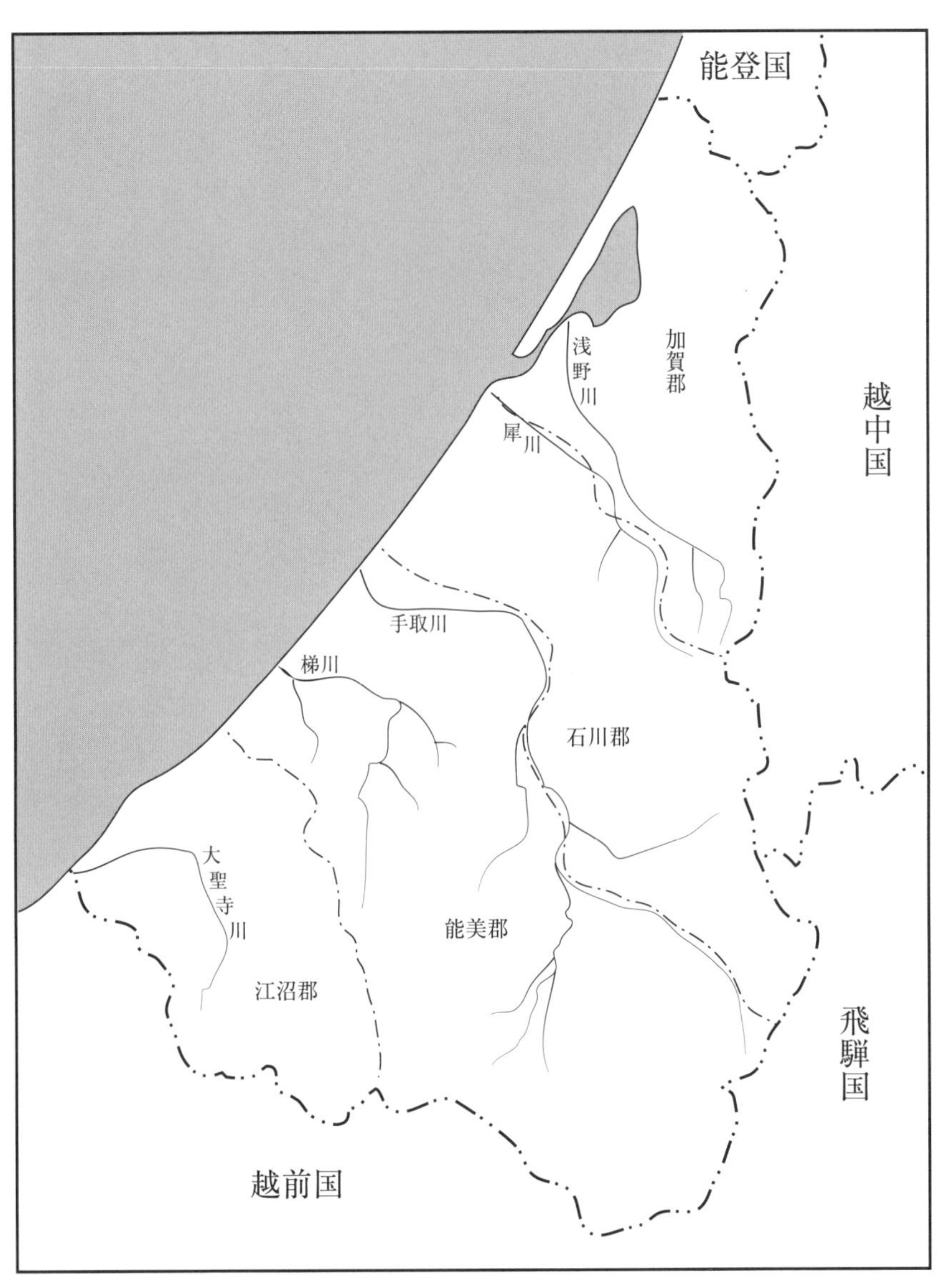

加賀国略図

加賀

加賀国・かがのくに

北は能登、東は越中、南は越前に接し、西は日本海に面する。弘仁十四年（八二三）三月、越前国守紀末成らの発議により同国江沼郡・加賀郡を割いて立国した。立国の官符によると、越前国府から加賀郡が遠く隔たり、その間に四大河川があって交通を阻害し、国郡の政治に支障をきたすためという理由であった。ついで六月には、加賀国は土地が広く住人が多いとの理由により、江沼郡の管する十三郷、四駅から五郷、二駅を割いて能美郡が建てられ、加賀郡の管する十六郷、四駅から八郷、一駅を割いて石川郡がたてられ、江沼・能美・石川・加賀の四郡が成立した。天長二年（八二五）一月に至り、課丁田疇数が上国に匹敵することから上国に格上げされている。在地豪族として、江沼郡の江沼臣氏、加賀郡の道君氏が『古事記』・『書紀』に見えている。

領域は現在の石川県加賀地方、すなわち、かほく市・津幡町・内灘町・金沢市・野々市町・白山市・川北町・能見市・小松市・加賀市。

国府所在地は『和名抄』高山寺本・名市博本に能美郡とし、小松市古府町あたりに比定されている。しかし東急本では加賀郡に国府の注記があり問題を提起している。金沢市黒田遺跡付近には古府の地名が残り奈良時代後半の瓦も出土し、その候補地とされている。また金沢城下町跡の広坂遺跡付近を考える説もある。両者の関係は明確ではないが、建国当初の国府は加賀郡に置かれ、その後能美郡に移転したとする説も出されている。国分寺は、承和八年（八四一）に勝興寺を充てた記録が残るが、同寺の所在も明らかでない。小松市古府町の古府廃寺、野々市町末松の末松廃寺、金沢市広坂町の広坂廃寺などがその候補とされている。

加賀国は日本海に面していて水上交通の拠点の津があり、金沢市の金石本町遺跡や戸水C遺跡は国や郡の湊にかかわる遺跡とみられている。対外的にも欽明朝の高句麗使来着が『書紀』にみえ、奈良時代後半からしばしば渤海使が到来した。畝田ナベタ遺跡からは渤海製らしい帯金具が出土している。また白山・医王山など古代以来の山岳信仰の霊場があり遺跡も多く、承和六年（八三九）三月には高雄山寺が真言別院とされている。

（鈴木景二）

江沼郡・えぬまのこおり

名市博本『和名抄』には「エヌ」「ヨネ」とみえ、『延喜式』には「エヌマ」とする。「与野」「余奴」の表記から「沼」は「ぬ」と読んだと分かる。長江・忌浪・山背・竹原・額田・菅浪・八田・三枝の八郷よりなる。弘仁十四年（八二三）三月の四郡分割時に江沼郡が八郷とされたのに対応するが、東急本『和名抄』にはさらに郡家郷がみえる。郡域は加賀市と小松市の一部。南西は越前国境。『旧事紀』国造本紀に「江沼国造」が見え、江沼地域が古墳時代からまとまった地域を形成していたことがうかがえる。小松市那谷町（旧江沼郡内）那谷金比羅山窯跡群出土の七世紀中葉の須恵器平瓶に「与野評」のヘラ書きがあり、孝徳朝以降に江沼評が置かれていたことが確認された。「上宮記逸文」には、継体天皇の母方の祖母として「余奴臣祖、名阿那尓比弥」がみえる。『書紀』欽明三十一年四月条に、漂着した高句麗の使人を道君氏某が隠匿し、それを朝廷に通告した人として、越人江渟裙代（えぬのもしろ）が見えている。この評・郡名を負う江沼臣氏が当地域を本拠とする豪族で国造であったとみられ、のちに郡領を出している。江沼古墳群はその墳墓と考えられている。平城京の長屋王家木簡に同郡の荷札が見られる。

江沼財臣　『古事記』孝元記に若子宿禰を「江野財臣の祖」とし、天平二年（七三〇）度越前国正税帳に江沼郡主帳として財部（たからべ）住田とが見え、長岡京木簡に能美郡山下郷および安宅駅戸主として財氏が見える。名代の財部を管掌した能美郡を中心とする在地豪族であり、能美古墳群はその墳墓とみられる。佐々木遺跡からは九世紀初頭の「財部寺」と書かれた墨書土器が出土し、氏寺の存在が推定される。

忌浪神社　『続後紀』嘉祥二年（八四九）十月庚寅条に加賀国治浪神に従五位下を授けたことがみえ、「治浪」は誤写として『延喜式』神名帳の江沼郡忌浪神社にあたると考えられている。加賀市弓波町の忌浪神社に比定される。平城宮木簡、『和名抄』に忌浪郷がみえる。同社の東方三〇〇メートルには弓波廃寺があり、その塔心礎が境内に移されている。

山背大堰神　『三代実録』貞観十八年七月二十一日条に加賀国正六位上白鳥神、郡家神とともに山代大堰神に並びに従五位下を授けたことが見える。加賀市山代温泉の大聖寺川畔に位置する大堰神社は江戸時代には小堰宮とよばれ、これに比定されている。社名から、大聖寺川から取水して江沼平地を灌漑する用水が開かれたことが想定される。

額田郷　『和名抄』東急本に「奴加多」と訓ず。長岡京跡出土の延暦八年（七八九）の木簡に見える。院政期に額田庄が成立し、その範囲に同郷と八田郷が含まれることが知られる（『鎌倉遺文』一七一）。八田郷は小松市矢田町付近とみられ、額田郷はその近辺らしく、額見町とする説がある。大治二年（一一二七）八月の江沼郡諸司等解に「額田郷司散位藤原」とみえる（『加能史料』Ⅲ）。

三枝郷　『和名抄』東急本に「佐伊久左」、高山寺本に「左以久佐」と訓ず。遺称地は知られず、比定地は加賀市南郷町付近、加賀市山中付近、小松市と加賀市の境界の勅使・分校町付近、など諸説があるが十分な根拠が得られていない。

朝倉駅　『延喜式』兵部省に見える駅。駅馬は五匹。北陸道が越前から加賀へ入った最初の駅で、後世に北陸道橘宿のあった加賀市橘町に比定する説が有力。

潮津神社　『延喜式』神名帳所載の神社。塩土老翁（しおつちのおじ）を祀っている加賀市潮津町の潮津神社に比定される。なお、『延喜式』兵部省には潮津駅があり潮津は付近の地名と知られる。同駅は奈良時代初期の長屋王家木簡に「江沼郡潮津駅人」と見え、篠原シンゴウ遺跡をその跡とする説がある。

越前国江沼郡山背郷計帳歴名　正倉院文書。天平十二年（七四〇）の計帳歴名の断簡。北陸道で唯一残る古代籍帳で字面に「越前国印」の朱方印が捺されている。紙背は天平宝字二年（七五八）の経師等被充帳。もとは越前国衙に保管されたと考えられるが、安都雄足が造東大寺司への転任の際、反故紙として持参したらしい。郷里制廃止直後の史料で、江沼臣族氏が多くを占める。山背郷の初見史料。郷里制廃止直後の史料で、江沼臣族氏が多くを占める。また夫婦同籍が原則でありながら、江沼臣族姓の男は異姓の妻を同籍とし、異姓（部姓）の男は江沼臣族姓の妻を同籍としないとする原則が窺われ、江沼臣氏と部姓氏族の社会的地位の違いに基づくと考えられている。なお郷名は、平城宮東院木簡に「山代郷」とみえ、『和名抄』に「山背郷」とあり、現在の加賀市山代温泉を含む地域が比定地。天平宝字六年（七六二）四月には山背郷の五十戸が奈良の岡寺に施入された。

【参考文献】
浅香年木『古代地域史の研究』法政大学出版局、一九七八年
鈴木景二「加賀国南部の古代中世交通路と駅家」（『加能史料研究』十二、二〇〇〇年）

（鈴木景二）

能美郡・のみのこおり

弘仁十四年（八二三）に江沼郡から五郷、二駅を割いて成立。軽海、野身、山上、山下、兎橋の五郷からなる。『和名抄』に能美郡を国府の所在地とする注記があり、郡名と同名の野身郷に所在したとされている。

兎橋神社　『延喜式』神名帳記載の神社。郷名に兎橋郷がある。現在の小松市浜田町の同社に比定されているが、同社はもと国府推定地に近接する小野町にあったと伝える。国府推定地の南側の荒木田遺跡からは「兎橋」と書いた墨書土器が出土しており、この近辺にあった可能性がある。

比楽駅　『延喜式』にみえる駅。駅馬は五匹。貞観十一年（八六九）二月比楽河に半輪の渡子二十五人を置いたことが見え、『延喜式』主税に「比楽湊」も見える。比楽川は現在の手取川で、河口付近が比楽と称されたらしく、駅も河口近くの北陸道渡河点付近と想定される。現在の白山市平加町が遺称地。

（鈴木景二）

加賀郡・かがのこおり

古代の郡。奈良時代までは越前の内。弘仁十四年（八二三）三月、越前国守紀末成らの発議により同国江沼郡とともに加賀国とされた。立国の官符によれば、立国の理由は越前国府（福井県旧武生市、現越前市）から加賀郡が遠く不便であったためという。郡家の候補地は三箇所あるが確定できない。郡内には定額寺（じょうがくじ）の弥勒寺があったほか、海岸部には国津とみられる遺跡が発見され、渤海関係遺物も出土しており、渤海使の寄港も推定されている。古くから道君氏の勢力が大きかったらしい。同郡には大伴家持の田一〇〇町があり、没官後に大学寮の勧学田になった（意見十二箇条）。金沢市豊穂遺跡から「大伴庄」の墨書土器が出土

している。

加我国造　『旧事紀』国造本紀にみえる国造。同書によれば、雄略朝に三尾君の祖である石撞別の四世孫大兄彦を国造に任命したとする。同書には、「加宜国造」も記されているが、両者の関係は不明。

大野湊神社　『延喜式』神名帳記載の神社。『和名抄』に大野郷が見え、金沢市磯部カンダ遺跡から「大野」と書かれた平安初期の墨書土器が出土している。大野湊は大野川または犀川の河口にあった湊で、そこに祀られた神社。金沢市寺中町の大野湊神社に比定される。同社は中世には大野庄の鎮守で佐那武社と呼ばれた。また同社の東方の畝田寺中遺跡からは奈良時代の郡符木簡や「津司」の墨書土器などが出ており、郡家や郡津関係遺跡と見られている。また『霊異記』にも大野郷畝田村の説話をみる。

田上駅　『延喜式』兵部省にみえる駅。駅馬は五匹。『延喜式』では、比楽駅と深見駅の中間に記されている。しかし、比楽駅との距離が長すぎることや石川郡分置の記事に同郡に一駅をおいたとあることから、田上駅と比楽駅の間に駅があったと推定されている。『和名抄』に同名の田上郷があり、延暦九年（七九〇）の長岡京木簡が初見。金沢市田上本町、田上町が遺称地で、駅もその地域に求める説がある。しかし、北陸道は深見駅を経て倶利伽羅峠を越えると見られ、現在の田上町では迂回することになるため、金沢市街地中心部に求める説がある。

深見駅　『延喜式』兵部省にみえる駅。駅馬は五匹。北陸道が加賀から越中へぬける直前の駅で、能登への支道の分岐点。『万葉』の大伴池主の歌に「深見村」とみえ、加茂遺跡出土の加賀郡牓示札に深見村・駅長がみえる。津幡町北中条遺跡から「深見駅」と書いた墨書土器が出土しており、津幡町南部に比定される。

横山駅　『延喜式』兵部省に見える駅。駅馬は五匹。深見駅で分岐した能登への北陸道支道の最初の駅。かほく市横山が遺称地。

【参考文献】

森田喜久男「大野郷畝田村と横江臣成刀自女」（『市史かなざわ』九、二〇〇三年）
『北加賀の古代遺跡』石川考古学研究会、二〇〇四年
『畝田西遺跡群』Ⅵ、石川県教育委員会、二〇〇六年

（鈴木景二）

石川郡・いしかわのこおり

弘仁十四年（八二三）六月に、地が広く人が多いとの理由で郡分割が行われた際、加賀郡から八郷一駅を割いて建てられた郡。中村、富樫、椋部、三馬、拝師、井手、笠間、味知の八郷からなるが、駅は不明。金沢平野の南半分にあたり、手取川扇状地の平野部を中心とする。野々市町には末松廃寺が残る。弘仁九年（八一八）に酒人内親王は朝原内親王の遺領横江庄を東大寺に施入している。現在の白山市横江にその遺跡が残り、隣接して庄家らしい上荒屋遺跡も見付かっている。元慶二年（八七八）八月、郡内の止観寺が天台別院となった。

椋部郷　椋橋部（くらはしべ）氏にちなむ郷名らしく、『和名抄』高山寺本に「久良波之」とある。のちに「くらべ」と称されたようで、白石市倉部町が遺称地。

御馬神社　『延喜式』神名帳に記載の神社。金沢市久安一丁目の御馬神社に比定されている。『霊異記』に御馬河里がみえ、二条大路木簡にも「三□」、『和名抄』に「三馬郷」がある。

拝志郷　『和名抄』に記載される郷。野々市町上林・中林・下林を中心とする地域。古代寺院末松廃寺があり、付近の末松には塔心礎がのこり整備されている（国史跡）。

笠間神社　『延喜式』神名帳に記載の神社。白山市笠間町の笠間神社に比定される。『和名抄』に笠間郷がある。

道君氏　古代の加賀地域北部の豪族。手取川上流とされる石川郡味知郷を本拠地とする説があるが、北加賀を拠点とする説もある。後者の説は「味知郷」を白山への登山道に基づく地名とし、それを掌握した豪族が「道」を氏名としたと推定するが確かではない。『書紀』には、欽明三十一年四月に来着した高句麗使に対して、郡司道君がみずから天皇と称して抑留していたことが記されている。日本海を介して朝鮮半島とも交流があったと見ることができる。天平二年（七三〇）の「越前国正税帳」の加賀郡司の署名を見ると長官を含め三名が道君氏である。また天平宝字五年（七六一）二月には、加賀郡少領道公勝石の私出挙が発覚して利稲三万束が没収されている。これらの事実から、奈良時代に至っても古墳時代以来の政治力・経済力を維持していたことが読み取れる。一方、天智天皇の後宮には、越道君伊羅都売（いらつめ）が宮人として仕えて施基皇子を生んでおり、これを機に同族が都へと進出したらしい。大宝律令の撰定に携わった道首名（みちのおびとな）も同族とする説もある。

【参考文献】

浅香年木『古代地域史の研究』法政大学出版局、一九七八年

（鈴木景二）

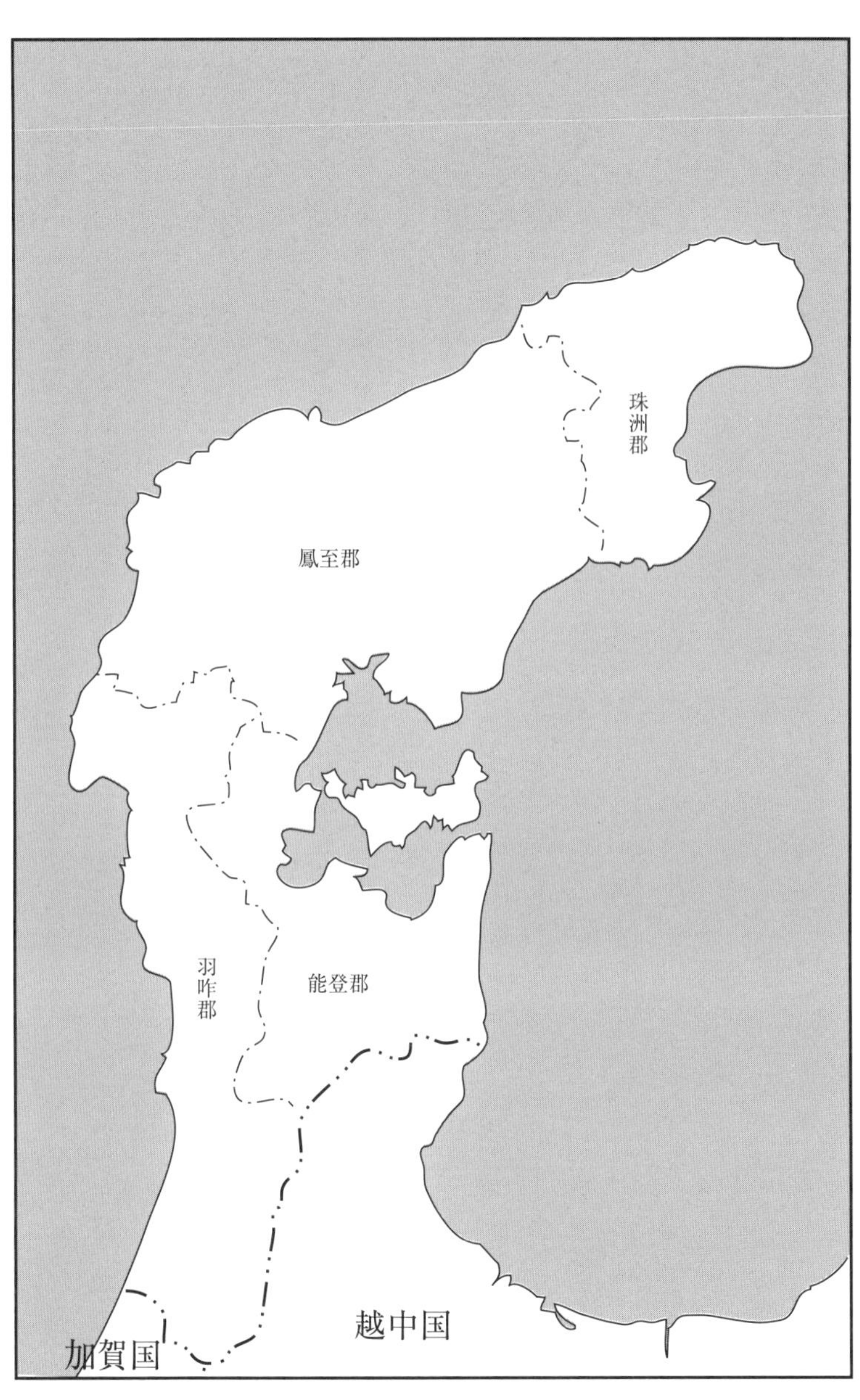

能登国略図

能登

能登国・のとのくに

北陸道の国名の一つ。現在の石川県域のうち日本海に突出する能登半島の大部分を占める。

三方を海に囲まれ、南西は宝達丘陵を境に越前国と、南東は越中国に接する。律令制以前は、現在の羽咋市域を中心に羽咋国造が、七尾市域を中心に能等国造が勢力を振るった。『書紀』斉明六年（六六〇）三月条によれば、阿部臣の北方遠征に能登臣馬身竜が従軍し戦死している。律令制下に入ると、能登半島は越前国に属したが、養老二年（七一八）五月二日に越前国から分離して、能登国が成立した。この立国は、藤原不比等政権による律令体制草創期の版図の拡大政策としての東北経営を行うための基地として能登半島を重視したものに伴うものと考えられている。しかし、天平九年（七三七）の大疫、天平十二年（七四〇）の藤原広嗣の乱など相次ぐ社会不安の増大の中で橘諸兄政権の行政機構の整理の一環として、能登国は廃国となり、越中国に併合された。この時、越前に復さなかったのは、時の政権の首班であった橘諸兄が藤原氏の影響下にある越前への併合を忌避したためと考えられている。その後、祖父不比等の政策の顕彰をねらった藤原仲麻呂政権によって、天平勝宝九年（七五七）五月に能登国は復活した。これらの統廃合をめぐる一連の動きのうち、いわゆる第一次立国については、実態として能登国守は赴任しないまま、越前守が按察使として国務を管轄したとする説もある。なお、能登国が越中国に併合されている天平二十年（七四八）には越中守であった大伴家持が能登半島各地を巡行している。このような過程を経て成立した能登国は、高山寺本『和名抄』によれば、羽咋郡・能登郡・鳳至郡・珠洲郡の四郡から構成され、二十三の郷名が見える。駅家については、大同三年（八〇八）以前は、撰才・越蘇・穴水・三井・大市・待野・珠洲の七駅が存在していたが、同年に至って撰才を除く六駅が廃止された。ただし、『延喜式』や高山寺本『和名抄』には越蘇駅が見えるので越蘇駅は復活したのであろう。能登国は、日本海に突き出た半島という地形的特徴から、ヤマト王権の時代以来、東北経営の基地、造船基地としての機能が期待され、律令国家成立以降は対外交渉の窓口として渤海使が来着した。天平宝字七年（七六三）の遣渤海使船が「能登」と命名されたことは、能登が対外関係上、重要な役割を果たす国として認識されていたことを端的に示している。

【参考文献】
浅香年木『古代地域史の研究』法政大学出版局、一九七八年
門脇禎二『日本海域の古代史』東京大学出版会、一九八六年ほか

（森田喜久男）

羽咋郡・はくいのこおり

能登国の郡名の一つ。訓は『和名抄』によれば「波久比」、『延喜式』では「ハクヒ」と記されている。日本海に突出した能登半島の南西部、外浦（日本海沿岸）の西岸部を占め、北は鳳至郡、東は能登郡や越中国射水郡と砺波郡、南は加賀国加賀郡に接する。現在の行政区域で区域で言えば、石川県宝達志水町・羽咋市・志賀町・七尾市のうち、熊木川の中・上流域に相当し、北側から富来川・神代川・羽咋川・宝達川・大海川などが日本海に向かって西流する。郡域の東部の北側には能登半島の脊梁の丘陵が、南側には宝達丘陵が展開し、その間に邑知地溝帯が広がっている。

ヤマト王権の段階では、当地は羽咋国造によって統轄されていた。羽咋国造に任命されたのは羽咋君で、その祖は『古事記』や『旧事紀』国造本紀によれば垂仁天皇の皇子石衝別王であると言う。当地に存在する主要な古墳としては、古墳時代前期のものとして宿東山古墳群（宝達志水町）、徳田1号古墳（灯明山古墳・志賀町）が、中期のものとして柴垣円山1号墳（羽咋市）、柴垣観音山古墳（羽咋市）などがある。また、後期の段階では柳田山伏古墳（羽咋市）、柴垣親王塚古墳（羽咋市）、散田金谷古墳（宝達志水町）が著名である。これらのうちで、徳田1号墳は能登半島で最大の規模を誇る前方後円墳（墳長八十三メートル）であり、宿東山古墳群の中の東山1号墳は方格規矩鏡が、柴垣円山1号墳からは短甲や刀剣が出土したことで知られている。散田金谷古墳は横穴式石室に組み合せ式石棺を納めたもので、その被葬者は当地において盟主的位置にあったと考えられている。

律令制下に入ると、当地は、最初、越前国に属した。羽咋郡の初見は、『続紀』養老二年（七一八）五月二日条で、この時、越前国の羽咋郡・能登郡・鳳至郡・珠洲郡の四郡を割

いて能登国が成立したが、やがて天平十三年（七四一）十二月十日に越中国に併合されるに伴い、羽咋郡も越中国に属することになる（『続紀』）。当地が越中国に属していた天平二十年（七四八）の春、越中守であった大伴家持は「之乎路」を経由して羽咋郡に入り、能登四郡を巡行している。天平勝宝九年（七五七）五月八日以降、能登半島の四郡は再び立国する（『続紀』）。

当郡の有力氏族としては、ヤマト王権の段階では羽咋君がいた筈であるが、律令制下の段階では郡司として同氏の名前が見えず、『万葉』巻十八には、天平二十年（七四八）に越中掾久米広縄の館で行なわれた宴席に連なる人物として羽咋郡擬主帳能登臣乙美の名前が見える。

羽咋郡の郡家の所在地については、現在の羽咋市の市街地に存在したと考えられているが定かではない。

『延喜式』によれば、羽咋郡は中男作物として鯖を貢進するように定められているが、これは、律令国家成立段階からそうであったと考えられる。平城宮から、羽咋郡の中男作物として鯖一〇〇隻を貢進した天平十八年（七四六）の年紀を持つ木簡が出土している。

律令制下において当地は、渤海との対外関係上、重要な位置を占めていた。宝亀三年（七七二）九月二十一日、帰国途中に遭難した渤海使壱万福・送使武生鳥守らは福良津（富来町福浦港）で休息している（『続紀』）。福良津は福良泊とも呼ばれ、渤海使が帰国するための船を建造する場所としても重視されていた。『三代実録』元慶七年（八八三）十月二十九日条によると、渤海使の帰国船の建造のため福良泊の近辺の山林の伐採が制限されている。『後紀』延暦二十三年（八〇四）六月二十七日条に見える「能登客院」は羽咋郡内にあったとする見解が有力で、福良にあったとする説と羽咋市内に求める説がある。

当郡に存在した神社は、『延喜式』神名帳によれば、大社である気多神社を始めとする十四社の名前が登録されていた。当郡の郷については、『和名抄』の段階で大海・荒木・高家・羽咋・岡本・邑知・都知・神戸の八郷の名前が見える。ただし、神戸郷については高山寺本には記されてはいない。なお、『延喜式』や『和名抄』によれば、当郡の南部を加賀国から能登国府へと向かう駅路が通っていたことになるが、郡内には駅家は置かれていない。

気多神社　羽咋市寺家町に所在。通称気多大社。『延喜式』神名帳には、気多神社として見え、能登一宮でもあった。祭神は大己貴命。

『万葉』巻十七に見える越中守大伴家持の天平二十年（七四八）の能登半島巡行の歌謡の題詞に「赴参気太神宮」とあるのが史料上の初見。この気多神社に近接する遺跡として注目されるのが、寺家遺跡である。同遺跡からは、大型掘立柱建物群・祭祀遺構・海獣葡萄鏡・三彩陶器・金銅製金具などを検出し、航海の安全や豊穣を祈願するための大規模な祭祀が行なわれた可能性が指摘されている。

【参考文献】

『寺家遺跡発掘調査報告』Ⅰ・Ⅱ　石川県立埋蔵文化財センター、一九八六年・一九八八年
小嶋芳孝「高句麗・渤海との交流」（『日本海と北国文化―海と列島文化1―』小学館、一九九〇年）ほか

（森田喜久男）

能登郡・のとのこおり

能登国の郡名の一つ。「能等郡」とも表記された可能性が高い。訓は『延喜式』によれば、「ノト」。能登半島の基部東側を占め、七尾西湾・南湾に面する。北は鳳至郡、南は越中国射水郡、西は羽咋郡に接する。現在の行政区域で言えば、穴水町と中能登町と七尾市全域、及び羽咋市の北東部などを含んでいた可能性がある。

このような広大な郡域の東側、七尾南湾から南西に向かって邑知地溝帯が広がり、その東側には石動山系、西側には眉丈山系、南側には砺波丘陵が展開する。このうち石動山からは、二宮川と長曽川がそれぞれ北流・西流し、羽咋郡域からは熊木川が南流する。能登半島の東側の海域の中央部には、南湾・西湾・北湾に分ける形で能登島が横たわっている。

律令国家成立以前に当地を統轄していたのは、「能等国造」である。この能等国造は、能登臣という氏族で、『旧事紀』国造本紀によれば、垂仁天皇の皇子大入来命、孫彦狭島命を祖とする。

当地における主要な古墳としては、まず、七尾市の藤橋町岩屋から国分町にかけての丘陵部に国分尼塚一号墳などが造営され、四世紀後半から五世紀初頭の段階において、邑知地溝帯の北側の眉丈山系に雨の宮1・2号墳が築かれる。その一方で地溝帯の南側の石動山系には小田中新王塚古墳や亀塚古墳が出現する。五世紀後半から六世紀後半の段階では、矢田丸山古墳、矢田高木森古墳、三室まどかけ古墳などが築造される

が、これらの古墳を首長系譜として追うことは困難なようである。七世紀代に入ると、朝鮮半島の影響を色濃く残す能登島町の須曽蝦夷穴古墳や能等国造の墓と推定されている院内勅使塚古墳などが築かれた。

律令制下に入ると、能登郡は、最初、越前国に属した。和銅六年（七一三）の平城宮庸米付札木簡に、「越前国登能郡翼倚」と記されたのがその初見である。養老二年（七一八）五月二日に羽咋郡・鳳至郡・珠洲郡の三郡と共に越前国から分立して、能登国が成立した（『続紀』）。その後、天平十三年（七四一）十二月十日に越中国に併合されるに伴い、能登郡も越中国に属することになる（『続紀』）。能登郡が越中国に属していた天平二十年（七四八）の春、越中守であった大伴家持は「之乎路」や羽咋郡を経由して当地に入り、香島津（現在の七尾港付近）から乗船して熊来まで航行した。その際に家持は、「能登の島山」を素材に和歌を残している（『万葉』巻十七）。『万葉』巻十六に採録されている熊来を舞台とした「能登国歌」三首もこの時に採取された可能性がある。その後、天平勝宝九年（七五七）五月八日以降、能登半島の四郡は再び立国した（『続紀』）。

当郡の有力氏族としては、ヤマト王権の段階で「能等国造」を務めた能登（等）臣が律令国家成立以降も郡司として影響力を行使した可能性があろう。文献史料にあらわれた能登臣の例として注目されるのが、『書紀』斉明六年（六六〇）三月条に見える能登臣馬身竜である。馬身竜は、阿部比羅夫の東北遠征に参加し戦死したが、能登臣が東北経営の一翼を担った例としては、新潟県三島郡和島村八幡林遺跡から出土した木簡の中に「能等豊万呂」の名前が見えることによっても明らかである。

能登郡は、能登国において国府が置かれた郡である。能登国府や能登郡衙の所在地については、七尾市古府町周辺に作られたと考えられている。ただし、現段階では決定的な遺跡は検出されていない。承和十年（八四三）十二月一日に能登守春枝王によって大興寺を転用した形で成立した国分寺（『続後紀』）については、七尾市国分町から古府町にかけての地域から検出され、法起寺式の伽藍配置であることが明らかにされている。

その能登国分寺跡から「上日郷戸主舟木浄足」と記された木簡が出土し、先に掲げた大伴家持の歌謡の中で「鳥総立て船木伐るといふ能登の島山」と詠じられたごとく、能登郡の七尾西湾一帯は、造船のための船材を供給する場所として重視された。また七尾西湾一帯は製塩遺跡が多数分布していた。宮都への貢進物としてしばしば送られたのは、熬海鼠であり、平城宮から天平四年（七三二）、天平八年（七三六）、天平宝字三年（七五九）の年紀を持つ調の荷札木簡が出土している。荷札一点に記された熬海鼠の貢納量は六斤であり、それらの多くは、鹿島郷望理里から貢進された。この望理里は、現在の七尾市能登島曲町に比定できる。

当郡に所在した神社としては、『延喜式』神名帳に十七社が見える。『和名抄』に見える郷は、越蘇・上日・下日・八田・加島・与木・熊来・長浜・神戸の九郷である。ただし、高山寺本では神戸郷、名市博本では、長浜郷と神戸郷の記述はない。なお、能登郡内には、撰才・越蘇・穴水の三つの駅が置かれていたが、大同三年（八〇八）十月十九日に越蘇・穴水の両駅は廃止され（『後紀』）、『延喜式』の段階に至って越蘇駅のみ復活した。水上交通のルートとしては、七尾南湾に国津として加島津が存在した。

加島郷　鹿島郷とも表記される。かつては漠然と七尾港付近と考えられてきたが、平城宮から「能登国能登郡鹿島郷望理里」と記された木簡が出土し、この「望理里」が「マカリ」もしくは「マガリ」と訓読され、七尾市能登島曲町に比定されることから、加島郷は能登島全域に比定するのが妥当。ただし、加島津については、七尾南湾の両岸、つまり能登島と七尾港付近を共に含めた広いエリアでとらえることが必要かもしれない。

熊来郷　能登半島の中央部、七尾西湾に位置する郷。天平二十年（七四八）越中守大伴家持の能登半島巡行の折、家持は「香島津」から船で熊来へ向かった。家持が熊来へ立ち寄った目的は、同地で風俗歌舞の奏上を受けるためであったと推定される。『万葉』巻十六には、熊来を舞台とした「能登国歌」三首が採録されており、その中では、「熊来のやら」・「熊来酒屋」・「机之島」などが詠じられている。

【参考文献】

門脇禎二「七尾」（『日本海域の古代史』東京大学出版会、一九八六年）
森田喜久男「古代における七尾南湾の歴史的環境」（『加能地域史』一七、一九九四年）
同「律令制下の国司巡行と風俗」（『古代国家と祭儀』雄山閣、一九九六年）ほか

（森田喜久男）

鳳至郡・ふげしのこおり

能登国の郡名の一つ。能登半島のうち、奥能登の中央部から西部にかけての一帯を占め、西と北は外浦（日本海）、南は内浦（七尾北湾）に面し、東は珠洲郡、南西部のうち外浦沿岸で羽咋郡、内浦沿岸で能登郡に接する。古訓は、『和名抄』によれば「不布志」、『延喜式』では「フケシ」となっている。郡域の大部分は丘陵でその間を小河川が流れ小河谷が散在するといった地形であり、平野部はきわめて少ない。郡域のほぼ中央部を東西に向かって奥能登丘陵が走り、これを分水嶺として、町野川が東部を北流し、八ヶ川が西部を西流し、山田川や小又川などが中央部を南流している。現在の行政区分で言えば、穴水町の一部、輪島市門前町、能登町に相当する。

当郡の内浦や北湾沿岸には、縄文時代以来、長期にわたって営まれた遺跡が多い。特に能登町の真脇遺跡は、縄文時代の草創期から晩期までをカバーしイルカ漁の実態を明らかにした遺跡として著名である。

鳳至郡の初見は、『続紀』養老二年（七一八）五月二日条で、同条によれば越前国から羽咋郡・能登郡・珠洲郡と共に分立したと記されている。しかし当郡は、天平十三年（七四一）十二月十日には、他の能登半島の三郡と共に越中国に併合されるに至った（『続紀』）。

鳳至郡が越中国に属していた天平二十年（七四八）春に越中守であった大伴家持は、能登四郡を出挙の督励のために巡行し、羽咋郡気多神宮・能登郡香島津、熊来をを経て、当郡の饒石川に至った（『万葉』巻十七）。この他にも越中国に属していた頃の出来事として、天平勝宝五年（七五三）十月に当郡大屋郷の住人である「舟木秋麻呂」なる人物が、調として狭絁を一匹貢進している（正倉院宝物墨書銘）。その後、天平勝宝九年（七五七）五月八日以降、能登半島の四郡は再び立国した（『続紀』）。

当郡における有力な氏族については不明な部分が少なくないが、先に掲げた天平勝宝五年（七五三）十月付正倉院宝物墨書銘に郡司大領として能登臣智麻呂の名前が記され、少なくとも律令制下にあっては当郡においても能登臣が一定の影響力を持っていたことが知られる。鳳至郡の郡家については、河原田川の河口付近（輪島市鳳至町）に比定する説がある。当郡内には、三井・大市・待野などの駅が存在したが、大同三年（八〇八）十月十九日に廃止された（『後紀』）。

鳳至郡内に存在した神社としては、『延喜式』神名帳に九つの神社の名前が記されている。『和名抄』に記された郷名は、櫛師・小屋・男心・待野・余部の五郷。

なお、『今昔物語集』巻二十六には、当郡を舞台とした伝承として海岸に漂着した通天犀角の帯を得て豊かになった鳳至孫の話が見え、巻三には当郡の沖合いに位置した鬼寝屋島・猫の島に海人や他国の人々が往来し、鰒をとっていた伝承などが見える。このことは当郡が、能登半島における「辺境の地」ではなく、広く内外に向かって開かれた空間であることを示しているのであろう。

饒石川　『万葉』巻十七に登場する地名。天平二十年（七四八）に越中守大伴家持が能登半島を巡行し、同川を渡ろうとする時に、「妹に逢はず久しくなりぬ饒石川清き瀬ごとに水占はへてな」と詠じている。この饒石川は、旧鳳至郡門前町（現輪島市）を流れる仁岸川に比定されている。この仁岸川の河口の門前町剣地は、外浦街道に沿い宿駅が置かれ、年貢米の積み出し港として交通の要衝であった。この仁岸川の河口には、大伴家持の歌碑がある。同地には刀鍛冶の伝説も残る。

猫の島　現在の舳倉島。輪島市の北方約五十キロメートルの海上に位置する。古墳時代前期から平安時代のかけての時期をカバーするシラスナ遺跡があり、製塩土器や貝殻・魚骨・獣骨を含む小貝塚が検出された。『万葉』巻十八には、「沖つ島」として見え、真珠の産地として詠じられている。『今昔物語集』巻二十六によれば、加賀国の釣人七人が猫の島に漂着し、島の主である蛇に加勢して蜈（むかで）を倒し、島に移住したという。同島の神は、加賀国の「熊田の宮」と深い関わりを持ち、島民は一年に一度「熊田の宮」に参詣するとも伝えられている。さらに、唐から渡来する人は、まずこの島に立ち寄ってから越前の敦賀津へ向かうとも記されている。

【参考文献】

門脇禎二「輪島」（『日本海域の古代史』東京大学出版会、一九八六年）ほか

（森田喜久男）

珠洲郡・すずのこおり

能登国の郡名の一つ。能登半島の東端部を占める。古訓は『和名抄』に「須須」、『延喜式』では「スス」。南は鳳至郡に接し、北・東・西を海に囲まれている。郡域の中央部を若

山川が東流し日本海に注ぐ。現代の行政区分で言えば、能登町の一部及び珠洲市に相当する範囲をカバーする。

律令国家成立以前の当郡については不明な部分も少なくないが、若山川流域に古墳時代後期の多数の横穴が分布している。

珠洲郡は律令国家成立当初は、越前国に属していた。霊亀元年以前のものと推定される平城宮木簡の中に「越前国珠珠郡月次里」と記され、同郡同里に住む舟木部申という人物が庸米六斗を貢進していることがわかる。その後、養老二年（七一八）五月二日の段階で、珠洲郡は能登半島の他の三郡と共に越前国から分離して能登国が成立した。しかし、天平十三年（七四一）十二月十日に至って、今度は能登の他の三郡と共に越中国に併合されるに至る。当郡が越中国に属していた天平二十年（七四八）春、越中守であった大伴家持は能登四郡を巡行したが、当郡から乗船して越中国府に帰る途中、「珠洲の海に朝びらきして漕ぎ来れば長浜の湾に月照りにけり」と詠じている（『万葉』巻十七）。家持は、この時の巡行において当郡において鰒の珠を入手したらしく、「珠洲の海人の沖つ御神にい渡りて潜き採るといふ真珠」とも詠じている（『万葉』巻十八）。その後、天平勝宝九年（七五七）五月八日、珠洲郡を含めた能登四郡は再び能登国として独立した。

珠洲郡の郡家については、現在の珠洲市正院町付近に置かれたとする説が有力である。駅については、珠洲駅が置かれていたが、大同三年（八〇八）十月十九日以降、廃止された（『後紀』）。しかし、当郡には郡域の北東端に狼煙が置かれるなど軍事的に重視された場所であったようである。また、日本海に突出した半島の先端に位置した地域であるが故に、延暦二十四年（八〇五）七月に船が漂着したり（『後紀』）、天安三年（八五九）正月には渤海使烏孝慎ら一〇四名が漂着している（『三代実録』）。

『出雲国風土記』意宇郡の国引詞章によれば、八束水臣津野命は、「高志の都都の三埼」の中から余ったクニを引き寄せて「三穂の埼」を作ったという。このような神話は、珠洲郡を含めた能登半島が山陰と古くから交流があったことを暗示するものであろう。

当郡に存在した神社としては、『延喜式』神名帳に須須神社を含めて三座が記されている。また『和名抄』によれば、当郡には、日置・草見・若倭・大豆・余戸などの郷名を載せる。ただし高山寺本には余戸郷の名はない。

須須神社　珠洲市三崎町寺家に所在する須須神社に比定される。現在須須神社と称する場合、高座宮と金分宮の両宮を指す。『三代実録』貞観十五年（八七三）八月四日条によれば従五位下から従五位上に神階を進められた「高倉彦神」が見え、この「高倉神」＝「高座神」であると考えられることから、この「高倉彦神」の社こそが、須須神社に相当するという説が有力である。須須神社の成立は、古くは須須ヶ嶽（鈴ヶ岳）の山頂が近海を航行する船の目標として信仰の対象となったことに由来すると考えられている。須須神社のススの語源については、異変を知らせる烽の古訓ススミに由来するという説もある。

若倭郷　珠洲市中心部、若山川下流域一帯に存在した郷。郷名の由来は、かつて当地に若倭部が置かれたことに因むのであろう。推定郷域内には、珠洲横穴群が分布し古麻志比古神社が鎮座する。郷名は、中世の若山荘に継承された。

【参考文献】

門脇禎二「珠洲・内浦」（『日本海域の古代史』東京大学出版会、一九八六年）ほか

（森田喜久男）

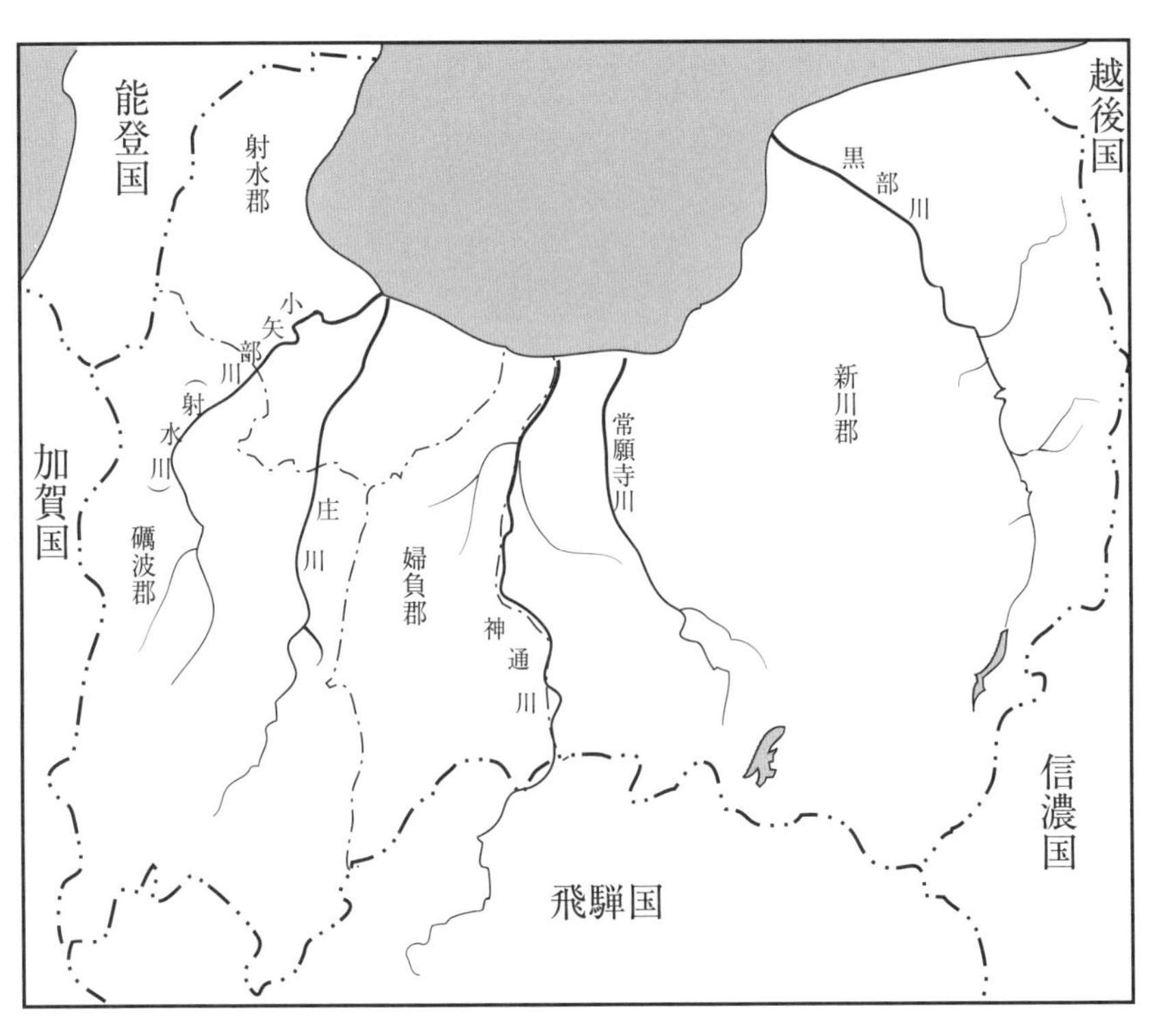

越中国略図

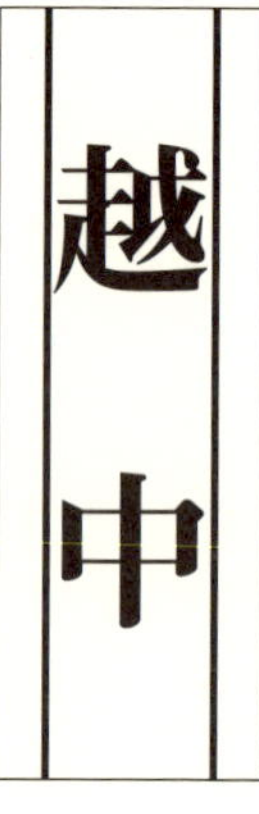

越中国・えっちゅうのくに　こしのみちのなかのくに

律令制下に設置された北陸道の一国。東は越後・信濃国、西は能登・加賀国、南は飛騨国、北は日本海に接する。現在の富山県に当たるが、時に新潟県、石川県の一部を含んだ。

国名「越中」は『和名抄』に「古之乃三知乃奈加」（東急本・国郡部）と訓み、『万葉』に「美知乃奈加」（三九三〇）、「古思能奈可」（四〇〇〇）とある。古代の北陸一帯はコシと呼ばれ、「越」（『書紀』）、「高志」（『古事記』）、「古志」（『出雲国風土記』）などと表記された。出土木簡によると七世紀後半には「高志国」が成立しており（飛鳥池遺跡、飛鳥京苑池遺跡）、天武十二年（六八三）から同十四年にかけて行われた国境確定作業により（天武紀）、三国に分割されて「高志道中国」となり、さらに大宝四年（七〇四）頃の国印頒布により「越中国」と公定表記されるようになったとみられる。「越中国」と記された初見紀年木簡は和銅三年（七一〇）である。

『続紀』大宝二年（七〇二）三月条に「越中国の四郡を分けて越後国に属く」とある。これによれば越中国はもと越後国四郡を含む八郡であったが、大宝令の施行とともに越中国に近接する頸城・古志・魚沼・蒲原の四郡が越後国に編入され、礪波・射水・婦負・新川の四郡となったと推定される。その後、天平十三年（七四一）十二月以後十五年余の間、能登国（羽咋・能登・鳳至・珠洲四郡）を越中国に併合して八郡になったが、天平宝字元年（七五七）五月能登国再置後は再び四郡となった（『続紀』）。

国の等級は延暦二十三年（八〇四）六月に上国とされ（『後紀』）、『延喜式』民部上にも上国とあるが、それ以前の大伴家持越中守在任期（能登国併合期）には官人の配置からみると大国に准じている（『万葉』）。国府は『和名抄』（東急本）、『伊呂波字類抄』に射水郡と記され、高岡市の伏木中部台地、古国府に所在する勝興寺一帯がその遺称地とされる。なお、『和名抄』（東急本）郡名下注、三巻本『色葉字類抄』注には国府を礪波郡としており、平安時代末に国府が射水郡から礪波郡へ移ったと推定する説がある。また、国分僧寺は伏木一宮の薬師堂の地が遺称地とされる。国守の初見は天平四年九月の外従五位下田口朝臣年足である（『続紀』）。

北陸道には西から坂本、川人（川合）、曰理、白城、磐瀬、水橋、布勢、佐味の八駅が配置され（佐味八疋、他五疋の駅馬）、各郡に伝馬五疋が置かれた（『延喜式』兵部省）。また、国津として曰理湊（高岡市）があり（『延喜式』主税上）、曰理駅と一体化して機能したとみられる。平安京までの行程日数は、陸路上り十七日、下り九日、海路二十七日（『延喜式』主計上）とされる。

【参考文献】

米沢康『越中古代史の研究』越飛文化研究会、一九六五年
木下良「古辞書類に見る国府所在郡について」（『国立歴史民俗博物館研究報告』第一〇集、一九八六年）
米沢康『北陸古代の政治と社会』法政大学出版局、一九八九年
金田章裕ほか編『日本古代荘園図』東京大学出版会、一九九六年
木本秀樹『越中古代社会の研究』高志書院、二〇〇二年

（川崎晃）

礪波郡・となみのこおり

礪波郡は富山県西南部に位置する。郡名の「礪波」は「利波」（『平城宮木簡概報』六）とも書き、「刀奈美」（『万葉』巻十七・十八）、「止奈美」（『和名抄』東急本・国郡部）とよむ。

「越中石黒系図」（石黒家蔵）によると大宝令以前に「利波評」が置かれ、利波臣の祖先が「評督」に任じられたと伝える。石黒系図には偽作説もあるが、飛鳥京跡苑池遺構出土の天武十年（六八一）以前の木簡に「高志国利浪評ツ非野五十戸」（『木簡研究』二五）とあり、利浪（波）評の存在は確実となった。「ツ非野五十戸」は『和名抄』に見えない。郡名の初見紀年木簡は、平城宮木簡「越中国利波郡川上里鮒雑／腊一斗五升和銅三年（七一〇）正月十四日」（『平城宮木簡概報』六）である。

郡家については小矢部市道林寺遺跡から「郡」と記された平安時代前期の墨書土器が出土し、付近に郡家の所在が想定される。郡家が背後の膿川水系の丘陵にある松永窯跡群や礪波の関を管理下に置いたとみられる。また、延喜十年（九一〇）頃に作成された「越中国官倉納穀交替記」（石山寺蔵）によると、奈良時代は郡領を礪波（利波）氏、主政・主帳を丹治比部（蝮部）氏が独占していたが、九世紀半ばには郡領に中臣・品治部・飛鳥戸氏が進出している。礪波臣の傍系とみられる礪波臣志

留志は、天平十九年（七四七）に東大寺大仏造営に際し米を寄進し、無位より外従五位下に、神護景雲元年（七六七）には越中員外介・従五位上となり、宝亀十年（七七九）には伊賀守に任ぜられている（『続紀』、『東大寺要録』）。

令制の区分では上郡で、『和名抄』（高山寺本）には管下の郷として川上、八田、川合、拝師、長岡、大岡、高楊、陽知、三野、意悲、大野、小野の十二郷が記されている。郡域は不明であるが、南砺市、砺波市、小矢部市、高岡市西部を含む地に比定される。

『延喜式』神名帳には高瀬・林・比売・浅井・長岡・荊波・雄神の七座がみえる。また東大寺領伊加流伎（狩城）・石粟・井山（以上三荘は砺波平野東部に比定）、及び杵名蛭荘が設けられた。なお、越中八駅のうち坂本駅、川人（川合）駅は当郡内に推定され、第一駅である坂本駅は、小矢部市桜町遺跡で古代北陸道とみられる道路状遺構が検出され、また、越前（加賀）の深見駅が石川県津幡町の北中条遺跡出土「深見駅」墨書土器などから、その付近に比定されることから、礪波山（倶利伽羅峠）越えが確実視され、小矢部市蓮沼付近に比定される。第二駅の川人駅は、高岡市石堤・赤丸付近に比定されている。

川上郷　前述の平城宮木簡により当郷の成立は和銅三年にまでさかのぼる。また「官倉納穀交替記」に川上村が見え、当郷の地に存したとみられる。南砺市北部（旧福光町・城端町）の地に比定されている。

長岡郷　小矢部市桜町遺跡出土の平安時代の墨書土器「長岡神祝」、「大社祝」、「長岡」などから、付近に長岡神社の存在が推定され、また当郷もこの一帯に想定される。

意悲郷　神護景雲元年（七六七）「越中国礪波郡井山村墾田地図」に「小井郷」、「官倉納穀交替記」に「意悲村」が見え、オイとよんだとみられる。井山村を砺波市徳万西部とする説に従えば、意悲郷はその付近に想定される。

大野郷　長屋王家木簡に「利波郡大野里」（『平城宮木簡概報』二十七）とあり、当郷の成立は奈良時代初頭にさかのぼる。また、神護景雲元年「礪波郡井山村墾田地図」にみえる「井山村」は、大治五年（一一三〇）「東大寺諸荘文書絵図等目録」に引用される文書に「大野郷井山村」とみえることから、大野郷の地に存したと推定される。

高瀬神社　高瀬神は高瀬神社（現社地は南砺市高瀬所在）の祭神と

推定される。宝亀十一年（七八〇）に従五位下（『続紀』）、貞観元年（八五九）には正三位（『三代実録』）に叙された。その間の斉衡元年（八五四）に禰宜、祝の把笏を許された（『文徳実録』）。

浅井神社　浅井神は浅井神社の祭神と推定される。天平宝字三年（七五九）「礪波郡石粟村官施入田地図」に神名・神田が記される。現在、高岡市石堤と赤丸に同名社がある

荊波神社　荊波神は荊波神社の祭神と推定される。天平宝字三年「礪波郡石粟村官施入田地図」に神名・神田が記され、また「荊波従り紵へ往く道」とある。礪波郡主帳多治比部北里の家は「夜夫奈美」の里にあった（『万葉』四一三八）。現在、荊波神社を称する神社は数社あるが、その故地は石粟村の北、砺波平野東部、和田川流域に比定される。

雄神神社　雄神は雄神神社の祭神と推定される。天平宝字三年「礪波郡石粟村官施入田地図」に神名・神田が記される。延暦十四年（七九五）八月に従五位上（『日本紀略』）、元慶三年（八七九）には従四位上の神階を叙位されている。

砺波関　越前（加賀）と越中との国境、越中側に置かれた関所（『万葉』四〇八五）。小字関野の地名が遺る小矢部市石坂付近に比定される。

【参考文献】

米沢康『北陸古代の政治と社会』法政大学出版局、一九八九年
藤井一二『東大寺開田図の研究』塙書房、一九九七年
金田章裕『古代荘園図と景観』東京大学出版会、一九九八年
須原祥二「越中石黒系図と越中国官倉納穀交替記」（『日本歴史』六〇一、一九九八年）

（川崎晃）

射水郡・いみずのこおり

富山県西部を占める郡である。郡名の「射水」は『万葉』に「伊美豆」・「伊美都」（巻十七）、『旧事紀』国造本紀に「伊弥頭」とあり、『和名抄』（東急本・国郡部）に「伊三豆」と訓む。郡名は天平十九年（七四七）頃を下限とする木簡に「射水郡」（『平城京木簡』一）とあり、ついで天平勝宝四年（七五二）紙箋墨書に「越中国射水郡寒江郷戸主三宅黒人戸牒」と見える（『正倉

院宝物銘文集成』)。

国造本紀には伊弥頭国造がみえ、「志賀高穴穂朝（成務）の御世、宗我同祖建内足尼の孫、大河音足尼を国造に定め賜ふ」とある。伊弥頭国造は偽作説のある「越中石黒系図」が、大河音宿禰の孫「麻都臣」を「射水臣の祖」とするように、射水臣が伊弥頭国造で、令制以前には富山県西部に勢力をもったと推測されるが、射水郡司としては安努君が知られるのみである。射水国造をめぐる問題は、近年発見された氷見市柳田布尾山古墳（前方後方墳・全長一〇七メートル）をはじめとする古墳研究と併せて再検討を要する。国府の所在については、高岡市伏木の勝興寺一帯に比定され、部分的な発掘調査により周辺から官衙的建物遺構が出土しているが確証を得るに至らない。隣接地からは白鳳期の瓦が出土し、御亭角廃寺と呼称されているが、寺院遺構は未検出である。出土瓦の一部は小杉丸山遺跡で焼かれている。また伏木一宮に所在する薬師堂周辺は越中国分僧寺跡とみられ、発掘調査により平安時代の土壇、礎石の根石群が検出されている。

郡家の所在は不明であるが『万葉』に「射水郡駅館」（四〇六五）が見え、勝興寺に隣接する美野下遺跡から「傳厨」墨書土器が出土しており、「伝使厨」に関わるとすれば、その周辺に郡家の所在が求められる。郡司は大領安努君広嶋（『万葉』四二五一題詞）が知られるにすぎない。

令制の区分では中郡で、『和名抄』（高山寺本）には管下の郷として阿努、宇納、古江、布西、三島、伴、布師、川口、櫛田、塞口（寒江の誤写か）の十郷が見える。郡域は明確でないが、現在の氷見市、高岡市、射水市、富山市西部の地域に比定される。

『延喜式』神名帳には射水・物部・久目・速川・磯部・草岡・道・加久弥二座・布勢・櫛田・箭代・気多の十三座がみえる。また、東大寺領榿田荘・須加（須賀）荘・鳴戸（成戸）荘・鹿田荘（天平宝字三年〔七五九〕「東大寺越中国諸庄園惣券第一」など）、西大寺領榛山荘・中野荘（宝亀十一年〔七八〇〕「西大寺資財流記帳」）が設けられた。なお、越中八駅のうち、曰理・白城駅は当郡所在と推定され、第三駅曰理駅は小矢部川河口左岸の高岡市伏木、右岸の射水市六渡寺、及び二上山麓の高岡市守護町などに比定されている。第四駅の白城駅は射水市海老江、白石などに比定されているが確証はない。

古江郷　天平宝字三年「射水郡鳴戸開田地図」に見え、当郷の成立は奈良時代にさかのぼる。『万葉』に記される「旧江村」「古江村」

（巻十七）は同地であろう。氷見市神代・堀田・矢方一帯に比定される。

布西郷　天平勝宝六年（七五四）紙箋墨書に「越中国射水郡布西郷」（『正倉院宝物銘文集成』）とみえ、氷見市布施付近に比定される。『万葉』巻十七に「布勢水海」（旧十二町潟）が見え、布勢神社は氷見市布施円山の同名社に比定されている。

三島郷　天平勝宝年間と推定される紙箋墨書に「越中国射水郡三嶋郷」（『正倉院宝物銘文集成』）とある。万葉歌中の「三嶋野」（『万葉』巻十七）はこの地の野か。射水市土合・二口一帯に比定されている。

川口郷　天平勝宝六年調貢進紙箋墨書に「越中国射水郡川口郷戸主中臣部照麻呂」（『正倉院宝物銘文集成』）と見え、射水市川口一帯に比定されている。

櫛田郷　天平宝字三年「射水郡鳴戸開田地図」に郷名、神名が見え、櫛田神は櫛田神社（現社地は射水市串田）の祭神と推定される。同年「礪波郡石粟村官施入田地図」にも神田が記される。貞観十八年（八七六）には従五位下に叙されている（『三代実録』）。

塞口（寒江）郷　天平勝宝四年十月「越中国牒」、前掲紙箋墨書（『正倉院宝物銘文集成』）に寒江郷が見え、塞口は寒江の誤写と思われる。寒江の地は中世以降は婦負郡に属し、射水郡の東北端部に位置すると推定される。

射水神社　二上神は射水神社（現社地は高岡市）の祭神と推定されるが、異説もある。宝亀十一年（七八〇）に従五位下（『続紀』）、貞観元年（八五九）には正三位（『三代実録』）に叙され、その間の斉衡元年に禰宜、祝は把笏を許された。雲州本『延喜式』のみ名神大社とする。

道神社　大島町高木遺跡出土の九世紀半ばから十世紀初頭の木簡に「道長大神」とあり（『木簡研究』十七）、射水市作道の道神社の祭神との関連が注意される。

気多神社　現社地は高岡市伏木に所在、雲州本『延喜式』以外の諸本は名神大社とする。遅くも九世紀には、能登の気多神社を勧請したと推測される。

須加荘　東大寺領荘園。天平宝字三年「射水郡須加野地開田地図」に見える須加山を手がかりに、高岡市岩坪、或いは佐加野付近とする説があるが、百橋・五十里・須田付近とする説が、高岡市須田藤ノ木遺跡の調査からも有力視される。

榠田荘　東大寺領荘園。天平宝字

三年「射水郡[木+呉]田野地開田地図」に南は礪波郡界とあり、高岡市東木津遺跡との関連が注目される。

中野荘　大島町高木遺跡からは出挙木簡や「佐見御庄」墨書土器などが出土しており、佐味荘との関連がうかがわれ、東隣には中野の地名が遺り、中野荘の一角と推定される。

【参考文献】

米沢康『北陸古代の政治と社会』法政大学出版局、一九八九年

古岡英明「越中」（『新修国分寺の研究』第七巻・補遺、吉川弘文館、一九九七年）

金田章裕『古代荘園図と景観』東京大学出版会、一九九八年

川崎晃「『傳厨』考」（『高岡市万葉歴史館紀要』第十号、一九九九年

（川崎晃）

婦負郡・めい（ねい）のこおり

富山県の中央部を占める郡である。郡名の「婦負」は、奈良県西隆寺出土の天平神護三年（七六七）木簡に「越中国婦負郡」（『西隆寺』）、『万葉』に「婦負郡」（四〇二二題詞）とあるように、いずれも「婦負」と表記されている。『和名抄』（東急本）は「禰比（ねひ）」と訓んでいるが、名市博本には「子イ（ねイ）」、「メイ」の両訓を記し、『万葉』に「売比能野（めひのの）」（四〇一六）、「売比河波（めひかは）」（四〇二三）とあることからも『記伝』が指摘するように「めひ」の訓が古態を示し、「ねひ」はその転訛であろう。

郡家については、八世紀前半から九世紀前半の官衙的色彩の濃い遺跡である黒河尺目（じゃくめ）遺跡（射水市）が射水丘陵の生産遺跡との関連から有力視される。天平宝字三年（七五九）「礪波郡石粟村官施入田地図」に「利波郡家従り（より）、婦負（郡家）へ往く横路」が見える。郡司は未詳。令制の区分では中郡で、『和名抄』（高山寺本）には管下の郷として高野・小子（ちいさこ）・大山・菅田（すがた）・曰理（わたり）・川合（かわあい）・大桑・高嶋・岡本の九郷、刊本に余戸（あまるべ）の計十郷がみえる。郡域は明確ではないが、射水市西部、及び富山市東部一帯の地域に比定される。

『延喜式』神名帳には姉倉比売（あねくらひめ）・白鳥（しろとり）・熊野・鵜坂（うさか）・速星（はやほし）・多久比礼志（たくひれし）・杉原の七座がみえる。

川合郷　奈良県西隆寺木簡に「越中国婦負郡川合郷戸主□□／□日浪米五斗天平神護三年（七六七）」（『西隆寺』）と見え、当郷の成立は奈良時代にさかのぼる。

大桑郷　刊本『和名抄』に大乗郷

とあるが、大桑の誤記の可能性が高い。

鵜坂神社　鵜坂神は鵜坂神社（現社地は射水市鵜坂所在）の祭神とみられる。承和十二年（八四五）九月に従五位上（『続後紀』）、貞観九年（八六七）二月には従三位に昇叙している（『三代実録』）。また、承暦四年（一〇八〇）、康和五年（一一〇三）に白鳥神社とともに御体の御卜により中祓いを行っている。

【参考文献】
富山市教育委員会『フォーラム　奈良時代の富山を探る』二〇〇四年

（川崎晃）

新川郡・にいかわのこおり

富山県の東半部を占める。郡名の「新川」は、『万葉』に「新川郡」（四〇〇〇題詞・四〇二四題詞）、天暦四年（九五〇）十一月「東大寺封戸庄園并寺用帳」（『東南院文書』二）に「新河郡」と表記されている。『万葉』には「尓比可波」（四〇〇〇）とあるが、『和名抄』には「邇布加波」（東急本・国郡部）と訓む。

飛鳥池木簡に「高志□（国）新川評石□（背）五十戸」（『木簡研究』二一四）とあり、七世紀後半に新川郡の前身である新川評が確認される。郡家は移転したと推測され、当初は天平宝字三年（七五九）「新川郡丈部野地開田地図」の荘所の地、荘域外西北の「味当村古郡所」に置かれたとみられ、滑川市中川原、入善町じょうべのま遺跡、あるいは富山市水橋北馬場・水橋平塚付近とする説などがある。官衙跡とみられる富山市米田大覚遺跡（八世紀末～九世紀後半）は移転後の郡家として有力視される。

郡司には奈良時代前半の木簡に「郡司射水□（臣カ）」（立山町辻遺跡出土）、擬大領伊弥頭臣貞益（『三代実録』仁和二年十二月条）がみえ、射水臣の勢力が及んでいたことが知られる。

令制の区分では中郡で、『和名抄』（高山寺本）は管下の郷として長谷、志麻、石勢、大荊、川枯、丈部、車持、鳥取、布留、佐味の十郷を記すが、東急本は川枯、丈部、車持、鳥取の四郷に「今亡」と注記し、衰亡を伝える。郡域は明確でないが富山市東部、中新川郡舟橋村・立山町・上市町、滑川市、魚津市、黒部市、下新川郡入善町・朝日町などの地域に比定される。

『延喜式』神名帳には神度・櫟原・日置・雄山・建石勝・八心大市比古・布勢の七座がみえる。また、東大寺領大荊荘・丈部荘（天平宝字三年「東大寺越中国諸庄園惣券第一」など）、西大寺領佐味荘（「西大寺資財流記帳」）が設けられた。なお、越中八駅のうち磐瀬、水橋、布勢、佐味の四駅は当郡所在と推定されている。磐瀬駅は石勢郷内とされ富山市岩瀬付近、水橋駅は富山市東水橋付近、布勢駅は布勢川流域の布勢神社（現社地は魚津市布施爪所在）一帯とする説や、黒部市沓掛付近とする説がある。佐味駅は佐味郷内とされ入善町、もとは朝日町付近に比定されている。

石勢郷　前述の木簡の「石背五十戸」は当郷の前身とみられ、その成立は七世紀後半にさかのぼる。

志麻郷　天暦四年（九五〇）「東大寺封戸庄園并寺用雑物目録」に郷名が見える。

大荊郷　大荊（大藪）荘は当郷に置かれたと推定される。その所在については立山町寺田から上市町放士ケ瀬一帯とする説、立山町浦田から舟橋村一帯とする説などがある。

丈部郷　東急本『和名抄』は大部郷とするが、丈部の誤写であろう。東大寺領丈部庄は当郷に置かれたと推測される。

川枯郷　神護景雲元年（七六七）「新川郡大荊村墾田地図」に「郡（家）従り川枯（郷）へ往く道」がみえる。

佐味郷　西大寺領佐味荘は当郷に置かれたと推定される。大島町北高木遺跡出土の墨書土器「佐味御庄」は佐味荘に関わるとみられる。また、入善町じょうべのま遺跡からは墨書土器「西庄」や「丈部吉椎丸」と記された木簡が出土しており、佐味荘（さみ・さい）に比定する説がある。

日置神社　日置神は日置神社の祭神と推測される。承和十二年（八四五）九月一日に従五位下（『続後紀』）、貞観九年（八六七）二月二十七日には従四位下から従四位上に昇叙された（『三代実録』）。現在、式内社日置神社を称する神社が立山町日中と日置にある。

神度神社　神度はカミノワタリの意で、「高志道中（越中）と道後（越後）界」（公式令五十一朝集使条「集解釈云」）、「越中と越後の界の河」（公式令五十一朝集使条「義解」）とされる「神済」と関連するとみられる。神済は当初は渡海の難所、親不知の天険に、のちには境川に比定される。神度神社は神済の西にあって、渡海の安全を祈る神社であったとみられる。その故地は、朝日町宮崎説が有力視される。

【参考文献】

藤井一二「国指定史跡〝じょうべのま遺跡〟と寺領荘園」(『日本海地域史研究』八、一九七四年)
石原与作「丈部庄の所在地と新川郡衙の移動について」(『富山史壇』六六、一九七七年)
金田章裕ほか編『日本古代荘園図』東京大学出版会、一九九六年
藤田富士夫「古代越中国新川郡の『道』と『郷』に関する若干の考察」(『敬和学園大学人文社会科学研究所年報』二、二〇〇四年)

(川崎晃)

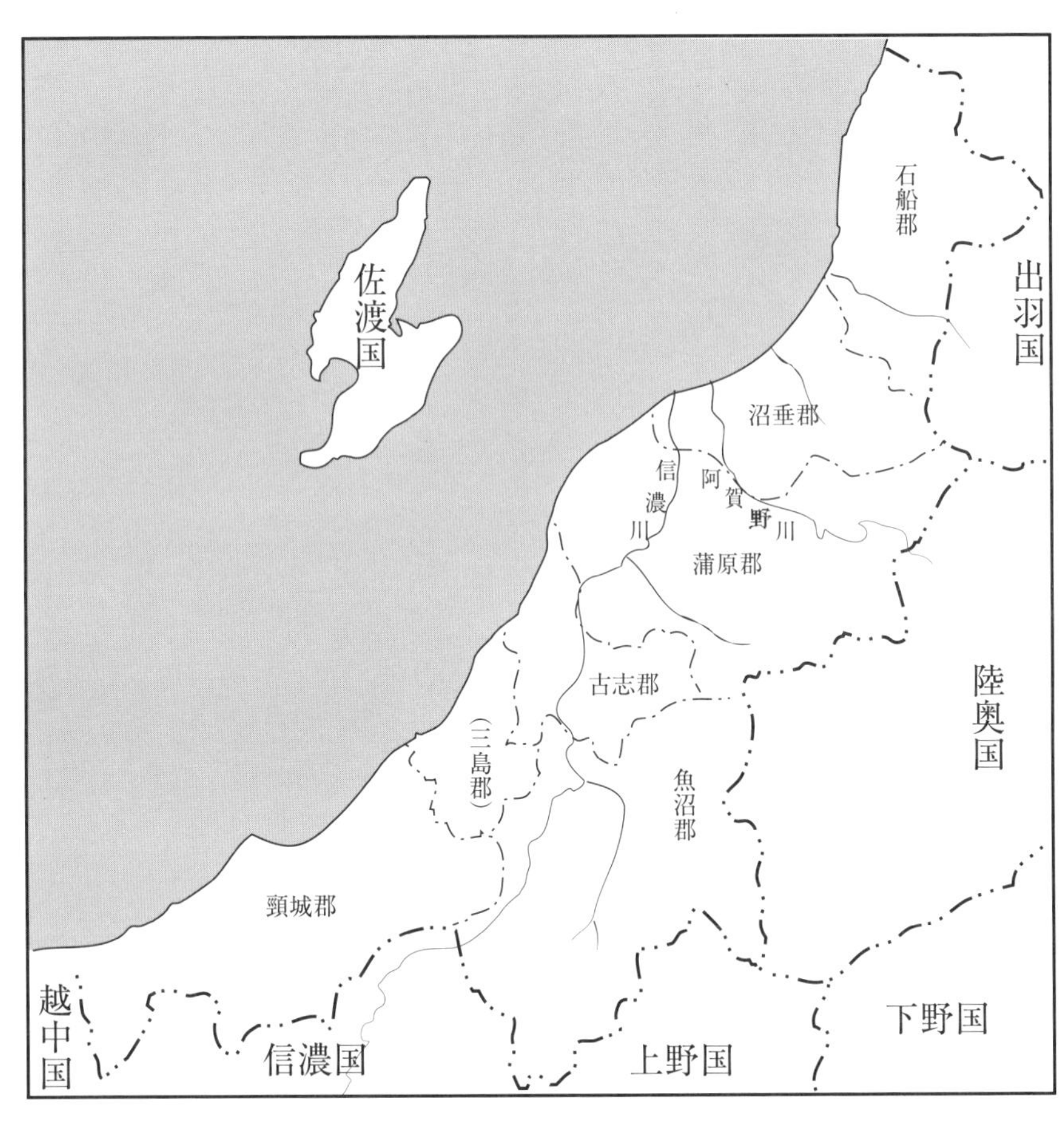

越後国略図

越後

越後国・えちごのくに

　令制北陸道の最北の一国で、以前の高志（『書紀』は「越」）国の北東に位置した。現在の佐渡島を除く新潟県全域に当たる。古代の国郡里制以前の高志国は、『書紀』では天智六年（六六八）七月条を最後とする。持統六年（六九二）九月に越前国が見え、文武元年（六九七）十二月に越後国が初めて見えるので、六六八～六九二年の間に越後国が成立している。当初の越後国は、大宝二年（七〇二）三月に越中国の頸城・古志・魚沼・蒲原の四郡を割いて越後国につけるまでは、阿賀野川以北にあって、磐舟柵と渟足柵によって支配していた。その後和銅元年（七〇八）九月に出羽郡の立郡が、また和銅五年（七一二）九月に出羽国の建置があって、国域が固定した。また天平十五年（七四三）二月に佐渡国が越後国に編入されたが、天平勝宝四年（七五二）九月の渤海使佐渡漂着を機に、同年十一月に再置された。

　越後国は、十世紀の『延喜式』や『和名抄』に七郡三十三郷とあるが、三嶋郡が延喜神名式三嶋郡条の注記「貞」（貞観式＝八七一年成立）字から、それ以前に古志郡から分郡したことが知られ、八世紀は六郡であったことが判明した。郷数については、天平十七年（七四七）二月の民部省解で、仕丁を負担しない佐渡を除き、仕丁三十二人、厮丁三十二人（一郷各一人計二名を負担）との記載から、この時期には三十二郷であったとされている。神社は『延喜式』に、大社の伊夜比古神一座と小社五十五座とが見え、田数では『和名抄』に一万四九九七町とある。都までの給粮規定は、上り三十四日、下り十七日が知られる。

　国府の位置は『和名抄』刊本に頸城郡とあるが、詳細は不明である。国府の頸城郡への移動を出羽国分立後に推定する『新潟県史』にとって有利な発見があった。養老年号を伴う「沼垂城」木簡が平成二年（一九九〇）に旧三島郡和島村（現長岡市）から出土したことである。これによって渟足柵段階（六四七～）、越後城段階（～〔七〇七〕～）、沼垂城段階（～〔養老年間〕～）の各段階に、高志国の分立・越中四郡の編入、出羽国の分立という変動期が対応し、また国名を冠した越後城から沼垂城への名称変更も対応するからである。国府の所在は、直江津説、新井市国賀説、寺泊付近説、移動説もあるが、上越市今池遺跡がその一角かと注目されている。また越後国司には、陸奥国や出羽国が蝦夷に対すると同様、北狄への饗給や征討、斥候の特別の職掌があった。

【参考文献】

『新潟県史』通史編一、一九八六年
小林昌二『高志の城柵』高志書院、二〇〇五年

（小林昌二）

頸城郡・くびきのこおり

大宝二年（七〇二）に越中国より割かれて越後国に付けられた四郡の一つで越中国に最も近い郡である。『和名抄』元和刊本に国府所在郡とあるが、越後国府の頸城郡所在がいつか不明であるが、『新潟県史』は、和銅五年（七一二）の出羽国設置を契機と推測している。旧三島郡和島村（現長岡市）八幡林遺跡から養老年間と見られる郡司符木簡が出土し、ここに蒲原郡青海郷少丁の高志君大虫に告朔儀式（国府で行われる）への参向が命じられており、蒲原郡から古志郡以西に向かったことが知られ、養老年間にはすでに国府が頸城郡にあったと推定されるにいたっている。

『和名抄』に見える管下の郷は、沼川、都宇、栗原、荒木、板倉、高津、物部、五十君、夷守、佐味の十郷である。沼川郷は、糸魚川市一宮の天津社境内にある延喜式内社の奴奈川神社に擬定される社の祭祀集団と密接なことが推定される。『古事記』上巻に八千矛神が高志国の沼河比売を求婚する神話や中巻の崇神の段に大毘古命が高志道に、その子建沼河別命が東方十二道に遣わされたとする伝承もある。『新潟県史』では、都宇郷は直江津を含む南に偏した地域とし、栗原郷は新井市域の地名栗原をあげ、荒木郷は中世文書に見えないとする。また板倉郷は現在の上越市板倉区を、高津郷は高津の地名の地で、次の物部郷の北に接する。物部郷は式内物部神社があり、また付近に前方後円墳の菅原神社（式内社）古墳がある。五（十）公郷は伊吉郷や胆君郷とも記され、式内五十君神社の祭祀集団の地であり、『旧事紀』の物部系譜中に「八世孫印岐美連公」とあるように物部一族の可能性が高く、上越市三和区から上越市安塚区に比定される。夷守郷は、天平勝宝年中の正倉院宝物袋の庸布墨書に「越後国久疋郡夷守郷戸主肥人呰麻呂」とあり、肥人姓の居住が注目される。佐味郷は、佐味駅も知られ、上越市柿崎区付近

に比定されている。同町木崎山遺跡から「佐巳」を記した墨書土器が出土している。

駅は、『延喜式』兵部省に見える。北陸道は小路であるため、一駅馬五疋の配置が一般的であるが、越中国最後の駅は佐味駅で馬八匹とあり、また越後国首部の頸城郡の蒼海駅も八疋で数が多く、両駅間の距離の長いことが想定できる。『新潟県史』は、蒼海駅を青海町青海（現糸魚川市）に、続く鶉石駅を能生町能生谷（現糸魚川市）の鶉石の地に比定する。名立駅は、名立大町（現上越市名立区）付近とし、水門駅は、直江津に比定され、佐味駅は柿崎町（現上越市柿崎区）付近である。以上の五駅が頸城郡内にあり、伝馬は頸城郡が八匹を管掌したとある。

郡大領には、宝亀十一年（七八〇）の「西大寺資財流記帳」で高志公船長が知られるが、令制前の国造制では、国造本紀に久比岐国造とあり、一致しない。頸城郡の訓みを名称とする久比岐国造は、国造本紀にのみ知られるだけで疑義がないわけではなかった（上代特殊仮名遣いでは「城」が乙音、「岐」が甲音で一致しないが、東国には一致しないことも少なくない）。久比岐国造の次に記される高志深江国造は、木簡の出土で高志君大虫が蒲原郡本貫としていたことが判明し、また平城京二条大路から天平八年（七三六）頃の木簡で「越後国沼足郡深江」を記す付札が出土し、深江（郷）が初めて知られたことなどによって、高志深江国造は阿賀野川を合流する信濃川の河口付近を本拠としていたことがほぼ確実になった。いきおいその前に記される久比岐国造の実在も信憑性を増した。

久比岐国造の祖先伝承には、崇神天皇のときに大和直を同祖とする戈命が国造に定められたとあるが、その時期や祖先の記録はいっそう信用できないとされてきた。しかし、吉田東伍は、青海首と同族であることや頸城郡に大和川の名前のあることに注目している。また黛弘道は、『書紀』では大倭国造倭直が速吸門の海人と記され、長野県安曇郡穂高の海人族の安曇氏や宗形氏、大和氏の三系が連なるとし、久比岐国造に注目している。大和直を祖先とする久比岐国造が、大和直等海族の名称を継承せず、なぜ頸城の郡名の訓みに共通する名称に表記されたか不明ではあるが、太平洋側の陸奥国石城郡が磐の城とあることに鑑みると、杭（クヒ）の城の意義を担ったことも考えられる。石城国造の存在は、多珂国造の国を分けて多珂評と石城評とを置いたとする『常陸国風土記』の記述から疑義が呈せられたが、その多珂国造が石城直氏とされ、類推に問題はない。
では久比岐国造は高志君氏かというと高志深江国造の祖先が阿倍氏と同族の道君と同祖とあり一致しない。したがって久比岐国造が断絶し、高志君氏が大領家になった歴史を窺う可能性もある。

【参考文献】
吉田東伍『大日本地名辞書』
黛弘道「海人族のウヂを探り東漸を追う」（『海人の伝統』日本の古代8　小学館、一九八七年）

（小林昌二）

古志郡・こしのこおり

大宝二年（七〇二）に越中国から越後国に付けられた四郡の一つ。郡の範囲は、西南で米山を境に頸城郡と接し、北に蛇行する信濃川を挟んで蒲原郡に、また東は内陸の魚沼郡に接している。和名抄郷には、古志郡から九世紀に分立した三嶋郡の三嶋、高家、多岐の三郷があり、古志郡に残った大家、栗原、文原、夜摩の四郡がある。駅は三嶋、多太、大家があり、同郡の伝馬は八疋である。平成二年（一九九〇）に旧三島郡和島村（現長岡市）で八幡林官衙遺跡（国史跡）が、また平成八年（一九九六）に下ノ西遺跡が発見され、八世紀から十世紀におよぶ郡家と関連遺構が調査、整備中である。郡司氏族はなお不明であり、また国造についても国造本紀の高志国造を求める説（『新潟県史』）、否定説（『福井県史』）があるが定かではない。八幡林遺跡出土の木簡・墨書土器には、行政機関の「石屋大領」、「大家駅」、「多岐郷」を記すもの、氏族名の山部、物部、神人部、日置、射水臣、能登などを記すものがある。

【参考文献】
『和島村史』通史編、一九九六年

（小林昌二）

三嶋郡・みしまのこおり

三嶋郡が、弘仁十二年（八二一）から貞観十三年（八七一）の間に古志郡より分立したことを米沢康が明らかにした。正史に見えないため分立の理由は明らかでなく、また郡領氏族も不明である。『和名抄』では、管下に三嶋、高家、多岐の三郷が見える。『延喜式』兵部省に三嶋、多太（多）の二駅各五匹が見え、また神名帳には、御嶋石部神社、鵜川神社、三嶋神社、物部神社、多岐神社、石井神社の小六座がある。

三嶋郡家は、郡内郷の最初に見え、また同名である三嶋郷と推定される。その位置は、平成十一年（一九九九）発見の箕輪遺跡の「駅家村」とある木簡出土により付近に三嶋駅の位置がほぼ確認された。そこから佐味駅（柿崎町付近）へは令制に規定する三十里（十六キロメートル）程度と考えられる、また現在の柏崎市剣野町道根橋の三嶋神社も近い。『越後野史』は、元禄年中までは越後線石地駅東五里の三島谷とするが、適当でない。もともと三嶋郷居住氏族と深い関係がある。三嶋神社の祭神は、大山祇神で、社伝は伊予国越智郡大三島の一宮三嶋大明神を勧請したとするが、伊予の越智氏は物部系であり、また伊豆国三嶋神社宮司の矢田部氏もその系図は物部系である。三嶋郡には、前述のように物部神社が、現在の柏崎市西山町二田入の沢の亀岡山の麓にあるが、社伝ではそのはじめは石地の浜にあったという。現在の三嶋神社は、鵜川の左岸にあるが、鵜川沿いには柏崎市宮場町の鵜川神社、同市新道の鵜川神社があり、同市野田の鵜川神社があるほかに柏崎市高柳町の鵜川神社など鵜川神社の論社は多い。

長岡市和島村八幡林遺跡より「□（大）家駅」を記す墨書土器や「多岐郷郷戸主物部」を記す木簡も発見されて、大家駅を同遺跡付近に想定できることとなった。三嶋駅を上述の位置とすると、大家駅までの距離は北東およそ三十五～四十キロメートル程度で、多太（多）駅はおよそこの中間に位置するのが適当であろう。したがって多太（多）駅を、多岐郷内多岐神社付近に考えるならば、多岐神社論社の柏崎市多多神社は、三嶋駅と近すぎる。柏崎市西山町別山多岐ノ脇の多岐神社が、現在の越後線石地駅北東二キロメートル付近にあるので、三嶋駅からおよそ二十キロメートル程度となり妥当する。こうして三嶋郷が最も頸城郡に近く、多岐郷は古志郡に接し、高家郷がその中間に位置すると見られる。現在の石地付近の多岐郷には、出土木簡から物部一族の分布が判明した。かくして『越後野史』の前述した記載は、物部一族との関係を示唆したものと理解できる。

【参考文献】

『柏崎市史』上巻、一九九〇年
米沢康「大宝二年の越中国四郡分割をめぐって」（『信濃』三三—六、一九八〇年、後『北陸古代の政治と社会』法政大学出版局、一九八九年刊）

（小林昌二）

魚沼郡・いをぬのこおり

魚沼郡は、『和名抄』に賀禰、那珂、苅（刺）上、千屋の四郷を管する。これら四郷の位置関係を追求する確かな手がかりが乏しい。吉田東伍は、那珂郷を妻有庄（十日町市）に求めているが、根拠は明らかではない。『延喜式』神名式には、魚沼神社、大前神社、坂本神社、伊米神社、川合神社の小五座がある。その遺称地を求めると、魚沼神社は小千谷市土川にある魚沼神社と南魚沼郡湯沢町神立宮林にある魚沼神社が論社である。大前神社には、南魚沼市大崎大門に同名社がある。坂本神社は、大和町（現南魚沼市）や旧六日町（現南魚沼市）に同名社があり、また旧六日町の山王社、八幡宮があり、これら四社が論社となっている。伊米神社は小千谷市桜町の同名社と魚沼市虫野の諏訪神社が論社である。川合神社は、北魚沼郡川口町川口の同名社がある。これらの位置の傾向は、五世紀末頃からの群集墳である旧六日町飯綱山古墳群や旧塩沢町（現南魚沼市）の吉里・南山古墳群の分布する方面とその下流地域にあたる。

【参考文献】

吉田東伍『大日本地名辞書』
『十日町市史』通史編一、一九九七年

（小林昌二）

蒲原郡・かんばらのこおり

蒲原郡は、古志郡以北で阿賀野川以南の越後平野全域に及ぶ。信濃川や阿賀野川が乱流し、多くの湖沼が広がっていた。『大同類聚方』は蒲原郡大領高橋祝を記す。最近八幡林木簡に高志君大虫や同五百嶋が、また二条大路木簡から『和名抄』にない沼足郡深江の記載が知られ、「高志深江国造」の所在が有力となった。郡領氏族に高志君氏が無視しがたい。『和名抄』に、日置、桜井、勇礼、青海、小伏の五郷がある。勇礼郷は、三条市伊久禮神社、青海郷は加茂市青海神社、小伏郷は三条市保内の小布施神社の各付近に求められる。旧新津市（現新潟市）から加茂市・三条市間に、新津市八幡山古墳や三条市三王山古墳群が分布する。桜井郷を吉田東伍は、弥彦村山麓に桜井郷を土俗として伝えているとする。日置郷の位置は不明である。『延喜式』式内社は、伊夜比古神社の大社を含み小社に青海神社二座など十二座が見える。二座の内一座は、国津の蒲原津推定地の蒲原神社を青海神社とする伝承があり、これに当てる説をとりたい。

【参考文献】
吉田東伍『大日本地名辞書』
『新潟市史』通史編一、一九九五年

（小林昌二）

沼垂郡・ぬ（の）たりのこおり

八幡林遺跡出土の養老年号を伴う「沼垂城」墨書木簡や、天平八年（七三六）頃の「越後国沼足郡深江」を記す二条大路木簡が重要である。前者は『書紀』大化三年（六四七）に設置とする渟足柵の後身で同名郡の前身を示し、後者は「高志深江国造」の実在や根拠地を示唆した。『和名抄』には、足羽・沼垂・賀地の三郷が見えるが、八世紀の天平年間に深江郷が存在したと見られることは重要であろう。足羽郷は旧中条町（現胎内市）までの北の地域に、沼垂郷は新潟市山の下地区の南に、賀地郷は新発田市付近に比定される。足羽郷は越前国足羽郡に、賀地郷は同国丹生郡可知郷からの徙民を示唆するものとされる。『延喜式』式内社には、大形神社、市川神社、石井神社、美久理神社、川合神社の小五社がある。旧北蒲原郡豊浦町（現新発田市）の福島潟湖畔の曽根遺跡から「郡」の墨書土器が、また同郡笹神村（現阿賀野市）発久遺跡から延暦十五年（七九六）の暦木簡や健児木簡が出土し、郡家や国府の関連遺跡として注目されている。

【参考文献】
『新潟市史』通史編一、一九九五年

（小林昌二）

石（磐）船郡・いわふねのこおり

『書紀』大化四年（六四八）是歳条に設置とある磐舟柵の所在郡である。大宝二年（七〇二）の越中四郡分属以前の初期越後国は、沼垂郡・石船郡の二郡であったが、石船郡の北の領域は、和銅元年（七〇八）に出羽郡が立てられて定まったと見られる。磐舟柵跡や石船郡家跡はなお未発見である。『和名抄』には、佐伯、山家、利波、坂井の他に余戸がある。磐舟柵設置記事に越と信濃の民を選んで柵戸としたとあり、山家は信濃国筑摩郡ないしは小県郡の山家郷に、利波は越中国砺波郡に、坂井は越前国坂井郡に通じるとされる。各郷の推定位置は、『和名抄』記載最初の佐伯郷を最も北に置き、山家郷を神林村大字山屋付近に推定する。なお山屋郷は東大寺の封戸(ふこ)郷である。利波郷は、天平十七年（七四五）財部牛甘(たからべのうしかい)の所貫郷を津波(つなみ)郷としており、かく称された時期のあった可能性が高く、村上市の三面川河口付近から旧岩船町（現村上市）に、また坂井郷は従って岩船潟の南に想定されよう。延喜式内社は小八座があった。

【参考文献】

『村上市史』通史編1、一九九九年

（小林昌二）

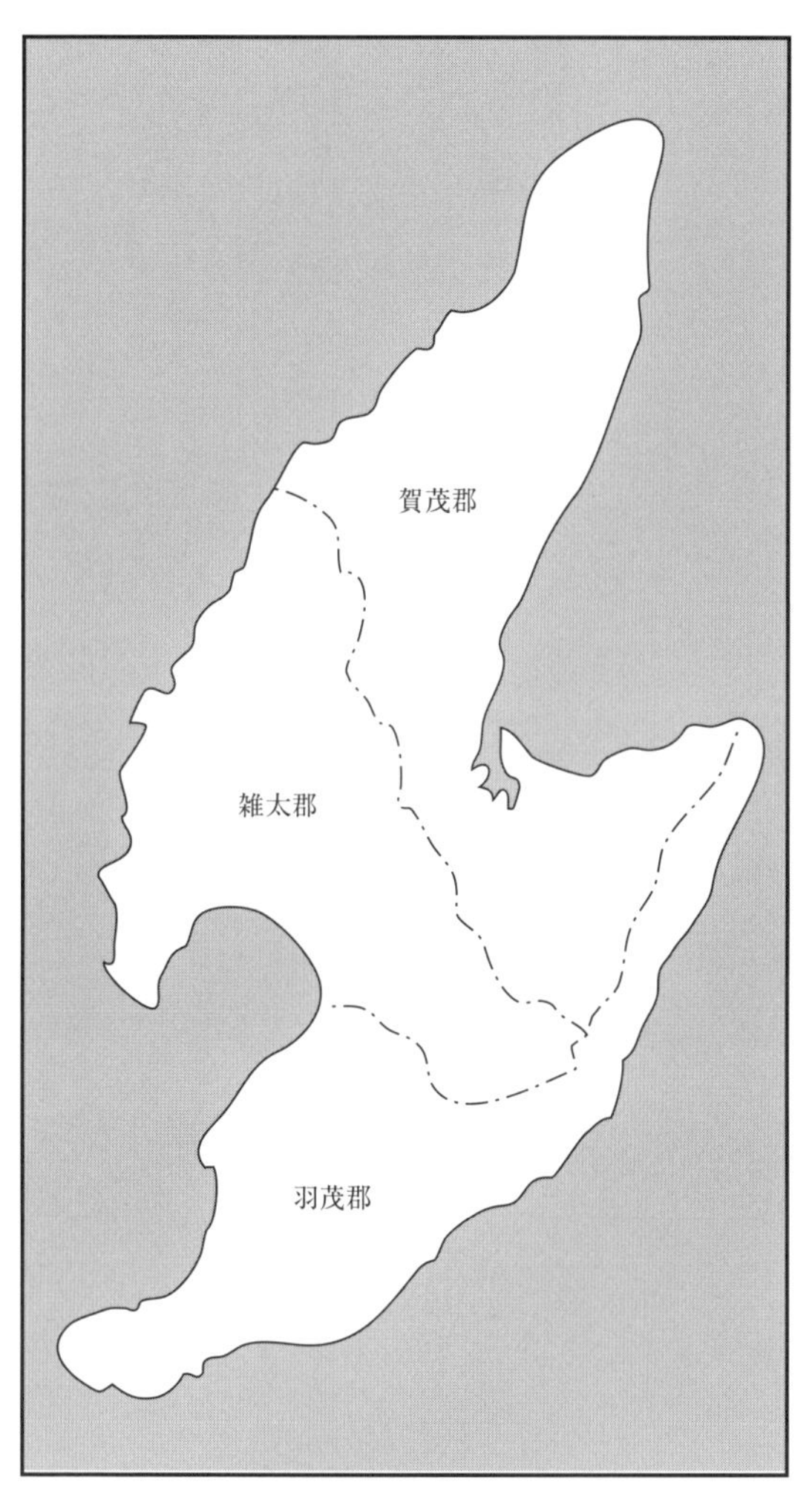

佐渡国略図

佐渡

佐渡国・さどのくに

北陸道の一国。島としては、『書紀』神代紀に佐度洲と記され、古事記は佐度島とある。確かな所伝では、欽明紀五年十二月の越国奏言に佐渡島とあり、また『旧事紀』国造本紀に佐渡国造が見える。前者は北の御名部之碕岸に粛慎人が留連していることを通報したものであり、後者は、その前に並んで記載される高志深江国造が確かになったことに伴うものである。国の初見は、文武四年（七〇〇）三月の石船柵修繕命令にある。令制施行時は、雑太郡一郡であったが、『続紀』養老五年（七二一）四月、雑太郡の一部を分割して加母と羽茂の二郡を立て三郡となった。神亀元年（七二四）三月流配の遠近の国々が決定されたが、佐渡は伊豆、安房、常陸、土佐、隠岐とともに遠流国とされた。天平十五年（七四三）二月佐渡国を越後国に併合した。『新潟県史』では、この前からの安房国を上総国へ、能登国を越前国へ併合した橘諸兄の政策の一環と解されている。また天平勝宝四年（七五二）十一月に再び佐渡国を置き、守一人、目一人を任じた。その契機を、同年九月に渤海使が佐渡に来着したことに求めていて妥当であるが、理由を行政能率に求める点は適当でない。外交上の佐渡の位置に求めるべきである。

官道では、『延喜式』兵部省に北陸道越後国古志郡渡戸駅に船二隻を置き、佐渡国駅馬に、松埼、三川、雑太の三駅に各五匹を当て、伝馬としても通用することを規定していた。したがって旧寺泊町（現長岡市）渡部集落付近から佐渡松ケ埼が正規の航路とされていたのである。延暦十一年（七九二）六月に諸国の兵士が廃止されたとき、佐渡国は陸奥・出羽、太宰府などと共に廃止されず、また元慶四年（八八〇）八月佐渡に弩師一人を配置するなど、辺要国として対外関係と蝦狄とに備えていた。関連して貞観儀式追儺の祭文には、疫鬼を払う四方の堺を東が陸奥、西が遠値嶋、南が土佐、北が佐渡としてこれより遠方へはらえと唱えた。

国府は、『和名抄』元和刊本で雑太郡にあり、京への行程を上り二十四日、下り十七日とし、田数およそ三九六〇町歩を記す。京への行程二十四日は誤りで、国府が頸城郡の越後国と同じ日数なので、二十四日を三十四日とする解釈があり、妥当であろう。国府の位置は、およそ旧真野町（現佐渡市）に求められるが、なお不明である。国分寺跡とともに国府関係地名として下国府遺跡、高野遺跡や若宮遺跡などが国府域にあるものと見られている。

【参考文献】
『新潟県史』通史編一、一九八六年

（小林昌二）

羽茂郡・はもちのこおり

もと雑太郡の一部であったが、養老五年（七二一）四月、同郡の分割により加母郡とともに分立した。郡家は旧羽茂町（現佐渡市）菅生天神付近に想定する説がある。『和名抄』では、八桑、松前、大目、菅生、星越、高家、水湊、越太、駄大の九郷をあげるが、その位置は殆ど明らかではない。延喜式内社は渡津神社と大目神社の小二座が知られる。前者の渡津神社は、旧羽茂町（現佐渡市）飯岡一宮に鎮座する同名の神社に相違ない。旧社地はその周辺に諸説ある。付近を高家郷に当てる説もあるが根拠は明確ではない。また後者の大目神社は、郷名にもあり、神社の周辺を郷域と見てよい。しかし同名の神社が旧真野町（現佐渡市）吉岡小河内大目林にあり、ここに比定する説が有力である。しかしその地は雑太郡の領域と見られ問題である。『神社明細帳』は、当初羽茂郡椿尾村に鎮座していたものを徳治二年（一三〇七）に遷座したという。しかし現在の椿尾村は佐渡市真野にあってなお問題を残す。

（小林昌二）

雑太郡・さわだのこおり

令制佐渡国の一郡一国の当初からの郡で、国府が所在した。養老五年（七二一）四月、同郡の一部を割いて加母と羽茂の二郡が生まれたが、『和名抄』にもあるように国府は同郡にあり、また国分寺も所在した。郡家は佐渡市四日町若宮神社付近とする説がある。

所管に、石田、高家、八多、雑太、岡、與知、竹田、小野の八郷を記すが、雑太郷が郡家所在地付近である他は明らかにし難い。延喜式内社には引田部、物部、御食、飯持、越敷の小座五社を掲げる。引田部神社は佐渡市金丸城腰の同名社が該当し、物部神社は佐渡市小倉中佐為の同名社がある。御食神社は佐渡市竹田町に大膳神社として祭神に御食津神を祀る。飯持神社は佐渡市飯持に同名社がある。越敷神社は、佐渡市猿八東平に同名社がある。元慶三年（八七九）十二月雑太団権校尉を殺害した者への判決から、当郡に軍団が機能していたことが知られる。

（小林昌二）

賀茂郡・かものこおり

もと雑太郡にあったが、養老五年（七二一）四月、同郡の一部を分割して加母と羽茂の二郡を立てた。郡家は、佐渡市川内から長江付近に比定する説がある。『和名抄』では、大野、殖（升）栗、賀茂、勲知、女几、佐為の六郷を記すが、その位置比定は不明である。郡名と同名の賀茂郷に郡家の所在の可能性が推測され、加茂湖の地名はその関連を示唆する。また勲知郷については、位置は不明であるが『三代実録』元慶三年（八七九）十二月、雑太団権校尉の殺害事件判決に従犯者の一人として同郡大神人勲知雄が知られ、郷名と同名で注目される。佐為は、佐渡市小倉中佐為に雑太郡所属の物部神社が見えるのでこの付近で雑太郡と接するのであろう。延喜式内社は、大幡、阿都久志比古の小二座が知られる。大幡神社は、佐渡市大倉小平の同名社が該当する。また後者は佐渡市長江社地に阿都久志比古命を祭神とする熱串神社に比定される。

（小林昌二）

山陰道

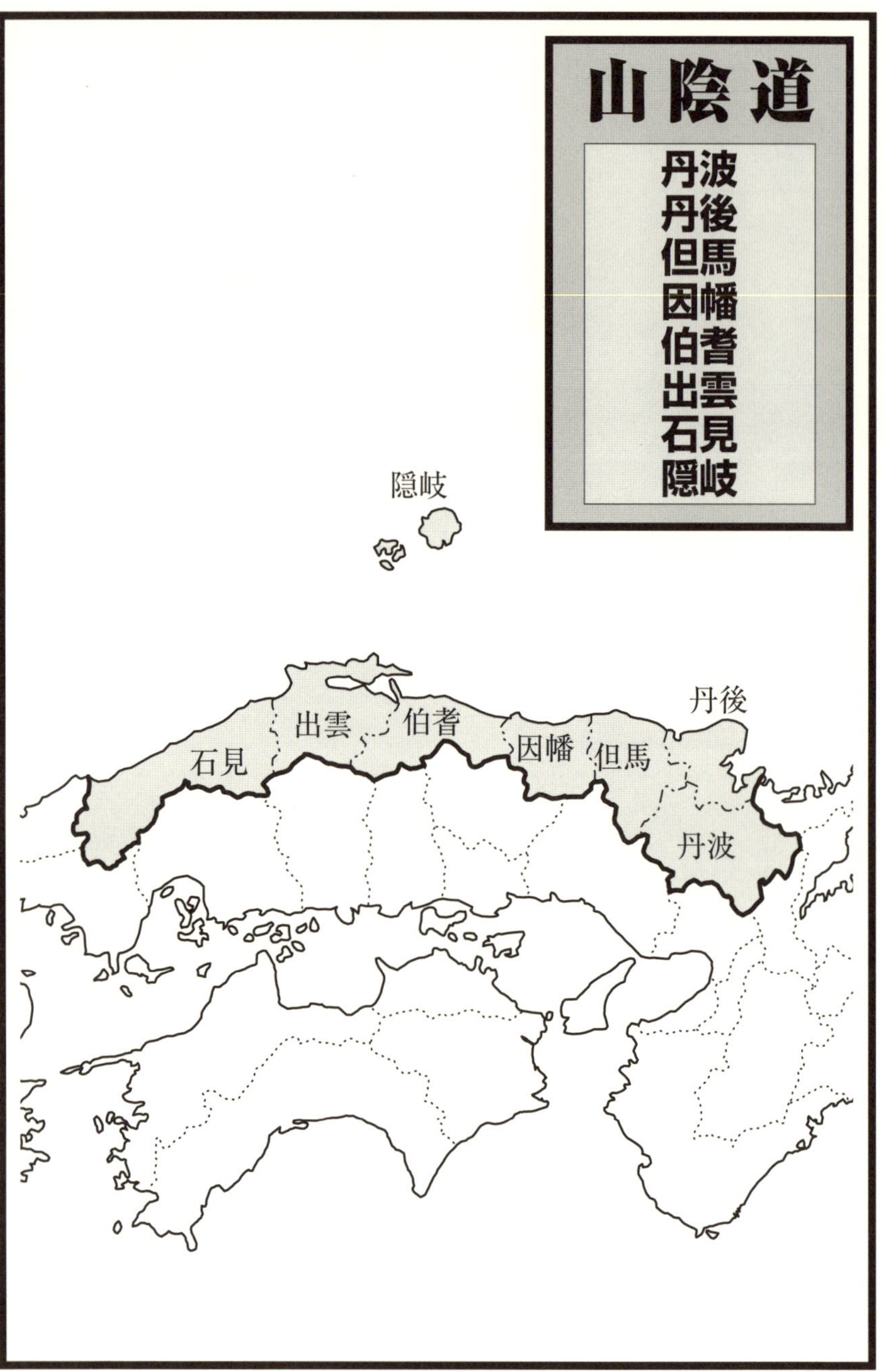
山陰道
丹波
丹後
但馬
因幡
伯耆
出雲
石見
隠岐
隠岐
丹後
出雲
伯耆
因幡
但馬
石見
丹波

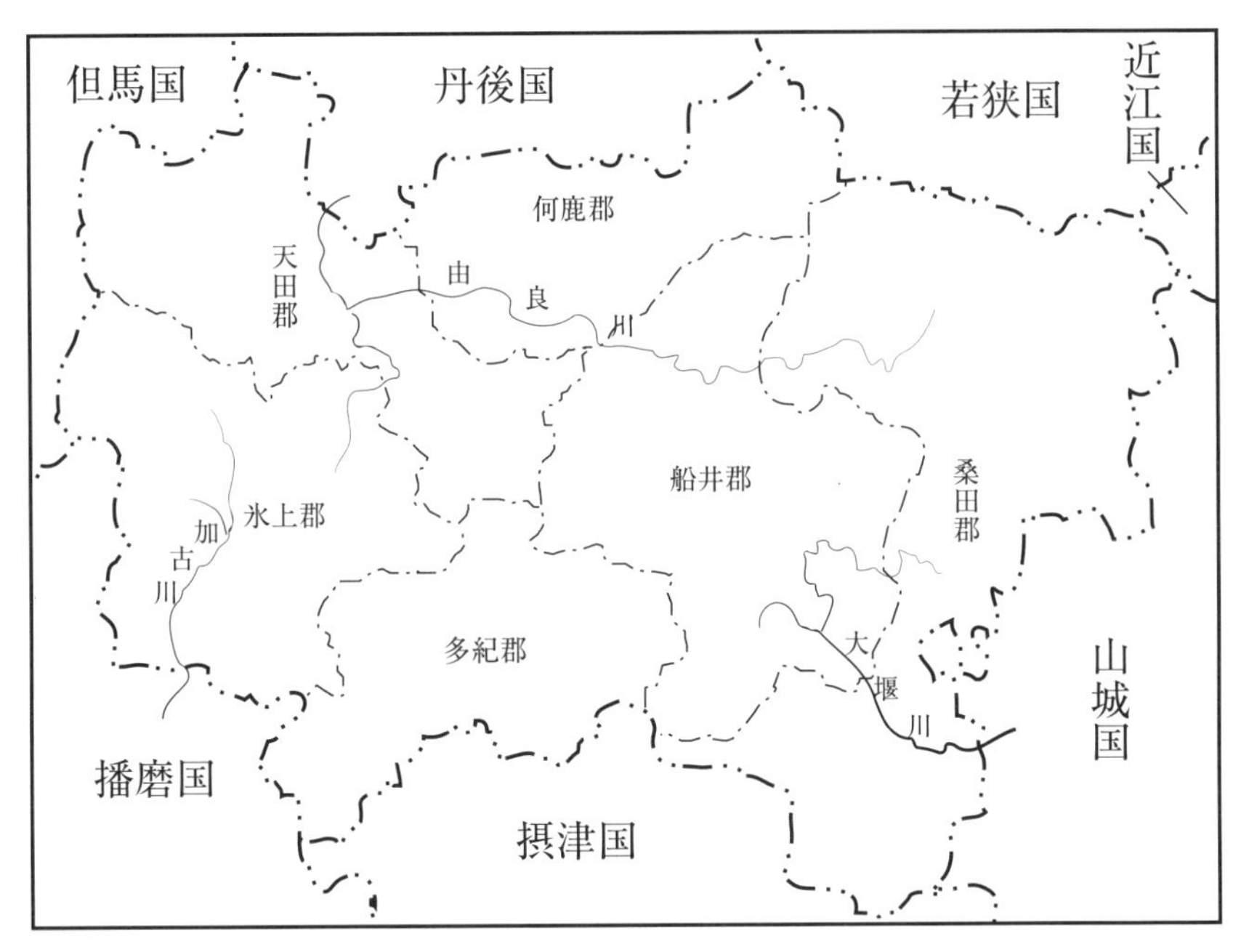

丹波国略図

丹波

丹波国・たんばのくに

山陰道に属す。現在の京都府北部から兵庫県中央部東端に相当する。北は若狭国・丹後国、東は近江国・山城国、南は摂津国、西は但馬国・播磨国に接するが、海には面していない。

『延喜式』によれば、山陰道の東端にあたり、近国の扱いとされ、国の等級は上国となっている。律令制下では、桑田（くわた）・船井（ふない）・多紀（たき）・氷上（ひかみ）・天田（あまた）・何鹿（いかるが）・加佐（かさ）・与謝（よさ）・丹波（たには）・竹野（たかの）・熊野（くまの）の十一郡を管したが、『続紀』によると、加佐以下の五郡は、和銅六年（七一三）に分立して丹後国を形成した。

『和名抄』は「太迩波」と訓じる。その名義は、『諸国名義考』によると、「田庭」であり、田地が広大であることを意味する。『倭訓栞』は、「谷端」の意味としているが、『和名抄』によると丹波国の田数は一万六六六町とあって山陰道に属する八箇国のうち最大である。したがって、『諸国名義考』の説の方が妥当と考えられる。

国府は、『和名抄』によると桑田郡にあったと記されている。桑田郡は畿内に一番近く、国分寺・国分尼寺も所在するが、国府の位置は不明であり、現在は船井郡にあったとする説が有力とされる。

交通に関しては、『延喜式』によると、駅馬が大枝駅・野口駅・小野駅・長柄駅・星角駅・佐治駅に各々八匹、日出駅・花浪駅に各々五匹が常備されていた。これらの他に、伝馬として桑田郡・多紀郡・氷上郡の郡衙に各々五匹が置かれていた。

文献上の初見は、『書紀』の開化六年正月十四日条であり、丹波の竹野媛が妃に立てられた記事である。類似の伝承は『古事記』にもみられるが、あくまでも伝承であって史実とは考えにくい。しかし、丹波国は畿内に接し、大和政権にとってその重要度はいうまでもないことであった。たとえば、『書紀』の崇神十年九月九日条には四道将軍の派遣記事がみられるが、北陸・東海・西道（にしのみち）（後の山陽道）に加えて、「丹波道主命をもて丹波に遣す」とあり、丹波の地名が山陰道全体の意味に用いられている。また、『書紀』の継体即位前紀条をみると、武烈天皇のあと、大伴金村がまず擁立しようとした倭彦王は丹波国の桑田郡にいたことになっていて、ここにも大和政権との関係をみることができる。

『延喜式』神名帳によると、丹波国内の式内社は全郡で七十一座となっており、これは同じ山陰道の諸国と比較すると、最も多い出雲国の一八七座はもとより、隣接する但馬国の一三一座よりも少ない。

（瀧音能之）

桑田郡・くわたのこおり

『和名抄』に「久波太」と訓じる。

『和名抄』には、小川（山川）・桑田・漢部・宗我部・川人・荒部・池辺・弓削・山国・有頭（有頬）・横作・佐伯の十二郷を記すが、『和名抄』高山寺本は横作・佐伯を欠き、また、『和名抄』名市博本は池辺以下の諸郷を省き諸本にはみえない余戸を載せている。郡域は、おおよそ現在の京都市右京区・南丹市および亀岡市にあたる。丹波国の東部に位置し、亀岡盆地とその周辺の山地に相当する。

地名としては、『書紀』の垂仁八十七年条に「丹波国桑田村」とあるのが初見であり、郡名としては、『書紀』の継体即位前紀条に「丹波国桑田郡」とみえる。

『和名抄』は国府の位置を「在桑田郡、行程上一日、下半日」と記している。その位置をめぐっては諸説在るが、現在は南丹市八木町屋賀説が有力とされる。式内社は十九座あり、国分尼寺跡などもある。

（瀧音能之）

船井郡・ふないのこおり

丹波国六郡の一つ。『和名抄』に「不奈井」と訓じる。『和名抄』には、刑部・志麻・船井・出鹿・田原・野口・須知・鼓打・木前・余戸・城埼の十一郷を記すが、『和名抄』高山寺本は余戸・城埼を欠き、『和名抄』名市博本は余戸・城埼を欠き川人を加えている。城埼は木前と重複したものとされている。丹波国のほぼ中央に位置し、山地が大部分を占める。

郡名は、平城宮木簡に「丹波国船井郡出鹿郷曽尼里」とみえ、天平十七年（七四五）三月二十一日付の智識優婆塞等貢進文（正倉院丹裏古文書）に「丹波国船井郡々里」とある。

『延喜式』神名帳には、「船井郡十座大一座小九座」として、名神大社の摩気神社と船井・志多非・出石鹿岫部・島物部・幡日佐・志波加・弁奈貴・酒治志・多沼神社の小九座が記されている。平安期には多くの密教寺院が建立されており、丹波町の新宮寺・大福光寺などはこの時期の創建とされている。

（瀧音能之）

天田郡・あまたのこおり

『和名抄』に「安万多」、『延喜式』神名帳（武田本）に「アマタ」と訓じる。『和名抄』には、六部・土師・宗部・雀部・和久・拝師・奄我・川口・夜久の九郷を記すが、『和名抄』高山寺本は神戸を欠き、土師を土部とする。丹波国の西北に位置する。郡域は、夜久郷・神戸郷以外は福知山市に含まれる。夜久郷は、福知山市夜久野町とされるが、神戸郷は所在地が不明である。

郡名は、『東大寺要録』所収の天平十九年（七四七）九月二十六日付の勅旨に「丹波国天田郡五十戸」とあるのが初見とされる。しかし、長屋王家木簡の中に「丹波国味田郡」と記されたものがあり、ここにみられる「味田郡」は天田郡のことであるともいわれる。このように考えると、初見はさらにさかのぼり、八世紀はじめということになろう。ついで、『続日本紀』天平神護二年（七六六）六月条には、「丹波国天田郡人家部人足」がみえる。

また、『続日本紀』の同年七月二十六日条には、散位従七位上の昆解宮成が、白鑞に似たものを献上したことが記されている。ここにみられる白鑞とは錫のことであり、それに似たものが丹波国天田郡の華浪山から出土したとされる。質もよく、宮成はその功績で外従五位下に叙せられた。政府は人夫を動員して採掘させたと記されているが、一方で『続紀』は、「或日」として、この鉱物の実体については不明で、役に立たないものであったとも記している。さらに、『続紀』宝亀四年（七七三）九月二十日条には、丹波国天田郡の奄我社に盗人が入り、供物を食べて社の中で死んでしまったため、十丈ばかり離れたところに新しく社殿を建立したことが記されている。

この他にも、『続紀』延喜四年（七八五）正月二十七日条に「丹波国天田郡大領外従六位下丹波値広麻呂」、『大同類聚方』に「神野薬丹波国天田郡領鉾執之家爾伝方」、『和気氏系図』に「康頼居丹波天田郡因賜姓丹波宿禰」とみえる。

丹波国は、大嘗会の際の悠紀国・主基国として、しばしば斎田が設けられており、天田郡も寛和元年（九八五）に主基国に卜定されている（『日本紀略』）。さらに、寛弘八年（一〇一一）にも主基国に卜せられていることが『御堂関白記』にみえる。大嘗会にあたっては、殿上の歌人によって悠紀国・主基国に卜定された国の名所を歌題として祝歌が詠まれた。その歌に景色を入れて屏風としたものが宮中に献じられたが、それをみると、天田郡の名所として、豊富村・花並里（福知山市）、千束橋（同市三和町）、湊岡・鷺杜（未詳）などがあげられている。

『延喜式』神名帳には、生野・奄我・天照玉命・荒木神社の四座が記されており、これらはすべて福知山市域に鎮座している。

郡内には、平安中期ごろより『和名抄』の郷名をもつ荘園が成立してくる。藤原頼長領から後白河院の後院領となった土師荘をはじめとして、六人部荘、雀部荘、和久荘などがその例としてあげられる。

（瀧音能之）

何鹿郡・いかるかのこおり

『和名抄』に「伊加留加」、『延喜式』神名帳（武田本）に「イカルカ」と訓じる。『和名抄』には、賀美・拝師・八田・吉美・物部・吾雀・高殿・私部・栗村・高津・志麻・文井・小幡・漢部・三方・余戸の十六郷を記すが、『和名抄』高山寺本は余戸を欠く。丹波国の北端に位置する。

郡名は、平城宮木簡に「丹波国何鹿郡八田里」・「丹波国何鹿郡高津郷」とみえる。これらの木簡はいずれも八世紀前半とされているが、これに先立って、藤原宮木簡にも「伊看我評」とある。郡名の由来については、『丹波志』や『丹波誌』に、鵤（斑鳩）が多くいたためとある。

『延喜式』神名帳には、須波伎部・阿須須伎・佐陁・河牟奈備・御手槻・阿比地・伊也・赤国・高蔵・佐須我・島万・福太神社の十二座が記されている。

平安時代後期以降、『和名抄』の郷名を継承した京都の貴族や社寺の荘園が多数成立する。吾雀・小幡・高津・吉美・八田などの各荘はその好例である。

（瀧音能之）

多紀郡・たきのこおり

『和名抄』には訓を欠くが、明日香養護学校校庭木簡に「多貴評」、平城宮木簡に「多紀郡」とあり、神亀三年（七二六）の山背国愛宕郡出雲郷雲下里計町（正倉院文書）には「多夫郡」・「多貴郡」とみえる。

『和名抄』高山寺本には、草上・宗部・真継・河内・神田・榛原・日置の七郷を記すが、『和名抄』東急本は、これに余戸を加えている。丹波国の南西部を占め、現在の篠山市を郡域とする。郡衙は、現在も地名として残る郡家付近とされ、周辺に位置する東浜谷遺跡からは「郡」の刻印、「厨」の墨書土器、円形の硯などが出土している。

『日本紀略』寛平九年（八九七）七月十四日条には、醍醐天皇の大嘗会の主基国に選定されており、以後もト定記事がみられる。

『延喜式』神名帳には、大社二座、小社七座とあり、名神大社として櫛石窓神社二座のほか、小社として神田・河内多々奴比（二座）・大売・佐々婆・二村・熊按神社があった。

（瀧音能之）

氷上郡・ひかみのこおり

『和名抄』に「比加三」と訓じる。

『和名抄』には、東県として栗作・挙田・石負（原負・石生）・船城・春部・美和・竹田・前山の八郷および西県として佐治（佐沼）・伊中・賀茂・氷上・石前・葛野・沼貫・井原・余戸の九郷の合計十七郷を記す。しかし、『和名抄』でも高山寺本は余戸を欠き、名市博本は石上を加えて十八郷とし、東急本は栗作・挙田・石前・葛野・沼貫・井原を欠いている。丹波国の西端に位置し、現在の兵庫県丹波市柏原町・氷上町・青垣町・春日町・市島町・山南町に相当する。

ここにみられる東県・西県に関しては、延久四年（一〇七二）九月五日付の太政官牒（石清水文書）に東県司の記載が確認される。したがって、この東西の県は、単なる地域区分ではなく、行政的な機能をもっていたと推測されている。しかし、中世史料には東西の県を記したものが見当たらないことから、東西の県は平安時代で姿を消したと考えられる。

郡名としては、平城宮木簡に「丹波国氷上郡石□里」とあり、長屋王家木簡にも「丹波国氷上郡氷上里」、二条大路木簡にも「丹波国氷上郡氷上郷横田里」などとある。

郡衙の所在地については明らかではないが、郡名と同じ地名をもつ丹波市氷上町氷上や丹波市春日町の七日市遺跡が有力である。七日市遺跡からは奈良・平安時代の大型掘立柱建物跡がでている。また、丹波市市島町上田には、白鳳時代の寺院とされる三ッ塚廃寺があり、礎石や軒丸瓦などがでており、有力氏族の拠点があったと推定される。丹波市春日町の山垣遺跡からは濠をもった建物跡が検出されている。山垣遺跡は八世紀前半の里長の館といわれているが、郡衙関連遺跡とみる説もある。なお、丹波市氷上町・柏原町付近の平地部には条里制遺構が広くみられる。

『書紀』の崇神六十年七月条に、氷上の人として氷香戸辺という人物の名がでてくる。人名からみて、氷上郡との関係が推測されよう。また、同じく『書紀』の天武十三年（六八四）十二月条には、「丹波国氷上郡」とある。

『播磨国風土記』の託賀（たか）郡の条には、氷上郡と関係すると思われる伝承が二箇所みられる。まず、都太岐（つたき）という地名の条に、讃岐日子神が氷上刀売をつまどいしたという伝承がみられる。氷上刀売は讃岐日子神を拒否したが、なおもしつこく迫ったので、建石命を雇って讃岐日子神を追い払ったという。さらに、甕坂（みかさか）の条には、讃岐日子神を追撃した建石命が御かげを置いて境界としたと記載されている。甕坂の条には、別伝承として丹波と播磨とが国境を定めたとき、大甕を埋めて国境したという内容の伝承も記されている。これらは、いうまでもなく伝承ではあるが、氷上刀売は丹波の氷上郡の女神といわれている。さらに、建石命は播磨の代表的な神である伊和大神の御子神とされている。讃岐日子神はいうまでもなく、讃岐の男神である。とするならば、『播磨国風土記』にみられる伝承は、丹波（氷上郡）と播磨・讃岐との間の何らかの勢力争いを反映しているとも考えられよう。

丹波国は、大嘗会のさいに主基国（すきのくに）にト定されることが多く、氷上郡も『日本紀略』承平元年（九三一）五月八日条に朱雀天皇の大嘗会の主基国とされて以来、その後もしばしばト定されている。

『日本紀略』の寛仁三年（一〇一九）六月十九・二十日条、ならびに『小右記』の同月二十日条には、氷上郡の百姓が大挙して平安宮の陽明門におしかけたことが記されている。これは、丹波守の藤原頼任の圧政を二十四箇条にわたって訴えたものであった。

古代の山陰道は、多紀郡から氷上郡に入り但馬国の朝来郡へと通じていた。『延喜式』によると、氷上郡には星角（ほしずみ）・佐治の二つの駅家が置かれ、それぞれ駅馬八匹が備えられた。それらの他に、『延喜式』には日出駅と花浪駅がみられ、これら両駅は丹波国から丹後国へ向かう支線とされている。

早くから荘園が設置されており、『東大寺要録』によると、天平二十年（七四八）には東大寺領として布佐比荘が成立している。また、『続後紀』によると、承和十年（八四三）十一月十三日に氷上郡の空閑地二十町を仁明天皇の皇女である親子（ちかこ）内親王が賜っている。こうした皇室領・寺社領は次第に数を増し、院政期には十荘以上に及んだといわれる。

『延喜式』神名帳には、「十七座小並」とあり、高座神社・狭宮神社・苅野神社・岹部神社・和乃神社・伊尼神社・佐地神社・阿陀岡神社・楯縫神社・芹田神社・兵主神社・新井神社・奴々伎神社・蘆井神社・加和良神社・伊都伎神社・神野神社の各社が記されている。

古代に建立されたという由来をもつ寺院も多く、『丹波志』・『氷上郡志』によると、その数はおよそ二十五箇寺、また、古代仏を安置している寺院も十二箇寺を数える。

（瀧音能之）

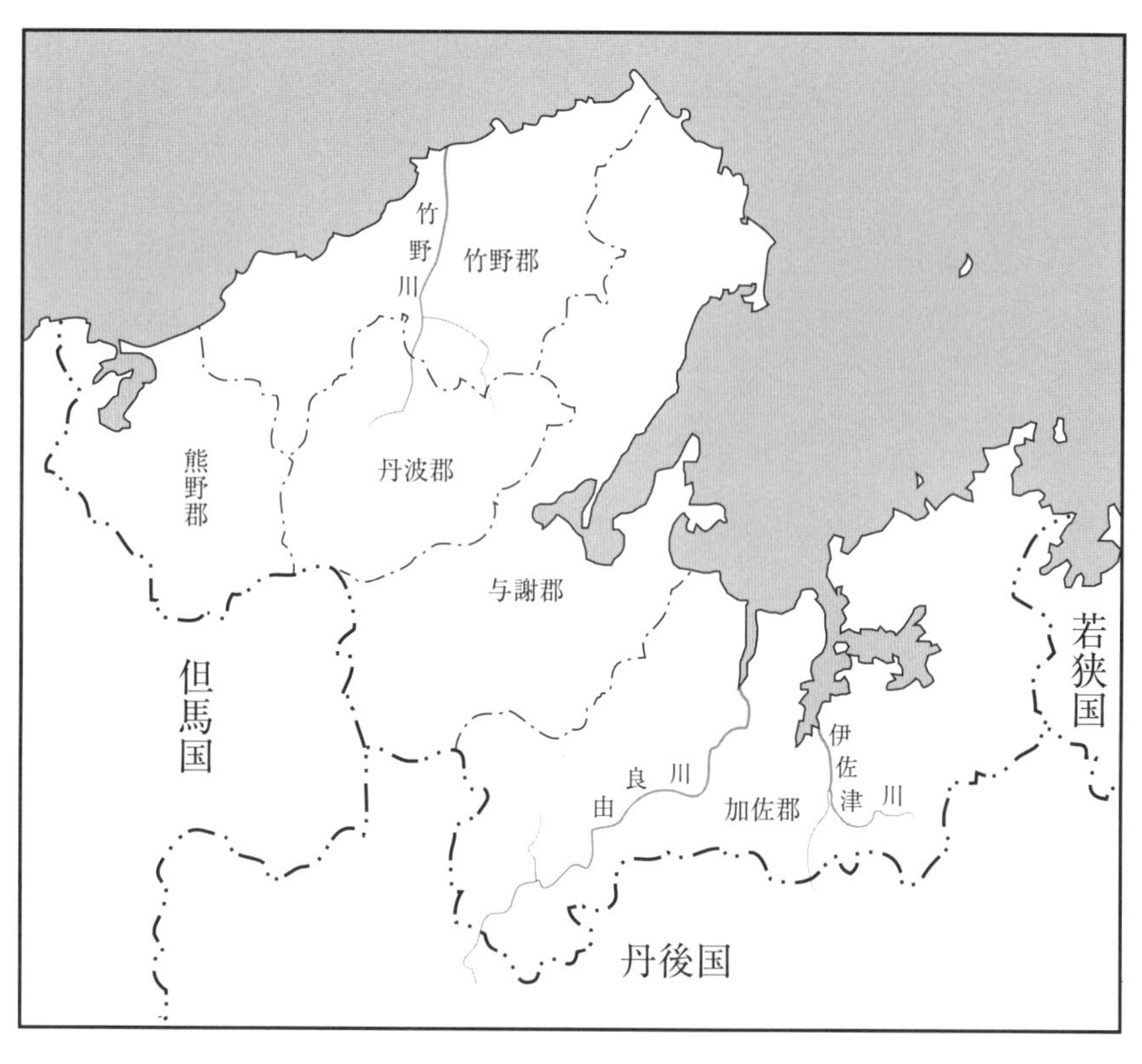

丹後国略図

丹後

丹後国・たんごのくに

山陰道に属す。現在の京都府北部に相当する。『続紀』の和銅六年（七一三）四月三日条によると、丹波国の加佐・与佐・丹波・竹野・熊野の五郡を割いて丹後国が成立した。北は若狭湾、東は若狭国、南は丹波国、西は但馬国に接する。

『和名抄』高山寺本は「太爾波乃美知乃之利」と訓じる。

国府については、『和名抄』刊本に「加佐郡に在り」としており、国分寺の伝承地も加佐郡和江村（現舞鶴市）にある。しかし、国分寺の所在地は、現在の宮津市字国分であり、「丹後国諸庄郷保惣田数帳」によれば、国府は与謝郡にあったとされる。これらのことから、国府の所在地については与謝郡府中（現宮津市）も可能性としてあげられる。

交通としては、『延喜式』によると、諸国伝馬として勾金駅（まがりかね）に五匹が備えられている。勾金駅の位置については不明であるが、与謝郡加悦町（現与謝野町）にあてる説が有力であり、山陰道の支路に属していたと考えられる。

地名としてみられる早い例は、丹後国成立以前のものとしては、藤原宮木簡に「丙申年七月旦波国加佐評□□」、「旦波国竹野評□□里大贄布奈□」などとある。また、『丹後国風土記』逸文には、奈具社・浦嶼子・天橋立の各条が記載されている。

奈良・平安時代の丹後国は、飢饉や災害・水旱が頻発している。『続紀』をみると、霊亀元年（七一五）・天平宝字七年（七六三）・宝亀六年（七七五）・延暦九年（七九〇）と飢饉の記事があいついでみられる。さらに、『後紀』の延暦十八年（七九九）条、『続後紀』の承和元年（八三四）・同十年（八四三）条、『文徳実録』の斉衡元年（八五四）条にも飢饉が起きている。『三代実録』の元慶二年（八七八）三月二十三日条には、仁寿元年（八五一）の洪水で丹後国与謝郡の流損田が三二五町三五〇歩に及んだことが記されている。また、貞観十八年（八七六）七月条には、丹後国で水旱が続き百姓が飢餓に苦しんでいるとして穀類三万斛を貸し出している。

『延喜式』神名帳によると、式内社は六十五座(大七座・小五十八座)であり、これらのうち二十座（大三座・小十七座）が与謝郡に集中している。寺院についても古代に創建されたとするものが多く、宮津市の成相寺・金剛心院（貞観期の様式をもつ如来形仏像立像を安置）など多数が現存している。

（瀧音能之）

加佐郡・かさのこおり

丹後国五郡の一つ。『延喜式』神名帳（武田本）に「カサ」と訓じる。『和名抄』には、志楽(しらく)・高橋・大内・田造・凡海・志託・有道(ありち)・川守・余部・神戸の十郷を記すが、『和名抄』高山寺本は高橋を椋橋、田造を田辺とし、神戸を欠く。丹後国の東南部に位置する。

地名としては、藤原宮木簡に「丙申年七月旦波国加佐評□□」とみえる。ここにみえる「丙申年」は持統十年（六九六）のこととされる。また、この木簡から加佐郡は、古くは丹波国に属していたことが知られる。和銅六年（七一三）の丹後国の成立によって所属がかわったのである。郡名としては、藤原宮木簡に「加佐郡」、『書紀』天武五年（六七六）九月条に「訶沙郡」、『東寺百合文書』の寿永三年（一一八四）四月十六日付平辰清所領寄進状案には「伽佐郡」とある。

『和名抄』には、国府は加佐郡に在りとして「上七日　下四」としている。『延喜式』神名帳には、大一座・小十座をあげている。

（瀧音能之）

与謝郡・よさのこおり

『和名抄』に「与佐」と訓じる。『和名抄』には、宮津・日置(ひおき)・拝師(はやし)・物部・山田・謁叡(あちえ)・神戸の七郷を記すが、『和名抄』高山寺本は神戸を欠き、また、『和名抄』名市博本は駅家を加える。丹後国のほぼ中央に位置する。

丹後国の五郡の一つであるが、もともとは丹波国に属した。すなわち、『続紀』和銅六年（七一三）四月三日条に「割丹波国加佐・与佐・丹波・竹野・熊野五郡、始置丹後国」とみえ、このとき丹後国が成立した。

地名としては、藤原宮木簡に「与射評」とあるのが早いとされており、それ以外に『書紀』の雄略二十二年七月条に「餘社郡」、同じく顕宗即位前紀・仁賢即位前紀に「余社郡」とある他、『続紀』に「與佐」郡、天平十年（七三八）の「但馬国正税帳」に「與射郡」とある。また、『延喜式』、『和名抄』、『釈紀』には「與謝郡」とあるなどさまざまに表記される。

和銅六年（七一三）に撰進の命がくだされた『風土記』のひとつである『丹後国風土記』も部分的にではあ

るが残っている。そもそも、『風土記』は、現在、まとまった形で残っているものは、常陸・出雲・播磨・豊後・肥前の五箇国だけであり、あとは一部分のみが逸文としてみられる。したがって、丹後国の場合にも逸文として残っているわけであるが、「與謝郡」のものとして、天橋立(あまのはしだて)の条と浦嶼子(うらしまのこ)の条とがみられる。

　これらのうち、天橋立の条には、「郡家」、すなわち郡役所の東北の隅に速石(はやし)里があり、この里の海岸部に天橋立があると記されている。このことから、与謝郡の郡家が天橋立の近くにあったことがうかがわれる。

　また、浦嶼子の条は、いわゆる浦島太郎のルーツの伝承として有名である。古代の浦嶼子伝承は、『書紀』・『万葉』・『丹後国風土記』にみられるが、これらのうち、『書紀』は記述が短く、ほとんど内容をうかがうことができない。それに比べて、『万葉』と『丹後国風土記』とは、分量的にも豊富でさまざまな情報を提供してくれるが、両書には内容的な差異もみられる。たとえば、『万葉』では、伝承の舞台が「墨吉(すみのえ)」となっている。墨吉というと地名的には、まず摂津が思いおこされる。この点については、丹後の墨吉であるという説もみられ断定することはできない。『丹後国風土記』では、「與謝郡　日置里」の筒川村が舞台となっている。伝承では、浦嶼子は小舟で漁にでかけるのであるが、『万葉』では、堅魚や鯛が釣れに釣れて七日間も家に帰れなかったほどであるとしている。それに対して、『丹後国風土記』では、三日三晩、一尾の獲物にも恵まれなかったとある。そうしたことがあったのち、一匹の五色の亀を得ることになる。この亀が妙なる美人となり、浦嶼子は彼女にさそわれて「蓬山」、すなわち常世国へ至ることになる。そして、そこでの夢のような三年間を過ごしたのち、浦嶼子は望郷の思いにかられ故郷へもどってくるのであるが、その故郷の状況はというと、すっかり変わってしまっていた。里の人に訪ねたところ、浦嶼子が過ごしていた常世国での三年間は、人間の世界では三〇〇年にも相当するということを知り呆然としてしまう。浦嶼子の最後の状況も『万葉』では、すっかり老人と化した浦嶼子が「気(いき)さへ絶えて　後つひに　命死にける」とあるように絶命してしまっているのに対して、『丹後国風土記』ではその場に立ちつくして涙ながらに徘徊したとある。

　みたように、浦嶼子伝承の舞台は、おおむね丹後半島にあてることができる。現在でもこの地域には、浦嶼(島)子を祭神とする古社が複数みられる。それらの中でも与謝郡の宇良神社と竹野郡の網野神社は式内社である。

式内社は、与謝郡には大三座と小十七座がみられる。これらのうち、名神大社と格づけられている大虫神社と小虫神社の二座、そして小社のうちの物部神社・弥戸神社・須代神社・宇豆貴神社・阿知江神社・矢田部神社・阿知江岻部神社・倭文神社の八座が加悦(かや)谷に集中している。

古代寺院としては、成相寺・金剛心院・禅海寺・大乗寺・智恩寺・如願寺などがあげられる。

『延喜式』の兵部省「諸国駅伝馬」をみると、「丹後国駅馬（勾金五疋）」と記されている。ここにみられる勾金(まがりかね)駅が現在のどこにあったかを比定することは困難であるが、丹波国から丹後国の国府へおもむく途中であることを考えると、かつての加悦町（現与謝野町）付近であろうといわれている。

また、『延喜式』の主計寮によると、「丹後国（行程上七日下四日）」となっている。平安京から丹後への道は決して近いものではなかったが、和泉式部の娘の小式部内侍が「大江山いく野の道の遠ければまだふみもみずあまの橋立」と詠んだように、歌にも詠まれるみちでもあった。

（瀧音能之）

丹波郡・たにはのこおり

『和名抄』には郡名としての訓を欠くが、国名として「太迩波」と訓じている。『延喜式』（武田本）の神名帳には「丹波(タハ)郡」と記されているが、やはり、「タニハ」と称されていたと思われる。それが、「タンバ」に転訛して現在にいたっており、京丹後市峰山町字丹波は「タンバ」と称されている。『和名抄』には、大野・新治(にいはり)・丹波・周枳(すき)・三重・神戸・口枳(くちのすき)の七郷を記す。しかし、『和名抄』の刊本は、新治を新沼としている。丹後国の五郡の中で唯一、海に面していない郡であり、現在の京丹後市大宮町・峰山町に相当する。

のちに中郡ともよばれるようになった。中郡といういい方は、中世末期の「丹後国御壇家帳」（神宮文庫）に「中郡たんはの郡とも申」とあるのが初見とされている。しかし、名称としては、丹波郡・中郡の両方が併用されていたと考えられる。江戸時代に入り元禄期以降にいたって、中郡が公称化され次第に定着していった。『中郡誌稿』には、「丹波郡を中郡と唱候事」としてその事情が記されている。

郡名としては、『続紀』和銅六年（七一三）四月三日条に、丹波国より「加佐・与佐・丹波・竹野・熊野」の五郡を割いて丹後国としたとあるのが早い例である。

『古事記』の開化段に旦波（たには）大県主として由碁理（ゆごり）という人物名がみえる。そして、彼の娘の竹野比売が開化天皇の妻となったとされている。ここにみえる由碁理は丹波郡一帯の県主であったといわれるが、娘が竹野郡に関係のある名であることにも注意が必要である。この点については、旦波大県とは竹野川流域に位置しており、それが律令制下においてその上流から中流にかけてが丹波郡、中流から下流にかけてが竹野郡になったのであって、そもそもは一つの地域であるともいわれている。

郡衙の位置は不明であるが、『丹後国風土記』逸文の奈具社の条に、「丹後国丹波郡。郡家の西北の隅の方に比治里あり。此の里の比治山の頂に井あり。其の名を真名井と云ふ」とある。この条は羽衣伝承として知られるが、中に郡家すなわち郡衙の記載がみられることもみのがせない。

『続紀』延暦二年（七八三）三月十三日条には、丹波郡の正六位上丹波直真養が国造に任命されている。丹波直については、平城宮木簡に「丹波直簾□」、天平十年（七三八）の「但馬国正税帳」（正倉院文書）に「丹波直足島」の名がみえ、『三代実録』貞観八年（八六六）閏三月十七日条にも「丹波直副茂」がみられる。

『延喜式』神名帳には、「九座（大二座 小七座）」とあり、大宮売神社二座（名神大）・咋岡神社・波弥神社・多久神社・稲代神社・名木神社・矢田神社・比沼麻奈為（ひぬまない）神社が記されている。これらのうち、『三代実録』や『類聚国史』によると、大宮売神が貞観元年（八五九）正月二十七日に従五位下から従五位上に昇叙されている。

古寺としては、平安期の木造千手観音像（国重文）を所蔵する京丹後市峰山町の縁城寺などがある。

（瀧音能之）

竹野郡・たかののこおり

『和名抄』に「多加乃」と訓じる。『延喜式』神名帳にも「タカノ」と訓じるが、いつしか「タケノ」と通称するようになった。『和名抄』には、木津（きつ）・網野・鳥取（ととり）・小野・間人（たいざ）・竹野の六郷を記す。しかし、同じ『和名抄』でも刊本は、網野を納野としている。丹後国の北端に位置する。現在の京丹後市丹後町・弥栄町・網野町の三町に相当する。

地名としては、藤原宮木簡に「旦波国竹野評鳥取里大贄布奈□」とあるのが早い例であり、ここから竹野郡の前身として竹野評があったことが知られる。また、和銅六年（七一三）に丹波国から竹野郡など五郡が割かれて丹後国が成立した。

『古事記』の開化段に、旦波(たには)の大県主である由碁理の娘の竹野比売を妻として比古由牟須美命を生んだと記されている。由碁理は、現在の中郡から竹野郡のあたりを支配した大県主であろうといわれており、竹野比売という名も竹野郡もしくは竹野郷と無関係ではなかろう。また、開化天皇の皇子である建豊波豆羅和気王について、『古事記』は「道守臣、忍海部造、御名部造、稲羽の忍海部、丹波の竹野別、依網の阿毘古等の祖なり」（開化天皇の段）と記している。ここにみられる竹野別という氏族名も地名の竹野に由来するものであろう。

また、『丹後国風土記』逸文の奈具社の条にも関連地名がみられる。この条は、羽衣伝承のひとつとして知られるもので、老夫婦によって無理やり娘にさせられた天女の話である。娘となった天女が造り出す万病にきく酒によって富裕になった老夫婦は、今度は天女を追い出してしまう。行く所のない天女はうらみさすらうことになる。そして、最後に「竹野郡船木里の奈具村に至り」心がなぐさめられたとして、「乃ち此の村に留まり居りき。斯(こ)は、謂はゆる竹野郡の奈具社に坐す豊宇賀能売命なり」という結末をむかえる。

『延喜式』神名帳には、「十四座（大一座 小一三座）」として、奈具神社の他に大宇賀神社・溝谷神社・久尓原(くにはら)神社・網野神社・依遅(えち)神社・大野神社・竹野神社・生王部(いくおうべ)神社・志布比神社・深田部神社・床尾神社・発枳神社・売布神社が記載されている。これらのうち、『三代実録』元慶元年（八七七）十二月二十九日条によると、竹野神が従五位下に叙せられている。

丹後に残る伝承として有名なものに麻呂子伝承がある。用明天皇の時代に麻呂子親王が天皇の命によって大江山の鬼を退治したというものである。さらに、退治したあと、七つの寺院を建立し、それぞれに自らが造った薬師如来像を安置したとある。現在、丹後町に所在する神宮寺・成願寺、同じく京丹後市丹後町に跡地が伝わる願興寺、同弥栄町の等楽寺は、麻呂子親王が建立し薬師如来像を置いたという由緒をもっている。これらの他には、市内丹後町の上山寺、弥栄町の興法寺、網野町の明光寺、大悲寺（現在は大慈寺）、覚性院（現在は中性院）などが古刹として知られる。

（瀧音能之）

熊野郡・くまののこおり

『和名抄』に「久万乃」と訓じる。『和名抄』には、田村・佐濃・川上・海部・久美の五郷を記す。丹後国の西端に位置するが、和銅六年(七一三)までは、丹波国に所属した。

地名としては、藤原宮木簡に「熊野評私里」とみえるのが初見である。郡名では、平城宮木簡に「丹後国熊野郡私部郷」とみえる。この私部郷は、『和名抄』にみえない郷名であり、しかも木簡にしか所見がないため不明といわざるをえない。『正倉院文書』の天平勝宝元年(七四九)十二月十九日付東大寺奴婢帳には、「熊野郡戸主大私部広国」とある。また、熊野郡は丹後国で最も多くの経塚がみられることで知られる。その中でも、宇円頓寺の山の神経塚は、嘉応二年(一一七〇)九月二十日在銘の銅板製経筒をもつことで著名である。

『延喜式』神名帳には、小十一座とあり、郷名をもつ熊野神社の他、意布伎・伊豆志弥・矢田・丸田・売布・衆良・三島田・神谷・村岳・聞部の諸社がある。これらのうち、『三代実録』によれば、熊野社が貞観十年(八六八)九月二十一日に従五位下、村岡神が元慶元年(八七七)十二月十四日に従五位下となっている。

(瀧音能之)

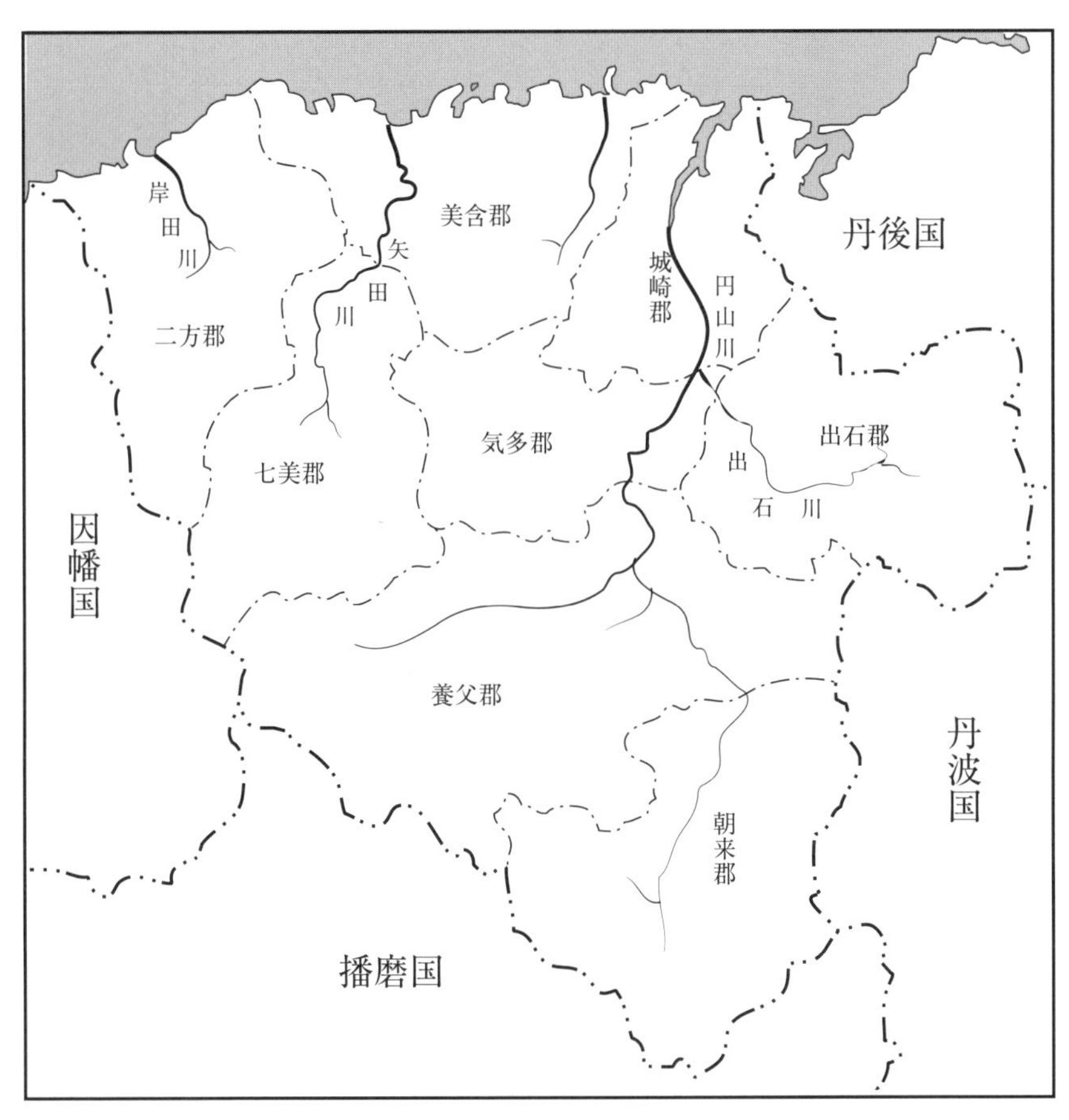

但馬国略図

但馬国・たじまのくに

山陰道に属し、現在兵庫県の北部に位置する。東は丹波・丹後国、南は播磨国、西は因幡国に接し、日本海に北面する。国名の初見は、『書紀』垂仁三年三月条で、『古事記』には「多遅麻」「多遅摩」、『旧事紀』には「但遅間」「田道間」とある。『和名抄』では「太知馬」（東急本「太知万」）と訓む。『書紀』垂仁三年条では、新羅王子の天日槍が播磨に来着し、近江・若狭を経て但馬に来住したとあり、『古事記』垂仁段では、天日槍の妻が夫と不和になって来日し難波にとどまったので、天日槍も後を追ったが渡りの神にさえぎられて多遅摩国に留まった、という伝承を伝える。出石神社は、その天日槍を祀る。その玄孫多遅摩毛理が常世国に遣わされた記事が、『古事記』垂仁段に見える。また同じく『古事記』懿徳段に、多藝志比古命が多遅麻の竹別の祖であると記す。

『旧事紀』国造本紀によれば、但馬国の地域には但馬国造・二方国造が存在する。但馬国造は『古事記』開化段に皇子日子坐王の四代の孫大多牟坂王を祖とし、国造本紀は志賀高穴穂朝の御世に彦坐王の五世の孫船穂足尼を国造と定めたとする。また粟鹿神社所蔵の「田道間国造日下部足尼家譜大綱」によると、日下部氏が但馬国造に任ぜられている。『続群書類従』「日下部氏系図」には、養父・朝来郡の郡司に日下部氏が任じられているのが多数存在する。但馬国造の支配地域は現和田山町を中心とする地域で、但馬最大の前方後円墳池田古墳が存在する。一方、二方国造は但馬北西部を領域とし、前方後円墳のひさご塚古墳が存在する。

『播磨国風土記』揖保郡越部里条では、安閑天皇御世に天皇の寵愛を受けた但馬君小津がこの地に屯倉を作ったとあるが、一説によると、但馬国の屯倉から移住したともいう。このほか飾磨郡の屯倉伝承にも但馬国造が登場する。また同じく揖保郡麻打山条では、但馬国人伊都志君麻良比の伝承が存在する。

郡評制の成立がわかる史料としては、藤原宮木簡に「己亥年十二月二方評波多里」と記されているものがあり、己亥年は文武三年（六九九）であり、地名の明らかな但馬国関係の木簡では最古である。裏面には「大豆五斗中」とあり、『延喜式』民部下の但馬国交易雑物に「醬大豆」

がある。同じく藤原宮木簡に「□年分乙未年六月但□」という木簡が出土している。「乙未年」は持統九年（六九五）で、最後の文字が欠字ではあるが、但馬国の可能性が高い。

『和名抄』『延喜式』によれば、令制国の但馬国は朝来・養父・出石・気多・城崎・美含・二方・七美の八郡からなり、上国である。『律書残篇』には、但馬国は「郡九、郷五十八、里百七十六、去」京行程五日」とある。国府は『和名抄』東急本によれば気多郡にあり、現豊岡市日高町府市場付近に所在すると考えられているが、『後紀』延暦二十三年（八〇四）正月二十六日条に但馬国府を気多郡高田郷に移すとあるので、それ以前の国府の所在地は不明である。国分寺は現豊岡市日高町にあり、国分寺跡が昭和四十八年（一九七三）以来の発掘調査によって、その姿が明らかにされた。国分尼寺跡は僧寺跡の北東約一キロメートルにあると推定される。このほか、寺院跡には現豊岡市薬琳寺廃寺、現新温泉町井土廃寺・朝来市立脇廃寺がある。神社は、『延喜式』神名帳によれば八郡一三一座あり、この内大社は十八座である。『新抄格勅符抄』神封部には、但馬国では「忍坂・出石・養父・粟鹿」の四社が神封を有している。

山陰道からの交通路は、『延喜式』兵部省諸国駅伝馬条によれば、「粟鹿・郡部・養耆各八疋。山前五疋。面治・射添各八匹。春野五匹」とあるが、各駅の所在地については諸説ある。『延喜式』に見える貢納品は、民部下に牛乳製品と考えられる蘇十一壺があり、これは「但馬国正税帳」にも「蘇伍壺」と見える。また交易雑物として「鮐皮」、中男作物として「煮塩年魚・鮐皮・海藻」、御贄として「穉海藻・生鮭・鮨年魚」など、海産物を中心として貢納している。

（三舟隆之）

朝来郡・あさごのこおり

現朝来市。円山川流域に位置する。但馬国南部にあり、東・北は養父郡、南は播磨国、西は丹波国に接する。『和名抄』では、「安佐古」「阿佐古」と訓む。郡名の初見は、和銅七年（七一四）十月と推定される長屋王家木簡で、「但馬国阿相郡刀我里大贄一斗五升」という木簡があり、「刀我里」はのちの東河（とが）郷と推定される。また『播磨国風土記』飾磨郡安相里条の地名由来では、「但馬国朝来人」が到来したとあり、同様に神前郡条にも「粟鹿川内者、彼自但馬阿相郡粟鹿山流来」とある。「正倉院文書」の天平九年（七三七）

「但馬国正税帳」にも「朝来」とある。

『和名抄』高山寺本では、山口・桑市・伊田・賀都・牧田（ひらた）・東河・朝来・粟鹿・礒部の九郷からなり、東急本では牧田郷を欠くが、天平十九年（七四七）の「法隆寺伽藍縁起并流記資材帳」に「但馬国朝来郡牧田郷五十戸」とあるので、同本の欠落と考えられる。また伊田郷は、『延喜式』神名帳に伊由神社があり、また近年出土した但馬国分寺木簡に「朝来郡伊由郷米五斗」とあって、「伊由郷」が正しい。

粟鹿神社所蔵の『田道間国造日下部足尼家譜大綱』によれば、日下部氏が但馬国造に任命されており、また同じく宮内庁所蔵の『粟鹿大明神元記』（和銅元年（七〇八））によれば、大国主命を祖とする神直氏を但馬国造に定められた事が見える。『粟鹿大明神元記』には新羅将軍正六位上神部直根閇が但馬の国民を率いて新羅征討に出向いたとあるが、これは『書紀』天智二年（六六三）三月条の新羅征討将軍の三輪君根麻呂と同一人物とする説もある。

郡司氏族は『続群書類従』日下部氏系図によれば、日下部荒嶋を始めとして朝来・養父郡の大少領に日下部氏が多数任命されている。また『姓氏録』右京神別には「朝来直」という氏族名が見え、但馬海直の祖火明命三世の孫、天礪目命の後裔とある。『続紀』養老元年（七一七）正月四日条に朝来直賀須夜に従五位下を授けたという叙位記事が見え、その後養老五年（七二一）正月二十三日条に、退朝の後東宮（聖武天皇）に侍したという記事が見える。

『延喜式』神名帳には、大一座・小八座あり、大社の粟鹿神社は但馬国一宮あるいは二宮とされ、開化天皇皇子日子坐王の四代の孫大多牟岐王、あるいは四道将軍の一人、丹波道主に任命された日子坐王を祭神として祀るともいう。天平九年（七三七）「但馬国正税帳」には「粟鹿神戸租代六十六足二把」「粟鹿神戸調二疋四丈五尺直稲百六十五束」とある。同様に押坂神にも神戸の祖と調が記され、『新抄格勅符抄』にも「忍坂神」に神戸二戸が封されているが、『延喜式』神名帳には押坂神の記載はない。また粟鹿神は、『新抄格勅符抄』大同元年神事封戸によれば、「粟鹿神二戸」とある。『続後紀』承和十二年（八四五）七月十六日条には、粟鹿神に従五位下の神階が授与されている。その他朝来石部神社は、朝来郷に、刀我石部神社は東河郷に所在した神社と考えられる。

『延喜式』兵部省諸国駅伝馬条によれば、粟鹿駅の八疋、郡には伝馬が五疋が置かれていた。近年発掘調査された粟鹿遺跡からは、弥生後期・古墳時代後期の竪穴住居跡や奈良時代の官衙的大型掘立柱建物群が検出されている。とくにF地区は奈良時代（八世紀）の方形溝に区画された官衙的要素が見受けられるところから、粟鹿郷家・粟鹿駅家の関連施設、また粟鹿神社とも近接するところから神社関連施設とも推定されている。また出土した墨書土器の中には「神」という文字が、『粟鹿大明神元記』に見える「神部直」とも考えられている。また粟鹿遺跡の北東にある柴遺跡からは、「駅子委文ア豊足十束代稲籾一尺」という出挙木簡が出土しており、付近に粟鹿駅が存在することを示唆している。朝来郡内には委文神社があり、倭文部という氏族の存在が明らかになった。

天平勝宝二年（七五〇）正月八日の「但馬国司解」（東南院文書）によれば、桑市郷戸主赤染部大野が所有する婢田吉女十九歳を但馬国正税一〇〇〇束で買い上げ、上京する朝集使賀茂直秋麻呂が護送して奈良東大寺に施入している。賀茂氏については、『本朝世紀』天慶四年（九四一）十月二十六日条によれば、朝来郷の賀茂貞行が承平天慶の乱の藤原純友の一族を討ったとある。

（三舟隆之）

養父郡・やふのこおり

但馬国南部に位置し、東は出石郡、南は朝来郡・播磨国、西は因幡国、北は気多・七美郡に囲まれる。養父郡は、『播磨国風土記』宍禾郡御方里の伝承では、「葦原志許乎命、天日槍命と、黒土の志爾嵩に到りまし、各、黒葛三条を以ちて、足に着けて投げたまひき。その時、葦原志許乎命の黒葛は、一条は但馬の気多の郡に落ち、一条は夜夫の郡に落ち、一条はこの村に落ちき。故、三条といふ。」という地名説話に登場する。天平九年（七三七）「但馬国正税帳」には、「養父郡」とある。

『延喜式』神名帳には夜夫坐神社を始めとして大三座小二十七座の三十座が記され、但馬国内では最も神社数が多いのが特徴である。「但馬国正税帳」には「養父郡養父神戸」とみえ、また『新抄格勅符抄』には養父神の神封は四戸で、『続後紀』承和十二年（八四五）七月十六日条には従五位下、『三代実録』貞観十一年（八六九）三月二十二日条には正五位下、同十六年（八七四）三月十四日には正五位上に神階が昇叙されている。また糸井郷の郷域にあると考えられる『延喜式』式内社の佐伎都比古阿流知命神社は、『書紀』垂仁八十八年条の天日槍の岳父、前津耳を祭神とする説もある。『後紀』弘仁四年（八一三）一月二十三日条には、養父郡から十六から二十歳までの容姿端正の郡司の子妹を采女（うねめ）として貢上することを命じている。

『和名抄』高山寺本には、糸井・石禾（いさわ）・養父・賀母・軽部・大屋・三方・建屋・養耆・長田・遠佐・駅里郷の十二郷からなるが、東急本では浅間郷が加わる替わりに、賀母・長田・駅里郷を欠く。浅間郷については、『延喜式』神名帳に浅間神社が存在するので、存在した可能性が高い。賀母郷については、平城宮木簡に「養父郡賀母郷白米五斗」とある。養父郷については、養父市大藪・藪崎が遺称地であるとされる。地域には式内社の夜夫坐神社があり、『新抄格勅符抄』などに見える養父神と同一と考えられて、この地が養父郡の中心地と考えられる。

正倉院蔵鳥兜下貼文書には但馬関係の文書が多く、その中には「高田駅家戸主牧田連麻呂□□（戸口カ）丸部虫麻呂年卅五」とあって、牧田連麻呂は牧田郷と関係する氏族、養父郡に高田庄という荘園が存在していたことを考えると高田駅家は養父郡と関係すると考えられる。但馬国分寺木簡には、「養父田□（次カ）万呂十一貫欠十二（文カ）」とあるが、人名と考えられる。養耆郷は現養父市関宮八木谷を遺称地とし、『延喜式』兵部省諸国駅伝馬条に「養耆駅」が見える。遠佐郷は現養父市八鹿町小佐を遺称地とし、平城宮木簡には、「但馬国養父郷老左郷赤米五斗」「村長語ア広麻呂」「天平勝宝七歳五月」とある。糸井郷については、『新撰姓氏録』大和諸蕃には糸井造が見え、新羅天日槍の後裔とするが、糸井郷との関係は明らかではない。養父市八鹿町上小田の上小田廃寺から、白鳳期の古瓦が出土している。

（三舟隆之）

出石郡・いつしのこおり

但馬国東部にあり、東は丹後国、南は養父郡、西は城崎・気多郡に接する。『古事記』・『延喜式』・『播磨国風土記』には、「伊豆志」「以都之」「伊頭志」「伊都志」などと訓む。

『和名抄』には、小坂・安美・出石・室野・植野・高橋・資母の七郷からなる。「出石」の初見は、天平九年（七三七）「但馬国正税帳」である。

平城宮木簡には「但馬国出石郡」や「但馬国出石郡資母郷矢田部吉」と記載されたものが出土しており、また長岡京から資母郷から貢進された「勝魚五斗」の木簡が出土している。さらに平城京跡の二条大路木簡には「但馬国出石郡少坂郷許世部八嶋海藻一籠／天平八年□月」と書かれたものが出土し、小坂郷に許世部という氏族が所在したことが知られる。天平勝宝二年（七五〇）一月八日の「但馬国司解」（東南院文書）には「穴見郷」とあって安美郷を示し、天平宝字五年（七六一）二月二十二日の「奉写一切経所解」案には室野郷を「牟呂郷」と記す。

　また現豊岡市出石町袴狭（はかざ）遺跡群からは、「出石郡」「出石郷」「土野郷」「余戸里」などと記された木簡が出土している。とくに「但馬郡（国の誤りか）出石郡高椅里」という木簡からは国郡里制が施行されていたことが知られる。「高椅里」は『和名抄』の高椅郷に通ずる。袴狭遺跡は袴狭川に沿った低湿地に立地し、付近には出石神社が所在する。遺跡からは、掘立柱建物跡が検出され、官衙遺跡としての性格が想定されている。出土した遺物は律令期の木製祭祀具・木簡・墨書土器・銅印などで、中には米の荷札木簡に養父郡の地名が書かれたものがあるところから、延暦二十三年（八〇四）の気多郡への国府移転以前の第一次国府に推定する説もある。また「日下部乙訓」「日下部国□」や「語部」「出石郷秦部牛麻呂戸口秦部旅人」「出石□（公カ）安道」などと書かれた木簡が出土しており、居住氏族名が知られる。同遺跡からは、このほかに物部・大生部・額田部・刑部・檜前部などの氏族が存在したことが知られる。

　『延喜式』神名帳には、大九座・小十四座あり、伊豆志神社は「天日槍」と「出石八前大神」を祭神とする、但馬国一宮である。『古事記』応神段には、新羅の王子天之日矛がその妻を追いかけて日本に渡来し、但馬俣尾（またを）の女前津美（まへつみ）と結婚し、多遅（たぢ）摩母呂須玖（まもろすく）を生み、またその子が多遅摩斐泥（ひね）、またその子が多遅摩比那（ひな）良岐（らき）、またその子が多遅摩毛理・多遅摩比多訶（ひたか）・清日子（きよひこ）の三人で、この清日子が当摩咩斐（たぎまめひ）と結婚して生んだ子が菅竈由良度美（すがかまゆらどみ）で、多遅摩比多訶と由良度美が結婚して生まれた子が葛城高額比売（かつらぎのたかぬかひめ）で、息長帯比売（神功皇后）の母であるとある。天之日矛が将来した宝物八種が、伊豆志之八前大神であると記す。この神の女が、『古事記』応神段に登場する「伊豆志袁登賣神」である。

　『書紀』垂仁三年三月条には、初め天日槍は船に乗って播磨国宍粟邑（しさはのむら）に来た後、天皇に八種の神宝を献上した。天日槍の伝承は、『播磨国風土記』揖保里の地名伝承にも見える。そのが将来した品の中に「出石の小刀一口、出石の桙一枝」が見える。その後天日槍は、近江から若狭を経て但馬国に居所を定めた。天日槍は但馬国の人、太耳の娘麻多烏と結婚して但馬諸助を生み、諸助は但馬日楢杵を生み、日楢杵は清彦を生んで、清彦は田道間守を生んだ、と伝える。このほか、『播磨国風土記』宍禾郡御方里の伝承では、「天日槍命の黒葛は、皆、但馬国に落ちき。故、但馬の伊都志の地を占めて在しき。」という地名説話も存在する。同じく揖保郡麻打山条では、但馬国人伊都志君麻良比の伝承が存在する。

天平勝宝二年（七五〇）一月八日の「但馬国司解」（東南院文書）によれば、但馬国では奴婢五人を東大寺に貢進した。このうち出石郡小坂郷の池麻呂は外従七位下宗賀部乳主の奴で、穴見郷の糟麻呂は大生直山方の奴、藤麻呂は土師部美波賀志の奴であったが、それぞれ稲九〇〇束などで売買され、朝集使賀茂直秋麻呂に伴われて上京し東大寺に施入されている。しかし池麻呂らは、同年二月二十六日に東大寺を逃走して但馬に戻ったところを捕らえられて東大寺に返送されているが、三月十六日にも再度逃走して但馬に戻ったところを、また国司に捕らえられて東大寺に送還されている。この数度の逃走の結果、池麻呂・糟麻呂はは本主の穴見郷大生直山方にそれぞれ送還されている（「東大寺三綱牒案」（東南院文書）。『延喜式』神名帳では、大生部兵主神社がある。

（三舟隆之）

気多郡・けたのこおり

但馬国の中央に位置し、東は出石郡、南は養父郡、西は七美郡、北は城崎・美含郡に接する。郡名の由来は、気多神社による。『播磨国風土記』宍禾郡御方里の伝承で、葦原志許乎命の黒葛の一条が但馬の気多の郡に落ちたという地名説話にも登場する。『和名抄』では、太多・三方・楽前・高田・日置・高生・狭沼・賀陽郷の八郷からなる。現豊岡市日高町深田遺跡からは、「高生郷」と書かれた木簡が出土している。さらに平城京跡の二条大路木簡からは「高生郷高生里」という木簡が発見されている。

また現豊岡市日高町祢布ケ森遺跡からは、「朝来郡」「二方郡沽田結解」「養父郡買田券」「気多」などと書かれた木簡が出土しており、国府に関係する遺跡と考えられている。遺跡からは、その他に「但馬」「国當」と書かれた墨書土器も出土している。『後紀』延暦二十三年（八〇四）正月二十六日条に、但馬国府を気多郡高田郷に移すとあり、それ以前の国府も気多郡にあった可能性がある。このことは「但馬国正税帳」に、但馬国が派遣した駅使には史生の他に軍団の大毅・少毅・気多郡主帳が任じられているところからも推測できる。『続紀』延暦三年（七八四）十二月には但馬国気多団、『続後紀』承和七年（八四〇）五月には気多郡兵庫が見える。

国府跡は不明であるが、祢布ケ森遺跡からは企画性を持つ大型建物群が検出され、また養父郡や二方郡などに関係する木簡が出土しており、国府関連遺跡と推定される。そのほか川岸遺跡からは木製の人形が出土し、また深田遺跡からは「造寺米残」と書かれた題籤軸木簡が出土しており、国分寺との関係を推測させる。

但馬国分寺跡は塔跡が残り、発掘調査の結果、金堂跡・中門跡・回廊跡などが検出されて、伽藍配置が明らかになっている。出土した遺物には多量の木簡を含んでおり、「日下部」「物部」「大生部」「宗我部」「水取部」「私部」「土師」などの人名や「北倉」「西倉」「醤殿」などの施設名、「朝来郡伊由郷」「二方郡温泉郷」などの地名が明らかになっている。このほか「大寺」「大院」など寺院に関する文字や、「養父」「出石」「美含」などの郡名が書かれた墨書土器も出土している。

『延喜式』神名帳には、大四座・小十七座あり、承和九年（八四二）十月には、山神・雷神・戸神・蜀椒神が官社となり、貞観十年（八六八）十一月にはそれぞれ従五位下の神階を授与されている。そのほか、日置神社が日置郷に、高負神社が高生郷に存在したと考えられる。また神名帳には思往神社が存在するが、但馬国分寺出土木簡の中には、「思往郷」と書かれたものがあり、また平城京跡の二条大路木簡には「但馬国気多郡思殖波太里／忍海部麻呂白米五斗天平八年八月九日」という木簡も発見されており、『和名抄』には存在しないが、天平八年（七三六）には「思往郷」という郷が気多郡内に存在したことが知られる。

（三舟隆之）

城崎郡・きのさきのこおり

郡名の表記は、『和名抄』によれば「城埼」であるが、『延喜式』では「城崎」と記す。但馬国北東部にあり、東は丹後国、南は気多・出石郡、西は美含郡に接し、北は日本海に面する。『和名抄』には、新田・城崎・三江・奈佐・田結・余戸郷の六郷からなる。このうち奈佐郷については、平城宮跡から神護景雲三年（七六九）の「但馬国城埼郡那佐郷官府腊雲龍」と書かれた木簡が出土している。また二条大路木簡には、天平七・八年頃と思われる「城埼郡田結郷□□里宗我部」という木簡が出土しており、田結郷に宗我部という氏族が存在したことが知られる。そのほか、「埼郡三江里守部白米五斗」という木簡も出土しており、三江里の存在が知られる。

『延喜式』神名帳には大一座・小二十座あり、海神社は『姓氏録』左京神別に見える但馬海直の祀る神社と伝わる。『続後紀』承和九年（八四二）十月十五日条には官社に預かり、『三代実録』貞観十年（八六八）十二月二十七日には従五位上の神階を授与されている。古代寺院としては、「城崎郡寿永寺」が『続後紀』承和九年二月二十九日に定額寺となっている。

（三舟隆之）

美含郡・みくみのこおり

但馬国の中央北部に位置し、東は城崎郡、南は気多郡・七美郡に、西は二方郡に接し、北は日本海に面する。郡名の初見は、長屋王家木簡の「美含郡海藻贄四十斤四連」で、『和名抄』高山寺本では佐須・竹野・香住・美含・長井郷の五郷が記されているが、東急本ではこれに余戸郷が加わる。現豊岡市日高町深田遺跡からは「佐須郷田率」と書かれた題箋軸木簡が出土しており、その関係が興味深い。『延喜式』神名帳には小十二座あり、このうち佐受神社は『和名抄』佐須郷に所在した神社と考えられる。また鷹野神社は竹野郷に存在したと思われる。このほか国郡名は欠けているが「佐須里伊支須二斗」という木簡も平城京跡から発見されており、「佐須郷」については、深田遺跡からも木簡が出土している。

『三代実録』貞観十七年（八七五）十月八日条に「日置部小手子」が権大領日下部良氏の死後も貞節を守ったことによって叙位が行われたが、この記事によって日下部氏が郡領氏族で、日置部氏が所在したことが知られる。また元慶二年（八七八）九月二十二日条には若倭部氏の名前が見える。さらに『類聚符宣抄』天慶二年五月二十日条には、郡司少領として刑部氏の名前が見える。

（三舟隆之）

二方郡・ふたかたのこおり

但馬国北西部に位置する。東・南は美含郡・七美郡、西は因幡国に接し、北は日本海に面する。『旧事紀』国造本紀によれば、志賀高穴穂朝の御世に出雲国造同祖の遷狛一奴命の孫美尼布命を二方国造に定めたとある。『和名抄』東急本には、久斗・二方・田公・大庭・八太・陽口・刀岐・熊野・温泉の九郷からなり、高山寺本では陽口郷を欠いて八郷とする。

郡名の初見は、藤原宮跡東方官衙北地区東面外濠ＳＤ一七〇から出土した木簡に「己亥年十二月二方評波多里」と記されているもので、すでに評制が施行されていることが知らる。己亥年は文武三年（六九九）であり、地名の明らかな但馬国関係の木簡では最古である。「二方評波多里」は『和名抄』では、二方郡八太郷に該当する。裏面には「大豆五斗中」とあり、大豆は『延喜式』民部下の但馬国交易雑物に「醤大豆」が見える。

天平勝宝二年（七五〇）の但馬国司解では、東大寺奴婢として婢小当女とその本主の采女直玉手女とその郷戸主采女直真嶋の居住地として「二方郡波太郷」が見える。小当女はその後下総国香取郡大槻郷出身の稲主女と共に奈良法華寺を脱走、下総に逃げたが捕らえられて返送されている。平城宮木簡にも「但馬国二方郡波太郷」という記載の木簡が出土しており、裏面には「采女直馬弓」とあって、采女直氏の存在を示している。また但馬国分寺跡からは、「二方郡温泉郷五戸私ア庭足四斗六升」と書かれた木簡が出土しており、温泉郷に私部という氏族が存在したことが知られる。同じく平城宮木簡に「二方郡□斗郷□□里／刑マ多祁□□□斗」と書かれたものがあり、久斗郷と推定され、刑部氏の存在が知られる。

『延喜式』神名帳には小五座あり、郡名の二方神社が存在する。貞観十年（八六八）閏十二月二十一日条には、「但馬正六位上菅神」が従五位下に神階が昇叙しているが、この神を二方郡の須加神社に当てる説がある。

（三舟隆之）

七美郡・しつみのこおり

但馬国西部、東は気多郡、南は養父郡、西は二方郡・因幡国、北は美含郡に接する。『和名抄』東急本によれば、兎束・七美・小代・射添・駅家の五郷からなり、高山寺本はこのうち駅家を欠く。郡名の初見は、平城宮木簡には「但馬国七美郡射添□」とあり、射添郷の存在が知られる。

『霊異記』には、皇極二年（六四三）のこととして、但馬国七美郡の山里の人家の庭にいた嬰児を鷲がさらい、八年後にこの父と女の子とが丹波国加佐郡で再会するという説話を載せる。この説話はその後、『今昔物語集』『扶桑略記』などにも所収されている。『東大寺要録』などに見える東大寺良弁上人の説話と類似し、説話の伝承経路が興味深い。

『延喜式』兵部省諸国駅伝馬条では、山前・射添駅が当郡にあり、馬数は他の駅が八疋であるのに山前駅のみが五疋となっている。

『延喜式』神名帳には小十座あり、志都美神社が七美郷に、小代神社が小代郷に、伊曽布神社が射添郷に存在したと考えられる。

（三舟隆之）

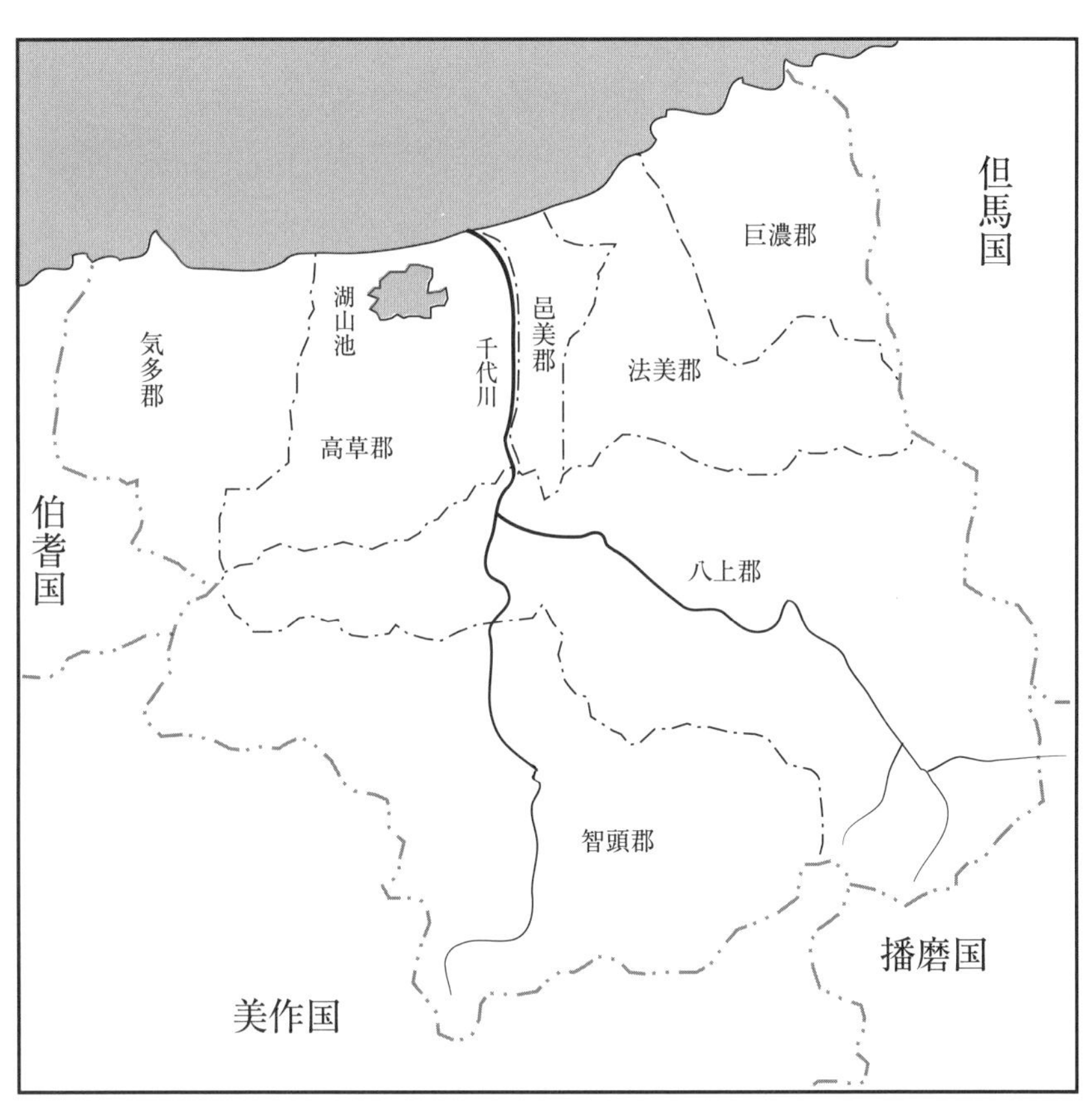

因幡国略図

因幡国・いなばのくに

山陰道に属す。現鳥取県の東半部に相当し、東は但馬国、南は播磨国・美作国、西は伯耆国に接し、北は日本海に面す。南部は中国山地とその支脈によって占められており、中央を千代川が南北に流れて日本海に注ぎ、その中下流域に鳥取平野が開けている。海浜部には砂丘が形成されている。

『延喜式』民部によれば山陰道は因幡国までが近国とされ、巨濃・法美・八上・智頭・邑美・高草・気多の七郡を管する上国とされる。『和名抄』は「以奈八」と訓じる。「いなば」の名義は「稲場」あるいは「稲庭」の意味と理解され稲作に関わる地名とみられる。『古事記』上巻大国主神の段に「稲羽」とみえ、また『旧事紀』国造本紀に「稲羽国造」とあることから、古くは「稲羽」と表記されていたが、令制の国名として「因幡」が用いられるようになったとみられる。法美郡に稲羽郷があり、郷名には旧来の表記が用いられている。国府はこの稲羽郷に置かれ、現鳥取市国府町中郷で遺構が検出されている。

中央との交通は、古くは播磨・美作から志戸坂峠を越えて千代川沿いを北上するルートが用いられていたとみられるが、後に令制の山陰道が整備されて丹波・但馬を経て因幡に至るルートが主流となる。『続紀』養老七年（七二三）八月十九日条には因幡国に「駅四処」を加え置くとあり、この四駅は『延喜式』兵部に記載される山埼、佐尉、敷見、柏尾各駅に相当するとみられることから、山陰道の駅制の整備はこの頃と考えられる。令制下にも志戸坂峠から智頭郡の道俣駅、八上郡の莫男駅を経て国府に至る官道は存在したが、『後紀』大同三年（八〇八）六月二十一日条ではこの経路の駅馬がほとんど乗用されてないことが指摘されている。院政期の承徳三年（一〇九九）国司として因幡国に下向した平時範は志戸坂峠を越えて国府に着任している。

『延喜式』主計によれば因幡国から京へ調庸を運搬する際の行程は上り十二日、下り六日とされ、貢進される物品は、調として白絹・緋帛・纁帛・黄帛・橡帛・皂帛・帛・絹、庸として白木韓櫃・綿、中男作物として紙・席・紅花・胡麻油・黒葛・漆・海石榴油・平栗子・火乾年魚・鮐皮・雑腊・海藻。交易雑物として絹・白絹・席・荒筥・櫑子・鮎皮・醬大豆・鹿皮（『延喜式』民部）。諸国貢進御贄として稗海藻・生鮭・山薑（『延喜式』内膳）といった品目がみえる。

（菊地照夫）

巨濃郡・こののこおり

『和名抄』に「古乃」と訓じる。

『和名抄』高山寺本には蒲生・大野・宇治・日野・石井・高野の六郷を記すが、東急本では石井・高野の両郷が法美郡にみえ、また高山寺本で法美郡にみえる罵城郷と同本にない広田郷を当郡とする。遺称地名からすると高山寺本の記載が妥当とみられる。郡名の初見である平城宮木簡には「因幡国巨濃郡潮井郷河会里物部黒麻呂中男作物海藻六斤天平七年（七三五）七月」とあり、『和名抄』にはみえない潮井郷がみえる。郡域は現在の鳥取県岩美郡岩美町に相当し、東は但馬国、南・西は法美郡と接し、北は日本海に面す。

国史の初出は『三代実録』貞観四年七月二十八日条の「因幡国巨濃郡人中宮大属正六位上物部門起」が右京職に貫附されるという記事。この物部門起は同書貞観六年五月十一日条に因幡権掾としてみえ、春道宿禰の姓が与えられている。郡家所在地は不明だが、白鳳～平安期の岩井廃寺跡のある岩井付近、郡名を冠する式内社許野乃兵主神社の鎮座する新井付近とする説がある。中世には巨濃郡の郡名が消え石井郡となる。

（菊地照夫）

法美郡・ほうみのこおり

『和名抄』に「波不美」の訓とともに「国府」と注記されており国府所在郡である。同書東急本は大草・石井・高野・津井・稲羽・服部・広西の七郷を記すが、高山寺本は石井・高野の両郷を巨濃郡とし、東急本が巨濃郡に載せる罵城郷を当郡に記す。遺称地名や、罵城郷については中世の富木郷が当郡に存在することから高山寺本の記載が妥当とみられる。郡域は現在の鳥取県鳥取市国府町・福部町に相当し、北東は巨濃郡、南は八上郡、西は邑美郡と接し、北は日本海に面す。

伊福部氏の系図「伊福部臣古志」（延暦三年（七八四）成立）によれば、孝徳二年（六四六）に水依評が立評されて評督に同氏二十六代の都牟自が任ぜられ、その子国足が法美郡の郡司を務めたという。鳥取市国府町宮下の山腹から出土した骨蔵器には和銅三年（七一〇）十一月十三日付の「因幡国法美郡伊福吉部徳足比売」の墓誌が記されており、徳足比売は慶雲四年（七〇七）二月二十五日に従七位下を賜り、和銅三年七月に卒し、同年十月に火葬されてこの地に葬られたという。骨蔵器出土地に近接する宇倍神社は後に因幡国一宮となるが、伊福部氏はその社司を務めた。承徳三年（一〇九九）国司平時範が赴任した際には同社社司伊福部久経が介の地位にあって在庁官人として国衙行政に深く関与しており、同氏は七世紀以降平安後期に至るまで当郡の有力豪族として存在した。

国府は稲羽郷に置かれ、現鳥取市国府町中郷で国庁の遺構が発見されている。天平宝字二年（七五八）『万葉』の編者である大伴家持が因幡守に任じられて赴任し、翌三年正月一日因幡国庁において「饗を国の郡司等に賜へる宴」が催され、その時に詠まれた歌「新しき年の始の初春の今日降る雪のいや重け吉事」は『万葉』最後の歌（四五一六）としてよく知られている。また『続後紀』嘉祥元年（八四八）七月二十七日条によれば、国府の西で失火があり、府舎にも延焼しそうになったので国司が宇倍神社に祈請したところ、風もやみ火もおさまったという。この霊験によって宇倍神社に従五位下が授与されたが、その後同社の社格の上昇はめざましく、貞観六年（八六四）には官社に列せられ、元慶二年（八七八）には正三位となり、『延喜式』では因幡国唯一の名神大社とされている。承徳三年（一〇九九）三月十五日国司平時範は智頭郡の鹿跡御坂（志戸坂峠）を経て国府に到着し、国庁に隣接した惣社で印鎰の儀礼を行い国庁に入るとすぐに宇倍神社の神宝の準備が始められ、二十六日の国司神拝には在地の他社に先だって宇倍社で神宝献上の儀がおこなわれている（『時範記』）。

郡家の遺構は発見されてないが、稲羽郷の国府の近辺に置かれていたとみられる。

国分寺は鳥取市国府町国分寺の現国分寺に礎石が残っており、また国分尼寺は遺構は発見されてないが、同町法花寺付近に推定されている。

（菊地照夫）

八上郡・やかみのこおり

『和名抄』に「夜加美」と訓じる。正倉院文書には「益上郡」の用例もある（「優婆塞貢進解」）。若桜・丹比・刑部・曰理・日部・私部・土師・大江・散岐・佐井・石田・曳田の十二郷からなる。ただし『和名抄』高山寺本には曳田郷がない。現在の鳥取県八頭郡若桜町・八頭町・鳥取市河原町に相当し、郡域の大部分は山地である。古代の郷は八東川・私部川流域及び両川と千代川との合流点付近に点在した。東は但馬国、南東は播磨国、南西は智頭郡、北は法美・邑美・高草の各郡と接する。

『続紀』の宝亀五年（七七四）二月二十三日条の「八上郡員外少領従八位上国造宝頭」が因幡国造の姓を賜ったとする記事が郡名の初出。同書宝亀八年（七七七）四月十四日条には「八上郡人外従六位下赤染帯縄等十九人」に常世連の姓が与えられている。『古事記』の大国主神の神話に同神が「稲羽の八上比売」に求婚する話があり、『万葉』には「因幡の八上の采女」がみられ、郷名に部民制に由来するものが多いこととあわせて、中央とのつながりが古くから密接であったことをうかがわせる。郡家は八頭町郡家の万代寺遺跡。その近くには法起寺式伽藍配置をもつ土師百井廃寺がある。

（菊地照夫）

智頭郡・ちづのこおり

『和名抄』に「知豆」と訓じる。美成・佐治・土師・日部・三田の五郷からなる。現在の鳥取県鳥取市智頭町・用瀬町・佐治町に相当し、郡域の大部分は山地であり、南は美作国、北は八上郡に接する。古代の郷は千代川上流域とその支流の佐治川・土師川の流域に点在する。郡名の初出は『後紀』大同三年（八〇八）六月二十一日条に「智頭郡道俣駅」とあり、八上郡莫男駅とともに駅馬が二疋減じられている。道俣駅は因幡国から志戸坂峠を越えて播磨国に通じる道と黒尾峠を越えて美作国に通じる道の分岐点となる現在の市内智頭町智頭付近に比定されている。承徳三年（一〇九九）に因幡国司の平時範が任国に赴任する際鹿跡御坂（志戸坂峠）を経て「智頭郡駅家」に到着しそこで智頭郡司の迎えを受けていることから（『時範記』）、この時期には郡家に駅家が併設されていたとみられる。本郡には式内社がない。

（菊地照夫）

邑美郡・おうみのこおり

『和名抄』に「於不美」と訓じる。神亀三年（七二六）の「山背国愛宕郡雲下里計帳」（正倉院文書）には「海郡」とみえる。美和・古市・品治・鳥取・邑美の五郷からなる。郡域は鳥取市の千代川東岸地域に相当。東は法美郡、南は八上郡、西は高草郡と接する。北は日本海に面し沿岸部は砂丘である。孝徳二年（六四六）に立評された水依評の一部が後に邑美郡となったとみられる。伊福部氏の系図「伊福部臣古志」（延暦三年〔七八四〕成立）によれば同氏二十六代の都牟自臣が水依評督となり、その子与曽布・与佐里の二人が邑美郡に奉仕し、編者伊福部富成の父公持は邑美郡大領であったといい、このような記載から八世紀には当郡の郡司に代々伊福部氏が任じられていたとみられる。郡家は美和郷に所在したとする説が有力。同郷には当郡唯一の式内社である中臣崇健神社がある。

（菊地照夫）

高草郡・たかくさのこおり

『和名抄』に「多加久佐」と訓じる。委文・味野・古海・能美・布勢・野坂・刑部の七郷と神戸一からなる。郡域は現在の鳥取市の千代川西岸地域に相当し、東は邑美郡、南は八上郡、西は気多郡と接し、北は日本海に面す。郡北部にはラグーンである湖山池がある。「伊福部臣古志」には孝徳二年（六四六）に成立した水依評の一部が斉明四年（六五八）に割かれて高草郡が作られたとあり、また奈良県明日香村の石神遺跡から出土した荷札木簡に「高草評野岬五十戸」の表記がみえる。国史における郡名の初出は『続紀』宝亀二年（七七一）二月九日条で、この時「因幡国高草采女従五位下国造浄成女」らに因幡国造の姓が与えられた。この浄成女は桓武天皇の寵愛をうけ、延暦十五年（七九六）十月死去の時には正四位上に達していた。古海郷の比定地にあたる現在の鳥取市菖蒲に菖蒲廃寺があり、郡家もその付近にあったと推測される。天平勝宝八年（七五六）東大寺の野占使が当郡に入り、千代川と湖山池の間に墾田を点定し、東大寺高庭庄として十一世紀初頭頃まで存続した。神戸は大和国高市郡の飛鳥坐神社の神戸とみられる。

（菊地照夫）

気多郡・けたのこおり

『和名抄』には「気多」が訓表記のため訓の訓の提示はない。『延喜式』神名帳、民部上には「ケタ」の古訓が付されている。養老四年（七二〇）十月の平城宮木簡に「因幡国喜多郡雑腊一斗五升」とみえるのが郡名の初出であり「喜多」の字が用いられているが、和銅五年（七一二）撰上の『古事記』には郡名としてではないがすでに「気多」の用字がみられる。『和名抄』東急本によれば大原・坂本・口沼・勝見・大坂・日置・勝部の七郷からなり、同書高山寺本では口沼を日沼、勝見を波見とする。郡域は現在の鳥取市気高町・鹿野町・青谷町に相当する。因幡国の西端に位置し西は伯耆国、東は高草郡と接し、北は日本海に面す。郡の南部は山地で支脈が北に伸び、その間を河内川、浜村川、日置川、勝部川等の河川によって形成された谷が東西にならび、谷沿いに古代の郷が分布した。

『古事記』上巻大国主神の段にみえる稲羽の素兎の物語は、オオナムチ（大国主神の別名）の兄弟たちが稲羽の八上比売に求婚する道中の「気多の前」が舞台とされる。この「気多の前」は鳥取市の白兎海岸西方の岬に比定されているが、同地は気多郡ではなく高草郡の郡域にあたり、その気多が本郡の郡名と関わるものであるとすればこの比定は無理となる。物語では隠岐島から気多の前まで並んだワニ（鮫）の上を兎が渡っているが、この伝承に古代の海上交通の反映があったとみると、隠岐島から因幡国へ海路で向かう場合、鳥取市青谷町青谷の長尾鼻が重要なランドマークとなることから、この長尾鼻を「気多の前」に比定することもできる。弥生時代の港湾集落とみられる青谷上寺地遺跡は長尾鼻西側の日置川旧河口部に所在する。

郡家は大坂郷に置かれ、その遺構は市内気高町上原の上原遺跡で検出されている。同遺跡は七世紀後葉から十世紀頃まで存続し、桁行十三間の長大な建物や七×四間の二面廂建物等の大型の建物群が計画的に造営されており、遺跡全体の規模も南北五〇〇メートル以上、東西二〇〇メートル以上に及び、「郡」「郡家一」「大領」などの墨書土器も出土している。また郡家の出先機関とみられる官衙の遺構が坂本郷にあたる市内気高町上光の戸島・馬場遺跡で検出されている。『延喜式』神名帳には利川神社（日置郷・現青谷町）・幡井神社（勝部郷・現青谷町）・加知弥神社（勝見郷・現鹿野町）・板井神社（大原郷・現気高町）・志加奴神社（口沼郷）の五社がみえ、郡家及びその出先機関のあった大坂郷と坂本郷に式内社はない。『延喜式』兵部にみえる山陰道の柏尾駅は勝部郷に置かれた。

平宮宮木簡に「因幡国気多郡勝見郷中男神部直勝見麿作物海藻大贄壱籠六斤太」とみえ、また正倉院文書には天平宝字四年（七六〇）十二月三十日「造法華寺金堂所解」や同五年と推定される「造寺造物請用帳」等に「因幡国気多郡封」「因幡国気多郡調」「因幡国気多郡租」の記載がみえる。

【参考文献】

山中敏史『古代地方官衙遺跡の研

究』塙書房、一九九四年

（菊地照夫）

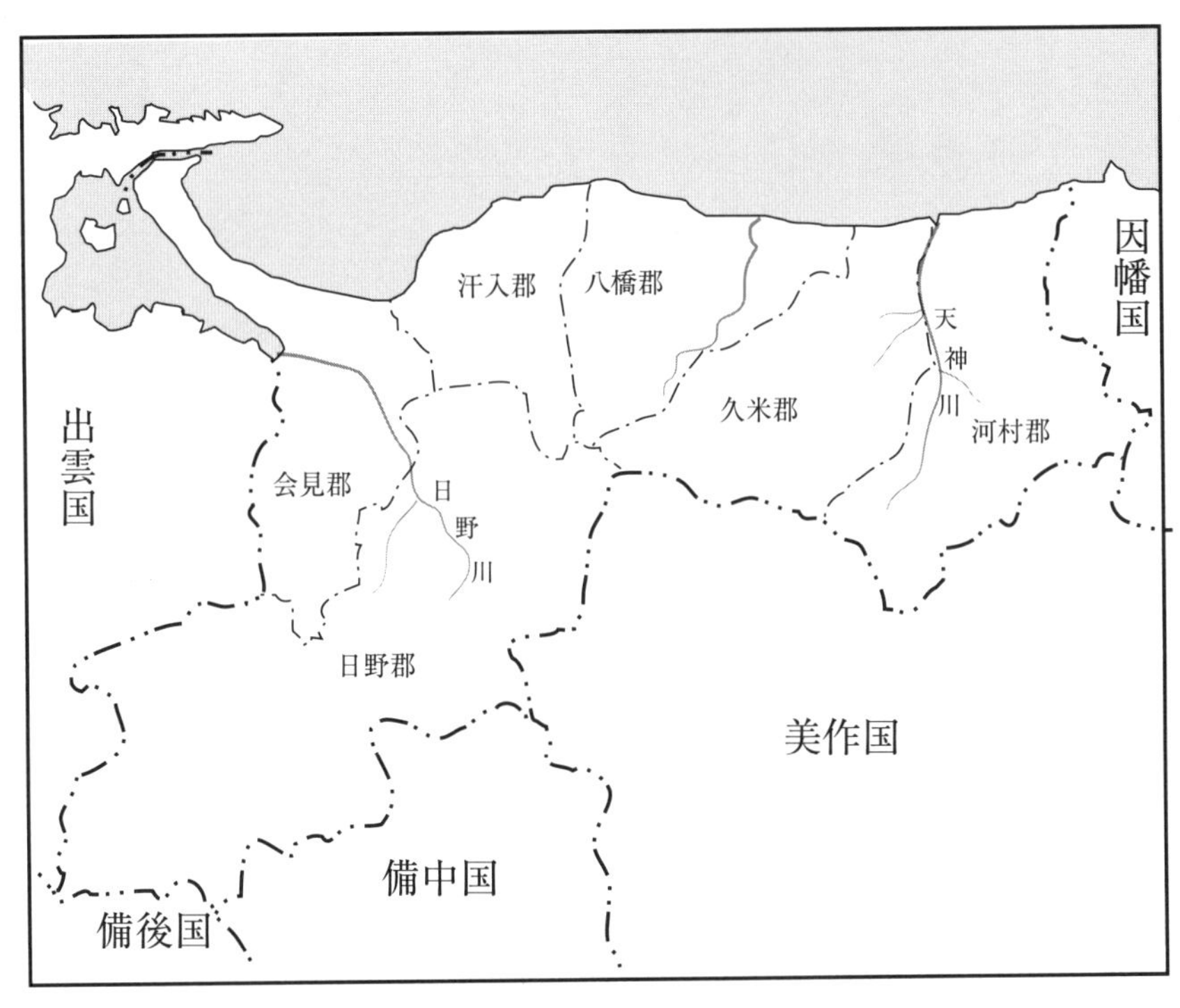

伯耆国略図

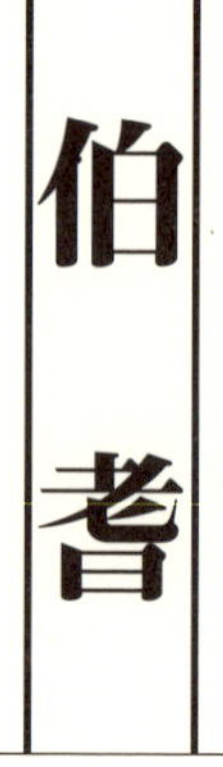

伯耆国・ほうきのくに

山陰道の一国で、現在の鳥取県の西半部。国名の初見は、藤原宮木簡の「戊戌年波伯吉国川村評久豆賀里」（『飛鳥・藤原宮出土木簡概報』六—一四）であり、戊戌年は文武二年（六九八）にあたるとされる。『和名抄』では、六郡四十八郷で、河村郡（八郷）・久米郡（十郷）・八橋郡（六郷）・汗入郡（六郷）・会見郡（十二郷）日野郡（六郷）からなる。『旧事紀』国造本紀によれば、志賀高穴穂朝（成務天皇）の御世、牟邪志国造同祖兄多毛比命児大八木足尼が波伯国造に定められた。

伯耆国府について、『和名抄』（道円本）には、「国府在久米郡行程上十三日下七日」とあり、現在の倉吉市街の西に比定される。国府跡の発掘調査が昭和四十八年（一九七三）から五十三年にかけて実施され、昭和五十四年に国史跡に指定され、昭和六十年には伯耆国分尼寺とあわせて国史跡「伯耆国庁跡附法華寺畑遺跡」として指定された。倉吉市国府字三谷・宮の峰に位置する。国府域は四方を幅二メートル深さ一メートルの溝で囲まれた東西二七三メートル、南北二二七メートルで、中央やや南東寄りに、東西八十四メートル・南北一〇六メートルの政庁域がある。政庁は八世紀後半から十世紀初め頃の間に四期にわたり改築されている。前殿（五間×二間）・正殿（五間×四間南廂付）・後殿（十二間×二間）と東西脇殿（ともに十三間×二間）、南門（三間×二間）、楼風建物（三間×三間）からなる。Ⅰ期（八世紀後半）・Ⅱ期（九世紀初頭）では建物はすべて掘建柱建物であるが、Ⅲ期（九世紀中頃）に南門を除き礎石建物に建て替えられた。

伯耆国司は、和銅二年（七〇九）十一月の従五位下金上元の伯耆守任命が初見である（『続紀』）。

新羅対策に関する史料も多くみえ、貞観九年（八六七）五月には、朝廷から四天王像一鋪が下され、その尊像を安置する仁祠の建立と賊心調伏のための修法を国司に命じる記事がみえる（『三代実録』）。

式内社は、河村郡に二座（倭文神社・波々伎神社）、久米郡に二座（倭文神社・国坂神社）、会見郡に二座（胸形神社・大神山神社）みえる。

『延喜式』民部省では、上国とされ、都からの距離は中国で、行程は同書主計寮に上り十三日、下り七日とされている。同書主税寮の諸国出挙正税公廨雑稲条には、正税・公廨各二十五万束のほか、国分寺料三万束・薬分料一万束・文珠会料二〇〇〇束・修理池溝料二万束・救急料八万束・俘囚料一万三〇〇〇束の計六十五万五〇〇〇束がみえる。

【参考文献】

山中敏史・佐藤興治『古代の役所』岩波書店、一九八五年
角田文衞編『新修国分寺の研究』第七巻　吉川弘文館、一九九七年

（野々村安浩）

河村郡・かわむらのこおり

川村郡とも記す。『和名抄』によれば、「加波無良」と読み、笏賀、舎人、多駄、槇見、日下、河村、竹田、三朝の八の郷からなる。郡域は、現在の東伯郡湯梨浜町の旧羽合町・泊村・東郷町、三朝町それぞれ全域と倉吉市の東部、天神川以東と考えられる。郡名の初見は、藤原宮木簡の「戊戌年波伯吉国川村評久豆賀里」（『飛鳥・藤原宮出土木簡概報』六―一四）とあり、戊戌年は文武二年（六九八）にあたるとされている。また、二条大路木簡に「伯耆国河村郡屈賀前海藻御贄太五斤　天平九年三月」（『平城宮出土木簡概報』二二―三五）とある。

式内社に倭文神社、波々伎神社がある。倭文神は、斉衡三年（八五六）八月従五位上に（『文徳実録』）、天慶三年（九四〇）九月正三位に（『日本紀略』）、それぞれ叙位されている。波々伎神（伯耆神）は承和四年（八三七）従五位下に（『続後紀』）、斉衡三年（八五六）八月正五位下に（『文徳実録』）、貞観九年（八六七）正五位上に（『三代実録』）、それぞれ神階が叙されている。

【参考文献】

中林保『因幡・伯耆の町と街道』富士書店、一九九七年

（野々村安浩）

久米郡・くめのこおり

『和名抄』によれば、八代、楯縫、山守、大鴨、小鴨、久米、勝部、神代、下神、上神の十郷からなる。『和名抄』道円本によれば、伯耆国府は久米郡にあるとする。郡域は、現在の倉吉市の天神川以西と関金町、東伯郡北栄町の旧北条町のそれぞれ全域と考えられる。郡名の初見は、「出雲国計会帳」天平五年（七三三）九月二十四日条の「伯耆国久米郡木工山守連伊等志進送事」（『大

日本古文書』一—六〇〇）である。

式内社としては久米郡には倭文神社と国坂神社がみえる。国坂神（訓坂神）は、承和四年（八三七）二月無位から従五位下に（『続後紀』）、斉衡三年（八五六）八月正五位下に（『文徳実録』）、貞観九年（八六七）四月正五位上に（『三代実録』）、それぞれ叙位されている。

【参考文献】

中林保『因幡・伯耆の町と街道』富士書店、一九九七年

（野々村安浩）

八橋郡・やはしのこおり

『和名抄』によれば、「夜波志」と読み、方見、由良、荒木、古布、八橋、篦津の六の郷からなる。郡域は、現在の東伯郡北栄町の旧大栄町、琴浦町（旧東伯町・赤碕町）と、西伯郡大山町（旧中山町）の東半部と考えられる。郡名の初出は『続後紀』承和八年（八四一）閏九月二十八日条の「伯耆国八橋郡人陰陽博士正六位下春苑宿祢玉成」である。

宍人首玉成　八橋郡出身の陰陽師宍人首玉成は、承和三年（八三六）四月朔日に春苑宿禰の姓を賜わった。同氏は国牽天皇（孝元天皇）第一皇子大彦命の苗裔という。承和五年遣唐使大使藤原常嗣に従行し、遣唐使として入唐する。承和六年八月に肥前国松浦郡に帰国する。承和八年正月二十三日、遣唐陰陽師兼陰陽請益春苑玉成は入唐中に研修した難義一巻を陰陽寮の諸生に伝学し、同年九月二十八日陰陽博士春苑玉成は、母曾根連家主女姉妹男女等の一烟、本居を改め、平安京の右京三条一坊に貫附した（『続後紀』）。

伊勢野遺跡　昭和五十三年十月、東伯郡東伯町（現琴浦町）大字中尾字中峰、字伊勢野で発掘調査が行われ、伊勢野で堀立柱建物の存在が確認された。五間×三間の南北棟の単独建物で、豪族の邸宅的なもの、あるいは郡衙など官衙の出先機関的なものと想定されている（東伯町教育委員会『伊勢野遺跡群予備調査報告書』一九七九年）。昭和五十六年七月、東伯町大字槻下字加籠据場で発掘調査が実施された。その結果、礎石建物三棟、掘立柱建物一棟、柵跡二などの遺構、奈良時代後半から平安時代にかけての土師・須恵器片、米または籾の炭化物などの遺物が検出された。礎石建物は総柱建物で、同じ方位を持つ南北棟で、建物間に深い溝をもち柵で囲まれている。南北棟総柱礎石建物群は八橋郡の正倉または郷倉と推定され

ている（東伯町教育委員会『大高野遺跡発掘調査概報』一九八二年）。さらに昭和六十一年にも発掘調査が行われ、倉庫群を取り巻く溝の発掘、倉庫群の範囲が約一町四方であることも確認された（東伯町教育委員会『大高野3号墳発掘調査報告書』一九九二年）。

古布牧　『延喜式』兵部省諸国馬牛牧条に「伯耆国古布馬牧」とみえる。旧東伯町（現琴浦町）別宮野地籍図に「上馬野」「馬野」「東馬野」「西馬野」などの小字名がみえ、この地域に比定される。

八橋野牧　『小右記』長元四年（一〇三一）九月三日条に、伯耆八橋野牧とみえ、貢上された馬五疋が藤原兼頼の家司ら五人に与えられている。この牧は藤原実資の私牧と推定されている。加勢蛇川下流の金屋・杉下の八橋野を遺称とする説がある。

【参考文献】
中林保『因幡・伯耆の町と街道』富士書店、一九九七年
石田敏紀「遣唐陰陽師　春苑玉成」（鳥取県立博物館『郷土と博物館』四八　二〇〇三年）

（野々村安浩）

汗入郡・あせいりのこおり

『和名抄』によれば、「安世利」と読み、束積、汗入、奈和、尺度、高住、新井の六の郷からなる。郡域は、現在の西伯郡大山町の旧中山町の一部・大山町・旧名和町と米子市淀江町の一部と考えられる。郡名の初見は、平城宮木簡の「伯耆国汗入郡尺刀郷中男作物腊一斗・天平十七年十月」（『平城宮出土木簡概報』一一—一二）である。

【参考文献】
中林保『因幡・伯耆の町と街道』富士書店、一九九七年

（野々村安浩）

会見郡・あうみのこおり

相見郡とも記す。『和名抄』によれば、「安不美」と読み、日下、細見、美濃、安曇、巨勢、蚊屋、天萬、千太、会見、星川、鴨部、半生の十二の郷からなる。郡域は、現在の米子市、境港市、西伯郡の南部町（旧西伯町・会見町）、日吉津村と伯耆町（旧岸本町）・米子市淀江町の各一部と考えられる。郡名の初見は、平城宮木簡の「伯耆国相見郡巨勢郷雑腊一斗五升　養老□年十月」（『平城宮出土木簡概報』十九—三四）で

ある。『続後紀』嘉祥元年（八四八）八月十六日条に「伯耆国会見郡路下十一条荒廃公田百廿町」とあり、郡内の条里の施行がわかる。

式内社は胷形神社、大神山神社がある。胷形神は、斉衡三年（八五六）八月従五位上に叙位されている。大神山神は、承和四年（八三七）二月従五位下に（『続後紀』）、斉衡三年（八五六）八月正五位下に（『文徳実録』）、貞観九年（八六七）四月正五位上に（『三代実録』）、神階が叙されている。

玄賓法師　『後紀』延暦二十四年（八〇五）三月条に、伯耆国に使いを遣わし、玄賓法師を請うとある。『三代実録』貞観七年（八六五）八月二十四日条に、弘仁の末に沙門玄賓が伯耆国会見郡に阿弥陀寺を建立し今に至り、永く寺田十二町九段四十歩の租を免ず。本国内百姓の施入する所なりという勅がみえる。玄賓の伝は、『元亨釈書』にある。それによると、河内の人、興福寺で法相宗を学び、称徳朝に伯州の山に入り、桓武朝に都に召し返された。天皇の病が癒えた後山に帰り、平城天皇に再び召された。その後備中国湯川寺で過ごし、弘仁九年六月、年八十余で卒した。玄賓は、弘仁二年（八一一）五月に法服一具、同年十一月に綿百屯・布三十端、同三年五月に法服・布三十端、同年十二月綿布等をそれぞれ給されている（『後紀』）。

正倉院御物調庸綾絁布墨書に「伯耆國會見郡安曇郷戸主間人安曇□調狭絁壱疋□」とある。また「伯耆国風土記逸文」（『釈紀』巻七）に、「相見郡。郡家の西北の方に余戸あり。粟島あり。少日子命、粟を蒔きたまひしに、莠実りて離々りき。即ち、粟に載りて常世の国に弾かれ渡りましき。故、粟島と云う」とある。

上淀廃寺　現米子市淀江町福岡桜田に位置する。平成五年度までの調査の結果、次の点が確認されている。主要伽藍では金堂と南中両塔が確認され、北に第三心礎（北塔）が発見されたが基壇を造成した痕跡はなかった。伽藍計画については当初三塔一金堂で計画されたが、何らかの理由で北塔は造営されなかったと推定されている。南塔と北塔の心礎は心柱枘穴のみで、中塔が心柱枘穴と舎利納入孔がある。各心礎の径（南塔は上端径六十八センチメートル・底面径六十四センチメートル、中塔は径七十センチメートル、北塔は上面径六十八センチメートル、底面径六十四センチメートル）が比較的細いため、計画は三重塔と推定されている。塔の基壇の規模は、中塔では瓦積外側南北東西とも約九・五〇メートル、石列外面間東西約十・〇五メートル、南北約十・二〇メートルである。南塔は瓦積外側で南北九・四五メートル東西九・二〇メートル、石列外側では東西九・八五メートル、南北十・一〇メートル（推定）である。

金堂の基壇は二重の瓦積基壇で、平面規模は西辺石列・東辺周基壇外装石列間で東西約十四・四メートル、南辺石列・北辺基壇外装石列間で約十二・七五メートルになる。北・東辺で内側の瓦積基壇外装瓦積をとると、東西十四・二メートル、南北約十二・五五メートルになる。金堂の東北方に発見された多数の掘立柱建物のなかには政所・食堂などの寺院付属建物と推定されるものもある。確認された遺構により、南面を回廊あるいは築地、東辺を築地により囲まれる伽藍中枢部の範囲はおよそ半町（約五十四メートル）四方と推定され、南北一町、東西一町半程度の寺域を有していた可能性を指摘されている。

金堂北側の瓦溜から彩色壁画の壁土が五三九四点出土した。壁画の壁は一〜三十センチメートル四方の断片で、彩色の痕跡が約一二二六点に認められた。図様は大きく二つに分類される。（第一類）金堂基壇外側の北側から出土したもので、主な図柄として、菩薩・神将形の上半部で頭部から胸の鎧までを描いたもの・神将胸部で首から胸の甲冑まで描いたもの・天衣・台座・天蓋の一部、樹木・下草・遠景の樹木・遠山・霞などがある。これらは上質な白土下地に細かな線描と丁寧な彩色が施されたいたと推定されている。（第二類）金堂の東・西側から出土したもので、頭光・蓮弁・花卉などの図様があり、尊像の周囲を飾っていたものと推定されている。

塑像片が三二二四点確認されているが、うち形状をとどめるものが五一四点、さらにそのうちで部位が推定できるものは約一〇〇点ある。各塑像片から、上淀廃寺の仏像は次の五類に分類される。金堂関係では、半丈六の如来像、丈六の如来坐像、一丈の菩薩立像、三尺程度の天部像、小型の群像、塔関係では小型の群像が推定されている。

出土した瓦のうち、軒丸瓦は単弁十二葉蓮華文や単弁八弁蓮文が多い。軒丸瓦の単弁十二葉蓮華文は上淀廃寺式とよばれ、新羅系的要素をもつものとされている。軒平瓦は顎面施文が多く出土している。鴟尾の文様は鱗状文様をもち、山陰型鴟尾とよばれている。高句麗平壌府内出土鴟尾が鱗状文様をもつが施文位置等に差異がある。「癸未年」の紀年銘の平瓦が出土しており、「癸未年」は天武十二年（六八三）に該当と推定され、上淀廃寺の創建時期を推定する重要なデータとされている。

＊淀江町教委の報告書（一九九五）によれば、上淀廃寺を含む淀江平野周辺を、淀江町の壺瓶山を会見郡との郡境に汗入郡新井郷に所属していたとするので、この項目は汗入郡に入るものかもしれない。

【参考文献】
淀江町教育委員会『淀江町埋蔵文化財調査報告書第三五集　上淀廃寺』一九九五年
中林保『因幡・伯耆の町と街道』富士書店、一九九七年

（野々村安浩）

日野郡・ひののこおり

『和名抄』によれば、「比乃」と読み、野上、葉侶、神戸、阿太、武庫、日野の六郷からなる。

郡域は、現在の西伯郡伯耆町（旧岸本町の一部）・溝口（旧溝口町）と日野郡の日南町、日野町、江府町、のそれぞれ全域と考えられる。郡名の初見は、天平五年（七三三）の『出雲国風土記』仁多郡条の「伯耆国日野郡堺阿志毗縁山」である。

【参考文献】
中林保『因幡・伯耆の町と街道』富士書店、一九九七年

（野々村安浩）

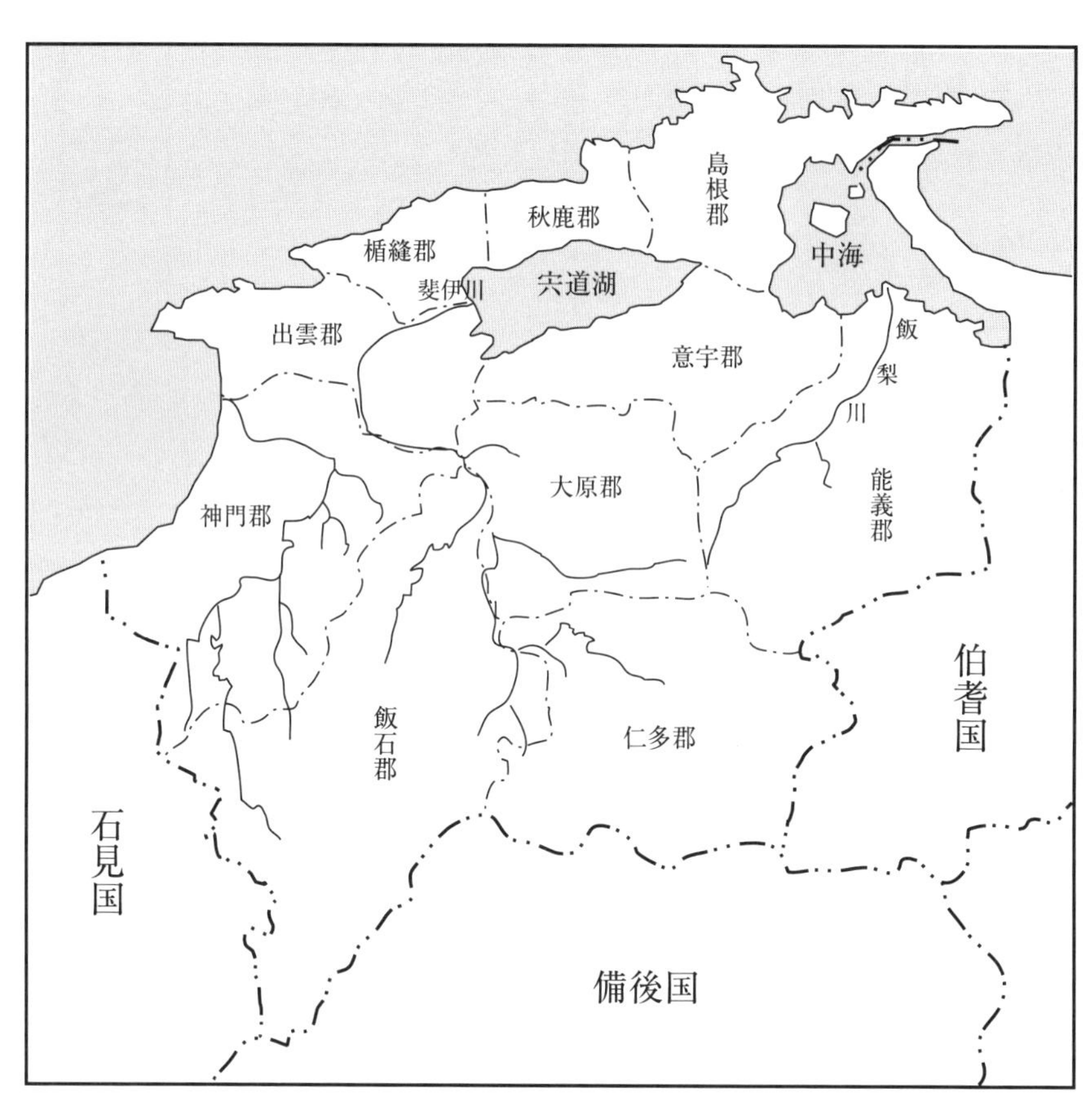
島根郡
秋鹿郡
楯縫郡
斐伊川
宍道湖
中海
出雲郡
意宇郡
飯梨川
大原郡
能義郡
神門郡
飯石郡
仁多郡
伯耆国
石見国
備後国

出雲国略図

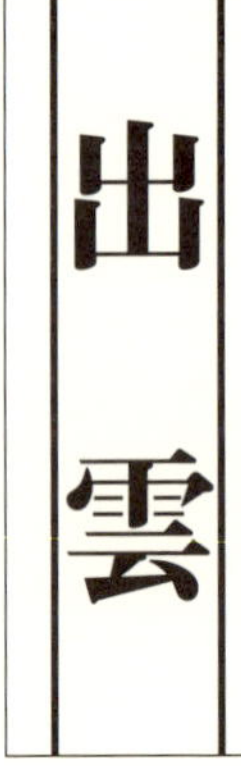

出雲国・いずものくに

山陰道の国名の一つ。現在の島根県域のほぼ東半分を占める。ただし隠岐諸島を除く。北は日本海、南に中国山地を隔てて備後国に接し、東に伯耆国と境を接する形で船通山がそびえ、西には石見国と境を接する形で三瓶山がそびえている。ただし、これは律令制下の段階における国の範囲であり、律令制以前においては伯耆国の西端を少し越えた地点、現在の鳥取県米子市域まで含んでいた可能性も指摘されている。

出雲国の由来について、『出雲国風土記』によれば、「出雲と号くる所以は、八束水臣津野命詔りたまひしく、『八雲立つ』と詔りたまひき。故、八雲立つ出雲と云ふ」と記す。ただし、国名の原義を「厳藻」に求める説もある。出雲国の成り立ちについて、『出雲国風土記』が伝える国引神話によれば、「入海」と称された宍道湖や中海の南側は、「狭布の稚国」であったため、八束水臣津野命によって四回にわたる国引きが行われ、狭い国が大きくなったのだという。この時、八束水臣津野命が継ぎ足した部分が島根半島であるとされ、この神によって国引きされたとされる場所は、朝鮮半島や隠岐島、能登半島など広範囲に及んでいる。

『古事記』や『書紀』などの王権神話によれば、出雲はスサノヲノミコトの大蛇退治、オオクニヌシノミコトの国作り・国譲りなどの舞台として重要な位置づけを与えられている。この他、『古事記』や『書紀』には、崇神天皇の時代に出雲大神の宮の神宝を献上した伝承や垂仁天皇の頃に口のきけなくなったホムチワケノミコトが出雲を訪れ、その病が全快したという伝承などが見え、ヤマト王権にとって出雲が特別な意味を持つ地域として認識されていた可能性を示す。松江市近郊に位置する六世紀後半に造営された岡田山1号墳からは「額田部臣」と記された円頭大刀が出土し、平田市鰐淵寺の銅造観音菩薩立像に「若倭部臣」と見えることから、この地に部民制が施行されていたことを確認できる。

律令制以前にこの国を支配していたのは、アメノホヒノミコトを遠祖とする出雲臣でヤマト王権と結びつく形で出雲国造となった。出雲国造は、律令制下にあっても存続し、神事のかたわら、慶雲三年（七〇六）以来、延暦十七年（七九八）まで意宇郡大領を兼任し、新任の際には上京して天皇のために神賀詞を奏上するなど特別な地位にあった。律令制下の出雲においては、『出雲国風土記』によれば、令制出雲国は、意宇・島根・秋鹿・楯縫・出雲・神門・飯石・仁多・大原の九郡と六十二郷、余戸四、駅家六、神戸七から構成されていたが、『延喜式』や『和名抄』の段階では、意宇郡からさらに能義郡が分離して十郡七十八郷となった。

神社については、『出雲国風土記』に三九九の神社の名が見え（うち神祇官に登録されたもの一八四）、『延喜式』神名帳には一八七の神社名が記載されている。これらの神社のうちで、大社として特別な位置づけを与えられていたのが、熊野坐神社（現熊野大社）と杵築大社（出雲大社）でこの二社は出雲国造と密接に関わっていた。ちなみに、『出雲国風土記』によれば、大神の名称を冠せられた神は、所造天下大神（＝オオクニヌシノミコト）・熊野大神・佐太大神・野城大神の四神であった。

【参考文献】

加藤義成『風土記時代の出雲』今井書店、一九六二年
門脇禎二『出雲の古代史』日本放送出版協会、一九七六年
上田正昭編『古代を考える　出雲』吉川弘文館、一九九三年
関和彦『風土記と古代社会』塙書房、一九八四年
瀧音能之編『出雲世界と古代の山陰』名著出版、一九九五年ほか

（森田喜久男）

意宇郡・おうのこおり

出雲国の郡名の一つ。飫宇・於保（『万葉』）、於友（『書紀』）、於宇（『和名抄』東急本）とも表記する。郡名は、古代ではオウと訓じられた可能性があるが、近世以降はイウと呼ばれた。

島根県の東部に位置し、北は、古代においては「入海」という言葉で一括された中海・大橋川・宍道湖と接し、西は出雲郡・大原郡、南は仁多郡、東は伯耆国に接していた。現在の行政区分で言えば、松江市の大橋川以南・宍道町・玉湯町・八雲町、八束郡東出雲町・安来市に比定される。ただし、これはあくまでも『出雲国風土記』が編纂された時点、天平五年（七三三）における行政区分であり、遅くとも『延喜式』が撰

進された延長五年（九二七）には、東半分が分離して能義郡となった。以降の意宇郡の範囲は上記の行政区分のうち、松江市と旧八束郡域内にとどまった。

『出雲国風土記』によれば、意宇郡内には、長江山・暑垣山・高野山・熊野山・久多美山・玉作山などの山々がそびえ、伯太川・山国川・飯梨川・築陽川・意宇川・野代川・玉作川・来待川・宍道川などの河川が、「入海」である中海や宍道湖へと注いでいた。意宇郡の地名の由来については、『出雲国風土記』意宇郡条冒頭の国引神話によれば、八束水臣津野命が国引きを行い「狭布の稚国」である出雲国を大きくした後、意宇杜に杖を衝き立てて「今は国引き訖へつ。意恵」と叫んだことに因むという。

意宇郡を含む出雲東部は、律令制国家成立以前の段階から顕著な墳丘墓・古墳が造営され、一定の政治勢力が存在した地域であった。まず安来平野周辺において、弥生後期に仲仙寺・安養寺の四隅突出型（よすみとっしゅつがた）墳丘墓が造られた後を受けて、古墳時代前期に大成古墳（方墳　五十八メートル×四十四メートル）・造山1号墳（方墳　六十メートル×五十メートル）が相次いで築造された。塩津山1号墳（方墳　二十五メートル×二十メートル）なども、これらの古墳とほぼ同時期かやや遡る段階で造営されたと考えられている。中期に入ると、宍道湖の北岸に大型の古墳が出現するが、意宇郡内に相当する地域では、松江市南部において、廻田古墳（前方後円墳　全長五十七メートル）・石屋古墳（方墳　四十二メートル）・井ノ奥4号墳（前方後円墳　全長五十七メートル）・竹矢岩船古墳（前方後方墳　全長五十メートル）・鶏塚古墳（方墳四十二メートル）などが築かれ、安来市周辺では宮山1号墳（前方後円墳　全長五十七メートル）・毘売塚古墳（前方後円墳　全長四十二メートル）・宮山三号墳（前方後方墳　全長二十四メートル）などが築造された。後期に入ると、松江市南部に出雲最大級の山代二子塚古墳（前方後方墳　全長九十二メートル）が築かれ、斐伊川下流域には大念寺古墳（前方後円墳全長九十一メートル）が現れた。以後、意宇郡を含めた出雲東部においては、松江市南部の山代・大庭地区に大型古墳が集中し、出雲西部の今市・塩冶古墳群と対峙するに至る。このような状況が克服され実質的に全出雲が統一されるのは、六世紀末から七世紀初頭のことと考えられている。

ただし、出雲の統一が、出雲の東部の政治勢力の主導のもとで行われたのか、西部の主導であったのかといった点については議論が分かれている。律令制国家成立以降、『出雲国風土記』が編纂された段階では、意宇郡には母理郷・屋代郷・楯縫郷・安来郷・山国郷・飯梨郷・舎人郷・大草郷・山代郷・拝志郷・宍道郷の十一郷と余戸里が存在した。また出雲・賀茂・忌部の三つの神戸が設置されていた。天平勝宝七年（七五五）十月の年紀を持つ「出雲国意宇郡飯梨郷」の地名の記された中男作物の海藻の貢進物付札が平城京跡から出土している。

これらの郷名のうち、山国郷・舎人郷・山代郷の三郷には正倉が置かれた。出雲国庁や意宇郡家の位置については、昭和三十七年（一九六二）に恩田清が「大草村検地帳」の調査を行って、大草村六所神社付近に「こくてう」の記載があることを発見し、これにもとづき昭和四十三年（一九六八）から三箇年にわたって松江市教育委員会が調査したところ、多くの掘立柱建物跡・石敷・溝状遺構を検出し、大草郷に国府や郡家が置かれていたことがほぼ確実となった。この時、溝状遺構からは、「大原評　□磯部　安□×」と記された木簡や「進上兵士財□□」と記された木簡が出土し、この遺跡が国郡制に先立つ国評制の段階から、官衙として一定の機能を果たしていたことが知られる。さらに平成十一年（一九九九）から島根県教育委員会の手で国府跡整備のための発掘調査が行われており、漆紙文書、木簡、墨書土器、文字瓦などの出土文字資料を検出しているが、その中に「意宇」と書かれたものも二点検出されている。このような出雲国庁や意宇郡家の北側付近を古代の山陰道（正西道）が東西に走り、茶臼山のふもとの十字街で隠岐国へと向かう枉北道と交差していた。

平成七年（一九九五）に松江市乃木福富町の松本遺跡から奈良時代と平安時代の道路状態遺構が検出され、前者は幅九メートル、後者は幅三メートルの道路であったことが明らかにされている。山陰道に置かれた駅家は、伯耆国側から野城駅・黒田駅・宍道駅の三つである。この他、陸上交通のルートとしては、玉作街で山陰道と分岐して大原郡家へと向かう正南道が存在した。

松江市玉湯町の正源寺遺跡から幅二・五メートル以上の道路遺構が南北方向に約三十五メートルにわたって検出されており、正南道の可能性の指摘されている。

意宇郡内に存在した神社としては、『出雲国風土記』に六十七社の名前が記されている（うち、四十八社が神祇官社）。『延喜式』では四十八社の名前が見える。これらのうちでも特に知られているのが熊野大社である。この熊野大社の祭神は熊野大神で、出雲国造が新任の際に天皇に奏上する神賀詞の場においては、杵築大社の大穴持神と並んで重要な位置を占めていた。『書紀』斉明五年（六五九）是歳条によれば、律令国家は出雲国造に命じて当郡の「厳神之宮」を修造させている。この宮については杵築大社とする説もあるが、熊野大社と見る説も有力である。

仏教関係の寺院については、舎人郷に散位大初位下上蝮首押猪の祖父である教昊僧によって建立された教昊寺、山代郷に日置君目烈が建立した北新造院と飯石郡少領出雲臣弟山が建立した南新造院、山国郷に日置部根緒が創建した新造院がある。これらのうちで、教昊寺については、安来市野方町に塔心礎と思われるものが残っており、山代郷北新造院については松江市山代町の来美廃寺に、山代郷南新造院については四王寺であると考えられている。

意宇郡は、養老七年（七二三）十一月十六日には他国の七郡とともに神郡とされた（養老選叙令七条集解令釈所引養老七年十一月十六日付太政官符）。神郡は、特定の神社の祭祀や修理費用などを負担する郡であるが、意宇郡の場合は熊野大社や杵築大社の祭祀等に関わる費用などを負担したのであろう。律令国家の官僚制度のもとでは、同一の官司の中で三等親以上の親族がならんでポストを占めることは原則として禁じられていたが（養老選叙令七条）、意宇郡の郡司は筑前国宗像郡の郡司とならんで、この規定から除外されていた（『続紀』文武二年〔六九八〕三月九日条）。また、意宇郡大領は慶雲三年（七〇六）以来、杵築大社の神主である出雲国造が兼任していたが、延暦十七年（七九八）に至って、出雲国造の意宇郡大領兼任は禁止されるに至った（『類聚国史』巻十九　国造　延暦十七年十月十二日条、『三代格』巻七　郡司事　延暦十七年三月十九日付太政官符）。意宇郡の郡司としては、天平五年（七三三）の段階で大領外正六位上勲十二等出雲臣広島、少領外従七位上出雲臣、主政外少初上勲十二等林臣、擬主政無位出雲臣、主帳無位海臣、無位出雲臣などの名前が知られている。

意宇杜　『出雲国風土記』によれば、「謂はゆる意宇杜は、郡家の東北の辺、田の中に在る塾、是なり。周り八歩許、其の上に木ありて茂れり」と記されている。この意宇の杜の所在地については、阿太加夜神社境内の小高い丘と見る説、六所神社の東側の「八幡の森」、国庁東側の「客の森」などにあてる説などがある。

山代郷　意宇郡において正倉や新

造院が存在した郷。郷域は松江市山代町一帯に比定される。地名の由来は、所造天下大神の子、山代日子がいたことにちなむという。意宇郡の神名樋野（神のこもる山）である茶臼山の西北麓の台地上から掘立柱建物跡二棟・東西三間南北四間の総柱建物跡三棟が検出され、炭火米も出土していることから、山代郷正倉跡と考えられている。また、来美廃寺からは、金堂と思われる瓦積基壇の礎石建ち建物が検出され、その内部の須弥壇に本尊と両脇侍の三尊仏が安置されていた。また、出土遺物の中の七世紀後半の鴟尾や八世紀後半の軒丸瓦には、「病仕奉」・「弟世方女」・「酒長兄」などの文字が刻まれていた。この来美廃寺については、山代郷の南新造院であるとする見解が有力である。

宍道郷　意宇郡の西端に位置し出雲郡に接する郷。地名の由来は、所造天下大神である大穴持命が、この地において猪狩を行ったことにある。『出雲国風土記』によれば、大穴持命に追いかけられた猪と大穴持命と共に追いかけた犬が、石となって今も宍道の地にあるという。『出雲国風土記』に記されたこの猪岩と犬岩については、宍道町石宮神社の拝殿後方に御神体として祭られている石を犬、境内の複数の巨岩を猪とする説、女夫岩遺跡の二つの巨岩を猪にあて犬は不明とする説、石宮神社の御神体の石を犬とし、猪を女夫岩とする説などがある。なお、石宮神社の境内前の道路脇に「追サマ給」という小字が残る。

【参考文献】

広江耕史「出雲国府と周辺の遺跡」、池田満雄・宍道年弘「郡衙と正倉跡」（『風土記の考古学③―出雲国風土記の巻―』）同成社、一九九五年
服部旦「『出雲国風土記』の数量表現の信憑性、ならびに数量表現をめぐる編纂過程の一考察」（『古代文化研究』二、一九九四年）
関和彦「宍道郷と犬石・猪石」（『古代出雲世界の思想と実像』大社文化事業団、一九九七年）
森田喜久男「宍道郷地名起源伝承の再検討」（『宍道町歴史叢書』三、一九九八年）
内田律雄「出雲国」（『日本古代道路事典』八木書店、二〇〇四年）ほか

（森田喜久男）

能義郡・のぎのこおり

出雲国の郡名の一つ。島根県の東部に位置する。訓はヌキ。郡域は、現在の安来市と能義郡を含む。ただし、『出雲国風土記』が成立した八世紀段階においては能義郡は、意宇郡に含まれており、意宇郡から分離したことを確認できるのは、延長五年（九二七）に撰進された『延喜式』の段階である。東と南は伯耆国、北は「入海」の一部であった中海、西は意宇郡に接していた。

『和名抄』のうち、高山寺本では、舎人郷・安来郷・口継郷・屋代郷・山国郷・母国郷・母理郷・野城郷・賀茂郷・神戸郷の十郷の地名が見える。これに比して、東急本では楯縫郷を追加する代わりに、母国郷の名が見えない。元和古活字本は基本的に東急本と同じく十郷ではあるが、東急本で口継となっている部分が口縫である。

『延喜式』では、能義郡に存在した駅家として野城駅の名前があげる。この野城駅の地名の由来について『出雲国風土記』は「野城大神の坐ししに依り、故に、野城と云ふ」と記載する。この野城大神は、『出雲国風土記』に見える野城社、『延喜式』に見える能義神社の祭神であるが、『出雲国風土記』に大神の呼称として姿を見せるのは、熊野大神・所造天下大神・佐太大神のみである。この問題ついては、出雲大神が熊野大神や所造天下大神を祀る以前に、野城大神に対する信仰圏が、現在の能義郡や安来市から、松江市の浜乃木あたりまで、広がっていたとする説もある。

能義神社　安来市能義町にあり、飯梨川右岸沿いの小丘に位置する。『出雲国風土記』意宇郡条に見える「野城社」に比定されている。祭神は、天穂日命。『三代実録』によれば、貞観九年（八六七）五月二日に従五位上、貞観十三年（八七一）十一月十日に正五位下を賜った。境内地に能義遺跡があり、土師器・須恵器・黒曜石・石鏃などが出土し、排水溝と思われる遺構なども検出されている。

【参考文献】

関和彦「野城大神と田和山遺跡」（『新・古代出雲史』）藤原書店、二〇〇一年）ほか

（森田喜久男）

島根郡・しまねのこおり

出雲国の郡名の一つ。島根県の北東部に位置し、島根半島の東部、佐

陀川以東から美保関までを占める。現在の行政区域で言えば、松江市のうちで大橋川以北の大半と島根町・美保関町・八束町全域、旧八束郡鹿島町のうちで佐太地区・恵曇地区を除く部分にあたる。東と北は日本海、西は佐陀川をはさんで秋鹿郡、南は中海や大橋川をはさんで意宇郡や能義郡と接していた。『出雲国風土記』によれば、郡内には、烽が設置された布自枳美高山・女岳山・毛志山・大倉山・糸江山・小倉山などの山野の名前が見え、入海(中海)に注ぐ川として水草川・長見川・大鳥川、大海(日本海)に注ぐ川として野浪川・加賀川・多久川の名前が見える。

地名の由来について、『出雲国風土記』島根郡条冒頭には、「島根と号くる所以は、国引き坐しし八束水臣津野命の詔りたまひて、名を負へ給へるなり。故、島根と云ふ」と記されている。

律令国家成立以前については、不明な部分が多いが、国引き神話に見える「狭田国」や「闇見国」は、当郡内に存在していた出雲国造のクニよりも下位レベルのクニと考えられる。当郡には、大型の古墳はあまり多くないが、朝酌川流域には須恵器や子持勾玉など豊富な副葬品で知られる金崎古墳群、大橋川流域には出雲で六番目の大きさを持つ前方後円墳の魚見塚古墳(全長六十二メートル)、出雲の石棺式石室の中では三番目の規模を持つ朝酌岩屋古墳や島根県唯一の畿内系横口式石槨を持つ廻原1号墳などが注目される。

律令制下の島根郡には、『出雲国風土記』の段階で、朝酌郷・山口郷・手染郷・美保郷・方結郷・加賀郷・生馬郷・法吉郷の八郷と余戸里が存在した。なお、藤原宮木簡に「出雲国嶋根郡副良里」、平城宮二条大路木簡の中に「出雲国嶋根郡生馬郷」の地名が見える。

これらのうちで、手染郷には正倉が置かれた。島根郡の郡家については、かつては松江市納佐付近にあったとする説が有力であったが、松江市福原町の芝原遺跡から七世紀から九世紀段階における掘立柱建物跡や総柱建物跡が検出され、遺物として「校尉」・「出雲」・「出雲家」と記された墨書土器なども検出されたことからこの地に島根郡家が存在した可能性がきわめて高くなってきている。当郡の郡司としては、『出雲国風土記』島根郡条の末尾に大領として社部臣、少領として社部石臣、主政として朝臣、主帳として出雲臣の名前が見える。このうち、大領の社部臣については、『出雲国風土記』秋鹿郡恵曇浜条に見える社部臣訓麻呂であると考えられている。この社部臣訓麻呂の祖である波蘇は、秋鹿郡恵曇浜の稲田の水溜りを排水するために岩壁をくり抜いた人物として描かれている。また、少領の社部石臣については神掃石君の誤写とする説もある。この他、島根郡に関わった人物としては、神護慶雲二年（七六八）八月二日に大神掃石朝臣の姓を与えられた神掃石公文麻呂（『続紀』）や延暦二十年（八〇一）六月二十七日に長門国に配流された大神掃石朝臣継人（『類聚国史』）の名前が正史に記録されている。

当郡内には、意宇郡の国庁から朝酌渡を経由して島根半島に入り、隠岐国や秋鹿郡・楯縫郡・出雲郡へと向かう枉北道が通っていた。日本海沿岸の千酌駅は、隠岐国へと向かう渡し場が存在した場所でもあった。日本海沿岸には、この他にも久毛等浦や質留比浦が天然の良港となっており多数の船を停泊できるなど水上交通の拠点であった。また、天禄三年（九七二）五月三日付の天台座主良源遺告によれば、当郡には三津厨が置かれていた（盧山寺文書）。『三代実録』によれば、貞観三年（八六一）一月二十日と貞観十八年（八七六）十二月二十六日に渤海使が島根郡に来着している。

当郡の神社については、『出雲国風土記』によれば、神祇官社が十四社、それに非神祇官社が四十五社あったと記されているが、島根郡条の神社の記載については写本間に異同があり、近世以降に補訂された可能性もあって詳細は不明である。『延喜式』神名帳には小座十四座の名が記されている。

『和名抄』の段階では、朝酌・山口・手染・美保・方吉・加賀・多久・生馬・法吉・千酌の十郷が記されており、このうちで多久と千酌の両郷は、余戸里と千酌駅がそれぞれ発展したと考えられている。

朝酌郷　宍道湖の東端から中海に向かって大きく蛇行しながら流れる大橋川の左岸に位置する郷。現在の松江市朝酌町・大井町・大海崎町一帯に比定される。出雲国庁から隠岐国へと向かう駅路の通り道にあたり、『出雲国風土記』には、渡しや市の記載がある。朝酌に存在した渡しについては、公用の朝酌渡と民間の朝酌促戸渡が併存したとする説と朝酌渡のみが存在したとする説が対立している。この他、大井浜では海鼠漁や海松が採れ、須恵器が生産されていたこと、邑美冷水や前原埼では宴が行われていたことなどが、『出雲国風土記』には記されている。松江市大井町では、『出雲国風土記』の記述を裏付けるような須恵器窯跡が発掘されている。

加賀郷　島根半島の東部、日本海沿岸に位置する郷。現在の松江市島根町加賀地区一帯に比定される。地名の由来については、『出雲国風土記』によれば、支佐加比売命が「闇き岩屋なるかも」と言って黄金の弓矢で洞窟を射通した際に光り輝いたことにちなむという。すなわち、その際に加加と称したが、神亀三年（七二六）に加賀という地名に改められた。この地名起源伝承の舞台は、『出雲国風土記』では「加賀神埼」と記され現在の松江市島根町加賀の潜戸鼻に比定されている。なお、この時に「加賀神埼」の洞窟で生まれたのが秋鹿郡の佐太神社に祭られている佐太大神である。

【参考文献】

島根県古代文化センター調査報告書7『出雲国風土記の研究Ⅱ』島根県古代文化センター、二〇〇〇年

関和彦「朝酌渡・促戸渡と地域社会」「佐太大神と地域社会」（『古代出雲世界の思想と実像』大社文化事業団、一九九七年）

瀧音能之「佐太御子社と加賀社」（『古代出雲の社会と信仰』雄山閣出版、一九九八年）

内田律雄「熊野大神の祭祀」（『出雲国造の祭祀とその世界』大社文化事業団、一九九八年）

森田喜久男「熊野大神と朝酌郷」（『歴史学研究』七三五、二〇〇〇年）ほか

（森田喜久男）

秋鹿郡・あいかのこおり

出雲国の郡名の一つ。『和名抄』によれば、訓は「安伊加」。出雲国の北部、島根半島中央部分からやや東寄りの位置を占める。佐陀川を境として東は島根郡に接し、西は楯縫郡と接していた。北には大海（日本海）、南には入海（宍道湖）が広がっていた。今日の行政区分で言えば、松江市の大橋川以北の西半分と鹿島町西部、平田市の東端部を含んでいた。

当郡には、佐太大神のこもる山と考えられた神名火山（朝日山）や足日山などがそびえ、「百姓の膏　ひの園」と称された女心高野や都勢野などの山野が広がり、山田川・多太川・大野川・草野川・伊農川・長江川などが、入海に注ぎ込んでいた。また、佐太川は、入海に通ずる佐太水海に注ぎ込んでいたことが、『出雲国風土記』に記されている。この佐太水海は、現在の宍道湖の北岸にあった湖で、「周り七里（三・七四

二キロメートル)」と伝えられ、その範囲は現在の松江市浜佐田町・西浜佐陀町・古志町・西谷町・西生馬町などを含んでいた。ただし、今日は大部分が水田となり、南部に「潟の内」と呼ばれる小沢を残すのみである。

秋鹿郡の地名の由来については、『出雲国風土記』秋鹿郡条の冒頭部分に「秋鹿と号くる所以は、郡家の正北に秋鹿日女命坐せり。故、秋鹿と云ふ」と記されている。律令国家成立以前には、当郡は「狭田の国」と呼ばれていた。

律令国家成立以降は、『出雲国風土記』の段階において、恵曇郷・多太郷・大野郷・伊農郷の四郷と神戸里が一つ存在した。平城宮二条大路から出土した天平九年(七三七)の貢進物付札によれば、多太郷から海藻が中男作物として都に送られている。

秋鹿郡の郡家の所在地については、松江市東長江町宇郡崎付近にあったとする説が通説的見解を占めているが、神名火山を朝日山に比定しそれが郡家の東北にあったとする『風土記』の記述を踏まえるならば、郡崎から見て朝日山は東北というよりも真北になってしまい、方位上問題が残るので現段階では郡家の位置は不明と言わざるを得ない。当郡の郡司については、『出雲国風土記』秋鹿郡条末尾に大領として刑部臣、権任少領として蝮部臣、主帳として日下部臣の名が見える。秋鹿郡に関わる人物としては、この他にも天平六年(七三四)の「出雲国計会帳」に日下部味麻と額田部首真昨の名前が出てくる。また、天平宝字六年(七六二)の造石山院公文案(正倉院文書)や同年三月二十日の奉写石山大般若所解案(同文書)によれば、大野郷の戸主多米龍手の戸口、多米牛手や多米平手などが都城に仕丁として差発され、石山寺造営事業や写経事業に従事していたことが知られている。

当郡内には、国庁から朝酌渡を通って島根郡家を経由して島根半島を東から西へと進む通道が通っており、秋鹿郡家から島根郡家へ向かう際には佐太橋を越えて、楯縫郡家へ向かう際には伊農橋を渡ることになっていた。この他、『出雲国風土記』秋鹿郡の神社の項には「大野津社」の名前が見えるので、大野郷には港があった可能性が高い。

神社については、『出雲国風土記』の段階で神祇官社が十社、非神祇官社が十六社存在していた。『延喜式』神名帳の段階では、十社であった。これらのうちでも佐太御子社(佐太神社)は『出雲国風土記』に見える四大神の一つ佐太大神を祀る神社として知られている。『和名抄』の段階に入ると、秋鹿郡の恵曇・多太・大野・伊農の四郷のみが見える。

恵曇郷　日本海に注ぐ佐陀川の河口から内陸部にわたって広がる郷。現在の松江市鹿島町佐陀本郷から恵曇地区にかけての地域に比定される。地名の由来は、『出雲国風土記』によれば、この地を巡行した磐坂日子命が「国形画鞆なるかも」と嘆じたことにちなむという。恵曇郷のうち、現在の古浦砂丘付近には恵曇浜が広がり、その東と南には家屋が建ち並び、桑や麻が栽培されていた。一方、内陸部には「周り六里」とも称された恵曇陂が広がっていたという。内陸部は湿地帯であったが、島根郡の郡司社部臣訓麻呂の祖である波蘇によって、恵曇浜にあった岩壁が開削され、内陸部のたまり水が排出された。

狭田の国　出雲国造が支配するクニよりも小規模のクニ。佐太大神の信仰圏と重なり、その領域は佐太大神の生まれた島根郡から、佐太大神の鎮座する佐太神社が位置する秋鹿郡にまで及んでいたと考えられている。「狭田の国」の政治的基盤については不明な部分も多いが、松江市古曽志町には、丹花庵古墳（方墳　一辺四十七メートル）や古曽志大谷1号墳（前方後方墳　全長四十六メートル）など比較的大型の古墳が築造されている。

【参考文献】

島根県古代文化センター調査報告書1『出雲国風土記の研究Ⅰ』島根県古代文化センター、一九九七年

関和彦「佐太大神と地域社会」（『古代出雲世界の思想と実像』大社文化事業団　一九九七年）

瀧音能之「佐太御子社と加賀社」（『古代出雲の社会と信仰』雄山閣出版、一九九八年）

平野卓治「『出雲国風土記』の写本に関する覚書」（『古代文化研究』四、一九九六年）ほか

（森田喜久男）

楯縫郡・たてぬいのこおり

出雲国の郡名の一つ。島根半島の中央部からやや西寄りに位置する。現在の行政区分で言えば、宇賀川から西南地域を除き、出雲市の内、旧平田市に相当する範囲をほぼカバーする。北は大海（日本海）、南は入海（宍道湖）にはさまれ、東は秋鹿郡、西は出雲郡に接していた。

『出雲国風土記』によれば、神名樋山（大船山）・阿豆麻夜山・見椋山などの山がそびえ、佐香川・多久川・都宇川・宇加川などの河川が入海（宍道湖）に注いでいた。楯縫郡は、『出雲国風土記』に「柴菜は、楯縫郡尤も優れり」と記されるように柴菜の産地として古代においても知られていた。

地名の由来については、『出雲国風土記』楯縫郡条冒頭部分によれば、神魂命が御子神の天御鳥命を楯部として当郡に遣わし杵築大社の飾り用の祭器としての楯を作らせたことにちなむという。

楯縫の初見は、藤原宮木簡であり、ここに「楯縫評乃呂志里」という地名が見えることから、国郡制施行以前に施行された評制段階において、楯縫郡の先行形態として楯縫評がすでに成立していたことが知られる。

律令国家が成立すると当郡の人々は、『出雲国風土記』の段階で、佐香・楯縫・玖潭・沼田の四郷と余戸一・神戸一に編成されていた。このうち、沼田郷には新造院が置かれ、現在の出雲市西郷町の西西郷廃寺に比定されている。

当郡の郡家については、「楯縫郷。即ち郡家に属けり」と記されていることから、楯縫郷に置かれたことは確実であるが、その所在地については現段階では定説がない。字名（古殿・夏目垣・平津）から、多久谷の灘地区に比定する説が有力である。

楯縫郡の郡司については、『出雲国風土記』楯縫郡条の末尾によれば、大領が出雲臣、少領が高善史、主帳が物部臣であった。このうち、大領の出雲臣については、沼田郷の新造院を造営した人物として出雲臣大田の名前が出てくる。

古代の文献史料に見える当郡に関わりを持つ人物としては、他にも天平六年（七三四）の「出雲国計会帳」に「楯縫郡人物部大山」といった人物の名前が見える。また、延暦二十年（八〇一）に長門国に配流された人物として品治部首真金がいる（『類聚国史』）。また、『三代実録』元慶元年（八七七）九月条によれば、楯縫郡の白水郎として海部金麿や同黒麿の名前が出てくる。

楯縫郡には、当郡の郡家と秋鹿郡の郡家や出雲郡の郡家を結ぶ枉北道が走っていた。神社については、『出雲国風土記』の段階で神祇官社が九社、非神祇官社が十九社記されている。その中には雨乞いに霊験あらたかな神とされる多伎都比古を祀る多久社も含まれていた。『延喜式』神名帳の段階では、九社の名前が列挙されていた。

天平十五年（七四三）七月五日、楯縫郡は出雲郡と共に、激しい雷雨に襲われ家屋が倒壊したり水田が荒廃した（『続紀』）。当郡は、『和名抄』の段階においても、『出雲国風土記』の場合と同様、佐香・楯縫・玖潭・沼田の四郷が存続した。

神名樋山　出雲市多久町北方にそびえる大船山（三二七メートル）に比定される。『出雲国風土記』によれば、山上の西側に高さ一丈（約三メートル）の「石神」があり、近くの小道には「小石神」が一〇〇余りあったという。大船山の山頂西側の斜面には、「烏帽子岩」と呼ばれる高さ四・五メートル、周囲九メートルの直立した岩があり、その周囲にも数多くの大小の岩が存在し、これが『出雲国風土記』に見える「石神」と「小石神」に相当すると考えられている。

【参考文献】

加藤義成「神名樋山の民俗信仰」（『出雲国風土記論究』下　島根県古代文化センター、一九九六年）ほか

（森田喜久男）

出雲郡・いずものこおり

郡名の由来は、『出雲国風土記』では「名を説くこと国の如し」とみえ、国号と同じであるとされ、これに随えば八束水臣津野命が「八雲立つ」と詔したことに由来する。なお、国号の由来について歴史学的な研究には諸説がある。

『和名抄』は健部・漆治・河内・出雲・杵筑・甲努（高山寺本）・伊勢（東急本）（ともに伊努の誤りか）・美談・宇賀の九郷から構成され、『出雲国風土記』によれば、上記の郷の他神戸郷がみえ、健部郷もかつては宇夜里であった。郷里制下の里は『出雲国風土記』では二十五里とされ、波如里（健部郷）、深江・犬上・工田里（漆治郷）、伊美・大麻里（河内郷）、朝妻・伊知・多級里（出雲郷）、因佐里（杵築郷）（「出雲国大税賑給歴名帳」）、船岡里（青木遺跡木簡）の名が知られている。郡域は現在の出雲市国富・宇賀・鰐淵地区、簸川郡斐川町・出雲市大社町全域および松江市宍道町伊志見地区、出雲市上津地区の、いわゆる北山山塊と斐川平野に当たる。ただし、現在の斐川平野の状況は、近世以降を中心とする斐伊川上流部での鉄穴流しによる河川堆積により大規模な地形改変を受けているため、古代と大きく異なる。『出雲国風土記』記載によれば、郡の西側は当時神門水海と呼ばれた内水面（ほぼ消滅）に西流していた出雲大川（斐伊川、現在は東流し宍道湖に流入）を限りとしていた。また、郡の

東側についても地質学・歴史地理学的研究によって近世の鉄穴流の廃土によって湖岸が三キロメートル以上前進したことが確実視されているほか、出雲市大社町の現在最も海岸に近い砂丘も古代には存在しなかった。出雲大川の流路も一本ではなく分流していたことが想定され、大方江・西門江・宇夜江などの古代地名がみえることから、郡内中央の平野部は全体に低湿な状況であったと想定される。郷名の記載順も『出雲国風土記』・『和名抄』とも南の中国山地よりの郷を東から記載した後で島根半島側の北山山塊沿いの郷を西から記載しており、郡内は実質的には南四郷と北四郷に二分されていたとみられる。

郡名の初出は藤原宮木簡の「出雲評支豆支里」で、評制の施行と後の杵築郷の成立が確認できる。このほか、美談郷に縣社・正倉が存在し、御田の伝承がみられることから県の設置を想定する説もある。

本郡を本拠地とする氏族は、『出雲国風土記』記載から郡司層に日置臣・太臣・若倭部臣が知られる。いずれも国造出雲臣と同じ臣姓を持つ郡司層であるが、このうち若倭部臣は持統六年（六九二）の銘文を持つ鰐淵寺観音菩薩立像銘文にも造像者としてみえ、七世紀代には存在が確認される。そのほかの氏族は「賑給歴名帳」によって健部・日置部・鳥取部・漆部・物部・弓削部・出雲臣・神門臣・林臣など多くの氏族の存在が確認されている。なかでも鳥取部は、ホムツワケ伝承に関わり深いつながりを持っている。分布氏族には部制が多く、郡司も部姓者が占めることから、大和王権による地域支配の進展に当たって部民制の設置が大きな契機となったことは間違いなかろう。さらに、鳥取部・漆部・物部・弓削部・刑部・大市部といった物部氏滅亡事件に際し物部側に荷担した氏族の多くを確認できること、出雲の服属伝承に後の出雲郡・神門郡にふくまれる出雲西部の地名が登場し、大和王権側の使者が物部氏関係氏族であることからこれら部民の設置の背景に物部氏の存在を想定する理解もある。

郡内の諸施設については『出雲国風土記』に詳しい。山陰道は東の意宇郡から西の神門郡境出雲大川に通じ、大川には渡船が置かれた。郡家は出雲郷に属し、山陰道沿いにあった。このほか、入海北側を楯縫郡家から出雲郡家にいたる道路・大川沿いに大原郡にいたる道路が通道として記載されている。また、船二十隻の停泊可能な港湾である宇礼保浦、石見に連絡する烽二箇所（多夫志・馬見）、正倉二箇所（漆治郷・美談郷）の記載がある。寺院としては日置臣布彌の造営した新造院が河内郷に一箇所、神社については神祇官社五十八社、不在神祇官社六十四社の多数が記載され、官社にあっては実に出雲国全体の半数が当郡に所在する。なかでも、杵築大社（出雲大社）を擁する北山山塊には阿受支社四十社程度（校訂により異る）、伊努社十社程度（同）など多数の社が集中し、神社の多い出雲国にあってもさらに特異な地域であるといえよう。これらの所在地については江戸時代以来考証がおこなわれているが、近年の発掘調査によって出雲郡家＝斐川町後谷Ｖ遺跡、河内郷新造院＝斐川町天寺平廃寺が比定されている。また、山陰道については近世の筑紫街道のルートに当たるとの見解がある。院政期には鰐淵山（現在の鰐淵寺）・日御碕が「聖の住所」とされ（『梁塵秘抄』）、鰐淵山は出雲国における蔵王信仰の中心となる。鰐淵寺には前述観音菩薩像のほか天平期の仏像も現存し、仏教施設の成立は遡る可能性が高い。このほか、出雲市大寺の大寺薬師には薬師如来像を筆頭に九体の平安前期の仏像が現存し､近くに古瓦の分布地もある。『出雲国風土記』にみえる神戸は出雲神戸（杵築大社の神戸）であり、斐川平野中央部に比定されている。中世の杵築大社領十二郷の所在はこの古代の出雲神戸比定地周辺に分布することから、出雲国造出雲臣の杵築への転居に伴ってこの神戸を中心に国造氏による開発が進展し、荘園化したものと考えられている。また、中世以降、杵築・伊努・河内三郷は神門郡に、宇賀・美談二郷は楯縫郡に吸収され、残る三郷が出東郡となる。出西の地名はあるものの出西郡の存在は知られていない。

神話伝承については、まず、記紀のいわゆる出雲神話の登場地を本郡に多くみることができる。代表的なものに、八俣大蛇退治の舞台となる肥川（斐伊川）、国譲りに当たり、健御雷が大穴持（大国主）の子の健御名方と力比べをおこなった伊那佐小浜（大社町稲佐の浜）がある。この他に、鵠（白鳥）を見ることで皇子が口をきいたホムツワケ伝承にかかわり、その後鵠が捕らえられたた地（宇夜江）も本郡内で、大和王権による出雲大神宮の神宝検校に協力した出雲飯入根が出雲振根に殺された止屋（塩冶）淵・前述国譲りに際して天之御舎の営まれた多芸志（出雲市武志町）小浜は、ともに本郡と神門郡との境に位置している。また、『出雲国風土記』にも多くの伝承が残るが、特に杵築大社の祭神大穴持が「所造天下大神」と呼ばれ、その伝承を出雲国内に数多く残している点は特筆される。

これらの伝承の舞台であること、

出雲国号の元となった郡名・郷名の所在、大穴持を祀る杵築大社が本郡に置かれていることから、大和王権による出雲地域服属、あるいはその伝承成立の過程の中で本郡は重要な位置を占めたとされ、古くから研究がなされてきた。その過程は出雲東部地域（意宇）による杵築（神門）の制圧など、具体的には出雲東西地域の対立と大和王権との関係を軸に説明されているが、対立の捉え方には諸説があり定説はない状況である。ただし、六世紀〜七世紀にかけての後期古墳の動向からは、本郡域に大首長が存在したとは考えられず、むしろ隣郡の神門郡域の強い影響下にあったと評価されている。当郡域は本来神門郡域と一体性を持った地域と想定する必要もあろう。

杵築大社・出雲大社境内遺跡 『書紀』神代一書では、天孫が国を譲った大穴持命に対し、柱は高く板は広く厚い天日隅宮を代償として営んだとされ、この宮が杵築大社（出雲大社）とされる。平成十二年（二〇〇〇）に境内から十三世紀のものと考えられる三本の巨木を束ねて柱とした建築遺構が発見された。これは出雲国造千家家に伝えられた「金輪御造営指図」に類似するもので、巨大な社殿がかつて営まれていたことが明らかになった。

健部郷・宇夜江 記紀のホムツワケ伝承に関連する『姓氏録』右京鳥取連条によれば、鳥取連の祖は鵠を宇夜江で捕獲したとされ、健部郷はかつて宇夜里であった（『出雲国風土記』）斐川町宇屋谷が比定地であるが、同町求院も鵠の残存地名であり、鵠神社も現存する。また、健部の郷名は神門臣古弥を健部と定めたことに由来するとされ、本郡と神門郡との関係上注目される。

神名火山 現在の仏経山で『出雲国風土記』四神名樋の一つ。曽枝乃夜社の伎比佐加美高日子が坐すとされる。この伎比佐加美高日子は、ホムツワケ伝承にみえる岐比佐都美・「国造北島氏系譜」の木日羅積と同一とみられ、出雲の服属伝承を考えるうえで重要である。

青木遺跡 出雲市東林木町所在の弥生〜近世の複合遺跡。古代では、二×二間の神社風建物や井泉・礎石建建物と、売田券をはじめとする約一〇〇点の木簡・「伊」（伊努郷）「美社」（美談社）など千点の墨書土器が発見された。古代の神社施設を含む、郡家出先官衙の周辺施設と考えられ、出雲郡の古代祭祀を検証する上で欠かせない遺跡である。

【参考文献】
井上光貞「国造制の成立」（『史学雑誌』六〇―一一、一九五一年）
石母田正「天平十一年出雲国大税賑給歴名帳について」（『石母田正著作集』一、岩波書店、二〇〇〇年）
八木充「古代出雲の杵築と意宇」（『日本書紀研究』一五、塙書房、一九八七年）
貞方昇『中国地方における鉄穴流しによる地形環境変貌』溪水社、一九九六年
関和彦「『出雲国風土記』註論（その三）出雲郡条」（『古代文化研究』六、一九九八年）
平石充「出雲西部地域の権力構造と物部氏」（『古代文化研究』一二、二〇〇四年）

（平石充）

神門郡・かんどのこおり

郡名は神門のほか、『日本書紀』に神戸郡と作る。訓は『和名抄』では「加无止」「加無止」、『延喜式』では「カムト」（神名帳）「カント」（民部式）と訓が付けられる。郡名の由来は、『出雲国風土記』によれば、神門臣の祖伊加曽然が「神門を負う、故に神門という」と神門臣の成り立ちが語られ、その神門臣が古来より居住することから神門郡と名付けられた、とされる。

郷は『和名抄』に朝山・日置・塩冶・高岸・南佐（重複か）・多伎・伊秩・狭結・古志・滑狭・八野の十一郷がみえる中郡である。天平五年（七三三）成立の『出雲国風土記』段階では狭結・伊秩郷がみえず、代わりに狭結駅・多伎駅・余部里・神戸里がみえる。郷里制下の里は『出雲国風土記』では八郷二十二里、これに余部・神戸が各一、駅家が二とされ、稗原・加夜（朝山郷）、荏原・桑市・細田（日置郷）、小田・城村・足幡（古志郷）、阿祢・池井（滑狭郷）・山田・国村（多伎郷）、そして坂本・坂奈（伊秩郷）の里名が知られている（「出雲国大税賑給歴名帳」）。「出雲国賑給歴名帳」（天平十一年（七三九））では既に伊秩郷がみえるので、天平五～十一年に余部里が伊秩郷になったと推定される。なお、中世の史料には神西・神東がみえ、神門川左岸（神西）と右岸（神東）が神門郡の東西地域として認識されていたことが知られる。

郡の範囲は、現在の出雲市から旧平田市・大社町と佐田町の須佐地区を除いた地域で、これに近世には神門郡であった大田市山口地区が加わ

る可能性がある。ただし、出雲郡同様に出雲市を中心とする郡内平野部の現状は古代の地形環境と大きく異なる。すなわち『出雲国風土記』によれば、当時出雲大川（斐伊川）本流は西流しており、直接日本海に注がず、出雲市北西部の低地部に存在した神門水海に流入していた。

郡名の初出は『書紀』推古二十五年（六一七）であるが、『書紀』編纂時の追記で今のところ評の存在は確認できない。郡内の氏族としては、『風土記』によって郡司層に神門臣・刑部臣・吉備部臣がみえ、「賑給歴名帳」から神門臣族・日置部・若倭部・吉備部・勝部・伊福部・語部ほか、多くの部姓氏族が確認できる。このうち神門臣は、国造出雲臣と並んで『姓氏録』右京神別に掲載される出雲国の有力氏族で、采女も確認できる（『類聚国史』）。神門臣は郡名の由来にもなっており、新造院の所在する神門川右岸、塩冶郷周辺を中心とした氏族と考えられるが、『姓氏録』段階では国造出雲臣の同族とされている。刑部臣も新造院を建立する有力氏族であった。郡内の施設は『出雲国風土記』に詳しく、山陰道が東の出雲郡から西の石見国安濃郡に通じ（神門川には渡船あり）、その沿線の古志郷に郡家が所在、国境には常設の剗が置かれた。このほか飯石郡に通じる道二ルート、石見国安濃郡川相郷に通じる道（権剗あり）が通道として記載される。石見国へ連絡する烽が一箇所（土椋烽）、駅家が二箇所（狭結・多伎）、軍事施設として神門郡団、そして宅伎戍が国境付近に置かれた。郡家については出雲市古志町の古志本郷遺跡より正庁域と思われる柵列・長舎と、企画性のある掘立柱建物群が検出され、『出雲国風土記』の記載とも合致する。寺院については、朝山郷に神門臣等建立の新造院、古志郷に刑部臣等建立の新造院の記載があり、現地比定は諸説があるが、先述郡家遺跡からの里程記載を重視すれば、前者が神門寺境内廃寺、後者が古志遺跡瓦分布地に相当する。神社は、『出雲国風土記』に官社二十五社・不在神祇官社十二社、『延喜式』には二十七社がみえる。他に重要な遺跡として、木簡・墨書土器が出土し、小型倉庫群の検出された三田谷Ⅰ遺跡、墳丘を伴う石櫃火葬墓の光明寺三号墓がある。また、天台宗法王寺は白鳳期の金銅仏・平安期の蔵王権現・観音菩薩御正体を伝え、大井谷Ⅱ遺跡では山岳寺院の遺構も検出されている。

神話伝承としては、いわゆる国譲りに当たり、天之御舎が多芸志小浜に営まれ、櫛八玉神が膳夫に定められたとされ（『古事記』）、この多芸志の遺称地が出雲市武志町で、近世には膳夫神社が存在した。また、『書紀』崇神紀に出雲大神宮の神宝検校にあたり、それに協力した出雲飯入根が兄の出雲振根に殺されるというわゆる神宝検校伝承があり、その殺害場所が止屋淵であり、これは塩冶郷周辺にあった淵と考えられる。また、薗松山（長浜）は国引き神話で杵築の御崎を佐比賣山に結びつけた綱であるとされる。

郡の成り立ちを考えるうえでは、古墳時代後期に県内最大の前方後円墳大念寺古墳が営まれ、以下六世紀代を通じて、出雲東部意宇郡と対比される特色を持った後期の首長墓が造営されていることが重要である。中心氏族である神門臣が隣郡の出雲郡健部郷の地名起源にみえるなど、出雲西部地域の中心的な郡であったと評価できよう。

神門水海　『出雲国風土記』にみえる、周囲三十五里（約十九キロメートル）余りの水海で、現在の出雲市下横町・長浜町・東園町周辺に存在した。鯔魚・鎮仁・須受枳・鮒・玄蠣等が生息していたと記載され、汽水湖であったと考えられる。出雲大川・神門川はともにこの神門水海に流入しており、両河川の堆積作用により中世段階までにある程度陸地化し、近世の新田開発を経てほぼ消滅、現在出雲市湖陵町に神西湖として残るのみである。

【参考文献】

林正久「出雲平野の地形発達」（『地理学評論』六四、一九九一年）
関和彦「『出雲国風土記』註論（その四）神門郡条」（『古代文化研究』七、一九九九年）
大谷晃二「上塩冶築山古墳をめぐる諸問題」（『上塩冶築山古墳の研究』島根県教育委員会、一九九九年）

（平石充）

飯石郡・いいしのこおり

郡名は『和名抄』では「伊比之」と訓じる。『出雲国風土記』飯石郷条によれば、伊鼻志と書いたのを神亀三年（七二六）飯石に改めた。墨書土器では「云石」の表記もみえる。郡名は飯石郷中に伊毘志都幣命が坐すためとされる。郷は『風土記』では熊谷・三屋・飯石・多禰・須佐・波多・来嶋の七郷（十九里）、『和名抄』ではこれに草原・田井の二郷が加わる。郡の範囲は現在の飯石郡に雲南市木次町熊谷地区、出雲市佐多町須佐地区を加え、飯南町の塩谷地区を除いた三刀屋川・神戸川上流域。郡司には大私造・出雲臣・日置首が知られている。郡内施設では、正倉が三屋・須佐・来嶋郷にあるほか、熊谷軍団が置かれていた。郡家は多禰郷にあり、掛合町郡が比定地。また、波多小川・飯石小川は鉄有りとされる。道路は、大原・仁多・神門郡および備後国恵宗・三次郡に通う通道と、同じく備後に通う径三と剗が記載される（以上『出雲国風土記』）。

【参考文献】

関和彦「『出雲国風土記』註論（その五）飯石郡条」（『古代文化研究』八、二〇〇〇年）

（平石充）

仁多郡・にいたのこおり

郡名は『和名抄』にて「尓以多」と訓じる。郡名の由来は大穴持命が「爾多志枳小国なり」と詔したため（『出雲国風土記』）。『風土記』には三処・布勢・三沢・横田の四郷（十二里）がみえ、『和名抄』では漆仁・阿位の二郷が加わる。郡域は現在の仁多郡に雲南市木次町温泉地区・安来市広瀬町の比田地区を加えた斐伊川の最上流部。郡司には蝮部臣・出雲臣・品治部が知られる。郡内には三沢・横田郷・漆仁川辺に正倉がある。郡家は三処郷に属し、現奥出雲町郡村に比定され、内裏原・大領原の字名、大領神社が現存する。また、郡内四郷はいずれも雑具を造るに堪える鉄を出すとされており、雲南木次町下布勢の寺田I遺跡では奈良時代の鍛冶工房と割鉄・銅坩堝・取瓶などが発見されている。三沢郷は阿遅須枳高日子に関わる沢水があり、出雲国造が神吉事を奏するに当たりその水を用いるとの神話伝承がある。道路の記載では、通道として飯石郡・大原郡に通う道路の他、伯耆国日野郡・備後国恵宗郡に通う道路と剗の存在が記載される（以上『出雲国風土記』）。

【参考文献】

関和彦「『出雲国風土記』註論（その六）仁多郡条」（『古代文化研究』九、二〇〇一年）

（平石充）

大原郡・おおはらのこおり

『和名抄』に「於保波良」と訓じ

る。『出雲国風土記』大原郡条には神原・屋代・屋裏・佐世・阿用・海潮・木次・斐伊の八郷がみえ、『和名抄』では大原郷が加わる。郷里制下の里は二十四里で、賀太里（屋裏郷）の名が知られている（「出雲国計会帳」）。郡域は旧大原郡より木次町の熊谷地区・温泉地区を除いた範囲で、斐伊川中流の右岸と支流の赤川流域の丘陵地帯。郡名の初出は藤原宮・出雲国府出土の木簡にみえる「大原評」で、評制段階に遡る。郡名の由来は『出雲国風土記』によれば往古の時郡家があった場所に田十町ばかりの平原がありこれによって大原と称し、郡家の移転した今も大原としている、と説明される。

郡司には勝部臣・額田部臣・日置臣がみえ（『出雲国風土記』）、他に采女勝部鳥女（『続紀』）・勝部公真上（『後紀』）がみえるが、これらは勝部臣と同系の氏族で、采女鳥女の流罪に伴って改姓され、後に再び公姓に改姓されたとする説がある。勝部臣・額田部臣はともに郡司を複数名確認でき、いわゆる譜代郡司である。他に樋印支（稲置）、日置臣もいる。郡内の諸施設は『出雲国風土記』に詳しく、正倉が屋代郷にあり、郡家はかつて屋裏郷の大原周辺にあったが、現在は斐伊郷に在るとされる。この旧郡家は雲南市大東町仁和寺郡家、新郡家は同木次町里方菟原に推定されている。新造院は三所あり、大領勝部臣建立の新造院は塔の村の木次駅境内廃寺に比定される。樋印支建立のもの（尼寺）は里方の正覚寺周辺字法花坊に推定する説がある。前少領額田部臣建立の新造院は旧郡家周辺に想定されるが詳細は不明。

神話伝承では、記紀神話に関わる大穴持命が八十神を伐つために城を造ったとの伝承が『出雲国風土記』城名樋山に記載されるが、一方、記紀神話の八岐大蛇にかかわる伝承、須佐之男命の出雲国の須賀宮などの伝承は、『出雲国風土記』須我山・須我川条には一切みえず、須我社も不在神祇官社で『出雲国風土記』と記紀神話の乖離を物語る事例として知られている。この他、大仏鋳造に関わるとされる東大寺大仏殿西回廊地区出土木簡に「大原郡佐世郷郡司勝部□知麻呂」がみえることから、古代にも、本郡内で金属資源を産出したとする説もある。

【参考文献】

内田律雄「『出雲国風土記』大原郡の再検討（一）」（『出雲古代史研究』五、一九九五年）

関和彦「出雲国大原郡に見る古代地域像」（『出雲古代史研究』九、一九九九年）

田中禎昭「出雲と大原」(『古代文化研究』八、二〇〇〇年)
関和彦「『出雲国風土記』註論(その七)大原郡条」(『古代文化研究』一〇、二〇〇二年)

(平石充)

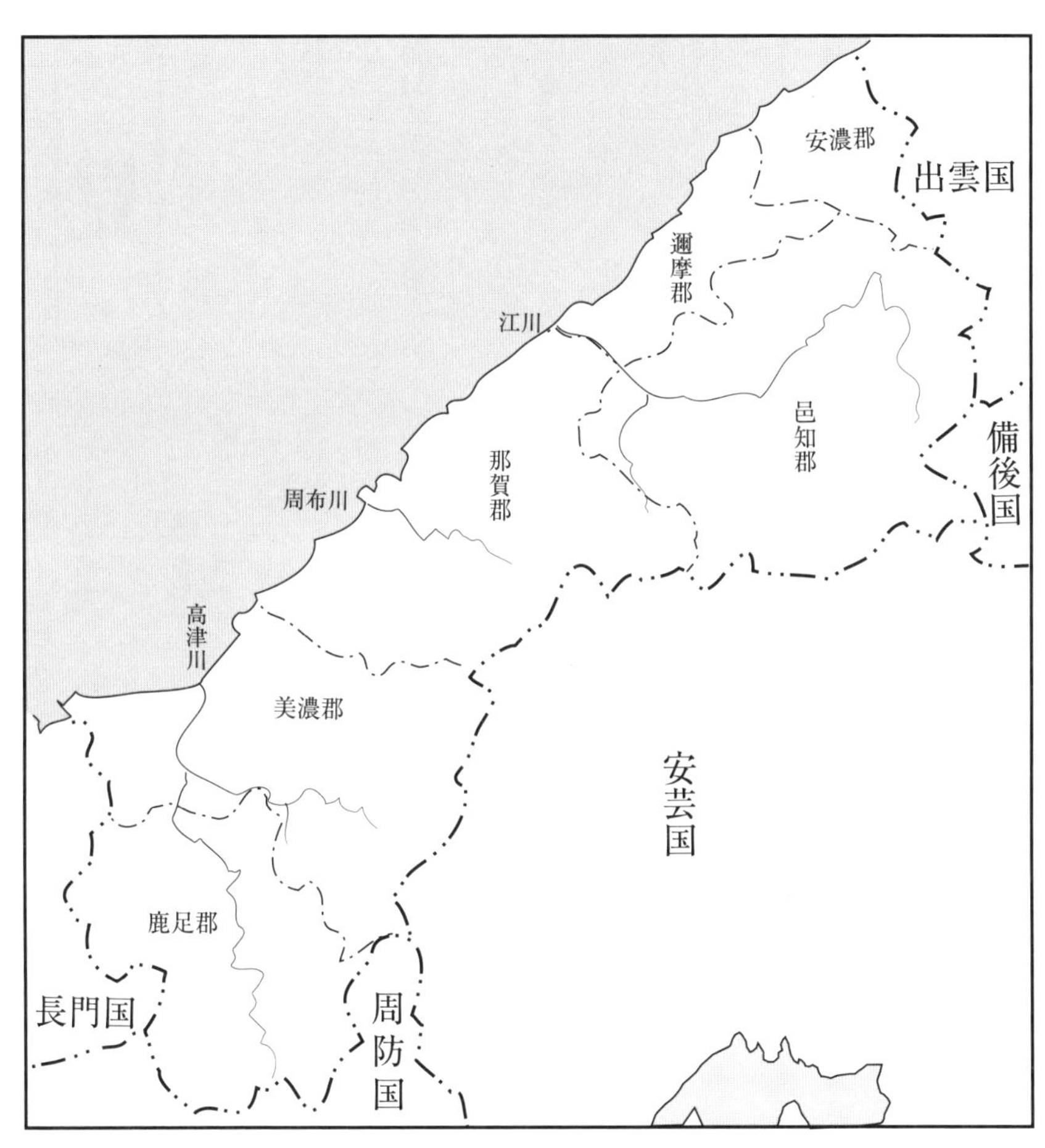

石見国略図

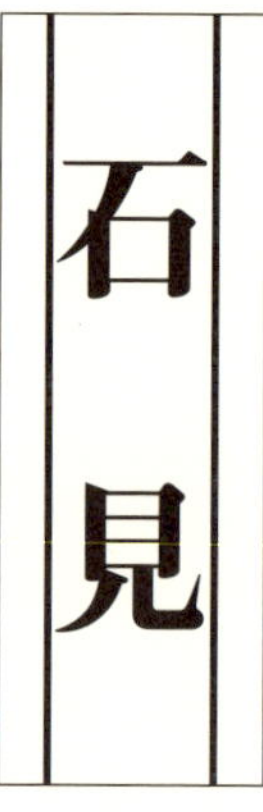

石見国・いわみのくに

島根県の西部に位置し、北は日本海、東は出雲、西は長門、南は安芸・周防・備後国に接し、国形は東西に長く、海岸地域をのぞき、多くが山間地である。令制下、当初は安濃・邇摩・那賀・邑知・美濃の五郡であったが、承和十年（八四三）に美濃郡から鹿足郡が分置され、『和名抄』時点では六郡で構成された。石見国府の所在地については国府の移転も想定され定見はなく、初期国府を江津市・大田市仁摩町、移転国府を浜田市下府町・上府町に求める説がある。国分寺・尼寺に関しては浜田市国分町に想定され、国分寺は金蔵寺内の発掘でその片鱗が明らかにされている。尼寺は古地名で所在地は想定されるが、未発掘である。『延喜式』神名帳によれば式内社は三十四座であり、特に石見国一宮の物部神社は有名である。

石見国は山陰道に属し、遠国とされ、駅は波禰・託農・樟道・江東・江西・伊甘の六駅が配された。都との往還日数は上り二十九日、下り十五日であり、国等級は中国とされ、国司は守・掾・目各一であった。確認できる国司としては『続紀』天平宝字七年（七六三）の石見守奈紀王が最初である。都からの官人としては柿本人麻呂が著名であり、『万葉』によれば石見で死んだ可能性が高い。今でも石見各地に人麻呂の伝承地がある。

石見古代史で欠くことができない出来事は元慶八年（八八四）に起きた石見国権守上毛野朝臣氏永襲撃事件である。国司による地方政治私物化に対応する在地社会の動きを具体的に示す事件として特筆される。

（関和彦）

安濃郡・あののこおり

『文徳実録』には安農とみえる。『和名抄』によれば波禰・刺鹿・安濃・静間・高田・川合・邑陀・佐波の八郷がみえる。『延喜式』には波禰駅がみえる。郡域は現在の大田市の東部に当たり、古代においては出雲国神門郡に接していた。北は日本海、東南隅には三瓶山が聳え、南部は山が占める。安濃郡家に関しては静間郷（大田市長久町稲用字注連田）域に比定されている。『万葉』にみられる「志都の岩室」に比定される静の窟が静間海岸に残る。瑞祥記事として『文徳実録』嘉祥三年（八五〇）に川合郷に甘露が降ったとみえる。その川合郷には石見国一宮の物部神社が鎮座する。当社は『延喜式』神名帳にみえる物部神社の後裔と考えられ、物部氏の祖宇摩志麻遅命を祀る。出雲国西部にも物部氏の分布がみえることから古くから物部氏の進出が想定される。安濃郡域に入る可能性もある山間部の大田市水上町の白坏遺跡からは平安時代の木簡が出土しており、地方の官衙遺跡として注目されている。

物部神社　大田市川合町八百山麓に鎮座。石見国一宮であり、『延喜式』物部神社に当たる。本祭神は宇摩志麻遅命、社伝では継体八年創建という。貞観十一年（八六九）に正五位に叙される。多くの特殊神事を今に伝える。

（関和彦）

邇摩郡・にまのこおり

『和名抄』によれば託野・大国・湯泉・津道・大家・都治の六郷がみえるが、名市博本『和名抄』には都治がみえず、都治は津道の重複と考えられる。二条大路木簡には「迩摩」とみえる。郡域は北は日本海、東は大田市の西部、西は江津市、南は山間部の川本・江津市桜江町に広がる。『三代実録』元慶八年（八八四）条によれば邇摩郡大領伊福部真人安道は部内の百姓とともに国司の悪政に立ち向かい、石見国権守上毛野朝臣氏永を襲撃し、国印・倉庫鑰・駅鈴などを奪ったという。邇摩郡家に関しては大国郷（現大田市仁摩町仁万字御門）に比定する向きもある。邇摩郡は東西に長く、『延喜式』に山陰道の託農駅・樟津駅がみえ、それぞれ託野町、湯泉津福光に比定されている。式内社は五社であるが、そのうち山辺八代姫命神社、霹靂神社に関しては論社がある。邇摩郡の東端に位置する五十猛町には五十猛神社、韓神新羅神社が鎮座し、五十猛命神話に象徴されるように朝鮮半島との古くからの交流がうかがえる地であり、古代、入江の存在が想定される。古代末には久利郷などの国衙領、摂関家領の大家庄が形成される。

（関和彦）

那賀郡・なかのこおり

『和名抄』によれば都農・都於・石見・周布・三隅・杵束・伊甘・久佐の八郷がみえる。ただし高山寺本・名市博本『和名抄』には久佐郷はみえない。郡域は東は江津市西部、浜田市全域、西は浜田市三隅町、南は広島県境に及ぶ。那賀郡は石見国中央部に位置し、国府が置かれ、国府所在地は浜田市国分町が有力視されている。国分寺・国分尼寺跡は国分町で確認されている。那賀郡家の所在地に関しては浜田市長沢町に比定する見解もあるが、国府近くの浜田市上府町三宅を充てる説が注目される。『延喜式』によれば駅家は江東・江西・伊甘の三駅が設置され、伊甘駅は郡家付近に想定されている。国府・郡家・駅家が隣接する様相は出雲国意宇郡に相似する。式内社は十一社みえ、江津市二宮の多鳩神社、大麻山縁起を伝える三隅町の大麻山神社、国府近くの天足彦国押人命を祀る伊甘神社が注目される。伊甘は猪甘氏、天足彦国押人命はその氏神である。

『三代実録』元慶八年（八八四）条によれば邇摩郡大領伊福部真人安道と那賀郡大領久米岑雄が百姓二一七人とともに国権守上毛野朝臣氏永を襲い、久米岑雄らは二年後に処罰されたという。

（関和彦）

邑知郡・おおちのこおり

『延喜式』には邑智郡と作り、二条大路木簡には「邑知郡」とみえる。『和名抄』は「於保知」と訓じ、神稲・邑美・桜井・都賀・佐波の五郷の名をあげる。郡域は旧安濃・邇摩郡の南部と川本町・美郷町・邑南町、江津市桜江町域に当たり、東は出雲国飯石郡に接する山間部に広がる。邑知郡家は邑南町矢上字郡山にあったというが確証はない。式内社は三坐であり、そのうち大原神社は論社が四社あったが、現在は邑南町日貫に鎮座するのみである。当該地域が山間部ながら古くから開けていたことは邑南町の四隅突出墳丘墓で知られる順庵原墳墓遺跡、邑南町中野仮屋遺跡発見の二口の銅鐸などの存在で知られる。

（関和彦）

美濃郡・みののこおり

『和名抄』には都茂・益田・苔気・山田・山前・大農・美濃・小野の八郷を載せる。なお『続後紀』によれば承和十年（八四三）に美濃郡から鹿足郡が分置された。美濃郡の郡域は東は益田市から西は山口県（長門・周防国）境まで広がり東南は広島県（安芸国）に接する。後に西南部が鹿足郡となる。美濃郡家は美濃郷域、すなわち益田市美濃地町に比定されている。大農郷に関しては二条大路木簡では「大野郷高葛里」と表記されている。式内社は五坐みえ、益田市乙子町の佐毗売山神社が著名である。同社は比礼振山に鎮座し、大古狭姫命が高天原から赤雁の背に乗り、比礼振山に降臨し、開拓したとの伝説を残す。『文徳実録』斉衡元年（八五四）条によれば石見国から献上された醴水の瑞祥により、仁寿から斉衡に改元されたという。その醴泉は益田市美都町宇津川の養老滝との言い伝えがある。美都町の丸山銅山は『三代実録』元慶五年（八八一）にみえる銅産出の「都茂郷丸山」に当たると想定される。

（関和彦）

鹿足郡・かのあしのこおり

名市博本『和名抄』は「カノアシ」と訓み、所在郷として鹿足・能濃の二郷をあげる。扱いは小郡に準じたという。『続後紀』によれば承和十年（八四三）に美濃郡から分置された。郡域は益田市から津和野町・吉賀町、一部山口県にも及ぶが、多くが山地である。郡家所在地に関しては諸説あるが、旧六日市町（現吉賀町）に求める傾向が認められる。平安期の神火の一連と思われるが『三代実録』によれば貞観九年（八六七）に鹿足郡の倉庫が自鳴したという。郡内には式内社はみえないが、社伝では津和野町の弥栄神社、吉賀町岩野山愛宕神社、同町奇鹿神社など数社が平安期に始源を求めているが定かではない。

（関和彦）

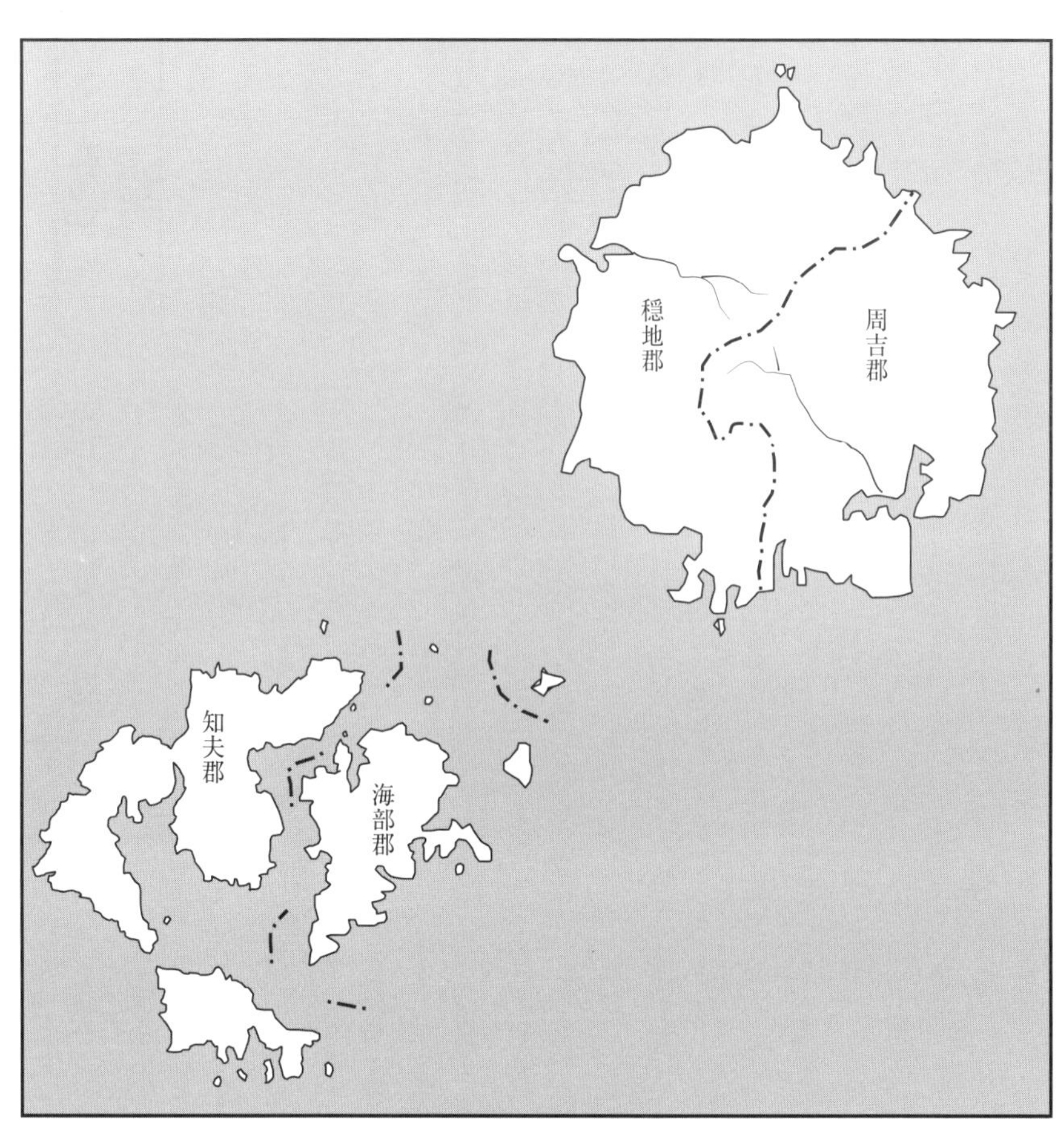

隠岐国略図

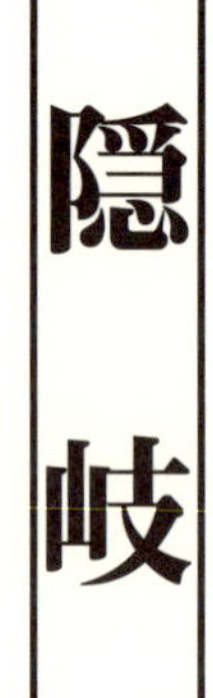

隠岐国・おきのくに

隠岐国は山陰道八国の一国。元和古活字本には於岐、『書紀』に億岐、『播磨国風土記』に意伎、平城宮跡、長岡京木簡は隠伎。承和七年（八四〇）撰の『後紀』以降は隠岐。

島根半島からは約四十～八十キロメートル離れた日本海に浮かぶ、西ノ島・中ノ島・知夫里島の島前と一番大きな島後という四つの大島と約一八〇の小島からなる。島前、島後の名称は道前、道後に由来すると考えられる。『延喜式』に隠岐は遠国、等級は下国、京までは上り三十五日、下り十八日とある。『和名抄』によると、隠岐国の郡は知夫郡、海部郡、周吉郡、穏地郡の四郡からなり、それぞれ三郷づつの合計十二郷である。藤原宮跡や平城宮跡等で検出された一〇〇点以上の隠岐関係木簡からは評里制から郡郷里制への変遷、郡郷里名の表記の変化などがわかる。

国生み神話に登場し、『古事記』には「次に隠伎之三子島を生みき、亦の名は天之忍許呂別」、『書紀』には「次に億岐洲と佐渡洲とを双子に生む」などと載る。

隠岐国府は『和名抄』東急本、元和活字本によると「国府在周吉郡」とある。隠岐国守の初見は天平宝治六年（七六二）下道朝臣黒麻呂（『続紀』）で、次いで同八年（七六二）には坂本朝臣綱麻呂が任じられている。

天平二年度（七三〇）の「隠岐国郡稲帳」、天平四年度（七三二）「隠岐国正税帳」（正倉院文書）が残っており、当時の様子を詳しく伝える。隠岐国の正倉は知夫・海部・周吉・役道（隠地）の四郡合わせて合計五十五棟。隠伎倉印と駅鈴（いずれも重要文化財）が隠岐郡隠岐の島町下西億岐家に伝わる。山陰道の駅路と隠岐国と連絡するのは出雲国島根郡千酌駅である。隠岐の駅家は不詳。

『和名抄』（元和活字本）によると本田は五八五町二段三四二歩、正税二万束、公廨四万束、本頴七万束、雑頴万束とある。『延喜式』に調は御取鰒、短鰒、烏賊、熬海鼠、鮹腊、雑腊、紫菜、海藻、嶋蒜、庸は布、中男作物は雑腊、紫菜とある。天仁元年（一一〇八）大嘗会供神物に隠岐鰒十四両とある。隠岐関係木簡からは隠岐が朝廷の食料供給地であったことを示す。

『延喜式』神名帳には十六座が載り、名神大社は知夫郡由良比女神社・海部郡宇受加命神社など四座である。

長屋王家木簡に「隠伎国奴婢二人受広国」があり、奴婢の存在が知られる。

神亀元年（七二四）三月一日遠流の地となる（『続紀』）。流人は天平十四年（七四二）名草直高根女、承和五年（八三八）小野篁、貞観八年（八六六）伴宿禰仲庸などが配流。

朝鮮半島から隠岐国への来着・漂着記事は天平宝字七年（七六三）渤海国からの帰路、板振鎌束・学生高内弓ら風浪に遭い隠岐国に漂着『続紀』、延暦十八年（七九九）前渤海使内蔵宿禰賀茂麻呂（『日本紀略』）、渤海使高承祖等一〇三人到来（『日本紀略』）、仁和四年（八八八）新羅国人三十五人（『日本紀略』）等がある。

朝鮮半島との緊張関係から貞観九年（八六七）隠岐国など山陰道五国に八幅四天王像をおいたり、貞観十一年（八六九）隠岐国の史生一員を廃して弩師一員を置くなどした。

【参考文献】

佐藤信「古代隠岐の郷里について」（『隠岐の文化財』三号、一九八六年）

和田萃「古代の出雲・隠岐」（『日本海と出雲世界』小学館、一九九一年）

田中豊治他『西郷町誌』上巻、一九七五年

狩野久「古代隠岐とヤマト政権」（『しまねの古代文化』二号、島根県古代文化センター、一九九五年）

島根県古代文化センター編「島根県（出雲・石見・隠岐）古代史料目録Ⅱ」（『古代文化研究』八号、二〇〇〇年）

（勝部昭）

知夫郡・ちぶりのこおり

『和名抄』は訓を欠く。知夫利評（藤原宮木簡）、知夫利郡智夫郡（平城宮木簡、隠伎国正税帳）、千波（『太平記』）、焼火神社棟札）とも書く。郡名の初出は藤原宮木簡の知夫利評である。

宇良、由良、三田（美田）の三郷からなる。諸本訓を欠く。郡域は隠岐諸島の西に位置する知夫里島と西ノ島の二島で平地は乏しい。波蝕崖となった国賀海岸、知夫赤壁などは雄大な景観として著名である。現在の島根県隠岐郡知夫村郡・薄毛・大江・仁夫里・古海（うるみ）・来居、隠岐郡西ノ島町浦郷・赤ノ江（しゃくのえ）・三度（みたべ）・美田・波止・別府・物井・宇賀等の地域。

知夫村には石室をもつ河井古墳・石の唐櫃古墳・扇畑古墳・猫ケ岩屋

古墳などがある。知夫村仁夫里の二十穴以上の高津久横穴墓群からは鉄器や畿内産土師器、ヒスイ・碧玉・ガラス製など数多くの玉類が出土しており、被葬者がヤマト政権と関係をもちながら日本海を舞台に交易をしていたことを想像させる。西ノ島町外浜貝塚は、奈良時代〜平安時代の貝塚である。西ノ島町珍崎の聖岩出土と伝える伽耶産陶質土器（焼火神社蔵）は朝鮮半島と関わる遺物。

知夫村宇郡は郡家推定地である（『隠岐島誌』）。郡司は天平三年（七三一）「隠伎国正税帳」に大領外正八位上勲十二等海部諸石、主帳外大初位上勲十二等服部在馬とある。延暦二十四年（八〇五）隠岐国人外従八位服部松守、采女外従五位下服部美船女等三人賜姓臣（『後紀』）とあり、郡司服部氏が采女をおくっている。

式内社は大一座小六座。由良比女神社（名神大。元名和多須神）、大山神社、海神社二座、比奈麻治比売命神社、真気命神社、天佐志比古命神社（『延喜式』）である。隠岐の神社で史料上の初見は西ノ島町宇賀の比奈麻治比売命神社で、延暦十八年（七九九）遣渤海使内蔵宿禰賀茂麻呂が帰国途中、方に迷ったが比奈麻治比売神の霊光によって三田郷に着岸、それ故この神は官社に列せられる（『後紀』）。隠岐国では知夫郡の式内社が最多である。平安末期には知布利庄がおかれていた（『知夫村誌』）。

宇良郷　平城宮木簡に「宇良郷白浜里額田部小牛」、「宇良郷壬生□（部か）」。隠岐郡西ノ島町浦郷を中心とする地域。浦郷港近くに古墳時代後期頃のウスコ横穴墓群がある。

由良郷　藤原宮木簡の「知夫利評由良里」、「由羅五十戸」が初出。平城宮木簡に「由良郷」がある。この郷は隠岐郡知夫村説、西ノ島町東部の旧別府村説、西の島町西部説の三つがある。木簡から貢進者は壬生部、額田部、津守部、阿曇部。津守部や阿曇部などはヤマト政権を構成している豪族所有の部民である。貢進物は紫菜、海藻である。『延喜式』神名帳に由良比女神社は明神大で元名和多須神とある。航海安全の神であろう。この由良比売神社は承和九年九月（八四二）に官社に預かる（『続後紀』）。現在西ノ島町浦郷のイカ寄せの浜としても知られる湾奥に鎮座する。この神社を浦島子伝承とのかかわりで捉える見解がある（瀧音能之『風土記説話の古代史』）。

三田郷　藤原宮木簡に「三田里」平城宮木簡に「美多郷」、「美多郷美祢里」とある。三田郷は現在の隠岐郡西ノ島町美田を中心とする地域。この島では最も平地が開けている。氏族は石部。擬海藻、乃利を進上している。

西ノ島町美田の兵庫遺跡は五世紀後半から七世紀ころの祭祀遺物をともなう遺跡（西ノ島町教委『兵庫遺跡』）、調査区外から「三田」とヘラ書きした、郷名をあらわす須恵器が出土している。三田はヤマト政権による屯倉（御田）の設置と関係があると考えられる。近くに所在する立石古墳は七世紀代の横穴式石室を主体とする古墳で双龍環頭大刀、須恵器が出土しており、被葬者は地域の首長とみられる。

平城宮木簡に「大井郷各田部小足軍布」、平城京木簡に「大結郷前野里服部臣百嶋　雑腊」があり、「和名抄」にない郷として、大井郷、大結郷の存在が知られる。大井郷は現在の知夫村大江と考えられる。また、平城宮木簡に「□□郷安吉里海部恵得海藻」があり、安吉里は現在の西ノ島町別府の西隣の集落、大山明を指すと推定される。

【参考文献】

佐藤信「古代隠岐の郷里について」（『隠岐の文化財』三号、一九八六年）
和田卒「古代の出雲・隠岐」（『日本海と出雲世界』小学館、一九九一年）
狩野久「古代隠岐とヤマト政権」（『しまねの古代文化』二号、島根県古代文化センター、一九九五年）
佐藤信『古代の遺跡と文字資料』名著刊行会、一九九九年

（勝部昭）

海部郡・あまのこおり

訓を欠く。海、海部、阿摩（『吾妻鏡』）、海士ともいう。『和名抄』によれば布勢、海部、佐作の三郷からなる。郡域は現在の島根県隠岐郡海士町全域。

西を西ノ島、西南を知夫里島、東北を島後に挟まれた入り江の多い島である。中央部は西南から東北方向に丘陵がのびる。平地が多いのは北側の海士方、南側は上方（うえがた）といわれ平地は乏しい。後鳥羽上皇が承久の変で配流された島。

郡名の初出は藤原宮木簡の「海評海里」。また、七世紀後半頃の海士町御波の今浦横穴墓群出土の「海」を線刻した土器は郡名あるいは人名を表すと考えられる。

本郡の氏族は「隠岐国正税帳」や

木簡から海部直、阿曇部、海部、凡海部、勝部、壬生部、日下部等である。しかし藤原宮木簡には相多、阿田矢のように無姓者がみられ注目される。貢進産物は軍布、鰒、海藻、紫菜等である。「隠岐国正税帳」によれば正倉は不動穀倉五、動用穀倉一、穎倉一、郡稲倉二、公用稲倉一、義倉一、備倉一の十二間。

天平元年（七三〇）の郡司は少領海部直大伴、主帳日下部保智万呂、天平四年（七三二）は少領阿曇三雄である。海部郡は郡司安曇部、海部部の存在から日本海側における海部の主要拠点の一つと考えられる。

遺跡には弥生後期の、溝状遺構から中細形銅剣、鉄槍、吉備系土器等が出土した竹田遺跡や宇受賀遺跡、環壕のある西塔寺遺跡のほか古墳、横穴墓が島前では最も多く分布する。布留式土器の出土した新開一号墳、鉄挺の出土した郡山西古墳、象眼のある大刀や多数の玉類、土器を副葬した唯山古墳、箱式棺を主体とする前方後円墳の宇多見古墳、さらには畿内産土師器・杯、「六」と墨書する須恵器等が出土した御波横穴墓群、豊田横穴墓等があり、本土との交流をよく物語る。崎の森原遺跡は奈良時代頃の集落遺跡である。また、矢原遺跡からは墨書土器「多倍」「國」などの文字資料や円面硯、瓦が出土。多倍は屯倉経営に係わる氏族と考えられており、注目される。この遺跡に近接して郡崎遺跡が所在する。「慶長拾八年隠岐国海士郡福井村御検地帳」に「くんさき」「こおり」「さきこおり」「なかこおり」などの地名があり、瓦、土器の出土から海部郡家跡と推定される。

承和五年（八三八）遣唐副使小野篁が流された（『続後紀』）。配流地は海士町大字豊田字野田と伝える。郷内の式内社は大一座小一座で、奈伎良比売神社、宇受加命神社（名神大）である。

布勢郷　布勢郷には大浦里、敷多里がある。現在の隠岐郡海士町御波、知々井あたりの地域。

海部郷　安末と訓じる（刊本）。海士町の海士方とよぶ地域で諏訪湾沿いの奥まった所に平地が広がり島前地区で最も広い水田が拓けている。郷名の初出は藤原宮木簡の海評海里である。海部郷内に志吉里、宇智里、中□里があり、氏族には壬生部、勝部、阿曇部がいる。

佐作郷　郷名の初出は藤原宮木簡に佐々里がある。作佐郷内には大井里と治田里がある。貢進物は紫菜、短鰒、海藻、御取鰒、烏賊、雑腊。

『和名抄』には見えない郷に御宅郷、佐吉郷がある。御宅郷は評里制では三家里、郡郷里制では郷内に□

（神か）宅郷□□里、御宅郷弟野里がある。三家里はヤマト政権による屯倉の設置をうかがわせる。佐吉郷は藤原宮木簡の前里が初出。佐吉郷と同じ郷かと考えられる佐伎郷は郷内に大井里と都深里がみえる。佐岐郷久良里もみえる。大井里は崎の東隣の海岸に位置する。多井、久良里は正倉のある里を示唆する。佐伎郷は『出雲国風土記』の国引き詞章の佐伎国と同名表記であることから、八束水臣津野命が国引きをした佐伎国の比定地と見る見解がある。

なお、作佐郷・作々郷は豊田・宇受賀あたりの説と佐吉郷・佐伎郷と同郷の説がある。

【参考文献】

石井悠「隠岐国海部の郡衙址について」（『季刊文化財』二〇号、島根県文化財愛護協会、一九七三年）

和田萃「古代の出雲・隠岐」（『日本海と出雲世界』小学館、一九九一年）

（勝部昭）

周吉郡・すきのこおり

『和名抄』は訓を欠く。次（藤原宮木簡）、「天保郷帳」はすきつと訓じる。周城（「伊未自由来記」）。

郡域は島後の東半部の地域。隠岐最大の八尾川流域に平地が広がる。この平地はシルト層を形成し、かつての浅海性の内湾が堆積物で覆われてできたものである。河口の西郷湾は波静かな良港である。現在の隠岐郡隠岐の島町賀茂・今津・下西・平・池田・原田・神米・東郷・犬来・大久・卯敷などに相当。後に中村（武良郷）が編入された。

郡名の初出は藤原宮木簡の次評である。郡名の由来について『地名辞書』は大嘗会の主基に関係あるとする。

遺跡には縄文時代の黒曜石を加工した宮尾遺跡、弥生時代の農耕具などが出土した月無遺跡、隠岐初例の四隅突出型墳丘墓の大城遺跡などがある。古墳は隠岐全体でおよそ二〇〇基。矢尾川下流域の低丘陵地には隠岐で最も多くの古墳が集中する。隠岐の前方後円墳十基のうち七基が西郷平野の低丘陵に分布する。前方後方墳は未検出。隠岐最大の古墳は六世紀後半に築造された西郷町平神社古墳である。全長四十八メートルの前方後円墳で、内部主体は横穴式石室、朝顔形埴輪、須恵器・大甕等が出土している。この古墳の被葬者を隠岐国造と見る見解がある。隠岐国造については『旧事紀』国造本紀に「意岐国造軽嶋豊明（応神天皇）御代以観松彦伊呂止命五世孫十埃彦命、定賜国造」、『播磨国風土記』飾磨郡条に「飾磨の御宅と称ふ所以は大雀天皇の御世（仁徳朝）、人を遣りて意伎・出雲・伯耆・因幡・但馬五国造等を喚したまいき。（略）」とある（『風土記』日本古典文学大系）。装飾大刀の出土した下西海岸の岩泉遺跡がある。西郷湾の南に位置する飯ノ山横穴群は線刻壁画があるものなど数多くの横穴墓からなる。

隠岐国府はこの郡に所在する。隠岐の島町尼寺原や藤岡謙二郎の八尾川下流域の稲益などの見解があったが、昭和五十四年度～五十七年度（一九七九～八二）の四次にわたる隠岐島後教育委員会による発掘調査の結果、コの字状に規格的に配置された大型の柱掘方をもつ掘立柱建物跡が検出された隠岐郡隠岐の島町下西字能木原の甲ノ原遺跡（国府原ともいう）が有力視される。

国分寺跡は隠岐の島町池田字風呂前の現隠岐国分寺境内、尼寺跡は隠岐の島町有木字野中に所在する。国分寺の伽藍配置や寺域等は未発掘のため不詳。礎石、瓦出土。明治初年の廃仏毀釈の際に壊された四天王像が残っていたが、焼失。尼寺跡は発掘調査され東西にならぶ庇付掘立柱建物跡二棟、門跡などや多数の瓦、奈良三彩の香炉片、土器が出土している。近くの尼寺原遺跡では奈良・平安時代の多数の掘立柱建物群が検出されている。（『新修国分寺の研究』）。古代寺院は隠岐国府総社近くの隠岐の島町下西に権得廃寺があり、礎石や瓦が確認されている。

『和名抄』にはこの郡に賀茂、庵可、新野の三郷がみえる。本郡の氏族は平城宮木簡から鴨部、私部、蝮王部、孔王部、桧前部、大伴部、宗我部、物部日下部、服部がみえ.天皇・后妃・皇子・皇女などのためにおかれた御名代、御子代や豪族の部民等の存在がわかる。「隠岐国正税帳」に、天平四年（七三二）の郡司は大領外正八位上勲十二等大私直真継である。

周吉郡郡家の所在は明らかでないが隠岐の島町下西の甲ノ原遺跡あたりが想定されるが、八尾川北の尼寺原丘陵を考える見解もある。正税帳にこの郡の正倉はあわせて十七棟とみえる。

西郷平野の一部、字十九通・横田・稲益等には一町区画（坪）の内割形式が長地型の条里遺構が残る。

式内社は四座並小、加茂那備神社、水祖神社、玉若酢命神社、和気能須命神社、（『延喜式』）である。玉若酢命神社は隠岐国総社で、御霊会風流馬入れ神事が行われる。

賀茂郷　初出は藤原宮木簡の鴨里である。氏族は藤原宮木簡に鴨部、平城宮木簡には郷内に宇良里があり、氏族は雀部である。式内社加茂那備神社が鎮座する。

奄可郷　高山時本に阿无加、刊本に安無加。現在の隠岐郡隠岐の島町の東部海岸に面する大久・犬来・釜・卯敷・布施あたりと推定されている。平城京・長岡京木簡に奄可郷がある。平城宮木簡にこの郷内に吉城里がある。犬来には平家領の牧がおかれた。

新野郷　高山寺本に迩比乃、刊本に尓比乃と訓じる。平城宮木簡にこの郷内には布勢里、丹志里がある。この郷は八尾川下流の地域とみられ丹志里は下西あたりに近いところか。

以上の三郷以外に平城宮木簡には上部郷と山部郷がある。上部郷は西郷港の東現在の神米・飯田を中心とするあたりと推定される。山部郷は八尾川の上流部の隠岐の島町原田あたりであろうか。上部郷訓議里に孔王部、蝮王部、私部、上部里に日下部がみえる。山部郷の市厘里に檜前部・雀部・宗我部、□郷市掃里に服部がみえる

【参考文献】

佐藤信「古代隠岐の郷里について」（『隠岐の文化財』三号、一九八六年）
中澤四郎『隠岐・出雲・石見の条里』一九九一年
松本岩雄「隠岐の国府について」（『島前の文化財』一〇号、隠岐島前教育委員会、一九八〇年）
山西作二「奄可郷とその周辺を探る」（『島前の文化財』一〇号、隠岐島前教育委員会、一九八〇年）
田中豊治『隠岐島の歴史地理学的研究』古今書院、一九七九年

（勝部昭）

穏地郡・おちのこおり

『和名抄』は訓を欠く。「隠伎国正税帳」に役道郡、『続後紀』に穏地郡、『延喜式』神名帳・『和名抄』高山寺本・元和古活字本に隠地郡とある。現在の島根県隠岐郡隠岐の島町都万・那久・津戸・郡・北方・南方・重栖・小路・久見、中村・西村・伊後・元屋・飯美等に相当し、島後の西部から北部の地域である。

郷は都麻、河内、武良の三郷からなる。武良郷は後に周吉郡に編入される。平城宮木簡には都麻郷（隠岐の島町都万）、河内郷（隠岐の島町中村あたり）、武良郷、村里、武良郷□〔大カ〕里がある。本木簡にある真嶋里は不詳である。本郡の氏族は大伴部、鴨部、三那部、私部、真石部、棘部、勝□（部か）

である。

郡家跡は地名から隠岐の島町郡が推定地であるが、未調査である。「隠岐国正税帳」に、郡司は大領外従八位上大伴部大君、少領外従八位下勲十二等磯部直萬得、史生大初位上民使古麻呂と載る。この郡の貢進産物は三耳鰒・乃利・海松・螺などである。

式内社は三座大二座小一座で天健金草神社、水若酢命神社（名神大）、伊勢命神社（名神大）である。五箇村水若酢神社は隠岐国一宮といわれ、山曳き神事を中心とする祭礼風流は著名。この神社は承和九年（八四二）に官社に預かる（『続後紀』）。隠岐の島町久見の伊勢命は嘉祥元年（八四八）明神の列に預かり（『続後紀』）、中・近世には内宮大明神とよばれた。隠岐の島町都万の天健金草神社は貞観十三年（八七一）従四位下、天慶三年（九四〇）従三位に神階が昇叙された。この神は北辺鎮護の大神で度々託宣を下している。

隠岐の島町（旧五箇村）久見は石器の材料となる黒曜石の産地で久見産黒曜石は山陰、瀬戸内などに分布する。隠岐の島町都万には縄文晩期〜弥生後期の都万小学校校庭遺跡のほか、古墳時代の横穴式石室をもつネコ谷古墳、ニマ横穴墓群など多くの古墳・横穴墓が分布する。五箇村には前方後円墳の美々津丘一号墳、隠岐最大の横穴式石室（全長十一メートル）をもつ水若酢神社一号墳（古墳時代終末期の築造）などがある。久見横穴墓の銀装大刀、東笠根一号墳の金銅鈴は、金銀を用いた品を所持した地域の首長の存在を物語る。隠岐の島町郡は、地名から郡家の推定地である。同じ郡所在の犬町廃寺（別名郡廃寺）からは鳥取県米子市淀江町の上淀廃寺系の軒丸瓦が出土しているが、伽藍配置などは不明。

都麻郷　平城宮木簡の都麻郷が初出。平城宮木簡の役道郡奈□□は奈具郷であろうか。島後の西側の南寄り、現在の隠岐郡隠岐の島町の都万、那久、津戸にあたる地域。氏族は真石部。

河内郷　東急本、元和古活字本は「加無知」の訓を付すほかは諸本訓を欠く。郷の初出は平城宮木簡の河内郷。現在の隠岐郡隠岐の島町郡、福浦・重栖・久見などにあたる地域。氏族は鴨部。

武良郷　天平六年（七三四）の紀年のある平城宮木簡の武良郷が初出。長屋王家木簡には村里。「伊未自由来記」（金坂亮・写本）には六浦・牟羅とある。郷域は現在の隠岐郡隠岐の島町飯美・元屋・中村・湊・西村あたりの地域。島後北端に位置し、砂浜や白島、海苔田鼻など多数の小島や磯海岸があり、海苔、海藻、鰒などの魚介類が豊富。縄文時代や弥生時代前期の中村湊遺跡、横穴式石室の下元屋古墳、北谷古墳などの遺跡が知られる。氏族は私部、大伴部、勝□、三那部。なお、木簡からこの郡には郷名は不明であるが円志里がある。

（勝部昭）

【参考文献】

佐藤信「古代隠岐の郷里について」（『隠岐の文化財』三号、一九八六年）
狩野久「古代隠岐とヤマト政権」（『しまねの古代文化』二号、島根県古代文化センター、一九九五年）
島根県古代文化センター編『山陰古代出土文字資料集成Ⅰ（出雲・石見・隠岐）』島根県古代文化センター、二〇〇三年

山陽道

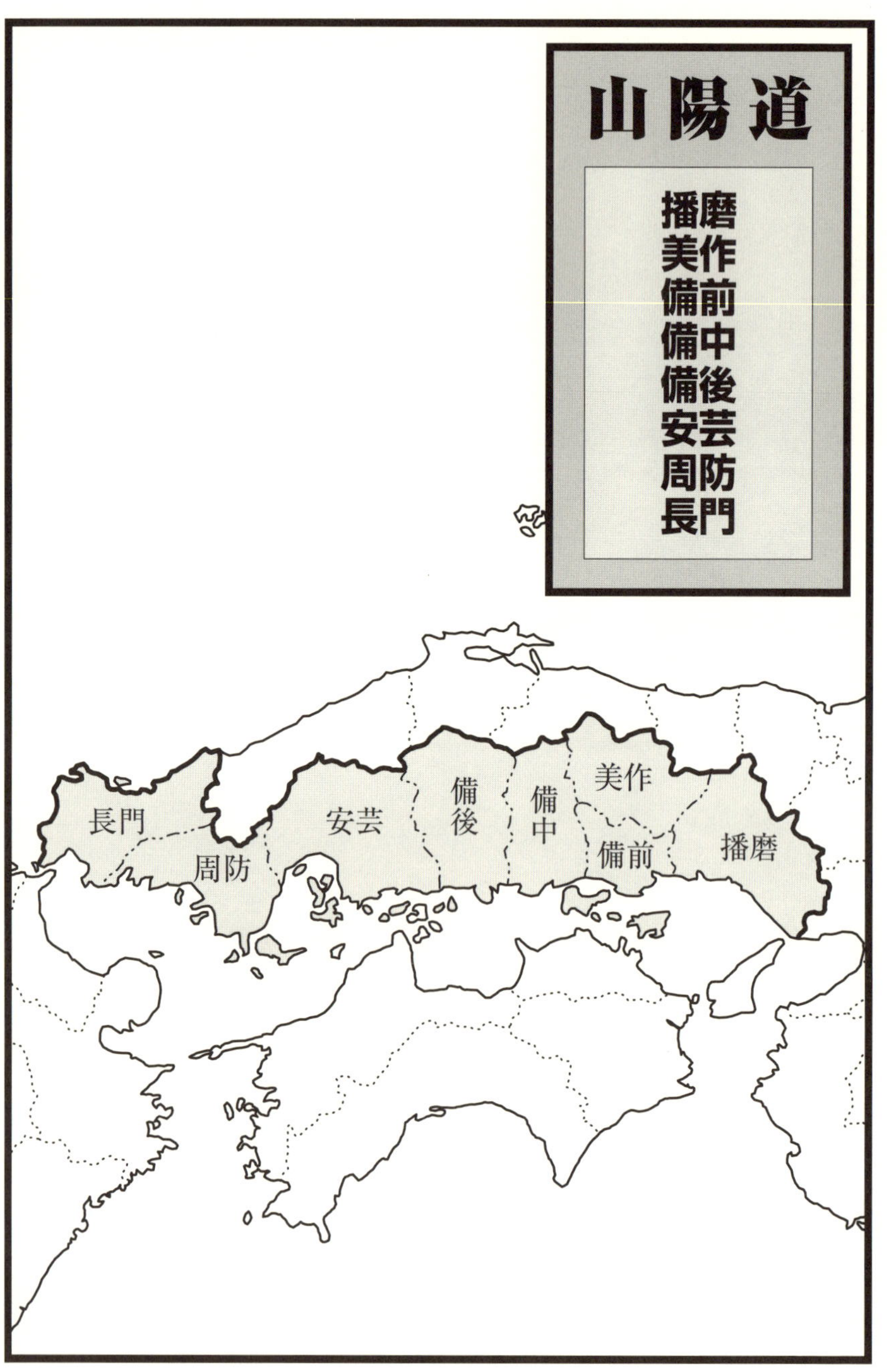
山陽道
播磨
美作
備前
備中
備後
安芸
周防
長門
長門
周防
安芸
備後
備中
美作
備前
播磨

因幡国
但馬国
丹波国
美作国
宍粟郡
揖保川
神埼郡
多可郡
佐用郡
飾磨郡
市川
加古川
賀茂郡
揖保郡
赤穂郡
千種川
美嚢郡
印南郡
備後国
賀古郡
摂津国
明石郡
淡路国

播磨国略図

播磨

播磨国・はりまのくに

令制下の国の一つ。針間・幡磨・半方とも書かれる。ほぼ現在の兵庫県の東南部にあたる。境域内を明石川・加古川・市川・揖保川・千種川の大中河川が南流し、各郡はこれらの水系沿いに展開する。『和名抄』によると、所管郡は明石・賀古・印南・飾磨・揖保・赤穂・佐用・宍粟・神埼・多可・賀茂・美嚢の十二郡。『風土記』はこのうち明石郡と赤穂郡の条を欠くが、合わせて八十一の里数がみえている。これからすると八世紀前半の播磨国全体の里数は一〇〇里近くあったと考えられ(『和名抄』での明石郡・赤穂郡の合計郷数は十五郷)、総人口は約十万人だったと推定される。

国の等級は大国(『延喜式』民部上)。式内社は大小あわせて五十社あった。国名起源は、『風土記』揖保郡萩原里条にみえる針間井伝承に由来するとみる説がある。国府・国分寺などは飾磨郡に所在した(国府の比定地として姫路城東南の本町遺跡が有力)。官道では山陽道が瀬戸内海沿岸の諸郡を貫き、明石・賀古・佐突・草上・大市・布勢・高田・野磨の駅が設置されていた。また美作支道に越部・中川の二駅があった。これらの幹線道路沿いの地域では、多くの白鳳期創建の寺院跡が見つかっている。他方、沿岸部の各地には、明石浦・魚住泊・水児船瀬・韓　泊・檉生泊など、たくさんの良質のミナトがあった。こうしたミナトの発達は、古く屯倉や部民の設置、中央寺社による所領の確保、各種貢納品の供給運搬等を容易にし、本国と畿内勢力の結びつきを強めたと思われる。また『風土記』にみられるように、吉備・讃岐・丹波・但馬・出雲など、播磨と各地域との相互交通はもともと活発であった。

『延喜式』によると、本国から貢納される物品は多彩である。調の品目として、絹・布・塩のほか、さまざまな陶器類(壷・瓮・盤・鉢等)や赤土、庸の品目は、米のほかに韓櫃、中男作物として紙・簀・黒葛・胡麻油・煮塩年魚・鮨年魚などが計上されている(同書、主計上)。また年料雑薬として合計五十二種の薬(曲薬寮)、侍従に賜る干槲なども全国から納められる決まりであった(大膳下)。全体として播磨国の生産性の高さを示す規定といえるだろう。

次に国内の推定居住氏族について、諸史料にもとづくとその数は一二〇氏以上になる。その中で播磨国を代表する豪族は、針間国造の系譜をひく播磨直氏と佐伯直氏である。この二つの氏族名は令制下の史料でも、印南・飾磨・揖保・赤穂・佐用・神埼・多可・賀茂など、国内の半数以上の郡において確認できる。もともとは同一の氏族として播磨別氏、ないしは針間別佐伯直氏を名乗り（『書紀』景行四年条、『姓氏録』右京皇別・佐伯直条）、王権と結びながら播磨全般に及ぶ支配をおこなっていた氏族であろう。

　このほかの在地氏族としては、明石郡を本拠地にする海直、加古川水系の諸郡や宍粟郡に多くみられる山直（山部）、揖保郡に本拠のあった針間阿宗君、牛鹿屯倉と関連すると思われる針間牛鹿臣などがいた。このうち海直氏と山直氏は、大化前代の明石国造と針間鴨国造であったと解されている。また針間阿宗君氏と針間牛鹿臣氏は「針間」の名を冠するが、右の播磨別氏との関係は明確ではない。

【参考文献】
坂江渉編著『風土記からみる古代の播磨』神戸新聞総合出版センター、二〇〇七年

（坂江渉）

明石郡・あかしのこおり

　赤石にもつくる。『和名抄』で「安加志」と訓じる。葛江・明石・住吉・神戸・邑美・垂水（見）の六郷から成る。令制の基準で下郡にあたる。高山寺本では神戸郷を欠く。現在の明石市・神戸市西区・垂水区に相当する。大化前代には、令制の賀古郡・美嚢郡などを含む地域全体を「アカシノクニ」と呼んだらしい（『書紀』清寧二年条など）。郡名初見は『書紀』神功摂政元年条。風土記の記事を欠き、郡名由来は不詳。

　『書紀』大化二年（六四六）正月一日条によると、「畿内国」の西の境域が、「赤石の櫛淵より以来」と定められた。本郡一帯は、西国や大陸に向かう交通路の要衝地であった。陸路では山陽道の明石駅が置かれ、馬三十疋が常備されていた。海路では、明石浦・藤江・林潮・魚住泊・名寸隅船瀬など、数多くのミナトがあった（『万葉』『風土記』『住吉神代記』）。こうしたミナトの周辺地域には海直氏などの有力な海人勢力が住んでいた。本郡の海直氏は大化前代の明石国造の流れをくみ、式内社の海神社三座は、一族全体の氏神だったと思われる。また同氏は王権への水軍役等の奉仕を通じ

て、大和国に拠点をおく大倭直（大和宿禰）氏と強いつながりをもっていた。神護景雲三年（七六九）に、明石郡の人海直溝長ら十九人が、大和赤石連への改姓を許されている（『続紀』）。『旧事紀』国造本紀において、明石国造氏がこの大倭直氏と同祖とされるのも、こういった事実の反映であろう。カムヤマトイワレヒコ（後の神武天皇）の東征の船が「速吸門」までやって来た時、「亀の甲」に乗ってあらわれたという槁根津日子は、彼ら自身の共通の始祖であったと考えられる（『古事記』神武段）。

このほかの郡内の氏族として、明石郡大領の葛江我孫、葛江里の丹生部・桜嶋氏などを確認できる（『続紀』延暦九年条、平城宮木簡）。なお南北朝期の播磨国の地誌である『峰相記』には、「明石大領大和縑長宿禰」の名がみえる。式内社は宇留・物部・海三座・弥賀多多・林・赤羽・伊和都比売の九坐（七社）。海神社三座は名神大社であった。また奈良朝前期に創建された寺院として、太寺廃寺（明石市太寺）が有名である。

住吉郷　明石海峡は瀬戸内海航路の要衝地であっただけに、本郡には国家的な航海神である住吉神の遺称地や所領が多く分布する。『和名抄』郷名の住吉郷がその一つである（比定地には諸説ある）。また『住吉神代記』によると、本郡の魚次浜・船木村・黒田村・辟田村などは、大社の所領・封戸であった。さらに海神社（垂水明神）は住吉神の「部類神」として扱われている。

吉田南遺跡　神戸市西区玉津町吉田に所在。北部から貫流する明石川と伊川の合流地点の西側の微高地上に位置する。整然とした建物遺構のほか、木簡・墨書土器等が発掘された。古代の明石郡衙である可能性が高いといわれる。

（坂江渉）

賀古郡・かこのこおり

加古・賀胡にもつくる。『和名抄』名市博本に「カコ」とある。望理・長田・住吉・余戸・賀古・夷俘の六郷から成る。令制区分で下郡にあたる。高山寺本では余戸郷と夷俘郷はみえない。『風土記』では望理・鴨波・長田・駅家の四里を載せる。郡名由来は同書によると、「日岡」の丘の形が「鹿児の如し」という勅に因むという。『書紀』応神十三年九月条の一云にも、「鹿子水門」の地名起源に関する説話がみえる。『書紀』を除く国史での郡名初見は、『続紀』神亀三年（七二六）十月条。

郡域は現在の稲美町・播磨町、および加古川市の加古川以東の地にあたる。郡の東北部は印南野台地の西半を占め、南部・西部には沖積平野が広がる。郡衙所在地は不明。ただし「大毅」「長」などの墨書土器が出土した溝之口遺跡（JR加古川駅北東）とみる説がある。

賀古郡の西部・北部の境界をなす現在の加古川は、当時、「印南川」や「針間氷河(はりまのひかわ)」と呼ばれていた（『風土記』、『古事記』孝霊段）。その河口部はラグーン状に大きく湾入し、東播諸郡からの舟運のターミナル的な位置を占めた。諸文献にはこの付近のミナトとして、印南之大津(いなみのおおつ)江(え)・阿閇津(あえつ)・御坏江(みつきえ)・榭津(たなつ)・水児船瀬(かこのふなせ)・韓泊(からさきのとまり)などがみえる（『風土記』『続紀』『住吉神代記』）。このうち水児船瀬には、八世紀末頃、美嚢郡の大領の韓鍛首(からかぬちのおびと)広富や播磨国の人大初位下の出雲臣(いづものおみ)人麿らが、大量の稲を献上している（『続紀』延暦八年条、延暦十年条）。また遣唐使を派遣する際の、難波の住吉神への祝詞(のりと)では、「大唐(もろこし)に使(つかい)遣わさむとするに、船居(ふない)（＝船着場）無きによりて、播磨国より船乗るとして……」（『延喜式』巻八）とある。加古川の河口部周辺のミナト全体が、交通の要所であるとともに、官船の建造・修築機能を持っていたことを示す記事であろう。

本郡には、景行天皇の后妃印南別嬢(いなみのわきいらつめ)を出したと伝える氏族がいた（『風土記』）。この印南別嬢は、記紀でいう播磨稲日大郎女を示すと思われ、ヤマトタケル等の皇子を生んだとされる（『書紀』景行二年条、『古事記』景行段）。その出身氏族名は明らかではない。しかし加古川下流の東岸には、全長一〇〇メートル以上に及ぶ行者塚古墳や日岡古墳群等が存在する。古くから当地に相当有力な在地勢力がいたことをうかがわせる。また『古事記』等の記述にもとづけば、それと吉備勢力との関連性も予想される（同・景行段、『風土記』印南郡条）。おそらく針間国造氏の一族であったのではなかろうか。なお『風土記』は、その後、城宮(きのみや)で亡くなった印南別嬢の匣(くしげ)と褶(ひれ)を葬った比礼墓(ひれはか)伝承を載せる。

このほか郡内には、告首(つげのおびと)・出雲臣(いずものおみ)・鴨波里の大部造(おおとものみやつこ)・淡葉(あわわ)郷某里所貫の伯禰部(はくねべ)・馬養造(うまかいのみやつこ)・印南野臣(いなみののおみ)氏など氏族がいた（『風土記』、『続紀』天平神護元年条など）。このうち大部造氏と伯禰部氏は渡来系氏族であった。また馬養造氏は吉備の上道臣(かみつみちのおみ)氏の末裔を名乗り、聖徳太子に馬司(うまのつかさ)として仕えたという伝承をもっていた（『続紀』天平神護元年条）。天平十九年（七四七）と天平宝字五年（七六一）の「法隆寺資財帳」によると、賀古郡には、法隆寺領の庄一処と墾田地一二五町が存在した。また加古川市加古川町北在家にある鶴林寺は、「刀田(とだ)の太子」「西の法隆寺」などといわれ、聖徳太子や法隆寺とゆかりの深い寺院である。これからすると馬養造氏は、賀古郡内の法隆寺領の管理・運営に関わった氏族である可能性もある。

加古川下流域から明石川流域に広がる印南野台地には山陽道が走り、現在の加古川市野口町付近には賀古(かこの)駅(うまや)が設置されていた（『延喜式』兵部省）。多くの古瓦の出土する古大内(ふるおおち)遺跡がその遺構と考えられている。この印南野には、神亀三年（七二六）、聖武天皇による大がかりな行幸がおこなわれ（『続紀』）、『万葉』巻六にその時の歌が残されている。また『三代実録』元慶六年（八八二）条によれば、当地には狩猟用の野も存在していた。

本郡からの貢納物を示す木簡としては、平城京の長屋王家跡でみつかった「貝鮓(かいすし)」の荷札がある。また二条大路木簡には、「加古郡淡葉郷(あわわ)」から納められた調の「大蛸(おおたこ)」の記述がみえる。『風土記』の比礼墓伝承で印南川の年魚(あゆ)は「御贄(みにえ)」として貢納されないとあるが、こうした海産物の進上は盛んであったとみられる。

『延喜式』神名帳は本郡の式内社として、日岡坐天伊佐々比古神社(ひおかにいますあめいささひこ)の一座を載せるのみである。『風土記』はこの日岡に鎮座する神の名を伊波都比古命(いわつひこ)と記し、神名帳との間にズレがある。現在、日岡山の南麓にある日岡神社が当社に比定されている。

息長命の墓　景行天皇と印南別嬢との妻問い伝承には、両者の仲介者として、賀毛郡の山直(やまのあたい)らの始祖息長命(おきながのみこと)の名がみえる。賀古郡と賀茂郡の豪族層が加古川水系を通じて、かなり密接につながっていたことを示す説話である。その後この息長命には、妻として別嬢の侍女出雲臣比須良比売(いづものおみひすらひめ)を賜った。息長命の墓は賀古駅の西にあるという（『風土記』）。

夷俘郷　遺称地なし。『三代実録』貞観八年（八六六）条に、賀古郡と美嚢郡の夷俘長(いふのおさ)五人が出境し、近江国に来たとある。

（坂江渉）

印南郡・いなみのこおり

『和名抄』で「伊奈美」と訓じる。大国(おおくに)・益気(やけ)（高山寺本・名市博本では益田）・含芸(かなん)・余戸(あまるべ)・佐突(さつち)の五郷から成る。令制の基準で下郡にあたる。高山寺本に余戸郷を欠く。『風土記』は大国(おおくに)・六継(むつぎ)・益気(やけ)・含芸(かんき)の四里について記す。このほか伊保山(いほ)

（美保山）・池の原・大石・斗形山・酒山・南毗都麻などの地名起源説話も載せる。同書によると郡名は、筑紫のクマソ征討に向かう仲哀天皇と神功皇后が印南浦に停泊した際、波風が穏やかだったので、「入浪」郡と名づけたことによる。郡域は加古川を隔てて東に賀古郡、南に瀬戸内海、西側に飾磨郡、北側は賀茂郡に接していた。ほぼ現在の高砂市、加古川市の北西部、姫路市の一部に相当する。郡の中央部には法華山谷川を軸にした平野が広がる。北部から北東部付近は、標高二〇〇～三〇〇メートル級の小山地が続く。ただし『播磨国風土記』の現存写本の三条西本では、郡首にあるべき、「印南郡」の標題部分が見あたらない。そこで当初印南郡は賀古郡に含まれ、天平年間に建郡されたとみる説がある。また『延喜式』神名帳に本郡の神社はみえない。

播磨国全体の中でとくに印南郡には、多くの中央官寺の所領や荘園が存在した。例えば法隆寺は、「加良止麻利山」など十六箇所に及ぶ山林、飾磨郡との間にある「海」二塘を保有していた（「法隆寺資財帳」）。また四天王寺は延暦五年（七八六）以降、飾磨郡内の地に換えて、本郡に八十町の水田を保有した（『続紀』同年条）。さらに大安寺には墾田地五町（「大安寺資財帳」）、西大寺には土師年足から献上された庄園などがあった（「西大寺資財帳」）。これは一つに交通の利便性、すなわち賀古郡との境界線をなした加古川河口部に、良質のミナトが多数存在したことに求められよう。また印南郡が元来、人口数に比して田地数が多かったことによるとも考えられる。『続紀』延暦五年条に、「印南郡は戸口稀少にして、田数巨多なり」と記されている。またこのほか本郡には、「今出原」「印南野」などと呼ばれる、中央貴族層の遊猟に供する原野も広がっていた（『三代実録』元慶六年条）。

印南郡に関わる氏族には、石作連・土師・生石村主・私部・矢田部・出雲臣・浦田（上）臣・佐伯直、および中央の物部・丸部臣などがいた（『風土記』、『万葉』、高砂神社前遺跡出土土器、『三代実録』仁和三年条など）。このうち石作連氏は、『風土記』大国条の伊保山の地名起源説話の中に登場する。神功皇后が讃岐の羽若石を求めた後、当地に渡って来た時、その御廬を見いだしたのが石作連大来であった。そもそも播磨国内には、「石作」の名を冠する氏族が少なくない。宍粟郡の伊和村に石作首氏が居住していた（『風土記』）。本郡の北側の賀茂郡にも、石作連氏の存在を確認できる（天平六年「大智度論」奥書）。この石作連氏は、『姓氏録』（左京神別条）によると、景行天皇の皇后日葉酢媛のために、石棺を作り献上したと伝える。現在でも伊保山の比定地に近い高砂市の竜山丘陵では、有名な竜山石（凝灰岩）の産出が続けられている。これからしてこの付近一帯に、石材加工の工人集団が居住していたと考えてよいであろう。なお『風土記』によれば、大国里の池の原の南に、大石という作石があった（遺称地は生石神社の石の宝殿）。この作石は弓削大連によって造られたと言い伝えられているという。この伝承から右の石工集団（石作連氏）と、中央の物部氏との何らかのつながりも推定できよう。

前掲の郡内諸氏族のうち浦田臣については、『後紀』弘仁三年（八一二）条に、「夷」の印南郡の権少領の浦田臣山人が、他の二人の夷とともに、節会のためとくに入京を許されたとある。『和名抄』には本郡に夷俘郷があったとは記されない。しかしこの記事は、印南郡にも夷俘・俘囚と呼ばれる人々が居住していたことを示す。また正官に対する権官（＝仮の官）とはいえ、西国に移住させられた夷俘が、郡領の地位に就いたことを示す稀有な例でもある。この浦田臣をめぐっては、『後紀』延暦二十四年（八〇五）に初めて姓を賜ったとある「浦上臣」の誤写とみる説もある。

佐突駅家　『延喜式』にみえない駅家。しかし『続後紀』承和六年（八三九）条に、「印南郡の佐突駅家を旧によりて建立す」とある。比定地は姫路市別所町佐土付近。

塩田遺跡　高砂市曽根町鍋田に所在。奈良・平安期の遺物から、「三宅」「大使」「伊保田司」などの文字を含む土器類が出土した。印南郡衙跡とみる説がある。

（坂江渉）

飾磨郡・しかまのこおり

餝磨・飾万・鹿間・志磨とも書かれる。『和名抄』（名市博本）で「シカマ」と訓じる。菅生・余戸・英賀・伊和・辛室・大野・英保・三野・穴无・印達・巨智・平野・草上・周智の十四郷から成る。令制下の区分で上郡に相当（戸令定郡条）。高山寺本と名市博本は、辛室郷について「今安室に改む」と記す。余戸郷と周智郷は高山寺本にみえない。『風土記』では、漢部・菅生・麻跡・英賀・伊和・賀野・韓室・巨智・安相・枚野・大野・少川・英保・美濃・因達・安師の十六里をあげる。同書によると郡名は、大三間津日子命がここに屋形を造った時、鳴いた大鹿に対して「壮鹿鳴くかも」

といったことに由来すると伝える。藤原宮木簡に「□加麻評」とあるのが初見史料。郡内に山陽道の草上駅（姫路市の今宿丁田遺跡が有力比定地）があった。式内社は、射楯兵主神社二座・白国神社・高丘神社の三社（四座）。

飾磨郡は播磨南部の中央部に位置し、夢前川と市川の下流域に郡域が広がる。国府のほか国分寺・国分尼寺も所在し、まさに播磨国の中心的な郡をなしていた。早くから開発が進み、姫路市の御国野台地には、兵庫県下第二位の規模の中期古墳・壇上山古墳が存在する。また郡内には辻井廃寺・白国廃寺・平野廃寺などのたくさんの古代寺院があった。さらに『風土記』によると、仁徳朝に、「意岐」「出雲」等の五国造が作る稲を収納するための、「飾磨御宅」が設けられたという（遺称地は姫路市飾磨区三宅付近）。このような開発の前提には、本郡に居住した渡来系氏族の果たした役割が大きいであろう。飾磨郡内の渡来系氏族として、漢人・韓室首・韓人・秦前氏や、巨智郷所貫の己智氏などがいた（『風土記』、正倉院調庸墨書銘など）。このほか『風土記』には、但馬国朝来・播磨国賀茂・伊予国・讃岐国・筑紫国など、各地からの移住者にまつわる説話が収められる。

飾磨郡にいたと推定できる氏族には、物部系の尾張連や弓削連のほか、和邇部臣・日下部・村上・私部・中臣・他田・針間牛鹿臣・播磨宿禰・播磨直氏などがいた（『風土記』、『古事記』、『三代実録』貞観六年条、正倉院文書など）。このうち播磨直氏は、正倉院の調絁墨書銘によると、八世紀半ば頃、飾磨郡の大領の地位にあった（『正倉院古裂銘文集成』）。同氏の一族からは令制下にたびたび中央官人や宮人が輩出し、古く欽明朝には中央の阿倍臣・佐伯連氏らとともに、軍事出兵したとの伝承もある（『書紀』）。おそらく大化前代の針間国造で、稲背入彦命を祖とする針間別佐伯直氏の流れをくむ一族であろう。なお社伝によれば、現在、姫路市の市川西岸の山麓にある白国神社（式内社）は、この針間別佐伯直氏の末裔と称する白国氏によって奉斎されてきたという。同氏所蔵文書には、稲背入彦命が当国に下向した時、雌鹿間野姤庸波那に宮を構えたと伝える（『兵庫県神社誌』所引）。白国神社の近くには佐伯神社という小社もあり、播磨直氏の拠地を考える上で注目される伝承である。

（坂江渉）

揖保郡・いいぼのこおり

伊保・揖穂・揖宝・粒とも書かれる。『和名抄』で「伊比保」と訓じる。栗栖・香山（東急本の訓はカコヤマ）・越部・林田・桑原・布勢・上岡（高山寺本・名市博本の訓はカムノオカ）・揖保・大市（高山寺本の訓はオオチ）・大田・新田・余戸・浦上・小宅・広山・大宅・石見・中臣・神戸（東急本では神と記す）の十九郷より成る。戸令定郡条によると大郡にあたる。ただし高山寺本は余戸郷と神戸郷を載せない。名市博本では浦上郷を欠き、大田から神戸までの九郷を誤って「美作郡」に所属とする。『風土記』は香山・栗栖・越部・上岡・早部・林田・邑智・広山・枚方・大家・大田・石海・浦上・萩原・少宅・揖保・出水・桑原の十八里を記す。郡名は天日槍命との国占め争いに勝とうとした葦原志挙乎命が粒丘で食事した時、粒（飯穂）が口から落ちたことに由来するという。その確実な初見史料は、「粒評石見□〔里カ〕」とある飛鳥池木簡。郡域は揖保川・林田川・大津茂川の中下流域付近に広がる。現在のたつの市全域、揖保郡の太子町・姫路市の一部に該当する。郡内には備前国に通じる山陽道の大市駅・布勢駅のほか、美作国に向かう山陽道の支線が走り、途中、越部駅があった。また沿岸部に宇須伎津（『峰相記』では魚吹津）・宇津川の泊・御津・室原泊（意見封事十二箇条では檉生泊）など、著名なミナトがあった。式内社は粒坐天照・阿宗・祝田・阿波遅・中臣印達・夜比良・家島の七坐。うち粒坐天照と中臣印達・家島神社の三座は名神大社であった。

揖保郡は各地からの移住・流入など、かなり活発な「交通」関係が進んだ地である。本郡にはたくさんの渡来系氏族が居住していた。その数は、衣縫・漢人・大倭千代勝部・呉勝・川原・少宅秦公・呉部首・秦田村君・桑原村主・百済公・辛矢田部など、全体で十氏以上に及ぶ（『風土記』・『続後紀』など）。おそらく播磨国の中でもっとも集中度の高い数値になろう。また若倭部連・別君・額田部・宇治連・神人・阿雲連・五百木部・大部・矢田部氏など、畿内・中央系氏族の浸透も盛んであった。このうち別君は本居の川内国泉郡が不便になったので、越部里の佐野村に移り住んできたという（『風土記』）。額田部・宇治連・神人・阿雲連氏などは、それぞれ郡内の開発に関与したと伝える（同上）。

また宍粟郡の伊和大神系の信仰も

郡内各所に広がっていた。その上、但馬や出雲など他国からの移住・開墾伝承も顕著に残る。安閑二年に設置されたという越部屯倉は（『書紀』）、そもそも但馬君小津がここに三宅を造り、天皇に奉仕したことによるとされる（『風土記』）。旱部里の出雲墓屋は、当地で亡くなった土師弩美宿禰のために、出雲国の人々によって作られたという。さらに「法隆寺資財帳」によると、揖保郡には播磨国で最大の法隆寺領が存在した。林田郷の食封五十戸をはじめとして、二〇〇町以上の水田、薗地十二町、池一塘、佐伯岳などの山林があった。また太子町の斑鳩寺は、そうした寺領の管理のために置かれた寺院の一つといわれる。

郡内で注目される在地豪族としては、針間別佐伯直（播磨佐伯直）氏の一族である佐伯直氏がいる。もともと同氏の最大の拠地は、東隣の餝磨郡平野郷あたりにあったと思われる。しかし本郡にもその一族が居を構えていた。そのうち佐伯直諸成は、賀古郡の造船瀬所に稲を献上し、さらに多くの中央官職も歴任した人物として有名である（『続紀』天応元年、延暦七年・十年条など）。このほか『古事記』開化段の神功皇后の弟・息長日子王の後裔と伝える針間阿宗君も注目される。式内社の一つの阿宗神社は、同氏との関わり深い神社であろう。

天の橋立伝承　たつの市新宮町觜崎の天然記念物の屛風岩（高さ一〇〇メートル以上の安山岩の岩脈）について、『風土記』揖保郡越部里の御橋山条に地名説話がみえる。それによると大汝の命が俵を積んで橋を立てたので、御橋山と呼ぶと伝えている。ここにある「橋」は橋梁のハシをさすのではなく、梯子のハシを意味する。その当時、農村部の山や丘陵に梯子を立てたような嶮しい岩山があれば、人はそれを神が作り立て、しかも天と地との間を行き来する通路と見なす信仰があったようである。これと似通った話は、『風土記』の印南郡益気里条にもみられ、かつて「天の橋立」は丹後国だけではなく播磨国にもあったことになる。

【参考文献】

『播磨新宮町史』史料編Ⅰ　古代・中世・近世、兵庫県新宮町、二〇〇五年

（坂江渉）

赤穂郡・あかほのこおり

『和名抄』東急本に「阿加保」と訓じる。坂越・八野・大原・筑磨・

野磨・周勢・高田・飛鳥（飛取）の八郷から成る。令制の基準で中郡に相当。郡名由来は『風土記』の記事を欠き不明。郡域は千種川の中・下流域に広がり、西は備前国和気郡に接する。現在の赤穂市・相生市・上郡町にあたる。郡内を山陽道が走り、高田駅と野磨駅があった。このうち野磨駅については、上郡町の落地遺跡で見つかった二つの遺構がそれに当たるといわれている。また郡衙所在地を赤穂市の有年原・田中遺跡とみる説がある。式内社は伊和都比売・八保・鞍居神社の三座。本郡には中央諸寺院の所領や封戸が多い。大安寺の墾田地十町、西大寺の塩山、東大寺の封戸五十戸・塩山一処などがあった（「大安寺資財帳」・「東大寺要録」など）。居住氏族は渡来系の秦造・秦・辛人氏などの存在が目立つ。秦造氏は郡領級氏族であった（東大寺文書、『三代実録』貞観六年条など）。このほか播磨直・神人・他田・六人部・川内・若湯坐などの氏族もいた（石崎直矢氏旧蔵文書など）。

（坂江渉）

佐用郡・さよのこおり

讃容・讃用・佐由・狭夜・五月夜とも書かれる。『和名抄』で「佐与」と訓じる。佐用・江川・広岡・速瀬・柏原・大田・中川・宇野の八郷から成る。令制の区分で中郡にあたる。『風土記』は讃容・速湍・邑宝・柏原・中川・雲濃の五里について記す。ただし郷里制の施行期間、速瀬郷の下に「太沢里」という里があった（平城宮木簡）。『風土記』によると郡名は、伊和大神と国占めの争いをした妹の玉津日女命が、捕らえた鹿の腹の血で一夜のうちに苗を育て、それを田に植えた。これに対し伊和大神が、「あなたは五月夜に植えたのか」といい、他処に去ってしまったことによるという。そしてこれ以後、玉津日女命の名は賛用都比売命と呼ばれるようになったと伝えられる。郡衙の所在地は、佐用町の八反田遺跡・長尾沖田遺跡あたりが有力視される。式内社は佐用都比売神社と天一神王神社の二座があった。本郡には揖保郡から延びる山陽道の美作支道が通り、中川駅が置かれていた（佐用町三日月の新宿廃寺付近が比定地）。

佐用郡は千種川上流、その支流の佐用川、江川川、志文川流域の山あいの盆地に広がっていた。ほぼ現在の佐用町全域に該当する。これまで郡内の各所では、多数の製鉄関連遺構が検出されている。『風土記』の郡頭部分にも、「山の四面に十二の谷あり。皆、鉄を生す」とある。その発見者は別部犬という人物であった。孝徳朝に、鉄はその子孫によって初めて献上されたと記される。実際、奈良県明日香村の大官大寺遺跡では、本郡の駅里（＝中川里）から「鉄十連」が貢納されたいたことを示す木簡が見つかっている。

郡内に居住した氏族としては右の別部氏のほか、苫編首・苫編部・丸部・播磨（針間）直氏などがいた。このうち苫編部と丸部は、『風土記』で中川里に居住するとみえる。天智朝に丸部具が、河内国免寸村の人から剣を買い取り、その後、一家が悉く滅びた。そこで苫編部犬猪が、それを掘り出して焼きを入れさせた。だが不思議なことが生じたので、その剣を朝廷に献上した。しかし朝廷は天武朝に曽根連麿を派遣して、それを元の地に返還させたという。この説話がどこまで事実を反映させているかはわからない。しかし少なくとも本郡における鉄の生産やその流通、あるいは製鉄技術の伝播にからむ伝承とみるべきであろう。また播磨（針間）直氏に関しては、平城宮木簡に「佐用郷江川里」と「速瀬郷太沢里」所貫の人物の名がみえる。播磨直氏はおそらく飾磨郡地域を拠点にして、大化前代の針間国造の地位に就いた氏族であった。この二つの木簡はその支配力が、かつて本郡にまで及んでいたことを示す資料であろう。

【参考文献】

小林昌二「日本古代鉄生産集団支配に関する一試論」（『「社会科」学研究』九、一九八五年）。

（坂江渉）

宍粟郡・しさわのこおり

『和名抄』東急本で「志佐波」と訓じる。宍禾・完粟・積幡と書かれることもある。三方（高山寺本の訓はミタ）・高家・比地・柏野（東急本では狛野）・安志・石作（東急本と名市博本では石保）・伊和・土万（東急本と名市博本では土方）の八郷から成る。令制区分の中郡に相当。『風土記』によると、孝徳朝に揖保郡から分立して建郡された。同書は比治・高家・柏野・安師・石作・雲箇・御方の七里を載せる。このうち安師里はかつて酒加里・山守里と、石作里は伊和里と呼ばれていたと記す。平城宮木簡などによると、このほか「余戸里」「野里」（山守里か）「売里」（雲箇里か）などの里もあった。郡名は国作りを終えた伊和大神が巡行した際、矢田村で舌を出した大きな鹿に遇い（＝シシアワ）、「矢がその舌にある」といったことに由来するという（『風土記』）。「宍粟評小□□」とみえる藤原宮木簡が確実な初見資料。郡域は南流する揖保川と千種川、および林田川上流域を中心に広がる。現在の宍粟市全域とたつの市の一部にあたる。式内社は伊和坐大名持御魂・御形・庭田・雨祈・与比・大倭物代主・邇志の七座。郡内にはほぼ現在の中国自動車道に沿う形で、山崎断層系と呼ばれる活断層が走っている。『三代実録』貞観十年（八六八）条にみえる播磨国大地震は、この断層がもたらしたといわれる。

　宍粟郡には名神大社の伊和神社が鎮座した。ここで祀られる伊和大神は、この地域の代表的な国津神（地方神）であった。その信仰圏は本郡だけに留まらず、相当な広がりをみせていた。『風土記』の各郡条に、この神をめぐるたくさんの説話が収められている。古くから国作りの神として、国内の広範な人々に崇敬されていたのであろう。後世には播磨国一宮にも位置づけられた。なおこの伊和神社のことを、『延喜式』神名帳は、伊和坐大名持御魂神社と記す（『延喜式』臨時祭条では伊和神社）。本来まったく別個の神であるイワの神とオオナム（モ）チの神が同一神として扱われている。ここでは伊和大神のような在来的な地方神を、記紀神話の中で「国譲りの主人公」（＝朝廷への服属神）として描かれるオオナムチの神に、統合・集約していこうとする観念を読みとることができる。

　宍粟郡を代表する豪族としては、右の石作首氏のほか、郡内各地に分布する山部氏がいた。『風土記』では比治里の里長として「山部比治」、山守里の里長として「山部三馬」の名がみえる。出土木簡にも山守里の「山部加之ツ支」、柏野郷の「山部人足」「山部子人」の例がある。この山部および山直氏は、賀茂郡・多可郡などの主に東播の加古川水系の山間地域に多く見いだせる氏族である。おそらく本郡の山部氏もそれらと同じく、かつて中央の山部連氏の統括のもと、王権に対して鉄素材や木材等の管理・供給をおこなっていたと考えられる。このほか本郡には、出雲部・穴毛・日奉部・丸部・神人（神人部）氏の存在を確認できる（飛鳥池木簡など）。このうち神人（神人部）は、とくに三方郷関連の木簡に集中的にあらわれている。この神人については『書紀』垂仁三年三月条の一云に、但馬国出石に定住するまでの間、天日槍が播磨国宍粟邑に滞在し、そのもとに派遣されたのが、三輪君の祖の大友主と倭直の祖の長尾市であったとする伝承が注目される。三輪君氏と本郡に居住した神人氏の間には、何らかの関連性があるのかも知れない。なお本郡の北東部に接する但馬国朝来郡にも、神部直氏の存在が知られる（粟鹿大明神元記）。

鹿の地名説話　現在、兵庫県下には山間部を中心に三万頭以上の鹿（ニホンジカ）が生息している。『風土記』にもこの鹿に関わる地名説話がたくさん登場する。そのうち三例までは郡名の地名起源となり、本郡の場合もその一つである。鹿は古代の農民たちにとって「害獣」であるとともに、その特異な容姿や独得の習性などにより、「聖なる生き物」ともみられていた。稲作の占術儀礼にその血が用いられたり、その「妻問い」の鳴き声を聞く習俗もあったらしい。本郡の神が舌を出した鹿に会ったというのも、何らかの占術との関わりを想定できる。

【参考文献】

寺脇弘光『兵庫県地震災害史』神戸新聞総合出版センター、一九九九年
岡田精司「出雲神話の神々」（『新版古代の日本』四、角川書店、一九九二年）

（坂江渉）

神埼郡・かんざきのこおり

『和名抄』（東急本）で「加无佐支」と訓じる。神崎・神前・神城と書かれる場合もあった。埴岡・蔭山・川辺・的部・槻田の五郷から成る。令制の基準で下郡にあたる。『風土記』では埴岡・川辺・高岡・多駝・蔭山・的部の六里が載る。また長屋王家木簡によると、天平十年（七三八）頃、蔭山郷の下に「田中里」があった。郡名は、伊和大神の子の建石敷命が高岡里の神前山に鎮座することによるという。藤原宮木簡に「神前評川辺里」とあるのがその初見資料。郡域は現在の姫路市の一部の神崎郡の市川町と福崎町、神河町、および朝来市生野町の一部にあたる。郡のほぼ中央を市川が南流する。式内社は新次神社と田川神社の二座。このうち新次神社に関して『風土記』は、大和葛城の高鴨に縁の深いアジスキタカヒコネの神がこの社に鎮座して、神宮を邑曰野に造ったとの伝承を載せる。

『和名抄』神埼郡条には、夷俘郷について書かれていない。しかし『風土記』埴岡里条によると、大川内と湯川に、それぞれ約三十人の「異俗人」が住むとある。また『姓氏録』佐伯直条（右京皇別）では、応神

天皇が針間に巡行した時、稲背入彦命の子孫伊許自別が、本郡の瓦村の川上にいる「蝦夷」らを見いだし、後に彼らは「佐伯」に改められたと伝える。この佐伯に関連して、『風土記』多駝里条は、佐伯部らの始祖の阿我乃古が、応神天皇に対し、この土地を賜りたいと「直に請うた」という地名起源説話を載せる。これらからすると、エミシの系譜をひく佐伯（佐伯部）氏が神埼郡に居を構え、その有力な根拠地が、多駝里（姫路市山田町多田が遺称地）付近にあったといえるだろう。ただし従来この佐伯氏を、稲背入彦命の子孫の針間別佐伯直氏と混同し、大化前代の針間国造に就いた一族と見なす解釈がある。しかし『姓氏録』の右の文章に続くところでは、天皇が伊許自別命に対して、「宜しく汝、君としてこれ（＝佐伯）を治むべし」と勅し、針間別佐伯直の氏名を与えた。そして庚午年（六七〇）、さらに佐伯直氏に改姓されたとみえる。これによると佐伯直と佐伯は、系譜上まったく別個の氏族であることは明かである。おそらく本郡の佐伯氏は、ある時期から佐伯直氏の支配や管掌を受けながら、王権への軍事的な奉仕をおこなう氏族であったと理解できよう。なお佐伯直氏の本拠地は、南接する飾磨郡内にあったと考えられる。しかし本郡にもその一族が居住していたことがわかっている（天平六年「大智度論」巻三六奥書）。

郡内には右の佐伯氏や佐伯直氏のほか、的部里に的部氏、川辺里に三宅人氏、蔭山郷田中里に辛人氏、そして六人部氏などがいた（『風土記』、「大智度論」など）。このうち六人部氏について、東隣の賀茂郡既多寺での写経事業の「知識」（＝財物提供者）の中に、六人部奈支佐の名がみえる。この既多寺の写経では、本郡所貫の佐伯宜（直カ）等美女も知識に名を連ねていた。神埼郡と賀茂郡とのつながりを考える上で注目されよう。

【参考文献】

『加西市史』第八巻（古代・中世・近世Ⅰ）、加西市、二〇〇六年

（坂江渉）

多可郡・たかのこおり

『和名抄』名市博本で「タカ」と訓じる。荒田・賀美・那珂・資母・黒田・蔓田（名市博本で蔓、高山寺本では蔔田）の六郷から成る。令制の基準で下郡。『風土記』では託賀郡と表記し、賀眉・黒田・都麻・法太の四里を載せる。郡名はある巨人神が当地にやってきて、「この土は高きかも」といったことに由来する。平城宮木簡に「播磨国高郡□」とい

う例がみえる。郡内には南北に貫く加古川が流れ、その支流として杉原川・野間川などがあった。郡域はこれらの三つの水系を中心にして広がる。ほぼ現在の多可郡多可町と西脇市にあたる。式内社は荒田・兵主・古奈為・加都良乃命・大津乃命・天目一神社の六座。古代寺院として白鳳期創建の多可寺廃寺のほか、上ノ段廃寺・八坂廃寺などがあった。なお郷里制の施行期（七一五～七三九年頃）に、中郷（那珂郷）の下に「三宅里」が、蔓田郷の下に「川辺里」があった（二条大路木簡）。

出土木簡や正倉院文書などによると、本郡に居住したと思われる氏族は、山直・針間直・日下部・宗我部・倭文連・宅部・高屋などである。これらのうち大半は、那珂郷の所貫氏族である。現在、この那珂郷の遺称地とされる多可郡多可町中区の天田には、本郡の仏教文化の中心地といわれる多可寺廃寺がある。またその北東の牧田には、奈良後期の官衙跡を検出した大日遺跡があった。「中郷三宅里」という出土木簡銘からしても、おそらく多可郡衙跡であろうと推測されている。こうしてみると、杉原川の中流域にあるこの那珂郷一帯は、本郡の中心地的な位置を占めていたと理解できる。

令制以前の多可郡は、南接する賀茂郡との政治的な結びつきが強かったといわれる。とくに本郡では、賀茂郡に盤踞した山直氏の存在が確認されている。そこで通説は、大化前代の多可郡が、『旧事紀』国造本紀にみえる針間鴨国造＝山直氏の支配下にあったと解く。しかし一方で、針間国造の針間別佐伯直氏の系譜を引く針間直氏も、那珂郷を中心に居住していた。舟運を通じた加古川の河口付近の地域との交通、あるいはそれを前提にした針間国造氏の支配の浸透力の問題も考慮する必要があろう。なお針間鴨国造が実在し、山直氏がかつてその地位にあったか否かは現状では不明である。しかし一般に山直氏や山部氏は、中央の山部連氏に管掌されながら、王権への金属素材や木材等の管理・供給をおこなう氏族であったといわれている。右にみた多可寺廃寺では、巨大な塔心礎跡とともに、二つの産銅工房が見つかっている。本郡の山直氏は、王権に対する銅や鉄の供給・管理に密接した可能性が強い。

（坂江渉）

賀茂郡・かものこおり

『延喜式』神名帳で「カモ」と訓じる。鴨・賀毛・加茂・加毛ともつくる。『和名抄』東急本では、三重・上鴨・穂積・川内・酒見・大神・住吉・川合・夷俘の九郷を載せる。高山寺本に大神・夷俘の二郷を欠く。名市博本は七郷分を多可郡にかけて誤記するが、さらに余戸・神戸の二郷を載せる。『風土記』は、上鴨・下鴨・修布・三重・楢原・起勢・山田・端鹿・穂積・雲潤・河内・川合の十二里について記す。郡名は応神朝につがいの鴨が鴨村で栖を作り、卵を生んだことに由来するという。郡の境域は加古川、およびその支流の万願寺川・下里川・千鳥川・万勝寺川の流域に広がる。おおよそ現在の加西市・加東市・小野市にあたる。郡の西北部の加西市玉丘町には、兵庫県下第五位の大きさの前方後円墳の玉丘古墳がある。『風土記』はこれに関連して、山部小楯を媒にした、国造許麻の娘根日女とオケ・ヲケ王との妻問い伝承を収める。郡衙の所在地は不明。式内社には崇健・石部・坂合・住吉・菅田・木梨・垣田・乎疑原の七座があった。

　賀茂郡は古くから仏教受容の著しい地域であった。郡内には繁昌廃寺・殿原廃寺・広渡廃寺など白鳳期創建の寺院跡が存在する。印南郡との境界付近の加西市坂本には、法道仙人の開基と伝える法華山一乗寺が、またその近くの古法華の山中にも、白鳳期の石仏像が残されている。さらに天平六年（七三四）、郡内の既多寺で地域の有力者をパトロンにした、「大智度論」百巻の写経事業がおこなわれたらしい。

　この「大智度論」奥書の知識名や『風土記』などにもとづくと、賀茂郡に関連する氏族として、佐伯直・針間国造・播磨直・平群朝臣・石作連・物部連・衣縫造・山直・車持連・品遅部・大伴連・巨勢部・穂積臣・秦人・委文連・佐伯部・民直など、多様な顔ぶれを指摘できる。通説ではこのうち山直氏を、大化前代の針間鴨国造氏の一族、さらに令制下の郡領氏族と解する場合もある。しかし詳細は不明である。

　おそらくこうした仏教受容の問題や氏族構成の多様性に関連して、賀茂郡には住吉大社の所領も置かれていた。『住吉神代記』によると、本郡の椅鹿山（加東市東条町掎鹿谷付近が遺称地）に九万町歩に及ぶ杣山があり、船木連氏の遠祖・神田田命が寄進したものという。この杣山は住吉大社の造宮料、および王権の外政・軍事用の船舶の木材供給地であったと考えられる。式内社の住吉神社や加西市北条町の住吉酒見社などは、そうした杣山の鎮護・管理のため、難波の住吉神が分祠されたものとみられる。こうしてみると右の山直氏も、住吉大社の杣山の管理や造船用木材の生産・供給に介在していた可能性もある。

【参考文献】
栄原永遠男「郡的世界の内実―播磨国賀茂郡の場合―」（大阪市立大学文学部紀要『人文研究』五一の二、一九九九年）

（坂江渉）

美嚢郡・みなぎのこおり

美芸・耳企・美奈伎にもつくる。『和名抄』名市博本で「ミナキ」と訓じる。志深・高野・平野・吉川・夷俘の五郷から成る。戸令定郡条によると下郡。高山寺本で夷俘郷を、名市博本で志深郷を欠く。『風土記』では志深・吉川・枚野・高野の四里を載せる。郡名由来は履中天皇が志深里の許曽社を訪れた時、「水流」の美しさを称えたことによるという。郡内を加古川の支流の美嚢川、さらにその支流の志染川・淡河川などが流れる。現在の三木市と神戸市の一部に相当する。令制以前は明石・印南郡とともに「赤石国」と呼ばれていた可能性が強い。美嚢川と加古川の合流付近に県下第八位の前方後円墳・愛宕山古墳がある。本郡には著名な白鳳寺院は未発掘だが、三木市志染町大谷には法道仙人の開基と伝える伽耶院がある。式内社は御坂神社の一座のみ。ただし『風土記』には、許曽社、吉川大刀自神、玉帯志比売豊稲女を祭る祝田社について記す。

本郡における氏族としては、横川郷所貫の額田部氏のほか（正倉院文書）、韓鍛首氏・忍海部造氏などがいた。このうち韓鍛首氏は、『続紀』延暦八年（七八九）条に「美嚢郡大領」とみえ、賀古郡の水児船瀬に稲六万束を献上している。同氏はもともと百済系の渡来氏族で、各地で配下の韓鍛冶部を率いて鍛冶に従事した集団といわれる。播磨国の例ではこのほか、同書・養老六年（七二二）条に、忍海漢人麻呂の名とともに、韓鍛冶百依の名がみえる（所貫郡名は不明）。また忍海部造氏は、有名な縮見屯倉のオケ・ヲケ王の流離譚に登場する。『風土記』や『書紀』顕宗即位前紀などによると、父親の市辺押磐皇子を雄略天皇に殺されたこの二人の王は、帳内の日下部連使主らとともに、近江から山代、丹波の与社などに逃げ隠れ、やがて播磨の縮見屯倉に落ち着く。そこで忍海部造細目に仕えるが、その後山部連少楯に見いだされ、二人は顕宗・仁賢天皇になったという。この縮見屯倉の忍海部造氏を、オケ・ヲケ王の姉にあたる忍海部女王の御名代とみる説もある。しかし忍海とは本来大和葛城の地名である可能性が強く、その地には鉄器生産に従事した渡来系の忍海手人（おしぬみのてひと）などもいた（『続紀』神亀元年条）。これからするとおそらく忍海部造氏は、郡内にいた韓鍛冶や忍海漢人などを支配・管掌し、王権に対し鉄素材等を貢納・供給する役割を担う氏族であったと思われる。ただし美嚢郡内で製鉄遺構は検出されていない。

志深郷　三木市志染町の御坂・井上・細目などの周辺地域が比定地。明石川上流の神戸市西区押部（おしべ）谷（だに）付近とみる説もある。

夷俘郷　『三代実録』貞観八年（八六六）条によると、本郡の夷俘の長らが境域を出て、近江国にいたと記す。遺称地を三木市細川町あたりと考える説がある。

【参考文献】

山尾幸久『筑紫君磐井の戦争』新日本出版社、一九九九年
落合重信「播磨国美嚢郡夷浮郷試考」（『歴史と神戸』一六〇、一九九〇年）

（坂江渉）

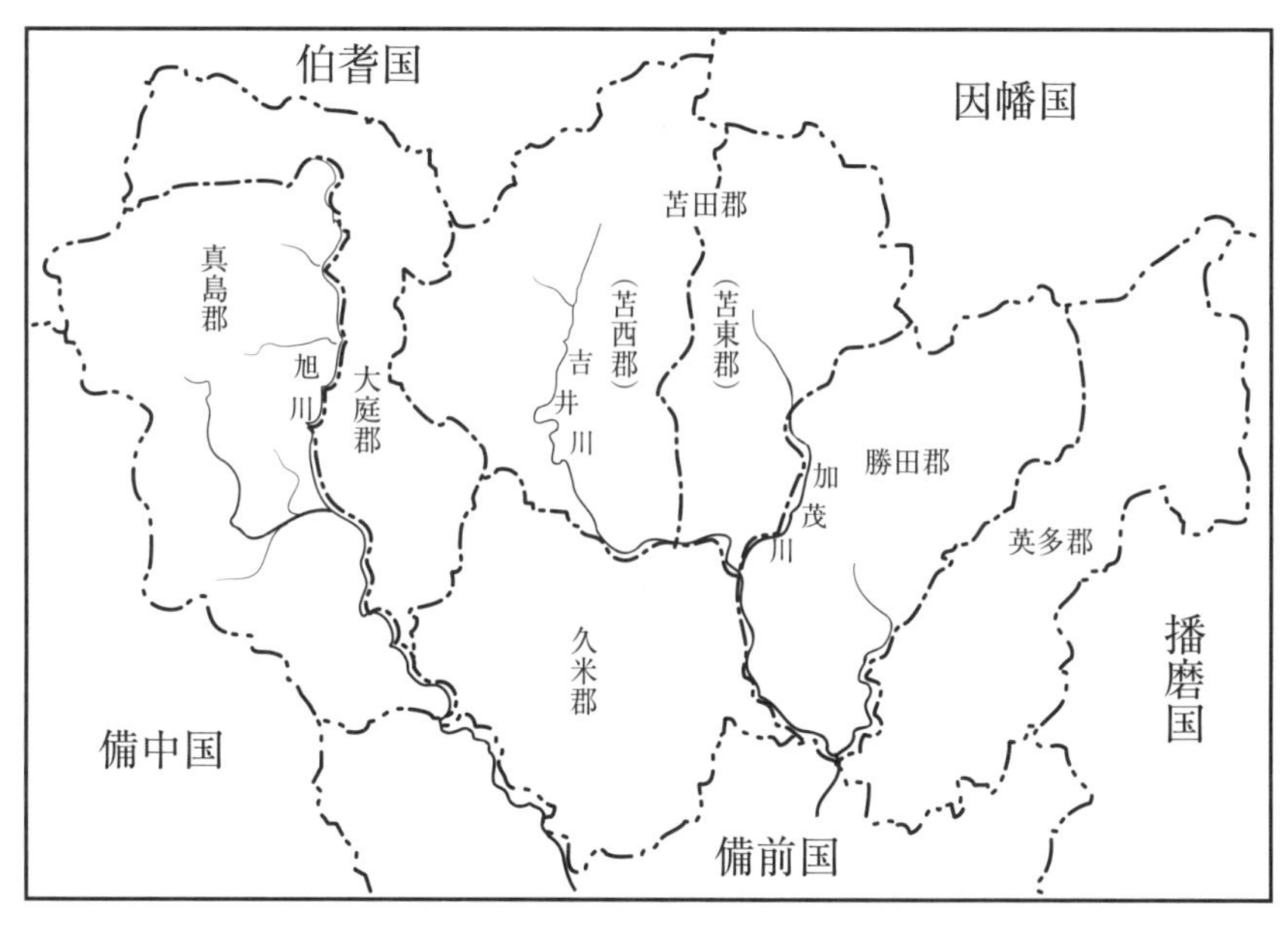

美作国略図

美作

美作国・みまさかのくに

『続紀』和銅六年（七一三）四月条に、備前国に属していた英多・勝田・苫田・久米・大庭・真嶋の六郡を分割して新たに美作国を置いたとある。現在の岡山県北東部にあたり、山陽道に属する国で、北は因幡国・伯耆国、東は播磨国、南は備前国、また西は備中国と境を接する。天平期に成立したと考えられる『律書残篇』には郡六、郷七十九、里百九十七とあるが、平安時代に入り貞観五年（八六三）には、苫田郡が苫東と苫西の二郡に分割され（『三代実録』）、七郡から構成されることになった。『和名抄』の訓は「三万佐加」（東急本）、「美万佐加」（刊本）。国名の由来については、甘酒説、ミ・マは美称の接頭語でサカは坂とする説（『古代地名語源辞典』）などがあるが、不明とすべきであろう。『延喜式』民部上には国の等級は上国、京との距離では近国とあり、また、同書主計上に京への行程は七日、下りは四日とある。

美作では、五世紀末から六世紀初頭にかけて巨大古墳がまったく造られておらず、また部民の分布において、名代・子代や品部に比べ部曲が少ないことから、大王権力が南の吉備一族を牽制するため、この地方を直接支配下においていたと考えられている。さらに出雲へ進出するための交通の要衝であり、また鉄の産出地としても重要な意味をもっていた。製鉄遺跡としては、大蔵池南製鉄遺跡（津山市）・キナザコ製鉄遺跡（津山市）・緑山遺跡（津山市）・高本遺跡（美作市）・福本製鉄遺跡（美作市）などがある。

『和名抄』は国府の所在地を苫東郡と記している。近年の発掘調査によって、津山市総社でその遺構の一部が発見され、その結果、国府存続期は第一期の奈良時代〜平安初期、第二期の平安時代初期〜同末期、第三期の平安末期〜鎌倉時代初期の三期に大別されることが明らかとなった。

国分寺跡は津山市国分寺にあり、主要伽藍と寺域がほぼ確認された。伽藍配置は、約二町四方の寺域中央に、南門・中門・金堂・講堂が南北一直線に並び、金堂と中門を回廊が結び、その東南外に塔を配置する、いわゆる国分寺式である。また国分尼寺は国分寺の西方に推定されている。式内社は大一座・小十座であるが、うち八座は大庭郡に集中して存在するという特徴がある。

【参考文献】

門脇禎二『吉備の古代史』日本放送出版協会、一九九二年

吉田晶「古代の美作について」（『吉備古代史の展開』塙書房、一九九五年）

（俣野好治）

英多郡・あいたのこおり

郡名は古代には「英多」と記すのが一般的で、『続紀』和銅六年（七一三）四月条が初見である。『延喜式』神名下、『和名抄』国郡部（東急本）でも「英多」と表記される。訓は『延喜式』神名下・民部上に「アイタ」、『和名抄』に「安伊多」（刊本）とある。郡名の由来は、県の転訛とする説がある。養老戸令の郡の等級規定によれば上郡に相当し、英多・闕武・吉野・大野・讃甘・大原・栗井・広井・楢原・林野・巨勢・川会の十二郷から成る。当郡は現在の岡山県の北東部に位置し、西粟倉村と美作市に比定される。

『文徳実録』嘉祥三年（八五〇）八月条によれば、美作介藤原朝臣貞道は中央政府に、英多郡大領財田祖麻呂が郡内の川会郷を流れる英多河（現在の吉野川であろう）の石上で白亀一枚を得たことを報告している。このため翌九月には同年の庸が免除された（同書）。財田氏については、『続紀』神護景雲二年（七六八）十二月条に、献物により外正八位上から外従五位下に昇叙された美作国人財田直常人がみえるが、その同族であろう。貞観元年（八五九）四月、当郡はこの年十一月に行われる清和天皇の大嘗祭の主基に卜定され（『三代実録』）、また貞観二年六月には、藤原順子に付置された当郡の皇太后宮職の水田九町が、田地狭少で百姓口分田が不足しているために、勝田郡の公田と交換されている（同書）。これらの記事から、英多郡は当該時期の王権に深く関わる地域であったと考えられよう。

郡家は、美作市にある高本遺跡と推定されている。吉野川右岸の河岸段丘上にあり、谷部をはさんで掘立柱建物の集中が確認されている。全体の建物配置は不明であるが、出土遺物の中には「郡」墨書須恵器や十種十二片にのぼる円面硯片などがあり、官衙的様相の一端を示している。

『延喜式』神名下には、美作市滝宮に鎮座する同名社に比定される天石門別神社一座（小社）がみえ、貞観五年五月には従五位下より従五位上に進階されている（『三代実録』）。寺院跡としては長大寺廃寺（今岡廃寺ともいう）・大海廃寺・

土居廃寺・竹田廃寺・江見廃寺・楢原廃寺（いずれも美作市）の六箇所があるが、うち建物が確認できるのは大海廃寺と楢原廃寺である。両寺とも白鳳期の創建と考えられ、軒丸瓦の多くが川原寺式系統の瓦当文様を有する。この川原寺式瓦については、壬申の乱において大海人皇子方に味方した豪族に対する論功行賞的な意味をもって、中央からその使用を認められたとする説が定説になっている。

平城宮跡からは「英多郡□□」、「(表) 美作国英□」「(裏) 秦部知足□」と記した木簡が出土しており、二条大路木簡には「(表) 美作国英多郡」「(裏) 白米五斗」と墨書された白米の荷札などがある。長岡京跡からも「(表) 英多郡栗井郷五斗」「(裏) 九年」と墨書した木簡が出土している。

「真金吹く吉備」と古歌に詠われるように、美作を含む吉備地方は古来、鉄の産地として著名で、『霊異記』下十三には、孝謙天皇（称徳）の時代、当郡内の官有の鉄穴で落盤事故があり、坑道に閉じこめられた一人の「役夫」が、妻子の観音信仰と自らの法華経書写の発願によって救出されるという説話が記されている。また平城宮跡からは「英多里鈹」と記された木簡が出土しているが、「鈹」は鉏のことである。さらに長屋王家跡からも「美作国英多郡大野里鉄一連」と記された荷札が出ており、鉄製品や鉄が当郡から中央へ貢納されていたことが知られる。当郡の製鉄遺跡としては、郡家と推定されている前記の高本遺跡から、奈良時代ないし平安時代の箱形の製鉄炉址一基が検出されており、美作市の福本遺跡からも古代に属する製鉄炉址一基が検出されている。

英多郷　美作市川北の高本遺跡からは瓦・陶硯・倉庫群・「郡」銘墨書土器などが出土しており、英多郡衙と考えられるところから、郡名を冠する当郷の郷域は川北付近に比定されている。

吉野郷　長屋王家跡からは「英多郡吉野郷黒葛十斤」と記された木簡が出ているが、『延喜式』主計上によれば、黒葛は美作国の中男作物の品目である。

大野郷　前記のように、長屋王家跡からは「美作国英多郡大野里鉄一連」と記された木簡が出土している。

栗井郷　『和名抄』高山寺本には「栗井」、東急本・刊本には「粟井」とあるが、前記の長岡京木簡に「栗井郷」とあることからすれば、高山寺本が正しいと思われる。

【参考文献】

原島礼二「県の成立とその性格」

（『日本古代王権の形成』校倉書房、一九七七年）
八賀晋「地方寺院の成立と歴史的背景」（『考古学研究』二〇巻一号、一九七三年）
光永真一「まがねふく吉備」（『えとのす』二五号、一九八四年）

（俣野好治）

勝田郡・かつまたのこおり

郡名の「勝田」は、『続紀』和銅六年（七一三）四月条の美作国の成立を示す記事が初見。藤原宮跡からは美作国成立以前の「備前国勝間田郡」と記した木簡が出土しており、二字の好字への改変が行われた年でもあるこの和銅六年以前は、「勝間田」の三字で表記されていたことが知られる。訓は『和名抄』国郡部には「加豆万多」（東急本）、『延喜式』民部上には「カツタ」。郡の等級は上郡に相当し、勝田・飯岡・塩湯・殖月・香美・吉野・広岡・豊国・新野・賀茂・広野・河辺・鷹取・和気の一四郷から成る。当郡は現在の岡山県北東部に位置し、美作市の一部・奈義町・勝央町・津山市の一部にまたがる地域である。

天平神護二年（七六六）五月、当郡塩田村は治郡（郡家）に遠く、百姓が課役貢納に苦しんでいるため、塩田村を備前国藤野郡に編入することが申請され、許されている（『続紀』）。当郡に居住していたことが確認できるのは家部氏で、神護景雲三年（七六九）勝田郡人従八位上家部国持ら六人の部姓者に対して、石野連が賜姓され、その翌日には一族の者にも同様に石野連を賜っている（同書）。これら部姓集団は、和気氏の勢力が吉備地方に拡大されるなかで、その配下に入った最も底辺の農民であったとみられる。ほかに当郡に関しては、貞観二年（八六〇）、隣接する英多郡の田地が狭少で百姓口分田が不足していたため、同郡の皇太后宮職水田九町が、当郡の公田と交換されたことなどがみえる（『三代実録』）。

郡家は、勝田郡勝央町にある勝間田遺跡・平遺跡と推定されている。両遺跡はともに滝川右岸にあり、勝間田遺跡は、旧出雲街道に北接する交通の要衝に所在する。ここでは五棟の掘立柱建物や、築地遺構・礎石等が確認された。出土遺物には、少量の須恵器、土師器、円面硯のほか、多量の瓦がある。また平遺跡からは倉院風と考えられる建物のほか、「郡」刻印土器・「勝」篦書灰釉陶器、さらに多くの陶硯などの遺物の出土が物語るように、本遺跡もまた官衙的性格をうかがわせ、勝間田遺跡との距離が約二〇〇メートルであることとあわせて、勝間田遺跡と一体をなす遺跡と考えられる。

当郡には式内社は存在しないが、『三代実録』貞観五年（八六三）五月条に、従五位下奈关神が従五位上に進階された記事がみえ、同社は奈義町成松の諾神社と考えられている。また寺院としては、河辺郷に美作国分僧寺・同尼寺が建立されている。

藤原宮木簡には前記のほかに、『和名抄』にはない「備道国勝間田郡荒木田里」がみえる。当郡に関係する木簡の件数は美作国では最も多いが、特に庸米・年料舂米の荷札が多く、当国をその輸納国とする『延喜式』主計上・民部下の規定に符合する。また貢進者名には「田部牟□」「服部足倍」などがみえ、前記の『続紀』の記事と合わせ、当郡には部姓者が多いことが注目される。

【参考文献】
平野邦雄『和気清麻呂』吉川弘文館、一九六四年
河本清・岡田博「美作地方の官衙」（『佛教藝術』第一二四号、毎日新聞社、一九七九年）

（俣野好治）

苫田郡・とまたのこおり

岡山県北部にあり、郡名の初見は『続紀』和銅六年（七一三）四月条である。平安時代に入り、貞観五年（八六三）五月に苫東郡と苫西郡に分割された（『三代実録』）。その郡界については、津山市の神楽尾山とその北方の同市黒沢山を結ぶ線とする説が有力である。『延喜式』神名下には苫東郡について「トマヒウカシ」、民部上には「トマヒカシ」とある。苫東郡は苫田・高田・高野・綾部・美和・賀和・賀茂・林田・高倉の九郷（東急本は高田、高山寺本は賀和を欠く）、苫西郡は田中・田辺・田邑・布原・能鶏・大野・香美の七郷（東急本は田邑郷を欠く）から成る。郡域は、苫東郡は津山市北東部に、苫西郡は津山市西半部と苫田郡鏡野町に相当する。

天応元年（七八一）三月に当郡の兵庫が鳴動したが（『続紀』）、その数日後には京内の左右兵庫の兵器が鳴動しており、これらは桓武天皇即位の予兆を示すか。斉衡三年（八五六）十二月、美作国から白鹿が献上され、翌天安元年（八五七）二月にはこの瑞祥を出した苫田郡の調が免除され、これが「天安」改元の契機となった（『文徳実録』）。

当郡に関わる木簡は、平城宮跡から四点、長岡京跡から九点がそ

れぞれ出土している。内容は大豆・庸米・白米などの荷札である。

美作国府は当郡にあり、発掘調査により津山市街地の北西部、総社字幸畑他の高台に所在したと推定されている。国府跡からは「田邊□」と郷名を記した木簡が出土している（『木簡研究』第6号）。郡衙跡には椿高下遺跡があり、苫東郡衙と考える説があるが、時期的に苫田郡衙にさかのぼる可能性もある。製鉄遺跡としては、津山市綾部に緑山製鉄遺跡（七世紀代）があり、また同市賀茂町にはキナザコ製鉄遺跡（奈良時代）がある。『延喜式』神名帳には、苫東郡に高野神社と中山神社がみえる。

【参考文献】
河本清・岡田博「美作地方の官衙」（『佛教藝術』第一二四号、毎日新聞社、一九七九年）
松井和幸「鉄生産」（『古墳時代の研究』5、雄山閣、一九九一年）

（保野好治）

久米郡・くめのこおり

岡山県の中央部に位置し、郡域は現在の津山市南部・久米南町・美咲町に比定される。

『続紀』和銅六年（七一三）四月条が初見で、大井・倭文・錦織・長岡・賀美・弓削・久米の七郷から成る（『和名抄』）。郡名は郡衙があった久米郷の名によるのであろう。久米の名は、服属儀礼としての久米舞を歌い舞った久米部（来目部）に由来すると考えられる。平城宮跡からは郡名を記した木簡が二点出土しているほか、二条大路木簡にも当郡から貢進された中男作物の荷札がある。また正倉院文書の天平勝宝九歳（七五七）の西南角領解には、久米郡委文郷戸主家部年足の戸口として家部乙万呂が（『大日本古文書』四）、氏族としては秦氏が確認される。

郡衙は、津山市宮尾にある宮尾遺跡が比定されている。西方には谷水田をはさんで奈良時代前期の創建になる久米廃寺址がある。

（保野好治）

大庭郡・おおむはのこおり

『和名抄』の訓は「於保無波」（刊本）、「於保无波」（東急本）。また『延喜式』民部上の享保八年（一七二三）板本は「ヲホニハ」、神名帳の同写本は「オホンバ」、同武田本は「オホニハ」の訓を付す。近代になって「オオバ」の訓みが確認できる。『和名抄』によれば大庭・美和・河内・久世・田原・布勢の六郷を管し、養老戸令の郡の等級規定では下郡に相当する。当郡は岡山県の中央北部、旭川の上流左岸の流域に位置し、真庭市に比定される。旭川流域沿いの真庭盆地と蒜山盆地にはわずかに低地が見られるが、山地が大半を占める。

『続紀』の和銅六年（七一三）四月条が郡名の初見である。神亀五年（七二八）四月条には、大庭・真嶋二郡は山川峻遠で、物資の運送に難儀しているので、庸の貢納を米から綿・鉄に変更するという太政官奏が出されている（同書）。また天平神護二年（七六六）十二月条には「美作国人従八位下白猪臣大足賜姓大庭臣」とあり、さらに神護景雲二年（七六八）五月条には「美作国大庭郡人外正八位下白猪臣証人等四人賜姓大庭臣」とみえ、当郡には白猪氏や大庭氏が居住していたことが知られる。これに関して、『書紀』の欽明十六年七月条に、蘇我稲目等を吉備五郡に遣わし白猪屯倉を設置したとあることから、この白猪屯倉の一部は当郡にもあったとするのが通説で、稲穀や鉄の収取を目的とした屯倉と解されている。『三代実録』貞観九年（八六七）七月条には、山谷の間で百姓が疲弊しているため、大庭・真嶋両郡百姓の課役が一年間免除されたとある。また元慶元年（八七七）閏二月条には、真嶋郡「加夫良和利山」と大庭郡「比智奈井山」産の銅大十両が貢納されたことがみえ、当郡では鉄だけでなく、銅も採掘されていたことが知られる。

二条大路木簡には、当郡大庭郷から染料の茜十斤を貢進した荷札がある。書式などから考えて中男作物であろう。また長屋王家木簡には「美作国大庭郡河」と記された木簡があるが、「河」は河内郷（里）をさすと思われる。宝亀十一年（七八〇）の「西大寺資財流記帳」の田薗山野図に「美作国五巻　大庭郡田地〈三巻布三巻紙〉並在国印」とあり（『寧楽遺文』中巻）、本郡に大和西大寺の寺田が存在したことが知られる。

『延喜式』神名帳には美作国に十一座の神社がみえるが、そのうち八座は本郡内にある。その八座は貞観六年（八六四）八月に、従五位下から従五位上に昇叙されている（『三代実録』）。寺院としては、白猪屯倉跡碑が建てられている真庭市五反に、白鳳期創建とされる五反廃寺がある。

【参考文献】

彌永貞三「大化以前の大土地所有」（『日本古代社会経済史研

究』岩波書店、一九八〇年)

鎌田元一「部・屯倉・評」(『新版[古代の日本]①古代史総論』角川書店、一九九三年)

(俣野好治)

真嶋郡・ましまのこおり

『和名抄』の訓は「万志万」(東急本・刊本)で、真島・垂水・鹿田・大井・栗原・美甘・建部・月田・井原・高田の十郷を管する。岡山県の中央北部に位置し、郡域は旭川右岸の山間部が中心で、現真庭市と新庄村に相当する。

『続紀』和銅六年(七一三)四月条が史料上の初見。神亀五年(七二八)四月に、庸の品目が米から綿・鉄に変更された(同書)。また貞観九年(八六七)七月には当郡の百姓の課役が一年間免除され(『三代実録』)、元慶元年(八七七)閏二月には、当郡「加夫良和利山」と隣郡「比智奈井山」産の銅大十両が貢納されている(同書)。平城宮跡、長屋王家、二条大路、長岡京跡からは郡名を記した都合七点の木簡が出土している。うち、二条大路から出土した荷札は、中男作物として搗栗を貢進したものである。

郡内に式内社はみえないが、貞観十七年三月に従五位下から従五位上に昇叙された御鴨神がある(『三代実録』)。

(俣野好治)

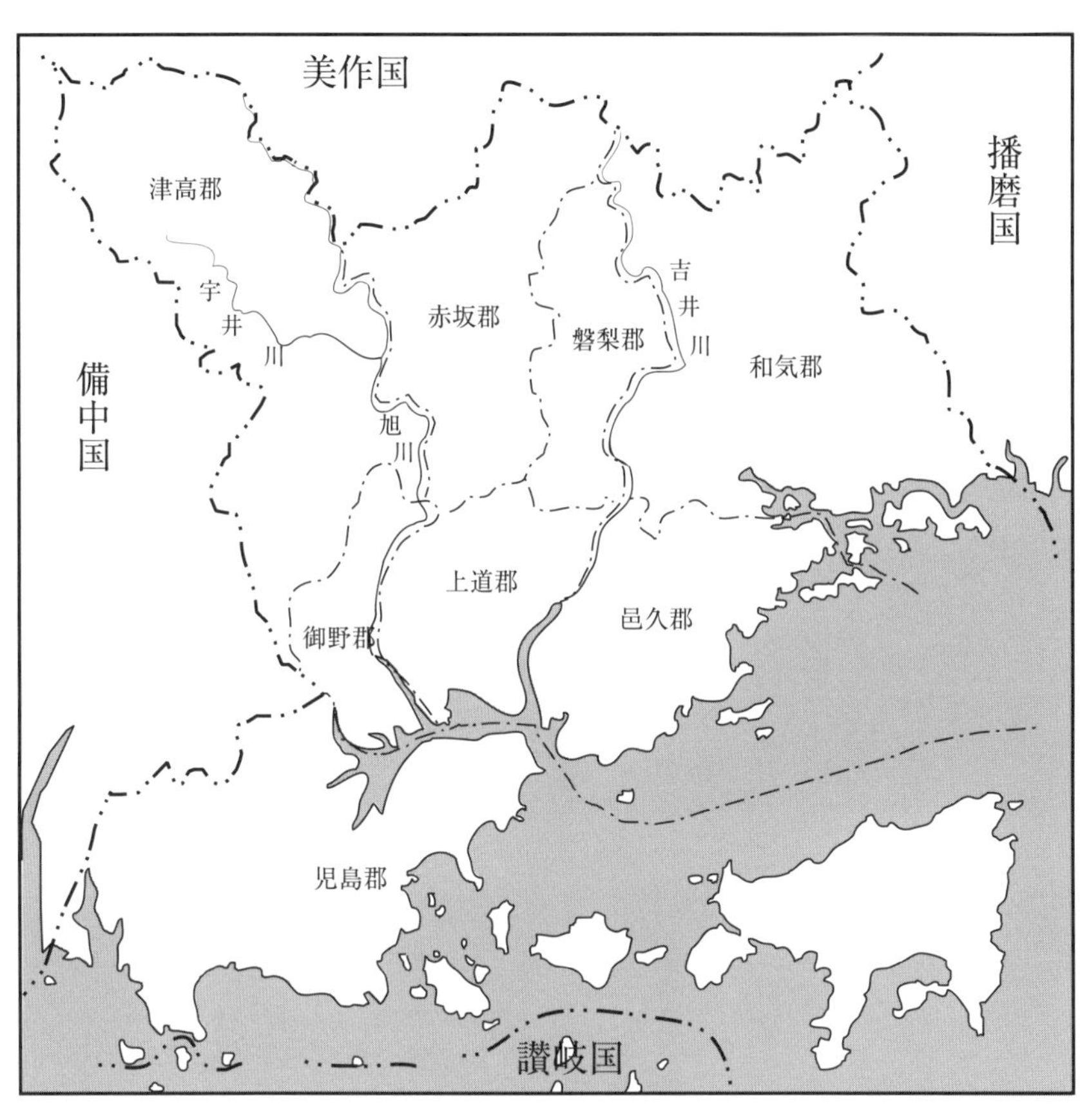

備前国略図

備前

備前国・びぜんのくに

山陽道の一国、現在の岡山県東南部で、東は播磨、北は美作、西は備中に接する。古くは吉備と呼ばれた地域が古代律令体制へむかう中で、備前・備中・備後の三国に分かれた。『書紀』天武元年（六七二）に吉備国守、同八年（六七九）に吉備太宰、『続紀』文武四年（七〇〇）にも吉備総領が記されるが、こおりを評と記す出土木簡に、吉備道中国・吉備中国があり、天武朝の後半には吉備三国の分国が進んでいたとみられる。藤原宮郡郷里木簡には備道前国がみえ、備前国と記す以前には、吉備道前国、吉備前国あるいは備道前国などの名でよばれたようである。備前国は和銅六年（七一三）に六郡を割いて美作国を置くと『続紀』が記す。これは、それまでの備前国の北半部にあたり、美作国設置までは、吉備の東北部をも国域としていた。

南は瀬戸内海に面して、児島のような大きな島を含み、海岸域には、沖積平野がひろがり、北部は高原状の山間地を吉井川・旭川が解析して流れ、中南部には小河川にそった盆地状平地がいくつかある。

『和名抄』には、和気・磐梨・邑久・赤坂・上道・御野・津高・児島の八郡が記され、明治時代には、和気・赤磐・邑久・上道・御津・児島の六郡と岡山市となった。昭和の町村合併では、上道郡のほぼ全域、邑久・御津・児島の一部が岡山市へ、児島郡から玉野市、和気・邑久郡から備前市が成立、児島郡の一部が備中の倉敷市と合併した。郡として残ったのは、和気郡の日生・吉永・和気・佐伯、赤磐郡の瀬戸・山陽・赤坂・熊山・吉井、邑久郡の牛窓・邑久・長船、御津郡の御津・建部・加茂川、児島郡の灘崎の各町となった。平成の合併で、日生・吉永が備前市、瀬戸・御津・建部・灘崎が岡山市へ、山陽・赤坂・熊山・吉井で赤磐市、牛窓・邑久・長船で瀬戸内市となり、加茂川は加賀郡吉備中央町となり、佐伯と合併した和気郡和気町が備前で郡名を残した唯一の町となる。

邑久・上道・御野・津高の各郡の南部は、児島との間の遠浅になっていた入海が山地から流出した土砂で古代以来順次陸化し、水田経営可能な平地が拡大する地域であった。児島が南をさえぎった入海や、東南部瀬戸内市牛窓町の海岸が、古代以来港湾として優れ、瀬戸内海航路の拠点的役割をになったことも、この国の特性である。

（間壁忠彦）

和気郡・わけのこおり

『和名抄』には坂長・藤野・益原・新田・香止の郷名がみえる。香止は香登にも作る（『続紀』・平城宮木簡）。この郡は郡名と郡域が複雑に変化していたことを『続紀』が記す。養老五年（七二一）に邑久・赤坂の二郡の郷を分かって藤原郡を置き、神亀三年（七二六）に藤野郡となる。平城宮木簡には藤野郡嶋村郷がある。天平神護二年（七六六）には、邑久郡香登、赤坂郡珂磨・佐伯、上道郡物理・肩背・沙石の六郷と美作国勝田郡塩田村が藤野郡へ入り、神護景雲三年（七六九）に和気郡となった。延暦七年（七八八）には、郡の河西を分け磐梨郡をたてている。これで吉井川以西で天平神護二年まで赤坂郡・上道郡であった郷が離れ、和気郡は『和名抄』が記す河東の郡域となる。

『後紀』延暦十八年（七九九）の和気清麻呂薨伝には、その遠祖弟彦王が神功皇后の新羅遠征に加わり凱旋した次の年、謀叛をおこした忍熊別皇子を針間（播磨）と吉備の堺山で誅した功で藤原県に封じられたとあり、その地に父祖の墳墓もあると記す。また、父祖四代と清麻呂が、美作・備前国国造ともある。藤原郡の名は、この藤原県に由来するのであろう。『続紀』は和気氏を藤野別と記し、藤野郷の遺称地である現在の和気町藤野には、白鳳期の瓦を出土する藤野廃寺址が知られている。藤野は和気氏本貫地の中心的な場所であったとみられる。天平神護元年には、清麻呂は姉広虫と共に吉備藤野和気真人を賜っていることが『続紀』にみえ、藤野郡、和気郡への改名が和気氏とのかかわりのもとでおこったことが知られる。

播磨から船坂峠を越して入った備前の最初の駅家が坂長にあったと延喜式が記す。『続紀』延暦七年河西を和気郡から分離した記事には、藤野駅も河西へ遷したとあり、それ以前は藤野にも駅家があったことになる。山陽道は坂長の駅から金剛川沿いに西進して吉井川への合流点の上手で吉井川を渡河していたのであろう。そのあたりの北の和気町益原が益原郷の遺称地とみられる。河西に磐梨郡をたて、駅家も河西へ移したのは、和気清麻呂の願い出が許されたのだと『続記』にあり、河を渡って河東の郡衙へ出向くことの不便や駅家の負担を配慮した清麻呂の地元への配慮だったとされる。それに先だつ天平神護二年、邑久・赤坂・上道三郡の六郷を藤野郡へ編入したときの理由について、藤野郡の地が痩せ人貧しく駅路の運営などが難しいと『続紀』は記す。これもあわせて、和気氏の備前東部での台頭と民政への対策だったとされている。

今は赤磐市熊山町となる備前国最高峰熊山山頂にある奈良時代石積石塔は、吉井川川東に位置し、往時は和気郡域であった。熊山石塔と和気氏とのかかわりを具体的に知ることはできないが、奈良の頭塔などに類似した特異な仏教遺跡が地方にある点を注目しておくべきだろう。

和気郡は、備前国の東部で、現在の備前市の大部分と和気郡和気町を郡域とし山間の地が多いが、山陽道の要路にあたり、瀬戸内海にも面していた。また、吉井川にそって美作国の物品が移動する場合の要衝にも当たる。

『延喜式』主税上の諸国運漕雑物功賃によると美作国から都へ貢納される税物は備前国方上（かたかみ）の津から海上運送されていた。方上は、備前国東南部で瀬戸内海から細長く入り込んだ片上湾奥の地で、現在の備前市片上付近である。方上の地名は、平城宮木簡に邑久郡方上郷がみえる。『和名抄』には邑久郡にも和気郡にも方上郷はみえないが、邑久郡から和気郡へ編入された地域の中に含まれると考えられている。美作国の税物が、吉井川沿いに和気郡・磐梨郡境を南下して、方上津へ運ばれるのであれば、両郡の間を南流した吉井川は熊山を迂回するように一度西へ流路を向け再び南流するが、南流から西流へ変わるあたりの少し東で低い峠を越えて海岸へ出たのであろう。

天平神護二年に邑久郡から編入されたとされる香登（香止）郷の遺称地備前市香登は片上から西へ続く熊山南麓の平地にある。西を流れる吉井川河口にも近く、近接した備前市畠田の鶴山丸山古墳は外面に浮彫のある大型刳抜石棺、三十面を超す銅鏡の出土で知られる古墳時代前期末の有力古墳である。早くから吉備東南部の拠点的位置を占めた地といえる。『続紀』文武二年（六九八）には、侏儒備前国人秦大兄賜姓香登臣、平城宮木簡には邑久郡香止里がみえる。七世紀末や八世紀も早い時期に香登、香止が記された例である。また、平城宮木簡には香登郷御調□十口があり、鉄鍬の貢納と思われる。この地域も、吉備産鉄の重要な一角をになっていたのであろう。現在の香登の東の大内には奈良時代の香登廃寺址も知られている。

（間壁忠彦）

磐梨郡・いわなすのこおり

『続紀』延暦七年（七八八）に和気郡を分け磐梨郡を置くとある。和気・石生・那磨・肩背・礒名・物部・物理が『和名抄』の郷名。『古事記』垂仁記に吉備之石无別がみえ、和気清麻呂薨伝には清麻呂の本姓磐梨別公とあり、吉備石成別宿禰国守（『続紀』神護景雲三年）、磐梨郡少領石生別公長貞（『文徳実録』嘉祥三年）など、和気氏とその周辺には、遠祖以来磐梨（石成・石生）が冠せられることが多く、磐梨郡の名は和気氏本貫の地とかかわっているのである。

『和名抄』の郷名那磨は、『続紀』が天平神護二年（七六六）に赤坂郡から藤野郡（和気郡）へ編入したとする珂磨郷の誤記であろうとされている。藤原宮木簡には、備前国珂磨郡、他田里がある。すくなくとも藤原宮の後半期には、現在の赤磐市可真上・可真下を遺称地とする珂磨郷付近を中心として珂磨郡が置かれていたと考えさせるものだが、珂磨郡のことは、それ以外にはみられない。養老五年（七二一）に赤坂・邑久二郡の郷をさいて藤原郡（和気郡）を置いたとされるころまでには、珂磨郡の名はなくなっていたのであろう。

吉井川は美作国の水流を集めて備前国へ入ると、右岸磐梨郡・左岸和気郡の間を、まず南流して西へ折れ再び南流する。南流から西流したあたりの北西側が『和名抄』の和気・石生・珂磨の郷で、再度の南流の西側が肩背・礒名・物部・物理の郷となろう。前者は赤坂郡から後者は上道郡から和気郡へ入っていた地域であろうが、天平神護二年（七六六）の『続紀』藤野（和気）郡編入の郷名と比較すると、旧赤坂郡では佐伯郷がみえず、和気・石生の郷が加わり、旧上道郡では沙石がなく、礒名・物部が加わっている。肩背郷は、岡山市瀬戸町南部の肩背が遺称地であろう。

『延喜式』には珂磨の駅家が記され、山陽道は、吉井川西流部の北を西へ進んで珂磨に入り西の赤坂郡へ抜けたのである。珂磨の地のあたりとみられる赤磐市可真上・可真下・弥上付近には、古墳時代後期の有力な古墳が点在し、備前東半部と美作で数多く見られる古墳後期の特異な棺である陶棺のうち、古い形態の例が知られている地域でもある。

郡域は、赤磐市熊山地区、西端の地域を除く岡山市瀬戸町と赤磐市吉井地区の一部、和気郡和気町の一部を含んだ地域だったとみられ、岡山市瀬戸町域は、おおむね古く上道郡、他は赤坂郡であった範囲といえる。備前国東部で、和気郡に西隣し、比較的山間の地が多いが、吉井川に面し、また山陽道が通る交通の要路にあたっている。瀬戸町塩納には奈良時代寺院址の吉岡廃寺址が知られている。

（間壁忠彦）

邑久郡・おおくのこおり

藤原宮木簡に大伯評、大伯郡がみえ、『書紀』斉明七年（六六一）には百済救援の船が大伯の海に至り、大伯（大来）皇女誕生を記す。『旧事紀』も大伯国造。古くは、大伯であったものが、和銅六年（七一三）の国郡郷名を好字で記すとして、邑久となった。『和名抄』には、邑久・靭負・土師・須恵・長沼・尾沼・尾張・拓梨（杯梨）・石上・服部の十郷がある。平城宮木簡に尾奴・香登（香止）・方上・旧井・八浜の郷名がみえる。尾奴は尾沼、香登は和気郡へ編入が『続紀』にみえ、方上も和気郡へ入った地域とされる。残る旧井・八浜のうち、旧井は、郡の西南端海岸付近で現在岡山市久々井となったあたりが遺称地であろうか。正倉院文書宝亀五年（七七四）の積梨郷は拓梨郷であろう。

備前国東南部で吉井川下流域左岸に位置し、東に丘陵地、西に平野を持ち、南は山丘が直接瀬戸内海の海岸へと続く地形である。平城宮木簡には、調塩がいつくかあり、須恵郷の遺称地瀬戸内市長船町須恵の一帯は、須恵器窯址が多く、『延喜式』の備前国須恵器貢納の中心的生産地であった。瀬戸内市長船町服部（服部廃寺）・西須恵（須恵廃寺）、瀬戸内市邑久町上田庄（尾張廃寺）は、いずれも丘陵裾の平地にある奈良時代寺院址。郡の中心的平野の中にある瀬戸内市邑久町尾張の弥生前期門田貝塚周辺の調査で、大形建物の柱穴群が発見され、陶硯・緑釉片が出土し、郡衙の所在が推定された。

『続紀』天平十五年（七四三）に邑久郡新羅邑久浦がみえる。新羅は現在の瀬戸内市牛窓町師楽あたりのことかと思われる。牛窓は平地がほとんどない海岸の丘陵地であるが、五基もの前方後円墳が知られ、古墳時代以来有力な港湾の地であった。『旧事紀』は大伯国造を佐紀足尼と記し、備前・備中の南部平野で、吉備氏系譜につながらない地域として注目されるが、古墳前期の瀬戸内市長船町服部花光寺山古墳、中期末の瀬戸内市長船町西須恵築山古墳など吉備地方でも最も優れた古墳が所在する。

平城宮木簡には、邑久郡方上郷寒川里、白猪部……があり、『続紀』

が天平神護二年（七六六）と神護景雲二年（七六八）に記す美作国の白猪氏のほか、邑久郡にも白猪を名の る者がいたことが知られ、『書紀』の欽明・敏達紀にみえる白猪屯倉と邑久郡のかかわりが考えられる。『続後紀』承和八年（八四一）には、邑久郡安仁神が名神に預るとあり、郡の西南部、岡山市西大寺一宮（旧大宮村藤井）にある安仁神社は、備前国の大社である。白猪史→葛井連・藤井連との関係から、安仁神社の所在地藤井も白猪屯倉とかかわる可能性が指摘されている。

邑久郡の地域は、古墳時代終末期に須恵質切妻家形陶棺がさかんに用いられたことも特性の一つとされる。また、『続紀』延暦三年（七八四）に、備前国児島郡小豆島の牛牧を長島に遷すとあるのは、瀬戸内市邑久町虫明の長島かと思われる。『延喜式』兵部省にも備前国長島馬牛牧がみえる。和気郡和気町大田原字藤原の古墳から出土したと伝える須恵器の平瓶に「大久」の刻字がある。大伯・邑久と同義と思われ、藤原郡（和気郡）が養老二年（七一八）に邑久・赤坂二郡を分けて立郡されたよりも少し前のものであろうか。ほかに伝邑久郡出土の平瓶（県立博物館蔵）にも「大久」の刻字がある。郡域は、現在の吉井川東岸の岡山市東南端部と瀬戸内市邑久町・長船町・牛窓町、備前市南端の一部となる。長船町の土師・須恵・磯上（石上）・服部、邑久町の尾張・長沼、岡山市邑久郷は、それぞれ『和名抄』の郷名にあたる地名と思われる。

（間壁忠彦）

赤坂郡・あかさかのこおり

周匝（すさい）・宅美（たくみ）・軽部（かるべ）・高月（たかつき）・鳥取（ととり）・葛木（かつらぎ）が『和名抄』の郷名。天平神護二年（七六六）に珂磨・佐伯の二郷は藤野郡（和気郡）へ編入と『続紀』が記し、平城宮木簡には槍□郷がある。吉井川と旭川の間の砂川流域の盆地状平地を中心とし、その北部は山間地が多く、美作国境へ続く。盆地内には、赤磐市和田に巨大前方後円墳両宮山古墳などの中期古墳、赤磐市西窪田鳥取上高塚・岡山市牟佐大塚などの大形後期古墳があり、古墳時代の備前国の中心地域であった。両宮山古墳のすぐ西の馬屋（まや）に備前国国分寺址があり、その南が国分尼寺址である。磐梨郡珂磨駅から西へ進んだ山陽道は、盆地状平地へ出て砂川を渡り国分寺の南を通る。そのあたりが高月郷であり、『延喜式』の高月駅家は、国分寺の西方で建物址が発見され奈良時代瓦を出土した馬屋（まや）遺跡と考えられている。郡の北部赤磐市黒本には奈良時代の黒本廃寺址があり、北東端の吉井川ぞいに遺称地をとどめる周匝郷から鉄鍬を貢納した木簡が平城宮跡で発見されている。郡の西を旭川が流れ、南側の山が上道郡との境となる。現在の赤磐市全域のほか、岡山市の北部で旭川左岸の地が郡域である。赤磐市の中心をなす盆地の北部、東・西軽部は軽部郷の遺称地であろう。

（間壁忠彦）

上道郡・かみつみちのこおり

宇治・幡多・可知・上道・財部（財田）・居都・日下・那紀（那絁）・豆田（寄田）が『和名抄』の郷名。二条大路木簡に沙石郷御立里、平城宮木簡に掲勢里・物理郷がみえるが、掲勢は肩背と思われ、天平神護二年（七六六）に藤野郡（和気郡）となった三郷である。藤原宮木簡に長野里、平城宮木簡に安度郷立原里があるが、『和名抄』に見当たらない。二条大路木簡の郷里を記すものには、豆田郷加須里、幡多郷拝師里がある。

上道郡は、備前国南部の中ほどに位置し、吉井川、旭川の間にできた海岸平野地帯を中心にしており、現在は岡山市の東部域の大部分にあたる。十面を超す三角縁神獣鏡出土の湯場車塚、特殊器台形埴輪出土の浦間茶臼山古墳など前期古墳に有力なものが多く、前期末・中期初めには湊茶臼山・沢田金蔵古墳などの大形前方後円墳があり、古墳時代の早い段階では吉備の最も中枢的な地であった。『書紀』応神紀の吉備氏始祖伝承では、御友別の中子仲彦を上道県に封じたとあり、『旧事紀』には中彦命児多佐臣を初めて上道国造に封じたとある。『書紀』雄略紀には上道臣田狭・弟君の反乱伝承を記し、清寧即位前紀には上道臣らが星川皇子の乱を応援しようとしたとある。『続紀』天平勝宝九年（七五七）上道臣斐太都が奈良麻呂の乱を密告し朝臣の姓を賜うなど奈良後期以後にも上道氏の名が多くみえる。

『和名抄』には、備前国府は御野郡にありとするが、上道郡の西端であったと思われる国府市場あたりが国府だったとされる。郡内の平野を東に流れていた旭川の一流が河口近くに達していた米田の百間川米田遺跡では大型建物址などが知られ、津（備前国津）の遺跡かと推察されている。郡の東北部日下郷の遺称地とみられる草ヶ部の北の山、大廻山・小廻山には三・二キロメートルにわたる土塁をめぐらせ水門の遺構を残す古代山城の遺跡があって、北方の眼下には赤坂郡の備前国分二寺址がある盆地を見おろす。国府推定地の北に賞田、南に赤田（幡多廃寺）の白鳳・奈良時代寺院址があり、賞田廃寺址の西近くに終末期の有力な横穴式石室墳、唐人塚がある。また、国府推定地の東三キロのメートル居都、郡の西南部の網の浜など奈良時代寺院址が多い。

「大安寺流記資財帳」天平十九年（七四七）には、上道部五十町の大邑良葦原を、東は山守江、西は石間江、南は海、北は山と記す。北の竜の口山、南の操山の間にある上道郡の中心的平野を東流した旭川の一流が、百間川米田遺跡のあたりから南流して注ぐ石間江の東側へ造り出した平地である。「西大寺資財流記帳」宝亀十一年（七八〇）には、上道広成が献じた大豆田庄がみえる。郡の東南部で吉井川河口西岸へ新しく陸化した開田可能な平地を含んだあたりのことと思われる。平城宮木簡には上道郡浮浪人の調鉄があり、郡の東北部丘陵地域の岡山市瀬戸町菊山、中尾・西祖には、古代の製鉄遺跡が知られている。

（間壁忠彦）

御野郡・みののこおり

『和名抄』の郷名は枚石・広世（広西）・出石・御野・伊福・津島。

備前国の南西部、旭川河口西側の平野を中心にした郡で、現在は岡山市となり、市街の中心とその西方にあたり、一部北部を含む。『書紀』応神紀の吉備氏分封では御友別の子弟彦に三野県を与え三野臣の祖とあり、『旧事紀』にも弟彦を三野国造と記す。御野を三野に作る例はほかにもみえる。平城宮木簡には、御野郡……井上里、三野郡津島部里がある。井上里はどの郷に属した里か不明だが、津島部里は津島郷のことであろう。三野郡が御野郡となったのは、和銅六年（七一三）好字のときと思われる。北東部とみられる枚石を除く、他の広世・出石・御野・伊福・津島の各郷は、現在の岡山市街地北半に、それぞれ遺称地がある。

東の上道郡と共に大規模な弥生時代遺跡が平野内に多く、郡の東部、北方の神宮寺山古墳は大形の前方後円墳であり、平野を見おろす北側の丘陵上には前期古墳が多い。

「大安寺流記資財帳」天平十九年（七四七）に御野郡五十町長江葦原がみえる。東は丹比真人墾田、西は津高堺の入江、南は海、北は石木山とあり、東の丹比真人墾田と共に、長江葦原は旭川沖積平野の西端で、小河川笹ヶ瀬川河口東側へ奈良時代ともなると新たな平地が誕生してきた土地である。『続後紀』承和二年（八三五）にみえる御野郡空閑地一〇〇町なども、新規にあらわれてきた平地なのであろう。「興福寺縁起」

昌泰三年（九〇〇）が修会の料に地子をあててきたとする鹿田庄（しかたのしょう）は藤原氏の荘園であるが、この庄なども、平野の郷の南沖合へ新しく成立した沖積地を開拓した土地を多く含んでいたと思われる。鹿田庄の「荘所」の可能性を持つ遺跡が鹿田の岡山大学医学部構内で調査されている。御野郡沖合の海面では、次々と陸化が進み新しい水田開発が続いたのである。

『和名抄』が御野郡にあるとする備前の国府は東隣地の上道郡内にあったと考えられるが、津島の津島江（つしまえ）道（どう）遺跡では、倉庫群とみられる建物址などが調査され、御野郡の郡衙所在地ではないかといわれる。

（間壁忠彦）

津高郡・つだかのこおり

備前国西北の郡で、北は美作、西は備中の両国に接する。駅家（うまや）・賀茂（かも）・津高（つだか）・健部（たけるべ）（建部）が『和名抄』の郷名。郡の北端で上房郡賀陽町と合併し加賀郡吉備中央町となった旧加茂川町と岡山市北部にあたる。北部は準高原状の山間地域で、加茂の地名をとどめる地域を含み、式内社として記される鴨神社は加茂市場の総社宮とされる。平成の合併で岡山市となった建部町・御津町のうちの旭川右岸が津高郡域で、河岸の平地は広くなく、西の山間地から旭川へ注ぐ小河川の谷合が含まれる。建部町の地名は、建部郷の遺称地に由来するとみられる。

郡の南半も岡山市域となり、北から南へと延びる山丘の間に平地があり、赤坂郡高月駅から西へむかう山陽道は赤坂郡であった岡山市牟佐から旭川を渡ると南の御野郡の平野部へは出ず、西へむかって峠越しに津高郡南部へ入る。小河川笹が瀬川の平地を西へ進んだ富原に富原南遺跡があり、天平期の瓦を出土する。以前は富原南廃寺（戈の木廃寺）と呼ばれていたが、『延喜式』の津高の駅家であろうと考えられている。ここから、また南流している小河川砂川沿いの平地を西へ進んで備中国へ入る。

津高郡の中心的平地の中を南流した笹が瀬川は少しの間、西流し砂川と合流したあと、備前、備中の境をなす吉備中山の東、矢坂山（「大安寺流記資財帳」、御野郡長江葦原の北、石木山）の西を南下すると河口であった。その河口西側は、「大安寺流記資財帳」天平十九年（七四七）が津高郡五十町比美葦原と記すあたりである。東の堺は入江、西は備中堺、南は海、北は山と百姓墾田の堤とある。御野郡長江葦原との間に河口の入江をはさんだ備前国陸地の南西端が海辺の平地として新生しているのである。津高郡は、備前国西北端の山地から、南はごくわずかの面積でも海にまで達していた。

津高郡菟垣村の畠三段を漢部某が同じ郷の三野臣乙益に売ったとする宝亀五年（七七四）の東京大学図書館蔵文書がある。菟垣は、現在の岡山市宇垣あたりであろう。宝亀七年の唐招提寺文書には、津高郷の人が陸田を唐招提寺へ売ったことを記したものがある。菟垣村売買券には、郷長寺広床と記名され、津高郷の売買券には、村長寺広床の記名がみえ、同一人物と思われる。津高郷の文書に村長とあり、菟垣村の文書に郷長とある理由はよくわからないが、津高郷と菟垣村が関係深かったことが推定され、郡の東北部、旭川沿いでは南寄りにある宇垣あたりからは、辛香峠（からこ）を南へ越すと郡の南部の笹が瀬川沿いに至ることから、遺称地が明らかにできない津高郷の位置を推定することも可能である。岡山市宇垣の字山条では白鳳末期から奈良時代の瓦を出土し、古代寺院址の所在が推定される。

『三代実録』貞観十九年（八七七）には、津高郡佐々女山で銅を採ったことを記すが、大がかりな銅山とはならなかったようである。笹が瀬川沿いの丘陵地帯では、古墳時代後期からの製鉄遺跡が調査されている。古い時期には、吉備産鉄の一角をになう地域でもあった。

津高郡の駅家と推定される富原南遺跡の北五〇〇メートルの富原の松崎には白鳳期に始まる寺院址があり、津高郡南部を流れる二つの小河川に沿う平地の中間的な地点である。この付近が郡の中枢的な位置を占めていたのであろう。その西南、岡山市一宮で、備前・備中の境をなす吉備中山の東麓に吉備津彦神社があり、現在備前一宮とされるが、津高郡内では鴨神社のほかは宗形神社が式内社とされ、備前吉備津彦神社は『延喜式』に記載がない。備前の式内大社としては邑久郡安仁神社一社が記されるのみである。吉備津彦神社の南隣地からは、鎌倉初期に東大寺再建に当った重源が造立した吉備津宮常行堂の名を記す文字瓦が出土し、常行堂の所在地とされている。吉備津彦神社はそのころまでに社格を上げてきていたのであろう。常行堂址の南には、神力寺址とよばれる白鳳期からの瓦を出土する寺院址がある。

吉備中山の南西端、尾上と花尻の境の丘上には、大形の前期の前方後円墳車山古墳（ギリギリ山古墳）がある。その南にひろがっている平野は、山裾の地が奈良時代になってようやく開田が始まる津高郡比美葦原や御野郡長江葦原であることを「大安寺流記資財帳」が記す地であるから、古墳前期には、古墳直下まで吉備の入海であったと思われ、港湾にかかわった首長墓と考えられている。津高郡の南端は海路との交流点であった。

（間壁忠彦）

児島郡・こじまのこおり

現在では、河川の沖積と近世以降の干拓により陸化した平野で本土とつながっているが、古代には備前と備中の陸地の南前面の沖に浮かぶ島であった。源平合戦の藤戸の渡しの故事は、それを伝える。また、児島の東で瀬戸内海へ浮かぶ香川県小豆島も古代には児島郡であったことが、木簡にみえる児島郡小豆郷や、『続紀』延暦三年（七八四）に児島郡小豆島の牛牧を廃した記事から明らかである。国生み神話では、『古事記』に吉備児島と小豆島、『書紀』に吉備子洲が記される。『万葉』には大伴家持の「倭道の吉備の児島を過ぎて行かば…」をはじめ小島を詠みこんだ歌が数首ある。『書紀』応神二十二年には、吉備御幸、小豆島に遊ぶとみえる。児島・小豆島が瀬戸内海航路の中での要所であったことのあらわれとされる。

『和名抄』には、三家・都羅・賀茂（賀美）・児島の四郷がある。そのうち都羅は、後には備中国浅口郡となった連島を遺称地とするかと思われる。連島は、児島の西北端から西へ四〇〇メートルばかりにある東西三・五キロメートル、南北一・五キロメートルばかりの島で、近世干拓で本土と陸続きとなった。連島を含めた児島の西部が都羅郷だったのであろうか。賀茂郷は、児島郡の式内社二社のうち鴨神社を現在の玉野市西部の長尾にある賀茂神社にあて、その周辺地域かと推定されている。今は児島の北部が岡山市、西部が倉敷市に含まれ、東南部と中央部で玉野市を作り、児島郡の町村はなくなった。

『書紀』欽明十七年には蘇我稲目を遣わして吉備児島屯倉を置くとあり、敏達十二年には吉備海部直羽島が百済から日羅を招聘したとき吉備児島屯倉へ立寄ったとする。そのとき、児島屯倉まで大伴連を遣わしてねぎらったとも記している。児島屯倉には瀬戸内海航路の要所として港湾設備があり、迎賓施設まであったのであろうか。瀬戸内海の制海権を中央政権が直接支配したのが児島屯倉であったことを示す記事である。

東西二十五キロメートルにもわたって、吉備入海の南前面に横たわる児島を掌握することで、強力であった吉備水軍の力を削ぐ意味も大きかったのであろう。平地がきわめて少ないのが児島の地勢であるが、各地に古墳時代後期の横穴式石室墳があり、特に北岸東部の岡山市郡・北浦・飽浦・宮浦にかけては有力な古墳がみられる。そのうちの北浦の八幡大塚古墳は立派な家形石棺をおさめ、ハート形垂飾付の金製耳飾などを出土した。その付近が児島屯倉の中枢部であった可能性が強い。古代には岬の間に、入江を作った地形をなし、港湾として優れていたと思われる。

児島の北岸近くの小島、岡山市宮浦の高島と南岸玉野市沖の香川県荒神島には、古墳時代の祭祀遺跡があり、児島の南北とも古代瀬戸内海航路の重要なコースであったことを示す。

平城宮木簡には、児島郡三家郷・賀茂郷・小豆郷から調として納められた塩を記すものがある。児島では、弥生中期以来製塩土器を出土する遺跡が知られ、古墳時代の土器製塩遺跡は、児島の海岸や沖合の島々、小豆島と周辺の島で数多く知られている。特に古墳時代後期の土器製塩遺跡の数が多い。『後紀』延暦十八年（七九九）に児島の百姓等が塩作りをしている山野浜島を勢家豪民が奪うことの禁制を記している。児島は続いて塩の生産地であったのである。「天台南山無動寺建立和尚伝」が貞観七年（八六五）延暦寺へ施入したと記す「備前国塩荘一処」なども児島のことであった可能性がある。

二条大路木簡には備前国子島郡と記したものがみえる。また、小豆郷には志磨里が記された例がある。中世以後では、しま・島は小豆島をさす。二条大路木簡には小豆郷に白猪部乙島、平城宮木簡には三宅郷白猪部少国がみえる。後者も備前国三宅郷だとすると、児島郡には白猪部を名のる者が多かったことになり、吉備の白猪屯倉と児島屯倉が共に『書紀』欽明紀に蘇我稲目を遣わして設置と記されることと共に、両屯倉の関係の深さを推定させる。

平城宮木簡、児島郡三家郷の牛守部小成・山守部小広は、『続紀』延暦三年の小豆島牛牧や『三代実録』元慶六年（八八二）が記す児島郡の猟野とかかわるかと思われる。二条大路木簡では小豆郷からの水母（くらげ）がみえ、平城宮木簡の備前国水母ともども、児島郡の水産のことをしのばせる。

（間壁忠彦）

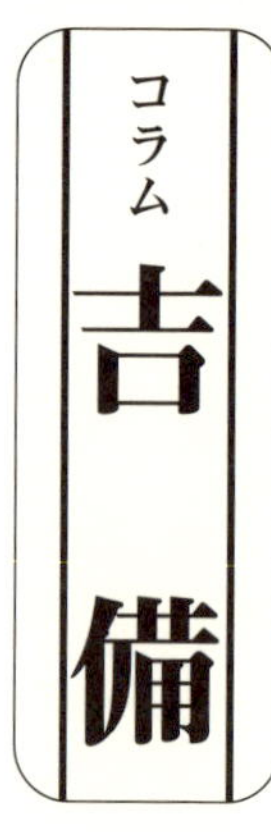

コラム　吉備

現在の岡山県全域と広島県東部地域からなり、律令国家成立以降、備前・備中・備後・美作の四国に区分された。キビの語源は不明。古代の吉備の歴史は四時期に区分しうる。

第一期＝吉備社会の成立期。瀬戸内海に面し対内・対外交通の要地である吉備地域は列島内の先進地帯の一つで、縄文晩期の遺跡から水田耕作の行われていたことが知られ、弥生時代には有数の水田地帯であった。児島半島を中心とした沿岸部では弥生中期から土器製塩が盛んで、またガラスの製造址も検出されている。こうした経済的・文化的発展を基礎に各地に首長層が出現した。弥生後期には首長の葬送儀礼に供献される特殊壺形土器・特殊器台形土器を生み出し、備中南部平野部を中心に吉備を地域的限界として分布する。このことは葬送儀礼の共有という形での首長間の連合が進んだことを示す。三世紀初頭に比定される倉敷市矢部の楯築墳丘墓は、円丘に左右の張り出し部を設けた全長約八十メートルの整備されたもので、同時期の吉備を代表した大首長の墳墓と推定されている。弥生後期に吉備地域では大首長を頂点とする首長相互の階層的構成をもつ自立的な政治的社会を形成していたのである。

第二期＝吉備社会の発展期。三世紀後半期に奈良盆地に発生した前方後円墳を中心とする古墳は、それまでの地域的特色をもつ首長墓を消滅させて列島主要部に普及する。吉備最古の浦間茶臼山古墳は、大和の箸墓古墳の形状と規模の二分の一にあたる約一四〇メートルの古墳であるが、このことは吉備の首長勢力が大和の王権に対して従属的同盟関係に入ったことを象徴する。その後、四世紀代に一〇〇メートルを超える大古墳が各地で造られ、五世紀前半期には三五〇メートルの造山古墳、二八六メートルの作山古墳が造られている。前者は全国的に第四位、後者は第九位の規模である。両古墳の被葬者である吉備の大首長は、畿内の王権に匹敵する勢力を保持することを誇示しようとしたものである。この大首長勢力は吉備一族で、彼らは王権の主導する内外の軍征に積極的に関与し、また王家と密接な婚姻関係をもっていたことが、『古事記』『書紀』に記されている。だが五世紀後半期の雄略朝に王権簒奪を志向する三つの反乱（前津屋・田狭・星川王子）に敗れ、以後、古墳の規模も縮小している。

第三期＝王権による吉備支配。六世紀中葉以降、王権は各種の制度によって列島支配の強化をはかるが、吉備に対してはとくに徹底している。かつて吉備全域の代表的地位を保持した吉備一族は、それぞれ本来の本拠地を中心とした地域勢力となり、王権によって上道・三野・賀夜・下道・笠臣などの国造に任じられて支配権を保持するにとどまった。その一方で吉備一族の配下にあった中首長層は大伯・吉備中県・品治・穴などの国造となり吉備一族と同格になっている。また吉備全域に濃密に部民を設定し、各地の中小首長層を王権のもとに組織している。さらに白猪・児嶋屯倉が新設され、そこでは成年男子の戸籍を作成する最新の支配方式も実施されている。このほか吉備一族の本拠の一部に大王家の家政に直属して奉仕する県も設置されている。これらの制度の施行は、前代に王権に対抗するほどの実力をもっていた吉備一族の支配体制を根本的に解体するものであった。なお吉備では五世紀代から鉄生産が行われ、六世紀末以降の大規模な製鉄遺跡が各地で発見されている。

第四期＝律令体制下の吉備。大化元年（六四五）の乙巳の変を契機として律令国家の形成がすすめられ、この過程で吉備は「吉備国」として中央集権的な行政単位となった。天武元年（六七二）の壬申の乱の際「吉備国守」であった当摩公広嶋は、大海人と親しかったため近江方に謀殺され、乱中は近江方が吉備を支配した。このこともあって、乱後まもなく吉備は備前・備中・備後に分割される。だが政府は本地域の政治的・軍事的意義を重視し、三国を統轄する吉備大宰（吉備惣領）を置き、石川王や上毛野朝臣小足らを任命している。大宝元年（七〇一）の大宝律令の制定・施行によってこの職は廃止され、和銅六年（七一三）には備前国の北部を割いて美作国を分立する。ここに弥生時代以来の吉備地域の一体性は行政的にも消滅する。だが地域名としての吉備は存続した。鉄生産地として著名であったことから歌枕として「まがね吹く吉備」とあるのはその例である。さらに八世紀代に「吉備」は栄誉的な名称として用いられることもあった。入唐留学生で学者政治家であった下道朝臣真備に対して天平十八年（七四七）にとくに吉備朝臣を賜姓していること、天平宝字元年（七五七）の橘奈良麻呂の乱を事前に密告した上道臣斐太都の功績に対して、実際は備前国造であるのに吉備国造の名称で任じていることなどは、その例となる。

【参考文献】

近藤義郎編『岡山県の考古学』吉川弘文館、一九八七年
吉田晶『吉備古代史の展開』塙書房、一九九五年

（吉田晶）

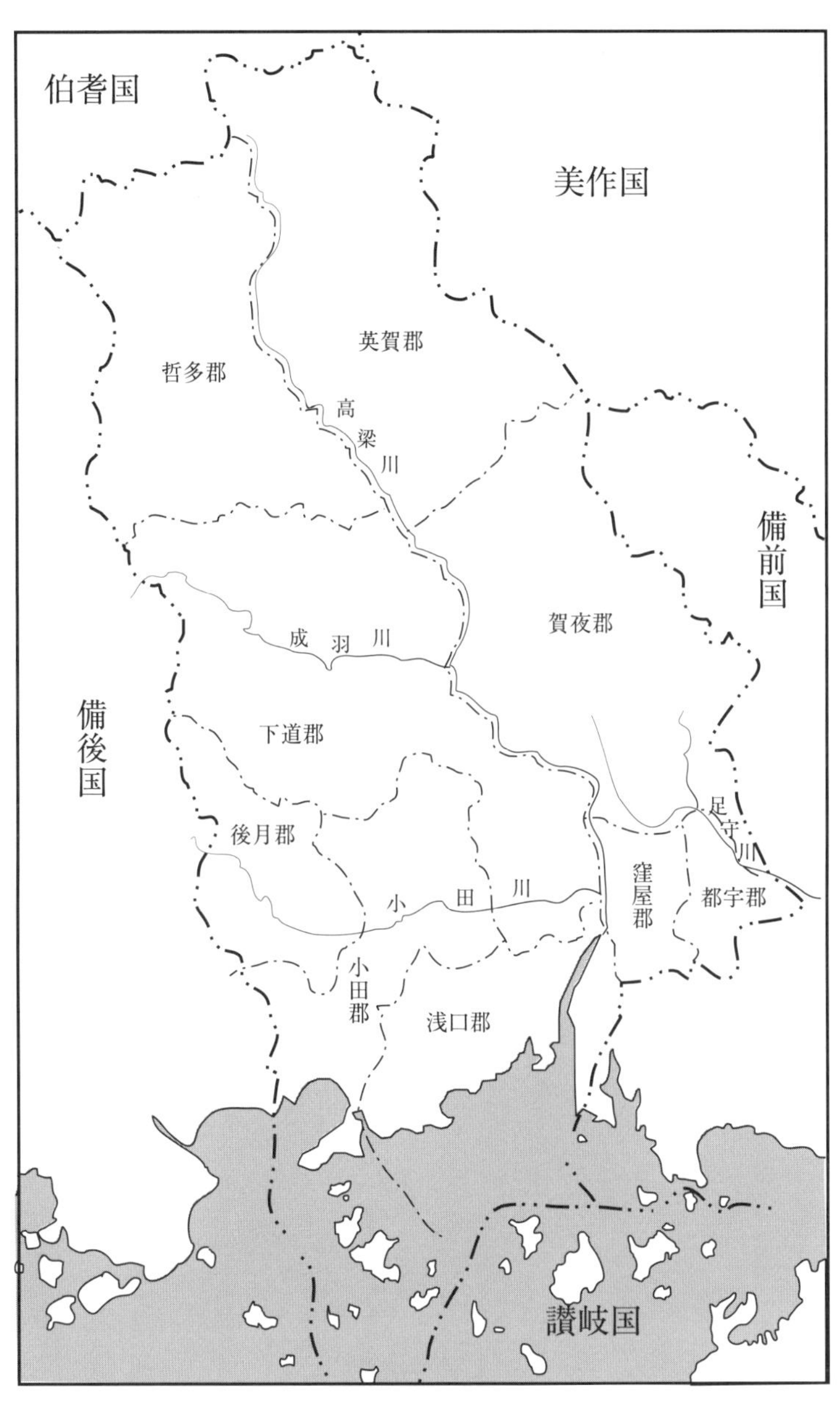
伯耆国
美作国
英賀郡
哲多郡
高梁川
備前国
成羽川
賀夜郡
備後国
下道郡
足守川
後月郡
窪屋郡
小田川
都宇郡
小田郡
浅口郡
讃岐国

備中国略図

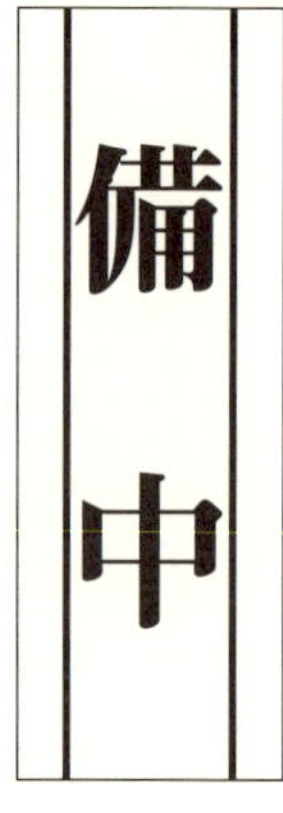

備中国・びっちゅうのくに

『和名抄』道円本には「備中　吉備乃美知乃奈加」と訓む。現在の岡山県西半部で、足守川右岸から高梁川並びにその支流小田川流域にあたる。南は瀬戸内海沿岸から北は中国山地にあたる。『延喜式』民部上では山陽道の一国で京からの距離では中国にあたり、都宇・窪屋・賀夜・下道・浅口・小田・後月・哲多・英賀の九郡からなり等級は上国とある。『和名抄』でも郡の構成は同じであるが、平安時代末ないし鎌倉初期に賀夜郡の北西部が上房郡、下道郡の北部が川上郡となった。

足守川ならびに高梁川の形成する沖積平野は、早くから地域的政治社会の形成が進みいわゆる吉備国の一部をなしたが、七世紀後半の律令制的地方行政区画の実施の過程で備中国となった。備中国の初見は『続紀』文武元年（六九七）閏十二月己亥条であるが、七世紀後半の飛鳥池遺跡から「吉備道中国加夜評」（『飛鳥・藤原宮木簡概報』十一）と記した木簡や、藤原宮跡から「（表）吉備中国下道郡（裏）矢田里矢田マ刀祢□」（『飛鳥・藤原宮木簡概報』十）「（表）吉備中国下道評二万マ里（裏）多比大贄」（『藤原宮跡出土木簡概報』）などと記した木簡が出土している。評制の施行は、木簡などから浅口・下道・加夜・後木・小田の各評が確認されるが、郡制に継承されない笠評の成立を指摘する意見もある。国府については、『和名抄』に「国府在賀夜郡」とみえることから、総社市金井戸付近に推定されているが、具体的な遺物・遺構は未だ確認されていない。また郡家に関しては小殿遺跡を英賀郡の、二野遺跡を哲多郡の、三須遺跡を窪屋郡の郡家に比定する説がある。

木簡から想定される貢進物としては、七世紀中頃の白髪部五十戸からの[飠皮]（すき）をはじめとして、白米・庸米・鍬・調塩・鰯・多比（鯛）・乾白魚・楡蟹・鐵・養銭・搗栗・舂税・酒米などが知られる。『延喜式』にみえる貢納物は年料舂米一二五石・年料租舂米一〇〇〇石・年料別貢進物紙麻九十斤のほか、交易雑物としての白絹・油・朴消・小豆・苫・榀子・鹿皮・大豆・醤大豆、調の縹帛・緋糸・緑糸・縹糸・黄糸・皀糸・練糸・絹・鍬・鉄・塩などがある。とくに鉄製品は古代を通じて、備中の産物であり、平安時代の『新猿楽記』でも刀を土産にあげている。

国の南部地域を山陽道が通り、京への行程は上り九日、下り五日とされた。『延喜式』兵部省には津峴・河邊・小田・後月の四駅に各二十疋の駅馬を配置することが載せられている。しかし大同二年（八〇七）の太政官符（『三代格』巻十八）によれば備中国には五駅が置かれていたことがわかる。四駅のうち小田駅を毎戸遺跡にあてる説が有力である。これにたいし早くから海上交通も利用され、『延喜式』ではその行程を十二日とする。岡山市川入遺跡・倉敷市菅生小学校裏山遺跡などはこうした内海交通にかかわる施設であった可能性がたかい。大飛島遺跡も海上交通に関連する国家祭祀の遺跡と考えられる。内海交通は平安時代に入るころには、重荷運送の便もあって盛んになったが、これに比例して海賊の活動も活発化しはじめた。こうした海賊対策などのため内海地域ではいち早く国検非違使が設置された。また九世紀以後は大嘗会主基斎国となることも多く、鋳銭料銅を輸納する国として採銅使がおかれ、石鍾乳の上進が義務づけられるなど、中央政府にとって特異な位置づけがなされた。なおこの時期は吉備津彦命神や宮原神・笠目神などへの奉幣・叙位なども多く、『延喜式』神名帳には浅口・哲多・都宇三郡を除く六郡の十八座が記載されている。

平安中期以後も海賊の跳梁がみられ、平氏が勢力を浸透させる要因ともなった。また荘園公領制のもとで窪屋郡の万寿本荘・同西荘・同東荘（新熊野社領）・子位荘（妙香院領）、賀夜郡の足守荘（神護寺領）・生石荘（八条院領）・多気荘（新熊野社領）・多気保（宝荘厳院領）・吉川保（石清水八幡宮寺領）、浅口郡の佐方荘（新熊野社領）・富田荘（賀茂社領）、小田郡の駅里荘（安楽寿院領）、哲多郡の新見荘（東寺領）、下道郡の田上本荘（石清水八幡宮寺領）・橋本荘（安楽寿院領）などが立券された。

【参考文献】

吉田晶『吉備古代史の展開』塙書房、一九九五年
間壁葭子『吉備古代史の基礎的研究』学生社、一九九二年
門脇禎二『吉備の古代史』日本放送出版協会、一九九二年
間壁忠彦・間壁葭子『日本の古代遺跡23　岡山』保育社、一九八五年

（西別府元日）

下道郡・しもつみちのこおり

『和名抄』道円本に「之毛豆美知」と訓じる。道円本は穂北（太）・八田・邇磨・曽能・秦原・水内・釧

（訓）代・近似・成羽・弟（茅）翳（醫）・穴田・湯野・河邊・呉（出・呈）妹・田上の十五郷、高山寺本・名市博本は水内・田上を除く十三郷とする。郡域は現在の倉敷市真備町と総社市西部域・高梁市西部域に相当し、高梁川中下流域右岸と高梁川支流成羽川ならびに新本川流域、さらに高梁川支流小田川の下流域に相当する。平安時代末期または鎌倉時代初期に近似・成羽・弟（茅）翳・穴田・湯野の五郷が分離し川上郡となった。

総社平野における大規模前方後円墳の造営に比べるべくもないが、当郡域でも新本川流域の上沼古墳・秦大峅古墳・秦茶臼山古墳や砂子山古墳群、小田川下流域の竜王塚古墳・笠ノ丸古墳・小峅古墳・天狗山古墳など全長四十メートル前後の前方後円墳や二十メートル前後の方墳が五世紀代に造営されていた。しかし、六世紀中頃にはこうもり塚に匹敵する巨大石室をもつ箭田大塚古墳が造営され、その後も二万大塚古墳・金子石塔塚古墳とつづき、七世紀には小迫大塚古墳や兵庫竜山石を加工した横口式石槨をもつ長砂二号墳などが造営されている。とくに後期〜終末期古墳の展開は、高梁川右岸の地域的特性を考えるうえで重要である。

このような大化前代の古墳造営の主体は、吉備一族であったと考えられる。『書紀』応神二十二年九月条では、葦守宮に行幸した応神天皇が、吉備国を御友別の子どもたちに分封した際に、川島県をあたえられた長子稲速別が下道臣の祖先であり、苑県を分封された御友別の兄浦凝別が苑臣の始祖とする。川島県は『書紀』仁徳六十七年是年条にみえる「吉備中国川島河」すなわち高梁川に近接した地を県と表現したものと考えられるので、当郡もこのなかに含まれているものと考えられる。また、当郡の曽能郷を苑県の遺称地とする説もある。下道臣氏に関しては、『書紀』雄略七年八月条に下道臣前津屋が大和の大王への叛意を抱き、女性の相撲や闘鶏によって不遜なふるまいをしたとして、大王が派遣した物部によって一族七十名が誅殺されたことが記される。こうした反乱伝承や、吉備氏族系譜では下道氏がその中核的存在であることと、下道郡域における古墳築造の営みとには、やや違和感がないわけではない。『備中国風土記』逸文にみえる下道朝臣人主の賀夜郡大領や薗臣五百国の賀夜郡少領就任、「備中国大税負死亡人帳」にみえる下道氏の窪屋郡居住、また「備前国津高郡津高郷陸田売券」にみえる津高大領薗臣氏の存在、賀夜郡・窪屋郡と下道郡にみられるような部民制展開の相違など、大化前代から奈良時代にかけての吉備地域の氏族構成と大王権力の地域編成には、検討すべき課題が多い。

古墳造営とともに注目されるのは、新本川右岸の丘陵沿いに板井砂奥・古池奥・大ノ奥・藤原・沖田奥の五箇所で六世紀後半から七世紀の製鉄遺跡が確認されたことである。五遺跡では六十基の製鉄炉と炭窯十五基が検出され、製鉄炉には防湿施設をほどこし、鉄鉱石を原料とした生産が行われていた。また製鉄遺跡群周辺の二十六基の横穴式石室をもつ古墳が調査され、このうち四基から砂鉄を原料とする鉄滓が出土し、砂鉄・鉄鉱石を用いた製鉄技術が併存していた可能性も高まっている。

三善清行の「意見封事十二カ条」にみえる『備中国風土記』の邇磨郷地名伝承によれば、当郡域が斉明六年（六六〇）の百済救援戦争の兵站地の一つになり、いちはやい編戸の実施を想定されるが、藤原宮跡からは「（表）吉備中国下道評二万マ里（裏）多比大贄」と記す木簡（『藤原宮跡出土木簡概報』）も出土している。律令的支配の進展とともに仏教文化も展開したことがわかる。総社市秦（秦原郷に比定）の秦原廃寺と倉敷市真備町箭田（八田郷に比定）の箭田廃寺はともに全国的にも少ない飛鳥時代創建の寺院である。両者は奈良時代まではその存続が想定され、白鳳期にはこの地域独特の意匠をもつ吉備寺式瓦を使用している。また曽能郷に比定される倉敷市真備町岡田の岡田廃寺は白鳳期創建の寺院であり、呉妹郷に比定される倉敷市真備町妹の八高廃寺も同時期のもので、吉備寺式瓦を使用しており、地域文化の一体性を示している。このような仏教文化の導入は、火葬墓の普及とあいまっていると考えられる。倉敷市真備町坂本火葬墓跡、市場火葬墓跡などが確認されており、さらに倉敷市真備町と矢掛町との境界付近にも、火葬墓域が想定されている。江戸時代の元禄十二年（一六九九）に、矢掛町東三成から出土した鋳銅製骨蔵器は、こうした火葬墓域の展開を前提に考えるべきであろう。この高さ二十三センチメートルの骨蔵器の笠形蓋には「銘下道圀勝弟圀依朝臣右二人母夫人之骨蔵器故知後人明不可移破」「以和銅元年歳次戊申十一月廿七日己酉成」と記されている。銘文中の圀勝は、奈良時代末期に右大臣まで昇進した吉備真備の父にあたる。

また、仏教とはやや思想的背景を異にするが、火葬墓にともなう習俗と考えられる買地券も、倉敷市真備町尾崎の山裾から江戸時代の文政年間に発見されている。この買地券は厚さ二センチメートルの板状の塼に「備中国下道郡八田郷戸主矢田部石安／口白髪部毗登富比売之墓地以／天平寶字七年々次癸卯十月十六日八田郷／長矢田部益足之買地券文」と四行で篦書きされている。買地券は中国で古くから行われてきた道教系習俗で、冥界の主から安息の地たる墓所を買い取るという意識を反映したものである。このほか、新本の宅源寺に保管されている「矢田部首人足」「宝亀七年定」の線刻銘がみられる塼も、買地券と想定されており、則天文字「圀」の使用などとともに外来文化を受け入れる歴史的風土が感じられる。

下道圀勝は、吉備真備薨伝（『続紀』宝亀六年十月壬戌条）では右衛士少尉を極官としているが、真備の母は大和の楊貴氏（『寧楽遺文』下）であり、なかば中央官人化していたことがうかがわれる。下道氏は天武天皇十三年（六八四）十一月に畿内系豪族とともに朝臣姓を賜っているが、奈良時代前半の史料にみえる下道朝臣の多くは造東大寺司などの経師ないしは史生であり、その官位も八位・初位である。その意味で真備の入唐と留学の意味は大きく、真備が吉備姓を賜与されたころから、吉備氏ならびにその同族としての下道朝臣氏の中級官人としての定着もみられるようになる。ただし天平十七年（七四五）には下道朝臣直言が下道朝臣福倍を通して文選音義を某所より借用しており（『大日本古文書』八）、真備の学問受容の背景に下道朝臣集団の学問的雰囲気があったことは注目しなければならない。また真備以後には、当郡出身で「一聞而記於心」といわれるほどの才知をみせ、美作博士・大学助教として嵯峨上皇の知遇を得た滋善宿禰宗人が経学の碩学として著名である（『三代実録』貞観五年）。宗人は本姓を西漢人といったので、当郡における渡来系氏族の存在もまた地域的独自性さらには下道朝臣氏族の特質の形成を考えるうえで、考慮される必要があろう。

郡家の所在地は未詳であるが、高梁川右岸では山陽道が小田川流域を通ること、右大臣吉備真備が天平神護年間に大領を兼ねたという伝承（三善清行「意見封事十二カ条」）などから考えると、郡南に偏してはいるが小田川流域に想定するのが妥当であろう。『延喜式』兵部省によれば当郡内の駅家は河邊駅と考えられる。『和名抄』河邊郷を「加波乃倍」と訓じているので、現在の倉敷市真備町川辺がその遺称地であるが、高梁川渡河点としての駅家は現在の集落より北にあったとする説が有力である。

三善清行（「意見封事十二カ条」）は、『備中国風土記』をひいて邇磨郷（現倉敷市真備町上二万下二万周辺）の由来を、皇極六年（斉明六年・六六〇カ）に百済救援軍の派遣にさいし、二万の精兵が参集したかららであるとしたうえで、その後天平神護年間に課丁が一九〇〇余人となり、良吏藤原保則の備中介時代である貞観年間には課丁数七十となり、延喜年間には課丁なしの状態となったとして、一郷をもって天下の虚耗を知るべしとした。こうした邇磨郷の事例でもって、九世紀後半の地方支配の崩壊を指摘する意見もあるが、これは律令制的な人身把握システムの破綻を王朝国家体制下で合理化したものであって、太政官政府の地方支配は、国司の便法をもって維持されたと考えられる。当郡は天長十年（八三三）の仁明天皇即位大嘗祭の主基斎郡に卜定されて以後、再三主基国とされており、朝廷にとっては服属儀礼を奉仕する重要な地域として把握されていた。また備中国は貞観十二年（八七〇）以後は鋳銭料銅を採進（『三代実録』同年二月二十五日条・『延喜式』）したようであるが、その銅は当郡の成羽郷（現高梁市成羽町）の吹屋銅山から採掘されたものとする説が有力である。

『延喜式』神名帳では当郡の式内社として石畳神社・神神社・麻佐岐神社・横田神社・穴門山神社の五社を載せている。石畳神社・神神社は秦原郷に比定される現総社市の高梁川右岸の秦に鎮座する石畳神社と八代に鎮座する神神社に比定され、横田神社と麻佐岐神社は訓代郷（現総社市久代周辺）内に比定される久代の横田神社と秦正木山に鎮座する麻佐岐神社とする説が有力である。穴門山神社については、穴田郷との関係が想定されるが、穴田郷の比定地については、現高梁市川上町高山市周辺とする説と高梁市宇治町地区とする説がある。また倉敷市真備町妹にも穴門山神社が鎮座しており不詳とせざるをえない。

荘園公領時代になると、田上郷（現総社市新本周辺）が、石清水八幡宮領田上本荘として承安元年（一一七一）以前に立券されていたことが知られる。養和元年（一一八一）の後白河院庁下文案によれば、この荘園は仲哀天皇国忌用途料の封戸の便補として成立したものである。また康治二年（一一四三）の太政官牒によると、応徳年間（一〇八四～一〇八六）に山城国紀伊郡芹川荘と相博（交換）されて平等院領となった旧安楽寿院領の備中国橋本荘も、秦原郷比定地内に立券された荘園と考えられる。

【参考文献】

『倉敷考古館研究集報15号』倉敷考古館、一九八〇年
吉田晶『吉備古代史の展開』塙書

房、一九九五年（西別府元日）

賀夜郡・かやのこおり

『延喜式』武田祐吉所蔵本や享保八年（一七二三）板本に「カヤ」と訓じる。『和名抄』道円本では庭妹・板倉・足守・大井・阿宗（曽）・服部・八部・生足（石）・刑部・日羽・多気・有漢・巨勢・大石の十四郷とするが、高山寺本・名市博本は「生石」を「於保」「ヲホシ」と訓じ、大石を除く十三郷とする。天平十一年（七三九）「備中国大税負死亡人帳」には庭瀬・板倉・葦守・大井・阿蘇・八部・日羽・多気・有漢の郷名が記されており、三宅・山埼（庭瀬）、板倉・委文（板倉）、三井・猶見（葦守）、田後・粟井（大井）、宗部・磐原（阿蘇）、美濃（八部）、宍粟・狭野（日羽）、物部・田次（多気）の各里名も知られる。郡域は、現総社市東部から北部、岡山市西部、高梁市東部域、吉備中央町南西部にあたり、高梁川中流左岸の吉備高原から総社盆地の地域である。南西部では都宇郡と入りくんでいる。総社盆地南部の古墳造営にはその規模で劣るものの、この地域でも初期の随庵古墳をはじめとして、坂古田堂山古墳とその周辺の古墳群、県内最大円墳の小盛山古墳などの大型墳をはじめ、三上山古墳群など後期古墳や群集墳が各地に展開している。

『書紀』応神二十二年紀によれば、上道県を分封された御友別の子仲彦が香屋臣の始祖とされる。『旧事紀』国造本紀も応神朝に中彦命が加夜国造に任じられたことを記す。当該地域には忍海漢部・鳥取部・山守部・委文部・弓削部・物部・出雲部・建部・壬生部・東漢人部・宗我部・西漢人部・史戸・八田部・川人部・鱷部・白髪部・犬養部・漆部・服部・刑部・久米部などの部民が分布することから、渡来系集団の居住とともに大和王権による吉備分断政策の厳しさを指摘する説もある。

七世紀後半には奈良県飛鳥池遺跡や藤原宮跡から「（表）吉備道中加夜評（裏）葦守里俵六□」（『飛鳥・藤原宮木簡概報十一』）とか「賀陽評塞課部里」（『飛鳥・藤原宮木簡概報十四』）という表記の木簡が出土しており、賀夜郡に先行して「加夜（賀陽）評」が設置され、のちの十三郷の原型が成立していたことがわかる。またこの時期には、素弁八弁蓮華文軒丸瓦の瓦当下端に三角状の突起をもったいわゆる水きり瓦が出土した大崎廃寺（栖見廃寺）や、調査によって塔基壇が確認され素弁八弁蓮華文軒丸瓦などが出土した栢寺廃寺（南溝手廃寺）が造営された。栢寺廃寺の素弁八弁蓮華文軒丸瓦は、備後国の寺町廃寺の創建瓦である白鳳期の水きり瓦と同笵関係にあるが、後には吉備寺式瓦を使用した。後者の栢寺廃寺をこの地域の郡領系豪族である賀夜氏の氏寺とみる説もある。

『書紀』舒明二年（六三〇）正月条にみえる蚊屋皇子の母吉備国蚊屋采女や正倉院文書に散見する「蚊屋采女」の記載、『三代実録』貞観元年（八五九）十一月廿日条の采女と想定される外従五位下賀陽朝臣姑子の存在などから、当郡が備中国内では采女貢進の郡と考えられていたことがわかる。こうした采女貢進の主体である郡領氏族は、『備中国風土記』（逸文）にみえる天平六年（七三四）駅路に面して新たな「御宅」を造った大領下道朝臣人主・少領薗臣五百国ではなく、吉備氏族系譜や「備中国大税負死亡人帳」にみえる香屋氏（賀陽臣氏）であったと考えられる。ちなみに正倉院文書の蚊屋采女を、『続紀』天平神護元年（七六五）六月条にみえる備中国賀陽郡人賀陽臣小玉女ら十二人に朝臣姓を賜うという記事の、小玉女に比定する意見が有力である。下道・薗氏の郡司任命は、吉備社会の同族的結合の残存ないしは、吉備社会の錯綜性を反映したものと考えられる。賀陽氏一族は、在地での覇権を確立する一方、早くから中央政界への進出も遂げたようであり、写経生などの下級官人のほか式部大輔となった賀陽豊年などが著名であり、平安時代初期には賀陽宗成・賀陽真宗のように本貫を左京に移す者もあった。真宗は備中権博士だったので、備中国学に当初学んだ可能性が高い。

『和名抄』に「国府在賀夜郡」とみえ、栢寺廃寺の近くに南国府・北国府などの地名が存することから、当郡域の現総社市金井戸に国府が推定されている。しかし調査等によっても、具体的な遺物・遺構はいまだ確認されておらず、阿曽から北溝手付近に推定地をもとめる説もある。郡家については、不詳。平城宮から出土する「(表)大井鍬十口(裏)九月十日」や「備中国賀夜郡□□□調鐵一連」などの木簡記載（『平城宮木簡一』『同四』）から、郡内では鉄を産出していたことがわかる。郡内の古代遺跡としては、庭妹郷に属し平城宮式軒丸瓦や緑釉陶器や円面硯を出土した水上交通関連施設かと考えられる岡山市川入遺跡や、近年の調査で七世紀後半の造営が確認されその偉容が判明した鬼ノ城などが注目される。

『延喜式』神名帳では古郡神社・野俣神社・鼓神社・吉備津彦神社などを載せるが、三善清行の「善家秘記」（『扶桑略記』所収）によれば、吉備津彦神社の禰宜は賀陽豊恒であったという。この豊恒の兄弟は、備前少目・賀陽郡大領や兵士統轄者たる統領などを務めており、足守郷を拠点に富豪的経営を行い、当地域の要職を占めていたことが知られ、その状態は平安末期まで続いたと考えられる。荘園公領制の時代に入ると当郡でも足守荘・生石荘・多気荘・多気保・吉川保などが立券された。これらは、和名抄郷に由来するものが多く、足守荘・生石荘の荘官・田堵として賀陽氏の存在が確認されるので、基底に賀陽氏を中心とした在地領主制の展開が想定される。

（西別府元日）

都宇郡・つうのこおり

『和名抄』に「津」と訓じ、九条家本『延喜式』民部上では「ツ」とする。また『今昔物語集』巻十七には「津郡宮ノ郷」とあり、『万葉』巻二には「吉備津采女」とみえる。『和名抄』道円本は河面・撫河・深井・駅家の四郷をあげるが、高山寺本では駅家を除く。また天平十一年（七三九）「備中国大税負死亡人帳」には、河面・撫川・深井のほか建部郷がみえ、岡本（建部郷）、神沼・辛人（河面郷）、鳥羽（撫川郷）、岡田（深井郷）の里名も記されている。郡域は現都窪郡早島町に岡山市西部・倉敷市東北部を併せた地域で、足守川右岸の吉備穴海に面する地域にあたる。吉備最大の前方後円墳・造山古墳が造営されるなど吉備大首長の一翼が存在した。白鳳以後は津氏の氏寺とされる日畑廃寺のほか矢部廃寺・惣爪廃寺などが造営され、二子御堂奥古窯群が吉備寺式瓦の供給地であった。平城宮からは天平九年（七三七）に中男作物として楡蟹二斗二升を輸納した木簡が出土している。郡内には山陽道が通り『延喜式』兵部省「津峴」駅が置かれたが、矢部廃寺を駅家跡とみる意見もある。郡家は幸利神社や郡中田付近にもとめる意見もある。また、岡山市津寺・政所遺跡は、飛鳥時代の寺院跡の可能性もあるが、奈良時代の官衙遺跡としても注目されている。賀夜郡川入遺跡なども同じ流域の遺跡として考えるべきであろう。

（西別府元日）

窪屋郡・くぼやのこおり

『和名抄』に「久保也」と訓じる。『和名抄』道円本では大市・阿智・三須・美簀・真壁・軽部の六郷とし、高山寺本・名市博本は三須を除く五郷とする。天平十一年「備中国大税負死亡人帳」には軽部・美和・白髪部・御簀の郷名と籠箕・菅（軽部）、菅生・市忍（美和）、川邊（白髪部）、勝部・拝師（御簀）の各里名を掲げる。郡域は現在の総社市の南部と倉敷市の一部にあたり、高梁川下流左岸から旧児島水道に面した地域である。大化前代には作山古墳などの前方後円墳やこうもり塚古墳・江崎古墳・翁塚古墳・鳶尾古墳などの巨石横穴式石室墓が造営され、吉備の代表的首長勢力の本拠地の一部であった。倉敷市菅生小学校裏山遺跡からは、朝鮮系の土器も出土し、彼地と吉備地域との交流も確認される。『書紀』雄略元年三月条分註では雄略妃稚媛を吉備窪屋臣の女とするが、窪屋臣は吉備氏族系譜には登場せず、明確ではない。吉備の代表的首長の下道氏の本拠が下道郡域に固定された後に、この地に台頭した小首長を窪屋氏とする説もある。「備中国大税負死亡人帳」には、白髪部のほか刑部・軽部・私部・家部・神人部・物部・爾麻部・下道臣・美和首・神首などの氏姓がみえ、郷里名や『今昔物語集』巻十七にみえる僧阿清の俗姓百済氏なども考慮すると、大化前代における複雑な部民制の展開が想定される。こうした部民制をてこにした令制的編戸も早期に実施されたようであり、七世紀中頃の皷（農具のすき）の貢進付札と考えられる飛鳥京木簡（『奈良県遺跡調査概報一九七六』）の「白髪部五十戸」という表記を、当郡の白髪部郷のこととして里への編成を考える説が有力である。また藤原宮跡出土の「（表）己亥年十月吉備中□（裏）評軽部里□」という木簡（『藤原宮木簡一』）から己亥年である文武三年（六九九）以前の評制の施行が想定されている。なお白髪部郷は宝亀元年（七七〇）の白壁王即位（光仁天皇）によりその諱を避け真壁郷と改称しているが、『三代実録』元慶五年（八七七）十月十五日条には窪屋郡人真髪部成道の名がみえる。飛鳥時代には、総社市宿の末の奥窯跡群での瓦焼成が確認されており、周辺での寺院造営が想定される。その後奈良時代には御簀郷域に、国分寺・国分尼寺が造営され、また三須廃寺なども造営された。国分寺などの南側を山陽道が通っていたと推定され、郡家は、総社市の三須遺跡に比定する説が有力である。また先述の倉敷市菅生小学校裏山遺跡からは十数棟の掘建柱建物群や墨書土器・線刻土器などが出土しており、官衙的施設も想定されている。『延喜式』神名帳では、百射山神社・足高神社・菅生神社が記載されている。倉敷市浅原の安養寺背後の山腹には三基の経塚群があり、法華経瓦経や応徳三年（一〇八六）年紀の瓦経、青白磁などが出土している。また、平安時代末期までには新熊野社領の万寿本荘・同西荘・同東荘や、妙香院領子位荘などが立券されていた。

（西別府元日）

浅口郡・あさくちのこおり

『和名抄』に「安佐久千」と訓じる。河（阿）智・間人・船穂・占見・川村・小坂・林（拜師）・大島の八郷からなる。郡域は倉敷市西南部と浅口市、笠岡市の一部に相当し、高梁川下流両岸から備中瀬戸内沿岸部である。藤原宮から「□□□道□□浅口評神部」（『飛鳥・藤原宮木簡概報二十』）ならびに「備□□浅口郡」（『飛鳥・藤原宮木簡概報四』）と記す木簡が出土しており評制の施行と郡制への移行がうかがえる。また、平城宮出土の「（表）備中国浅口郡船穂郷調塩（裏）三斗阿曇部押男」という木簡（『平城宮木簡概報二十二』）や『続紀』霊亀二年（七一六）の犬養部鴈手の飛鳥寺焼塩戸への編成記事などから、製塩の盛行が考えられるが特記すべき古墳などはない。浅口市金光町地頭下には、栢寺廃寺と同型の軒丸瓦や関戸廃寺と同笵とされる軒平瓦が採集された占見廃寺跡がある。早くから、内海交通の要衝であったが、平安中期には勇崎の港が和歌に詠まれ、新熊野社領の佐方荘や賀茂社領富田荘が立券された。

（西別府元日）

小田郡・おたのこおり

『和名抄』に「乎太」と訓じる。道円本・名市博本は実成・拜慈・草壁・小田・甲努・魚緒（渚）・駅家（里）・出部の八郷をあげ、高山寺本は出部を除く七郷とする。郡城は現在の笠岡市・小田郡矢掛町と井原市の東北部に相当し、小田川の中流域と笠岡湾に望む一帯である。奈良県石神遺跡出土の「小田評甲野五十戸日下マ閘海贄」という木簡（『飛鳥・藤原宮木簡概報二十』）からは、小田郡に先行した「小田評」が確認できる。また平城宮跡出土の「備中国小田郡日下部郷□一連」「備中国小田郡鰯□斗」などの木簡（『平城宮出土木簡概報十九』『同二十七』）から、鉄や海産物など山海の産物を輸納していたことがわかる。長楽寺裏古墳群など古墳群が分布する笠岡地域を吉備氏族系譜にみえる笠臣の本拠地とする説もあるが、奈良・平安時代は、采女を貢ぐ郡領系豪族として小田臣をあてる意見もある。笠岡市の関戸廃寺は、吉備寺式瓦の分布外で、山田寺式西琳寺式系や川原寺式の軒丸瓦を葺いた白鳳寺院である。また郡東部の東三成からは、銘文をもつ下道圀勝母骨蔵器が出土している。郡域中央部を山陽道が通り、矢掛町毎度遺跡を『延喜式』兵部省の小田駅とみなす説が有力である。『延喜式』神名帳では在田神社・神島神社・鵜江神社を載せるが、大飛島遺跡も奈良～平安中期の海上交通に関連する国家的祭祀遺跡として注目される。矢掛町小田に郡家が推定されている。平安後期には安楽寿院領駅里荘が立券された。

（西別府元日）

哲多郡・てたのこおり

『延喜式』享保八年（一七二三）板本に「てた」と訓じ、木簡などにも「手田」とみえる。石蟹・新見・神代・野馳（駄）・額部・大飯の六郷からなる。郡域は現在の新見市西部に相当し、ほぼ高梁川上流域の西部山間地域である。平城宮・二条大路木簡（『平城宮木簡概報十七』『同十八』『同二十九』『同三十七』『木簡研究6』）には「哲多郡大飯郷三谷里」や「哲多郡石成里」「手田郡大飯郷新□里（中略）田中里」「哲多郡各田部里」「哲多郡乃□郷」などの表記があり、白米・庸米などを輸納していたことが知られる。新見市哲西町二野遺跡を郡家に比定する説もある。弘仁七年（八一六）には嵯峨天皇の崇拝をうけていた玄賓が来住したようであり、玄賓存生の間の哲多郡の庸は米から鉄に変えて民の費を省く勅が下されており（『類聚国史』巻一八五　同年八月癸丑条）、当郡での製鉄の普及が推察される。なお、玄賓の住坊のひとつ湯川寺を現新見市湯川に比定する説もある。貞観八年（八六六）には旱疫により復二年を給されたが、九世紀後半には「或いは劫掠して相殺され、或いは租を逋れて逃散し」たため郡内には課丁がいなくなったと評され（『藤原保則伝』）るほど、人身掌握が衰退した。平安後期には新見荘が立券されている。

（西別府元日）

英賀郡・あかのこおり

『和名抄』に「阿加」と訓じる。道円本・名市博本は中井・水田・（呰）部・刑部・丹部・林郷の六郷を掲げるが、高山寺本は林郷を除く五郷とする。郡域は真庭市南西部と新見市東部に相当し、ほぼ高梁川上流域の東部山間地域である。平城宮などから「備中国英賀郡衛士帯マ益国養銭六百文」「備中国英賀郡撝栗一斗」などと記載する木簡（『木簡研究四』『同五』）が出土している。真庭市上水田小殿遺跡を郡家とする説もある。貞観八年（八六六）には旱疫により復二年を給されたが、九世紀後半には「或いは劫掠して相殺され、或いは租を逋れて逃散し」たため郡内には課丁がいなくなったと評され（『藤原保則伝』）るほど人身掌握が衰退した。『延喜式』神名帳には比賣坂鍾乳穴神社・井戸鍾乳穴神社の二社が記載されているが、貞観元年（八五九）二月典薬頭出雲朝臣岑嗣が石鍾乳を採るために備中国に派遣されたことと関連して、式内社に列せられたものであろう。寛徳二年（一〇四五）大嘗会の主基郡とされて以後、再三卜定された。地域色の強い瓦を出土する英賀廃寺も造営された。

（西別府元日）

後月郡・しつきのこおり

『和名抄』に「七豆木」と訓じる。道円本・名市博本は荏原・県主・出部・足次・駅家の五郷、高山寺本は駅家を除く四郷とする。郡域は現在の井原市西部・北部に相当し、高梁川支流の小田川上流域である。『書紀』安閑二年条の「備後国後城屯倉」は、備後を備中の誤りと考え、当郡域に比定する説が有力である。後城屯倉とともに設置された多禰・来履・葉稚・河音の各屯倉も当郡域に想定する説もあり、県主の郷名などとあわせ、吉備勢力とは異質な、大和王権との直接的関係をもつ中小豪族の存在を指摘することもできる。藤原宮跡出土の「□国後木評」という木簡（『木簡研究五』）から評制の施行や、平城宮跡出土の「□□国後月郡後月郷□□□□」とある木簡（『平城宮木簡概報十七』）から和名抄郷とは異なる郷の存在が知られる。井原市寺戸廃寺は吉備寺式瓦の分布外にあり、川原寺式瓦を葺いた白鳳寺院である。郡内南部を山陽道が通り、『延喜式』兵部省には「後月」駅が掲げられ、『延喜式』神名帳には足次山神社の鎮座が記されている。

（西別府元日）

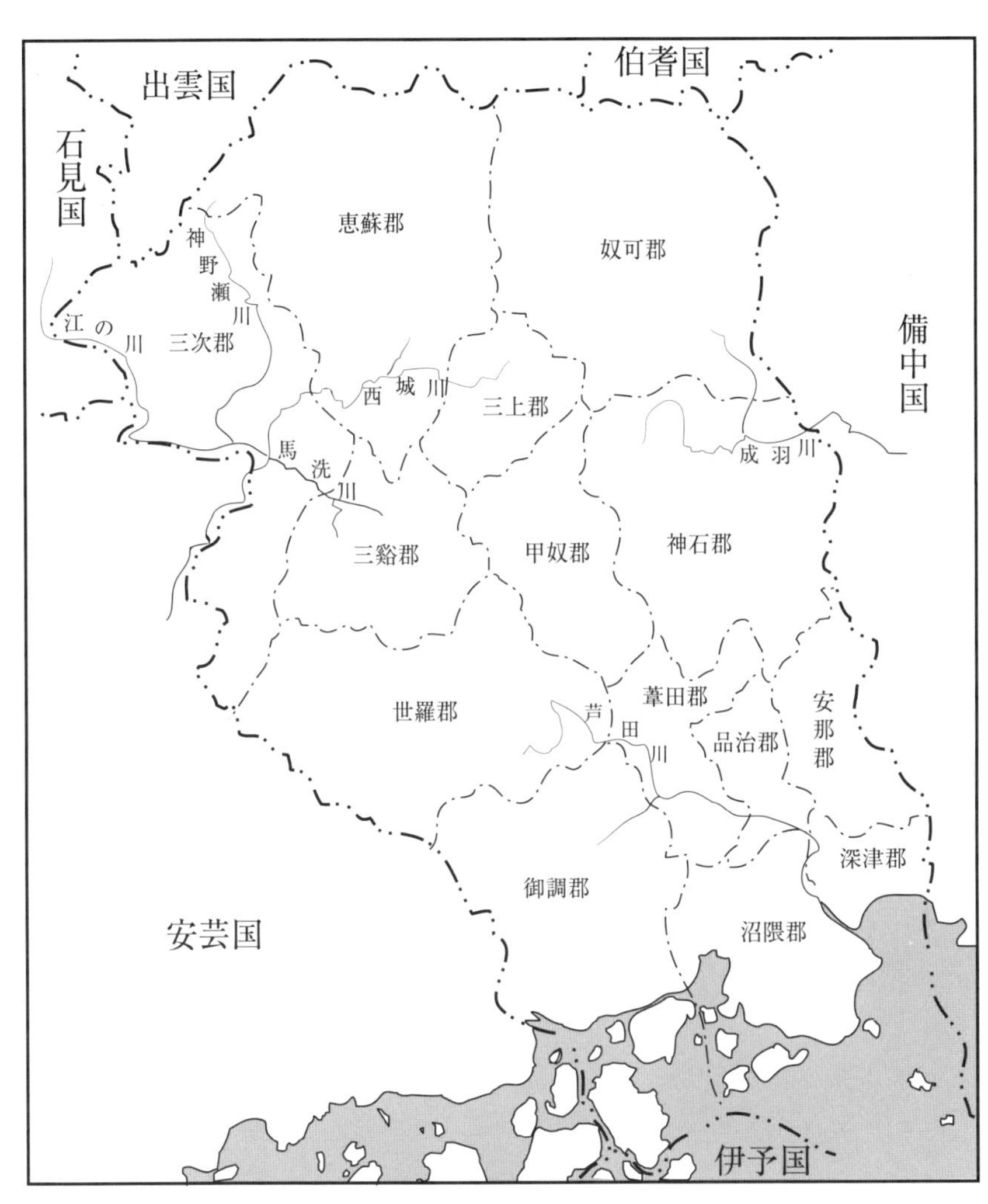
出雲国
伯耆国
石見国
恵蘇郡
奴可郡
神野瀬川
江の川
三次郡
備中国
西城川
三上郡
馬洗川
成羽川
神石郡
甲奴郡
三谿郡
世羅郡
葦田郡
芦田川
品治郡
安那郡
深津郡
御調郡
沼隈郡
安芸国
伊予国

備後国略図

備後

備後国・びんごのくに

『和名抄』東急本・道円本国名では、「吉備乃三知乃之利」と訓を付す。安那・深津・神石・奴可・沼隈・品治・葦田・甲奴・三上・恵蘇・御調・世羅・三谿・三次の十四郡からなり、国の規模の割には郡の数が多い。甲奴郡は和銅二年（七〇九）葦田郡から（品治郡も連動）、深津郡は養老五年（七二一）安那郡からそれぞれ分置されて成立。改変を受けた地域は『旧事紀』国造本紀にみえる吉備穴国造・吉備品治国造の本拠地でもあった。沼隈郡もそのころ御調郡から分置されたか、少なくとも後に両郡の間で境界の移動があったらしい。

備後国の成立過程については、『書紀』天武十一年（六八二）に「吉備国」と記す例もあるが、天武二年（六七三）の白雉献上記事にみえる「備後国」を上限とし、天武朝末までには成立したと思われる。その表記については、藤原宮木簡に備中国を「吉備道中国」「吉備中国」などとする例があり、備前・備中と並んで「備後国」と記されるのは八世紀初頭の大宝律令施行以後のようである。それまでは先の『和名抄』の訓のように「吉備道後国」とされたのであろう。なお、吉備の中心は備前・備中であり、地域の豪族の性格からみても備後はやや性格を異にするようである。

備後国府については、当初のそれを国分寺所在の現福山市神辺町に求める説もあったが、発掘調査の結果当初から現府中市に存在した可能性が強い。国内を通る山陽道は、『延喜式』では三駅だけ記すが奈良時代には五駅あり、安那駅・品治駅・葦田駅（推定）から御調川沿いに山間部に入り者度（看度）駅、不明の一駅をへて三原市本郷町で安芸国に出る。備後国の田数は『和名抄』で九三〇一町余、奈良時代の人口は七万二九〇〇人と推計されているが、その八割程度に考える意見もある。

国の領域は現在の広島県東部一帯を占め、沿岸部では福山市から三原市にかけて瀬戸内海の島々をも含み、内陸部では島根県境の山並みを背後に庄原市・三次市など山地や高原にかこまれながら小盆地が点在する対照的な構成である。内陸部の備北八郡は、延暦二十四年（八〇五）に調の絹・糸を鍬・鉄に改められるなど鉄の生産地として知られ（『三代格』巻八）、連年の旱疾から民衆が疲弊しているとして、貞観七年（八六二）には一時課役が免除されることもあった（『三代実録』巻十二）。一方、沿岸部では塩生産なども行われ、深津の市には讃岐の人も交易に来るなど内海を通じた交流が進み、仏教文化においても、内陸部では三次盆地を中心に独自色を示すのに対して沿岸部では逆に都と直結した様相を呈する。

（佐竹昭）

安那郡・やすなのこおり

安奈とも。『和名抄』東急本・道円本郡名ではともに「夜須奈」、名市博本は「アナ」の訓を付す。高山寺本では大家（東急本、天家）・高迫・三谿・枚原（東急本、枚屋・道円本、拔屋）・大坂の五郷、東急本・道円本では駅家を加え六郷とする。平城宮木簡に「備後国安…／白米五斗」「備後国安奈郡／大家里白米五斗」「備後国安那郡山野郷川上里／矢田マ甲努三斗・矢田マ木身三斗右庸米六斗」「安那郡高迫郷千…」と記したものがあり、天家は誤りで大家が正しく、高迫の存在も確認できる。一方山野郷は現在の福山市山野町に比定できるが『和名抄』にはみえない。

郡域は現在の福山市北部、神辺町を中心とした一帯で東は岡山県に接する。沿海の郡ではないが、『続紀』養老五年（七二一）四月丙申条に安那郡から深津郡を分置した記事がみえ、かつては福山湾頭にまで及んでいた。『書紀』景行二十七年十二月条などに日本武尊が海路倭に戻る途中吉備の穴海で吉備穴渡神を殺した話がみえ、『書紀』安閑二年五月甲寅条に婀娜国胆殖屯倉・胆年部屯倉を置いた記事、『旧事紀』国造本紀に吉備穴国造の名がみえるなど、内海が湾入した上代アナの国の存在を伝える。

深津郡分置後の当郡の中心部は、弥生時代の大規模集落跡遺跡が集中する神辺平野で、その北辺を山陽道が東西に通る。『延喜式』にみえる安那駅は推定山陽道に接する福山市神辺町湯野の大宮遺跡に比定され、同町下御領の国分寺もその東方北側に位置する。現在までの国分寺跡の調査では東に塔、西に金堂、北に講堂を配置し、一八〇メートル四方程度の寺域が想定されている。出土の古瓦では重圏文・重弧文のセットが比較的多い。その約五〇〇メートル西、大宮遺跡の推定山陽道をはさんだ北側には国分尼寺の候補とされた小山池廃寺跡がある。調査の結果、塔を中心に東西に金堂と講堂を配する特殊な構成で、法隆寺系の古瓦から白鳳期にさかのぼることが判明している。同系の古瓦は神辺町上竹田の内砂子瓦窯跡からも出土する。さらに西の推定山陽道沿い、同町道上の中谷廃寺では塔跡などが確認され、備後では珍しい高句麗系の白鳳期の古瓦が出土した。

『続紀』養老三年（七一九）十二月戊戌条に葦田郡常城・安那郡茨城が停止された記事があるが、今のところ茨城についての手がかりはない。『三代実録』貞観十四年（八七二）八月八日条では安那郡の人安那豊吉賣が三つ子を出産し手当が支給されている。式内社に多祁伊奈太伎佐耶布都神社・天別豊姫神社があり、それぞれ福山市山野町、同市神辺町川北の同名社に比定されている。

【参考文献】

松下正司「備後」（『新修国分寺の研究』第七巻、吉川弘文館、一九九七年）

篠原芳秀「大宮遺跡と安那駅」（『芸備』第一〇集、一九八〇年）

（佐竹昭）

深津郡・ふかつのこおり

『和名抄』東急本・道円本郡名ではともに「布加津」、名市博本も「フカツ」の訓を付す。中海・大野・大宅の三郷からなる。郡域は現在の福山市南部のうち芦田川以東の地域で、東は岡山県に接する。『続紀』養老五年（七二一）四月丙申条に安那郡から深津郡を分置した記事がみえ、かつての安那郡沿海地域にあたる。飛鳥石神遺跡から「深津五十戸庸…」と記した木簡が出土しており、分置以前の郡名のおこりを想わせる。『書紀』景行二十七年十二月条の日本武尊が海路倭に戻る途中吉備の穴海で吉備穴渡神を殺した話、『書紀』安閑二年五月甲寅条の婀娜国胆殖屯倉・胆年部屯倉を置いた記事、『旧事紀』国造本紀にみえる吉備穴国造などの記事はこの地域に関わるもので、万葉にも「深津嶋山」と詠われた内海の湾入する情景と、その政治的重要性を伝えている。

『霊異記』下二十七には、葦田郡の人が当郡の深津市へ正月の買い物に出かける話がみえるが、元手に馬布綿塩を持参し馬は讃岐国の人に売却したとする。深津市は、国府が芦田川中流域に位置したのでその外港、かつ交易機能から国府市ともされる。近世の奈良津村・深津村・市村などの地に推定されているが、その市村（現福山市蔵王町）には白鳳期末の宮の前廃寺があり、塼積基壇の塔と金堂跡が知られている。奈良時代の瓦には寄進者と思われる人名を記したものがあり、紀臣・水取連・

栗栖君・軽部君・小椅君などの氏姓がみえ、女性が多い。また、奈良時代には法隆寺の庄が置かれ（「法隆寺伽藍縁起并流記資財帳」）、平安時代には、塩生産を行ったらしい浜六町・山八十九町からなる貞観寺領深津荘の存在が知られる（貞観十四年「貞観寺田地目録帳」）。芦田川河口地域は、このように備後国における海を媒介とした経済や文化の重要な結節点であった。なお式内社には須佐能袁能神社があり、福山市新市町戸手の素盞嗚神社とするが異説もある。

【参考文献】

栄原永遠男『奈良時代流通経済史の研究』塙書房、一九九二年

東野治之「備後宮の前廃寺出土の文字瓦」（『日本古代木簡の研究』塙書房、一九八三年）

（佐竹昭）

神石郡・かめしのこおり

亀石とも。『和名抄』東急本・道円本郡名ではともに「加女志」、名市博本も「カメシ」の訓を付す。神石・志（志麻）・高市・三坂の四郷からなる。郡域は現在の神石郡神石高原町と庄原市東城町の一部にあたり、東は岡山県に接する内陸高原地域である。『書紀』天武二年（六七三）三月壬寅条に備後国司が「亀石」郡で白雉を得たのでその郡の課役を免除し天下に大赦したという記事があり、一方、飛鳥石神遺跡から「神石評小近五十□（戸カ）／□（庸カ）米六斗□升」と記した木簡が出土、神石の表記も大宝以前にさかのぼる。奈良時代中頃以降と思われる平城宮木簡に「備後国神石郡調…」「神石郡賀茂郷」と記し、『和名抄』に見えない賀茂郷の存在が知られる。また、宝亀五年（七七四）三月十二日付の沙弥慈数の勘籍に「備後国神石郡志麻郷戸主物部水海戸口物部多能」（正倉院文書）とあり、『和名抄』郷名の「志」は「志麻」の誤りではないかとされる。古代の遺跡には神石高原町桑木の柿の木原窯跡があるが、寺院跡は確認されていない。延暦二十四年（八〇五）十二月に調の絹・糸を鍬・鉄に改められた備北八郡の一つ。

（佐竹昭）

奴可郡・ぬかのこおり

『和名抄』東急本・道円本郡名では「奴加」、名市博本は奴下郡として「ヌカ」の訓を付す。刑部・道部・

斗意・三上の四郷からなる。郡域は現在の庄原市東城町・同西城町にあたり、岡山・鳥取・島根三県に接する高原地域。延暦二十四年（八〇五）十二月に調の絹・糸を鍬・鉄に改められた備北八郡の一つ。式内社に爾比都売神社があり、小奴可の奴可神社に比定する説もあるが不詳。

（佐竹昭）

沼隈郡・ぬのくまのこおり

『和名抄』東急本・道円本郡名では「奴乃久万」、名市博本も「ヌノクマ」の訓を付すが、『延喜式』神名下では「ヌマクマ」とも。津宇・赤坂・春部・諫山の四郷からなる。郡域は、現在の福山市西部の沼隈半島一帯にあたる。

このうち諫山郷は、奈良時代初期とみられる平城宮木簡「備後国御調郡／諫山里白米五斗」から、かつては御調郡に含まれていた。一方、同じく平城宮木簡「備後国沼隈郡赤坂郷中男黒葛十斤」、さらに二条大路木簡「備後国沼隈郡調鍬十口」「備後国沼隈郡調鉄十廷天平六年」（七三四）などの事例から、奈良時代中頃までには沼隈郡の存在が確実である。諫山郷の所属の変更は、御調郡から沼隈郡が分置されたか、両郡の間で境界が改められたかを示すものである。なお古代の鉄生産は備北八郡が有名であり、当郡の鍬・鉄生産は木簡によって初めて知られたのであるが、郡内でも古くからの良港である鞆港の北方に鉄鉱石の産出が知られている。またこれらの木簡は今のところ郡名の初見資料でもある。

福山市津之郷町の和光寺跡からは仏教関係の遺物が出土し、奈良・平安時代の有力寺院と推定。式内社には高諸神社、沼名前神社、比古佐須伎神社があり、それぞれ現在の福山市今津町の高諸神社、同市鞆町沼名前神社、同市瀬戸町彦佐須岐神社に比定する説がある。なお『福山志料』は『釈紀』所載『備後国風土記』逸文にみえる疫隈国社を沼名前神社に比定する。

（佐竹昭）

品治郡・ほむちのこおり

品遅とも。『和名抄』東急本・道円本郡名では「保牟知」、名市博本は「ホンチ」の訓を付す。高山寺本では品治・狩道・佐我・石浅・神田・服織の六郷、東急本・道円本では駅家を加え七郷、また石浅を石茂とする。郡域は現在の福山市北部、駅家町や新市町を中心とした一帯にあたる。『続紀』和銅二年（七〇九）十月庚寅条に、葦田郡の甲努村を独立させて甲奴郡とするかわりに、葦田郡には品遅郡の三里を加えたことがみえ、奈良時代初頭より郡域は小さくなった。これが郡名の初見であるが、二条大路木簡に「備後国品治…」、平城宮木簡に「備後国品治郡佐我□(郷カ)／庸米六斗」と記すものがあり、佐我郷の存在が確認できる。山陽道が平野部中央を東西に通り、『延喜式』にみえる品治駅を現福山市駅家町中島の伝最明寺跡に比定する説がある。

『古事記』に吉備品遅君、『書紀』に吉備品遅部雄鯽、『旧事紀』国造本紀に吉備品治国造などがみえ、『三代実録』貞観六年（八六四）十一月十日条に「備後国品治郡人左史生従八位上品治公宮雄」が山城国葛野郡に本籍を移したことがみえるなど、有力氏族の存在も知られる。古墳時代後期の優秀な古墳が集中し、福山市駅家町法成寺の伝法成寺跡・同町服部永谷の市場廃寺跡・福山市新市町戸手の伝慶徳寺跡など古瓦を出土する地点も数多いが詳細は不明。式内社に多理比利神社があり『福山志料』は駅家町上山守の八幡宮にあてる。なお新市町宮内の吉備津神社は、平安時代末期には備後一宮とされていた有力社である。

（佐竹昭）

葦田郡・あしたのこおり

『和名抄』東急本・道円本郡名では「安之太」、名市博本も「アシタ」の訓を付し、高山寺本では佐味・廣谿・葦浦・都祢・葦田の五郷、東急本・道円本などでは駅家を加え六郷とする。国府所在の郡。郡域は現在の府中市南部を中心に福山市の一部を含む芦田川中流域。『続紀』和銅二年（七〇九）十月庚寅条に、備後国葦田郡甲努村は葦田の郡家から遠く山や谷が険しくて往来が困難であるとし、葦田郡には品遅郡の三里を加えるかわりに甲努村を独立させて一郡としたことがみえる。郡名の初見記事である。

国府の位置は、最近の発掘調査によって奈良・平安時代の遺構が集まる府中市元町付近が有力となり、平安時代になって福山市神辺町（国分寺所在地）から府中市に移転したとする説の可能性は乏しくなった。元町では、音無川をはさむ東西に古代の遺構が密に存在するが、さらにその北方現金龍寺周辺には白鳳期後半の伝吉田寺跡（町廃寺）があり、近くに平安時代初期の基壇建物もみつかっている。また音無川東方のツジ遺跡など奈良時代の掘立柱建物跡が検出されており、国府関連施設の可能性が高い。このほかにも平野部北側の山際には官衙関連の遺跡が点在する。

さてこの地には東西に山陽道が通る。『三代格』大同二年（八〇七）十月二十五日官符では備後国五駅の存在を伝えるが、『延喜式』には安那・品治・者度（看度）の三駅のみ記す。駅家郷の存在からかつては葦田駅も存在したと思われ、従来軍団跡とされてきた府中市父石町前原遺跡にそれを比定する説が有力。『続紀』養老三年（七一九）十二月戊戌条の「備後国安那郡茨城・葦田郡常城を停む」にみえる常城は、対馬金田城から河内高安城にいたる防衛線の一環をになう施設であったと思われるが、都祢郷の遺名である福山市新市町常から府中市本山町にかけての亀ケ岳一帯に、朝鮮式山城の構造を有するものとして存在が推定されている。亀ケ岳山頂にはかつて寺院が存在し本山町の青目寺に平安時代初期とされる仏像群が伝えられている。ほかに古代の寺院跡では、先の伝吉田寺とほぼ同様の瓦を出土する府中市栗柄町の栗柄廃寺がある。式内社に二社あり、賀武奈備神社は府中市出口町の甘南備神社、国高依彦神社は福山市新市町の高龗神社あるいは同市芦田町上有地の国司神社にあてる説などがある。

一方、平城京出土の長屋王家木簡に「備後国葦田郡葦田里／氷高親王宮舂税五斗」「葦田里俵／一斛」などがあり、氷高内親王（のちの元正天皇）のための封戸がこの地域に設定されていた可能性を示す。同じくやや時代の降る木簡「…国葦田郡□味郷…」は、佐味郷の存在を伝える。この地に暮らした人々については、『続紀』神護景雲二年（七六八）二月壬辰条に、幼くして父母を亡くした「葦田郡人網引公金村」なる人物がその追慕の姿を政府から賞されたこと、『霊異記』下二十七に、葦田郡大山里の人品知牧人が宝亀九年（七七八）十二月に正月の買い物に深津市へ出かける途次葦田の竹原において、やはり前年深津市へ出かける途中伯父に殺害された同郡屋穴国郷の穴君弟公の髑髏に出会った説話などがある。大山・屋穴国は『和名抄』にみえない。いずれの人物も深津の市へ向かう途中葦田の竹原を通過しているので、郡内でも芦田川上流域もしくは北方山間部あたりの村をさすと思われる。郡内には国府が所在し古代の遺跡も多いが、流通面では瀬戸内海に接する深津市に従属していたことを示唆する説話である。

【参考文献】

高橋美久二『古代交通の考古地理』大明堂、一九九五年
松下正司「備後」（『新修国分寺の研究』第七巻、吉川弘文

館、一九九七年）

谷重豊季「備後国府付近の山陽道」（『古代交通史研究』五、一九九六年）

（佐竹昭）

甲奴郡・こうののこおり

甲努とも。『和名抄』東急本・道円本郡名では「加不乃」、名市博本も「カフノ」の訓を付す。矢野・庄原・田総の三郷からなる。郡域は現在の庄原市総領町・府中市上下町と三次市吉舎町の一部にあたる。『続紀』和銅二年（七〇九）十月庚寅条に、備後国葦田郡甲努村は葦田の郡家から遠く、山や谷が険しくて往来が困難であるとし、葦田郡には品遅郡の三里を加えるかわりに甲努村を独立させて一郡としたことがみえ、郡名の初見でもある。府中市上下町矢野の下郷桑原遺跡から平安時代初頭の瓦が出土し小規模な寺院跡の可能性がある。式内社には意加美神社があり、庄原市総領町稲草のそれに比定されている。延暦二十四年（八〇五）十二月に調の絹・糸を鍬・鉄に改められた備北八郡の一つ。

（佐竹昭）

三上郡・みかみのこおり

『和名抄』東急本・道円本郡名ではともに「美加三」、名市博本も「ミカミ」の訓を付す。多可・信敷・土木（高山寺本、名市博本は云木とする）・神代・三上の五郷からなる。郡域は現在の庄原市中心部一帯に推定。郡名の初見は、平城宮木簡に「備後国三上郡調鍬壱拾口天平十八年」とあり、同じ場所から「三上郡信敷郷調鍬十口」「…国三上郡調鍬…」などと記された木簡も出土している。三上郡を含む内陸の備北八郡は鉄を産出し、延暦二十四年（八〇五）十二月に調の絹・糸を鍬・鉄に改められているが（『三代格』巻八）、三上郡ではすでに天平十八年（七四六）の段階で調として鍬を都に送っていたのである。

庄原市宮内町の伝神福寺跡は、軒丸瓦の文様から三次市の寺町廃寺にやや遅れる時期に創建された寺院跡と考えられる。水切り瓦の存否は不明だが、周辺地域の古代寺院出土瓦とは異なる様相を呈する。また式内社には蘇羅比古神社があり、庄原市本村町のそれに比定されている。

（佐竹昭）

恵蘇郡・えそのこおり

恵宗郡とも。『和名抄』名市博本及び『延喜式』神名下・民部上などに「エソ」の訓を付す。恵蘇、春部、刑部の三郷からなる。郡域は現在の庄原市北西部から同市口和町・比和町・高野町の一帯にあたり、島根県境に接する山間部に位置する。『出雲国風土記』に、仁多郡家から恵宗郡堺の遊記山に三十七里、常に剗が置かれたとあり、遊記山は現在の烏帽子山付近に比定され、同じく恵宗郡堺の比市山に五十三里、剗は政ある時のみ置くとある比市山は王貫峠に比定される。式内社には、多加意加美神社があり、口和町向泉のそれに比定される。平城宮木簡に「恵蘇里…」と記されたものがあり、当郡の存在をも示す。郡域に属すると推定される庄原市上原には奈良時代のものと思われる亀井尻瓦窯跡があり、水切り瓦が出土した。延暦二十四年（八〇五）十二月に調の絹・糸を鍬・鉄に改められた備北八郡の一つ。

（佐竹昭）

御調郡・みつきのこおり

水調・三調とも。『和名抄』東急本・道円本郡名ではともに「三豆木」、名市博本も「ミツキ」の訓を付す。郡内七郷について、高山寺本は伯多・柞原（美波良）・者度・佳質（加之止）・小國（乎久仁）・因嶋（印乃之末）・歌嶋（宇多乃之末）の郷名と訓を付す。東急本は者度に（伊都止）の訓を付す。なお東急本・道円本では因島を周嶋（与乃之万）とするなど若干の異同があるが、これらについては高山寺本・名市博本に従いたい。

郡域は、現在の尾道市・三原市東部・内陸部から瀬戸内沿岸島嶼部に及ぶ。『延喜式』にみえる者度（看度）駅は、世羅郡世羅町宇津戸との説もあるが、山陽道が御調川沿いを通るとみて尾道市御調町市に比定する考えが有力。『万葉』には、天平八年（七三六）の遣新羅使船が「水調郡長井浦」に停泊したことがみえ、三原市糸崎周辺にあてる。

平城宮木簡には、奈良時代初期とみられる「備後国御調郡／諫山里白米五斗」、京内出土の奈良時代末とみられる「御調郡白米五斗」がある。前者は郡名の初見であるとともに、『和名抄』では諫山郷が沼隈郡に属するところから、奈良時代初期では沼隈郡の一部が御調郡に含まれていたことを示す。尾道市御調町丸門田の本郷平廃寺跡では白鳳期後半の瓦を出土し、塔と金堂跡が確認されている。式内社には賀羅加波神社があり、三原市中之町のそれに比定。『三代実録』元慶二年（八七八）十二月十五日条にみえる備後国隠嶋神を、当郡因嶋に関わるものとする説もある。

（佐竹昭）

世羅郡・せらのこおり

西良、世良とも。『和名抄』では諸本いずれにも訓はみえないが『延喜式』神名下に「セラ」の訓を付す。桑原・大田・津口・鞆張の四郷からなる。郡域は現在の世羅郡世羅町の一帯に比定され、山間部ながらゆるやかな地形に小盆地が点在する。

　平城京跡出土の木簡に、奈良時代前半のものと思われる「備後国西良郡…米」とあるもの、また「備後国世羅郡白米五斗天平八年」（七三六）と記した荷札が見つかっており、これらが郡名の初見となる。世羅町寺町の康徳寺廃寺跡では二つの基壇が発見され、三次市寺町廃寺出土の瓦のうちやや時代の下るそれと同様のものが出土し白鳳期末の寺院跡とみられる。式内社に和理比売神社があり、世羅町本郷のそれに比定。延暦二十四年（八〇五）十二月に調の絹・糸を鍬・鉄に改められた備北八郡の一つ。平安時代後期には東西に分割され、桑原・大田の地が世羅東条、津口・鞆張が世羅西条とされ、やがて東条を中心とした高野山領大田荘などの荘園が設置された。今高野山の本寺龍華寺には藤原初期の木造十一面観音立像を伝える。

（佐竹昭）

三谿郡・みたにのこおり

三谷郡とも。『和名抄』東急本・道円本郡名ではともに「美多尓（爾）」、名市博本も「ミタニ」の訓を付す。三谷・松部・江田・額田・刑部の五郷からなる。松部を私部の誤りとする説もある。郡域は現在の三次市三良坂町・吉舎町を中心とする一帯にあたり、三次盆地に北流する馬洗川、上下川、美波羅川の流域。平城京木簡に「備後国三谷郡／八升」と記すものが郡名の初見。郡衙は三次市志幸町の幸利地区に推定される。

　『霊異記』上七に、斉明朝の百済救援軍に加わった三谷郡大領の先祖の説話を載せる。百済僧弘済とともに帰国して「三谷寺」を造立したというが、三次市向江田町の寺町廃寺跡がそれに比定される。発掘調査によれば、法起寺式伽藍配置で塼積基壇を持つ白鳳期創建の寺院であり、軒丸瓦の下端部に逆三角状の突起を付すいわゆる水切り瓦を用いる。その西南約一・二キロメートルにも上山手廃寺があり、やはり水切り瓦を出土する。同様の瓦は備北地域を中心に出雲・安芸・備中などにみられ、寺町廃寺が分布の中心となるが、創建期軒丸瓦の笵型には岡山県総社市栢寺廃寺からもたらされたものもある。ただし水切りの起源についてはなお判然としない。寺町廃寺の約一・五キロメートル北の三次市和知町には、寺町廃寺に瓦を供給した大当瓦窯跡がある。

式内社には知波夜比古神社があり、三次市三良坂町もしくは同高杉町のそれのいずれかに比定される。延暦二十四年（八〇五）十二月に調の絹・糸を鍬・鉄に改められた備北八郡の一つ。

【参考文献】

松下正司「備後北部の古瓦」（『考古学雑誌』五五―一、一九六九年）
同「水切瓦再考」（潮見浩先生退官記念事業会『考古論集』、一九九三年）
『ひろしまの古代寺院寺町廃寺と水切り瓦』広島県立歴史民俗資料館、一九九八年

（佐竹昭）

三次郡・みよしのこおり

『和名抄』東急本・道円本郡名ではともに「美与之」とするが、『同』名市博本及び『延喜式』神名下・民部上などには「ミスキ」の訓が付される。上次・幡次・下次・布努の四郷からなる。郡域は現在の広島県三次市中心部から作木町・布野町・君田町及び三和町の一部に相当し、三次盆地から北の中国山地で島根県境に接する。『出雲国風土記』に、飯石郡家から三次郡堺の三坂に八十里、常に剗が置かれたとあり、三坂は現在の赤名峠にあたる。式内社には知波夜比売神社があり、布野町下布野所在のそれに比定される。

郡名の初見は奈良時代初期とみられる平城宮木簡で、「備後国三次郡下三次里人」とあり、やや時期的に下る「備後国三次郡意□郷…」と記す木簡も出土している。郡衙は三次市西酒屋町の下本谷遺跡に比定され、奈良・平安初期の四期にわたる建物群・柵などが確認された。古代の寺院遺構には三次市三次町に寺戸廃寺跡があり、水切り瓦を出土するが時期的には寺町廃寺にやや遅れる。延暦二十四年（八〇五）十二月

に調の絹・糸を鍬・鉄に改められた備北八郡の一つ。

【参考文献】

『下本谷遺跡―推定備後国三次郡衙跡の発掘調査報告―』下本谷遺跡発掘調査団、一九七五年

『下本谷遺跡第一～六次発掘調査概報』広島県教育委員会・広島県立埋蔵文化財センター、一九八〇～八五年

（佐竹昭）

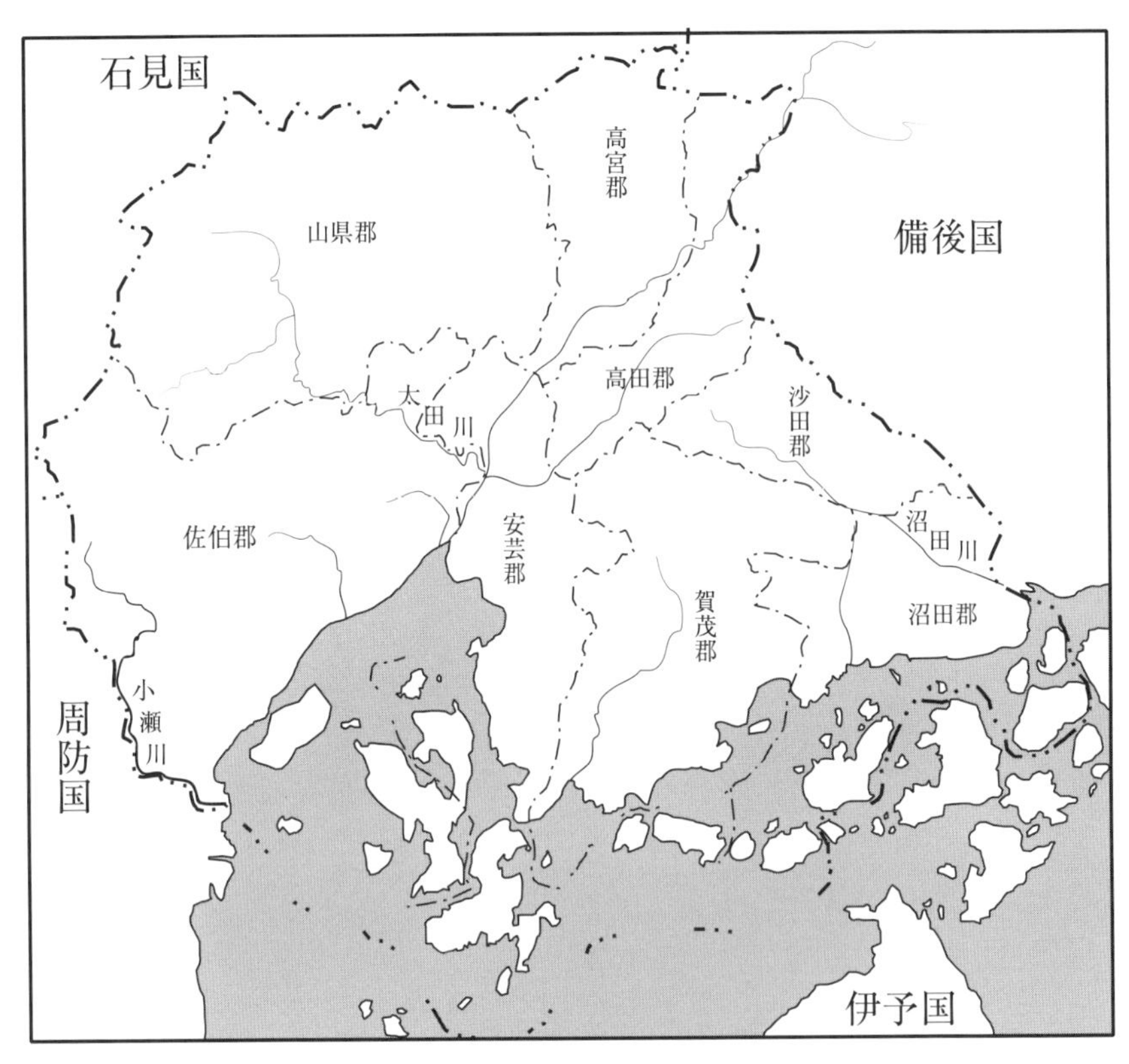

安芸国略図

安芸

安芸国・あきのくに

山陽道八国の内の一つ。国名の由来については、「阿岐国造」に由来するといわれるが定かではない。『和名抄』道円本・東急本郡名では、沼田・賀茂・安芸・佐伯・山県・高宮・高田・沙田の八郡からなるが、高山寺本は沙田を「豊田」とする。沼田郡は平安末期に、高宮郡は平安後期に、郡名が消滅した。安芸郡は平安後期に安北・安南の両郡に、佐伯郡は佐東・佐西の両郡に分かれた。国域は、現在の広島県の西部を占める。

安芸国の成立過程の手がかりとして、国造制が考えられる。安芸国の国造は、『旧事紀』国造本紀によれば、飽速玉命を祖とする「阿岐国造」のみである。東広島市にある前方後円墳の三ツ城古墳が唯一安芸の国造の墳墓といわれている。佐伯郡にある速谷神社が飽速玉命を祭神としていることや伊予の怒麻国造が同族であることなどから、阿岐国造は、安芸国南西部のかなり広い地域を支配していた可能性もある。その他、国造に与えられたといわれる直姓をもつ氏族として、「三使部直」（仲県国造）・「佐伯直」・「凡直」などがある。特に、凡直は、律令制下の国郡に発展する領域を支配する新しい国造であるとされているが、阿岐国造や佐伯直をどう継承したか定かではない。

「安芸国」と記されるのは、八世紀初頭の藤原宮木簡に「安芸国佐伯郡」とあることなど、大宝律令成立頃であろう。

八世紀頃から安芸国の地方制度も次第に整備された。しかし、安芸国の整備状況をみると、安芸国は文武四年（七〇〇）十月に任命された周防総領に管轄されていたと考えられ、養老三年（七一九）七月に按察使がおかれた時にも、備後国守が按察使に任命され、安芸国と周防国を管轄している。また、天平四年（七三二）九月に備後国守が安芸国守の政務を兼任したり、天平六年（七三四）九月甲戌まで国境が確定しなかったことなど、安芸国は整備がやや遅れており、律令政府の安芸国支配に対する姿勢がみられる。

国府の所在については、『和名抄』道円本に「国府在安芸郡」とあるなど平安時代には現在の安芸郡府中町にあった。しかし、府中町では国府域として狭いことや国府は国分寺との経済的、政治的関係が強いことから国分寺のある西条盆地に初期の国府があったとする説がある。

国内の駅家は、『続後紀』承和五年（八三八）の記事に「駅家十一処」とあるが、『延喜式』の真良、梨葉、都宇、鹿附、木綿、大山、荒山、安芸、伴部、大町、種篦、濃唹、遠管の十三駅であろう。

（櫨井勝）

沼田郡・ぬたのこおり

『和名抄』道円本に「奴太」と訓を付ける。『延喜式』・名市博本には「ヌタ」の訓がある。今有・沼田・船木・安直・真良・梨葉・都宇の七郷からなる。高山寺本に「今有」はなく、「今有」の存在を否定する説もある。しかし、二条大路木簡に「安芸国沼□（田）郡□（今カ）」と記したものがあり、今有の存在した可能性は大きい。また、今有は「イマリ」と読み海岸を意味し、現在の竹原市忠海町以東の沿岸部をあてる説もある。郡域は沼田川下流域の三原平野の西部を中心に、現在の竹原市東部、三原市本郷町と旧賀茂郡の一部を含む。本郡の氏族として、『後紀』延暦十五年（七九六）十一月己酉条に佐伯直がある。『書紀』仁徳三十八年七月条の「安芸渟田」の地に佐伯部が移されたという伝承は、沼田川下流域を中心に開発したと推測される。七世紀以降、沼田川支流の尾原川の流域には畿内色の強い後期古墳（御年代古墳など）や奈良県の檜隈寺遺跡出土と酷似した軒丸瓦を出土した横見廃寺跡があり、備後と境界を接するこの地域に畿内系文化の浸透がみられる。郡内のほぼ中央を山陽道が東西に通り、『延喜式』によると真良・梨葉・都宇の三駅があった。

（櫨井勝）

賀茂郡・かものこおり

高山寺本では、賀茂・志芳・造果・高屋・入農・訓養（道円本・東急本とも「也万久尓」の訓、養訓か）・香津・木綿（東急本、木緜）・大弓の九郷からなる。大弓は「大山」の誤りか。郡名は、京都賀茂神社領あるいは奉仕者の子孫に由来するといわれている。郡域は、西条盆地を中心に、広島市安芸区阿戸町、呉市阿賀町以東・川尻町・安浦町、東広島市安芸津町の沿岸地域。郡名の初見は、平城宮木簡の「安芸国賀茂郡白米五斗」で、文献では『後紀』延暦二十四年（八〇五）八月壬子条の「安芸国賀茂郡地五十町賜仲野親王」の記載。本郡の氏族として、『三代実録』貞観元年（八五九）四月三日条に「凡直」の姓をもつ氏族が確認できる。郡内には県内最大の前方後円墳で、国造の墳墓といわれている三ツ城古墳があり、東広島市西条町吉行に国分寺跡がある。遺跡から、安芸国内の郡名（「佐伯」・「山方」・「高宮」・「沙田」）、郷名（「木綿」・「高屋」・「竹原」・「宇枝」）、姓（「佐伯部」）を記した木簡が出土し、地名の確認とともに『和名抄』と異なった漢字を使用している。創設期の国府は西条盆地にあったとする説がある。高屋町に「解徐」の墨書土器が出土した西本6号遺跡があり、建物の構造から七世紀後半の「神殿」ではないかといわれている。

山陽道は郡のやや北寄りを東西に通り、『延喜式』によれば鹿附・木綿・大山の三駅があった。また、郡の南の海上は古代瀬戸内海交通ルートで、沿岸の安芸津町に天平八年（七三六）の遣新羅使が停泊した「風速の浦」がある。

（櫨井勝）

安芸郡・あきのこおり

『和名抄』道円本・東急本では、漢辨・旆理・河内・田門・幡良・安芸・船木・養隈（養濃か）・安満（名市博本、阿満）・駅家・宗山の十一郷からなる。高山寺本では、宗山は「宇山」とあり、「駅家」はない。郡名の由来は、阿岐国造の本拠地であったとする説や安芸国の国府が置かれたことによるとする説がある。郡域は、現在の広島市安佐北区の南の地域、安芸郡、呉市の東の一部と広島湾の南の倉橋島・江田島を含む地域。

郡名の初見は、藤原宮木簡の「安芸国安芸郡□里倉橋ア□□調塩三斗」で、文献では「西大寺資財流記帳」（宝亀十一年〈七八〇〉）に「安芸国安芸郡牛田庄図二巻」とある記載が初見。郡は、平安後期、二郡（安北・安南）に分割。

国府は、平安時代に現在の安芸郡府中町にあり、町内の東西を山陽道が通る。東丘陵上に下岡田遺跡（安芸駅館か）がある。広島湾に面した郡の南を山陽道が通り、島嶼部では天平八年の遣新羅使が停泊した「長門の島」（倉橋島）の「磯辺」（桂浜か）や奈良時代から海峡であったと推測される音戸瀬戸があり、交通の要所でもあった。

式内社として、神日本磐余彦尊を祀る多家神社（安芸郡府中町宮の町）がある。

（櫨井勝）

佐伯郡・さへきのこおり

『和名抄』道円本に「佐倍木」と訓を付ける。『延喜式』に「サヘキ」の訓がある。養我（養義か）・種篦・緑井（高山寺本、緑井）・若佐・伊福・桑原・海（海部か）・噯濃（濃唹か）・建管（遠管か）・駅家・大町（名市博本は大野、注記に町）・土茂の十二郷からなる。高山寺本は建管を「建部」とし「駅家」はない。郡名の由来は、蝦夷を祖とする佐伯部の居住によるといわれている。郡域は、広島市安佐南区・西区・佐伯区・廿日市市、大竹市の地域に相当。地勢は、北は山地で漸次広島湾に向かって低くなる。郡名は、藤原宮木簡の「安芸国佐伯郡雑腊二斗」とあるのが初見か。平安後期、二郡（佐東・佐西）に分割。氏族として「周防国正税帳」や『三代実録』貞観十四年（八七二）十二月条に榎本連がある。また、『続後紀』天長十年（八三三）十月辛卯条に、伊福部・若桜部がある。その他、地名から建部・海部などの部民が郡内にいたと推測される。式内社として、速谷神社（廿日市市上平良）、伊都伎島神社（同市宮島町三笠浜）がある。

なお、試掘調査ではあるが、重圏文・重廓文がセットになる瓦が出土し、「大町駅館」と推定される中垣内遺跡が佐伯区五日市にある。

（櫨井勝）

山県郡・やまかたのこおり

『和名抄』に「夜万加多」と訓を付ける。『延喜式』民部上には「ヤマカタ」の訓を付す。安芸国分寺跡出土の木簡に「山方」とある。賀茂・壬生・山県・品治・宇岐の五郷からなる。郡名は、『芸藩通志』に「山中の県なるを以名づけたる」とある。郡域は、現在の県北西部の山県郡域とほぼ同じ地域で、北は西中国山地が広がる。文献での初見は、『文徳実録』仁寿三年（八五三）十月癸酉条の記載の「山県」か。郡内の氏族として、平安末期に、この地の伝統的氏族であったと推測される凡氏がいる。郡内の壬生郷や品治郷は部民（壬生部・品治部）の遺名と考えられる。郡家は北広島町に古保利の地名があることから、山県郷が有力視されている。古保利には平安初期の大寺院があったといわれ、平安初期の特色を示す仏像群が当地の薬師堂にある。

なお、郡内を流れる可愛川流域が、『書紀』の八岐大蛇退治伝説（第二の一書）の舞台とする説もある。

（櫨井勝）

高宮郡・たかみやのこおり

『和名抄』道円本は「太加三也」と訓を付ける。名市博本、『延喜式』に「タカミヤ」の訓がある。苅田（かつた）（道円本・東急本、「加無太」）・内部（うちべ）・竹原（たかはら）・高宮（たかみや）・丹比（たじひ）（道円本・東急本、「多無比」）・訓覔（くるべき）の六郷からなる。郡域は、現在の安芸高田市西部で、八千代町・吉田町・美土里町と高宮町の一部。郡名の初見は、明官地廃寺跡（みょうかんじ）（創建は七世紀後半）出土の文字瓦（時期は八世紀初頭）の「高宮郡　内ア寺」。郡名は平安後期ころ高田郡に併せられ消滅した。本郡の郡司として、『三代実録』貞観四年（八六二）七月十日条に仲県国造（なかのあがた）を祖とする三使部直（みつかいべ）がおり、この地域を支配していた時期があったと推測される。そのほか、郡山城下町遺跡出土（安芸高田市吉田町）の木簡に、「占部連（うらべ）」・「葛木部直」・「海部首」など氏族名を記したものがあるが三使部直氏との関係は不明である。郡家は「郡解」と記した木簡が郡山城下町遺跡から出土したことから、安芸高田市吉田町吉田が有力地である。

（櫨井勝）

高田郡・たかたのこおり

『和名抄』道円本は「太加太」と訓を付ける。名市博本、『延喜式』には「タカタ」の訓がある。三田（みた）・豊嶋（としま）・風速（かさはや）（名市博本、「カセハヤ」）・麻原（おはら）・川立（かわたち）・舩木（ふなき）・粟屋（あわや）の七郷からなる。郡名の由来については、芸南の低地に比べ、高地部に豊かな水田地帯を形成していたためとするものがある。郡域は、現在の広島市安佐北区白木町、安芸高田市向原町・甲田町、三次（みよし）市南部の地域に相当。郡名の初見は、下岡田遺跡（安芸郡府中町）出土木簡の「高田郡庸絁□」（時期は奈良から平安時代）と記したものである。郡家の所在については、安芸高田市甲田町に「高田原」の地名があることからこの地をあてる説もある。

近年、甲田町下小原（「麻原」比定地）から掘立柱建物跡や墨書土器が出土している。また、安芸高田市向原町長田（ながた）（推定風速郷）の河岸段丘上にある正敷殿（しょうじきでん）廃寺跡から、奈良県の檜隈寺遺跡出土と同型の軒丸瓦が出土している。このことは、七世紀後半以降、沼田川流域から安芸中央部に畿内系文化の導入を推測させる。

（櫨井勝）

沙田郡（豊田）・ますたのこおり

『和名抄』道円本に「万須多」と訓を付け、「今沙作豊止与太」とある。高山寺本・名市博本とも「豊田」とする。名市博本は、「トヨタ」の訓を付け、註記に「沙」とある。『延喜式』では「沙田」とし、「サタ」と訓を付け、「国内云トヨタ」とある。『和名抄』や『延喜式』などの記載から十世紀初期に豊田郡に改名したと推測される。郡は、豊田（とよた）・登能（との）・能美（のみ）・訓芳（くば）・安宿（あすか）・槻梨（むくなし（カ））の六郷からなる。名市博本には、「槻梨」はない。郡域は、現在の東広島市河内町・福富町・豊栄町、三原市大和町の地域に相当。郡名は、『文徳実録』仁寿三年（八五三）十月癸酉条に「安芸国佐伯、山県、沙田三郡復今年徭役」と記したものが初見。

（櫨井勝）

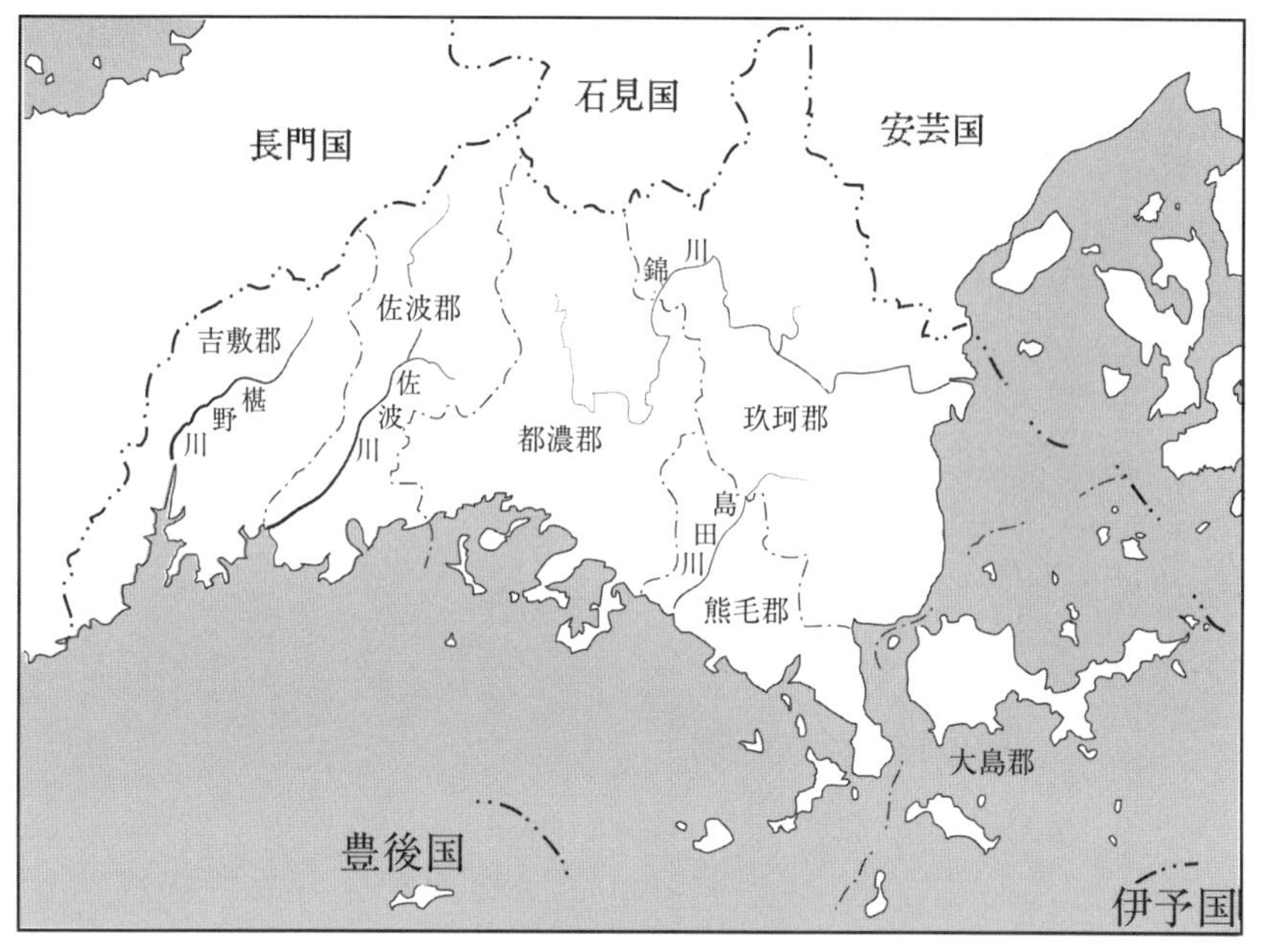

周防国略図

周防

周防国・すはうのくに

古くは「周芳」と書くことが多い（『書紀』の景行十二年九月戊辰条「到周芳娑麼」）、『続紀』文武二年（六九八）九月壬午条「周芳国献銅鉱」）。訓みは『和名抄』に「須波宇」とある。『旧事紀』国造本紀の周防国造条に、応神朝「茨城国造同祖、加米乃意美定賜国造」とある。この周防は養老五年（七二一）に玖珂郡を分置する以前の熊毛郡を指すものとみられており、関連する件として『続紀』宝亀十年（七七九）六月辛酉条の「周防国周防郡」とある用例が挙げられる。国境は『続紀』天平六年（七三四）九月甲戌条に、周防と安芸の国境を大竹川と定めたので東は明らかだが、北と西は後世の国境を当てて、周防国を六郡に分けている。

周防国でまず問題になることは、国造本紀に大嶋と周防の間に「波久岐国造」がみえることである。鎌田純一（『先代舊事本紀の研究』校本の部、吉川弘文館、一九六〇年）は「延本鼇頭云波久岐可作与之岐疑今周防国吉敷郡」と頭書しており、三坂圭治（『周防国府の研究』積文館、一九三三年）も与之岐の誤写であることを力説している。確かに波久岐を他国に置くよりも（例えば安芸、備後）、周防国内に置くほうが合理的ではある。周防国内とすれば、順番に不都合があるとしても、吉敷郡を当てるしかないであろう。

『続紀』宝亀元年（七七〇）三月癸未条、前出の同十年（七七九）六月辛酉条にも「周防凡直葦原」があり、周防国造氏が「凡直」を名乗っていたことは明らかである。凡直は、八木充（「凡直国造と屯倉」『古代の地方史』第2巻、朝倉書店、一九七七年）によれば、部民制的貢納関係を排しつつ、より広域の行政的支配を目指した後次的な国造制度であって、瀬戸内海と紀伊水道の両岸に特徴的にみられるという。

周防凡直国造が、周防国のほぼ全域に行政権を及ぼしていたことについては、まずそれが中央政府の意図するところであったことが挙げられるが、周防国造氏が培ってきた弥生時代以来の伝統的権威も重なっている。周防国熊毛豪族は弥生時代中期以降、東は錦川流域で、西は佐波川・椹野川流域を境にして、東西の優勢な土器圏と対峙していた。古墳時代にも玖珂郡を分置する以前の熊毛郡南部地域（周防国造氏の本貫）

には四世紀末から六世紀末におよぶ、一系列の前方後円墳が累積しており、それらに七世紀前葉の巨石古墳も加えて、歴代周防国造の墳墓群とすることにおいては異論をみないところである。

（山本一朗）

大島郡・おおしまのこおり

『和名抄』は「於保之末」と訓じる。屋代・美敷・務理の三郷で構成される。平城宮木簡には美敢郷とあり、美敷は誤写かと思われる。西瀬戸内海に浮かぶ最大の島で、屋代島ともいい、それを正式名とする説もあるが、一般には今も周防大島と呼ぶ。鳴門海峡に次ぐ海の難所として知られる大畠瀬戸（大嶋鳴門）によって切り離されているが、現在は大島大橋によってつながっている。郡域は島全体、各郷は屋代が現在の周防大島町小松を中心にする地域、美敢が周防大島町三蒲を中心とする地域、務理が周防大島町森ないし地家室を中心にする地域に当てられよう。

国産み神話では、『古事記』に大八嶋国の誕生のあと、還る時に生まれた六島のなかに「大嶋、亦名謂大多麻流別」がみえ、『書紀』には「大洲」とあって、「大八洲国」の中に含められている。この両者は、地元では異論を唱える人もいるが、大方は周防大島を指すものと考えており、大嶋鳴門が内海航路の要衝として古代からよく知られていたものとする。また大島郡には古墳をはじめとする考古資料にはみるべきものがなく、一系列の国造の存在を匂わせるものはないにもかかわらず、『旧事紀』国造本紀は无邪志国造同祖の穴倭古命を大嶋国造に定めたことを記しており、それもこの鳴門の重要性の証と思われる。

大嶋鳴門については、『万葉』巻十五に「過大嶋鳴門」の二首があり、田辺秋庭（たなべのあきにわ）は「名に負ふ鳴門の渦潮に」と詠んでいる。また時代は大きく下るが、『風土注進案』の大多満根神社（主祭神は大多麻流別命で大島郡の一宮とされ、三蒲に座す）の縁起に地元では著名な般若姫伝説がある。用明天皇が即位前、豊後国に美女ありと聞いて西遊し、后に請いうけて帰京途次、この鳴門にさしかかり潮に乗って東行しようとした途端、竜神が渦を巻き起こして后を奪ったという粗筋である。般若姫伝説は別として、美敢（三蒲）が鳴門の東側の潮待ち泊であった可能性が高い。

平城宮出土の天平十七年（七四五）の木簡に周防国大嶋郡美敢郷の凡海阿耶男、田部小足及び凡海直薩山が、それぞれ調塩二斗及び調尻塩を貢納したことが記されている。これは『続紀』宝亀元年（七七〇）三月癸未条にみえる周防凡直葦原が銭百万・塩三千顆を献納して外従五位下に叙せられた記事と無関係ではないと思われ、先の田辺秋庭の和歌の下の句「玉藻刈る海人」にも繋がるものである。また、直接関係するか否かを別とすれば、周防大島町小松には塩竃神社がある。

（山本一朗）

玖珂郡・くがのこおり

『和名抄』では「珂音如鵝」とする。高山寺本には玖珂・柞原・野口・多太（刊本では多仁）・由宇・大野・伊実・石国の八郷がみえる。なお刊本には石国の前に駅屋を置く。『続紀』養老五年（七二一）四月丙申条に「分周防国熊毛郡、置玖珂郡」とあり、考古資料や延喜戸籍などをみると、上代においては、確かに熊毛郡の内に含めると理解しやすい地域である。

郡域は、条理のみられる島田川上流の玖西盆地を中核として、東は小瀬川で安芸国に接し、西は熊毛と分かれる地域で、現在では岩国市内の旧岩国市を中心に由宇町・玖珂町・周東町・錦町・美川町・美和町・本郷町及び旧大畠町を含む柳井市が含まれる。ここには山陽道の駅屋が二箇所ある。一つは岩国市関戸が当てられる石国駅、他は玖珂町野口を当てる野口駅である。各郷については、玖珂は野口駅を含む玖珂町、柞原は周東町久原を中心とする地域、多太は岩国市多田、由宇は由宇町、大野・伊実については固定できないが、山間部を当てることが多い。

柳井市水口に国史跡の前方後円墳・茶臼山古墳があるが、それは本来熊毛郡の周防国造系列に属するものであって玖珂郡のものではない。島田川上流域では古代遺跡をみることができるが、錦川流域や沿岸部は古墳は皆無といってよく、古代遺跡は希薄である。とくに錦川の両岸は険しく、平地がほとんどないからであろう。そのため岩国の山越えは、古来山陽道の難所として知られていた。その様子を詠んだ歌が『万葉』第四にある。「周防なる磐國山を越えむ日は手向よくせよ荒らしその道」右一首、少典山口忌寸若麿（やまぐちのいみきわかまろ）。また海路の泊としては岩国市麻里布があり、『万葉』巻十五に遣新羅使等が別れを惜しんで詠んだ「周防国玖珂郡麻里布浦行之時作歌八首」がある。

玖珂郡で古代史上最も著名な件は、延喜八年（九〇八）「周防国戸籍公文」であろう。記載の十四戸の内五戸が秦人を戸主としており、戸口を含めて数えると一〇〇人余りとなり、全体の約三割に達する。この件については「秦王国」の問題に絡めて、幾つかの論考をみるところであるが、玖珂郷だけでなく周防国全体に多くの秦人が居住していたとみる点では共通している。またこの戸籍には、周防凡直を冠する戸主が二人おり、戸口を含めると全体の一割五分に達することも見逃せないし、偽籍例としても著名である。

（山本一朗）

熊毛郡・くまげのこおり

『和名抄』は「久末計」と訓じる。高山寺本には周防・熊毛・多仁・美和・波羅（刊本では波濃、以下これに従う）の五郷が挙げられており、刊本では美和の後に全戸・駅屋を置く。養老五年（七二一）の玖珂郡分置以前は錦川流域から島田川流域まで、自然地形に従って周防国のほぼ半分を領する大郡であったが、分設以後は玖珂郡との境が不自然となった。地形的には平生湾岸から島田川中・下流域とすればよく、今日の平生町・田布施町・光市・周南市の旧熊毛町を含む。各郷域については周防が光市小周防、熊毛が平生町大野、美和が光市三輪、波濃が田布施町大波野をそれぞれ中心とする地域に当てられるが、多仁については諸説あるもののいずれも決め手を欠く。考古学的知見では田布施町川西を中心にする地域にあっても不思議ではない。

郡家の所在地については、考古学調査がなく、諸説あって決めがたい。一つには周防国造の根拠地とされ、かつ山陽道の駅屋が所在した光市小周防を当てる説、他には鎌倉時代の「周防国分寺文書」に現れる「大野本郡」を手掛かりに平生町大野を当てる説がある。考古学的には後者のほうが妥当と思われるが、山陽道の整備にしたがって移動したとも考えられる。島田川中・下流域には条里地割もなく、前方後円墳などの目立つ遺跡もみられない。

柳井市を含めた平生湾岸は防長では一、二を争う古代遺跡密集地である。古墳出土としては国内最大の銅鏡を出して国指定となった柳井市水口の茶臼山古墳、防長最大の平生町佐賀の白鳥古墳（一二〇メートル）以下、六世紀末まで連綿と続く一系列の前方後円墳があり、七世紀前葉には巨石古墳として知られる田布施町宿井の後井古墳が現れる。これらを歴代の周防凡直国造の墳墓とすることに異論はない。そして七世紀中頃以降には背後の石城山に神籠石山城が築かれるが、この頃には周防凡直国造が弥生時代以来築き上げてきた伝統的威勢にも、相当の陰りがみえはじめていたものと思われる。石城山神籠石は文献には現れない山城であるが、遺跡としては遺存状況がよい。

『続紀』宝亀十年（七七九）六月辛酉条に、周防國周防郡人外従五位上周防凡直葦原之賤男公が他戸皇子を自称して衆を惑わしたとある。賤男公がどんな人物か不明だが、皇子を名乗るとは珍事件といえる。この背景には、当時の熊毛郡一帯には中央に対する不信感があり、また中央も熊毛に忌憚する所があったのだろう。国府が周防の西端の佐波に置かれる理由の一つにもなったと考えられる。

藤原宮木簡に「熊毛評大贄伊委之煮」があり、海産物加工も行われていたし、『続紀』天平二年（七三〇）三月丁酉条には熊毛郡牛嶋西汀で銅を産出し、長門鋳銭に充てたことが出ている。またこの地域が塩の産地であったことは、『続紀』宝亀元年（七七〇）三月癸未条「外正八位下周防凡直葦原献銭百万、塩三千顆、授外従五位上」とあることでも知られる。これらの産物は周防凡直の富勢の一端を示すものと思われる。

百済部（くたなべ）　平生町曽根にある。周防凡直国造の配下で特殊な役務に就いていた渡来系氏族の居住地と思われる。

三宅（みやけ）　田布施町麻郷にある。いまは干拓によって陸化しているが、中世までは平生湾に接していた。

【参考文献】

八木充「凡直国造と屯倉」（『古代の地方史』2、朝倉書店、一九七七年）

（山本一朗）

都濃郡・つののこおり

都怒、都奴とするものがある。

『和名抄』高山寺本には久米・都濃・富田（度无多）・生屋・平野の五郷がある。刊本には生屋と平野の後に駅屋を加える。郡域は現在の下松市、周南市に相当し、久米は周南市久米、富田は周南市富田、生屋は下松市生野屋、平野は周南市平野に当てるのが通例である。都濃郷の所在は現在の地名からでは明らかにし難いが、考古学的知見を援用すれば、生屋駅にも近い下松市末武を中心とする一帯を考えてもよいだろう。ここには前方後円墳群をはじめ条里地割もみられて、郡家の所在地に相応しい条件を備えている。

『旧事紀』国造本紀の仁徳朝に「紀臣同祖、都怒足尼児男田嶋足尼定賜

都怒国造」とあり、また『書紀』雄略九年五月、征新羅将軍の一人紀小鹿火が遠征の失敗を恥じて角国に留まって角臣に改姓したことがみえ、五世紀には下松市笠戸湾が朝鮮出兵の基地であったと思われる。都濃は弥生時代には熊毛豪族の領域内であったことが考古学的に確実視されるが、三角縁神獣鏡を出した下松市東豊井・宮ノ洲古墳、周南市竹島・御家老屋敷古墳の出現によって、四世紀初めには分離していたことが判る。それは中央の意図であったことが、三角縁神獣鏡の性格や蘇我系の臣姓国造を擁することなどからも窺える。

また当地は妙見信仰の一中心地である。琳聖太子伝説や下松の地名起源を付会するが、百済との関係は無視できないと思われる。

（山本一朗）

佐波郡・さばのこおり

娑磨、沙麼、娑婆、佐婆などの用例があり、周防国衙の置かれた所として著名である。『和名抄』に「波音馬」の注記がある。高山寺本は牟礼・達良（太々良）・佐波・日置・玉祖（多末之也）・勝間の諸郷をあげ、刊本は玉祖の後に餘戸・神戸を挟む。佐波は防長瀬戸内海側のほぼ中央に位置し、防府市と山口市徳地にまたがるが、佐波県が山間部にどれだけ広げられるかは疑問とされる。牟礼・達良（太々良）は現存地名の地域、佐波は国衙所在地域、玉祖は右田・大崎地区、勝間は駅屋で牟礼地区南部をそれぞれ中心とする地域が当てられており、以上は防府市内である。日置は佐波川中・上流域を当てるものがある。なおサバの地名に関しては、『延喜式』主計の中男作物の中に鯖が挙げられているのをもって起源とする説がある。確かに吉敷郡内ではあるが、近辺に鯖山・鯖地・小鯖などの地名がみえる。

佐波は周知のとおり、先ず「県」として成立した。県の性格については諸説あるが、国造制に先行し、中央勢力の支配がより強く及んだ地域とすることでは、ほぼ一致していると思われる。それに関係あることとして、『書紀』景行十二年九月戊辰、西征の時「到周芳佐麼」や、神功皇后摂政前紀の一書には、仲哀九年十二月辛亥に、天皇への神託が佐波県主を通じて下されたことなどが挙げられる。これらの記事は紀臣を国造とする都濃が、五世紀の朝鮮出兵などに際して、西瀬戸内における基地であったことにも深く関係するものと思われ、佐波と都濃が一体として、中央勢力と深く結びついていたことを示す。

『続紀』延暦十年（七九一）十二月丙申条に讃岐国寒川郡人外従五位下佐婆部首牛養等が、当時の居住地岡田村に因んで岡田臣之姓を奏請した時、自分の祖先は都濃国造紀田鳥宿禰であり、その孫米多臣が佐波首であったことを述べている。これによって、一時期佐波が都濃国造の指揮下にあったことが察せられる。

佐波は考古学的にも興味深い遺跡・遺物を出土する地域である。弥生時代中頃、佐波は北部九州須玖式土器と周防型土器が混在する地域で、熊毛勢力がこの地域まで伸長していたことが察せられるが、古墳時代初期（庄内式期）には、狭いながらも佐波型といってよい土器圏が成立する。しかし中央との関係が深いといわれる三角縁神獣鏡を持つ前期古墳は都濃に出現しており、都濃と佐波の結合と分離に関しては中央の作為を感ぜざるを得ない。

後期古墳については佐波は防長随一の密集地域であって、なかには興味深い古墳が二基存在する。一つは六世紀後半の桑山塔ノ尾古墳で、天明五年（一七八五）に藩主によって偶然破壊され、金銅製冠・飾履、鞍に付ける旗竿とされる蛇行状鉄器などをはじめ、地方には珍しい種々の宝器類が出土した。よって『書紀』推古十一年（六〇三）二月丙子、征新羅将軍来目皇子が筑紫で陣没すると、「仍殯于周芳娑婆、乃遣土師連猪手令掌殯事、故猪手連之孫曰娑婆連」に結び付けられ、陵墓参考地となった。もう一つは大日古墳である。西国では他に類例をみない七世紀中頃の前方後円墳で、畿内系の石室内に播磨竜山石製の家形石棺を納めている。この石棺は蘇我系氏族が用いる特徴的な遺品で、最遠路運ばれた例とされる。更に琳聖太子伝説も加わって、これらが佐波と中央、特に蘇我氏との結びつきの深さを物語る資料とされるとともに、「秦王国」の候補地としての有力な証ともなっている。

郡家の所在地は国衙の近辺も考えられようが、近年の発掘調査によって、佐波川下流域右岸に当たる下右田地区も有力な候補地として浮かび上がった。当地域には今でも良好な条理地割がみられ、近年の発掘調査によって大型建物の一端が出土した。また在地有力者の祖神を祭ったと思われる玉祖神社（『日本紀略』康保元年〔九六四〕四月二日に従一位下）や大前駅屋（『日本紀略』寛平元年〔八八九〕六月六日に停廃）も域内にある。

佐波は狭い地域ながらも、史上に名を残す豪族が多い。もっとも著名なものは上述の畿内系豪族土師佐波連であるが、続いて渡来系と思われる達良（多々良）公がある。防府市多々良の起源ともなったと思われるが、在庁官人として成長し、やがて琳聖太子の後裔を自称して大内氏となった。牟々礼君は周防国天平十年（七三八）正税帳に「下流人周防国佐波郷人牟々礼君大町」とある。その他にも前出の佐波県主・佐波部首や玉祖氏などの名が挙げられ、いずれも市内各地に群在する古墳群の造営主体をなしたと思われる。

松崎天満宮　三天神の一つとして有名。本来、土師氏が祖神天穂日命を祀ったものであるが、土師氏の同族菅原道真が大宰府に流された時、佐波勝間浦に立ち寄ったことから、いつしか、道真を主祭神とするようになったといわれる。

【参考文献】
八木充ほか「周防国府の歴史」（『周防の国衙』防府史談会、一九六七年）

（山本一朗）

吉敷郡・よしきのこおり

『旧事紀』国造本紀に大島国造に続いて波久岐国造がみえ、それを吉敷国造に当てる説が多いが、記載順に矛盾もあって定かではない。『和名抄』高山寺本では八田・宇努・仲河・益必（夜介比止）・広伴・神前・多宝・八千・賀宝の九郷がみえ、刊本では俘囚を加える。現在は山口市を中心に旧小郡町及び小郡湾の両岸に旧秋穂町と旧阿知須町がある。九郷のうち八田は大内矢田、宇努は宇野令の名を残す山口市街東部、八千と賀寶は駅屋郷であってそれぞれ鋳銭司矢地と嘉川を中心に比定される。以上はすべて山口市内。また多少の問題があるとしても多寶の寳を實の誤りとみて、旧吉敷郡秋穂町大海（現山口市）に当てることも諸説のほぼ一致するところであるが、他の四郷の比定は現在に残る地名から推定することは難しい。郡家の所在地については、山口市吉敷・朝田を当てるものがあるが、条里遺構をはじめとする考古学的知見とも矛盾しない。その場合、『和名抄』に吉敷郷が欠落したという見解も無視できなくなろう。

平城宮木簡に「周防国吉敷郡神崎郷戸主阿曇五百万呂□同郷」「□麻呂進上調塩一斗天平十七年（七四五）九月八日」とあり、神崎郷で製塩が行われたことが確かめられる。旧吉敷郡内の秋穂町（現山口市）美濃ヶ浜遺跡では美濃ヶ浜式とよばれる固有の製塩土器が大量に出土しており、古墳時代後期以降、盛んに土器製塩が行われていた。しかしこれをもって神崎郷を旧秋穂町に比定するのは早計である。美濃ヵ浜式土器による製塩を八世紀中頃まで下げることは困難であるし、正税帳に塩竈、煎塩鉄釜などとあるように、民間では土器製塩が行われていたとしても、調塩はまた別で、より進んだ製塩法を用いていたと思われるからである。

　周防鋳銭司は山口市鋳銭司から陶地区にかけて所在し、国衙から約十三キロメートル西方に位置する。周防鋳銭司は全国の鋳銭司遺跡のなかでは、最も遺存状況の良い遺跡として著名であり、昭和四十一年（一九六六）、四十六年（一九七一）、四十七年（一九七二）と断続的にトレンチによる発掘調査が行われ、紆余曲折の末、ようやく中心部分は原状のまま保存されることになった。

　周防鋳銭司の設置時期については、かつては諸説あったが、東北大学付属図書館蔵狩野文庫本『三代格』の天長二年（八二五）四月七日太政官符に、長門国の鋳銭司を停止して周防国吉敷郡に新設した、とあることが紹介されるにおよんで、設置時期の問題は解決した。ところが文献上では『権記』長保四年（一〇〇二）六月十四日条によって、その年までの存続が確かめられるのに、発掘調査の結果では、方二町の範囲に工房及び倉庫郡が存在した鋳銭司大畠地区出土の遺物は、九世紀後半から十世紀前半のものに限られている。したがって廃絶の時期については、両者の間には一〇〇年近い開きがある。

　この問題を解決する史料として、『日本紀略』天慶三年（九四〇）十一月七日条の「周防国飛駅、言鋳銭司為賊被焼之由」が挙げられる。大畠地区の工房址が、天慶三年に藤原純友によって焼打ちに合い、以後その地に再興されることはなく、西方の陶地区に移されて次第に衰退していったとみれば、発掘調査の知見とも矛盾しなくなる。陶地区には現在でも鋳銭坊・銭庫・地家（司家）などの地名が残っている。なお司家は『続後紀』によれば、承和十四年（八四七）に東方潟上山（西蓮寺山）へ移されている。

　鋳銭長官は史料にみえる限りでは、代々の周防国司が兼任するのが常であった。以下次官・判官・主典・史生・医師・鋳銭師・造銭形師がおり、現場には将領・雑工・夫など多数の現地徴用の労働者がいた。生産された銭貨は富寿神宝以下八種類で、生産額は中央で定められるが、年によって大幅に増減しており、三五〇〇〇貫・一万一〇〇〇貫などの数字がみられる。しかしそれは目標額であって、実際には主として料銅不足によって、それに達しない場合が多かったようである。周防国が銅の産地であったことは『続紀』文武二年（六九八）九月壬午条「周防国献銅鉱」、同天平二年（七三〇）三月丁酉条「周防国熊毛郡牛嶋西汀、吉敷郡達理山所出銅、試加冶錬、並堪為用、更令当国採冶、以充長門鋳銭」などによって周知である。吉敷郡達理山については厳密な所在地は不明であるが、近辺に所在したことは確かであろう。

昭和四十一年以降の発掘調査によって、鞴口や坩堝をはじめ多くの遺物が出土した。なかでも注目されるのは「宗□私印」と刻まれた印影粘土板であろう。『三代実録』貞観七年（八六五）三月十九日条にみえる「周防国守従五位下安倍朝臣宗行為兼鋳銭長官」によって欠字を補えば「宗行私印」となり、実年代の分かる考古資料として貴重である。他にも木製品が多数出土しており、木簡も検出されているが、判読できるものはない。

陶窯跡群（すえかまあとぐん）　鋳銭司遺跡に隣接し、八〜十世紀初頭の間に操業した須恵器窯跡群で、鋳銭司と深い関わりがあるものと考えられる。国史跡。

【参考文献】

八木充ほか『周防鋳銭司跡』山口市教育委員会、一九七八年
八木充「周防鋳銭司と鋳銭司遺跡」（『日本古代政治組織の研究』塙書房、一九八六年）

（山本一朗）

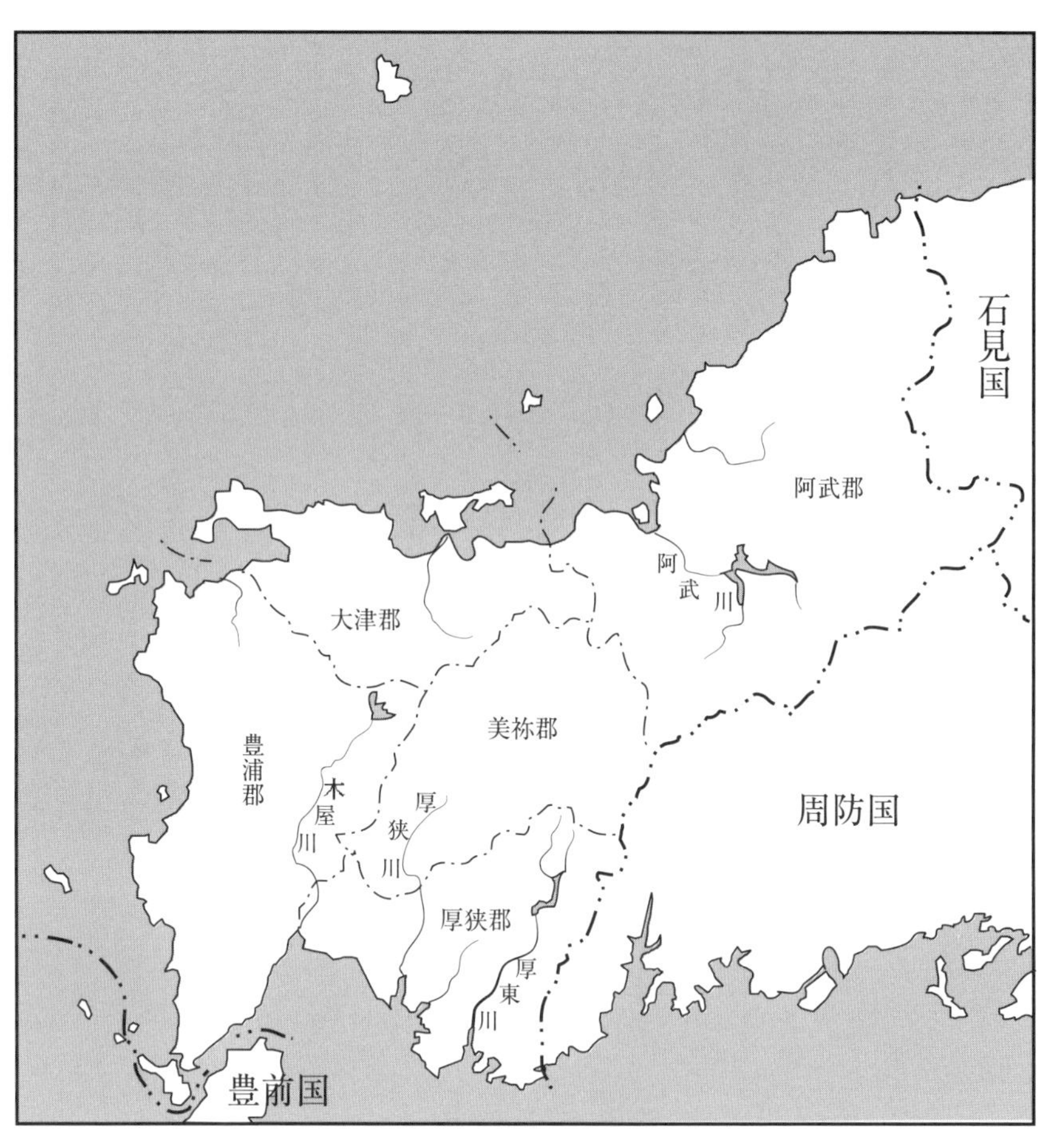

長門国略図

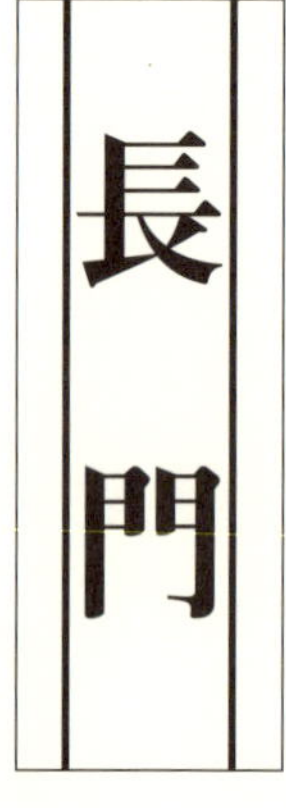

長門

長門国・ながとのくに

長門国は東は周防国、北東は石見国と接し、現在の山口県西半部から東北部にかけて位置した。『書紀』天智四年（六六五）八月条に、長門国に城を築かしめたとするのが初見である。長門国と称する以前は、穴門（戸）と呼ばれた。

『旧事紀』国造本紀によれば、長門国には穴門国造と阿武国造の存在が知られ、景行期に速都鳥命を穴門造に、味波々命を阿武国造にそれぞれ任命したと伝える。その後大化改新に際して国造は廃されたが、穴門には草壁連醜経なる「穴戸国司」が置かれた（『書紀』白雉元年二月戊寅条）。

『和名抄』によれば、長門国は厚狭・豊浦・美祢・大津・阿武の五郡を管した。『和名抄』東急本の国郡部には三嶋郡がみえるが、後世の竄入だろう。なお、平成宮木簡に「長門国二国郡」とみえるが、二国郡は他にみえず、類似した地名に厚狭、大津両郡に二処郷があるのみである。国府は豊浦郡に置かれ、現在の下関市長府、忌宮神社を含む地域に比定される。隣接して西方に国分寺、長門鋳銭司も置かれた。また『延喜式』によれば国の等級は中国で、かつ遠国とされ（民部上）、都までの行程として陸路で上り二十一日、下り十一日、海路で二十三日の日程であった（主計上）。国内には駅として阿潭、厚狭、埴生、宅賀、臨門、阿津、鹿野、意福、由宇、三隅、参美、垣田（『和名抄』高山寺本に埴田）、阿武、宅佐、小川の十五駅が設置された（兵部）。田積は四六〇三町四段余りである。

長門国には正倉院文書として、天平九年（七三七）度の正税帳が首部記載の大部分、及び郡部で豊浦郡の記載が半分残存しており、天平八年（七三六）の財政状況を窺うことができる。この時長門国の正税穀は、十二万七〇四斛余りであった。また長門国は長門鋳銭司、長門採銅所（長登銅山）を有し、律令国家の鋳銭政策を担った国でもある。長門鋳銭司は、『続紀』天平二年三月丁酉条に周防の銅を長門鋳銭に充てるとみえるのが初見である。『類聚国史』弘仁九年（八一八）三月庚寅条には、長門国司を鋳銭司と改めたとみえる。いずれにせよ、長門鋳銭司は狩野本『三代格』天長二年（八二五）四月七日太政官符により、鋳銭司が周防国吉敷郡に遷されるまで鋳銭政策の中心であった。一方、長門国採銅所である「長登銅山」は、その後近代に至るまで銅生産を継続するが、銅山跡から出土した木簡は、古代銅山経営の組織及び銅生産技術を解明する上で貴重である。

（金沢悦男）

厚狭郡・あつさのこおり

『和名抄』に「安豆佐」と訓じる。見穂・良田・小幡・厚狭・久喜・二処・神戸・駅家・松室の九郷よりなる。郡域は現在の山陽小野田市の旧厚狭郡山陽町・宇部市の旧楠町、宇部市の過半、及び山陽小野田市の旧小野田市、下関市の一部に相当する。郡北部は中国山地の支脈がなだらかな丘陵を形成し、南部は周防灘を臨み、厚狭川流域に盆地が開く景観を呈する。

郡名の初見は天平九年（七三七）度「長門国正税帳」で、豊浦郡正税項目中に「遷往厚狭郡式佰肆拾束」とみえる。律令制以前は穴門国造の支配領域であったと推測される。また『続紀』神護景雲二年（七六八）三月乙巳朔条に、豊浦郡とともに養蚕により調の銅を綿に代えることがみえ、長門国の調庸物のうち綿を負担した（『延喜式』主計上）。郡家は確認されないが、字名などから、現在の山陽小野田市郡上郡付近に比定される。なお郡内の駅として、阿潭・厚狭・埴生の三駅が設置され、それぞれ駅馬二十疋を置く規定であった（『延喜式』兵部）。

（金沢悦男）

豊浦郡・とようらのこおり

『和名抄』に「止与良」と訓じる。田部・日内・生倉・室津・額部・駅家・栗原・神田の八郷よりなる。郡域は現在の下関市の旧豊浦郡豊浦町・菊川町・豊田町・豊北町、下関市の大部分及び美祢市の一部に相当する。西に響灘、南の関門海峡を臨み、郡北部は中国山地の西端に位置し、華山等の高山が連なる。しかし郡内陸部は、粟野川・木屋川等の流れにより豊田盆地・田部（小日本）盆地など小盆地が開く景観を呈する。

郡名の初見は天平三年（七三一）上進（田中卓説）の『住吉神代記』で、豊浦郡住吉忌宮、豊浦郡斎宮とみえる。ただ地名としては遡り、『書紀』仲哀二年六月庚寅条・七月乙卯条に豊浦津、『古事記』仲哀段に穴門豊浦宮など、津・宮の名称として散見する。律令制以前は、景行期に任命された穴門国造（『旧事紀』国造本紀）の本拠であり、豊浦津の存在から古くより下関海峡をめぐる海上交通の要衝であった。『後紀』弘仁五年（八一四）十月丙辰条に、新羅商人三十一人が漂着したとみえるのも、このことを物語る。

豊浦郡を本拠とした氏族及び部民を窺わせるものとしては、天平十年（七三八）度「周防国正税帳」に、向京部領使として豊浦郡擬大領額田部直広麻呂及び豊浦団五十長凡海部我妹がみえる。また『続紀』神護景雲元年（七六七）四月戊申条には、豊浦団毅額田部直塞守が銭・稲を献じて郡大領に任じられた。更に長岡京木簡には、豊浦郡散仕として長門凡の氏名を持つ氏族がみえる。これらのうち、広麻呂と塞守はともに額田部直を名のっており同族と思われ、額部郷を本拠とした氏族と思われる。また部民としては、額田部、凡海部などが確認される。なお額田部直広麻呂は『続紀』天平十二年九月戊申条によれば、藤原広嗣の乱に際して追討軍に加わり、精兵四十人を率いて筑紫に渡ったとされる。

豊浦郡には国府が置かれ、現在の下関市長府、忌宮神社を含む地域に比定される。また隣接する西方に国分寺、長門鋳銭司も設置された。豊浦郡家については、郡家跡として下関市秋根遺跡が有力である。武内社としては、大社の住吉坐荒御魂神社など五座がある。また郡内には、宅賀及び山陽道西端の臨門の二駅が設置され、それぞれ駅馬二十疋を置く規定であった（『延喜式』兵部）。

天平九年（七三八）度「長門国正税帳」には、前年の正税穀として三万三〇七八石余りの記載がみえ、これは長門国全体の約四割に相当する。また『続紀』神護景雲二年三月乙巳朔条によれば、厚狭郡とともに養蚕により調の銅を綿に代えることとなり、長門国の調庸物のうち綿を負担した（『延喜式』主計上）。更に天平十八年（七四六）三月二十九日の年紀を有する平城宮木簡には「長門国豊浦郡都濃嶋所出穉海藻」とみえ、穉海藻は年料贄として一〇四籠を貢納する規定であった（『延喜式』内膳司）。木簡にみえる都濃嶋は、現在の豊北町角島であり、牛牧が設置されていた（『延喜式』兵部）。

（金沢悦男）

美祢郡・みねのこおり

『和名抄』に「岺」と訓じる。美祢・諸鋤・位佐・作美・賀万・駅家の六郷よりなる。郡域は、現在の美祢郡美東町・秋芳町及び美祢市の大部分に相当する。長門国にあって唯一内陸の郡であり、中国山地を形成する山地の険しい景観を呈する。郡内には、厚東川、厚狭川が流れ東部には秋吉台が広がる。

郡名の初見は天平十九年（七四七）九月の年紀を有する平城宮木簡で、「長門国美祢郡　調綿壱伯屯」とみえる。『延喜式』主計上には、長門国の調として綿が規定される。律令制以前は穴門国造の領域であり、『書紀』白雉元年（六五〇）二月戊寅条にみえる「国造首之同族贄」は当領域の氏族と思われる。郡家は確認されないが、位置を美祢郷に求め現在の美祢市大嶺町上領・下領付近に比定される。また美祢郡は長門国採銅所（長登銅山）を有し、古代の一大銅生産地であった。

郡内には山陰道と山陽道を接続する官道に阿津・鹿野・意福の三駅が設置され、それぞれ駅馬三疋を置く規定であった（『延喜式』兵部）。社寺については『文徳実録』仁寿元年（八五一）十月丙午条に、長門国の鹿・集福・賀磨能峯・壬生の四神に従五位下を授けるとみえる。このうち鹿が美祢市下領八幡宮、壬生が秋芳町壬生神社などと推定される。

（金沢悦男）

大津郡・おおつのこおり

『和名抄』に「於保都」と訓じる。三隅・深川・日置・稲妻・三嶋・向国・二処・神戸・駅家の九郷よりなる。郡域は、現在の長門市の旧大津郡油谷町・日置町・三隅町及び長門市に相当する。北部は日本海に面し、向津具半島や青海島により油谷湾、深川湾、仙崎湾を形成、複雑な海岸線を呈する。

郡名の初見は天平九年（七三七）十一月の年紀を有する平城宮木簡で、「長門国大津郡中男作物海藻陸斤二連」とみえる。中男作物としての海藻は、その後『延喜式』主計上に規定される。また大津郡浮浪人に課せられた調が、銅鉛の採料に充てられることとなっており（『延喜式』主計上）、鋳銭政策を担った長門国の管郡にふさわしい規定と言える。なお大津郡は律令制以前、阿武国造の領域に属していたと推定される。郡家は確認されないが、深川郷に比定される。

郡内には、山陰道と山陽道を接続する官道に由宇・三隅の二駅が設置され、それぞれ駅馬三疋を置く規定であった（『延喜式』兵部）。寺社関係では、寛治七年（一〇九三）十一月の年紀を有する経筒が、旧日置町利生山寺跡から出土しており、平安末期の信仰を窺わせる。

（金沢悦男）

阿武郡・あむのこおり

『和名抄』に訓はないが、内閣文庫本『延喜式』民部上に「アム」と訓じる。阿武・椿木・大原・宅佐・多万・住吉・神戸・駅家の八郷よりなる。郡域は、現在の萩市の旧阿武郡田万川町・須佐町・むつみ村・福栄村・川上村・旭村及び萩市、阿武郡阿武町・阿東町に相当する。郡西北部は日本海に面し、日本海には大島、相島など大小の島々が浮かぶ。また東部は石見国、南部は周防国に接する。郡内は十種峰に代表される中国山地の山々が連なる山地形を呈し、阿武川、大井川が日本海に注ぐ。

律令制以前は阿武国造の支配領域であり、『旧事紀』国造本紀によれば、景行期に味波々命を阿武国造に任命したという。阿武国造は大井川下流域を本拠とし、隣接の大津郡を含め支配した。氏族としては、『書紀』景行四年二月甲子条に「阿牟君之始祖」とみえ、阿牟君の存在が知られる。阿牟君については、『後紀』弘仁二年（八一一）三月己未条に大安寺僧泰仙なる阿牟公人足という人物がみえ、また『文徳実録』天安元年（八五七）正月丙午条には、阿牟公門継が外従五位下を授けられたとみえる。

郡家は確認されないが、位置を阿武郷に求め、大井地区の庄屋から領家にかけての地域に比定される。税制では、阿武郡浮浪人に課せられた調が、銅鉛の採料に充てられることとなっており（『延喜式』主計上）、鋳銭政策を担った長門国の管郡にふさわしい規定と言える。また郡内には、参美・垣田（『和名抄』高山寺本に埴田）・阿武・宅佐・小川の五駅が設置され、それぞれ駅馬三疋を置く規定であった（『延喜式』兵部）。

（金沢悦男）

南海道

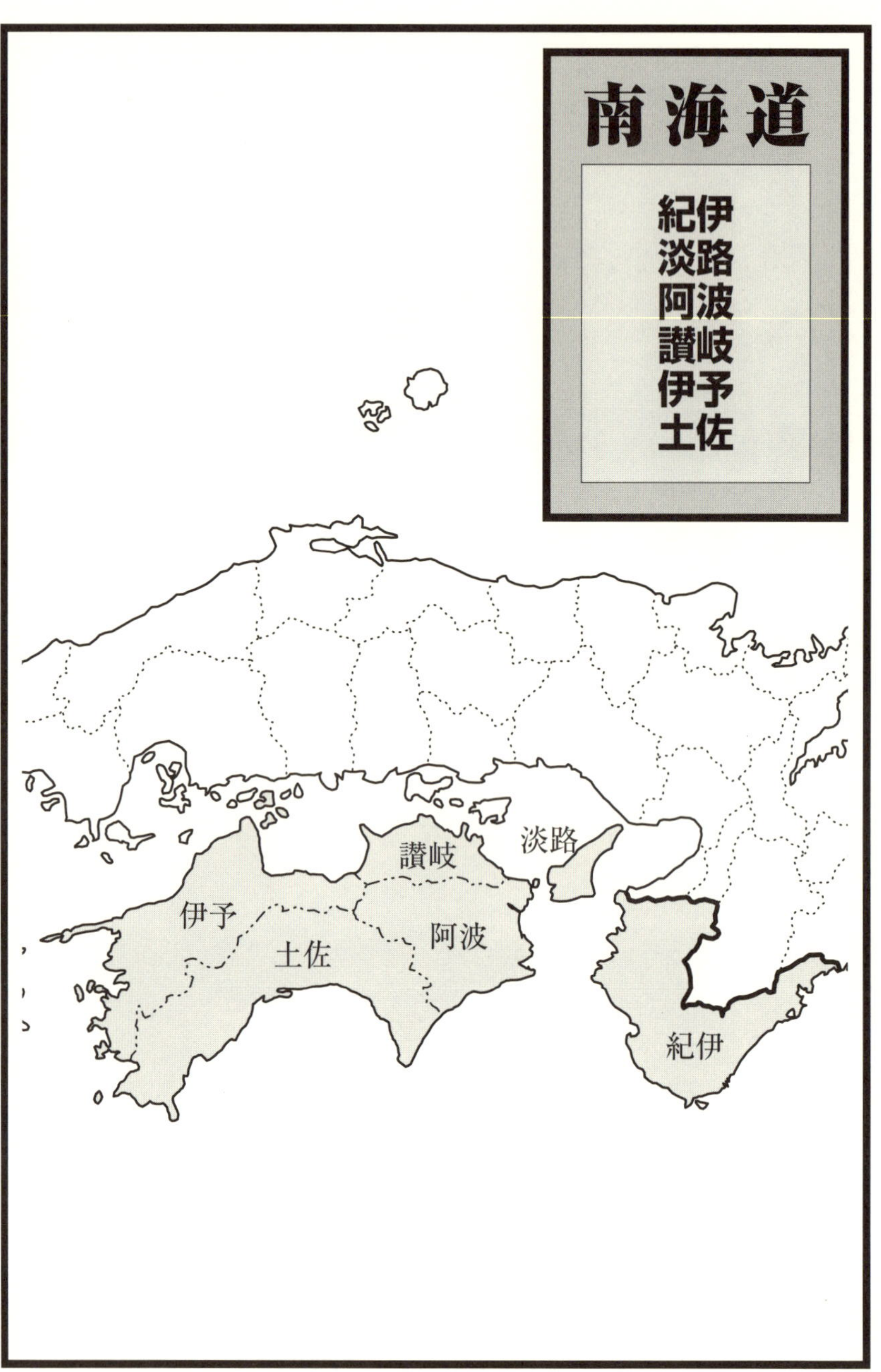
南海道
紀伊
淡路
阿波
讃岐
伊予
土佐
讃岐
淡路
伊予
阿波
土佐
紀伊

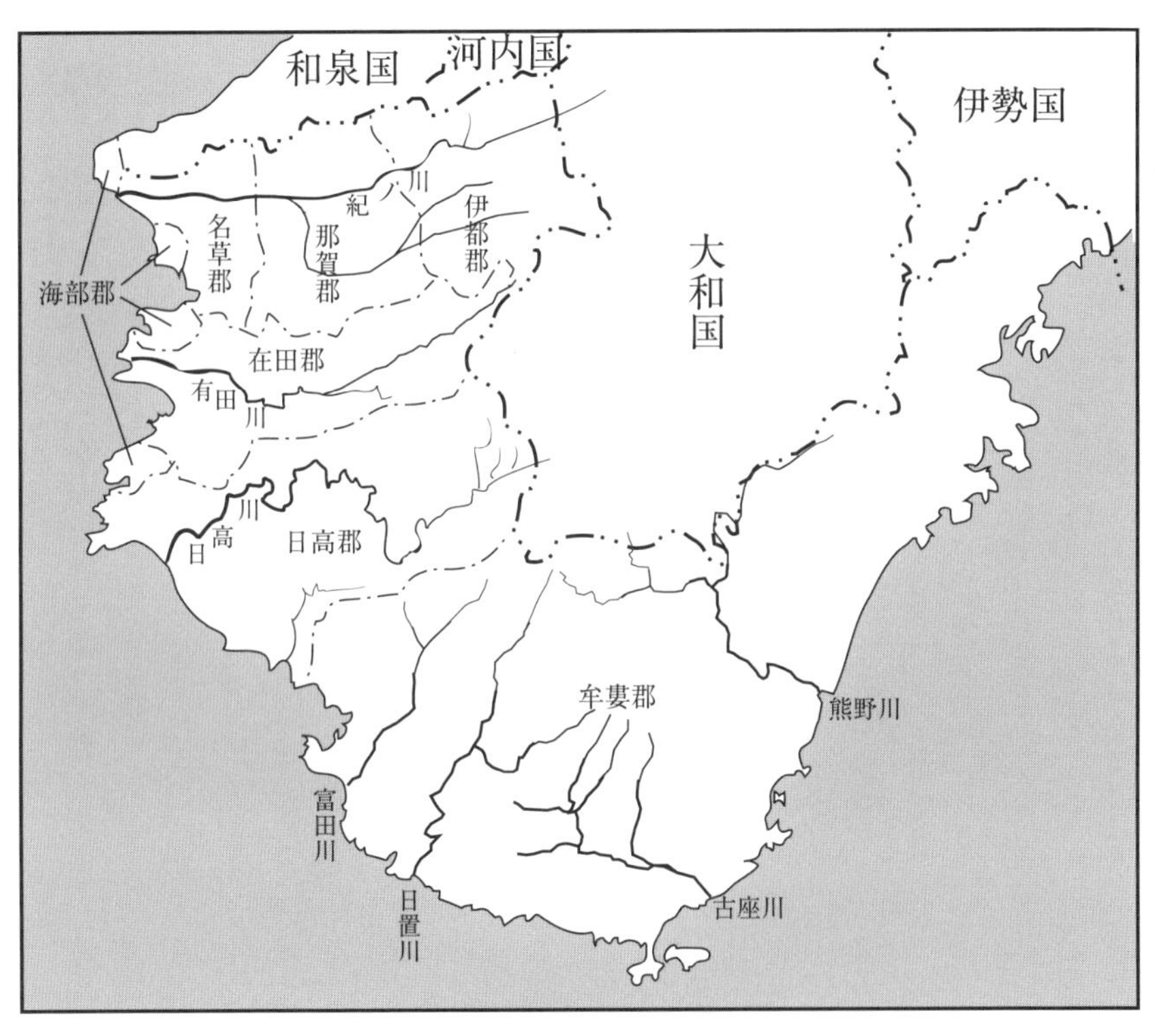
和泉国
河内国
伊勢国
紀川
伊都郡
名草郡
那賀郡
海部郡
大和国
在田郡
有田川
日高川
日高郡
牟婁郡
熊野川
富田川
日置川
古座川

紀伊国略図

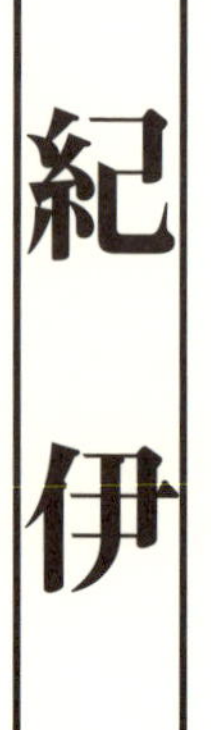

紀伊

紀伊国・きのくに

紀伊半島の中央部から南に突き出した大和国を、紀伊水道・太平洋に面した海岸部から帯状に取り囲んだ領域から形成され、北西部は和泉・河内両国と、北東部は志摩国とそれぞれ接している。現在の和歌山県の全域と三重県南部の一部に相当する。ほとんどが山地から成り、紀ノ川・有田川・日高川・富田川・日置川・古座川・熊野川などの河川が浸食した河谷部に一部平地が分布する。

古くは『古事記』に「木国」と表記されたように、温暖で樹木の繁る地域として認識されていたようである。『風土記』編纂のころに「紀伊国」と改称されたものと思われるが、「きいのくに」よりも「きのくに」と読む方が妥当か（契沖『和字正濫抄』）。

群集墳として著名な岩橋千塚古墳群に象徴されるように、紀ノ川下流域に拠点のあった「紀氏集団」が古墳時代以降強大な勢力を有しており、記紀の伝承の舞台として紀伊が多く登場するのは、このような状勢を暗に反映しているものと考えられる。『旧事紀』によれば、令制施行以前には紀伊国造・熊野国造の二大勢力が南北に分布していた。なお、癸未年の銘文がある人物画像鏡が、隅田八幡神社（橋本市）に伝来していることも付け加えておく。

孝徳朝には畿内の南限が「紀伊兄山」（背山）とされ（『書紀』大化二年（六四六）正月甲子朔条）、一部畿内の範囲に含まれていた可能性があるが、国郡制施行以後は南海道に属し、上国に格付けられ、さらに承和年間に目が一名増員された（『三代格』）。『延喜式』民部上には、上国で近国と記載されている。『和名抄』に記載されている通り、国府は名草郡に所在か。『延喜式』・『和名抄』によれば、伊都・那賀・名草・海部・在田・日高・牟婁の七郡を所管した。

天平二年（七三〇）の「紀伊国大（正）税帳」の一部が残存しており（正倉院文書）、八世紀における正税の運用状況が判明する。ほかに、国史・『延喜式』・木簡や正倉院宝物の墨書などには、紀伊から納められた貢納物について記されているが、海産物・塩や高級絹織物などに特徴がみられる。『霊異記』を編纂した薬師寺の僧景戒は、紀伊国名草郡の出身と考えられており、『霊異記』の説話によって、奈良時代後半ころの紀伊国内を舞台とした民衆生活の一端をうかがい知ることができる。

（竹中康彦）

伊都郡・いとのこおり

『書紀』天武八年（六八〇）是年条および神亀三年「山背国愛宕郡雲下里計帳」・『霊異記』中十一には「伊刀郡」とみえ、また平城宮木簡には「伊東郡」「一東郡」という用例がある。『和名抄』の訓は、「イト」（名市博本）。賀美（かみ）（『和名抄』東急本。高山寺本・名市博本は「賀茂」につくる）・村主（すぐり）・指理（いぶり）・桑原の四郷と一つの神戸から成り、郡域は現在の和歌山県橋本市および伊都郡にほぼ相当する。北は河内・和泉両国と接し、東は大和国に接する。北部は紀ノ川が西流する河谷の丘陵、南部は高野山周辺の山岳地帯である。四つの郷は、『和名抄』の記載の順に紀ノ川北岸の上流から下流にかけて配列され、神戸は丹生都比売（にうつひめ）神社の封戸として、紀ノ川南岸に位置したと考えるのが妥当であろう。

前掲の『書紀』の記事には、「伊刀郡」から芝草（しそう）（霊芝）を貢納したというものが見えるが、国郡制施行後のものとしては、天平二年（七三〇）の「紀伊国大（正）税帳」が初見。なお、大化二年（六四六）正月の「大化改新詔」（『書紀』）によれば、その時点における畿内の南限は「紀伊兄山（せのやま）」すなわち那賀郡との境界に位置する背山とされ、伊都地域が国郡制施行以前は畿内に属していた可能性がある。本郡の氏族としては、文忌寸（ふみのいみき）・六人部連（むとべのむらじ）が確認され、延喜十一年（九一一）の「平田福刀自子家地充文案」によると、この両氏は郡衙における要職を独占していた。

郡家の位置は、現在のところ未確認。紀ノ川北岸を南海道が通るが、平城京から長岡京・平安京への遷都に伴い、弘仁二年（八一一）には伊都郡内にあった萩原駅（かつらぎ町萩原付近）は廃止され、翌年那賀郡の萩原村内の新・萩原駅へ移転された（『後紀』）。郡内には、前掲の『霊異記』中十一に「狭屋寺（さやでら）」として説話が記載され、金堂・塔・講堂などの跡が検出された佐野廃寺のほか、神野々（このの）廃寺・名古曽（なこそ）廃寺などの白鳳寺院が確認されている。九世紀以後の寺院としては、金剛峯寺や慈尊院などが著名。また、式内社としては小田神社および高野山の地主神（丹生・高野明神）を祀る丹生都比売神社の二社がある。

背山・妹山、真土山　那賀郡との境界である穴伏川が紀ノ川に合流する地点は、紀ノ川の中州の船岡山をはさんで川幅が狭くなっており、そこに位置する背山と妹山とあわせて古くからの景勝地であった。『万葉』では、この場所を歌枕とした歌が十四首収録されている。なお、妹山の比定については、古くから議論がある。一方、大和と紀伊との国境付近に位置する真土山も歌枕として著名で、『万葉』には八首が収められている。

高野山　弘仁七年（八一六）の官符によって、空海に高野山が勅賜され、弟子の手によって十世紀の初頭までに主要伽藍が整備された。金剛峯寺は承和二年（八三五）に定額寺に列せられたほか、寺田（伊都・那賀・名草・牟婁郡内）や出挙雑稲が保障されていた。伽藍整備に先立って、空海の母の廟所でもあり、「政所」として機能した慈尊院が山麓に創建された。

【参考文献】

栄原永遠男「古代における紀北四郡の郷の配置」（『紀伊古代史研究』思文閣出版、二〇〇四年）
寺西貞弘「紀伊国と熊野の和名抄郷」（『古代熊野の史的研究』塙書房、二〇〇四年）
磯貝正義「古代交通路の一研究―紀伊萩原駅の所在をめぐって―」（『郡司及び采女制度の研究』吉川弘文館、一九七八年）

（竹中康彦）

那賀郡・ながのこおり

『和名抄』には訓読されていないが、史料上の初出記事である『続紀』大宝三年（七〇三）五月己亥条には「奈我」と記載されており、当初から「なが」という訓であったものと思われる。なお、藤原宮木簡にも、「長郡□前里」という表記が見られる。

『和名抄』によれば、石手（高山寺本・名市博本）もしくは右手（東急本）・橋門（高山寺本・名市博本）もしくは槗門（東急本）・那賀・荒川・山埼・埴埼の六郷と一つの神戸から形成される。ただし、石（右）手は名手、橋（槗）門は福門の誤記ではないかという説がある。郡域は、現在の和歌山県紀の川市・岩出市の全域と和歌山市小倉地区・海草郡紀美野町および海南市の一部に相当し、紀ノ川中流の丘陵地帯と北部の和泉山地・南部の竜門山系の山地、およびその南を流れて紀ノ川に合流する貴志川流域から成る。

史料上の初出は、前掲の『続紀』大宝三年の記事に、名草郡とともに布調を停め、糸を献じたというものである。当郡の氏族としては、日置造・大伴(伴)連・長氏などが国史や正倉院文書・『霊異記』などで確認できる。これらは、郡司や戸主などの有力な氏族であった。郡家については、岡田遺跡・西国分Ⅱ遺跡（岩出市）に比定する説が有力。郡内には、紀伊国分寺があり（紀の川市東国分）、その伽藍の遺構が調査され、金堂・塔・回廊などが検出されている。一方、国分尼寺は白鳳期から存在した西国分廃寺（岩出市西国分）が転用されたとする説が有力である。また、宝亀元年（七七〇）に大伴孔子古（おおとものくじこ）によって創建されたという粉河寺（こかわでら）も、当郡内の有力寺院である。式内社としては、荒田神社（二座）と海神社（うなかみしゃ）があるが、『和名抄』の神戸との関係は不明。

『続紀』には神亀元年（七二四）の聖武天皇の紀伊・玉津嶋行幸の記事があり、十月五日に出発した一行は、七日に那賀郡の玉垣勾頓宮に着いている。この頓宮は現紀の川市井田字垣内・玉垣付近とされている。また、天平神護元年（七六五）の称徳天皇の玉津嶋行幸の記事では、十月十三日に都を出発した車駕は、十七日に那賀郡鎌垣行宮に到着している。その位置に関する具体的な史料はないが、現紀の川市粉河字東前田とする説がある。なお、実体は不明であるが、『延喜式』民部諸国年料雑物条の紀伊国の項には「鎌垣船九隻」という記載がある。また、東寺旧蔵の土地売券である承和十二年（八四五）の「紀伊国那賀郡司解」は、平安前期の那賀郡内の有力氏族や地名を知るうえで貴重な史料である。

御毛寺　昭和五十三年（一九七八）に海草郡紀美野町で確認された大般若経六〇〇巻のうち、一〇四巻は天平期の写経で、天平十三年（七四一）・十四年を中心とした時期に「那賀郡御毛寺（みけでら）」で書写された知識経である。この御毛寺は、『霊異記』下十七に登場する「弥気山室堂」で、現和歌山市上三毛・下三毛付近に存在したものと思われる。

【参考文献】

栄原永遠男「古代における紀北四郡の郷の配置」「「紀伊国那賀郡司解」の史料的検討」（『紀伊古代史研究』思文閣出版、二〇〇四年）

寺西貞弘「紀伊国と熊野の和名抄郷」（『古代熊野の史的研究』塙書房、二〇〇四年）

（竹中康彦）

名草郡・なくさのこおり

『和名抄』に「奈久佐」「ナクサ」と訓じる。養老七年（七二三）十一月には、下総国香取郡・常陸国鹿島郡などとともに八神郡の一つに定められ（『続紀』・『令集解』選叙令所引養老七年十一月十六日太政官処分）、また紀伊国唯一の大郡に格付けられていた。

『和名抄』各写本の郷名表記には、誤写も含まれており、きわめて複雑ではあるが、整理すれば大屋・直川・苑部・断金・野応・有真・荒賀・大野・朝来（且来）・大田・大宅の十一郷と忌部・津麻・国懸・嶋・日前・伊太祁曽・須佐の七神戸および駅家から構成されていたものと思われる。ほかに史料にみえる行政区画名としては、「片岡里」（『続紀』神護景雲三年（七六九）十一月己丑条）、「貴志里」（『霊異記』下二十八）、「埴生里」（『霊異記』下三十四）がある。なお、『古語拾遺』には「名草郡御木・麁香二郷」とあるが、「御木（弥気・三木）」については、那賀郡弥気里との関係で疑問が残る。郡域は、現在の和歌山市の小倉地区を除く、栄谷～和歌川のラインから東の部分と、海南市の小野田・阪井・東畑より西の部分に相当し、主要部は紀ノ川・和田川・亀ノ川下流域の平野部分から構成される。

当郡については、記紀神話の舞台として多く登場し、『書紀』神武即位前紀には「名草邑」や五瀬命の「竈山」墓がみえるが、信頼すべき史料としては『続紀』大宝三年（七〇三）五月己亥条の調布を糸に変更したという記事が郡名の初見。

当郡を代表する氏族が、紀国造紀直氏である。紀直は『姓氏録』や『国造次第』（紀俊行氏蔵）によれば、神魂命の五世孫の天道根命を祖とする氏族ということであるが、敏達十二年（五八三）に日羅を招くために百済に派遣された紀国造押勝（『書紀』）という人物のころから、史料的に信頼を置くことが可能である。倭王権は、五世紀後半から六世紀前半にかけて、海民集団＝海部を従える紀直氏の海上軍事力を利用して、朝鮮半島へ出兵したとされるが、一方で大伴部・忌部などの部民が設定されたり、経湍屯倉・河辺屯倉・海部屯倉が郡内に設定されるなど、畿内政権の影響力が強く及ぶような動きも存した。なお、六世紀後半から七世紀初頭ころに、紀直は紀朝臣と分裂し、紀朝臣はのちの大和国平群郡に移動したとする説がある。令制施行後も紀直は当郡において、郡司の主要ポストを占めただけでなく、日前・国懸両神宮を奉斎する令制国造（新国造）として強い勢力を維持した。嘉祥二年（八四九）の紀伊守伴龍男と紀国造紀高継との対立（『続後紀』）は、国造補任権や神戸の問題をめぐり、紀国造の勢力が国司に対抗しうるものであったことを象徴的に示している。なお、九世紀半ばころから紀直は紀宿禰と称するようになった。

一方、当郡内には大伴連の一族も多く分布しており、郡司に任用される場合もあった（『続紀』神亀元年〔七二四〕十月壬寅条など）。またその同族としては、大伴櫟津連・大伴若宮連などの複姓を持つものや、紀崗前久目連・榎本連などがあった。さらに、『続紀』神護景雲三年（七六九）十一月己丑条によれば、陸奥国牡鹿郡の俘囚大伴部押人の祖、大伴部直はもと名草郡片岡里に居住していたということであり、以前に大伴部という部民を統括していたものと考えられる。ほかに、のちに学者を輩出した名草直（仁寿二年〔八五二〕に滋野朝臣に改姓）や、部民の末裔である忌部、渡来系氏族である岡田村主・三間名干岐・武蔵村主・小豆首・川原伊美吉・秦伊美吉などの名が、国史や『霊異記』などの史料にみえる。承和十五年（八四八）の「紀葛成墾田売券写」や貞観三年（八六一）の「名草郡直川郷墾田売券」においても、当郡内の人名が確認できる。

『和名抄』東急本・名市博本によれば、紀伊国府は名草郡におかれたとされる。国府の位置については、直接遺構などは確認されていないが、和歌山市府中の府守神社（聖天宮）付近に、東に十度ふれた方六町の国府域を想定する説が妥当。郡家の位置は不詳であるが、海部屯倉から発展した施設として大宅郷（和歌山市手平付近）に推定する説もある。郡内の紀ノ川北岸を南海道が東西に通過しており、名草駅が和歌山市川辺・里付近に立地したと考えられているが、遷都による南海道の移動により、弘仁二年（八一一）に萩原・賀太駅とともに廃止された（『後紀』）。なお、『霊異記』上三十四にみえる「木市」を、当郡と那賀郡との境界付近に所在した、いわゆる国府市とみなす見解も存する。

式内社としては、日前神社（日前宮）・国懸神社（国懸宮）・伊太祁曾神社・大屋都比売神社・都麻都比売神社・鳴神社・香都知神社・伊久比売神社・朝椋神社・刺田比古神社・麻為比売神社・竈山神社・高積比古神社・高積比売神社・伊達神社・志磨神社・静火神社・堅真音神社が記載されている。このうち日前・国懸両社は、二社不可分の存在であり、古墳時代前期ころから紀ノ川から宮井への取水口の「名草上下溝口神」（「長講金光明会式」所引）を祭神としていたものであるが、倭王権の朝鮮半島への出兵に紀直が参加するようになったころから、皇祖神に転化して、『古語拾遺』の説くように、伊勢神宮と同神の「日像鏡（ひかたのかがみ）」を神体とする神社になったとする見解がある。この祭神の性格の変化に伴い、「名草溝口神」は五十猛命（いたける）らの樹木神の神格を加え、「亥の森」（和歌山市伊太祁曽）へ移転し、さらに大宝二年（七〇二）二月に伊太祁曾・大屋都比売・都麻都比売の三社に分遷した（『続紀』）と考えられている。また、朝廷の神祇祭祀を担当し、宮殿の採材も行った忌部氏が祖神・彦狭知命を祀ったのが鳴神社であった。これらの、名草郡に存する日前宮・国懸宮・伊太祁曾神社・鳴神社の四社は、紀伊国の他の郡にはみられない相嘗祭の奉幣にあずかる名神大社で、いずれも記紀神話の中にも登場することから、令制下の神祇祭祀における当郡の特殊性がうかがわれる。

寺院としては、特殊な伽藍配置が検出された上野廃寺のほか、塔心礎のみが残る山口廃寺、『霊異記』中三十二に「薬王寺」として登場する薬勝寺廃寺のほか直川（のうがわ）廃寺などの白鳳期建立のものが確認されている。一方、名草山の中腹には、唐僧為光による宝亀元年（七七〇）建立という寺伝が伝えられる（『紀伊続風土記』所引）、紀三井寺が存する。

宮井（名草溝）　現在も和歌山平野の河南条里区を灌漑する用水で、鳴神Ⅱ遺跡（和歌山市）の調査により、弥生時代末期に開削され、古墳時代中期に整備されたことが判明した。紀ノ川からの取水口は、本来は音浦分水工（和歌山市鳴神）の位置にあったが、紀ノ川の河道の変化により、和歌山市井ノ口・上三毛（竜の口）へと上流側へ移動したと考えられている。なお、「宮井」の名称は、元亨元年（一三二一）の「ミアイノハタ（宮井の端）」という用例（「歓喜寺文書」）が初見史料と考えられている。それ以前には、「古名草堰」「綾井」「国衙堰」という名称も存したことも、確認されている。

名草山　和歌山平野の南にある、標高二二八・六メートルの単独峰。神奈備形をした山容で、『万葉』にも一首歌が収められる。西側山腹に紀三井寺があり、その前の和歌浦側に広がる浜は名草浜とよばれ、名草山とともに後世には著名な歌枕になった。

黒牛潟・名高浦　現在の黒江湾は近世まで黒牛潟と呼ばれ、『万葉』にも三首の歌が詠まれた景勝地であった。また黒牛潟のうち、紀伊国南部へ向かう道が海岸部に出る場所はとくに名高浦と呼ばれ、『万葉』に四首の歌が収められている。名高浦を通過した道は、藤白坂を越えて海部郡浜中郷へつながっていた。

【参考文献】

薗田香融「古代海上交通と紀伊の水軍」「岩橋千塚と紀国造」（『日本古代の貴族と中央豪族』塙書房、一九九二年）
栄原永遠男「紀氏と倭王権」「古代における紀北四郡の郷について」（『紀伊古代史研究』思文閣出版、二〇〇四年）
須山高明「「木ノ市」考―『霊異記』上巻卅四縁を素材として―」（『和歌山地方史研究』七、一九八四年）

（竹中康彦）

海部郡・あまのこおり

『和名抄』に「阿末」「アマ」と訓じるほか、『拾芥抄』では「アマ・アマヘ」と読むが、アマと読むのが一般的。『和名抄』東急本には賀太（かだ）・浜中・全戸・蜂家の四郷がみえるが、後二者は名市博本により余戸（あまるべ）・駅家とすべきである。高山寺本には賀太・浜中のみ記載。紀伊国北西部の海岸地域を郡域に想定できるが、現和歌山市北西部（栄谷～土入川より西）・和歌山市西部（和歌川より西）・海南市下津町と有田市初島町・日高郡由良町の四つの地域から成り立っていた。なお、天平十九年（七四七）の「大安寺伽藍縁起并流記資財帳」の寺領の記載の中には、「紀伊国海部郡木本郷」（現和歌山市木本地区付近）がみえるが、『和名抄』に未掲載の理由は不明。

郡の起源を、『書紀』欽明十七年十月に設置記事がみえる「海部屯倉」に求める説もあるが、関連性は不明。確実な郡名の初見記事は、『続紀』神亀元年（七二四）十月に聖武天皇の紀伊国行幸に際して、「海部郡玉津嶋頓宮」に至ったとするものである。郡内の氏族としては、八世紀代の史料（『続紀』・藤原宮・平城宮木簡）に海部直・海部の名が確認できる。これらの木簡はほとんどが調塩の荷札であり、また古墳時代以降の土器製塩の遺構も西庄（にしのしょう）遺跡（和歌山市）から検出されている。ちなみに海部は、五世紀後半から六世紀前半にかけて、倭王権の朝鮮半島出兵の際に、紀ノ川河口部の「紀伊湊」を拠点として、紀氏勢力の海上軍事力の一端を担ったものと考えられている。

郡家は未確認であるが、関戸遺跡（和歌山市関戸）を想定する説がある。郡域の紀ノ川北岸を南海道がほぼ東西に走り、西端の海岸に賀太駅が置かれ、淡路国へ向かう航路の港として機能していた。賀太駅は弘仁二年（八一一）に一度廃止されるが、その後復置されたものと思われ、『延喜式』に収録されている。式内社としては加太神社（現淡嶋神社）がある。ただし、現行の系統の写本では名草郡十九座の中に記載されている。『延喜式』によれば、践祚大嘗祭由加物として紀伊は淡路・阿波とともに貢納物を納めることになっており、そのうち海産物を採取するために、「賀多潜女」十人が設置されていた。郡内には景勝地が多く、和歌浦のほか大崎（海南市）・由良の崎・白崎（いずれも由良町）などが『万葉』に詠まれている。

和歌浦　現在の和歌川が紀ノ川の本流であった時期に、その河口一帯は景勝地として著名で、国史には三度の行幸が記載されている。すなわち、神亀元年（七二四）の聖武天皇、天平神護元年（七六五）の称徳天皇、そして延暦二十三年（八〇四）の桓武天皇の行幸である。このうち、聖武天皇行幸の際の従駕歌が『万葉』に十首以上収録されている。玉津嶋・片男波・雑賀野・雑賀浦なども、歌枕として有名。

【参考文献】

村瀬憲夫『紀伊万葉の研究』和泉書院、一九九五年
寺西貞弘「古代の行幸と和歌浦」（有坂隆道先生古稀記念会編『有坂隆道先生古稀記念日本文化史論集』有坂隆道先生古稀記念会、一九九一年）
栄原永遠男「和歌の浦と古代紀伊—木簡を手がかりとして—」（『紀伊古代史研究』思文閣出版、二〇〇四年）

（竹中康彦）

在田郡・ありたのこおり

大同元年（八〇六）七月に、平城天皇（安殿親王）の諱に近いことをはばかって、「安諦郡」から「在田郡」に改められた。奈良時代の表記としては、「安諦」（平城宮木簡・『霊異記』）、「阿氏」（『続紀』）、「足代」（『万葉』）などがある。

『和名抄』は、「阿利太」「アリタ」と訓じ、吉備・温笠・英多・奈郷・須佐（神戸）の五郷を載せるが、承和十五年（八四八）の改変（『続後紀』）によって、小郡から下郡に昇格したもの（『紀伊続風土記』の指

摘）。当郡域は、有田川・広川流域に位置し、現在の和歌山県有田市および有田郡にほぼ相当する。

『書紀』持統三年（六八九）八月丙申条に、漁猟を禁止するために守護人を「紀伊国阿提郡那耆野」に設置したという記事が初見。仁寿四年（八五四）六月七日の「在田郡司解」には、擬郡司として紀宿禰氏、保証刀禰として紀直氏や紀朝臣氏の名が見える。郡家は未確認。郡内には式内社の須佐神社や天平期創建の円満寺がある。『霊異記』には、郡内を舞台とした説話が四話収録されるほか、『万葉』には糸我（いとが）の山（糸我峠）を詠んだ歌が一首収められている。

【参考文献】

戸田芳実「領主的土地所有の先駆形態」（『日本領主制成立史の研究』岩波書店、一九六七年）

栄原永遠男「「紀伊国在田郡司解」の史料的検討」（『紀伊古代史研究』思文閣出版、二〇〇四年）

（竹中康彦）

日高郡・ひだかのこおり

『和名抄』で「ひたか」と訓じられる。『続紀』には、「飯高」「氷高」という表記もみられる。『和名抄』には、財部（たから）・清水・内原・石渕・南部（みなべ）の五郷が掲載され、東急本・名市博本にはさらに余戸が記される。郡域は、日高川・切目川・南部川流域に位置し、現在の和歌山県御坊市および由良町を除く日高郡に相当する。

『続紀』大宝三年（七〇三）五月に飯高ほか二郡が献銀したという記事が、信頼すべき初見史料。和銅六年（七一三）五月に「日高」と改称されたものか。郡内の氏族に関する資料はきわめて乏しいが、八世紀代の氏族として矢田部・紀直・内原直の事例が存する。郡家は財部郷内の堅田遺跡（御坊市財部）に比定できる。郡内に式内社はないが、白鳳期の伽藍が確認された道成寺（日高郡日高川町鐘巻）が立地する。

平城宮木簡には、同郡からの調塩の荷札がみえる。また、『万葉』には、斉明四（六五八）～五年および大宝元年（七〇一）の牟婁湯行幸の際に詠まれた歌に、「磐代（いわしろ）」「三名部（みなべ）の浦」「鹿島」などの歌枕がみえる。さらに、『霊異記』には、日高郡潮居住の漁師や別里（わけ）所在の別寺（現在地不詳）を題材にした説話が収録されている。

【参考文献】

久貝健・川崎雅史・藤村瑞穂『日

高郡衙跡―竪田遺跡発掘調査概報―』御坊市遺跡発掘調査会、一九九八年

（竹中康彦）

牟婁郡・むろのこおり

『和名抄』（東急本・名市博本）で「牟呂」「ムロ」と訓じられる。「牟婁」という表記のほか、『続紀』『万葉』などでは「牟漏」「武漏」「室」と表記される。『和名抄』に掲載されているのは、岡田・牟婁・栗栖・三前の四郡と一つの神戸（東急本・名市博本）であり、現在の和歌山県田辺市・西牟婁郡・新宮市・東牟婁郡と三重県南牟婁郡・熊野市におよぶ紀伊半島南端の海岸部・山間部をしめる広大な地域に相当する。このほかに、「熊野村」「有馬村」という村名が記紀や『霊異記』にみえる。

郡名としては、『書紀』持統六年（六九二）五月庚午条に「紀伊国牟婁郡」とみえるのが初見記事。ただし「牟婁」という地名としては、有間皇子事件に関連する『書紀』斉明三年（六五七）九月条に「牟婁温湯」とあるのが初見で、この記事を含め七世紀後半には白浜温泉への行幸に関連した記事が特徴であるが、八世紀に入ると途絶する。『旧事紀』国造本紀には、熊野国造が掲載され、おそらくその末裔として、牟漏采女熊野直広浜（『続紀』）を輩出した熊野直が存在したのであろう。『書紀』持統六年（六九二）五月庚午条には、阿胡行宮への行幸に際して、牟婁郡人の阿古志海部河瀬麿らが贄を進めたとある。また、正倉院文書の天平勝宝二年（七五〇）二月二十一日の勘籍は、栗栖郷もしくは岡田郷の村公安麻呂のもので、この村公一族は京・大和・山城にも分布し、写経生を輩出していた。『霊異記』下十には、牟婁郡出身で俗姓を榎本氏という牟婁沙弥が「安諦郡荒田村」に居住していたという説話が収録されるが、この榎本氏は名草郡に分布していた榎本連と関係があるという説もある。

郡家は未確認であるが、会津川流域の牟婁郷（現田辺市中心部付近）に立地したとするのが妥当であろう。式内社としては、熊野早玉神社・熊野坐神社・海神社・天手力男神社の四社の名がみえる。古代寺院としては、塔跡基壇が確認されている七世紀末の三栖廃寺（田辺市下三栖）があり、瓦を供給した堂の谷瓦窯址などが近辺に所在する。平城宮木簡には、牟婁郡から進上された魚介類の贄の荷札が数点みられる。『万葉』には、牟婁湯行幸の際の従駕歌のほか、「熊野」「玉浦」「神之埼」「狭野」など、現在の新宮市・

東牟婁郡那智勝浦町の地を歌枕として詠んだ歌が収録される。また、『霊異記』下一・二には、熊野村に居住して修行した興福寺の僧永興禅師の説話が収録されている。

牟婁湯　『書紀』『続紀』には斉明四年（六五八）～五年および大宝元年（七〇一）の牟婁湯行幸の記事が存する。その際の従駕歌で、『万葉』に収録されている当郡関係の歌は四首あるが、牟婁湯そのものを詠んだ歌はない。牟婁湯は、現在の湯崎温泉（白浜町湯崎）にあてるのが一般的である。

熊野　記紀における「伊奘冉命の埋葬」（『書紀』第五の一書）・「神武東征」の伝承などでは、熊野が舞台となっているが、確実な史料としては『旧事紀』国造本紀の記載のほか、『新抄格勅符抄』大同元年牒には天平神護二年（七六六）に、熊野牟須美（むすび）神と速玉神に神戸各四戸を施入した記事がある。また、詳細は不明であるが、貞観年間以降熊野坐神（本宮）と熊野早玉神（新宮）の両神の神階が急に上昇している点は注目される。延喜七年（九〇七）の宇多法皇（『扶桑略記』）を嚆矢として貴紳の熊野参詣が始まるとされるが、那智の滝を中核とした山林修行の場であった那智を含めて熊野三山十二所権現として認識されるようになるのは、十一世紀後半のことであったとされる。

【参考文献】

五来重『熊野詣―三山信仰とその文化―』淡交新社、一九六七年
阪本敏行「村君安麻呂の経歴に関する覚書」（『熊高紀要』六、一九八一年）
小山靖憲・笠原正夫編『街道の日本史36　南紀と熊野古道』吉川弘文館、二〇〇三年
寺西貞弘「永興禅師小伝―紀伊国牟婁郡の民を教化した高僧―」（『古代熊野の史的研究』塙書房、二〇〇四年）

（竹中康彦）

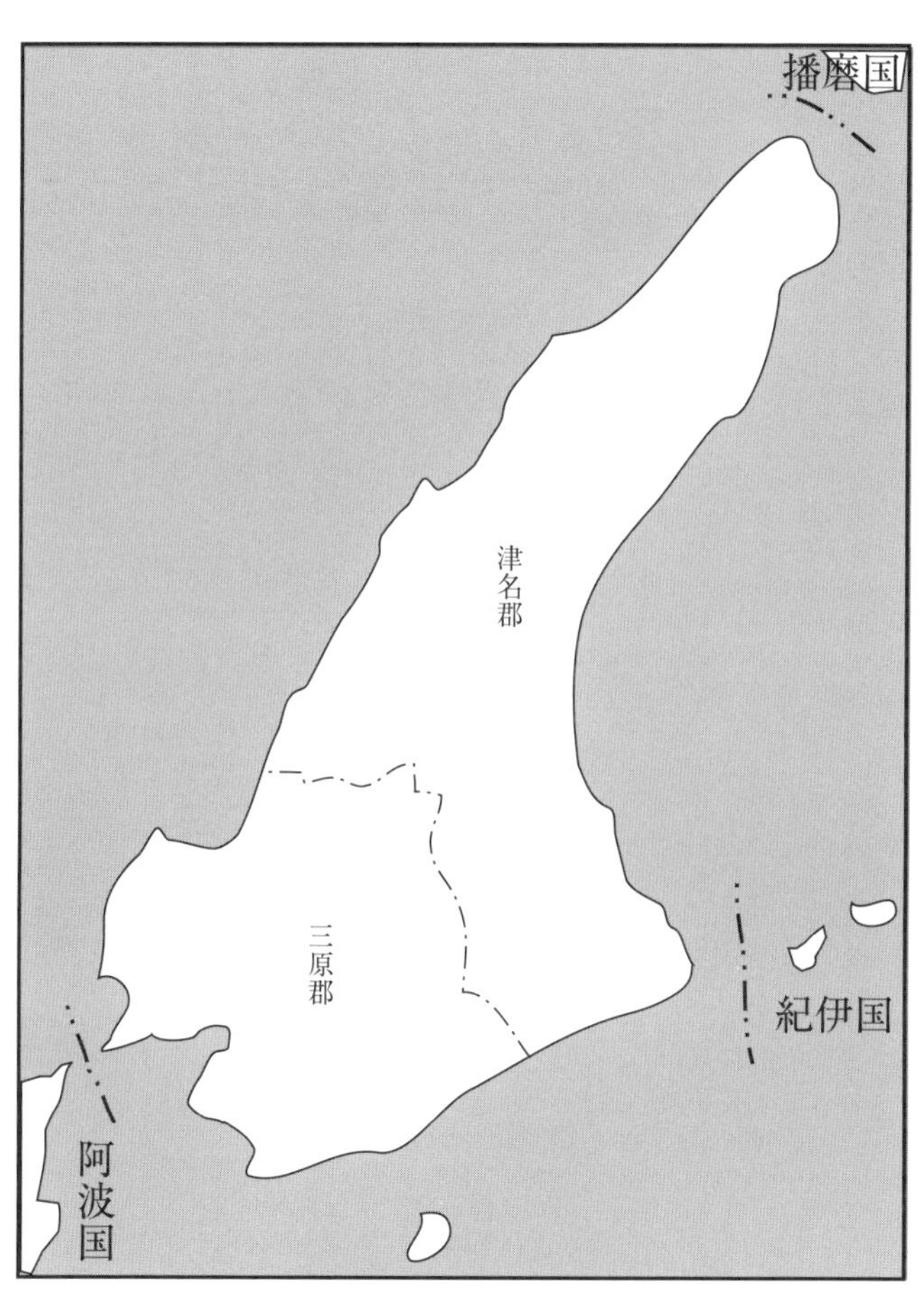

淡路国略図

淡路

淡路国・あわじのくに

国名は「淡路」のほかに、『古事記』に「淡道之穂之狭別嶋」「阿具知」とあり、『書紀』では「阿波旎」、『万葉』では「粟路」等と記されている。記紀編纂時以前の資料としては、藤原宮木簡に「粟道宰熊鳥」がある。「粟道」は阿波へ至る途中の道という意味を持つ。国名の推移は、粟道→粟路・淡道→淡路の如く考えられる。「宰」は国宰で、浄御原令制下での国司に相当する呼称である。氏姓を記さない「熊鳥」は、海人族を支配した安曇氏で、粟道の国宰であった人であろうと推定されている。淡路における有力氏族は安曇氏以外見えず、『旧事紀』の国造本紀に出ている「矢口足尼」は伝承的なものであり、『延喜式』神祇践祚大嘗祭の由加物条引導者として出てくる凡直氏が国造と考えられるが、歴史上の活躍は見られない。地名の由来は『書紀』に、伊弉諾命が島の誕生を不快として胞とし、「淡路洲」と名付けたとある。『釈紀』は、淡路島が思いの外小島だったため胞として児の数に入れず、深く恥じた故に「吾恥」としたと解している。『古事記伝』は阿波へ渡る海原にある島だからとしている。淡路の地名は記紀の神代巻から出てくる。令制下においては、大宝元年（七〇一）八月甲寅条に、淡路国が大風と潮水で田と園地が損いいためつけられた、とある記事が地名の初見である。

淡路島は南海道に属し、古代より一島一国として独立した行政区であった。郡郷構成について『律書残篇』には、郡二、郷十一とある。津名郡と三原郡は平成十六年（二〇〇四）まで存続したが、平成十七年と十八年の合併で、旧一市十町から淡路市（旧津名郡五町）・洲本市（旧津名郡五色町を含む）・南あわじ市（旧三原郡四町）の三市にまとめられ、二つの郡は消滅した。郷十一は『和名抄』の十七郷と異なる。国府は旧三原郡に所在し、三原町（現南あわじ市）小榎列の小字「府中」近辺とされる。近くには国分寺があった。式内社は津名郡に九社・三原郡に四社あった。国勢としては『和名抄』に、下国で近国とあり、都へは上四日下二日とあり、本田二六五〇町九反一六〇歩・正税三万五〇〇〇束等とある。

当地は、東は大阪湾・西は播磨灘・南は紀伊水道に面し、古来より交通の要衝であり、南海道の主要ルートとして紀伊と阿波国を結ぶ地点にあった。承和十二年（八四五）、北端の石屋浜と播磨の明石浜の間に渡船が置かれ、山陽道と淀川筋・平安京に直結する官道が開かれた。淡路は大和朝廷の時代から中央との結びつきが強く、仲哀紀の屯倉設置や応神・仁徳紀での「淡路の海人」の伝承は、淡路が朝廷に食物を献ずる御食津国であったことを示し、『延喜式』内膳司の贄貢上規定にもつながっている。淡路はまた流刑の地でもあった。廃帝淳仁天皇は配所に没して三原郡に葬られた。桓武天皇の皇太弟であった早良親王は廃太子の後淡路へ移送される途中憤死し、遺骸はそのまま津名郡の墓所におくられた。国内の事件としては、国司の苛政に対する百姓の上訴が、藤原道長治下の長保元年（九九九）に起こり、国守讃岐扶範が平久佐に改替されるということがあった（『小右記』）。

【参考文献】
岡田精司「淡路島と国生み」（『古代王権の祭祀と神話』塙書房、一九七〇年）
直木孝次郎「藤原宮木簡にみえる「粟道宰」について」（『岩波講座　日本通史』第二巻月報、一九九三年）

（橋本政良）

津名郡・つなのこおり

『和名抄』那波道円本では、郡の読みは「豆奈」であるが、津名郷の訓は「都奈」となっている。名市博本では「ツナ」となっている。地名の由来は明らかでない。津名郡の初見資料は、平城宮木簡の「淡路国津名郡物部里」（和銅七年）である。

郷数は『和名抄』に津名・志筑・賀茂・安平（平安）・物部・広田・都志・来馬・育波・郡家と十郷あり、令制の中郡に当たる。このうち賀茂郷と広田郷は、中世以降三原郡に属するようになる。津名郷の比定地については、古来より諸説あって定かでない。邨岡良弼は、『淡路国太田文』（貞応二年）には郡家郷があって津名郷はなく、この郡家郷には一宮があるから一宮町郡家（現淡路市）と一致し、この地を郡衙の所在する津名郷とすべきだという。なお『和名抄』の高山寺本には「郡家郷」はないから、他の写本にある「郡家」は「駅家」の誤写であるとする（『日本地理志料』）。津名郡には由良駅と大野駅が置かれた。郡域は現在の淡路市（旧淡路町・東浦町・北淡町・津名町・一宮町）と洲本市（旧洲本市と旧五色町）にまたがっていた。

式内社としては、名神大社である淡路伊佐奈岐神社をはじめとして、小社である伊勢久留麻・石屋・築狭・賀茂・由良湊・志筑・岸河・河上等の神社九座がある。『書紀』に、国生みを終えた伊弉諾命が淡路に幽宮を作り隠棲したとあるのは、一宮町多賀の伊佐奈岐神社だとされている。国生み神話は海人族の伝承とする説がある。応神天皇や仁徳天皇に従った淡路の海人の話が『書紀』に出ている。『万葉』にも野島の海人が歌われている。淡路は御食津國として贄を献上するなど中央との結びつきが強いが、淡道の「寒泉」の水を御料水として運んだ「枯野」伝承が『古事記』に出ている。この「寒泉」は津名町佐野御井（現淡路市）にある「御井の清水」だといわれている。平安後期になると都の権門寺社の荘園が開かれた。賀茂上社領であった生穂荘をはじめ、石清水八幡宮領の炬口・鳥飼・枚石荘、歓喜光院領の内膳保等々あり、引き続き中世に及んでいる。以下主な郷に限って触れることにする。

志筑郷　天平三年の木簡に「淡路国津名郡志筑郷」とある。白鳳期の志筑廃寺がある。

安平郷　天平七年の調塩関係木簡に「淡路国津名郡阿并郷上里」とある。「阿并」は別の木簡に「阿餅」「安□（平カ）」とも書かれ、「あへ」→「あへが」と読まれたのであろう。

育波郷　平城宮木簡に「淡路国津名郡育波郷」（天平期）とある。「野島の海人」で有名な野島は、育波郷に属していたものと思われる。

郡家郷　郇岡良弼は「駅家」の誤写とし、『和名抄』の「久宇希」の読みは後人の挿入であり、これは駅家郷とすべきで、由良駅のことという。しかし高山寺本や名市博本には、「郡家」や「駅家」の記述はない。

【参考文献】

岡田精司「淡路の海人と朝廷」（『古代王権の祭祀と神話』塙書房、一九七〇年）
武田信一『淡路島の地名研究』神文書院、一九九六年

（橋本政良）

三原郡・みはらのこおり

郡名は「三原」のほか、『貞観儀式』では「御原郡」とつくる。応神天皇の皇女の名を、『古事記』では「阿具知能三腹郎女」とする。平城宮木簡には「淡路国三原郡阿麻郷」（天平宝字五年）とあり、『橘為仲集』には「みはらの湊」とみえる。読み

は『和名抄』那波道円本では「美波良」とし、名市博本では、「ミハラ」としている。

令制では下郡に当たる。『和名抄』には、倭文・幡多・養宜・榎列・神稲・阿万・賀集の七郷が出ている。淡路国の国府は三原郡に所在し、三原町榎列（現あわじ市）に「府中」の小字があって、この近辺に比定されている（『淡路常磐草』）。国分寺・国分尼寺も近くに所在し、国分寺は現在の三原町八木国分にあり、発掘確認がなされている。『霊異記』には、淡路国分寺にまつわる説話があり、宝亀年間には成立していたことが窺われる。また天暦九年（九五五）十月には、淡路国分寺僧の死欠替えとして、沙弥澄真を延暦寺戒壇で受戒させたいとする淡路国牒があり（『朝野群載』）、十世紀中頃の現存が確認できる。式内社は、名神大社である大和大国魂神社と小社である笑原・湊口・久度神社の四座がある。郡域は旧三原町・緑町・南淡町・西淡町を包含する現南あわじ市域に重なる。

淡路は早くより大和朝廷に服属しており、仲哀天皇の時に屯倉が設置されたことが記紀に出ている。三原町榎列には屯倉神社が鎮座している。反正天皇は淡路で生まれ瑞井の水で体を洗ったという。それに因む産宮神社と瑞井は、旧西淡町松帆櫟田にある。また履中天皇や允恭天皇が淡路で狩猟した話がある。屯倉の設置や狩猟の伝承は、淡路島が「御饌都国」であったことを示し、律令時代にあっても贄貢進の国であった。正倉院文書の「淡路国正税帳」（天平十年）では若椒や柄宍の贄の貢進のことが記され、『延喜式』内膳司には贄貢上規定がある。平安末には都の権門寺社の荘園が設立され、三原郡には弘誓院領の掃守荘（安元二年以前）や得長寿院并石清水八幡宮領の阿万荘（元暦二年以前）等があった。三原市には神本駅（神護景雲二年停止）と福良駅があり、紀伊から四国に至る瀬戸内海地域の交通の要衝の地であった。四方が海に囲まれているため近隣から侵犯を受けることもあり、承和十一年（八四四）には、他国の漁民三千余人が王臣家の牒を持すと称して浜浦に群集して、土民を寃凌し山林を伐損して霧散した（『続後紀』）。天慶三年（九四〇）には、反乱を起こした藤原純友の軍勢が、備中から転じて淡路の国衙を襲い武器を奪ったという。式内社湊口神社（旧西淡町湊）は海賊平定を祈願し、正四位下を授けられている。

阿万郷　「淡路国三原之海人」の本拠地と考えられ、平城宮木簡に「（表）淡路三原郡阿麻郷戸主丹比マ足」「（裏）同姓蓑麻呂調　塩三斗天平宝字五年」と「調塩」のことが出ており、海人と製塩の深い関係を示している。

賀集郷　淳仁天皇の山陵は、『延喜式』諸陵寮に「淡路陵、廃帝、在淡路国三原郡、兆域東西六町、南北六町、守戸一烟」とあり、旧南淡町賀集（現南あわじ市）の牛頭天王（ごずてんのう）の森が比定されている。

【参考文献】

和歌森太郎「淡路民俗の歴史的背景」（『淡路島の民俗』吉川弘文館、一九六四年）

直木孝次郎「古代の淡路と大和朝廷」（『兵庫県の歴史』四号、一九七〇年）

（橋本政良）

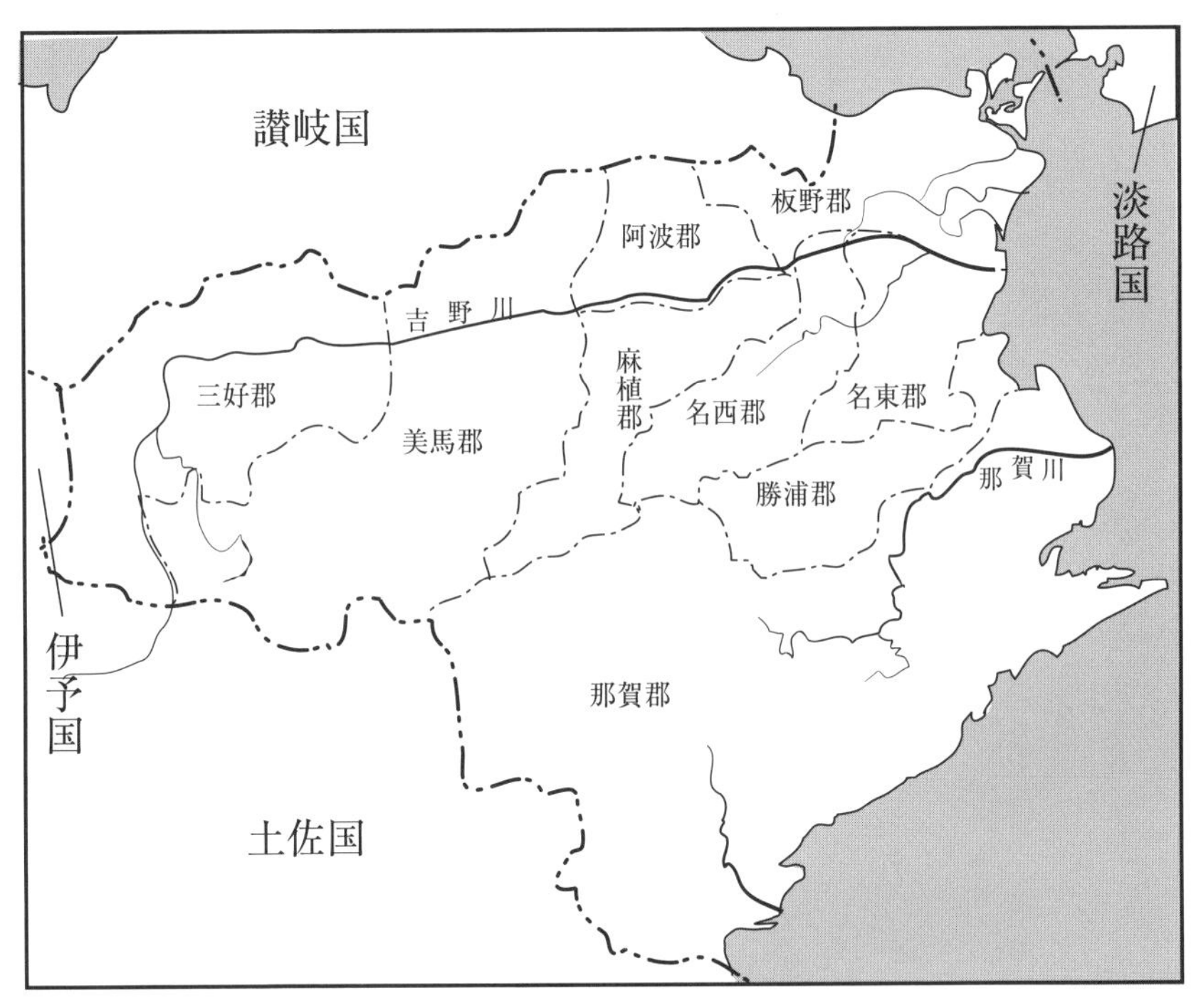

阿波国略図

阿波

阿波国・あわのくに

地理的に阿波を見た場合、吉野川・那賀川などの流域に広がる平野の世界、四国山地に代表される山の世界、および紀伊水道ぞいの海の世界の三つの世界が併存している。平野の世界においては、五世紀頃から吉野川上・中流域の河谷平野に佐伯氏が、吉野川下流域の広大な低湿地帯には粟凡直氏が、勝浦・那賀・海部三川流域地帯から構成される南部には長氏がそれぞれ勢力を張っていた。そして、平城京から「阿波国那賀郡播羅郷海部里戸主安曇部大嶋…」という天平七年（七三五）の年紀をもつ木簡が出土しているように、八世紀前半に紀伊水道ぞいの海辺の地には某郷海部里あるいは某郡某海などと呼ばれる、海を活動の舞台とする人々の居住と生産の場としてのカイフの世界（海の世界）が姿をあらわしている。撫養から土佐に至る水上交通路としての南海道支道はこれら紀伊水道沿いのカイフの世界に点在する津に水駅を置き、それらを結ぶ形で作り上げられている。一方、吉野川中流域の平野地帯に住む人たちは四国山地を指して「空」（ソラ）と呼んでいるが、郷・里の広がりが四国山地内部に達していないことにしめされるように、ソラの世界（山の世界）が歴史の舞台に登場してくるのはやや遅れる。桓武天皇による山背（城）盆地への遷都が行われる前後から畿内・瀬戸内及び九州などの広範な地域で山間部における人間の活動の場の拡大とそれに対応した王臣家・寺社・諸司の杣などの大規模な所領設定が顕著に進行し始める。阿波のソラの世界もこのような全国的な山の世界での生産の場の拡大と王臣家らの所領設定の拡大という動きに対応して九世紀になって歴史の舞台に登場してくる。

藤原京から「粟道宰…」と記された木簡が出土しており、淡路国が「粟道」と表記されていたことが明らかになるが、七世紀末では阿波国が「粟」と表記されていたことを推測させる。大宝元年（七〇一）の大宝令の制定により国郡制の歩みが始まるが、この段階では粟国と表記されており、かつ美馬・麻植・粟・板野・名方・長の六郡体制で発足したと考えられる。霊亀元年（七一五）頃の郡・郷・里制への移行前後に、粟が阿波に改められるとともに、長郡が那賀郡と勝浦郡に分離した。以後九世紀半ばまでこの七郡体制が続く。九世紀以降、ソラの世界における人間の活動の場の拡大、平野の世界のなかでの低湿地開発の一層の進展のなかで美馬郡からの三好郡の分離及び名方郡の名東郡と名西郡への分割がなされていく。

（丸山幸彦）

板野郡・いたののこおり

『和名抄』は「伊太乃」と読む。川島・井隅・津屋・高野・小嶋・田上・山下・松島・全（余）戸・新屋の十郷からなる。諸郷の比定については諸説あり数郷を除き一致していない。当郡が吉野川下流域の低湿地帯に位置しその乱流により変動を受けるためである。郡域は鳴門市、板野郡（上板町高志を除く）、阿波市吉野町および徳島市川内町・応神町にあたる。国府町観音寺遺跡から七世紀末に遡る「板野　国守大夫…」と書かれた木簡が、藤原宮跡から「板野評…」と書かれた木簡が出土している。

当郡は阿波国の畿内に向けての海の玄関口になっている。南海道は牟夜の津（鳴門市撫養）から、石隈駅（鳴門市大麻町字石園）と郡頭駅（板野町大寺字郡頭）を経て、阿讃山脈を越え讃岐に向かう。郡頭駅から名方郡所在の阿波国府に向けて、吉野川下流域の低湿地を横切って連絡道が延びていた。また、養老二年（七一八）に本道とは別に撫養から直接土佐に達する支道が置かれる。この支道は津におかれた水駅を船で結ぶ水上交通路であり、官道としては延暦一五年（七九六）に廃止されるが、水上交通路として以後も利用され紀貫之は承平五年（九三五）に土佐から都へこの道を通って戻っている（『土佐日記』）。

吉野川下流域の平野で大きな勢力を持つ粟凡直氏について、天平時代に入る頃から吉野川北岸（板野郡側）の粟凡直氏の活動が文献上顕著になってくる。その先駆けが采女として朝廷に出仕した粟凡直若子（後の板野命婦）である。彼女は天平勝宝三年（七五一）頃から紫微中台と造東大寺司との連絡女官として活動している。造東大寺司の荘園である阿波国新島庄は天平勝宝元年（七四九）頃から占点が始まり同八年（七五六）に立券がなされており、その占点・立券の時期は板野命婦の政治的な活動の時期とほぼ一致するのであり、この荘が板野命婦あるいは粟凡直氏の強い影響のもとで設置されたことをうかがわせる。

延暦二年（九〇二）の板野郡田上郷戸籍について（蜂須賀家文書）、この戸籍については、性別・年齢については疑点もあるが、存在していなかった人物を勝手に記載したのではなく、九世紀のいずれかの時点でこの郷で生き活動した人が記載されていると判断されている。戸籍には三十三氏族四四〇名が記載されているが、凡直ないし粟凡直氏が三十%、家部氏が十三%、物部氏が十二%、服部・矢田部両氏が各九%をしめ、これら氏族で全体の七十%以上を占める。粟凡直氏・凡直氏の圧倒的な優勢は田上郷に限定されるものではなく、板野・阿波・名方三郡で構成される吉野川下流域全体についてあてはまる。また家部氏についてこの戸籍では位階を持った者はおらず一般農民クラスとみてよいが、嘉祥三年（八五〇）に新島庄庄長として家部財麻呂があらわれている。このような一般農民層と目される一族の庄長への進出はこの地域における律令国家以前からの伝統豪族の衰退と新興氏族の台頭をしめしている。

（丸山幸彦）

阿波郡・あわのこおり

『和名抄』には訓なし。『延喜式』民部（九条本）』では「アワ」と読んでいる。高井・秋月・香美・拝師の四郷からなる。郡域は徳島県阿波市（吉野町を除く）に相当する。七世紀中期の評設定の動きの中で後の阿波・名方・板野三郡で構成されることになる吉野川下流域でも粟凡直氏のクニを基礎に立評がなされる。立評当初は吉野川下流域全域が一つの評として出発したが、天武十二（六八三）〜十四年ごろに阿波・名方・板野の三評に分割された。このうちの阿波評が国・郡制の確立のなかで阿波郡となる。郡衙は現阿波市土成町郡字郡原（旧阿波郡土成村）に所在していたと推定される。平城京から「阿波国阿波郡秋月郷…」などと記された木簡が数点出土しており、当郡から米・小麦が都に運ばれていること、またそこに分布する氏族として鴨部・物部・建部・生田名首・山人部などがいたことが明らかになる。『阿波国風土記』逸文にあらわれている勝間井については阿波市阿波町勝命がその遺称とされている。

（丸山幸彦）

美馬郡・みまのこおり

『和名抄』では「美万」と読んでいる。郡域は現在の徳島県美馬市（ただし、木屋平を除く）に相当する。吉野川上中流域の上郡地域は貞観二年（八六〇）までは美馬郡として一括されていた。この年の三好郡が分割され、それまでの美馬七郷のうち秦原・三次・大島・大村の四郷が当郡に付された。上郡の地の大半は四国山地によって占められているが、弥生時代以降律令国家の段階にかけ、水稲耕作を中心とした農業を営むことのできたのは吉野川両岸沿いの狭小な盆地状河谷平野に限定されており、この河谷平野の上流部分が後の三好郡に下流部分が後の美馬郡になる。六世紀後半から七世紀前半にかけて、分離後の美馬郡域全体の吉野川南北両岸に段の塚穴型の石室を有する古墳があらわれている。上郡地域は讃岐からの強い影響のもとでその政治・経済・文化を発展させてきており、六世紀後半以降、国造である佐伯直氏の統括するクニがここに所在していたが、段の塚穴古墳群が所在する後の美馬郡域がその中心地になっていた。

（丸山幸彦）

三好郡・みよしのこおり

『和名抄』では「美与之」と読んでいる。郡域は現徳島県三好及び三好郡東みよし町に相当する。貞観二年（八六〇）に美馬郡が分割され三野・三縄・三津の三郷からなる三好郡が立てられる。後の三好郡・美馬郡からなる上郡地域には六世紀中期以降、国造としての佐伯直氏の統括するクニが存在していた。孝徳・天智朝頃から上郡では讃岐からの影響を受けながら初期地方仏教寺院の建設が進む。その代表例が後の美馬郡域にある法起寺式伽藍配置をもつ徳島県下最古の寺院の一つ郡里廃寺であるが、後の三好郡域においても金丸廃寺（中庄廃寺、東みよし町中庄）やその対岸の東みよし町昼間の立法廃寺などは初期寺院跡とみられる。律令制的国・郡制のもとで律令国家は上郡の地を美馬郡として一括して把握していくのであるが、八世紀末頃から農民層の開発の動きは二つの方向で進行する。一つは河谷平野内部の未開地の開発の進行であり、他の一つは平野地帯を越えた山間部とくに四国山地に向けての開発の進行である。この動きを背景に郡の分割が行われる。

（丸山幸彦）

麻植郡・おえのこおり

『和名抄』は「宇（刊本は乎）恵」と読む。郡域は吉野川市及び美馬市木屋平にあたる。麻植郡郡域は忌部山型石室をもつ古墳が分布している。六世紀後半から七世紀前半にかけて存続しているこの古墳群は佐伯直氏・忌部氏といった讃岐から移動してきた集団が後の三好郡域から南下していくなかで佐伯直氏を中心にした集団が美馬郡の段の塚穴古墳群を築造し、それから分化してさらに南下した忌部氏が中心になっている集団が築造したと考えられている。麻植郡の忌部氏の集団は上郡地域を媒介に讃岐からの影響を受けていたことは間違いない。しかし段の塚穴型古墳群と異なった忌部山型古墳群を造成していることにしめされるように、三好郡・美馬郡の佐伯直氏のクニとは異なった独自性をもっている。国府町観音寺遺跡から六九〇年代のものと推定される「麻植評」と記した木簡が出土しているように、当麻植地域でも七世紀後半には忌部氏を評の長官にした麻植評が独自に設定されているのはそのあらわれである。

律令制的国郡制が確立された八世紀初頭以後、当郡は呉島・川島・忌部・射立の四郷からなる郡として推移していく。これら諸郷に忌部氏が広く分布していたが、この忌部氏と大嘗祭とのかかわりについて、『延喜式』践祚大嘗祭では、由加物として麁布・木綿・年魚・蒜英根が麻植郡忌部から貢進されることになっている。これは淡路の土器、紀伊国加太の潜女の海産物、阿波国那賀郡の潜女の海産物と一体のものとして貢進されている。このうち加太は阿波の撫養に向けての紀伊側の渡津であり、撫養からは那賀郡の海辺を通り土佐にのびる水上交通路としての南海道支道が出ているとともに、ここから吉野川を溯ることで麻植郡に達しているように、由加物貢進を行っている三地域は水上交通路により密接に結びつけられている。造東大寺司が八世紀五十年代に瀬戸内航路を中心にした水上交通路ぞいに阿波の新島庄をはじめ各地に系統的に荘園を設定していくのと同じく、神祇官も水上交通路沿いに地方への進出を行い、体系的な由加物貢進システムを作り上げているのである。

神護景雲二年（七六八）七月に麻植郡居住の忌部氏への大量の賜姓がなされている（『続紀』）が、この時点に吉野川をふくめた紀伊水道沿いの水上交通路の発達に依拠した三箇国にまたがる神祇官の由加物貢進システムのなかに忌部氏が組み込まれたことをしめすものであろう。これより約半世紀の後に出されている『古語拾遺』には「天日鷲命之孫、造木綿及麻并織布、仍令天富命率天日鷲命之孫、求肥饒地、遣阿波国、殖麻穀種、其裔今在彼国、当大嘗之年、貢木綿麻布及種種物、所以郡名為麻殖之縁也」とあり、大嘗祭に祭し木綿等を進めるとなっているが、このような組織化を正当化するために記載されているものである。

（丸山幸彦）

名東郡・なかたのひがしのこおり

『和名抄』伊勢本・東急本では「名方東郡」としており、訓はない。『延喜式』民部（九条本）では「ナヒムカシ」と読む。名方郡は吉野川下流域右岸に位置しているが、寛平八年（八九六）に名東（名方東）郡と名西郡（名方西）郡に分離する。名方郡には十一郷があり、分割の時点ではその内七郷が当郡に属すことになったとあるが、『和名抄』には名方・新井・賀茂・井上・殖栗・八万の六郷しか記載されていない。『和名抄』では名西郡に含まれている桜間郷が当郡に含まれていた可能性もある。郡域は徳島市市域（ただし勝占・多家良・入田・川内・応神の各地区を除く）、名東郡佐那河内村及び板野郡藍住町小塚・祖母ヶ島に比定されている。当郡域については、国分寺が徳島市国府町矢野に比定されており、また国府について、徳島市国府町府中にある大御和神社周辺と推定されていたが、平成九・十年（一九九七・九八）に発掘された国府町観音寺遺跡から七世紀半に遡る古代地方行政にかかわる遺物が大量に出土し、この遺跡周辺に七世紀後半以降の国府が所在していたことがほぼ確実になっている。

造東大寺司の荘園設定が北陸道・山陽道・南海道諸国などで系統的に進められる。その際、阿波では吉野川下流域の板野郡との境に近い、後の名東郡域に相当する名方郡の低湿地帯に本庄・枚方・大豆処の三地区から構成される新島荘の設定がなされる。天平勝宝元年（七四九）頃からのことである。そのうち枚方・大豆処二地区については荘設定時点の絵図が正倉院に残されているが、前者には吉野川下流域の低湿地内での堤防を用いた耕地開発の進展状況がしめされている。また後者には南海道の郡頭駅およびその周辺にあると推定されている板野郡衙の所在地（板野郡板野町大寺周辺）と阿波国府（徳島市国府町）を結んで吉野川下流域の低湿地上を東西に走る陸上交通路が阿波国を南北に貫く水上幹線路としての吉野川に交差する渡河点に置かれた津（大豆津と呼ばれていたらしい）の状況がしめされている。すなわち名方郡名域がこの津を媒介に対岸の板野郡あるいは上流の麻植郡・美馬郡さらに南部の那賀郡などと陸上・水上交通路で緊密に結びつけられていることが浮び上がっている。

九世紀の名方郡について、引き続き新島荘が存続するが、その荘園としての機能を回復すべく、東大寺は承和五年（八三八）ごろからその回復運動にのりだすが、そこでは八世紀半ばの段階での庄域内未開地が在地の農民の手により耕地化されている動向が浮かび上がっている。さらに、鮎喰川領域の山間部と吉野川下流域の平野部の境の地に位置する天門和気八倉比命神社が九世紀中期から神位授与という形でクローズ・アップされてくることにしめされる鮎喰川流域山間部（中世の大粟山）の開発も進行し始めている。このような開発の進行が寛平八年の名方郡の分割を生み出していく。

（丸山幸彦）

名西郡・なかたのにしのこおり

『和名抄』伊勢本・東急本では「名方西郡」としており、訓はない。『延喜式』民部（九条本）では「ナニシ」と読む。名方郡の分割の段階で四郷が管轄下に置かれたとされ『和名抄』には埴土、高足、土師、桜間の四郷が記されている。郡域は名西郡、徳島市入田、板野郡上板町高志にまたがる。国府町観音寺遺跡から推定六六〇年ごろの「波爾五十戸・高志五十戸・佐井五十戸」と記されている木簡が出土している。波爾と高志は後の名西郡の埴土郷・高志郷につらなる。全国的にみて最も古い「五十戸」のケースの一つである。粟凡直氏は六世紀末には吉野川下流域の後の阿波・名方・板野三郡に広がるクニを統括する凡直国造として姿をあらわしており、七世紀後半には一族の麻呂が評督として（『続紀』）、八世紀に入って弟臣が名方郡大領として（「阿波国造碑」）活動している。一族の本拠地は後の名西・名東両郡にまたがる気延山山麓であり、七世紀後半国宰はその常駐の場をここに求め以後そこが阿波国府になっていく。

（丸山幸彦）

勝浦郡・かつらのこおり

『和名抄』では「桂」と読む。篠原・託羅・新居・余戸の四郷からなる。郡域は徳島県勝浦郡、小松島市（立江町・坂野町を除く）及び徳島市勝占町・多家良町に広がる。勝浦川・那賀川・海部川流域一帯は長屋王家木簡に「長郡和社里」とあるように長郡（大宝令以前は長評）と存続してきていた。しかし天平七年（七三五）の紀年をもつ二条大路木簡には「阿波国那賀郡波羅郷」とある。長郡から那賀郡への名称変更は霊亀元年（七一五）頃の郡・郷・里制への変化に伴うものであり、それはたんなる名称変更ではなく長郡域の分割もなされ、北部が勝浦郡南部が那賀郡になったと考えられる。八世紀中期に造東大寺司は勝浦川河口の低湿地帯に新島荘の四番目の地区（勝浦地区）を設定する。当地区は「江州」の地に設定されており農耕がなされている形跡はない。『阿波国風土記』逸文にあらわれている「中湖」は勝浦川河口に位置する南海道支道沿いの津であり、この津にかかわって物資の集積・運搬を目的に設定された庄地とみてよい。

（丸山幸彦）

那賀郡・なかのこおり

『和名抄』に訓なし。『延喜式』民部（九条本）に「ナカ」と読まれている。郡域は徳島県那賀郡・海部郡・阿南市及び小松島市立江口町・坂野町に広がる。当初は阿波国南部全体すなわち勝浦川・那賀川・海部川三川流域全体を長郡としていたが、霊亀元年（七一五）頃分割され南部が那賀郡に、北部が勝浦郡になる。長評末期の官人であり、かつ最初の長郡領でもあった長直救人は庚午年籍で強制的に長直の姓が長費に変えられたことに抗議し復姓を要求している（『続紀』）。このような強制改姓は地方の国造一族が伝統的な氏族名称を奪われつつ中央の支配体制のなかに深く組み込まれていく過程をしめすが、長郡から那賀郡・勝浦郡への分割もその延長線上にあり、長直氏の支配地域を分割するとともに、伝統的な「長」の名前を消すことで上からの統一的な支配の強化を計っているものである。郡衙は現阿南市宝田町郡付近に比定されている。

当郡の海岸線に沿って土佐に達する水上交通路としての南海道支道が設定されており、『阿波国風土記』逸文にあらわれている牟夜戸・中湖・咲湖という三つの津はこの支道沿いの津である。このうち咲湖は那賀川河口か椿泊という分離後の那賀郡域に位置したと考えられている。

さらに、那賀郡内に位置する「武芸駅」と「薩麻駅」という二つの駅に関わる木簡が平城宮から出土している。これら駅は駅子が調として堅魚を貢進しており南海道支道沿いの水駅である。その所在地について、武芸駅は海部郡牟岐町である。該当の地名が残っていない薩麻駅については那賀川河口北岸比定説と海部川河口比定説とが出されていたが、室町時代に「海部郡薩摩郷」が所在していたことが確認され、海部川河口に比定されるべきことが明確になった。

当郡関係の氏族のうち安曇部氏について、木簡により当郡及び名方郡における分布が明確になった。この氏族については海部を率いる中央の伴造氏族であり、筑前から畿内に進出し、摂津国西成郡安曇江に拠点をおいて活動していた氏族とされている。しかし、安曇部氏の本来の本貫は淡路島と阿波国東部であり、河内政権に服属して難波に拠点を置き、そこから九州に進出したとする説(『新修大阪市史』)も出されているように、紀伊水道をとりまく摂津・河内・和泉・淡路・紀伊・阿波諸国の海上交通を媒介とした密接なつながりのなかにこの氏族は位置づけうる。さらに『延喜式』践祚大嘗祭によると、大嘗祭供御の由加物として、紀伊の加太の潜女が海産物を、淡路は土器を、阿波の麻植郡の忌部が山の産物を那賀郡の潜女が海産物を貢進している。神祇官は氏族分布の状況にしめされるような紀伊水道を取り巻く諸国の密接なつながり、および南海道・同支道に代表されるこの地域における水上交通網の整備の進展を前提に三国にまたがる由加物の貢進の体制を作り上げている。造東大寺司が瀬戸内航路を利用して各地に初期荘園を設定している八世紀半ば頃にこの体制が整備されたとみてよい。

(丸山幸彦)

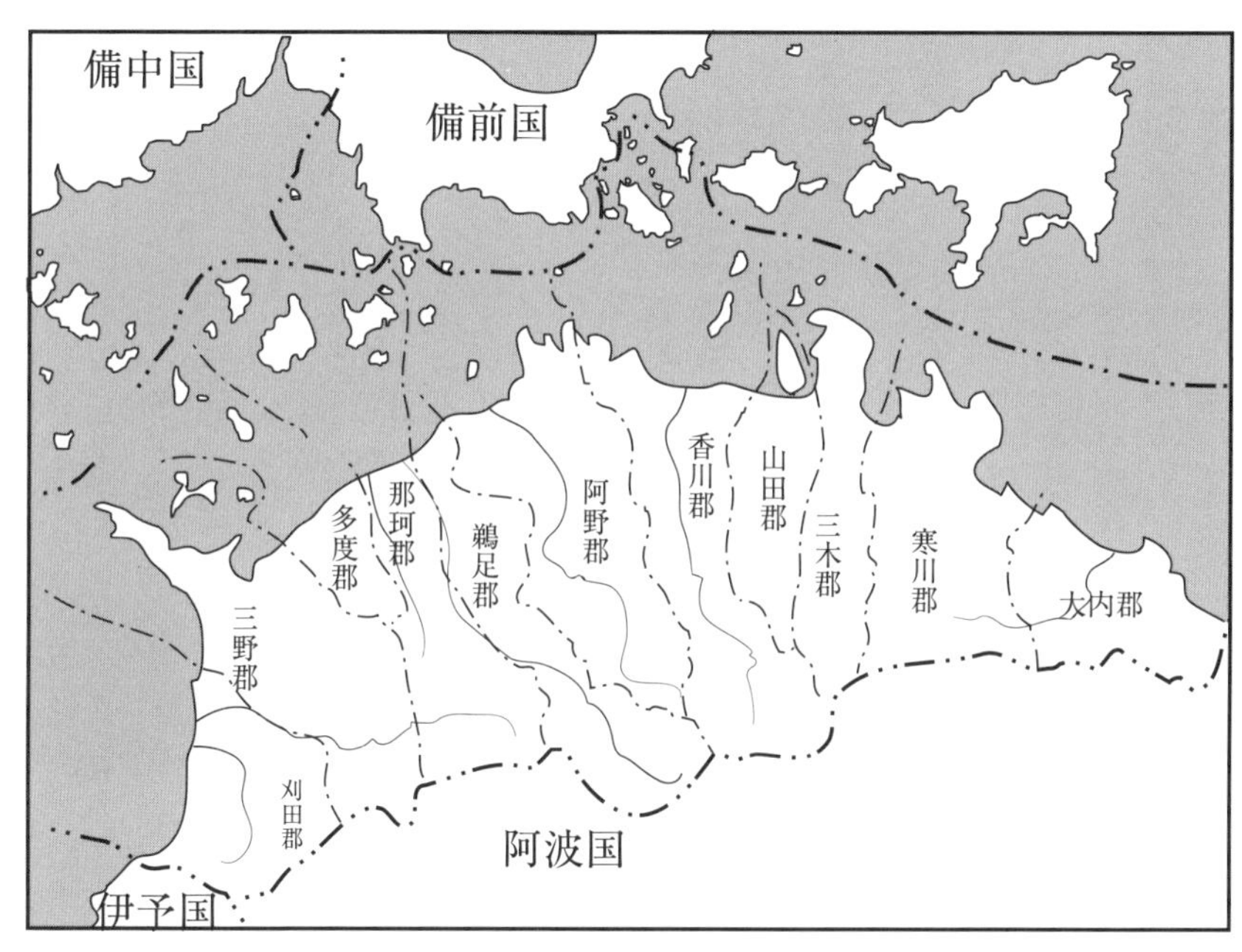

讃岐国略図

讃岐

讃岐国・さぬきのくに

讃岐国は現在の香川県にほぼ相当するが、小豆島など島嶼部は備前国児島郡などに属する。国名の表記は「讃岐」・「讃吉」・「狭貫」とあり、『書紀』天智六年（六六七）十一月条の「讃吉国山田郡」が国名の初出。大宝令により「讃岐国」に確定したが、「讃吉国」表記は天平十六年（七四四）の年記をもつ「瑜伽師地論」（石山寺一切経）の奥書にも見られる。東と南は阿波国、西は伊予国に接し、北は瀬戸内海に面する。大河川に乏しく、年間を通し降水量が少なく干ばつの害を受けやすいため、古来より満濃池などため池や灌漑施設が発達した。南海道に属し、東から大内・寒川・三木・山田・香川・阿野・鵜足・那珂・多度・三野・刈田の十一郡からなり、九世紀には八十九郷（『菅家文草』）、十世紀では九十郷（『和名抄』）を数える。面積が小さいが（『和名抄』所載田数は一万八六四七町余）、人口は多かったと考えられ、『延喜式』による国の等級は上国である。

讃岐国内の古墳群の分布は、東から、短甲や三累環頭太刀が出土した原間六号墳を含む原間古墳群などの内陸地域（大内郡）、津田湾沿岸と内陸の四国最大の前方後円墳である富田茶臼山古墳の地域（寒川郡）、二十基以上の積石塚などからなる石清尾山古墳群（香川郡）、城山周辺（阿野・鵜足両郡界）、善通寺市南部の有岡古墳群（多度郡）、三豊平野南部（刈田郡）などに、ある程度のまとまりが見られる。有岡古墳群は、三世紀代の積石塚である野田院古墳以来の各首長墓からなり、特に六世紀代の王墓山古墳からは大量の須恵器・土師器のほか金銅製冠帽や銀象嵌をもつ鉄刀、金銅製馬具が出土し、当該地域の有力者と中央政権とのつながりを示している。有力氏族としては、東から凡直、讃岐公、秦公、綾公、佐伯直、因支首、丸部臣、刈田首などの分布が確認される。

備讃瀬戸に面し瀬戸内海交通の要衝であるため、古来より、畿内の政権との政治的・軍事的関係が密であり、白村江敗戦（天智二年〔六六三〕）後の天智六年（六六七）には「屋嶋城」が、また記録には現れないが、城山（坂出市・丸亀市飯山町）にも古代山城が築かれ、ともに備讃瀬戸の交通を監視していた。国府と国分二寺は阿野郡に置かれ、国府跡の位置は現在の坂出市府中町付近と考えられ、国分寺・国分尼寺は現在の高松市国分寺町にその跡を遺す。国内を東西に官道南海道が走っていたと推定され、東から引田・松本・三谿・河内・甕井・柞田の六駅（駅馬各四匹）が置かれた。

七世紀の評制施行を示す木簡としては、「多土評難田」（＝多度郡方田郷、のちの弘田郷）の表記をもつ飛鳥石神木簡がある。

『延喜式』によれば、絹や綾など繊維製品や陶器、塩が調として、米と白木韓櫃が庸として規定されており、鯛楚割といった海産物や、醤大豆、菅円座などが特産品として都へ運ばれた。平城宮跡からは白米や塩の付札木簡が出土し、正倉院には納められた白絁が伝わっている。また国内には早くから条里制が施行されたと考えられており、天平七年（七三五）の銘をもつ弘福寺領山田郡田図にも方格線が記されている。同図は八世紀の土地利用の様子を伝えており、また同図と一連の文書から八世紀後半の条里呼称による土地把握がわかる。

詳細な発掘調査事例は少ないものの、讃岐国内の古代寺院は四国最多の約三十を数える。前代から盛んな窯業を基に寺院用の瓦生産が行われ、宗吉瓦窯（三豊市）では藤原宮の瓦が製作され供給された。一方で中央の寺院の影響を受け、弘福寺（ぐふくじ）・法隆寺・西大寺の荘園、東大寺・唐招提寺・橘寺などの封戸が国内に設定された。長屋王家木簡からは阿野郡や多度郡に北宮・長屋王宮に関係する所領があったことがわかる。

元慶六年（八八二）に讃岐守となった藤原保則は、「倫紙と能書」の多い讃岐国に赴いて「修多羅・阿毘曇等の諸蔵を書すべし」と語り、また「此の国の庶民は皆法律を学び」と讃岐国について評した（『藤原保則伝』）。平安時代中期の讃岐国の特色に、藤原保則が語るように仏教文化と明法道があげられる。讃岐国からは、中国・唐に渡り密教を日本に伝えた空海や円珍といった平安仏教をリードした僧侶や、『令義解』編纂に関わった讃岐永直、『令集解』を編纂した惟宗直本（これむねのなおもと）をはじめとする明法家を多く輩出している。

平安時代の讃岐国内に暮らす人々の様子については、菅原道真の漢詩「寒早十首」などから知ることができる。そこには農業だけでなく、駅につかえる陸上運送業や、海運業、製塩業、林業などに携わる人々について詠われている。仁和二年（八八六）に讃岐守として赴任した道真は、自身の漢詩集『菅家文草』に、赴任期間中に詠んだ詩（巻三・四）や、水不足に際し自らが祈雨した際の祭文（巻七）を収めており、国司・菅原道真の見た当時の様子がわかる。

十世紀前半の藤原純友の乱では、讃岐国も戦場となった。天慶三年（九四〇）八月には純友軍の侵攻により国府が焼かれ、讃岐介藤原国風が阿波国、さらに淡路国へ退却した。近世の記録には、三野郡の郡司が純友軍の配下となったとあり、讃岐国内も純友軍、官軍に分かれ戦乱に巻き込まれていったと考えられる。讃岐国をめぐる戦乱は、瀬戸内海の制海権を握るものとの位置づけができ、その重要性がうかがえる。

（渋谷啓一）

大内郡・おおちのこおり

『和名抄』国郡部での訓は、刊本・東急本「於布知」、名市博本「ヲホチ」であり、『延喜式』の神名下には「オホウチ」、民部上には「オホチ」の訓が付けられている。『和名抄』によれば、引田・白鳥・入野・与泰（東急本・名市博本。高山寺本は「与秦」）の四郷から構成される。郡域はほぼ現在の香川県東かがわ市にあたる讃岐国最東部の郡である。北は播磨灘に面し、西は寒川郡、東と南は阿波国に接する。山間部が多く南には阿讃山脈が控え、平野部は、播磨灘に面した海浜付近に旧引田町を中心とした地域と、旧白鳥町から旧大内町三本松付近の地域がある。四つの郷は現存の地名より、東から引田・白鳥・与泰・入野の順に配列されていたと考えられる。

郡名については、奈良時代後期のものと考えられる平城宮木簡や、天平十九年（七四七）の「法隆寺伽藍縁起并流記資財帳」に、讃岐国庄倉十三箇所の一つに「大内郡壹処」として見える。

大内郡の記載がある平城宮木簡はすべて付札木簡である。引田・白鳥・入野の各郷名が見られ、奈良時代まで遡ってこの三郷の存在が確認できる。また、『続後紀』承和十年（八四三）五月丙申（八日）条には「郷戸田数、既堪下郡。改為下、加領一員焉。」とあり、大内郡はこのとき小郡から下郡となり、郡司が増員された。木簡にみえる郷名と『続後紀』の記事から、設置された当初の大内郡は引田・白鳥・入野の三郷を所管する小郡で、『和名抄』に見える与泰郷は、比定地の位置から、後に入野郷から分立したと考えられている。

南海道は阿波国から大坂峠を越えて郡内へ入る。『延喜式』兵部省に見える引田駅の位置は、大坂峠を下った引田町馬宿付近に推定されている。駅馬四疋が置かれた。引田駅を出たのち南海道は海浜部を通り、丹生より内陸部に進み寒川郡へ向かうと推定される。

郡家の所在地や法隆寺庄倉が置かれた場所については不明であるが、郡内の古代寺院として法起寺式の伽藍配置をもつ白鳥廃寺（旧白鳥町）がある。法隆寺式や平城宮式の軒瓦が出土し、その創建は白鳳期まで遡ると考えられている。また式内社は水主(みずし)神社（旧大内町）一座である。

東京国立博物館所蔵の九条家本『延喜式』の紙背文書には、寛弘元年（一〇〇四）の讃岐国大内郡入野郷戸籍があり、讃岐国に多く見える讃岐・凡・秦・佐伯・丸部のほか、中臣・安曇・物部・額田部・阿蘇といった十一世紀当時に大内郡入野郷に所属する二十三戸分の人々の氏族名が記されている。

（渋谷啓一）

寒川郡・さむかわのこおり

『和名抄』伊勢本には「寒水郡」、名市博本には「寒河郡」とある。訓みは『和名抄』国郡部に「佐无加波」、『延喜式』神名下には「サムカハ」とある。『和名抄』によれば、難破・石田・長尾・造太（高山寺本・名市博本。東急本は「造田」）・鴨部・神埼（名市博本は「神崎」）・多和（高山寺本・名市博本。東急本は「多知」）の七郷からなる。郡域は、現在の香川県さぬき市（旧大川郡の大川町・津田町・志度町・寒川町・長尾町）にあたる。東は大内郡、西は三木郡、南は阿波国、北は播磨灘に面する。難破郷以外の郷名は遺存地名があり場所が比定されている。近世の地誌などによれば、難破郷は今の富田地域（さぬき市大川町富田）であり、また多和郷も現在の津田地域（さぬき市津田町）を指し、現在の多和地域（さぬき市長尾町多和）とは別とあり、これに従えば、当郡の郷は、内陸部を東から進み、造太郷を経て、海岸部の鴨部(かべ)・神崎・多和と、時計回りに配置されていたと考えられる。郡の西部には丘陵部があり、鴨部(かべ)川は郡の西部から中央部にかけて、丘陵を迂回し逆S字に蛇行しながら北流する。流域には条里地割が広範囲に確認される。また東部にも小高い丘陵があり、南海道は郡東部の丘陵南を抜けて内陸平野部へ入り、西進すると推定されている。『延喜式』にある松本駅は、現存地名もなく比定地は不明であるが、駅間の距離から当郡の東部丘陵より内陸平野部への入口付近にあったと考えられている。

郡内には四国最大の前方後円墳である富田茶臼山古墳や、京都府の椿井大塚山古墳出土と同笵の三角縁神獣鏡が出土している雨滝山奥三号墳などがあり、陸海路の要衝としての当地を治める首長の力が強大であったことが推測される。

平城宮木簡や二条大路木簡からは、長尾郷や造太郷より庸米が納められていたことがわかる。

古代の豪族として、まず讃岐氏が挙げられる。『続紀』延暦十年（七九一）九月丙子（十八日）条には、当郡の凡直千継の改姓申請が記されている。これによれば、凡直氏の祖先は星直氏といい、敏達朝に国造として「紗抜大押直」の姓を賜ったが、庚午年籍で「大押」を改め「凡直」となり、奈良時代には「讃岐直」や「凡直」となった。千継らは先祖の業により「讃岐公」への改姓を申請し許可された。讃岐公氏となった千継は、『延暦交替式』に携わった中央下級官人であった。千継以後、讃岐氏は中央官界で明法道関係に進出した。「律令之宗師」と称された讃岐公永直は天長七年（八三〇）に明法博士になり、三年後に『令義解』の編纂に参加した。承和三年（八三六）には「朝臣」に改姓し、本貫地を寒川郡から右京へ移した。一方で、隣の大内郡出身で明法博士となった凡直春宗がいることから、凡直氏として讃岐国に残った者もいたことがわかる。その後、貞観六年（八六四）讃岐朝臣高作らに姓が与えられ、讃岐朝臣氏は和気朝臣氏へとなった。讃岐氏や凡氏のほかには、物部氏が分布していた。『続紀』和銅六年（七一三）五月甲戌（十二日）条には、庚寅年籍で誤認され、故皇子命宮の飼丁とされた物部乱らが庚午年籍どおり良人に復する記事が見える。故皇子命は草壁皇子、または長屋王家木簡と讃岐国との関わりから高市皇子とする説もある。また飼丁と誤認されたことから、彼らは馬に関わる職に従事していたと考えられ、奈良時代後期の「讃岐国計帳歴名」（正倉院文書後集二「讃岐国戸籍」）にある「物部借馬連」との関連を説く説もある。このほかの氏族としては韓鉄師毘登氏や佐婆部首氏が挙げられる。韓鉄師毘登氏は神護景雲二年（七六八）二月に坂本臣氏に、佐婆部首氏は延暦十年（七九一）十二月に岡田臣氏に改姓許可された（いずれも『続紀』）。坂本臣氏、岡田臣氏はともに改姓時には紀氏との同族関係を主張しており、過去の時点で当郡に紀氏の勢力があったことがうかがえる。坂本臣氏からは西大寺の塩山に関わった坂本臣毛人、岡田臣氏からは都に上り大学博士となった岡田臣牛養が出た。

郡内の古代荘園としては、西大寺の塩山があった（「西大寺資財流記帳」)。坂本臣毛人が白絁に描いた図を献上しており、それまで彼が製塩のため経営していた塩山を西大寺に寄進したものと考えられる。平安時代末に西大寺が失った荘園のひとつに鴨郷の塩山があり(「西大寺所領荘園注文」『鎌倉遺文』五三四)、これより、坂本臣毛人が寄進した塩山は鴨部郷にあったと考えられる。

郡内の古代寺院としては、極楽寺・願興寺・石井廃寺などがある。極楽寺跡(旧寒川町)からは平安時代の鉄製錫杖(香川県指定文化財)が見つかっており、前身は修験道場として開創されたと考えられる。境内から八世紀代と推定される軒丸瓦が見つかっている願興寺(旧長尾町造田)には国重要文化財「乾漆聖観音坐像」が安置されている。近世には三木郡の寺社にあったと伝わるが、八世紀に脱活乾漆技法で造像する高度の仏教文化が讃岐国に流れていたことを示す像である。式内社は志太張神社(旧志度町鴨部)、布勢神社、大蓑彦神社(旧寒川町石田)、神前神社(旧寒川町神前)、多和神社の五座である。のちに讃岐国の三宮となる多和神社については、旧長尾町の多和神社や旧志度町の多和神社などとする説がある。

【参考文献】

松原弘宣『古代の地方豪族』吉川弘文館、一九八八年

(渋谷啓一)

三木郡・みきのこおり

『書紀』持統三年八月辛丑(二十一日)条には「讃吉国御城郡」とあり、『霊異記』下二十六には「讃岐国美貴郡」とある。『和名抄』によれば、井門(高山寺本。東急本は「井門」)・高岡・氷上・田中・井上・池辺(いけのべ)・武例(むれ)・幡羅(はら)の八郷で構成される。郡域は現在の香川県木田郡三木町、高松市牟礼町・庵治町(近世以降、北端の庵治村は山田郡に属す)にあたる。東は寒川郡、西は山田郡、北は瀬戸内海、南は阿讃山脈を堺に阿波国と接する南北に細長い郡である。郡の中北部にある山塊が郡域を海岸部と内陸部に分け、八郷のうち武例・幡羅の二郷は瀬戸内海に面した地域に、残り六郷は内陸平野部の地域に比定されている。内陸平野部には、新川(しんかわ)・吉田川が西北流し、条里地割が広く分布している。また海岸部にも条里地割が見られる。

南海道は寒川郡から三木郡中央部にある白山の南麓を目指して直線的に進み、やや小さく屈曲し、西方の山田郡、さらに香川郡へ向かうと推定される。

郡名は、平城宮木簡に「讃岐国三木郡牟礼里」と郡里制下の表記があるのを初見とする（牟礼里は武例郷の前身）。二条大路木簡からは、当郡から中男作物として蛸が納められていることがわかる。正倉院には三木郡池辺郷の墨書銘をもつ緑絁が伝わっている。天平十七年（七四五）の優婆塞貢進文（正倉院丹裏古文書）には三木郡氷上郷の物部牛麻呂の貢進が記されている。

『霊異記』には、牛馬や奴婢、出挙稲などの動産や田畑を多く持つ三木郡大領の小屋県主宮手と妻の田中真人広虫女が登場する。彼らは八世紀後半以降に経営を成功させ、「富豪層」として台頭してきた郡司層と考えられる。この説話に出てくる「三木寺」は、山田郡に接する位置にあり塔心礎が見つかっている始覚寺跡と推定されている。同じく登場する東大寺と三木郡との関わりについては、東大寺の封戸を記した天平勝宝四年（七五二）の「造東大寺司牒」や平安時代初期の『新抄格勅符抄』には三木郡は見えず、奈良時代において当郡と東大寺との関係は不明であるが、平安時代後期の仁安二年（一一六七）に国司庁宣によって成立した東大寺領原保が、東大寺の封戸を便補することにより成立したことを考えると、何らかの関係があったことが想定される。

その他の氏族としては、貞観十五年（八七三）に三木郡から右京六条一坊へ移った桜井田部連貞相・貞世が『三代実録』に見える。

天平十九年（七四七）の「法隆寺伽藍縁起幷流記資財帳」によれば、三木郡に法隆寺の庄倉が二箇所存在したとあるが、その所在地は不明である。平安時代の荘園としては、先述の東大寺領原保が幡羅郷に、石清水八幡宮領の牟礼荘が武例郷に置かれた。

式内社は和爾加波神社（三木町）一座のみである。

平安時代末期の屋島合戦の際には屋島の対岸にあたる牟礼も戦場となり、後世の整備により古戦場跡を伝える。また安徳天皇の行在所が郡内北部にある六万寺（高松市牟礼町）に置かれたと伝えられている。

（渋谷啓一）

山田郡・やまたのこおり

『和名抄』国郡部の訓みは「夜末太」。『和名抄』によれば、埴田（高山寺本。東急本・名市博本は「殖田」）・池田・坂本・蘇甲・三谷・拝師・田中・本山・高松・宮所・喜多の十一郷から構成される。『三代格』所収の元慶四年（八八〇）三月二十六日付太政官符から、平安時代前期には十の郷と余戸からなることがわかり、『和名抄』段階までに余戸が一郷として立ち十一郷になったと推定される。また平城宮木簡には『和名抄』に見えない「山田郡田井郷」・「山田郡海郷」の記載があるが、前者は後の田中郷に、後者は海岸部に存在した郷にあたると考えられる。先述の元慶四年太政官符によれば、平安時代前期の山田郡は課口が一七六〇口であり、讃岐国内の大規模な郡ゆえに、事務処理をこなすため主政と主帳がそれぞれ二名置かれていた。また弘福寺領関係の文書から、天平宝字七年（七六三）の郡司には大領に綾公氏、少領に凡直氏、主政に佐伯氏、主帳に秦公氏が任じられており、隣郡の秦公氏以外の氏族も勢力を張っていたことがわかる。

郡域は現在の香川県高松市東半分（旧牟礼町、庵治町を除く）にあたる。東は三木郡、西と南は香川郡、北は備讃瀬戸に面しており、郡域北部には標高約二九〇メートルのメサ型溶岩台地である屋島が位置している。古代の高松平野は、海岸線が大きく湾入していたと推定され、屋島を東端、現在の高松駅周辺を西端とする「古高松湾」を形成していたとされる。当郡域を流れる河川としては、三木郡から新川が西北流し、春日川、詰田川が北流し古高松湾に注ぐ。また新川支流の吉田川は、途中、東西方向に直線状に流れており、南海道推定線に規制された流路と考えられている。

備讃瀬戸をにらむ屋島をもち、その後背地である高松平野の東方に位置する当郡は、畿内の王権との関係が深く、古墳時代には高松平野東部を押さえるように高松茶臼山古墳が築かれており、畿内勢力から与えられたと考えられる碧玉製腕飾である鍬形石が出土している。また、『書紀』天智六年（六六七）十一月是月条に、白村江敗戦後の国土防衛策の一環として「讃吉国山田郡」に「屋嶋城」が築かれたとの記事があり、瀬戸内海交通の要衝であったことがわかる。屋島城の遺構は、屋島の北嶺と南嶺との間の西側谷筋に石塁が残っており、城の外郭線は屋島全体の中腹をめぐっていたと推定される。また近年、南嶺南西部に石積みされた城門跡が見つかっている。城門は南西に向いており高松平野を一望できる位置にある。

南海道は郡中央部を東西に貫いている。『延喜式』兵部省にある三谿駅は、当郡の三谷郷にあり、郡内やや西寄りの高松市三谷町が遺称地名で、駅家はその周辺にあると想定される。

郡内に式内社はない。古代寺院としては、発掘調査をしたものはないが、下司（げし）廃寺・高野廃寺・宝寿寺廃寺・山下廃寺などがある。殖田郷に比定される郡内東南部に位置する下司廃寺には方約十メートル、高さ二メートルの塔基壇が残り、塔礎石と思われる石や古瓦が散布している。さらに三尊像塼仏破片が見つかっており、白鳳時代建立の寺院と推定されている。郡内中央部の南海道推定線に近接する高野廃寺からは白鳳〜平安時代の古瓦が見つかっている。三谷郷の比定地に位置しており、付近には高野丸山古墳の跡があり、三谷郷地域の首長が経営した寺院と推定される。宝寿寺廃寺は、郡内東部の宮所郷が比定される地域に位置する。付近に前田東・中村遺跡があり、七〜八世紀代の同型の瓦がみつかっている。宮所郷は東大寺の封戸に点定されるが、宝寿寺廃寺との関係は不明である。山下廃寺は屋島の南方にあり屋島城との関わりが推測されている。

石山寺などに所蔵されている天平十六年（七四四）書写の「瑜伽師地論」の奥書からは、当郡の舎人国足が知識を結んで経典を書写したことがわかる。長岡京木簡に「讃岐国山田郡□〔植〕田郷舎人□」「延暦十一年八月七日」と記されたものがあり、舎人国足は殖田郷出身の可能性がある。また、『霊異記』中二十五には、疫神に饗を施し、同姓同名の人物と魂が入れ替わった山田郡の布敷臣衣女の説話が収められており、当郡の仏教文化の浸透を伝えている。

郡内の荘園としては、弘福寺領の荘園が拝師郷にあり、宮所郷が東大寺の封戸に点定された。弘福寺領は、和銅二年（七〇九）の「大和国弘福寺領田畠流記写」（円満寺文書）に列記された所領のなかに、讃岐国山田郡二十町と記されている。天平七年（七三五）十二月五日の日付をもつ「弘福寺領讃岐国山田郡田図」（多和文庫蔵）は、この寺領について記し描いたものであり、弘福寺領が山田郡と香川郡の境界に接して位置し、南北二つのブロックからなり、賃租経営をおこなっているなど、経営の具体的様子を物語る。方格線が引かれ条里地割施工が意識されており、また土地利用について色分けしているなど、現地の様子が判明する。関連文書からの考察により、弘福寺領北地区は高松市木太町、南地区は高松市林町に比定されている。

東大寺の封戸は、天平勝宝四年（七五二）十月二十五日付の「造東大寺司牒」（正倉院文書）から、山田郡では宮所郷が東大寺の封戸に点定されていた。この東大寺封戸は天暦四年（九五〇）十一月二十日の「東大寺封戸荘園并寺用帳」（東南院文書）の記事により、平安時代中期まで料物貢納が維持されていたことがわかる。

【参考文献】
石上英一『古代荘園史料の基礎的研究』塙書房、一九九七年

（渋谷啓二）

香川郡・かかわのこおり

『和名抄』高山寺本・名市博本や「弘福寺領山田郡田図」（多和文庫蔵）、長岡京木簡には「香河郡」と見える。訓みは『和名抄』国郡部に「介加波」とある。『和名抄』によれば、大野・井原・多配・大田・笑原（高山寺本は「笑田」）・坂田・成相・河辺（かわなべ）・中間（なかつま）・飯田・百相・笠居の十二郷から構成される、讃岐国最多の郷をもつ郡である。平城宮木簡には「原里」、正倉院丹裏古文書には「幡羅里」の記載が見られ、『和名抄』での十二郷のほかに幡羅（原）郷があったか、もしくは井原か笑原のどちらかの郷の前身名かと考えられている。また平城宮木簡に「細郷」がみえるが不明である。郡域は、現在の香川県高松市西半分（旧国分寺町を除く）にあたる。東は山田郡、西は阿野郡、南は三木郡と阿波国に、そして北は備讃瀬戸に面する。高松平野と、大きく湾入していたと推定される古高松湾の西半分を占める。「弘福寺領山田郡田図」には「境」が書かれており、山田郡との平野部での郡界は直線であったことがわかる。郡中央部に香東川（こうとう）が北流する。往時は高松平野を北東流する流路と二つに分かれており、江戸時代の改修により現在の流路となった。旧河道に沿った形で現在は御坊川（ごぼう）が流れ、また出水が点在している。郡西部には隣接する阿野郡から本津川が北流している。山田郡より来る南海道は、郡西部にある六ツ目山と伽藍山の鞍部を目指し西進すると推定される。八世紀代の掘立柱建物群が発見された正箱薬王寺（しょうばこやくおうじ）遺跡（高松市中間町）は、南海道推定線が本津川支流を渡る地点付近に位置し、水陸交通を結ぶ施設に関係するものと考えられる。

郡北部の石清尾（いわせお）山塊には一一二基の古墳が確認されている石清尾山古墳群があり、うち二十四基が三～四世紀代、古墳時代前期から中期前葉の築造とされる積石塚古墳である。なかでも伝世した後漢代の鏡とされる方格規矩四神鏡が出土した鶴尾神社四号墳は、三世紀末から四世紀造営の最古級の前方後円墳とされている。高松平野西部に位置するこの古墳群は、高松平野や瀬戸内海交易に影響力をもった勢力の墓と考えられる。尾根づたいに東に連なる紫雲山や南の浄願寺山にも古墳群があり、

特に浄願寺山山頂付近には、六世紀代の横穴式石室墳が五十基以上分布しており、一連の山塊は後世、墓域としてみなされていた。

平城宮木簡や六国史からは、郡内に本貫を有する秦公氏など秦氏の名がみえ、秦氏が多く居住していたと考えられる。木簡からは成会（成相）郷、仲津間（中間）郷などに秦公氏が存在したことがわかる。また『続紀』神護景雲三年（七六九）十月甲辰（十日）条からは香川郡人の秦勝倉下など五十二人が秦原公の姓を賜り、『続後紀』承和九年（八四二）六月乙酉（二十二日）条から、同じく香川郡人の秦人部永檝など十人が酒部の姓を賜るなど、秦氏が集団を作っていたことがわかる。『三代実録』貞観十七年（八七五）二月九日癸亥条にみえる真言僧の道昌は空海の弟子であるが、俗姓は秦氏で香川郡出身であった。『同』元慶元年（八七七）十二月二十五日辛卯条には、香川郡出身の秦公直宗、直本兄弟が左京へ移貫した記事がある。兄弟は後に惟宗（これむね）朝臣を賜る。養老令の注釈について様々な説を集成した『令集解』の編纂者である明法博士惟宗直本が、当郡の秦氏出身ということがわかる。『霊異記』中十六の説話には、讃岐国香川郡坂田里の富人として綾君を姓にもつ夫婦が登場する。郡内には秦氏だけでなく、隣郡阿野郡に本拠をもつ綾氏も勢力を伸ばしていた。このほかの氏族としては、平城宮木簡に「生壬部得万」という人物名がみえ、壬生部が存在したと考えられる。

郡内の古代寺院としては、石清尾山塊の南方にある坂田廃寺と郡域東方にある百相（もまい）廃寺がある。坂田廃寺の寺域推定地の水田からは、七～八世紀初頭と考えられる金銅誕生釈迦仏立像（県指定文化財）が見つかっている。阿野郡の開法寺と同文様の瓦が出土しており、『霊異記』の説話とあわせて綾氏の影響が考えられる。また寺域推定地の西方には片山池瓦窯跡があり、坂田廃寺の瓦を生産した窯跡と考えられている。百相廃寺は一宮田村神社の神宮寺であったと伝えられ、奈良～平安時代の古瓦が出土している。

式内社は一宮となる田村神社のみである。水をまつる神と考えられ、秦氏によって経営されたと伝えられている。

郡内には東大寺の封戸があり、中間郷が点定されていたことが天平勝宝四年（七五二）の「造東大寺司牒」（正倉院文書）からわかる。天暦四年（九五〇）十一月二十日の「東大寺封戸荘園并寺用帳」（東南院文書）の記事により、平安中期まで料物貢納が維持されていたことがわかる。また、奈良県明日香村の橘寺北辺付近で「□（香カ）川郡」と記された木簡が出土しており、『新抄格勅符抄』に記載されている天平宝字七年（七六三）施入の橘寺封戸五十戸に関連するものと推定される。

【参考文献】

石上英一『古代荘園史料の基礎的研究』塙書房、一九九七年

（渋谷啓一）

阿野郡・あやのこおり

『万葉』には「讃岐国安益郡」とある。また藤原宮木簡には「綾郡」、長屋王家木簡には「綾郡」・「阿夜郡」と表記されていることから、「綾」から「阿夜」、そして「阿野」と表記が変遷したと推定される。『和名抄』国郡部には「綾」と訓が付せられている。近世に編纂された地誌によれば、綾の産地であることが郡名の由来とされている。また渡来系氏族である漢（あや）氏の住んでいたところに由来するという説もある。『和名抄』から、新居・山田・羽床・甲智（高山寺本・名市博本。東急本は「甲知」）・鴨部・氏部・山本・林田・松山の九郷で当郡は構成される。郡域は現在の香川県坂出市、高松市国分寺町、綾歌郡綾川町にあたる。東は香川郡、西と南は鵜足郡に接し、北は備讃瀬戸に面する。郡内中央部を綾川が山間部を縫うように北流する。また郡東部は香川郡へと流れる本津川の水系である。綾川下流域の平野部と中流域の羽床（はゆか）盆地、郡東部の国分寺周辺以外は山間部である。

郡名初見資料は藤原宮木簡である。『万葉』巻一には、舒明天皇の伊予温湯宮からの帰途に「讃岐国安益郡に幸しし時、軍王の山を見て作れる歌」として、軍王の長歌と短歌が収められている。長屋王家木簡からは「北宮御塩綾郡矢田部法志三斗」とあるように塩や米などを北宮へ進上した荷札木簡が見つかっており、阿野郡内に北宮の封戸が設定されていたと想定される。また法隆寺の庄倉が一箇所あったことが「法隆寺伽藍縁起并流記資財帳」からわかる。

当郡は讃岐国府所在郡であり、国府の所在地は甲智郷、現在の坂出市府中町本村付近と推定されている。綾川の流路が「コ」の字に曲がり、その流路に囲まれた地域と古くから考えられてきた。「帳継」「正惣（＝正倉カ）」「印鑰（いんやく）」など国府と関連すると思われる地名も多く残っている。平安時代中期の倉庫と推定される遺構以外は見つかっておらず、政庁などの配置については不明である。

南海道は、東から香川郡との境に

ある六ツ目山と伽藍山の鞍部を越えて当郡に入り、国分尼寺、国分寺の南方を通り国府推定地へ至る。『延喜式』兵部省にみえる河内駅は、甲知郷に所在し国府に近接した駅家と想定されるがはっきりとした位置は不明である。西進する南海道は郡境の山間部の額坂峠を越えて鵜足郡へ進む。

郡北東部の松山郷には、国府につながる津があり、館が置かれていたことが、讃岐守となった菅原道真の『菅家文草』巻三に収められた「晩春、松山館に遊ぶ」と題する漢詩から想定されている。後に保元の乱に敗れた崇徳上皇は讃岐国に流されたが、松山津から上陸し国府付近に行在所が営まれたとされる。

国府推定地の西にそびえる城山(きやま)は、北は備讃瀬戸に面し瀬戸内海を広く見渡せ、南麓には推定南海道が走り、西には丸亀平野を見下ろす地理上の要地である。記録には見えないが、頂上部を広範囲に囲む朝鮮式山城と呼べる遺構が残っている。一部分は二重の塁壁で巡らせながら、城門・石塁・土塁が囲い、水口跡・貯水池跡・礎石などが存在している。城門は北の瀬戸内海に向き、高さ二メートルの石塁が四・五メートル間隔で併立している。頂上部には礎石らしき石が見えるが、不規則に並んでおりどのような建物の遺構かは不明である。

特別史跡に指定されている讃岐国分寺跡は現在の白牛山国分寺(高松市国分寺町国分)にあり、境内に金堂と塔の礎石が残されている。また僧房跡が完全な形で発掘された。伽藍配置は南門・中門・金堂・講堂・僧房と一直線状にあり、東に塔があったと推測されている。寺域は二町四方であるが、伽藍中軸線は西四分の一に偏っている配置であった。国分尼寺については遺構は検出されていないが、国分寺の北東一・五キロメートルにある法華寺(高松市国分寺町端岡(はしおか))付近に推定され、転用された礎石や国分寺と同様式の瓦片などが見つかっている。国分寺の建立年代は不明であるが、天平勝宝八歳(七五六)十一月二十一日に、翌年の聖武天皇一周忌斎会を控えて讃岐国にも荘厳具が頒布され、以後金光明寺へ収納し寺物とする旨が『続紀』に見え、塔など伽藍の建設状況は不明ながら荘厳具が収められる施設は存在していたことがわかる。讃岐国府中・山内瓦窯跡は、国分寺・国分尼寺専用の瓦を生産していたと考えられている。

このほかの古代寺院には、開法寺(県史跡)・鴨廃寺・醍醐廃寺などがある。開法寺は、『菅家文草』所収の漢詩の中に「開法寺は府衙の西に在り」と記されている。国衙推定地の西でみつかった壇上積化粧基壇と、その上にある塔の心礎と礎石一七個が、開法寺の塔跡と考えられている。また塔跡の北約四十メートル離れた講堂跡と想定される箇所から、一列の礎石群も発見されている。創建時の瓦は高句麗系の十葉素弁蓮華文軒丸瓦で白鳳初期と推定されており、讃岐国最古の寺院の一つである。また菩薩像頭部片も出土している。この開法寺や鴨廃寺、醍醐廃寺はそれぞれ六世紀末に出現する巨石墳と対応している。綾川下流域の平野部南部にある新宮古墳と開法寺、東部の綾織塚古墳と鴨廃寺、西部の醍醐古墳群と醍醐廃寺のように、綾川下流域平野部で巨石墳を築造していた勢力が寺院を建立したと考えられる。

式内社は城山神社・鴨神社・神谷神社の三座である。神谷神社の本殿（鎌倉時代）は国宝に指定されている。また城山神社は古くは城山中腹にあったといわれ、国司菅原道真が仁和四年（八八八）に祈雨の祭文を奏上した。

郡内の有力豪族としては郡名氏族である綾氏が挙げられる。『書紀』天武十三年（六八四）条には綾氏に朝臣の姓を与える記事があるが、讃岐国内には綾公氏が多く残っていたようである。『続紀』延暦十年（七九一）九月戊寅（二十日）条には、讃岐国阿野郡人の綾公菅麻呂に関する記事があり、文武三年（六九九）に朝臣の姓を賜ったが養老五年（七二一）の造籍時に朝臣を削除されたとし、旧に復すことを訴え、認められている。また『続後紀』嘉祥二年（八四九）二月戊申（二十三日）条には、阿野郡に本籍を持つ中央官人の綾公姑継や綾公武主らが左京六条三坊へ貫付される記事がある。阿野郡司としての史料は見えないが、山田郡の郡司や香川郡に住む富人など在地の有力者として現れる。平安時代後期には在庁官人や讃岐国の武士、讃岐藤原氏の祖となった。『播磨国風土記』「飾磨郡漢部里」条には漢部の地名について、「讃藝国の漢人等、到来たりて此処に居りき」とあるが、この漢人は讃岐国阿野郡から移住した綾氏と考えられており、綾氏が瀬戸内海を往来していたことがわかる。綾氏のほかには、木簡に見える宇治部、伊与部、日下部、生壬部など部姓をもつ氏族が存在した。

『延喜式』主計には、調として上げられている塩に「阿野郡輸熬塩」と注記されており、当郡で盛んに塩が生産され貢納されていたことがわかる。また郡南部の十瓶山（とかめやま）周辺では窯業生産が盛んであり、讃岐国の調である須恵器が生産されていた。郡南東部にある鷲ノ山産出の石材は、松岳山古墳（大阪府）など畿内の古墳の石棺に使用されており、また『播磨国風土記』「印南郡大国里」条にみえる「讃伎国の羽若の石」は、当郡の羽床地域産出の石材であるなど、郡内の石材が運ばれ利用されていたことがわかる。

（渋谷啓一）

鵜足郡・うたりのこおり

『和名抄』高山寺本は「鵜足郡」と記す。『播磨国風土記』揖保郡条には「宇達郡」、『霊異記』中二十五には「鵜垂郡」、『菅家文草』巻四には「雨多」とある。訓みは『和名抄』国郡部に「宇多利」と付せられている。『和名抄』によれば、長尾・小川（名市博本は「小河」）・井上・栗隈・坂本（高山寺本。東急本は「板本」）・川津（名市博本は「河津」）・二村・津野の八郷から構成される。また長屋王家木簡に「鵜足郡、里」の表記があり、郡衙が置かれた里（郷）が存在したと考えられる。郡域は、現在の香川県坂出市の一部、丸亀市東部（旧飯山町・綾歌町を含む）、綾歌郡宇多津町、仲多度郡まんのう町の一部（旧琴南町・満濃町）にあたる。東は阿野郡、西は那珂郡、南は阿波国、北は備讃瀬戸に面する。郡東部には大束川が、西部の那珂郡堺には土器川が北流する。郡中央部には讃岐富士と呼ばれる飯野山があり、南部には山塊が重なり平野部は少ない。飯野山の周辺に条里地割が確認される。阿野郡から額坂峠を越えて当郡に入る南海道は、条里余剰帯から善通寺市香色山を目指して飯野山南方を直進すると推定される。現存の地名から、長尾・小川・井上・栗隈（くりくま）・坂本の五郷は内陸部、川津・二村（ふたむら）・津野の三郷は臨海部に位置していたと想定される。現在の丸亀市土器町に「郡屋」や「垣の内」といった地名が残るが、郡衙所在地は不明である。

郡名は長屋王家木簡に初めて見え、小川郷、二村郷から蛸が中男作物として納められている。正倉院には当郡から調として納められた絁（川津郷の土師部宮麻呂、二村郷の吉志部呼鳥、小川郷の大伴首三成が進上）が現存している。

天平十九年（七四七）作成の「法隆寺伽藍縁起并流記資財帳」からは法隆寺の庄倉が二箇所あったことがわかる。天平勝宝九歳（七五七）正月二十一日の日付をもつ法隆寺文書（『法隆寺大鏡』二十五集）には、耕作水田の面積や賃租の直米、賃租する人が書き付けられており、鵜足郡などの法隆寺荘園での賃租経営の実情がわかる。

天平勝宝四年の「造東大寺司牒」によれば川津郷は東大寺の封戸に点定されており、平安時代中期まで維持されていたことが天暦四年（九五〇）十一月二十日の「東大寺封戸荘園並寺用帳」からわかる。川津郷は大束川河口付近に比定され水運の要所と推定される。大束川河口付近に位置し弥生時代から中世までの内容をもつ下川津遺跡（坂出市）からは、八~九世紀と考えられる調整された土師器皿類と、同時期に建てられた規則的配置を持つ建物群の遺構が見つかり、畿内への物資流通窓口と考えられている。また七~八世紀と考えられる犂（からすき）など大量の木製農具や、「秦人秦人部秦人ア」と刻書された木板も出土しており、古代において何らかの施設が置かれていたと推定されている。

『霊異記』中二十五には、山田郡の同姓同名の人物の身代わりとして冥途へ行き、自分の身が焼かれたために山田郡の女の身体に入ったという布敷臣衣女が登場する。また『三代実録』仁和元年（八八五）十二月二十三日癸酉条には、讃岐国鵜足郡人宗我部秀直と建部秋雄らが備前国上道郡の山吉直と秦春貞によって殺害される事件が記されている。

式内社は宇閉神社（丸亀市綾歌町）と飯神社（丸亀市飯山町）の二座。その他に『三代実録』には宇夫志奈神社（宇多津町）が見える。郡内の古代寺院としては、川原寺式に近い軒丸瓦や塑像の蓮弁台座が見つかっている法勲寺跡（丸亀市飯山町）がある。

【参考文献】

岸俊男『日本古代籍帳の研究』塙書房、一九七三年

（渋谷啓一）

那珂郡・なかのこおり

『続紀』には「那賀郡」、平城宮木簡には「讃岐国奈賀」、『万葉』には「中（乃水門）」とあり、郡名表記は「中」、「那賀」から「那珂」へと考えられる。『和名抄』刊本によれば、真野・良野・子松・高篠・櫛无（くしなし）・垂水・喜徳・智多・郡家・柳原・金倉の十一郷から構成される。高山寺本は喜徳郷の訓に「智多」と記し、郡家・柳原・金倉の三郷が見えず、名市博本では垂水・喜徳の二郷は多度郡にあり、智多・郡家・柳原・金倉の四郷が見えないが、両写本は書写段階で脱落や混乱があったものと考えられる。元慶四年（八八〇）三月二十六日付の太政官符（『三代格』所収）に引用される那珂郡解によると、那珂郡はそれまでの九郷から新

たに一郷を立て十郷になった。その後『和名抄』編纂時までに更に一郷増えたと考えられる。同解によれば当時の課口は二〇八〇人であることがわかる。また、この太政官符により主政・主帳各一員の郡司増員が認められた。郡域は現在の香川県丸亀市、塩飽諸島、善通寺市東北部、仲多度郡琴平町・まんのう町にあたり、丸亀平野の中央部に位置する。東は鵜足郡、西は多度郡と三野郡、南は阿波国に接し、北は備讃瀬戸に面している。郡中央部に金倉(かなくら)川が北流する。丸亀平野には条里地割が良好に残存しており、那珂郡内には三条、四条、五条などの条里地名が残っている。現存の地名から『和名抄』記載の郡内の郷は南から順に記されたと考えられる。また柳原郷に該当する地名は見当たらず、現存地名の「作原(くばら)」の誤記とする説がある。郡家郷に郡衙があったと推定され、現在の丸亀市郡家町南方の字重元にある一段高い区画がその跡と伝えられているが、遺構や遺物は確認されていない。

『続紀』慶雲四年（七〇七）五月辛亥（二十六日）条には、白村江の敗戦後に唐軍の捕虜となった讃岐国那賀郡の錦部刀良(にしごりべのとら)らが、大宝の遣唐使一行とともに帰国した記事があり、讃岐国からも白村江の戦いに出兵していたことが分かる。『万葉』巻二には、柿本人麻呂が讃岐国中乃水門から船出し狭岑島(さみねのしま)（現在の坂出市沙弥島）で浜に伏す水死人を見て詠んだ哀悼の長歌が収められている。中の水門は那珂郡の港で、現在丸亀市西部の金倉川河口付近に中津という地名が残っており、その周辺と考えられている。

平城宮木簡には、調として塩を納めた付札木簡や、子松郷から庸米を納めた付札木簡が見え、塩や米が宮都へ運ばれたことが分かる。この他にも「□[足カ]川郷」と記された木簡も出土しているが、これは「垂水郷」と推定される。また長岡京からは「金倉郷」と書かれた木簡も出土している。

『三代実録』貞観八年（八六六）十月二十七日戊戌条に、讃岐国那珂・多度両郡に本貫を持つ因支首(いなぎのおびと)氏に和気公を賜姓する記事がある。これに関連して貞観九年二月十六日付の「讃岐国司解」（東京国立博物館蔵）と「円珍俗姓系図」（園城寺蔵）がある。前者には、この時に改姓した那珂郡の因支首宅成ら三烟十五名と多度郡の三烟二十八名の名が記されている。那珂郡の宅成の子広雄は、後に天台座主になり園城寺を再興し天台宗寺門派の祖となった智証大師円珍である。「僧円珍度牒」（『平安遺文』四四三一）によれば、円珍は那珂郡金倉郷の人であった。

また改姓のため作成された円珍俗姓系図によれば、彼らの先祖は伊予国から讃岐国へと移ってきた伊予別君氏で、讃岐国で因支首氏と婚姻し、以後因支首氏となったとある。「因支首」という氏族名は、大化前代の地方組織である「稲置」と関わりがあると考えられている

郡内の古代寺院は、塔の心礎が見つかっている田村廃寺・宝幢寺跡（丸亀市）と、川原寺式の特徴をもった軒丸瓦を出土している白鳳期の弘安寺跡（まんのう町）がある。弘安寺跡は周囲の条里地割による規制を受けていない寺域をもち、条里地割施工以前に建立されたと考えられている。

式内社は櫛梨神社（琴平町）、神野神社（まんのう町）の二社である。

郡南部の真野郷には金倉川の流れをせき止めて築かれた満濃池がある。寛仁四年（一〇二〇）の年記を持つ『万濃池後碑文銘』（『平安遺文』金石文編九〇）には、大宝年間に国守道守朝臣が築いたとある。弘仁年間に再築したのち、仁寿元年（八五一）の大水で再び決壊し、国司弘宗王の巡検後再々築されたと書かれている。この仁寿の再築時には築堤高が八丈であったと伝えている。『日本紀略』弘仁十二年（八二一）五月二十七日条によれば、『碑文銘』にある弘仁年間の再築時に当国出身の空海が関わったことがわかる。『弘法大師行化記』には同日付の太政官符が所収されている。満濃池は修築と決壊を繰り返したが、中世初期には池としての再建が断念され、池内が開発されるようになった。

郡内の古代荘園としては、法隆寺領が三箇所あったことが「法隆寺伽藍縁起并流記資財帳」に記されている。また、天平宝字年間の「造金堂所解」（正倉院文書・『寧楽遺文』宗教編下）には讃岐国那珂郡の封戸から輸された絁七十匹の記述がある。東大寺文書などによれば、平安時代末の仁安三年（一一六八）には東大寺封便補保として金倉保が置かれていることがわかる（『平安遺文』三六九〇・三七〇〇）。

（渋谷啓一）

多度郡・たどのこおり

飛鳥石神木簡には「多土評」、長屋王家木簡には「多土郡」とあり、古くは「多土」と表記された。『和名抄』刊本・東急本によれば、生野・良田・葛原・三井・吉原・弘田・仲村の七郷から構成される。比定できる地名が残っており、南から反時計周りに配置されていたと考えられる。なお、高山寺本と名市博本には多度郡の郷名が書かれておら

ず、隣の那珂郡の郷名との間に混乱が見られる。神亀三年（七二六）の年記をもつ平城宮木簡や天平十七年（七四五）の優婆塞貢進文（正倉院文書）に見える藤原郷は、葛原郷の前身であり、天平宝字元年（七五七）三月の藤原部姓の改姓に対応して郷名も変更したと考えられる。またいわゆる「空海度牒」とよばれる延暦二十四年（八〇三）の太政官符案（大和文華館蔵）は、空海の本貫地を「方田郷」と記しており、飛鳥石神木簡にみえる「多土評難田」の表記から、平安時代初期まで「カタダ」と訓む郷があり、後に弘田郷となったと考えられている。郡域は現在の香川県善通寺市・仲多度郡多度津町にあたる。丸亀平野の西方に位置し、東と南は那珂郡、西は三野郡に接し、北は備讃瀬戸に面する。讃岐国の郡の中で南部が阿波国に接していない郡の一つである。郡東辺に金倉川、郡西部には弘田川が北流している。金倉川は中～下流で周辺地割の乱れがみえることから流路が変転していたと推測され、郡内の旧河道域には湧水や出水が点在している。

南海道は、額坂峠を抜け丸亀平野に出て、鵜足・那珂郡を経て当郡に入る。『延喜式』兵部省にみえる「甕井駅」は、地名の類似から三井郷にあったとする説があるが、その場合、南海道は丸亀平野北部を走り、鳥坂峠を越えて三野郡に入ると推定され、近世の伊予街道が踏襲すると考えられる。一方、現地表面の地割から条里余剰帯を探した場合、丸亀平野南部に余剰帯が見られ、額坂峠を下りた後に善通寺西方にある香色山を目指して南海道は敷設され、大日峠を越えて三野郡に入ると推定される。この場合、甕井駅の位置は善通寺周辺に想定されるが、具体的な遺跡はみつかっていない。

郡南部にある大麻山の山腹から山麓にかけては、前方後円墳が集中しており有岡古墳群として国の史跡に指定されている。大麻山山腹、標高四〇〇メートルにある野田院（のたいん）古墳は全長四十四・五メートルの前方後円墳で、前方部は盛り土、後円部は積み石で造られている。古墳群のなかでも最古の古墳で三世紀後半の築造と考えられている。以後、磨臼山（すりうすやま）古墳（四世紀後半）、鶴ガ峰四号墳（五世紀前半）、丸山古墳（五世紀中ごろ）、王墓山古墳（六世紀初頭）、宮が尾古墳（六世紀後半）と六世紀に至るまで連綿と首長墓が築かれた。全長四十六メートルの王墓山古墳からは玉類や武具・馬具のほかに金銅製の冠帽や連弧輪状文が銀象嵌された鉄刀が出土しており、ヤマト王権との関連が想定される。また宮が尾古墳には線刻画が描かれている。羨道には二人の武人像、玄室には馬に乗る人物、船団や人物群が線刻され殯（もがり）の儀礼を描いたものと考えられている。

郡内の有力な氏族としては、佐伯直氏、因支首氏、伴（大伴）良田連氏があげられる。佐伯直氏からは、平安時代に中国・唐から密教を伝えた空海と、実弟の真雅や、実恵、道雄などの真言僧が輩出された。佐伯直氏については、『三代実録』貞観三年（八六一）十一月十一日辛巳条に佐伯宿禰への改姓と左京への移貫記事があり、その動向がわかる。この記事によれば、佐伯直氏は孝徳朝に至るまで讃岐国造に任じられたとある。佐伯直氏が讃岐国造であったとする記事はほかに見えず、実際は不明であるが、多度郡の郡司となる有力な氏族であり、有岡古墳群はその墓所と考えられている。また記事によれば、讃岐国内の佐伯直氏は空海の父親である佐伯直田公の系統と、実恵や道雄の出身である系統の二つがあったことがわかる。後者の系統に属している者は貞観三年以前、承和三・四年（八三六・三七）や嘉祥三年（八五〇）に佐伯宿禰に改姓し左京へ移貫している（『続後紀』承和三年十月己酉（十三日）、承和四年十月癸丑（二十三日）条、『文徳実録』嘉祥三年七月乙酉（十日）条）のに対し、田公の系統は貞観三年にようやく改姓と移貫が認められた。実恵や道雄らの系統が多度郡の郡領氏族の本宗家だったと推測されるが、時に田公系統も郡司に任命されることもあり、『類聚国史』天長四年（八二七）正月甲申（二十二日）条には、田公の子で空海の兄弟である佐伯直鈴岐麻呂の名前が見え、褒賞すべき郡司として外従五位下に叙せられている。なおこの褒賞の背景には弘仁年間の空海による満濃池の修築が考えられている。貞観三年以降も多度郡に残った佐伯氏は在庁官人となっていった。当郡にあり空海、佐伯直氏ゆかりの寺院である善通寺には、背面に延慶三年（一三一〇）の年記と「惣三郎大夫佐伯咸弘」との刻銘がある銅鋳製の阿弥陀如来立像が伝わっており、在庁官人となった佐伯氏の末裔が確認できる。

因支首氏は当郡と那珂郡に分布している。入唐天台僧の円珍の出身氏族であり、また円珍の母は佐伯直氏に連なっていた。『三代実録』貞観八年（八六六）十月二十七日戊戌条には、多度郡と那珂郡の因支首氏が和気公の姓を賜る記事がある。また貞観九年二月十六日付の「讃岐国司解」（東京国立博物館蔵・『平安遺文』一五二）に、賜姓に至った動きが記され、関連する「円珍俗姓系図」（園城寺蔵）からは因支首氏の来歴が読み取れる。これらによれば、因支首氏の祖先は伊予別君氏の系譜を引く忍尾別君であり、讃岐国に移り因支首氏の女性と婚姻し、因支首の姓を負うことになった。平安時代前期の氏族再編期にあたり、因支首氏も本系帳を提出し和気公氏への改姓を求めたが、このときは許可されず、貞観年間に再申請され、多度郡では三戸二十八人、那珂郡では円珍の系統を含め三戸十五人の改姓が認められた。

郡領氏族は佐伯直氏のほかに伴良田連氏がある。時代は降るが貞元二年（九七七）六月二十五日付の「讃岐国司解」（『類聚符宣抄』）には、多度郡大領の伴良田連宗定が死亡した後に、伴良田連定信を郡司に任命したいとの内容が書かれている。良田郷を本拠とし、平安時代前期以前は大伴氏と記された氏族であろう。奈良時代の優婆塞貢進文に見える大伴部首氏との関係が推測される。

郡内にあった部としては、飛鳥石神木簡に「佐匹マ足奈」とあることから七世紀代には佐伯部が存在し、また優婆塞貢進文には「讃岐国多度郡藤原郷戸主大伴部首豊国」との記載があり、大伴部も存在したことがわかる。佐伯部は佐伯直氏が、大伴部は大伴部首氏や伴良田連氏所管していたと考えられる。

郡内の古代寺院としては、善通寺と仲村廃寺がある。善通寺は、寺伝によれば空海が唐から帰国した後、大同二年（八〇七）に父が提供した地に建立したとされるが、境内地から採取された瓦や、創建時の本尊と伝えられる塑造の如来像頭部から、寺伝をさかのぼる八世紀には佐伯直氏の氏寺として存在していたと考えられる。また善通寺に近接して礎石が見つかっている仲村廃寺は、採取された瓦から善通寺より早い段階の造立とされる。

延喜式内社は、郡南部にあり天太玉命を祀る大麻（おおさ）神社と、郡中央部にある雲気神社の二座である。

郡内には法隆寺の庄倉が一箇所あったことが「法隆寺伽藍縁起并流記資財帳」からわかる。場所は特定できないが、仲村廃寺からは法隆寺式の忍冬唐草文軒平瓦が採取されており、法隆寺の勢力と佐伯直氏との間に何らかの関わりがあったことが推測される。また「西大寺資財流記帳」から、神護景雲二年（七六八）、高志和麻呂によって奈良の西大寺に献納された田地があることがわかる。この献納された田地については、白絁に描かれた絵図があったと「西大寺資財流記帳」に記されている。さらに、長屋王家木簡には、「多土郡」表記とともに「長屋皇子宮」と書かれたものがあり、当郡に長屋王宮の所領があったと推定される。

【参考文献】

松原弘宣『古代の地方豪族』吉川弘文館、一九八八年

（渋谷啓二）

三野郡・みののこおり

『播磨国風土記』飾磨郡条に「讃岐国弥濃郡人、到来居之」と表記され、二条大路木簡に「讃岐国□□（御野）郡」とある。藤原宮跡から「三野評物部色夫知」と記された木簡が出土しており、讃岐国と確定できないが『旧事紀』の「讃岐三野物部」の記述から、当地を指すと考えられる。訓みは『和名抄』国郡部に「美乃」とある。『和名抄』によれば、勝間・大野・本山・高野・熊岡・高瀬・託間の七郷（高山寺本には託間郷なし）によって構成され、現地名より、北東内陸部から時計回りに『和名抄』記載順に配置されたと考えられる。平城宮木簡には「三野郡阿麻郷」の表記が見えるが、海岸部の郷または託間郷の前身と推定される。長岡京木簡には「余戸郷」が見える。郡域は、ほぼ現在の香川県三豊市（旧詫間町・仁尾町・三野町・高瀬町・豊中町・財田町・山本町東部）にあたり、東は多度郡・那珂郡、南は刈田郡・阿波国、北は備讃瀬戸、西は燧灘（ひうちなだ）に面する。郡域中北部には高瀬川が北西流し三野津湾に注ぎ、刈田郡との境界部を財田川が西流し燧灘に注ぐ。条里地割が確認される両河川流域は、郡域中央部の丘陵部によって分けられている。南海道は多度郡より大日峠を越えて郡内に入り、郡中央部を南西に走り財田川を越え刈田郡へ向かうと推定される。

郡内北部の宗吉（むねよし）瓦窯跡（三豊市三野町）からは藤原宮出土瓦と同笵の瓦が見つかり、藤原宮造営時に瓦を供給していたことが判明した。また東大寺境内から出土した刻字木片に「賛支」・「高背」と刻まれたものがあり、讃岐国、そして三野郡高瀬郷から東大寺建立時の木材が供給された可能性が指摘されている。これらの物資は郡北部にある三野津湾から運ばれたと考えられる。天平十九年（七四七）の「法隆寺伽藍縁起并流記資財帳」には、庄倉が「三野郡壹処」とあり、『播磨国風土記』の来往記事と合わせて、古くから瀬戸内海の海上交通を通じて畿内や播磨国とつながっていたと考えられる。

郡家や法隆寺庄倉の比定地は不明であるが、郡内中央部には法隆寺式の軒丸瓦が出土した道音寺跡（三豊市豊中町）がある。また近接して十一葉素弁蓮華文軒丸瓦や山田寺式八葉単弁蓮華文軒丸瓦が出土した妙音寺跡（三豊市豊中町）がある。この

妙音寺は讃岐国最古の古代寺院と考えられており、藤原宮造営に先立って宗吉瓦窯から瓦を調達したことが判明している。これら二つの寺跡からは奈良時代以降の同笵瓦が見つかっており、同じ主体者による造営・維持が考えられている。また、平安時代後期には、安養寺という名の寺院があったことが『石山寺深密蔵聖教』から判明した。式内社は、財田川支流の宮川源流付近に鎮座する讃岐国二宮の大水上神社（三豊市高瀬町）の一座のみである。

三野郡には官牧が置かれていたことが、『三代実録』貞観七年（八六五）十二月九日丙辰条の「託間牧」停廃記事によって分かる。これに先立つ五月二十五日には三野郡に主政が置かれるが、託間牧停廃と関わるものであろう。牧の所在地は現在の粟島（三豊市詫間町）と推定される。

郡内の氏族としては、木簡の記載により丸部や物部、佐伯部や佐伯直といった氏族がいたことが分かる。佐伯関係の分布は隣接する多度郡の影響であろう。また『続紀』宝亀二年（七七一）三月辛酉（四日）条や、『続後紀』嘉祥元年（八四八）十月丁亥朔条には、地方有力者で三野郡大領となった丸部臣の記述が見える。『続後紀』の記事によれば、大領となった丸部臣明麻呂は都で労を積んだ結果任命されており、丸部臣氏は伝統的地方豪族というよりも新興の富豪層と考えられる。また郡内、旧高瀬町の北原遺跡からは金銅製蔵骨器、大荒遺跡からは銭貨を副納している蔵骨器が出土しており、都で官人として働き都の風習を学び、三野郡へ戻り死亡した後に蔵骨器に入れられ葬られた人物が想定されている。

（渋谷啓一）

刈田郡・かりたのこおり

『和名抄』郡郷部や『延喜式』神名帳には「苅田」と表記される。内閣文庫本『延喜式』民部に「国内人云豊田」の注記があり、『伊呂波字類抄』に「刈田郡国用豊田字」、『拾芥抄』に「豊田郡」とあり、中世には「豊田郡」に改称された。訓みについては、『和名抄』国郡部に「葛多」とあり、九条家本『延喜式』民部には「カニタ」、板本『延喜式』には「カリタ」と訓が付せられている。『和名抄』によれば、山本・紀伊・柞田（くにた）・坂本・高屋（たかや）・姫江（ひめのえ）の六郷によって構成される。郡域は、現在の香川県観音寺市（旧三豊郡豊浜町・大野原町を含む）、三豊市西部（旧山本町西部）にあたる。讃岐国最西に位置する郡であり、東は三野郡、西は伊予国、南は阿波国、北は燧灘（ひうちなだ）に面している。三野郡との境を財田川が、郡域中央部を柞田川が西流し平野部を形成する。財田川南岸に沿って山本・坂本・高屋の各郷が配置され、柞田川中流域の平野部に紀伊・柞田郷、伊予国境の海岸部に姫江郷が比定されている。郡域中央部には母神山（はがみやま）古墳群や、六世紀後半〜七世紀前半の巨石墳が三基（椀（わん）貸塚（かしづか）・角塚（かくづか）・平塚。観音寺市大野原町）が分布する。財田川南岸から柞田川流域には条里地割が確認できる。

南海道は三野郡から財田川を渡り刈田郡に入り、伊予国との境にある標高五〇〇メートルの大谷山を目指し直進した。柞田川の渡河点付近に、駅馬四疋を備えた柞田駅が設置され、柞田川南岸の山王神社付近に推定されている。

二条大路木簡に「讃岐国苅田郡高屋郷」とあるのが郡名の初出。また時代は降るが、『三代実録』貞観四年（八六三）五月十三日庚辰条に、讃岐国刈田郡の人、直講従六位上刈田首安雄ら三名が本居を左京に改める記事があり、「郡名＋首」を姓とする地方豪族、刈田首氏が存在していたことがわかる。さらに『三代実録』仁和二年（八八六）五月二十八日丙午条の紀朝臣安雄卒伝から、刈田首安雄は紀朝臣に改姓しており、紀伊郷との関わりが推定される。

式内社は、讃岐国内の郡では最多の六座（高屋神社・山田神社・加麻良神社・於（うえの）神社・粟井神社・黒島神社）が存在し、このうち紀伊郷比定地にある粟井神社（観音寺市）が名神であり大社である。

寺院では、郡域中央部の青岡廃寺（観音寺市大野原町）、財田川上流域の大興寺跡（三豊市山本町）、海岸部の高屋廃寺（観音寺市）などから白鳳期の瓦が確認されている。

郡家の所在地は不明であるが、刈田首氏との関わりや粟井神社・青岡廃寺の存在などから、紀伊郷が郡の中心地であったと考えられる。

（渋谷啓一）

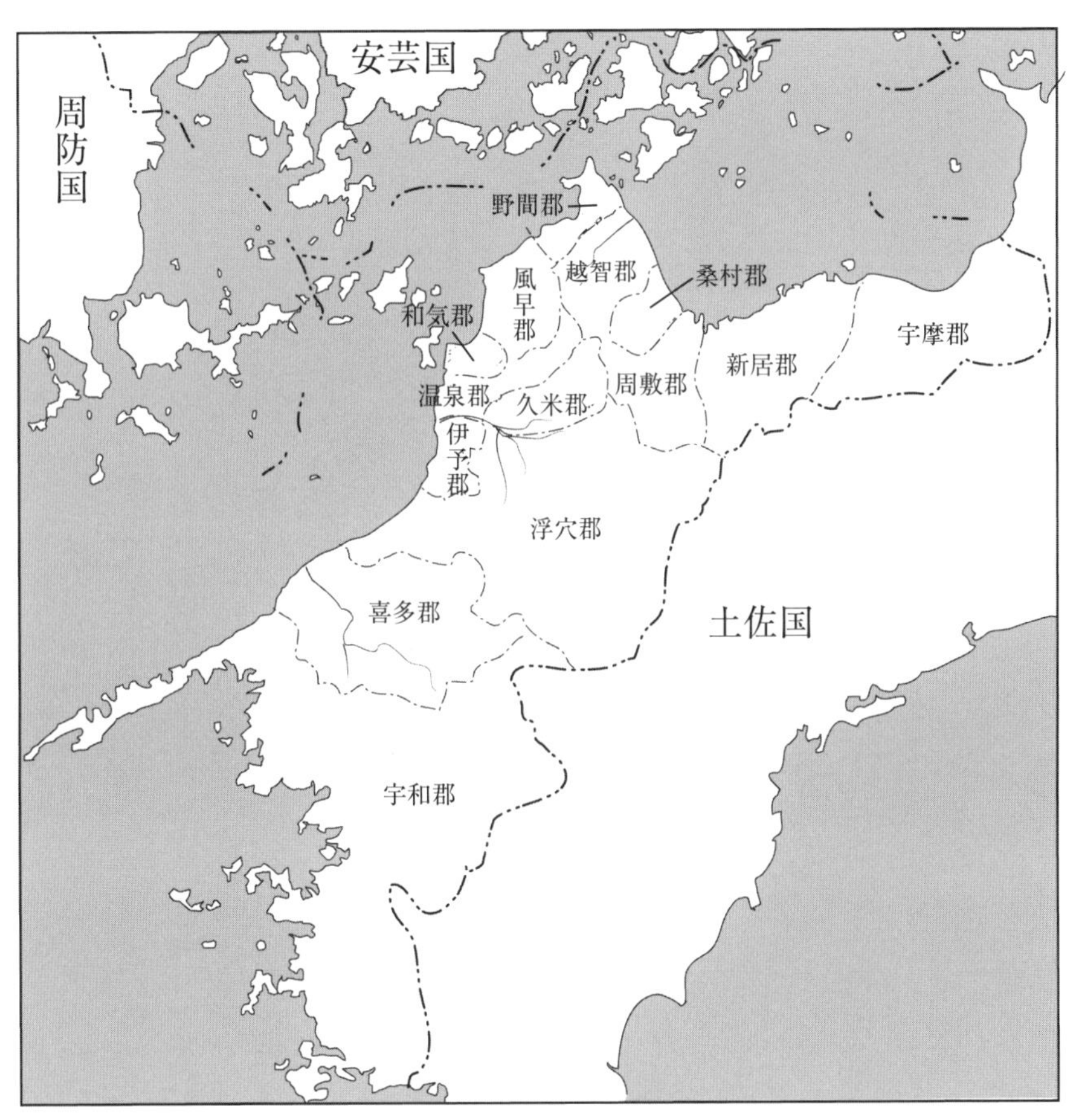
安芸国
周防国
野間郡
越智郡
風早郡
桑村郡
和気郡
宇摩郡
新居郡
周敷郡
温泉郡
久米郡
伊予郡
浮穴郡
喜多郡
土佐国
宇和郡

伊予国略図

伊予

伊予国・いよのくに

伊予国は、記紀の国生み神話で「伊予二名州（いよのふたなしま）」と称され、「身一而有面四（みをひとつにておもよつあり）」という四国の北西部に位置する愛媛県が相当し、県名は、『古事記』に「愛比売（えひめ）」と称されたことに起因する。伊予国には伊余・伊与・伊豫との表記があるが、藤原宮出土木簡と『国造本紀』の記載によると「伊余」が古い表記である。

弥生中期には松山平野から讃岐丸亀平野にかけて平形銅剣を共通祭祀とする地域が形成されたが、おそくとも四世紀代に畿内王権と関係を結び、五世紀代には服属し、小市・怒麻・風速・久味・伊余の五国造が設置された。六世紀後半における凡直国造の設置や群集墳の築造にみられるように国造の在地支配が動揺すると、七世紀中期になり久米評と別評が立評され、続いて宇摩・越智・湯・宇和評が立評された。

八世紀初頭に確立した律令国家が松山平野南部に位置した「伊余国造」の名称を取って「伊予国」としたのは、大和・畿内王権にとって松山平野南部が対九州との関係で重要な拠点であり、かつ、七世紀代の西瀬戸内海地域における政治的拠点の一つとして久米郡の来住（きし）台地上に官衙群が存在したことにもよる。律令時代の伊予国は、上国とされ十三郡（九世紀後半に宇和郡から喜多郡が分立）よりなり、国府が設置され中央から国司が派遣され、その下に郡衙が設置されて国造の系譜を引く地方豪族が郡司に任命された。伊予国府が越智郡に設置されると、政治的・文化的中心地は松山平野から今治平野へ移っていった。七世紀末に設置された草創期の南海道は松山平野まで延びていたが、『延喜式』での駅路南海道は、養老二年（七一八）・延暦十五年（九七六）の改変を経て、大岡（土佐国へ駅路上には山背駅）・近井・新居・周敷・越智駅までとなった。古代伊予国が中央政治史で注目されるのは、九世紀末の海賊の拠点とされた宮崎村（現今治市波止（なみかた）町宮崎）と、十世紀前半における藤原純友の乱においてである。

（松原弘宣）

宇摩郡・うまのこおり

「宇麻郡」とも記される。岡山県立博物館所蔵須恵器に「馬評」とのヘラ書きがあり、前身の「馬評」が立評された可能性が高い。『和名抄』には、山田・山口（也萬久知）・津根（豆祢・都祢）・近井（御井）・餘戸の五郷がみえ、現四国中央市妻鳥町の「山口」と同市土居町の「津根」が郷の遺名と考えられる。文永八年（一二七一）の「西琳寺文永注記」（『続群書類従』第二七輯下）所収の天平十五年（七四三）帳に「伊豫國宇麻郡常里戸主金集史挨麻呂弟保麻呂己酉年三月廿八日飛鳥寺受戒受公験」とみえる「常里」は「津根里」のことか。愛媛県の東部に位置する宇摩郡の郡域は、現在の四国中央市・新居浜市別子山村が相当し、北の瀬戸内海と南の四国山脈に挟まれた東西に細長い地域である。なお、延喜式内社には、正四位上の神階が授けられた「村山神社」が存す。また、『延喜式』の伊予国内の駅家である大岡・山背・近井駅は当郡内に所在したと考えられる。

（松原弘宣）

新居郡・にいのこおり

『和名抄』では「仁比井」と読み、新居・井上（為乃倍）・嶋山（久(ママ)末夜末）・立花・賀茂・神戸の六郷がみえ、現新居浜市に残る新居浜・神戸・橘・加茂が郷の遺名である。奈良時代には「神野郡」と称していたことが、天平十九年（七四七）の「法隆寺伽藍縁起并流記資財帳」と平城宮出土木簡で確認でき、『類聚国史』大同四年（八〇九）九月乙巳条には、嵯峨天皇の諱の「神野」を避けて新居郡としたとある。神野郡は「舎野郡」とも記されたことが平城宮出土木簡で知られ、出土木簡より、「井於郷」「山前郷」の存在も確認できる。郡域は瀬戸内海と四国山脈に挟まれた現在の新居浜市と西条市が相当する。また、同市船木町上原のカメ谷窯跡から「庄」「加」などのヘラ書きが施された須恵器が出土し、同郡内に存在した東大寺領新居庄との関連が注目される。郡内には正二位の神階を得た伊曽乃(いその)神社と黒嶋神社が延喜式内社として存し、『延喜式』の新居駅（前身は神野駅）が存在した。

（松原弘宣）

周敷郡・すふのこおり

中世以後になると「周布」とも記すが、『和名抄』では「周敷」と記し「主布」と読んでいる。また、郷名としては田野（多乃）・池田・井出・吉田・石井・神戸・餘戸の七郷がみえるが、平城宮出土木簡で「池田里」が確認される。古代この地を支配していたのは、『続紀』天平宝字八年（七六四）七月己丑・十月己丑条と『北山抄』延喜八年（九〇八）条に多治比宗安が「周敷郡大領」に任命されたことが記され、多治比連（周敷連）氏が郡領であった。郡域は、南は石鎚山南麓の山間地で、北部は周桑平野の一部をなし、中山川が東流して燧灘に注ぎ、現西条市丹原町と旧東予市の一部よりなる。郡内には『延喜式』の周敷駅が存し、南海道が通過している。小松町の松ノ元遺跡において奈良時代の道路跡が発見され、南海道との関係が注目される。また、古代の寺院跡としては西条市小松町北川の四天王式伽藍配置をもつ法安寺跡が著名であり、延喜式内社としては周布神社が存在している。

（松原弘宣）

桑村郡・くわむらのこおり

『和名抄』では「久波牟良」とよみ、籠田（古多）・御井（三為）・津宮（津乃美也）の三郷がみえ、西条市丹原町古田が籠田郷の遺名である。現周桑平野の北側に位置し、中央を大明神川が燧灘へと流れ、旧東予市全域が相当する。八世紀代の郷名としては、桑村郡の初見である平城宮出土木簡の「伊豫國桑村郡林里」・「伊与□□村郡井□郷」（御井）と、長岡京出土木簡に「伊与國桑村郡津□」（津宮）がみえる。正倉院文書の天平八年「伊予国正税出挙帳」の桑村郡相当の断簡文書に「大領正八位上凡直広田、主帳大初下大伴首大山」と記され、凡直氏が郡領氏族であったことと、「大領」とみえることより、八世紀の桑村郡は四里以上存した下郡であったことが知られ、十世紀までに一郷が削除されたと考えられる。延喜式内社としては、津宮郷と関連すると考えられる布都神社と佐々久神社・周敷神社が存在するが、周敷神社は周敷郡に存し誤記であろう。

（松原弘宣）

越智郡・おちのこおり

八世紀になり伊予国府・国分寺・尼寺が設置され伊予国の政治・文化の中心地であった。高縄半島東北部の今治平野と芸予諸島よりなり伊予国北部に位置し、現在の今治市と芸予諸島が郡域である。『和名抄』では「乎知」と読まれ、朝倉（安佐久良）・高市（多計知）・桜井（佐久良井）・新屋（爾比也）・拜志（波也之）・給理（古保利）・高橋（多加波之）・鴨部（加毛倍）・日吉（比与之）・立花（多知花）の十郷が存在する。朝倉郷は旧越智郡朝倉村が遺名で全域が想定される。高市郷は頓田川左岸の今治市高市を遺称地とし上徳・松木を含む。桜井郷は頓田川下流右岸の桜井を遺称地とし国分地域も含む。新屋郷は今治平野南西部の町屋・松木・新谷付近で新谷は新屋の遺名であろう。拝志郷は頓田川下流の左岸地域で小字「拝志」を残す。給理郷は「古保利」と読み越智郡衙の所在地と考えられるが場所は不詳である。高橋郷は蒼社川左岸一帯の野間郡境までの地域で今治市高橋を遺名とする。鴨部郷は蒼社川上流で高橋郷の南に位置し現玉川町全域とする。日吉郷は蒼社川から北の見近山の地域で今治市日吉は遺名であろう。立花郷は今治平野の中央で蒼社川の右岸で竜登川までの地域で江戸時代の立花村が相当する。平城宮・長岡京出土木簡によると、朝倉郷を「旦倉郷」・「朝倉村」、立花郷を「橘樹郷」、鴨部郷を「鴨郷」と表記していることと、「□奴美村」が存在していたことが知られる。

郡内の前方後円墳には、北部の来島海峡沿いに伊賀相の谷1号墳（四世紀代、全長八十・七メートル）・2号墳（五世紀前半、五十三メートル）が存在し、六世紀以後の古墳群も存在する。南部の前方後円墳は頓田川流域に分布し、下流右岸の唐古台地上に弥生時代末の墳丘墓から四世紀代の雉之尾前方後方墳（全長三十・五メートル）・国分古墳（全長四十四メートル、三角縁神獣鏡）と、五世紀の久保山古墳（全長四十九メートル）などが分布する。また、頓田川中流域には五世紀代の樹本古墳・根上り松古墳があり、六世紀代後半になると群集墳である野々瀬古墳群が築造されている。

『国造本紀』には「物部同祖、大新川命孫子到命」が「小市国造」に任命されたとみえ、古墳分布よりして、南部の唐古台古墳群の氏族が小市国造に任命されたのであろう。六世紀後半の凡直国造の設置（宇摩・桑村・宇和郡）や群集墳の築造に現れたように、小市国造の在地支配力が動揺すると、越智直一族は七世紀初頭に中央より派遣された紀博世の孫忍人と婚姻関係を結んだ（『続紀』延暦十年十二月甲午条）。また、『霊異記』上巻第十七話によると、越智直一族は孝徳朝の全国立評には応ぜず、斉明七年（六六一）からの百済の役に国造として参加したが、唐兵の捕虜となったが帰国後に、国造の身分を棄て越智評の立評を申請し許可されたという。以後、越智郡の郡領氏族は、天平八年（七三六）の「伊予国正税出挙帳」で大領従八位上越智直広国と主政無位越智直東人が確認され、『続紀』神護景雲元年（七六七）二月庚子条で大領外正七位下越智直飛鳥麻呂、『続紀』宝亀元年（七七〇）十月甲寅条で外従五位上を叙位された越智直南淵麻呂が大領と推定でき、越智直広国→越智直飛鳥麻呂→越智直南淵麻呂が大領であったように、八世紀を通して一貫して越智直氏が郡領であった。九世紀以後の越智郡大領を明示する史料はないが、九世紀以後も郡領氏族であったことは、左京へ貫付された従七位下越智直祖継や『姓氏録』の撰進に関与した従七位下治部小録越智直浄継、宿禰へ改姓された正六位上越智直年足・広成、外従五位下直講越智直広峯、正六位上隠岐守越智宿禰貞厚などより確認できる。越智氏以外の分布氏族は、正倉院文書で葛木部、長岡京出土木簡で他戸、千縫、物部などが確認できる。

越智郡内には、伊予国府と国分寺・国分尼寺が存在し、国分寺は今治市国分字殿田甲六八〇に位置し塔跡が存し、最近の調査により「読院」などの墨書土器を出土している。尼寺は今治市桜井の引地山山麓の塔跡とされていたが最近では桜井小学校校庭内と考えられている。また、国府は今治市古国分、中寺、出作、富田・本郷・八町、松木・町屋が想定されているが未だ確定することは出来ず今後の課題である。駅路南海道は県道桜井・山路線で誤りないと考えられが、その考古学的確認と越智駅の場所を特定する必要がある。また、延喜式内社としては、従四位下に叙せられた大山積神社（現大三島町）・多伎神社（現朝倉村）と従五位上の楠本神社（現今治市）とその他大須・姫坂・伊加奈志・大野神社（現今治市）の計七社が存在している。

御嶋　『伊予国風土記』逸文にみえ、別名「和多志（わたし）大神」とする大山積神が存し、この神は百済から摂津御嶋に渡来しその後に当地に渡ったと記されている。

【参考文献】
松原弘宣『古代の地方豪族』吉川弘文館、一九八八年
同『熟田津と古代伊予国』創風社出版、一九九二年

（松原弘宣）

野間郡・のまのこおり

『和名抄』には宅万（多久万）・英多（阿加多）・大井・賞多（散賀多）・神戸の五郷がみえ、東と南は越智郡、西は風早郡、北は瀬戸内海に面し、旧越智郡波方町・大西町・菊間町と今治市波止浜・乃万の地よりなる。『朝野群載』康和二年（一

一〇〇）二月二十六日の太政官符に「濃満郡」とみえるが、『続紀』や平城宮・長岡京出土木簡には「野間郡」と記される。『国造本紀』では、「飽速玉命三世孫若弥尾命」が「怒麻国造」に任命されたとする。この地域の前方後円墳には、愛媛大学考古学研究室を中心に全面発掘調査して四世紀代の前期古墳であることが明らかになった大西町大字宮脇の妙見山古墳（全長五十六メートル、復原整備され藤山歴史資料館が併設）と六世紀後半の衣黒山前方後円墳（現在消滅）が分布し、埋葬された氏族と怒麻国造・野間郡領氏族との関係が想定される。なお、『伊予国風土記』逸文には「熊野岑」伝承が見え同地での造船が想定される。

（松原弘宣）

風早郡・かざはやのこおり

『和名抄』には粟井（安波井）・河野（加波乃）・高田（多加多）・難波・那賀の五郷がみえ、平城宮出土木簡には「伊予国風早郡中男作物舊鯖」と「風速郡高田」があり、奈良時代より高田郷の存したことが知られる。郡域は、旧松山市の北方に位置し、北西側の瀬戸内海と南東側の高縄山に挟まれた旧北条市全域と、斎灘海上の忽那諸島よりなる。忽那諸島が風早郡に属したことは、『三代実録』貞観十八年（八七六）十月十三日条に「伊予国言、管風早郡忽那嶋馬牛」と記されていることによる。粟井郷には東大寺の封戸五十戸があり旧北条市粟井が遺称地で、河野郷は中世伊予の豪族河野氏の発祥の地で旧北条市河野が遺名である。旧北条市正岡の高田と旧北条市難波が高田・難波郷の遺称地で、那賀郷は立岩川中流域と考えられている。『国造本紀』には「物部連祖伊香色男命四世孫阿佐利」が「風速国造」に任命されたとみえ、大化前代に物部系の氏族が国造に任命されたと考えられる。また、『書紀』持統十年（六九六）四月戊戌条には、百済の役で捕虜となっていた「伊予国風速郡物部薬」が肥後国皮石郡の壬生諸石とともに帰国したことが記されており、大宝令以前は「風速」と表記されていた。

同郡に分布する古墳には、未調査ではあるが立岩川が北条平野に出る丘陵部に五世紀代の前方後円墳として国津彦神社古墳（全長五十メートル）・櫛玉比売神社古墳（全長七十五メートル）、また、北条市浅海本谷に高山小安（全長六十メートル）がある。六世紀代では大型石室の奥の谷古墳・新城古墳群が分布しており、風速国造との関係が想定される。

風早郡の分布氏族としては風早直・物部首（朝臣）・贄氏などが確認できる。風早直氏には、貞婦として報奨された風早直益吉女（『類聚国史』天長七年六月乙丑条）と善友朝臣への賜姓と平安京へ改居した外従五位下風早直豊宗が存在し、郡名を氏族名としていることよりして風速国造の系譜を引いていた可能性がある。物部氏には、上述した物部薬以外に、左京二条四坊に改居した典薬権允物部首広宗とその弟の物部真宗（『続後紀』承和四年正月癸酉条）と、その同族と考えられ『三代実録』貞観二年（八六〇）十月己卯条に卒伝をのこす正五位下内薬正兼侍医参河権守物部朝臣広泉がいた。その卒伝によると、「広泉者、左京人也、本伊予国風早郡、姓物部首、後隷京兆、賜姓朝臣、広泉、少学医術、多見方書、天長四年為医博士兼典薬允、遷為侍医」とみえ、元々は風早郡の物部首であった。広泉は、摂養要決二十巻を著し「薬石之道、当時独歩」し、年老いてからも元気で七十六歳で死去したとみえる。この他、元慶八年（八八四）二月甲寅条の「外従五位下典薬助物部朝臣内嗣」も外位であることより伊予国風早郡出身と想定される。『文徳実録』天安二年（八五八）八月戊戌条によると内供奉十禅師伝灯大法師位光定の俗姓は贄氏であることが知られる。なお、延喜式内社には国津彦古命神社と櫛玉比売命神社がある。

（松原弘宣）

和気郡・わけのこおり

『和名抄』には高尾（多加乎）・吉原（与之波良）・姫原（比女乃波良）・大内（保宇知）の四郷がみえ、郡域は旧松山市の北部に位置し、北と西が瀬戸内海で南側は温泉郡と接している。平城宮・長岡京出土木簡には「和気郡海部郷」・「和気郡倉橋」・「和気郡給理郷□」・「和気郡姫原郷」があり、八世紀代の郷名は姫原郷を除き『和名抄』と異なっている。『書紀』によると古くは伊豫別君が分布し、わが国最古で信憑性の高い「円珍系図」と関連する貞観九年（八六七）の讃岐国司解（『平安遺文』一―一五二）と、『霊異記』上巻十八話の「伊豫国別郡日下部猴」より、別（和気）氏が古くから在地支配し、七世紀後半に「別評」を立評したと考えられる。また、同地の前方後円墳には、五世紀末の船ケ谷向山古墳（小型の帆立貝）・石風呂古墳（未調査、八十メートル）・七世紀前半の永塚古墳（復原四十メートル前後）が存在し、別氏との関係が注目される。なお、延喜式内社は同郡には存在していない。

（松原弘宣）

温泉郡・ゆのこおり

『和名抄』には訓がみえず、鎌倉中期の『拾芥抄』は「ゆうみ」と読み、『伊予国風土記』逸文は「湯郡」と記している。飛鳥池遺跡より「湯評伊波田人葛木マ鳥」「・湯評大井五十戸・凡人マ己夫」「湯評伊刀□（文）□□□（マ首）」との木簡の出土により、大宝令以前に「湯評」が存したことと、「ゆのこおり」と呼んでいたことが確認できる。温泉郡は、愛媛県の中央部に位置し、東側は高縄山南麓、西は伊予灘、北側に和気郡、南に久米郡があり、現在の松山市中央部に位置する。『和名抄』によると桑原（久波波良）・埴生・立花・井上（井乃倍）・味酒（无万佐介）の五郷が存在していたことが知られる。桑原郷は西隆寺出土木簡の「伊予国湯泉郡箆原郷戸主縫田人戸白米壱俵」が関連し松山市桑原町が比定される。立花郷は天平勝宝四年（七五二）十月二十五日の造東大寺司牒に「温泉郡橘樹郷五十戸」（『大日本古文書』三巻五八八頁）とみえ東大寺の封戸が存し、松山市立花町を遺称地とする。味酒郷には『続紀』神護景雲三年（七六九）四月壬寅条に「伊予国温泉郡人正八位上味酒部稲依等三人賜姓平群味酒臣」とみえ味酒部氏が分布し、松山市味酒（みさけ）町を遺称地とする。埴生郷は松山市垣生（はぶ）町、井上郷は松山市道後・持田・石手町付近に比定されている。なお、上述の飛鳥池遺跡出土木簡により、湯評伊波田、湯評大井五十戸、湯評伊刀の存在が知られ、平城宮と長岡京出土木簡に「湯泉郡井門郷大田里久米大虫」「湯郡味酒里鴨部小虫俵」「温泉郡白米伍斗」「温泉郡橘子郷秦□富白米伍斗」があり、桑原郷（西隆寺出土木簡の「箆原郷」）・味酒里・橘子郷という『和名抄』と同名の里の存在が確認される。七世紀代の伊波田、大井五十戸、伊刀と八世紀以後の郷名との関係と、「湯泉郡井門郷大田里」と浮穴郡井門郷との関係の解明は今後の課題である。

同郡内に位置する愛媛大学構内の文京遺跡の照明鏡と松山城西側に位置する若草遺跡の日光鏡という舶載鏡の出土や、文京遺跡における大型建物・集落の密集度、また、城山の西に位置する大峰台では三世紀末か三世紀後半の朝日谷2号前方後円墳が築造されたことよりして、松山平野のなかでもこの地域が弥生時代より開発され、有力な首長・集落が存在したことが知られる。八世紀代の温泉郡に分布していた氏族としては、画工司未選物部小鷹とその戸主である秦勝広庭、正八位上味酒部稲依の存在が「正倉院文書」で確認されていた。また、出土木簡によって、葛木部鳥・凡人部己夫・丈部首（飛鳥池木簡）、縫田人（西隆寺）、久米大虫・鴨部小虫（平城京）、秦□富・知巻人（長岡京）などの分布が確認できる。温泉郡内の有位者としては正八位上味酒部稲依が知られるのみで、温泉郡の郡領氏族については明確でない。ただ、「円珍系図」における伊予国関係部分の検討よりすると、北側に接する和気郡に分布した別氏が大化前代より同地域を支配しており、孝徳朝における別評の立評に続き、湯評を立評して郡領氏族となった可能性は高い。ただ、『小右記』長徳二年（九九六）十月十三日条によると、温泉郡の少領伊与連時兼が大領になっていることよりして、十世紀後半の温泉郡の郡領氏族として伊与連氏の存したことが確認できる。なお、郡内の延喜式内社には阿沼美神社・出雲崗神社・湯神社・伊社爾波神社の四社が存在していた。

伊予湯　『伊予国風土記』逸文によると、伊予湯は「大分の速見の湯を」下樋（したび）で渡したとし、温泉の効能を記した後に、景行（けいこう）天皇と皇后、仲哀（ちゅうあい）天皇と神功皇后（じんぐうこうごう）、聖徳太子、舒明（じょめい）天皇と宝皇后、斉明天皇と葛城皇子・大海人皇子の五度に及ぶ来訪を記している。また、聖徳太子の伊予湯来訪に際して作られた碑文を載せている。伊予湯の正確な場所は不明であるが、温泉郡内に存したことは誤りなく、逸文に「湯の岡の側に碑文を立てき。其の碑文を立てし処を伊社邇（いさに）波（わ）の岡と謂う。伊社邇波と名づく由は、當土の諸人等、其の碑文を見まほしく欲ひて、いざなひ来けり」とみえ、「伊社邇波岡」付近としており現在の道後温泉付近と考えられる。この五度の来訪で、舒明天皇以前については疑点があり史実とは断定できない。ただし、この温泉郡が古くから聖徳太子と関連づけられていたことは事実で、それは法隆寺の庄倉四十六箇所のうち三分の一が伊予に設置され、その大半が松山平野に分布していることでも知られる。

熟田津　『書紀』斉明七年正月庚戌条によると、百済の役に際して、斉明天皇一行が伊予熟田津に到着し「石湯行宮」に二箇月強滞在したと記されている。熟田津については温泉郡内の古三津・御幸寺山麓・吉田浜などが想定されているが、回廊状遺構の存する久米郡来住台地の南側を流れる小野川河口が注目される。

【参考文献】
松原弘宣『古代の地方豪族』吉川弘文館、一九八八年
同『熱田津と古代伊予国』創風社出版、一九九二年

（松原弘宣）

久米郡・くめのこおり

『和名抄』には天山（安末也末）・吉井（与之為）・石井・神戸・餘戸の五郷がみえる。天山郷は松山市天山町、吉井郷は天山郷の東側一帯、石井郷は松山市東石井・西石井町に想定され、神戸・餘戸郷は不明である。久米郡関連の出土木簡は「…伊余国久米評□　…天山里人宮末呂」と「□□国□（久）米郡石井里」の二点でいずれも藤原宮で出土し、久米評の存在（久米官衙遺跡群より「久米評」銘の須恵器出土）と八世紀初頭に石井里が存在したことが確認される。

弥生時代のこの地域には有力な首長・集落は存在していなかったが、五世紀以後に集落遺跡や前方後円墳が集中・連続して築造された。五世紀中期の観音山古墳（全長一〇〇メートルの帆立貝形か）と経石山（全長四十八・五メートル）、六世紀代の三島神社古墳（全長四十五・二メートル）、波賀部神社古墳（全長六十二メートル）、二つ塚古墳（全長四十八メートル）、西山古墳（全長二十四・五メートル）である。また、天山郷内と考えられる福音小学校は五世紀中期から六世紀にかけての三時期におよぶ一二〇棟の掘立柱建物の集落遺跡である。『国造本紀』には、「神魂尊十三世孫伊与主命」が「久味国造」に任命されたとみえ、久米部の在地管理者の久米直氏が国造に任命されたことにともなう変化であろう。顕宗・仁賢の播磨での発見に重要な役割を果たした伊予久米部小楯は久米国造一族出身で、久米直氏が郡領氏族であったことは、長岡京出土木簡「久米采女久米直飯成女」や『類聚国史』天長四年（八二七）正月甲申条の「久米直雄田麿」が外従五位下に叙位されていることより確認できる。

伊予温湯宮・石湯行宮　『書紀』に舒明・斉明の来訪に際する行宮である。この関連施設が堀越川と小野川で挟まれた来住台地に存在したと考えられる。まず、来住台地で「久米評」銘の須恵器が出土し、近くに久米評衙の存在を示唆し、来住台地北側に存する久米高畑遺跡が相当する。一辺四十四・五メートルの柵列で区画され、内部に替えられた建物があり、柱穴からは七世紀中期の須恵器が出土している。その西側には、八世紀

になると方位を若干変えた大溝で区画された倉庫域が存在する。南側には一辺約一〇〇メートルの回廊状建物が存在する。内部は柵列で区画され、北側中央には長大な正殿的建物があり、南側回廊では九一三センチメートル×六四五・五センチメートルの大型八脚門も確認された。出土瓦・須恵器より七世紀中期の建物であり、第23次調査で、舒明天皇の伊予来訪に際し建てられた「伊予温湯宮」に関連するもので、斉明七年（六六一）の百済の役に際して補修された「伊予石湯行宮」の関連施設と考えられる。この建物廃絶後に郡領氏族の久米直氏によって来住廃寺が建てられた。

【参考文献】

松原弘宣「松山市来住台地上における7世紀代の官衙関連遺構について」（『条里制研究』第一〇号、一九八八年）
同「回廊状遺構再論」（『愛媛大学法文学部論集―人文学科編』第二号、一九九七年）

（松原弘宣）

浮穴郡・うけなのこおり

『和名抄』には「宇城安奈」、鎌倉中期の『拾芥抄』は「うけな」と呼んでいる。『和名抄』によると井門（為度）・拝志・荏原（衣波良）・出部（伊豆へ）の四郷があり、郡域は伊予郡の東南に位置し、松山平野の重信川南東部と久万盆地を除きほとんど山間地である。『三代実録』貞観八年（八六六）十月二十三日条で「少領一員」が設置される以前は小郡であった。浮穴郡の初見記事は、天平十九年（七四七）「法隆寺伽藍縁起并流記資財帳」に法隆寺庄倉として「浮穴郡一処」とするものである。正六位上浮穴直千継と大初位下同姓真徳などが春江宿禰が賜姓されたことを記す『続後紀』承和元年（八三八）五月丙子条には「千継之先、大久米命也」とみえ、浮穴直氏が郡領氏族で、北側の久米郡の郡領氏族久米直氏と同族であった。この地の古墳では、県総合運動公園の大下田古墳群のなかの三号墳が全長三十四メートルの前方後円墳で六世紀中期の築造と考えられている。

（松原弘宣）

伊予郡・いよのこおり

『和名抄』によると、神前（加牟左岐）・吾川（阿加波）・石田（以之田）・岡田（乎加多）・神戸・餘戸の六郷が存在していた。神前郷は松前町神崎、吾川郷は伊予市上吾川・下吾川を遺称地とするが、石田郷は伊予市山崎に、岡田・神戸郷は松前町に想定されているが確実ではない。郡域は、松山平野の西南部に位置し、東と南は四国山地で、北は重信川、西は伊予灘に面し、現在の伊予市と松前町全域が相当する。平城宮と長岡京出土木簡によると、「伊予郡川村郷海部里白髪□」・「伊与郡石井郷海部里阿曇部太隅」・「伊与郡石田郷」・「伊与郡岡田郷」「伊与郡石神直島□」などがみえ、石田・岡田郷は確認できるが、川村郷海部里と石井郷海部里という『和名抄』にはみえない郷名の存在が注目される。

　同郡内に分布する前方後円墳としては、まず四世紀代の前方後円墳として、京都府の椿井大塚山古墳出土と同笵鏡一面を含む二枚の三角縁神獣鏡を出土した嶺昌寺古墳（別称広田神社裏古墳、現在は消滅）と吹上ノ森1・2号墳があげられ、五世紀代には初頭の桜山古墳（帆立貝形前方後円墳）と五世紀末の客池古墳、六世紀後半の遊塚古墳などがあり、四世紀代から連続・集中して築造されている。また、伊予郡松前（まさき）町出作（しゅっさく）の出作遺跡は五世紀代の鍛冶遺構をともなう祭祀遺跡であり、かつ、非陶邑（すえむら）系の須恵器と大阪陶邑窯系の須恵器も出土している。非陶邑系の須恵器は伊予市市場南組の市場南組窯を中心とする窯で生産されたものであろうが、朝鮮半島との関係も無視することは出来ない。こうした祭祀や須恵器生産を掌握していた氏族が畿内王権により国造に任命されたのであろう。『国造本紀』には、「印幡国造同祖、敷桁波命児速後上命」が「伊余国造」に任命されたとみえるが、八・九世紀における伊予郡の郡領氏族は不明である。ただ、「伊余国造」との記載は、藤原宮出土木簡の「伊余国久米評」との表記よりすると、「伊余」との記載の古いことが知られ、伊余国造の存在は認められるであろう。また、出土木簡より同郡内の分布氏族として白髪□・葛木高□・阿曇部太隅のいたことが知られるのみである。

　『伊予国風土記』逸文には「伊与の郡、郡家より以て東北に天山あり」とみえて、松山市久米郡の天山の南西方向に存したことは知られるが、これだけでは伊予郡衙の所在地の手がかりとはならない。同郡内の延喜式内社には、伊予神社・伊曽能神社（いそのじんじゃ）・高忍日売（たかおしひめ）神社（じんじゃ）・伊予豆比古命（いよつひこのみこと）神社（じんじゃ）があり、伊予神社は松前町神崎、伊曽能神社は伊予市宮下、高忍日売神社は松前町徳丸、伊予豆比古命神社は松山市居相に比定されている。また、平安時代中期以後には石清水八幡宮東宝塔院領の玉生（たもう）荘（しょう）と京都伏見稲荷社領の山崎荘が同郡内に存在していた。

【参考文献】

松原弘宣『熟田津と古代伊予国』創風社出版、一九九二年

（松原弘宣）

喜多郡・きたのこおり

『和名抄』では「岐多」と読まれ、矢野（也乃）・久米・新屋（爾比也）の三郷が存在していた。郡域は、北に伊予郡、南に宇和郡、西側は伊予灘に面し、現在の伊予市中山町・喜多郡内子町・大洲市の旧喜多郡長浜町・大洲市が相当し、古代喜多郡の中心地は大洲（おおず）盆地にあったと考えられる。喜多郡は奈良時代には存在せず、『三代実録』貞観八年（八六六）十一月八日条に「伊豫國宇和郡を割き、宇和・喜多両郡とする」とみえ、この時に、宇和郡より分立して喜多郡が成立した。『三代格』元慶八年（八八四）十月十七日の太政官符「応置喜多郡少領」によると、各三郷を所管している桑村・久米両郡では、桑村郡「七百二十五人」・久米郡「七百二人」の課丁しかいないのに大領と少領が設置されているのに対し、喜多郡には課丁が「千二百八人」いるので、大領と少領を設置してほしいことを申請し許可されている。喜多郡内には東大寺の封戸一〇〇戸があり、東大寺へ調絹・庸米・紙を貢納していた。

（松原弘宣）

宇和郡・うわのこおり

郡域は現在の大洲市以南の南伊予地域全域で、『和名抄』には石野（以波野）・岩城（以波岐）・三間（美萬）・立間（多知末）の四郷がみえ、石野・岩城郷は宇和盆地、三間郷は「御馬山」と関連し宇和島市三間町が遺称地、立間は宇和島市吉田町立間と推定される。初見記事は『書紀』持統五年（六九一）七月壬申条の伊予国司田中朝臣法麻呂が「宇和郡御馬山の白銀三斤八両と鑛（あらがね）一籠を献る」である。また、藤原宮よりの「宇和評小□代熟」と石神遺跡からの「汙和評」と荷札木簡の出土で、立評されていたことが確認できる。天平八年の「伊予国正税出挙帳」で大領正八位上凡直宅麻呂、少領従八位上贄首石前、主帳少初下物部荒人がいたことが知られ、また、外従五位下凡直鎌足も宇和郡の郡領氏族と考えられる。貞観八年に同郡の北側地域を割いて喜多郡を分立し郡域を縮小し小郡となったが、貞観十九年（八七七）には「戸

口増益」したことにより一郷を加え四郷で下郡となったことが『三代格』で確認できる。

（松原弘宣）

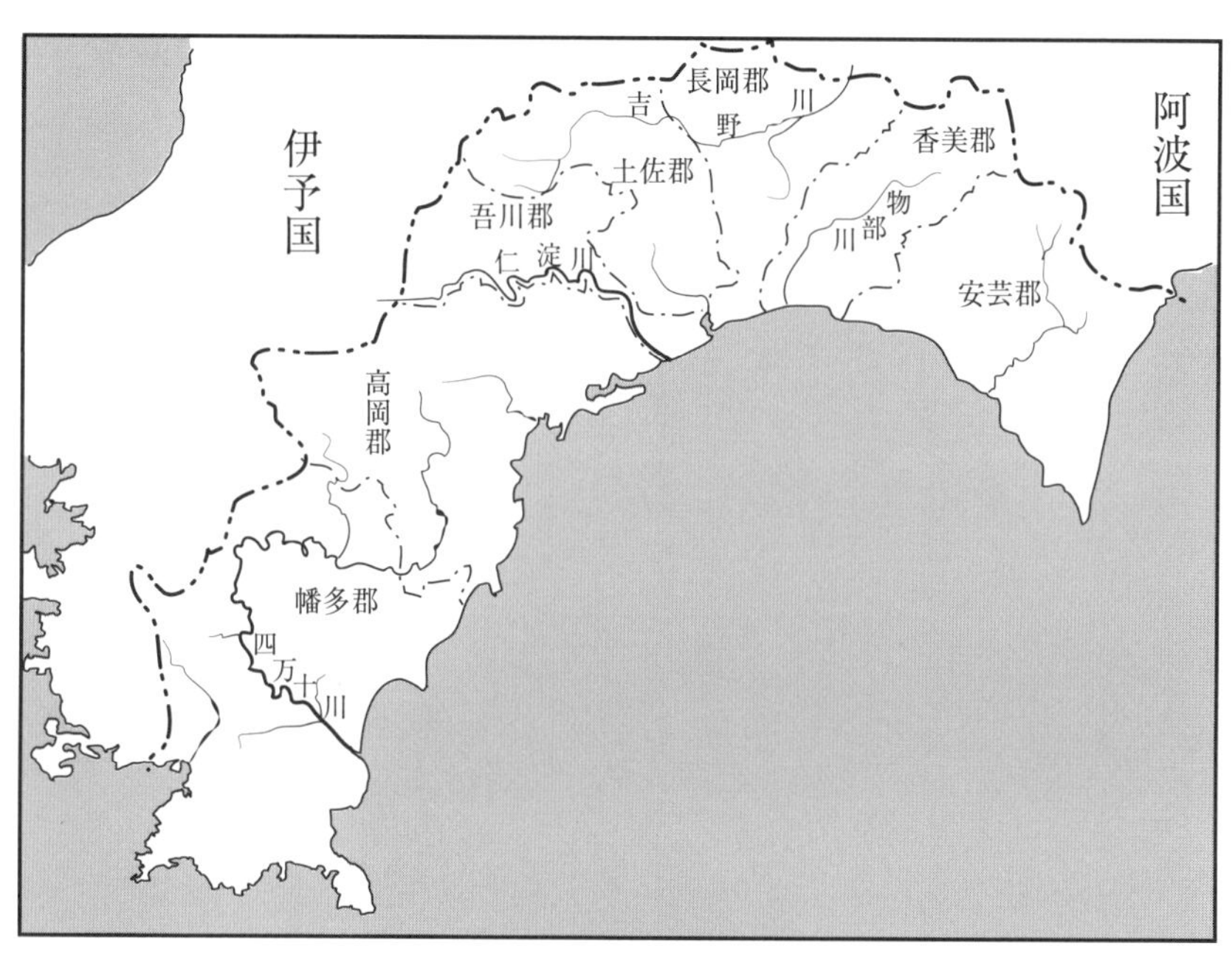

土佐国略図

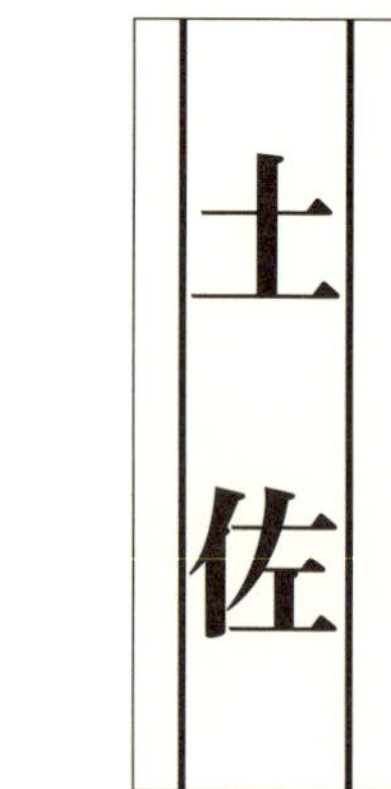

土佐

土佐国・とさのくに

『古事記』上巻・国生み段は「身一つにして面四つ有り」という「伊予之二名島」の中に、「土左国は建依別と謂ふ」と見えるのが国名の初見。『旧事紀』国造本紀には東部地域に都佐国造、西部地域に波多国造が置かれたことが見えるが、後に土左国の中心となった香長平野の「都佐」の方が国名になったものか。「とさ」の名義については、建依別という男神の示す剛健勇武さに由来する「敏聡」の約語によると見る説、遠狭・土狭・処離といった地勢に基づくとする説などがあるが、不詳。用字は「土左」が古く、「土佐」は平安中期以降に一般化するようである。国域は現在の高知県に相当し、安芸・香美・長岡・土左・吾川・高岡・幡多の八郡からなる。但し、高岡郡は承和八年（八四一）に吾川郡から分立したものである。国の等級は中国であり、『和名抄』東急本の田積は六四五一町、八世紀末頃の推定人口は六万七〇〇〇人。国司は守・掾・目各一人が本来の員数であるが、宝亀六年（七七五）大少目二員、貞観七年（八六五）介が置かれている。但し、国の等級は中国のままであった。国府は長岡郡に置かれ、『長宗我部地検帳』に残る小字名から南国市比江地域に比定されるが、発掘調査による国府中枢部の様相は未解明である。国分寺は南国市国府に存し、国分尼寺は所在地不明。一宮は高知市一宮の土佐神社が『延喜式』の都佐坐神社に相当。兵部省所管の沼山村馬牧が高岡郡に存した。都からの距離は『延喜式』主計上に「行程上卅五日、下十八日、海路廿五日」とあり、遠国に位置づけられる。駅路は養老二年（七一八）以前の伊予国からの周回ルートが阿波国経由ルートに改められ、延暦十五年（七九六）に伊予国から四国山地を南下するルートが定められた。調庸など税物の貢上には海路が利用されたようで、『書紀』天武十三年（六八四）十一月庚戌条には「運調船」が見える。『土佐日記』の紀貫之の帰京にも海路が利用されたことは著名である。神亀元年（七二四）流刑の制が定められ、遠流の国と位置づけられ、『霊異記』中一の長屋王の骨の流着の他、石上乙麻呂、応天門の変の紀夏井、保元の乱の藤原師長（頼長の子）、平治の乱の源希義など、多くの流人が配流されている。式内社は二十一座あり、上述の都佐坐神社だけが大社である。寺院は空海創建の最御崎寺・金剛頂寺・金剛福寺などの真言宗系のものが著名で、比江廃寺などの白鳳寺院も存する。荘園は各郡の項を参照。

（森公章）

安芸郡・あきのこおり

令制の区分では中郡で、奈半・室津・安田・丹生・布師・和食・黒鳥・玉造の八郷からなる。郡域は現在の高知県安芸郡東洋町・北川村・奈半利町・田野町・安田町・馬路村・芸西村、室戸市、安芸市に相当。『続紀』神護景雲元年（七六七）六月庚子条には、少領凡直伊賀麻呂が西大寺に稲二万束・牛六十頭を献上して外従五位上を授けられたことが見え、郡領は凡直国造の系譜を引く凡直氏であった。その他、布師首、玉作造などの豪族が存した。郡家所在地は不明。式内社には室津神社、多気神社、坂本神社があり、最御崎寺・金剛頂寺などの真言宗寺院が建立された。『土佐日記』の「なはのとまり」は本郡に存し、荘園としては石清水八幡宮領奈半庄、摂関家領和食庄、金剛頂寺領安田庄が置かれた。『平家物語』巻十一には文治元年（一一八五）の壇浦合戦で「安芸の大領」実康の子安芸太郎実光が平教経と戦い、壮絶な最期をとげた様子が描かれている。

（森公章）

香美郡・かがみのこおり

『和名抄』に「加々美」と訓じる。安須・大忍・宗我・物部・深渕・山田・石村・田村の八郷からなり、令制区分では中郡。郡域は現在の高知県香美市土佐山田町・物部町・香北町、香南市夜須町・香我美町・赤岡町・吉川村・野市町と南国市の一部に相当。『後紀』延暦二十四年（八〇五）五月戊寅条に少領物部鏡連家主が見え、『類聚国史』大同五年（八一〇）正月壬戌条にはその妻で節婦顕彰に与った物部文連全敷女が知られる。多産者物部毛虫咩も当郡の人物である可能性が存し、物部系豪族の居住地であった。また式外社宗我神の存在は宗我部の設置を窺わせる。式内社には天忍穂別神社、小松神社、深淵神社、大川上美良布神社があり、物部川沿いに点在し、『朝野群載』に見える神通寺も物部川上流の物部村神池の地に存した。荘園としては石清水八幡宮領夜須庄、熊野社領大忍庄が存し、『吾妻鏡』には源希義を支持した夜須七郎行宗の活躍が描かれている。

（森公章）

長岡郡・ながおかのこおり

『和名抄』に「奈加乎加」と訓じる。登利・殖田・宗部・江村・大角・片山・気良・篠原・大曾の九郷からなり、令制区分では中郡。郡域は現在の高知県南国市と香美市土佐山田町の一部、高知市東南部に相当。郡司など在地豪族は不詳であるが、宗部郷には宗我部が居住した可能性がある。なお、『土佐日記』承平四年（九三四）十二月二十三日条に「この人、国にかならずしも言ひ使ふ者にあらざなり」であったが、守紀貫之の帰京に際して餞別をくれたという八木のやすのりは当郡の有力者と考えられ、八木氏は十二世紀以降の史料では在庁官人として勢力を有した豪族である。本郡には土佐国府が存し、その所在地は『長宗我部地検帳』に残る小字名から南国市比江に比定されるが、発掘調査による国府中心域の確定はなされていない。国府関連施設として、国府比定地の北東に比江廃寺跡（国府尼寺説もあるが不詳）、南西の南国市国分に国分寺が存在し、この地域が古代土佐国の中枢部であったことはまちがいない。また『土佐日記』の国府→大津→鹿児崎→浦戸→大湊のルートから知られる国府の外港としての大津の所在、延暦十五年（七九六）に改訂された駅路（伊予国から四国山地を南下し、丹治川・吾椅駅を経由）の終点頭駅は国府近辺に比定され、それ以前の伊予国からの周回ルート、阿波国経由のルート以来、国府との結節点であったと考えられることなどから、この地が水陸交通上の要衝であったことが窺われる。郡家所在地は不詳であり、式内社には豊岡上天神社、朝峯神社、殖田神社、小野神社、石土神社、式外社としては祈年神社が知られる。上述以外の寺院として、平安時代前半の野中廃寺跡が存する。荘園は箱根走湯山領介良庄が置かれ、平治の乱で敗れた源義朝の子希義がここに流された。『吾妻鏡』寿永元年（一一八二）九月二十五日条によると、希義は反平家の挙兵を企て、夜須七郎行宗と合流しようとしたが、長岡郡（吾河郡とあるのは誤り）年越山で平家方の蓮池権守家綱・平田太郎俊遠に討たれたとあり、その後介良庄住侶琳猷上人が関東に赴き、走湯山住僧良覚を通じて、墳田郷内に墓所を点じた旨を源頼朝に言上したという（文治元年〔一一八五〕五月二十七日条）。現在の長岡郡は大豊町・本山町で、この地は古代の長岡郡の郡域外の山間部であった。但し、平安時代後期には豊楽寺（薬師堂は国宝。旧本尊薬師如来の胎内銘は仁平元年〔一一五一〕の紀年がある）、長徳寺などの寺院の存在が確認され、国府の存した長岡郡などから開発の手が及んだものと推定される。

（森公章）

土佐郡・とさのこおり

令制の区分では下郡で、土左・高坂・鴨部・朝倉・神戸の五郷からなる。但し、神戸郷は『和名抄』高山寺本にはなく、東急本・名市博本に見える郷名である。郡域は現在の高知市に相当。『旧事紀』国造本紀に都佐国造が見え、「長阿比古同祖、三嶋溝杭命九世孫小立足尼」を祖とするとあり、長阿比古は事代主命の子孫を称しているから、都佐国造も事代主命系の豪族ということになる。その氏姓は凡直の可能性があるが、不詳。その他、『続紀』神護景雲二年（七六八）十一月戊子条で賀茂姓を賜わった神依田公は、鴨部郷に居住した豪族と考えられる。『土佐国風土記』逸文によると、本郡には土佐高賀茂大社が存したとあり、これは式内社都佐坐神社に比定される。『続紀』天平宝字八年（七六四）十一月庚子条には法臣円興・賀茂朝臣田守らが先祖の高鴨神が雄略朝に土佐国に配流された旨を言上し、本処に迎祠した記事が見え、『新抄格勅符抄』には天平神護元年（七六五）に高鴨神の神封五十三戸のうち二十戸が土佐国に置かれたとあり、高鴨神と土佐国の密接な関係が知られる。高鴨神＝阿遅鉏高日子根神は大国主神の子で、神統譜上は事代主命の兄弟であるから、都佐国造を中心とする本郡の在地豪族はいずれもカモ氏とのつながりが深かったと考えられる。なお、高知市秦泉寺地区に存する秦泉寺廃寺跡からは七世紀後半の高句麗的要素を加味した百済様式の有稜線素弁八葉蓮花文軒丸瓦が出土しており、その退化型式のものが吾川郡春野町西分の大寺廃寺跡でも出土している。大寺廃寺は吾川郡の郡領秦勝氏関係の寺院とされているので、「秦」泉寺の名称と合わせて、本郡にも秦氏の勢力が存したことが推定される。本郡の郡家は上述の都佐坐神社の東四里に存したことがわかっており、高知市布師田付近に比定されている。また鴨部郷に存した郡頭神社は「郡津」の転訛したものといわれ、神田川に臨む郡津が置かれた可能性も指摘されている。式内社としては都佐坐神社、朝倉神社があり、都佐坐神社は土佐国で唯一の大社である。『土佐国風土記』逸文には土佐大神の子天河命の社が郡家内に、その南の道付近にその女浄川媛命の社が存したと記されており、これらを葛木男神社、葛木咩神社に比定する説がある。「葛木」は高鴨神の本処大和国の葛城地域と関連する名称であり、郡家成立以前からこの地域に高鴨神系の豪族が勢威を有したことが裏付けられよう。荘園は天長三年（八二六）に設置された神護寺領久満庄、寛治四年（一〇九〇）賀茂社領として立荘されたが、康和二年（一一〇〇）の大地震で海没したという潮江庄などが知られる。また奈良時代には東大寺の封戸五十戸が鴨部郷に置かれた。

【参考文献】
日野尚志「土佐国香美・長岡・土佐三郡の郡境・条里・駅路・郡家について」（『佐賀大学教育学部研究論文集』四〇の二、一九九二年）

（森公章）

吾川郡・あがわのこおり

『和名抄』に「安加波」と訓じる。もとは高岡郡域を含んでいたが、『続後紀』承和八年（八四一）八月庚申条で高岡郡四郷が分立した。仲村・桑原・大野・次田の四郷からなり、令制の区分では下郡。郡域は現在の高知県高知市の南西部、吾川郡春野町・いの町に相当。正倉院に残る緑絁大幡断片は天平勝宝七年（七五五）十月の年紀のある調絁を使用したもので、そこには貢進者の「吾川郡桑原郷戸主日奉部夜恵」や専当郡司「擬少領無位秦勝国方」の名前が見え、太陽神祭祀に関わる部民・日奉部の存在や郡領氏族として秦氏系の秦勝氏が存したことがわかる。この秦勝氏関係の寺院と推定される春野町西分の大寺廃寺跡では、高知市秦泉寺廃寺跡から出土した七世紀後半の高句麗的要素を加味した百済様式の有稜線素弁八葉蓮花文軒丸瓦の退化型式のものが検出されており、秦氏系豪族の勢力分布を窺わせている。式内社としては天石門別安国玉主天神社が存するのみである。天平勝宝四年（七五二）十月二十五日「造東大寺司牒」によると、東大寺の封戸一〇〇戸が大野郷に五十戸、土佐郡鴨部郷に五十戸置かれており、天暦四年（九五〇）十一月二十日「東大寺封戸庄園并寺用雑物目録」によると、土佐郡の方は香美郡に変更されているが、本郡の方は維持されていたことがわかる。南北朝期には古代の吾川郡の郡域の北部の吾川郡吾北村に吾川山庄の存在が知られるが、古代の荘園は不明である。

（森公章）

高岡郡・たかおかのこおり

『和名抄』に「太加乎加」と訓じる。『続後紀』承和八年（八四一）八月庚申条で吾川郡のうち四郷を割いて分立したとあり、『和名抄』でも高岡・吾川・海部・三井の四郷で、令制区分では下郡。郡域は現在の高知県土佐市、吾川郡いの町、高岡郡日高村・佐川町・中土佐町・旧窪川町（現四万十町）・須崎市などに相当。式内社はなく、在地豪族も不明だが、海部郷の存在は海部の居住を窺わせ、郷域に比定される須崎市には県内屈指の良港があり、六～七世紀の灰方古墳群が確認された浦ノ内湾口、同時期の遺物が存する戸島など海浜部を抑えた在地豪族の存在が推定される。なお、浦ノ内の玉島には神功皇后の巡国伝承が存する（風土記逸文）。その他、『延喜式』兵部省に見える官牧沼山村馬牧も浦ノ内に比定され、また賀茂御祖社領津野庄がこの地域まで広がっていた。寿永元年（一一八二）源希義を討った蓮池権守家綱は高岡郷を本拠とする有力な平家方家人であった。

（森公章）

幡多郡・はたのこおり

『和名抄』に「波多」と訓じる。大方・鯨野・山田・枚田・宇和の五郷からなり、令制区分では下郡。郡域は現在の高知県幡多郡黒潮町・四万十市、宿毛市、土佐清水市に相当。『旧事紀』国造本紀に波多国造が見えるが、その氏姓は不詳。十二世紀の史料に郡司として秦氏系の惟宗朝臣氏が知られ（『平安遺文』三一八四）、秦氏系の豪族が有勢であったか。郡家は四万十市有岡に比定する説がある。式内社には伊豆多神社、高知坐神社、賀茂神社があり、高知＝高市で、大和の高鴨神と関係する豪族の存在も推定されている。寺院としては足摺岬先端に空海の開山と伝える金剛福寺があり、荘園は摂関家領幡多庄、山田庄、石清水八幡宮領有井庄などが置かれた。『吾妻鏡』寿永元年（一一八二）九月二五日条で源希義を討った平田太郎俊遠は、宿毛市平田に比定される枚田郷を本拠とする平家方の有力家人であったと考えられる。

（森公章）

西海道

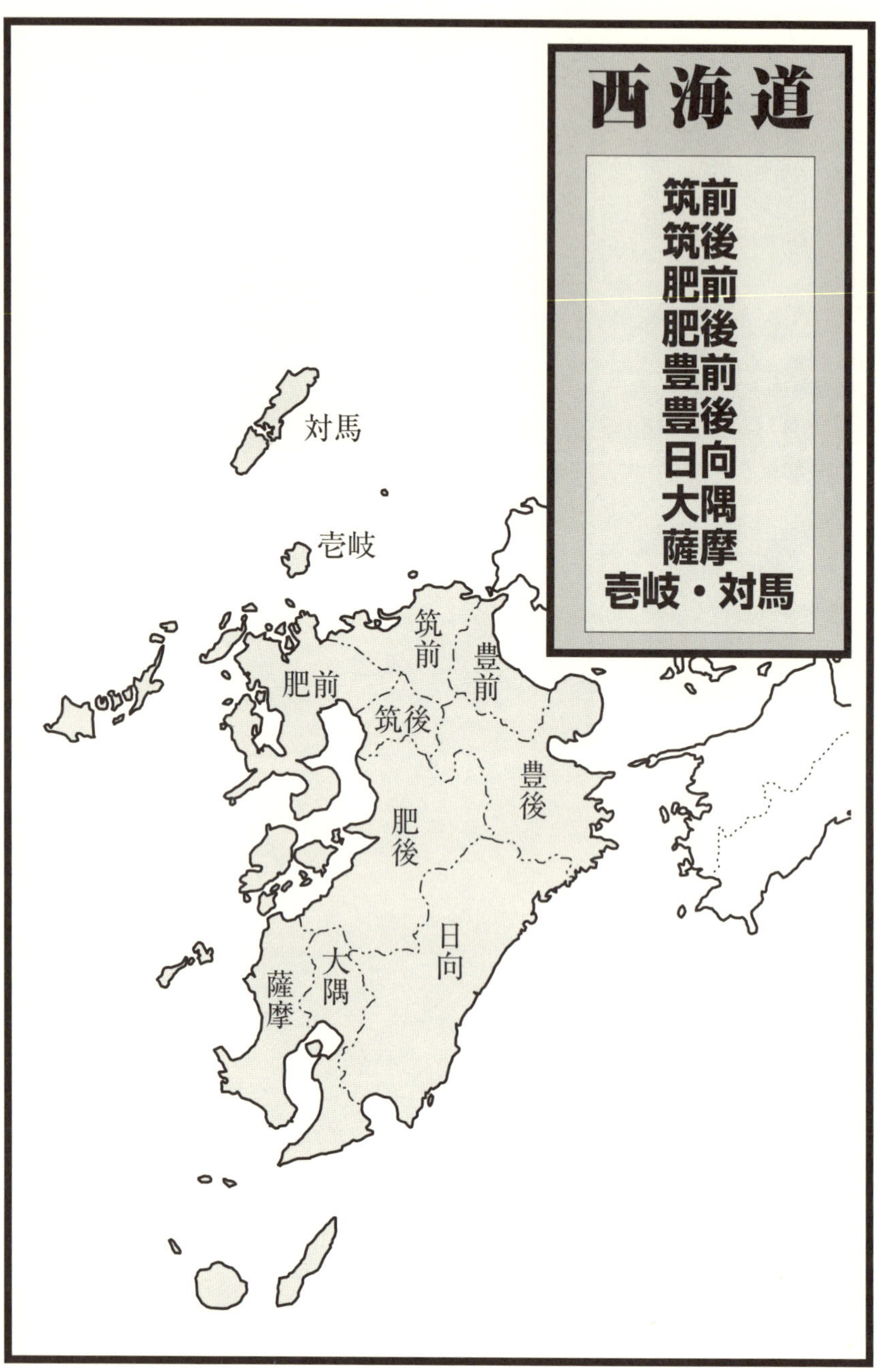
西海道
筑前
筑後
肥前
肥後
豊前
豊後
日向
大隅
薩摩
壱岐・対馬
対馬
壱岐
筑前
豊前
肥前
筑後
豊後
肥後
日向
大隅
薩摩

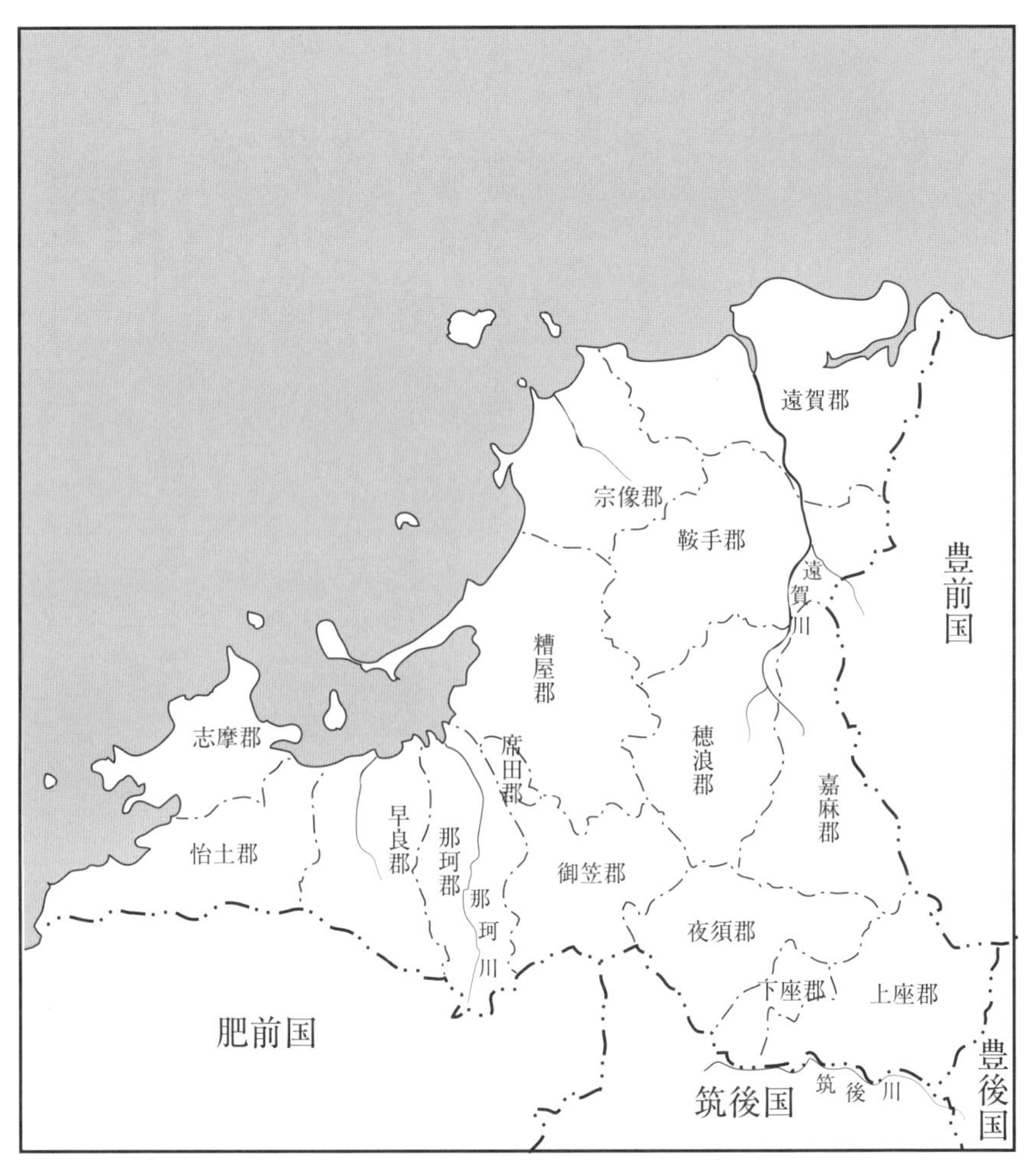

遠賀郡
宗像郡
鞍手郡
豊前国
遠賀川
糟屋郡
穂浪郡
志摩郡
席田郡
嘉麻郡
早良郡
那珂郡
怡土郡
御笠郡
那珂川
夜須郡
下座郡
上座郡
肥前国
豊後国
筑後国
筑後川

筑前国略図

筑前

筑前国・ちくぜんのくに

福岡県の西北部に当たり、その主要部を占め、北は玄界灘に臨んでいる。古くは筑紫国の一部であったが、七世紀末に前後二国に分割されて成立した。その当初は「竹志前国」や「竺志前」などとも記され、「筑紫乃三知乃久知」と呼ばれた。『延喜式』では十五郡を管する上国とされ、『和名抄』は一〇五郷をあげ、田数を一万二八〇〇余町としている。国衙と国分寺は御笠郡（太宰府市）に所在し、同所には後述のような大宰府も置かれた。そこから西海道各地への官道が通じ、『延喜式』は十九駅をあげているが、『万葉』には蘆城駅家の名も見え、その間に改廃があったようである。

「漢委奴国王」の金印や邪馬台国時代の伊都国などに代表されるように、当地は古くから大陸への門戸に当たり、弥生時代には稲作に象徴される先進的な文化が発達し、その関連遺跡は枚挙にいとまがない。古墳時代にも装飾古墳など独自の文化が見られるほか、宗像郡の沖ノ島は海上交通にかかわる祭祀遺跡として有名であり、海の正倉院ともいわれる。対外交渉の進展とともに、五三六年にはそのための機関として那津（福岡市）に官家が修造され、七世紀初頭にはその長官と考えられる筑紫大宰が登場した。天智二年（六六三）の白村江敗戦後には水城や大野城などの国防関連施設が築かれ、やがて官衙としての大宰府も成立した。それは西海道諸国島の内政を総管し、周辺には府学校や観世音寺も並び、そこは西海道の政治・文化の中心地として、みずから「天下の一都会」と誇称した。

筑前国は令で大宰府の直轄と規定されたが、天平二年（七三〇）前後の筑前守山上憶良をはじめ、実際には国司の廃置がくり返され、大同三年（八〇八）以降は常置となった。ただ、大宰府との関係もあり、独自の国府は形成されなかったようである。『万葉』には帥大伴旅人や憶良等大宰府関係者の歌が多く見られ、筑紫歌壇と特筆されている。

博多には内外使臣のための客館が置かれ、それは筑紫館ついで鴻臚館と呼ばれたが、九世紀以降は対外貿易の場となり、太宰府市などでは大量の輸入陶磁器類が発掘されている。寛仁三年（一〇一九）の刀伊の入寇など、当国の国際的な環境を象徴する事件もしばしば発生している。また、十世紀初頭には菅原道真の廟として安楽寺（太宰府天満宮）が創建されるが、これも当国を代表するものであろう。

（倉住靖彦）

怡土郡・いとのこおり

『和名抄』は「以止」と訓じ、飽田・託社・大野・長野・雲須・良人・石田・海部の八郷をあげる。イトの表記については『古事記』に「伊斗」、『書紀』に「伊覩」とあり、『魏志』には「伊都」とも見える。地名は、後述のような『書紀』の伊覩県主にまつわる伝承にもとづくといわれている。郡域は筑前国の西端に当たり、南は背振山地を境界として肥前国に接し、西は玄界灘に臨む。かつては平安時代前期ごろまで糸島半島北部の旧志摩郡地域が糸島水道によって隔てられていたと考えられていたが、近年の地質学的調査や考古学的な発掘調査などの結果から、中通低地帯には東西から内海が大きく入り込んでいたものの、中央部付近で陸続きであったことが判明している。現在の福岡市西区の西部から福岡県前原市南半部および同糸島郡二丈町にかけての地域に当たる。

『書紀』仲哀八年条によれば、伊覩県主の祖である五十迹手（いとて）は仲哀天皇が熊襲征討のため西征したことを知り、船の舳艫に立てた五百枝の賢木に八尺瓊と白銅鏡そして十握剣を掛けて、穴門豊浦宮（あなとのとゆらのみや）（山口県下関市）に滞在中の天皇を穴門の引嶋（ひこしま）（下関市）まで出迎え、天皇から恪勤を伊蘇志（いそし）と賞されたので、彼の本土が伊蘇国と呼ばれ、それが伊覩に訛ったという。また『筑前国風土記』にもほぼ同じ伝承が見られ、さらに彼はみずからを天から降ってきた日桙の子孫と称したという。

ついで神功摂政前紀によれば、橿日宮で仲哀天皇が急死し、皇后は神託に従って熊襲よりもまず新羅を征討することにしたが、折しも臨月であったので、腰に大きな石を当ててその時期を延ばし、凱旋後に宇瀰（糟屋郡宇美町）で応神天皇を出産したという。この鎮懐石の伝承は『古事記』や『筑前国風土記』などにも見え、当地方ではかなり広く流布していたらしく、『万葉』には那珂郡伊知郷蓑島の建部牛麻呂が伝えた話にもとづくという長歌が収められ、作者は記されていないが、天平初年当時の筑前守山上憶良とみなされている。舞台となった深江村子負（饗）原は二丈町深江に比定され、そこでは鎮懐石八幡宮として祭られている。これ自体は北九州各地でみられる神功皇后伝承の一つであるが、それと同時に、当地を拠点とする朝鮮半島との交流が頻繁であったこともうかがわせる。たとえば、前原市の志登支石墓群は弥生時代中期の墓地遺跡であるが、支石墓は半島から伝播した墓制といわれ、これは具体的な例証の一つとなっている。

一方、当地は『魏志』倭人伝に見える伊都国の地に比定され、所在地論でかまびすしい邪馬台国とは異なり、これに対する異論はほとんど見られない。周知のように、『魏志』には朝鮮半島にあった帯方郡から邪馬台国に到る諸国への方位や距離が記されているが、この伊都国の前後ではその記載方法に差が見られるので、伊都国からはそこを起点として放射状に記されているとする説もある。その当否を判断することは容易でないが、これに対する支持もかなり強いようである。それはともかく、伊都国の人口は一〇〇〇余戸ともされ、他の諸国には見られない世襲の王が存在していたが、この王と前述の伊覩県主とは系譜的につながるのであろうか。しかし、あくまでも女王国に統属される一国であり、邪馬台国から派遣された役人とみられる官と副も置かれていた。またここは帯方郡からの使者が常に滞在する所でもあり、女王卑弥呼の代理ともいうべき一大率が駐在し、内外使節の送迎や文書・賜遺物の伝送など、その応接に当たった。さらにこの一大率は女王国以北の検察にも当たり、そのため諸国からは畏憚されたという。邪馬台国の位置によっては再考すべき点もあるが、ここは当代における北九州統轄の拠点であり、同時に朝鮮半島にも近く、しかも東西からの入り江が安全な泊地としての条件を備え、対外的な門戸としての役割も果たしていたのである。

前原市内には、三雲・井原遺跡群や曽根遺跡群など、弥生時代の優れた遺跡が集中している。前者は北九州でも有数の集落遺跡で、なかでも三雲南小路遺跡の甕棺墓からは三十五面以上の前漢鏡をはじめとする豊富な副葬品が出土し、西暦紀元前後の伊都国の王墓とみなされている。井原鑓溝遺跡では二十一面の方格規矩鏡が、また後者の平原遺跡では日本最大の銅鏡ともいわれる直径四十六・五センチメートルの内行花文鏡など四十二面の銅鏡がまとまって出土しているが、これほど多数の銅鏡が出土する例はきわめて限られているし、他の副葬品の質や量からみても、これらは前述の甕棺墓に続く王墓と考えられている。古墳の分布状況などから見て、首長層は古墳時代の前半ごろまで勢力を保持し、一定の政治的な役割を果たしていたようであるが、当地方では五世紀中ごろを境として前方後円墳の築造数が激減しており、北部九州における勢力交代を示唆するものとして注目されている。

対外交渉あるいは海上交通の要衝に位置していたこととも無関係ではないだろうが、軍事関連の施設も築かれている。前原市の雷山の中腹では谷に設けられた水門とそこから伸びる列石土塁線が見られ、雷山神籠石と呼ばれている。神籠石についてはかつて霊域説もあったが、現在では古代山城の一種とみなすことでほぼ定着している。ただ、発掘調査が進んでいないこともあって、一説では七世紀代築造ともいわれるが、その年代をはじめとして、目的や機能などの具体的な点については諸説が見られ、一定していない。

これに対して、同市の高祖山に所在した怡土城は新羅征討を計画するなど緊迫した状況のなかで築かれ、その経過が知られる古代山城としても有名である。すなわち、天平勝宝八歳（七五六）に兵法家としても知られる大宰大弐吉備真備を専当として起工され、天平宝字七年（七六三）にはほぼ成り、天平神護元年（七六五）には大弐佐伯今毛人を築怡土城専知官に任命し、着工から十二年の歳月を要して神護景雲二年（七六八）に完成した。西斜面に広大な城域を占め、急峻な傾斜の尾根筋を利用した土塁をはじめ、望楼や水門などの遺構が確認され、大野城などの朝鮮式山城とは異なる中国式の築城法が採用されていることも判明しているが、十分な発掘調査が行われていないので、不明な点も少なくない。なお、ここからは糸島地方を一望でき、中世には原田氏の本拠として利用された。

高祖山の北山麓に福岡市西区周船寺地区が位置し、その名は鋳銭司料を貢進したことにちなむともいわれるが、大宰府政庁の分課の一つで、船舶に関することをつかさどった主船司が所在したことに由来するとみなす説が有力である。職員令によれば、大宰府には船舶関係の品官として大工と主船が配属され、前者が新造、後者が修理を担当したと解されている。しかし、律令用語としての修理はそれが不可能な場合の造替すなわち新造とも不可分の関係にあったようであり、大工が船舶に関することを含む営繕関係全般を総括したのに対し、主船は船舶工事に関する事務を担当し、主船司はその指揮下に形成された現業部門であったと考えられる。主船司の業務対象には貢調船あるいは遣唐使船などの渡洋船舶も含まれていただろうから、当然のことながら港湾として利用できる海岸近くに立地する必要があった。当時の周船寺地区は博多湾内からさらに入り込んだ地点に位置したと推定され、主船司の任務遂行においてはもっともふさわしい場所であったといえる。

現前原市三雲地区に「郡」という小字名が見え、郡家跡と推定されているが、確認はされていない。またこの付近から高祖地区にかけてのかなり広い範囲が託社郷の地に想定され、長野郷も同市長野がその遺称地とみなされているが、他の六郷についてはいろいろな説が見られるものの、いずれも確定的とはいいがたいようである。

式内社としては前原市志登に鎮座する志登神社が見え、古くは入り江の中の小島に位置したと伝えられ、後には志摩郡に属した。おそらく入り江の埋没後であろうが、その時期は特定できない。また式内社ではないものの、元慶元年（八七七）に高磯比咩神が従五位下を授けられているが、それは同市高祖の高祖神社を指すと考えられ、後には「怡土荘鎮守」あるいは「怡土郡一宮」などと称され、崇敬を集めたという。

当地方には大宰府から肥前国松浦郡を経由して壱岐島方面に至る官道が通じ、早良郡額田駅（福岡市西区）から比菩・深江・佐尉の三駅を経て肥前国大村駅（佐賀県唐津市浜玉町）に連絡していた。このうち、深江駅は現二丈町深江付近、佐尉駅は同町鹿家付近に比定することでほぼ落ち着いているが、比菩駅については前原市内の泊あるいは篠原付近に想定する説があり、前者とすれば、志摩郡に属していたことになる。

平城宮跡から養老七年（七二三）の当郡の調綿に関する荷札木簡が出土し、裏面に見える「室山」はその収納責任者の名かと推定されている。奈良時代における西海道の綿は良質なことで有名で、税としても重視され、各地から納められていた。また大宰府史跡では天平年間前半ごろ（七三〇年代）のものと考えられる紫草関係の木簡が出土しているが、当郡のものだけでなく、各地のものがまとまっていた。当時の紫色は高貴な色とされ、紫草は染料としてのその原材料であるが、大宰府は染料に精製して進上するほか、布帛類を染造して貢納する場合もあった。

（倉住靖彦）

志摩郡・しまのこおり

郡名は、はじめ「嶋」と見え、また「志麻」にも作られた。『和名抄』は韓良・久米・登志・明敷・鶏永・川辺・志麻の七郷をあげるが、ほかに加夜郷の名も見える。郡域は筑前国の西北端に位置し、北と西は玄界灘、東は博多湾に臨む。かつては平安時代ごろまで南の怡土郡との間に糸島水道が通じ、文字どおりの島であったといわれていたが、近年の調査によって、東西から内海が大きく入り込んではいたものの、陸続きであったことが判明した。現在の福岡市西区および福岡県前原市の各一部と同糸島郡志摩町に当たる。

早くから中国や朝鮮と交流していたらしく、貨泉や半両銭の出土で知られる志摩町の御床松原遺跡などに代表されるように、弥生時代の遺跡にはその影響を受けたものが多く見られる。これは当地が外海に面しながら、南辺には東西からの大きな入江が広がり、安全な泊地としての条件に恵まれていたこととも無関係ではない。かなり後まで対外的な海上交通の要地としての役割を果たしたが、同時にそれによる影響も小さくない。

『書紀』推古十年（六〇二）条によれば、来目（くめ）皇子は新羅征討のため軍衆二万五〇〇〇人を率いて筑紫に到り、嶋郡に駐屯したといい、ここから渡海する予定であったのだろう。翌年、皇子は筑紫で薨ずるが、久米郷の名は皇子にちなむといい、志摩町野北付近に比定されている。『万葉』巻十五には天平八年（七三六）の遣新羅使の歌が収められているが、彼らは筑紫館（福岡市中央区）を経て当郡の韓亭に到り、引津亭を経由して肥前国松浦郡から壱岐嶋に渡っている。韓亭は中国や朝鮮に往来する内外使節のための宿泊施設を指し、韓良郷内に所在したと考えられ、西区唐泊地区に比定される。各地では仮泊であったのに対し、ここでは三日間もとどまっているが、それはいよいよ外海に出る前の潮待ちのためであったと考えられる。引津亭は糸島半島西岸の引津湾に面した志摩町岐志付近に位置したと推定され、沿岸沿いに進む当時の航海では格好の停泊地であった。

正倉院文書の大宝二年（七〇二）「筑前国嶋郡川辺里戸籍」は有名であるが、同郡大領肥君猪手の戸は多くの房戸や寄口さらには奴婢を含み、総計は一二四人を数えた。肥君はもともと肥後南部を本拠としていたが、六世紀の筑紫国造磐井の乱を契機として筑前に進出したと考えられ、郡家はこのような肥君との関係から川辺里（郷）に置かれたといわれ、志摩町馬場付近に比定されているが、いまだ確認はされていない。郡司関係では、和銅二年（七〇九）には少領中臣部加比に中臣志斐連の姓が与えられている。

大宝三年（七〇三）に加夜郷蝿野林が焼塩山として観世音寺（太宰府市）に施入され、同寺は焼塩所を設け、かなり後まで製塩を行っていた。当郡大領肥君五百麿は同寺の煎塩釜を借りて製塩を行い、承和八年（八四一）に釜を返却しているが、それは和銅二年に官から施入されたものであった。延暦二十三年（八〇四）には綿調を停止して銭を輸すように改められたが、いかなる理由によるのか、また鋳銭についての記録も見られないので、同郡がその銭をどのようにして調達したのかなどは明らかでない。

（倉住靖彦）

早良郡・さはらのこおり

『和名抄』の訓は「佐波良」、毗伊・能解・額田・早良・平群・田部・曽我の七郷からなる。郡域は筑前国の西部で、南は肥前国に接し、北は博多湾に面するが、湾内には能古島が浮かぶ。現在の福岡市西部の城南・中央・西・早良各区のそれぞれ一部に当たる。

早良平野には弥生時代の遺跡も多く、早くから開けていた。『万葉』には草香江などが詠われ、なかでも能古島の也良崎は防人の配備地として知られ、『延喜式』に牛牧としても見える。その遺称地などから曾我郷を除く各郷はおおむね現在地に比定でき、郡家は郡名を負う早良郷に所在し、現在の早良区祖原付近と考えられる。大宰府から肥前国松浦方面に通じる官道に額田駅があり、西区野方に比定される額田郷に所在した。天平宝字二年（七五八）「観世音寺奴婢帳」には早良郡司として三宅連や早良勝など、また額田郷戸主として三家連の名が見える。なお、貞観十二年（八七〇）に背布利神が授位されたが、同社は筑肥国境の背振山上に位置し、近世以降は肥前国に属した。

（倉住靖彦）

那珂郡・なかのこおり

『和名抄』に訓は見えないが、ナカであろうし、「那賀」とも見える。『後漢書』などには奴国、『書紀』には儺県や長津とあり、地名はそれにちなむ。田来・日佐・那珂・良人・海部・中島・三宅・山口・板曳（引）の九郷があり、ほかに伊知郷も見える。郡域は筑前国の中央部西寄りで、北は博多湾に面し、南は肥前国に接する。現在の福岡市東・中央・博多・南の各区の一部および福岡県春日市と同筑紫郡那珂川町に当たる。『後漢書』によれば、五十七年に奴国王が後漢の光武帝から印綬を授けられたといい、天明四年（一七八四）に博多湾頭の志賀島で発見された「漢委奴国王」の金印がそれとみなされている。かつては「委奴」をイトと読み、伊都国に比定する説もあったが、現在では奴国と解することで定着している。ただ、そこに埋められていた理由は明らかでないし、平安時代前半ごろまで志賀島は糟屋郡に属していた。奴国は春日市付近を中心とし、人口は二万余戸を数えたともいい、邪馬台国女王卑弥呼に統属されていたが、稲作文化発達史では特筆される博多区の板付遺跡をはじめ、周辺地域には弥生銀座と称されるほど遺跡が密集しており、当時の倭国における文化的先進地帯であった。

『書紀』には、神功皇后が灌漑のため儺河から迹驚岡に引いた裂田溝の話が見え、儺河は那珂川であり、その舞台は現在の那珂川町安徳地区といわれている。これ自体は北九州の各地でみられる皇后にまつわる説話の一つにすぎないが、水田開発にともなう苦労をモチーフとしており、障害となった大岩を雷電が破砕したことによってようやく溝を開通できたとあるように、かなりの難工事であったことをうかがわせる。

五三六年、那津は去来の関門であるとして、そこに官家を修造して穀物を集積し、非常に備えた。それは便宜的に那津官家と呼ばれ、その位置はかつて南区三宅付近と考えられていたが、近年は博多区の比恵遺跡に比定する説も示されている。いずれにしても、那津は「ナ」地域の港という意味であり、当時は深く入り込んでいたらしい博多湾を指している。翌年の大伴狭手彦の任那出兵に際し、兄の磐は後詰めとして筑紫の国政を執ったが、その場所は那津官家と考えられるので、この官家が大宰府の起源とみなされている。七世紀に入ると、その管掌者には朝廷から派遣されたミコトモチであることを示す筑紫大宰という官名が与えられ、実績的にも大宰府の前身であることが明確になる。ついで斉明七年（六六一）には斉明天皇が百済再興支援のため西征して娜大津に到着し、そこを長津と改め、その近くと推定される磐瀬行宮に滞在した後、朝倉橘広庭宮（福岡県朝倉郡）に遷居した。天皇の死後、皇太子の中大兄皇子（天智天皇）は長津宮に移って軍政を行ったが、まもなく帰京し、ここでは弟の大海人皇子（天武天皇）が作戦の総指揮を執った。

天智二年（六六三）の白村江における敗戦を機に、筑紫大宰とその組織は太宰府市の現在地に移ったが、唐や新羅との国交回復とともに、内外使節が発着する那津ではそのための応接施設が必要となった。それは、天武・持統朝にはまず筑紫大郡・小郡として見え、ついで奈良時代には筑紫館と称され、さらに平安時代になると中国風の鴻臚館と改称された。中央区内に所在するその遺跡は近世の福岡城建設などによって破壊されたと考えられていたが、近年の発掘調査によって意外に残存していることが判明し、構造が解明されつつある。

天平宝字三年（七五九）に博多大津の名が初見され、大宰博多津とも称されて、大宰府の外港として明確に確認されていた。九世紀半ばには唐や新羅との公的な対外交渉がとだえたが、それに反して民間貿易は盛んになり、鴻臚館は公的宿泊所から商人を「安置供給」するための施設に変質し、国営貿易所のようになった。入唐留学僧にとっても商船への便乗が唯一の渡航方法となり、当地で便船を求めている僧についての記録も散見される。また博多は、対外的な門戸としてだけではなく、大宰府からの貢調物の積出し港でもあり、貞観十一年（八六九）には貢綿船が新羅海賊に襲撃される事件も発生している。

博多区の住吉神社は神功皇后にまつわる伝承を有する式内社で、天平九年（七三七）には新羅の無礼を告げる奉幣がなされるなど朝廷の尊崇を受け、また航海安全・船舶守護の神として信仰された。東区の式内大社筥崎宮は神功皇后や応神天皇を祭神とする八幡宮で、延喜二十一年（九二一）の神託によって大分八幡宮（飯塚市）から遷座され、武神として朝野の篤い崇敬を集めたが、後には糟屋郡に属した。また大同元年（八〇六）に唐から帰朝した空海は密教の東漸を願い、博多区の東長寺を開基したという。

なお当郡関係では、『万葉』に神功皇后にまつわる鎮懐石の話を伝えた伊治郷蓑島の建部牛麿の名が見え、大野城市のハセムシ窯跡から「奈珂郡手東里」などと刻まれた甕片が出土したが、それは和銅六年（七一三）に調として納めるため隣の御笠郡の生産地に注文したものと推定された。また、延暦十二年（七九三）には当郡出身の三宅連真継が京での濫行によって本郷に送還されたが、上京の理由は明らかでない。天長三年（八二六）や承和元年（八三四）には当郡に慶雲が現れ、群臣が賀表を上せている。

（倉住靖彦）

席田郡・むしろたのこおり

『和名抄』の刊本は、国郡部では「席田郡」として「牟志呂多」と訓じながら、郷名部では「席日郡」と記している。筑前国内では最小で、糟屋など三郡を設定した後の剰戸で創出したため、席のように狭いことからこの名が生じたともいう。石田・大国・新居の三郷からなる。郡域は筑前国の中央部西寄りに位置し、現在の福岡市博多区に当たる。

大宰府への官道が通じ、久爾駅が大国郷に所在したと考えられる。『古今著聞集』には大宰権帥源経信が莚田駅で観月の邪魔になる槻の木を切った話が見えるが、その莚田駅は当駅のことで、博多区月隈が遺称地という。郡内には博太荘があり、故高子内親王家から内蔵寮に売却されていたが、観世音寺は延暦十一年(七九二)に一切経料田として寄進されたものが横領されているとし、貞観十年(八六八)に両者の間で争論が起こり、筑前国田文所は大宰府の指示で仁寿二年(八五二)の班田図によって勘注している。


(倉住靖彦)

糟屋郡・かすやのこおり

『和名抄』の訓は「加須也」。郡名は「粕屋」・「糟谷」・「滓屋」なども見える。香椎・志珂・厨戸・大村・池田・阿曇・柞原・勢門・敷梨の九郷からなる。郡域は筑前国の中央部北寄りに位置し、北は玄界灘に臨み、現在の福岡市東区と福岡県古賀市および同糟屋郡新宮・久山・志免・粕屋・篠栗・須恵・宇美の各町に当たる。

古くは『魏志』に見える奴国あるいは『書紀』の儺県の地に含まれていたらしく、天明四年(一七八四)の博多湾頭の志賀島(東区)で発見され、現在は国宝に指定されている「漢委奴国王」の金印は有名である。かつては「委奴」をイトと読み、伊都国(前原市)に比定する説もあったが、論争を経て奴国と解することで定着している。ただ、奴国の中心部は後の那珂郡に当たる現春日市付近と推定され、その金印がここに埋められていた理由については隠匿説などの諸説があるが、具体的には明らかでない。

『書紀』によれば、仲哀天皇は熊襲征討のため当地の橿日宮に至ったが、神託に逆らったため急死した。その地に営まれたのが香椎廟(宮)で、神亀元年(七二四)の創建とも伝えられる。それはやがて神功皇后伝承とも結びつき、対新羅外交とのかかわりから朝廷の崇敬を受け、天皇即位や兵乱などの重大事に際しては勅使差遣が慣例となった。式外社ながら、香椎廟として他に例のない待遇を受け、『延喜式』には橿日廟司や香椎宮守戸などについて規定されている。一方、臨月を迎えた皇后は、鎮懐石の伝承に語られるように、出産を抑えて新羅に出征し、凱旋後に応神天皇を出産したが、その地とされる蚊田は後に宇美（宇美町）と改められ、同地に営まれた八幡宮は古くから安産の神として信仰を集めた。なお、現東区の式内大社筥崎宮は応神天皇などを祭神とし、全国でも有数の八幡宮として知られているが、延喜二十一年（九二一）の遷座当時は那珂郡に属していた。

志賀島は志珂郷の地に比定されるが、海人の根拠地であり、神功皇后の新羅出兵に際しては磯鹿海人が偵察を行ったといい、神亀年中（七二四〜九）には志賀村の白水郎荒雄が大宰府の対馬送粮船柂師となって遭難した。『万葉』によれば、当時の筑前守山上憶良は荒雄を悼み、天平八年（七三六）の遣新羅使は筑紫館から島を眺めて故郷を思い、そのほか藻塩を焼く海人を主題とした歌も見られる。志賀島に通じる砂州は海の中道と呼ばれるが、奈良時代に製塩や漁業に従事したとみられる集落の遺跡が発見され、歌に詠まれた場景を彷彿とさせた。また同島の白水郎は香椎廟の春秋の祭日に風俗楽を奏するのを恒例とし、その衣装は大宰府の負担で製作された。阿曇氏は海部を率いた伴造氏族であり、志珂郷から現新宮町付近に比定される阿曇郷がその発祥の地と考えられている。『筑前国風土記』には神功皇后にまつわる資珂嶋（志賀島）の地名起源伝承が収められ、皇后の従者として見える大浜は阿曇氏の祖とされる大浜宿禰と同一人物といわれ、同所の式内社志賀海神社は綿津見三神を祭るが、この神は阿曇氏の祖神あるいは奉斎神と伝えられている。

継体二十二年の筑紫国造磐井の乱後、筑紫君葛子は父への連座を恐れ、糟屋屯倉を献じて死罪を免れた。本拠である筑後八女地方ではなく、当地を贖罪の代償とした点は注目されるが、その位置や範囲など具体的なことは明らかでない。前述の神功皇后伝承からもうかがわれるように、当地は対外交渉を行う上で重要な位置にあり、ヤマト政権は最適の拠点を獲得したことになった。ついで近くの博多湾岸には那津官家が設置されたが、やがてそれは整備され、七世紀後半には大宰府として成立する。

京都妙心寺蔵の梵鐘には「戊戌年四月十三日壬寅収糟屋評造舂米連広国鋳鐘」という銘文が見られ、いわゆる郡評論争でも注目された。戊戌年は文武二年（六九八）に当たり、現在のところ最古の在銘鐘とされている。本郡内で鋳造されたとは断定できないが、関係の深いものである。また舂米連は茨田屯倉（大阪府）の設置にともなって設定された舂米部の伴造氏族であり、那津官家の設置に際して同屯倉からも穀物を運ばせたとあるので、その点から同氏と本郡の関係を説く見解も見られるが、承認されるまでには至っていない。

　大宰府に到る官道には夷守駅が置かれ、現粕屋町阿恵付近に推定されている。また席打駅は現古賀市莚内に比定される席打郷に所内在したのであろうが、『和名抄』によれば、当時の同郷は宗像郡に属していた。現在のところ、郡家の位置は明らかでない。

　なお、天智四年（六六五）には南部の四王寺山に大野城が築かれ、築城をめぐる経緯などから、南麓に位置する大宰府との関係ばかりが強調されるが、その主要部は本郡に属している。宝亀五年（七七四）には新羅の呪咀に対抗してここに四天王像を祀って修法せしめ、その堂舎を四天王寺と称したことからこの山名が生じた。

（倉住靖彦）

宗像郡・むなかたのこおり

『和名抄』の訓は「牟奈加多」。古くからしばしば史上に登場したことにもよるのであろうが、その表記については、奈良時代には「宗形」のほかに「胸肩」・「胸方」・「胸形」なども記され、現行の「宗像」が一般的になるのは平安時代以降のようである。その名は、後述のような宗像三女神の降臨・鎮座の際に奉祭された形代にちなんで身形と称したことに由来するとも、あるいは中央部を貫流する釣川沿いがかつては干潟であったことから空潟と称されたことによるともいわれるが、いずれも付会のきらいを免れがたい。秋・山田・怡土・荒自・野坂・荒木・海部・席内・深田・蓑生・辛家・小荒・大荒・津九（丸）の十四郷からなり、筑前国では最多の郷数であるが、これには錯乱があるともいわれている。郡域は筑前国の北部に位置し、北と西は玄界灘に面する。現在の福岡県宗像市および福津市と玄界灘に浮かぶ大島の旧大島村（現宗像市大島）に当たる。

　記紀神話によれば、高天原における天照大神と素戔嗚尊の誓約の際に、尊の剣から市杵島姫神・湍津姫神・田心姫神という三女神が生まれ、それらは宗像三女神あるいは宗像大神と呼ばれるが、天照大神の神勅を受けて海北道中に降り、天孫を助けたので、道主貴として祭られたという。宗像大社はこの女神をそれぞれの祭神とする辺津宮（旧玄海町）、中津宮（旧大島村）そして沖津宮（旧大島村沖ノ島）という三宮の総称で、宗像大神を奉斎する全国六二〇〇余社の総本社ともいわれるが、同社における祭神の配列順や神名の表記法にはさまざまな変遷があり、現在の形に落ち着くのはかなり後のことのようである。

本来の宗像神は、当地方の海人集団を統率し、海上における諸活動を支配していた宗像氏が祖神として奉斎していたものとみられている。しかし玄海町の鐘岬が玄界灘と響灘を境するように、当地は筑前海域の沿岸航路の要衝に位置し、また航海技術の未熟な古代にあって島嶼は最良の航路標識であり、とくに朝鮮半島との交流が頻繁になるにつれて沖ノ島の重要性が認識された。つまり沖ノ島は九州本土と対馬島のほぼ中間に位置しており、朝鮮半島に到る航路においてそれを経由するコースがクローズアップされたのである。こうして宗像神は一地方豪族の奉斎神から海上交通の守護神として国家的な祭祀を受ける神に昇格したのであり、前に触れた海北道中の道主貴という尊称はそれを端的に象徴し、さらにそれを物的に証明したのが沖ノ島の祭祀遺跡である。

沖ノ島は全島が宗像大社の神域であり、かつては「不言島」とも称されたように、その様子を島外に伝えることさえタブーであったが、先年の学術調査によって古代における祭祀状況と遺跡が明らかにされた。それによると、祭祀はまず四世紀末ごろ巨岩上において始まっているが、これはヤマト政権が朝鮮半島との交渉を開始したころに当たる。ついで五世紀後半から六世紀代にかけて岩陰における祭祀が最盛期を飾り、九世紀に入ると様相を一変させ、露天における祭祀で終末を迎えているが、それは遣唐使の廃止時期に当たっている。初期の遺物には畿内の前期古墳の副葬品と共通するものが多く、それがヤマト政権の直祭によるものであったことをうかがわせるし、最盛期のものでは新羅からもたらされた金銅製品が、そして末期では奈良三彩などの特殊品が注目された。現在では数万点にのぼる出土遺物のすべてが国宝ないし重要文化財に指定され、沖ノ島は「海の正倉院」とも称されている。これらは他に類例を見ることのできないものであり、宗像氏の勢力がいかに強大であったにしても、一地方豪族が単独でこれだけの祭祀を行いえたとは考えがたく、それが国家的な祭祀による供献品であることは論を待たないところであろう。

また、宗像神は神功皇后の新羅征討に「神験」があったとして朝廷の崇敬を受け、国家の重大事に際しては勅使が発遣されたが、その背景には天皇家と姻戚関係にあったことも無関係ではないだろう。すなわち、胸形君徳善の女尼子娘が天武天皇の宮人となって高市皇子をもうけたといい、それは宗像氏の中央進出の契機ともなり、壬申の乱における皇子の活躍にもよるのか、地方豪族としては希有の朝臣姓が与えられ。津屋崎町は県下でも有数の古墳密集地であるが、それは宗像氏一族の墳墓とみられている。なかでも宮地嶽神社境内に所在する宮地嶽古墳は長大な石室をもつ七世紀前半の円墳で、馬具類をはじめとする副葬品は国宝に指定され、徳善の墓とみなす説が有力である。また同じ境内から瑠璃壺を銅壺に納めた八世紀初頭の骨蔵器が出土し、これも国宝に指定されているが、被葬者は特定できないものの、かなり高貴な人物ではないかと想定されている。

律令制の成立とともに、当地方では宗像郡が成立したが、文武二年（六九八）にその郡司に三等以上の親族の連任が許可されているので、そのころにはすでに宗像氏を郡司とする神郡とされていたのであろう。平城京跡出土の長屋王家木簡によれば、宗形郡大領が鮒鮨などを同王家に送っているが、神郡の貢租は神用に充てられるのが原則であり、長屋王が高市皇子の子で、宗像氏の縁者でもあることからすれば、この鮒鮨などは大領が個人的に送ったものであろうか。その後、同氏は郡司職を独占するとともに神主職をも兼帯し、絶対的な勢力を確立した。たとえば、神護景雲元年（七六七）には時の大領深津が僧寿応の勧誘に応じて金埼船瀬（宗像市鐘崎）を築いた功によって外従五位下に昇叙され、妻の竹生王も無位から一挙に従五位下に叙せられた。妻の名に疑問は残るが、皇親と考えられ、彼がそのような妻を迎えたことは、工事を行いえた財力とともに、その勢力の一端をうかがわせる。しかし、延暦十七年（七九八）の大領兼神主の宗像朝臣池作の死後、同氏の郡司職就任をめぐってはいろいろと制限が加えられ、同十九年には郡司と神主の兼帯が停められるなど、その特権は次第に剥奪されていった。その反面、宗像神については、承和七年（八四〇）に従五位下を授けられて以来、神階が累進して天慶年中（九三八～四七）には正一位勲一等に昇り、天元二年（九七九）には太政官直任の大宮司職が設置された。

前述のように、本郡は筑前国最多の十四郷を管したが、これについては諸説が見られる。たとえば、天平勝宝四年（七五二）の「僧法栄優婆塞貢進解」（正倉院文書）には本郡荒城郷の戸主宗形朝臣人君の戸口である宗形部岡足が優婆塞として貢進されたとあり、郷名にも人名にもとくに問題になる点は見られないが、同郷の位置については現宮若市上・

下有木に比定する説が有力である。また席内郷は古賀市筵内に比定されるが、かつてのここは糟屋郡の一部であった。また、『和名抄』は宗像郷を遠賀郡に含めているが、その名からして、同郷はもともと宗像郡に属する郷であったにもかかわらず、何らかの事情によって遠賀郡に混入した可能性も想定されている。これらによれば、当時の本郡は現在よりもかなり広く、周辺の糟屋・鞍手・遠賀の各郡の一部を含んでいたことになるが、反対に荒木・席内両郷が本郡に混入している可能性も否定できないし、その当否はにわかに判断できない。このほか、一文字で表されている秋郷、あるいは語呂合わせ的ではないかと疑わせる大荒・小荒両郷のように、郷名としては不自然な感を否定できないものがあり、現在地への比定が困難なこととともあいまって、いまだ検討を要する点が少なくない。

宗像市鐘崎の織幡神社も式内社であるが、その縁起によると、神功皇后の新羅出兵の際に武内大臣が赤白二旒の旗を織って宗像大神の御手長（竹竿）に付けたので、この名があるという。応神紀に呉から帰朝した阿知使主が胸形大神の求めに応じて連れてきた縫工女を奉った話が見え、ともに紡織に関連している点が注意され、福津市の縫殿神社はこの工女を祀ると伝えている。なお、福津市内の畦町と神興の二箇所に奈良時代の寺院跡があり、後者からは延喜十一年（九一一）銘の平瓦が出土している。

一方、宗像氏に関係の深い宗形部は北九州の各地に分布し、大宝二年（七〇二）の筑前国嶋郡（福岡県糸島郡）や豊前国仲津郡（同京都郡）戸籍などでも見られるほか、和銅二年（七〇九）には御笠郡（同筑紫郡）大領の宗形部堅牛が益城連を賜姓されているが、肥後国に関係の深い名を与えられた理由は明らかでないし、同四年には宗形部加麻麻伎が穴太連の姓を与えられている。神亀年中（七二四〜九）に対馬送粮船柂師となった滓屋郡志賀村（福岡市東区）の白水郎である荒雄が遭難し、『万葉』には時の筑前守山上憶良が彼を悼んで詠んだ歌が収められている。それによると、もともとその任務は本郡の百姓である宗形部津麿に課せられたものであったが、彼が老齢のため荒雄に替わってもらったといい、これにも本郡関係者が海上交通で活躍していた状況がうかがわれる。

大宰府に到る官道が通じ、本郡には津日駅が置かれ、現宗像市上八付近に比定する説が有力である。嶋門駅（遠賀郡遠賀町）と席内駅（古賀市莚内）の中間であり、ここを経由したとすれば、大きく迂回したことになるが、海岸沿いの通行しやすいルートを選んだのであろうか。『万葉』には異母兄の大伴旅人に従って大宰府に来ていた大伴坂上郎女が帰京する際に名児山で詠んだ歌が見えるが、それは旧玄海町（現宗像市）と旧津屋崎町（現福津市）の境界に位置し、宗像大社の辺津宮の近くに通じる当時の交通路に当たっていた。

（倉住靖彦）

遠賀郡・おんがのこおり

『延喜式』がヲカと訓じ、「崗」・「塢舸」・「岡賀」などとも記されたが、「遠賀」の表記とともに、訓もヲンガになった。その名は、岡が広がる地形によるという。埴生・恒前・山鹿・宗像・内浦・木夜の六郷が見えるが、宗像郷の名が見えるように、宗像郡との間に境界の変遷を想定する説もある。郡域は筑前国東北端の遠賀川河口部に位置し、北は響灘に臨み、東は豊前国に接する。現在の北九州市八幡東・同西・戸畑および若松の各区、福岡県中間市、同遠賀郡水巻・芦屋・遠賀・岡垣の四町にまたがる。

神武東征神話によれば、天皇は日向から筑紫の崗水門に至り、岡田宮に一年も留まっている。崗県主の祖である熊鰐は熊襲征討のため西下した仲哀天皇を周芳の沙麼浦（山口県防府市）まで出迎え、山鹿岬から崗浦に導き、神功皇后を洞海から崗津に案内したという。『筑前国風土記』も、県の東に位置する水門は大船の停泊に適し、そこから鳥旗（戸畑）の澳に通じる岫門は小船を容れるによいと述べている。これらはいずれも遠賀川河口の芦屋町芦屋付近を指し、また洞海湾ともつながり、海上交通の要衝であったこと、さらに崗県主はそこを本拠にかなり広い範囲を支配していたことなどがうかがわれる。

遠賀川流域には貝塚が多く分布し、また水巻町立屋敷の遠賀川の川床から発見された弥生時代前期の土器には遠賀川式土器の名が付けられ、学史的にも特筆されている。

郡内には大宰府に通じる官道が走り、豊前国到津駅（北九州市小倉北区）から連絡する三駅が置かれた。独見・夜久両駅はそれぞれ八幡東・同西の両区内に比定されるが、具体的には明らかでない。嶋門駅は遠賀郡の東、大宰府から二日の行程にあり、筑前国内では最多の駅馬二十三疋が置かれていたが、貞観十八年（八七六）にそれまで肥後国が行っていた駅家の修理を筑前国が行うように改められ、また直前の同十五年には嶋門渡船を正税で補充することが許可されている。つまり同駅には遠賀川津済としての役割も課せられていたのであり、現在の遠賀町島津付近に比定される。さらに郡家にも近接していたようであるが、天平十二年（七四〇）に乱を起こした大宰少弐藤原広嗣はここに軍営を設け、烽火を挙げて国内の兵士を徴発した。太宰府市内で「遠賀団印」が発見されたが、それは筑前四軍団の一である遠賀団のもので、同軍団もこの付近に駐屯していたのであろう。

大宰府史跡からは、本郡から出仕した郡司子弟の名を列記したものや「遠賀」の文字を習書した木簡のほか、岡賀郡の名で貢進した紫草の付札も出土している。延喜五年（九〇五）の「観世音寺資財帳」によれば、大宝三年（七〇三）に本郡の「山鹿林東山」が焼塩山として同寺（太宰府市）に施入され、やがて荘園化し、同寺が奈良東大寺の末寺になった平安末期にも同荘は年貢米を東大寺に納めている。

（倉住靖彦）

鞍手郡・くらてのこおり

『延喜式』にクラテと記し、郡名は『書紀』欽明十五年条に見える鞍橋君にちなむという。『和名抄』には金生・二田・生見・十市・新分・粥田の六郷の名が見え、郡域は筑前国東部に位置し、東は豊前国に接する。おおむね現在の福岡県直方市と同鞍手郡小竹町・鞍手町、宮若市に当たるが、一部は北九州市八幡西区にかかる。

宮若市の竹原古墳は優れた装飾古墳で、国の史跡に指定されている。西北部は宗像地方の影響を強く受け、郡界の変動も考えられる。天平十二年（七四〇）に大宰少弐藤原広嗣が率いる反乱軍は「鞍手道」から遠賀軍家に向かったが、それは特定の道路ではなく、郡内を経由したという程度であろう。二田・十市両郷の位置は明らかでないが、物部氏との関係を想定する説もある。金生郷は朱鳥元年（六八六）に観世音寺（太宰府市）に封戸として寄進され、やがて荘園化して同寺の有力な経済的基盤となった。

（倉住靖彦）

嘉麻郡・かまのこおり

『和名抄』は「加万」と訓じ、「鎌」や「嘉摩」とも記された。草壁・三緒・大村・綱別・馬見・碓井の六郷のほか、山田郷の名も見える。郡域は筑前国東端で、東は豊前国に接する。現在の福岡県山田・嘉麻両市に当たる。
　遠賀川の源流域に当たり、肥沃な地を形成した。飯塚市の立岩遺跡は弥生時代の大規模な集落遺跡で、周辺一帯にはクニ的集団の存在も想定されている。『書紀』の安閑二年条には鎌屯倉が置かれたと見え、頴田町の鹿毛馬神籠石は古代山城とみなされている。朱鳥元年（六八六）に碓井郷（嘉麻市）が観世音寺（太宰府市）に施入され、やがて碓井封として同寺の有力な経済的基盤となった。『万葉』によれば、神亀五年（七二八）、筑前守山上憶良は部内を巡行し、いわゆる貧窮問答歌は当郡内で詠んだのではないかともいわれる。宝亀元年（七七〇）には当郡の財部宇代が白雉を獲え、賞されている。大宰府から豊前国への官道が郡内を通り、綱別駅が現飯塚市に比定されている。

（倉住靖彦）

穂浪郡・ほなみのこおり

『延喜式』にはホナミとあり、「穂波」とも記された。郡名についてはその用字にもとづく諸説があるが、いずれも付会のきらいを免れがたい。『和名抄』は三坂・薦田・土師・堅磐・穂波の五郷をあげるが、平安時代には伏見郷の名も見える。郡域は筑前国の東部で、現在の福岡県飯塚市の大半と同嘉穂郡桂川町に当たる。
　桂川町の王塚古墳は装飾古墳で、数少ない特別史跡に指定されている。『書紀』安閑二年条には穂波屯倉を置いたと見え、早くから開けていたことが知られる。飯塚市の大分八幡宮は宇佐弥勒寺の進出とともに勧請され、その五社別宮の第一として重きをなし、延長三年（九二五）に筥崎に遷座された。近くには七世紀後半に創建された大分廃寺の塔跡が所在する。大宰府から豊前国への官道が通じ、伏見駅が置かれた。天慶三年（九四〇）、源敏が買得した伏見郷高田村の地を観世音寺（太宰府市）に施入し、郡の検校である穂波吉志らがこれを証判を加えている。このほか、諸大寺の荘園が集中した。

（倉住靖彦）

夜須郡・やすのこおり

『和名抄』は訓を記していないが、後述のように、ヤスと呼ぶ。『書紀』神功摂政前紀に皇后が層増岐野で荷持田村（朝倉市秋月野鳥）の羽白熊鷲を討滅して「わが心安し」と語ったと見え、それを地名の起源としている。中屋・馬田・賀美・雲提・川島・栗田の六郷からなる。郡域は筑前国の南部で、筑後平野の北端に位置し、南東は筑後国に接する。朝倉市の旧甘木市西部から朝倉郡筑前町にかけての地域に当たる。

筑前町弥永に鎮座する大己貴神社は延喜式内社であるが、神功皇后はこの社に祈願して新羅出兵のための兵士を動員できたという。大宰府木簡に夜須郡の調長大神部道祖の名が見えるが、当社との関係が想定される。その遺称地などから、雲提郷以外の各郷はほぼ現在地に比定でき、郡家については八並長者伝説などから筑前町八並付近などに想定する説があるが、確認されていない。大宰府から豊後国への官道に当たり、前後の関係から郡内には隈崎駅が考えられるが、その位置も明らかでない。

（倉住靖彦）

下座郡・しもつあさくらのこおり

『和名抄』は「下都安佐久良」訓じるが、『延喜式』はシモツクラとする。朝倉地方が上下両郡に分割されて成立したが、朝倉の語源についていは諸説があり、一定していない。馬田・青木・鍬饗・三城・城辺・立石・美嚢の七郷からなる。郡域は筑前国の南東部に位置し、南端は筑後川を挟んで筑後国に接する。朝倉市の旧甘木市南部に当たる。

平塚川添遺跡など多くの古代遺跡が見られるように、早くから開けていたことがうかがわれる。各郷の位置はほぼ比定でき、郡家は朝倉市桑原字郡ノに想定されているが、確認されていない。北部の山麓には大宰府から豊後国に到る官道が通じていたが、駅家は置かれていない。美奈宜神社は式内社であるが、朝倉市寺内と同林田に同名の神社が鎮座し、いずれが式内社かいまだ結論は出ていない。天慶元年（九三八）に当郡北部から夜須郡にかけての地に筥崎宮塔院領秋月荘が立荘されたといい、やがて大蔵姓秋月氏の本拠となったが、同氏は戦国時代にかけて活躍する。

（倉住靖彦）

上座郡・かむつあさくらのこおり

カム（ミ）ツクラと称されたかもしれない。古くは下座郡と合わせて朝倉と呼ばれていたのであろう。把伎・壬生・広瀬・柞田・長淵・何（河）東・三島の七郷からなる。郡域は筑前国の東南端に位置し、東部は豊前・豊後・筑後の三国に接する。現在は福岡県朝倉市および同朝倉郡東峰村に当たる。

斉明天皇の朝倉橘広庭宮はかつて朝倉市須川地区に比定されていたが、そこは七世紀後半に創建された寺院の跡であり、宮の位置は明らかでない。朝倉市把木の把木神籠石は古代山城の一種で、朝倉宮との関係を想定する説もある。また朝倉社は式内社の麻氏良布神社と推定され、朝倉宮にちなむ和歌も少なくないが、当地と直接の関係は認められない。

大宝二年（七〇二）に把伎野が観世音寺（太宰府市）に施入され、やがて開墾されて把伎荘と呼ばれ、同寺の有力な経済的基盤となった。豊後国に通じる官道に広瀬・把伎両駅が置かれたが、郡家とともに位置は確認されていない。斉衡二年（八五五）には当郡の大領前田臣市成が善政を賞され、仮に外従五位下に叙された。

（倉住靖彦）

御笠郡・みかさのこおり

『和名抄』の訓は「美加佐」。後には三笠とも記された。この名は、当地に到った神功皇后の笠がつむじ風に吹き落されたことによるという。御笠・長岡・次田・大野の四郷からなるが、郡域は筑前国の中央部南寄りで、南は肥前・筑後両国に接し、現在の福岡県大野城・太宰府・筑紫野の各市域に当たる。七世紀後半以降は四王寺山南麓の太宰府市観世音寺に後述のような大宰府が置かれ、九州の歴史的な展開に大きな影響を与えた。

『筑後国風土記』によれば、両筑国境に麁猛神がいて往来の妨害をしたので、筑紫君の祖である甕依姫を祝(はふり)として祀らせたという。この神が筑紫野市原田に鎮座する式内社の筑紫神社で、筑紫という地名はこの付近に発祥したと伝えられている。一方、当地方では大宰府跡（現在地）を中心とする大宰府史跡が有名であるが、ほかにも多くの古代遺跡が存在する。たとえば、筑紫野市の五郎山古墳は六世紀後半の装飾古墳として、また大野城市の牛頸窯跡群は六〜八世紀に稼働した大規模な須恵器窯跡として知られている。

天智二年（六六三）の白村江敗戦を契機として水城や大野城などが築かれ、そのころ筑紫大宰は那津（福岡市）から現在地に移り、それはやがて大宰府として整備されるが、これらは国防を含む九州支配の拠点として機能した。水城は博多湾から南方に通じる地峡的な平地を長大な土塁で塞ぎ、敵の南進を阻止しようとしている。四王寺山の大野城は、南方の基肄城とともに、朝鮮式山城と分類され、城内には多くの倉庫を備え、有事の際に避難籠城する目的であったと見られる。これらはいずれも特別史跡に指定されている。

大宰府は西海道諸国島に対する内政総管の府あるいは対外交渉における門戸としての役割を果したが、律令官制ではきわめて特異な地方官衙であった。帥以下五十名の官人のほか、書生などを加えるとかなりの規模となり、八省にも匹敵した。防人司などの分課は中央政府をそのまま縮小したような構造であり、まさに「遠の朝廷」の典型であった。なお、律令で筑前国司は大宰府の直轄とされたが、実際には大同三年（八〇八）に常置とされるまで廃置がくり返され、そのためか、独自の国府は形成されなかったようである。筑前国には四軍団が置かれたが、太宰府市国分出土の銅印からその一つが「御笠団」であったことが判明し、同じく軍団印である「遠賀団印」も近くから出土した。

政庁跡は都府楼跡とも称されているが、そこでは八世紀初頭に創建以来の掘立柱建物が朝堂院形式の礎石建物に改められ、天慶四年（九四一）の藤原純友による焼討ち後も立派に再建されていた。その東の府学校では、博士などの教官のもとで、筑豊肥六国の郡司などの子弟が学び、天応元年（七八一）には二〇〇余人が在学していた。また観世音寺は天智天皇が母の斉明天皇追善のため発願し、沙弥満誓や僧玄昉などによる造営を経て、天平十八年（七四六）に完成した。天平宝字五年（七六一）に設置された戒壇は日本三戒壇の一つに数えられ、西海道の仏教界を統轄し、平安時代前半までは栄えた。

前述の筑紫神社のほか、竈門神社も式内社で、大宰府鎮護のためその鬼門に当たる宝満山（竈門山）に創祀され、その神宮寺である竈門山寺では最澄が渡唐平安を祈り、空海はここで請雨したと伝えられている。筑前国分寺と同尼寺も本郡内の太宰府市国分に置かれ、そのほか、筑紫野市塔原の塔原塔跡は『上宮聖徳法王帝説』裏書に見える般若寺の跡に比定され、さらに同市武蔵の武蔵寺など、七～八世紀に創建された寺院も所在した。

大宰府は西海道における政治・文化の中心地であり、政庁域を北辺中央として古代都市に特有の条坊制が施行され、左右両郭それぞれ十二坊、南北二十二条が知られる。みずから「人物殷繁にして天下の一都会」と誇っているが、全域が都市的な景観を呈していたわけではなく、諸所に水田が散在し、「天ざかる鄙」でもあった。天平元年（七二九）前後の大宰帥大伴旅人や筑前守山上憶良などを中心とする筑紫歌壇は『万葉』

に燦然たる一ページを飾り、とくに同二年正月の旅人宅における「梅花の宴」は有名である。旅人は次田温泉で亡き妻を恋う歌を詠んでいるが、この温泉は筑紫野市の二日市温泉として現在に至っている。また同市阿志岐に比定される蘆城駅家では大宰府官人が送別の宴を開いているが、この駅は『延喜式』に見えず、いつしか廃止されている。長岡郷は今にその名が残るが、ここに置かれた長丘駅が大宰府から南下する最初の駅家で、豊後・筑後・肥前方面への分岐点であった。なお、九世紀前半の大宰大弐小野岑守は府の南廓に行路病者の救済施設として続命院を建置し、現筑紫野市俗明院がその遺称地に比定されている。

　高官の大宰府左遷は以前からしばしば例が見られたが、延喜元年（九〇一）に右大臣菅原道真は突如として大宰権帥に左遷され、同三年に謫地で死去した。同五年には埋葬地に廟が営まれ、同十九年には安楽寺の名が初見される。その後、彼が復権し、さらに天満自在大天神として神格化されると、天満宮安楽寺と呼ばれ、大宰府官人などによって堂塔や荘園の寄進あるいは祭事の創出が行われた。天神信仰の発展とともに朝野の崇敬を得て、九州有数の大社寺となり、現在は太宰府天満宮と称している。

（倉住靖彦）

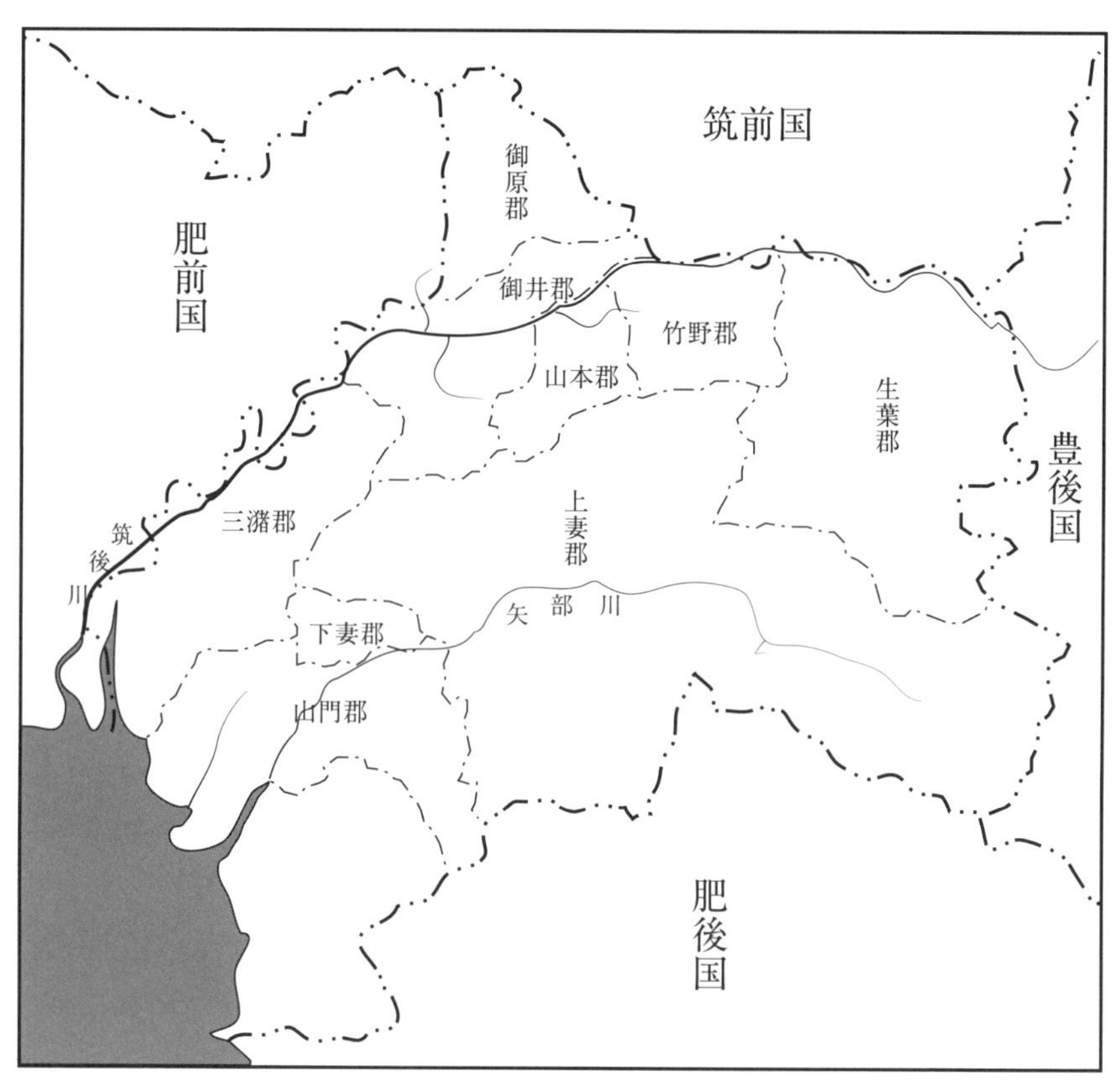

筑後国略図

筑後

筑後国・ちくごのくに

福岡県の南部に当たり、有明海に面する西半部には筑後・矢部両川が形成した肥沃な筑後平野が広がる。かつては筑前国と合わせた筑紫国の一部であったが、七世紀末に分割されて成立し、その当初は「筑紫乃三知乃之里」と呼ばれた。『延喜式』では十郡を管する上国とされ、『和名抄』には合計五十四郷の名が見え、田数は一万二八〇〇余町とある。国府と国分寺は御井郡（久留米市）に所在し、肥後方面に通じる官道に三駅が置かれた。

『書紀』では景行天皇が御木国（大牟田市付近）から的邑（浮羽郡）にかけて巡狩したと伝え、また水沼県（三潴郡）や八女県（八女郡）などの名も見えるように、古くから開け、なかでも山門地方（山門郡）を邪馬台国の地に比定する説は九州説の典型として有名である。五〜六世紀ごろは筑紫君の支配下にあり、それは筑紫政権とも評される。筑紫君磐井の寿陵という岩戸山古墳を中心とする八女古墳群は一族の墓群と推定され、この地方がその本拠と考えられている。五二七年に発生した磐井の乱は古代の地方豪族による最大の反乱事件といわれ、彼は御井郡（三井郡・久留米市）で斬られたとも、あるいは豊前方面に逃れたとも伝えられるが、こののち一族の勢力は次第に没落した。そのころから装飾古墳や石人石馬など独自の文化が発達し、前者は筑後地方だけでなく、筑前や肥後方面にも広がりを見せ、阿蘇凝灰岩を利用した後者は八女郡の石人山古墳に代表されるように、それらの分布は筑紫国造家の勢力圏を示すといわれている。

七世紀後半の百済の役には多くの兵士が動員されたが、上陽咩（八女）郡出身の大伴部博麻は唐の捕虜となり、持統四年（六九〇）にようやく帰国できた。和銅六年（七一三）に道首名が筑後守に任命されたが、彼は大宝律令の編纂にも参画した学者で、肥後守も兼任した。百姓の抵抗を抑えて池溝を開削するなど、積極的に農事を奨励し、任地で没したが、その後は祀られたといい、平安時代にも回顧されるなど、良吏の典型とされている。また正倉院には当国の天平十年（七三八）の正税帳が現存しているが、それは当代の財政状況が知られる貴重な史料である。一方、元慶七年（八八三）に筑後守都御酉が暗殺されたが、これは彼が三十余年も行われなかった班田の実施を申請し、承認されたことに起因するようで、律令体制の矛盾を露呈した事件と見られている。

（倉住靖彦）

御原郡・みはらのこおり

『和名抄』の訓は「三波良」。三原郡とも記され、名は三つの野原が存したことによるという。長栖・日方・板井・川口の四郷が属した。郡域は筑後国北端に位置し、北と東は筑前国、西は肥前国に接する。現在は福岡県小郡市と同三井郡大刀洗町の一部となる。

『肥前国風土記』基肄郡条に「御原郡姫社之社」と見え、これが郡名の初見。小郡市の小郡官衙遺跡は御原郡家に比定され、国史跡になっているが、この南東約二キロメートルに位置する大刀洗町の下高橋遺跡も官衙遺跡と見られ、八世紀後半における同郡家の移転の可能性が想定されている。日方・板井の二郷は遺称地もあるが、他の二郡の位置は明らかでない。小郡市に鎮座する御勢大霊石神社は筑後四式内社の一社であるが、他には見えない。小郡市の井上廃寺跡では畿内山田寺系の瓦が出土し、八世紀初頭の創建が考えられ、近くではそれに先行する寺院跡と見られる遺跡も確認されている。

（倉住靖彦）

生葉郡・いくはのこおり

『和名抄』は「以久波」と訓じ、大石・山北・姫沼（治）・物部・椿子・小家・高西の七郷が属した。郡域は筑後国北東部に位置し、東は豊後国に接する。また筑後川中流平野の東端で、北は筑後川を挟んで筑前国に接するが、その氾濫によってしばしば国境が変動した。現在の福岡県うきは市浮羽・吉井両町および同八女郡星野村に当たる。

『豊後国風土記』日田郡条には熊襲征討から凱旋した景行天皇が筑後の生葉行宮から同郡に入ったと見える。その名の由来について、『書紀』によれば、景行天皇が的邑に到った際、膳夫が食膳に供する盞を忘れたので、そこを盞を意味する浮羽と名付け、それが的に訛ったとしている。また『筑後国風土記』では、酒盞のことを俗に宇枳というので、そこを宇枳波夜郡と名付け、後にそれを誤って生葉と称するようになったと伝えている。平城宮木簡に当郡の「煮塩年魚」の荷札があるが、それは贄として貢進されたものであろうし、御食としてかかる伝承に関連するものかもしれない。

耳納山地の山麓部を中心に古墳が集中し、日ノ岡古墳や珍敷塚古墳など、国の史跡に指定されている装飾古墳が多いことも特徴的で、当地方が早くから開け、かなりの勢力を有した豪族が存在したことを示唆しているが、それを示す史料は見られない。また物部郷からは部民としての物部の存在も考えられるが、確認できない。

各郷のうち、大石・山北両郷については、うきは市浮羽町東部に隣接して遺称地も見え、その位置はほぼ確定されている。延喜五年（九〇五）の「観世音寺資財帳」は同寺（太宰府市）の封戸として「筑後国壱百烟生葉郡」をあげ、両郷の各五十烟を注記しているが、『新抄格勅符抄』によれば、丙戌年（朱鳥元年〔六八六〕）に筑前・筑後両国でそれぞれ一〇〇戸が封戸として同寺に施入されているので、これはそれにあたると考えられる。その後の両郷はともに「御封」と称されているが、いつしかそのまま寺領化され、そして荘園的な支配を受けるようになったのであろう。また同資財帳には、これとは別に、生葉荘の名も見え、屋舎などが記されている。同寺には和銅二年（七〇九）に当郡など筑後国内の数か所で墾田が施入されているので、それが荘園化されたのであろう。同荘はうきは市吉井町内に位置したと推定され、前述の大石・山北両郷あるいは対岸の筑前国上座郡把伎荘なども近接しており、当地方は観世音寺にとって重要な経済的基盤をなす地域であった。

郡家の位置はいまだ確認されていないし、また諸郷の位置についても、近代の町村編制に際して『和名抄』から新名称を援用した例さえ見られるなど、現行地名をただちにその確実な遺称地と判断できない場合があり、にわかに判断できない。

（倉住靖彦）

竹野郡・たかののこおり

『和名抄』では「多加乃」と訓じているが、近世以降はタケノという。その名は竹林が多かったことによるというが、確証はない。芝刈・二田・竹野・長栖・船越・川会の六郷からなる。郡域は筑後国の東北部に位置する筑後川中流平野の一部で、北は筑後川を挟んで筑前国に接する。現在は福岡県久留米市田主丸町とうきは市吉井町の一部に当たる。

耳納山地の山麓から扇状地にかけて多くの古墳が所在し、国指定史跡の装飾古墳である寺徳古墳など、注目されるものも少なくない。扇状地には条里制地割が遺存し、関連地名も多く見られる。各郷の位置はほぼ比定され、郡家の所在地は竹野郷と考えられているが、現行地名には近代になってからそれを援用したものも含まれる。郡内には観世音寺（太宰府市）の寺領水田が存在したことにもよるのか、貞観八年（八五九）には天平初年の造観世音別当満誓の子孫で、同寺の家人が良とされ、当郡に貫付された。

（倉住靖彦）

山本郡・やまもとのこおり

『和名抄』は「也万毛止」と訓じる。郡名は筑後国の脊梁山脈ともいうべき耳納（みのう）山地の北麓に当たることによるという。土師・蒲田・古見・三重・芝沢の五郷を管し、郡域は筑後国の北部で、筑後川中流域に位置し、現在の福岡県久留米市の東部に当たる。

耳納山地の山麓に当たる草野町吉木地区には、装飾古墳で、国史跡でもある下馬場古墳をはじめ、後期の古墳群が多く見られ、また山麓から続く傾斜地では現在も条里制の名残も顕著で、この地方が古くから開けていたことをうかがわせる。各郷の位置については、関連する遺称地も見られず、明らかでないが、古見郷については吉見ないし古賀の誤記ではないかともいわれる。また前述のような開発の状況、あるいは中世には有力豪族である草野氏の居館が置かれたことなどから、吉木地区が郡衙所在地の有力候補の一つとされているが、考古学的にはいまだ確認されていない。

（倉住靖彦）

御井郡・みいのこおり

奈良時代の墨書土器には「三井」と記した例が多く、実際には混用されている。『和名抄』の訓は「三井」。郡内には数箇所に良質の泉が存在し、名はそれにちなむという。節原・伴太・殖木・弓削・神代・賀駄・大城・山家の八郷からなる。郡域は筑後国の西北部に位置し、西は肥前国に接する。東南部は耳納山地にかかるが、大部分は筑後川中流平野に含まれる。現在の福岡県久留米・小郡両市および同三井郡大刀洗町に当たる。

古代遺跡は各所で見られるが、なかでも久留米市山川町の国指定史跡安国寺甕棺墓群は弥生時代中期の墓地遺跡で、当代の葬送儀礼を考える上で注目され、また同市内の耳納山麓には国史跡の装飾古墳である浦山古墳をはじめとして古墳群が散在している。

『書紀』景行十八年条によれば、筑紫を巡行中の天皇は御木国の高田行宮（大牟田市）から八女県を経て藤山（久留米市藤山町付近）に到り、南方の粟岬方面を望んでそこを八女国と名付けたという。ただ、一旦は八女県を通過して御井郡域に入りながら、藤山から後を振り返り、あらためてそこを八女国と名付けたとするなど、若干の錯乱も見られる。

継体二十一年、近江毛野の任那出兵に際して筑紫国造磐井は乱を起こしたが、翌年十一月に朝廷から派遣された大将軍物部麁鹿火と本郡域で戦って敗れ、鎮圧された。彼は斬られたとされるが、『筑後国風土記』によれば、豊前国上膳県（福岡県築上郡）方面に逃れ、そのため怒った官軍兵士が彼の寿蔵の石人石馬を破壊したとも伝えられている。その寿蔵が現八女市吉田の岩戸山古墳に比定されているように、八女地方が磐井の本拠であり、北隣する本郡域はまさにその膝下ともいえる地域であった。おそらく彼は進攻してきた麁鹿火の軍を当地で迎撃し、そして敗れたが、これは単に筑紫国造家の没落をもたらしたというにとどまらず、北九州の歴史にとっても大きな画期をなす事件でもあった。

『肥前国風土記』基肄郡条によれば、筑紫を巡行中の景行天皇が当地の高羅行宮から周辺を眺めたというように、高良山は耳納山地の西端に位置し、そこからは広大な筑紫平野を一望できるが、その中腹に高良大社が鎮座している。主祭神の高良玉垂命はもともと筑紫平野の国魂神で、筑後地方の有力豪族であった水沼君の祖先神ともいわれる。延暦十四年（七九五）からたびたび昇叙され、国庁関係者の崇敬を受け、式内社にも列し、さらには筑後一宮として崇められた。なお、本郡の式内社としてはほかに豊比咩神社と伊勢天照御祖神社があり、前者については現北野町大城の豊姫神社などに想定する説もあるが、高良玉垂神と夫婦神で、高良社本殿に隣接する同名社とみられている。また後者についても現久留米市内の御井町と大石町にそれぞれ鎮座する同名社に当てる二説があるが、大石町は旧三潴郡であり、結局のところ、いずれが式内社かの判定は困難である。

明治三十一年（一八九八）、高良大社の神域を取り囲むかのようにして列石線が確認され、その状態から神籠石と命名された。以来、北九州から山口県にかけて同じような遺跡があいついで発見され、それの性格をめぐっては霊域説と城郭説の論争が展開されたが、おつぼ山神籠石

（佐賀県武雄市）の発掘調査によってようやく終止符が打たれ、現在では山城の一種とみなされている。ただ、いずれの遺跡も十分な調査が行われていないので、その築造年代をはじめ、目的や機能などについては未解明の部分が少なくないが、前述のように、眺望のきく地点に立地している点は注目すべきであろう。

『和名抄』はいわゆる筑後国府の所在地を本郡とし、近世の地誌類も高良山西麓の宿場町であった府中（久留米市御井町）に比定していたが、一方では北隣の現同市合川町枝光地区に比定する見解もあった。しかし、昭和三十年代以降の発掘調査によれば、八世紀前半から十世紀前半にかけては枝光地区に位置していたことが確認され、ついで御井町の朝妻地区に、さらに同町の横道遺跡に比定される「今ノ苻」に移転したらしく、現在では三転説が有力になっている。枝光地区はほとんどが市街地であり、調査面積も限られているので、その全貌を明らかにするまでには至っていないが、今後の進展が期待されている。

また、国分寺はその南方約二キロメートルに位置する同市国分町に、同じく尼寺はその北側に所在した。遺跡の一部は発掘調査され、両者の中間では国分寺創建時の瓦を焼いた窯跡も発見されている。本郡には大宰府から肥前国基肄駅（佐賀県基山町付近）を経て肥後国方面に到る官道が通じ、御井駅が置かれた。現小郡市味坂付近に比定する説もあるが、前後の距離関係などから見て、国庁の近くに所在したと考えるべきであろう。その位置はいまだ確認されていないし、また『延喜式』によれば、本郡には伝馬五疋も置かれているが、これについてもほかに所見史料はなく、郡家についても明らかでない。

延喜五年（九〇五）の「観世音寺資財帳」によれば、大宝三年（七〇三）に太政官から同寺（太宰府市）に本郡の加駄野が施入され、それはやがて開墾されて賀駄御園と称されている。おそらく賀駄郷の地であり、郡内諸郷の分布状況などから、本郷を現小郡市味坂付近に比定する説もあるが、確証は見られない。また『安楽寺草創日記』によれば、天徳四年（九六〇）に大宰大監紀有頼が同寺（太宰府市、現太宰府天満宮）に櫛原荘を寄進したという。立荘の経緯などは明らかでないが、節原郷の地であろうし、現在の久留米市櫛原町に比定される。

（倉住靖彦）

三潴郡・みぬまのこおり

『和名抄』の訓は「美無万」であるが、『延喜式』にはミヌマとある。後にはミツマとも称されたが、中世以降はもっぱらミズマとされた。その名は筑後川下流域の湿地帯で沼沢が多いことにちなむといい、現在もクリークが発達していることで有名である。高家・田家・三潴・鳥養(飼)・夜開・青木・荒木・管綜の八郷からなる。郡域は筑後国の西端に当たり、北は筑後川を挟んで肥前国に接し、西は有明海に面する。現在の福岡県大川・柳川・久留米の各市の一部から同三潴郡大木町にかけての一帯に当たる。

『書紀』には筑紫水沼君に関連する記事が見られ、同氏は当地方を本拠にした豪族とみなされている。すなわち、神代紀には宗像三女神を奉斎しているとあり、景行十八年には水沼県主猿大海が筑紫を巡行中の天皇に従駕し、さらに雄略十年には、一説では筑紫嶺県主沼麻呂ともされるが、水間君の犬が呉国から献上された鵝を噛み殺したので、同氏は鴻や養鳥人を献じて罪を贖ったという。これらによれば、同氏は宗像氏系の海上交通に関係の深い氏族であり、県主とも見えるように、比較的に早くからヤマト政権に服従していたようである。また当地は外海から遠く隔てられた有明海の最奥部に位置しているにもかかわらず、周知のような玄界灘や対馬海峡ルートとは別個に、中国大陸へのルートが通じ、同氏はそれによって独自の交渉を行っていたこともうかがわれる。なお、久留米市南部の大膳寺町に御塚・権現塚という五世紀代の前方後円墳と円墳が相接して所在し、内部構造など具体的なことは明らかでないが、水沼君氏の墳墓とみなす説が有力である。

郡家は郡名を負う三潴郷に所在したと考えられ、現久留米市三潴町高三潴付近に比定されるが、具体的な位置は確認されていない。他の諸郷についても遺称地が見られ、ほぼ現在地に比定できるが、なかでも注目されるのが久留米市梅満町付近一帯に当たる鳥養郷である。すなわち、当地は有明海の広大な干潟につづく沼沢地帯であったから、そこに生息する野鳥類も多く、その捕獲や飼育を生業とする集団が存在していたのであろう。前述の養鳥人にかかわるエピソードが示すように、それは水沼君の支配下で贖罪の代償となりうるほどの価値を有し、おそらく同郷がその本貫地であったのであろう。天平十年(七三八)の「筑後国正税帳」には鷹養人や犬に食稲を支給したことが見えるが、同年の「周防国正税帳」によれば、その後まもなく大宰府から進上される鷹や犬の部領使として筑後介に率いられた「持鷹」などの一行が同国を通過している。筑後国はその経費を負担したにすぎないとも考えられるが、そうではなく、同国では鷹狩りに用いられる鷹や猟犬を飼育するとともに、鷹狩りなど養鳥人以来の技術を伝承していたのであろう。

（倉住靖彦）

上妻郡・かむつまのこおり

『和名抄』の訓は「加牟豆万」であるが、カミツマあるいはコウヅマともいわれた。その名は後述のような八女国に由来し、古くは「上陽咩」とも記されているので、本来はカムツヤメと呼ばれたのであろう。太田・三宅・葛野・桑原の四郷からなる。郡域は筑後国東南部の矢部川上流域に位置し、東は豊後国、南は肥後国に接する。現在の福岡県八女市および同筑後市の一部と同八女郡黒木・広川・立花の各町と矢部村に当たる。

『書紀』景行十八年条によれば、筑紫を巡行中の天皇は御木国の高田行宮（大牟田市）から八女県に到り、現久留米市藤山町に比定される藤山から南方の粟岬方面を望み、風景の美麗なことから側近にその神について尋ねたところ、水沼県主猿大海が山中に八女津媛という女神がいると答えたので、それから八女国の名が生まれたという。ただこれによる限り、一旦は八女県を過ぎて御井郡域に入りながら、なぜか後を振り返り、あらためてそこを八女国と名付けたとするなど、若干の錯乱も見られ、また当郡内と考えられる粟岬の比定地についても諸説がある。それはともかく、律令制の施行とともに「八女」地方が上下二郡に分割されたのであろうが、その理由は明らかでない。当郡は面積的に筑後国の半分近くを占めているのに対し、下妻郡は国内最狭であり、その点ではきわめてアンバランスであるが、両郡がともに四郷からなっていることからすれば、人口的に二分し、たまたま当郡域は山間部が大部分を占めていたため、このような結果になったのかもしれない。

継体二十一年の近江毛野の任那出兵に際し、筑紫国造磐井は乱を起こしてその渡海を妨げたが、翌年十一月に御井郡（三井郡）で討伐のため朝廷から派遣された大将軍物部麁鹿火と戦って敗れ、彼は斬られて乱は鎮圧された。しかし『筑後国風土記』によれば、磐井はひとり豊前国上膳県（福岡県築上郡）方面に逃れ、そのため怒った官軍兵士が彼の寿蔵の石人石馬を破壊したと伝えられている。八女市吉田の岩戸山古墳がその寿蔵に比定されているが、それは全長一五六メートルという九州第二の規模をもつ前方後円墳で、各種の埴輪や石人石馬など表飾品の豊富さは類を見ない。とくに注目されるのは東北部の別区で、『風土記』には衙頭と記され、そこでは解部の前に裸の偸人が平伏し、裁判の様子を表しているが、これは磐井の支配者としての権力を象徴しているのであろう。

当郡域の八女市・広川町から旧下妻郡に当たる筑後市にかけて伸びる約六キロメートルの長峰丘陵上には、この岩戸山古墳をはじめ、国史跡の八基を含む多数の古墳が分布し、八女古墳群と総称されている。たとえば、広川町の石人山古墳は直弧文が線刻された横口式家形石棺で有名で、かつてはこれを磐井の墓とする説もあったように、石人石馬をともなう高度な文化が発達していたことをうかがわせる。この古墳群は五~六世紀代に築造されたもので、筑紫君一族の墳墓とみなされている。当地方を筑紫国造家の本拠と考える説に対して異論はほとんど見られず、もはやそれを定説とみなしてもよいようである。ただ、地名としての筑紫はかつての筑前国御笠郡すなわち現筑紫野市原田に鎮座する筑紫神社付近に発祥したと考えられ、それとの関係などについてはいまだ明らかでない。

『風土記』に磐井の墳墓を「上妻県、々南二里」と記しているので、当郡の郡家は太田郷内に所在したと考えられ、広川町太田に比定される。筑後国三駅のうち、前後の関係から見て葛野駅が当郡内に置かれ、車や道に関連する小地名が多く残っている現筑後市羽犬塚付近に位置したと推定されている。またこの駅馬とは別個に、当郡には伝馬五疋も置かれていた。なお、八女市本町・本村付近を三宅郷に比定し、郡家の所在地とみなす説があるが、三宅郷説はともかく、岩戸山古墳からは南に当たり、郡家説には疑問が残る。

安閑二年に設置された桑原屯倉を当郡桑原郷（現黒木町）に比定する説があるが、同屯倉は豊国内に所在したとみなすべきで、この説には従えない。当郡出身の軍丁大伴部博麻は斉明七年（六六一）の百済の役に従軍して唐の捕虜となり、天智三年には筑紫君薩夜麻らを帰国させて唐の計画を伝えようとし、みずからを奴隷として売ってその費用を調達した。そして三十年後の持統四年（六九〇）にようやく帰国し、天皇は布・稲・水田などを与えてその功に報いたという。薩夜麻は天智十年

（六七一）に帰国しているが、その名から見て彼も当郡出身の可能性が考えられる。この役には全国から兵士が動員され、慶雲四年（七〇七）に帰国した筑後国山門郡の許勢部形見の例も見られるように、捕虜となって苦労した者も少なくなかった。

（倉住靖彦）

下妻郡・しもつまのこおり

『和名抄』に上妻郡に準ずとあるように、訓はシモツマであろう。新居・鹿待・村部の三郷からなる。郡域は筑後国の西部に位置し、現在の福岡県筑後市の南半部に当たる。

その名は『書紀』の景行十八年条に見える八女津媛の八女国に由来し、本来は上妻郡と一体であったと考えられる。面積的にはきわめて不均衡であるが、両郡ともに四郷であることからすれば、人口などにもとづいて分割したのであろうか。『書紀』持統四年（六九〇）条に上妻郡が上陽咩郡と記されているように、これも当初は下陽咩郡と表記されたとみられている。三郷のうち、鹿待郷は現在の柳川市東・西蒲池一帯に比定されるが、鎌倉時代以降の同地は三潴郡に属している。とすれば、『和名抄』の錯簡か、後の郡界の変更によるのであろうが、現状ではいずれとも判断できない。当郡については関係史料がほとんど見られず、他の二郷の位置を含め、具体的なことは明らかでない。

（倉住靖彦）

山門郡・やまとのこおり

『和名抄』は「夜万止」と訓じる。地名は、東部で山地が門のような地形をなしていることによるという。大神・山門・草壁・鷹尾・大江の五郷をあげる。筑後国南西部の矢部川下流域に位置し、西は有明海に臨む。現在は南端部の一部が福岡県みやま市高田町に属するほか、大半は同柳川市および同みやま市瀬高・山川の各町に当たる。

『書紀』神功摂政前紀に、現朝倉郡で羽白熊鷲を討滅した後、皇后は山門県に到り、土蜘蛛である田油津媛を誅したと見えるが、県の性格からすれば、それは誅罰後に設定されたと解すべきであろうか。東部の丘陵地帯には多数の古代遺跡が分布し、たとえば、瀬高町の大道端遺跡は古墳時代後期から奈良時代にかけての大規模な集落跡であり、族長級人物のものとみられる墳墓も少なくない。これらは当地方が早くから開け、一大勢力が存在していたことをうかがわせ、ヤマトという地名とあわせ、古くから邪馬台国九州説の有力な候補地の一つとされていることは周知のとおりである。みやま市瀬高町の女山神籠石についてもかつては邪馬台国問題との関連で論じられたり、また隣接する八女地方を本拠としたとされる筑後国造磐井との関係を想定する見解などが示されたが、細部に未解決の問題を残すものの、現在では古代山城の一種とみなされ、国の史跡に指定されている。

『続紀』慶雲四年（七〇七）五月条に当郡の許勢部形見らへの賜物記事が見えるが、彼らは天智二年（六六三）の白村江で敗戦した百済の役に従軍して唐の捕虜となり、四十年後にようやく釈放され、遣唐使にともなわれて帰国したという。同時に帰国した二人はそれぞれ讃岐国（香川県）と陸奥国（宮城県）の出身者であり、この役にはほぼ全国から兵士が動員されたことがうかがわれ、筑後国関係では持統四年（六九〇）には上陽咩郡出身の大伴部博麻が帰国している。なお、この記事は郡名の確実な初見史料でもある。

当郡五郷のうち、大神・鷹尾・大江の各郷については遺称地も確認できるが、他の二郷については明らかでない。山門郷は郡名を負うので、郡家の所在地であろうし、みやま市瀬高町山門地区が想起されるが、この名は明治期に成立したものであり、直接の関係はない。ただ、郡内における諸郷の位置関係から見て、同郷をこの付近に想定する見解は有力である。とすれば、三橋町内では条里制の痕跡が認められながら、郷の存在は想定されていないが、草壁郷はこの付近に考えられないだろうか。

当郡は大宰府から肥後・薩摩方面への通路に当たり、筑後国三駅のうちの狩道駅が郡内に比定されている。具体的な位置については、かつて当郡内であった現みやま市高田町海津付近あるいは同山川町甲田付近に想定する二説があり、肥後へのルートから見て後者が妥当といわれるが、いまだ確定されていない。

（倉住靖彦）

三毛郡・みけのこおり

『和名抄』の訓は「三計」であり、中世以降は「三池」と表記し、「みいけ」と呼ぶようになったが、それまでは「みけ」と称したのであろう。その名の由来については、『書紀』に景行天皇が当地の高田行宮で巨大な歴木（くぬぎ）を見てこの地を御木国（みけのくに）と名付けた、と伝える。米生・十市・砥上・日奉の四郷からなり、筑後国の南西端に位置し、東と南は肥後国に、西は有明海に面する。現在の福岡県大牟田市および同みやま市高田町に当たる。

当郡については確実な史料に乏しく、具体的なことはほとんど明らかでない。高良玉垂宮（久留米市）の『神秘書』などによれば、同社の祠官として草部氏が見え、高良神への腹赤魚の調進に当たり、三毛郡司でもあったという。かかる伝承とあわせ、地名はもともと御食に由来するのではないかという説もある。米生郷は現大牟田市米生町付近に比定されるが、他の三郷や郡家の位置などは明らかでない。

（倉住靖彦）

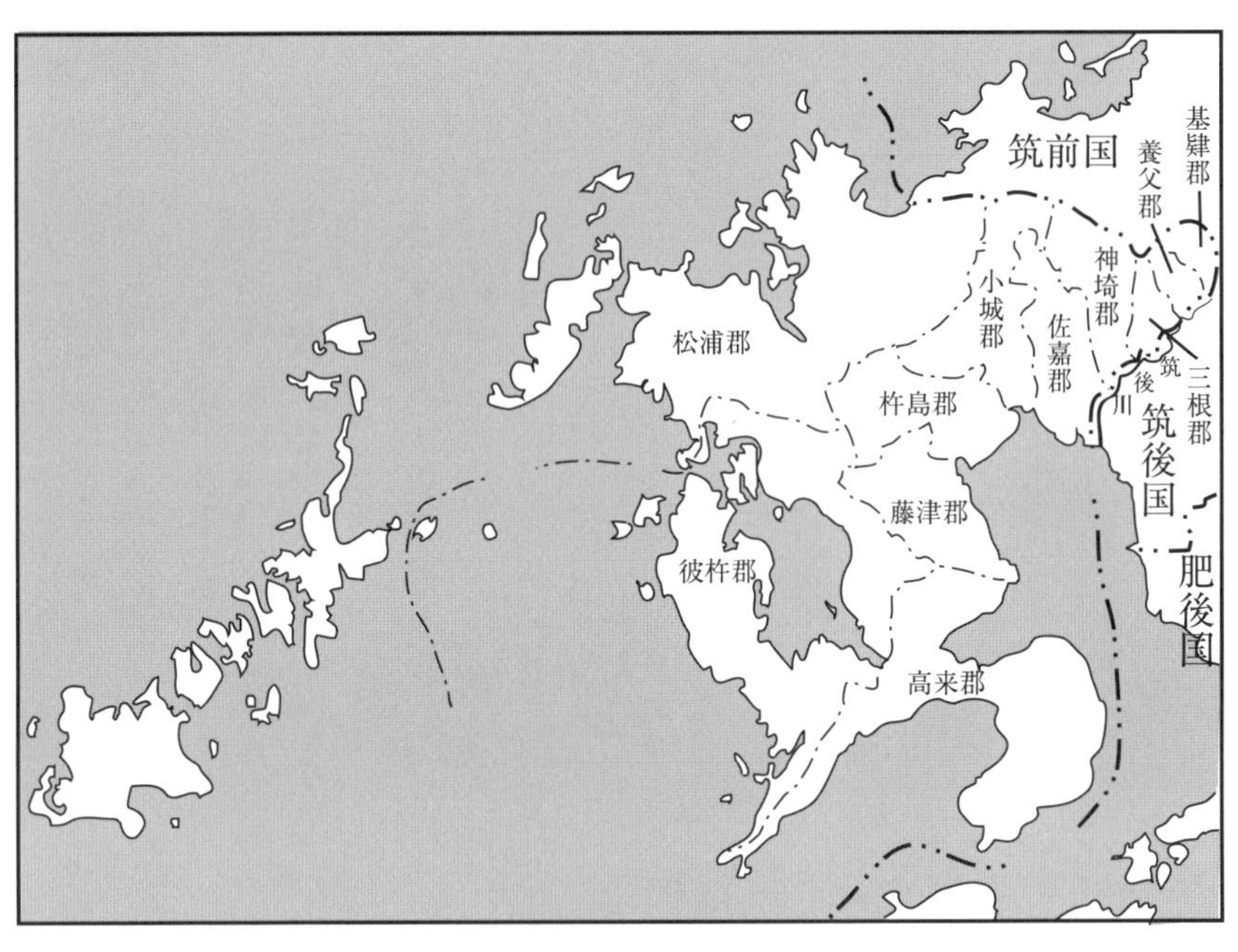

肥前国略図

肥前

肥前国・ひぜんのくに

西海道の一国。現在の佐賀県と、壱岐・対馬を除く長崎県の領域に相当する。東北部は背振山地で筑前国と接し、その南に佐賀平野が開け、有明海に面する。西北および南東部は、山がちで、リアス式海岸と多島海が広がる。

『肥前国風土記』によれば、肥前国はもと肥後国と合わせて、火の国という一つの国だったと記す。肥国については、『古事記』神代巻にその名が見え、『書紀』景行十八年条にも、火国の地名起源説話が語られている。『旧事紀』国造本紀によれば、後の肥前国の領域にかかわる国造として考えられるものに、筑志米多国造、松津国造、末羅国造、葛津立国造がある。また、同書に見える火国造は、肥後国の八代郡付近をその根拠地としたと考えられているが、『続後紀』嘉祥元年(八四八)八月条に、肥前国養父郡人として、筑紫火君、『霊異記』下三十五に、松浦郡に居住した火君の説話が見えており、これらは火君一族の肥前地方への進出の結果と考えられている。

『風土記』によれば、肥前国は、十一郡七十郷一八七里からなり、『延喜式』『和名抄』においても、十一郡であるが、『律書残篇』は十二郡と記す。また『和名抄』の郷数は四十五郷しかなく、実際に郷が減少したか、『和名抄』に脱落があるかは定かではない。国の等級は『延喜式』では上国であるが、『続紀』天平宝字元年(七五七)五月条に、肥前国に介一人を加えたことが見え、この時に中国から上国へ昇格した可能性が高い。

国府は、佐賀市大和町久池井で国庁が検出されており、その年代は八世紀後半から十世紀後半にまでわたる。従来『和名抄』に国府が小城郡にあると記されていることから、十世紀の初めごろには、国府は佐嘉郡から小城郡へ移転していたと考えられていたが、この点再検討が必要となった。なお『色葉字類抄』には国府は佐嘉郡にあると記しており、平安時代の末ごろまでには、国府は再び佐嘉郡の旧地付近に移転していた可能性が高い。駅路は『延喜式』によれば、大宰府から南下して首駅の基肄駅付近で、筑後国府へ向かうルートと肥前国府へ向かうルートに分かれる。後者のルートは、国府を通過後、高来駅において、松浦郡を経て壱岐・対馬へ向かうルートと、杵島・藤津・彼杵・高来郡を通るルートに分かれる。さらに、後者のルートは、島原半島東端の野鳥駅から海を渡って、肥後国天草郡の高屋駅へ連絡する。

（木本雅康）

基肄郡・きいのこおり

『和名抄』名市博本には「キイ」と訓じる。地名の由来について『肥前国風土記』は、景行天皇が筑紫国の高羅の行宮から国内を遊覧した時、霧が基肄の山を覆っていたので「霧の国」と命名し、それを後の人が改めて「基肄の国」と名付けたとする。

『風土記』によれば、六郷十七里からなり、名称の判明するものは姫社郷である。『和名抄』では、姫社・山田・基肄・川上・長谷の五郷で構成されている。郡域は、現在の佐賀県三養基郡基山町と、鳥栖市の大木川以北に当たり、北部は山地、南部は沖積平野で、その中間は洪積丘陵をなす。

郡名の初出は『風土記』で、一般的に『旧事紀』国造本紀に見える松津国造金弓連を基肄国造の誤記と見て、その本拠地とされる。郡司としては『三代実録』貞観八年（八六六）七月条に、擬大領山春永の名が見える。山春永は、肥前国の他の土豪とともに、新羅人と共謀して、対馬島を奪おうとしたが、基肄郡人川辺豊穂の密告によって失敗している。部民としては、式内社の穴穂神社から穴穂部と、地名の園部から園部の存在が推測されている。

神社は、式内社の穴穂神社があり、『三代実録』によれば、貞観二年二月に、従五位上から正五位下に昇格している。また『風土記』には、景行天皇の鎧を欲しがった神を祀る永世（ながよ）の社が見え、後の人が長岡の社と社名を改めたとするが、現在は再び永世神社と呼ばれている。同じく『風土記』は、御原郡との境で交通妨害をしていた女神を、筑前国宗像郡の人珂是古（かぜこ）が鎮めて祀った姫社（ひめこそ）について記し、現在の姫古曽神社に比定されている。

郡家は、基山町小倉の小字「高下」付近に考える説と、同町園部の小字「金丸」および南接する鳥栖市今町の小字「八ツ並」付近に考える説とがある。後者は、金丸長者または八並長者の伝説があり、最近の発掘調査では、布目瓦や八世紀代の掘立柱建物も検出されている。また条里は、郡の東を画する駅路でもある筑前国との直線国境を基準線として、西に一条・二条と数え進んだと見られ、里は固有名詞となっている。延喜五年（九〇五）の「観世音寺資財帳」

によれば、同寺の私領田三町が基肄郡内に存し、それは、右の条里内に散在している。

　駅家は基肄駅があり、肥前国府へ向かう駅路と肥後国府へ向かう駅路の分岐駅に当たるので、『延喜式』では、通常の二倍の十疋の駅馬を置いている。その比定地については、基山町城戸説や関屋土塁付近に考える説などがある。また、基肄駅から北方に大宰府方面へ向かう両国峠の道が『万葉』に見える「城の山道」に比定されている。

　ところで、基肄郡は、大宰府の南の防衛拠点であり、駅路の分岐点にも当たるので、様々な軍事的施設が置かれた。天智四年（六六五）には基山（きざん）に基肄城が設置され、『日本紀略』弘仁四年（八一三）条には「基肄団」が見える。また、当軍団が想定される基山町小倉の小字「城ノ上」付近には、いわゆる小水城に当たる関屋土塁やとうれぎ土塁があり、特に前者は、その名称から関の存在が想定される。

　他に『風土記』には、酒殿の泉の伝承を記す。

【参考文献】
日野尚志「肥前国の郡家について」（『佐賀大学教育学部研究論文集』三四―一（Ⅰ）、一九八六年）
木下良「地名〔八並〕および〔八並長者屋敷〕伝説地考」（『日本地理学会一九九一年度秋季学術大会発表要旨』一九九一年）
木本雅康「福岡県小郡市西島遺跡5周辺の歴史地理」（『西島遺跡5』小郡市教育委員会、一九九七年）

（木本雅康）

養父郡・やふのこおり

『和名抄』に「夜不」と訓じる。地名の由来について『肥前国風土記』は、景行天皇が巡狩した時、天皇の犬が吠えたが、産婦を見て鳴き止み、「犬の声止むの国」といったのが転訛して養父郡になったと記す。

『風土記』によれば四郷十二里からなり、名称が記されているのは、鳥樔郷・曰理郷・狭山郷である。一方、『和名抄』では、狭山・屋田・養父・鳥栖の四郷によって構成されている。郡域は、鳥栖市の大木川以西の部分に当たり、北部の背振山地から扇状地を経て、南部の沖積平野へ達する。

　郡名の初出は『風土記』で、『続後紀』嘉祥元年（八四八）八月条に見える養父郡人筑紫公火公が郡司の一族であった可能性が高い。また『風土記』は、鳥樔郷の由来について、鳥屋を造って雑鳥を集めて朝廷に献上したことから鳥屋郷といい、後に改めて鳥樔郷というようになったとあるので、鳥飼部が居住していた可能性がある。

神社は、鳥栖市牛原町に四阿屋(あずまや)神社があり、『類聚符宣抄』延喜二十一年（九二一）二月二十七日付「奉授神記事」に「正六位上東屋明神　大神明神並坐肥前国　並今奉レ授二従五位下一歟破失　延喜廿年十一月　日下」とあり、正六位上から従五位下となっている。

郡家については、地名から鳥栖市養父町・蔵上町付近が有力視されていたが、近年後者の蔵上遺跡で八世紀代の倉庫群が検出されており、「厨番」と記した墨書土器も出土した。また、当遺跡から西に安良川をはさんだ段丘上で布目瓦が表採されている。条里は、大木川下流域に基肄郡から西に連続するものが見られ、安良川下流域にも若干存在する。

郡内を西北から西へ駅路が通過し、特に鳥栖市宿町には「車路」の小字があって、付近の想定駅路は直線的な形態をとっている。一方、神埼郡家から養父郡家へ達する伝路も、駅路の北側を並行して通っていたと考えられる。また『風土記』には曰理郷の伝承があり、筑後国の御井川（筑後川）の川幅が広くて渡りにくかったので、景行天皇が船を作ったとする。

『風土記』に「烽一所」とある烽については、鳥栖市の朝日山（日隈山）に比定される。狭山郷の地名の由来について、『風土記』は、景行天皇が山に行宮を置いて、四方を望んだら四方が分明(さやけ)かったので、分明の村と言い、それが転訛して狭山郷となったとする。この山も朝日山であろう。なお『風土記』佐嘉郡条の地名起源説話に見える養父郡草横山は、筑前・肥前国境にそびえる鳥栖市の九千部山に比定される。

【参考文献】

日野尚志「肥前国の郡家について」（『佐賀大学教育学部研究論文集』三四―一（Ⅰ）一九八六年）
『蔵上遺跡Ⅱ』鳥栖市教育委員会、二〇〇〇年

（木本雅康）

三根郡・みねのこおり

『和名抄』に「岑」と訓じる。地名の由来について『肥前国風土記』は、神埼郡から分郡した際、神埼郡の三根の村の名をとって郡名としたとする。ただし、三根の村は、三根郡内

に無く、この点については、分郡を申請した海部直鳥の本拠地が三根の村だったからと解釈されている。

『風土記』によれば、六郷十七里からなり、郷名が記されているのは、物部・漢部・米多郷である。一方『和名抄』では、千栗・物部・米多・財部・葛木の五郷によって構成されている。郡域は、現在の三養基郡みやき・上峰の両町に当たり、北部の脊振山地から丘陵地を経て、南部の沖積平野へ達する。

郡名の初出は『風土記』で、米多郷付近は『旧事紀』国造本紀に見える筑志米多国造の本拠地に当たり、筑紫米多君は、『古事記』応神段にも見える。郡司についての直接的な史料は存在しないが、『続紀』慶雲元年（七〇四）正月条や四年十月条に見える米多君北助の一族が郡司であった可能性が高く、分郡を申請した海部氏も考えられる。また郷名から財部・物部・漢部・葛城四氏の存在が想定され、この中にも郡司になった一族がいるかもしれない。『風土記』によれば、物部郷は、来目皇子が新羅征討の際、物部若宮部を派遣して、社を祀ったことによる地名であるとする。また漢部郷は、同じく来目皇子が新羅征討の際、忍海漢人を住まわせて兵器を造らせたことによるとする。郡家は、みやき町の原古賀六本黒木遺跡が有力視されており、上峰町の坊所一本谷遺跡でも官衙的な建物が検出されている。

神社については、『風土記』によると、物部郷に、物部経津主の神を祀る社があり、現在のみやき町中津隈の物部神社に比定されている。また『三代実録』貞観十五年（八七三）九月条に従五位下を授けられたと見える肥前国葛木一言主神について、みやき町天建寺の葛城神社に当てる説がある。さらに『本朝世紀』長保元年（九九九）三月条に見える千栗宮は、みやき町白壁の千栗八幡宮に当たる。古代寺院は、上峰町前牟田・坊所に塔の塚廃寺が存在し、瓦の年代は八世紀中葉とされている。

また条里は、奈良時代の駅路の北側付近に東西五条程度、平安時代の駅路の南側付近に東西十一条程度が確認され、その中には延喜五年（九〇五）の「観世音寺資財帳」に見える観世音寺の寺田三町が散在していた。

『風土記』に見える「駅一所」は『延喜式』の切山駅（高山寺本では功山）に当たると考えられるが、その位置は不明で、みやき町白壁付近に比定する説などがある。郡内を東西に通る道路痕跡が三本あり、中路が八世紀代の駅路、南路が九世紀代の駅路、北路が養父・神埼両郡家を結ぶ伝路と考えられている。なお、上峰町には堤土塁と称する小水城状の土塁が存在するが、近年北路の築堤部である可能性が高まっている。

他に『風土記』は、米多郷に、底に海藻が生え、水の味がからい「米多井」という井戸が存することを記しており、有明海との関係がうかがわれる。

【参考文献】
日野尚志「肥前国の郡家について」（『佐賀大学教育学部研究論文集』三四―一（Ⅰ）、一九八六年）
太田睦「佐賀県中原町・原古賀六本黒木遺跡の調査」（『古代文化』五〇―五、一九九八年）

（木本雅康）

神埼郡・かむさきのこおり

『和名抄』に「加无佐木」と訓じる。地名の由来について『風土記』は、当郡に交通妨害をする神がいたが、景行天皇に鎮圧されたことによるとする。

『風土記』によれば、九郷二十六里からなり、郷名が記されているのは、三根・船帆・蒲田・宮処郷である。一方『和名抄』には、蒲田・三根・神埼・宮所（高山寺本、名市博本は宮処）の四郷によって構成されている。郡域は、現在の神埼市・神埼郡吉野ヶ里町・佐賀市三瀬村付近に当たり、北部の脊振山地から丘陵部を経て、南部の沖積平野へ達する。

郡名の初出は、平城宮木簡に、神埼郡から送られてきた綿の荷札があり、それらの年号は養老□、神亀二年（七二五）となっている。三根郷は『書紀』雄略天皇十年九月条に見える筑紫嶺県主泥麻呂（ねまろ）との関係が考えられる。郡司に関する史料は存在しないが、『風土記』三根郡の条に見える、神埼郡から三根郡を分立させた海部直鳥は、有力者であったと推測される。郡家の位置については、神埼市・吉野ヶ里町の吉野ヶ里遺跡と、西接する神埼市の馬郡（まぐい）・竹原（たかわら）遺跡群付近が有力で、後者からは「神埼厨」の篦書土器も出土している。神社としては、『三代実録』貞観十五年（八七三）条に正六位上白角折神に従五位下が授けられたという記事があり、神埼市城原の白角折神社に比定される。古代寺院は、吉野ヶ里町大曲に辛上廃寺が存在する。瓦の年代は、八世紀中頃以前にはさかのぼらないとされるが、一応『風土記』の「寺一所僧寺」に当たると考えられている。条里は、奈良時代の駅路を基準線として、東西に十二条程度広がる。

郡内を東西に通る道路痕跡が三本あり、北路が神埼郡家と養父郡家を結ぶ伝路、中路が奈良時代の駅路、南路が平安時代の駅路と考えられている。『風土記』に「駅一所」と見えるが、『延喜式』には神埼郡に駅家は存在しない。その経違については、奈良時代には、中路に沿って、郡家と同所の神埼市馬郡付近に駅家があり、平安時代に入ると、駅路が南路に移ったのにともなって、駅家もいったんは、延喜五年（九〇五）の「観世音寺資材帳」に見える、神埼市の「駅家里」付近に移ったが、『延喜式』のころまでに廃止されたと解釈されている。なお『風土記』の烽一所については、神埼市の日の隈山に比定されており、その麓の熊谷遺跡では、官衙的な遺構が検出されている。『類聚国史』巻一五九によれば、承和三年（八三六）に、当郡の空閑地六九〇町が勅旨田となっている。

『風土記』船帆郷の条には、「三根川の津」が見え、三根川は現在の城原川で、津は佐賀市の蒲田津付近に比定される。三根郷の条には、景行天皇がここから城原川を三根郷まで遡ったとする。また、船帆郷の条にはここに四つの石の碇が存し、子を授けたり、雨乞いに使われたりすると記す。さらに、蒲田郷琴木の岡の条では、景行天皇が平原に人工の岡を作らせ、宴会を行った後、琴を立てると樟になったとする。さらに宮処郷の条では、その地名の由来について、景行天皇が行宮を造ったことによるとする。

（木本雅康）

佐嘉郡・さかのこおり

『延喜式』神名帳では、「サカ」と訓じる。地名の由来について、『肥前国風土記』は、二つの説話を併記する。一つは、日本武尊が巡幸した際、この地に樟が茂って栄えていたのを見て、栄の国と命名したことによるとするものである。もう一つは、佐嘉川の上流に荒ぶる神がいて交通妨害をしていたので、大荒田が占いをして、土蜘蛛の大山田女・狭山田女の告げた方法で祭祀を行うと、神がやわらいだ。そこで、大荒田は、二人を賢女であると言って、国名にしたのが訛って、佐嘉になったとする。

『風土記』によれば、六郷十九里からなり、『和名抄』には、城埼・巨勢・深溝・小津・山田の五郷が記され、高山寺本や名市博本は、上記五郷の他に防所郷を加えた六郷で構成されている。郡域は旧佐賀市・大和町付近に相当し、北部の脊振山地から丘陵部を経て、南部の沖積平野へ達する。

郡名の初出は『風土記』で、県主等の祖として、大荒田の名が見える。郡司としては、『霊異記』下十九に「肥前国佐賀郡大領正七位上佐賀君児公」が知られ、平城京でも「佐加□(君カ)」と記す墨書土器が出土している。

国府は、佐賀市大和町久池井で、佐賀県教育委員会によって、国庁が検出されている。最近の旧大和町教育委員会による再調査では、国庁の年代が八世紀後半から十世紀後半にまでわたることが確認された。従来『和名抄』に国府が小城郡にあると記されていることから、十世紀の初めごろには、国府は佐嘉郡から小城郡へ移転していたと考えられていたが、この点再検討が必要となった。なお、『色葉字類抄』には国府は佐嘉郡にあると記しており、大和町に総社にちなむと考えられる惣座の地名や、印鑰(いんにゃく)神社が存在することから、平安時代の末ごろまでには、国府は再び佐嘉郡の旧地付近に移転していたと見なせる。なお、佐賀市嘉瀬津は、潮汐限界点に当たり、国府の外港と考えられている。郡家については未確認であるが、国庁周辺や嘉瀬川の右岸においても、かなりの掘立柱建物跡が見つかっており、その付近に考えられるだろう。

神社は、式内社として与止日女神社があり、佐賀市大和町の川上神社に比定されている。『風土記』に、佐嘉川(嘉瀬川)の川上に、世田姫(よたひめ)という石神があって、海神が毎年川を遡って、ここに来るという伝承を記すが、この世田姫が与止日女神社の起源とされる。与止日女神社は『三代実録』によれば、貞観二年(八六〇)二月に従五位下となり、同十五年九月に正五位下に進んでいる。嘉応二年(一一七〇)三月十日付留守所下に「当社者是為当国第一之鎮守之間」(「河上神社文書」)とあって、平安末期に肥前国の一宮になっていたことがわかる。また、佐賀市金立町には徐福の伝承を伝える金立神社があり、『三代実録』によれば、貞観二年二月に正六位上から従五位下となり、元慶八年(八八四)十二月に従五位上となっている。その一の鳥居は、かつて奈良時代の駅路に面した位置にあった。佐賀市大和町久池井の甘奈備社は、『三代実録』によれば、貞観十二年一月に、正六位上から従五位以下となり、翌月朝廷は、前年新羅の兵が博多津に来着し、貢絹等を奪取したので、国内に至る前にそれを撃退してほしいとして、宇佐・香椎・宗像神とともに、告文を捧げている。当社は、甘奈備山の南麓に位置するが、甘奈備山は春日山を指す。

古代寺院としてはまず、佐賀市大和町川上に大願寺廃寺があり、八世紀中頃か、やや古い頃の創建年代が考えられる。一般的に『風土記』の「寺一所」に比定されている。また、千葉県成田市の成田ニュータウン建設地発見の宝亀五年（七七四）銘の梵鐘に「肥前国佐嘉郡椅寺之鍾」の文字があり、椅寺が大願寺廃寺の寺院名であった可能性が高い。次に、佐賀市大和町尼寺には国分寺があって、発掘調査の結果、方二町の寺域や金堂・講堂・塔跡などが確認されている。国分尼寺は瓦の出土から、国分寺の西約三〇〇メートルの位置に推測されているが、発掘調査は行なわれていない。条里は、駅路を基準線として、東西に十四条程度が確認され、筑後川の右岸付近には、若干方位の異なる条里も存在する。

郡内を東西に駅路が通るが、国分寺以東においては、奈良時代の駅路が、平安時代に入ると、条里の二里分南遷する。『風土記』の「駅一所」は、『延喜式』の佐嘉駅と見なされ、その比定地は、佐賀市大和町の延喜付近などに考えられている。また、佐賀市久保泉町には帯隈山神籠石が存在し、二・四キロメートルにわたって列石が巡っている。

（木本雅康）

松浦郡・まつらのこおり

『和名抄』に「万豆良」と訓じる。地名の由来について『書紀』および『風土記』は、神功皇后が新羅征討の結果について釣針を用いて占った際、魚を得ることができたので「希見しき物」と述べ、これにちなんで梅豆邏（希見）国と言い、それが松浦に転訛したとする。

『風土記』によれば、十一郷二十六里からなり、郷名が記されているのは、大家郷と値嘉郷、里名が記されているのは、賀周里である。一方、『和名抄』では、庇羅・大沼・値嘉・生佐・久利の五郷で構成されている。福岡市の鴻臚館跡からは「庇羅郷甲□煮一斗」と記す付札木簡が出土しており、甲□は、甲贏すなわちウニの可能性が指摘されている。

郡域は広大で、佐賀・長崎両県にわたり、東松浦半島と北松浦半島を中心に、平戸島や五島列島にまで及ぶ。地形はほとんど丘陵と台地とからなり、リアス式海岸と多島海が広がる。なお『三代実録』貞観十八年（八七六）三月九日条には、大宰権帥在原行平の申請によって、肥前国から値嘉島を分離独立することを認めたとする記事がある。すなわち、松浦郡庇羅・値嘉の二郷を合わせて、上近・下近の二郡を建郡し、行政体としての値嘉島を設置するというもので、上近郡が平戸島に、下近郡が五島列島に当たると推測される。しかし『和名抄』や『延喜式』に、これらの島名や郡名は見えないので、値嘉島はそれほど長続きせず、やがて廃止され旧態に復したか、何らかの理由で設置が中止されたかのいずれかであろう。

松浦郡としての初出は『風土記』であるが、すでに『魏志』倭人伝に「末盧国」が、また『古事記』中巻仲哀段に「末羅県」、『書紀』神功摂政前紀（仲哀九年四月三日条）に「松浦県」が見える。郡司は明らかではないが、『風土記』に記す日下部君や『霊異記』下三十五に記す火君が有力視される。また『旧事紀』国造本紀には末羅国造の名が見える。なお、第十次遣唐使第四船出火の際の功により、松浦郡人川部酒麻呂を当郡員外主帳に補し、五位を授けている。

郡家については、近年唐津市千々賀の千々賀古園遺跡で、掘立柱建物や布目瓦が出土し、この付近が有力視されている。値嘉島が設置されたとすれば、その島府は平戸が有力で、上近郡家については平戸、下近郡家については、小値賀島もしくは福江市大津付近が候補地となろう。神社は、武内社として、田島坐神社と志々伎神社があり、前者は、唐津市呼子町加部島の田島神社に、後者は平戸市野子町の志々伎神社に比定されている。田島神社は『新抄格勅符抄』所収の大同元年牒に田島神に十六戸の神封を与えると見え、大宰府跡で出土した「肥前国松浦郡神戸調薄鰒」と記す木簡との関係が注目される。同社は、『三代実録』によれば、貞観元年（八五九）正月に従五位下から従四位下、同二年二月に従四位上、同十五年九月に正四位下、同十八年六月に正四位上、元慶八年（八八四）十二月に正四位上に昇階している。一方、志々伎神社は、『三代実録』によれば、貞観二年二月に従五位下から従五位上、同一五年九月に正五位下、同十八年六月に正五位下に昇階している。また、『三代実録』貞観十八年六月条において、正六位上から従五位下に昇階した神島神と鳴神は、それぞれ、小値賀町大島郷の神島神社と五島市奈留町浦の奈留神社に比定されている。寺院については『三代格』所収の承和二年（八三五）八月十五日の太政官符に、天平十七年（七四五）に弥勒知識寺に僧二十人を置いたことを記し、これを唐津市浜玉町五反田の大村神社境内の瓦出土地に当てる説が有力である。なお、平戸市田平町里免でも瓦を出土する。条里は、唐津市の松浦川およびその支流にあたる徳須恵・半田川流域におけるものが最大で、九つの条里区が確認される。この他にも唐津市厳木町の厳木川流域、同市相知町の松浦川・厳木川流域、同市北波多の徳須恵川流域、平戸市田平町里免等に条里地割が認められる。駅家は『風土記』に「駅五所」とあり、具体的な駅名が記されているのは、逢鹿駅と登駅望である。一方『延喜式』において、松浦郡内に存在したと推測される駅家は、磐氷・大村・賀周・逢鹿・登望の各駅である。それぞれの駅の比定地は、磐氷駅が唐津市相知町相知付近、大村駅が唐津市浜玉町五反田付近、賀周駅が唐津市見借付近、逢鹿駅が唐津市相賀付近、登望駅が唐津市呼子町小友付近に推測されている。なお、唐津市原の中原遺跡では、「大村」と書かれた木簡が出土している。ところで、値嘉島が設置されたとすれば、一時的にせよその島府に通じる駅路が整備され、松浦郡内に駅家が置かれたはずである。烽については『風土記』に「八所」とあり、その内三所が値嘉郷に存在した。『風土記』に具体的な名称が記されているのは褶振烽のみで、唐津市の鏡山に比定されているが、他の烽の位置については確定されていない。牧は『延喜式』に庇羅馬牧、生属馬牧、柏島牛牧があり、それぞれ平戸島、生月島、神集島に比定されている。また擺野牧を旧新魚目町に考える説があるが確定されていない。

『風土記』には、賀周里、大家島、値嘉郷の項に、景行天皇に鎮圧された土蜘蛛について記す。また逢鹿駅と登望駅の項では、神功皇后の新羅征討説話について述べる。さらに鏡渡と褶振峰の項では、大伴狭手彦と弟日姫子の悲恋について記すが、この話は『万葉』巻五において、山上憶良によって、松浦佐用姫の伝説としてうたわれている。また同じく『万葉』巻五には、松浦川に遊ぶ歌もおさめられている。ところで『風土記』には遣唐使の寄港地として値嘉郷の相子田停、川原浦、美弥良久埼を挙げるが、これらはそれぞれ中通島の青方港、福江島の白石浦、同島の柏崎付近に比定される。この内、相子田停は『続紀』宝亀七年（七七六）閏八月六日条によれば、第十四次遣唐使が松浦郡合蚕田浦で風待ちをしたとある。また美弥良久埼は、『続後紀』承和四年（八三七）七月二十二日条によれば、第十七次遣唐使が旻楽埼を目指して博多大津を出航したと見え、延喜二年（九〇二）の奥書をもつ『智証大師伝』に、唐から帰朝した円珍が、最初に旻美楽崎に至ったと記されている。一方『万葉』巻十六には、美禰良久から対馬を目指して遭難した白水郎荒雄を悲しむ歌十首を載せる。

この他にも遣唐使関係の地名として、橘浦、田浦、別島などが史書に見えるが、その正確な位置は確定されていない。一方、天平八年（七三六）に出発した遣新羅使については、『万葉』巻十五に、狛島に停泊した際の歌七首を載せるが、狛島は柏島の誤記として、唐津市の神集島（かしわ）に比定される。次に『続紀』天平十二年十一月条によれば、反乱を起こした藤原広嗣は、松浦郡値嘉島長野村で捕えられ、当郡内で処刑された。また『三代実録』貞観十六年（八七四）七月十八日条には、唐の商人崔岌等三十六人が松浦郡岸に着いたとあり、『日本紀略』寛平五年（八九三）五月二十二日条には、新羅の海賊が松浦郡を指して来たとある。

（木本雅康）

杵島郡・きしまのこおり

『和名抄』に「支志万」と訓じる。地名の由来について『風土記』は、景行天皇の船が当郡の盤田杵（いわたき）の村に停泊した際、牂牁（かし）（船をつなぐ杭）の穴から冷水が湧き出し、またその場所が一つの島となったので、天皇が戕島の郡と命名し、それが転訛して杵島になったと記す。

『風土記』によれば、四郷十三里からなるが、具体的な名称は記されていない。『和名抄』では、多駄・杵島・能伊・島見の四郷で構成されている。郡城は現在の佐賀県武雄市・江北町・大野町・白石町の範囲に当たり、東部は有明海に面した白石平野で、西部は武雄盆地を囲む山地からなる。

郡名の初出は『風土記』であるが、『風土記』逸文には、杵島県と見える。郡家は、武雄市武雄町富岡の小字「八並」付近が有力である。同市橘町永島の玉島古墳は、佐賀県内で屈指の規模を有する円墳で、六世紀初頭の築造とされる。平城宮跡から「杵島□（郡ヵ）人」と記した考課木簡が出土しており、当郡出身の官人の存在が知られる。神社は、『三代実録』貞観三年（八六一）八月条において従五位下、仁和元年（八八五）二月条において従五位上に昇叙された稲佐（雄）神と、堤雄神が、それぞれ白石町辺田の稲佐神社、江北町佐留志の堤雄神社に比定されている。また、武雄市武雄町武雄の武雄神社は、平安期より近世に至る文書群を伝え（武雄神社文書）、その中の天暦五年（九五一）二月十一日の武雄社領四至実検状によれば、当社は杵島郡五所社の一つとされ、その四至は御船山を取り囲んで広域に及んでいた。条里は白石平野の西部と武雄盆地に分布している。『風土記』の「駅一所」は、『延喜式』の杵島駅と見なされ、武雄市北方町木ノ元付近が有力である。荘園は、現在の白石町西郷付近に成立した中津荘があり、大治元年（一一二六）閏十月七日「肥前国在庁所牒案」（観世音寺文書）によれば「南郷弐拾町、北郷拾壱町、肆段参拾歩」が観世音寺領として立券されたものである。また、武雄盆地付近に比定される蓮華王院領長嶋庄の初見史料は、承安二年（一一七二）の歓喜寺薬師如来像銘である。さらに久安四年（一一四八）に、杵嶋庄の名が「御室相承記」（『仁和寺史料』寺誌編一）に見える。

『風土記』に見える「湯泉」は、現在の武雄温泉に比定される。また、『風土記』において、景行天皇に従おうとしなかった土蜘蛛八十女がいた嬢子山は、江北町の北境にある両子山とされる。さらに『風土記』逸文に歌垣が行われたと記す「杵島岳」は、現在の杵島山であり、『万葉』巻三にも「吉志美が岳」として見える。『風土記』佐嘉郡条に見える杵島郡蒲川山は江北町の蒲原山、大町町の聖岳、多久市・大町町境の鬼ノ鼻山などに当てる説があるが定かではない。杵島山西麓の武雄市橘町大日には、おつぼ山神籠石が存在する。『三代実録』貞観十二年（八七〇）六月十三日条によれば、同郡の兵庫が震動して兵庫太鼓が二度鳴ったといい、そのため隣兵の警固が行われたという。

（木本雅康）

藤津郡・ふじつのこおり

『和名抄』に「布知豆」と訓じる。地名の由来について『風土記』は、日本武尊が船の纜を藤の木に繋いだことによるとする。『風土記』によれば、四郷九里からなり、名称が記されているのは、能美郷と託羅郷である。一方『和名抄』では、塩田・能美の二郷で構成されている。郡域は現在の嬉野市・鹿島市・太良町に当たる。東部が有明海に面し、塩田川流域に平坦地がある以外は、山地と丘陵である。平城宮木簡に、肥前国から送られてきた綿の荷札木簡があり、郡名は藤津郡と読める可能性が高く、養老二年（七一八）の年紀がある。『三代実録』貞観八年（八六六）条に見える大領葛津貞津は、『旧事紀』国造本紀の葛津立国造の後裔と考えられる。また『風土記』能美郷の項に見える紀直等の祖稚日子も『旧事紀』国造本紀において葛津立国造として見える紀直同祖の大名草彦命の児若彦命に当たる。

郡家の所在地は不明であるが、鹿島市三河内に「郡山」、納富分に「藤津」の小字地名があり、嬉野市塩田町五町田の大黒町遺跡では「大評」と記した墨書土器が出土しているが、年代は八世紀中頃から後半代まで下る。なお、鹿島市納富分の鬼塚古墳は、後の郡司に連なる葛津立国造の奥津城と推測される。神社は『三代実録』貞観三年条において、正六位上から従五位下に昇叙された丹生神が、嬉野市塩田町馬場下の丹生神社に比定される。条里は、鹿島市の石木津川と浜川の間および塩田川と鹿島川の間に若干存在する。『風土記』の「駅一所」は『延喜式』の塩田駅と見なされ、嬉野市塩田町に存在したとする説と、奈良時代には同市嬉野町下宿にあり、『延喜式』当時には、同市嬉野町吉田に移転していたという説がある。なお、嬉野市塩田町五町田の大黒町遺跡では「馬屋」と書かれた墨書土器が出土している。『風土記』に見える「烽一所」については、多良岳や鹿島市の湯ノ峰山に比定する説がある。牧は『延喜式』に鹿島馬牧が見え、現在の鹿島市付近に比定される。他に『風土記』には、能美郷の項に、堡（おき）を作って景行天皇に抵抗した土蜘蛛の話を載せる。また、託羅郷の項では、海産物が非常に豊かなこと、塩田川の項では、現在の嬉野温泉に当たるとされる「湯の泉」について記す。

（木本雅康）

小城郡・おきのこおり

『和名抄』に「乎支」と訓じる。地名の由来について『風土記』は、土蜘蛛が堡（おき）を作って隠れ、皇命に従わなかったので、日本武尊が滅ぼしたことによるとする。

『風土記』によれば、七郷二十里からなるが、『和名抄』では、川上・甕調・高来・伴部の四郷によって構成されている。郡域は現在の小城市・多久市・久保田町付近に当たり、北部および西部は山地で、東南に向かって佐賀平野が開けている。

郡名の初出は『風土記』である。神社は、『三代実録』によれば、貞観二年（八六〇）二月に天山神が従五位上に、仁和元年（八八五）に正五位下に昇階している。古代寺院としては、小城市小城町畑田に八世紀中頃の寺浦廃寺が存在し、郡家の位置は未詳であるがこの付近であろう。『和名抄』に見える小城郡の国府も、誤記でないとすれば、郡家の近くであろう。条里は駅路を基準線として、東西に十条程度広がる。『風土記』の「駅一所」は『延喜式』の高来駅と見なされ、多久市東多久町別府付近に想定されている。また同書の「烽一所」は、両子山か鏡山に比定されている。『宇佐大鏡』によれば天平勝宝年中に公家が赤自荘を宇佐神宮に寄進したとある。

（木本雅康）

彼杵郡・そのきのこおり

『和名抄』に「曽乃伎」と訓じる。地名の由来について『風土記』は、景行天皇が、この地域は宝玉が備わっているとして「具足玉の国」と命名し、後にそれが転訛して「彼杵」になったと記す。

『風土記』によれば、四郷七里からなり、名称が記されているのは、浮穴郷・周賀郷である。一方『和名抄』では、大村・彼杵の二郷で構成されている。郡域は、大村湾周辺および長崎半島の西半部に当たり、山がちな地形である。

郡名の初出は『風土記』である。郡司についての直接的な史料は存在しないが、『三代実録』貞観八年（八六六）七月条に、彼杵郡人永岡藤津の名が見える。

郡家については、郡名を冠する東彼杵町付近に考える説と、大村市の郡川下流域に考える説があるが、「蔵ノ町」の地名や条里地割の分布、鬼の穴古墳の存在等から後者が有力である。もっとも、東彼杵の地は、水陸交通の要所で、ひさご塚古墳も存在することから、初期の段階には、東彼杵に郡家があったとする解釈もある。条里は、先述した大村市の郡川下流域に約八十の坪数が認められ、黒丸町には小字「九ノ坪」の地名が存在する。また、大村市の大上戸川流域にも、十六坪程度の条里地割が存在したが、現在は市街地化によって、ほとんど消滅している。

駅家は、『延喜式』に新分駅が見え、大村市草場町の小字「立石」「馬込」付近に比定されるが、同地に立っている「石立様」と呼ばれる自然石が、駅家を示す標柱であった可能性がある。なお『風土記』では、彼杵郡の条に「駅二所」となっており、『延喜式』より駅数が一つ多い。これについては、当初駅家は、東彼杵と大村の大上戸川流域付近にあり、駅路も、塩田駅から俵坂峠を越えて東彼杵に入ってから大村湾東岸を南下していたのが、二駅を廃止して新たに新分駅を置いて、ルートも多良岳の中腹を横切るコースに変更になったと推測されている。烽については、『風土記』によれば、三箇所あったと記されている。その位置については、五島列島からの連絡を受けるとして、西海市崎戸町江島の遠見岳、同市大瀬戸町松島の遠見岳、川棚・東彼杵町界の虚空蔵山に考える説がある。

なお『風土記』には、具足玉の伝承以外にも、土蜘蛛にまつわる話として、浮穴郷の浮穴沫媛や、周賀郷の鬱比表麻呂の説話を載せている。また、現在の早岐瀬戸に比定される速来門の項では、潮流の音について描写している。一方、『万葉』巻五には、筑前国怡土郡深江村にある神功皇后の鎮懐石について記すが、その割注に、ある人の話では、この石は、肥前国彼杵郡平敷から取ってきたものとあり、これを長崎市平野町に比定する説がある。

【参考文献】

日野尚志「肥前国の郡家について」（『佐賀大学教育学部研究論文集』三四―一（Ⅰ）、一九八六年）

『原始・古代の長崎県　通史編』長崎県教育委員会、一九九八年

（木本雅康）

高来郡・たかくのこおり

『和名抄』に「多加久」と訓じる。地名の由来について『風土記』は、雲仙の山の神である高来津座の名前によるとする。

『風土記』によれば、九郷二十一里からなるが、具体的な名称は記されていない。一方『和名抄』では、山田・新居・神代・野鳥の四郷で構成されている。郡域は、橘湾周辺および島原半島からなり、山がちな地形である。

郡名の初出は『風土記』である。郡司については、『三代実録』貞観八年（八六六）七月条に擬大領として大刀主の名が見える。郡家については、雲仙市国見町多比良の高下付近に比定され、西方の倉地川は正倉の、東方の栗谷川は厨家の関係地名である可能性がある。また、同地の高下古墳は、豊富な副葬品を持ち、六世紀の中葉から末ごろまでの年代が与えられており、後の郡司に連なる豪族の奥津城と推測される。なお、高下西方の十園遺跡では、八世紀代の掘立柱建物や石帯が出土している。

神社は『三代実録』貞観二年（八六〇）二月条によれば、肥前国温泉神社が従五位上に昇叙されており、雲仙市小浜町雲仙の温泉神社に比定されている。また『三代実録』貞観十三年四月条において従五位下を授けられ、同十五年九月条において従五位上を授けられた肥前国宗形（天）神を、諫早市宗方町の宗形神社に当てる説があるが、一方で旧北松浦郡田平町の宗像神社に比定する説もある。さらに『三代実録』貞観十八年

六月条において、従五位下に昇叙された肥前国銀山神を、雲仙市国見町多比良の金山神社に当てる説がある。古代寺院は、雲仙市国見町多比良に五万長者遺跡が存在し、八世紀前半ごろの建立と考えられている。

条里は、諫早市の田井原、小野、里名（さとみょう）、雲仙市の山田・守山、伊古、神代、土黒付近に分布している。駅家は、『延喜式』に、船越・山田・野鳥の三駅が記されている。船越駅は、諫早市旧船越名を遺称とし、通称地名として「立石」がある。山田駅は、雲仙市山田原を遺称とし、野鳥駅は、肥後国への渡海駅として、島原市島原に比定されている。なお『風土記』では、高来郡の条に「駅四所」とあり『延喜式』より一駅多いが、本来、有馬の湾入部にも渡海駅があり、島原湾の潮流の変化に応じて、使いわけられていたとする解釈がある。また烽については、『風土記』によって、高来郡内に五箇所あったことがわかり、旧口之津町の烽火山、雲仙岳、旧国見町淡島、多良岳、旧野母崎町日野山などが候補地として挙げられるが定かではない。牧については『延喜式』に早埼牛牧が見え、旧口之津町早崎名に比定される。荘園については『宇佐大鏡』所引応和三年（九六三）二月十二日「肥前国国符」によれば、宇多天皇第七皇女婉子内親王家の所領である高来郡油山十二箇所が延喜十年（九一〇）に宇佐八幡宮に施入されており、当郡に宇佐宮領が存在したことが知られる。『本朝世紀』天慶八年（九四五）七月二十六日条所引の同二十五日大宰府解によれば、高来郡肥最埼が見え、警固所が置かれていたことがわかり、旧野母崎町脇岬・樺島付近に比定される。

他に『風土記』には土歯（ひじは）の池と峯湯泉が見え、前者は現在は水田化され、旧千々石町の上峰・下峰・北船津付近に、後者は現在の雲仙温泉に比定される。

【参考文献】

『原始・古代の長崎県　通史編』長崎県教育委員会、一九九八年

（木本雅康）

コラム　肥（火）

　西海道に属する肥前国、肥後国は古くは、火の国と総称されていた。その地名由来伝承の一つは、『景行紀』にある。肥後国葦北(あしきた)より発船した天皇の船は、真夜中、着岸地を見出せず、困惑していると、かなたに火の光り見出し、無事、着岸しえた。そこで、火の主を問うたが、知らずと答えたので、天皇はその地を「不知火(ひらぬひ)」、または、「火の国」と名付けたという。これは、いわば、陸上の不知火である。上陸地は、「八代県(やつしろのあがた)の豊村(とよむら)」とされているから、八代郡豊服郷(とよふく)（旧熊本県下益城郡松橋町豊服、現宇城市松橋町豊服）を中心に、松橋町豊崎、豊野村、豊原(ふいばる)、豊向駅(とよむく)など、豊を冠する地名を含むあたりが、『書紀』にいう火の村であろう。それらに南接する地には、氷川(ひ)が流れるが、氷川は、火川に由来するとされる。氷川流域の野津周辺に巨大な古墳群が集中的に築かれているので、これらの地を「火の国」の中心地と見做してよい。『肥前国風土記』には、肥後国益城郡朝来名(あさくな)の峯にいた土蜘蛛を、火君の祖とされる建緒組(たけおくみ)が討伐にあたり、八代郡の白髪山(しらがみやま)に宿ると、真夜中、虚空(おおぞら)より、火が降り、土蜘蛛を滅ぼしたという。そこで崇神天皇は、「火の下りし国なれば」として火の国と名付けられ、健緒組も火君の姓名を賜わったと伝えている。これは、天上の不知火で、これらは、現在、不知火海に見える海の不知火と異にしていることに注意すべきである。

　その火の国が、肥後国のみならず肥前国まで拡大されていくのは、恐らく、火君の勢力の伸張と無関係ではないと考えられる。火君は、九州の最大豪族、筑紫君と、古くは同盟関係を結び、文化的にも、装飾古墳を共有する立場にあった。欽明紀に、百済救援に派遣された人物として、「筑紫火君」があり、また『釈日本紀』に引く、『筑紫国風土記』逸文に筑紫の神を、筑紫君と肥君が共同で祀っているなど、血縁的にも結ばれていたらしい。しかし、筑紫君磐井が継体朝に反乱を起こした時、火（肥）君は朝廷側に立ち、乱後の功賞として、北九州地域の支配権を認められたようである。火君は、これらの地に進出し博多湾の西岸に位置する筑前国の志麻(しま)郡は、大宝二年（八〇二）の戸籍に窺えるように、火（肥）君の傘下にあった。更に肥前国松浦郡にも「火君」が見え（『霊異記』下三十五）、肥前国養父郡にも、大宰小典の筑紫火公などが散見し、肥前国にまで、かなりの勢力がうえつけられていた。そのため、陸続きではないが、有明海を介して、肥前の地も火の国とされたものであろう。

肥前国は、現在の佐賀県、長崎県にまたがる地域で、基肄（きい）、養父（やぶ）、三根、神埼、佐嘉、小城、松浦（まつら）、杵島、藤津、彼杵（そのき）、高来の十一郡よりなる。「律書残篇」では十二郡としているが、『延喜式』では上国に位置づけられている。肥後国は、玉名、山鹿、菊池、阿蘇、合志、山本、飽田、託麻、益城、宇土、八代、天草、葦北、球磨の十四郡よりなる。このうち、山本郡は貞観元年（八五九）に合志郡の西部を割いて置かれた新設の郡である。肥後国は奈良朝期は上国であったが、延暦十四年（七九五）には、西海道で唯一の大国とされた。因みに、火国は「風土記」進撰に際し、「火」を忌み、肥国と改められた。肥の国が、肥前、肥後二国に分かれるのは、天武・持統朝で持統紀十年（六九六）の条に「肥後国皮石（合志）郡」とあるのを初見としている。

【参考文献】

井上辰雄『火の国』学生社、一九七〇年
『肥前国風土記』（岩波古典文学大系『風土記』一九五八年）

（井上辰雄）

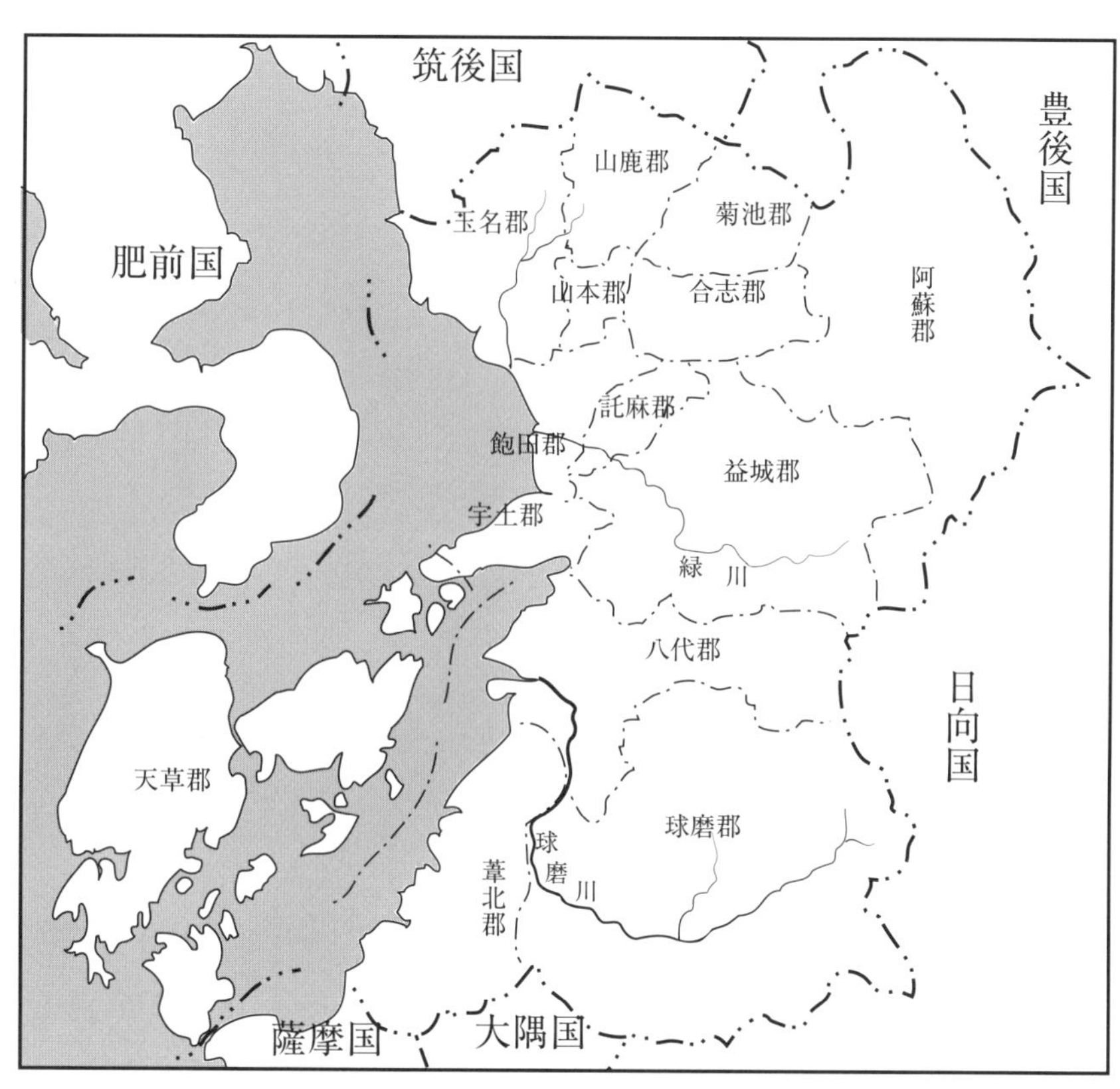
筑後国
豊後国
肥前国
山鹿郡
菊池郡
玉名郡
山本郡
合志郡
阿蘇郡
託麻郡
飽田郡
益城郡
宇土郡
緑川
八代郡
日向国
天草郡
球磨郡
球磨川
葦北郡
薩摩国
大隅国

肥後国略図

肥後

肥後国・ひごのくに

国生み神話に登場する肥国は『肥前国風土記』や『肥後国風土記』逸文によると、令制下の肥前・肥前両国を指しているが、火国の起源については肥君祖健緒組が益城郡朝来名峯の土蜘蛛を討伐した後、八代郡白髪山で夜空から燎え下る火を見たことにより朝廷から国名を賜ったとあり、肥後を舞台として語られている。肥後の範囲を見ると北の玉名郡に日置部君、東北に火山神を氏神とする阿蘇君、南に日奉部を擁する葦北君、そして景行天皇一行が葦北火流浦より海路遙かに見える火に導かれて無事八代郡火邑に着岸したという伝承を持つ火君のように、火を信仰の対象とする豪族が存在していた。不知火海に臨む沿岸地方を本拠とした火君一族は磐井の乱後に筑前や肥前方面へも進出したと考えられ、肥前の有明海に面した佐賀平野には肥後と共通した古墳文化が分布するだけではなく、『続後紀』嘉祥元年（八四八）八月条には肥前国養父郡人として筑紫火君が見えており、また『霊異記』下巻には松浦郡に居住した火君の説話が見えている。陸続きではない肥前と肥後が同一視された要因として、このような火君一族の肥前地方への進出が考えられている。

令制下の国名初見は『書紀』持統十年（六九六）四月戊戌条の「肥後国皮石（合志）郡」であり、肥後国は奈良時代においては十三郡を管轄する上国であったが、平安京遷都の翌延暦十四年（七九五）九月に大国に昇格した。奈良・平安時代を通じて西海道唯一の大国であるがその理由については何も記されておらず、『和名抄』の水田面積や『延喜式』の出挙稲から見ると肥後国は西海道各国に倍する経済力を有していたと思われる。財政再建のため弘仁十四年（八二三）から実施された公営田計画において、中心となったのも肥後国であった。その後貞観元年（八五九）五月に合志郡の西部が山本郡として分置され、肥後国は十四郡を管轄することになった。

肥後国府の所在について国府地名や国分寺は託麻郡内に現存するが、『和名抄』は益城郡、『伊呂波字類抄』は飽田郡、『拾芥抄』は飽田と益城両郡を併記することから、託麻・益城・飽田の三郡間を移動したと考えられている。『延喜式』によると肥後の駅馬は十六箇所各五疋の計八十疋が配置され、伝馬は十箇所各五疋の計五十疋が全て駅家に併設されていた。また式内社は阿蘇郡三座と玉名郡一座のみであり、このうち阿蘇郡建磐龍命神社は名神大社であった。

（板楠和子）

玉名郡・たまいなのこおり

『和名抄』刊本は「多万伊奈」、『延喜式』神名帳は「タマイナ」、同書民部上は「タマナ」の訓を付す。日置・為太・石津・下宅・宇（宗）部・大町・大水・江田の八郷よりなる、郡域は菊池川下流域を中心とし現在の玉名市、玉名郡、荒尾市を含む地域であり、郡北部は筑後国と境を接し西側は有明海に面しており、対岸は肥前国高来郡である。

郡名の初見は『肥前国風土記』であり、景行天皇が玉名郡長渚浜の行宮より肥前国高木郡の山をながめたとあり、『書紀』景行十八年六月条の西征伝説中には、高来県より玉杵名邑にわたり土蜘蛛津頬を殺したと見えている。また『肥後国風土記』逸文によると、玉名郡長渚浜で景行天皇に鱒に煮た魚を献上したが、名前がわからず爾陪魚と呼ぶようになったと見えている。長渚浜は現在の玉名郡長洲町一帯に比定され、長渚町の西方玉名市岱明町には全長七十八メートル、舟形石棺三基を主体とした院塚前方後円墳が築造されており、これらの説話は有明海に面した玉名郡沿岸部が海上交通の要衝であり、大和政権への服属の証としての御贄貢上の起源を物語るものであろう。なお四世紀前半の遺構から「田」文字の記された木製短甲用棒状留具を出土した柳町遺跡は玉名市河崎に所在し、古墳時代前期から奈良・平安時代に及ぶ菊池川に面した複合遺跡であり、玉名平野右岸一帯の拠点集落ではないかと考えられている。

令制前の国造名は伝わっていないが、本郡を拠点とした氏族として日置部公一族がいる。江戸時代に現在の玉名郡和水町（旧菊水町）江田の鶯原から出土した火葬骨壷には、天平宝字四年（七六〇）鋳造の万年通宝と、現物は失われているが「玉名郡人権擬少領外小初位下日置部公」と記された青銅製墓誌が副葬されていたという。鶯原一帯は菊池川が大きく屈曲する水陸交通上の要衝であり、沖積平野は少ないがワカタケル大王と記した銀象嵌銘文大刀や朝鮮半島製の金銅冠・履物などを出土した江田船山古墳をはじめ虚空蔵・塚坊主・若宮など五～六世紀にかけての前方後円墳群の分布地帯である。ここから下流の玉名市大字立願寺の鎮座する疋野神社は日置部公の奉斎する氏神と考えられており、『続後紀』によると承和七年（八四〇）七月二十七日に疋野神は官社に昇格し、『延喜式』では阿蘇三座を除いて肥後国唯一の式内社となっている。玉名市内には山下・稲荷山前方後円墳をはじめ大坊・永安寺東・西墳など後期の装飾古墳が築造されており、菊池川の下流から中流域一帯を本拠とする豪族達は大和朝廷の朝鮮出兵にも参加し、やがて日置部君姓を与えられ、代々その勢力を保持していったと思われる。疋野神社北方に位置する小岱山山麓では須恵器の窯跡や鉄関連遺跡が多数発見されており、肥後国内でも有数の窯業・鉄生産地帯となっている。これまでの調査によると須恵器生産は六世紀後半に始まり平安時代まで続くが、その後は鉄生産が本格化し平安後期から中世初頭にかけて最盛期を迎えるという。日置部氏は大和朝廷において子部・車持・笠取・鴨氏とともに殿部を勤め、鴨氏が薪炭を奉仕するのに対し燈燭を担当しており、火の神の祭祀と関係ある部民とされている。『肥後国誌』によると玉名郡疋野神社の祭神は大年神または波比岐神としており、波比岐神とは天羽鞴を神格化したもので鞴を指すという。『養老令』によると国内所出の銅鉄は官が未採ならば私採を許すとあり、令制下の日置部公一族は火神・鞴神を祀る疋野神社の神主であり、玉名郡司として小岱山の木材・薪炭資源を管理・育成し、須恵器や鉄の生産活動を推進していたと考えられよう。

玉名郡家・郡寺は発掘調査の結果掘立柱建物・礎石建物・古代瓦などが検出された現在の玉名市大字立願寺疋野神社の北方一帯に想定されている。ここは菊池川河口を見下ろす丘陵上であり、『三代実録』貞観十年（八六八）六月二十日条には「大鳥二集肥後国玉名郡倉上」と見えており、郡寺想定地からは畿内の山田寺系・法隆寺系・川原寺系瓦に続いて、大宰府系の軒丸・軒平瓦や鬼面瓦が出土している。近年発掘された立願寺大塚遺跡からは、「八少領」と墨書された須恵器が検出されている。なお『延喜式』に駅馬・伝馬各五疋と見える大水駅と江田駅は、現在の玉名郡南関町大津山と和水町江田に比定されており、『和名抄』大水郷と江田郷の遺称地ともなっている。大水駅は肥後と筑後の国境に位置しここから南下して菊池川を渡ると江田駅であり山本郡へと至っている。さらに『書紀』景行十八年条によると玉杵名邑から東方へ山鹿・菊池を横断し、阿蘇郡へ至る古道が存在したと考えられる。

【参考文献】

松本健郎「日置氏墳墓覚え書」(『日本歴史』三八六号、一九八〇年)
井上辰雄「日置部の研究」(『古代王権と宗教的部民』柏書房、一九八〇年)
『玉名郡衙』玉名市秘書企画課、一九九四年

(板楠和子)

山鹿郡・やまがのこおり

『和名抄』に「夜万加」と訓じる。箸人(入)・来民・伊智・夜開(関)・緒緑・津村・神世(西)・温泉・小野・(朽納)の十郷よりなる。郡域は菊池川中流域、現在の山鹿市菊鹿町の一部を含む地域。

『筑後国風土記』逸文に筑後国三毛郡の郡南にある楝木の夕日の影が、山鹿郡の荒爪山を蔽ったとあるのが郡名の初見であり、荒爪山は山鹿市内の震岳を指すといわれる。また平城宮木簡によれば「肥後国山鹿郡」「応修理正倉」と記すものがあり、大宰府木簡には「山鹿郡紫草」とあって、紫草の貢上が知られるようになった。本郡の氏族については山鹿市南部に「日置」の地名が残り、玉名郡の日置部公との関連も考えられる。郡家は山鹿市桜町遺跡、郡寺は中村廃寺に比定されているが、近年山鹿市鹿本町御宇田遺跡から三彩片・石製巡方などを共伴するコの字型配置の掘立柱建物群が発見され注目される。

(板楠和子)

菊池郡・くくちのこおり

『和名抄』に「久久知」と訓を付す。城野・水島(嶋)・辛家・夜開(関)・子養(養)・山門・上甘・臼(日)理・柏原の九郷よりなる。郡域は現在の菊池市と山鹿市菊鹿町の一部を含み、阿蘇外輪山に源を発した菊池川が支流を集めて中央部を貫流する。

郡名の初見は『続紀』文武二年(六九八)五月二十五日条であり、大宰府に命じて大野・基肄・鞠智の三城を修理させたとある。鞠智城は現在の菊池市と山鹿市菊鹿町にまたがる丘陵上に築かれた朝鮮式山城であり、発掘調査の結果内城の中心地長者原地区では六十四棟の建物跡が検出されている。建物は三間×四間を基本とする倉庫や三間×九間の細長い建物のほか心柱をもつ八角形の建物跡も見つかっている。平成九年度(一九九七)の調査では長者原北方の貯水池の中から「秦人忍□五斗」と記す付札木簡が発見され、共伴した土器から七世紀後半から八世

紀初頭と考えられている。木簡には本貫を示す郡・里名も無く、これまで肥後関係人名史料のなかに秦人や秦部は知られていないが、熊本市大江遺跡からは「仏進郷坏天平……秦……」と刻書された土師器坏が出土している。なお八世紀代の記録には見えないが九世紀に入り新羅との緊張関係が強まると、『文徳実録』天安二年（八五八）閏二月二十四日条に「菊池城院兵庫鼓自鳴」、同年六月二十日条に「同城不動倉十一宇火」、『三代実録』元慶三年（八七九）三月十六日条に「菊池城院兵庫自鳴」とふたたび記事が見えている。

本郡内にも石製装飾品をともなう木柑子二ツ塚古墳や線刻彩色の装飾文様をもつ袈裟尾高塚古墳など六世紀代の古墳が分布しているが、文献的にはこれらと結びつく有力な氏族名は知られていない。近年、奈良東大寺大仏殿西廻廊隣接地の発掘調査において「薬院依仕奉人大伴部鳥上入五月□ 大伴部稲依入五月五日 肥後国菊池郡□養郷人」と記された木簡が出土し、本郡内にも大伴部が設置されていた可能性が出てきた。木簡の菊池郡の下の欠字は「子」養郷と訓むことができ、現在の菊池市七城町五海に比定されている。

郡家は東西四二五メートル、南北一六〇メートルの土塁状遺構が残る菊池市大字西寺字西屋敷一帯が想定されている。『三代実録』貞観十七年（八七五）六月二十日条によると、群鳥数百が菊池郡の倉舎の葺草をくわえぬくとあって、九世紀後半の菊池郡倉が草葺であったことがわかる。郡寺としては郡家比定地の西方、菊池市七城町水次の台地上に塔心礎と平安時代の布目瓦を出土した十蓮寺廃寺が想定されている。菊池郡内には『延喜式』に見える駅・伝路は通っていないが、玉名郡南関から山鹿郡・菊池郡を横断して鞠智城の直下に至り、ここから南進して肥後中心部に向かう官道が想定されている。このルートの上には「車路」の地名が点在し山鹿郡家や菊池郡家比定地も存在する。

【参考文献】

『鞠智城跡』（『熊本県文化財調査報告』一九六八～二〇〇二年
『鞠智城跡』歴史公園鞠智城温故創生館、二〇〇三～二〇〇七

（板楠和子）

阿蘇郡・あそのこおり

『和名抄』に「阿曽」と訓を付す。波良・知保・衣尻・阿蘇（曽）の四郷よりなる。郡域は肥後国の東北部、現在の阿蘇市全域と菊池郡大津町の

一部を含み、東と北は豊後国と南東日向国と境を接し、阿蘇山を中心とする火口原と外輪山の外麓に広がる高原地帯よりなる。

『肥後国風土記』逸文によると景行天皇が玉名郡長渚浜よりこの地方に巡行した時、広い原野に人の姿を借りて現われたのが阿蘇都彦と阿蘇都媛であり、この二神の名により阿蘇郡と命名されたという。『書紀』景行十八年条にも阿蘇の国名起源について同じ説話が見えている。『古事記』中巻には神武皇子神八井耳命の後裔氏族として阿蘇君が、『旧事紀』には阿蘇国造が見えており、令制前には阿蘇君一族が国造として支配していた。古墳時代以来開発の拠点となったのは阿蘇谷北東部であり、現在の阿蘇市一の宮町には全長一一五メートルの長目塚を中心とする中通古墳群が築造され、阿蘇神社も存在している。また手野地区には巨石使用の複室構造をもつ上御倉・下御倉古墳が築造され、付近には国造神社が鎮座しており、この地域が阿蘇君一族の本拠地とされており、令制下においては郡司層を務めていたと考えられる。超自然的な火山神と阿蘇氏の祖先神を祀る阿蘇社が中央の記録に登場するのは平安時代の初めであり、九世紀には阿蘇神の神階が十年毎に上昇している。『延喜式』に阿蘇郡三座として見える健磐龍命・阿蘇比咩・国造神社は現在の阿蘇神社と国造神社に比定され、阿蘇神社の神主は代々阿蘇氏が務めている。

『肥後国風土記』逸文によると、中岳は郡家の坤（西南）阿蘇神社は郡家の東にありと見え、一の宮町役犬原に「大正院」の小字名が残ることから、郡家は阿蘇神社の真西にあたる東岳川左岸一帯に想定されている。また郡家比定地の北方には「上西河原・下西河原」や「馬ノ跡・上馬ノ跡・下馬ノ跡」の地名も残っており、『延喜式』に駅馬五疋と見える稾原駅に比定されている。同じく駅馬五疋を備える二重駅は外輪山の西側の阿蘇町二重峠一帯に比定され、肥後国府から合志郡を経て豊後へ至る駅路が阿蘇郡家の北側を横断していたと推定されている。条里制の地割や呼称を明確に残すのも、一の宮町周辺である。『延喜式』によると肥後国には二重と波良の馬牧が記載されており、二重牧は阿蘇外輪山をはさんで阿蘇市阿蘇町から菊池郡大津町一帯に想定され、波良牧は波良郷と関連するとして阿蘇市の北方小国町一帯に比定されているが、具体的な遺構・遺物は発見されていない。このうち二重牧は規模も大きく優秀な駒を産出していたようで、『延喜式』には二重牧の繁殖した駒が一〇〇頭を越えた場合、中央の左右馬寮に進上し残りを大宰府・肥後国などの駅伝馬に充てよとの記載が見えている。

【参考文献】
『自然と文化・阿蘇選書一の宮町史』全十三巻、一九九六〜二〇〇一年

（板楠和子）

合志郡・かはしのこおり

『和名抄』に「加波志」と訓を付す。合志・小川・山道・鳥嶋（島）・口益・鳥取の六郷よりなる下郡であるが、貞観元年（八五九）に郡の西部七郷を山本郡として分置するまでは、西郡の十三郷を合わせた肥後国最大の郷数を管する上郡であったと思われる。郡城は合志川流域を中心として阿蘇外輪山東麓から山鹿市鹿央町や鹿本郡植木町の平野部まで及ぶ広大な面積を占めていたが、山本郡分置後は現在の菊池市旭志町、菊池郡大津町・菊陽町、合志市合志町・西合志町、菊池市泗水町・七城町を含む地域である。

郡名の初見は『書紀』持統十年（六九八）四月二十七日条であり、白村江の敗戦で唐軍の捕虜となりながら三十三年後に帰国できた人物として「肥後国皮石郡壬生諸石」が見えている。郡内で主要な古墳が分布するのは郡西部の合志川左岸一帯であり、鹿本郡植木町の高熊前方後円墳の西側には「生部」の地名が残り、植木町の南部には石川山古墳群や装飾文様をもつ横山前方後円墳が築造されており、壬生部に編成された一族の本拠地と考えられている。このほか本郡の氏族として『三代実録』貞観十八年九月九日条に奈我神社の河辺で白亀を捕獲した「合志郡擬大領日下部辰吉」が見えており、令制前の日下部の系譜を引く新興豪族であろう。奈我神社は郡の東端、現在の菊池市旭志町新明（旧高永村）に存在し、合志川の右岸には「白亀」の字名も残っている。平城宮跡出土養老七年木簡によると「恰志郡調綿壱伯屯四丙」とあり他郡同様に調綿が貢上されていたことがわかるが、大宰府木簡のなかには「合志郡紫草大根四百五十編」と記すものがあり、これは他郡と比べて大量の紫草が栽培・採集・貢上されていたことを示している。

京都府東明寺に伝わる大般若経第四〇一奥書によると、天平十五年（七四三）八月肥後国史生山田文見が母親の願により合志郡東部の井出原禅房で建部君足国にこの経を書写させたとある。井出原禅房が山中の禅庵であるのか合志郡寺に関係ある施設であるかは不明であるが、初期

の郡家は礎石列や土塁状遺構を残す菊池市泗水町住吉一帯に想定されている。しかし住吉一帯は東西に広がる郡域の中では東側に偏在しており、最近では菊池市七城町の上(かみ)鶴頭(つるがしら)遺跡でコの字形に配置された掘立柱建物群が発見され、九世紀半ばごろの郡衙ではないかと注目されている。

合志郡内には『延喜式』に見える駅路が整備される以前、鞠智城の南側を経由して肥後国府へ至る官道（東路）が縦貫していたと推定されている。延暦期の駅伝路再編後の官道は山本郡内を縦貫することになったが、『延喜式』に見える坂本・二重・蚊藁の三駅はここから分かれて東方の豊後へ通じるルート上に想定され、このうち坂本駅は本郡内の菊池郡菊陽町原水に比定されている。

【参考文献】

「上鶴頭遺跡」（『熊本県文化財調査報告』第三六集、一九八三年）

（板楠和子）

山本郡・やまもとのこおり

『和名抄』に「夜末毛止」と訓じる。三重(みえ)・高原(たかはら)・鳥口(とりた)（田）・山本(やまもと)・植生(うえふ)・佐野・本井(もとい)の七郷よりなる。郡域は現在の山鹿市鹿央(かおう)町、鹿本郡植木町を中心として合志市西合志(にしこうし)町や菊池市泗水(しすい)町の一部を含む。郡名の初見は『三代実録』貞観元年（八五九）五月四日条であり、「分肥後国合志郡始置山本郡」とあって旧合志郡の西部が山本郡として分置され、七郷分が編戸されたと思われる。

山本郡は合志郡に比べて面積は狭いが郷数は多く、郡内には駅路が南北に縦貫して陸上交通の要衝であった。『延喜式』に駅・伝馬を備えると見える高原駅は本郡高原郷内、現在の鹿本郡植木町に比定され、南進すれば肥後国府へ、北進すれば山鹿・玉名郡家へ至る分岐点となっていた。郡家は郡名を負う山本郷内に想定され、植木町山本には「正院(しょういん)」の地名が残るほか正院神社周辺からは平安時代の布目瓦も出土しており、すぐ東側には高原・江田駅間を結ぶ駅路が走っている。

（板楠和子）

飽田郡・あきたのこおり

『和名抄』に「安岐多」と訓を付す。宮前(みやさき)・加幡(かはた)・小垣(おかき)・私部(きさいべ)・栗田(くりきた)・天田(あまだ)・川内(かわち)・水門(みなと)・殖木(うえき)・下田(しもだ)・市田(いちだ)・蚕養(こかい)（養）の十二郷からなる。郡域は現在の熊本市を流れる白川右岸一帯と井芹川・坪井川流域を含み、西は有明海に面している。『書紀』安閑二年五月条に見える「火国春日(かすか)部屯倉(べのみやけ)」は現在の熊本市春日町が遺称地とされ、郡内に残る私部の郷名は安閑皇妃春日山田皇女の名代部に由来すると考えられる。

郡名の初見は平城宮跡出土天平三年（七三一）調綿付札木簡であるが、「主政大初位下勲十二等建部君馬口」とあり、天平勝宝六年（七五四）の瑜珈師地論に「飽田郡建部君虫麻呂」、『三代実録』貞観三年（八六一）八月条には「飽田郡大領建部公貞雄」とあって、建部君一族が郡内有力者として郡司を務めていたことがわかる。郡北部の井芹・坪井川流域には釜尾(かまお)・富の尾・稲荷山などの装飾古墳が分布しており、熊本市坪井・黒髪町には「竹部」の地名も残っており、建部一族の本拠地だったと思われる。さらに『続後紀』承和十四年（八四七）三月条によると従三位大蔵卿平高棟(たかむね)の家令として「飽田郡八建部公弟益」が見え、弟益の子女は長統(ながす)朝臣姓を与えられ左京三条に貫付されており、平安京で活動する一族もいたことがわかる。

郡家について現在まで具体的手懸りは無いが、井芹・坪井川にはさまれた京町台地上に布目瓦を出土する一帯を郡寺跡として、京町二丁目周辺に郡家を想定する説もある。なお京町台地の東側にあたる立田山西麓には、合志郡から肥後国府へ向かう直線状の駅路が南北に想定され、この官道と白川が交叉する一帯には「子飼(こかい)」の地名が残ることから、『延喜式』に駅・伝馬各五疋と見える蚕養駅や『和名抄』蚕養郷の遺称地とされてきた。近年熊本大学構内において方形の溝をともなう掘立柱建物跡や馬の字が墨書された土器などが発掘され、蚕養駅とする説も出されている。

肥後国府の所在について、国分寺は託麻郡に現存し、『和名抄』は益城郡、『伊呂波字類抄』は飽田郡、『拾芥抄』は飽田と益城を併記することから託麻・益城・飽田へと三転したと考えられている。飽田国府への移転時期は、平将門追討勅願により創祀されたと伝える藤崎八幡宮が宮前(みやざき)郷内に勧請されていることから、この頃には飽田郡内に国府が存在したと推定されている。飽田国府は「在丁屋敷」「国造小路」などの地名が残る熊本市二本木(にほんぎ)一帯に想定され発掘調査が行われているが、近年奈良時代後半の大型掘立柱建物二棟が並立して発見され、国府あるいは郡家跡として注目されている。

承和四年（八三七）の国交断絶以来新羅との緊張関係が続くなか、『日本紀略』によると寛平五年（八九三）閏五月、飽日郡に新羅船が侵入し人家を焼き打ちするという事件が起こった。本郡は有明海に面しており、現在の熊本市高橋町や河内町に比定されている水門郷や河内郷が、もっとも被害を受けたと考えられている。

（板楠和子）

託麻郡・たくまのこおり

『和名抄』に「多久万」と訓じる。酒井（さかい）・津守（つもり）・桑原（くわばら）・波良（はら）・漆嶋（うるしま）・三宅（みやけ）・上嶋（うえしま）・下井（しもい）の八郷よりなる。郡域は現在の熊本市を流れる白川左岸域を中心として上益城郡益城町、嘉島町に及ぶ。

郡名の初見は平城宮跡出土の木簡である。「肥後国託麻郡調綿壱伯屯四両養老三年」と見える。なお大宰府木簡には「宅麻」、『霊異記』には「託磨」、『平安遺文』四七一九号「肥後国司解写」では「託万」とも記している。郡家は発掘調査の結果七世紀後半から八世紀初頭とされる単弁八葉軒丸瓦などを出土した、熊本市渡鹿（とろく）字上ノ原の渡鹿A遺跡に、郡寺はここから五〇〇メートルほど離れた熊本市大江本町字村ノ上に法起寺式伽藍配置が想定されている。しかし最近熊本市出水（いずみ）二丁目の神水（くわみず）遺跡で奈良時代後半から平安時代初頭の礎石をもつ建物や掘立柱建物跡が発見され、ここを郡家とする説や渡鹿A遺跡からの移転説も出されている。

本部を本拠とする氏族については関係史料が残っておらず、また郡内には方形周溝墓など以外に顕著な古墳群も知られていないが、『書紀』安閑二年五月条に設置の伝えられる「春日部屯倉」について、飽田郡内に春日（かすが）の地名や私部の郷名が残り、本郡内に三宅の郷名が残ることから、白川をはさんで令制下の飽田・託麻両郡にまたがって設置されたと考えられている。とすれば飽田郡を本拠とした建部君一族の勢力が本郡域にも及んでいたことも考えられる。

最初の肥後国府は熊本市国府二丁目から四丁目および国府本町に比定されている。当初国府本村を囲む二町四方の土塁と水路が国府域と考えられたが、発掘調査の結果土塁は後世のものであった。しかしその下から築地・中門・東殿の基壇と見られる遺構や鬼瓦・布目瓦が検出され、南東隅にあたる白山神社には礎石らしい石も存在した。『三代実録』貞観十一年（八六九）九月条に肥後国大風雨と伝えることから、託麻国府は洪水で破壊され益城国府へ移転したと考えられている。『霊異記』に「託麻郡之国分寺僧」と見える肥後国分寺は、熊本市出水一丁目一帯に想定されている。塔心礎が残る熊野神社や礎石列が残る現在の国分寺を中心として発掘調査が行われた結果、八世紀後半から十世紀までの遺構が確認され、国分寺の瓦は大宰府系文様の伝統に畿内系文様の影響を受けて成立したと考えられている。また国分尼寺は現在の水前寺公園一帯に想定され、出土した土器から十世紀ごろに廃絶したとされている。熊本平野には条里遺構や条里地名・条里関係文君がよく残っており、本郡内の条里は国府の東側を南北に走る官道を基準とし、条は東から西へ数え進み、坪並(つぼなみ)は北東隅に一坪、南東隅に三十六坪がくる千鳥式が想定されている。

【参考文献】
松本雅明『肥後の国府と古代寺院の研究』弘生書林、一九七八年
木下良「肥後国府の変遷について」（『古代文化』二七巻、一九七五年）

（板楠和子）

益城郡・ましきのこおり

『和名抄』に「万志岐」の訓を付す。當麻(たきま)・子按(このくら)・加世(かせ)・坂本(さかもと)・益城(ましき)・麻部(おべ)・富神(とがみ)・宅部(やかべ)の八郷よりなる。郡域は阿蘇外輪の南麓から緑川(みどりかわ)下流の水田地帯まで広がり、現在の上益城郡と下益城郡の大部分と宇城市の一部に相当し郡東部は日向に接している。

『肥前国風土記』によると崇神天皇の時、土蜘蛛打猴(うちざる)・頸猴(うなざる)が益城郡朝来名峯(あさくなのみね)で徒衆(ともがら)を率いて皇命に逆(さから)ったため、健緒組(たけおくみ)を派遣して討伐したという。このあと健緒組はさらに北上し虚空(おおぞら)に燎(も)える火の威霊(みいつ)により武力によらず賊徒を滅ぼし、その功により「火君」の姓を賜ったという。本部が火国を代表する豪族火君と所深くかかわっていることを示す説話である。火君は『古事記』中巻に神武皇子神八井耳命(かみやいみみのみこと)の後裔氏族として大分君・阿蘇君などとともに見えており、『旧事紀』によると火国造でもあった。宇城市豊野町浄水寺の「延暦廿年碑」には化僧薬蘭・真上日乙とともに「肥公馬長」が記されており、令制下において郡司層をなしていたと考えられている。真上は真髪と同じく「白髪部」であり、清寧天皇の名代部が設定されたのであろう。浄水寺の東方には「田馬(たうま)」の地名が残り、この一帯を當麻郷に比定し真上日乙を郷司とする説もある。このほか『万葉』巻五には天平三年（七三一）六月十七日相撲使の従者として上京中、安藝国佐伯郡高庭(たかば)駅家で十八歳で病死した「益城郡人大伴君熊凝(くまごり)」が見えており、その死を

悼んで大宰府大典麻田陽春や当時筑前守であった山上憶良が歌を詠んでいる。

郡家・郡寺は浜戸川右岸、現在の下益城郡城南町舞ノ原台地の大明神遺跡や志道寺跡が想定されているが、平城宮跡出土木簡に「肥後国第三益城軍団養老七年兵士歴名帳」と見える益城軍団も舞ノ原一帯に考えられている。さらに平城宮跡出土の養老七年の木簡には「益城郡調綿壱佰屯四両」と記すものもある。『延喜式』に駅・伝馬各五疋と見える球磨駅は、城南町隈庄に比定されている。なお肥後国府について『和名抄』は益城郡、『拾芥抄』は益城郡と飽田郡を併記しており、益城→託麻→飽田移転説と託麻→益城→飽田説がある。益城国府所在地についても城南町舞ノ原台地や宮地に比定する説があるが明らかではない。

浄水寺境内には延暦九年（七九〇）南大門開碑、延暦二十年燈楼碑、天長三年（八二六）寺領碑、康平七年（一〇六四）供養碑が現存し、一地方寺院の建立から律令国家の定額寺へ昇格するまでの経過を伝える貴重な史料となっている。とくに天長三年碑は再調査の結果、当時の条里呼称法にのっとり浄水寺の料田が詳細に記載されていることが明確となった。また条里復元作業によって寺領は益城郡と宇土郡間の浄水寺周辺に想定されるようになった。『類聚国史』によると寺領碑建立から二年後の天長五年（八二八）、浄水寺は定額寺の例に預った。

【参考文献】

平川南「浄水寺寺領碑」、金田章裕「浄水寺碑文記載の条里と寺領」（『古代の碑』国立歴史民俗博物館、一九九七年）

（板楠和子）

宇土郡・うとのこおり

『延喜式』に「ウト」の訓を付す。諫染・桜井・林原・大宅の四郷からなる。郡域は県の中央部、現在の宇土市と宇城市の大部分を含む。宇土半島は北の有明海と南の八代海を分ける海上交通の要衝であり、四世紀代の前方後円墳群が築造されており、火君先祖の墳墓と考えられている。郡名の初見は天平勝宝二年（七五〇）四月五日「知識優婆塞貢進文」で「宇土郡大宅郷戸主額田君得万呂」とあり、令制前に額田部が設置されていたと思われる。『三代実録』貞観六年（八六四）十一月条に停止されたと見える大宅牧は、宇土市網津・網田山中の牧山に、また元慶二年（八七八）九月条に見える蒲智比咩神社は、宇城市三角町郡浦神社に比定されている。郡家跡は確認されていないが、郡東部の古保山廃寺や「古保里」の地名を残す一帯に想定されている。また駅馬五疋を備える長崎駅は宇土半島から肥前に向かう分岐点として、宇城市不知火町長崎に比定されている。

（板楠和子）

八代郡・やつしろのこおり

『和名抄』に「夜豆志呂」の訓を付す。木行・高田・小河（川）・肥伊・豊福の五郷よりなる。郡域は現在の八代市、八代郡と宇城市小川町、松橋町の一部を含み、郡東部は日向国と境を接し西部は八代海（不知火海）に面す。

『肥前国風土記』によると崇神天皇の時、肥君祖健緒組が国内を巡視して八代郡白髪山に至り、その夜に空から燎え下る火を見て朝廷に報告したところ「火国」の名を賜ったとあり、白髪山は八代市東陽町北種山の白上山に比定されている。さらに景行天皇の筑紫巡行の時、葦北の火流浦より火国へ渡る途中日没となったが、はるか前方に見える火を目標に進むと無事に八代郡火邑に着岸できたという。『書紀』景行十八年条はその場所を八代県豊村とするが、火邑は現八代郡氷川町を流れる氷川流域で令制下の肥伊郷比定地、豊村は宇城市松橋町豊橋一帯を指すと思われ、ここは八代海の最奥部で火君一族発生の地と考えられている。最近八代郡氷川流域や宇土半島の馬門で製作された阿蘇凝灰岩製舟形石棺や家形石棺が、遠く離れた瀬戸内海沿岸や畿内の古墳に埋葬されていることが明らかとなった。沖積平野に恵まれない八代海沿岸地方では、弥生時代以来海上交易が活発であったことが指摘されている。宇土半島の基部に続いて六世紀代になると、氷川中流の丘陵上に筑紫君と関係あるとされる石製装飾品をもつ野津古墳群が築造されている。

『続紀』天平十六年（七四四）四月条によると雷雨地震のため、八代・天草・葦北三郡において官舎・水田・民家・人命など大被害が発生した。令制下の郡司名は知られていないが、『続紀』宝亀三年（七七二）十月条には白亀を献上した「八代郡人高分部福那理」が見えている。また『霊異記』下十九には八代郡豊服郷に住む豊服広公の娘が、猴聖と嘲けられながらやがては道俗帰敬して舎利菩薩と呼ばれた話を載せている。豊服郷は現宇城市松橋町豊福に比定され周辺には浄水寺跡、古保山廃寺、興善寺廃寺などが分布しており、豊服広公はこの地域の有力者であろう。『延喜式』に駅・伝馬各五疋と見える豊向駅も豊福郷と同域に想定されているが、当初の官道はもっと内陸部の浄水寺横を南北に走っていたとし、豊向駅を宇城市豊野村一帯に比定する説もある。次の高野駅は「高野道」の地名が残る八代郡氷川町野津一帯に、駅・伝馬各五疋を備える片野駅は八代市片野川に比定されている。『続紀』神護景雲二年（七六八）七月条に、八代郡正倉院北畔に蝦蟆が一列になって現れたと見える郡家・郡倉については、「正院」の地名が残る宇城市小川町、印鑰神社を祀る八代市鏡町、奈良・平安時代の興善寺跡が残る八代市興善寺町などが想定されてはいるが不明である。条里遺構も山麓線に沿って少し残っている。

【参考文献】
井上辰雄『火の国』学生社、一九七〇年
熊本大学考古学研究室編『野津古墳群』熊本県竜北町、一九九四年

（板楠和子）

天草郡・あまくさのこおり

『和名抄』に「安万久佐」と訓じる。波多・天草・志記・恵家・高屋の五郷よりなる。郡域は現在の上天草市・天草市・天草郡苓北町にまたがる島々と、宇城市三角町・鹿児島県出水郡長島を含む地域。天草下島の西側は東シナ海に連なる天草灘に臨み、北東の大矢野島一帯には線刻をもつ装飾古墳が、郡内沿岸部には小円墳が点在する。

郡名の初見は那津鴻臚館から出土した木簡であり、年紀は無いが「天草郡志記里」とある。『続紀』天平十六年（七四四）五月条には雷雨地震により天草など三郡で大きな被害が発生したと伝えている。宝亀九年（七七八）十一月条には遣唐使船が難波し、大伴継人ら四十一名が天草郡西仲島に漂着したとあり、西仲島は鹿児島県長島に比定されている。本郡を本拠とした氏族として『旧事紀』に、建松島命を天草国造に定めたと記す以外は知られていない。郡家は天草市内に比定される天草郷に存在したと思われるが、具体的遺構は不明である。

（板楠和子）

葦北郡・あしきたのこおり

『和名抄』に「阿之木多」と訓を付す。葦北（比）・桑原・伴・野行・巨野・川田・水俣の七郷よりなる。郡域は現在の芦北郡・水俣市のほか

八代市坂本村・八代市球磨川以南を含む。大部分が低山地で南北に長く伸びた海岸部まで迫り、郡西部は全域が八代海に面している。

『肥前国風土記』によると球磨贈於討伐後に火国へ海路出発した場所を葦北火流浦、『書紀』景行十八年四月条は途中停泊した場所を葦北小島とし、現八代市日奈久と水島が比定されているが、『万葉』巻三長田王が水島に渡る時の歌にも葦北野坂浦が見えており、本郡が海上交通と深くかかわっていたことを示している。『書紀』敏達十二年条や『旧事紀』に見える葦北国造の祖先は、球磨地方の征討を契期に大和政権の支配下に入り、葦北君の称号を与えられ刑部や靫部にも編成されたのであろう。国造阿利斯登は大連大伴金村の命により朝鮮半島に赴いており、伴郷の名も残っていることから、大伴氏と葦北君一族の間には主従関係が想定されている。阿利斯登の子日羅は百済王朝で達率という高官の地位にあったが、敏達朝の任那復興政策の中心として招聘され、献策を行ったため、百済人に暗殺された。遺体は葦北に移葬されたと伝えられるが、墳墓は不明である。

令制下では養老七年（七二三）の平城宮跡木簡に「葦北郡調綿壱佰屯四両」とあり、『続紀』天平十六年（七四四）五月条によると、雷雨地震のため八代・天草・葦北三郡の官舎・水田・民家・人命に甚大な被害が発生したという。また同神護景雲二年（七六八）七月条には「葦北郡刑部広瀬女白亀献上」とあり、同宝亀元年（七七〇）八月条によると葦北郡日奉部広主売と益城郡山稲主の白亀献上により「宝亀」と改元されており、同宝亀三年十月条にも「葦北郡家部嶋吉・八代郡高分部福那理白亀献上」とあって、肥後国は光仁新王朝の成立を瑞祥献上を通して演出していることがわかる。当時の国司を見ると宝亀元年五月から同二年まで大伴氏が三人も国守・介を歴任しており、令制前から本郡と大伴氏には強い結びつきがあり、葦北郡をはじめとする白亀献上には国司大伴氏の関与が考えられる。藤原種継暗殺後は大伴氏の国司就任はなくなるが、延暦九年（七九〇）百済王元信が国守となっており、平安遷都の翌延暦十四年肥後国は大国となった。『続後紀』天長十年（八三三）三月条には郡司として「少領他田継道」が見え、白丁真髪部福益とともに私物を輸して飢民を救った功により「出身」を賜った。

本郡内には官道が縦貫して薩摩国へ至っており、『延喜式』に駅・伝馬各五疋と見える朽網・佐職（色）・水俣の各駅家は、現在の八代市二見・旧芦北郡佐敷町（現芦北町）・

水俣市内に、また駅馬五疋のみを備える仁主駅は水俣川上流の水俣市仁王木に当てられている。郡家は不明であり、葦北郡の比定地八代市敷川内町や球磨地方への入口旧佐敷町が想定されている。

（板楠和子）

球磨郡・くまのこおり

『和名抄』に「久万」と訓じる。久米・球玖（磨カ）・人吉・東村・西村・千脱の六郷からなる。郡域は現在の球磨郡と人吉市に相当し、郡南部を東西に流れる球磨川流域に平野部が開け、その中央部球磨郡錦町には三基の前方後円墳、旧免田町（現あさぎり町）には豊富な副葬品を出土した才園古墳群が分布している。『書紀』景行十八年条に見える熊縣や熊津彦の説話は本郡を舞台とするもので、熊襲と呼ばれたのは大隅国贈於郡と境を接するためであろう。古墳時代以来大隅隼人攻略の前進基地として大和政権の支配下にあったと思われる。本郡を本拠とする氏族は知られていないが、郷名から見て大伴氏配下の久米部か、推古朝に撃新羅将軍として九州に進軍した来目皇子にちなむ部民が設置されたと思われる。郡家は不明であるが郡内唯一の古代瓦出土地旧免田町久鹿周辺が想定されている。

【参考文献】

井上辰雄『隼人と大和政権』学生社、一九七四年

（板楠和子）

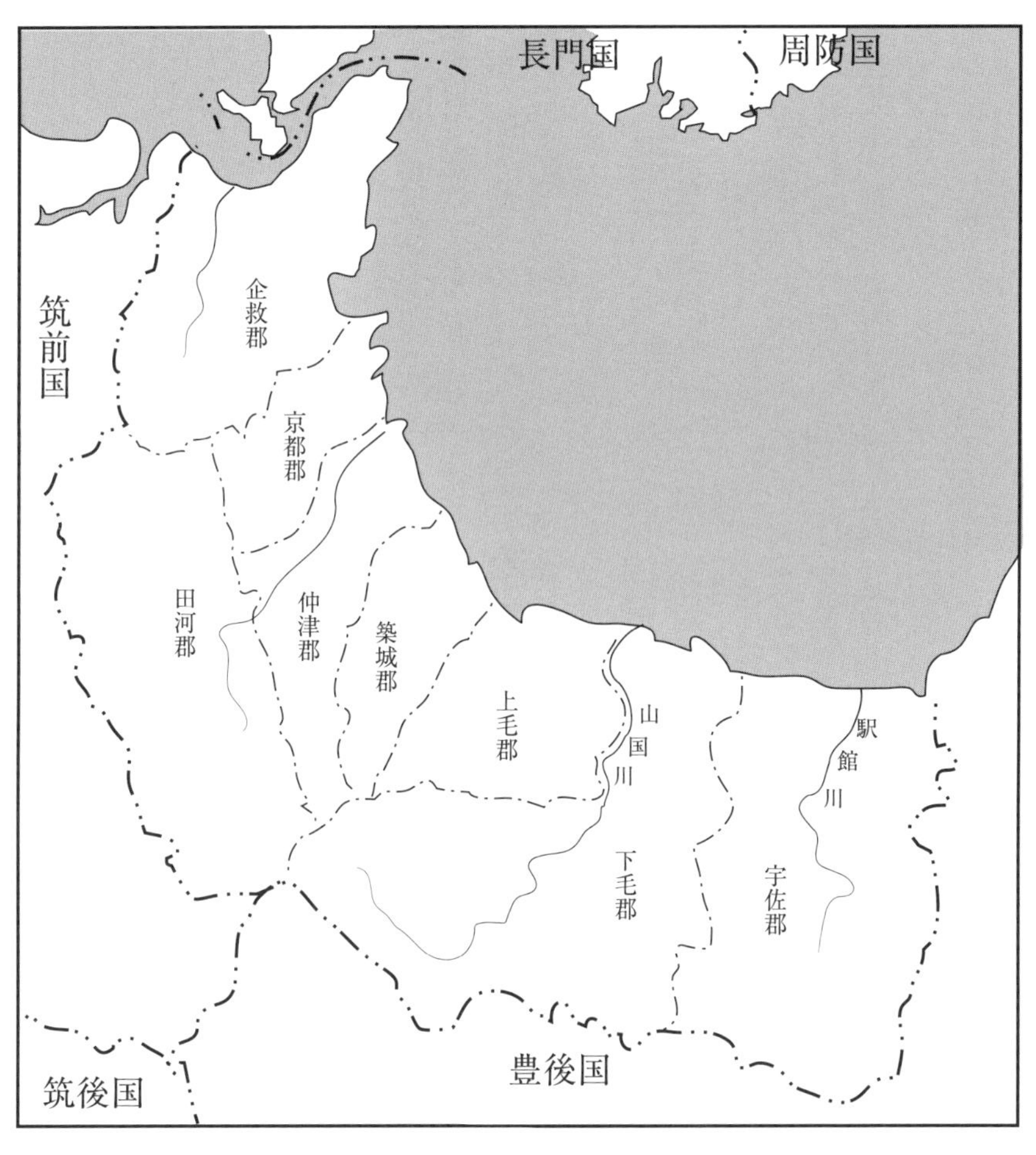

豊前国略図

豊前

豊前国・とよくにのみちのくち／ぶぜんのくに

『和名抄』に「止与久迩乃美知乃久知」と訓じ、田河・企救・京都・仲津・築城・上毛・下毛・宇佐八郡四三郷からなる。『延喜式』民部によると上国で、『和名抄』と同じ八郡からなり、都からみれば遠国であった。奈良時代初期の編といわれる『律書残篇』に八郡五十郷一三二里とあり、郷の減少が考えられる。『豊後国風土記』冒頭に豊後国はもと豊前国とあわせて一つの国（豊国）であったと記す。二国に分割された時期は明確でないが、持統三年（六八九）六月末に飛鳥浄御原令が施行された時であろう。

大化前代で後の豊前国に相当する地域の県は『書紀』景行十二年条に長峡県（京都郡に長峡川あり）と『筑後国風土記』逸文に上膳県（上毛郡）が確認される。『旧事紀』国造本紀に記す国造では宇佐・豊二国造がみえる。前者は六基の前方後円墳が集中する宇佐市駅館川下流域右岸が本貫地であろう。後者は『豊後国風土記』冒頭の内容から律令時代の仲津郡が本貫地であろう。屯倉は『書紀』安閑二年条に豊国では媵碕（北九州市門司区）・桑原（遺称地がなく不明）・肝等（京都郡苅田町苅田）・大抜（北九州市小倉南区貫）・我鹿（田川郡赤村）が確認される。

国府は『和名抄』では京都郡と記すが、発掘の結果、国分寺・惣社八幡のある仲津郡に奈良時代から平安時代まで続けて存続していた可能性が強くなった。『延喜式』時代の駅路は山陽道に属する企救郡の社埼・到津二駅（駅馬各十五疋）があった。到津駅から分かれて刈等駅をへて多米駅に至り、ここで田河郡田河駅を通り大宰府に向かう駅路と築城・下毛・宇佐・安覆四駅をへて豊後国に至る駅路があった。いずれも小路（駅馬各五疋）に属する。伝馬は豊前国には置かれていない。軍団は二団置かれ天長三年（八二六）に廃止されたが、具体的な団名は不明。

『延喜式』主計上によれば大宰府までは上り二日、下り一日であった。調は綿紬・絹・綿・糸・貲布・烏賊・雑魚楚割、庸は綿・米、中男作物は防壁・韓薦・折薦・黒葛・黄蘗皮・海石榴油・胡麻油・荏油・烏賊・雑魚楚割・鹿鮨・猪鮨・漬塩年魚・鮨年魚であった。

平城宮木簡に「豊前国仲津郡調綿壱佰屯四両天平三年」、「豊前国宇佐郡調黒綿壱佰屯四両屯神亀四年」、

「豊前国下毛郡調綿壱佰屯四両養老□□」がある。

（日野尚志）

田河郡・たかわのこおり

『和名抄』に郡名の訓はないが、香春・雉怡・位登・城田の四郷からなる。郡域は現在の福岡県田川郡香春・大任・川崎・添田・糸田・福智六町、赤村、田川市に相当。豊前国八郡のなかで唯一瀬戸内海に面しないで、筑前国四郡を流れる遠賀川の支流彦山川流域に郡域が広がる。

田河郡を通る駅路は筑前国との国境にあたる関ノ山峠から田川市下伊田付近までは明確である。『続紀』天平十二年（七四〇）十月条に「田河道」と記されるのは田河郡内を通る駅路を指すのであろう。郡名を負う田河駅は式内社の香春神社付近であろう。郡家に関しては『万葉集註紀』に鏡山（香春町鏡山）は郡家の東に、『宇佐宮託宣集』に引用する『豊前国風土記』逸文に香春郷は郡家の東北にあると記す。郡家からの方位だけでは明確にならないが、駅路に沿う下伊田遺跡で八世紀頃の建物とみられる二間×十二間の掘立柱の柱穴が検出されている。しかし建物遺構はこの一棟のみであるが、中元寺川流域に近いことから郡家に結びつく可能性もある。郡司に関する史料は存在しないが、『太宰管内志』の引用する『香春神社古縁起』に承和七年（八四〇）赤染連清をもって檀越となすとあるが、式内社香春神社の社家は現在でも赤染氏であることから、渡来系の赤染氏がいたことは確実で、『風土記』逸文に記す香春岳の第二峯で採銅（香春町に大字採銅所がある）を行っていたのであろう。『万葉』三一一に鏡山を長い間みないでいたら恋しく思うと歌った内匠大属（『万葉』一〇〇四左注）按作村主益人は田河郡の人であろう。鏡山は『万葉』四一七から河内王を葬ったことがわかる。『書紀』持統三年（六八九）閏八月条に河内王が筑紫太宰帥になっていたことがわかる。

『風土記』逸文から香春郷に新羅系の人々が居住していたことが判明する。さらに『延喜式』に香春神社は「辛国息長大姫大月命神社・忍骨命神社・豊比咩命神社」と記すことから、渡来系の神を祀ることは明らかである。『続後紀』承和四年（八三七）十二月条に香春峯神が『延喜式』と同様三神からなり、最澄が延暦年中遣唐使として中国に無事渡航するために山麓で寺を造り読経を行った。それ以来木がない石山（石灰岩からなる）で草木が繁茂し、水旱疾疫があるごとに郡司百姓が山に登って祈れば必ず感応があって登る人が絶えないので大宰府が官社に預ることを願って許されている。三神の一つである豊比咩命が三ノ岳に祭祀されていて和銅二年（七〇九）香春に移ったといわれるので三神は元来香春一ノ岳・二ノ岳・三ノ岳にそれぞれ一神ずつ祭祀されていたのではないだろうか。その香春一ノ岳も昭和初期以来セメントの原料として削られ、約一〇〇メートル低くなったといわれる。香春神社の西南二十四町に新羅系古瓦を出す天台廃寺（創建は七世紀末か八世紀初頭であろう）がある。

【参考文献】
『下伊田遺跡群』田川市教育委員会、一九八八年

（日野尚志）

企救郡・きくのこおり

『和名抄』に「支多」と訓じ、長野・蒲生二郷からなる。郡域は現在の北九州市門司・小倉北・小倉南三区に相当。東は瀬戸内海、北は玄界灘に面し、西は筑前国遠賀（おか）郡と接する。

郡司は小倉南区の上長野A遺跡で出土した郡符木簡に大領物部臣今継と税長膳臣澄信が確認される。物部臣は『書紀』雄略十八年条の筑紫聞物部、『旧事紀』天孫本紀の企救物部との関連が考えられる。供伴の出土土器から、八世紀から九世紀前半の時代であろう。郡家は上長野A遺跡から十七町離れた長野A遺跡であろう。それは越州窯系青磁・風字硯・青銅製銙帯・灰釉陶器・緑釉陶器・製塩土器・「企救一」と書かれた墨書土器が出土しているからである。小倉南区の『朽網（くさみ）南塚遺跡』から、戸主秦部竹□（村カ）の口分田に関することで国図生調膳男□と郡図生刑部忍国の二人が田図を持参し土地争いの調停をしたのであろう。駅路は山陽道に属す社埼・到津二駅が置かれ、前者は関門海峡を望む門司関の近くであろう。後者は小倉北区到津に比定される。到津駅から豊前国府に至る駅路が派生していた。『三代実録』元慶二年（八七八）三月条によれば、企救郡内で採銅が行われていた。長野から西南に十五町離れた上清水、二十五町離れた尾崎の遺跡ではその遺物から平安時代初期採銅が行われていたとみられる。

【参考文献】
『長野A遺跡2』北九州市教育文化事業団、一九八七年
『上長野A遺跡』北九州市教育文

化事業団、一九九八年
『杤網南塚遺跡』北九州市芸術文化振興財団、二〇〇六年

（日野尚志）

京都郡・みやこのこおり

『和名抄』に「美夜古」と訓じ、諫山・本山・刈田・高来四郷からなる。郡域は現在の福岡県京都郡苅田・みやこ二町・行橋市西部域に相当。東は瀬戸内海に面し、小波瀬川・長峡川流域に平地が広がるが、西・南・北は山地で郡境となっている。

郡名は『書紀』景行十二年九月条に景行天皇が筑紫に行かれ、豊前国長峡県（長峡川がその遺称地であるが、現在のみやこ町勝山黒田から行橋市境にかけての一帯であろう。古墳時代後期とみられる二基の大型前方後円墳がある）で行宮を設けられたことから、京というようになったことに由来するのであろう。郡司としては『続紀』天平十二年（七四〇）十月条に大領外従七位上楉田勢麻呂が確認される。また宝亀七年（七七六）十二月条に京都郡の正六位上楉田勝愛比が大神楉田朝臣を賜わっていることから大神氏との深い関連が考えられる。さらに『霊異記』上に少領膳臣広国が確認される。郡家は明確ではないが、小波瀬川流域に注目したい。それは河川名が『続紀』天平十二年（七四〇）九月条の京都鎮長大宰史生従八位上小長谷常人に由来している可能性が考えられる。さらに『三代格』延暦十五年（七九六）条に引用される天平十八年（七四六）の符に瀬戸内海に面する国埼津（大分県国東市国東町か）・坂門津（大分市坂ノ市か）・草野津（行橋市草野）から官人商旅の人々が勝手に船出し国物を運ぶことを禁止している。草野は条里地割の東端に位置するので奈良時代瀬戸内海に面していたことは確かであろう。この草野に隣接する岡崎の小字「上地正院・下地正院」が郡家に結びつく可能性が強いのではないだろうか。鎮もこの小波瀬川流域に設けられていたのであろう。駅路は田河郡境の七曲峠から長峡川流域の条里施行地域の里界線を通って仲津郡に至るルートは明確で、行橋市大谷ではその遺構が確認されている。このルートは多米駅の想定される勝山町久保（現みやこ町）から京都峠を越えて企救郡に至るルートもあったが、小波瀬川の左岸から北では不明確である。刈等駅は安閑二年肝等屯倉が設けられた苅田町苅田が遺称地である。苅田の石塚山古墳（前方後円墳）は四世紀前半の築造とみられ、全長一二〇メートルを有し豊前国最大でしか

も九州で最古級の畿内型古墳であることから、大和朝廷の九州における橋頭堡であろう。『和名抄』に豊前国府は京都郡と記す。行橋市須磨園の小字に「国作・幸寄・香平・香ロギ」、幸ノ山（一七六メートル）と国府に関連するような地名等が残るが発掘調査は行われていない。近くに椿市廃寺があって注目される。駅路を北に見下ろす京都・仲津郡境の山地には御所ヶ谷神籠石があり、発掘調査によって七世紀後半には築造されていたと想定されている。

【参考文献】
『史跡御所ヶ谷神籠石』行橋市教育委員会、一九九八年
『椿市廃寺Ⅱ』行橋市教育委員会、一九九六年

（日野尚志）

仲津郡・なかつのこおり

『和名抄』に訓はないが、呰見・葛野・城井・狭度・高屋・中臣・仲津・高家の八郷からなる。郡域は現在の福岡県京都郡みやこ町と行橋市東部域に相当。東は瀬戸内海に面し、祓川と今川の流域に平地が広がる。京都郡とは今川（旧河道も含む）と山地で境を接する。

京都郡境の今川から築城郡境までの駅路は明確に比定され、祓川流域の条里施行地域では里界線と一致する。郡家は駅路から北に八町離れた草場の小字「上氷」ではないかと思われ、その北西三町に宇佐神宮と関係の深い豊日別神社（別名草場神社）がある。『豊後国風土記』冒頭に景行天皇が豊国を治めるために豊国直を遺して豊前国仲津郡中臣村に至ったと記している中臣村は遺称地が残っていないが、『太宰管内志』によれば、草場村は古は中臣村と云っていたといわれ、草場付近が中臣郷であった可能性が強い。中臣氏と宇佐神宮との関連を考えれば、中臣氏さらに豊国直が豊日別神社の祭祀を行っていた可能性が強い。このような神社の近くに郡家が想定されるのはその可能性が高いといえよう。郡司としては『続紀』天平十二年（七四〇）九月条に擬少領無位膳東人が確認される。大宝二年（七〇二）の「仲津郡丁里戸籍」でも膳臣氏の存在が確認される。またこの戸籍には丁勝・阿射弥勝・墨田勝・古溝勝・田部勝・高屋勝・狭度勝・大屋勝・川辺勝と姓に勝のつく渡来系の氏族が多数確認されるが、その中で丁・高屋・狭度・阿射弥は郷名（里名）とも一致する。その他で姓のつく氏族は膳臣・高桑臣・車持君・物部

首、姓のない氏族に生部・物部・錦織部・莒部・鴨部・刑部・建部・中臣部・日奉部・宗形部・難波部・矢作部・大神部・秦部・家部・津守が確認される。しかし、丁里は『和名抄』にみえない。また遺称地も残っていないので現在地への比定は困難である。

国府は『和名抄』では京都郡にあると記しているが、国分寺・惣社八幡と惣社地名は仲津郡にあることから、仲津郡にも国府があって国府の移転説が唱えられていた。豊津町（現みやこ町）では惣社八幡宮の東側で昭和五十九年（一九八四）から発掘調査が行われた。その結果、Ⅰ期～Ⅴ期までの遺構が確認された。Ⅰ期（七世紀～八世紀前葉）に大規模な集落がみられるが官衙的な施設はみられない。Ⅱ期（八世紀中葉～九世紀中葉）には直角に屈折する溝と五間×三間の掘立柱建物が検出され、遺物として九世紀前葉の風字硯や瓦が出土していて、官衙の建物が建設されたとしている。Ⅲ期（九世紀後葉～十世紀後葉）に政庁は築地塀で囲まれ、東西七十九・二メートル、南北一〇五メートルであった可能性が強いとしている。政庁内の東脇殿は西面に庇を持つ三間×十七間の掘立柱建物で南門は八脚門とも考えられるが、正殿・西脇殿は確認されていない。このⅢ期の整地層から八世紀代の圏足硯が検出されている。Ⅳ期（十一世紀前葉～十二世紀前葉）では東脇殿がⅣ期のそれより北に移動し、三間×十四間と縮少している。Ⅴ期（十二世紀中葉～十三世紀前葉）は大型の溝で囲まれた三つの施設が存在し、豪族の私的な居館とみられるという。この発掘範囲内では地表の削平が著しく遺跡の残存状態が極めて悪く、正殿・西脇殿が確認されていない。またⅡ期の溝は発掘範囲の西限近くにあり、掘立柱建物が政庁のどの部分に相当するのか明確でないなどの問題点が残るが、やはり国府は奈良時代から仲津郡にあったとみるべきであろう。

国分寺の発掘調査も行われ、奈良時代の創建時の講堂跡の基壇は南北方向の主軸が約三度西で、国府のⅢ期の政庁跡の建物の四度西とほぼ同じ方位であることは計画的な建設を示唆しているといえよう。しかし創建時の寺域は確認できていない。出土した瓦は種類も多く、軒丸瓦では老司系単弁十九弁が出土しているが、国分寺から十三町離れた上坂廃寺（七世紀末前後の建立か）、七町離れた豊前国府でも出土しているが、京都郡の椿市廃寺（七世紀末ないし、八世紀初頭の建立か）の系譜をひくとみられ、八世紀中葉のものであろう。一方、鴻臚館系複弁七弁は宇佐市虚空蔵（こくぞう）寺出土の単弁十六弁に祖形が求められるが、築城町船迫堂帰り瓦窯跡で生産されたもので八世紀後葉のものであろう。

豊前国府は駅路から北に三町離れているが、国府に向かう連絡路は駅路に沿う伽羅(がらん)橋から北に派生していたのであろう。それはこの橋が旧四村の基準線になっているだけでなく、南に向かう道を延長すれば国分寺に突きあたることから、『出雲国風土記』意宇郡条に記すように伽羅橋が十字街になっていた可能性がある。

【参考文献】

『豊前国府』豊津町教育委員会、一九九五年
『史跡豊前国分寺跡』豊津町教育委員会、一九九五年
『船迫窯跡群』築城町教育委員会、一九九八年

（日野尚志）

築城郡・ついきのこおり

『和名抄』に「豆伊支」と訓じる。綾幡・桑田・槝木(ついき)・大野四郷からなる。郡域は現在の福岡県築上郡築上町に相当。北は瀬戸内海に面し、城井川と岩丸川流域に平地が広がる。

駅路は明確に比定され、築上町越路ではその遺構が確認されている。また条里施行地域では里界線に沿う。郡名を負う築城駅の遺称地は築城（現築上町）であるが、駅路に沿う赤幡の小字「下清水」は湧水帯で注目される。郡司としては『続紀』天平十二年（七四〇）九月条に擬少領大初位上佐伯豊石が確認される。郡家は明確でないが、「下清水」の南二町の森ヶ坪遺跡は奈良時代の大集落で石帯・銅椀・緑釉陶器・灰釉陶器・ヘラ描き土器・墨書土器・鉄鏃・鉄刀子等が出土していて郡司層の居宅である可能性が強く郡家もこの付近であろう。仲津郡境に近い船迫では二間×十間で両庇のつく二棟の建物を伴った窯跡群が検出され、国分寺の創建瓦と補修瓦を生産していた。

（日野尚志）

上毛郡・かむつみけのこおり

『和名抄』に「加牟豆美介」と訓じる。山田・炊江・多布・上身の四郷からなる。郡名は『釈紀』に引用する『筑後国風土記』逸文に「豊前国上膳県」とあるように「膳（御食(みけ)）」から生じ、その後二分されて上膳・下膳となったのであろう。福岡県太宰府市の観世音寺の梵鐘口縁下端に「上三毛」の線刻があり、文武二年（六九八）の鋳造である可能性が強

い。

　郡域は現在の福岡県築上郡吉富町・上毛町、豊前市に相当。北は瀬戸内海に面し、東は山国川によって下毛郡と境を接し、右岸の下毛郡には広い平地が広がる。

　駅路は明確に比定され、上毛町池ノ口遺跡ではその遺構が検出されている。駅路に沿う豊前市山田では和気清麻呂が八幡神の神託の真偽確認のために神護景雲三年（七六九）宇佐神宮に行く途中、大富神社（豊前国唯一の式外社）に向かって礼拝したといわれる地点に伏拝松（現在は枯れて存在しない）があることに注目したい。また駅路は条里施行地域では里界線と一致する。さらに七世紀後半の創建とみられる垂水（たるみ）廃寺の北限が駅路に沿う可能性が強い。郡家は駅路に沿う上毛町大ノ瀬下大坪遺跡であることは間違いない。正殿は五間×二間の平面規模をもつ母屋に四面庇が付く東西棟で一回の建替えがあり、建て替え後は柱間が大きくなり、七間（十九・八メートル）×四間（十一・四メートル）となっている。脇殿は東脇殿しかなく、その規模は二間×十二間、南門は四脚門で駅路から南門に至る道路遺構が確認されている。政庁域を囲む柵列（東西五十三・四メートル、南北五十八・四メートル）も確認されている。存続期間は八世紀第2四半期を上限とし、八世紀末から九世紀初頭を下限としていることが判明している。正殿の北には多数の掘立柱建物が検出され、内郭を囲む外郭が確認された。東と北は柵、南は溝であるが西も溝であろう。外郭は東西・南北は一五〇メートルで方形とみられる。この遺跡の西南約六〇〇メートルで九間×二間（全長二十一・六メートル、四・五メートル）を始めとする十棟の建物遺構（フルトノ遺跡）が検出され、郡家に先行する評家であるとみられる。郡司としては『続紀』天平十二年（七四〇）九月条に擬大領紀宇麻呂が確認できる。大宝二年（七〇二）の「上三毛郡塔里戸籍」（遺称地は豊前市塔田か上毛町唐原）に河辺（川辺）勝・上屋勝・膳臣・浴部・飛鳥戸・刑部、同じく「加自久也里戸籍」（遺称地は豊前市梶屋）に塔勝・強勝・榎本勝・秦部・難波部・海部・物部・膳大伴部が確認される。この二つの戸籍から姓に勝のつく渡来系の氏族が多数確認されるが、その中で塔勝は里名とも一致する。また河辺勝は「仲津郡丁里戸籍」でも確認される。膳（御食）に起源をもつとみられる上毛郡に膳臣・膳大伴部が確認されることに注目したい。炊江郷は推古天皇の名、豊御食炊屋姫（とよみけかしきやひめ）と関連があるのであろうか。上毛町土佐井・下唐原の境で列石と土塁による防御線を持ち、谷には三つの水門を持つ神籠石が確認され、平成十七年（二〇〇五）三月国史跡となった。

【参考文献】

『池ノ口遺跡』福岡県教育委員会、一九九六年

『大ノ瀬下大坪遺跡Ⅱ』新吉富村教育委員会、一九九八年

『唐原神籠石Ⅱ』大平村教育委員会、二〇〇五年

（日野尚志）

下毛郡・しもつみけのこおり

『和名抄』に郡名の訓はないが、山国・大家・麻生・野仲・諫山・穴石・小楠の七郷からなる。郡域は現在の大分県中津市と宇佐市の西部域に相当。北は瀬戸内海に面し、山国川下流域に平地が広がるが、他は山地からなる。

駅路は上毛郡境の山国川から宇佐郡境まで明確に比定され、その一部は勅使街道とも一致する。郡司としては『続紀』天平十二年（七四〇）九月条に擬少領天位勇山伎美麻呂、『類聚国史』天長四年（八二七）正月条に擬大領蕨野勝宮寺が確認される。駅路から南に四町離れた中津市永添で郡家の正倉群とみられる遺構が検出され、八世紀代の「野土（大カ）」と記された墨書土器、円面硯、転用硯等が出土している。郡庁域も近くであろう。この遺跡の西十三町に相原廃寺（俗称百済寺）がある。また北東十町に宇佐神宮の祖宮である薦神社が駅路に沿ってある。

【参考文献】

『長者屋敷遺跡』中津市教育委員会、二〇〇一年

（日野尚志）

宇佐郡・うさのこおり

『和名抄』に郡名の訓はないが、野麻・酒井・葛原・封戸・向野・広山・垣田・高家・深見・辛嶋の十郷からなる。郡域は大分県宇佐市安心院・院内二町と宇佐市西部を除く宇佐市域に相当。駅館川流域に広がる平地を除くと山地となっている。

『書紀』神武即位前紀十月条に神武天皇が菟狭に至ると菟狭国造の祖である菟狭津彦・菟狭津媛がいて、菟狭川（駅館川）河上に一柱騰宮を造って饗を奉ったと記すが、『旧事紀』国造本紀に宇佐国造がみえる。駅館川下流域右岸の高森には六基の前方後円墳が集中する。その中でも赤塚古墳は四世紀初めの築造とみられ、九州最古の一つといわれ、五面の三角縁神獣鏡が出土している。お

そらくこの高森付近が宇佐国造の本貫地であると同時に大和政権と早い時期に結びついたことを示すといえよう。『続紀』大宝三年（七〇三）九月条に優れた医術でほめられた沙門法蓮は養老五年（七二一）六月に宇佐君を賜っているので宇佐国造の一族であろう。

下毛郡境から宇佐神宮までの駅路は明確に比定される。しかし宇佐神宮から豊後国に至る駅路は明確でない。宇佐郡には宇佐・安覆二駅が置かれていた。宇佐駅は駅館川の存在から、その渡河地点で駅路に沿う法鏡寺（廃寺あり）付近であろう。安覆駅の遺称地が安心院（あじむ）とすれば、駅館川に沿って進んだのであろうか。宇佐市と同市院内町、院内町と同市安心院町の境界付近に峡谷があり、このような地域を駅路が通っていたのかは問題が残る。

郡家に関しては『石清水文書』引用の承和十一年（八四四）七月条の「宇佐八幡宮弥勒寺建立縁起」に酒井泉社が郡家の西北に、宇佐河（駅館川）の渡河地点にある瀬社が郡家の東北に、さらに『諸社根記・廿二社註式』（『続群書類従』巻五八）に馬城嶺（まきみね）（御許山（おもと））が郡家の東にあると記す。特に瀬社を郡瀬社というのは郡家と無関係でないことを示している。郡瀬社にある鞍掛石は養老四年（七二〇）神勅により大隅・日向の賊徒を追伐すべしと朝廷は八幡神に神輿を造り、神軍を率いて彼国に出発するとき、瀬社にて軍議を整え神輿を止め、神馬の鞍をこの石にかけられた（鞍掛石の由来説明文による）と記すが、『八幡宇佐宮御託宣集』によれば、天平神護元年（七六五）閏十月十八日から四年に一度八幡神の霊地として八箇社（田笛社・鷹居瀬社・乙咩社・大根川（おおねがわ）社・郡瀬社・泉社・妻垣社・小山田社）への巡幸が始まっている。この巡幸も弘仁二年（八一一）から六年に一度となっているが、いずれにしても郡瀬社は由緒ある神社である。八社のなかで大根川社・酒井泉社（泉社）が駅路に沿うことに留意したい。郡瀬社と酒井泉社とは直線距離で約七町しか離れていないのに郡家からの方位が異なることは二社の中間に郡家があったのであろう。郡瀬社の南一町の別府遺跡では大型柱穴群が出土していて注目される。現在郡家を明確に比定できないが、郡瀬社・酒井泉社・法鏡寺に近い位置にあったことは間違いないだろう。郡司に関する史料は存在しないが、宇佐君・辛島勝・酒井勝・大神朝臣等の有力者に関する史料があるので、これらの氏族が郡司になっていたのであろう。

宇佐神宮は『延喜式』神名帳に「八幡大菩薩宇佐宮名神大・比売神社

名神大・大帯姫廟神社名神大」とあり、いずれも名神大社となっているが、本来は宇佐地方の地域神であったとみられる。承和十一年（八四四）六月十七日条の「宇佐八幡宮弥勒寺建立縁起」によれば、八幡神は養老年間の朝廷による隼人征伐に神威を示して中央でも知られるようになり、天平三年（七三一）正月二十七日に宮幣に預かったという。その八幡神の由来については明確でないが、神宮の草創に関与した宇佐・大神・辛島の各氏族が奉斎していた氏神が融合したのであろうか。同縁起によれば、八幡神は応神天皇の御霊で欽明天皇の時に宇佐郡辛国宇豆高島に天降り、その後大和国の伊吹嶺、紀伊国の名草海島、吉備宮の神島を遍歴して馬城嶺（御許山）に現れ、乙咩社・酒井泉社・瀬社をへてやがて鷹宮瀬社に移ったという。このとき八幡神は鷹となって往来する人の半分を殺す神となったため、辛島勝乙目が崇峻三年から三年間その荒ぶる心を鎮め、天智天皇の時に小山田社に、神亀二年（七二五）辛島勝波豆米の託宣により現在地へ遷座したという。『東大寺要録』弘仁十二年（八二一）八月十五日条の「太政官符」も同じ内容であるが、欽明二十九年に大神比義が鷹居瀬社を祀ったと記す点が異なる。鷹居瀬社は六基の前方後円墳が集中する高森に近く、また法鏡寺にも近い。駅館川下流域左岸の法鏡寺付近には七世紀後半から八世紀初頭に創建されたとみられる法鏡寺・虚空蔵寺（国造寺の転訛という説もある）・小倉池廃寺が狭い範囲内にあって、百済系や法隆寺系の瓦が出土していて大陸と畿内の文化を早く吸収していたことが判明する。

『宇佐託宣集』によれば、養老四年（七二〇）の隼人征伐において朝廷が八幡神に戦勝を祈願すると八幡神自身が征伐に向かうと託宣を行った。大神比義の孫であった諸男は下毛郡野仲郷大貞（中津市）の三角池（薦池）の薦（薦神社があって駅路に沿う）で枕を作って神体となし、禰宜辛島勝波豆米が大御神の御杖となって法蓮・花厳等を従えて出陣したが、殺戮に対する滅罪として放生会を行うことを託宣した。この遠征で持ち帰った隼人の首一〇〇個を凶首塚に埋蔵し、百体社を建てて隼人の霊を祀った。その社は宇佐神宮の西八町の低い台地上にあって勅使道（駅路）に沿っている。

隼人征伐で朝廷の信頼を受けた八幡神は『続紀』天平九年（七三七）四月一日条によれば、朝廷は伊勢神宮、筑紫住吉・八幡の二社及び香椎宮に新羅の無礼を奉告し、幣を奉じている。また同十二年十月条に大宰府の大弐であった藤原広嗣の反乱の際、大将軍大野東人は宇佐八幡に戦勝を祈願している。同十三年閏三月条によれば、乱の鎮圧後朝廷は八幡宮に秘錦冠一頭、金字の最勝王経・法華経各一部、度者十人、封戸の馬五疋を寄進し、三重塔一区を造立し、これまでの祈祷に対する御礼のためであると記している。さらに四年後の天平十七年（七四五）九月十八日条によれば、聖武天皇の病気回復のために播磨守阿倍虫麻呂に命じて八幡神社に幣帛を奉った。翌十八年には祈祷の験があったとして同二十年八月十七日祝部従八位上大神宅女・同杜女が外従五位下を授けられている。さらに翌年の天平勝宝元年（七四九）十二月二十七日条によれば、東大寺盧舎那大仏造立事業が進捗しないので八幡大神が天神地祇を率いて造立に協力する神託を出し、その功によって八幡大神禰宜大神杜女に従四位下、主神司大神朝臣田麻呂に外従五位下が授けられた。その翌年（七五〇）二月二十九日条によれば、一品八幡大神に前に施入したものとあわせて封八〇〇戸・位田八十町、二品比売神に封六〇〇戸、位田六十町が施入されている。

大仏造立を契機として藤原仲麻呂は勢力を伸ばし、『続紀』天平勝宝二年（七五一）正月十六日条によれば正三位から従二位になり、さらに同年三月十二日条によれば、宇佐八幡の教示によって大宰少弐であった仲麻呂の弟の乙麻呂は正五位上から従三位を授けられて大宰帥になっており、仲麻呂と八幡宮神職団との深い関連がうかがわれる。同四年大仏開眼供養が行われたが、同六年十一月二十七日大神朝臣杜女と大神朝臣田麻呂が厭魅を行ったとして捕えられる事件が生じたのは仲麻呂に敵対する勢力があったのではないだろうか。仲麻呂は天平宝字八年（七六四）孝謙天皇の寵愛を受けていた道鏡を排除しようとして反乱を起こして失敗し斬罪になった。その後、神護景雲三年（七六九）九月二十五日大宰主神習宜（すげ）阿曽麻呂は道鏡を皇位につければ天下は太平になるであろうという八幡神の託宣を朝廷に伝えたが、称徳天皇は真偽確認のために和気清麻呂を勅使として宇佐に派遣した。八幡大神は、わが国が始まって以来、君臣の秩序は定まっていて臣下を君主にすることはいまだなかった、皇位は必ず天皇一族が継承すべきで、無道の人は除け、と託宣した。この神託を得て清麻呂は都に帰ったが、道鏡の怒りに触れ清麻呂は大隅国配流となった。宝亀元年（七七〇）八月四日称徳天皇が死去して道鏡は失脚し、下野国薬師寺別当に任じられ、習宜（すげ）阿曽麻呂は多褹（たね）嶋守に左遷された。同年九月六日和気清麻呂は都に帰り、のちに豊前守となって八幡宮神職団に対する粛清・改革を行ったといわれる。このように複雑な政争は八幡宮神職団が大神朝臣・宇佐公・辛島勝等の有力者によって構成され、宮司職をめぐる抗争と無関係ではないだろう。

『三代実録』貞観十一年（八六九）十二月十四日条に伊勢神宮・石清水八幡宮に奉った清和天皇の宣命に「我朝乃大祖」とあり、同翌年二月十五日条の宇佐八幡大菩薩宮への宣命には「我朝乃顕祖」とあり、宇佐宮が天皇家の宗廟と考えられていたことが判明する。このため宇佐宮への奉幣・祈願に勅使が派遣されたが、その勅使は『三代実録』貞観元年（八五九）三月一日条には八幡大菩薩使、『日本紀略』寛平四年（八九二）九月一日条には宇佐香椎使と呼ばれていたが、その後は宇佐使と総称されるようになった。宇佐使は天皇の即位奉告使、五畿七道の諸社に神財幣帛を奉る大神宝使、三年に一度の恒例使、臨時の祈願使等がある。一行が通るルートを勅使道（勅使街道）と呼び、豊前国の駅路と一致する部分も少なくない。

【参考文献】

『大分県史料　二四』大分県史料刊行会、一九六四年
『宇佐神宮史』史料篇巻一・巻二　宇佐神宮庁、一九八四・一九八五年
『大分県の地名』平凡社、一九九五年

（日野尚志）

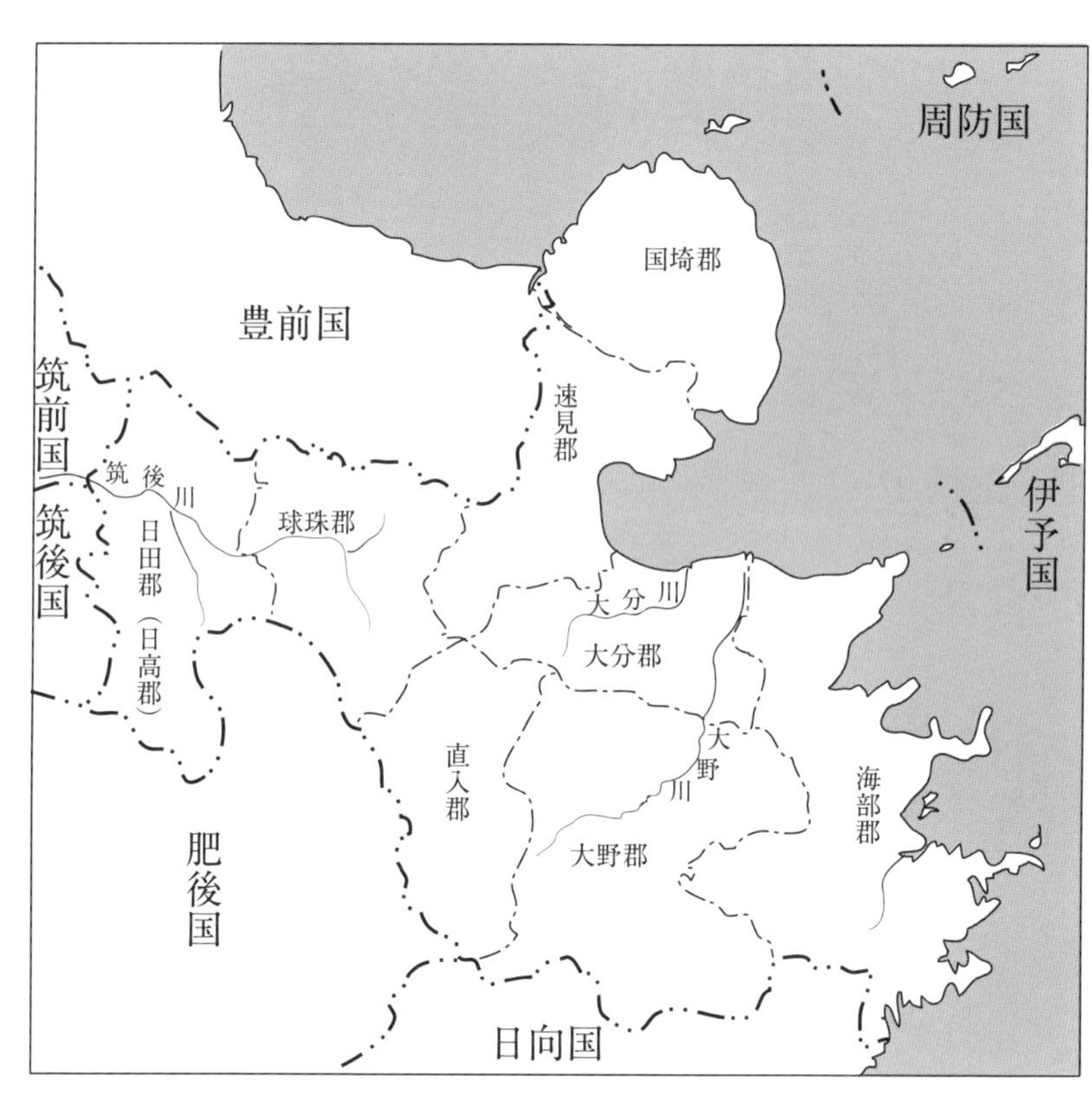
周防国
国埼郡
豊前国
筑前国
筑後国
筑後川
日田郡（日高郡）
球珠郡
速見郡
伊予国
大分川
大分郡
直入郡
大野川
大野郡
海部郡
肥後国
日向国

豊後国略図

豊後

豊後国・とよくにのみちのしり・ぶんごのくに

『和名抄』に「止与久迩乃美知之利」と訓じ、日高・球珠・直入・大野・海部・大分・速見・国埼八郡四十七郷からなる。『豊後国風土記』には八郡四十郷一一〇里、駅九所で小路、烽五所と記す。『延喜式』民部によると上国で、『和名抄』と同じ八郡からなる。奈良時代初期の編とみられる『律書残篇』には八郡四十郷一一〇里と記す。『風土記』・『延喜式』には日高郡はなく日田郡となっているので、『和名抄』の日高郡は日田郡の誤記であろう。『風土記』に豊後国はもと豊前国とあわせて一つの国（豊国）であったと記す。二国に分割した時期は明確でないが、持統天皇三年（六八九）六月末に飛鳥浄御原令が施行された時であろう。

大化前代で後の豊後国に相当する地域の県は『書紀』景行十二年条に直入県（竹田市直入町）が確認される。『旧事紀』国造本紀にみえる国造は国前国造（東・西国東郡）・大分国造（大分市・大分郡）・比多国造（日田市・日田郡）が確認される。屯倉は確認できない。

国府は『和名抄』では大分郡となっている。古国府の地名と印鑰社の存在から大分市古国府・羽屋一帯に比定されてきたが、平安時代高国府といわれた大分市上野丘で国司の館ではないかとみられる遺構が検出され、上野丘に国府が置かれていた可能性が強くなってきた。国分寺は大分市国分にあり、発掘で創建時の伽藍の概要が判明している。『延喜式』時代の駅路は豊前国・筑前国・肥後国・日向国（肥後国からの駅路と三重駅で合流）からそれぞれ豊後国に入り、豊後国府で三つの駅路が連絡していたのであろう。豊前国からの駅路に長湯、筑前国からの駅路に石井・荒田・由布、肥後国からの駅路に直入・三重・丹生、日向国からの駅路に小野の各駅が置かれていた。伝馬は日田・球珠・大野・海部・大分・速見六郡に各五疋置かれていた。軍団は二団置かれて天長三年（八二六）に廃止された。『延喜式』主計上によれば、大宰府までは上り四日、下り二日であった。調は糸・綿紬・貲布・御取鰒・短鰒・蔭鰒・羽割鰒・葛貫鰒・耽羅鰒・堅魚・小町席・絹・綿・布・薄鰒、庸は綿・布・米・薄鰒、中男作物は熟麻・穀皮・黒葛・漆・槾椒油・海石榴油・胡麻油・荏油・鹿脯・押年魚・堅魚・雑魚腊・鹿鮨・鮨年魚・煮塩年魚であった。平成宮木簡に「豊後国大分郡調綿壱佰屯」がある。

（日野尚志）

日高郡・ひたかのこおり

『和名抄』に「比多」と訓じ、海部郡条にみえる「日田・在田・夜開・曰理・父連・石井」の六郷からなるが、日田を郡名とすれば、『豊後国風土記』に「郷伍所里一十四 駅壱所」と記す郷数と一致する。日高郡は『風土記』・『延喜式』には日田郡と記すので日田郡とすべきであろう。郡名の由来について『風土記』によれば、景行天皇が球磨贈於を征伐して凱旋の時、筑後国生葉郡の行宮から日田郡に入る時久津媛が迎えに来たので久津媛の郡といい、その後訛って日田郡になったと記す。

郡域は現在の大分県日田市に相当。山地が多く筑後川流域の日田盆地を除いて平地に乏しい。郡司は天平九年（七三七）の「豊後国正税帳」に球珠郡の前に記す「大領外正七位上勲九等日下部連吉嶋　少領外従七位上勲十等日下部大国、主帳外少初位上勲十等日下部君死」は『風土記』・『延喜式』の八郡の順序から日田郡であると判断される。『風土記』日田郡靫編郷条に欽明天皇の時代に日下部君の祖邑阿自が靫部に仕奉していたとあり、『旧事紀』国造本紀に記す比多国造の一族であろう。郡家に関して『風土記』に郡家の南に石井郷（日田市石井）・五馬山（日田市天瀬町五馬市）、西に鏡坂、東南に靫編郷（日田市刃連）があると記す。日田市小迫の小迫辻原遺跡で七棟の掘立柱建物が検出され、「L」又は「コ」の字型に配置され、そのうちの二棟は二間×五間の庇付きの大型建物で遺物として須恵器転用硯、「大領」と書かれたとみられる墨書土器が出土している。遺構の時期は八世紀後半から九世紀前半とみられる。遺構が条里地割の施行された平地より約四十メートル高くしかも狭い台地上にあるので郡家より郡司の居宅であろう。その場合、郡家は遺跡の東十七町の条里施行地域にある三和の小字「郡町」が有力視される。

筑前国上座郡把伎駅（遺称地は福岡県朝倉市杷木）から日田郡の石井駅（日田市石井）をへて球珠郡に至る駅路は明確でない。石井の東にある東原地区の上野第一遺跡では多数の掘立柱建物が検出され、「豊馬豊馬」銘の刻書石製品が検出されている。またその西側の野間地区で転用硯が検出されているが、上野は筑後川を望む台地で、台地を刻む複雑な谷が多数あり、このような地域に駅路が設けられ駅が置かれたとは考えにくい。

『続後紀』承和九年（八三七）八月条に豊後国の前介正六位上中井王（文室真人）が日田郡に私宅を構え、また私営田を諸郡に設けて意に任せて郡司百姓を打ち損じ、これによって吏民は騒動をおこし、心を安めることができないとある。また筑後・肥後等の国に出かけて百姓を威嚇して農業を妨げ、さらに豊後国内を廻り旧年の未進を徴収し、私出挙の倍の利子を取っていたと大宰府が中井王を告発している。

【参考文献】

『小迫辻原遺跡』日田市教育委員会、一九九三年

（日野尚志）

球珠郡・くすのこおり

『和名抄』に「久須」と訓じ、今己・小田・永野三郷からなる。『豊後国風土記』では「郷三所 九里 駅壱所」とあり、郡名の由来については、昔この村に樟が多く繁茂していたことによると記す。郡域は現在の大分県玖珠郡玖珠・九重二町に相当。山地が多く平地は筑後川上流域の玖珠川流域に展開する。

大宰府出土の木簡に「久須評大伴マ」とあり、評制時代既に存在していたことと大伴部が確認される。郡家・駅路は明確でないが、玖珠川を望む玖珠町小田から金栗院（こぞこい）にかけてが注目される。それは郡内唯一の前方後円墳・大型円墳があり、小田の西田遺跡からは八世紀初頭とみられる円面硯が出土している。大隈の小字「孫女（まごめ）」は『延喜式』に記す荒田駅の遺称地か。郡司は天平九年（七三七）の「豊後国正税帳」に領外正八位下勲九等国前臣龍麿、主帳外大初位下勲十等生部宮立が確認され、国前臣は国前国造の一族であろう。

【参考文献】

『小田遺跡Ⅱ』玖珠町教育委員会、一九八八年

（日野尚志）

直入郡・なおりのこおり

『和名抄』に「奈保里」と訓じ、松納・三宅・直入・三宅四郷からなる。『豊後国風土記』に「郷肆所 里一十 駅壱所」とあり、球覃（くたみ）（朽網）・柏原二郷が記されている。『和名抄』に記す二つの三宅郷は重複、松納は朽網郷の誤り、柏原郷の記載漏れと

すれば、四郷が復元できるのではないだろうか。郡名の由来について『風土記』に郡家の東の桑木村に桑が繁茂し、しかも真っすぐに高く幹・枝も美しいので真桑村といい、後の人が改めて直入郡にしたと記す。また、祢疑野に景行天皇が行幸し、土蜘蛛三人を滅ぼしたと記す。同じ内容が『書紀』景行十二年十月条に記されるが、直入県祢疑野とあり、土蜘蛛を滅ぼすために祈り祀る神が志我神・直入物部神・直入中臣神三神であった点が『風土記』には記されていない。志我神は豊後大野市朝地町宮生の志加若宮神社、直入物部神は竹田市直入町長湯の籾山八幡社、直入中臣神は由布市庄内町阿蘇野の直入中臣神社にそれぞれ比定されている。大野・直入二郡の前方後円墳の分布をみると大分川上流域の久住町仏原に二基（一基は前方後方墳）、大野川上流域の豊後大野市三重町から竹田市にかけて十基が確認される。そのうち十基は古墳時代前期に比定されているので、五世紀既にこの地域が畿内王権に組みこまれていたとみるべきであろう。景行天皇の巡行はこの地方の豪族が物部氏や中臣氏らと擬制的な関係を結び、県制を施行して畿内王権に服従していく過程を示しているのであろう。

郡域は現在の大分県竹田市に相当。大野川と大分川上流域の水系の異なる二つの地域からなるが、大野川に沿う台地を除いて山地からなる。郡司に関する史料はない。郡家は明確でないが、三宅郷の遺称地である竹田市三宅が有力視される。駅路も明確でないが、郡名を負う直入駅は玉来付近も想定地の一つであるが、三宅の西にある枝の小字「真米・立石」は注目される。竹田市久住町の石田遺跡は七世紀後半から八世紀前半の遺跡で、五間×二間の掘立柱建物遺構が確認されている。一方、八世紀後半とみられる市第一遺跡からは銅鋺・墨書土器が出土していて、直入郡家と球珠郡家を結ぶ伝路に沿って設けられた朽網郷の郷長か牧の長の館であろうか。天平九年（七三七）の「豊後国正税帳」に郡内の国司巡行があり、牧馬の検校が行われていたので奈良時代牧が置かれていたのであろう。『三代格』によれば、天長三年（八二六）十月西海道の軍団が廃止され、新たに選士一七二〇人を大宰府と九国二嶋に配置した。特に大野・直入二郡は馬を駆使し弓術に優れた選士の中心的な供給を行っていた。二郡とも阿蘇外輪山東側でなだらかな台地が牧場として利用され、優れた騎猟の児を生みだしたのであろう。

【参考文献】
『市第一遺跡・石田遺跡』久住町教育委員会、一九九六年
（日野尚志）

大野郡・おおののこおり

『和名抄』に「於保乃」と訓じ、田口・大野・緒方・三重の四郷を記す。『豊後国風土記』には「郷肆所里一十一　駅弐所　烽壱所」とあり、郡名の由来について郡内がすべて原野なので大野郡にしたと記す。郡域は現在の大分県豊後大野市朝地・犬飼・大野・緒方・三重・千歳・清川七町と臼杵市野津町、佐伯市宇目域に相当。山地が多く平地は大野川流域とその支流域に多い。

郡司に関する史料は存在しない。郡家は明確でないが、豊後大野市大野町郡山か同市三重町赤嶺の小字「郡田・郡田脇」であろうか。駅路も明確でないが、二駅置かれていた。三重駅は豊後国府から肥後・日向二国に向かう駅路の分岐点に位置し、同市三重町市場が有力視される。ここから分かれて日向国に向かう駅路は三国峠（六二九メートル）を越えて小野駅の遺称地である佐伯市宇目小野市に至ったのであろう。豊後大野市三重町市場周辺には六つの前方後円墳があり、『風土記』に記す海石榴市（つばき）の遺称地であろうか。
（日野尚志）

海部郡・あまのこおり

『和名抄』に「安万」と訓じ、佐加・穂門・佐井・丹生四郷からなる。『豊後国風土記』に「郷肆所里一十二　駅壱所　烽弐所」とあり、また郡名の由来については、この郡の百姓は皆海辺の白水郎（あま）なので海部郡と名付けたと記す。郡域は現在の大分県大分・臼杵・津久見・佐伯四市域に相当。郡の東部は豊後水道・別府湾に面し、大野川下流域と丹生川流域を除いて平地に乏しい。

海部郡は丹生川河口に近い左岸に広がる低い台地の東北端に近い大分市城原・里遺跡とみられる。ここでは七世紀後半から八世紀後半にかけて造られた大型掘立柱建物群が検出されている。遺構は三期に区分されるが、二期段階では南側に四脚門（しきゃく）を持つ南北四十メートル以上、東西三十メートル以上の「コ」字型又は「ロ」字型に囲まれた建物群が想定され、郡庁であることは確かであろう。この遺跡の約四〇〇メートル東でも七世紀中頃から七世紀末の建物遺構が検出され、官衙遺構か豪族の館が考えられる。官衙遺構であれば、郡家に先行する評家の可能性もあ

る。近くに亀塚古墳を始めとする四期の前方後円墳があり、古墳時代から海部氏一族が継続的にこの一帯を支配する拠点であったことを示すといえよう。郡司は『続紀』延暦四年（七八五）正月条に大領外正六位上海部公常山が確認できる。丹生駅は大分市松岡の小字「丹生・丹生谷」が有力視される。「豊後国戸籍」は海部郡の断簡と判明している。『三代格』延暦十五年（七九六）条の符にみえる豊後国坂門津は大分市坂ノ市が遺称地であろう。

（日野尚志）

大分郡・おおいたのこおり

『和名抄』に「於保伊多」と訓じ、阿南・植田・津守・荏隈・判太・跡部・武蔵・笠祖・笠和・神前十郷からなる。しかし、武蔵を国埼郡の郷名の混入とし、また笠祖郷を笠和郷の誤字重記とする説がある。『豊後国風土記』に「郷玖所里廿五　駅壱所　烽壱所　寺弐所一僧寺一尼寺」とあり、郡名の由来については景行天皇が豊前国京都行宮からこの郡に来られ、地形をみて広く大きいので碩田（おおきた）の国と名づくべしといわれたが、今は大分（おおきた）というと記す。碩田の由来については『書紀』景行十二年十月条にも記される。

郡域は現在の大分県由布市庄内・挟間二町と大分市の東部を除く地域に相当。郡の北部は別府湾に面し、大分川の下流域に平地が広がる。

『書紀』景行十二年条に記される内容と四世紀後半から五世紀にかけての畿内型古墳の分布から中九州東部における大和政権の拠点が律令時代の大分・海部二郡にあったことは間違いない。大分郡の中心地であった大分川下流域には前期中葉から中期中葉にかけての二基の前方後円墳があり、この一帯の有力者が大分国造となったのであろう。『書紀』天武元年（六七二）六月条にみえる壬申の乱で活躍した大分君恵尺（えさか）・大分君稚臣（わかみ）は大分国造の系譜をひく有力者であろう。その後大分君はみえないが、『大日本古文書 一四』天平宝字二年（七五八）十月条にみえる「大分内侍」は大分君の系譜をひくのであろうか。

国府は『和名抄』では大分郡にあると記している。豊後国最大の条里地割の展開する大分川下流域の大分市古国府（ふるごう）に印鑰（いんやく）社があってこの一帯に国府が想定されていた。この想定地に近い羽屋の井戸遺跡で巨大な掘立柱建物跡が検出され、倉庫跡と考えられる一棟を除く六棟すべてがほぼ真南北を意識して配置されていること、出土遺物が概ね七世紀後半～八世紀初頭で、八世紀前半以降のものと判定できる遺物がないこと、出土した土師器杯はその特徴から都城系暗文土師器とみられることから、この遺跡は七世紀後半を中心とした時期であろう。その場合、壬申の乱で活躍した大分君恵尺の墓といわれる古宮古墳の造営期にあたり、大分君一族との関連が強く想定される。この当時豊後国はまだ存在していなかったと考えられるので評衙である可能性もある。最近、大分市上野丘の竜王畑遺跡で奈良・平安時代の掘立柱建物二十三棟前後、道路跡・築地塀跡が検出され、緑釉陶器・円面硯も出土している。この上野丘は『宇佐到津文書』に高国府（たかごう）といわれた地域で、遺跡の南に小字「惣社山」もあるので、遺構は国府に関連し、国司の館であった可能性が強く、政庁は遺構の西側の上野丘高校付近にあったのであろう。この台地の西側の金剛宝戒寺周辺で出土する百済系の単弁軒丸瓦は白鳳期のものとみられ、この台地の開発が早かったことを物語るようである。郡家は『豊後国風土記』大分郡条に郡家の南に大分川、西に酒水（大分川の支流黒川か）とあるが、これだけでは具体的に比定できない。注目されるのは大分川右岸の下郡である。大型の掘立柱建物・井戸跡・真南北方向の奈良時代の道路跡、都城系暗文土器・刀子・硯・墨書土器などの遺物が出土していて「郡」地名の存在と遺構・遺物から大分郡家である可能性が強い。郡司は『続後紀』承和十五年（八四八）六月条に擬少領膳伴公家吉が確認される。

駅路は国府の想定される上野丘から豊前・筑前・日向・肥後四国に向かう四つのルートがあった。大分郡に置かれた高坂駅は『宇佐到津文書』に勝津留の四至に西限は高坂横道とあるので、上野丘の一角に設けられ、国府に近接していたのであろう。他の遺跡で注目されるのは乙津川河口に近い左岸の台地にある大分市の地蔵原遺跡で奈良時代の掘立柱建物跡が約八十棟あって、東南部には東と南を濠によって囲まれた建物は四期の変遷が考えられる。遺物のなかには円面硯をはじめ、多量の瓦が出土している。遺構は八世紀後半に建てられ九世紀後半に廃絶していることが判明している。国府が上野丘、大分郡家が下郡とすれば、遺構が別府湾に近接することから、『三代格』延暦十五年（七九六）十一月格に引く天平十八年（七四六）の「官符」、同大同四年（八〇九）正月格に引く延暦十二年の「官符」から、官人・百姓・商旅の輩が調庸などの国物を豊前国草野津、豊後国国埼・坂門二津から積み出し、ほしいままに往還していること、いつわって過書を受け往来していることから、調庸の運営に関与しながら私物の交易を行っていた郡司層か富豪の輩達の拠点か。

【参考文献】

『大分市史　上』東京書籍、一九八七年

坪根伸也・塩地潤一「豊後国府推定地周辺の発掘調査Ⅱ―羽屋・井戸遺跡とその周辺の調査から―」（『大分県地方史』一六三、一九九六年）

『海部の遺跡Ⅰ』大分市教育委員会、二〇〇五年

（日野尚志）

速見郡・はやみのこおり

『和名抄』に「波夜美」と訓じ、朝見・八坂・由布・大神・山香五郷からなる。『豊後国風土記』に「郷伍所　里一十三　駅弐所　烽壱所」とあり、郡名の由来については景行天皇が球磨贈於を征伐しようとして周防国の佐婆津より海部郡の宮浦に来て泊られた時に速津媛が迎えに来て、天皇に土蜘蛛五人がいることを告げ、それらを滅ぼしたので、速津媛国と名づけたが、後の人が速見郡に改めたと記す。同じような内容が『書紀』景行十二年十月条にあり、景行天皇が碩田国から速見邑に到り、速津媛が迎えに来たと記す。郡域は現在の大分県杵築市山香町・速見郡日出町・由布市湯布院町と杵築市西部、別府市に相当。郡の東部は別府湾に面し、小河川の流域に狭小な平地が展開する。西部は鶴見岳（一三七五メートル）・由布岳（一五八三メートル）を中心として山地が広がる。由布岳西部の水分峠（七〇七メートル）が九州の瀬戸内海側と有明海側を二分する分水界となっている。

『風土記』に柚富の頂上に石室があって夏でも氷が溶けないとあり、山名が現在と同じであることが判明する。峯と同名の柚富郷について栲（楮の木）が繁茂して、その皮を取って木綿を造るので柚富郷というと記している。また頸の峯（旧湯布院町と旧庄内町境の城ヶ岳）の下にある水田は本来宅田といっていたと記すのは「屯倉の田」の意であろうか。しかし律令時代の豊後国に相当する八郡に屯倉は確認できない。鶴見岳について『三代実録』貞観九年（八六七）二月条に鶴見山頂に従五位上火男神、従五位下火売神が祀られていて、山頂にある三池が正月二十日に噴火して大小の石を周辺に飛び散らし、さらに噴出した温水が山麓の道路を不通にし、また河川に流入して数えきれない魚が死んだこと、泥砂が数里に堆積し、悪臭が国内に充満

したことが三日間続いたことを記している。鶴見山も由布岳同様古代でも同じ山名であるが、山頂の二神は式内社でもある。『続紀』宝亀三年（七七二）十月条に去年五月速見郡敵見郷の山が崩れて谷を堰止め、十数日の間に溜まった水が堰止めを破って流れ出し百姓四十七人が漂没し、埋まった家が四十三区あったので調庸を免除し賜給を加えたと記している。敵見は熱水から来ていると思われるが、その遺称地は別府市朝見である。朝見川が鶴見山麓を源としていることから、鶴見山の噴火による災害とみるべきであろう。

『風土記』に赤湯泉と玖倍理湯井が記されている。前者は湯の色が赤いことから赤湯泉というとあり、現在の血の池地獄である。後者は井の周辺に来て大声で叫べば驚き鳴りて涌きあがるとあり、間歇温泉である。おそらく現在の鉄輪温泉であろう。

大分県では現在四十五基の前方後円墳（前方後方墳一基を含む）が確認されているが、豊後国八郡のなかで唯一速見郡だけが確認されていない。郡司に関する史料は存在しない。郡家は『風土記』に赤湯が郡家の西北、玖倍理湯井・柚富郷が郡家の西と記すのが唯一の手がかりであるが、これだけでは明確にならない。出土した遺構で注目されるのは日出町会下の会下遺跡である。多数の柱穴と最大二間×五間の二棟を含む十九棟の掘立柱建物、二十四基の土坑が確認されている。掘立柱は不明確なものを除くと方位から二つのグループに分けることができるが、三〜四回の建て替えが考えられる。遺物は奈良時代後半から平安時代の初頭頃に位置づけられ、なかでも石帯は蛇紋岩製の巡方で注目される。この石帯も雑石帯に入るとすれば、弘仁元年（八一〇）に六位から無位の官人まで使用を認められていることから、郡司か郡司クラスの有力者のものであろう。しかし遺構の柱痕跡が平均二十メートル前後と小型でしかも柱並びの稚劣さも目につくので郡家ではなく私的な居館であろうか。その場合、『続紀』天平神護二年（七六六）九月条に記される豊後国員外掾従五位下大神朝臣田麻呂、『三代実録』仁和三年（八八七）三月条に記される豊後介外従五位下大神朝臣良臣が速見郡大神郷（遺称地は日出町大神）を本貫地としていたとすれば、大神朝臣との関連も考えられる。

駅路は球珠郡荒田駅から由布駅をへて豊後国府に至るルートと豊前国宇佐郡安覆駅から長湯駅をへて豊後国府に至るルートがあった。いずれの駅路も明確でないが、前者は現在の由布市湯布院町から大分川に沿って東進し、国分寺の北から国府に達したのであろう。後者は朝見川河口の朝見から扇状地の末端部を北上し、鉄輪をへて安覆駅に達したのであろう。長湯駅が温泉と無関係でなければ現在の鉄輪温泉が有力視される。

【参考文献】

『大分空港道路建設に伴う埋蔵文化財発掘調査報告書二』大分県教育委員会、一九九一年
『大分の前方後円墳』大分県教育委員会、一九九八年

（日野尚志）

国埼郡・くんさきのこおり

『和名抄』に「君左木」と訓じ、武蔵・来縄・国前・田染・阿岐・津守・伊美の七郷からなる。津守郷を大分郡の錯入とすれば、『豊後国風土記』に記す国埼郡「郷陸所（里一十六）」の郷数と一致する。郡域は現在の大分県国東市国見・国東・安岐三町、杵築市の東部、豊後高田市に相当。瀬戸内海に突き出た国東半島を占め、両子山（七二〇メートル）山麓の小河川流域に狭小な平地が展開する。

国東市国東町鶴川の飯塚遺跡（共伴遺跡から八世紀末から九世紀初頭と思われる）で、多数の木簡、墨書土器・刻書土器・緑釉・石帯・斎串などが出土した。飯塚遺跡の位置と木簡の内容から、国埼津の近くに宇佐神宮の封戸米を中継保管し、それを運用する施設があってその封物の徴収・輸送の実務にあたっていたのが木簡にみる国前国造の系譜をひくとみられる「国前臣刀佩」で、天平九年（七三七）の「豊後国正税帳」にみえる玖珠郡領の国前臣龍磨と同族であろう。木簡にみえる「大弐藤原朝臣□□」は、この施設と大宰府との間に密接な関連があると考えられる。飯塚古墳の近くには法隆寺系軒平瓦が出土する桜本宮遺跡・桜八幡遺跡（寺跡？）があり、郡家もこの施設付近であろう。『三代格』延暦十五年（七九六）十一月格に記される国埼津は田深川河口の鶴川付近であろう。

【参考文献】

『飯塚遺跡』国東町教育委員会、二〇〇二年

（日野尚志）

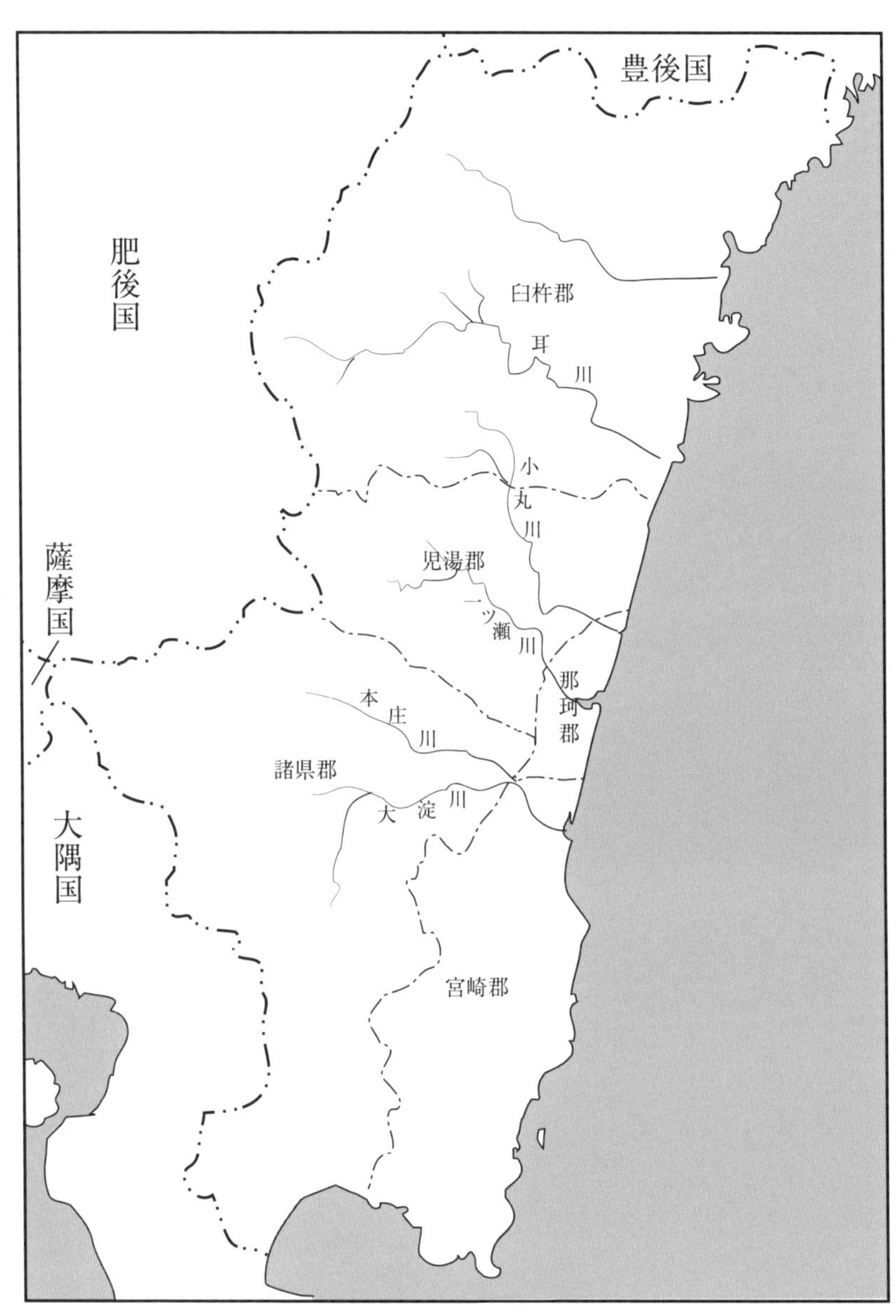

日向国略図

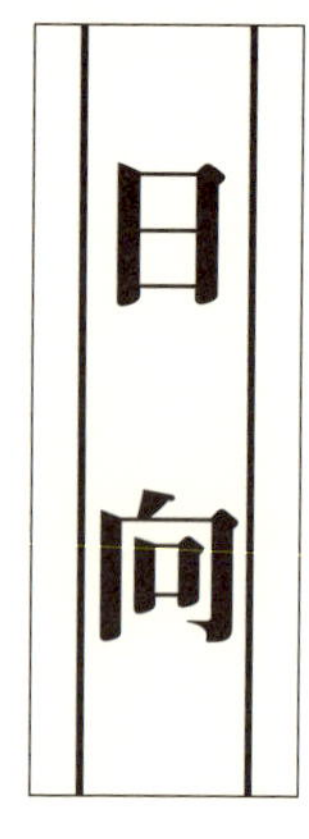

日向国・ひゅうがのくに

漠然と南九州の総称のように呼称されてきた「日向」の地域は、少なくとも大宝二年（七〇二）には薩摩国が分出され、和銅六年（七一三）に大隅国が設置されることによって律令制下における日向国が確定した。その範囲は、東は日向灘に面する現在の宮崎県の行政区域に重なり、北は豊後国、西は肥後国・薩摩国、南は大隅国に接する形となったが、一部現在の鹿児島県志布志地方は日向国に属していたとされる。『延喜式』によれば、「日向国中管臼杵児湯那珂宮崎諸県」とされ、中国にランクされ、五つの郡からなっていたことが知られる。また、『和名抄』では、五郡・二十八郷の郡・郷名が列記されている。

『古事記』・『書紀』にいう、いわゆる「日向神話」に属する天孫降臨の地たる「日向（ひむか）」とこの「日向国（ひゅうが）」とは、『書紀』・『延喜式』で訓じる「臂（ひ）（辟）武伽（むか）」、『和名抄』で訓じる「比宇加（ひうか）」との変化の中に屈曲した認識の変遷を認め、慎重に峻別して考察されるべきであるが、それにもかかわらず当の記紀の編纂にかかわった人々及び編纂時での認識の中で、両者は区別する必要のない、あるいは曖昧であることが了解されていたと考えた方が無理がない。神話的叙述の後、景行天皇の条あたりから、その実在性の論議は置いた上で、古墳時代の歴史的事象を反映した記述として認めることができる。熊襲征伐、御刀媛との婚姻、豊国別皇子の誕生、諸県君泉媛の服属、次いで応神天皇の条では日向泉長媛との婚姻、さらに仁徳天皇の条では諸県君牛諸井の娘髪長媛との婚姻などによって黎明期の日向の歴史性と地域性の原形が語られている。

こうした記述の背景は、古墳時代の特質すべき南九州の地域性に根差している。時代の象徴である前方後円墳の分布状況は、海岸線寄りの平野部を中心として限定されている。中でも、小丸川流域の持田（高鍋町）・川南（川南町）、一ツ瀬川流域の新田原（新富町）・西都原（西都市）、大淀川流域の生目（宮崎市）は、集中した大型古墳群を形成することで知られる。その一方で、一ツ瀬川〜小丸川流域を北限として南は鹿児島県大隅半島、西はえびの盆地から鹿児島県大口盆地までの限られた地域に分布する在地性の強い墓制である地下式横穴墓の存在は重要で、この二者による重層化した歴史性こそ、時に背反する伝承の背景でもある。

（北郷泰道）

臼杵郡・うすきのこおり

『和名抄』には「宇須伎（岐）」とある。氷上（ひかみ）、智保（ちほ）、英多（あがた）、刈田（かりた）の四郷からなる。日向国の北部に位置し、南は現在の日向市から西は五ケ瀬町を含む、東・西臼杵郡、延岡市、門川町の地域に当たる。『太宰管内志』では、古老の伝として、昔神が集まって始めに土を掘って臼とし、木枝を杵としたことから臼杵と言われるようになったとする説を紹介している。六国史に郡名は登場しないものの、『続後紀』や『三代実録』に郷名は示されていないが、高智保皇神や高智保神との記述がみられ、当郷を示すとみられる。平安時代には、豊前宇佐宮領の荘園が成立し、田部氏は後の土持氏の祖先で、宇佐宮の神官で臼杵郡の郡司であった。四郷の内、氷上郷の郷域は未詳であるが、その他の郷の比定から消去していけば、延岡市の北浦町・北川町を中心とする地域とみるのが妥当であろう。

智保郷すなわち高千穂町には、記紀では高千穂の峰に天孫が降臨したとされ、その伝承を示す地域が多数残されている。地勢的には、高千穂峡に代表される阿蘇溶結凝灰岩によって形成された比較的急峻な岩肌の地形が大半を占めている。周知のとおり南九州の地には南部の霧島山系の中に高千穂峰があり、同様の伝承を示している。神話的世界の追及は保留するとして、内陸部の智保郷は現在の高千穂町を含む地域であるが、弥生時代には大分県大野川上・中流域と祖母・傾山系を結び目として共通する土器文化圏を形成していた。古墳時代に至ると肥後型横穴墓に代表されるように、熊本県阿蘇地方との交流を色濃く示している。事実、肥後国の阿蘇郡にも智保郷があり、もともと広域的な地域を示していたとみられる。焼畑を中心とした畑作地帯で水田耕作に依拠する比率は低かったとみられる。

英多郷すなわち「県」に当たる平野部の延岡市では、現在に残されている南方・北方は南県・北県と同義と理解される。瀬戸内地方との交流を示す土器文化の存在が知られており、古墳時代では稲葉崎菅原神社古墳のように一一〇メートルの大型前方後円墳が登場している。また、延岡平野に突き出した丘陵地には、南方古墳群として総称される古墳群が形成されている。

刈田郷については、現在その地名を特定することはできないが、門川町・日向市域をそれに当てることが妥当であろう。『延喜式』における駅名の中に長井・川辺・刈田・美弥（みや）の四駅が記載されているのは、刈田の地名の実在を支持するものであろう。日向市には富高古墳に代表される柄鏡形の前方後円墳が存在しており、獣形鏡などの出土が知られている。また、伊勢ケ浜には海に面して小型の横穴式石室が築造されており、海上交通の要所を占める良好な港により古代以来重要な役割を果たしていたものとみられる。

（北郷泰道）

児湯郡・こゆのこおり

『和名抄』には、「古由」と訓じ、国府の所在するところであり、三納（みのう）・穂北・大垣（おおがき）・三宅・覩唹（とお）・韓家（からや）・平群（へぐり）・都野の八郷からなる。この内、海岸線から内陸に十三キロメートル程入った現在の西都市に地名を残すのは、三納・穂北・三宅の三郷、覩唹郷は都於郡、平群郷は平郡（へぐり）に当てることができる。また、都野郷は現在の都農町に当てることができる。それに対して、韓家郷については詳らかではないが、他の郷に属さない地域として前方後円墳の多さで知られる川南古墳群の所在する川南町に当てることが妥当であろう。『書紀』の景行十七年三月十二日の条によれば、高屋宮から子湯県に幸して丹裳小野に遊んだとの記述があり、後に国府・国分寺・国分尼寺が設置されるに至る日向国の中心としての当郡の位置付けが見える。

国衙跡については、現在の妻北小学校の北部、稚児ケ池の東側の一角に正殿などの政庁域が存在することが明らかとなっている。同地からは、これまでの調査により布目瓦、硯、それに奈良平城宮とも共通する暗紋土器などが出土し、また妻北小学校のプール建設の際に木簡が出土している。東側にあたる『延喜式』二之宮の都万神社の北部からも布目瓦が出土しているが、当地には氏寺が存在した可能性が高い。西都市には鋳銅製の児湯郡印が残されており、国の重要文化財に指定されている。

国分寺・国分尼寺の所在地は、現在国分寺は大字三宅の字国分に比定され、国分尼寺の方は県立妻高校の敷地に比定され、国分寺については回廊跡や門跡など伽藍のおおよそは判明し、国分尼寺も断片的ながら遺構の存在が確認され、その評価は確定したかに見える。しかし、若干の問題がないわけではない。実は、国分尼寺が想定される高校敷地の一角が、寺域を踏襲すると思われる方形の区画で「毘沙門」との小字を残しているのである。毘沙門とは多聞天のことであり、四天王の一であり、「金光明四天王護国之寺」すなわち国分寺である。そうした連想は当該地を尼寺ではなく国分寺へと結ぶ可能性を示している。しかし、一方では尼寺坂・法華跡という、「法華滅罪之寺」すなわち国分尼寺を差し示す伝承を大正十四年（一九二五）の『宮崎縣史蹟調査報告』第四輯では伝え、国分寺等の所在論に触れたもっとも古い江戸時代天保年間の『太宰管内志』ではそのような伝承は採録されておらず、いずれもつまびらかでないとしている。こうした伝承や記録の検証とともに、考古学的な遺構論からすれば塔の存在の確認が不可欠である。これら国衙・国分寺への瓦の供給は、那珂郡田島郷、すなわち宮崎市佐土原町所在の下村窯跡からであったことが知られている。

『延喜式』に記された駅名の内、去飛・児湯の二駅が当郡内に当てられる。

三納郷　現在の西都市三納を中心とする地域に当てることができる。五世紀末の大型前方後円墳（墳長一〇四メートル）である松本古墳が存在する。台地上に展開することの多い宮崎県内の古墳としては、珍しく沖積地に築かれた古墳である

また、『続紀』文武三年（六九九）十二月四日条に、隼人に対する軍事的拠点として稲積城と三野城が見えるが、鹿児島県国分市に比定される稲積城に対して、三野城は当郷に所在した可能性が高いがその詳細は明確ではない。

穂北郷　一ツ瀬川左岸の地域で、横穴式石室を持つ前方後円墳である千畑古墳や五世紀前半の児屋根塚古墳に代表される茶臼原古墳群など、西都原古墳群を衛星のように取り囲む古墳が点在している。

三宅郷　三宅郷は、古墳時代においては全国最大規模の帆立貝形古墳である男狭穂塚（墳長一七六メートル）、九州最大規模の前方後円墳である女狭穂塚（墳長一七六メートル）を盟主とする西都原古墳群から、律令時代においては国衙・国分寺・国分尼寺の設置と、文字通り日向国の中心としての役割を果たした。喜田貞吉の『日向国史』は、日向国府の所在は当郷にあるとしている。

都野郷　現在の都農町に当てることができるが、拠点的な古墳や古墳群の存在は知られていない。ただ、詳細は不明ながら宮崎県内では珍しく積石塚の存在が指摘されている地域である。一方では、『延喜式』一之宮の都農神社や都濃野馬牧が当郷に所在したとみられ重要な位置付けを持つ。『書紀』推古条にある「馬なら日向の駒」

と詠まれた、馬を供給した土地であるがゆえにその地位があるのかも知れない。さらに、長野牛牧を那珂郡於部郷（高鍋町）に比定する説も捨てがたいが、当郷や三納郷に当てる説もあり、平城宮木簡に記された「日向国牛皮」のように重要な貢献物を産する郷であったことが知られる。

（北郷泰道）

那珂郡・なかのこおり

『和名抄』には、「中」と訓じ、夜開・新名・田島・於部の四郷からなる。境界の変動が著しい郡の一つである。田島郷は、現在の宮崎市佐土原町の上田島・下田島として地名を残し、新名郷は宮崎市蓮ケ池や広原横穴墓群などで知られる宮崎市北部の新名爪に当てることが容易である。『日向国史』では、郡衙の所在を当郷に求めている。それに対して、夜開・於部の両郷の特定は一考を要する。夜開郷の郷名は、豊後国・筑後国にも見ることができ、一定の地理的ないしは社会的要因によって採用される地名と考えられるが、日向においては他の郷の比定との関係から現在は児湯郡に入る新富町を当てるのが妥当であろう。また、於部郷はオベ・オウヘ・ウハヘなどと訓じる説があるが定かではないものの、やはり現在は児湯郡に入る高鍋町を当てる説が有力であろう。

古墳時代の遺跡の在り方と突き合わせてみると、西都原古墳群にも匹敵する大古墳群である新田原古墳群や、古墳時代から古代にかけての大規模集落である上園遺跡などの存在で重要な役割をになったとみられる新富町が、現在に継承されていない地名である夜開郷に比定されることは、郷名の誕生とその後の伝承にある断絶を思わせる。『延喜式』に記される當磨駅は当郡に所在したとされる。

（北郷泰道）

宮崎郡・みやざきのこおり

『和名抄』では、「宮埼」または「宮崎」と表記され、「三也佐伎」と訓じ、飫肥（おび）・田辺・島江・江田の四郷からなる。那珂郡同様に境界の変動の著しい郡であるが、現在の宮崎市の大淀川下流域から清武町・北郷町・南郷町・日南市・串間市を含む地域であった。

『太宰管内志』の引くところでは、古老伝として皇孫降臨から神日本磐余彦天皇に至る宮所であったことでその名が起こったとしている。『続紀』神護景雲二年（七六八）七月条に宮崎郡の人、大伴人益が白亀を献上し、それが大瑞とされ、庸調を免除されたと記されている。また、『続後紀』承和四年（八三七）八月条には官社として江田社の名が上がっている。

飫肥郷は、現在の日南市に辿ることができ、江田郷は、現在にも残る『延喜式』二之宮の江田神社の存在から宮崎市の大淀川左岸の砂丘列を中心とする地域とすることができる。しかし、田辺・島江の両郷は地形的特色に起因する普遍的な地名ながら、現在県内に残された地名に追いかけることはできない。『日向国史』では島江郷を宮崎市赤江周辺、田辺郷を宮崎市生目周辺か串間市とする諸説があるが、宮崎郡域からすれば、田辺郷は現在の宮崎市田野町・清武町を中心とする地域、島江郷はその名義から大淀川右岸の海岸よりの地域か、又は串間市から志布志市を含む地域を候補とするしかない。

宮崎平野を中心として、県南部の険しい山岳部を除いて海岸線を南下する地域であるが、その中心となる宮崎平野は有効な可耕地としては機能せず、小規模な集落を単位として存在していたことが知られる。

江田郷に当たる地域では、弥生時代の遺跡として知られる檍遺跡や石神遺跡など砂丘列上に集落が点在するが、その後は檍古墳群に示されるように小規模な古墳群が形成されるに過ぎない。しかし、その郷域を大淀川河口流域と想定すれば、四世紀後半の前方後円墳の可能性のある古墳の存在が知られる大淀古墳群や、集落跡としては現在のJR宮崎駅の東側に位置する浄土江遺跡や大町遺跡など、密集した古墳時代を中心とする集落跡の存在を指摘することができる。

飫肥郷に当たる現在の日南市には、海に面した砂丘上に県内最大規模の玄室をもつ横穴式石室を主体とする狐塚の存在が知られており、その他細田古墳群など特徴的な古墳の存在が知られる。地勢的には比較的広い平野部に恵まれているが、海上交通の要所である港に恵まれた点にこそこの地域の優位性をみることができる。

『延喜式』の駅名として、広田・救（く）麻（ま）・救弐（くに）の三駅が当郡内に当てられるが、これらを諸縣郡にもってゆく説も捨てることはできない。

（北郷泰道）

諸縣郡・もろかたのこおり

『和名抄』では、「牟良加多」と訓じ、財部（たからべ）・県田（あがた）・瓜生（うりう）・山鹿・穆佐（むかさ）・八代・大田・春野の八郷からなる。諸県郡の語義の由来について、『太宰管内志』や『日向国史』などは多くの県のあったところからきているとしている。内陸の盆地を拠点的な単位として各郷は成立している。財部郷は現在の鹿児島県曽於市財部町に地名を伝えるが、宮崎県都城市を含む地域として理解される。瓜生郷は、現在の宮崎市の西部の瓜生野で、生目古墳群なども当郷に含められる。穆佐郷は後の穆佐院高城へと継承される宮崎市高岡町、八代郷は古墳と地下式横穴墓の混在した墳墓群として知られる六野原古墳群を含む国富町の北部にその地名を残している。県田郷の比定は容易ではないが「県」に由来するものとするのが妥当であろうし、そうすれば本庄古墳群の存在などが知られるように国富町本庄が相応しいであろう。

残るは山鹿・大田・春野の三郷であり、何れも直接的にその地名を現在に伝えるものではない。大田郷については、『日向国史』は現在のえびの市加久藤の小字小田に着目し同地や飯野などを当てている。また、春野郷の「春」は「原」を「はる」と訓じることに通じるとして小林市と鹿児島県志布志市を候補としてあげるが、春野郷を志布志市、もう一つ所在の不明な山鹿郷を小林市に当てる一方、山鹿郷をえびの市の一部に当てれば、小林市は大田郷に当てるべきかとして、決定的な根拠がないことを示している。こうした諸説はあるが、山鹿郷は現在のえびの市、大田郷は小林市・野尻町、春野郷は高原町・都城市高城町・同市高崎町などを当てるのが適当であろう。大田郷の名の由来に関して『太宰管内志』は景行天皇の妃の一人である日向髪長大田根との共通項を指摘している。

『記紀』の中で諸県の名を冠する諸県君は、度々登場し重要な役割を果たす。『書紀』によれば景行十八年条に夷守の岩瀬川のほとりで諸県君泉媛の服属に関する説話が記されている。これらの地名はいずれも現在の小林市に残されている。また、応神紀の日向泉長媛、仁徳紀の諸県君牛諸井や髪長媛などが登場する。これらは、ヤマトの大王家と日向の地の在地豪族との婚姻関係を示すものとして注目される。古墳時代に限れば、大王家との婚姻伝承を伝えるのは吉備や尾張など限定されており、ある時期におけるヤマト政権との密接な関係を示唆するものとして、登場人物の実在についての論議とは別に理解をしておく必要がある。また、諸県舞なる朝廷の歌舞の存在が記されている。個性的な地域性からすれば、在地性の強い勢力を代表するものであったと想定される。

記紀では豊国別を祖として日向国

造や諸県君の存在を伝えるが、これらは時として同一の存在としても伝承され、その関係は単純ではない。また、日向国においてヤマト政権と密接な関係にあるとみられる児湯郡と、反対にヤマト政権に背を向ける在地性の強い諸県郡とは、背反する側面を持っているがゆえに、ともにヤマト政権にとって重要な地域であったことを示しているのであろう。

諸県の地域の中で前方後円墳の存在は限定されており、国富町本庄古墳群には前方後円墳を盟主とする一大古墳群が築かれるが、それより南の地域は希薄となり、都城盆地の北部、すなわち都城市高城町牧ノ原古墳群・都城市高崎町塚原古墳群・都城市志和池古墳群の中に数基単位で所在するに過ぎない。逆にいえば、財部・山鹿・大田・春野といった郷域には、ヤマトの象徴たる前方後円墳は存在しないことになる。それに対して、この諸県郡は、南九州独特の在地墓制として知られる地下式横穴墓の卓越した地域として位置付けられるのである。『延喜式』に亜椰・真研・夷守・野後さらに水俣・嶋津の駅名が記されている。また、牛牧・馬牧として表れる野波野の所在は野尻町、馬牧の堤野の所在は小林市に求められる。『延喜式』では、当郡内に比定される霧島神社の名がある。

上ノ園第二遺跡（都城市）からは「秦」と記された墨書土器が出土しており、同地と豊前・豊後地方との関係が指摘されている。墨書土器については、昌明寺遺跡（えびの市）の発掘調査によって、木簡とともに約一五〇点もの墨書土器が出土し、飛躍的な蓄積を得た。

縣田郷　国富町本庄を中心とした地域を当てる。当地には、本庄古墳群が所在する。また、現本庄高校のグラウンド部分に検出された西下本庄遺跡は、郡衙の可能性もある中心的な遺跡である。

瓜生郷　宮崎市西部の瓜生野を当てるが、大淀川を挟んだ生目古墳群の所在する地域も含めることができる。生目古墳群には、三号墳（一四三メートル）・一号墳（一三〇メートル）・二十二号墳（一一七メートル）と一〇〇メートルを越える大型前方後円墳の存在が三基知られており、四世紀段階では西都原古墳群より大きな勢力を持った地域とみることができる。

（北郷泰道）

大隅国略図

大隅国・おおすみのくに

国名は『和名抄』（東急本）に「於保須美」の訓がある。「大隅」の地名としての初見は、『書紀』天武十一年（六八二）七月条に「大隅隼人」とあるもので、阿多隼人とともに朝貢した記事である。以後散見されるようになるが、国制以前の「大隅」は大隅半島を主体としたものとみられ、のちの大隅国の南半部にあたると考えられる。

『続紀』和銅六年（七一三）四月条に、「割二日向国肝坏、贈於、大隅、姶羅四郡一、始置二大隅国一」とあり、日向国の四郡をもって分立したことが知られる。東は日向国、西は薩摩国、北は肥後国に接し、現在の鹿児島県本土域のほぼ東半にあたる地域である。四郡のうちの贈於郡から、国の成立まもない時期に桑原郡が分立し、天平勝宝七年（七五五）五月に菱刈郡も分立した。したがって以後は六郡となる。また、天長元年（八二四）にはそれまでの多褹嶋（国）が廃されて大隅国に併合されたため、旧多褹嶋域の馭謨郡・熊毛郡が編入されて八郡になった。

国府は桑原郡に設置されたとみられるが、国府域が東の贈於郡と近接しているため、郡境になっていたとみられる川筋の変化から、一時的に贈於郡に所在した可能性も否定できない。『続紀』和銅七年（七一四）三月条によると、豊前国の民二〇〇戸が隼人の勧導のために移住させられているが、その移住先は豊国郷など郷名がみられる桑原郡内と推定され、大隅国府周辺部に配置されたとみられる。おそらくは、国府の守護のために在地勢力を警戒しての政策的措置であろう。

大隅国の北半部を占めていた贈於郡（成立当初）には隼人最大の勢力をもつ曽君（曽乃君・贈唹君とも書く）が盤踞していたため、中央政権はその勢力分断や妥協・懐柔をはかりながら、律令支配を徐々に浸透させていった。したがってその過程で、在地勢力との軋轢がしばしば生じている。なかでも養老四年（七二〇）から翌年にかけての一年数箇月にわたる隼人の大抗戦は前後に例をみない長期戦になった。戦いの発端が隼人による大隅国守の殺害にあったことからすると、中央政権の指令を受けた国守が、律令制的施策を強行したことに主因があったとみられ、鎮圧のために大伴旅人を征隼人持節大将軍として、他に副将軍二名、兵士一万人以上が派遣され、ようやく制圧した。しかし、以後も曽君は贈於郡の大領として八世紀末まで確認できる。

なお、中央政権は七世紀末までに隼人の一部を畿内とその周辺部に強制移住させており、正倉院文書には山背国に移配された隼人の後裔とみられる人びとの、天平期の計帳類似文書（手実か）の断簡が残存している。

駅家は桑原郡内に蒲生・大水二駅があったとみられるが、その比定地はいまだ確証は得られていない。ただし、蒲生駅が後代の蒲生郷、現在の姶良（あいら）郡蒲生（かもう）町内に存在したことは認められよう。

（中村明蔵）

菱刈郡・ひしかりのこおり

「菱荊」「菱苅」にも作る。『続紀』天平勝宝七年（七五五）五月条に「大隅国菱苅村浮浪九百卅余人言。欲レ建二郡家一。詔許レ之」とあり、浮浪人を主体に一郡を建てることが許可されている。おそらく贈於郡域からの分立であろうが、桑原郡がそれ以前に分立しているので、桑原郡からの分立とみることもできる。日向・肥後両国に接していることから、浮浪人の流入や未掌握の住民が多数居住していたとみられる。

九三〇余人の人口では一郷程度であるが、浮浪人は分散的小規模戸で戸数は五十戸を超えていたため、一郡として認められたのであろう。その後、人口が増加し『和名抄』では四郷で令制の下郡規模になっている。羽野・出野（亡野）・大水・菱刈（菱苅）はいずれも『和名抄』では訓を欠くが、羽野はハノで「大隅国建久図田帳」の「筒羽野」（ツハノ）で、現在の姶良郡旧吉松町域、菱刈は伊佐郡菱刈町域、他は大口市域に比定されよう。

（中村明蔵）

桑原郡・くわはらのこおり

郡名の『和名抄』の訓は「久波々良」（刊本）とする。令制の区分によれば中郡で、大原・大分・豊国・益西（筶西）・稲積・廣西（廣田）・桑善・仲川の八郷よりなり、同国では最大で、国府所在郡である。

古代の郡域は、現在の姶良郡域に大半は該当するが、旧霧島町・旧福山町・旧吉松町は隣接する贈於郡・菱刈郡に属していたとみられる。近時の市町村合併以前の該当市・町域をあげると、栗野町・横川町・牧園町・国分市（西部）・隼人町・溝辺町・加治木町・蒲生町・姶良町・吉田町などであろう。駅家については「大隅国」の項を参照のこと。

　大隅国の中心的郡であり、南部は鹿児島湾に面し、天降川（新川）が北から南へ貫流し、その河口部に近く国府が立地していた。大隅国が日向国の四郡（肝坏・贈於・大隅・姶羅）をさいて和銅六年（七一三）に分立した際には本郡の名称は見えないが、『続紀』和銅七年三月条の「隼人昏荒、野心未レ習二憲法一、因移豊前国民二百戸一、令二相勧導一也」の記事は本郡の成立と関連づけて理解できよう。すなわち、本郡の郷名の訓みは『和名抄』には記載がなく不詳であるが、豊国・大分の二郷はトヨクニ・オオイ（キ）タで、この移民が形成した郷であろう。また、大分は豊後国大分郡と関連づけられるので、この移民が豊前国の住民を主としながらも、一部には豊後国の住民も含まれていたことが想定できる。さらには、郷名の仲川には『和名抄』に、「国用仲津川三字」との割注があることからナカツガワと訓んだとみられ、豊前国仲津郡の住民の移住地ではないかとの推定もできる。このようにみてくると、さきの『続紀』の移住記事は大隅国の国府所在郡である本郡の成立とかかわる可能性が大きいであろう。とすると、贈於郡からの分立であり、本郡の成立時期も移住時期に近いとみられる。いっぽう、大宰府不丁地区から出土した天平期の木簡に「桑原郡」と記されたものがある。桑原郡は大宰府管内の大隅国だけの郡名であることから、大隅国桑原郡は天平期（七二九〜七四九）以前には成立していたことになり、この点からも移住時期に近い時期の成立の可能性が強くなろう。

　つぎに、本郡内に所在した大隅国府の所在地は霧島市国分府中にあてる説が有力であるが、隣接する霧島市隼人町真孝にあてる説もあり、「しんこう」が新国府に由来するとみると、後代の移動も考えられる。いずれにしても、両地域ともにいまだ本格的な発掘調査が行われていないので、推測の域を出ない。また、国分寺跡は府中の東方一キロメートル余の地とされている。中心部の発掘調査は行われていないが、周辺部の道路拡張などにともなう部分的調査によると、この一帯に古代寺院が存在したことは確実とみられている。中心部には布目瓦の破片も散布しており、「康治元年」（一一四二）の銘のある石造六重層塔・仁王像などが残存している。国分尼寺跡についてはいくつかの推定地はあるものの、いまだ確証らしいものは得られていない。

『延喜式』神名帳には桑原郡一座として鹿児島神社がある。日向（四座）・大隅（五座）・薩摩（二座）の南部九州三国の式内社を通じて唯一の大社であり、それなりの歴史的背景が考えられる。古くから大隅正八幡といわれており、近代になって鹿児島神宮となるように「神宮」号が賜与されている。また、この神社に冠せられている「鹿児島」の地名は、神社の所在する霧島市隼人町、および鹿児島市一帯に見られる。これらのことを勘案すると、鹿児島神社の原初は地域神として土着の人びとの尊崇を受けていたものであろう。ところが、この地域に豊前国を主にした移民が定住するようになると、かれらのもたらした豊前宇佐の八幡系の信仰が導入され、それが土着系と習合して、大社としての鹿児島神社に発展したことが推察される。豊前国からはほかにも「韓国」を冠する神が隣接の贈於郡にもたらされている。

大原郷　鹿児島郡吉田町大原（現鹿児島市）を遺称地とする説がある。同町内から平安時代とされる蔵骨器が出土している。

大分郷　豊後国大分郡を主とする移民によって形成されたとみられるが、遺称地不詳。

豊国郷　この郷が移民によって形成されたことは明らかである。現姶良町豊留はその遺称地とする説がある。

益西郷　笞西（刊本）だとすると後世の帖佐郷（現姶良町）とみられる。鹿児島湾岸沿いの要地に立地する。

稲積郷　旧牧園町宿窪田（しゅくぼた）の地を古くは稲積と称していたので、その一帯が故地か。和気清麻呂の配流地との伝承も残る。

廣西郷　旧国分市広瀬を遺称地とする説があり、国府外港の要地を占めた可能性もある。

桑善郷　字意から桑原郡の中心地を推定すると、旧国分市府中一帯であろう。同地域内から朝鮮半島系の大刀が出土している。

仲川郷　豊前国からの移民によって形成されたとみられ、旧牧園町南部の仲津川が遺称地であろう。

（中村明蔵）

贈於郡・そおのこおり

囎唹・噌於・曽於・贈雄などにも作る。また古い表記として襲・曽など一字で用いる場合もある。『書紀』景行十三年五月条に「襲国」とあり、天平八年（七三六）度の「薩摩国正税帳」などには「曽県主」とも見えるのは、それら古い表記の残存であろう。

令制の区分によれば下郡で、葛例・志摩・阿氣・方後・人野の五郷である。郡域は鹿児島湾奥部から内陸部にかけての一帯で、旧国分市（東部）・姶良郡旧霧島町・旧福山町、それに桜島（鹿児島市）が主体で、一部がその周辺にもおよんでいたとみられる。和銅六年（七一三）に大隅国が日向国から分立したときの四郡の一。その郡域は広大で大隅国のほぼ北半を占めたとみられるが、その郡域から国府所在郡の桑原郡が早い時期に、さらには天平勝宝七年（七五五）に菱刈郡がそれぞれ分立したため、せばめられて五郷の郡域に落ち着いたと考えられる。

贈於郡域が広大であった背景には、隼人最大の豪族曽君（そのきみ）（曽乃君・贈唹君）一族の本拠地としての推移があった。曽君は七世紀以来の勢力を八世紀初頭まで持続していたが、中央政権の進出によって、その領域の一端に国府が設置され、桑原郡・菱刈郡の分立によって領域の分断がはかられ、その勢力も減退していったが、『後紀』延暦十二年（七九三）二月条に「大隅国曽於郡大領外正六位上曽乃君牛養」の名が見えるように、八世末にいたっても郡領としての勢力を持続させていた。その間には、『続紀』（以下も同じ）和銅三年（七一〇）正月条に曽君細麻呂が隼人の荒俗教喩に協力し朝廷から「馴服聖化。詔授外従五位下」と中央権力に迎合する動きもあった。しかし、和銅六年七月条では、大隅国の成立に際しての抵抗は、朝廷側の「今討隼賊、将軍幷士卒等戦陣有功者一千二百八十余人」が勲位授与にあずかるほど激しいものであった。また、養老四年（七二〇）二月条では「隼人反殺大隅国守陽侯史麻呂」に端を発した律令支配への抵抗が朝廷に報ぜられ、翌五年七月条では征隼人軍の還帰、隼人の犠牲者「斬首獲虜合千四百余人」と報告されるまでの一年数箇月の戦闘は、いずれもおそらく曽君一族が中心となって戦ったものとみられる。さらに、天平十二年（七四〇）の藤原広嗣の大宰府での挙兵には隼人軍も動員されていたが、同年十月条では「降服隼人贈唹君多理志佐」らの寝返りが広嗣軍敗北の一因であったことを伝えている。

このようにみてくると、隼人勢力の中心として随所に反政権を貫く曽君一族の姿が浮かびあがってくるが、それだけに政権側では曽君一族の制圧と懐柔に意を注いでいた。『古事記』『書紀』に見える説話的反逆者クマソ（熊曽・熊襲）の「曽」「襲」が、後代の曽君勢力の反映だとする説も、その点では説得的である。また、日向神話で天孫ニニギノミコトが「日向の襲の高千穂峯」（『書紀』本文）に降臨したとあるのも、そこが曽君勢力圏の霊峯であったことを考えると、降臨の意図も理解しやすくなろう。すなわち、中央政権が曽君勢力の制圧に苦慮する時期、七世紀末から八世紀初頭に日向神話は天皇家を軸にした最後のまとめに入り、『書紀』の編纂事業が進められていたのであった。

『延喜式』神名帳には贈於郡に三座が載せられている。大穴持神社・韓国宇豆峯（からくにうずみね）神社（以上旧国分市）・宮浦神社（旧福山町）で、いずれも小社である。このうちの大穴持神社については、『続紀』宝亀九年（七七八）十二月条に桜島の噴火とみられる記事に関連して、「大隅国海中有神造嶋、其名曰大穴持。至是為官社」とあり、その勧請時期が明らかである。また、韓国宇豆峯神社は桑原郡の項で述べた豊前国より移住民が、八幡信仰とともに豊前より奉持した神とみられ、豊前国田河郡にも式内社辛国息長大姫大目命（からくにおきながおおひめおおま）神社（現在の香春神社）があり、朝鮮半島系の神とみられる。

また、『続紀』延暦七年（七八八）七月条には霧島山とみられる噴火記事がある。すなわち、「当大隅国贈於郡曽乃峯上、火炎大熾、（中略）峯下五六里、沙石委積可二尺」とあるのがそれで、八世紀の郡内では桜島とともに霧島山の噴火が断続していたことが知られる。

葛例郷　『和名抄』は訓を欠く。旧福山町に佳例（かれい）川があり、その一帯を一応は比定できる。中世文書にも「加礼川」が見える。

志摩郷　『和名抄』は訓を欠くが、割注に「国用嶋字」とあるから桜島とみられる。『続紀』天平宝字八年（七六四）十二月条では八十余人が島の噴火で埋められている。

阿氣郷　『和名抄』は訓を欠くが、アケであろうか。旧国分市付近かと想定しておく。

方後郷　『和名抄』は訓を欠く。史書類にも関連する地名はないが旧霧島町付近か。

人野郷　『和名抄』は訓を欠くがヒトノであろうか。南に隣接する大隅郡にも同名の郷があるので、同一地域を両郡に分けたとすると、後世の垂水（たるみず）郷一帯であろうか。

（中村明蔵）

大隅郡・おおすみのこおり

和銅六年（七一三）に大隅国が日向国から分立した際の四郡の一。『延喜式』民部に「オホスミ」の訓があり、国名にも古くから同じ訓で用いられている。ただし、用字については天平期の正倉院文書「山背国隼人計帳」とよばれるものに、人名として「大住忌寸」が見え、これは『書紀』天武十四年（六八五）六月条の大隅直から忌寸に賜姓された者の後裔かとみられ（畿内移住隼人）、一部では「大住」も用いたとみられる。また、『萬葉集註釋』所引『大隅国風土記』逸文によると、串卜郷を大隅郡としているが、それが『和名抄』の始羅郡串占郷であることはほぼまちがいない。とすると、古くは「大隅」の地名が大隅半島部を広く指していた可能性がある。そう考えると、『書紀』天武十一年（六八二）七月条の隼人朝貢記事で、隼人を「大隅」「阿多」に区分しているのは、それぞれを大隅半島・薩摩半島に在住する隼人と理解することができる。

令制の区分によれば下郡で、人野・大隅・謂刈（謂列）・始臈・祢覆（禰寝）・大阿・支刀の七郷で、その郡域は鹿児島湾東岸（南半部）から一部は東部に入り込む一帯で、垂水市（南部）から肝属郡の旧大根占町・根占町にわたるとみられる。

一帯には大隅直一族が盤踞しており、直姓を冠するところからみると、大和政権と早くから接触し、政権への従属の度を強めていたと思われる。したがって、政権がこの地域への支配を強めるようになると、七世紀後半の天武朝までにその一部は畿内に移住させられたとみられる。その移住先の一つがのちの山城国綴喜郡大住郷（現在の京都府京田辺市大住）であり、さきの「山背国隼人計帳」とされる文書はこの地のものとされている。移住先は淀川の支流木津川に沿う要地で、北から大和へ入る道筋にもあたっている。畿内に移住させられた隼人の痕跡は数か所指摘されているが、この地の場合は文献によってかなり跡づけられる。

大隅直については天平十年（七三八）度の「周防国正税帳」に左大舎人大隅直坂麻呂が下伝使として見えるほかは、原地での消息は不明であるが、畿内隼人の大住忌寸については『続紀』宝亀六年（七七五）四月条に「外従五位下大隅忌寸三行為二隼人正一」とあるように、隼人司の長官となっている記事などがある。

人野郷　『和名抄』は訓を欠くがヒトノであろうか。贈於郡の同名郷と隣接する地と考えられるので、後代の垂水郷付近か。

大隅郷　肝属川右岸、のちの高山郷の一帯ではないかとみられる。高塚古墳や地下式横穴墓が分布し、大隅直の本拠地であろう。

謂刈郷　『和名抄』は訓を欠く。「謂列」とする伝本もあるので、イナミか。いずれにしても比定地は不詳。

姶臈郷　『和名抄』は訓を欠くがアイラとすると姶羅郡との境界で現在の鹿屋市吾平町域の一部か。

祢覆郷　おそらくネジメで、のちの禰寝院の地で、旧大根占町・根占町域を主とするとみられる。

大阿郷　『和名抄』に訓を欠く。姶臈・祢覆両郷の中間、大姶良川流域か。

支刀郷　『和名抄』に訓を欠くがキトか。姶羅郡の同名郷と隣接するとみられるが、比定地は不詳。

（中村明蔵）

姶羅郡・あいらのこおり

和銅六年（七一三）に大隅国が日向国から分立した際の四郡の一。郡名表記は『続紀』に「姶糴」「姶孋」とも見え、人名として『書紀』に神武妃として「吾平津媛」、『古事記』に「阿比良比売」、『和名抄』（名市博本）に「アヒラ」と訓を付す。郡名は「大隅国建久図田帳」に姶良庄・姶良西俣にひきつがれた。なお、近世以降の大隅国姶良郡（姶良郡）とはまったく別で地域を異にする。

令制の区分によれば下郡で、野裏・串占（串伎）・鹿屋・岐刀の四郷である。当郡の郷名にアイラがなく隣接する大隅郡に姶臈郷があってアイラと訓めることから、郡域に異動があったことも考えられる。郡域は旧鹿屋市を主体とし、一部が肝属郡旧吾平町にわたるとみられる。

神武記・紀に妃にアヒラヒメが見えることから、早くから大和政権と何らかのつながりがあったことも想定される。『続紀』天平元年（七二九）七月条に大隅隼人の朝貢を引率した「姶孋郡少領外従七位下勲七等加志君和多利」の名が見え、外従五位下に昇叙されている。加志君は大隅半島部では有力豪族であったとみられ、『書紀』神代の一書にニニギノミコトに求婚された女性に、「大山祇神の子、名は神吾田鹿葦津姫、亦の名は木花開耶姫」がある。このアタカシツヒメは加志君の一族との伝承があったとみてよいであろう。郡域は大隅国最大の肝属川流域にあたり、鹿屋市祓川から出土した短甲・衝角付冑に代表される遺物は、五世紀中頃には一帯に有力豪族が盤踞していたことを示している。また、肝属川の下流域は高塚古墳・地下式横穴墓が分布しており、五世紀以降の畿内勢力との交流が跡づけられる。

『書紀』天武十一年（六八二）七月条には「隼人多来、貢方物」とあり、大隅隼人・阿多隼人が朝貢したことが知られるが、このような大和政権との朝貢関係が七世紀末に成立する背景は、五世紀以降の畿内とのかかわりのなかで理解する必要があろう。また、天武朝に大隅隼人の朝貢を率いた豪族の一端が、八世紀の加志君の存在からうかがわれる。天武朝の朝貢は地域的には本郡と大隅郡の居住民が主体となっていたとみてよい。その朝貢域は八世紀になると拡大したが、その場合でも引率者として加志君の伝統は保持されていたのであろう。

野裏郷　『和名抄』は訓を欠くが、ノウラあるいはノウチか。比定地は不詳。

串占郷　『大隅国風土記』逸文の「大隅郡串卜郷と同一であろうが、郡域の異動で始羅郡に属するようになったのであろうか。郷域は肝属川下流の左岸の一帯で、中世の串良院、肝属郡旧串良町・東串良町域にほぼ該当するとみられる。

鹿屋郷　カヤあるいはカノヤと訓み、中世の鹿屋院、近世の鹿屋郷と継承され、旧鹿屋市の主要部であろう。肝属川の上流・中流域にあたる。

岐刀郷　『和名抄』に訓を欠く。大隅郡にも同名の郷があるので隣接しているとみられるが比定地は不詳。

（中村明蔵）

肝属郡・きもつきのこおり

和銅六年（七一三）に大隅国が日向国から分立した際の四郡の一。「肝坏」「肝衝」にも作る。大隅半島南端部を郡域とする。『続紀』文武四年（七〇〇）六月条に、朝廷派遣の南島覓国使一行をその途上で南九州の諸豪族がおびやかした事件があり、そのなかに海人集団肥人を率いた肝衝難波の名が見え、覓国使の行動を妨害したことによって竺志惣領から罰せられている。

『和名抄』に「支毛豆支」（キモツキ・東急本）の訓があり、桑原・鷹屋・川上・鳫麻（鴈麻）の四郷が見え、令制では下郡規模となる。肝属郡旧高山町（一部）・旧内之浦町・旧田代町・旧佐多町がほぼ古代の郡域であろう。鷹屋郷は旧内之浦町に高屋神社があり、同社は早くからヒコホホデミノミコトを祀っていたとの伝承がある。また、川上郷は雄川の上流域で旧田代町を主体としたとみられる。他の二郷については比定地未詳。

（中村明蔵）

馭謨郡・ごむのこおり

『延喜式』には「ゴム」のほかに「コム」の訓もある。現在の屋久島を主体にし、近くの口永良部島も含むであろう。『書紀』天武十一年（六八二）七月条に「掖玖人」（ヤクノヒト）と記され、多禰島人・阿麻彌人とともに「賜禄」されている。八世紀初めから多褹嶋（国に準ず）に属し、益救・馭謨二郡が屋久島地域にあったが、『三代格』天長元年（八二四）九月の「太政官奏」によって馭謨一郡となり、種子島の熊毛郡とともに大隅国に併合された。

『延喜式』神名帳に、馭謨郡の一座として「益救神社」が見え、「ヤク」「スクヒ」「マスクヒ」などの訓が付けられている。いうまでもなく最南端の式内社であり、同社は上屋久町宮之浦に鎮座する益救神社に比定されている。『和名抄』には謨賢・信有二郷が記されるが、いずれも訓を欠く。令制では小郡規模である。両郷とも比定地は未詳であるが、天喜二年（一〇五四）の『大隅国神階記』に馭謨郡十三社として「賢牟明神」「賢无明神」などが見え、謨賢の倒置の可能性が指摘されている。

（中村明蔵）

熊毛郡・くまけのこおり

『和名抄』には「熊毛」（高山寺本）とする例がある。現在の種子島を主体にする。八世紀初めから多褹嶋（国に準ず）に属し、熊毛・能満二郡が種子島にあったが、『三代格』天長元年（八二四）九月の太政官奏によって熊毛一郡となり、屋久島の馭謨郡とともに大隅国に併合された。

『書紀』天武六年（六七七）二月条に、「饗二多禰島人等於飛鳥寺西槻下一」と見えるのをはじめ、しばしば大和政権との交流が記され、朝廷からも使者が派遣され、島の風俗・産物などについての報告がなされている。

多褹嶋時代には嶋府・嶋分寺が本郡に存在したはずであるが、その所在地については中種子町、あるいは西之表市に比定する説はあっても、いまだにその確証は得られていない。

『和名抄』によると熊毛・幸毛・阿枚の三郷が存在するが、いずれも訓を欠き、またその比定地も不詳である。

（中村明蔵）

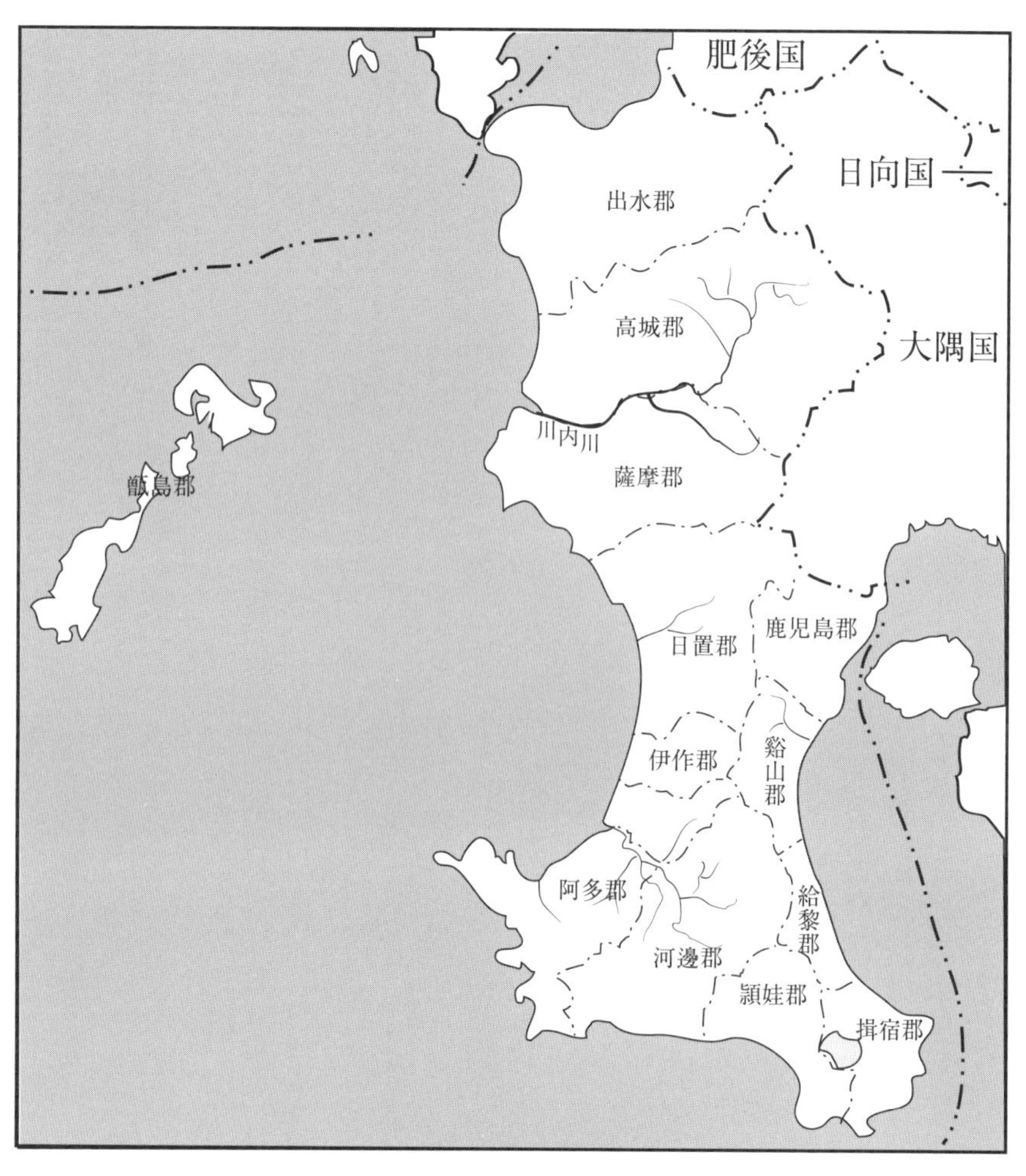
肥後国
日向国
出水郡
高城郡
大隅国
川内川
薩摩郡
甑島郡
鹿児島郡
日置郡
伊作郡
谿山郡
阿多郡
給黎郡
河邊郡
頴娃郡
揖宿郡

薩摩国略図

薩摩国・さつまのくに

薩摩国は、大宝二年（七〇二）に起こった隼人との軍事衝突を鎮圧した後に、多褹嶋とともに設置された。地名としての初見は、『書紀』白雉四年（六五三）の「薩麻之曲・竹嶋之間」における遣唐使船の遭難記事であり、文武三年（六九九）に起こったと考えられる覓国使剽劫事件には薩末比売らが見える。薩摩国の成立時期に関しては、鎮圧直後は軍政が敷かれ（その段階を唱更国とする）その後正式に薩摩国が成立したとする説と、当初より薩摩国であり、その国司は辺境防衛の任務から唱更国司とも呼ばれていたとする説がある。同年十月唱更国司らは、国内要害の地に柵・戍を設置することを申請し、許可されている。「養老職員令」には、大隅・日向・壱岐・対馬などの国嶋司とともに、薩摩国司の職掌として「惣知鎮捍、防守、及蕃客、帰化」の規定がある。天平神護二年（七六六）の段階で日向・大隅・薩摩三国に柵戸が存在していたので、薩摩国司は対隼人政策の前面に位置づけられており、薩摩国の等級は、設置当初から中国であったと考えられる。薩摩国の領域は、現在の鹿児島県本土の西半であり、『和名抄』によれば出水・高城・薩摩・甑島・日置・伊作・阿多・河邊・頴娃・揖宿・給黎・谿山・麑嶋の十三郡からなっていた。その構造を見ると、もともと肥後の影響の強かった出水郡の南側に肥後国からの計画的移民によって高城郡を設置してここに国府を置き、さらにその南の地域を十一に分けていわゆる「隼人一十一郡」を設定したものである。「隼人一十一郡」は平均すれば一郡あたり二・二郷（一郷の郡が三あるいは四ある）のきわめて小さな郡であった。薩摩の表記は、天平八年（七三六）「薩麻国正税帳」や大宰府・平城宮木簡によれば、八世紀前半には「薩麻」が正式なものであり、のちに薩摩に変更されたと考えられる。天平八年「薩麻国正税帳」によれば、元日朝拝・御斎会・釈奠など諸国と変わらぬ儀式が執り行われていたが、律令制の諸制度が適用されていたのは出水・高城の「非隼人郡」とせいぜい一～二郡の「隼人郡」にすぎず、他はその適用を留保されていた。ただし、隼人は、六年ごとの朝貢を義務づけられ、その際に「隼人之調」を輸納する事になっていた。延暦十九年（八〇〇）に班田制の完全適用によって、薩摩国は他の諸国と同一に扱われるようになった。財政的に自立を果たすのは延喜式段階であった。

（永山修一）

出水郡・いづみのこおり

郡名表記は「出水」のほか、天承二年（一一三二）七月二十一日「僧経覚解」・建久八年（一一九七）「薩摩国図田帳」は「和泉」とする。『和名抄』の訓は、「伊豆美」（東急本）、「イツミ」（名市博本）とする。郡域は現在の長島町・出水市・阿久根市に相当し、『和名抄』によれば山内・勢度・借家・大家・國形の五郷からなる。天平八年「薩麻国正税帳」には、当郡の中間表示から末表示及び郡司位署までの十八行がみえる。当郡の大領は肥後君（名欠）、少領は五百木部（名欠）、主政は大伴部足床、主帳は大伴部福足といずれも肥後系の人物である。また「糒壱仟伍伯肆斛参斗壱升」の下に見える「養老四年」の注記から、当郡が養老四年（七二〇）の隼人の「反乱」に際して、政府軍の兵站基地としての役割を担ったことがわかる。宝亀九年（七七八）には、第十二次遣唐使の第二船が当郡に至ったとするのが正史の初見である。賀紫久利神は仁寿元年（八五一）に官社に列せられ、『延喜式』神名帳には小社として見える。駅馬五疋・伝馬五疋が置かれた市来駅・英祢駅はそれぞれ出水市・阿久根市に比定されている。郡家は不詳であるが、尾崎B遺跡からは「厨」墨書土器が出土している。

（永山修一）

高城郡・たかきのこおり

『和名抄』の訓みは、「太加木」（東急本）、「タカキ」（名市博本）とする。郡名は、大宝二年に唱更国司らが国内要害の地に設置を要請し許可された柵や戍に由来するという説もある。郡域は、現在のさつま町・薩摩川内市の旧川内市域（川内川右岸）と旧東郷町域に比定され、『和名抄』には合志・飽田・欝木・宇土・新多・託万の六郷を載せる。この六郷中、合志・飽田・宇土・託万は肥後国の郡名に一致するため、高城郡はこれらの郡からの計画的な移民によって建郡されたと考えられる。薩摩国府は当郡に置かれ、その比定地は、一部の発掘調査により薩摩川内市御陵下町から国分寺町の一帯とされているが、天保年間につくられた『三国名勝図会』は同市高城町屋形ケ原に国府を推定している。この屋形ケ原については、高城郡家に比定する説もあり、郡家の比定地としては他に同市高城町麓の本町に求める説もある。国府推定地からは「高木」・「國厨」と書かれた墨書土器なども出土しており、またその域内にある兵庫原の地名は軍団に関係するものとも言われる。なお、託万郷の遺称地は、国府推定地東南一キロメートルほどの宅満寺跡とされ、新多郷は新田神社付近（ともに薩摩川内市）とすることができる。

正倉院に伝わる天平八年「薩麻国正税帳」には当郡の記載が八十行あり、ごく一部の中間表示と郡司位署が欠落するほかは大部分が伝わっている。当郡は、「隼人一十一郡」に関わる財政支出の大部分を負担しており、「糒」の項目に見える「養老四年」の注記は、当郡が養老四年（七二〇）の隼人との戦いに際して、政府軍の兵站基地としての役割を担ったことを示している。

具体的にみると、まず元日朝拝や正月十四日に全国で行われた斎会、春・秋の釈奠などが薩摩国でも行われていることがわかる。酒に関する記載で、「充隼人一十一郡六斛九斗一升八合九口當郡九斛三斗五升九合」という注記は、河辺郡の「酒漆斗弐升参合」に施された「高城郡の酒」の注記に対応しており、「隼人一十一郡」の酒はすべて当郡で用意されていたことがわかる。また、国司巡行の経費は、一般に各郡が分担支出するのに対して、薩摩国では高城郡の支出となっている。さらに、この正税帳には川内川河口付近に停泊したらしい第九次遣唐使の第二船に米と酒を供給したことが記載されている。

薩摩川内市国分寺町にある国指定史跡薩摩国分寺跡は、発掘調査の結果、築地塀で囲まれた南北約一二〇～一三二メートル、東西約一一一メートルの寺域から、南大門、中門、塔、西金堂、金堂（あるいは講堂か）、講堂（あるいは大僧坊か）などが検出されている。創建は八世紀後期で、その伽藍配置は、川原寺式（あるいは観世音寺式）とされ、その東約一キロメートルには、国分寺の瓦や須恵器を焼いた鶴峯窯跡がある。一方、国分尼寺については、国府推定地にある西原を遺称地とする説や、安国寺説（薩摩川内市中郷町）、天辰廃寺説（同市天辰町川原田）、泰平寺説（同市大小路町）があるが、未詳である。国分寺は、十世紀代に大官大寺式の伽藍配置で再建され、応和年中（九六一～九六四）には大宰府安楽寺の末寺となって、天満宮が勧請されたと伝えられており、これ以降薩摩国分寺・国分尼寺・天満宮は一体化していったようである。

薩摩国分寺跡直近の京田遺跡では、嘉祥三年（八五〇）三月十四日付の告知札木簡が出土している。これは、九条三里一坪の曽□□に所在する二段の水田が勘取されたことを、大領薩麻公（名欠）および擬少領（姓名欠）が諸田刀称に告知したものである。

『三代実録』貞観二年（八六〇）三月二十日条には従五位下から従五位上に昇叙された志奈尾神社・白羽火雷神が見えている。志奈毛神は薩摩川内市平佐町の志奈尾神社、白羽火雷神は同市宮里町の白和大明神とされるが、いずれも式内社にはなっていない。新田神社は、延喜式には見えないが、八幡神を祀り、十世紀末～十一世紀初の南蛮襲来事件などを契機に、しだいに勢力を増したもので、平安末には国衙直属の神宮の処遇をうけた。

『延喜式』兵部諸国駅伝馬条によれば、当郡内には、網津駅・高来駅が設けられ、それぞれ駅馬五疋が置かれ、網津にはさらに伝馬五疋も置かれた。網津駅は川内川河口の薩摩川内市網津町に、高来駅は国府の近傍に比定されるが、詳細はともに不詳である。

（永山修一）

薩摩郡・さつまのこおり

郡名表記は、国名表記と同様に八世紀前半までは「薩麻」、それ以降に「薩摩」になったと考えられる。郡域は、薩摩川内市旧川内市域（川内川左岸）・旧入来町・旧樋脇町域、いちき串木野市の旧串木野市域に比定され、『和名抄』には避石・幡利・日置の三郷が見える。また「隼人一十一郡」のひとつで、天平八年「薩麻国正税帳」には当郡の中間表示の終わりの部分から末表示及び郡司位署まで十三行がみえる。稲穀の記載があることから、当郡では租の収取が行われていたことがわかる。郡司は、大領・少領・主政が各一名、主帳が二名からなり、規模からすれば下郡であるにも関わらず、中郡をしのぐ郡司構成になっていた。少領の前君乎佐と主政の薩麻君宇志は、朝貢に際して昇叙されたことが『続紀』にみえる。多数の墨書土器などが出土した薩摩川内市隈之城町の西ノ平遺跡を薩摩郡家の遺跡の一部とする説がある。いちき串木野市の椨城跡遺跡では、「厨」墨書土器が出土している。『後紀』延暦二十三年（八〇四）条によれば、当郡の田尻（田後）駅と大隅国桑原郡蒲生駅の間に櫟野駅が設置され、『延喜式』によれば田後駅に駅馬五疋・伝馬五疋、櫟野駅に駅馬五疋が置かれた。

田後駅を薩摩川内市の旧樋脇町域に、櫟野駅を同市浦之名の市野野に求める説がある。

（永山修一）

甑島郡・こしきしまのこおり

『和名抄』の訓は、「古之木之万」（東急本）、「コシキシマ」（名市博本）である。『和名抄』の諸本は、管郷を管郷・甑島郷とするが、高山寺本は甑島郷のみを載せる。おそらく一郡一郷の特殊な郡であったと考えられる。天平八年「薩麻国正税帳」に見える「隼人一十一郡」のひとつで、薩摩川内市に含まれる甑島列島に相当する。『続紀』神護景雲三年（七六九）十一月庚寅条には、当郡に由緒を持ち隼人司の官人と思われる甑隼人麻比古が見える。『続記』宝亀九年（七七八）十一月乙卯条に見える、第十二次遣唐使第四船の乗組員が甑島郡に来着した記事が当郡の初見であり、同年船体が折れた第一船の艫の方が当郡に漂着した。また『三代実録』貞観十五年（八七三）五月二十七日条に、二隻の渤海船が当郡に漂着したという記事がある。

（永山修一）

日置郡・ひおきのこおり

『和名抄』の訓は、「比於支」（東急本）である。『和名抄』によれば冨多・納薩・合良の三郷からなり、郡域は、現在のいちき串木野市の旧市来町域、日置市の旧東市来・伊集院・日吉町域、鹿児島市の旧郡山・松元町域にあたると考えられる。天平八年「薩麻国正税帳」に見える「隼人一十一郡」のひとつで、当郡は薩摩郡日置郷と隣接しているから、薩摩郡から分置されて成立したとも考えられる。いちき串木野市大里の市ノ原遺跡では、平安時代前半の四面庇付き建物を含む十五棟の建物跡が確認され、緑釉陶器・越州窯青磁や「厨」を含む多数の墨書土器が出土している。またいちき串木野市安茶の安茶ケ原遺跡からは「日置厨」と墨書した土師器が出土している。ただし遺跡の性格は両方とも不詳である。貞観二年（八六〇）に昇叙された薩摩国の七神のうち智賀尾神は、現在の鹿児島市郡山岳町に鎮座しており、当郡に所在したと考えられる。

（永山修一）

伊作郡・いさくのこおり

郡名表記は「伊作」のほか、伊勢本・東急本『和名抄』は「伊祚」とする。『和名抄』の訓は、「伊佐久」（東急本）、「イサク」（名市博本）である。高山寺本・名市博本『和名抄』は、管郷を鷹屋・田永・葛例・阿多とし、伊勢本・東急本『和名抄』は利納郷とするが、先の四郷は阿多郡の郷を誤記したものであり、一郡一郷の特殊な郡であったと考えられる。天平八年「薩麻国正税帳」に見える「隼人一十一郡」のひとつで、郡域は現在の日置市の旧吹上町域であった。

（永山修一）

阿多郡・あたのこおり

郡名表記は「阿多」のほか、『薩摩国風土記』のものと考えられる逸文に「閼駝」とある。『古事記』『書紀』には、ホノニニギとオオヤノズミの娘コノハナサクヤヒメの結婚の神話が見えるが、ヒメの亦の名をカムアタツヒメといい、これは阿多地方に関連を持つものとされる。『書紀』には「吾田笠狭御碕」「日向国吾田邑」「吾田長屋笠狭之碕」また『古事記』は、海幸彦であるホデリを「隼人の阿多君の祖」とし、『書紀』本文は、海幸彦であるホノスソリを「吾田君小橋らの本祖」としており、隼人とアタ地方の関係をうかがわせる。さらに、『書紀』神武即位前紀にはカムヤマトイハレヒコが日向国の吾田邑のアヒラツヒメを娶って妃としたとある。また風土記逸文には「薩摩国閼駝郡ノ竹屋村」とある。『書紀』に大隅隼人とならんで阿多隼人が登場しており、阿多は、七世紀後半の段階では大隅とともに南九州を代表する地名であったが、八世紀の薩摩国の成立とともに、薩摩国の一郡名となった。

当郡は、天平八年「薩麻国正税帳」に見える「隼人一十一郡」のひとつで、管郷について、名市博本『和名抄』は阿多郷のみを載せるが、他の諸本によれば鷹屋・田水（田永）・葛例・阿多の四郷からなる。郡域は、南さつま市域（同市坊津町南部を除く）と考えられる。天平八年「薩麻国正税帳」には、阿多郡の郡司位署が四行分伝わっている。大領は不明であるが、あえて推測すれば阿多君の一族の者、少領は薩麻君鷹白、主政は加士伎縣主都麻理、主帳は建部神嶋と薩麻君須加の二人となっている。鷹白は、天平宝字八年（七六四）に外従五位下に昇叙された薩麻公鷹白と同一人物と考えられる。

『唐大和上東征伝』は鑑真の乗った第十次遣唐使第二船の到着地である秋妻屋浦を薩摩国阿多郡とする。南さつま市金峰町の白樫野火葬墓は八世紀後期から九世紀初頭のものと考えられ、郡名か郷名かは不明ではあるが南さつま市金峰町の小中原遺跡からは十世紀前後のものと考えられる「阿多」の文字をヘラ書・墨書した土器が、芝原遺跡からは「厨」墨書土器が出土している。筆付遺跡からは建部をさすと思われる「建」、上加世遺跡（同市加世田川畑）からは「久米」の墨書土器が出土しており、肥後地方などからの入り込みがあったことが推定できる。須恵器を生産した荒平古窯跡群（同市金峰町）も当郡域に含まれるようである。『三代実録』には貞観十五年（八七三）に正六位上から従五位下へ昇叙された多夫施神が見えるが、これは現在の南さつま市金峰町の田布施神社につながると考えられ、これにより、『和名抄』に見える田水（田永）郷は、正しくは田伏郷であるとする説もある。

十二世紀の半ば頃には、源為朝の舅とされ南九州に大きな勢力をふるったとされる平忠景（阿多権守忠景）の拠点となった。南さつま市金峰町の小薗遺跡は平安末から鎌倉初期の居館跡が見つかっており、万之瀬川の下流の南さつま市金峰町宮崎に所在する持躰松遺跡からは十二世紀中期に遡る輸入陶磁が大量に出土している。保延四年（一一三八）十一月十五日には平忠景が観音寺に施入した私領の牟田上浦が確認でき、これは南さつま市金峰町浦之名に比定されている。

（永山修一）

河邊郡・かわのへのこおり

「和名抄」の訓は、「加波乃へ」（東急本）である。『和名抄』によれば管郷は川上・稲積の二郷である。郡域は、現在の枕崎市・川辺町・知覧町・南さつま市坊津町南部などに当たる。天平八年「薩麻国正税帳」に見える「隼人一十一郡」のひとつで、郡家は不詳であるが、知覧町郡を郡家にちなむとする説もある。『鹿児島県史』は、郡名は万之瀬川の辺という意味であるとする。

同正税帳には河邊郡の初表示から中間表示にかけて五行分の記載が伝わっている。これによれば、稲穀の記載がなく、穎稲の量も極端に少ないこと、また高城郡の記載の分析によれば出挙・検校損田・責計帳手実・検校庸などを目的とする国司巡行が河邊郡では行われていないことなどから、天平八年（七三六）当時河邊郡では少なくとも租の収取が行われておらず、律令制度の諸原則の適用を猶予された状態にあったと考えられる。一方、天然痘の流行を理由とする天平七年閏十一月十七日の勅による賑給は当郡でも行われており、「酒漆斗弐升参合」に「高城郡酒者」の注記があることから、この賑給が高城郡の酒を用いて行われたものであったことがわかる。また高城郡の記載によれば、この賑給を担当したのは医師であり、薩摩国でも天然痘が流行していたと推察される。

古代末期には、現在の鹿児島郡三島村・十島村にあたる十二島が、十二島として当郡の一部とされた。この島々のうち、硫黄島には治承元年(一一七七)の鹿ヶ谷事件により俊寛らが配流されている。

(永山修一)

頴娃郡・えのこおり

郡名表記は、「頴娃」のほか、欸娃(伊勢本・東急本『和名抄』)とする。『和名抄』の訓みは、「江乃」(東急本)、「エノ」(名市博本)である。天平八年「薩麻国正税帳」に見える「隼人一十一郡」のひとつで、郡域は現在の頴娃町・指宿市の旧開聞町・旧山川町域の一部と考えられ、『和名抄』によれば開聞・頴娃の二郷からなる。頴娃町郡に郡家を求める説もある。もともとエとされていたものが、和銅六年(七一三)の制により好字二文字となり、頴娃と表記されるようになったと考えられる。南島に派遣された覓国使に対する剽劫事件に関連して、文武四年(七〇〇)に衣評の督の衣君県と助督の衣君弖自美が竺志惣領によって処罰された。これによって衣評の存在が知られ、通説では同評を頴娃郡の前身とするが、頴がヤ行のエであるのに対して、衣はア行のエであって、なおかつ『和名抄』成立時まで両者の区別が残っていたことから、衣評は頴娃郡につながらないとする説もある。大宰府不丁地区からは「薩麻頴娃」と記された八世紀前半の木簡が出土している。天平勝宝六年(七五四)に第十次遣唐使の第四船が着到した石籬浦は当郡域にあり、現在の頴娃町石垣とされる。

また、当郡開聞郷に所在した開聞神は、開聞岳を神体とするものであり、貞観二年(八六〇)に従五位上から従四位下に、同八(八六六)年に従四位上に、元慶六年(八八二)には正四位下に昇叙された。開聞岳は、貞観十六年(八七四)三月四日と仁和元年(八八五)七月十二日・八月十一日に噴火しており、前者の噴火に際して、封戸二十戸が奉られた。この時の噴火によって現在の指宿市にかけての地域に紫コラとよばれる火山灰層が形成された。寛平七年(八九五)には開聞山頂に慶雲が現れ、宇多天皇の求めにより菅原道真が「答公卿賀薩摩国慶雲勅」を作っている。『延喜式』神名帳では、小座として開聞神社が載せられている。開聞神社は、一宮を称し、鎌倉時代には新田神社と一宮をめぐって争った。

（永山修一）

揖宿郡・いぶすきのこおり

『和名抄』の訓みは、「以夫須支」（東急本）、「イフスキ」（名市博本）である。郡域は、現在の指宿市と旧山川町の一部と考えられ、『和名抄』によれば管郷は揖宿郷のみで、一郡一郷の特殊な郡であった。天平八年「薩麻国正税帳」に見える「隼人一十一郡」のひとつである。指宿市十二町の国史跡橋牟礼川遺跡や十町の敷領遺跡などは、縄文時代から平安時代までの複合遺跡であるが、貞観十六年三月四日（ユリウス暦八七四年三月二十五日）の開聞岳の噴火に際する紫コラと呼ばれる火山噴出物で直接覆われた畠・水田・道・倒壊家屋・倉庫などの遺構が検出されている。そこから得られる知見は、『三代実録』同年七月二日条・二十九日条に見える開聞岳の噴火災害の記述によく符合している。郡家の所在は不明であるが、橋牟礼川遺跡では「厨」などの墨書土器が、敷領遺跡では簡略化された亀卜に用いる鉄製品が見られることから、何らかの公的施設が所在した可能性も考えられる。

（永山修一）

給黎郡・きいれのこおり

『和名抄』の訓みは、「支比礼」（東急本）、「キヒレ」（名市博本）である。管郷は給黎郷のみで、一郡一郷の特殊な郡であり、郡域はほぼ現在の鹿児島市喜入町にかさなると考えられる。天平八年「薩麻国正税帳」に見える「隼人一十一郡」のひとつである。郡家は不詳である。

（永山修一）

谿山郡・たにやまのこおり

『和名抄』の訓みは、「多仁也末」（東急本）、「タニヤマ」（名市博本）である。天平八年「薩麻国正税帳」に見える「隼人一十一郡」のひとつで、郡域は現在の鹿児島市の南部（旧谷山市域）である。『和名抄』によれば、谷山・久佐の二郷からなるが、東急本・伊勢本は谷山を谷上とする。鹿児島市下福元町弓場城からは、十世紀ころの蔵骨器と墨書土器が出土している。郡家なども不詳である。

（永山修一）

鹿児島郡・かごしまのこおり

　郡名表記は「鹿児島」のほか、「麑嶋」（東急本・伊勢本『和名抄』）がある。また『和名抄』の訓みは、「加古志万」（東急本）、「カコシマ」（名市博本）で、管郷は都萬・在次・安薩の三郷である。郡域は、旧鹿児島市域の中部・北部に相当する。ここには、北から稲荷川・甲突川・新川の三本の河川があるので、三郷はこれらの河川沿いに設定されていたとする説がある。天平八年「薩麻国正税帳」に見える「隼人一十一郡」のひとつで、大宰府不丁地区からは八世紀前半の「麑嶋六十四斗」の木簡が出土している。天平宝字八年（七六四）に麑嶋信尓村付近の噴火でできた三島は、天平神護二年（七六六）には「大隅国神造新島」とされ、その神である大穴持神は宝亀九年（七七八）に官社とされた。麑嶋の地名の由来は、隼人町の鹿児島神宮・鹿児山に関連するとするよりも、麑嶋は桜島の古名であるとするほうが妥当であろう。貞観二年（八六〇）に昇叙された鹿児島神と伊尓色神は当郡に所在したと考えられる。鹿児島市郡元の一之宮遺跡では「厨」墨書土器が出土しており、郡元の地名からも郡家は一之宮神社から鹿児島大学の郡元キャンパスにかけての地域に所在したとする説がある。横井竹ノ山遺跡（鹿児島市犬追町）では九世紀の合わせ口にした土師器二点が出土し、それには「肥道里（岡）」という人名や五芒星などが墨書されていたから、陰陽道的祭祀が入っていたことがわかる。

（永山修一）

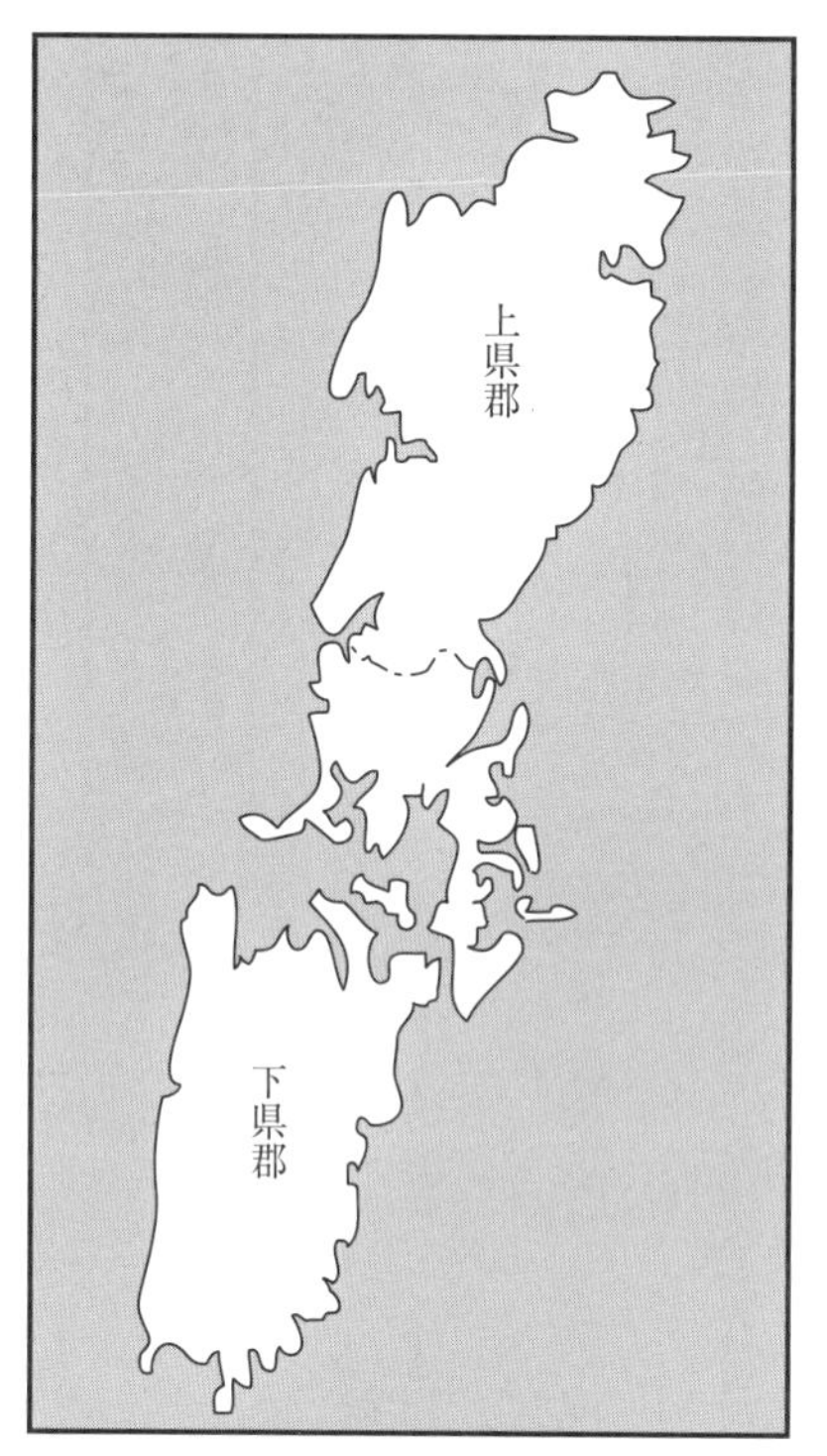

壹岐嶋略図

對馬嶋略図

壱岐・対馬

壹岐嶋（島）・い（つ）きのしま

壹（壱）は伊、岐は伎・吉、あるいは一支（『隋書』倭国伝等）、以祇（『書紀』継体紀）、息伎（平城宮木簡）とも記され、『万葉』『和名抄』には由伎・由吉・雪とあって「ゆき」とも訓じる。『古事記』国生み神話に伊伎嶋、別名天比登都柱が登場し、『書紀』にも大八洲の一つとして名が見える。語源は「往き」の意と解釈される。東松浦半島北方の玄界灘に位置する島で、地形は、台地状で起伏が少なく海岸線は出入りに富む。台地上には、北に背戸山とよぶ防風林を構えた南向きの農家が「在」とよばれる集落を形成し、入江には漁師・商家が集住して壱岐八ヶ浦と称されてきた。また、西海岸の湯本湾奥から島の東南部に続く低地帯がある。現在は長崎県壱岐市の郷ノ浦・芦辺・勝本・石田の四町で構成される。令制下の壱岐島は西海道に区画され遠国、優通・伊周の二駅が置かれた。古代の内陸交通は、北の勝本港から壱岐市芦辺町国分本村、同芦辺町湯岳興触を経て南の印通寺港に至る道路を中心とした。国の等級は下国で、壱岐・石田二郡を管した。同市芦辺町国分東触に国分石が残るが、郡境が定められたのは天平元年（七二九）ともいい、かつては壱岐県主のもとで一元的に支配されていた。式内社は二十四座を数え、西海道では対馬嶋と並び突出して多い。国府の所在地は『和名抄』に石田郡にありといい、比定地には壱岐市芦辺町湯岳興触説、同石田町池田仲触説、同芦辺町国分東触説、国分東触から湯岳興触への移転説がある。また原の辻遺跡（同市芦辺町深江鶴亀触から同石田町石田西触）からは、「白玉六□」と記された木簡や硯が出土し、ここに官衙があった可能性もある。島（国）分寺は、天平十六年（七四四）に直氏の氏寺が施入された。寺址は同市芦辺町国分本村触字中野にあり、九州各地の寺院が大宰府様式の瓦を使用するなかで、平城宮第一期造営時と同型式の瓦が出土していて注目される。

壱岐嶋に関する最も古い記録は、三世紀のことを記した『魏志』倭人伝で、一大国と記される。対馬嶋から南に海を一〇〇〇余里渡ったところにあり、方三〇〇里、人口三〇〇〇戸ほど、竹木多く田畑はあるが収穫は不足し、交易して生計を立てていたという。原の辻遺跡では三重の環濠をもつ弥生前期〜後期の集落遺跡や東アジア最古級の船着き場跡が確認されており、倭人伝に描かれた壱岐嶋の中心地であったと思われる。

壱岐嶋は古くから朝鮮半島と日本列島をつなぐ交通の要衝であった。三〇〇を数える古墳のうち十三基が前方後円墳で、それは確認された長崎県内の前方後円墳の半数以上を占める。さらに、船を線刻した五基の装飾古墳があり、天ヶ原遺跡（壱岐市勝本町東触）からは国産の中広銅矛三本が出土して海女の祭祀に関連するとする説がある。海上交通を媒介とした畿内大和との密接な関係がうかがえる。また『延喜式』によれば、卜部は伊豆国・対馬嶋・壱岐嶋の三国から選ばれる規定で、カラカミ遺跡（同市勝本町立石）と原の辻遺跡からは卜骨が発見されている。

天智三年（六六四）、新羅に備えて防人、烽が設置され、弘仁七年（八一六）、島内に二関と十四の火立場がおかれた。二関は見目と箱崎の屋頭、火立場は麦谷、黒崎、浦海、風本、見目、瀬戸、朝崎、初山、筒城、帆伝、久喜、本居、船越、綿浦に比定する説がある。承和二年（八三五）、新羅商人対策として島内の要害十四箇所に徭人を設置し、承和五年（八三八）に弩師を配置、貞観十二年（八七〇）には武具を送って翌年には兵庫を新設した。兵庫の位置は、近くに印鑰神社がある壱岐市勝本町勝本浦の本浦城とする説がある。

なお壱岐には、いわゆる神功皇后伝説に基づく地名起源説話が多い。これらは神功皇后や応神天皇を祭神とする八幡信仰と関連して中世以降に生み出されたものであろう。

（深津行徳）

壹伎郡・いきのこおり

風本・可須・那賀・田河・鯨伏・潮安・伊宅の七郷からなる。郡名の初出は『続紀』宝亀三年（七七二）十二月条、壹岐嶋壹岐郡直玉主賣の名が見える。郡家所在地には、壱岐市芦辺町国分東触説、同勝本町坂本触説がある。郡域は壱岐島の北部、現在の長崎県壱岐市北部の勝本町、同芦辺町におよぶ。

壹岐郡北部は、海岸線の背後に険しい断崖が続く。北端の壱岐市勝本町東触の串山半島と小櫛山との間にある浦が、清原深養父の「満潮の流干る間を逢がたみ見目ノ浦に寄をこそまて」（『古今集』）など、平安期以来、歌によく詠まれた見目に比定される。付近にある串山ミルメ遺跡は、アワビ加工の生産遺跡か。平城京左京二条二坊五坪から「息伎鰒五籠」と記された木簡が出土している。また壱岐市勝本町勝本浦正村に伊周駅がおかれた（同市勝本町本宮西触馬込説もある）。伊周駅は『和名抄』高山寺本には伊園とも記す。「伊」が「何」の誤りであれば、この辺りにおかれた可須郷と音が通じる。可須郷の西には風本郷があった。『和名抄』伊勢本・東急本は風早郷とする。壱岐郡の北部を東南に流れる谷江川の東部に潮安郷がおかれた。『和名抄』高山寺本は潮鹵郷と記す。

壹岐郡中央には那賀郷がおかれた。ここには古墳が集中し、壱岐県主の本拠地であったとおもわれる。境域は壱岐市芦辺町国分・中野郷におよぶ。那賀郷に接して東に田河郷があった。

壹岐郡南部は、西から湾入した湯本湾奥から東南に広がる低地帯にある。南西に鯨伏郷、その東に伊宅郷がおかれた。鯨伏の地名は、鮐鰐に追いかけられた鯨が隠れ伏せたことに由来するといい、鯨を伊佐と訓じる（『壱岐国風土記』逸文）。壹岐島で捕鯨が行われていたことは、鬼屋窪古墳（壱岐市郷ノ浦町有安触）の捕鯨の線刻画にも窺われる。また、式内社の住吉神社がある。

本郡を本貫とする氏族には、壱枝直と壱岐史がある。壱枝直は、『姓氏録』に天児屋命九世孫雷大臣の後裔を称し、県主、嶋造に任じられた。のち公姓を名乗る者もある。また、壱岐県主の祖である天児屋命一八世孫押見宿禰は、山背・対馬・壱岐の卜部の遠祖で（『松尾社家系図』）、顕宗三年に月神の神託によって歌荒樔田（山背国葛野郡）を奉ったと伝えるなど、卜占を通じて畿内大和と深い関係を結んだ。壱岐史は、『姓氏録』に長安人の劉家揚雍より出ずとあり、天武十二年（六八三）に連姓。特に外交の実務に従事し、遣新羅使、遣唐使、遣渤海使に名を連ねる者も多い。ただし両氏の系図は、ともに中臣・卜部と同祖とされるなど、後世の付会・混同が多い。

（深津行徳）

石田郡・いし（わ）たのこおり

『和名抄』は伊之太、『万葉』に伊波多と訓じる。石田・物部・篦原・沼津の四郷からなる。郡家所在地には壱岐市芦辺町湯岳興触説、郡の小字がのこる同市郷ノ浦町東触説がある。郡名の初出は貞観五年（八六三）九月、壱岐島石田郡の人、宮主外従五位下卜部是雄の名が見える（『三代実録』）。郡域は壱岐島の南半、現存の壱岐市南部の芦辺町・勝本町におよぶ。郡の北部には幡鉾川が東に流れ、流域に壱岐島最大の水田地帯が広がる。東から南にかけては壱岐水道に面し、西海岸は溺谷状の深い入り江に刻まれる。

石田郡東部は幡鉾川に沿って古代から開発が進んだ。原の辻遺跡の集落は古墳時代に一時廃絶したようだが、湯岳興触に壹岐国府がおかれ、『三代実録』の貞観十八年（八七六）に六一六町、『和名抄』に六二〇町という壱岐嶋の水田の大部分はここにあったと思われる。この地に石田郷がおかれた。郷域の南、壱岐市石田町池田東触の石田嶺には、天平八年（七三六）の遣新羅使に随行した雪連宅満の墓が伝わる。この遣新羅使は、西日本で天然痘が蔓延するなか、難波津を発し瀬戸内海を西航して筑紫で七夕を迎え、佐賀県の神集島から壱岐へと渡り、対馬を経て新羅へ向かった。その航海について『万葉』巻一五に一四五首があり、雪連宅満は「壱岐の海人の上手の卜部」（三六九四）とあるように卜部として随ったが病に倒れ、「石が根の荒き島根」（三六八八）・「伊波多野」（三六八九）・「露霜の寒き山辺」（三六九一）に埋葬されたとする。そのすぐ東側は小字に勇頭の名が残る壱岐市石田町石田西触で、近くに式内杜の津神社がある。優通駅（『和名抄』に時通とも記す。時は印の誤りか）はここにあった。港は、津神社南の同市石田町印通寺浦祝町にあり、肥前の登望と連格した。現在は干拓されて水田が広がる。

石田郡南部には壱岐島の最高峰岳ノ辻があり、頂上付近に烽の遺構がある。ここから壱岐市郷ノ浦町志原におよぶ地域に、篦原郷がおかれた。篦原郷の西北には、式内社の物部布都神社の名に因む物部郷がおかれた。同市郷ノ浦町田中触の天手長男神社（式内社）境内にある鉢形嶺経塚出土の延久三年（一〇七一）石製如来座像経筒背文に、日本国壱岐島物部郷と刻まれる。また、同市郷ノ浦町に物部本村触という行政区が残る。

石田郡西北には沼津郷がおかれた。『和名抄』高山寺本は治津と記す。郷域は、壱岐市郷ノ浦町半城本村触・大浦触・有安触・長峰・里触・新田触・小牧におよぶ。

（深津行徳）

對（対）馬嶋（島）・つしま

津島（『古事記』・『旧事紀』）、対州（『書紀』）とも記される。『書紀』では対馬国と記されるが、『続紀』以下の正史は対馬、律令行政上は対馬嶋（島）と記されることが多い。『隋書』倭国伝に都斯麻、醍醐寺本法華経釈文表紙裏書込に都司馬とあり、『和名抄』に都之万と訓じる。

『古事記』国生み神話に津嶋、別名天之狭手依比賣が登場し、書紀にも大八洲の一つとして対州が登場する。また『古事記』・『旧事紀』には津島県直の名が見える。語源は「津の島」とされる。対馬海峡に浮かぶ山島で南部と北部が高く、細い谷が無数に刻まれて海岸に迫り、平野部がきわめて少ない。弥生中期以降の遺跡が濃密に分布する中央部は低く沈降して浅茅湾が深く湾入し、リアス式海岸の浦々に集落が孤立する。対馬島の交通は、近年にいたって陸路も整備されたが、沿岸部を船で航行する方法が主であった。現在は長崎県対馬市。令制下の対馬嶋は西海道に区画され遠国、国の等級は下国で、上県・下県の二郡を管した。郡境は浅茅湾の内浅海から東の大漁湾に抜ける線であったと思われる。なお『和名抄』には上県に四郷、下県に五郷を載せるが記載郷名が逆で、さらに本来は六郷ずつあったとする説がある。式内社は二十九座を数え、西海道では壱岐嶋と並び突出して多い。国府の所在地は『和名抄』に下県郡にありといい、対馬市厳原町国分に比定される。島（国）分寺は清水山南麓にあったと伝え、天安元年（八五七）の郡領の反乱により国府とともに焼失した。

対馬嶋に関する最も古い記録は、三世紀のことを記した『魏志』倭人伝で、朝鮮半島南辺から千余里、山が険しく道路は獣道程度、良田なく米は交易して得ていたという。また『三国史記』実聖王七年条には、倭人が対馬島を拠点とし新羅を襲ったと記される。

対馬嶋は、壱岐嶋と並んで朝鮮半島に対する外交と国防の最前線であり、天智二年（六六三）に防人・烽が配備され、同六年には金田城が築かれた。弘仁四年（八一三）には新羅訳語がおかれ、『延喜式』の規定では大庸通詞も常駐した。また、皇室の祖神とされる高皇産霊を祀り、卜部が朝廷に出仕する祭祀の島でもあった。対馬嶋を本拠とした氏族には、対馬県主・対馬（津嶋）国造の後裔と推測される直氏があり、卜部との関係が深い。さらに、天武三年（六七四）の貢上以来、銀を産出する島としても重要であった。『延喜式』では対馬嶋の調を銀と記す。なお、大宝建元は、対馬嶋からの産金を賀して行われた。

【参考文献】

水野清一他『対馬』（『東方考古学叢刊』乙種六、東亜考古学会、一九五三年）

永留久恵『対馬の文化財』杉屋書店、一九七八年

（深津行徳）

上県郡・かむ(ん)つあかたのこおり

『和名抄』は加無津阿加多と訓じ、かむつあかた、かんつあがたと呼ばれた。郡名の初見は、『続紀』神護景雲二年（七六八）二月条、対馬嶋上県郡の人、高橋連波白米女とみえる。対馬島北半部にあった郡で、『和名抄』には伊奈・向日・久須・三根・佐護の五郷の名が見え、鎌倉時代以降、対馬八郡の内に仁位郡があったことから、仁位郷を加える説がある。郡域は現在の長崎県対馬市で上県町・上対馬町・峰町・豊玉町におよび、西・北は朝鮮海峡をへだてて朝鮮半島に対し、東は対馬海峡、南は浅茅湾の内浅海に面す。

上県郡の北部は起伏の多い山地が海岸まで迫り、北端には大浦湾、鰐浦、豊という三つの入り江がある。大浦湾の南岸、河内浦の南には結石山があり、大伴旅人が藤原房前に送った琴が対馬結石山産の桐製であったという（『万葉』八一〇の題詞、「大伴淡等謹状」）。鰐浦は『書紀』神功紀にみえる和珥津に比定され、豊の沖にある椎根島には島頭と称する磐座があって、対馬嶋の国魂神である式内社の島大国魂神神社に擬されている。記紀神話では海神豊玉姫の正体はワニであり、両地ともに朝鮮半島への渡海の要津として知られることが注意される。また、『書紀』神功摂政五年条にみえる浦も、上県郡の北端部にあったかと推測されている。この上県郡の北端部を向日郷に比定する説がある。東側の舟志湾奥には玖須、浜久須という地名が残り、久須郷に比定される。

上県郡の中央北寄りには対馬嶋の主峰である御岳があり、これを本源として佐護川と仁田川が流れる。佐護川は北流して佐護湾にそそぎ、その流域には平野部が形成される。中流域に式内社の天諸羽神社（対馬市上県町佐護東里）、河口近くには式内社の天神多久頭多麻命神社（対馬市上県町湊）がある。また佐護湾東の千俵蒔山には防人・烽がおかれたと伝える。佐護郷はこの佐護川流域におかれた。仁田川は南流して仁田湾にそそぐ。仁田湾の奥には国本神社があり、郡衙の所在地に推定する説もある。仁田湾の北には、式内社の伊奈久比神社があり（同市上県町伊奈）、伊奈郷はここにおかれた。承和三年（八三六）、遭難した遣唐使船が上県郡南浦に漂着したが（『続後紀』）、この南浦を伊奈浦に比定する説がある。

上県郡の中央南寄りの西海岸、対馬市峰町木坂には海神神社があり、式内社の和多都美御子神社に比定される。その南には三根湾が湾入し、ここに注ぐ三根川を少し遡ると、式内社の小枚宿禰命神社がある。三根郷の境域は、これらの地を含む対馬市峰町に重なる。

上県郡南部は浅茅湾に面し、リアス式海岸の浦々に集落が孤立する。東海岸に曽、西海岸に式内社の行相神社がある田という一語の地名があり、また『海東諸国記』に「尼」と記された地がみえ、その意は浅茅湾特産の真珠を表す瓊と推定される。式内社の和多都美神社の所在地は現在は仁位浦とよばれており、「紀（木）国」が「紀伊国」と記されるように、ニ（尼・瓊）も仁位と表記されたのであろう。『和名抄』にはみえないが、この地域に仁位郷があったと推測される。

（深津行徳）

下県郡・しもつあがたのこおり

郡名の初見は、『後紀』延暦二十四年（八〇五）二月条に対馬嶋下県郡阿礼村とみえる。対馬島南半部にあった郡で、『和名抄』には加志・雞知・玉調・豆酘の四郷の名が見えるが、鎌倉時代以降の対馬八郡の内にみえる与良（余良）と佐須を加える説がある。郡域は現在の長崎県対馬市で美津島町・厳原町におよび、北は浅茅湾、東と南は対馬海峡、西は朝鮮海峡に面している。

下県郡の北部は浅茅湾に面し、細い入り江が深く湾入する。外浅茅が南西に湾入する加志浦の奥には、式内社の太祝詞神社、式内社の敷島神社がある。ここから南東にある白嶽を越えて、厳原や佐須へ向かう山道があった。また対馬海峡に面した西海岸の対馬市厳原町阿連には式内社の雷命神社があり、『後紀』延暦二十四年（八〇五）二月条にみえる対馬嶋下県郡阿礼村に比定される。これらの地は、加志郷に比定される。

加志の東、浅茅湾に面した対馬市美津島町黒瀬の城山には朝鮮式山城の遺跡があって、天智六年（六六七）に築城された金田城に比定されている。内浅茅には弥生中期以降の遺跡が集中し、古来、海上活動の中心であった。天平八年（七三六）の遣新羅使が係留した浅茅浦（『万葉』三六九七の題詞）の比定地には同市美津島町小船越説と大船越説、竹敷浦（『万葉』三七〇〇の題詞）は同市美津島町竹敷の竹敷港に比定される。竹敷の名は、『続紀』宝亀七年（七七六）条の渤海国使答弁に対馬島竹室之津、『続後紀』承和十年（八四三）条に対馬島上県郡行（竹）敷埼ともみえる。小船越には式内社の阿麻留神社があり、また曹洞宗梅林寺は仏教東伝の古跡と伝える。後世に呉音と同一視された漢字音を対馬声と称するのは、対馬嶋に仏教初伝伝承があるためである。大船越の南西には、北に高浜、東に樽ヶ浜という二港を擁する同市美津島町雞知があり、ここに雞知郷がおかれた。式内社の和多津美神社・住吉神社がある。住吉神社は、摂津―長門―筑前―壱岐と畿内大和から朝鮮半島へ向かう航路の要所に祀られ、この対馬島雞知に極まる。また、この新羅使一行が詠んだ浅茅山（『万葉』三六九七）は、同市美津島町玉調の北にある大山岳（浅茅山）に比定される。『万葉』三七〇四・五の作者である対馬娘子玉槻の名も玉調の地名に因むのであろう。ここに玉調郷がおかれた。

下県郡の南部は、標高五〇〇メートル級の山々が連なり谷が深い。海岸線は比較的単調で、小さい出入りはあるが、東海岸の対馬市厳原町厳原港以外には良港はない。厳原港周辺は古来島府の地で『海東諸国記』に要羅とみえ、鎌倉時代以降の対馬八郡の内に与良郡があることから、古代にもこの地に与良郷（余良）があったと解されている。

対馬嶋の最高峰矢立山山系に源を発し、北、西して対馬海峡に注ぐ佐須川流域には、対馬嶋最大の水田が広がる。『後紀』弘仁三年（八一二）条にみえる対馬下県郡佐須浦は、佐須川河口の対馬市厳原町小茂田浜に比定される。佐須川流域には式内社の銀山神社（同市厳原町樫根）があり、『書紀』天武三年（六七四）に貢上された銀の鉱山はこの辺りにあった。『三代実録』貞観七年（八六五）条に坑道崩落事故の記述がある。銀採掘については大江匡房の『対馬国貢銀記』（『群書類従』二十八）に詳しい。この地を佐須郷に比定する説がある。

下県郡西南端の対馬市厳原町豆酘には式内社の高御魂神があり、『書紀』顕宗三年条の「高皇産霊神に磐余の田拾四町を献上し、対馬下県直、祠に侍す」という記事と対応する。また、多久頭魂神社（式内社の多久頭神社か）、雷神社があり、『延喜式』には都都智神社の名もみえる。雷神社では現在も亀卜が行われており、これらは『延喜式』に卜部選出の三国に指定された対馬卜部によって祀られた。付近に散在する古墳は、このように王権祭祀に深く関わった下県直氏の墳墓に比定される。

（深津行徳）

特論

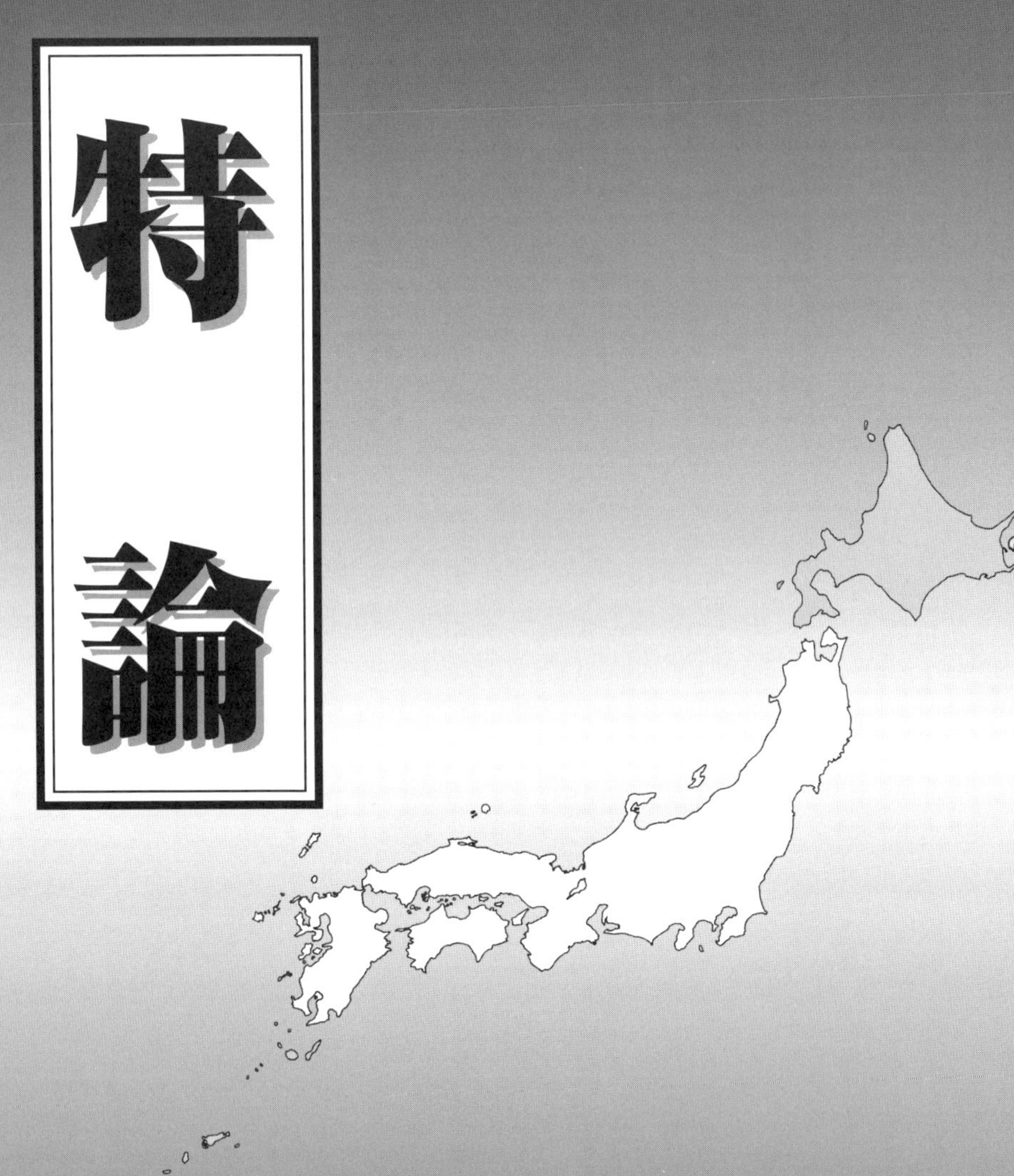

特論1 北海道

北海道・ほっかいどう

日本古代における北海道の地名について知りうることは少ないが、その候補となるものはいくつかある。なお現在の北海道における渡島、胆振、後志などの地名は、近世以降に松浦武四郎などの和人が『書紀』の記載をもとに名づけたものであり、根拠に乏しい。

渡島蝦夷と粛慎・わたりしまのえみし　みしはせ（あしはせ）

古代の北海道に関しては、まず斉明四年～六年（六五八～六六〇）にかけての阿倍比羅夫の北航記事中の渡島蝦夷（ワタリシマノエミシ）と粛慎（ミシハセ、アシハセ）が注目される。渡島は当初は越の一部とされ、のちには出羽の延長に位置づけられるが、いずれにせよ渡島蝦夷は日本古代国家の支配領域の北方における最遠の蝦夷として認識され、九世紀まで断続的に史料に登場する。渡島の比定地には従来、北海道説のほかに本州北部説があり、本州説では粛慎の居住地を北海道と考える。両説はこれまで決め手を欠いたが、近年の考古学の成果からみて、渡島が北海道であることは動かしがたい。

考古学からみた古代の北海道は、擦文文化とオホーツク文化という二つの異質な文化の共存する地域であった。七～八世紀の擦文文化の遺跡はおもに北海道道央・道南部に分布しており、その文化内容は本州東北地方や王権・国家との関連が深く、蝦夷の一部と認識されるに相応しい。渡島蝦夷の実態は擦文文化の狩猟・漁労民であろう。その場合粛慎には、主としてサハリン・道北から道東・千島にかけての沿海部に居住したオホーツク文化の担い手があたる可能性が高い。なお渡島蝦夷と粛慎の区別を、擦文文化内部の地域差の反映とする見解もあるが、オホーツク文化は大陸と関係の強い海獣狩猟・漁労・交易の民であること、六～七世紀には日本海沿いに天売・焼尻両島や奥尻島まで南下していたことが考古学により明らかなことなど、斉明紀の記載によく合致する。

粛慎（粛慎国）の記録は『書紀』を最後に途絶えるが、養老四年（七二〇）には渡島津軽津司が靺鞨国に派遣され、その風俗を観察する。この靺鞨国を大陸の靺鞨あるいは渤海国家とする意見もあるが、前代の粛慎国の概念を継承したより観念的な認識であり、具体的にはむしろ北海道・サハリンあたりのオホーツク文化の人々にあたる可能性が高い（多賀城碑文の靺鞨国も同様か）。一方、渡島蝦夷は秋田城をおもな窓口としてその後も国家側との交易や交渉を継続する。

　古代の北海道は、終始日本古代国家の国郡制支配領域の外部におかれ、朝貢・交易などの形態によるゆるやかな関係を維持した。一方、近隣のサハリンやオホーツク海沿岸、ロシア極東・中国東北地方などの諸民族・文化との交流・結びつきも強くみられ、大陸の靺鞨諸族のほか、渤海や唐などとの独自の地域間の関係が存在した可能性もある。古代国家の辺境・境界にあったことから、広く北東アジアの多元的な文化・民族の交流の場としての開かれた一面を示しているのである。

その他の地名

胆振鉏（イフリサヘ）　斉明五年紀の阿倍比羅夫の北航記事にみえる。現在の胆振地方に比定する見解もあるが、詳細は不明である。

肉入籠（シシリコ）　斉明五年紀にみえる。アイヌ語の「シシリコッ」（大きな窪地、谷間）に関連する。現千歳市支笏説や、函館市の亀田（旧名シコツ）にあてる見解などがある。

問菟（トヒウ）　斉明五年紀にみえる。松浦武四郎の『東蝦夷日記』に「トヒウ」とみえる、現白老町の敷生川支流の飛生川付近にあてる説がある。

後方羊蹄（シリヘシ）　斉明五年、阿倍臣はこの地に「郡領」を置いて帰ったとされ、注目を集めてきた。江別・恵庭あたりの石狩低地帯にあてる見解や、余市説などがある。江別・恵庭には本州の影響を受けた古墳様の墳墓群や遺物がある。しかし律令官人の銙帯金具（かたいかなぐ）や文字土器などを出土し、長期間にわたる北海道の中心的集落であった余市町大川遺跡の発掘調査などから、余市は有力な候補地といえよう。

大河（オホカワ）　斉明六年紀にみえる。余市川説や石狩川説などがあるが決め手を欠く。

幣賂辨（ヘロベ）**島**　斉明六年紀に粛慎の拠点としてみえる。同書分注には「渡嶋の別なり」とある。語源・比定地ともに諸説あり定見をみない。しばしばサハリンにあてられるが根拠に乏しい。

志理波（シリパ）**村**　延暦十四年（七九五）に渤海使が漂着。その名はアイヌ語のシリパ（突き出た大地=岬）に通じる。この地名は現在も北海道〜本州北部の沿岸各地にみられるが、余市町のシリパ岬はひときわ注目される。さきの後方羊蹄を後方＝シリパ、羊蹄＝ヤウテイ（ヨイチ）と読んで、シリパの余市と理解する説もある。

【参考文献】

児玉作左衛門「阿倍臣比羅夫の渡島遠征に関する諸問題」Ⅰ〜Ⅲ（『北方文化研究』三〜四、一九六八〜一九七〇年）

鈴木靖民編『古代蝦夷の世界と交流』名著出版、一九九六年

（鈴木靖民・簑島栄紀）

特論2 沖縄

沖縄・おきなわ

日本古代に相当する時期の沖縄は、海浜の砂丘に居住しておもに漁労・採集に従事する貝塚時代後期の段階にあった。およそ奄美・沖縄の北部圏、宮古・八重山諸島（先島）の南部圏とに区分されるが、前者をさらに二分する説もある。北部圏と南部圏とは、宮古水道によって隔てられて交流はたやすくなかったと思われ、やがて琉球王国の成長のなかで統合されるまで両地域の文化様相は著しく相違する。北部圏には縄文文化が伝播し、弥生・古墳時代には「貝の道」とよばれる夜光貝などの交易ルートが存在して、九州・本州方面との結びつきは深かった。それにたいして南部圏には、むしろ台湾や中国大陸南部などの影響が強い。

流求（琉球）・りゅうきゅう

古代の沖縄に関しては、まず『隋書』流求伝（および同陳稜伝）の記述が注目される。大業三年（六〇八）および翌四年、煬帝は朱寛を流求国に派遣して住民の「布甲」を持ち帰り、隋に滞在中の倭国使一行（小野妹子ら）は、これを見て「夷邪久国人」のものであると言った。さらに煬帝は陳稜らに流求を攻撃させ、王宮を焼いて帰還したという。この流求には台湾説と琉球（沖縄）説があり、台湾説が有力だが、その記載内容にはそれぞれの特徴が混在し、いずれの説も問題をはらむ。流求の範囲が台湾を含むにせよ、隋使が台湾に近い宮古・八重山あたりや、より東の沖縄本島などにも実際に至るか、あるいは伝聞するかして、それが記事中に反映されている可能性は皆無ではない。なお、のち仁寿三年（八五三）に円珍らの一行が漂着した琉球国も、台湾か沖縄か定かではない（『智証大師年譜』など）。

掖玖・多禰・阿麻弥・やく・たね・あまみ

日本側の史料には、『書紀』推古二十四年（六一六）の掖玖（ヤク）人漂着を嚆矢として南島人に関する記載がみえはじめる。推古二十八年（六二〇）、舒明元年（六二九）から三年（六三一）にかけても掖玖との交渉を伝える。掖玖は掖久・夜句・夜久・益救などとも記すが、推古〜舒明紀のヤクは現在の屋久島そのものではなく、日本の王権が注目しだした広義の南島の総称としての概念であった可能性が高い。『隋書』琉球伝の夷邪久も同じ意味であろう。それにたいして、天武十一年（六八二）七月条以降のヤクはほぼ今日の屋久島を指すとみて誤りない。『新唐書』日本伝の記す邪古も屋久島であろう。なお掖玖（夷邪久）を琉球と音通でいずれも沖縄を指すとする説もあるが疑わしい。

天武期には南島に関する記述は具体性を増し、天武六年（六七八）に多禰（タネ）、同十一年（六八二）には阿麻弥（アマミ）との交渉を記す。それぞれ現在の種子島・奄美大島であろう。『新唐書』日本伝にも多尼の名がみえる。種子島には南島の交流の一中心であった広田遺跡などの重要な遺跡が存在する。のちに種子島を中心に屋久島などには、八世紀から九世紀初頭まで一国相当の行政単位である多褹島（国）が置かれた。

奄美に関しては、すでに斉明三年（六五七）に都貨邏国人が海見島に漂着したという伝聞を記す。なお遣唐使の一行中には奄美訳語がおり（『延喜式』大蔵省）、「賦役令」辺遠国条古記にも阿麻弥人がみえる。大宰府出土木簡にも「奄美嶋」の名がみえる（八世紀前半）。また長徳三年（九九七）には、奄美島人らが大宰府管内に乱入して民衆を略奪したという（『小右記』など）。奄美大島の遺跡には螺鈿や酒杯の原料となる夜光貝の集積・加工の状況がしばしばみられ（マツノト・フワガネク遺跡など）、国家側との交流や社会の発展段階を考えるうえでも興味深い。種子島や奄美大島が早くから中央の史料に登場することは、両島の重要性の反映でもあろう。また最近、隣接する喜界島で九州との関係を示す遺跡（城久遺跡群）が発見され、同島の役割が注目されつつある。

その他の島々

七世紀末〜八世紀初には、古代国家形成に伴う中華思想の高揚と遣唐使の航路（南島路）開拓のために南島の重要性が増した結果、さらに新たな島々が史上に登場する。八世紀をピークに国家側の南島への関心は低下し、その情報は希薄となるが、九世紀以降には南島も新たな経済交流のなかに位置づけられていき、その後の南島の歴史展開の道すじはグスク時代から琉球王国形成への独自の道をたどることになる。

度感（トカ）　文武三年（六九九）初見。吐噶喇諸島の宝島にあてる説もあるが、徳之島とする見解が有力である。なお十一世紀前後に徳之島のカムィヤキ窯製品は南島全域に流通する。

信覚（シカク）　和銅七年（七一四）初見。石垣島説が有力だが、石垣島の属する八重山諸島は上述のように当時奄美・沖縄などとは没交渉的であり、八世紀のこの段階における石垣島民と国家の交渉には否定的な見解もある。

球美（クミ）　和銅七年（七一四）初見。西表島（旧名古見）説もあるが久米島説が有力である。

阿児奈波（アコナハ）**島**　アチナハと訓むべきか。『続紀』および『唐大和上東征伝』によると天平勝宝六年（七五四）に鑑真らが漂着したという。沖縄本島説が有力だが、口永良部島説などの異説もある。

伊藍（イラン）**島**　大宰府出土木簡（八世紀前半）にみえる。口永良部島、沖永良部島、伊良部島などにあてるほか、「イアイ（＝イエ）」と訓み伊江島とする見解もある。「奄美嶋」木簡と共伴しており、沖永良部島説が有力。

貴駕（キカイ）**島**　『日本紀略』長徳四年（九九八）に、「南蛮」らの捕捉を大宰府より下知される。また『新猿楽記』に、商人の首領八郎真人は各種の産物を求めて西は貴賀之島まで往来したとしているが、最近、喜界島で九世紀以来の九州とのつながりを示す建物や土器・陶器が発見されており（城久遺跡群）、貴駕島にあたる可能性が増した。十二世紀以後、国土の境界イメージと結びついた存在となり、中央の支配層の意識のなかにおいて、食人習俗の国としての南島といった異域観の醸成とも結びつき、中世的世界像における「鬼界島」（キカイガシマ）という認識へと増幅されていく。なお斉明五年紀の引く「伊吉連博徳書」にみえる爾加委（ニカイ）に結びつける見解もある。

【参考文献】

鈴木靖民「南島人の来朝をめぐる基礎的考察」（『東アジアと日本　歴史編』吉川弘文館、一九八七年）

永山修一「キカイガシマ・イオウガシマ考」（『日本律令制論集・下』吉川弘文館、一九九三年）

田中聡「古代の南方世界」（『歴史評論』五八六、一九九九年）

（鈴木靖民・簑島栄紀）

特論3 琉球

沖縄・おきなわ

日本の正史に初めて大隅半島以南の島が登場するのは『書紀』推古二十四年（六一六）二月条で、掖玖人三口が帰化したとある。その後、五月条には夜句人七口が来たとあり、さらに七月条には掖玖人二十口が来朝し、先後あわせて三十人の掖玖人を朴井に安置しておいたところ、全員帰還することとなく死亡したことが記されている。しかし、これ以前から掖玖の存在は知られていた。『隋書』流求国伝によれば、大業三年（六〇七）に、入貢中の倭国使（遣隋使小野妹子一行）が朱寛の持ち帰った流求の「布甲」を見て、「此れは夷邪久国の人の用いる所なり」と述べたとある。夷邪久が掖玖に通ずることは言うまでもない。したがって正史に登場する九年前に、倭国使は掖玖について一定の知識を持っていたことになる。

その後、舒明元年（六二九）四月には田部連某が掖玖に派遣され、二年九月に帰朝しており、また同三年二月には掖玖人が帰化している。なお帰化とあるのは、あくまで中華思想にもとづく『書紀』編者の文飾にすぎない。

このように早い段階の史料に見える掖玖とは、現在の屋久島というより南の島々を漠然と指す用語と見た方が理解しやすい。それ程大きな島でもなく、また地形的にも多くの人が住めるところではない屋久島の人だけが集中的に来朝したと考えるにはいささか腑に落ちないところがあるためである。

個別の島名が現れるのは斉明朝以降である。まず斉明紀三年（六五七）七月条に海見島が見える。すなわち奄美大島である。次に天武紀六年（六七七）二月条には多禰島の人を飛鳥寺の西の槻下で饗したとあり、十年八月条には多禰島の調査を行ったことが記されている。また天武紀十一年七月丙辰条には多禰人・掖玖人・阿麻弥人に禄を賜った記事が見えるが、言うまでもなく多禰人は種子島の人で阿麻弥人は奄美大島の人のことであるから、これと並記されている掖玖人が屋久島の人を指すことは疑いない。したがってこの頃になると、大和の人々に漠然と把握されていた掖玖が島単位に認識されるようになっていったことが知られる。

『続紀』文武二年（六九八）四月壬寅条には、文忌寸博士ら八人に武器を携行させ南島を覓めしめたとある。南島の語は律令国家の版図外にある南の島々の総称として用いられている。翌文武三年七月辛未条には、多褹・夜久・菴美・度感等の人が朝宰（ここでは覓国使を指す）に従い来朝し方物を貢したとある。度感島とは徳之島のことで、『続紀』はわざわざ「其の度感島の中国に通ずるは是に於いて始まる」と記している。

　文忌寸博士ら南島覓国使が奄美以南の島々まで足をのばしたかは不明であるが、和銅七年（七一四）に南島に派遣された太朝臣遠建治らは沖縄諸島および先島諸島まで行った可能性もある。彼は奄美人の他に信覚および球美の島人を率いて帰朝しているが、信覚は石垣島に、また球美は久米島にそれぞれ比定されるからである。この時の南島人は霊亀元年（七一五）元日朝賀の儀式に蝦夷と一緒に参列させられ、正月の節宴において授位されている。

　正史に見える大隅半島以南の島々は以上の通りであるが、どういうわけだかこの中に南島の中で最大の島である沖縄島のことが一度も出てこない。

　沖縄島らしき島名が見えるのは鑑真の伝記『唐大和上東征伝』である。それによれば、鑑真らを乗せた遣唐使船は、天平勝宝六年（七五四）十一月十六日に蘇州の黄泗浦を解纜し、同月二十日の夜から二十一日にかけて四船のうち三船が「阿児奈波島」に着いたとある。鑑真に従って来朝した思託の伝記『思託伝』によれば、そこには石窟があり、唐僧の義静がその中に入って安禅をしたところ魍魅に遭遇し意識を失ったため、檳榔を採ってきて義静を救ったことが記されている。なお『続紀』天平勝宝六年二月丙戌条によれば、おそらくこの年帰国した遣唐使の報告を受けての措置と思われるが、大宰府に天平七年（七三五）に南島に建てた牌の修復を命じている。

　ところで昭和五十九年（一九八四）に、大宰府跡から奈良時代のものと見られる「掩美嶋」「伊藍嶋」と記された付札木簡が出土している。「掩美嶋」は奄美大島と見て問題はない。「伊藍嶋」は現在の島名には見えないが、今のところ比定地として最も有力視されているのは沖永良部島である。木簡はこれらの両島から何らかの方物が大宰府に運ばれたことを示している。

　なお『続紀』によれば、養老四年（七二〇）に二三二人、神亀四年（七二七）に一三二人の南島人が来朝し、位を授かっている。これらの記事の前に南島へ使が派遣された記事は見えないので、この時の南島人は従来のように遣使によって同道されたというより、南島人の主体的な

「朝貢」（彼等の意識では交易）と見られる。したがってこのような「朝貢」を可能にせしめる社会組織が当時南島には存在したということであろう。

（山里純一）

【ゆ】

【よ】

【わ】

【へ】

【ほ】

【ま】

【み】

【む】

【め】

【も】

【や】

【に】

【ぬ】

【ね】

【の】

【は】

【ひ】

【ふ】

【ち】

【つ】

【て】

【と】

【な】

【し】

【す】

【せ】

【そ】

【た】

【か】

【う】

【え】

【お】

郡名索引

【あ】

【い】

平成 30（2018）年 11 月 20 日　初版発行　《検印省略》

日本古代史地名事典【普及版】

編　者　加藤謙吉・関和彦・遠山美都男・仁藤敦史・前之園亮一
発行者　宮田哲男
発行所　株式会社 雄山閣
〒102-0071　東京都千代田区富士見 2-6-9
ＴＥＬ　03-3262-3231 / ＦＡＸ　03-3262-6938
ＵＲＬ　http: //www.yuzankaku.co.jp
e-mail　info@yuzankaku.co.jp
振　替：00130-5-1685
印刷・製本　株式会社 ティーケー出版印刷

Printed in Japan 2018
ISBN978-4-639-02595-5　C3521
N.D.C.210　976p　22cm